重庆至贵阳铁路
扩能改造工程总结

渝黔铁路有限责任公司　编　著

西南交通大学出版社
·成　都·

图书在版编目（CIP）数据

重庆至贵阳铁路扩能改造工程总结 / 渝黔铁路有限责任公司编著. —成都：西南交通大学出版社，2020.10

ISBN 978-7-5643-7699-4

Ⅰ. ①重… Ⅱ. ①渝… Ⅲ. ①铁路工程 – 总结 – 中国 Ⅳ. ①U21

中国版本图书馆 CIP 数据核字（2020）第 187903 号

Chongqing Zhi Guiyang Tielu Kuoneng Gaizao Gongcheng Zongjie

重庆至贵阳铁路扩能改造工程总结

渝黔铁路有限责任公司 编著

责任编辑	李彤梅
封面设计	曹天擎
出版发行	西南交通大学出版社 （四川省成都市金牛区二环路北一段 111 号 西南交通大学创新大厦 21 楼）
发行部电话	028-87600564 028-87600533
邮政编码	610031
网址	http://www.xnjdcbs.com
印刷	成都勤德印务有限公司
成品尺寸	210 mm × 285 mm
印张	39
插页	1
字数	1 187 千
版次	2020 年 10 月第 1 版
印次	2020 年 10 月第 1 次
书号	ISBN 978-7-5643-7699-4
定价	298.00 元

本书编委会

（按姓氏笔画排列）

主　编： 王明慧

副主编： 刘学龙　李开兰　黄　旭　蒋　征　颜　勇

编　委： 王　聪　王建华　王旗兵　吉国栋　伍好泉　刘伟帮
肖　斌　张兆锋　张兴林　张顺熙　周健全　周铭湘
姚云晓　莫　凯　黄成华　曹义华　蒋树平　鲁军良
曾　艺　樊进强　潘柯翰

主要参编人员：

马全明　王　伟　王　军　王　明　王　强　王为政
王金波　文家伟　石　鑫　龙小海　卢国强　卢盛元
田　力　成继国　任海波　刘　岩　刘　波　刘　敏
刘　琨　刘　霁　刘卫赟　刘武成　刘跃伟　闫振华
许弟良　许晓蓉　李　乐　李　峥　李　科　李大平
李巨才　李平富　李东斌　李永生　李伟良　李金生
杨　琨　杨　斌　杨文楼　杨建辉　杨晓瑞　肖家强
吴忠良　吴雅辉　何　龙　余　雷　余松鸿　邹永红
沈显伟　张　伟　张　桥　张　健　张立民　张李民
张炜烽　张振风　陈　超　陈　聪　陈　璨　陈希平
陈科伟　苗春林　罗　杰　罗　媛　胡红林　姚发海
敖云碧　夏威夷　郭　强　郭俊峰　黄正友　黄雄新
梁　萍　梁浩波　韩　磊　韩学军　程凤蕾　鲁　杰
谢成名　翟富强　潘雪锋　薛　浩　薛玉柱　薛育山

前言

重庆至贵阳铁路扩能改造工程（以下简称渝黔铁路），正线全长 366.746 km，设计速度目标值为 200 km/h，是我国西北、西南至华南地区快速铁路通道的重要组成部分。渝黔铁路北接兰渝铁路童家溪线路所，自重庆西站引出，向南经綦江、遵义、息烽，终到贵阳北站。全线共设有重庆西、珞璜南、綦江东、赶水东、桐梓北（原夜郎镇）、桐梓东、娄山关南、遵义（原遵义东）、龙坑（原和平）、遵义南（原苟江）、息烽（既有线扩建）、修文县（扎佐东）及贵阳北 13 个车站。渝黔铁路工程自 2013 年开工建设，于 2018 年 1 月 25 日顺利实现通车运营，历时 5 年。它的建成大大缩短了重庆至贵阳、广州的时空距离，提高了通道运输能力和质量，对于打通兰广通道的咽喉地段、完善京广线以西纵向铁路骨干通道具有重要意义和作用。

渝黔铁路地形地质条件十分复杂，区域地质作用强烈，碳酸盐岩分布广泛，地质灾害发生频繁、类型众多。沿线主要的工程地质问题有岩溶、煤层瓦斯、天然气、顺层、滑坡、崩塌等不良地质，以及软土、松软土等特殊岩土。部分长大隧道建设条件恶劣，建设难度巨大。另外，还有诸如沿线环境艰苦、交通困难、气候恶劣、勘察和施工条件差等各种困难。但是渝黔铁路的全体参建人员迎难而上、团结拼搏、勇于奉献，不断优化建设方案，精益求精，最终出色地完成了各项工作。此外，为攻克重点难点工程，建设、设计、施工、监理、运营、科研院校等单位坚持以习近平新时代中国特色社会主义思想为指导，贯彻落实中国国家铁路集团有限公司（简称国铁集团，原中国铁路总公司）铁路建设要求，始终把施工安全和工程质量放在重于一切、高于一切的突出位置，齐心协力，锐意进取，长期深入在施工现场，大力开展科技攻关，积极采用新技术、新工艺、新材料、新设备，在工程设计和施工中取得了一大批新成果和新经验，极大地促进了施工生产的顺利进行，也极大地提高了我国西部山区铁路建设的技术水平，为我国山区高速铁路建设积累了宝贵的经验。

本书通过建设管理、勘察设计、施工技术、科研与技术创新等方面，既全面追溯了渝黔铁路工程的背景和建设历程，又集中反映了各参建单位和广大建设人员的智慧和辛劳付出；既系统总结了渝黔铁路工程建设所取得的宝贵经验和丰硕成果，又深入分析了建设过程中出现的典型问题并提出了相应的预防和改进建议；对进一步提高铁路建设水平尤其是西南艰险山区高速铁路建设水平具有重要的参考和借鉴意义，也是一部可用于指导渝黔铁路长期运营维护管理、日后更新改造与进一步提速的工程文献。此外，该书的编写对于贯彻落实习近平新时代中国特色社会主义思想，实施《中长期铁路网规划》，推进新时期铁路建设具有重要的意义。

借此机会，谨代表渝黔铁路有限责任公司向长期关心并帮助支持渝黔铁路建设的国家有关部委、国铁集团、建设、设计、施工、监理、运营等单位，科研院校以及沿线各级政府和各族人民群众表示衷心感谢和诚挚敬意！

由于编写者的能力和水平所限，对本书疏漏和不妥之处，敬请读者不吝赐教。

作 者

2020 年 7 月

目 录

第三篇　勘察设计

第四篇　工程施工

第五篇　科研创新及成果

附　录

01 第一篇

综　述

第一章　综　述

渝黔铁路正线全长 366.746 km，设计速度目标值为 200 km/h，是我国西北、西南至华南地区快速铁路通道的重要组成部分。渝黔铁路北接兰渝铁路童家溪线路所，自重庆西站引出，向南经綦江、遵义、息烽，终到贵阳北站。全线共设有重庆西站、珞璜南站、綦江东站、赶水东站、桐梓北站、桐梓东站、娄山关南站、遵义站、龙坑站、遵义南站、息烽站（既有线扩建）、修文县站以及贵阳北站 13 个车站。工程自 2013 年开工建设，在渝黔铁路有限责任公司科学组织、规范管理下，在设计、施工、监理等参建单位为时 60 个月的奋力拼搏下，满足速度 200 km/h 的设计要求，于 2018 年 1 月 25 日顺利实现通车运营。

第一节　建设目的和意义

一、线路在国民经济中的意义和作用

畅通发达的交通体系是实现区域经济协调发展的基础。目前珠三角、港澳等经济发达地区与西南、西北地区的交通线路能力小、速度低，极大地限制了人流、物流、信息流的流通。渝黔铁路建成后北接兰渝，南连贵广，形成西北—西南—华南的区际铁路通道，大大增强了珠三角发达地区的经济辐射能力，实现了资源的优化配置，使发达地区与欠发达地区互利共赢。从渝黔区域内部来说，重庆市是我国西部地区人口分布密集、经济总量较大、城市化发展潜力巨大的地区，将引领我国西部地区的经济发展。贵州省经济主要依靠资源开发，基础仍较为薄弱，但煤炭、电力资源丰富，是我国西部的能源基地，而重庆市煤电资源不足，两省市间具有较强的经济互补性。建设渝黔铁路改善了渝黔两地交通条件，促进了重庆向贵州的经济辐射和交流，加快了两省经济发展。

二、线路在路网中的意义和作用

既有渝黔铁路长 463 km，技术标准较低，通过能力利用率已达 100%，已经完全不能适应经济发展的要求。随着兰渝、贵广铁路的建成，我国铁路已形成兰州—重庆—贵阳—广州的西北经川渝至广州的最便捷的铁路通道，线路全长 2 055 km，较新建的兰州—成都—贵阳—广州通道短 200 km 以上，本通道建成能明显缩短兰州、重庆至贵阳、广州两地的时空距离，提高通道运输能力和质量。同时，渝黔铁路也是重庆、川东、川北大能力出海通道的重要组成部分，通过渝黔、黔桂、贵广铁路可以实现从重庆直达广州、深圳、湛江、防城港等南部沿海港口。

渝黔铁路担负着西北、川渝地区至华南沿海 60%以上的货运量，以及川渝地区至华南沿海 50%以上的客运量，是京广线以西重要的南北向铁路骨干通道。随着通道内兰渝、成兰、贵广等铁路的建成，以及襄渝、成昆、南昆等既有铁路的改造，通道的运输能力和运输质量已得到极大的提高，渝黔铁路的建成打通了兰广通道的咽喉地段，完善了京广线以西纵向铁路骨干通道。综上所述，渝黔铁路是区域铁路网通道的重要组成部分，有利于促进区域经济发展，加强西南、西北、华南三大经济区合作，改善渝黔之间交通条件，促进渝黔两省市经济快速发展，有利于扩大内需，配合我国宏观经济调控政策，有利于缩短重庆至贵阳、广州时空距离，提高通道运输能力和质量，完善我国京广线以西重要的

南北向铁路骨干通道，有利于构建重庆、川东、川北大能力出海通道，进一步扩大对外开放。

因此，新建渝黔铁路无论在国民经济还是路网中都有重要的意义和作用。

三、建设的必要性

（1）完善了我国京广线以西重要的南北向铁路骨干通道。

（2）解决了川黔铁路重庆至贵阳段运输能力的不足。

（3）扩大了内需，配合了我国宏观经济政策的落实。

（4）促进了西南、西北、华南三大经济区的合作和发展。

（5）提高了铁路运输质量，增强了市场竞争力。

第二节　建设项目总体目标

渝黔铁路有限责任公司坚持以习近平新时代中国特色社会主义思想为指导，贯彻落实国铁集团（中国铁路总公司）铁路建设要求，始终把施工安全和工程质量放在重于一切、高于一切的突出位置，树立“以人为本，系统优化，服务运输，强本简末，着眼发展”的建设理念，树立安全质量意识，严格按照国务院《建设工程质量管理条例》和“安全优质、兴路强国”的铁路精神，落实质量终身负责制，精心组织、规范施工、确保工期，优质、高效地完成施工任务；坚持科学管理，求实创新，以现代化的管理手段，做到施工安全、质量、工期、投资、环保、科技创新和文明施工并举，按照样板引路、全方位、全过程的质量控制理念，创建“精品”工程。

一、质量控制目标

（1）质量总目标：满足国家和原铁道部的设计、施工、验收等采用的规范标准；单位工程一次验收合格率 100%，开通速度达到设计速度目标值，主体工程质量零缺陷。

（2）勘测、设计质量创国优。监理程序符合规定，质量管理达标、内业资料规范。

（3）工程实体质量必须符合国家和原铁路总公司有关标准、规定及设计文件要求，整体工程质量全线创国优。其中施工过程或实体工程质量必须满足以下要求：

① 按照验收标准要求，各检验批、分项、分部工程施工质量检验合格率达到 100%；单位工程一次验收合格率达到 100%。

② 确保主体工程质量零缺陷，确保桥隧主要承重结构 100 年的使用期要求。

③ 实测最高检测速度达到设计速度的 110%，开通速度达到设计速度目标值，且须符合渝黔铁路有限责任公司下发的有关质量管理办法、创优规划及有关细则等管理性文件要求。

④ 在合理使用和正常维护条件下，路基、桥梁、隧道等工程结构的施工质量，应满足设计使用寿命期内正常运营要求。

⑤ 杜绝工程质量特别重大事故，遏制工程质量重大事故。

二、安全生产控制目标

健全各项安全管理制度，严格遵守各项安全法规，完善项目建设过程安全控制，推进施工安全标准化建设，确保安全有序完成项目建设。

具体控制目标：无重大及以上施工安全事故，无因建设引起的重大及以上道路交通事故，无重大及以上火灾事故，无铁路既有线交通 B 类及以上事故，控制和减少一般责任事故等。

三、工期控制目标

正线满足批复工期要求，与成渝客专同步建设工程满足成渝客专工期要求，重庆、贵阳枢纽内其他工程满足枢纽建设总体需求。

四、投资控制目标

投资控制在原铁道部批复的初步设计概算内组织建设。具体目标为：严格现场计量，核实已完成工程数量，核定工程质量情况，审核月/季/年度计划统计及验工计价表；严格按变更设计程序和办法审核工作；收集与索赔有关的资料，以合同为依据，本着维护委托人的利益且不损害第三方利益的原则，公正处理索赔事件。

五、环境保护控制目标

努力把工程设计和施工对环境的不利影响减至最低限度，确保铁路沿线景观不受破坏，地表水和地下水水质不受污染，植被得到有效保护，噪声、振动和扬尘的环境影响得到有效控制，文物得到有效保护；坚持做到"少破坏、多保护，少扰动、多防护，少污染、多防治"，使环境保护监控项目与监控结果达到设计文件及有关规定；做到环保设施与工程建设"同时设计，同时施工，同时交付使用"。

六、文明施工控制目标

强化文明工地建设和管理，规范现场管理、有序组织工程施工、保证施工安全和工程质量，避免施工扰民、营造良好的外部施工环境、树立文明施工形象，确保本工程的土地复垦符合国家与当地政府的有关要求，符合环水保要求。

第三节　建设程序与决策

渝黔铁路建设严格按照国家、铁路总公司关于铁路建设项目报批程序的要求，依法合规开展建设。

一、项目建议书

2009 年 3 月 24 日，国家发展改革委以《国家发展改革委关于重庆至贵阳铁路扩能改造工程项目建议书的批复》（发改基础〔2009〕778 号）批复了项目建议书。

二、可研报告及批复

2010 年 12 月 6 日，国家发展改革委以《国家发展改革委关于重庆至贵阳铁路扩能改造工程可行性研究报告的批复》（发改基础〔2010〕2855 号）批复了可行性研究报告。

三、初步设计批复

2010 年 12 月 31 日，原铁道部以《关于重庆至贵阳铁路扩能改造工程初步设计的批复》（铁鉴函〔2010〕1909 号）批复项目初步设计。

2012 年 8 月 30 日，原铁道部以《关于重庆至贵阳铁路扩能改造工程初步设计的批复》（铁鉴函〔2012〕1063 号）重新批复项目初步设计，原铁鉴函〔2010〕1909 号废止。

四、规　划

2009 年 8 月 11 日，重庆市规划局以《重庆至贵阳铁路扩能改造工程（重庆市境内）建设项目选址意见书》（选字第〔区县〕市 500000200900033 号）同意渝黔铁路重庆境内规划设计。

2009 年 8 月 18 日，贵州省住房和城乡建设厅以《重庆至贵阳铁路扩能改造工程（贵州省境内）建设项目选址意见书》（选字第 520000200900037 号）同意渝黔铁路贵州境内规划设计。

五、用　地

2009 年 12 月 3 日，原国土资源部以《关于重庆至贵阳铁路扩能改造工程建设用地预审意见的复函》（国土资预审字〔2009〕450 号）批复该项目拟用地总面积 1 477.62 公顷，其中农用地 1 142.76 公顷（含耕地 734.2 公顷）。

2011 年 6 月 3 日，原国土资源部以《国土资源部办公厅关于重庆至贵阳铁路扩能改造工程（重庆境内）先行用地的复函》（国土资厅函〔2011〕470 号）批复同意该项目先行用地 109.285 5 公顷（含耕地 79.251 公顷），其中桥梁工程用地 37.12 公顷、隧道工程租用地 12.33 公顷、路基工程用地 12.18 公顷、站场用地 33 公顷、拆迁安置用地 14.655 5 公顷。

2012 年 11 月 3 日，原国土资源部以《国土资源部办公厅关于重庆至贵阳铁路扩能改造控制性工程（贵州段）先行用地的复函》（国土资厅函〔2012〕1159 号）批复同意该项目先行用地 64.52 公顷（含耕地 56.63 公顷），其中 26 座大桥用地 49.118 9 公顷、20 座隧道用地 15.401 1 公顷。

2013 年 8 月 1 日，国家林业局以《重庆至贵阳铁路扩能改造工程（贵州段）使用林地审核同意书》（林资许准〔2013〕275 号）同意重庆至贵阳铁路扩能改造工程（贵州段）项目占用征收林地 128.639 9 公顷。

2013 年 9 月 15 日，原国土资源部以《国土资源部关于重庆至贵阳铁路扩能改造工程贵州段工程建设用地的批复》（国土资函〔2013〕703 号）批准建设用地共计 594.991 9 公顷，由当地人民政府按照有关规定提供，作为重庆至贵阳铁路扩能改造工程建设用地。

2013 年 11 月 4 日，国家林业局以《重庆至贵阳铁路扩能改造工程（重庆段）使用林地审核同意书》（林资许准〔2013〕424 号）同意重庆至贵阳铁路扩能改造工程（重庆段）项目占用征收林地 71.512 1 公顷。

2013 年 11 月 30 日，原国土资源部以《国土资源部关于重庆至贵阳铁路扩能改建工程重庆段工程建设用地的批复》（国土资函〔2013〕874 号）批准建设用地共计 554.845 2 公顷，由当地人民政府按照有关规定提供，作为重庆至贵阳铁路扩能改建工程重庆段工程建设用地及拆迁安置用地。

六、环　评

2010 年 8 月 4 日，环保部以《关于改建铁路重庆至贵阳线扩能改造工程环境影响报告书的批复》（环审〔2010〕236 号）认为渝黔铁路项目符合《中长期铁路网规划调整方案》、国家产业政策和沿海城市总体规划，综合考虑各方面的因素，同意渝黔铁路有限责任公司按照报告书中所列建设项目的地点、性质、规模和环境保护措施及本批复要求进行项目建设。

2013 年 4 月 15 日，环保部以《关于改建铁路重庆至贵阳线扩能改造工程变更环境影响报告书的批复》（环审〔2013〕105 号）认为渝黔铁路项目符合国家产业政策及《中长期铁路网规划（2008 年调整）》，符合原铁道部提出的《关于改建铁路重庆至贵阳线扩能改造工程变更环境影响报告书的预审意见》（铁计函〔2013〕301 号），在落实报告书提出的各项生态保护及污染防治措施前提下，综合考虑各方面因素，同意渝黔铁路有限责任公司报告书中所列建设项目的性质、规模、地点和拟采取的环境保护措施。

七、水土保持

2010 年 6 月 1 日，水利部以《关于改建铁路重庆至贵阳线扩能改造工程水土保持方案的复函》（水保函〔2010〕118 号）通过了渝黔铁路水土保持方案。

第二章　工程概况

渝黔铁路北接兰渝铁路童家溪线路所，自重庆西站引出，向南经重庆市綦江区、贵州遵义市桐梓县、贵阳市息烽县，终到贵阳北站，正线全长 366.746 km，新建隧道共 145 座-203 729.371 m，其中正线新建 120 座-181 406.371 m（单线隧道 3 座-1 637 m，双线隧道共 117 座-179 769.371 m），正线新建隧道占正线线路长度的 49.46%。全线最长的隧道为天坪隧道，长 13 978.252 m。渝黔线共有铁路桥梁 280 座-113 007.398 m，正线铁路桥梁共 234 座-97 323.67 m，占线路总长的 26.53%。渝黔正线桥隧总长 278 730 m，桥隧比重为 75.99%；区间路基长度 88.016 km，占线路长度的 24.01%；正线共设重庆西、珞璜南、綦江东、赶水东、桐梓北、桐梓东、娄山关南、遵义、龙坑、遵义南、息烽、修文县及贵阳北 13 个车站。

第一节　主要自然特征和地质情况

重庆至贵阳铁路位于重庆市西南部和贵州省北部地区，新建线路北起重庆市，自重庆西站引出后，向南经綦江，进入遵义市桐梓县境内，经遵义市、息烽县接入贵阳市新客站贵阳北站。

一、地形地貌特征

全线呈北南走向，线路由海拔 200 ~ 800 m 的四川盆地过渡到海拔 800 ~ 1 600 m 的贵州高原，总体为北低南高；线路横穿凉风垭、娄山关、斗篷山等区域性分水岭。地貌特征可分为三大类：

（1）川南低山丘陵区：位于重庆至赶水段，长江、綦江在区内蜿蜒展布，两侧支流呈树枝状发育，地面高程一般在 130 ~ 500 m，相对高差 20 ~ 180 m 不等，植被不甚发育。

（2）黔北中山区：位于赶水至楚米铺段，主要分水岭为酒店垭和凉风垭，地形陡峭，主要山峰、河谷走向与主要地质构造线一致，南北向展布的背斜宽缓形成山岭，向斜狭窄形成河谷，地面高程 800 ~ 1 000 m。

（3）云贵高原区：位于楚米铺至贵阳段，属云贵高原溶蚀洼地，两侧平行山脉走向发育有长达数千米的长条形溶蚀槽谷地貌，为条形中山，其高程 1 100 ~ 1 400 m 不等，斗篷山最高达 1 961 m；岩溶地貌占据主导地位，在褶曲翼部，由于碳酸盐岩与碎屑岩相间分布，岩溶地貌呈带状展布，多为低缓的峰丛谷地，在靠近分水岭、构造影响强烈处形成犹如侵蚀地形一般的“V”形峡谷。

二、地层岩性

沿线地层出露较为完全，自上元古界至新生界，除泥盆系、第三系外，自第四系至震旦系地层均有出露，尤其是古生界、中生界地层广泛分布。重庆至赶水段以侏罗系红层为主，局部分布三叠系、白垩系地层，其中侏罗系、白垩系地层以陆相泥岩、页岩、砂岩为主，三叠系以海陆交互相的砂泥岩、灰岩、白云岩为主。赶水至贵阳段为古生界及中生界灰岩、白云岩、泥灰岩夹泥页岩地层，其中上三叠系、上二叠系、下二叠系含煤层；第四系以各种成因的松散堆积物广布全线，河谷盆地及低洼地带较为集中。

三、地质构造特征（图 1-2-1）

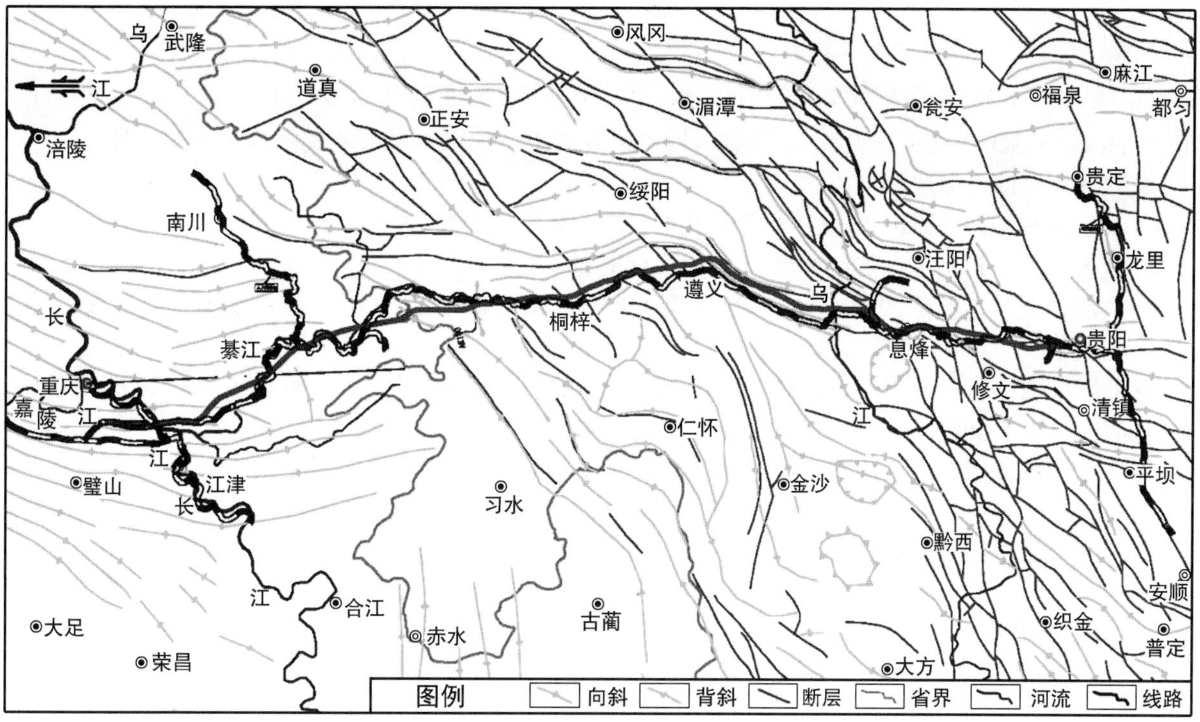

图 1-2-1　重庆至贵阳铁路地质构造纲要

（1）重庆至赶水段（DK0 + 000 ~ DK100 + 000）：位于新华夏系第三沉降带四川盆地边缘、川东褶皱带东缘和黔北褶皱带北缘，构造以南北向构造体系为主，以褶皱为主，断裂不发育，褶皱以梳状为主，具线状、弧形特征。线路主要穿越观音峡背斜、太公山向斜、东溪背斜等区域构造。

（2）赶水至桐梓段（DK100 + 000 ~ DK160 + 000）：位于黔北褶皱带北缘与黔中隆起带交接复合部位，主要构造体系以南北向经向构造体系为主，以紧闭的不对称线形褶皱和规模宏大的压性断裂为特征，受后期构造的叠加破坏产生区内构造体系间的多种复合联合关系，构成现今复杂的构造面貌。线路主要穿越酒店垭背斜、松坎向斜、夜郎坝向斜、高桥向斜等区域构造。

（3）桐梓至贵阳段（DK160 + 000 ~ DK340 + 000）：位于黔中隆起带，以北东向构造体系为主，区域以褶皱为主，呈弧形展布，断裂多发育于其翼部及核部，大多为压扭性断裂，息烽段具盆状构造特征，息烽以南具复式向斜特征。线路主要穿越东山背斜、新土沟断裂、黄石窝断裂、排军断裂、烧酒房断裂、南北镇向斜、周水桥向斜、息烽至都拉营复式向斜等区域构造。

四、水文地质概况

1. 地下水类型

根据测区出露的地层岩性及含水地层储水空间的成因特征和地下水赋存形式，将测区地下水划分为松散岩类孔隙水、碎屑岩类裂隙水、碳酸盐类岩溶水三大类。

（1）松散岩类孔隙水：主要赋存于第四系松散层中，主要由大气降水补给，水量随季节变化，埋深不等，局部有小泉或湿地分布。

（2）碎屑岩类裂隙水：主要赋存于碎屑岩的节理裂隙及构造破碎带中，其富水性受区域构造形态、基岩节理裂隙发育程度及完整性控制，主要受大气降雨补给。

（3）碳酸盐类岩溶水：主要发育于碳酸盐岩地层，水量较丰富，分布不均匀，受岩溶发育形态及程度控制，接受大气降雨补给。

2. 沿线水质对混凝土侵蚀性评价

经定测取水样225组分析试验，沿线地表水、地下水水质类型主要以HCO_3^-—Ca^{2+}型、SO_4^{2-} · HCO_3^-—Ca^{2+}与HCO_3^- · SO_4^{2-}—Ca^{2+}型为主，一般为低矿化度淡水、软水，对砼及砼结构多无侵蚀性。

地下水具侵蚀性地层：

（1）煤系地层：龙潭组（P_2l）须家河组（T_3xj）及龙马溪组（S_1l）炭质页岩地层。

（2）盐溶角砾岩地层：雷口坡组（T_1l）茅草铺组（T_1m）。

（3）膏岩地层：松子坎组（T_2s）、遂宁组（T_2sn）和嘉陵江组（T_1j）、高台组（$\in_2g$）、石冷水组（$\in_2sh$）。

以上地层地下水对砼多具侵蚀性，根据《铁路混凝土结构耐久性设计暂行规定》及2007年7月后新执行的铁建设〔2007〕140号文，在环境作用类别为化学侵蚀环境及氯盐环境时，水中SO_4^{2-}或pH值对混凝土结构侵蚀等级为H1～H2、L1，局部为H3。

五、工程地质特征

本线地形地质条件十分复杂，区域地质作用强烈，碳酸盐岩分布广泛，不良地质特别发育，地质灾害发生频繁，类型众多。沿线主要的工程地质问题有岩溶、人为空洞（采空区）、煤层瓦斯、天然气、顺层、滑坡、崩塌、错落、岩堆、危岩落石、风化剥落等不良地质，以及软土、松软土、膨胀土（岩）、红黏土等特殊岩土。

（一）不良地质

1. 岩　溶

正线可溶岩主要分布于赶水至贵阳段，长173.9 m。岩溶形态多样，既有溶隙、岩溶洼地、落水洞、漏斗等垂向岩溶形态，也有溶洞、暗河等水平岩溶形态。受构造作用影响，岩体破碎，加之测区雨量充沛，受泥质岩类相对隔水层的夹持，从而有利于地下水的补给和对可溶岩成分的溶蚀、溶解作用，造成了该区岩溶强烈发育。

2. 人为空洞

重庆枢纽范围内三叠系须家河（T_3xj）地层含煤，赶水至贵阳段主要二叠系龙潭组（P_2l）、长兴组（P_2c）地层含煤。沿线多以大型煤矿开采为主，直接控制线路方案的大面积采空矿区有中梁山煤矿、松藻煤电公司（原松藻煤矿）、福利煤矿、观音桥煤矿、渝兴煤矿、桐河煤矿、桐梓煤矿、杨村沟煤矿、遵义煤矿、南山煤矿等，开采深度一般为150～400 m，线路设计期间仍在开采。在选线绕避了较大规模煤矿采空区后，福利煤矿、观音桥煤矿及小规模个体煤窑等开采区线路仍未能完全绕避，特别是遵义礼仪段表现尤为突出。据实地调查，采煤坑道年代久远，巷道狭窄，且大部分已坍塌，无法开展坑道实测工作，只能以访问当地知情老者为主，尽可能获取点滴资料进行综合分析判断。定测阶段针对工程类型加强物探与钻探工作。

3. 有害气体

① 煤层瓦斯：沿线主要有13座隧道穿煤层，经调查主要为须家河组煤层和龙潭组煤层，其中龙潭组煤层因其所含煤层厚，煤质较好，瓦斯绝对涌出量大，加之隧道埋藏较深，瓦斯不易渗出、逸散，对隧道影响较大，划为高瓦斯工区或瓦斯突出工区。

② 天然气：线路主要穿越观音峡含油气构造（货运线和客运线及相关工程）、南温泉含油气构造（分布于 DK32 + 445 ~ DK37 + 145 段）、石油沟气田（分布于 DK48 + 770 ~ DK63 + 580 段）、东溪气田（分布于 DK68 + 625 ~ DK77 + 500、DK86 + 650 ~ DK91 + 185 段）。

根据钻探、现场测试和收集资料分析，沿线 13 座隧道大多处于油气田的浸染区，均为低瓦斯隧道（只针对天然气）。针对瓦斯隧道施工，必须做到有效预测瓦斯状况，对高瓦斯及瓦斯突出场所，建立专门的瓦斯抽放系统，对瓦斯进行抽放，并加强施工场所通风量和采取防止瓦斯引燃的有效措施，以保证施工人员的安全。

4. 顺　层

线路大部分沿区域构造走向行进，全线顺层长 159.7 km，对工程危害较大；路堑挖方地段，易造成顺层滑坡，隧道工程地段则存在顺层偏压。因此线路选线尽量以大角度斜穿构造线，降低挖方边坡高度，偏压隧道应加强措施。

5. 滑坡、崩塌、错落、岩堆、危岩落石

山地、高山峡谷地段，坡陡谷深、构造复杂。滑坡以软质岩、膨胀岩、松散岩层为主，尤其是受构造影响强烈区域，岩体破碎，易形成滑坡；崩塌、错落、岩堆及危岩落石形成的灾害，主要分布于沿线灰岩、白云岩和厚层砂岩组成的峡谷河段或陡峻山坡地带。全线危岩落石 49 段，危及线路长度 7.01 km，其中：危及路基长度 3.098 km，占总长的 44.2%；危及桥梁长度 1.97 km，占总长的 28.1%；危及隧道长度 1.942 km，占总长的 27.7%。沿线大型的稳定性差的滑坡、错落、崩塌、岩堆等在研究中均已绕避，沿线发育岩堆 28 处，对线路影响较大的有垮山岩堆、望乡坡岩堆等，当前已绕避 27 处，剩余一处位于 DK195 + 813.09 ~ DK195 + 871 段；线路从岩堆中部通过，主轴长约 120 m，宽 80 ~ 120 m，厚 6 ~ 20 m，物质成分为碎石土，坡面主要为耕地，目前处于稳定状态，此岩堆对路基影响较大，应加强处理措施。

（二）特殊岩土

1. 软土、松软土

软土、松软土在全线分布广泛，为全线最主要的特殊土，也是影响线路方案的主要地质问题，全线均有发育，以重庆至赶水一带最为发育。正线软土及松软土总长 114.979 km，重庆枢纽软土及松软土总长 11.503 km，贵阳枢纽软土及松软土总长 36.814 km。软土、松软土一般发育在丘间沟槽及宽缓槽谷的水田地段，无明显界面，大多呈透镜体分布，表层软土、松软土受季节性影响较大，其成因相对简单，主要为冲洪积相沉积。小型沟槽中软土、松软土一般厚 1 ~ 3 m，大型沟槽中厚度一般为 2 ~ 8 m，局部地段大于 12 m，对线路影响较大，应处理。

2. 膨胀土（岩）

① 膨胀土：区段内的膨胀土为红黏土，覆土红土化作用形成的棕红、褐黄等色覆盖于碳酸盐岩系地层之上，具有表面收缩、上硬下软、裂隙发育和较显著的胀缩性，且液限 > 45%的土为红黏土，一般厚 0 ~ 4 m，局部厚达 10 m，对线路影响极大。区段内红黏土主要分布于楚米至娄山关、遵义至贵阳一带，全线红黏土总长 160.557 km，危及路基长度 125.234 km，占总长的 78%，危及桥梁长度 35.322 km，占总长的 22%，对线路影响较大，应处理。全线膨胀土多为弱膨胀土，少部分为中等膨胀土，综合全线的气象特征，确定沿线大气影响深度为 2 ~ 4 m，大气影响急剧层深度为 0.9 ~ 2.0 m。

线路通过膨胀土地段，应放缓挖方边坡，对 3 m 以上的路堑边坡，应设置支挡工程，并做好排水设施。填方路堤不宜以膨胀土为填料，若取土困难，确需膨胀土作填料时，应按一定比例添加生石灰和碎石角砾进行改良。

② 膨胀岩：据沿线公路、房屋建筑开挖剖面调查，泥岩临时边坡陡立，虽经日晒雨淋，稳定性一般较好，亦未闻未见有因泥岩膨胀性而致建筑物变形破坏者。测区泥岩自然陡坎较多，不具明显的膨胀岩地貌特征。经对全线初测泥岩取样试验，沿线侏罗系地层的珍珠冲组的泥岩，矿物成分有蒙脱石、水云母等，岩石易风化剥落，具遇水软化崩解，失水收缩开裂等特性。本次对全线泥岩取样试验，自由膨胀率 $F_s \geqslant 30\%$的共有 28 组，占泥质岩总样数的 2%，最大值 41%，平均值 18.47%；饱和吸水率 $w_{sa} \geqslant 10\%$者共 197 组，占总样数的 17.14%，最大值 57.36%。根据沿线 61 组泥岩膨胀性试验得出，有 13 组岩样具膨胀性，被试验室定名为膨胀岩，占总样数的 21.31%。取样测试结果表明，泥岩仍具一定膨胀性，遇水易软化、崩解，物理力学指标将降低。

3. 石　膏

区段内石膏主要发育于侏罗系中统遂宁组（J_2sn）和二叠系中统松子坎组（T_2s）、雷口坡组（T_2l）、下统嘉陵江组（T_1j）地层中。本次测绘工作中只是在新站镇的遂宁组地层见有呈片状的石膏，而其余地层均未见。但施工时，不排除在上述除遂宁组以外的地层中遇到石膏的可能性。地下水一般为硫酸盐侵蚀，其侵蚀等级为 H_1。

4. 盐溶角砾岩

区内三叠系下统嘉陵江组二段（T_1j^2）、四段（T_1j^4）、茅草铺组二段（T_1m^2）、中统雷口坡组（T_2l）和松子坎组（T_2s）中夹有盐溶角砾岩。据本次调查，茅草铺组二段顶部的盐溶角砾岩一般厚 5 ~ 8 m，雷口坡组一般厚 20 m 左右，而在观音峡背斜的雷口坡组岩性以盐溶角砾岩为主，厚 80 ~ 110 m。盐溶角砾岩呈角砾状，遇水易软化，工程地质性质差，容易产生崩塌、冒落等现象，设计与施工中亦应引起高度重视，并采取合理的工程措施，确保工程安全。

5. 人工弃填土

人工填筑土主要分布于开发建筑地段和公路、铁路填方地段，由于建设工程多，人工弃填土分布段落多，厚度变化大，全线大多集中在重庆枢纽内，影响线路长度 2.98 km。据调查，人工弃填土以素填土（碎块石土）为主，厚 2 ~ 20 m 不等，压缩性大，无胶结，承载力低，局部含有机质，工程地质性质差，应处理。

六、气象特征

沿线气候属亚热带湿润季风气候。从重庆至贵阳，随着地势的不断增高，以及海洋面的远离，各地气候也存在着一些差异。随着线路的南行，沿线气候从亚热带温热湿润气候以及亚热带湿润季风气候逐渐过渡为亚热带季风性湿润气候。各地直接承受印度洋及太平洋水气补充。沿线各地气象情况详见表 1-2-1。

表 1-2-1　沿线各地气象情况表

地区	气温			风速及风向		降雨		日照	蒸发量	雾日	积雪深	相对湿度
	多年平均气温 °C	极端最高气温 °C	极端最低气温 °C	年平均风速 m/s	最大风速风向 m/s	多年平均降雨 mm	最大一日降雨 mm	多年平均日照时数 时	mm	d	cm	%
重庆市	17.8	42.5	−1.8	1.5	26.7/NW	1 151.5	221.3	1 245.0	1 227.6	58.0	4.0	80
重庆江津区	18.2	44.3	−2.3	1.3	18.0/N	1 034.7	162.0	1 207.9.	1 015.0	34.0	4.0	82
重庆綦江区	18.6	44.5	−1.7	1.3	19.0/SSE	1 040.5	216.5	1 023.0	1 163.2	21.0	1.8	78
贵州桐梓县	14.6	36.6	−6.9	1.9	18.3/SSW	857.5	173.3	843.5	932.9	7.0	1.4	80
遵义市	15.3	37.4	−7.1	1.1	16.3/S	895.2	183.9	875.7	828.2	9.0	1.4	80
贵阳市	15.3	37.5	−7.8	2.0	17.5/NE	1 134.8	197.3	1 239.4	1 239.4	14.6	22	79

七、地震动参数

根据《中国地震动参数区划图》（GB 18306—2001）（1∶400 万）及《改建铁路重庆至贵阳线扩能改造工程场区地震动参数区划报告》（中震安评〔2009〕65 号）结论：重庆—綦江段（DK0 ~ DK92）、贵阳段（DK330 ~ 终点）地震动峰值加速度为 0.05g，綦江—贵阳段（DK92 ~ DK330）地震动峰值加速度为<0.05g；地震动反应谱特征周期值，重庆—贵阳均为 0.35 s。

第二节　主要技术标准

一、相邻线铁路主要技术标准（表 1-2-2）

表 1-2-2　相邻铁路主要技术标准表

线路名称		铁路等级	正线数目	限制坡度/‰	最小曲线半径/m	牵引种类	机车类型	牵引质量/t	到发线有效长/m	闭塞类型
兰渝线	广元—重庆	Ⅰ级	双线	6	一般 3 500 困难 2 800	电力	动车组 HX_{D3}	4 000	850	自动
遂渝线	遂宁—重庆	Ⅰ级	单线	6	一般 2 200 困难 2 000	电力	SS_3	3 500	850	自动站间
		Ⅰ级	双线	6	一般 2 800 困难 2 200	电力	动车组 SS_3	3 500	850	自动
襄渝线	重庆西—达州	Ⅰ级	双线	6	一般 2 800 困难 1 600	电力	SS_4	4 000	850	自动
渝利线	重庆—利川	Ⅰ级	双线	9 加力坡 18.5	3 500	电力	动车组 HX_{D2}	3 500	850	自动
渝万城际	重庆—万州	Ⅰ级	双线	20	4 000	电力	动车组		650	自动
成渝客专	成都—重庆	Ⅰ级	双线	20	7 000	电力	动车组		650	自动
成渝线	内江—重庆西	Ⅱ级	单线	10	300	电力	SS_3	2 720	750	半自动
渝昆线	重庆—昆明	Ⅰ级	双线	9 加力坡 18.5	3 500	电力	动车组 HX_{D2}	3 500	850	自动
成贵客专	成都—贵阳	客专	双线	一般 20 困难 30	一般 4 000 困难 3 500	电力	动车组		650	自动

续表

线路名称		铁路等级	正线数目	限制坡度/‰	最小曲线半径/m	牵引种类	机车类型	牵引质量/t	到发线有效长/m	闭塞类型
成兰线	成都—九寨沟	Ⅰ级	双线	9 加力坡 18.5	一般 3 500 困难 2 800	电力	动车组 HX_{D2}	4 000	850	自动
内昆线	内江—六盘水	Ⅰ级	单线	13/23.5	450	电力	SS_3	3 500/2 200	850	半自动
渝怀线	重庆—怀化	Ⅰ级	单线	6 加力坡 13	一般 1 200 困难 800	电力	SS_{3B}	3 500	850	自动站间
		Ⅰ级	双线	6 加力坡 13	一般 1 200 困难 800	电力	SS_{3B}	3 500	850	自动
贵广线	贵阳—广州	客专	双线	20	4 500	电力	动车组		650	自动
贵昆线	贵阳南—六盘水	Ⅰ级	双线	6 加力坡 13	400	电力	SS_3	4 000	850	自动
	六盘水—沾益	Ⅰ级	双线	6 加力坡 13	一般 2 000 困难 1 600	电力	客 SS_{7E} 货 SS_{3B}	4 000	850	自动
	沾益—昆明	Ⅰ级	双线	6 加力坡 13	一般 2 000 困难 1 600	电力	SS_{3B}	3 800	850	自动
黔桂线	贵阳—柳州	Ⅰ级	单线（预留复线）	6 加力坡 13	一般 2 000 困难 1 600	电力	客 SS_9 货 SS_{3B}	3 800	850	自动
湘黔线	怀化—贵阳	Ⅰ级	双线	6 加力坡 13	一般 400 困难 300	电力	SS_3	3 800	850	自动
湘桂线	永州—柳州	Ⅰ级	单线	12	281	内燃	DF_{4B}	2 700	650	半自动
	柳州—黎塘	Ⅰ级	双线	6	700	内燃	DF_4	3 500	850	半自动
	永州—黎塘	Ⅰ级	双线（部分三线）	6	3 500/2 800	电力	客 SS_9 动车组货 SS_7	4 000	850	自动
南昆线	南宁—昆明	Ⅰ级	单线	6 加力坡 13	400	电力	SS_7	双机 3 900 单机 2 050	850	半自动
云桂线	南宁—昆明	Ⅰ级	双线	9 加力坡 18.5	3 500	电力	动车组 HX_{D2}	双机 4 000	850	自动
沪昆客专	长沙—昆明	客专	双线	25	4 000	电力	动车组		650	自动

二、设计线铁路主要技术标准

（一）新建正线主要技术标准（表 1-2-3）。

表 1-2-3　重庆至贵阳铁路新建正线主要技术标准表

序号	主要技术标准	推荐意见
1	铁路等级	国铁Ⅰ级
2	正线数目	双线
3	旅客列车设计行车速度	200 km/h
4	正线线间距	4.4 m
5	限制坡度	9‰，加力坡 18.5‰
6	最小曲线半径	3 500 m，重庆、贵阳枢纽梯级分布
7	牵引种类	电力
8	到发线有效长度	850 m，双机地段 880 m
9	列车控制方式	自动控制
10	行车指挥方式	调度集中
11	建筑限界	满足 200 km/h 电气化客货共线铁路限界要求

（二）既有线主要技术标准

既有线维持既有标准不变。

（三）增建二线、联络线、动车组走行线、养护维修列车走行线主要技术标准

1. 增建二线

（1）K141 线路所至歌乐增建二线：速度 120 km/h，限制坡度 20‰。

（2）团结村（含）至白市驿（含）增建二线（左线）：速度 120 km/h，限制坡度 6‰。

（3）都拉营至关田既有线增建第二线：速度 120 km/h，限制坡度 13‰。其中 HD1K421 + 300 ~ HD1K421 + 850 采用 15.6‰（单向下坡）的超限坡，限速 60 km/h。

（4）都拉营北段增建第二线：速度 80 km/h，限制坡度 13‰。其中 LJDK0 + 180 ~ LJDK0 + 700 段采用 16‰（单向下坡）的超限坡，限速 60 km/h。

（5）改建既有线按不低于既有线标准执行。

2. 跨线列车联络线

本次设计所涉及的跨线列车联络线按以下速度标准设计：

（1）童家溪至重庆西联络线：按 200 km/h 速度值设计，限制坡度 20‰。

（2）井口至歌乐山联络线：速度 120 km/h，限制坡度 20‰。

（3）歌乐山至双碑线路所左右联络线：速度 80 km/h，限制坡度 20‰。

（4）珞璜至珞璜南货车疏解左右线：速度 80 km/h，限制坡度 18.5‰。

（5）陶家场线路所 HDK839 + 780 至铜罐驿（含）成渝货车联络左右线：速度 120 km/h，限制坡度 10‰。其中联络左线 LCYZDK0 + 280 ~ LCYZDK1 + 150 段采用 17.5‰（单向下坡）的超限坡，并于铜罐驿站重庆端进站曲线（LCYZDK9 + 550 ~ LCYZDK9 + 740）尽量不动铜罐驿站既有道岔半径，保持既有半径 350 m，限速 60 km/h。

（6）陶家场至大碑段增二线自南草村线路所前成渝货车联络右线 LCYYDK1 + 471.02 处起，沿成渝联络左线右侧增建二线（同时拆除南草村线路所）至 LCYYDK6 + 470.56：速度 120 km/h，限制坡度 10‰。

（7）贵阳枢纽货车联络线：速度 80 km/h，限制坡度 18.5‰。

（8）贵阳枢纽客车联络线：速度 120 km/h，最大坡度 25‰。

跨线列车联络线的设计标准，系根据所确定的设计速度，按相应速度标准的设计规范或规定执行。

3. 动车组走行线

动车组走行线的平面标准，根据走行线的长度、所经地区的地形地质条件等，按不大于 120 km/h 的速度标准设计；其纵断面标准根据动车组（空车）的牵引特性确定；重庆枢纽动车走行线线路按 60 km/h 标准设计，最大坡度一般 20‰、困难 30‰，竖曲线半径一般 5 000 m、困难 3 000 m；贵阳枢纽动车走行线线路按 80 km/h 标准设计，最大坡度一般 30‰、困难 35‰，竖曲线半径一般 5 000 m、困难 3 000 m。其他相关设计标准按现行铁路有关设计规范执行，并满足一次铺设无缝线路的有关技术要求。

4. 养护维修列车走行线

按行车速度小于 100 km/h 考虑，参照铁路有关设计规范确定技术标准。

第三节　主要工程特点和工程数量

一、工程特点

本线地形地质条件十分复杂，区域地质作用强烈，碳酸盐岩分布广泛，不良地质特别发育，尤其沿线可溶岩段落长达 200.146 km，占全线的 58.08%。全线设站条件困难，大多数车站位于地形起伏较大的地形上，全线新建车站 12 个，站内设桥的车站共计 5 个，部分咽喉设于隧道内的车站 6 个。

二、主要工程数量

1. 轨道工程

铺设有砟轨道 616.389 单线公里，铺设一级道砟 194.6×10^4 m^3。其中：正线有砟轨道 601.214 单线公里，无砟轨道 118.547 单线公里；站线有砟轨道 148.63 单线公里；正线道床铺设一级道砟 143.4×10^4 m^3，站线道床铺设一级道砟 39.5×10^4 m^3。重庆及贵阳枢纽共铺设有砟轨道 15.175 铺轨公里，Ⅰ级道砟 11.7×10^4 m^3，底砟 0.9×10^4 m^3。

正线有砟道岔 208 组、无砟道岔 2 组，到发线有砟道岔 274 组，维修工区及段所有砟道岔 47 组，总计 531 组。

2. 路基工程

渝黔线正线长 366.746 km，其中：路基长 88.016 km，路基长度占正线长度的 24.01%；正线区间路基长 69.882 km，占正线线路长度的 19.05%。渝黔正线区间路基断面土石方 $1\,518.8 \times 10^4$ m^3（含软基清淤、换填及基床表层，已扣除过渡段、垫层及框架涵土方），其中过渡段级配碎石 71.81×10^4 m^3，填方 248.07×10^4 m^3，挖方 $1\,198.92 \times 10^4$ m^3；钢筋混凝土（桩、板、框架梁等）22.687×10^4 m^3；其

余圬工 $74.373\times10^4\ m^3$（含支挡工程、加固防护、附属工程）；水泥搅拌桩 103.06×10^4 m，CFG 桩 70.686×10^4 m，柱锤夯扩碎石桩 10.662×10^4 m；正线区间路基新征永久用地 328 hm^2，路基临时用地 169.5 hm^2。

3. 桥　涵

渝黔线施工设计共有铁路桥梁 280 座-113 007.398 m（渝黔正线 234 座-97 323.67 m），其中：特殊桥 46 座，计 33 459.236 m；框架桥 44 座，计 33 028.789 m^2；盖板箱涵 275 座，计 9 284.71 横延米；框架涵 24 座；倒虹吸 10 座，计 243 横延米；人行天桥 6 座，计 1 222.565 m^2；渡槽 1 座，计 81.46 m；地道 12 座。

4. 隧　道

渝黔下行贯通正线长 366.746 km，新建隧道共 145 座-203 729.371 m，其中正线新建单线隧道共 3 座-1 637 m（重庆枢纽），双线隧道共 117 座-179 769.371 m（重庆枢纽 3 座-10 017 m、区间正线 113 座-169 460.371 m、贵阳枢纽 1 座-292 m），正线新建隧道占正线线路长度的 49.46%。全线最长的隧道为天坪隧道，长 13 978.252 m。

5. 站　场

重庆至贵阳线共新建车站 12 个和线路所 13 个（其中重庆枢纽新建车站 2 个、线路所 5 个，贵阳枢纽新建线路所 8 个），改建车站 13 个和 1 个线路所（其中重庆枢纽改建车站 10 个、改建线路所 1 个，贵阳枢纽改建车站 3 个），关闭既有车站 1 个。

渝黔线引入贵阳枢纽客车线上设线路所 3 个、客运站 1 个；客车联络线上设线路所 2 个；货车联络线上设线路所 3 个；货车线增建第二线改建既有车站 3 个，其中中间站 2 个、越行站 1 个，封闭既有车站 1 个。

6. 电力、电力牵引供电工程

（1）接触网专业：全线共 1 066.37 条公里，回流线 797.53 条公里，加强线 11.63 条公里，架空地线 16.96 条公里，接触网支柱共计 11 124 根，站后施工基础共计 4 478 个，隧道吊柱 9 239 根，横梁吊柱 526 根，硬横梁 429 组，软横跨 166 组。

（2）变电专业：新建牵引变电所 12 座；新建分区所 12 座，分区所兼开闭所 1 座，开闭所 1 座。

（3）电力专业：

正线部分电力工程：外部电源 18 回，架空线路 22.64 km，电缆线路 78.08 km；10 kV 配电所 8 座；10/0.4 kV 站房远动间 11 座；10/0.4 kV 中继站 12 座；10/0.4 kV 站房配 11 座；箱式变电站 164 座，10 kV 站馈线路电缆 40.14 km，10 kV 贯通线电缆线路 3 × 804.54 条公里，低压电缆线路 168 km。

7. 通信、信号工程

（1）通信部分：干线 32 芯光缆敷设 776 条公里，24 芯视频光缆 770 条公里；通信铁塔 108 座，漏泄同轴电缆 188.279 4 km，通信设备安装共 284 站点，其中车站通信设备安装 15 站，基站设备安装 26 处，分布式基站设备安装 3 处，直放站 173 套，12 个中继站，12 座牵引变电所、3 个配电所、12 个分区所、1 个开闭所兼分区所、1 个开闭所，6 个派出所、6 个综合车间/工区，红外轴温、给水所共计 20 处。重庆北通信站传输 STM-64ADM1 套、无线 BSC/PCU 设备及网管服务器等；成都 GSM-R 核心网、成都通信站及成都调度楼扩容接入通信各主系统、安装视频接口服务器、无线 TRAU 设备等。

（2）渝黔铁路信号部分：全线共包括 15 个站场及线路所、12 个中继站、1 个列车调度台。组合柜配线共计 613 架，电源屏设备共计 27 站，联锁设备共计 15 站，列控共计 27 站，CTC 共计 15 站，计算机监测共计 27 站，CTC 调度台共计 1 个。

8. 环境保护与水土保持工程

（1）工程占地 2 042.068 hm^2，其中永久用地 1 245.029 hm^2，临时用地 814.7 hm^2；经土石方调配后，弃土、渣共计 3 336.97 × 10^4 m^3，其中，弃土（渣）场 146 处、制梁场 4 处、铺轨基地 4 处、拌和站 65 处、钢筋加工厂 41 处、施工营地 14 处、制板厂 2 处。新建施工便道 196.174 km，改扩建施工便道 113.156 km，既有道路整修 30.334 km。

（2）共计安装声屏障 29 574 m（其中路基声屏障 14 494 m，桥梁声屏障 15 080 m），共计安装隔声窗 26 546 m^2。

9. 防灾安全监控系统工程

渝黔铁路自然灾害及异物侵限监测工程，设有风监测点 28 处、雨监测点 34 处、异物监测点 3 处、现场监测单元 33 处（其中贵阳枢纽段雨监测点 2 处、异物侵限监测点 2 处、现场监控单元 2 处由成都铁路局贵阳建设指挥部代建）。在成都铁路局调度所新建自然灾害及异物侵限监测系统数据处理设备。

第三章　建设概况

第一节　参建单位及标段划分情况

根据原铁道部《关于新建干线铁路引入枢纽工程、既有线和大型客站待建指导意见》(建建〔2009〕138 号）的要求，委托成都铁路局代建重庆枢纽内货运系统、贵阳枢纽内工程及重庆西站、遵义站；根据重庆枢纽总体建设组织方案，结合与其他线路交叉情况，委托成渝客专公司代建童西线及相关工程线下工程。

一、设计单位

渝黔铁路设计总体单位为中铁二院工程集团有限责任公司；天坪隧道土建工程设计单位为中铁隧道勘测设计院有限责任公司；重庆西站站房设计单位为中铁二院工程集团有限责任公司与同济大学建筑设计研究院（集团）有限公司联合体，遵义站站房设计单位为中南建筑设计院股份有限公司，遵义南、桐梓北站房设计单位为中铁时代建筑设计院有限公司；白沙沱主桥梁部的设计单位为中铁大桥勘测设计院有限公司。

二、施工单位

（一）渝黔铁路有限责任公司建设部分

渝黔铁路有限责任公司建设部分包括：站前工程 11 个标段（表 1-3-1）、四电工程 3 个标段（表 1-3-2）和站房工程 2 个标段（表 1-3-3）。

表 1-3-1　渝黔铁路有限责任公司管内站前工程标段划分

序号	标段名称	范　围	施工单位
1	YQZQ-1	正线 D1K16＋268.18～D1K25＋40（K38＋456.656～K47＋588.476）（含新白沙沱长江特大桥）、货车线 HD1K841＋056.10～HD1K848＋621.79（含珞璜施工便线 K5＋200～K6＋463.45）、珞璜南货车疏解线（LHZDK0＋000～LHZDK1＋673.68、LHYDK0＋000～LHZDK0＋706.72）、小南垭客车联络线（LXKDK0＋000～LXKDK2＋600.94），含西风岭隧道整体道床	中铁大桥局
2	YQZQ-2	正线 D2K0＋000～D1K16＋268.18（K21＋605.528～K38＋456.656）、中梁山支线改建 ZZDK0＋000～ZZDK3＋190.76、渝黔动车左线 YQDZK0＋000.686～YQDZK4＋421.230、渝黔动车右线 YQDYK0＋092.236～YQDYK4＋533.23、渝昆动车左线 YKDZK0＋000～YKDZK4＋319.59、既有小梨线电气化改造 XLK6＋205.535～XLK13＋700、重庆西进站歌乐山联络线 GLgK17＋770.00～GLgK18＋916.27、重庆西进站襄渝线改建 GXYK827＋200～GXYK828＋299.898、重庆西至梨树湾机车走行线 JZK0＋000～JZK2＋824.230、梨树湾联络线改建 GLSK0＋000～GLSK1＋096.35、重庆西站站场、重庆西动车所（存车场、洗车场、预留检修库场、客车整备场）、梨树湾车站以及中梁山车站站改工程。 上述范围内及正线 D1K16＋268.18～D1K17＋098.35（K38＋456.656～K39＋286.826）段、童西线左线里程（LtDK0＋607.65～LtDK5＋260）段、右线里程[LtDK0＋538.35～LtYDK5＋260（长链 284.4 m）]段、左右线并行段里程（LtD1K5＋260～LtD1K21＋261.563）段、歌乐山至双碑线路所左、右联络线 LnZDK0＋000～LnZDK1＋623.934，LnYDK0＋000～LnYDK0＋62.5 段铺架	中铁十八局
3	YQZQ-3	D1K25＋400～DK43＋016.583（K47＋588.470～K65＋179.063）、D1K17＋098～DK137＋400（K39＋286.476～K159＋494.166）、货车线 HD1K841＋056.10～HD1K848＋621.79 段铺轨、架梁	中铁十六局
4	YQZQ-4	D1K43＋016.583～D1K82＋159（K65＋179.063～K104＋497.848），含太公山、松岗隧道整体道床	中铁二局
5	YQZQ-5	D1K82＋159～D1K114＋664.20（K104＋497.848～K137＋004.068），含老周岩、陈家坡隧道整体道床	中铁十二局
6	YQZQ-6	DK116＋256.31～DK130＋243（K138＋350.201～K152＋337.143）天坪隧道，含整体道床	中铁隧道局
7	YQZQ-7	DK149＋773.274～DK157＋695（K171＋852.281～K179＋774.007）新凉风垭隧道，含整体道床	中铁十八局
8	YQZQ-8	D1K114＋664.200～DK116＋256.31（K137＋004.068～K138＋350.201）、DK130＋243～DK149＋773.274（K152＋337.143～K171＋852.281）、DK157＋695～DK183＋035.863（K179＋774.007～K205＋920.614）	中铁一局
9	YQZQ-9	DK183＋035.863～DK239＋355.98（K205＋920.614～K262＋253.696）	中建股份
10	YQZQ-10	DK239＋355.98～DK290＋554.27（K262＋253.696～K313＋468.641）	中铁三局
11	YQZQ-11	DK290＋554.27～DK328＋800（K313＋468.641～K353＋406.417）、DK137＋400～D3K328＋800（K159＋494.166～K353＋406.417）段铺轨、架梁	中铁十一局

表 1-3-2　渝黔铁路有限责任公司管内四电工程标段划分

序号	标段名称	范　围	施工单位
1	YQSD-1	重庆枢纽小梨线电化和珞璜施工便线及息烽综合工区站后工程的通信、信号、信息、电力、电力牵引供电、房建和暖通等相关工程的建筑安装、设备购置、联调联试及运行试验等工作（包括由于本工程实施、调试试验、联调联试等引起的相邻客专或铁路范围的相关修改或调试试验、联调联试等）	中铁电化局及中国通号股份联合体
2	YQSD-2	1. 区间正线珞璜南（不含）至蓬莱（D1K25 + 400 ~ D3K328 + 800），不含息烽工区。 重庆枢纽： 1）客车线： （1）重庆西站（含北端既有襄渝线改建及梨树湾联络线改建）（D2K0 + 000 ~ D2K5 + 500）、GLgK17 + 770 ~ GLgK18 + 916.27、GXYK827 + 200 ~ GXYK828 + 421.16，GDK0 + 000 ~ GDK1 + 094.47（梨树湾改建）； （2）渝黔客线（D2K5 + 500 ~ D1K25 + 400）； （3）新白沙沱长江桥（客线 D1K16 + 269.672 ~ D1K21 + 590.806、货线 HD1K846 + 520.594 ~ HD1K848 + 073.894）； （4）中梁山支线改建（ZZDK0 + 000 ~ ZZDK3 + 190.76）； （5）小南垭客车联络线（LXKDK0 + 000 ~ LXKDK2 + 600.94）； （6）中梁山煤电气有限公司专用线还建（K0 + 373.44 ~ K2 + 500）。 2）货车线 （1）陶家场线路所至珞璜南（HD1K841 + 056.10 ~ HD1K848 + 621.79，不含珞璜施工便线 K5 + 200 ~ K6 + 463.45）； （2）珞璜南货车疏解线（LHZDK0 + 000 ~ LHZDK1 + 673.68，LHYDK0 + 000 ~ LHZDK0 + 706.72）。 3）井口至重庆东相关工程 童家溪（不含）至重庆西（不含）新建双线（LtDK0 + 000 ~ LtDK21 + 261.563、LtYDK0 + 000 ~ LtYDK5 + 260）。 隧道防灾救援疏散工程 I 类变更设计。 2. 川黔线遵义城区线路外迁东移同步实施工程 I 类变更设计	中铁电化局及中国通号股份联合体
3	YQSD-3	动车走行线 YQDZK0 + 000 ~ YQDZK9 + 347.02、YKDZK0 + 000 ~ YKDZK5 + 613.70、YQDYK0 + 000 ~ YQDYK5 + 826.78，重庆西动车存车场、客车整备所、梨树湾客机折返段，小梨线 K22 + 100 ~ K23 + 503.578，重庆西至梨树湾机车走行线 JZK0 + 000 ~ JZK2 + 824.23 站后工程	中铁八局及中铁武汉电化局联合体

表 1-3-3　渝黔铁路有限责任公司管内站房工程标段划分

序号	标段名称	范　围	施工单位
1	YQZF-1	珞璜南站、綦江东站、赶水东站、桐梓北站、娄山关南站	北京城建
2	YQZF-2	桐梓东站、遵义南站、息烽站、修文县站	中铁建工

（二）成渝公司代建部分（表 1-3-4、表 1-3-5）

表 1-3-4　成渝公司代建部分站前工程标段划分

序号	标段名称	范　围	施工单位
1	CQSN-1	童西线左线 LtDK0 + 607.65 ~ LtDK5 + 260，童西线右线 LtYDK0 + 538.35 ~ LtYDK5 + 260，童西线左右线并行段 LtD1K5 + 260 ~ LtD1K21 + 193 以上段土建工程（不含桥面系工程及 T 梁制、运、架），K141 至歌乐山联络右线 LgYDK0 + 130 ~ LgYDK5 + 685.67、井口至歌乐山联络右线 LjYDK0 + 000 ~ LjYDK3 + 291.6，歌乐山至双碑线路所左联络线 LnZDK0 + 000 ~ LnZDK2 + 581.59、歌乐山至双碑线路所右联络线 LnYDK0 + 000 ~ LnYDK2 + 955（不含桥面系工程及 T 梁制、运、架），左联络线 LnZDKO + 000 ~ LnZDKO + 700、右联络线 LnYDKO + 000 ~ LnYDK0 + 102.377 轨道工程	中铁十七局集团有限公司

表 1-3-5　成渝公司代建部分四电工程标段划分

序号	标段名称	范　围	施工单位
1	CYSD-1	K141 至歌乐山联络右线 LgYDK0 + 130 ~ LgYDK5 + 685.67、井口至歌乐山联络右线 LjYDK0 + 000 ~ LjYDK3 + 291.6，歌乐山至双碑线路所左联络线 LnZDK0 + 000 ~ LnZDK2 + 581.59、歌乐山至双碑线路所右联络线 LnYDK0 + 000 ~ LnYDK2 + 955 相关四电工程	中铁建电气化局

（三）重庆指挥部代建部分（表 1-3-6）

表 1-3-6　重庆指挥部代建部分站前、站后及迁改工程标段划分

序号	标段名称	范　围	施工单位
1	站前标	（1）团结村站（含）至白市驿站（含）（K810 + 100 ~ HDK830 + 600）增建二线 20.491 km； （2）白市驿（不含）至代建段终点（HDK830 + 600 ~ HD1K841 + 056）新建双线 10.516 km； （3）铜罐驿联络线（LTXDK0 + 000 ~ LTXDK1 + 106.97）单线长 1.107 km； （4）成渝货车联络线（LCYZDK0 + 000 ~ LCYZDK9 + 804.01、LCYYDK0 + 000 ~ LCYYDK1 + 664.18）单线长 11.403 km； （5）黄磏车站货场成渝线改建 2.832 km； （6）还建危险品专用线	中铁八局集团有限公司
2	站后标	（1）团结村至白市驿增建二线（左线）（K810 + 100 ~ HDK830 + 600）增建二线 20.491 km； （2）白市驿至代建段终点新建双线（HDK830 + 600 ~ HD1K841 + 056.10）新建双线 10.516 km； （3）成渝联络左线（LCYZDK0 + 000 ~ LCYZDK9 + 804.01），长 9.759 km； （4）成渝联络右线（LCYYDK0 + 000 ~ LCYYDK1 + 664.18），长 1.645 km； （5）铜罐驿联络线（LTXDK0 + 000 ~ LTXDK1 + 106.97），长 1.107 km； （6）黄磏车站货场改建既有成渝线（K449 + 350 ~ K452 + 200），长 2.832 km； （7）还建危险品专用线	中铁八局集团有限公司
3	迁改标	改建铁路重庆至贵阳线扩能改造工程引入重庆枢纽货车联络线路	中铁电气化局集团有限公司

（四）贵阳指挥部代建部分（表 1-3-7、表 1-3-8）

表 1-3-7　贵阳指挥部代建部分站前工程标段划分

序号	标段名称	范　围	施工单位
1	站前Ⅰ标	都拉营北端增建第二线：LJDK0 + 000 ~ LJDK2 + 420.10；K403.065 改建既有线：改建范围 K403 + 065 ~ K403 + 400；K405.350 改建既有线：K405 + 350 至 K403 + 600 段进行换边改建；下行货车联络线：LHXD3K0 + 000 ~ LHXD3K1 + 165.487；上行货车联络线：LHSD4K0 + 000 ~ LHSD5K1 + 358.469；都拉营站改：K405 + 780 ~ K407 + 070；都拉营至关田既有线增建第二线：K405 + 600 ~ HD1K426 + 604.663；小车河改线段：GHK3 + 450 ~ GHK4 + 487.29。 上述各项的路基、桥涵、隧道工程、轨道工程、制架梁工程。 渝黔正线：D3K328 + 800 ~ D3K342 + 374.585（K353 + 406.417 ~ K368 + 374.585）；下行客车联络线：YQLXD3K0 + 000 ~ YQLXD3K2 + 332.588；上行客车联络线：YQLSD4K0 + 000 ~ YQLSD1K3 + 777.952；贵阳及贵阳南机务折返段改扩建工程的轨道、制架梁工程	中铁二十四局
2	站前Ⅱ标	渝黔正线：D3K328 + 800 ~ D3K342 + 374.585（K353 + 406.417 ~ K368 + 374.585）；下行客车联络线：YQLXD3K0 + 000 ~ YQLXD3K2 + 332.588；上行客车联络线：YQLSD4K0 + 000 ~ YQLSD1K3 + 777.952；贵阳及贵阳南机务折返段改扩建工程。上述各项的路基、桥涵、隧道工程	中铁六局

表 1-3-8　贵阳指挥部代建部分站后工程标段划分简表

序号	标段名称	范　围	施工单位
1	客车系统站后工程 1 标	渝黔正线 D3K328 + 800 ~ D3K342 + 374.585（K353 + 406.417 ~ K368 + 374.585）、客车联络线 YQLXD3K0 + 000 ~ YQLXD3K2 + 332.588、YQLSD4K0 + 000 ~ YQLSD1K3 + 777.952，贵阳及贵阳南机务折返段改扩建工程相关的四电集成及房建工程	中铁电化局及中国通号股份联合体
2	货运系统站后工程 1 标	蓬莱—都拉营（含）至关田（含）—贵阳南既有线、都拉营北端货车联络线 3 条、都拉营（不含）至关田（含）增建二线相关的四电集成及房建工程	中铁二局

（五）成都局客站建设指挥部代建部分（表 1-3-9）

表 1-3-9　成都局客站建设指挥部代建部分站房工程标段划分简表

序号	标段名称	范　围	施工单位
1	重庆西站	D2K1 + 267 ~ D2K1 + 817	中铁十二局集团有限公司和山西四建集团有限公司联合体
2	遵义站	DK221 + 70 ~ DK221 + 620	中铁电气化局集团有限公司

三、监理单位

（一）渝黔铁路有限责任公司部分

全线一共分为 8 个监理标段（表 1-3-10）。

表 1-3-10　渝黔铁路有限责任公司管内监理标段划分

序号	标段名称	范　围	监理单位
1	YQJL-1	童家溪至重庆西客车线左线里程 LtDK0＋607.65～LtDK5＋260（K0＋901.698～K5＋602.995）、右线里程 LtYDK0＋538.35～LtYDK5＋260（K0＋596.968～K5＋602.995）、并行段里程 LtD1K5＋260～LtD1K21＋193（K5＋602.995～K21＋605.928），K141 至歌乐山联络线 LgYDK0＋130～LgYDK5＋685.67、歌乐山站、井口至歌乐山联络线 LjYDK0＋000～LjYDK3＋291.60，歌乐山至双碑联络线 LnZDK0＋000～LnZDK2＋581.59，渝黔正线 D2K0＋000～D1K16＋268.18（K21＋605.528～K38＋456.656），中梁山支线改建 ZZDK0＋000～ZZDK3＋190.04，小梨线电气化改造 XLK5＋540.60～XLK13＋700。	中铁诚业
2	YQJL-2	渝黔正线 D1K16＋268.18～DK25＋400（K38＋456.656～K47＋588.476），重庆西客站至动车运用所走行线 YQDZK0＋000～YQDZK9＋347.02、YQDYK0＋000～YQDYK5＋826.78、YKDZK0＋000～YKDZK5＋613.70，重庆西动车存车场、客车整备所、梨树湾客机折返段，HD1K841＋056.10～HD1K848＋621.79，珞璜疏解线 LHZDK0＋000～LHZDK1＋673.68，LHYDK0＋000～LHZDK0＋706.72，小南垭客车联络线 LXKDK0＋000～LXKDK2＋600.94	北京铁城
3	YQJL-3	DK25＋400～DK70＋203.22（K47＋588.476～K92＋347.302）、货车线 HD1K841＋056.10～HD1K848＋621.79 及正线 D1K16＋268.18～DK137＋400（K38＋456.656～K159＋494.166）铺架	成都大西南
4	YQJL-4	DK70＋195.667～DK114＋664.2（K92＋347.302～K137＋004.068）	现代通号
5	YQJL-5	DK114＋663.3～DK164＋342.71（K137＋004.068～K187＋506.576）	河南长城
6	YQJL-6	DK164＋342.71～DK239＋355.98（K187＋506.576～K262＋253.296）	长沙中大
7	YQJL-7	DK239＋355.98～DK280＋271.45（K262＋253.696～K303＋182.762）、DK294＋605～DK328＋800（K317＋519.371～K353＋406.417）全部站前及站后工程（不含铺轨、架梁）	天津新亚太
8	YQJL-8	DK280＋271.45～DK294＋605（K303＋182.762～K317＋519.371）范围内的全部站前及站后工程（含铺轨、架梁），DK137＋400～DK328＋800（K159＋494.166～K353＋406.417）范围的铺轨、架梁工程	北京通达

（二）成渝公司代建部分

成渝公司代建部分监理单位为北京中铁诚业工程建设监理有限公司（YQJL-1 标）。

（三）重庆指挥部代建部分（表 1-3-11）

表 1-3-11　重庆指挥部代建部分监理标段划分简表

序号	标段名称	范　围	监理单位
1	—	改建铁路重庆至贵阳线扩能改造工程引入重庆枢纽货车联络线路（正线长 47.349 km）	中铁诚业

（四）贵阳指挥部代建部分

贵阳指挥部代建部分监理单位为中铁二院监理咨询有限公司。

（五）成都局客站建设指挥部代建部分（表 1-3-12）

表 1-3-12 成都局客站建设指挥部代建部分监理标段划分简表

序号	标段名称	范围	监理单位
1	重庆西站	D2K1＋267～D2K1＋817 站房及相关工程	中铁二院（成都）咨询监理有限责任公司
2	遵义站	DK221＋70～DK221＋620	长沙中大建设监理有限公司

四、施工图审核单位

施工图审核单位为中铁第一院勘察设计院集团有限公司（全线）、中铁第三院勘察设计院集团有限公司（重庆西站站房）。

五、其他参建单位

（1）沉降观测评估单位：四川西南交大铁路发展股份有限公司。
（2）CPⅢ控制网测量评估单位：四川西南交大铁路发展股份有限公司。
（3）第三方检测单位：四川铁正建设工程质量检测有限公司。
（4）隐伏岩溶检测单位：中铁第四勘察设计院集团有限公司。
（5）特殊桥梁施工监控单位：中铁大桥（南京）桥隧整治有限公司。
（6）联调联试检测单位：中国铁道科学研究院负责联调联试及动态检测和运行试验。

第二节 主要建设过程

2013 年 5 月 15 日原中国铁路总公司以《中国铁路总公司关于开工建设重庆至贵阳铁路扩能改造工程天坪隧道等 92 处控制性单体工程的批复》（铁总办函〔2013〕204 号）同意渝黔铁路开工建设，建设工期为 60 个月，项目开工日期为 2013 年 1 月 1 日，竣工日期为 2017 年 12 月 31 日，实际于 2018 年 1 月 25 日通车运营。

路基工程：2013 年 7 月 1 日开工，2015 年 9 月 30 日竣工。

桥梁工程：2013 年 4 月 1 日开工，2017 年 5 月 31 日竣工。

隧道工程：2013 年 3 月 1 日开工，2017 年 6 月 30 日竣工。

轨道工程：轨枕场建设于 2015 年 3 月 1 日开工，2015 年 8 月 31 日竣工；双块式轨枕预制于 2015 年 9 月 1 日开工，2016 年 10 月 31 日竣工；双块式轨枕铺设于 2016 年 5 月 13 日开工，2017 年 1 月 11 日竣工；轨道铺设于 2015 年 7 月 11 日开工，2017 年 3 月 31 日竣工；钢轨锁定于 2015 年 9 月 1 日开工，2017 年 6 月 30 日竣工。

房建工程：2013 年 8 月 1 日开工，2016 年 1 月 31 日竣工。

四电工程：2015 年 9 月 1 日开工，2017 年 6 月 30 日竣工。

信号工程：2015 年 9 月 1 日开工，2017 年 6 月 30 日竣工。

一、控制工程开竣工日期

新白沙沱特大桥：2013 年 1 月 20 日开工，2015 年 9 月 8 日塔柱封顶，2015 年 12 月 30 日钢梁合龙，2016 年 12 月 19 日竣工。

夜郎河双线特大桥：2013 年 9 月 3 日开工，2015 年 12 月 3 日钢管拱合龙，2017 年 3 月 20 日竣工。

太公山隧道：2013 年 8 月 28 日开工，2016 年 4 月 28 日贯通，2016 年 9 月 10 日竣工。

天坪隧道：2013 年 4 月 6 日开工，2016 年 7 月 16 日贯通，2017 年 2 月 28 日竣工。

新凉风垭隧道：2013 年 4 月 24 日开工，2016 年 5 月 28 日贯通，2016 年 11 月 10 日竣工。

新双碑隧道：2013 年 6 月 30 日开工，2017 年 1 月 15 日贯通，2017 年 6 月 30 日竣工。

二、制梁、架梁和铺轨日期

重庆西梁场于 2015 年 4 月 6 日开始制梁，于 2017 年 3 月 15 日完成；架梁于 2015 年 11 月 11 日开始，于 2017 年 6 月 22 日完成；铺轨于 2015 年 6 月 27 日开始，计划于 2017 年 8 月 31 日完成长轨铺设。

珞璜南梁场于 2015 年 3 月 27 日开始制梁，于 2017 年 3 月 8 日完成；架梁于 2015 年 10 月 23 日开始，于 2017 年 4 月 14 日完成；铺轨于 2015 年 10 月 8 日开始，2017 年 5 月 20 日完成长轨铺设。

息烽梁场于 2015 年 4 月 1 日开始制梁，于 2017 年 3 月 9 日完成；架梁于 2015 年 7 月 10 日开始，于 2017 年 3 月 25 日完成；铺轨于 2015 年 7 月 10 日开始，2017 年 4 月 25 日完成长轨铺设。

第四章　综合评价

第一节　总体情况总结

渝黔铁路各参建单位严格遵循“安全第一、质量至上”的建设理念，立足于“百年大计、质量第一”的目标，严格落实标准化管理要求，制定并严格执行各项安全质量规章制度，合理配备安全质量管理人员，加大安全质量物资材料投入，加强作业标准控制及作业流程把控，保证了建设工程质量安全。同时，监理单位履职尽责到位，现场盯控严格，工程质量始终有序可控。

按照建设管理程序，本项目完成了可行性研究报告、初步设计、施工图设计，并于 2013 年 1 月 1 日正式开工。2014 年 8 月前完成土建、铺架、四电、站房工程招标，选定了正线铁路及相关配套工程的建设、设计、咨询单位。对全线控制工程和重难点工程 18 项（七桥、十一隧）进行了重点把控，对各专业主要技术方案进行了重点研究和实施，对建设进度、安全质量、标准化、投资、物资、架子队、环水保、用地、变更设计等进行了重点管理，完成了土建、轨道、通信、信号、信息、电力、牵引供电、车辆、房建、消防及环水保等工程，于 2018 年 1 月 25 日顺利开通。

第二节　取得的经验与体会

本线受工程地质复杂影响设计难度较大、受枢纽影响营业线施工方案复杂、受征拆等影响施工组织多变，经建设、设计、施工、监理、咨询各方共同努力，采取加大协调力度、紧盯节点、不断优化施工组织方案，最终解决了建设过程中遇到的各种困难，保证了渝黔铁路按期建成并开通。

在本项目的建设过程中，所取得的经验与体会如下：

（1）健全管理制度，确保质量管理体系正常运转。要加强对监理单位、施工单位的监督、稽查和合同管理，确保工程实施过程中质量、进度、投资三大目标得到有效控制。积极完善基本建设程序，及时审批监理计划、施工组织设计、专项方案等，严格按照相关法律、法规和规定开展项目招标工作，开展履约检查，进行企业信用评价，参与处理技术方案、地方道路、征地拆迁等工作，督促施工现场严格按照审批后的方案实施。建立、健全质量管理台账，全面掌控工程建设质量状况，对各级督查单位提出的问题及时整改落实到位。

（2）标准施工建设。施工单位是工程质量的重要主体，也是施工阶段质量自控主体，应当依法依规对施工质量负主体责任，并积极配合政府行政主管部门的质量监督检查，不得人为设置督查阻碍。各参建单位应共同保证质保体系的正常运转，制定质量责任制，层层落实质量责任，建立岗位责任人员档案，做到时时有人管、事事有人抓，即有施工就要有管理、有施工就要有监理。

（3）切实发挥好监理单位的作用。监理单位要做好各个方面的监理工作，做到“整合人力资源、提高管理水平”，来保证铁路工程建设的顺利完成。特别在项目全过程管理方面，监理单位要提前介入，严格监理。切实发挥好监理单位的作用，对整个铁路工程项目管理建设起到至关重要的作用。

第三节　建设性意见

一、严格执行基本建设程序，严格按照法律法规办事

渝黔铁路的项目立项、可研、初步设计、建设用地、施工图审查、竣工验收备案等等都是严格按照基本建设程序办事。选择优质的勘察、设计、监理、施工单位，为项目创国家优质工程打下了坚实的基础。

二、明确质量目标，强化质量意识

项目一开始，就从建设特点出发，树立 “百年大计，质量第一”“争创国家优质工程奖”的质量管理目标，积极探索建设管理新模式，充分发挥咨询、监理在工程建设中的组织、监督、指导、协调作用，强化过程控制，完善监控体系，整合各方资源，优化施工组织，制定了相应的管理措施、技术措施和较高的指标体系，确立了“内在质量优、外观形象美、科技含量高、环保功能强、文化氛围浓”的目标意识。

三、实行工程质量动态管理，抓好质量通病治理

施工作业点多面广，头绪繁多，每种工序和工艺都有其重点、难点和要求。随着工程的进展，质量工作的重点是不断变化的，因此在质量管理过程中实行动态管理。在施工管理中，从质量问题的预防出发，抓质量问题的主要矛盾，制定相应措施来提高质量，切实抓好质量通病治理，通过开展设计核查和质量专项检查等活动以不断排除隧道质量缺陷，促进规范化施工，确保质量达标。

四、大力推行标准化管理制度

为深入贯彻学习建设项目标准化管理推进会议精神，指挥部按照统一部署、分步实施、有序推进、各负其责的原则，大力推行以管理制度标准化、现场管理标准化、过程控制标准化、人员配备标准化为主要内容的建设单位标准化管理，促进建设、设计、监理、施工等各工作规范，全面提高建设管理水平。

02 第二篇

建设管理

第一章 建设管理模式

本项目由原铁道部、重庆市、贵州省三方出资建设，由三方共同组建渝黔铁路有限责任公司作为项目法人。

渝黔铁路有限责任公司实行董事会领导下的总经理负责制，公司对工程建设的安全、质量、进度、投资、环保、技术创新向原中国铁路总公司负总责，授权指挥部分段组织建设，各指挥部对管段内工程建设安全、质量、进度、投资、环保、技术创新向渝黔铁路有限责任公司负责。

公司按照决策、执行、监督分开的原则推进建设管理工作，公司负责决策和监督，指挥部负责执行。公司职能部门对指挥部进行业务指导。公司实行分级、分权、分段管理，日常建设管理由各指挥部承担，例外管理由渝黔铁路有限责任公司负责决策，指挥部组织实施。

公司对例外管理决策实行民主集中制，重大事项由各业务部门提出意见，同一事项涉及多个部门时，由主管业务部门提出意见，分管领导（或授权部门负责人）组织专业委员会集体研究提出建议，上报总经理或总经理办公会决策。为切实提高公司监督效果和各建设指挥部的执行力，公司建立了督查督办制度，由综合部对公司决策和各项重点工作进行督查督办。公司每季度对指挥部工作进行绩效考核，指挥部对公司领导和职能部门的履职情况进行测评。公司对指挥部运行状况和工程状态进行监控，并定期组织现场办公，对指挥部的管理工作和工程状态进行分析评估，针对薄弱环节提出改进建议和整改指令，指挥部组织整改并报告整改结果。

项目实行施工总价承包制、设计咨询制、工程监理制。在建设过程中充分发挥建设单位的龙头作用，参建各方各负其责、全员参与，以严格考核为保障，全面推进铁路建设标准化管理，提高铁路建设管理水平。

第二章 建设管理机构

第一节 建设管理机构的设置

一、建设单位组织机构设置

公司设总经理 1 人、副总经理若干，设工程管理部、安全质量部、计划财务部、物资设备部和综合部等五个业务部门。为便于现场管理，在遵义设现场指挥部。公司组织机构图见图 2-2-1。

二、设计单位现场机构设置

中铁二院承担全线设计任务，按照配合现场施工的需求，成立驻现场机构，派出相关设计人员配合施工。设计单位现场组织机构详见图 2-2-2。

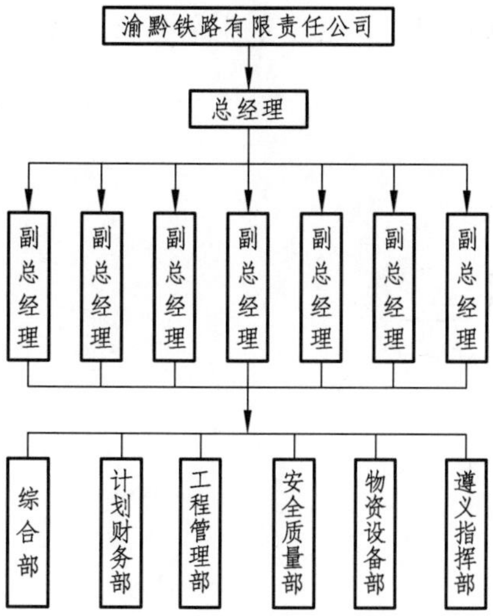

图 2-2-1　建设单位组织机构

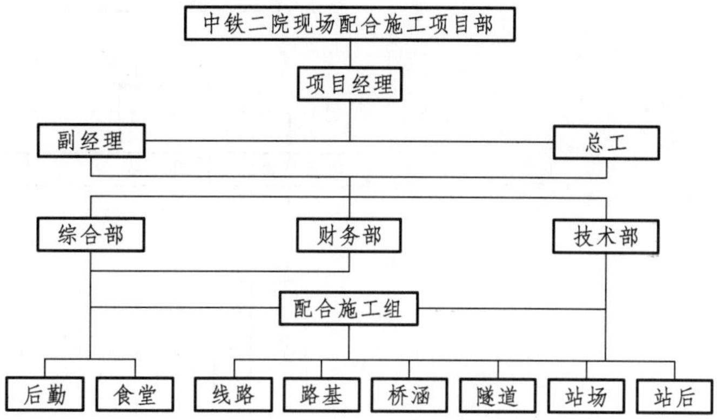

图 2-2-2　设计单位现场组织机构

三、咨询单位现场机构设置

本线设一个咨询区段，中铁第一勘察设计院有限公司经招标为本线咨询单位，在现场成立咨询项目部，进行日常咨询工作。咨询单位现场组织机构详见图 2-2-3。

四、监理单位现场机构设置

本项目设 8 个监理标段，每个监理标段现场设置监理项目部，下设中心实验室，在监理项目部内，根据管理长度及有关规定设置监理站，进行日常监理工作。监理现场组织机构详见图 2-2-4。

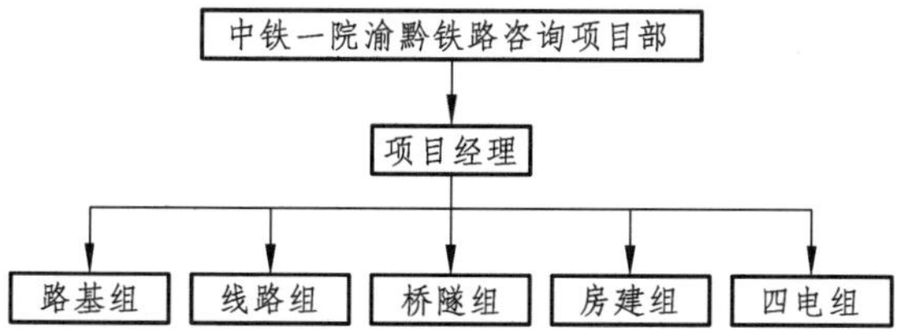

图 2-2-3　咨询单位现场组织机构

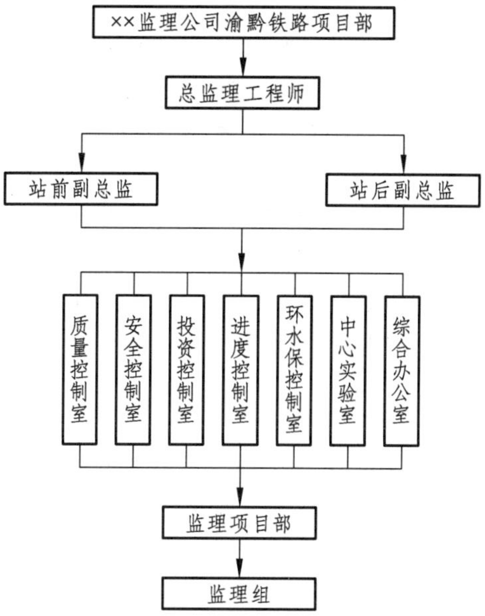

图 2-2-4　监理单位现场组织机构

五、施工单位现场机构设置

施工单位按照中标标段，设置现场项目管理机构，工地按照施工组织及单元划分要求配属一定数量的专业作业队、预制厂、拌和站等。施工单位必须按照架子队管理模式组建专业作业队。施工单位现场组织机构详见图 2-2-5。

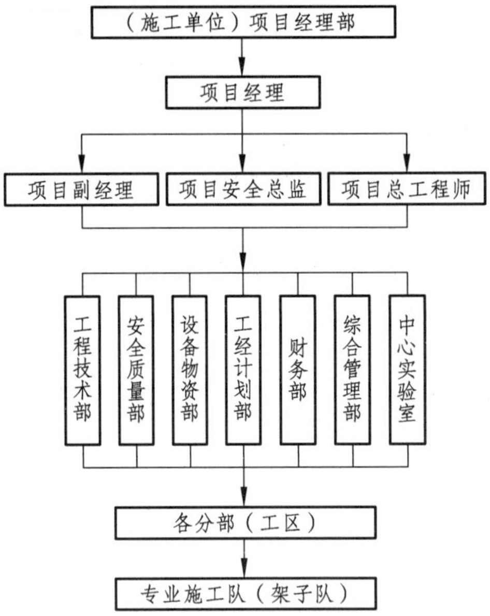

图 2-2-5　施工单位现场组织机构

第二节　部门职能

一、综合部

（1）负责公司行政事务、党务管理及工会工作；做好信息的上传下达，统筹协调各部门工作，做好重要工作事项的催办、落实。

（2）做好各类信息的收集、汇总和整理工作，对外发布公司重大信息，对内收集各类重要信息，及时掌握公司各类工作动态。

（3）负责公司公文、文档的收发、登记、呈批、传阅、催办、缮印和公司发文审核工作；负责文件的分类、立卷、归档工作。

（4）负责公司重要会议和重大活动的筹备和组织；组织或指导其他部门做好会议筹备、会议记录以及相关文件整理等工作；按领导要求参加、列席会议并做好记录，根据需要编发会议纪要或其他文字材料。

（5）负责公司宣传报道工作。收集整理工程建设有关影像资料和相关信息，监督和检查公司文化图书、音像制品的使用情况；负责编写大事记，做好公司史志管理工作。

（6）负责公司机要、保密工作。

（7）负责公司印鉴、介绍信、工作证、乘车证管理工作。

（8）负责公司对外公关和上级领导、来宾的接送、接待工作，负责外事任务的办理和接待工作，掌握公司招待费的支出和使用情况。

（9）负责公司办公和公共设施的规划、美化、绿化工作，管理好公司员工生活、工作等服务设施，保证公司办公和公共环境的整洁卫生。

（10）负责公司员工生活后勤保障和车辆、驾驶员管理工作，做好车辆的日常维修保养和驾驶员的道路交通安全教育，合理安排车辆使用。

（11）负责公司道路交通安全和消防安全工作。

（12）负责公司办公用品、设备的购置、发放和日常维护工作，负责公司报刊的订阅和发放。

（13）负责公司的综合治理、节能、计划生育和信访工作；负责公司值班计划的安排，并检查值班制度落实情况。

（14）负责制订公司机构设置及定员编制方案，拟定部门职责范围、岗位工作职责和岗位任职标准。

（15）负责公司人事管理工作。做好人员的考察、调配和日常考核、奖惩工作，做好员工的教育培训及专业技术职务评聘工作。

（16）负责员工劳动合同的管理工作。

（17）负责公司法律事务工作。

（18）负责制定公司党群类各项工作制度，对公司党群各项工作的落实情况进行督促、检查。开展执法监察；负责抓好公司党风廉政建设和组织协调反腐败工作。

（19）负责公司企业文化建设，组织开展劳动竞赛、合理化建议和文化体育活动，建立健全员工生活保障体系。

（20）完成领导交办的其他工作。

二、计划财务部

（1）负责公司财务管理工作。建立健全各项财务管理、资金管理和费用审批等内部控制制度，并认真组织落实。

（2）负责公司工程建设期间建设资金的筹融资和管理工作。办理建设资金的筹集、支付、清算、结算工作，监督检查承包单位资金使用情况。

（3）负责编制公司财务报表，分析财务状况，考核财务计划执行情况和资金安全及资金使用效果。

（4）负责公司计划、统计管理工作。组织编制建设项目年度建议计划，下达年度、季度计划，检查、考核投资计划执行情况，提出年度调整计划建议；负责建设项目统计工作，建立统计台账，编制统计分析，报送工程统计报表，考核统计质量。

（5）负责合同归口管理工作。负责合同的审查、签订、登记、立卷归档及合同备案工作；组织有关合同的洽谈，检查、督促合同履行；组织对参建单位投标承诺兑现及合同履行情况进行评议。

（6）参加初步设计初审和施工设计审核工作。

（7）负责组织工程、监理、咨询等招标工作，参与物资设备采购招标工作；组织编制招标文件、标底编制与审查及招标、评标工作。

（8）负责概预算管理和工程的计价、清算工作。参与变更设计管理和概算调整工作，审核设计变更费用，归口掌握项目投资控制情况。

（9）参与对设计单位考核及对施工、监理单位的信用评价工作。

（10）参与单位工程质量验收、建设项目初步验收和竣工验收工作。

（11）负责定期检查、分析建设资金使用情况，定期组织建设项目经济活动分析，建立投资台账，定期进行财产清查；负责内部财务监察工作，配合上级进行审计、财务检查。

（12）负责提报建设单位管理费预算及使用情况，实时监控；办理费用报销、工资发放和计提各项工资附加费用等工作。

（13）负责税收协调及职工社保、医保、住房公积金等交缴工作，依法纳税。

（14）负责组织竣工决算、组固及固定资产移交工作。

（15）完成领导交办的其他工作。

三、工程管理部

（1）建立健全公司工程管理的各项制度和办法、措施，并组织实施。

（2）负责工程建设项目的组织实施和现场管理工作，协调施工安排，处理施工中的有关问题。

（3）负责组织可研、初步设计初审和施工图设计审核工作，配合施工图投资检算工作，监督和检查设计单位对审查、审核意见的执行情况。

（4）负责组织建设项目环保、水保、地质灾害、压覆矿床、地震安全性、防洪、通航、海事安全评估及资料的汇总、报批工作；负责三电迁改、沿线立交、征地补偿、拆迁、取弃土场、地下管线、文物考古等协议的签订工作。

（5）负责全线征地拆迁和工程建设协调工作，办理建设项目用地预审、报批相关手续，检查指导各施工单位征地拆迁和地亩竣工资料的组卷交验工作，负责征地拆迁计价的审核工作。

（6）参与监理、工程咨询、施工总承包及物资设备采购的招评标工作；参与工程施工合同、监理合同、设计合同、工程咨询合同、主要物资设备采购合同的审核工作；监督检查勘察设计合同和工程咨询合同的执行情况，对勘察设计费、工程咨询费的支付进行签认。

（7）负责组织设计技术交底、交桩工作，负责组织协调精测网管理工作，办理建设项目开工审批手续。

（8）负责组织编制全线指导性施工组织设计，负责审批施工单位实施性施工组织设计、总体施工计划、阶段施工计划和重大施工方案，并监督实施。

（9）根据技术标准和规范，组织制定或审查采用新技术工程和技术复杂工程的施工方法、施工工艺。

（10）负责变更设计工作的日常管理，组织Ⅰ类变更设计的初审和报批、Ⅱ类变更设计的审查。

（11）负责工程调度工作，全面掌握现场情况，及时收集工程信息，编制工程周报及月报，定期分析总结工程建设情况。

（12）负责对勘察设计和工程咨询进行日常管理和考核，督查勘察设计进度，督促设计单位做好优化设计工作，协调工程建设过程中有关设计、咨询问题。

（13）组织解决工程建设中的主要技术问题，组织科技攻关，组织编制或审查重大技术方案；负责主要设备及系统选型的研究审查工作。

（14）监督和检查施工合同执行情况，检查工程进度、质量、安全、环境保护、水土保持、文物保护和文明施工等各项措施落实情况，对检查发现的问题及时督促整改。

（15）负责工程建设的验工工作。

（16）组织对设计单位施工图的考核工作，参与对施工单位、监理单位的信用评价工作，组织对施工、设计、咨询单位的季度和年度考核评比工作。

（17）负责四电工程前期方案的研究和落实，负责组织落实站前站后四电接口工程。

（18）按照原铁道部对系统集成的总体要求，负责技术系统集成工作。

（19）负责科研和试验项目的管理，制订科研开发年度计划，组织编写试验项目的试验方案并组织实施，组织科研项目的立项、大纲（方案）评审以及成果鉴定和验收等工作；负责新技术、新工艺、新材料、新设备的推广和应用。

（20）参与建设工程质量、安全事故的调查处理。

（21）配合建立突发事件应急处理机制，参与突发事件处理工作。

（22）组织编制建设项目竣工综合调试计划，组织综合调试；组织编制工程竣工文件和工程总结，参加单位工程质量验收、建设项目初步验收和竣工验收。

（23）负责技术文件、技术资料管理，做好设计文件、图纸及技术资料的分发登记、保管和移交归档工作。

（24）负责公司建设项目的信息系统建设和日常管理维护工作。

（25）完成领导交办的其他工作。

四、安全质量部

（1）负责制定公司有关安全、质量管理制度，建立健全公司安全和质量保证体系，并组织实施。

（2）负责督促各参建单位建立健全安全、质量保证体系以及安全质量保证措施的制定，并监督检查其体系的运行和措施的落实。

（3）负责办理工程质量安全监督手续，配合质量安全监督机构的质量安全监督检查工作。

（4）负责建设全过程的安全、质量监督检查工作，定期组织工程安全、质量检查，及时通报和处理工程质量和安全工作中存在的问题。

（5）负责制订安全事故和工程质量事故的应急处理预案，负责组织或参与工程安全事故、质量事故的调查处理工作，负责组织事故救援和路外伤亡事故的处理工作。

（6）负责组织考核监理单位资信，对各监理单位进场人员、仪器及设备进行审查，督促监理单位严格履行职责；参与工程、监理、物资设备采购等招标工作，负责安全质量的审查把关。

（7）负责组织审查地勘大纲并监督检查地勘质量；负责地勘监理的管理工作，监督和检查地勘监理合同执行情况。

（8）负责工程监理的管理工作，组织对工程监理单位进行信用评价，监督和检查监理合同执行情况。

（9）负责工程质量检测与试验管理工作，监督和检查工程检测合同执行情况。

（10）负责制订工程质量创优规划并监督实施，负责样板示范工程管理工作。

（11）组织对施工单位的施工企业信用评价工作。

（12）负责组织、督促、检查参建人员的安全培训工作。

（13）负责防洪、防火、用电安全检查，负责制订防洪抢险预案，并督促检查参建单位相应预案的制订和落实。

（14）负责营业线施工安全管理和运输协调工作。

（15）建立突发事件应急处理机制，负责组织突发事件处理工作。

（16）参与初步设计初审和施工设计审核及设计技术交底工作，参与指导性施工组织设计编制和实施性施工组织设计审查及变更设计审查工作。

（17）配合有关部门参加工程的验工计价、工程初验和竣工验收工作。

（18）负责监督检查各种生产设备和环保设施的安装、使用、管理和维修情况，负责环境保护的监督检查、环境污染的治理和劳动保护的日常监督和管理工作。

（19）完成领导交办的其他工作。

五、物资设备部

（1）负责建设项目物资设备管理工作，建立健全物资设备采购供应管理体系和质量控制管理体系；负责编制物资设备管理有关制度和办法，检查指导有关参建单位物资设备管理工作。

（2）负责甲供物资设备招标采购及合同执行，对主要材料、设备款的支付进行签认；监控物资设备质量，协调资源分配和采购各方关系。

（3）负责甲供物资设备管理工作。及时上报物资设备采购计划，按时完成物资设备采购相关工作，组织物资设备的供货与调剂。

（4）负责提出甲控物资设备合格供应商范围，对甲控物资设备招标程序、是否为合格供应商以及物资设备质量进行监督，核备招标结果和合同备案。

（5）负责对承包人自购物资设备采购质量达标等工作的监督、检查管理。

（6）负责外资采购材料、设备归口管理工作。负责外资采购物资、设备计划的申报和物资、设备的接运、验收工作，对外资采购物资设备的计价、结算进行签认。

（7）负责对甲供、甲控物资设备供应商进行信用评价。

（8）深入施工现场，调研物资设备使用方向、供求进度、供应质量、存在问题和现场物资设备管理情况，加强和改进物资设备供应管理工作。

（9）完成领导交办的其他工作。

六、遵义指挥部

（1）认真贯彻执行国家、原铁道部、公司有关政策、法规、标准、规范、建设程序、制度和办法。负责管段内工程建设的组织实施和现场管理工作，协调处理现场工程建设中的有关问题，督促落实工程质量、安全、工期、投资、环保的过程控制、组织协调等工作。

（2）负责组织重点工程施工组织方案的优化与审查。

（3）参加项目开工报告的编制，负责单位工程开工报告的审核。

（4）负责管段内征地拆迁的协调管理工作。

（5）负责管段内工程进度、质量和安全、工地标准化等的检查与控制，督促施工单位实行架子队管理模式。

（6）检查营业线施工安全，监督施工单位的大型机械管理。

（7）组织召开现场例会，掌握施工进度情况，定期对施工进度和质量安全情况进行分析总结，对存在的质量安全、进度方面的问题提出整改措施并组织落实。

（8）负责组织或参与突发事件的应急处理，第一时间到达事件发生现场，组织控制事件发展，并及时向公司报告。

（9）组织或配合公司对工程质量、安全、环保事故的调查和处理工作。

（10）负责对管段内参建单位验工计价数量的审核工作。

（11）负责监管段内物资设备质量，掌握现场供需动态，及时向公司反馈信息。

（12）参加甲供、甲控物资设备检查，组织对施工单位自购物资设备、原材料检查，对存在问题提出整改意见并督促落实。

（13）组织设计（现场配合组）、监理、施工单位对200万元及以下的Ⅱ类变更设计进行现场核实、确认，对200万元以上的Ⅱ类变更设计进行现场核对和初审后，报公司变更设计领导小组审查签发；参与Ⅰ类变更设计的初审。

（14）配合公司做好设计技术交底及现场交桩工作，监督检查施工单位技术交底。

（15）监督和检查施工、监理单位的安全、质量、环境保护（水土保持）保证体系及相关规定、办法、制度在工程建设中的贯彻落实。

（16）负责对建设项目工程质量、安全、进度、环境保护、水土保持、文物保护、文明施工等的日常检查、监督工作。

（17）负责管段内项目信息、调度报表、各类档案的建立、上报与管理工作。

（18）对参建单位的标准化工地进行现场管理、协调和日常考核工作。

（19）负责地方政府、相关铁路单位、咨询、设计单位（现场配合组）、监理单位、施工单位之间工程建设中的协调工作。

（20）参与公司组织的优质工程评定工作、信用评价工作，负责组织指挥部管段内参建单位的信用评价日常检查工作。

（21）参与公司组织的工程竣工验收工作。

（22）完成上级交办的其他工作。

第三章　标准化管理体系

第一节　管理制度

严格按照铁路系统建设的相关规定和技术标准，建立和完善施工现场管理、质量管理和安全管理等相关制度，严格实施考核制度和奖惩制度，不断完善和更新现场施工作业标准和指导书，充分发挥标准化管理制度的引导和监督作用。同时，加大对现场作业的监管力度，包括施工图纸的核对，原材料的检验，施工设备进场、工程质量的巡查和验收，施工人员的培训，安全责任制度的落实等工作，保证各岗位的工作人员能够积极顺利地做好本职工作。

第二节　人员配备

根据工程的实际特点，结合岗位要求，科学合理地配备管理人员。在施工过程中不能轻易更换工作人员，否则很容易出现工程交接不清晰的现象，从而影响施工进程。同时，积极组织相关的工作人员进行岗位培训，提高管理人员、技术人员和施工人员的技术水平，掌握铁路隧道工程的施工标准和质量标准，强化质量意识和安全意识，保证工程人员整体素质符合施工要求。

第三节　现场管理

根据现场管理规范，结合工程特点，对施工现场进行合理的布置，完善施工现场的防护设施，悬挂相关的警示标志和安全生产条幅，确保施工现场的安全。同时，加强对施工现场的环境保护工作，及时清理产生的施工垃圾，合理设置弃土场地；规范机械设备操作，加强设备的维护工作，使机械设备处于良好的使用状态。要加强物资材料管理，严把物资材料进场质量关，规范物资材料保管工作；加强技术管理，组织做好施工图现场核对、施工技术调查、施工技术交底和工程测量等工作；按照《工地试验室建设标准》和施工需要建立工地试验室，规范试验程序，实现专业化管理，保证抽样的规范性和试验结果的准确性；完善文明施工管理制度，建立文明施工的行为标准，实现文明施工目标。施工工点要设置工程概况牌、组织机构牌、岗位责任分工牌、质量方针目标及保证措施牌、安全环境保护目标方针措施牌、文明施工措施牌、工程质量及工程监理行为监督牌、现场平面布置图等，标牌的设置必须符合《标准化手册》的要求，工地的临时道路、临建设施、排水、围挡、安全设施和安全标志、材料堆放等，也必须按《标准化手册》的要求布设。

施工现场管理标准化是把制定的标准深入贯彻落实到施工现场，对实验室、钢筋场、拌和站等场所，保证施工环境达到质量要求和安全要求，保证施工人员和相关的设备材料达到标准化要求，从而确保铁路隧道工程的安全性和稳定性。

第四节 过程控制

过程控制是让整个建设过程符合标准化的要求。项目部必须要将过程控制作为重点工作之一，要将建设单位确定并纳入施工合同的质量目标、安全目标等过程控制目标进行细化，并将其贯彻到整个施工过程，落实到每项工作、每道工序。要根据建设单位指导性施工组织设计编制实施性施工组织设计，根据批准的实施性施工组织设计编制现场施工组织进度计划和施工作业计划，优化资源配置，按计划组织实施；要落实质量责任制和程序性文件，实现全员质量管理，对影响质量的要素实行重点管理；要落实安全管理责任制和应急预案，分析影响安全的要素，配备安全设施，严格执行安全作业程序；要严格按照施工图和作业标准进行施工，推广符合现场实际、作业人员易记好用的应知应会卡片，真正将各种管理要求和措施融入到作业标准中，落实到作业人员的操作中；要严格施工过程考核、评定工作，做好工程自验、工艺工法的过程控制和创新等工作。

第五节 “四化”支撑

一、工厂化

贯彻“施工生产能工厂化的则工厂化，工厂能大则大，社会工厂能利用则利用”的原则，针对渝黔铁路项目的特点对各专业工程规划工厂化实施内容。

对混凝土、桥梁、无砟双块式轨枕以及钢构件、沟槽盖板、钢筋混凝土构件（路基防护栅栏、桥面栏杆等）全部实行工厂化集中生产制作，对路基填料的级配碎石、改良土实行工厂化生产，设置钢筋加工厂，统一下料，统一制作，减少各种人为因素的影响，实现效率与效益的有机统一。

二、机械化

按照“先进性和适用性相结合，安全环保和实用新技术相结合，单项施工和整体配套施工相结合”的原则，分专业按工作面配备成套机械设备。施工单位严格按投标承诺配置机械和设备。

三、专业化

积极推进专业化架子队建设。对路基、隧道、桥梁、轨道、四电、站房等工程，按专业化组织施工。分专业划分施工单元，组建专业化架子队。

四、信息化

建立一个以网络技术、计算机技术与现代信息技术为支撑的信息平台，覆盖项目管理参建各方的信息系统，实现工程管理的“信息化”。积极运用信息化的管理手段，实现信息的及时传递和对作业现场的实时监控。建设和使用视频会议系统；建设先进的视频监控系统，在关键工序作业点布置视频点，建设现场监控智能管理系统；建设应用项目综合管理系统，将进度、质量、安全、成本、科研等工作内容集成到统一的工作平台。建设管理信息系统包括协同办公、项目管理、视频会议、施工安全监测、建设运营一体化平台等。

第四章 设计管理

第一节 预可研与可研阶段

2008 年 11 月 3—5 日，重庆至贵阳铁路预可研审查会提出相关意见。随后，原铁道部、贵州省、重庆市人民政府完成相关文件报送，国家发展改革委员会完成建议书的批复。

2009 年 1 月 10—11 日，重庆至贵阳铁路立项评估会讨论得到专家组评估意见（初稿）。2009 年 3 月底，完成《改建铁路重庆至贵阳线扩能改造工程可行性研究（送审稿）》并报送原铁道部。2009 年 4 月 7—11 日，原铁道部联合重庆市、贵州省对渝黔铁路可研送审稿进行了审查，并形成了审查意见。

第二节 初步设计阶段

2010 年 11 月，原铁道部对渝黔铁路初步设计进行批复。

2011 年 6 月 20 日，原铁道部计划司组织会议对渝黔线的建设标准等进行梳理，要求设计单位按照速度目标值 200 km/h、有砟轨道方案开展修改初步设计工作。随后，设计单位自 2011 年 6 月底开始，采用勘察设计一体化模式开展项目修改初步设计勘察设计工作，并于 2012 年 1 月中旬完成渝黔线修改初步设计文件编制工作。2012 年 8 月 27 日，原铁道部完成修改后初步设计文件的批复。

第三节 施工图设计阶段

一、严格施工图审核程序，确保施工图质量

根据原铁道部有关规定，渝黔铁路有限责任公司制定了施工图审核管理办法，每半年对施工图进行一次考核，并将考核结果上报原铁道部相关部门，通过对设计院施工图考核，提高了施工图质量，加快了施工图设计速度。咨询方严格执行施工图审核程序，严把施工图质量关，确保施工图质量满足要求。

（一）施工图审核组织分工

渝黔铁路施工图审核流程是有序开展咨询工作的关键程序，渝黔铁路有限责任公司有关部门、咨询单位、设计单位共同对咨询流程进行了反复研究讨论，制定了施工图审核流程和时间要求，按照“四阶段、十二工序”进行，如图 2-4-1 所示。

施工图审核由中铁第一院勘察设计院集团有限公司、中铁第三院勘察设计院集团有限公司（重庆西站站房）承担，对工程咨询质量负责。

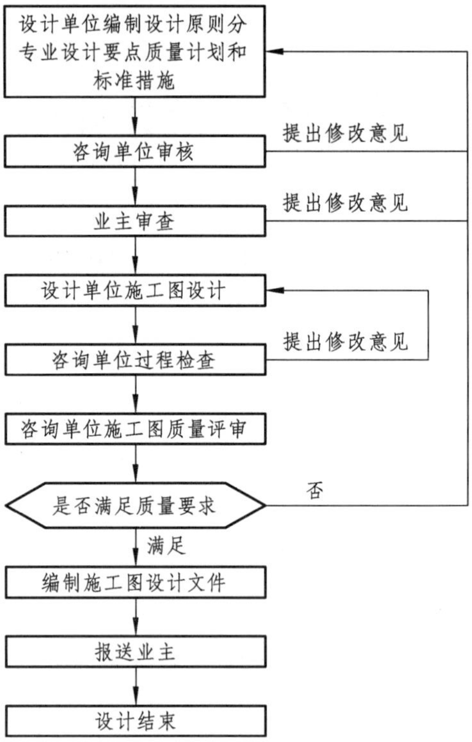

图 2-4-1　施工图设计质量保证流程

（二）施工图审核的重点内容

（1）关于渝黔铁路初步设计的批复意见及有关规范、规定、文件的执行情况。

（2）是否满足运营安全和正常运行要求。

（3）工程建设强制性标准的执行情况。

（4）施工图设计文件编制内容、深度和质量是否达到《铁路基本建设项目预可行性研究、可行性研究和设计文件编制办法》规定和有关规范、规程要求。

（5）工程措施、工点技术措施、施工过渡措施、安全措施、施工组织方案。

（6）防火、节能、环保、水保、消防、建筑抗震措施。

（7）地质灾害防治措施。

（8）工程数量、设备和材料数量、用地数量，审核拆迁数量，并与初步设计数量进行对比。

（9）检查投资检算编制，并与初步设计概算进行对比，以审核工程投资控制效果。

（10）标准图及通用参考图选用。

（11）设计文件的总体性和专业间的衔接。

二、强化施工图现场核对环节，完善施工图设计

为加强渝黔铁路建设管理，最大限度地纠正和避免因施工图与现场实际不一致及工点设置不合理而造成的损失乃至造成工程隐患，依据渝黔铁路施工承发包合同规定，施工单位应对承包标段内线、桥、隧、涵、路基工程在工点开工前进行施工图现场核对，完善施工图设计，确保工点设置合理，强化使用功能，合理使用投资。未经现场核对、完善的工点不予开工。

第四节　项目实施阶段

一、变更设计

依据《铁路建设项目变更设计管理办法》，渝黔铁路有限责任公司制定了相应的变更设计制度，并根据工程建设情况，确定变更分类原则、变更设计项目划分原则、变更设计原因和责任、变更设计程序和分工、变更设计时限等规定，做到依法办理变更设计，并强化过程控制。

二、变更设计总体情况

（一）Ⅰ类变更设计情况

全线Ⅰ类变更设计共计 28 处，详见表 2-4-1。

表 2-4-1　全线Ⅰ类变更目录

序号	专业	Ⅰ类变更
1	综合	东环引入珞璜南Ⅰ类变更设计
2	综合	郑万引入重庆枢纽引起重庆西动车所规模调整及机务车辆布局调整Ⅰ类变更
3	综合	綦江东中间站重庆端Ⅰ类变更设计
4	综合	川黔线遵义城区段外迁东移引起的Ⅰ类变更设计
5	综合	重庆枢纽货运系统陶家场至大碑增建二线Ⅰ类变更设计
6	综合	都拉营至关田增建第二线绕避小车河湿地公园改线Ⅰ类变更设计
7	综合	隧道防灾救援疏散工程Ⅰ类变更
8	综合	重庆西规模调整Ⅰ类变更设计
9	综合	綦江东站站房Ⅰ类变更
10	综合	渝昆引入重庆枢纽动车所增设 8 线库Ⅰ类变更设计
11	线路	全线防护栅栏Ⅰ类变更设计
12	隧道	渝黔引入贵阳枢纽隧道内轮廓满足大型养路机械作业Ⅰ类变更设计
13	隧道	渝黔引入重庆枢纽隧道内轮廓满足大型养路机械作业Ⅰ类变更设计
14	隧道	羊角 1 号隧道横洞工区 D1K112＋239～＋537 段 溶洞处理Ⅰ类变更设计
15	隧道	宗家山隧道 D2K171＋280～＋469 段岩溶及岩溶水处理变更设计
16	隧道	东山隧道 D1K165＋761～D1K166＋342 段岩溶处理变更设计
17	隧道	西风岭隧道岩溶处理Ⅰ类变更设计
18	站场	渝黔线调整珞璜南等 6 个车站站台长度Ⅰ类变更设计
19	站场	遵义东动车存车场Ⅰ类变更设计
20	机务	贵阳南派驻机车折返段工程Ⅰ类变更设计
21	机务	贵阳派驻机车折返段工程Ⅰ类变更设计
22	环保	渝黔引入贵阳枢纽绿色通道Ⅰ类变更设计

续表

序号	专业	Ⅰ类变更
23	环保	渝黔引入贵阳枢纽声屏障Ⅰ类变更设计
24	通信	渝黔引入贵阳枢纽无线通信采用 GSM-R 系统Ⅰ类变更设计
25	通信	综合视频监控系统Ⅰ类变更设计
26	给水	重庆西站增设卸污线Ⅰ类变更设计
27	信号	重庆至贵阳铁路扩能改造工程引入贵阳枢纽调度区划调整Ⅰ类变更设计
28	车辆、动车	重庆至贵阳铁路扩能改造工程重庆西增设动车组运行故障图像检测设备Ⅰ类变更设计

（二）Ⅱ类变更设计情况

渝黔线全线站前工程Ⅱ类变更共计 2 543 个，各专业Ⅱ类变更情况如表 2-4-2。

表 2-4-2　Ⅱ类变更设计统计

序号	专业	Ⅱ类变更/处
1	桥梁	755
2	隧道	1 005
3	路基	499
4	站场	92
5	线路	192
合计/处		2 543

（1）线路：线路道路改移等Ⅱ类变更共计 192 处。

（2）路基：路基专业共有Ⅱ类变更 499 个。

（3）桥梁：桥梁专业共计发生Ⅱ类变更 755 个，变更设计原因主要分为地方原因、地质原因和设计标准变化等。

（4）隧道：全线隧道发生二类变更共计 1 005 份，包含围岩变更、支护、衬砌措施变更、洞口变更、不良地质处理等。

（5）站场：站场专业共有Ⅱ类变更 92 个，多为路基土石方、附属工程变更。

三、现场配合情况

在施工前，施工单位、监理、设计院、建设单位等相关各方共同对施工图纸进行图纸会审工作。施工单位提出施工图纸上的疑点，并根据工程所在地的实际情况提出合理的建议，设计院则予以相应的回复，并形成图纸会审纪要文件。施工单位在施工过程中发现的图纸问题会及时反馈给设计院，设计院则以设计变更或者技术联系单的方式对图纸进行补充。

第五章　质量与安全

全面落实“六位一体”要求，始终把工程质量放在首位，积极引进、消化和吸收世界先进技术和管理经验，坚持技术创新、管理创新，全面推行标准化管理，把握关键环节，抓住控制要点，以科学的勘察设计、先进的施工技术、成套的工程装备、专业化的施工队伍、严密的质量保证体系和标准化、精细化管理，确保工程质量达标。

第一节　质量体系的建立与运行

一、质量保证体系

为保证工程质量，建立了建设、设计、咨询、监理、施工融为一体的质量保证组织体系。公司负责全线质量管理工作，成立以总经理为组长，常务副总经理为副组长，各相关职能部门参加的质量管理领导小组，公司安全质量部负责全线质量管理日常工作。勘察设计单位成立现场施工配合组，咨询单位负责全线工程咨询管理工作，监理单位配备足够的现场监理人员和中心试验室，按照监理工作制度要求，全面负责标段内工程的监理工作，协助建设单位进行项目管理。施工单位必须按照 ISO9000 标准建立健全质量管理组织机构和制度，对施工质量实行全过程控制，并对施工质量负全责。

二、质量管理保证措施

（一）更新质量管理理念

参建单位要树立精品意识，制定切实可行的创优规划，明确创优目标，完善创优措施，严格按规划组织施工；要推进工程技术创新，及时将创新成果转化为施工工法，纳入施工技术方案和施工作业指导书，指导现场施工；全面应用项目管理信息系统，将质量管理纳入管理系统，实现对工程建设全过程的有效目标管理。

（二）加强施工过程控制

施工单位按照指导性施工组织设计编制实施性施工组织设计，主体工程及重要工程要进行工艺试验段施工，经建设单位认可后方可全面开工建设；提高施工机械化程度和自动化水平，通过机械化、专业化施工保质量；施工单位要积极采用架子队劳动力组织方式，积极开展 QC 小组活动。

（三）积极推行技术创新

建设单位组织各相关单位积极开展新技术利用和科研工作，在路基、桥梁、隧道、环保等工程施工技术方面进行创新。

（四）加大人员培训力度

各参建单位要加强管理人员的管理能力培训、技术人员的专业知识培训，操作人员的施作技能培训，组织开展工程精密测量、地基处理、耐久性混凝土、桥梁架设、大断面隧道、无砟轨道等专项技术和工艺的培训，提高参建人员管理能力和技术水平。

（五）以“四化为支撑”，推进标准化管理

“专业化施工、工厂化生产、机械化作业和信息化管理”是推行铁路建设标准化管理的重要基础和手段。把这“四化”支撑的基础打好了，使之与标准化管理的要求相结合，铁路建设管理的整体水平就会迈上一个新台阶。

第二节　质量事故的处理与闭合

一、质量事故报告

（1）工程质量事故发生后，施工单位立即采取有效措施，抢救人员，防止事故扩大，并保护事故现场，并组织人员采取拍照或录像等方式反映现场情况。

（2）工程质量事故发生后，必须逐级上报。

（3）由于工程质量事故导致试运营线路或运营线路发生行车安全事故或对运输生产造成一定影响时，公司安全质量部按原铁道部《铁路行车事故处理规定》规定报告相关单位或部门。

二、质量事故调查处理

公司接到事故报告后，尽快成立工程质量事故调查组，并由公司质量主管副总经理牵头，与施工、勘察设计、监理及有关单位一起进行事故调查。

三、质量事故的修补及加固

首先认真分析事故发生的原因，及时制订补救或修复方案，其次加强整改过程监督，严格执行建设程序。

第三节　安全体系的建立与运行

一、安全管理体系

（一）安全管理组织机构

公司成立安全生产管理领导小组，安全生产管理领导小组由公司领导、相关部门负责人、现场指挥部负责人组成，负责工程建设安全生产管理的组织领导工作。领导小组办公室设在安全质量部，配备专职安全监督管理人员。

各参建监理单位配备相应机构和专职安全监理工程师，负责监理对象的安全日常监督检查工作。

各参建施工单位成立安全生产领导小组，项目经理为组长，是安全生产管理的第一责任人，对本标段安全生产负有全面责任。副经理为副组长，职能部门和施工队负责人为组员。设立专门机构负责工地安全生产现场管理，组织日常检查。施工单位施工现场按施工人员的 1%～3%配置专职安全管理人员，项目部设专职安检工程师，施工队设专职安全员，班组设兼职安全员，全员参与管理。

（二）建立和完善安全生产体系

安全生产保障体系覆盖参建各单位、自管理层到作业层，认真执行职业健康安全管理标准，坚持管生产必须管安全，实行安全包保责任制。

（三）检查制度

公司和现场指挥部组织定期和不定期检查，每季度至少组织一次管段内的安全大检查，驻地监理和施工单位每月组织一次检查并将检查结果报现场指挥部。监理和施工单位的专职安全员进行日常检查，发现安全隐患及时下发整改通知书，限期整改。安全检查结果应每月随工程月报报安质部，纳入各施工单位年度综合考评。

二、安全生产保证措施

施工单位按照 GB/T 28001—2001 劳动卫生保障管理体系标准的要求建立项目安全生产保证体系，制定安全包保责任制，逐级签订安全承包合同，以达到全员参加、全面管理的目的，充分体现“管生产必须管安全”和“安全生产、人人有责”的管理机制。认真编制安全生产保证计划和各项实施性施工组织设计，并严格按保证计划和专项施工组织的安全要求进行管理、实施。在编制施工技术方案的同时，相应编制各分项工程的安全技术措施，确保安全管理目标的实现。

（一）安全制度和保证措施

施工单位根据公司的安全生产管理办法，结合本单位及项目特点，制定具有针对性的各项安全管理规章制度，做到有制度、有考核、有奖惩，使各项工作有章可循。

（二）安全管理综合措施

1. 安全生产教育与培训

施工单位项目经理部经常开展安全生产宣传教育活动,使广大员工真正认识到安全生产的重要性、必要性，牢固树立“安全第一，预防为主”的思想，自觉地遵守各项安全生产法令和规章制度。

项目开工前，由安全质量部对所有参建员工进行上岗前的安全教育，并做好记录。教育内容包括：安全技术知识、各工种操作规程、安全制度、工程特点及该工程的危险源等。经考核合格后，方可上岗作业。对于从事电器、爆破、焊接、机动车驾驶、张拉等特殊工种的人员，经过专业培训，获得安全操作合格证后，方准持证上岗。

2. 安全生产检查

开工前的安全检查：工程开工前，由项目安全领导小组会同有关部门，对将开工的项目进行全面的安全检查验收。检查验收的主要内容包括：施工组织设计是否有安全措施，施工机械设备是否配齐安全防护装置，安全防护设施是否符合要求，施工人员是否经过安全教育和培训，施工方案是否进行交底，施工安全责任制是否建立，施工中潜在事故和紧急情况是否有应急预案等。

定期安全生产检查：项目经理每月组织一次由有关职能部门的负责人和项目专职安全员参加的安全生产大检查，并积极配合上一级进行专项和重点检查；施工队每旬进行一次检查；班组每日进行自检、互检、交接班检查。

经常性的安全检查：安检工程师、安全员日常巡回安全检查。使用《事故易发点检查表》每日进行检查，检查重点：爆破施工、炸药库设置及危爆物品管理、施工用电、机械设备、脚手架工程、模板工程、焊接作业、季节性施工等。

专业性的安全检查：针对施工现场的重大危险源，项目经理部专职安全员负责对施工现场的特种作业安全、现场的施工技术安全进行检查。设备管理人员负责对现场大中型设备的使用、运转、维修进行检查。

季节性、节假日安全生产专项检查：夏季检查防洪、防暑、防雷电措施落实情况；冬季检查防冻、防煤气中毒、防火、防滑措施落实情况；春秋季检查防风、防火措施落实情况；节假日加班及节假日前后安全生产检查。

3. 安全检查记录

定期按《施工安全检查标准》进行检查、打分、评价；班组每日的自检、交接检以及经常性安全生产检查，可在相应的“工作日志”上记载、归档或使用“安全检查记录表”；专业性安全检查，季节性、节假日安全生产检查，使用“安全检查记录表”或“事故易发点检查表”。

4. 隐患整改

隐患登记与分析：各种安全检查查出的隐患，要逐项登记，根据隐患信息，对安全生产进行动态分析，从管理上、安全防护技术措施上分析原因，为加强安全管理与防护提供依据。

整改：检查中查出的隐患应发“隐患整改通知书”，以督促整改单位消除隐患，“隐患整改通知书”要按定人、定时、定措施进行整改。

复查：被检查单位收到“隐患整改通知书”后应立即进行整改，整改完成后将“隐患整改反馈单”报回检查组并及时通知有关部门进行复查。

销案：有关部门复查被检查单位整改隐患达到合格后，在“隐患整改反馈意见单”上或检查台账上签署复查意见，复查人签名，即行销案。

（三）安全技术方案的编制与审批

开工前制订好安全生产保证计划，编制安全技术措施，经有关部门批准，报安全监理审核，建立施工组织设计和重大方案的论证制度，确保施工方案的安全可靠性。

对于石方爆破工程、脚手架工程、模板工程、钢筋焊接加工、车辆运输、施工用电、跨既有铁路工程、跨高速公路工程、跨通航河道工程、不良地质隧道工程等安全重点防范工程，结合现场和实际情况，单独编制安全技术方案。

（四）安全生产费

施工单位应按《铁路建设工程安全生产管理办法》的规定将安全施工措施费用于安全生产，并建立专项台账，不得挪作他用。

（五）安全奖罚措施

安全奖罚按公司安全生产管理办法中的奖罚规定执行。

三、安全生产管理重点及要点

（一）安全生产管理重点内容

安全生产管理重点内容包括：隧道施工（重点是具有灾害性的突水突泥风险的岩溶隧道施工，浅埋隧道施工、地质复杂隧道及隧道不良地质段落等的施工安全控制，隧道弃砟次生地质灾害的预防，尤其要强化隧道超前地质预报工作和围岩监控量测工作），桥梁施工（重点是高墩施工防高空坠落和落物伤人；跨越既有公路、铁路桥梁的安全防护；通航河流施工平台的防撞和各种运输船只的安全行驶；防现浇梁支架垮塌，防掉梁，防起重机和架桥机倾覆；水上作业及防洪防汛；大跨、结构复杂的桥梁施工），既有线施工管理，高边坡路基施工，雨季防洪、防泥石流，森林防火，火工品管理，机械设备的安全使用，临时用电的安全管理等。

安全管理工作要紧紧围绕上述内容狠抓落实，同时不能放松和忽视其他事故易发点的监控，确保安全目标的实现。

（二）安全生产管理重点工点

路基工点：深路堑、陡坡路基、顺层路堑、落石防护、不良地质路基（滑坡、泥石流、岩溶）等路基工点。

桥梁工点：跨越江河且结构复杂的特大桥等，沿线跨越省级以上公路干线桥梁结构施工，跨越既有铁路线的桥梁结构施工，现浇桥梁施工。

隧道工点：天坪、新凉风垭等高风险隧道及其余隧道的高风险段落、煤系地层中采空区发育及分布有炭质页岩的隧道、施工难度较大的隧道。

（三）安全生产管理要点

1. 路基工程

离既有线或建筑物较近的路基部分，采用控制爆破，设立防护排架防止飞石，在既有线旁搭设防护排架时，应注意上方的接触网，应与其保持一定的安全距离。路基开挖前须提前探明地下各类管线的详细位置，并采取妥善的保护措施后再施工。

2. 桥梁工程

明挖桥基础时，如果挖基太深或基础中有水时，应有边坡挡护措施。

软土层或地下水量较大的地段，改挖孔桩为钻孔桩，确保施工安全。人工挖孔超过 10 m 深时采用强制通风。

跨线桥梁在施工时需架设防护网，防止坠物。在跨越既有电气化铁路施工时，安设防电板防止触电。

跨江桥、高墩桥施工中，保证对各种施工设备和设施定期检查的力度，防止高空坠落。在通航河道上施工时安设航标灯和挂安全网。

在对既有涵洞接长施工时，加设防护钢板桩等加固设施，防止既有线的边坡垮塌。

3. 隧道工程

对光面爆破、喷锚支护、衬砌三个环节进行严格管理，软弱围岩或围岩破碎地段严格遵循“管超前、预注浆、弱爆破、短进尺、强支护、快封闭、勤量测、早成环”的原则施工。

在洞口施工前首先对地表岩层裂隙发育情况及不良地质情况进行详细调查，按设计做地表加固或对洞口上方的危岩落石进行清除、加固，必要时要提请设计、建设单位进行措施加强，确保洞口施工安全。

隧道施工前要针对该隧道存在的风险，制订相应的安全应急预案。

确保超前地质预报在不良地质隧道施工中的有效使用，查出不良地质的性质、形态、范围，针对存在的不良地质情况采取有效的应对措施，以避免突发自然灾害事故的发生。

含瓦斯的隧道要安排专人负责瓦斯浓度的监控量测，按规定采用防爆机具设备进洞施工，大功率通风机施工通风，双回路电源供电。

在地下水发育的隧道施工中，暴雨后不施工，连续降雨后观察施工。

各工序均衡推进，仰拱和二衬距掌子面距离必须符合有关安全技术要求。

4. 铺架工程

站改施工中严格按运营单位批准的施工范围及施工内容进行施工，加强施工单位与铁路运输各部门间的沟通，建立信息反馈机制，迅速反馈相关工程进度的动态信息。

工程列车开行前加强检查，防止因装载的轨节、桥梁及其他货物超载、超限和违反装载加固的规定，造成行车事故。行车工作必须坚持“统一指挥，逐级负责”的原则，必须严格执行调度命令，服从调度指挥，严禁超速行车。

长大坡道的轨节铺设符合相关规定要求。利用架桥机铺设桥上轨节时，遵守架桥机的安全操作规程。

架梁作业时，必须严格执行架梁规程的有关规定。桥头的新铺线路要认真组织压道；线路的质量必须达到能承受架桥机架梁作业并确保安全生产的要求。

5. 营业线工程

严格执行《改建既有线和增建第二线铁路工程施工技术暂行规定》(铁建设〔2008〕14 号)、《铁路营业线施工安全管理办法》(铁办〔2008〕190 号)、《关于公布〈铁路营业线施工安全管理补充办法〉的通知》(铁运〔2010〕51 号)及成都局《关于印发〈成都铁路局基建大中型项目营业线施工安全管理补充规定(暂行)〉的通知》(成铁建设〔2010〕139 号)、《关于印发〈成都铁路局基建项目临近营业线施工分级管理办法(试行)〉的通知》(成铁建设〔2010〕572 号)、《关于下发〈成都铁路局营业线施工安全管理补充办法〉的通知》(成铁建设〔2010〕379 号)等文件要求。

细化施工安全措施，严格落实各方安全责任，对既有线改造和影响既有线的所有施工必须与设备管理单位签订安全协议，制定严格、确保营业线安全的施工措施，责任落实到位。

营业线施工期间，施工单位加强与铁路运输各部门间的沟通，建立信息反馈机制，及时了解相关工程的动态进度信息，为铁路安全运营提供动态信息技术支持。

在离营业线较近或下穿营业线的地段施工时，施工前需按相关规定上报铁路运营管理部门，办理相关手续，按设计提前做好对运营线的各类设施安全防护，制订安全应急预案，安排专职安全员。

对施工作业机械严格落实防护措施，安排专人指挥、防护，防止侵限、严禁损坏营业线设施；双线作业地段，当邻线来车时必须停止作业；施工中材料、设备堆放严格执行《铁路技术管理规程》和《铁路工务安全规则》的有关规定，不得侵入限界。

严格落实防溜措施，停留的工程车辆要采取放风制动和安防止轮器等有效的防溜措施，与车站接轨的工程线，必须在相对既有线边界外适当位置设置临时隔开装置。

6. 其他注意事项

在选择各项生产、生活场地时，要充分考虑气候、地形、地质对场地构成的安全问题，避免发生安全事件。

认真做好火工品的管理，严格执行请领和退库制度，做好火工品购入、仓储和使用各环节的安全控制、管理。大型爆破作业要严格审批程序，要有爆破设计，严格控制用药量。所有露天爆破都必须做好安全防护，杜绝安全事故发生。

第四节　安全事故的调查与处理

一、安全事故的调查

建设项目发生《生产安全事故报告和调查处理条例》(国务院令第 493 号)的生产安全事故，建设单位及其他有关单位应按照国家有关规定向当地安全生产监督管理部门报告，同时按原铁道部有关规定向原铁道部安全监察司、原铁道部建设管理司、原铁道部工程质量安全监督总站和铁路监督机构报告，并在规定时间内提交书面报告。

建设项目发生安全事故后，施工单位和建设单位应严格保护事故现场，采取有效措施抢救人员和财产，防止事故扩大。需要移动现场物件时，应做出标志并做好书面记录，现场重要痕迹应当拍照或录像，妥善保管好有关物证。

在发生安全生产事故后，事故现场有关人员应当立即报告本单位负责人。单位负责人接到事故报告后，应当迅速采取有效措施，组织抢救，防止事故扩大，减少人员伤亡和财产损失，并按照《生产安全事故报告和调查处理条例》立即上报有关部门，进行安全事故调查处理。不得隐瞒不报、谎报或者拖延不报，不得故意破坏事故现场、毁灭有关证据。

事故调查应按“四不放过”（即“找不出原因、查不出教训、落实不了责任、提不出处理意见”不放过）要求组织进行，要认真、严肃并做好记录。

二、安全事故的处理

（1）分析事故发生的原因，对相关责任人进行相应的处罚实行安全生产事故责任追究制度。由施工单位主管部门或者企业按照国家有关规定,对施工单位负责人和直接负责人员给予行政处罚和处分，构成犯罪的，由司法机关依法追究刑事责任。

（2）制订整改方案。施工单位提出初步处理方案，公司组织相关单位在对安全事故进行调查分析的基础上，对施工单位提出的处理方案予以审查、修正、完善后再组织实施。

（3）整改过程中，监理单位必须全程旁站跟踪，严格执行建设程序。重点工序由公司质量部门负责组织验收。

第六章 施工组织

第一节 施工组织设计管理

一、施工组织总体目标

施工组织总体目标见第一篇第一章第二节建设项目总体目标。

二、总体施工组织原则

总体施工遵循“整体设计、系统建设、优质高效、一次建成”的建设方针，贯彻“统筹安排、科学组织、重点先行、分段展开、均衡生产、有序推进”的组织原则。

三、总体施工顺序

以“征地拆迁、隧道贯通、制运架梁、铺轨整道、四电作业、联合调试”为关键线路，按照“路基→桥梁下部及现浇梁→隧道→架梁→轨道→站后工程”的总顺序，以突破长大隧道、特大桥为重点组织施工，系统策划，突出重点，兼顾一般，平行流水，均衡生产。综合考虑站后、站前工程间及各专业间的关联，综合接地预埋件和路基上接触网立柱基础、电缆槽、声屏障基础、预埋管线等工程应与线下主体工程同时施工。

另考虑下列因素：路基、桥涵、隧道等结构的沉降变形稳定时间，有自然沉降要求的路基应优先安排施工，在运梁车通过前确保沉降稳定，且预测能满足工后沉降要求；桥梁施工优先考虑桥台及主跨的施工，水中墩不宜安排在雨季施工；征地拆迁实施的难易程度及推进计划。

第二节　指导性施工组织设计的特点与重大调整

一、各专业工程技术特点

（一）路基工程

渝黔铁路的路基工程，其结构、填料标准高，施工工期长，与站后工程接口多，对于工后沉降和沉降率的控制十分严格。

（二）桥梁工程

渝黔铁路的桥梁工程，其所处的地质地形条件复杂，刚度大，存在多种孔跨结构，对于桥梁的耐久性要求高，同时需要严格控制墩台基础的沉降。

（三）隧道工程

渝黔铁路的隧道工程，其所处地质复杂，岩溶、瓦斯隧道多，开挖断面大，软弱围岩比例大，弃渣困难。

（四）轨道工程

渝黔铁路的轨道工程，其采用重型轨道标准设计，铺设跨区间无缝线路；桥隧、路桥、路隧交替频繁，铺架施工难度大；铺轨、架梁、铺砟工程量大。铺轨过程间插 T 梁架设、长轨更换，使用设备多，施工工艺及方法不同，增大了施工组织的难度。铺架和长钢轨的组织及运输是确保铺架施工顺利的难点和重点。

（五）枢纽及站场工程

重庆枢纽内征地拆迁量大；与既有线、在建线交叉多，协调难度大；重庆西站为西南地区规模最大站房，新白沙沱特大桥为国内首座六线双层铁路桥，施工难度高。

枢纽建设工程类型复杂，联络线和动车走行线众多，不同速度标准线路并存。

车站是路基、桥梁、轨道、站房、四电等专业的结合点，需要各专业通力合作，强调施工计划的严肃性，保证各专业、各工序按施工组织有序推进。

二、工程分布及结构特点

（一）路基工程

全线枢纽内路基比重大，区间路基比重少。路基不良地质类型多，工点分散，大型机械化作业难度大。路基面宽度按 200 km/h 速度目标值设计，相关配套工程按规范中相应标准执行。

（二）桥梁工程

桥梁在贵州境内正线段（省界至干塘线路所）分布最多，有 137 座，其中特大桥、大桥 114 座。受线形和地理位置制约，线路一次跨越长江、三次跨越綦江、一次跨越夜郎河、一次跨越乌江，多次与渝黔高速公路、210 国道、S207、S306 以及既有川黔线交叉等。

桥梁墩台基础一般采用钻（挖）孔桩基础或明挖基础。常用跨度桥梁，均采用 T 形（空心）桥台，桥墩以采用矩形实体（或空心）墩为主，两枢纽范围内桥墩及当桥墩对行洪有影响时采用圆端型实体（或空心）墩；站内多线桥采用实体墩。

正线以及车站到发线采用时速 200 km 客货共线铁路 T 形梁（通桥〔2005〕2201）；正线道岔区梁部根据需要采用等宽或变宽连续箱梁；车站内联络线、疏解线、牵出线及两枢纽内货车线等其他线采用预应力混凝土简支 T 形梁（通桥〔2005〕2101）；与 2101 梁配套的道岔梁采用时速 160 km 客货共线铁路预应力混凝土简支 T 形道岔梁（贰桥〔07〕2007）。

跨度 $L>32$ m 时采用钢桁斜拉桥、上承式钢筋混凝土拱、预应力混凝土连续梁或连续刚构。对线路跨越河流、公（道）路以及既有铁路时，根据地形条件、地质、景观要求等不同的具体情况，合理选择桥跨结构类型。

（三）隧道工程

全线新建隧道 145 座-203.729 km，正线区间范围内 120 座，最长为天坪隧道 13 978 m。

重庆市境内通过气田构造区或侵染区隧道众多，DK30～DK40 段主要跨越南温泉含油气构造南段，线路横穿背斜轴部，浅层天然气对线路危害性较大，属浅层天然气危害较大区，DK70～DK85 段线路穿过东溪气田，浅层天然气对线路隧道工程危害性大，属于浅层天然气危害大区。贵州省境内通过岩溶区隧道众多。

本线隧道围岩分级为Ⅱ～Ⅴ级，按新奥法原理设计与施工。除明挖段采用明洞衬砌外，全线其他地段洞身根据地质情况一般采用复合式衬砌或浅埋、偏压复合式加强衬砌。Ⅱ级围岩硬质岩地段采用曲墙无仰拱衬砌；Ⅲ、Ⅳ、Ⅴ级围岩地段均采用曲墙带仰拱衬砌。特殊地质地段，如煤系地层地段、赋存天然气地段、膨胀岩、软岩大变形段、洞身顺层偏压、高水压地段等，结合地质特点，采用相应的衬砌形式。其中：煤系地层、赋存天然气地段采用全封闭复合衬砌；地下水极发育地段（如富水断层等）衬砌考虑承受部分水压；洞身顺层偏压地段采用加长锚杆锁定岩体，型钢钢架或格栅钢架加强支护，必要时设置加强衬砌。

本线隧道衬砌结构设计使用年限为 100 年；隧道防排水要求达到一级防水标准，二衬混凝土抗渗等级不低于 P12；长度≥5 km 的隧道以及三线车站隧道洞口及洞身浅埋段按《铁路工程抗震设计规范》予以设防；长度>10 km 的隧道结合防灾救援通道风的需要进行运营通风设置，高瓦斯隧道预留运营通风条件；长度≥6 km 的隧道铺设双块式无砟轨道。

三、施工组织调整优化

（一）控制工程与重难点工程调整

夜郎河双线特大桥原计划 2017 年 1 月 31 日完工，受征地拆迁及地形条件影响，实际主桥于 2017 年 3 月 5 日完工；引桥于 2017 年 3 月 20 日完成。

老周岩隧道计划于 2016 年 12 月 30 日完工，建设过程中受断续阻工影响，较施工组织计划进度滞后近 3 个月，通过新增 2 个工作面，保证计划工期不变。该隧道实际于 2016 年 11 月 5 日贯通，二衬于 2016 年 12 月 15 日完成，无砟轨道于 12 月 28 日完成。

西风岭隧道原计划应在 2016 年 3 月份完成洞身衬砌施工，因隧道由有砟变为无砟，增加无砟道床施工工序，工期相应延长 2 个月，于 2016 年 5 月 31 日达到铺轨条件。

太公山隧道计划于 2016 年 8 月 20 日完工，建设期间出现进度滞后约 3 个月，通过调整原施工组织中进、出口工区任务划分及进度指标，实际于 2016 年 4 月 28 日贯通，二衬于 7 月 20 日完成，无砟轨道于 9 月 10 日完成。

新白沙沱长江六线特大桥原计划 2016 年 8 月 30 日完工，由于部分桥墩施工受施工便线、货线路基施工工序以及征地拆迁的影响，实际主桥于 2016 年 9 月 30 日完工；引桥于 2016 年 12 月 19 日完成。

渝黔正线铺架施工组织调整优化：

铺架工程贵阳方向铺架施工原施工组织计划于 2015 年 11 月 12 日开始施工，由于珞璜南双线大桥上方高压线未拆除，线下桥墩未施工，后调整至 2016 年 3 月 28 日开始贵阳方向施工作业，通过加大人力物力的投入，最终按照既定的施工组织工期完成。

小张坝双线大桥铺轨原计划于 2017 年 3 月 30 日完成，由于铺架任务调整，新增 23 km 铺架范围，通过增加铺架设备和施工队伍，采用人工铺轨和机械铺轨同时进行等方式，按照既定工期于 2017 年 4 月 1 日完成新增任务到达夜郎河双线特大桥。

渝黔铁路 DK137 + 400 至 DK328 + 800 范围的铺架施工原计划于 2015 年 7 月 13 日开始，2017 年 3 月 31 日结束，由于线下工期滞后严重，特别是重庆方向因息烽车站供电所无法按期拆除，实现不了在 2015 年 7 月 13 日开始架梁。后通过架梁方案优化节省工期 3 个月，挽回了因土建卡控工程挡道造成的铺架工期损失。

（二）委托代建工程调整

1. 童西线及相关工程

童西线及相关工程委托成渝公司代建，控制童西线铺架的新双碑隧道计划无砟轨道完成日期为 2017 年 5 月 30 日，不满足渝黔线整体工期需求，同时为保证重庆西动车所建设工期，过程中协调成渝客专公司督促施工单位加快进度。另有铺架施工组织调整，铺架径路由原通过新双碑隧道改为通过既有线进行运梁铺架。

2. 渝黔引入贵阳枢纽工程

影响贵阳北站全站开通的部分纳入贵阳北站同步建设，影响白龙线开通的部分纳入白龙线同步建设。

受征地拆迁影响，客车系统桥梁工程工期调整为 2013 年 11 月至 2015 年 10 月 21 日（2016 年 3 月 5 日铺架完成），满足渝黔线整体建设工期需要。

第三节　工期管理与节点工期

一、总工期及主要阶段工期

本项目总工期 60 个月，施工工期 54 个月（含征地拆迁和施工准备），联合调试及运行试验 5 个月，评估及初验 1 个月。工程于 2013 年 1 月 1 日开工，2017 年 12 月 31 日完成竣工验收，2018 年 1 月 25 日开通运营。

主要阶段工期见第一篇第三章第二节，此处不再赘述。

二、各专业施工工期

（一）工期及进度安排的原则

（1）确保总工期和阶段工期。

（2）采用合理、先进的技术指标。

（3）必须保证结构变形、沉降、混凝土龄期等技术间歇时间。

（4）科学安排，均衡生产，适度超前，及时安排综合调试、模拟运行和动态检测。

（二）各专业工程开竣工时间

各专业工程开竣工日期详见第一篇第三章第二节，此处不再赘述。

（三）路基工程

路基工程的施工总工期为 27 个月。其中路基填筑控制在 25 个月内完成，自然沉降期按 6 个月考虑。软土及松软土地基段的复合地基处理在 6 个月以内完成；基床以下及基床填筑，包括路堑开挖，工期控制在 24 个月以内，基床表层填筑控制在 21 个月以内完成。

贵阳枢纽内路基工程在 17 个月内全部完成；重庆枢纽内增建二线路基在 12 个月内完成，枢纽内正线、动走线路基受既有线影响在 22 个月内完成。

接触网支柱、声屏障基础、通信信号电力电缆槽、过轨管线、路基面的排水等设施应与路基工程统筹安排，在路基工程的施工总工期内完成。

（四）桥涵工程

全线桥梁工程总工期 50 个月（含施工准备、架梁），于 2013 年 4 月 1 日开工，2017 年 5 月底全部完成（桥面系施工）。涵洞及框架桥在开工后一年半内全部完成。

一般桥梁的施工准备及下部工程施工工期，安排在 15 个月以内；大跨度及技术复杂桥梁和重点桥梁，按 20～44 个月进行组织施工，新白沙沱长江六线特大桥工期最长，为 47 个月。

2014 年 3 月份以前完成大部分涵洞工程，2014 年 9 月底完成全部涵洞工程。

2015 年 10 月底以前完成桥梁主体（除梁部）工程，2016 年 9 月底完成全部钢构、连续梁悬灌。

桥梁上部工程施工综合进度指标安排如下：T 梁的架设，3～4 单线孔/天；连续梁施工，节段悬浇，12 天/节，合拢段施工 30 天，0#块施工 45 天，挂篮安装调试 15 天；桥面系铺装，50 天。

根据区间架梁线路的要求，以铺轨工程开始时间及方向控制桥梁工程结束时间，有利于桥梁工程的均衡施工，节约资源。

（五）隧道工程

全线隧道总工为 52 个月，2013 年 3 月 1 日开始，2017 年 6 月 30 日全部完成。

（六）轨道工程

1. 有砟轨道

2015 年 7 月 11 日开始铺架施工，其中团结村至陶家场线路所段于 2013 年 10 月开始铺架施工，2017 年 3 月底完成架梁工作，2017 年 4 月底全线长轨铺通。2017 年 6 月底完成线路锁定并形成跨区间无缝线路。

2. 无砟轨道

本线共有 7 座隧道铺设整体道床，铺设进度按 120 m/d。

3. 长轨换铺

根据铺架进度择期开工，2.5 铺轨公里/d，于 2017 年 4 月底完成。

（七）房建工程

重庆西站施工图设计于 2013 年 5 月份完成、施工图审核于 6 月份完成，站房在 2013 年 8 月 1 日开工、2016 年 1 月 31 日竣工，总工期为 30 个月；遵义站及其他站房工程施工图设计于 2013 年 10 月份完成、施工图审核于 11 月份完成，2014 年 2 月 1 日开工、2016 年 1 月 31 日完工，总工期为 24 个月。

（八）“四电”工程

四电工程中与路基、桥涵、隧道同步进行的，提前同步完成。总体工期为 22 个月，时间为 2015 年 9 月 1 日—2017 年 6 月 30 日。四电工程在铺轨后工期占关键线路的 3 个月，时间为：2017 年 4 月 1 日—2017 年 6 月 30 日。

1. 通信工程

沟槽管预设与土建工程同步完成，进度安排见表 2-6-1。

表 2-6-1　通信工程进度安排

序号	项　目	工期/月	开始时间	结束时间
1	施工准备	3	2015-09-01	2015-11-30
2	主要线缆敷设、接测	5	2015-12-01	2016-04-30
3	基站建设	5	2015-12-01	2016-04-30
4	设备安装	4	2016-05-01	2016-08-31
5	设备调试	3	2016-09-01	2016-11-30
6	系统调试	3	2016-12-01	2017-02-30

2. 信号工程

综合接地预埋、沟槽管预设与土建工程同步完成，进度安排见表 2-6-2。

表 2-6-2　信号工程进度安排表

序号	项　目	工期/月	开始时间	结束时间
1	施工准备	3	2015-09-01	2015-11-30
2	室外电缆敷设	4	2015-12-01	2016-03-31
3	室外设备安装配线	4	2015-12-01	2016-03-31
4	室内设备安装配线	5	2016-04-01	2016-07-31
5	CTCS-2 联锁子系统调试	5	2016-08-01	2017-01-31
6	CTCS-2 系统调试	5	2017-02-01	2017-06-30

3. 电力工程

沟槽管预设与土建工程同步完成，进度安排见表 2-6-3。

表 2-6-3　电力工程进度安排表

序号	项　目	工期/月	开始时间	结束时间
1	施工准备	3	2015-09-01	2015-11-30
2	变配电所设备安装	4	2015-12-01	2016-03-31
3	综合自动化系统调试	2	2016-04-01	2016-05-31
4	变配电所整组传动试验	1	2016-06-01	2016-06-30
5	变配电所外部电源	8	2015-11-01	2016-06-30
6	贯通线路施工	8	2015-12-01	2016-07-31
7	电力 SCADA 调试	3	2016-08-01	2016-10-31

4. 电气化工程

接触网基础、沟槽管预设与土建工程同步完成。

接触网工程进度安排见表 2-6-4，牵引变电工程施工进度见表 2-6-5。

表 2-6-4　接触网工程进度安排表

序号	项　　目	工期/月	开始时间	结束时间
1	施工准备	3	2015-09-01	2015-11-30
2	接触网支柱、装配安装	9	2015-12-01	2016-08-31
3	附加线架设	4	2016-06-01	2016-09-30
4	承、导线架设	5	2016-07-01	2016-11-30
5	悬挂调整	5	2016-12-01	2017-04-30
6	设备安装、冷滑检测	2	2017-05-01	2017-06-30

表 2-6-5　牵引变电工程施工进度表

序号	项　　目	工期/月	开始时间	结束时间
1	施工准备	3	2015-09-01	2015-11-30
2	室外工程	3	2015-12-01	2016-02-29
3	设备安装	6	2015-12-01	2016-05-31
4	电缆敷设及二次配线	4	2016-06-01	2016-09-30
5	设备单体试验	4	2016-10-01	2017-01-31
6	全所自动化系统调试	2	2017-02-01	2017-03-31
7	整组传动试验、送电	3	2017-04-01	2017-06-30

三、联合调试及运行试验

联合调试及运行试验安排在 2017 年 7 月 1 日至 11 月 30 日，总工期 5 个月。

四、枢纽内工程

（一）重庆枢纽

渝黔引入重庆枢纽工程主要由客车线、货车线及童西联络线组成，其中童西线上控制工程为新双碑隧道，客车线上控制工程为新白沙沱特大桥。

重庆枢纽内货运系统团结村至陶家场线路所段委托成都局建设管理。本段于 2012 年 12 月 20 日开工，2014 年 6 月 30 日建成投入运营，总工期 18 个月。

新双碑隧道全长 9 388 m，环境风险敏感点众多，土建工程总工期 48 个月，自 2013 年 6 月 30 日至 2017 年 6 月 30 日；新白沙沱特大桥全长 5 320.344 m，施工工期 47 个月，于 2013 年 1 月 20 日至 2016 年 12 月 19 日。

童西线及引入新白沙沱特大桥以北工程同正线开竣工时间，根据工程分布区域及工程特点，重庆西铺架基地铺架顺序为：动走线→歌乐山进重庆西进站改造段、襄渝线进重庆西改造段、梨树湾联络线进重庆西改造段→中梁山支线改建段→客车线重庆西至新白沙沱特大桥主桥重庆端→童西线。其中童西线及相关工程在委托成渝铁路公司后，可同步安排、提前实施，歌乐山至双碑线路所联络线、歌乐山至井口联络线、歌乐山至K141线路所联络线随成渝线同步建成。

陶家场线路所至珞璜南、小岚垭客车联络线、新白沙沱特大桥主桥重庆端至珞璜南由珞璜南铺架基地铺架。

（二）贵阳枢纽

贵阳枢纽内工程全部委托成都局贵阳建设指挥部建设管理，工期同区间正线。

引入贵阳枢纽内工程工期36个月，自2012年12月20日至2015年12月31日。

关键控制工程为货车线洋坝隧道，工期为32.5个月，于2015年8月全部完工，提供铺架作业条件。货车线铺架于2015年7月开始，2015年下旬通过洋坝隧道，在2015年9月全面结束。站后四电工程紧跟铺架，在2015年11月初基本结束，11—12月进行专业验收，静、动态验收和安全评估等工作，12月底完成安全评估开始试运营。

第四节　重点控制工程工期控制

根据全线工程情况和总工期的要求，从工期、安全控制的角度确定全线控制工程和重难点工程。控制工程有“两桥四隧”，即新白沙沱长江六线特大桥、夜郎河双线特大桥、天坪隧道、新凉风垭隧道、太公山隧道、新双碑隧道；重点工程有“五桥七隧”，即赶水綦江双线特大桥、观音桥双线特大桥、夜郎镇站道岔桥、朝门乌江双线特大桥、大干沟双线特大桥、松岗隧道、陈家坡隧道、老周岩隧道、綦江隧道、万家庙隧道、羊角一号隧道。

各工程重难点及应对措施概述见表2-6-6。

表2-6-6　控制工程和重点工程一览

序号	工程名称	工程概况	重难点及应对措施
1	新白沙沱长江六线特大桥	全长5 320.334 m，桥梁跨径布置为25×32 m（简支梁）+（81+162+432+162+81）m钢桁+69×32 m（简支梁）+1×24 m（简支梁）+3×32 m（简支梁）+（68+128+68）m连续梁+17×32 m（简支梁）+（32+48+32）m连续梁+2×24 m（简支梁）+（32+48+32）m连续梁+3×32 m（简支梁）。主桥采用半漂浮体系的双塔双索面双层钢桁梁斜拉桥，主桥全桥长920.4 m。上层布置为渝长客线双线和渝黔客线双线，下层布置为渝黔货线双线。主塔总高188.2 m，斜拉索布置为平行的扇形双索面，全桥共56组斜拉索。主塔基础采用钻孔灌注桩基础。引桥采用下部实体上部三柱双层框架墩，桥面板采用正交异性钢板16 mm，U形加劲肋。工期为47个月	重难点：（1）（81+162+432+162+81）m双塔双索面双层铁路六线斜拉桥为国内首次使用，工程规模大；（2）拆旧桥难度前所未有；（3）施工走廊狭隘，在重庆侧跨越成渝铁路，在贵阳侧两次跨越川黔铁路，施工防护要求高；（4）基础采用大直径深孔钻孔桩及深水承台施工技术含量高，施工难度大；（5）大体积基础围堰设计、制造、浮运、定位难度大，超长、大直径、大吨位护筒插打定位精度难度大；（6）钢桁梁的组拼、水平运输和垂直运输及安装，拼装时的线型控制、承力索的安装、索力调整等施工监控难度大；（7）大桥位于“长江上游珍稀特有鱼类国家级自然保护区”的缓冲区，环保责任重大。 应对措施：（1）引进专业化施工队伍；（2）编制切实可行的施工组织设计和专项施工方案，邀请国内专家进行评估；（3）涉水施工方案须经有关部门批准

续表

序号	工程名称	工程概况	重难点及应对措施
2	夜郎河双线特大桥	桥梁全长 1 120.8 m，孔跨布置为 5×32 m 简支 T 梁+370 m 上承式钢筋混凝土拱+16×32 m 简支 T 梁，工期为 42.6 个月	重难点：(1) 山势陡峻，场地布置困难；(2) 拱座基础为硐室开挖，影响山体稳定；(3) 钢管拱拼装及钢管拱混凝土浇筑；(4) 拱上墩柱施工；(5) 钢梁吊装顶推 应对措施：(1) 编制切实可行的施工组织设计，优化施工方案，合理安排工期；(2) 对施工阶段风险进行评估，根据风险评估结果提出相应的处理措施；(3) 使用有经验的队伍
3	天坪隧道	全长 13 978 m，其中Ⅱ、Ⅲ、Ⅳ、Ⅴ级围岩分别有 480 m、4 490 m、7 677 m、1 331 m。最大埋深为 980 m。隧道穿越断层、煤系地层、软岩等不良地质地段、部分地段岩溶发育，有突水突泥、瓦斯突出可能；隧道埋深大，施工中存在岩爆、软岩变形可能。隧道进口设平导、出口设横洞、中部设斜井辅助施工。工期 46.8 个月	重难点：(1) 工期紧张；(2) 煤系地层揭煤；(3) 岩溶及涌水处理；(4) 断层破碎带施工；(5) 软岩变形；(6) 隧道通风。 应对措施：(1) 引进专业化的具有特长隧道施工经验的队伍；(2) 加强设备配置，提高机械化施工水平；(3) 编制切实可行的施工组织设计，合理安排工期；(4) 施工阶段进行风险评估，据此提出相应的处理措施，及时进行信息反馈；(5) 将超前地质预报纳入正常施工工序；(6) 横洞工区采用有轨运输及防爆型设备组织施工，配置双电路及电源，并做好洞内瓦斯监测工作
4	新凉风垭隧道	全长 7 618 m，其中Ⅱ级围岩 930 m、Ⅲ级围岩 1 700 m、Ⅳ级围岩 3 610 m、Ⅴ级围岩 1 378 m。主要不良地质为岩溶、顺层、煤层瓦斯和断层破碎带，特殊岩土为岩溶角砾岩、软质岩及软弱夹层。隧道进出口均设平导，平导位于左线左侧 30 m，进口平导长 4 390 m，出口平导长 1 800 m。工期为 42.5 个月	重难点：(1) 工期紧张；(2) 岩溶涌水段施工；(3) 煤系地层揭煤；(4) 断层破碎带施工。 应对措施：(1) 引进具有瓦斯、岩溶长大隧道施工经验的专业化队伍；(2) 编制切实可行的施工组织设计，合理安排工期；(3) 施工阶段进行风险评估，提出相应的处理措施，及时进行信息反馈；(4) 将超前地质预报纳入正常施工工序；(5) 采用有轨运输及防爆型设备组织施工，配置双电路及电源，并做好洞内瓦斯监测工作
5	新双碑隧道	全长 9 388 m，最大埋深为 177 m。主要不良地质为采空区及老窖出水、顺层偏压、滑坡。特殊岩土有膨胀岩、人工填土。工期为 48 个月	重难点：(1) 下穿凉亭变电站、既有双碑隧道、新中梁山隧道施工；(2) 邻近渣滓洞文物保护区施工；(3) 下穿采空区影响区施工；(4) 隧道出口民房密集、浅埋段施工。 应对措施：(1) 做好施工调查，编制切实可行的施工组织设计，优化施工方案；(2) 施工阶段进行风险评估，提出相应的处理措施；(3) 将超前地质预报纳入正常施工工序；(4) 对敏感段落编制专项施工方案，认真组织实施；(5) 与成渝客专交叉段委托成渝公司先行建设
6	太公山隧道	全长 6 396 m，最大埋深为 440 m。主要不良地质为天然气，本隧道为高瓦斯隧道。总工期为 36.4 个月	重难点：(1) 隧道施工通风；(2) 瓦斯监测预报。 应对措施：(1) 按瓦斯隧道组织施工；(2) 做好隧道超前地质预报工作，并将超前地质预报纳入正常施工工序；(3) 加强隧道通风及瓦斯监测

续表

序号	工程名称	工程概况	重难点及应对措施
7	赶水綦江双线特大桥	跨綦江、既有渝黔铁路、210国道，全长886.62 m，孔跨式样为2×32 m+（72+128+72）m连续刚构+6×32 m+（36+64+36）m连续梁+5×32 m+2×24 m简支T梁，最大墩高46 m。工期为22个月	重难点：（1）跨高等级公路及既有铁路施工；（2）悬臂梁施工。 应对措施：（1）跨越高等级公路/铁路的方案需报经有关产权部门同意；（2）对跨越处采取可靠的防护措施，保证施工期间公路、铁路行车安全；（3）对施工人员加强安全教育，严防高空坠物
8	观音桥双线特大桥	跨210国道及渝黔高速公路，全长629.85 m，孔跨式样为1×32 m+（48+3×80+48）m刚构连续组合结构+（56+96+56）m连续刚构+1×32 m简支T梁，最大墩高90 m。工期为22个月	
9	夜郎镇站道岔特大桥	全长为1 010.2 m，孔跨式样为2×24 m+（36+2×64+36）m连续梁+8×32 m+（44+2×64+44）m连续梁+6×32 m+3×24 m简支T梁，最大墩高61 m。桥上线路为双线过渡到四线，双线及四线平行段各线间距均为5.0 m，正线两侧到发线与正线线间距均为6.0 m。工期为22个月	重难点：连续梁施工。 应对措施：（1）编制切实可行的施工组织设计，优化施工方案；（2）在施工前对所有参建人员进行技术培训，认真研讨每道工序的施工工艺、施工方法、质量检验办法及作业细则，并在施工过程中严格贯彻落实，确保各工序的施工质量
10	朝门乌江双线大桥	全长431.18 m，桥跨布置采用32 m简支T梁+（92+168+92）m预应力混凝土刚构+32 m简支T梁。跨越乌江深切河谷，主墩墩高106 m。工期为43个月	重难点：（1）场地布置及材料运输；（2）跨河悬臂梁施工。 应对措施：（1）做好施工调查，合理规划场地布置；（2）针对高墩大跨预应力砼刚构编制专项安全施工方案，经专家论证后实施；（3）在施工前对所有参建人员进行技术培训，确保各工序的施工质量
11	大干沟双线特大桥	全长956.87 m，孔跨式样为1×24 m+17×32 m+（68+128+68）m连续刚构+3×32 m简支T梁，墩高103 m，工期为20个月	重难点：（1）连续刚构施工；（2）邻近川黔线的安全保证；（3）高墩大跨施工。 应对措施：（1）编制切实可行的施工组织设计，优化施工方案；（2）针对工程特点，编制专项安全施工方案，切实组织实施，做好与铁路管理部门的联系、协调，确保铁路行车安全
12	綦江隧道	全长3 297 m，隧道最大埋深为80 m。不良地质有顺层偏压、天然气。总工期为36.4个月	重难点：（1）隧道施工通风；（2）下穿綦万、渝黔高速公路段施工；（3）下穿弃渣场施工；（4）下穿住宅楼施工。 应对措施：（1）施工前进行风险评估，据之提出相应的处理措施，施工中及时反馈信息；（2）将超前地质预报纳入正常施工工序；（3）加强隧道通风及瓦斯监测
13	万家庙隧道	全长2 300 m，最大埋深约60 m，最小埋深约7 m。不良地质为顺层偏压。总工期为30.4个月	重难点：（1）下穿高速公路、变电站、民房施工；（2）顺层偏压；（3）瓦斯监测预报。 应对措施：（1）施工专项方案经有关产权单位批准；（2）加强监控量测；（3）加强隧道通风及瓦斯监测
14	松岗隧道	全长9 468 m，隧道最大埋深为386 m，主要不良地质为天然气、顺层偏压。本隧道系高瓦斯隧道。线路右侧30 m进口至1号横洞设置贯通平导，全长6 693 m。总工期为37.6个月	重难点：（1）隧道施工通风；（2）瓦斯监测预报；（3）浅埋偏压段施工。 应对措施：（1）按瓦斯隧道组织施工；（2）将超前地质预报纳入正常施工工序；（3）加强隧道通风及瓦斯监测

续表

序号	工程名称	工程概况	重难点及应对措施
15	老周岩隧道	全长 7 536 m，隧道最大埋深 410 m，不良地质主要有进口边坡变形、天然气。本隧道为高瓦斯隧道。右侧 35 m 设置贯通平导，全长 7 567 m。总工期为 41.3 个月	重难点：（1）隧道施工通风；（2）瓦斯监测预报。 应对措施：（1）按瓦斯隧道组织施工；（2）做好隧道超前地质预报工作，并将超前地质预报纳入正常施工工序；（3）加强隧道通风及瓦斯监测
16	陈家坡隧道	全长 6 070 m，隧道最大埋深 291 m，围岩以软岩为主，遇水时易发生软化不良地质主要有顺层偏压。总工期为 37.8 个月	重难点：（1）隧道排水；（2）DK96＋260～＋300 段及出口端浅埋段施工。 应对措施：（1）将超前地质预报纳入正常施工工序；（2）加强隧道排水，及时进行初期支护
17	羊角一号隧道	全长 5 726 m，隧道最大埋深 290 m，主要不良地质为岩溶、顺层、软质岩及软弱夹层等。线路右侧 DK111＋450 设置横洞一座。总工期为 43.4 个月	重难点：（1）可溶岩段施工；（2）出口端下穿渝黔高速段施工。 应对措施：（1）对施工阶段风险进行评估，据之提出相应的处理措施，编制应急预案，并及时进行信息反馈；（2）将超前地质预报纳入正常施工工序；（3）加强隧道排水，及时进行初期支护
18	西风岭隧道	全长 3 145 m，隧道最大埋深为 224 m。不良地质有岩溶、采空区、煤层瓦斯、危岩落石。总工期为 33 个月	重难点：（1）可溶岩段施工；（2）隧道通风。 应对措施：（1）对地表水环境进行监测；（2）将超前地质预报纳入正常施工工序；（3）加强隧道排水，及时进行初期支护

第七章　投资控制

第一节　项目资金筹措

渝黔铁路预可行性研究上报投资估算总额为 4 375 395.02 万元，平均每正线公里 9 875.18 万元。其中：静态投资为 3 920 349.67 万元，每正线公里静态投资指标为 8 848.15 万元。建设期贷款利息 235 965.85 万元，流动铺底资金 4 094.46 万元，动车组车及机车购置费 214 985.04 万元。

渝黔铁路可行性研究上报投资估算总额为 5 199 419.88 万元，技术经济指标 11 649.01 万元/建筑公里；其中静态投资总额为 4 693 928.61 万元，技术经济指标 10 516.49 万元/建筑公里，建设期债务性资金利息 278 045.39 万元，铺底流动资金 4 164.78 万元，机车车辆购置费 223 281.10 万元。

渝黔铁路可研批复项目总投资 531.09 亿元，初步设计批复概算 523.1 亿元。

在渝黔铁路扩能改造的建设过程中，正确处理投资与工期、质量、安全、环保的关系，牢固树立“全过程、全方位控制，主动、超前控制”的思想，严格执行项目建设程序，控制好各个环节，积极主动抓好投资控制，努力实现最佳的投资效益和社会效益。

第二节　技术标准与规模的确定

渝黔铁路设计速度目标值为 200 km/h，主要技术标准见第一篇第二章第二节表 1-2-2，主要工程内容和数量见第一篇第二章第三节。

渝黔铁路根据国家发改委批准的可行性研究报告和原铁道部批复的初步设计及各项工程变化确定的概算作为项目的投资控制目标。

在可行性研究阶段，按照批准的铁路等级、正线数目、速度目标值，通过技术经济比选合理确定了其他技术标准，并进一步优化线路、车站和工程技术方案，确定工程投资。同时，按照多元化投资、市场化运作的原则，提出引导和吸引社会资金参与项目建设、减少政府投资的具体方案。

在建设过程中，渝黔铁路有限责任公司严格按批复的技术标准和规模进行建设，未经批准不随意提高技术标准，扩大建设规模，在建设过程中加强变更设计管理，严格控制投资。

第三节　合同管理

加强合同管理是投资控制最重要的途径。

一是增强合同意识，实行全面的合同管理，凡是涉及双方经济活动的，都要签订合同，并严格按照合同约定执行。

二是合同文本要规范，原铁道部统一示范文本必须严格执行，其他项目的合同文本必须合法规范，并经合同管理部门和法律顾问审核后方可使用。

三是完善、硬化招标条件和合同条款。在招标文件和合同中，除政策性和意外性因素外，原则上均应包死。

四是严格按照合同约定验工计价。所有计价和支付必须有充分依据，杜绝超估冒验或虚假验工等现象，做到合同与价款相符，投资与进度相符，资金拨付与验工计价数量相符，不得违规拨付资金。

五是加强合同归口管理。必须建立合同签订审查制度和法律咨询制度，对外签订的所有合同必须经专职合同管理人员审核，对某些重要合同、涉外合同，应当进行法律咨询；建立合同台账，及时掌握合同履行的动态，实行合同风险管理。

第四节　验工计价管理

渝黔铁路有限责任公司制订了《验工计价管理办法》，验工计价严格遵守原铁道部有关规定及渝黔铁路有限责任公司管理办法、施工合同的约定。

一、严格执行验工计价管理程序，明确各部门职责与权限

渝黔铁路有限责任公司工程管理部、物资设备部、安全质量部负责人对验工计价的真实性和工程质量负责，计划财务部预算工程师对包价内验工计价和总费用控制负责，计划财务部负责人对验工总价负责，验工计价汇总表经主管副总经理确认并报总经理批准后方可执行。

二、验工计价与完成的实物工作量相对应，严禁超前计价或隐瞒不报

严格按实际完成工程数量进行验工计价，计量支付的工程数量全部控制在工程量清单及项目设计范围内，超出工程量清单及工程项目范围的全部按变更设计办理相应手续。

第五节 财务管理

资金是确保建设项目有序可控建设的血液，是项目财务管理的集中表现，资金管理的好坏是衡量一个单位财务管理水平的重要标志。渝黔铁路有限责任公司始终注重科学融资，降低财务费用和通过监控保证建设资金的有效使用。

一、建设资金管理制度

根据《基本建设财务管理规定》《铁路基本建设资金管理办法》《铁路单位账户管理暂行办法》及《铁路建设工程验工计价办法》，渝黔铁路有限责任公司制定了《财务管理办法》《建设资金管理办法》及《验工计价管理办法》等一系列建设资金管理办法，从制度上为资金使用和管理的规范提供了保证。《建设资金管理办法》明确大额资金实行渝黔铁路有限责任公司资金管理领导小组集体讨论的制度。对预付款、工程结算款等大额资金的拨付，以原铁道部下达的年度计划及合同、协议为依据，实行总经理、总会计师、财务主管联签制度。资金使用过程中，各部门严格把关，层层制约，确保资金使用的真实性和合法性。

二、资金管理工作的具体做法

（一）通过银企合作，加强建设资金监管

1. 管控协议

在施工单位进场后，渝黔铁路有限责任公司及时与各银行及施工单位签署了《资金管控协议》。在协议中明确规定，对建设项目资金实行专户管理和实时管控，确保建设资金专款专用，有效防止建设资金挪用，发挥资金使用效益，管控内容包括：甲控材料款、工程预付款、向上级和下级施工单位拨款、工资性支出、施工单位自购物资设备款、管控账户余额查询及用途监控。

2. 账户开设

施工单位在银行开设一级账户，使用银行《重要客户服务系统》，按时向渝黔铁路有限责任公司和银行提供相关资料，及时支付材料设备款和农民工工资，严格按规定用途使用资金。

3. 管控台账

银行按要求设立工作专班、明确岗位职责，制订内部管理方案，协调好相关部门、各分行之间的关系；为渝黔铁路有限责任公司和施工单位开通《重要客户服务系统》，建立管控台账。

4. 定期检查

渝黔铁路有限责任公司定期对合同单位资金流向进行检查，保证资金用于工程建设，防止截留、挪用、串换、调剂等违规现象的出现。

（二）实施大宗物资设备集中代付款，保证工程进度和质量

对集中采购的大宗物资设备，实施由渝黔铁路有限责任公司集中代付结算款制度，一方面，有效预防资金拖欠，确保物资供应；另一方面，锁定供货单位后，能够把住物资采购源头，确保了物资设备质量，最大限度减小不合格产品进入工程项目的可能性。

第六节 变更设计管理

一、变更设计依据

依据国家和铁总相关的变更设计管理办法等规章，项目设计单位编制的变更设计文件等按建设管理程序进行变更设计管理。主要依据有《建设工程质量管理条例》《建设工程勘察设计管理条例》《铁路建设工程勘察设计管理办法》《铁路建设项目变更设计管理办法》等。

二、变更设计责任划分

变更设计应当明确各参建单位需承担的责任及责任比重。对有争议的变更设计原因和责任界定，在会商纪要中记录各方意见，在变更设计通知单中明确。

三、变更设计办理程序

严格按《铁路建设项目变更设计管理办法》（铁建设〔2012〕253 号）执行。

由提议单位填制《变更设计建议书》，报送公司工程部判识变更设计的理由、原因和类别是否得当，对通过判识的变更设计组织会审，形成《变更设计会审纪要》，并由公司变更设计领导小组签发纪要。之后勘察设计单位按《变更设计会审纪要》编制变更设计文件，交由工程部初审，再由公司变更设计领导小组审查、签发。工程部上报变更设计文件给施工图审核单位，完成审核后，工程部下发变更设计施工图并负责检查变更设计执行情况。

四、变更设计工程量核实

在审批签发《变更设计通知单》时，必须核定工程数量，以批准后的工程数量作为编制变更设计工程预算的依据。

第七节 外资管理

本项目利用亚洲开发银行贷款 22 520 万美元，主要用于采购电气化系统设备、通信设备、信号设备、环保设备、运营维护及安全设备，以及机务设备和轨道材料等。所借贷款本息（费）由原铁道部负责偿还。

为加强渝黔铁路建设外资使用管理，确保外资材料及设备器材采购供应的顺利进行，根据《关于印发〈铁路利用国外贷款项目管理办法〉的通知》（铁计〔2006〕93 号）和《铁路基本建设工程利用外国贷款项目设计概算编制暂行规定》（铁建设〔2000〕117 号）文的有关规定，结合渝黔铁路实际情况，制定了相关的管理条例。

第八章　征地拆迁

第一节　管理方式

按“部省市纪要”精神，由建设单位与沿线各省市人民政府签订征地拆迁实施协议，由沿线各省市人民政府负责征地拆迁并承担相关费用。

一、征地拆迁原则

对重点工作的征拆实行重点监控，以保证节点工期的要求。一般地段、城市工程、站场改造工程的征拆要突出“有序、统一、一次到位”的原则，杜绝二次拆迁、重复拆迁，按照“先主后次、先重点后一般”的顺序，为顺利施工创造有利的局面。

二、征地拆迁要点

根据施工组织设计的工期安排，制定详细的征地拆迁推进计划；按照征地拆迁计划，明确拆迁工期、责任单位及责任人，及时办理各种征拆手续，涉及环境保护和水土保持的项目需要提前取得允许开工的各项手续，确保手续齐全、征拆合法。

三、征地拆迁推进计划

对控制工程及重点工程而言，征地拆迁应在 1 ~ 6 个月内完成，对一般工程应在 6 ~ 9 个月内完成，对特殊困难工点，应在 9 ~ 18 个月内完成，为施工单位进场后顺利开展工作创造良好的条件。在 2012 年 12 月底前办理完先期开工工点的用地手续，保证重点工程开工的需要，2014 年 6 月底前基本完成征地拆迁工作。

第二节　用地报批

公司委托有资质的单位完成勘界成果相应资料，公司提供项目建设相关批复文件，完成土地报件所需资料后报送沿途原区（县）国土部门，由原区（县）国土部门按照国家规定完成相关资料后上报原省（市）国土主管部门后，由省（市）人民政府负责上报原国土资源部。

（1）根据原国土资源部土地预审批文，委托由相应资质的地方中介机构完成项目用地勘测定界工作，出具成果报告书，并将勘测定界成果资料报送原区（县）国土资源局，及时完成上级行政主管部门的审批手续。

（2）委托由相应资质的地方中介机构编制林地可研报告书，将林地调查成果等资料报送区（县）林业局，及时完成上级行政主管部门的审批手续。

（3）复核设计图纸资料，向铁路所属原区（县）国土部门报送《建设用地申请书》等相关报批资料。

具体批复如下：

2009 年 12 月 3 日，原国土资源部发布《关于重庆至贵阳铁路扩能改造工程建设用地预审意见的复函》（国土资预审字〔2009〕450 号）。

2011 年 6 月 3 日，发布《国土资源部办公厅关于重庆至贵阳铁路扩能改造工程（重庆境内）先行用地的复函》（国土资厅函〔2011〕470 号）。

2013 年 1 月 30 日，发布《国土资源部关于重庆至贵阳铁路扩能改建工程重庆段工程建设用地的批复》（国土资函〔2013〕874 号）。

第三节　征地拆迁实施

新征用地 1 352.85 hm^2，临时用地 1 053.44 hm^2，既有用地 29.97 hm^2；全线共拆迁房屋 2 574 312 m^2。征地拆迁主要工程数量情况见表 2-8-1。

表 2-8-1　渝黔铁路征地拆迁主要工程数量表

序号	工程名称	单　位	工程数量
1	征用土地	hm^2	1 352.85
2	拆迁房屋	m^2	2 574 312
3	临时用地	hm^2	1 053.44
4	改移道路	km	104.68

第四节　“三电”迁改

为快速推进铁路建设，保障既有管网设施运行安全，维护迁改单位和产权单位的合法权益，新建或改建铁路正线红线内、临时道路、弃土场、搅拌站、制梁场、铺架基地等范围内的电力、通信光电缆、水管、燃气管道将按原标准进行改迁。

“三电”迁改过程中应合理验工，实事求是处理工程量差，认真理清工程数量，严格过程控制，防止出现不必要的新增迁改。同时加强计划和过程管理，确保工程进度，认真审核施工单位编制的进度计划，实时跟踪进度。

“三电”迁改工程还应加强协调配合，确保沟通有效。其进度直接关系到主体工程能否顺利实施。“三电”迁改工程所面对的是铁路局、地方电业局、各通信运营商等产权单位。迁改所涉及的产权单位不仅要调整其既有设施的运行，而且还要派出人员配合施工，避免产生阻断。地方政府也有许多工作需要协调，因此，“三电”迁改工作离不开产权单位和地方政府的支持，与他们达成迁改共识，得到他们的支持和帮助是一项不可缺少的重要工作。公司及指挥部积极与当地政府建立有效联系，争取得到当地政府、重点办的大力支持，请当地政府、重点办、国土资源局等有关部门协调解决征地、伐树、青苗赔偿、各种管线迁改等工作中存在的问题，及时办理有关手续，确保迁改工程顺利进行。

“三电”管线迁改中标单位应配合建设单位同步开展征地拆迁工作。对控制工程及重点工程而言，征地拆迁应在 1～6 个月内完成，对一般工程应在 6～12 个月内完成，对特殊困难工点，应在 12～18 个月内完成，为施工单位进场后顺利开展工作创造良好的条件。

第五节　土地证领取

由渝黔铁路有限责任公司工程管理部负责，在土地完成国家批复，先行办理完毕划拨用地手续以后，完成国有土地的确权办证工作。土地登记发证工作按照国家有关规定，向原区（县）国土管理部门申报。设计、施工单位积极配合办理相关手续。

第九章　环境保护

第一节　环评水保批复

公司委托具有资质的单位完成报告的编制工作，按照逐级审查上报的原则，通过水利部和环保部的审查并得到批复文件。具体经过如下：

2010 年 6 月 1 日，水利部发布《关于改建铁路重庆至贵阳线扩能改造工程水土保持方案的复函》（水保函〔2010〕118 号）。

2010 年 8 月 4 日，环保部发布《关于改建铁路重庆至贵阳线扩能改造工程环境影响报告书的批复》（环审〔2010〕236 号）。

2013 年 4 月 15 日，环保部发布《关于改建铁路重庆至贵阳线扩能改造工程变更环境影响报告书的批复》（环审〔2013〕105 号）。

第二节　环保水保实施

一、环境保护

（一）环保管理体系

建立由公司统一组织管理、监理单位日常监督、设计单位技术支持、施工单位具体落实的环保管理控制体系。建立与地方各级环保、风景名胜区等主管部门沟通机制，主动接受监督检查。

按 ISO14001 建立环保水保管理体系，制订管理程序，明确各职能部门的职责，制定完善的保证措施。领导挂帅，全员参加，坚持预防为主，加强宣传，全面规划，合理布局，防止环境污染、水土流失事故发生。项目负责人为施工环境保护的第一责任人，生产主管、架子队长直接管施工环保。把施工环保水保作为文明施工的一项重要工作来抓，抓措施、抓设施、抓落实，制定施工环保、水土保持的目标责任书，定岗定责，责任到人。环保体系如图 2-9-1 所示。

（二）环保总体要求

针对施工期间粉尘、废水、废气、固体废弃物、噪声和对空气、土壤、水源、植被、河流、山体、水利设施等的影响或破坏，制定保护或修复的措施；坚持环保设施与主体工程“同时设计、同时施工、同时投产使用”。

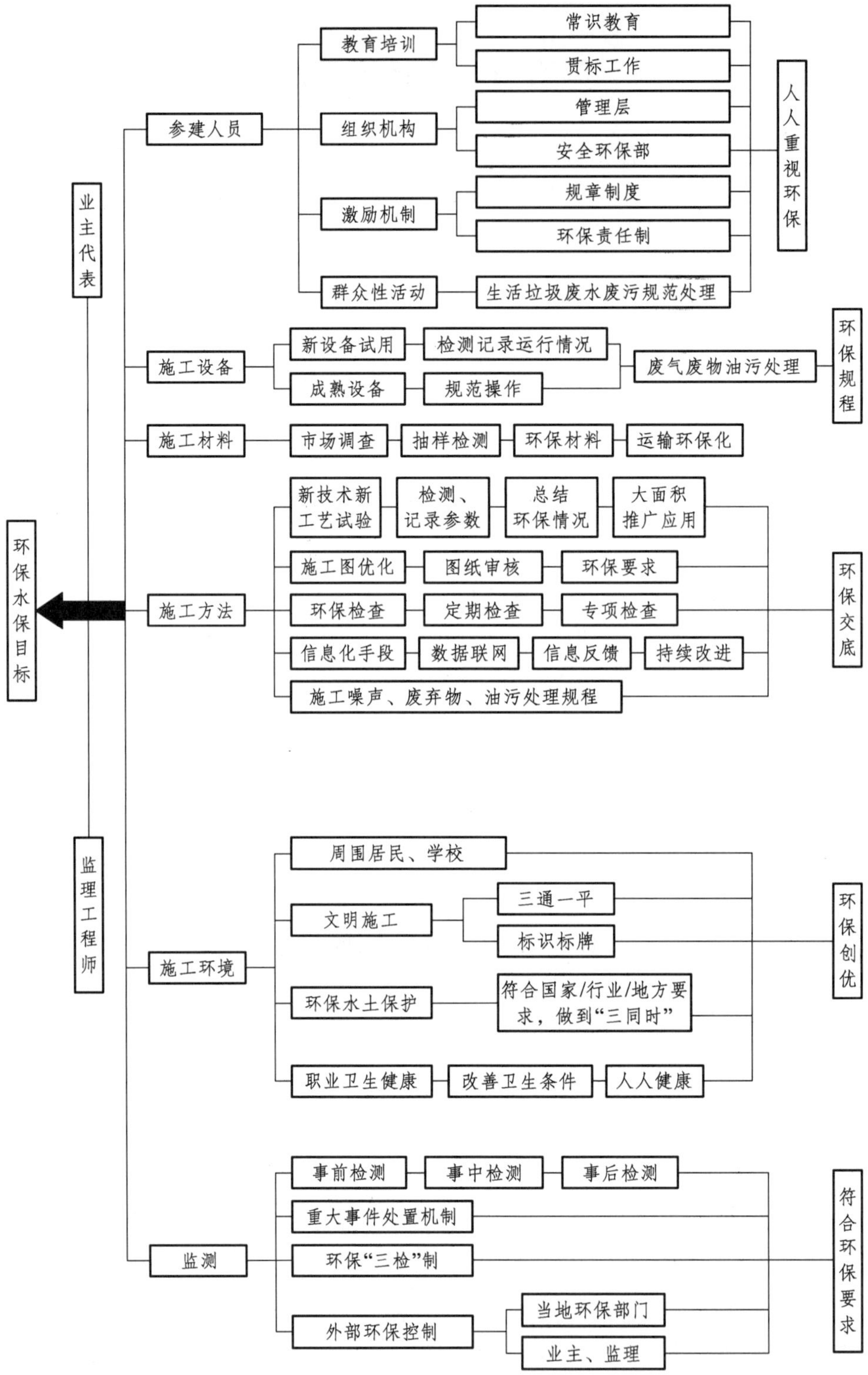

图 2-9-1　环保体系

（三）环保管理措施

（1）建立完善环保管理制度，明确参建方责任，分级管理，层层落实。

（2）建立与地方各级环保、风景名胜区等主管部门沟通机制，主动接受监督检查。

（3）合理设置取弃土场，并适当集中。

（4）对于线路两侧的学校、居民住宅和办公区等噪声敏感区，应采取声屏障、隔音窗等防噪措施，有效控制和减少噪声污染。

（5）桥梁施工应采取先进的施工方法和工艺，基础施工过程中的泥浆、余土及废弃物等，严禁直接排入河流或废弃于河床中，应在工程施工完后清理，集中置于弃土场。

（6）选用低噪声施工机械设备，合理安排施工时间。在噪声敏感集中区，禁止夜间施工，防止噪声扰民，同时还应采取洒水、覆盖等措施，防止扬尘对环境的影响。

（7）遵守国家有关环境保护、控制环境污染的规定，采取必要的措施，防止施工中燃油、沥青、污水、废料和垃圾等有害物质对河流、湖泊、池塘和水库的污染。

（8）依据环保要求做好临时生产和生活设施、施工便道等的环保工作。

（9）在自然保护区、风景名胜区施工，严格遵守国家有关规定，做好边界线、标示牌的设置，限制人员和机械的活动范围。

（10）严禁偷猎野生动物和践踏保护植物。

二、水土保持

（一）水保管理体系

建立由公司统一组织管理、监理单位日常监督、设计单位技术支持、施工单位具体落实的水保管理控制体系。建立与地方各级水保主管部门沟通机制，主动接受监督检查。

（二）水保总体要求

针对施工期间占用土地、植被破坏和房屋拆迁、水土流失等的影响，制定相应的保护措施；坚持水保设施与主体工程“同时设计、同时施工、同时投产使用”。

（三）水保管理措施

（1）建立完善的水保管理制度，明确各参建方责任，分级管理，层层落实。

（2）建立与地方各级水保主管部门沟通机制，主动接受监督检查。

（3）对表层土（种植土）进行集中堆放，工程完成后，合理利用。

（4）合理设置取弃土场，并适当集中。

（5）合理调配与利用路基、桥涵、隧道等工程的土石方，尽量移挖作填，施工结束后及时进行场地清理和整治。

（6）按水土保持要求设置相应的支挡工程和排水系统，防止径流冲刷造成水土流失；不得将弃渣倒入河道、湖库。

（7）采取措施防止和减少地表水和地下水漏失，同时开展施工期监控。

（8）桥梁施工应采取先进的施工方法和工艺，基础施工过程中的泥浆、余土及废弃物等，严禁直接排入河流或废弃于河床中，应在工程施工完后清理，集中置于弃土场。

（9）全线临时占地复耕，种植乔木、灌木、撒草籽等；永久用地路基边坡等植树绿化，种植乔木、灌木、撒草籽等，以补偿由于植被减少对沿线生态系统带来的不利影响。

第三节　环保水保验收

根据原铁道部《关于发布高速铁路竣工验收办法的通知》（铁建设〔2012〕107 号）、《高速铁路环境保护、水土保持设施竣工验收工作实施细则》（铁计〔2012〕264 号）的要求，成都铁路局环水保静态验收组认为：渝黔铁路环境影响报告书及环评批复意见和设计文件中的环保措施，大部分已经得到落实；渝黔铁路水土保持方案及批复意见和设计文件中涉及的水保措施基本落实，防护效果比较明显。

第十章 工程监理

工程项目设 8 个监理标段：北京中铁诚业渝黔监理 1 标、北京铁城渝黔监理 2 标、成都大西南铁路渝黔监理 3 标、北京现代通号渝黔监理 4 标、河南长城渝黔监理 5 标、长沙中大渝黔监理 6 标、天津新亚太渝黔监理 7 标、北京通达渝黔监理 8 标。

第一节 监理制度

渝黔铁路有限责任公司制定了一套完整的监理制度，主要包括以下 29 项：

（1）开（复）工报告审批制度；
（2）施工图现场核对制度；
（3）变更设计审核制度；
（4）工程质量和原材料检测实验制度；
（5）监理人实验室管理制度；
（6）安全生产管理制度；
（7）验工计价管理制度；
（8）原材料、半成品、构配件、设备质量复验制度；
（9）精密测量平行观测与复核确认制度；
（10）沉降及变形观测制度；
（11）日常工程质量检查制度；
（12）隐蔽工程检查签证制度；
（13）工序质量检查签认制度；
（14）旁站监理制度；
（15）检验批、分项、分部、单位工程质量验收制度；
（16）工地例会制度；
（17）监理日志填写制度；
（18）工程质量事故报告和调查处理制度；
（19）工程质量专项报告制度；
（20）监理工作报告制度；
（21）施工组织设计（施工方案）审定制度；
（22）进场材料报验送检制度；
（23）大型设备进场报验制度；
（24）监理工作台账制度；
（25）施工进度监督及报告制度；
（26）监理人员岗前培训、持证上岗制度；

（27）平行和见证检验制度；
（28）监理工作年度（季度）考评制度；
（29）监理人廉政制度。

第二节　现场监理工作的实施

一、质量控制

（一）质量控制目标

渝黔铁路质量总目标为：确保全部工程达到国家及原铁道部的工程质量验收标准，实现按设计速度开通的要求，经得起运营的考验和历史的考验，全线创国家优质工程。

具体质量目标为：按照验收标准，检验批、分项、分部工程施工质量检验合格率达到 100%，单位工程一次验收合格率达到 100%；主体工程质量零缺陷，在合理使用和正常维护条件下，路基、桥梁、隧道等工程结构的质量满足使用要求；试车最高检测速度达到设计速度的 110%，开通速度达到设计速度。

（二）质量控制的监理措施

1. 组织措施

监理站建立了监理结构的质量保证体系，明确职责分工及有关制度，做到职责明确，全面落实质量控制岗位责任；完善和加强监理组织内部监管机制，加强监理队伍的自身建设，在监理过程中，通过组织功能，不断提升监理水平，使监理组织处于良性、高效运转之中。

按照监理组织的职责分工，将目标按施工阶段和单位、分部、分项、检验批进行分解，使目标具体化，责任落实到每个监理人员上；总监理工程师对目标控制工作进行监督检查，发现问题及时采取补救措施；建立健全监理例会制度、巡视制度、旁站制度及监理工程师业务交流制度；制定对监理工程师的考评及奖励办法，并严格执行；加强与业主、设计、施工单位及监督单位的联系，确保了工程施工的顺利进行。

2. 技术措施

在监理实施过程中，监理站加强质量的事前控制措施，严格质量的事中、事后控制；加强与设计单位的沟通，做好图纸会审和技术交底工作；认真审查、审批施工单位编制的施工组织设计、方案和作业指导书；督促施工单位认真履行施工承包合同约定的责任和义务；编制监理规划、监理细则和质量监理工作程序，并严格执行；充分运用先进的科学仪器和试验手段，保证测量和试验数据准确可靠；检查施工单位的工程质量，按规定填写各类质量检查记录表，对施工单位自检资料进行检查，发现问题做出监理记录并通知施工单位纠正；对重点难点工程派驻现场监理，对关键工序进行旁站监理；严格执行隐蔽工程签证制度，上道工序不合格，严格禁止进入下道工序的施工。

监理工程师在进行监督检查施工过程中，发现质量问题时，立即通知施工单位整改或返工处理，并记入监理日志中。如不及时改进，发出监理通知单或由总监理工程师签发停工令，并督促施工单位整改到位后回复销号。对现场发现的各种问题，监理站、监理分站及现场监理分别建立问题库，明确整改要求和整改期限，及时督促施工单位整改，整改完成后进行复查确认并销号，实行闭环管理。

监理工程师检查确认原材料、成品、半成品和设备的质量，如果有问题，则采取必要措施进行处理，如通过监理监测体系、监理的试验室，对疑问部分进行抽检或复查。主要检查内容为：查验试验资料、出厂合格证是否齐全、合格；查验施工单位工地试验室的各种检测设备状况是否良好；监督原材料的现场复验或取样送检；对运到现场的重要设备进行开箱检验；对确认不符合要求的材料、成品、半成品和设备，禁止进入工地和投入使用，已进场的，责令承包人清出现场。

督促施工单位严格按照验收标准、设计图纸和审批的施工方案施工；对工程的主要部位、重要环节、关键工序的施工及设备的安装、调试，按国家及原铁路总公司有关质量检测规定进行检查签证；督促施工单位按规定进行各类试验，同时按规定数量进行平行抽检试验，对施工单位的试验结果进行抽样检查；按“验标”规定，对施工单位自评的检验批，分项、分部和单位工程质量进行复查认定，按期向业主书面报告单位工程质量评定情况。

对合同范围内的工程建设项目，监理站进行定期和不定期的质量检查，采取总监巡视、分管领导包保及专项检查等多种方式，对单位工程的施工进行检查，确保不漏检。对重点、难点工程及技术复杂的工程增加检查频率。

3. 经济合同措施

监理站认真执行委托监理合同中监理人的权利和义务，严格质量检查和验收，对不符合合同规定及质量评定验收标准要求的工程不予验工计价；认真落实业主对施工单位考评及奖惩的有关实施办法，完善制约和激励机制。

（三）质量控制的监理工作方法

监理站采取以下质量控制方法：事前质量控制、事中质量控制、事后质量控制、质量问题和质量事故处理。

1. 事前质量控制

审查施工队伍的技术资质、人员配备情况。审查分包单位的资质；协助施工单位建立健全质量保证体系；对工程所需材料、半成品、构配件进行质量检查与控制；永久性生产设备的采购、进场验收均应通过监理工程师检查、认可；对新材料、新技术、新工艺、新结构的使用应经监理工程师检查、认可，无技术鉴定或未经试验证明者不能使用；审查施工单位提交的实施性施工组织设计、施工方案、施工计划，经认可后作为其依据，如有修改，向承包人提出建议，经监理工程师认可后才能实施，并向业主提出书面报告；检查与复核测量、放线设施（标桩、定位线、水准点）可用性及有关数据的正确性；参加设计交底和图纸会审，对设计图纸不明确、有误差、有错误或不符合规范的地方提出来，请设计单位答复、纠正；对开工各项条件检查合格后，总监理工程师经业主同意后下达开工令。

2. 事中质量控制

对施工材料进行抽检，质量符合设计图纸和施工技术规范要求的材料才允许用于施工；严格工序间的交接检查。对主要工序及隐蔽作业，监理人员按规定时间检查、验收后方可进行下道工序；重要部位或专业工程，或检查有疑问时，监理工程师还需进行试验或测试复核；已完成分部、分项、检验批工程按质量评定标准进行检查验收；设计变更或图纸的修改，需经业主确认后方可实施；根据合同行使质量监控权和指令权。

3. 事后质量控制

分项、分部和单位工程的质量评定和验收；参与质量事故分析和处理会议，责成有关责任单位及时整改；审核施工单位提交的质量检验报告及有关的技术性文件；审核施工单位提交的竣工资料、竣工图；建立工程项目技术档案；督促施工单位对验收中提出的问题及时进行整改；参加联合测试和调试，对调试过程进行控制、协调和管理。

4. 质量问题和质量事故处理

监理工程师对施工中的质量问题除通过日常巡视、重点旁站、分项、分部工程检验解决外，还应针对质量问题的严重程度进行分别处理；对可以通过返修弥补的质量缺陷，责成施工单位先写出质量问题调查报告，提出处理方案，监理工程师审核后（必要时经业主和设计单位认可）批复施工单位处理，对处理结果进行验收；对需要返工处理或加固补强的质量问题，除责成施工单位先写出质量问题调查报告，提出意见外，还需总监理工程师签发《工程暂停令》，再与业主和设计单位研究，经设计单位提出处理方案，批复施工单位处理，处理结果重新进行验收；监理工程师将完整的质量问题处理记录归档；施工中发现的质量事故，施工单位按有关规定上报处理，总监理工程师书面报告建设单位，监理工程师对质量问题和质量事故的处理结果进行复查。

（四）质量控制的监理工作手段

质量控制的监理工作手段以试验检测、旁站为主，辅之以其他手段。

1. 试验检测

试验检测是监理工程师采用实测数据正确判断和确认各种材料、构配件和设备质量的主要方法，检验和试验按照《铁路建设工程监理规范》和《高速铁路施工质量验收标准》的要求执行，同时还对现场施工过程的路基、钢结构工程、混凝土及混凝土结构工程进行抽样检验和实验。为此，监理站成立监理中心试验室，配备各种较先进的检测设备和实验、试验仪器，保证数量和质量满足本工程监理工作的需要。

2. 旁　站

旁站监督同样是主要的监理工作手段，施工过程中在现场观察、监督与检查，注意并及时发现质量事故苗头和影响质量因素的不利发展变化以及潜在的质量隐患等，以便及时提醒承包人予以纠正，确保工程质量。

3. 其他手段

质量控制的其他手段主要有给承包人发工作指令、召开现场会、计量支付等。

二、施工安全管理

（一）安全生产目标

渝黔铁路工程安全生产目标为：无铁路行车险性以上事故，无人身死亡事故，无汽车行车重大责任事故，无等级火警事故和爆炸事故，无压力容器爆炸事故。

（二）安全生产要求

（1）审查承包人的安全组织机构、规章制度、保障措施、危险源识别及预防措施、关键工序安全保证方案、施工组织设计安全措施是否符合有关规范要求。

（2）在施工过程中，检查施工现场安全人员到岗、安全设施配置、施工人员行为及现场安全状况等情况，发现隐患，及时发出指令，督促整改。

（3）审查承包人连续梁施工的施工组织设计、专项施工方案和应急预案，监督其与高速公路管理部门按有关规定办理跨线施工安全协议，施工过程中监督承包单位防护和安全保护措施的落实情况。

（4）审查突发事件的预警机制和应急预案。

（5）检查施工过程中的安全生产标识、标牌、持证上岗以及安全措施落实情况。

（6）对重点工程、关键工序进行安全旁站。

（三）安全生产方针及形式评估

安全生产方针：安全第一、预防为主、综合治理。以预防为主，抓好危险源头控制，优化施工方案，严格控制过程，重抓落实，把安全隐患控制在萌芽状态中。

安全生产形式评估：安全隐患存在于施工各工点、各阶段、各环节。安全工作必须警钟长鸣、常抓不懈，时刻牢记“安全第一、预防为主、综合治理”的方针。

（四）建立健全安全保证体系

健全安全保证体系，实行安全工作领导负责、逐级负责、专业负责、岗位负责，公司与总监理工程师签订安全包保责任书，切实落实安全责任。监理站配备安全总监一位，负责监理对象的安全日常监督检查工作。并成立安全生产领导小组，总监理工程师为组长，是安全生产管理的第一责任人，对监理管段安全生产负有全面责任；安全总监为副组长，职能部门为组员，设立安全环保部负责监理站安全监察和日常工作。

（五）施工准备阶段的安全生产管理

监理站建立监理的安全管理体系，确定组织机构和岗位职责，配置资源，并指导检查体系的有效运行；审查承包人的资质和安全生产许可证是否合法有效；审查承包人驻地项目部的安全管理体系，即安全管理机构和岗位设置，机构和岗位职责规定，专职安全管理人员和检查人员、安全检验设备的配置，安全施工规章制度和操作规程的制定；审查项目经理和专职安全生产管理人员是否具备合法资格，是否与投标文件相一致；审核特种作业人员的特种作业操作资格证书是否合法有效；审查承包人编制的施工组织设计中的安全技术措施和危险性较大的分部分项工程安全专项施工方案是否符合工程建设强制性标准要求；审核承包人应急救援预案和安全防护措施费用使用计划，并督促承包人进行安全紧急预案演习；审核承包人进场机械设备和施工机具的生产（制造）许可证和产品合格证；审批承包人的技术（作业）交底书；核查施工现场施工起重机械和安全设施的验收手续；现场安装、拆除起重机械和安全设施，必须由具有相应资质的单位承担，有相应技术方案和安全措施，安装完成由工程所在地区的安检部门验收，合格后方可使用。

（六）施工阶段的安全生产管理

（1）监督承包人按照施工组织设计中的安全技术措施和专项施工方案组织施工，及时制止违规施工作业。

（2）对危险性较大工程的施工过程组织监理人员实施旁站。

（3）巡视和组织安全联合检查。检查的主要内容：安全施工方案和措施的实施情况和承包人的自检自查情况，抽查施工安全记录；检查施工现场各种安全标志设置和安全防护措施是否符合强制性标准要求。施工现场入口处、起重机械、临时用电设施，脚手架、道路两边、易爆易燃物品存放处等危险部位设置明显的安全警示标志；检查现场作业人员的安全防护意识和行为。所有进场人员必须持证上岗，佩戴安全帽，高空作业必须系安全绳；检查承包人安全生产费用的使用记录；检查承包人的安全培训计划和记录；参加业主组织的安全生产专项检查。

（七）安全生产保证措施

1. 科学施工，完善安全生产操作规程

督促施工单位严格进行安全技术交底，严格按安全技术规则施工，防止各种违章指挥和违章作业行为的发生。要求施工单位在编制施工组织设计的同时，必须制定相应的安全技术措施，尤其是重点项目和关键部位工程在确定施工方案的同时，要制定切实可行的安全技术保证措施。

2. 抓住重点，控制难点，做好超前预防预控

安全管理重点内容：全线隧道所占比重大，周围岩石岩性复杂，结构影响较大，隧道洞顶覆盖层厚地段，地应力较高，节理发育密集，地质十分复杂，施工过程中可能出现突然涌水、岩爆等地质灾害；隧道顶板薄弱区，围岩较差，施工中可能出现围岩失稳、塌方，影响工程进度，加大工程投入，也加大了监理工作的难度，隧道施工是安全控制的重中之重，为确保隧道优质按期贯通，对重点工程及关键工序，监理站要明确监理分工，严格执行监理工作程序，确保施工工序质量，保证施工质量；桥梁有多处跨越高速公路，故桥墩施工和架梁期间，应防高空坠落和落物伤人，防现浇梁支架垮塌，防掉梁，防止起重机、架桥机倾覆。督促施工单位做好架子队施工安全知识教育、技术培训和交底也是监理站安全管理的另一项重点内容。

监理管段内工程事故主要控制点：石方爆破飞石伤人事故；机械设备伤害事故；雨季车辆管理；高空作业；营业线施工安全。对事故控制点的管理做到制度健全无漏洞、检查无差错、设备无故障、人员无违章、措施行之有效。

（八）安全管理综合措施

1. 督促施工单位做好安全生产教育与培训

督促施工单位经常开展安全生产宣传教育活动，使广大员工真正认识到安全生产的重要性、必要性，牢固树立“安全第一，预防为主”的思想，自觉地遵守各项安全生产法令和规章制度。

项目开工前，要求施工单位对所有参建员工进行上岗前的安全教育，并做好记录。教育内容包括：安全技术知识、各工种操作规程、安全制度、工程特点及该工程的危险源等。经考核合格后，方可上岗作业。对于从事电器、爆破、焊接、机动车驾驶、张拉等特殊工种的人员，经过专业培训，获得安全操作合格证后，方准持证上岗。

2. 安全生产检查

开工前的安全检查验收。工程开工前，由监理站领导小组会同施工单位安全管理人员，对将开工的项目进行全面的安全检查验收，检查验收的主要内容包括：施工组织设计是否有安全措施，施工机械设备是否配齐安全防护装置，安全防护设施是否符合要求，施工人员是否经过安全教育和培训，施工方案是否进行交底，施工安全责任制是否建立，施工中潜在事故和紧急情况是否有应急预案等。

3. 定期安全生产检查

监理站领导小组每月开展一次安全大检查，积极响应业主的安全大检查大整治活动，并及时进行小结和总结。

4. 经常性的安全检查

安全监理工程师日常巡回安全检查。检查重点：爆破施工、炸药库设置及危爆物品管理、施工用电、机械设备、脚手架工程、模板工程、焊接作业、季节性施工等。

5. 季节性、节假日安全生产专项检查

夏季检查防洪、防暑、防雷电措施落实情况；冬季检查防冻、防煤气中毒、防火、防滑措施落实情况；春秋季检查防风、防火措施落实情况；节假日加班及节假日前后安全生产检查。

（九）隐患整改

隐患登记、分析：各种安全检查查出的隐患，监理站统一建立问题库进行管理，逐项登记，根据隐患信息，对安全生产进行动态分析，要求施工单位从管理上、安全防护技术措施上分析原因，为加强安全管理与防护提供依据；对检查中查出的隐患出监理指令或通报，提出整改要求和期限，并督促

施工单位及时消除隐患；施工单位消除安全隐患后提交书面报告，监理站组织进行复查；复查符合要求后，监理站对问题库进行销号，实行闭环管理。

三、工程投资控制

（一）工程投资控制目标

（1）依据法律法规及施工承发包合同，合理控制投资是监理控制投资的主要目标，认真审核施工单位编制的项目总费用，年度、月度费用计划并监督实施。

（2）认真做好变更设计、验工计价及费用索赔等监理工作。

（二）工程投资控制措施

投资控制是工程造价控制的关键环节，也是约束承包方履行合同义务，强化合同意识的手段。为此，监理站从组织、技术、经济合同等多方面采取行之有效的措施控制投资，保证投资控制目标的实现。

1. 组织措施

建立健全监理组织，完善职责分工及有关制度，落实投资控制的责任。

编制施工阶段投资控制工作计划和详细的工作流程图。

在监理项目部内强化管理，廉洁自律，公正、公平地处理问题。

2. 技术措施

审查施工组织设计和施工方案，对主要施工方案进行技术经济分析，均衡施工，合理开支施工措施费，按合理工期组织施工。

按业主有关规定、办法办理验工计价签证，保证验工签证的各项工程质量合格，数量准确。审核总承包人申报的验工计价报表中的已完工程数量表，做到不超验不漏验。

对不符合质量标准的工程，返工处理未达标前不予验工。

按业主的要求参加或组织变更设计的审查工作，对设计变更进行经济比较，严格控制设计变更，建立变更设计管理台账。

审查、汇总施工图数量，并与施工总承包合同工程数量进行列表比照，建立管理台账，以便与项目实施过程中的变更设计进行比较。

3. 经济措施

审核施工单位编制资金使用计划，确定、分解投资控制目标。

进行工程计量，复核工程付款账单，签发拨款证书。

及时进行计划费用目标值与实际开支费用的分析比较，发现偏差，分析产生偏差的原因，采取纠偏措施，必要时提出控制、调整措施和方案。

4. 合同管理

按合同条款规定，通过验工计价支付工程款，全面履约；减少对方提出索赔的条件和机会，正确处理索赔。

做好工程施工记录，保存各种文件图纸，特别是变更图纸，注重积累素材，为正确处理可能发生的索赔提供依据，参与处理索赔事宜。

在充分调查的基础上，坚持实事求是，本着确保工程质量、设计功能和节省投资的原则，根据原铁路总公司关于变更设计的有关规定及业主制定的有关变更设计实施办法做好变更设计工作。

收集与索赔有关的资料，以合同为依据，本着维护委托人的利益但不损害第三方利益的原则，公正处理索赔事宜。

参与合同修改、补充工作，着重考虑它对投资控制的影响。

（三）投资控制的监理工作方法

监理站严格执行原铁路总公司和业主的文件、规定。利用计量支付手段，加强变更设计管理和质保金的扣除手段控制投资，投资控制的监理工作方法可概括为“实事求是，一切以文字为依据，用数据说话”。具体为：

（1）计量支付项目、数量、单价必须与合同文件相符，即符合施工合同、设计文件及洽商、纪要的要求。

（2）计量支付项目必须质量合格并通过监理验收，对于不符合质量标准需返工的检验批、分项、分部工程，未经返工处理达标前不予验工计价。

（3）做到计量支付数据准确，避免多报、虚报、错报、少报、漏报，合理安排进度款，以保证施工进度。

（四）投资控制的监理工作手段

为了做好投资控制工作，监理站由总监理工程师主管投资控制，要求监理组和监理工程师层层负责，作好计量签证工作。

投资控制的手段包括以下方面：

设立投资控制监理工程师，深入施工现场进行工程量核查，审核、签认验工计价。

严格审核制度，从维护委托人的经济利益出发，尽可能地减少因设计不合理而造成的工程量偏差，以达到投资控制的最佳效果。

超前预测可能出现的自然灾害、地质变化和外部影响因素，尽量减少设计变更。

对不符合质量标准的工程，未经返工处理达标前不予验工。

四、工程进度控制

（一）进度控制目标

实现业主对工期的要求，将实际工期严格控制在计划工期范围内，保证合同工期的实现。

（二）进度控制措施

1. 组织措施

落实监理内部的进度控制人员，明确任务和职责，建立信息收集、反馈系统。

进度工程师进行项目的目标分解（按项目实施各阶段、单位或单项工程，按建设年度等），使目标具体化，并分别落实到每个监理人员上。

建立进度协调组织（业主、施工单位、监理等的组织体系）和进度协调工作制度，通过协调解决影响进度的不利因素。

在项目实施过程中，检查和调整有关组织关系，使其适应进度控制工作的要求。

2. 技术措施

审批施工单位在开工前提交的实施性施工组织设计、总体施工进度计划、阶段性详细进度计划和变更计划并报业主，审批施工单位所拟定的各项加快工程进度的措施。

审查施工单位根据总体施工进度计划编制的年、季度计划并上报业主，审批施工单位的月计划，并严格对施工进度监督、检查和控制。

向业主和施工单位推荐先进、科学、合理、经济的技术方法和手段，以加快工程的进展。

督促施工单位严格按施工合同规定的进度和业主下达的年、季、月度施工计划组织施工，每月向业主报告施工计划完成情况和存在的主要问题，对施工单位主观原因造成的进度滞后有权向施工单位提出处理意见并报业主；签认施工单位呈报业主的工程进度报表。

建立工程进度管理台账，核对工程形象进度，按月、季、年向业主报告。

在对施工组织设计或进度计划进行调整时，提出主导意见并报业主。

依据渝黔铁路有限责任公司信息化管理办法，对施工单位施工进度进行控制，进度工程师每天在信息平台上查看进度，及时根据计划值与实际值之间的比较，进行分析与研究，当实际进度与计划进度发生差异时，在分析原因的基础上，督促施工单位采取纠偏措施。督促施工单位制定总进度突破后的补救措施，协调相应的施工计划、材料、设备、资金供应计划等。

3. 合同措施

利用合同文件所赋予的权利督促施工单位按期完成工程项目。

利用合同文件规定可采取的各种手段和措施监督施工单位加快工程进度，改善劳动条件。

实施强有力的调度，按合同要求及时协调有关各方的进度，改善外部配合条件，以确保工程的形象进度的要求。

4. 经济措施

按合同规定的期限给施工单位进行项目的检验、计量和签发工程款支付证书。

（三）进度控制的监理工作方法

进度控制的监理工作方法主要是规划、控制和协调。所谓规划，即承包人根据合同进度，建设单位下达的季、年度施工计划以及合同项目具体情况编制施工进度计划，并据此对项目进行分解，编制各单位工程进度计划，进而编制月进度计划。重点工程和控制性工程则应采用网络技术编制进度计划。所谓控制，就是在项目实施过程中，进行计划进度和实际进度的比较，发现偏离，就及时采取措施纠正。所谓协调，就是协调参加单位之间的进度关系。

1. 进度的事前控制

编制项目实施总进度计划：项目实施总进度计划应满足项目总进度目标的要求，是审核施工单位提交的施工进度计划的依据，也是确定和审核施工进度与设计进度、材料设备供应进度、资金资源计划是否协调的依据。

审核施工单位提交的施工进度计划：主要审核是否符合总进度控制目标的要求，审核施工进度计划与施工方案的协调性和合理性等，审核承包人总体施工计划和阶段性详细进度计划的协调性、合理性。

审核施工单位提交的施工方案：主要审核其技术组织措施在合理安排时间，能够保证进度方面的可行性、合理性。依据承包合同和承包人的投标承诺，审核承包人的上场人员、设备及工程分包情况，针对存在的问题，提出修改意见，并报业主。

审核施工单位提交的施工总平面图：主要审核施工总平面图与施工方案、施工进度计划的协调性和合理性。

督促材料、设备与机具按计划供应。

2. 进度的事中控制

进度的事中控制，一方面是进行进度检查、动态控制和调整，另一方面，及时进行工程计量，为向施工单位支付进度款提供进度方面的依据。

监理站建立反映工程进度的监理日志。督促施工单位利用信息化形象进度模块逐日如实记载每日形象部位及完成的实物工程量，显示工序进行日期和完成情况，随时掌握计划进度与实际进度是否动态平衡。

检查工程进度，审核施工单位每月提交的工程进度报告。审核的要点是：计划进度与实际进度的差异；形象进度、实物工程量与工作量指标完成情况的一致性；按合同要求，及时进行工程计量验收；有关进度、计量方面的签证（进度、计量方面的签证是支付工程进度款、计算索赔、延长进度的重要依据）。

对工程进度进行动态管理，严格控制关键线路上的关键工序、关键分部工程或单项工程的控制进度的实现。实际进度与计划进度发生差异时，督促施工单位分析产生的原因，同时提出进度调整的措施和方案，并相应调整施工进度计划及设计、材料设备、资金等进度计划。协调好各施工单位的施工安排，尽可能减少干扰，以保证项目顺利实施。必要时组织现场协调会，协调内、外关系问题。

3. 进度的事后控制

工程实际进度滞后计划进度，在分析原因的基础上采取补救办法，如缩短工艺时间、减少技术间歇期、实行平行流水立体交叉作业等；增加作业队数、增加工作人数、增加工作班次等，如改善外部配合条件、改善劳动条件、实施强有力调度等，调整相应的施工计划，并使材料设备、资金供应计划等在新的条件下达到新的协调和平衡。

（四）进度控制的监理工作手段

当发现实际进度和计划进度有差异时，监理工程师可采取如下工作手段：

由监理项目总监理工程师或监理组长组织召开进度协调会议，分析原因，寻求解决问题的措施和方法，形成会议纪要，上报业主并分发有关单位。

向承包人发布监理指令，写明赶工部位，完成时间，建议投入的人力、设备和相应措施。

五、合同管理

（一）合同管理目标

合同管理是监理的一项重要工作内容，是协调和处理纠纷的主要依据，是保证工程顺利进行、营造良好施工环境的前提。监理站严格按照合同的规定，履行应尽的义务，对施工单位的施工活动进行监督、检查，以合同为依据实事求是地处理合同执行过程中的各种争议，确保工程顺利进行，完成合同的全部内容。

（二）合同管理措施

监督施工单位按合同中规定采用的规范、标准和管理程序施工，控制工程数量和进度。

严格执行工程暂停及复工程序，会同有关各方按总承包合同约定处理因工程暂停引起的进度、费用等有关问题。

审查重要的建材和设备订货并核定其性能是否满足规范及设计要求。

核定和会签设计变更和供应商变更方面的文件，对未经总监理工程师同意而实施的工程不予计量。

严格执行工程质量进度，依照合同进行计量，审查工程价款，并签署付款凭证；组织工程施工阶段验收，参与并审查工程竣工结算。

（三）变更设计管理

监理站依据原铁道部发布的铁路基本建设变更设计管理办法，施工承包合同和委托监理合同、设计文件等进行管理；参加业主组织的四方现场核查并会签纪要；按照业主变更管理办法程序要求对变更设计内容进行核查，并对工程量进行确认；对未经总监理工程师审查同意而实施的变更设计不予验工计价。

六、信息化管理

（一）信息化整体工作

根据渝黔铁路有限责任公司的信息化管理办法，监理站按照规定成立了信息化领导小组，根据工程进展，进一步完善信息化管理制度，并确保信息化领导小组人员的稳定。监理站设一位副总监理工程师任组长，具体分管信息化工作；对各个信息化模块的管理均安排各部室主管为负责人。监理站对信息化管理进行量化，要求各负责人每旬不少于一次整体排查，必须组织召开一次信息化专题会议，总结当月的信息化工作，通报存在问题，根据问题提出针对性的措施，并按计划进行了落实，专题会起到了针对性的持续改进作用，解决了一些实际问题，如改变了大部分监理人员检验批签字滞后及拌和站超标预警的及时处理等问题。在信息化管理工作中，存在制度落实不到位、个别监理人员履职不到位、监理站督促不力等问题，监理站针对存在的问题及时进行了监督整改。

（二）量测模块的管理

监理站测量专业监理工程师负责量测模块的日常管理。每天通过手机或计算机登录管理平台，查看量测信息化上传情况。保证对高风险地段每周一次，非高风险每十天一次的排查频率。每次排查时对每一个工作面抽测两个点与施工单位量测数据进行比对，以便及时发现问题，也杜绝了施工单位在量测上的弄虚作假行为。

（三）施工组织模块的管理

监理站工程部负责施工组织模块的日常管理，安排人员每天查看施工组织模块进度填报情况，与实际进度进行比对，发现有差异时及时提醒施工单位进行更正，确保施工组织模块的季度填报与工程进展同步。

（四）质量检验批模块的管理

监理站安质部负责质量检验批模块的日常管理，安排人员每日查看检验批监理工程师签认情况及施工单位的上传情况。有积压情况时及时通知监理工程师或施工单位进行签认和上传。监理站针对检验批的检查和签认组织了专门的培训，对检验批的规范填写、签认时限等均进行了统一的要求，确保检验批的真实性和完整性。监理工程师依据现场验收情况对检验批进行签认，对现场验收没通过的检验批予以退回处理，现场复验合格后才允许施工单位继续上传并予以签认。

对施工单位的检验批编制、签字情况，监理站定期或不定期进行排查和抽查，对资料的准确性和真实性进行检查，对发现的问题要求施工单位及时进行整改。对编制滞后的，安排监理工程师盯控和督促，上传后签字不及时的，要求施工单位及时签认。

（五）试验室、拌和站信息化模块的管理

监理站中心试验室负责试验室、拌和站信息化模块的日常管理，试验室主任为责任人。试验监理工程师在做平行检测试验及时上传数据，对施工单位试验数据上传情况进行检查，发现问题及时提出并督促整改。对见证检测或平检不合格的，按问题类型书面通知施工单位分别进行处理：对原材料不合格的作退回处理，对混凝土性能不达标的作废弃处理或者用于临建路面硬化等，对实体质量不达标的作返工处理，处理情况详细记录在监理日记中。

在收到拌和站原材料超标预警短信时，负责人及时通知试验监理工程师，要求在规定的时限内赶赴现场进行处理，超标情况、处理过程及处理结果记录在监理日记中，留存影响资料，签认《原材料超标预警处理单》并登记台账。

监理站对试验室、拌和站信息化模块进行量化管理，要求每日必须有专门负责人员登录信息化平台进行日常检查，负责人每十天一次定期对施工单位试验室、拌和站进行排查，以及不定期的排查和抽查。对排查问题发出监理通知单或通报，并督促施工和单位进行整改和销号。

七、环保水保及文明施工管理

（一）环保水保监理目标

保护自然环境、控制污染物、污染源、实现设计文件预期的环境保护效果，确保标段工程的“环境保护、文物保护及水土保持”符合国家与当地政府的有关要求。

（二）环保水保监理对策

环境保护监理的对策是：防治结合，预防为主，以防保治，以治促防。

防治结合：监理工作同时兼顾列入工程量清单的工程防护措施和未列入工程量清单的污染物、污染源治理以及临时过渡工程环保措施。

预防为主：将预防人为活动对自然环境造成的污染和破坏放在环保监理工作的首位。

以防保治：质好量足地完成环保防护工程，保证工程竣工后实现环境保护预期治理效果。

以治促防：采取监理措施治理污染源、污染物，降低或避免施工给环境带来的次生污染，促进施工全过程的环保工作。

（三）环境保护监理工作方法

依照国家、住房和城乡建设部、原铁道部、地方政府有关法律、法规和环境评估报告书的要求，现场核对设计单位对工程的环保、水保设计措施是否到位、是否合理，发现问题，及时向业主提出建议。由业主协调设计单位补充、完善和修改环保、水保设计方案和措施。

要求施工单位切实贯彻环保法规，严格执行国家及地方政府颁布的有关环境、生态保护、文物保护、水土保持的法规、方针、政策和法令，结合设计文件和工程实际，及时编制和提报有关环保资料，按照有关标准和规定组织实施。

审查施工组织设计中有无环保、水保、文保措施，无措施的施工组织不予批准，要求有切实可行的环保、水保、文保措施方准予开工。

检查总承包人环保、文保、水保体系及措施，并监督实施。

检查施工中环保、水保、文保措施落实情况，未落实的督促限期落实。在项目实施过程中，监督施工单位的废水、弃渣、泥浆以及各种工程垃圾等的排放和植被的恢复工作，特别注重临时及过渡工程对环境的影响，确保环境保护、文物保护及水土保持符合国家与当地政府的有关要求。

建立环境监理月、季、年报制度，及时将环保、水保及文物保护情况、存在的问题及建议处理意见报业主。

（四）环保水保监控措施

1. 组织措施

选派经环保部门培训的专业工程师负责环保监理工作；制定环保监理规划，明确监理范围及工作标准，验收时向业主提交环境监理总结；要求承包人确定环保工作责任人，会同政府、业主、监理人建立环保工作联动监控体系，落实各方联系人员、联系方式。

监理工程师督促承包人在施工阶段，按照《中华人民共和国环境保护法》和《中华人民共和国水土保持法》等法律、法规、政策要求，做好污染防治和生态保护措施的实施工作。

2. 技术措施

认真审查施工设计文件，检查有无遗落差错，协助设计单位提交满足环保法规要求的设计文件；审查承包人的环境管理体系情况，审定承包人识别的《环境因素清单》，以此为依据进行检查。

防护工程监理要点：监理坡面防护工程、挡土墙工程、冲刷防护工程等数量、质量、位置符合设计要求及质量标准。

植被工程监理要点：水土保持或改进工程、污水治理工程、化粪池、毛发聚集井、隔油池、中和池、降温池系统完整、质量合格。

大气环境监理：通过文明工地建设及硬化、遮挡、苫盖、洒水等措施最大限度控制扬尘污染，同时监控好锅炉除尘设施的施工。

噪声治理：监控承包人尽量采用低噪声设备，通过调整作业时间，避免夜间施工扰民。重点监控承包人对噪声的密闭、隔声措施及沿线敏感点采取的拆迁和隔声墙措施，以求降低或避免噪声污染。

固体废物：监理各施工营地定点设置垃圾桶，对垃圾进行必要的处理，严禁随意堆放、焚烧；及时回收包装废弃物，不得随意丢弃，污染周边环境，定期清理运往垃圾填埋场；监控承包人根据工程进度需要合理安排取弃土作业，制止乱取乱弃，检查并督促施工单位采取防止渣土洒落、泥浆废水流溢、粉尘飞扬的施工措施，工程结束及时平整取弃土场地。

3. 经济措施

监理站采取对环保不达标的工点或部位不予验工计价。

（五）文明施工监理措施

施工现场场地管理是为文明施工创造良好的施工环境。为此，要求施工单位在开工前完成施工现场平面布置图的设计，施工中按平面布置图实施定置管理，施工现场内所有物品，严格按图定位定置，做到图物相吻合。同时根据工程进展，适时地对施工现场进行整理和整顿，或进行必要的调整。

开工前，要求施工单位提交可行的建设文明工地计划及措施，并认真督促其实施。

检查施工现场设备、材料、施工临设是否按批准的施工平面图进行布置，要求材料堆放整齐，分界明显，分区挂牌，保证现场道路畅通、排水系统使用状态良好，建筑垃圾随时清理干净。

督促施工单位对工地办公室、材料库、民工宿舍、工地食堂、厕所等进行检查控制，使其满足安全、照明、卫生、通风的要求。

检查、督促施工单位制定防止建筑垃圾、污水、粉尘等环境污染的措施及减轻施工机械噪声扰民等有效措施，并监督其实施。

工程施工必须在批准的施工场地内组织内进行。需临时租用施工场地或临时占用道路的，督促施工单位依法办理有关批准手续，先批后用。

检查施工单位各工点“九牌一图”设置情况。

现场建筑材料的堆放，要按照施工场地平面图布置图指定的区域范围分类堆放。散体材料要砌池筑围堆放，杆料要立杆设栏堆放，块料要起堆交错叠放，叠放高度不得超过 1.6 m。材料应码放整齐，做到一条线、一头齐。

临时设施、临时便道和临时房屋都要根据文明施工标准实施和检查。

工地卫生管理：要求工地范围内保持卫生整洁，督促施工单位按标准做好卫生管理工作。关心职工的生活和身心健康，生活设施卫生环境要作为一个重要工作，抓落实，经常监督检查。督促施工单位做好防暑降温工作。监督检查食堂的食品卫生，防止食物中毒，并做好对施工作业场所及生活后勤区的药物喷洒、消毒工作。

工程完工后，及时督促施工单位拆除工地围栏，安全防护设施和其他临时设施，并将工地及四周环境清理整洁。

（六）文明施工的检查内容

（1）现场有无专职的文明施工保洁人员。

（2）是否按有关规定支设围挡、护栏以及施工标志牌。

（3）各种临设是否符合要求。

（4）操作人员是否统一着装上岗，佩戴安全帽。现场是否做到工完、料净、场地清。

（5）各种机械设备是否停放整齐。

（6）办公区、生活区是否干净、整洁。

（7）车站施工是否积极做好周边单位、居民的安抚工作，有无出现因施工扰民而发生上访、举报。

八、协调组织

（一）组织协调目标

监理工作的成效，协调管理很重要，这也是监理工程师的重点和难点，施工监理工作中积极与业主配合，努力协调和帮助解决各方面的矛盾与问题，使业主方、设计方、施工方、监理方同心同德、密切配合，为该项目顺利实施创造良好的条件，使本工程建设达到质量优、速度快、投资省、效益高的目标。

（二）组织协调措施

利用监理掌握的信息协助业主处理各种与本工程有关的纠纷事宜，由监理站总监理工程师直接负责这项工作。

各施工单位在工程标段衔接点及站前站后交叉作业相互干扰时，监理站在公平合理的立场上，协调做好衔接段的工作。

（三）协调工作的具体工作措施

1. 会议的方法

工地会议制度是组织协调工作的一种重要形式，包括第一次工地会议、第一次监理会议、工地例会（每月一次）、工地协调会（专题会议，不定期召开）。各种会议召开之前，总监理工程师提前做好会议准备，要把召开会议的时间、地点、参加人员、议题提前通知有关各方，参会各方亦做好准备。会上经过充分讨论、协商，以利达成一致意见，形成会议纪要，各方遵照执行。

2. 通气通报的方法

用书面形式，相互通报自己单位的详细名称、办公地点、主要人员名单及分工、联系电话，以便需要时可以及时联系，约定协商。尤其在开工初期，采用此方法便于沟通各方。将自己存在的问题，需要协调的事项，用书面形式通知有关各方，并要求给予书面答复。该方法基于“一切以文字为依据”的监理原则，便于加强各方责任心。

3. 例行程序的方法

首先用文字明确例行程序，如工地例会召开时间、地点、会议内容；有关表格、签证、交接等例行程序，做到心中有数，知道何时做，如何做。

4. 协调工作的措施重点

协调好施工单位和设计单位的关系：尊重设计单位的意见，组织设计单位、施工单位进行设计交底，介绍设计意图，技术要求，施工难点等；对于设计文件中的错漏之处，按规定程序上报，请设计单位补充完善；若发生质量事故，认真听取设计单位的处理意见；邀请设计代表参加工程验收。

协调好业主与施工单位的关系：业主与施工单位对于工程承包合同负有共同履约的责任，在频繁的工作往来中，对一些具体问题产生意见分歧是正常现象，监理工程师本着协调的原则，耐心协调处理各种矛盾。

协调各施工单位之间的关系：相邻施工单位之间的结合部施工相互干扰较大，是各种矛盾集中的地方，监理工程师做好结合部的组织协调工作，避免矛盾激化，避免留下质量隐患，影响施工进度。不同工种在同一作业面上施工时，也容易产生矛盾，监理工程师做好协调工作，做到互相兼顾，统筹安排，实现时间分离。

不同工种同一时间在不同空间的作业面上施工时，亦易产生矛盾，尤其是安全问题突出，监理工程师做好协调工作，从整体利益出发，按工序先后循环作业，避免相互干扰，避免安全事故的发生。

协调好外部关系：铁路施工线长点多，必然与沿线村民发生一些利益冲突，监理工程师协助业主，依靠地方政府作好协调工作，将各种不利因素和干扰降到最低限度，充分保障业主的权益。

协调好监理与施工单位的关系：尽管施工过程中监理工程师与施工单位的关系是监理与被监理的关系，但监理人员仍应尊重施工单位，细心倾听施工单位的意见，以理服人。特别是施工工艺，只要不违背施工技术规程和安全操作规程，能保证质量，保证进度，监理工程师不过多地进行干预。更不要固执己见，要允许承包人通过改进施工工艺获得利润。

协调好监理与业主的关系：监理工程师与业主的关系是合同关系，监理工程师除完成好合同内的任务外，还要完成好业主交办的其他工作。当其认为正确的判断和建议被业主否决时，向业主说明可能产生的后果。当认为业主的意见或判断不可能成功时，向业主提出劝告。当证明监理自身的判断是错误时，勇于承认错误并及时更正错误。

协调好监理内部的关系：监理队伍内部由于是组成的监理，因此内部协调至关重要，监理站制定内部协调管理制度；本工程涉及专业种类多，专业间的协调、专业内部的协调也是必不可少的，因此在协调中由总监主管，主要监理人员齐抓共管，再加上发挥一般人员的作用，做到在充分讨论的基础上，实行少数服从多数、下级服从上级的原则求同存异、同心同德，努力做好监理工作。

第三节　监理结论

渝黔铁路的路基、桥涵、隧道、站房、四电房屋及四电工程的分项工程、分部工程、单位工程，已按设计图施工完毕，满足相关设计要求；所用原材料、构配件检验合格，达到了合同约定的工程质量要求，总体工程质量评定为合格。

第十一章　物资管理

根据原铁道部《关于印发〈铁路建设项目物资设备管理办法〉的通知》（铁建设〔2012〕216号）、《铁路建设项目甲供物资设备采购供应暂行办法》（铁建设〔2006〕217 号）、《关于重新印发〈铁路建设项目铁道部管理的物资采购供应实施细则〉的通知》（铁建设〔2007〕219号）等文件精神及《渝黔铁路有限责任公司物资设备管理办法》的规定，渝黔铁路建设物资设备实行“统一领导、分类管理、分级负责”的管理体制原则。通过建立完善物资设备质量控制体系，加强项目物资设备质量控制，确保物资设备供应及时、质量合格、降低成本。

以控制质量为根本，以落实合同为中心，以保证供应为关键，监督供货渠道，对计划实行动态管理，随时掌握施工动态、市场变化和天气情况，特殊时期能做到施工现场高于一切，急工地之所急，特事特办保物资供应，最终确保完成投资计划。

渝黔铁路物资设备分为建设单位采购和承包方采购两类，以下简称甲供、自购物资设备。

第一节　物资采购供应

一、甲供物资设备采购供应

甲供物资设备采购供应管理执行原铁道部和公司的有关规定。

甲供物资设备分为工管中心组织建设单位招标采购和建设单位招标采购两类。

甲供物资设备由原铁道部或建设单位组织招标采购,在工程招标时指定的供应地点移交承包单位。移交后的搬运保管费用纳入工程承包合同。

二、自购物资设备供应

自购物资设备由承包单位自主采购，采购行为应符合国家招标规定和其他相关规定。

第二节　物资质量控制

一、甲供物资设备质量管理

承包单位和监理单位依据合同约定对进场甲供物资设备的品名、规格、型号、数量、外观、检测报告、合格证书、质量保证承诺（包括产品质量保证期和产品缺陷召回、经济损失赔偿的承诺等）进行检查验收，并按规定检测；未经检验或检验检测不合格的物资设备不得使用。不合格的物资设备由建设单位负责处理。

甲供物资设备中工程物资设备验收合格后由承包单位保管，因搬运保管不善造成丢失、损坏的，由承包单位赔偿。

二、自购物资设备质量管理

自购物资设备的技术和质量要求必须符合国家和原铁道部有关规定，以及设计文件和承包合同要求。承包单位应对自购物资设备的检测报告、合格证书、质量保证承诺（包括产品质量保证期和产品缺陷召回、经济损失赔偿的承诺等）、外观质量进行检查，并按规定进行检验检测；未经检验检测或检验检测不合格的物资设备不得进入施工现场。监理单位应在承包单位对自购物资设备检查合格的基础上，按照验收标准规定进行检查检测。检查不合格的物资设备不得使用，由承包单位运离工地。建设单位按照合同约定，将对工程质量、安全有直接影响的物资设备进行检查。

第十二章　队伍管理

第一节　专业队伍要求

根据渝黔铁路建设管理相关规定，渝黔铁路有限责任公司督促承包人组织专业队伍进行施工，保质按期完成渝黔铁路的建设任务。

一、对承包人的要求

承包人应按合同文件规定的时间和内容履行一般义务和完成下列工作：

（1）承包人在履行合同过程中应遵守法律，并保证发包人免于承担因承包人违反法律而引起的任何责任。

（2）承包人应按有关法律规定纳税，应缴纳的税金包括在合同价格内。

（3）承包人应按合同约定以及监理人根据合同条款做出的指示，实施、完成全部工程，并修补工程中的任何缺陷。除专用合同条款另有约定外，承包人应提供为完成合同工作所需的劳务、材料、施工设备、工程设备和其他物品，并按合同约定负责临时设施的设计、建造、运行、维护、管理和拆除。

（4）承包人应按合同约定的工作内容和施工进度要求，编制施工组织设计和施工措施计划，并对所有施工作业和施工方法的完备性和安全可靠性负责。

（5）承包人应按约定采取安全措施，确保工程及其人员、材料、设备和设施的安全，防止因工程施工造成的人身伤害和财产损失。

（6）承包人应约定负责施工场地及其周边环境与生态的保护工作。

（7）承包人在进行合同约定的各项工作时，不得侵害发包人与他人使用公用道路、水源、市政管网等公共设施的权利，避免对邻近的公共设施产生干扰。承包人占用或使用他人的施工场地，影响他人作业或生活的，应承担相应责任。

（8）承包人应按监理人的指示为他人在施工场地或附近实施与工程有关的其他各项工作提供可能的条件。除合同另有约定外，提供有关条件的内容和可能发生的费用，由监理人按相关条款商定或确定。

（9）工程接收证书颁发前，承包人应负责照管和维护工程。工程接收证书颁发时尚有未竣工工程的，承包人还应负责还未竣工工程的照管和维护工作，直至竣工后移交给发包人为止。

（10）承包人应履行合同约定的其他义务。

二、对承包人员工的要求

（1）承包人应为实施和完成合同工程及其缺陷的修复安排技术合格和数量足够的下述人员：

① 按投标文件附件中所列的各类专业技术和管理人员。未经监理的批准，这些人员不得无故不到位或被替换；若确实无法到位或须替换，需经监理报公司批准后，用不低于其资格和经历的人员替换。

② 其他满足本合同工程需要的技术熟练、经验丰富的各类专业技术和管理人员。

③ 适应本工程需要的各类熟练的技术工人。

（2）承包人人员应具有与其所从事的工作相应的资格。承包人应在提交的人员情况报告中，说明承包人人员持有上岗资格证明的情况。监理有权随时检查承包人人员上岗资格证明。

第二节　岗位培训

为认真贯彻落实原铁道部“以人为本、服务运输、强本简末、系统优化、着眼发展”的铁路建设新理念，以“创建精品工程”为载体，推进“全员、全面、全过程”的技术培训，全面推进渝黔铁路建设标准化管理，不断提高全体参建人员的职业素养和业务技能，确保安全施工。

实行分层分类分专业培训，做到专业全覆盖、人员全覆盖。从决策层到管理层（执行层）直至作业层、自项目筹备到工程竣工，结合工程实际，适时开展培训工作，务求使培训工作做到“纵向到底、横向到边”，实现“全员、全面、全过程”培训目标。

全体参建人员的培训重点应包含《安全生产法》《建设工程质量管理条例》《建设工程安全生产管理条例》《铁路建设工程质量管理规定》《铁路建设工程安全生产管理办法》等法律、法规和规范性文件，各类工程建设强制性标准、规范，原铁道部下发的各类管理文件、规定等，以提高质量安全意识。

而对于施工安全培训，应按照国家有关规定做好安全“三类”人员培训和认证工作，取得安全生产考核合格证书后方可担任相应职务。既有线和特种施工等作业人员，必须进行上岗前的技术、安全培训，考试合格后持证上岗。

施工技术培训，需组织开展对施工技术、工艺、规范和验收标准的学习，现场技术人员和作业人员熟悉规范、掌握验标，提高技术水平。

作业人员培训，施工企业应建立“架子队”人员培训和持证上岗制度，培训合格后方可上岗，培训情况记录在教育培训档案中。从事技术工种的，上岗前必须取得相关职业资格证书，从事特殊工种的，还应取得特种岗位作业证书。

第三节　劳务使用

根据相关法规要求，对工程建设过程中的劳务使用严加管理，督促施工单位签订专用劳务合同，并定期检查，确保劳务使用依法合规。

一、规范劳务用工管理

从劳务公司的调查、会审、批准，合同签订、履约、结算等过程建立相应制度，规范管理，形成逐级负责、相互制约、层层落实的管理机制。坚持把规范劳务用工作为首要任务来抓。一是正确引导，划清违法分包与合法用工的界限，引导施工企业依法合规地使用劳务工，通过增加安全员、质量员、技术员提高劳务队素质，促进“架子队”模式管理和劳务工工作的加强。二是加强核查，施工单位使用劳务工必须先培训合格再行录用，并按规范要求建立花名册备案。对一线作业人员进行经常性的抽查和考试，发现不合格的坚决清出现场。三是坚决查堵，对违法分包的施工单位实施严厉的经济处罚，并降低信誉评价。

二、建立劳务用工管理台账

每份劳务合同应有三证（营业执照、资质证书、安全生产许可证）及授权书，架子队模式的合同应建立三员台账，对三员的管理应符合渝黔铁路有限责任公司的相关规定。

三、建立上岗管理培训制度

（1）岗前专业培训制度。对劳务作业人员进行岗前专业培训，培训合格后方可上岗，培训情况记录在教育培训档案中。

（2）安全生产教育培训制度。建立健全安全生产教育培训制度，加强对劳务作业人员安全生产的教育培训，未经安全生产教育培训的劳务作业人员不得上岗。

（3）持证上岗制度。从事技术工种的人员上岗前必须取得相关职业资格证书，持证上岗，并按规定对上岗人员进行监督检查。

（4）特种作业人员持证上岗制度。从事电焊作业、高处作业、铺架作业等特种作业的人员，按照国家有关规定经过专门的安全作业培训，取得特种作业资格证书后方可上岗作业，在现场施工的特种作业人员必须持证上岗。

第十三章　文明施工

第一节　优化工作环境

一、文明施工目标

本工程文明施工目标为：做到现场布局合理，施工组织有序，材料堆码整齐，设备停放有序，标识标志醒目，环境整洁干净，实现施工现场标准化、规范化管理。

二、文明施工措施

（一）建立管理体系

建立由公司统一组织管理、监理单位日常监督、施工单位具体落实的文明施工管理控制体系。施工单位必须按照文明工地创建活动的有关规定，健全内部管理控制体系。

（二）完善管理制度

依据《铁路建设项目现场管理规范》，结合本项目特点制定文明工地建设工作标准；建立全线文明标准化工地考评管理制度，通过管理段的日常检查和公司组织的定期检查，对全线各标段的文明施工进行综合考评和奖励。

（三）文明施工具体要求

（1）根据施工组织要求，合理布设施工场地、道路及营区。

（2）施工场地、道路、营地边界清楚，排水畅通。

（3）水电管线架设规范，材料加工场地、预制场地、材料堆放场地硬化，成品、半成品及原材料堆放整齐，生产、生活垃圾管理到位。

（4）现场“牌标”齐全美观。施工现场标牌分投资较大的单位工程、小型工程、临时工程三种情况制作；对于投资较大的单位工程（含特大、大、中桥，隧道，制梁场等）。应设立“六牌一图”，即：

① 施工标牌（内容包括工程名称、建设单位、设计单位、监理单位、施工单位、施工负责人、技术负责人、开工日期、竣工日期）；② 工程概况牌；③ 安全措施牌；④ 质量措施牌；⑤ 文明施工牌；⑥ 质量监督举报牌；⑦ 施工平面布置图。

对于特大、大桥的每个墩台应设立标示牌，说明此墩的号数、桩数、桩长、墩高等情况。对于小型工程（含涵洞、小桥等），应设立工点标示牌，如表 2-13-1 所示。

表 2-13-1 工点标示牌示例

工点名称	框架涵	里 程	DK000＋000
孔 径	1-5×5.3 m	开、竣工日期	年 月 日— 年 月 日
工点施工负责人	×××	工点监理工程师	×××
工点技术负责人	×××	工点安全负责人	×××

对于临时工程（混凝土搅拌站、料库等）应设立材料（设备）状态标识牌、出（入）口警示牌、人性化警示用语牌、安全标志等。“六牌一图”规格须在 1.2 m×0.8 m 以上，牌面采用防水面板，架体材质为不锈钢，直径不小于 60 mm；采用白底黑字（或红字），字体字号与版面相宜，字宜用电脑割字，用双面胶粘在板上；工点标示牌规格须在 1.0 m×0.6 m 以上，其余条件同上；临时工程的标牌及桥的墩台标示牌，各单位根据要求自行统一标准。

（5）场区内组织管理机构、工作职责、工作制度、现场总平面布置图、施工形象进度图上墙（牌）。

（6）施工作业人员规范着装，并佩戴安全帽和岗位胸卡。

（7）尊重当地风俗习惯，处理好与当地群众的关系。

第二节 安全防护

一、安全防护制度

公司严格执行以下安全防护制度，以确保施工安全。

（1）既有线（含邻近既有线）施工坚持执行成都铁路局“施工八不准”“既有线施工 11 条”“施工安全红线”等制度，确保施工安全。

（2）特种作业安全防护制度。特种作业必须执行标准化作业，双岗作业禁止单岗干。

（3）高空、深坑、高温等作业安全防护制度。隧道、高空、深坑、高温等条件下作业必须设置牢固有效的防护措施，带电作业必须按规定配备必备的防护备品。

（4）安全防护员安设及工作制度。涉及既有线（含邻近既有线）施工的必须按规定安设现场防护员、驻站防护员，必要时要安设中转防护员，防护员之间要 3～5 min 通话一次，并坚持标准化作业。

二、安全防护措施

（一）基坑土方工程安全保障措施

（1）做好基坑土方开挖中机械设备的组织指挥工作。当采用机械挖土时，机械旋转半径内不得有人。基坑四周做 1.2 m 高的临时围栏，并用密目网封闭，1 m 以内不得堆土堆料。夜间设红色警示标志。

（2）结构施工阶段设置边坡护壁监测点，加强日常监测，发现裂纹和局部坍塌现象，应及时进行支撑或其他应对措施。支撑体系必须达到强度以后方可进行下层的土体开挖。

（二）钢筋工程安全保障措施

（1）成型钢筋加工过程中，操作人员在切断、弯曲钢筋时必须保证安全操作距离，防止机械或钢筋头抛出造成人员伤害。

（2）钢筋棚及施工操作面钢筋堆码不能太高，防止钢筋滑下伤人。在绑扎墙钢筋时，施工操作面上的绑钢筋人员必须在有可靠、安全的防护架子上施工。

（3）成型钢筋在吊装运输时必须捆扎牢靠。操作面上钢筋水平运输时，要防止钢筋坠落伤人。

（三）模板工程安全保障措施

（1）模板必须编制专门的施工方案。模板及钢管、木方、配件在安装、拆卸及人工倒运时，必须在安全、可靠、实用的防护条件下进行。脚手架上下层同时有作业人员时，防止工具、模板坠落伤人，操作人员配工具袋，施工完毕必须将遗留在现场的铁钉、铁丝、卡具等物品清理干净。

（2）模板在加工过程前，先对加工机械进行全面检查，经检查合格后方可操作。若在夜间施工，照明要充足。

（四）混凝土工程安全保障措施

（1）混凝土振捣人员戴绝缘手套。地泵、振捣棒等电动工具有接地、接零保护。打混凝土前检查振捣棒是否漏电。

（2）配备专门的看模人员。振捣临边构件时要有防护措施，操作人员要有可靠的操作平台。

（五）脚手架工程安全保障措施

（1）脚手架的材料要求：扣件式钢管要求外径 48 mm、壁厚 3.5 mm。钢管脚手架的杆件连接必须使用合格的可锻铸铁扣件。木脚手板质量要求：杉木或松木板，厚度≥50 cm，宽 20 ~ 30 cm 为宜。

（2）脚手架的搭设必须有方案和严格的验算并经工程部门、安全检查部门审批验收后方可使用。

（3）搭设方案必须向操作人员进行交底，方可施工。架子工必须持证上岗，严禁无证操作。

（六）吊装作业安全保障措施

（1）吊装作业必须执行规定的统一信号，并严格执行“十不吊”的规定。

（2）吊具、吊钩、钢丝绳等必须符合有关技术规定。

（3）高空作业的工具、垫块、螺栓、焊条等应装入工具袋，防止坠落，严禁由高空向下抛掷料具和杂物。

（4）主体施工时使用的塔吊，力矩限制器、超高、变幅、行走限位要灵敏，吊钩、卷扬机滚筒要有保险装置，轨道要有极限位置阻挡器，轨道要有接地、接零装置。

（5）吊装作业应划定危险区域，挂设明显安全标志并将吊装作业区封闭，设专人加强安全警戒，防止其他人员进入吊装危险区。

（6）吊装方面的作业必须有跟随设置的水平安全网，且每隔一层设一固定安全兜网，按施工方案及时进行临边防护安装。

（7）当风速达到 15 m/s（6 级以上）时，吊装作业必须停止。做好台风雷雨天气前后的防范检查工作。

（七）防汛安全保障措施

（1）加强组织领导，有针对性地进行抗洪防汛安全教育，提高广大职工的抗洪防汛意识和警觉性。在汛期到来之前，开展抗洪防汛大检查，重点检查抗洪防汛方案是否可行，职工住房环境、设备停放地点、材料储存场所等是否安全可靠，排水、防水设施是否齐备等，并认真执行雨季、雨后两检查制度。

（2）成立防汛抗洪领导小组，由项目负责人兼职负责。在汛期，项目经理部分部及各施工队在项目经理部统一领导下，组成抗洪防汛抢险突击队，明确责任，落实到人，做好防汛抗洪工作。

（3）施工现场合理布置，制订防汛、防洪预案，以防万一，确保人员安全。

（4）汛期到来之前，防汛器材、防雨材料、防护用品、抽排水设备等材料备足，配备发电机确保供电。与当地气象部门保持联系，掌握气象动态，及时了解汛情，以便做好整体工作安排和防雨防汛工作。

（八）施工用电安全保障措施

（1）临时电力及照明：临时电力及照明严格按照安全规定执行和设置，禁止变通；在施工作业区、施工道路、临时设施、办公区和生活区设置足够的照明。

（2）电器设备安全操作保障措施：编制现场临时用电的施工组织设计，按《施工现场临时用电安全技术规范》的要求进行设计、验收和检查，进行安全技术交底，建立健全安全用电管理制度，严格落实“防止误触带电体、防止漏电、实行安全电压”三项技术措施。

（九）防火安全保障措施

（1）认真执行国家和当地政府消防防范责任条例。成立各业务部门和架子队负责人参加的防火领导小组。建立现场消防保卫机构，负责施工现场的消防保卫工作。建立各级责任制和消防检查制度，签订消防保卫协议，定期进行检查和培训；建立消防保卫档案。组建职工消防队，定期进行消防演习，对施工人员进行消防保卫知识教育，提高消防保卫意识。

（2）严格执行《建设工程施工现场消防安全管理办法》的规定，尤其做好节日的安全保卫工作。建立电工、电焊工、木工、危险品管理工、物资仓库管理工防火责任制，明确重点防火部位，落实安全防火措施，配备足够灭火器材。

（3）施工现场材料的堆放、保管符合防火要求，工地明确重点防火部位，有严格防范措施，每月定期检查一次，做到有隐患及时整改，并有书面记录。

（4）施工现场消防器材有专人负责保养，定期检查，并记录检查日期和责任人。油库及危险物品库重点配置。

（十）恶劣天气下施工安全保障措施

（1）编制详细的起重吊装方案，特别明确作业气象和水文条件要求等，方案需要生产、技术、安全和现场施工负责人联合论证。

（2）选择适宜的施工时间组织施工。

（3）作业前仔细检查起重设备和吊索具，确定安全后再使用。

（4）作业时做好现场协调，避免吊物下有人员作业或吊物距某些重要设施距离过近。

（5）现场有专人负责监视，发现有危险征兆及时采取措施。

（6）与当地气象局签订服务协议，配备气象警报接收机，并落实专人，建立气象日志，坚持每天收听、记录气象预制。特殊时段加强气象预报接收、记录工作，增加记录密度，保持与各类施工船舶的电话联系。

（7）台风、雷暴天气将船舶驶入避风港避风，临时加固栈桥、支架等设施，确保台风、雷暴后能马上恢复正常生产。

（8）当预报风力大于 7 级小于 11 级时，除塔吊停止工作、切断电源外，还将对塔身、附墙杆、机构、电气箱、灯具等是否连接牢固进行检查，对于发现的问题确保及时处理。塔吊、浮吊将吊钩升到最高处。

第十四章　建设协调

建设协调工作实行分层次管理：原中国铁路总公司及两省市人民政府成立的领导协调小组负责协调全局性、政策性问题；渝黔铁路有限责任公司负责与原省国土、支铁领导小组及省、市、县各级政府和有关部门协调处理日常工作；施工单位负责协助公司办理与沿线各市、区、县、乡（镇）人民政府及授权的主管部门的协调工作，解决施工现场的具体问题；设计、监理单位依据公司的要求，配合做好路地协调工作。

建立工程建设月例会制度，由分管领导定期组织召开，检查工程进展情况，协调有关问题；公司与地方政府有关部门建立现场定期检查制度，协调解决存在的问题；发挥合资公司的体制优势，对于征地拆迁、三电迁改工程中的重点、难点问题，由出资人代表组织协调和参与谈判。

一、征地拆迁协调

公司安排一名副总经理负责，对外协调办公室主抓。公司和施工单位积极配合地方政府和有关部门做好征地拆迁工作，特别是涉及市区范围内及控制、重点工程范围内的予以高度重视。

开工前应做好现场调查并制订好征地拆迁详细计划，重点做好建设用地的正式手续、“三电”及管线、道路和企事业单位建筑物的调查，对先期开工的要提前办理相关手续，确保按时开工；涉及环保、水保的项目要取得允许开工的各种手续。

二、与公路、水运部门的协调

公司会同设计和施工单位积极与相关公路、水运部门进行沟通，就有关设计或施工方案积极磋商，争取得到公路、水运部门的大力支持和配合，必要时公司组织有关单位召开协调会，确保工程顺利进行。

三、与环保、水保部门的协调

公司成立专门的环保、水保管理领导小组，负责全线的环保、水保管理工作。领导小组积极主动与沿线有关环保、水保部门联系、沟通，对沿线环保、水保管理的重点区或敏感区加强管理力度，必要时公司可组织地方有关环保、水保部门以及建设相关单位召开协调会，共同磋商解决现场存在的环保、水保问题。

第十五章　工程验收

第一节　验收方式

根据有关规定，在建设过程中公司督促监理单位及时组织分项、分部工程验收，在单位工程完工后公司及时组织单位工程验收。渝黔铁路竣工验收分为静态验收、动态验收、初步验收、安全评估等几个阶段。各专业工程，采用内业验收与现场检查相结合的方法，内业检查主要检查内业资料的完整性、全面性；外业检查包括观感质量检查、主要功能和实体质量抽查等。

第二节　静态验收

一、验收组织

成都铁路局按照《中国铁路总公司关于重庆至贵阳铁路扩能改造工程验收有关事项的通知》（铁总建设函〔2017〕740 号）要求和《关于开始重庆至贵阳铁路扩能改造工程静态验收的通知》（工管工技函〔2017〕87 号）及成都铁路局《关于开展重庆至贵阳铁路扩能改造工程静态验收工作的通知》（成铁建设电〔2017〕326 号）要求，成立了静态验收组织机构，明确了静态验收的领导小组及工务工程、电务工程（通信、信号）、供电工程、房建工程、信息工程、客服设施、环水保专业静态验收组的成员，依照计划实施检查验收和整改复验工作。

二、验收经过

2017 年 7 月至 12 月，成都局集团公司、渝黔铁路有限责任公司、成渝客专公司、客站建设指挥部、贵阳建设指挥部组织完成了渝黔铁路静态验收工作。2017 年 10 月 12 日至 12 月 22 日，完成渝黔铁路的工务、通信、信号、电力、牵引供电、房建、客服、信息、环境保护与水土保持、建设用地、自然灾害及异物侵限监测、综合接地工程等专业静态验收报告专家组审查。

三、验收结论

工务工程静态验收结论：渝黔铁路的轨道、路基、桥涵、声屏障工程，精密工程测量及其专业接口满足设计要求和验收标准，工程总体质量合格，具备进行联调联试、动态验收的条件，同意通过静态验收。

房建工程静态验收结论：本次验收范围内房屋建筑工程专业（站房、地下通道、生产生活房屋）及其接口，满足设计要求和验收标准，工程总体质量合格，具备动态验收条件，同意通过静态验收。

电力工程静态验收结论：渝黔铁路工程电力工程静态整体系统和各专业及其接口满足设计要求和验收标准，工程总体质量合格，具备联调联试及动态验收条件，同意通过静态验收。

电力牵引供电工程静态验收结论：渝黔铁路电力牵引供电工程静态整体系统和各专业及其接口满足设计要求和验收标准，工程总体质量合格，具备联调联试及动态验收条件，同意通过静态验收。

通信工程静态验收结论：通信线路、传输系统、用户接入网系统、数字调度通信系统、铁路数字移动通信系统（GSM-R）、综合视频监控系统、通信电源系统、电源及环境监控系统及专业接口满足设计要求和验收标准，工程总体质量合格，具备进行联调联试、动态验收的条件，同意通过静态验收。

信号工程静态验收结论：渝黔铁路工程“四电”系统集成及相关配套工程信号专业各系统及其接口满足设计要求和验收标准，工程总体质量合格，具备联调联试及动态验收条件，同意通过静态验收。

信号综合接地工程静态验收结论：渝黔铁路工程信号综合接地工程满足设计要求和验收标准，工程质量合格，具备动态验收条件，同意通过静态验收。

档案工程静态验收结论：渝黔铁路工程的应归档文件资料收集齐全，基本达到了档案静态验收的要求，同意通过静态验收。

客服设施工程静态验收结论：重庆至贵阳铁路扩能改造信息工程静态整体系统及其专业接口满足

设计要求及验收标准，工程总体质量合格，具备动态验收条件。

环境保护与水土保持工程静态验收结论：渝黔铁路的环境影响报告书及环评批复意见和设计文件中的环保措施，大部分已经得到落实；水土保持方案及批复意见和设计文件中涉及的水保措施基本落实，防护效果比较明显。环水保工程静态验收合格，具备联调联试条件，可按程序开展下一步工作。

防灾安全监控系统工程静态验收结论：渝黔铁路工程自然灾害及异物侵限监测系统工程及其专业接口满足设计要求及验收标准，工程质量合格，具备动态验收条件。

总体静态验收结论：本次验收范围各专业工程均满足设计要求和验收标准，工程质量总体合格，同意通过静态验收，具备联调联试和动态验收条件。

第三节　动态验收

一、验收组织

成都局、渝黔铁路有限责任公司及设计、咨询、监理、施工等单位的有关人员成立渝黔铁路动态验收工作组，验收工作组下设工务工程、信号工程、信息工程、牵引供电工程等专业组，具体实施检查验收和整改复验工作。

二、验收经过

2017 年 10 月 16 日至 12 月 30 日，成都局集团公司、渝黔铁路有限责任公司、成渝客专公司、客站指挥部、贵阳指挥部、中国铁道科学研究院完成了联调联试和动态检测，于 2017 年 12 月 24 日开始运行试验。

2017 年 12 月 28 日至 2018 年 1 月 2 日，成都局集团公司、渝黔铁路有限责任公司、成渝客专公司、客站建设指挥部、贵阳指挥部组织相关单位和专家完成了渝黔铁路工务、通信、信号、牵引供电、客服、信息、环境保护与水土保持、自然灾害及异物侵限监测、综合接地等专业动态验收报告审查。

三、验收结论

渝黔铁路正线轨道、路基、桥梁、隧道各项测试指标满足动车组以 200 km/h 及以下速度运行时的安全性、平稳性相关标准要求；珞璜南至上水村线路所区段正线轨道、路基、桥梁各项测试指标满足 23 t 轴重货物列车以 110 km/h 及以下速度运行时的安全性、平稳性相关标准要求；蔡歌联络线歌乐山至双碑线路所区段轨道几何状态、动车组动力学响应各项测试指标满足动车组以 80 km/h 及以下速度运行时的安全性、平稳性相关标准要求；长东联络线轨道几何状态、动车组动力学响应各项测试指标满足动车组以 100 km/h 及以下速度运行时的安全性、平稳性相关标准要求；贵广客专马夫田线路所至贵阳东区段正线轨道几何状态、动车组动力学响应各项测试指标满足动车组以 200 km/h 及以下速度运行时的安全性、平稳性相关标准要求。

渝黔铁路牵引供电系统满足设计和相关标准要求；渝黔铁路正线接触网满足单弓受流及双弓受流动车组以 200 km/h 及以下速度运行时的相关标准要求；蔡歌联络线歌乐山至双碑线路所区段接触网几何参数满足开行动车组列车的相关标准要求；长东联络线接触网几何参数满足开行动车组列车的相关标准要求；贵广客专马夫田线路所至贵阳东区段正线接触网满足单弓受流及双弓受流动车组以 200 km/h 及以下速度运行时的相关标准要求；渝贵铁路正线磁感应器自动过分相装置满足相关标准要求；抽样检测的远动系统遥控、遥信、遥测项目功能正常。

渝黔铁路 GSM-R 场强覆盖、GSM-R 网络服务质量、通信系统应用业务（含调度通信业务、调度命令信息无线传送、列车无线车次号校核信息传送）、数据网、应急通信、传输通道保护等功能和性能满足相关标准和设计要求；蔡歌联络线歌乐山至双碑线路所区段、长东联络线、贵广客专马夫田线路所至贵阳东区段 GSM-R 场强覆盖、GSM-R 网络服务质量、通信系统应用业务（含调度通信业务、调度命令信息无线传送、列车无线车次号校核信息传送）等功能和性能满足相关标准和设计要求。渝贵铁路综合视频监控系统（铁路综合视频监控系统 V3.0）除视频核心节点不具备测试条件、视频区域节点告警录像检索功能不符合设计及相关文件要求外，其余所测功能及性能符合设计及相关标准要求。

依据试验大纲对渝黔铁路正线 CTCS-2 级列控系统的正常行车、临时限速、自动过分相、模式转换、异物侵限、调车作业、区间占用逻辑检查、设备冗余、引导作业 9 个运营场景以及跨线 CTCS-2 级列控系统兼容性进行测试，除龙坑站 3/4 道（不具备测试条件）外，试验大纲规定的测试项目均完成。

渝黔铁路客运服务系统在重庆西、珞璜南、綦江东、赶水东、桐梓北、桐梓东、娄山关南、遵义、遵义南、息烽、修文县站能够正确开展正常及应急模式下的售、检票业务，能正确开展自动售（取）、到站补、实名制验证业务；旅客服务信息系统能够正确开展大站代管、独立站管控及站控模式下的列车到发、广播、引导业务；旅客服务信息系统与 TDMS 系统接口功能正常，时钟系统能够实现时钟同步功能，视频监控图像质量合格；客票广域网和站内局域网各项指标满足设计要求；客票系统安全保障功能正常。

渝黔铁路自然灾害及异物侵限监测系统（V2.0）的风监测、雨量监测、异物侵限监测、设备冗余、设备状态监测、辅助功能测试结果符合设计文件及相关标准要求。

渝黔铁路在列车运行和接触网短路条件下的钢轨电位及轨旁设施电位测试结果均满足相关标准要求；在列车运行条件下的钢轨电流测试结果满足相关标准要求；贯通地线接地电阻测试结果满足相关标准要求；列车运行条件下各回流途径的回流比例满足回流技术指标要求。

渝黔铁路列车通过时的电磁辐射场强、列车运行和接触网短路试验条件下的信号电缆芯线感应纵电动势等各项测试指标均满足相关标准要求。

渝黔铁路设计近期车流对数条件下昼、夜间铁路边界噪声满足相关标准要求，在采取声屏障措施后，昼、夜间 4b 类声环境功能区外边界处铁路噪声贡献值满足标准要求；沿线环境振动满足相关标准要求；声屏障降噪效果满足设计要求。

总体动态验收结论：本次验收范围各专业工程均满足设计要求和验收标准，工程质量总体合格，同意通过动态验收，具备初步验收条件。

第四节　初步验收

一、验收组织

初步验收工作由成都局集团公司及有关业务部门、渝黔铁路有限责任公司、中国铁道科学研究院、中铁二院等单位人员组建渝黔铁路初步验收委员会，在专家组检查的基础上进行初步验收。

二、验收经过

2018 年 1 月 2 日，渝黔铁路有限责任公司《关于报送〈重庆至贵阳铁路扩能改造工程静态验收、动态验收问题及专家组审查意见整改报告〉的函》（渝黔工函〔2018〕1 号），上报了静态验收、动态验收问题及专家组审查意见的整改报告。

2018 年 1 月 2 日，渝黔铁路有限责任公司上报了《关于报送重庆至贵阳铁路扩能改造工程静态验收、动态验收问题整改确认的函》(渝黔工函〔2018〕5 号)，对静态、动态遗留问题和专家提出的问题进行了整改，专家意见基本得到落实。

2018 年 1 月 2 日，渝黔铁路有限责任公司上报了《渝黔铁路有限责任公司关于申请重庆至贵阳铁路扩能改造工程初步验收的函》(渝黔工函〔2018〕2 号)，提出工程已具备初步验收条件，申请成都局集团公司进行初步验收。

2018 年 1 月 2 日，成都铁路局工程质量安全监督站提交了《重庆至贵阳铁路扩能改造工程质量安全内部监督报告》，同意进行工程初步验收。

2018 年 1 月 2 日，成都局集团公司对渝黔铁路有限责任公司上报的初步验收申请进行了研究，认为渝黔铁路具备初步验收条件，同意启动初步验收。

2018 年 1 月 3、4 日，成都局集团公司组成初步验收委员会，对渝黔铁路工程进行现场检查并召开初步验收会议。

成都铁路监督管理局对初步验收进行了监督。

三、验收结论

初验委员会认为：渝黔铁路在建设过程中执行了国家有关政策、铁路行业有关规定和强制性标准，以及原铁道部、原中国铁路总公司有关规定和批复意见。劳动卫生、安全设施已按批准的设计建成；水土保持设施按水土保持方案及批复要求基本建成，并经检查认可；环保设施按环境影响报告书及批复要求基本建成，并经检查认可；消防工程验收合格，已取得消防意见合格书；电梯已取得使用标志；建设用地已依法批复；建设项目档案收集、整理及编制质量基本符合初步验收条件。根据渝黔铁路有限责任公司编制并上报的静态、动态验收报告及成都局集团公司验收专家组审查意见，渝黔铁路有限责任公司上报的整改报告，铁科院的动态检测和运行试验报告，成都铁路局工程质量安全监督站工程质量安全内部监督报告等，动态验收速度达到了 200 km/h 标准(列控系统为 200 km/h)，渝黔铁路满足设计要求，工程质量合格，工程验收程序符合规定，同意通过初步验收。

第五节　安全评估

一、评估组织

集团公司成立了以主管安全的副总经理任组长，相关业务部门负责人为成员的运营安全评估领导小组。由安监室牵头组织，分别成立安全管理(含路外安全环境、工程建设)、规章制度、车务(含调度)、客运、机务、供电、车辆、工务(含房建)、电务(通信、信号)、信息化、治安消防、劳动安全(含职业、供水卫生)、综合 13 个专业检查小组。各专业检查小组采取听取汇报、现场检查、查阅资料和现场抽考等方式，对渝黔铁路重庆、贵阳枢纽相关联络线、重庆西动车运用所存车场及相关工程的固定设备、移动设备、安全设施等主要设备设施质量以及相关运营接管单位安全管理、规章制度、作业标准、应急预案、安全保障措施、人员配备和培训、劳动安全、路外安全、治安消防等运营准备工作情况进行了运营安全评估。

二、评估经过

根据《渝黔铁路有限责任公司关于申请开展渝黔铁路重庆、贵阳枢纽相关联络线、重庆西动车运用所存车场及相关工程运营安全评估的函》(渝黔安函〔2018〕17 号)申请以及 2018 年新建铁路开通运营总体安排，集团公司按照《铁路安全管理条例》、《铁路建设项目竣工验收交接办法》（铁建设〔2008〕23号）、《新建铁路项目运营安全评估办法（试行）》（铁总安监〔2015〕361号）等文件规定，认真组织相关部门和人员于2018年1月8日至10日对渝黔铁路重庆、贵阳枢纽相关联络线、重庆西动车运用所存车场及相关工程进行了运营安全评估。

2018年1月10日，运营安全评估组与渝黔铁路有限责任公司、贵阳建设指挥部、成渝客专公司及各运营接管单位交换了运营安全评估意见。

三、评估结论

根据各运营安全评估专业组分报告的评估意见，运营安全评估组一致认为：渝黔铁路正线、渝黔铁路重庆、贵阳枢纽相关联络线、重庆西动车运用所存车场及相关工程的安全管理、规章制度、作业标准、应急预案、安全保障措施、人员配备和培训、劳动安全、路外安全、治安消防等工作和移动设备配备已基本到位，渝黔正线满足动车组以200 km/h及以下速度运行要求，重庆枢纽歌乐山站至双碑线路所联络线（蔡歌线上行K6+737.915～K8+377.736、下行K6+702.209～K8+374.84）满足动车组以100 km/h及以下速度运行要求，成渝高铁渝黔联络下行线K7+793.117～K8+892.772段满足动车组以120 km/h及以下速度运行要求，贵阳枢纽客车联络线（长东联络线）上行K0+058～K3+834、下行K0+058～K2+452段满足动车组以100 km/h及以下速度运行要求，重庆西动走2线K0+000～K6+508.453、重庆西动走3线K0+000～K6+528.697段满足80 km/h及以下速度运行要求，具备开通运营安全条件。

第六节　初期运营

经5个月的联合调试及运行试验和1个月的评估及初验后，渝黔铁路于2018年1月25日全线开通运营。

第十六章　竣工决算

渝黔铁路有限责任公司依据《企业会计制度》《基本建设财务管理规定》《铁路运输企业会计》及原铁道部《财务管理办法》《建设资金管理办法》和《工程验工计价管理办法》等一系列规章制度，严格按照合同约定办理工程价款结算，在确保建设资金安全和提高资金使用效率的基础上，保证建设项目正常进度和工程价款结算。

渝黔铁路于2013年1月1日开工，2017年12月31日竣工。渝黔铁路可研批复项目总投资531.09亿元，初步设计批复概算523.1亿元。

根据《国铁集团 重庆市人民政府 贵州省人民政府关于重庆至贵阳扩能改造工程清理 总概算的批复》，渝黔铁路总概算按6 102 394万元控制（内资5 955 101万元；利用外资22 520万美元，合人民币147 293万元）。其中，静态投资5 992 273万元（含重庆市、贵州省负责并承担的征地拆迁费用分别为1 082 898万元、414 320万元；以及重庆市地方政府及有关单位承担的重庆西客站、新白沙沱六线桥增加及拆除既有白沙沱铁路桥、站房规模调整等工程投资合计197 900万元和白沙沱长江桥蓄水水位影响增加投资3 350万元，贵州省地方政府承担的增设修文县站、小车河改线及站房规模调整等工程投资32 885万元）；建设期贷款利息106 021万元；铺底流动资金4 100万元。

第十七章 经验体会与问题探讨

一、强化设计对接，避免资源浪费

做好设计接口管理是渝黔铁路顺利建设完成的关键。

（一）核对设计施工图

渝黔铁路正线区间接触网基础、隧道下锚及开关洞室、路基贯通地线、隧道接地端子、高压电缆及回流电缆过轨管预留均由站前单位施工，站后单位进场后施工前需要对设计施工图进行核对。在渝黔线施工图核对中发现设计基础不能满足接触网，过轨管预留设计存在误差，隧道内分相下锚洞室错误等问题。通过设计院出具设计确认联系单，能够提高站前单位整改速度，节约时间，减少与站前单位之间不必要的整改争端。

（二）明确设计零部件标准

渝黔铁路接触网工程由成都局重庆工电段、贵阳被工电段、成都局供电处介入检查，运营单位对接触网零部件的标准掌握很全面，考虑增加了很多零部件的使用寿命及运营安全（如锁片厚度、开口销、吊环材质、承导线终端、连接螺栓材质等），而渝黔铁路正线零部件全是甲供外资材料，零部件的标准修改及图纸签认长达 6 个月，这导致了甲供材料供应滞后，供应到位后的部分零部件需要更换细小部件等，严重影响了施工进度，加大了工期压力。

（三）及时追踪设计变更

渝黔铁路重庆枢纽部分联络线多，建设过程中变更多。最突出的是动车所、歌乐山方向引入重庆西站，东环引入珞璜南站引起的接触网施工图发生较大的变化（如珞璜南增加 2 股道，30 处道岔），而渝黔铁路正处于全面施工阶段，由于变更图追踪的及时，现场施工基础无一处返工；接触网零部件及时修改需求计划，避免了材料资源的浪费；接触网线材及时调配，避免了线索的报废。

二、重视提前介入，转变施工理念，提高工作效率

（一）重视提前介入，转变施工理念

施工不只是施工单位的事情，成都铁路局的管理理念是竣工验收从源头——材料进场开始，包含施工过程控制情况，如原材料检查、检测的旁站，第三方实验的取样见证，施工预配监管，施工过程看护，施工完成的检查等，以此提高竣工验收的合格率和优秀率。

（二）质量意识增强，提高工作效率

运营单位的提前介入，给施工单位又增加了一层质量检验关口。通过运营单位对原材料进场验收（同施工单位一起），零部件外观、尺寸检查，预配检查，现场监管，使所有人无形中逐渐克服了平时操作中的不良行为，质量意识得到很大提高，工艺标准意识很大增强。避免了二次返工、重新施工等环节，提高了工作效率。

三、规范工艺标准，保质保量

（一）做好技术交底和技术培训，是保质、保工期的关键

项目部在每个分项工程施工前，按管理体系程序文件要求从项目部到作业班组均实施层层技术交底，特别是作业层更详细具体，使每个作业人员掌握技术标准和安全操作规程，施工后，确保一次达标成优。对新技术、新工艺严格执行首件首段样板示范引路制度，做好样板示范，再全面开展施工，组织举办专题学习班，进行技术培训，学习技术标准、操作工艺和作业指导书，做到各项技术标准和安全操作规程能被所有人理解掌握，并按程序文件要求进行严格的考核，对考核未达标者严禁上岗作业，确保施工一次到位，符合设计要求，提高工效保证工程质量和工期。

（二）严格执行技术标准和工艺及作业指导书

质量始于标准和工艺及作业指导书，建设过程中应结合设计交底、施工图以及接触网施工规范、验收标准、编制技术标准、补充规定（企业内控标准）及针对各工序编制下发的专项作业指导书，确保工程质量。同时，认真如实地填写下发的专项《安装记录表》。质量检查人员对施工质量进行检查，并填写质量检查记录表，保证渝黔铁路的工程质量。

（三）做好安全教育，突出工点评定

渝黔铁路的枢纽工程不是邻近既有线施工，就是既有线施工，接口单位多，配合单位多，协调问题多，必须做好安全教育，使安全工作落到实处。

03 第三篇

勘察设计

第一章　地质勘察

第一节　地质勘察概述

一、工程概况

渝黔铁路北接兰渝线童家溪线路所，穿重庆西站，经綦江、桐梓、遵义、息烽至贵阳，穿越凉风垭、娄山关、斗篷山等区域性分水岭区域，由海拔 200 ~ 800 m 的四川盆地过渡到海拔 800 ~ 1 600 m 的贵州高原，终到贵阳北站，总体为北低南高。地貌特征可分为三大类。川南低山丘陵区：重庆至赶水段；黔北中山区：赶水至楚米镇段；云贵高原区：楚米镇至贵阳段。正线全长 366.746 km，全线共设 13 个车站。

此次勘察采取分段负责、分阶段实施、多工种协同工作的方法，做到既分工明确，又相互协作。根据工程和地质条件，合理选用综合地质勘察方法，详细查明沿线的工程地质和水文地质条件，为各类工程建筑物初步设计所需的工程地质资料打下基础。

二、勘察经过

工作开展前，充分研究前一阶段勘察过程中所遗留问题，重点落实在方案调整和优化上，特别应加强沿线影响线路的采空区地段的资料分析。认真地学习相关勘察细则和勘察大纲，在地质调查调绘的基础上，首先对线路方案上主要的工程地质问题加以研究分析，对线路局部方案进行优化，再按工点的类型范围要求结合地形地质条件，选择适宜的勘探手段，合理布置勘探点，勘察经过及时间节点如表 3-1-1 所示。

表 3-1-1　勘察经过一览

序号	时间节点	勘察工作内容
1	2008 年 10 月至 12 月	现场开展初测工作
2	2009 年 5 月至 8 月	现场开展了定测工作
3	2010 年 9 月至 12 月	开展补定测工作
4	2012 年 3 月至 6 月	根据修改初设审查意见开展补定测工作

三、地质特征

本线处于渝黔南北向构造带及北东向构造带交接复合部位，线路通过地区构造十分复杂，顺层地段分布十分普遍，对工程危害较大，沿线各种不良地质发育齐全，其中岩溶、压矿、采空区和顺层是本线最为复杂、对工程影响最大的不良地质，其次为重力不良地质及有害气体。

沿线地下水主要有第四系孔隙水、基岩裂隙水及岩溶水三大类。水样试验统计分析成果表明，多数地下水无侵蚀性，但煤系地层、含石膏地层、含岩溶角砾岩地层、炭质页岩地层中的基岩裂隙水或岩溶裂隙水存在碳酸盐侵蚀，侵蚀等级为 H2 ~ H3。

沿线地震动峰值加速度小于等于 0.05g（相应地震基本烈度为Ⅵ度），动反应谱特征周期为 0.35 s。

第二节　勘察技术标准及原则

一、采用的勘察技术标准

本工程采用的勘察技术标准主要有：

（1）《铁路工程不良地质勘察规程》（TB10027—2001）；

（2）《铁路工程岩土分类标准》（TB 10077—2001）；

（3）《铁路工程特殊岩土勘察规程》（TB 10038—2001）；

（4）《铁路工程岩土分类标准》（TB 10027—2001）；

（5）《铁路工程地质钻探规程》（TB 10014—98）；

（6）《铁路工程地质原位测试规程》（TB 10041—2003）；

（7）《铁路工程水文地质勘察规程》（TB 10049—2004）；

（8）《铁路工程土工试验规程》（TB 10102）；

（9）《铁路物理勘探技术规则》；

（10）《静力、动力触探技术规则》；

（11）《铁路工程地质勘察规范》（TB 10012—2007）；

（12）《铁路隧道超前地质预报技术规程》（铁建设〔2008〕105 号）；

（13）《铁路隧道工程施工技术指南》（TZ 204—2008）。

二、勘察工作的主要原则

（一）路堤工程

首先详细查清路堤基底的地基条件、压缩层厚度以及满足变形计算的各层岩土物理力学指标，以判定地基土是否满足地基技术条件要求。其次以工程地质调绘为基础，结合相应的勘探手段，查明斜坡坡度、地层结构、地质构造、岩土界面、岩土工程性质、主要软弱面的分布范围和特征，获取土层、岩土界面或不利结构面的抗滑、抗剪或固结等物理力学指标。最后查明地下水活动情况及其对基底稳定性的影响，需满足地基稳定及变形分析的需要。对陡坡路堤、半填半挖路基应根据地质情况，进行横断面勘探，一般视地质条件的复杂程度进行挖探或钻探。

（二）路堑工程

1. 一般路堑

路堑勘察是为了确定岩土施工工程分级，从而评判基床土质情况，给边坡支护提供意见。调绘范围应结合地形地貌、地层岩性、地质构造、水文地质条件影响的范围等确定。同时应特别注意对自然山坡状态、岩体风化破碎程度、各种结构面特征及其组合形式（特别是倾向线路的不利结构面）、地下水活动特征、边坡岩土体和岩体结构面的物理力学指标等资料的收集和分析，加强对既有边坡的调查，并取代表性水样作水质分析。

2. 顺层和地形地质复杂的深路堑

顺层地段的勘察以地质调绘为主，辅以必要的钻探挖探，应查明地层岩性、地质构造、顺层层面、各种结构面特征及其组合关系、含水层性质厚度、补给源等水文地质条件，重点调查附近既有铁路和公路边坡顺层滑坡情况，从而反演本地区顺层层面指标。

3. 取样及试验要求

土质路堑地段应加强取样试验，逐工点按不同土层分层取样，基床范围应取样试验，以物理性质及剪切试验为主，必要时可做压缩试验；砂岩、泥岩等软质岩路堑应取全风化土样及岩样进行抗压强度、水理性质等试验；红黏土路堑应取样进行常规试验及膨胀性试验。

（三）桥梁工程

1. 地质调绘

重点查明桥位区地貌地层岩性、地质构造及岸坡稳定性，查明不良地质特殊岩土的分布及其工程地质特征，查明墩台基础岩体的风化与破碎程度夹层情况、基岩面形态及地下水状态，测试岩土物理力学指标并综合分析后提出设计所需地质参数；对跨越河流水库及深陡沟谷的桥，应对桥梁岸坡稳定性进行调绘，综合分析确定其对桥基岸坡影响，提出处理措施。

2. 取样及测试试验

取样要求：主要针对基础持力层范围内的地基土采取岩土样，分工点按不同岩性分层取样。同一座桥范围内，每一层岩土的土样数量应满足数理统计的需要，各项物理力学参数应至少有 6 组数据。

土工试验项目：除全套物性指标外，持力层范围内的土层，还应进行剪切及压缩试验，岩样主要进行饱和干燥天然状态下的极限抗压强度试验及代表性物理性质。

第四系松散层风化岩及软岩区应尽量提高岩心采取率，并加强孔内标贯或动探试验，极软岩层，宜选取代表性工点进行旁压试验。每座桥不少于一组地表水及地下水水样，特大桥每 200 ~ 500 m 取一组地表水及地下水水样，进行侵蚀性试验。

（四）隧道工程

隧道地质勘察采用综合地质勘探方法，软岩、岩石风化严重、覆盖层发育的隧道洞口和沟谷浅埋段应采用钻孔勘探。长大隧道重要的地层界线、区域性断裂及明显的物探异常区段应布置深孔钻探，详细要求如下：

（1）详细查明隧道范围地形地貌、地层岩性、地质构造、岩层风化程度、岩层产状及各种结构面发育情况，加强对洞口、边仰坡及浅埋地段的调查，并根据综合勘探测试成果确定隧道围岩分级。

（2）查明隧道范围内不良地质、特殊岩土的分布，分析其对隧道的影响。

（3）查明洞身是否通过煤层、气田、膨胀性地层、采空区、有害矿体及富集放射性物质的地层等，并进行工程地质条件测评。

（4）查明隧道通过地段的井、泉分布，含水层、隔水层性质，分析水文地质条件，划分地下水系统，判明地下水类型，埋深、补给、径流、排泄的条件以及侵蚀性。在构造发育地段及岩溶区，应分析突水、突泥的危险性，预测隧道施工诱发地面塌陷和地表水漏失等破坏环境条件的问题，并提出相应的解决措施。

（5）查明横洞、平行导坑、斜井、竖井、弃渣场等工程的地质条件。

（6）地质复杂隧道及长大隧道、三线隧道进行专项大面积地质调查；沟谷浅埋地段、重大构造等地质界线，主要采用物探查明，必要时采用钻探验证。

（7）隧道调绘范围一般为线路中心左右各 200 m，地质复杂时可适当扩大，以查明工程地质特征为原则。观测点宜设在露头、地层分界线、构造线、井、泉等位置，对重要地质界线、构造线应采取跟踪追索法。

（五）站场及房屋建筑工程

以地质调查为主，结合站场内路基桥梁勘探工作，查明站场及各类建筑场地范围内的地形地貌、地层岩性、地质构造等工程地质条件，重点查明不良地质和特殊地质的性质分布及对工程的影响，判明站场场地的稳定性，并为建筑物的平面布置方案和基础类型确定提供工程地质资料。

对站内建筑物，应根据房屋的结构、类型、规模及所处的地基条件布置勘探工作。

勘探深度应以能控制地基地层结构为准，试样数量和试验项目应满足场地评价的要求。

（六）填料及取土场工程

1. 软岩及软岩填料勘察

路堑地段钻探除查明其风化层厚度外，重点应查明各类泥质软岩工程性质分布范围，路堑弃方用作路基填料的可行性及工程措施；全风化层应取 2 ~ 3 组样，弱风化应分层取 3 ~ 4 组岩样，残积土层较厚时应取样；必要时可对全风化层及残积层进行黏粒含量、颗粒分析等试验，黏粒含量大于 10%时，应进行黏土矿物分析及膨胀性试验，岩样进行天然饱和抗压强度试验和水理性质试验（包括饱和、干燥吸水率、崩解试验等）。

2. 取土场勘察

应在初测的基础上详细查明建筑材料场地的岩（土）层结构及性质、夹层性质及空间分布、地下水位剥离层和无用层厚度、有用层的储量和质量、开采及运输条件和开采对环境的影响等；根据场地特点结合开采范围布置勘探点，取土场应布置地质横断面勘探，不同地貌单元应有勘探断面控制，孔深至开采深度以下，风化岩石要查明岩石风化带施工工程分级和作为路基填料的适宜性。

第三节　主要勘察技术手段及综合地质勘察方法

根据渝黔线的特点，本次勘察在充分收集、分析和利用既有铁路线勘察、施工、竣工及改造工程资料及沿线高速公路地质资料、线路病害资料的基础上，根据工程和地质条件，合理选用地质调绘、钻探、坑（槽）探、物探、原位测试（包括静探、动探、十字板剪切、标贯试验等）、水文地质试验、室内试验等相结合的综合地质勘察方法，详细查明沿线的工程地质和水文地质条件，提供各类工程建筑物初步设计所需的工程地质资料。主要包括：

（1）本线勘察应遵循现行国家标准或国家行业标准。

（2）本线勘察工作采用地质测绘、物探、钻探、水文地质试验、室内试验等相结合的综合勘察方法，成果资料相互印证。

（3）勘察前应充分收集利用既有铁路线资料，了解施工和运营期间的工程地质问题和病害，及与线路有关的其他工程建筑（如公路煤矿等）地质资料，并熟悉初测及可研地质资料，掌握本线主要工程地质问题，了解需要进一步解决的地质问题，在此基础上开展定测阶段地质工作，对于前期工作的资料应进行复核后加以利用。

（4）全线按隧道、桥梁、各类路基工程、建筑材料场地、站场和房屋建筑工程分别编制工点详细工程地质说明，资料编制内容应满足有关标准和设计要求，资料全部采用计算机数字化编制。

第四节　各类勘察资料整理要求

一、原始勘察资料整编原则

（1）文件编制应在工程地质调绘、勘探、测试和收集利用已有资料的基础上，结合工程特点和要求进行。

（2）各类工程、不良地质作用和地质灾害以及各种特殊岩土的分析评价，应符合相关规范的规定和要求。

（3）岩土工程分析评价应在定性分析的基础上进行必要的定量分析，岩土体的变形、强度、稳定应定量分析；场地的适宜性、场地地质条件的稳定性可仅作定性分析，但各种分析结果应有依据。

（4）报告编制统一采用 A4 纸装订成册。文件附图宜采用 297 mm 图幅，特殊情况下可采用 420 mm 图幅。

（5）应用软件：文字部分及统计表格采用 Office 2003 相关软件；绘制图件统一采用 CAD 软件。

（6）CAD 图件采用统一的字库文件（Fonts）、线型文件（Acad.lin）、岩性花纹填充文件（Acad.pat）。

二、地质勘察资料整编要求

（一）原始资料

（1）观测点及井泉点卡片。

（2）钻探、试坑记录。

（3）静探、动探、标贯及螺旋板载荷试验原始数据。

（4）水、土、砂、石试验报告。

（5）彩色照片集（电子文件、照片附简要说明）。

（二）勘察成果资料

（1）全线工程地质图，比例尺 1∶50 000 ~ 1∶200 000（彩图），幅宽不小于 12 cm。

（2）详细工程地质图，比例尺 1∶2 000（腊底）。

（3）详细工程地质纵断面图，比例横 1∶10 000、纵 1∶1 000（腊底）。

（4）工点工程地质图件（与各专业工点资料一致）。

（5）工程地质勘察报告，一式三份（交相关专业工点一份）。

（6）钻孔柱状图，一式三份（交相关专业工点一份）。

（7）不良地质、特殊岩土工点（地段）一览表（按类型分别制表）。

（8）水、土、砂、石试验成果汇总表。

（9）以上各类资料均应有电子文件（刻盘）。

第五节　超前地质预测预报

一、预测预报内容

本线长大隧道众多，地质条件复杂，风险高，须加强超前地质预报工作。预报内容主要包括：① 掌子面前方一定范围内有无突水、突泥、岩爆及有害气体等，可查明其范围、规模、性质，提出施工措施或建议。② 洞内突涌水量的大小及其变化规律，可评估对环境地质、水文地质的影响。③ 断层的位置、宽度、产状、性质、充填物的状态，并判断其稳定程度，提出施工建议。④掌子面前方的围岩级别与设计是否吻合，可判断其稳定性，随时提供修改设计、调整支护类型、确定二次衬砌时间的建议等。

二、预测预报分类

预测预报的分类很多，且按不同方法有不同的分类，如按作用可分为常规预报、成灾预报和专门预报，按距掌子面的距离可分为短距离预报（0 ~ 15 m）、中长距离预报（15 ~ 50 m）和长距离预报（> 50 m），按采用的手段可分为经验预报、仪器预报和综合预报，按精度可分为定量预报和定性预报。进行预测预报时，应结合实际情况，选用合适的预报方法。

三、超前地质预报的方法

（一）直接预报法

1. 水平钻孔

水平钻孔主要布置在开挖面及其附近，既可在超前导洞内布置钻孔，也可在主洞工作面上进行钻探，用以获得准确可靠的地质资料，确保施工组织。该法可获得工作面前方一定距离的岩心，也可由钻孔出水情况判断前方有无地下水和前方何处有地下水，从而可以得到开挖面前方的地质情况。

水平钻孔是施工预报最有效方法，但也存在不足之处：一是对垂直隧洞轴线的地质结构面预报效果较好，与隧洞轴线平行的结构面预报较差；二是需占用较长的施工作业时间，费用较高。

2. 超前导坑

超前导坑的优点：预报成果比较直观、精度高、预报的距离长、便于施工人员安排施工计划和调整施工方案，还可以起到减压放水、改善通风条件和探明地质构造条件的作用。同时，超前导坑还可用于排除地下水、断层注浆处理、扩建成第二条隧洞。正洞导坑布置在正洞中，是正洞的一部分，其作用与平行导坑相比，效果更好。

超前导坑的缺陷：一是成本太高，有时需要全洞进行平导开挖；二是施工工期较长。

（二）地质分析法

1. 断层参数预测法

该方法是利用断层影响带的特殊节理或集中带的分布规律，通过对断层影响带的系统编录所得经验公式，来预报隧洞断层破碎带的位置和规模。由于大多数不良地质现象与断层破碎带有密切的关系，故可依据断层破碎带推断其他不良地质体的位置和规模。

2. 地质体投射法

该方法是在地表准确鉴别不良地质体的性质、位置、规模和岩体质量及精确测定不良地质体产状的基础上，应用地质界面和地质体透射公式进行预报。

3. 正洞地质编录与预报

该方法是在隧洞施工中，及时对其开挖面（掌子面、边墙面和拱顶面）上的各种地质现象进行测绘和记录，利用已挖洞段地质情况来预报前方可能出现的不良地质现象。它分为岩层岩性和层位预测法和地质体延伸预测法。该法是对开挖面地质情况如实而准确的反映，主要内容包括地层岩性、构造和节理裂隙发育情况、地下水状态、围岩稳定性及初期支护采用方法等。其优点是占用施工时间很短，设备简单，不干扰施工，成果快速，预报效果较好，而且为整个隧洞提供了完整的地质资料；缺点是与隧洞夹角较大而又向前倾的结构面容易产生漏报。

（三）物探法

1. 弹性波法

弹性波法又可分为TSP超前预报技术、地震负视速度法、TST超前预报技术和陆地声呐法。

1）TSP 超前预报技术

TSP（Tunnel Seismic Prediction）超前预报系统是利用地震波在不均匀地质体中产生的反射波特性来预报隧洞掌子面前方及周围邻近区域的地质情况（图 3-1-1）。该法属多波多分量探测技术，可以检测出掌子面前方岩性的变化，如不规则体、不连续面、断层和破碎带等。它可以在钻爆法或 TBM 开挖的隧洞中使用，而不必接近掌子面。实践表明该法有效预报距离为 100 ~ 200 m。

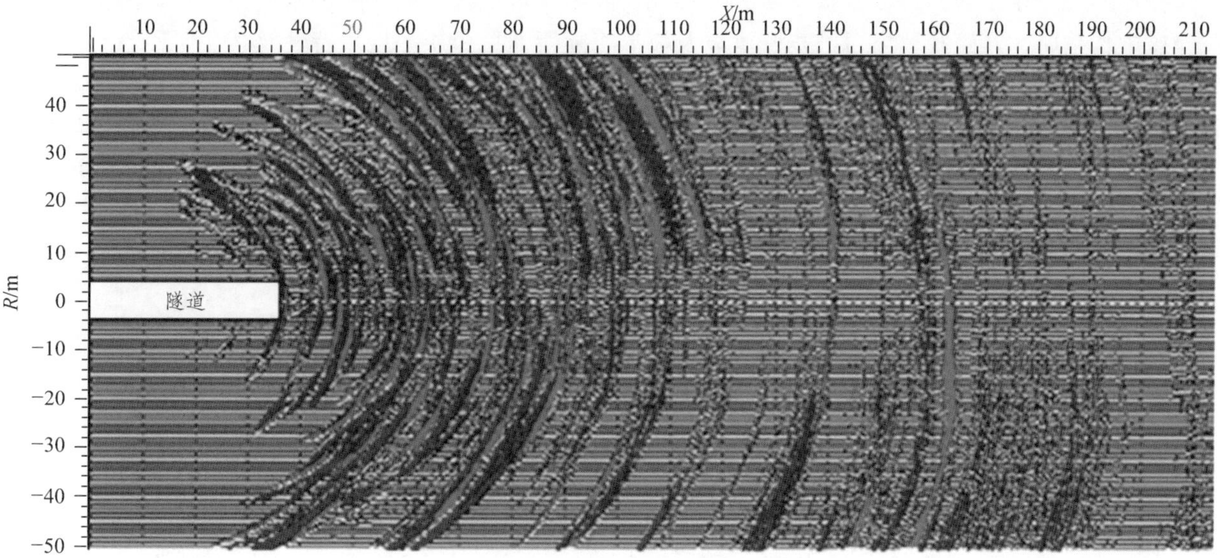

图 3-1-1　TSP 探测深度偏移剖面

TSP 超前预报技术作为一种比较先进的探测手段已在我国水利、水电、铁路、公路、煤炭等系统的各类隧洞或地下洞室工程中得到应用，如宜万铁路野三关隧洞、辽宁大伙房水库引水隧洞、云南元磨高速公路的大风垭口和布垅箐隧洞等工程。它具有预报距离相对较长、精度较高、提交资料及时、经济等优点，尤其与隧洞轴线或呈大角度相交的面状软弱带，如断层、破碎带、软弱夹层、地下洞穴（含溶洞）以及地层的分界面等效果较好。而对不规则形态的地质缺陷或与隧洞轴线平行的不良地质体，如几何形状为圆柱体或圆锥体的溶洞、暗河及含水情况探测有一定的局限性。

2）地震负视速度法

负视速度法的原理与 TSP 法基本相同，只是数据处理软件的开发尚难赶上 TSP 法。此法在实施预报时不占用开挖工作面，对施工干扰相对较小，在铁路隧洞工程中是常用的预报方法之一，如在渝怀铁路圆梁山隧道正洞、平导和迂回导坑以及朔黄铁路长梁山隧洞施工中，均采用了负视速度法，取得了较好的预报效果。

3）TST 超前预报技术

TST（Tunnel Seismic Tomography）超前预报系统是通过可视化地震反射成像技术预报隧洞掌子面前方 150 m 范围内的地质情况，可准确预报断裂带、破碎带、岩溶发育带以及岩体工程类别变化等地质对象的位置、规模和性质。该法数据采集用多道数字地震仪，处理软件为三维地震分析成像系统。它充分运用地震反射波的运动学和动力学特征，具有岩体波速扫描、地质构造方向扫描、速度偏移成像、吸收系数成像、走时反演成像等多种功能，从岩体的力学性质、岩体完整性等多方面对地质情况进行综合预报。该技术在云南明珠隧洞应用取得了良好的效果。

4）陆地声呐法

它是“陆上极小偏移距高频弹性波反射连续剖面法”的简称，可在狭小的场地和基岩裸露的条件下，探查岩溶等有限物体，也称为高密度地震反射或地震映像法。

该法具有分辨率高、可避开许多干扰波、反射波能量高、探查岩溶和洞穴效果好、图像简单易辨等优点，但需占用开挖面工作时间且实测剖面较短，已在云台山铁路隧洞、南昆线铝厂隧洞等工程中应用，预报距离为 50 ~ 100 m。

2. 地质雷达技术

利用高频电磁波以宽频带短脉冲的形式，由掌子面通过发射天线向前发射，当遇到异常地质体或介质分界面时发生反射并返回，被接收天线接收，并由主机记录下来，形成雷达剖面图。由于电磁波在介质中传播时，其路径、电磁波场强度以及波形将随所通过介质的电磁特性及其几何形态而发生变化。因此，根据接收到的电磁波特征，及波的旅行时间、幅度、频率和波形等，通过雷达图像的处理和分析，可确定掌子面前方界面或目标体的空间位置或结构特征（图 3-1-2）。在前方岩体完整的情况下，可以预报 30 m 的距离；在岩石不完整或存在构造的条件下，预报距离变小，甚至小于 10 m。

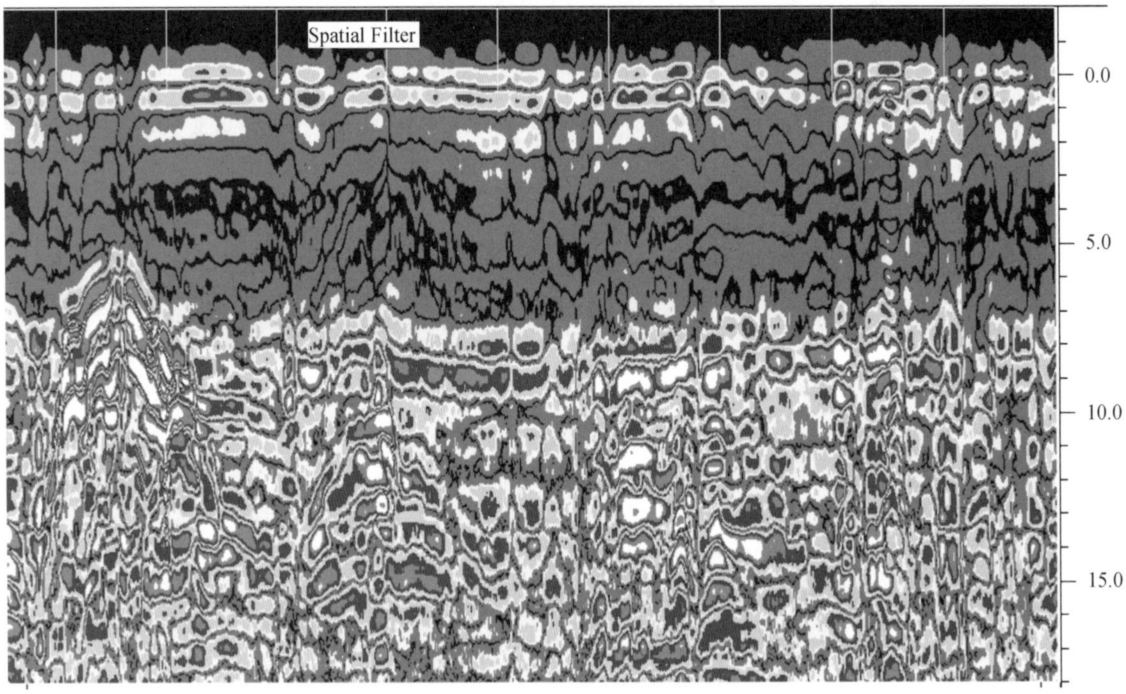

图 3-1-2　地质雷达成果

应用地质雷达进行超前预报，在钻爆法施工的隧洞中使用相对较多，如太平驿水电站引水隧洞、海南高速公路东线大茅隧洞等工程中应用，均取得了较好的应用效果。由于探测时需要占用掌子面的工作时间，故在掌子面上测试时需要停机进行，因而 TBM 法施工的隧洞中应用时需作特殊研究解决。

3. 高分辨直流电法

高分辨直流电法是以岩石的电性差异（即电阻率差异）为基础，在全空间条件下建立电场，电流通过布置在隧道内的供电电极在围岩中建立起全空间稳定电场，通过研究电场或电磁场的分布规律开挖预报开挖工作面前方储水、导水构造分布和发育情况的一种电法探测技术，适用于探测任何地层中存在的地下水体位置及相对含水量大小，如断层破碎带、溶洞、溶隙、暗河等地质体中的地下水。

（四）地质物探综合分析法

要推动隧洞超前预报水平，提高预报准确度，就必须将地质调查方法与多种物探方法有机结合起来，对地质物探资料进行系统处理和综合分析。实施超前预报应首先收集和熟悉已有资料，提出预报探测的计划和重点；然后配合施工进程，开展地表补充调查和洞内地质素描，以施工地质调查资料为依据，演绎隧洞内需要超前探测段的地质理想模型；接着选择一种以上对施工干扰少、探测时间短的有望达到预报目标的物探技术，开展室内和现场实测；最后组成地质、物探及相关工程专业人员的分析组，对地质和物探资料进行系统处理和综合分析，提出预报意见。

第六节　典型工点工程地质勘察

一、隧道基底、周边及路堑基底隐伏岩溶探查

隐伏岩溶探测工作主要包括：

（1）掌子面素描、隧底及周边施工揭示岩溶测量及素描，隧底洞周风枪探测，隧底洞周揭示岩溶充填物钎探、风镐探测，隧底洞周地质雷达隐伏岩溶探测等。

（2）揭示溶洞形态测量、工程地质调绘与综合勘探；隧底洞周隐伏岩溶主要开展物探工作，必要时采用钻探查明岩溶发育情况及溶洞充填物工程地质特性。

（3）隧底洞周隐伏岩溶的综合物探及钻探验证。

（一）地质素描

全隧开展地质素描，应根据开挖揭示情况开展地层岩性、地质构造、岩溶形态、发育程度、充填情况、地下水发育情况、围岩级别等方面的描述，并与设计地质情况进行对比，形成掌子面及洞周地质素描图表。

（二）超前地质预报

按设计文件开展隧道超前地质预报工作，分析预判隧底洞周可能存在的岩溶，形成各种预报方法的成果报告及综合分析报告。

（三）开挖揭示的岩溶探测

对揭示的溶洞在隧底、洞周的分布进行实测并绘成展示图，根据设计要求进洞开展溶洞形态测量及断面测量。对揭示的岩溶暗河、涌水突泥点进行定位测量和岩溶形态影像工作。

根据开挖揭示岩溶情况进行地质调查，包括溶蚀裂隙、溶洞（腔）及充填情况，地下水发育情况等。对揭示的岩溶暗河、涌水突泥点开展水位、水量动态观测；必要时开展地表相关监测工作，主要包括降雨、地表水体、地表变形、塌陷坑等。

（四）隐伏岩溶探测

隐伏岩溶的探测方法主要有风枪探测、钎探、风镐探测和物探。

（1）风枪探测：施工过程中应对隧底洞周进行隐伏岩溶断面探测。断面环向间距 5 m，探测深度不小于开挖轮廓线外 5 m。每个断面布置不少于 10 个探孔，分别位于拱顶、拱腰、边墙中部和边墙脚、隧底左右线中心、隧底轴线处。遇到异常时探孔应适当加密、加深。

（2）钎探、风镐探测：施工过程中应对隧底洞周揭示的充填物进行探测，探测点间距不大于 5 m。当充填物厚度大于 3 m 时应进行钻探。

（3）物探：采用综合物探方法探测隧道开挖轮廓线外 5 m 范围内的岩溶发育情况。

根据建设单位委托要求，还需进行隐伏岩溶复查，采用综合物探方法对隧底洞周进行隐伏岩溶探测，探测范围洞周不小于开挖轮廓线 5 m，隧底不小于开挖轮廓线 15 m。若有异常应进行钻探验证。

（五）工程地质调绘

（1）对开挖揭示大型溶洞进行地质调查，包括溶洞形态和规模，岩溶洞穴顶板、底板及洞壁特征，充填情况及堆积物特征，水文地质调查，等。

（2）对揭示的岩溶暗河、涌水突泥点开展水位、水量动态观测。

（3）开展地表调查和监测工作，包括地表水体、地表变形、塌陷坑等。

（六）大型岩溶勘探

（1）根据需要开展综合物探，并对物探异常进行钻探验证。

（2）根据岩溶发育情况，进行稳定性评价，按工程设置要求布置钻孔。

（3）施工过程中隧底揭示的充填物厚度大于 3 m 时应进行钻探。

二、岩溶隧道水文地质观测

本线由四川盆地越岭至云贵高原，地形地质、水文地质条件复杂，可溶岩段落长，隧道穿越可溶岩地段地下岩溶水发育，开挖过程中易遭遇到岩溶管道水，存在涌水、突泥等风险，因此，须对各涌水点进行水量监测。

（一）降雨量监测

由施工单位记录并收集当地天气状况（晴、阴、雨、雪）、气温（°C）、降雨量（mm）；遇大雨、暴雨、暴雪等天气时，详细记录其发生时间、持续时间、降雨量、降雪量等。对揭示岩溶管道水、暗河的隧道建议设立气象观测站，位置宜选择在隧道附近的补给洼地，观测内容包括降雨量、蒸发量、气温、湿度等。

（二）涌水量监测

（1）监测方法：采用人工监测方法进行涌水量监测。水量较小（$Q\leqslant 1.0$ L/s）时采用容量法量测，连续测定 3 次后取其平均值；水量较大或较分散时应集水归槽后采用堰测法量测，可采用三角堰、梯形堰或矩形堰，三角堰、梯形堰根据过堰水深计算水量，矩形堰可根据断面流速法计算水量。

（2）监测频次：旱季 10 天一次，雨天每天一次；雨季晴天每天一次，雨天每天二次。特殊情况、特殊水点加密监测频次，如水量变动较大监测点暴雨时每小时一次。

（3）当天早 8：00 至第二日早 8：00 期间的涌水量作为当日涌水量。

（4）发生突水、涌水等特殊情况时，应准确记录涌突水变化情况，包括起止时间、高水位的持续时间、流量、水质、漂浮物、泥沙变化、水压情况等，并收集视频资料。

（5）采用堰测法进行流量监测时，监测点应设置标示牌。

（6）水质混浊时进行含泥量的测试。

（7）如有条件，应在泄水孔处安装水压表测量水压。

（8）以上监测由施工单位进行，设计单位雨天需对涌水点进行现场核实。

三、重点不良地质勘察

沿线地层除泥盆系、白垩系外，第四系至震旦系地层均有出露，尤其以古生界、中生界地层为主。重庆至赶水段主要为侏罗系红层，为砂、泥页岩碎屑岩层；赶水至贵阳段相继为古生界、中生界灰岩、白云岩、泥灰岩间夹泥页岩地层，其中上三叠统、上二叠统、下二叠统地层含煤层；第四系松散地层分布于沿线基岩之上。总体而言，沿线主要不良地质有：岩溶、有害气体、人工坑洞、顺层、滑坡及坍滑、危岩落石及崩塌、岩堆。

（一）岩　溶

正线可溶岩地段主要分布于赶水至贵阳段，约占正线的58%，其中凉风垭、娄山关、遵义、阁老坝、息烽、高坝、都拉营等地区岩溶强烈发育，约占可溶岩区的30%，其他地区岩溶为中等至弱发育。

岩溶引起的地面塌陷、隧道内溶洞充填物引起的突泥突水及溶洞穴等地质问题易对桥梁、隧道、路基等工程基础的稳定性产生影响，故岩溶勘察是全线的不良地质勘察的重点任务之一。

裸露型岩溶区：应加强对岩溶地貌、地层岩性、地质构造、层理、节理裂隙特征等的调查，并对与线路密切相关的洞穴、大型溶沟、溶槽、暗河、竖井等进行编号实测，将其反映在1∶2 000平面图上。在调查基础上进行岩溶发育规律以及发育程度分析，评估岩溶对工程的影响。

覆盖型岩溶区：应开展岩溶地面塌陷调查，重点调查表层覆盖土工程性质、地下水的活动及抽排水状况等，已产生岩溶塌陷区应调查其位置高程、塌陷产生的时间及历史状况原因等。对于未产生过岩溶塌陷的地区根据物探、钻探等综合分析岩溶发育程度，并根据地下水的活动状况、覆盖土的性质等综合分析岩溶塌陷的可能性及处理措施。

岩溶路基：应采用多种物探手段进行综合勘探与分析，对明显的物探异常区段应布置勘探孔验证。应根据地表岩溶发育情况决定实施物探段落，准确判定隧道所处的岩溶水垂直分带。对岩溶强烈发育地区，应分析地下存在暗河、大型溶洞的可能性，有条件时应进行地下水连通试验，查明溶洞溶蚀裂隙和地下暗河的连通性，以预测施工中可能发生的突涌水（泥）段落。

岩溶桥：主要以钻探为主，钻孔布置满足规范要求，勘探深度应钻至设计桩端以下较完整基岩内（W2）10 m或溶洞底板下较完整基岩内（W2）12 m终孔。对岩溶极发育的桥必要时可采取物探查明下伏岩溶发育规律。

（二）人工坑洞（采空区）

沿线出露的二叠系、三叠系、侏罗系地层矿产资源丰富，部分地层含煤、铁、汞等多种矿藏，部分矿藏已具有久远的开采历史。对线路附近的各类煤矿金属矿采空区，应进一步核查落实开采和影响边界，并应在地质成果图上画出线路附近煤矿采空区影响边界线。对已有的采空区原则上应予以绕避，对沿线直接控制线路方案的大面积采空矿区，线路方案基本已绕避。沿线分布较多小煤窑采空区，但由于其开采深度浅，影响范围小，因此易于处理，一般不控制线路方案。

对人工坑洞常采用的勘测手段包括地质调绘、勘探和测试等。

地质调绘：前期应搜集地质图、矿床分布图、矿区规划图、地表变形等。研究区域地质条件，访问坑洞历史情况；查明地层岩性地质构造，坑洞的分布规律、层数回采方式、采空程度、积水和有害气体聚集情况；查明地表变形及分布规律，分析该段的稳定性；查明地下水的影响；调查既有建筑物的变形情况及地基加固处理经验。

勘探：在人为坑洞分布无规律，地面痕迹不明显，无法进入坑洞内进行调查和验证的地区，应采用电法地震及地质雷达等综合物探，并用物探结果指导钻探，必要时进行综合测井；使各种方法的勘探结果得到相互补充和验证。人为坑洞地区勘探点应根据线路纵横断面方向，并结合工程建筑物类型坑洞埋藏深度延伸方向进行布置，数量和深度应满足各类建筑物与防护加固治理工程设计的要求。

测试：对上覆不同性质的岩土层应分别取代表性试样进行物理力学性质试验，提供稳定性检算及工程设计所需参数；分别取地下水和地表水样进行水质分析；对煤层或可能储气部位，必要时应进行有害气体含量压力的现场测试。

（三）有害气体

收集有害气体的区测资料及专项资料，查明地形地貌、地层岩性和地质构造，研究有害气体含量、压力涌出量、分布特征范围；评价其对工程和环境的影响，提出防治工程措施意见。钻孔应结合工程布置在可能储气或煤层部位，深度根据工程需要确定，并取样和试验，进行相应的瓦斯参数测试。

（四）顺　层

本线线路走向大部分地段平行区域构造线方向，顺层地段分布十分普遍，对工程危害较大，路堑挖方地段易造成顺层坍滑，隧道工程存在顺层偏压，因此线路选线尽量大角度斜穿构造线，降低挖方边坡高度。岩层走向与线路走向夹角小于 45°的顺层地段，应加密地层产状测量，找出规律，准确反映岩层产状与工程关系的特征。

顺层路堑地段：应查明岩性结构、层理、节理和产状，查明是否存在软弱结构面，查明岩层走向与层理面夹角，必要时辅以钻探查明顺层地段岩性结构、软弱结构面物质成分、地下水发育程度等，从而评估顺层地段对工程的影响程度，提出工程处理措施建议。必要时可对顺层进行大面积剪切试验。

顺层隧道工程地段：应注意预测顺层可能产生的滑动及偏压问题。对土层与岩层接触带等部位临空时或在上面加压时的稳定性也应综合评价，采用勘探等手段查明土石接触面的横坡坡度、接触带土层性质等。

（五）滑坡及坍滑

本线沿线山高坡陡、沟谷深切，岩体构造节理发育、较为破碎，分布有大小不一的古滑坡、崩塌、危岩落石及软质岩体风化剥落，其中滑坡主要分布在泥页岩互层或灰岩夹泥岩、页岩地段，其次为土质滑坡。

调绘范围应包括相邻地段，分析地区斜坡的稳定性。查明地形地貌特征、地层层序、岩性软弱、夹层及土层间基岩面土层的性质分布范围，包括地质构造、岩体结构面，特别是软弱面的产状性质及特征、基岩风化层分带、水文地质条件、滑坡坍滑体的物质成分与厚度、滑床形态、滑带土物理力学性质。

钻探至（坍）滑体滑动面时，必须采用双层单动管或风压干钻法取芯；勘探点除沿主轴线布置外，两侧也应适当布置，必要时，滑体外也应布置。勘探深度应穿过滑动面或坍滑体以下 3 ~ 5 m，并注意查清软弱面的位置和特征软弱夹层或破碎带层位滑床空间形态及位置。

及时记录岩心潮湿程度，观测孔内地下水位。必要时，进行水文地质试验，并取水样进行工程水质分析；对滑动带及其上下土层，应逐层取样试验。

（六）危岩落石及崩塌

以调绘为主，查明地形地貌、微地貌特征，确定可能产生落石及崩塌的规模、滚落方向、影响范围等；查明地层岩性、岩层结构、软硬岩的分布范围及风化程度；查明地质构造，岩体结构面的性质、产状、间距宽度、延伸长度与深度、充填物等；调查危岩、落石及崩塌发展史、产生原因、发育阶段及防治经验。

四、特殊岩土勘察

（一）膨胀土（岩）、红黏土

膨胀土主要分布在高坝、扎佐、大冲关、蓬莱、都拉营地区，一般厚 10 ~ 12 m。可溶岩表层广泛分布有红黏土，厚度约 0 ~ 6 m，一般无或略具膨胀性。

地质勘察应查明沿线膨胀土（岩）的分布范围、厚度以及其地形地貌特征，尤其是微地貌特征及大气影响深度。沿线红黏土上更新统黏土路堑地段钻探取样要求一般应在地表以下 2 ~ 3 m 开始取样，根据土层厚度一般 1 ~ 2 m 一组取样，或每孔 3 ~ 5 组样，重点应取得深部土样。试验项目除常规物理性质指标外，重点应进行膨胀性试验。

（二）软土、松软土

软土、松软土主要分布于缓坡、低洼等地区，基本开垦为农田，一般厚 2 ~ 6 m；部分大型洼地槽谷中央存在较厚的软土、松软土，一般厚 4 ~ 10 m，局部厚度大于 15 m。

软土、松软土工程地质勘察应根据工程类型的要求有侧重地进行，采用钻探、静力触探、十字板剪切、标准贯入等综合勘探手段，查明分布范围的分布规律和地貌特征，各层的成因、类型、时代、固结状态、岩性组分、分层厚度、物理力学指标、水理化学性质等，抗剪强度随深度的变化规律，地下水与地表水的关系及下卧硬层横坡情况，等。

第二章　线路设计

第一节　线路走向及重大方案比选

一、设计依据和设计范围

（一）设计依据

（1）《国家发展改革委关于重庆至贵阳铁路扩能改造工程可行性研究报告的批复》（发改基础〔2010〕2855 号）。

（2）《关于重庆至贵阳铁路扩能改造工程可行性研究的审查意见》（铁计函〔2009〕1412 号）。

（3）《关于重庆至贵阳铁路扩能改造工程初步设计的批复》（铁鉴函〔2012〕1063 号）。

（二）设计范围

渝黔线设计范围分为三大部分：线路区间、重庆枢纽和贵阳枢纽。详细范围如下所示。

1. 线路区间

重庆西（含）达州端至贵阳北站（不含）进站端新建双线（DK0 + 000—DK342 + 374.585），全长 345.351 km。

2. 重庆枢纽

1）客车联络线

① 童家溪至重庆西客车联络线（LTDK0 + 000—LTDK21 + 261.563），左线单线长 5.309 km，右线单线长 5.544 km，双线段长 16.002 km。其中：由于兰渝线童家溪车站改线路所兰渝线报 I 类变更，渝黔童西左联络线 LtDK0 + 000 至 LtDK0 + 607.65，长 607.65 m；渝黔童西右线 LtyDK0 + 000 至 LtyDK0 + 538.35，长 538.35 m。以上段落工程与兰渝线并行，相关的线下工程纳入兰渝线童家溪线路所 I 类变更设计，并单独编制概算单元。

② 歌乐山至井口客车上行联络线单线，长 3.292 km。遂渝铁路 K141 线路所至歌乐山站上行联络线单线，长 5.566 km。歌乐山至双碑线路所客车联络线双线，上行长 2.373 km，下行长 2.744 km。小南垭客车联络线单线，长 2.601 km。重庆西进站前既有歌乐山联络线改建单线，长 1.146 km。重庆西进站前既有襄渝线改建单线，长 1.221 km。重庆西站进站前既有梨树湾联络线改建单线，长 1.094 km。

2）货车联络线

① 团结村（含）襄渝至白市驿（含）货车通道增建第二线（K809 + 000 ~ HDK830 + 600），长

21.59 km。白市驿至珞璜（含）新建货车双线（HDK830 + 600 ~ HDK848 + 621.79），长 17.94 km。

② 珞璜至珞璜南新建货车联络线双线，上行长 0.707 km，下行长 1.674 km。陶家场线路所 HDK839 + 780 至铜罐驿（含）成渝货车联络单线，长 9.76 km。陶家场线路所至南草村线路所疏解单线，长 1.65 km。石场至白市驿方向联络线，长 1.11 km。陶家场至大碑段增二线，全长 4.999 54 km。

③ 跳蹬站经中梁山至重庆西站（XLK5 + 540 ~ XLK13 + 700）既有小梨线电气化改造，长 8.16 km。中梁山支线改建（ZZDK0 + 000 ~ ZZDK3 + 190.04），长 3.19 km。黄磏新建货场引起既有成渝单线改建（K449 + 350-K452 + 200），长 2.832 km。白市驿新建货场。

3. 贵阳枢纽

（1）渝黔至贵阳东客车联络线，上行（YQLSD4K0 + 000 ~ YQLSD1K3 + 777.952）单线长 3.715 km，下行（YQLXD3K0 + 000 ~ YQLXD3K2 + 332.588）单线长 2.333 km。

（2）渝黔至都拉营货车联络线，上行（LHSD4K0 + 000 ~ LHSD5K1 + 358.469）单线长 1.358 km；下行（LHXD3K0 + 000 ~ LHXD3K1 + 165.487）单线长 1.165 km。

（3）都拉营北端既有川黔局部复线，都拉营北端增建第二线（LJDK0 + 000 ~ LJDK2 + 420.10）单线长 2.42 km；改建既有线：既有川黔线（K403 + 065 ~ K403 + 400）单线长 0.335 km；K405.350 改建既有线：既有川黔线（K405 + 350 ~ K405 + 600）单线长 0.250 km。

（4）HK7 + 100 至 HK7 + 940 增建第二线（含都拉营站既有线 K405 + 780 至 K407 + 070 调坡），线路长 21.92 km。

（5）渝黔引入贵阳北站（含动车运用所）相关工程及枢纽机务设施改造。

二、线路走向

本项目在方案选线过程中，充分结合和考虑各地方城市发展规划、环境功能区域划分，但由于设计速度为 200 km/h，设计标准对选线半径要求较高，沿线的自然保护区、风景名胜区等敏感目标数量较多、保护面积较大、分布较为密集，且与地方城市区域紧密相连，形成了整体性很强的保护区域，工程选线受到很大制约，选线范围非常有限。线路设计具有很大挑战，经过多方必选，最终线路合理绕避了沿线区域范围内绝大部分的风景名胜区、自然保护区、水源保护区和文物古迹。

本线自重庆西客运站引出，距既有长江桥下游约 130 m 处，以主跨 432 m 的斜拉桥跨江，于既有珞璜站和珞璜电厂专用线间穿过并新设珞璜南站后客货并线；出站下穿重庆市环城高速公路后，经杜市、穿太公山隧道及渝黔高速公路，于既有綦江站东侧新设綦江东站；而后线路溯綦江而上、经老周岩隧道于下南垭设赶水东站；接着上跨綦江、马渡河、两合江到达省界。

线路进入贵州境内后，经全线最长的天坪隧道，过拱桥跨夜郎河后新设桐梓北车站；尔后紧坡上至新凉风垭隧道出口，爬升至贵州高原面，于观音寺新设桐梓东站；穿新娄山关隧道，经娄山关南站后跨既有渝黔铁路、穿黄山坡隧道，于遵义市东侧之颜村新设遵义站；继续南行进遵义南站、跨乌江峡谷接入既有息烽站，本段线路坡度较为自由。随后紧坡绕避下红马水源保护区、穿天马山隧道，经牛场接入本线终点贵阳北站，如图 3-2-1 所示。

三、重大方案比选

依据线路总体走向，进行综合选线。在经济选线的基础上，先强化工程地质选线、环保选线，然后进行地形选线。分析各区段地质特征，对采空区、极发育岩溶等大型不良地质区域考虑绕避，合理规避重大工程风险；对一般不良地质体在工程处理措施安全可靠的前提下，线路尽可能选择短直线路通过。并要求在工程规模适度的前提下，线路走向力求顺直，以缩短线路长度、减少旅行时间，为提高运输质量创造基础性条件。本书仅介绍部分重大线路方案比选过程。

图 3-2-1　渝黔铁路平面示意

（一）珞璜南至赶水线路方案比选

本次研究比选了沿高速公路方案、登瀛方案及桥河方案，结合线路条件、工程风险、自然保护区、城镇规划、站位选择、地方政府意见确定綦江东站位，见图 3-2-2。

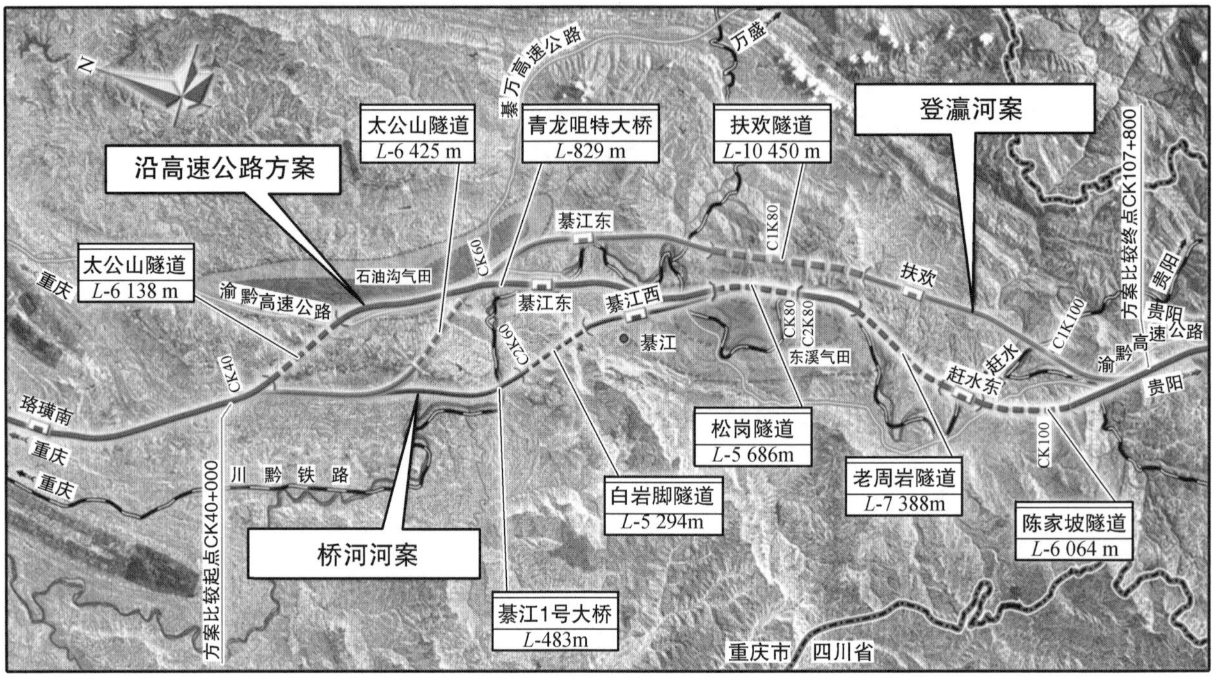

图 3-2-2　珞璜南至赶水段线路方案比选示意

1. 沿高速公路方案

线路自比较起点引出，沿 G210 国道西侧走行，于新场处上跨 G210 国道，穿太公山后上跨渝黔高速，尔后下穿綦万高速、渝黔高速公路，在既有綦江站及高速公路之间设綦江东站；出站后再次下穿渝黔高速后跨綦江，沿渝黔高速公路东侧行进，于王家湾处两跨既有渝黔铁路，经雷神店后二跨越綦江，沿既有铁路东侧南行，经县农校后于下岚垭处设赶水东站；三跨綦江后，沿渝黔高速公路西侧行进至方案比较终点，线路长 66.732 km。

2. 登瀛方案

线路自比较起点引出，沿 G210 国道西侧走行，穿太公山，上跨渝黔高速及綦万高速，经通惠于登瀛处设綦江东站，于寨溪处上跨既有三万铁路，穿将军庙隧道（10 450 m）设扶欢站，跨越藻渡河南行至比较终点，线路长 67.428 km。

3. 桥河方案

线路自比较起点引出，沿 210 国道西侧走行，于既有綦江北站附近上跨既有渝黔铁路、210 国道、綦江，穿白岩脚隧道后于县城西南侧桥河乡、古剑乡交界处设綦江西站，尔后二跨綦江，设隧道穿过大林坡后接上沿高速公路方案至比较终点，线路长 66.138 km。

4. 方案比选及推荐意见

从线形条件及工程投资分析：桥河方案线路长度最短，其次为登瀛及沿高速公路方案。沿高速公路方案分别较登瀛方案、桥河方案投资增加 5 927.27 万元、27 826.52 万元。

从城市规划及吸引客流分析：沿高速公路方案站位位于綦江区及通惠新城开发区间，距县城中心直线距离 1.5 km，公路距离约 2 km，与綦江规划结合较好，有利于推动地方经济发展，同时距离县城最近，利于吸引本地及周边客流，便于旅客乘降，但拆迁量稍大；登瀛方案站位距县城中心直线距离为 6 km，公路距离约 10 km，穿越了正在开发的通惠新城开发区，对城镇规划有所影响，同时其交通不便，吸引客流条件较差。桥河站位车站距县城中心直线距离 8 km，公路距离 9.6 km，G210 国道距离站位较近，交通较为便利，但其距离县城较远，与县城高差约 130 m，吸引客流条件弱。

从地质条件分析：三个方案的地形地貌、地层岩性、水文地质条件基本相同。沿高速公路方案以短隧、路基或桥梁工程穿越了石油沟气田的浸染区；登瀛方案以短隧、路基或桥梁工程穿越了石油沟气田的生产区及浸染区；桥河方案则通过了东溪气田的生产区及浸染区。各方案均需考虑加强监测和设置通风设备以保证施工安全。沿高速公路方案跨气田浸染区长度较短，工程风险相对较低，但綦江东站位处存在顺层。三方案中沿高速公路方案相对地质条件较好，桥河方案最差。

从工程实施条件分析：沿高速公路方案符合綦江规划，交通便捷，地方支持，但其多次下穿渝黔高速及綦万高速，对高速公路的干扰较大，需要设置高速公路通行便线或对高速公路下穿隧道段实施半封闭施工，需地方相关部门的支持和协调；登瀛方案穿越了正在开发的通惠新城开发区，对城镇规划有所影响，与高速公路、既有铁路交叉均为上跨，方案实施难度小；桥河方案则穿过了綦江区已开工建设的工业园区，需调整县城建设规划，方案实施有一定难度。

综上所述，沿高速公路方案交通便利，深入城区，吸引客源效果显著，亦有利于地方经济发展，故本次研究推荐沿高速公路方案。

（二）赶水至桐梓线路方案比选

赶水至桐梓段位于黔北中山区，地形陡峻，河谷深切。沿线煤矿密布，开采年代久远，其中松藻矿区是重庆市煤炭资源储量和产量较大地区，影响范围广，渝兴煤矿、桐梓煤矿储量大，为黔北煤炭基地。段内主要为灰岩地段，岩溶发育，构造复杂。预可行性研究阶段比选了（沿高速公路）经太白方案、经打通方案及经龙灯方案，以及越岭短隧-高桥方案、长隧-低桥方案，经综合分析后推荐（沿高速公路）经太白方案。本次可研在预可研成果的基础上，根据段内不良地质分布、煤矿采空区规模及开采标高，结合娄山关风景名胜区范围、崇遵高速公路走向、既有渝黔铁路、越岭隧道及跨河桥位选择等，研究了松坎长隧方案、松坎短隧方案及经太白方案，见图 3-2-3。

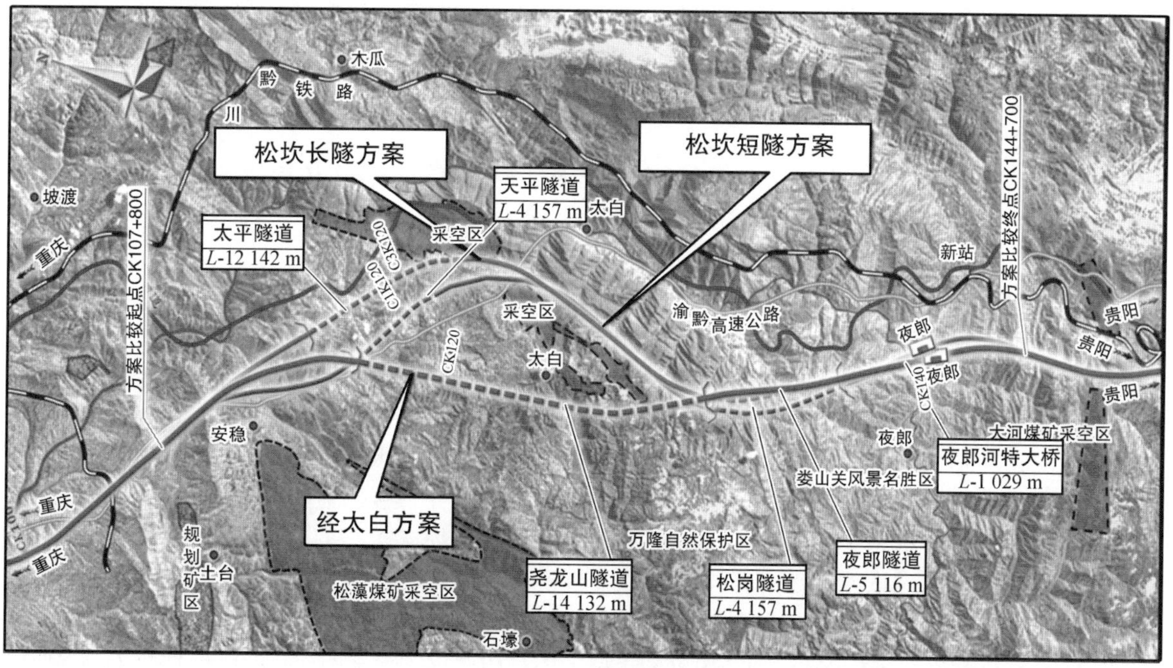

图 3-2-3　赶水至桐梓段线路方案比选示意

1. 松坎长隧方案

线路自比较起点引出，上跨两合江、观音桥、渝黔高速公路，穿天坪山隧道，经松坎、下穿渝黔高速后沿高速公路西侧行进，接着上跨夜郎河后设夜郎站至比较终点，线路长 40.534 km。

2. 松坎短隧方案

线路自比较起点引出，上跨两合江、观音桥、渝黔高速公路，穿天坪山短隧道，3 次下穿渝黔高速公路，沿高速公路西侧行进，经松坎、穿夜郎隧道，接着上跨夜郎河后设夜郎站至比较终点，线路长 40.532 km。

3. 经太白方案

线路自比较起点引出，上跨两合江、观音桥、渝黔高速公路，穿天坪山隧道，下穿渝黔高速公路，沿高速公路西侧行进，经天坪、穿尧龙山隧道，接着上跨夜郎河后设夜郎站至比较终点，线路长 38.120 km。

4. 方案比选及推荐意见

从线路顺直及工程投资分析：线路长度经太白方案较经松坎长隧方案缩短 2.414 km，较经松坎短隧方案短 2.412 km。经太白方案工程投资较经松坎长隧方案、经松坎短隧方案分别减少 2.48 亿元、0.83 亿元。

从工程地质条件分析：三方案地质条件基本相同，经松软短隧方案穿越松坎煤矿采空区，地质条件差，经松坎长隧方案最长隧道长度虽较经太白方案短，但线路需从小煤窑采空区附近通过，有一定的工程风险；经太白方案与煤矿采空区无交叉，工程风险较低，工程地质条件相对较好。

从环境敏感区的适应性方面分析：经松坎长隧方案、经松坎短隧方案、经太白方案均以桥跨越省级娄山关风景名胜区一般用地范围，环境适应性均较好。

从工程风险分析：经太白方案最长隧道为 14 132 m 的尧龙山隧道，为人字坡岩溶隧道，最长单面坡长度为 7.336 km，可通过设置斜井、横洞解决工期及排水问题，工程风险小；同时夜郎河双线特大桥基本与河流正交，主跨为 330 m 上承式钢筋混凝土拱桥，桥位条件好。经松坎长隧方案中最长隧道为 12 142 m 的天坪隧道，为人字坡岩溶隧道，但线路需在小煤窑采空区附近通过，工程风险较经太白方案略高；经松坎短隧方案与高速公路交叉次数多，工程实施难度大，同时跨越夜郎河处斜交角度大，桥梁主跨与经太白方案相同，但其拱座处山体横坡陡峭，拱座两端的地面高程相差 20 余米，拱座无法施作，工程风险大。

综上所述，经太白方案具有线路顺直、地质条件好、夜郎河双线特大桥桥位条件好、工程投资省、工程风险小的优点，故推荐采用经太白方案。

（三）桐梓至苟江线路方案比选

结合遵义城市规划、地形地质条件、客站布局、规划线路引入等因素研究了经新浦方案、经礼仪方案、经金顶山方案、接入遵义北方案和接入既有遵义站共五个方案。

由于经金顶山方案、经新浦方案不符合城市“西控东扩”的总体规划，且距离市区较远，不利于吸引客流，线路穿越大阪水国家森林公园、山盆仙人自然保护区和水源保护区，且局部穿过煤矿采空区，桥隧工程大，与既有线衔接需修建联络线长等，故予以舍弃。接入遵义北方案需对其进行改造，由于距老城区较偏远，不利于吸引客流，线路走向与本市“西控东扩”的总体规划不符，且穿越北郊水源保护区，地方政府对该方案走向有异议，故不再进一步研究。

在预可行性研究成果基础上，研究了引入既有遵义站方案、经遵义忠庄方案、经遵义南方案、经礼仪方案、遵义南宫山站位等方案。经遵义南方案、遵义南宫山站位优势不明显，同时拆迁较大，故研究后予以放弃，重点对引入既有遵义站、经遵义忠庄方案、经礼仪方案进行充分比选，见图 3-2-4。

图 3-2-4 桐梓至苟江段线路方案比选示意

1. 方案简述

引入既有遵义站方案：线路从比较起点引出后，经龙井坎、水庄上跨既有渝黔铁路、207 省道后沿湘江引入既有遵义站，出站后二跨湘江后至比较终点，线路长 32.509 km。

遵义礼仪站位方案：线路从比较起点经龙井坎、水庄上跨既有渝黔铁路，经深溪、板山，于洪水台设遵义站，出站后跨湘江至比较终点，线路长 33.50 km。

遵义忠庄站位方案：线路从比较起点经龙井坎、水庄上跨既有渝黔铁路，经深溪，于凉水井设遵义站，出站后跨湘江至比较终点，线路长 31.914 km。

2. 方案比选及推荐意见

从城市规划及客流吸引方面分析：遵义忠庄站位方案位于新老城区之间，距老城区约 1.5 km，吸引客流条件较好，对城市的规划影响不大；遵义礼仪站位方案介于老城和新蒲开发区之间，距城市中心不足 4 km，与城市规划结合较好，近期吸引客流条件稍差，但远期客流量潜力大；引入既有遵义站方案站址位于城市中心地带，吸引客流条件好，新建线穿越汇川大道城市开发区，对城市正在开发核心地段产生新的切割。

从运营条件方面分析：引入既有遵义站方案进站端为限速地段（分布有 *R*-800 m 曲线两个），影响行车速度，该方案在遵义站内与既有渝黔线平行等高，运输管理、旅客乘降均较方便，可充分利用遵义站的既有设备；遵义忠庄站位方案线路顺直、技术标准高，但不能利用既有车站设备；遵义礼仪站位方案线路在进站前采用了一个 4 500 m 半径的曲线，满足客车 250 km/h 运行速度的要求，但其线路长度较引入既有遵义站方案、忠庄站位方案分别增长 1 km、1.6 km，同时不能利用既有车站设备。

引入既有遵义站方案受周边建筑物、既有线场地限制，站前广场狭小，站房扩展余地不大，且贵开铁路延伸至遵义及黔江经遵义至昭通铁路的引入条件困难，实施难度大；忠庄站位方案车站两端均为隧道，贵开铁路延伸至遵义及黔江至昭通铁路引入工程代价大；礼仪站位方案站位处地势开阔，限制条件少，贵开铁路延伸至遵义及黔江至昭通铁路的引入工程最小。

从环境敏感度分析：三方案均未穿过自然保护区、风景名胜区、水源保护区，环境适应性较好。

引入既有遵义站方案经过市区距离最长，噪声对沿线居民区影响较大；遵义忠庄站位方案次之；遵义礼仪站位方案介于新老城区之间，噪声对沿线居民区影响较小。

从工程风险及地质条件方面分析：引入既有遵义站方案沿线无采空区及岩溶暗河，工程风险小，遵义忠庄站位一处穿越私采小煤窑采空区，需采用工程措施进行处理，确保工程安全，一处于小煤窑移动盆地边缘通过，工程风险不大；遵义礼仪站位方案根据地质落实的情况，有三处在私采小煤窑采空区附近通过，需采用工程措施进行处理，同时燕子岩隧道为岩溶隧道，线路东侧有溶洞暗河汇水水潭，其标高高于线路设计高程，隧道可能遭遇暗河，需考虑设置泄水洞将溶洞内暗河水引至他处，以降低隧道施工风险。

三方案通过的地形地貌、地层岩性、地质构造情况大致相同，但线路沿线工程地质条件差异较大，遵义忠庄站位方案和遵义礼仪站位方案均通过煤矿采空区，特别是遵义礼仪站位方案采空区众多，并且喳口洞隧道位于暗河下方，地质条件稍差，引入既有遵义站方案地质条件相对较好。

从线形顺直和工程投资分析：遵义忠庄站位方案绕避主城区、靠近主城规划区边缘，线路长度最短；引入既有遵义站方案沿既有铁路走廊，穿过老城区，线路长度次之，但利用既有线作为存车线，工程投资较省；遵义礼仪站位方案绕避主城规划区，线路绕行长度稍长。三方案中遵义礼仪站位方案较引入既有遵义站及遵义忠庄站位方案投资分别增加 2.02 亿元、0.65 亿元。

从工程实施难易度分析：引入既有遵义站方案穿过城区距离最长，拆迁量最大，穿越了汇川大道城市开发区及新建成的动物园，同时在既有遵义北站、遵义南站附近穿过新规划区，对新区规划有一定影响，方案实施有一定难度；遵义忠庄站位方案、遵义礼仪站位方案均绕开主城规划区，符合地方政府的规划要求，但遵义忠庄站位方案需拆迁在建汽车站等，拆迁量亦较大；遵义礼仪站位方案拆迁量最小，工程实施难度小。

综上所述，遵义礼仪站位方案虽然较引入既有站方案和忠庄方案分别长 1 km、1.6 km，但位于新老城区之间，拆迁量小，距老城区不足 4 km，符合地方城市规划，利于吸引客流，同时该方案贵开铁路延伸至遵义线路及规划黔江至昭通铁路的引入条件好，与路网规划结合好，故本次按礼仪站位方案贯通。

（四）遵义至贵阳线路方案比选

该段线路位于贵州北部高原，地形相对平坦，主要经济据点有遵义市及贵阳市管辖的息烽、修文和开阳县。本次可研结合客流吸引范围、线形条件、工程投资、工程实施难度等因素，对经息烽、经开阳线路走向进行了综合比选，遵义至贵阳线路方案比选见图 3-2-5。

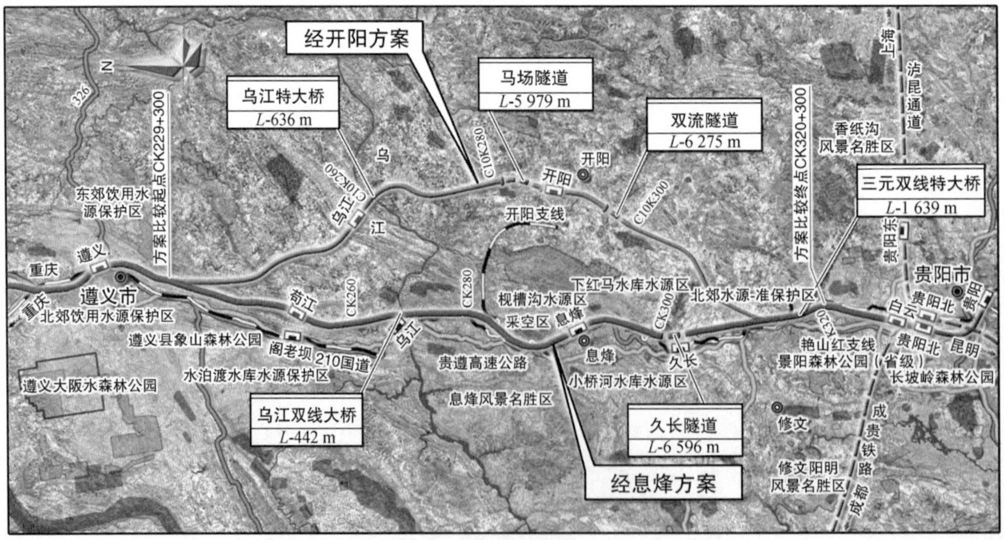

图 3-2-5　遵义至贵阳段线路方案比选示意

1. 方案说明

经息烽方案：线路自遵义站引出后，在乌江镇下游约 2 km 处乌江峡谷段跨越乌江，接入既有息烽设站，出站后线路经扎佐至贵阳市白云区设白云北站，线路长 110.307 km。

经开阳方案：线路自遵义站引出后，经尚嵇场跨越乌江，于开阳县西北侧约 3 km 处设开阳站，而后线路经扎佐至白云北站，线路长 119.93 km。

2. 方案比较及推荐意见

根据综合比选结果：经息烽方案不仅接入既有息烽站，而且较经开阳方案短 7.43 km，投资省 14.575 亿元，符合渝黔线以客为主、客货兼顾并具有城际功能的快速、大能力区际干线铁路的功能定位。故遵义至贵阳线路走向推荐采用经息烽方案。

（五）长安洞隧道线路方案比选

本段线路方案主要利用乔家湾双线大桥、水口庙水库的地理位置，此地段是砂泥岩地层，沟谷内有少量软土及松土，部分地段存在膨胀岩，有弱膨胀性。优化线路桥、隧、路工程，对隧道方案和路基方案进行了比选，经过多方比较，最终选择了隧道方案，如图 3-2-6 所示。

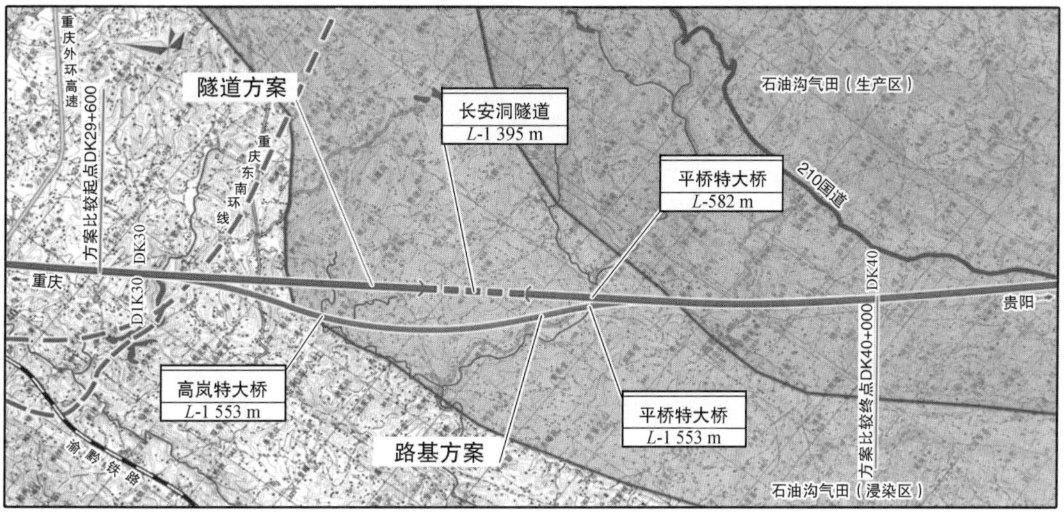

图 3-2-6　线路方案比选示意

（1）路基方案：线路自 DK29 + 600 引出后，经乔家湾、高坎以路基通过，至 DK40 + 000，线路长 10.537 km。线路在 DK33 + 900 ~ DK34 + 900 段基本以路基方式通过，有一段较长的路基，但 DK36 + 500 ~ DK40 + 000 右侧顺层，工程投资较省，在水口庙水库东北方向 DK37 + 175 设置油坊双线大桥通过。本段以 S 形曲线通过，共有 4 个曲线，最小曲线半径 5 500 m。

此方案桥隧工程相对较少，工程投资相对较少，但有 S 形曲线，平稳性较差，且部分地段存在膨胀岩，以隧道通过更好。

（2）隧道方案：线路自 DK29 + 600 引出后，经乔家湾、冯湾设长安洞隧道至 DK40 + 000，线路长 10.400 km。在 DK33 + 882 ~ DK35 + 217 设置长安洞隧道，在水口庙水库东北方向 DK37 + 047 设置油坊双线大桥通过，本段线路有 1 个曲线，曲线半径 8 000 m。

其优势在于线路顺直、平稳和舒适度较好、运营条件好，便于养护维修；工程单一、地质条件稍好；虽然投资较高，但线路长度较短，用地省。故应舍弃路基方案，选择以隧道形式通过。两方案优缺点分析表如表 3-2-1 所示。

表 3-2-1　两方案优缺点分析

序号	项目	隧道方案	路基方案
1	工程地质条件及工程风险	砂泥岩地层，沟谷内有少量软土及松土，部分地段存在膨胀岩，有弱膨胀性	砂泥岩地层，沟谷内有少量软土及松土，DK36＋500～DK40＋000 右侧顺层，部分地段存在膨胀岩，有弱膨胀性
2	隧道及桥梁	线路在 DK33＋882～DK35＋217 设置长安洞隧道，在水口庙水库东北方向 DK37＋047 设置油坊双线大桥通过	线路在 DK33＋900～DK34＋900 段基本以路基方式通过，在水口庙水库东北方向 DK37＋175 设置油坊双线大桥通过
3	路基工程	路基工程较短，主要以桥隧方式通过	有一段较长的路基，但 DK36＋500～DK40＋000 右侧顺层，工程投资较省
4	线路长度及主要工程	线路长 10.400 km，缩短 137 m，桥隧工程相对较大；线路较顺直，运营条件较好	线路长 10.537 km，线路较长，桥隧工程相对较小；线路线形较差，有 S 形曲线，平稳性较差

综上：隧道方案工程投资稍高，但线路较顺直、平稳和舒适度较好，便于养护维修；地质条件稍好，膨胀岩地段以隧道通过较好；同时线路长度较短，用地省。因此本次设计推荐隧道方案。

（六）松岗隧道方案比选

本段线路结合地形地质、落石危害、隧道瓦斯、优化线路平纵面和工程措施，进一步研究了长隧、短隧方案，如图 3-2-7 所示。

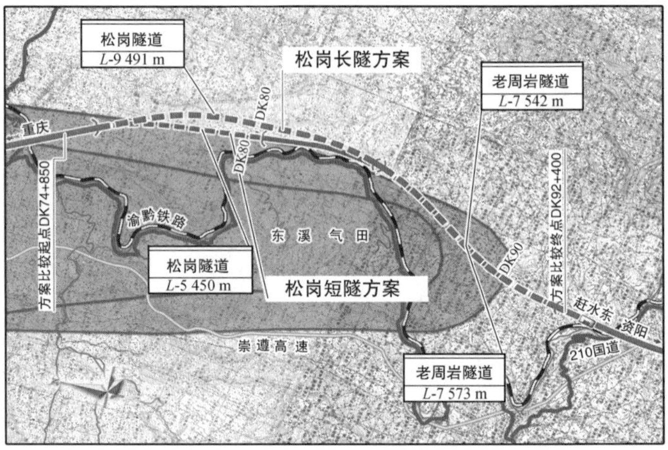

图 3-2-7　松岗隧道线路方案比选示意

（1）松岗长隧方案：线路自 DK74＋850 引出后，以松岗长隧道通过，在两河口处设仙女洞双线大桥，尔后穿越老周岩隧道，接入赶水东站，线路长 17.742 km。所经地段为砂泥岩地层，存在天然气有害气体，为高瓦斯风险隧道。

（2）松岗短隧方案：线路自 DK74＋850 引出后，以松岗短隧道通过，后沿河行进，以短隧、短桥方式通过，线路上跨仙女洞后，穿越老周岩隧道接入赶水东站。线路在既有线上方通过，坡度较陡，线路长 17.55 km。所经地段为砂泥岩地层，存在天然气有害气体，为高瓦斯风险隧道。两方案优缺点分析表如表 3-2-2 所示。

表 3-2-2　两方案优缺点分析

序号	项目	松岗长隧方案	松岗短隧方案
1	工程地质条件	砂泥岩地层，存在天然气有害气体，为高瓦斯风险隧道	砂泥岩地层，存在天然气有害气体，为高瓦斯风险隧道。对危岩落实需采取清除处理。清方量约 3×10^4 m^3
2	工程风险	避免了傍山线路、落石危害、减少短隧短桥数量，避免了深路堑降低了工程风险	存在落实危害且其外侧坡底为既有渝黔铁路，工程施工将影响铁路运营安全。需对既有线加强防护。施工期间采用控制爆破、排架等措施确保既有线运营安全
3	重点隧道	松岗隧道增长 4 km，消除短桥、短隧群，同时增大了隧道进口段埋深	松岗隧道长度较短，但不能避免傍山线路落石危害
4	路基工程	路基工程较少，工程风险较低	短路基通过，路基边坡高度达 38 m 左右，工程风险较大
5	线路长度及主要工程	线路长 17.742 km，桥隧工程相对较大	线路长 17.550 km，缩短 192 m，桥隧工程相对较小

综上所述，松岗短隧方案在松岗隧道出口至老周岩隧道进口段工程为桥、隧群，且其外侧坡底为既有渝黔铁路，工程施工期间将对既有线造成一定影响；采用松岗长隧方案使线位内移后，消除短桥、短隧群，同时增大了隧道进口段埋深。松岗长隧方案工程单一，消除了对既有线的运营安全隐患，故本次设计推荐松岗长隧方案。

（七）桐梓东出站线路方案比选

根据线路与高速公路、既有铁路的相对关系，结合段内工程地质条件、自然保护区范围、铁路施工对既有铁路、高速公路干扰程度等，修改初步设计中比选了不跨高速公路、跨高速公路方案两个方案，如图 3-2-8 所示。

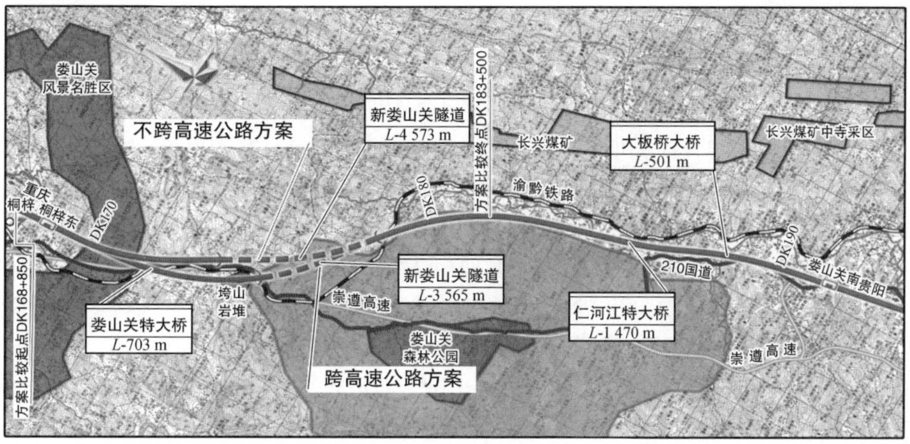

图 3-2-8　桐梓东出站线路方案比选示意

（1）不跨高速公路方案：自 DK168 + 500 引出后，线路沿渝黔高速公路左侧行进，经杨家湾、许家湾和沙坝至 DK183 + 500。其中最长隧道为新娄山关隧道，长度为 4 573 m。该方案无特殊桥梁。

（2）跨高速公路方案：自 D1K168 + 500 引出后，经杨家湾后两次上跨渝黔高速、210 国道、既有渝黔铁路后经沙坝至 DK183 + 500。其中最长隧道为新娄山关隧道，长度为 3 565 m；新娄山关隧道进口在高速公路边坡上，施工困难。其中，娄山关双线特大桥和平桥双线大桥为特殊大桥。

两方案优缺点分析如表 3-2-3 所示。

表 3-2-3　两方案优缺点分析

序号	项目	不跨高速公路方案	跨高速公路方案
1	工程地质条件	灰岩、泥灰岩地层，岩层水平，主要不良地质为岩溶和危岩落石	灰岩、泥灰岩地层，岩层水平，主要不良地质为岩溶、危岩落石和岩堆，施工和运营风险大
2	与高速公路的关系	线路从桐梓东站引出后，沿高速公路左侧行经，不与高速公路交叉干扰	线路从桐梓东站引出后，两次上跨渝黔高速、210 国道
3	与既有线的关系	线路沿既有线左侧行经，不与既有线交叉干扰	线路从桐梓东站引出后，两次上跨既有线
4	重点隧道	新娄山关隧道长 4 573 m	新娄山关隧道长 3 565 m
5	重点桥梁	无特殊大跨桥梁	娄山关双线特大桥，88 m 特殊大跨
6	线路长度及主要工程	线路长 14.721 km，缩短 279 m	线路长 15 km

综上所述，不跨高速公路方案较跨高速公路方案地质条件较好，绕避了垮山岩堆不良地质；减少与渝黔高速公路（2 次）、210 国道（2 次）、既有川黔线（2 次）共 6 次交叉干扰，取消了桥梁跨越渝黔高速公路 88 m 的大跨连续梁，工程投资略省；同时避免与既有铁路的运营干扰，降低施工风险。故推荐采用不跨高速公路方案。

第二节 重大设计原则的确定

一、主要技术标准

正线、其他线路主要技术标准见第一篇第二章第二节的“主要技术标准”，此处不再赘述。

二、设计原则

（一）平面设计原则

1. 曲线半径的选用原则

曲线半径选用的关键是确定最小曲线半径，其主要取决于运行速度、超高等因素。渝黔扩能改造线路的运输模式在建成后的相当长的时间内是客货共线，设计速度为 200 km/h。综合本线运输组织模式，渝黔扩能改造线路的最小曲线半径为 5 500 m。

区间正线平面的圆曲线半径应因地制宜，优先采用常用曲线半径，慎用最小曲线半径和最大曲线半径，中间站两端宜采用较大曲线半径；曲线半径由大到小合理选用，在工程增加不多的情况下推荐采用较大曲线半径。按《新建时速 200 公里客货共线铁路设计暂行规定》（铁建设函〔2005〕285 号）相关规定选用，并根据牵引计算 *V-S* 曲线全面检查平面设计的合理性。

渝黔线引入重庆枢纽和贵阳枢纽地段，货车联络线、跨线客车联络线、增建第二线根据确定的设计速度目标值，按《铁路线路设计规范》（GB 50090—2006）（以下简称《线规》）采用相应速度标准的曲线半径。改建既有线平面设计标准按不低于既有线标准进行设计。

2. 缓和曲线的选用原则

区间直线与圆曲线间应采用缓和曲线连接；缓和曲线采用三次抛物线线形，缓和曲线长度根据《新建时速 200 公里客货共线铁路设计暂行规定》推荐曲线半径相对应的数值，在工程增加不多的情况下推荐采用较长的缓和曲线。

枢纽客车正线缓和曲线长度按《新建时速 200 公里客货共线铁路设计暂行规定》推荐曲线半径相对应的数值；动车线、客车联络线、货车线按相应时速根据《线规》表中的数值选用。在地形条件较好的情况下，采用较长的缓和曲线。

3. 线间距的设计原则

区间正线原则上按线间距不变的并行双线设计，曲线地段一般以左线为基准，右线设计为左线的同心圆；区间正线线间距采用 4.4 m，车站范围内原则上设计为 5.0 m；线间距变化在曲线内完成，曲线地段线间距按《线规》的要求执行。

枢纽内客车正线线间距采用 4.4 m，联络线、动车组走行线并行地段的线间距应根据相邻一侧正线的行车速度及其技术要求和相邻线的路基高程关系，考虑站后设备、路基排水设备、声屏障、桥涵等建筑物以及保障技术作业人员安全的作业通道等有关技术条件综合研究确定，最小不应小于 5.0 m。

正线与新建普速铁路、既有铁路并行地段线间距不应小于 5.3 m。当线间设置接触网杆柱等设备时，最小线间距应根据有关技术条件综合研究确定。

最高行车速度不超过 120 km/h 的直线地段，线间距按 4.0 m 设计。

4. 夹直线和圆曲线最小长度设计原则

正线两相邻曲线间夹直线长度和两缓和曲线间圆曲线长度宜采用较长的长度，最小取值按表 3-2-4 进行。

表 3-2-4　区间及枢纽圆曲线或夹直线最小长度

设计速度/（km/h）	200	160	120	100	80
L_J/m	140（100）	130（80）	80（50）	60（40）	50（30）

注：括号内数值为特殊困难条件下，经技术经济比选后方可采用的限速地段圆曲线或夹直线最小长度。

枢纽内新建线及联络线、增建第二线根据所确定的设计速度按《线规》相关规定合理选用。

（二）纵断面设计原则

线路纵断面依据《线规》、《新建客货共线铁路设计暂行规定》（铁建设〔2003〕76 号）及初步设计批复意见进行设计，设计采用的坡度大小对线路的走向、长度、工程投资、运营费用、牵引质量及输送能力都有较大的影响，设计坡度的选择是铁路设计的主要技术指标之一。

1. 限制坡度

区间正线坡度 9‰，加力坡 18.5‰。成渝货车联络线采用与既有成渝线相同限制坡度 10‰，动车组走行线的最大坡度一般 20‰。

重庆枢纽正线客货共线地段限制坡度 9‰、加力坡度 18.5‰，只运行客车地段最大坡度 20‰；货车正线、增建第二线限制坡度 6‰。

贵阳枢纽正线客货共线地段限制坡度 9‰、加力坡度 18.5‰，货车联络线限制坡度 18.5‰；增建第二线及改建既有线限制坡度 13‰；客车联络线最大坡度 25‰。动车组走行线的最大坡度不大于 35‰。

2. 车站站坪坡度

站坪宜设在平道上，困难条件下，可设在不大于 1‰的坡道上；特别困难条件下，可设在不大于 2.5‰的坡道上；越行站可设在不大于 6‰的坡道上。到发线有效长度范围内宜采用一个坡段。车站咽喉区的正线坡度宜与站坪坡度一致，困难条件下可适当加大，但不宜大于 2.5‰，特别困难条件下不应大于 6‰。

3. 最小坡段长度

正线宜设计为较长的坡段，一般条件的最小坡段长度为 600 m 且不应连续采用超过二个。

4. 相邻坡段最大坡度差

相邻坡段的连接宜设计为较小的坡度差。相邻坡段最大坡度代数差一般 10‰，困难 12‰，枢纽只运行客车地段坡度代数差不作限制。

5. 竖曲线的设置

正线相邻坡段的坡度差大于或等于 1‰时，应采用圆曲线型竖曲线连接，最小竖曲线半径应根据所处区段远期设计速度选用：

（1）当路段设计速度大于 160 m/h 地段，相邻坡段的坡度差大于等于 1‰时，应采用圆曲线型竖曲线连接，竖曲线半径不得小于 15 000 m；正线设计速度为 160 km/h 地段，相邻坡段的坡度差大于 1‰时，以 15 000 m 半径的圆曲线型竖曲线连接。

（2）枢纽内其他联络线、增建第二线设计速度小于 160 km/h 地段，相邻坡段的坡度差大于 3‰时，以 10 000 m 半径的圆曲线型竖曲线连接。

（3）枢纽内动车走行线相邻坡段的坡度差不小于 3‰时，应以圆曲线形竖曲线连接，最小竖曲线半径一般为 5 000 m，困难条件下为 3 000 m，兼联络线功能的动车走行线最小竖曲线半径为 10 000 m。

6. 坡度折减

区间正线客货共线地段限制坡度 9‰，加力坡度 18.5‰；动车组走行线最大坡度 35‰。平面曲线（指加缓和曲线前的圆曲线，下同）范围内应进行曲线阻力所引起的坡度减缓，其减缓值应按下列公式计算确定。

（1）曲线长度大于或等于货物列车长度时按下式计算：

$$\Delta i_r = \frac{600}{R}$$

（2）曲线长度小于货物列车长度时按下式计算：

$$\Delta i_r = \frac{10.5\sum\alpha}{l}$$

式中 Δi_r——曲线阻力所引起的坡度减缓值（‰）；

R——曲线半径（m）；

l——坡段长度（m），当其大于货物列车长度时采用货物列车长度；

$\sum\alpha$——坡段长度（或货物列车长度）内平面曲线偏角总和（°）。

紧坡地段隧道内线路纵断面坡度折减按照专家评审意见执行，采用 0.95 的坡度折减系数方案。

枢纽正线客货共线地段、货车联络线、增建二线坡度折减按《线规》办理，折减采用的货物列车长度按 880 m 计。客车联络线、动车走行线不考虑坡度折减。

动车组走行线不考虑平面曲线阻力和隧道阻力的坡度折减。

7. 高　程

区间正线两线并行在共同路基上时，两线轨面高程应按等高（曲线地段为内轨面等高）设计，区间渡线范围必须按等高设计。

正线与跨线列车联络线、动车组走行线和既有线并行时，在区间不宜修筑在同一路基上。特殊情况下必须修筑在共同路基上时，两线轨面高程可按不等高设计。

隧道内可设计为单面坡或人字坡，坡度值不宜小于 3‰。路堑地段坡度不宜小于 2‰。

特大桥和大中桥的桥头路基，沿河地段的路基，其路肩设计高程应高出设计水位加壅水位加波浪高再加 0.5 m，小桥涵附近的路肩设计高程应高出设计水位加壅水位再加 0.5 m，设计水位采用 1/100 洪水频率。

池塘集中、道路和沟渠密集、沉降控制困难的软土和松软地基地段宜设桥方式通过。

为减小动载响应、增加旅客舒适度、节约用地、保护环境，对本线线路平纵断面的组合作如下要求，平纵断面示意如图 3-2-9 所示。

（1）平面曲线范围内变坡，尽量采用一面坡，避免使用连续起伏坡，平面曲线与竖曲线间宜留有较长的直线段。

（2）坡度代数差的大小对于旅客乘坐舒适度的影响很小，故设计时不考虑设置分坡平段。

（3）正线上缓和曲线与道岔基本轨接缝间的直线段宜采用较长的长度。

（4）特大桥、大桥及大跨度桥梁宜设在直线上。困难条件下必须设在曲线上时，宜采用较大的曲线半径和推荐的缓和曲线长度。

（5）在选线设计时，尽量远离自然保护区和文物保护区，避免或减少占用耕地。纵断面设计时，尽量避免大填大挖，减少取弃土。

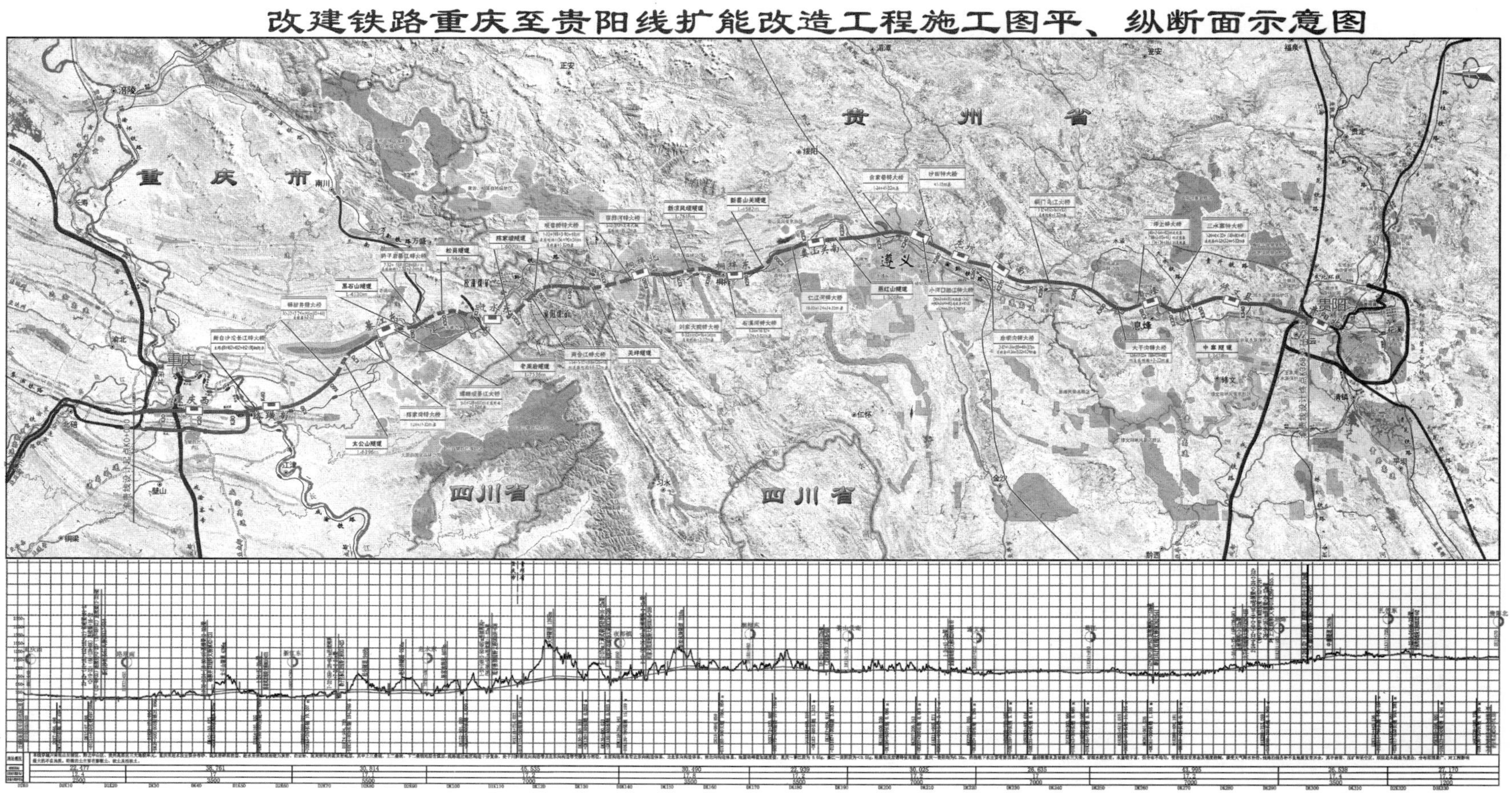

图 3-2-9　平纵断面示意

第三章　大型临时设施设计

第一节　大型临时设施概述

大型临时设施工程主要是为主体工程施工服务，需根据施工要求需提前规划、提前完成，以保证施工顺利进行。在设计阶段，从技术方面主要考虑重点大型临时设施[梁场、铺（焊）轨基地、轨枕预制场等]，一般范畴的大型临时设施由于存在较大的灵活性，不同施工单位、不同阶段的施工组织都会带来很大变数，因此该部分设施仅作简要说明。

铁路临时工程的基本要求是安全适用、经济环保、技术先进，需从整体规划、平面布置、土建结构、机械配置等方面设计，以保证其精细化、标准化和规范化。整体规划应建立生产能力、关键参数、占地面积等匹配关系，实现量化设计；平面布置应以建立生产线为核心理念，通过生产线将工程进行分区和串联；土建结构物宜进行结构重要性分级，采用极限状态设计法进行设计；机械配置应以发挥各种作业机具的协同作业效率为原则。

渝黔铁路大型临时设施设计依据本工程的具体情况和需要设置，需设置的大型临时工程主要有铺轨基地、制梁场、混凝土拌和站、级配碎石拌和站、材料场等，具体设计数量如表 3-3-1 所示。

表 3-3-1　主要大临设施工程数量

工程名称	单　位	工程数量
铺轨基地	处	5
制梁场	处	4
轨枕预制场	处	1
材料厂	处	22
混凝土集中拌和站	处	45
改良土拌和站	处	20
汽车运输便道	km	482.65
码头、渡口	处	1
电力线路	km	457.6
给水干管路	km	13.5
栈桥	m	628
道砟存放场	处	4

第二节　设计原则与依据

一、设计原则

（1）认真贯彻国家土地政策，尽成减少土地占用量，尤其是少占耕地，有条件的要充分考虑水临结合，有效利用预留工程、铁路货场、站坪、维修基地及站前广场等。

（2）充分利用既有建筑物和设备，新建线路的建筑物和设施，应考虑方便运营，减少对运营的干扰，大型临时工程设计方案需经过技术经济比较后确定。

（3）满足建设项目总工期的要求，与施工组织设计统筹考虑，并严格控制其标准、规模、投资。

（4）高度重视环境保护、水土保持、文物保护、节约能源和用地，并与城市建设总体规划相协调；同时加强地质勘探工作，将大型临时工程设置在地质条件较好的地段。

（5）不具备永临结合条件，需要征用临时用地时，必须明确复垦措施，按宜农则农、宜建则建的原则考虑。

（6）铁路大型临时工程在场地布置方面，在满足工艺流程设计合理条件下，遵循生产区和生活区既相互分开，又有机联系的原则进行布局。生产区按工艺流程分区划块，要求结构紧凑，占地面积较少，同时又便于流水作业生产，容易实现现代化生活管理，并有足够的施工作业和活动空间。

（7）要优化大临设施布局，在保证满足工程进度需要的前提下，严格控制其规模、标准和投资。

（8）符合铁路规范和国家现行有关强制性标准的规定。

二、设计依据

渝黔铁路大型临时设施设计依据《铁路大型临时工程和过渡工程设计暂行规定》（铁建设〔2008〕189号），并结合工程实际情况和施工需要设计。

第三节　基础设施条件

一、交通条件

沿线交通以铁路、公路为主，水路为辅。

（1）铁路：本线大部分沿既有川黔线并行，两端为重庆、贵阳两大枢纽，渝黔铁路呈南北走向，北端通过重庆枢纽与成渝、襄渝、遂渝、渝怀相接，南端经贵阳枢纽与贵昆、湘黔、黔桂相连，沿线有川黔线团结村、夏坝、綦江、两河口、都拉营等站点。通过上述既有铁路站点可为本工程施工运料提供便利条件。

（2）公路：与渝黔铁路伴行的公路有渝黔高速公路和G210国道，另有省道、区县道路、乡村道路、渝黔高速公路修建后废弃便道可资利用，汽车运输便道需连接各大临设施、项目管理机构，大多数工点可由上述途径引入到达，但乡村道路需扩改建，部分工点需新修便道。

（3）水路：沿线主要河流有长江、綦江、乌江及一些小河流等，但根据调查的工程材料来源和当地材料的分布情况，本工程的材料运输按既有铁路、公路运输考虑，原则上不考虑水路运输工程施工材料。

二、当地建筑材料条件

（1）石料：沿线石料分布不均，重庆至赶水段石料较缺乏，赶水至贵阳段石料丰富，沿线石场均分布在交通运输便利之处。

（2）工程用砂：线路所经地区较为缺乏，用砂料源点主要分布于长江、綦江、乌江，砂料颗粒较细，含泥量较重，无法满足工程要求，但沿线石场均可加工机制砂，可用于路基附属工程及房建工程。桥梁与工用砂，特别是预制案以及轨枕砼用砂，需从湖北洞庭及广西文地等地运送。

（3）路基填料：沿线隧道弃渣量大，可用作路基填料，无须另外购置填料。

（4）道砟：有砟轨道的道床均采用一级道砟铺设，一级道砟由武隆新隆及贵阳二塘道砟场供应。

三、沿线水源、电源、燃料等可资利用条件

全线大部分地区地下水较丰富，除个别工点需做供水方案外，其他均可直线利用附近河流作为施工用水水源。运离市县城区的地表水水质普遍较好，大部分达到饮用水标准，经过市、县的地方可直接利用自来水。

重庆枢纽、贵阳枢纽和遵义市城区用近等地方电源条件较好，采用就近接取地方 10 kV 电源的分散供电方式，其余地方需架设线路采用集中供电方式。

沿线市县均有油料等燃料市场，供应比较充足，可就近购买。

第四节　一般大型临时设施设计

一、运输便道、临时通信干线

（一）运输便道

便道要满足施工车辆的行车速度、密度、载重量等要求，便道做到排水畅通，路面无淤泥、无积水。临时引入便道采用《公路工程技术标准》（JTG B01—2003）中四级道路的标准，砂石路面宽按 3.5 m 设计，最大纵坡为 9%。桥涵的汽车荷载等级采用“汽车-Ⅱ级”。

共设便道 482.65 km，其中新建便道 293.3 km，改扩建便道 126.35 km，既有道路整修 63 km；新修便桥 600 m。

（二）临时通信

铁路沿线县城乡镇较多，电信、移动和联通的无线基站分布广泛，手机基本没有通话盲区。铺架基地应与引出的既有车站建立有效的通信联络通道。

二、临时材料厂

在川黔铁路有货运作业的团结村、夏坝、綦江、两河口、赶水南场、松坎、太白、凉风垭、汇塘河、李家湾、遵义南、南白镇、乌江、养龙司、小寨坝、息烽、久长、扎佐、都拉营等站设置临时材料厂，共 22 处。

三、临时供水、供电

沿线通过地区主要河流有长江、綦江、乌江及一些小河流、水库等，全线大部分地区地下水较丰富，基本能满足施工、生活用水。靠近城镇的重点工程利用城镇自来水满足施工用水；远离城镇的桥隧工程或采用地表水，或者就近在沟底或河岸打井取水。

本线铁路地处大山区，个别区段交通困难，施工用电负荷大，地方电源供电能力差，施工供电难度大，因此在施工用电负荷较小时，地方 10 kV 电网供电能力能够满足施工需要的地段采用分散供电方式，即就近接取地方 10 kV 电源供电；施工用电负荷大时，地方 10 kV 电网供电能力不能满足施工用电需要的地段采用集中供电方式，临时电力设计布置见表 3-3-2。

由于本线施工供电工程量较大，地处大山区，交通不便，设备材料运输困难，工程实施难度较大，施工临时供电工程从开工到供电有一定的周期，施工单位在初期应考虑自备电源，保证施工工作的顺利进行。

表 3-3-2　渝黔铁路临电工程一览

序号	名　称	规　格	单位	数量
1	10 kV 高压架空线路	LGJ-95	km	112.0
2	10 kV 高压架空线路	LGJ-120	km	38.0
3	10 kV 高压架空线路	LGJ-150	km	19.0
4	10 kV 永临结合线路	LGJ-150	km	3.0
5	10 kV 高压电缆线路	YJLV22-10 kV 3×95 mm^2	km	16.9
6	10 kV 高压电缆线路	YJLV22-10 kV 3×120 mm^2	km	11.2
7	10 kV 高压电缆线路	YJLV22-10 kV 3×150 mm^2	km	3.8
8	10 kV 高压电缆线路	YJLV22-10 kV 3×185 mm^2	km	1.9
9	35 kV 高压架空线路	LGJ-95	km	40.0
10	35 kV 永临结合线路	LGJ-150	km	28.0
11	35 kV 高压电缆线路	YJLV22-35 kV 3×120 mm^2	km	4.0
12	35 kV 高压电缆线路	YJLV22-35 kV 3×185 mm^2	km	2.8
13	35 kV 施工临时变电所		座	11.0
14	10 kV 施工临时开闭所		座	2.0
15	10 kV 电源临时间隔		个	2.0
16	35 kV 电源临时间隔		个	11.0
17	电力线路林区砍伐通道			150.0

第五节　重点大型临时设施设计

一、铺架基地

（一）选址原则

（1）基地供应半径应从经济条件、每条线的具体情况、工期缓急以及机车车辆供应情况等方面考虑。

（2）基地位置应根据其所承担的施工范围、铺轨工程量大小、对既有线运营的影响、当地的气象环境水文地质、工程地质、公路及铁路运输和建材、地材、工业品市场、基地工程量大小等因素进行统筹考虑确定。

（3）基地位置一般应选在铺轨起点或已铺地段终点附近，对运营线路干扰小，列车进出方便，引入线路短的平坦开阔地段，最好能靠近区段站，这对编组作业、机车整备、使用等都有利。

（二）铺架基地布置

铺架基地设于团结村、重庆西、珞璜、息烽及贵阳枢纽改貌站，重庆西、珞璜、息烽为新建工程，团结村梁场在原基础上扩建，设置位置见表 3-3-3。

基地布置时要根据地形和生产方式，使调车作业顺向，材料堆置合理，取送方便。一般地，铺架基地共设置 6 个区，包括长轨道存放区、轨排存放区、轨枕存放区、轨排生产区、道岔存放区和生活区。

表 3-3-3　铺架基地设置一览

序号	大临设施名称	地点及位置	供应范围	主要工程数量
1	团结村铺架基地	团结村车站	重庆枢纽内货运系统	7 股轨道、10 组道岔。存放轨枕 5 万根、轨排 3 km；存道砟 4.5×10^4 m^3
2	重庆西铺架基地	原重庆西站	货运系统外及正线起点至白沙沱特大桥重庆端	3 股轨道、10 组道岔。存放轨枕 5 万根、轨排 3 km；存道砟 4.5×10^4 m^3
3	珞璜南铺架基地	DK24＋000 左侧	白沙沱特大桥贵阳端至夜郎隧道出口	3 股轨道、10 组道岔。存放轨枕 5 万根、轨排 3 km；存道砟 4.5×10^4 m^3
4	息烽铺架基地	DK290＋000 左侧	夜郎隧道出口至息烽；息烽至贵阳北段	3 股轨道、10 组道岔。存放轨枕 5 万根、轨排 3 km；存道砟 4.5×10^4 m^3
5	改貌铺架基地	改貌货运中心	贵阳枢纽	7 股轨道、10 组道岔。存放轨枕 5 万根、轨排 3 km；存道砟 4.5×10^4 m^3

二、制梁场

（一）设置原则

（1）制梁场的设置数量主要根据桥梁分布情况、运梁车运梁速度、运梁半径、桥梁特殊孔跨、建设总工期要求综合考虑。

（2）设于桥梁相对集中地段，箱梁孔数较多的特大桥旁，并尽量设于供应范围中部。

（3）选址要求交通相对便利，水电方便，地势平坦，临时工程量少。

（4）贯彻落实保护农田的原则，减少对耕地的破坏，尽量按运梁最大半径确定梁场数量。

（5）考虑防洪排涝、确保雨季施工安全。梁场应避免设置在受滑坡体以及山洪影响的地段。

（二）制梁场布置

根据施工组织，结合制运架方案的优化，充分考虑便于施工，保障供给和减少大临费用，各施工单位以合同段为单位，分别对制梁场进行“优化布置、统一规划”，以满足各合同段制梁的工期要求。沿线共设置各制梁场 4 处，分别在团结村、重庆西、珞璜南、息烽，见表 3-3-4。

表 3-3-4　制梁厂基本情况

序号	制梁厂名称	设置位置	占地面积/m^2	制梁台座/个	存梁台座/个	制梁/孔	供应范围
1	团结村制梁场	团结村车站	67 333	24	150	414	重庆枢纽内货运系统 T 梁
2	重庆西制梁场	原重庆西站	92 000	26	164	2 017	货运系统外及正线起点
3	珞璜南制梁场	DK24＋000 左侧	60 667	24	101	1 222	白沙沱特大桥贵阳端至夜郎隧道出口
4	息烽制梁场	DK290＋000 左侧	67 333	50	169	3 243	设 50 个制梁台座，169 个存梁台座，制梁 3 243 孔

三、混凝土拌和站

（一）选址原则

（1）应选择地势平坦、具有良好施工水源、大风较少、级配碎石（改良土）运距加权平均值较小的位置。

（2）应尽量靠近料源点，根据月所需施工任务最高量，确定各种材料的常备数量，规划出堆放面积。

（3）集中拌和站的布点要考虑满足经济合理的要求，尽量避免反向运输。

（二）搅拌站布置

本线设混凝土搅和站共 66 处，重庆枢纽内设置混凝土搅拌站 11 处，正线范围设置 51 处，贵阳枢纽内 4 处。施工单位进场后可根据标段内情况进行统筹设置，混凝土拌和站布置见表 3-3-5。

表 3-3-5　混凝土拌和站设置一览

序号	位置	名　称	供应范围
1	DK26 + 538	陈家河拌和站	DK25 + 400 ~ DK31 + 794
2	DK36 + 155	平桥拌和站	DK31 + 794 ~ DK38 + 474
3	DK42 + 327	杨柳井拌和站	DK38 + 474 ~ DK40 + 155
4	DK43 + 498	太公山隧道进口拌和站	DK40 + 155 ~ DK46 + 500
5	DK49 + 927	太公山隧道出口拌和站	DK46 + 500 ~ DK51 + 456
6	DK57 + 000	梅子湾拌和站	DK51 + 456 ~ DK61 + 000
7	DK61 + 270	綦江隧道拌和站	DK61 + 000 ~ DK68 + 000
8	DK66 + 900	黑石山隧道拌和站	DK68 + 000 ~ DK70 + 203
9	DK75 + 104	松岗隧道进口拌和站	DK70 + 203 ~ DK77 + 532
10	DK81 + 500	松岗隧道 1 号横洞拌和站	DK77 + 532 ~ DK81 + 500
11	DK84 + 554	松岗隧道出口拌和站	DK81 + 500 ~ DK88 + 500
12	DK88 + 500	老周岩隧道出口拌和站	DK88 + 500 ~ DK92 + 674
13	DK95 + 309	陈家坡隧道进口拌和站	DK92 + 674 ~ DK98 + 000
14	DK101 + 278	陈家坡隧道出口拌和站	DK98 + 000 ~ DK102 + 035
15	DK104 + 338	安稳隧道拌和站	DK102 + 035 ~ DK107 + 060
16	DK108 + 600	羊角一号隧道进口拌和站	DK107 + 060 ~ DK114 + 663
17	DK116 + 258	天坪隧道进口拌和站	DK114 + 663 ~ DK121 + 500
18	DK121 + 500	天坪隧道斜井拌和站	DK121 + 500 ~ DK124 + 650
19	DK130 + 125	天坪隧道出口拌和站	DK124 + 650 ~ DK132 + 900
20	DK136 + 589	夜郎河拌和站	DK132 + 900 ~ DK137 + 417
21	DK142 + 100	何家沟拌和站	DK137 + 417 ~ DK143 + 506
22	DK145 + 441	梨树坪拌和站	DK143 + 506 ~ DK149 + 453
23	DK149 + 846	新凉风垭隧道进口拌和站	DK149 + 453 ~ DK153 + 700
24	DK157 + 458	新凉风垭隧道出口拌和站	DK153 + 700 ~ DK164 + 343
25	DK164 + 500	东山隧道拌和站	DK164 + 343 ~ DK168 + 520
26	DK169 + 930	岩子头隧道拌和站	DK168 + 520 ~ DK171 + 540
27	DK173 + 500	娄山关隧道进口拌和站	DK171 + 540 ~ DK176 + 000
28	DK178 + 250	娄山关隧道出口拌和站	DK176 + 000 ~ DK182 + 114
29	DK185 + 600	仁江河拌和站	DK182 + 114 ~ DK188 + 764
30	DK189 + 327	小神山隧道拌和站	DK188 + 764 ~ DK192 + 961

续表

序号	位置	名　称	供应范围
31	DK195 + 850	骆家湾拌和站	DK192 + 961 ~ DK199 + 526
32	DK204 + 100	水庄组拌和站	DK199 + 526 ~ DK204 + 289
33	DK208 + 600	魏家桥拌和站	DK204 + 289 ~ DK210 + 500
34	DK215 + 000	余家巷拌和站	DK210 + 500 ~ DK216 + 965
35	DK220 + 650	黄山坡拌和站	DK216 + 965 ~ DK222 + 646
36	DK225 + 300	镇隆隧道拌和站	DK222 + 646 ~ DK230 + 985
37	DK236 + 800	孙家湾拌和站	DK230 + 985 ~ DK239 + 355
38	DK244 + 822	后坝沟拌和站	DK239 + 355 ~ DK249 + 316
39	DK252 + 500	黑石台拌和站	DK249 + 316 ~ DK253 + 750
40	DK259 + 350	梯子岩拌和站	DK253 + 750 ~ DK260 + 360
41	DK262 + 324	乌江拌和站	DK260 + 360 ~ DK263 + 392
42	DK265 + 600	王家寨拌和站	DK263 + 392 ~ DK267 + 865
43	DK272 + 327	幸福村拌和站	DK267 + 865 ~ DK274 + 175
44	DK276 + 993	长五间拌和站	DK274 + 175 ~ DK280 + 273
45	DK283 + 453	大干沟拌和站	DK280 + 273 ~ DK285 + 953
46	DK288 + 700	坪上拌和站	DK285 + 953 ~ DK294 + 716
47	DK296 + 580	新街拌和站	DK294 + 716 ~ DK299 + 685
48	DK303 + 100	棉竹林拌和站	DK299 + 685 ~ DK305 + 000
49	DK309 + 600	付家磨拌和站	DK305 + 000 ~ DK313 + 229
50	DK316 + 900	中寨拌和站	DK313 + 229 ~ DK321 + 856
51	DK327 + 600	牛场拌和站	DK321 + 856 ~ DK328 + 000

第四章　路基设计

第一节　路基工程概况与特点

一、工程概况

重庆至贵阳正线为新建双线工程，按速度目标值 200 km/h 的客货共线铁路标准设计。全段正线（拉通左线）路基长 88.016 km，路基长度占正线的 24.01%；正线区间路基长 69.882 km，占正线线路长度的 19.05%。全线枢纽内路基比重大，区间路基比重少。路基不良地质类型较多，如软土、顺层路基、高路堤、深路堑等各种不良地质类型，且工点分散，大型机械化作业难度大，全线路基长度详见表 3-4-1。

表 3-4-1　路基长度统计

区　段	单位	线路长度	区间路基长度	站场路基长度	路基长度合计	路基比例
重庆枢纽	km	48.359	8.606	5.481	14.087	29.13%
珞璜南—蓬莱东	km	305.811	53.302	12.626	65.928	19.11%
贵阳枢纽	km	13.575	7.974	0.027	8.001	58.93%
合计	km	366.746	69.882	18.134	88.016	24.01%

二、路基工程特点

本线路基面宽度按 200 km/h 速度目标值设计，相关配套工程按现行规范中相应标准执行，路基面设计为三角形，由中心向两侧设 4%的横向排水坡。路肩宽度应不小于 1.0 m，布置有接触网支柱时，支柱内侧到线路中心距离不应小于 3.1 m。路基面宽度双线应不小于 13.2 m，单线应不小于 8.3 m，正线及相关配套工程路基基床底层厚 1.9 m，基床表层厚 0.6 m，总厚度为 2.5 m。

本线经丘陵区、中山区、高原区等多种地貌，所过地区地质构造十分复杂，广泛分布膨胀土、软土、松软土、岩溶等特殊和不良地质，地形地貌起伏大，沿线分布众多深路堑、陡坡路基、危岩路基等，正线路基工点类型及常用处理措施如表 3-4-2 所示。

表 3-4-2　区间正线路基工点类型一览

区　段	工点名称	处数	累计长度/km	主要工程措施
正线（珞璜南—蓬莱东）	顺层边坡	52	8.079	采用顺层清方、抗滑桩或大锚杆加固
	危岩落石	56	5.122	采用清除，设主、被动防护网和刚性防护网等措施加固
	深路堑	52	5.794	坡脚设置重力式路堑挡土墙、桩间挡土墙（土钉墙）或锚索桩间挡土墙（土钉墙）
	高路堤	4	0.329	强夯、冲击碾压、满铺土工格栅
	陡坡路基	103	5.947	采用桩基托梁重力式路肩墙、重力式路肩墙或桩板墙收坡
	采空区	1	0.22	采用缓边坡、大平台处理，基床注浆加固为主
	短路基	116	6.984	分别设置过渡段，过渡段采用级配碎石（掺 3%～5%水泥）填筑
	软土、松软土	262	16.513	水泥搅拌桩、CFG 桩、柱锤冲扩桩、侧向约束桩

第二节　设计原则与采用的主要技术标准

一、采用的主要设计原则与规范

渝黔铁路正线按照速度目标值为 200 km/h 的客货共线有砟轨道双线标准设计，严格执行以下技术规范：

（1）《新建时速 200 公里客货共线铁路设计暂行规定》（铁建设函〔2005〕285 号）；

（2）《铁路路基设计规范》（TB 10001—2005）；

（3）《铁路特殊路基设计规范》（TB 10035—2006）；

（4）《铁路路基支挡结构设计规范》（TB 10025—2006）；

（5）《铁路路基土工合成材料应用技术规范》（TB 1018—2006）；

（6）《铁路工程环境保护设计规范》（TB 10501—98）；
（7）《铁路工程抗震设计规范》（GB 50111—2006）；
（8）《铁路混凝土及砌体工程施工规范》（TB 10210—2001）；
（9）《建筑地基基础设计规范》（GB 50007—2002）；
（10）《建筑桩基技术规范》（JGJ 94—2008）；
（11）《建筑抗震设计规范》（GB 50011—2001）；
（12）《建筑地基处理技术规范》（JGJ 79—2002）。

二、路基设计主要技术标准

（一）区间路基面形状和宽度

本线路基面设计为三角形，由中心向两侧设4%的横向排水坡。路肩宽度应不小于1.0 m，布置有接触网支柱时，支柱内侧到线路中心距离不应小于3.1 m。根据规定，路基面宽度双线不应小于13.2 m，单线不应小于8.3 m，见表3-4-3。

表3-4-3　区间直线地段路基面宽度

线别			土质路基		石质路基	线间距/m
			路堤/m	路堑/m	硬质岩石路堑	
200 km/h	Ⅰ级	单线	7.7	7.7	7.7	—
		双线	13.2	13.2	13.2	4.4
120 km/h及以下	Ⅰ级	双线	12.0	12.0	12.0	4.0
	Ⅰ、Ⅱ级	单线	8.0（7.9）	8.0（7.7）	8.0（7.7）	—

注：① 新建双线200 km/h路基两侧路肩范围内设综合电缆槽（通信、信号、电力电缆槽三槽合一）；路基面宽度包括电缆槽宽度，路堑地段路基面宽度不包含侧沟沟壁厚度；接触网支柱基础内侧距轨道中心距离为3.1 m。
② 当轨道结构和接触网立柱等设施的设置有特殊要求时，路基面宽度根据具体情况计算确定。
③ 枢纽部分120 km/h及以下路基面宽度，括号内为速度为80 km/h及以下的Ⅰ、Ⅱ电气化铁路单线路基面宽度；路堑地段路基面宽度包括侧沟厚度。

枢纽内联络线、疏解线等按相应速度目标值对应路基面宽度标准执行，不同速度目标值路基连接处应设置不小于 10 m 的过渡段，使不同的几何尺寸在过渡段内逐渐变化，路基曲线地段加宽值见表3-4-4。

表3-4-4　曲线路基面加宽值

速度目标值	曲线半径/m	路基面外侧加宽/m
200 km/h	R>6 000	0.2
	6 000≥R≥3 500	0.3
120 km/h及以下	按相应目标值执行《路规》表4.2.4	

曲线加宽在缓和曲线内渐变完成。当轨道结构和接触网立柱等设施的设置有特殊要求时，根据具体情况计算确定。

（二）区间路基标准横断面

正线速度 200 km/h、不同类型、单双线的区间路基标准横断面见图 3-4-1 ~ 图 3-4-10。

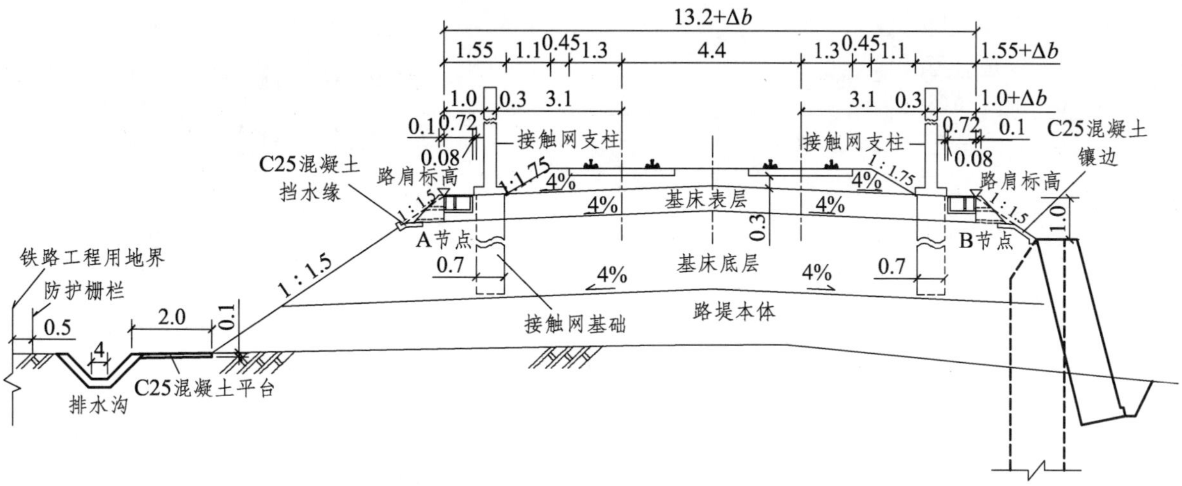

图 3-4-1　200 km/h 双线路堤标准横断面示意（单位：m）

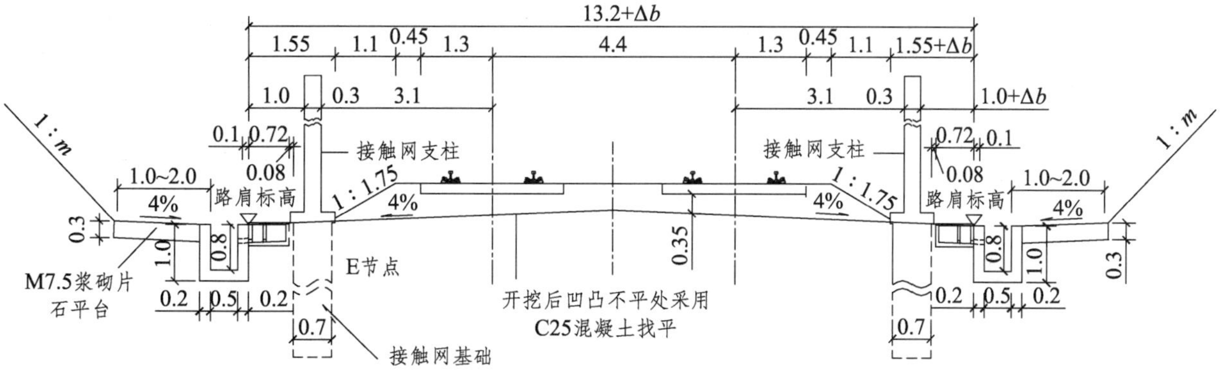

图 3-4-2　200 km/h 双线路堑标准横断面（弱风化硬质岩）示意（单位：m）

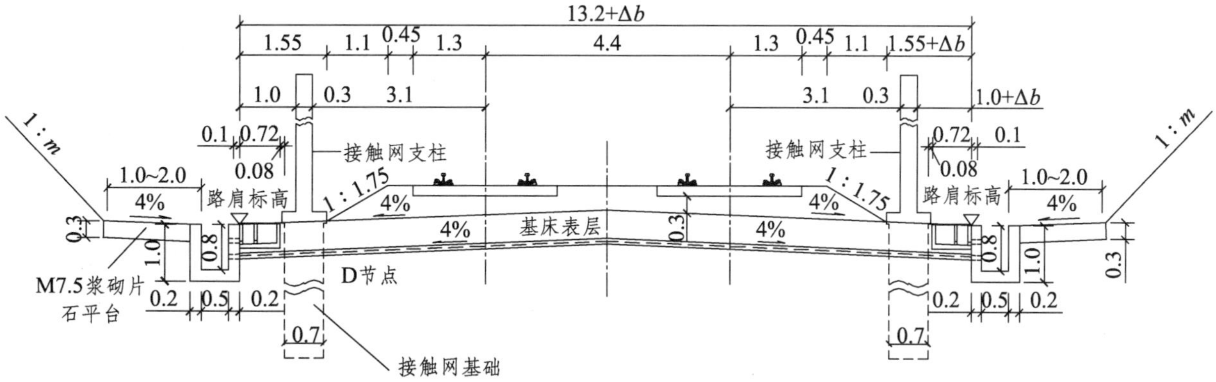

图 3-4-3　200 km/h 双线路堑标准横断面（强风化硬质岩）示意（单位：m）

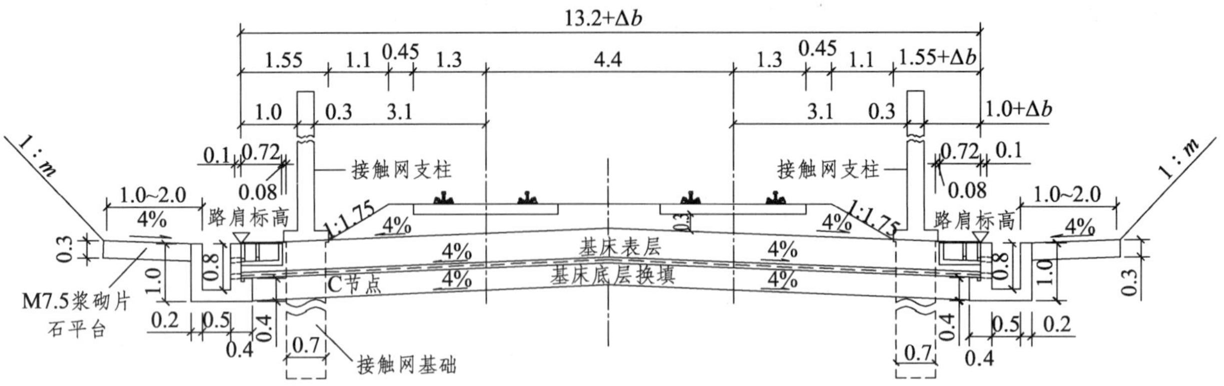

图 3-4-4　200 km/h 双线路堑标准横断面（土质、软质岩）示意（单位：m）

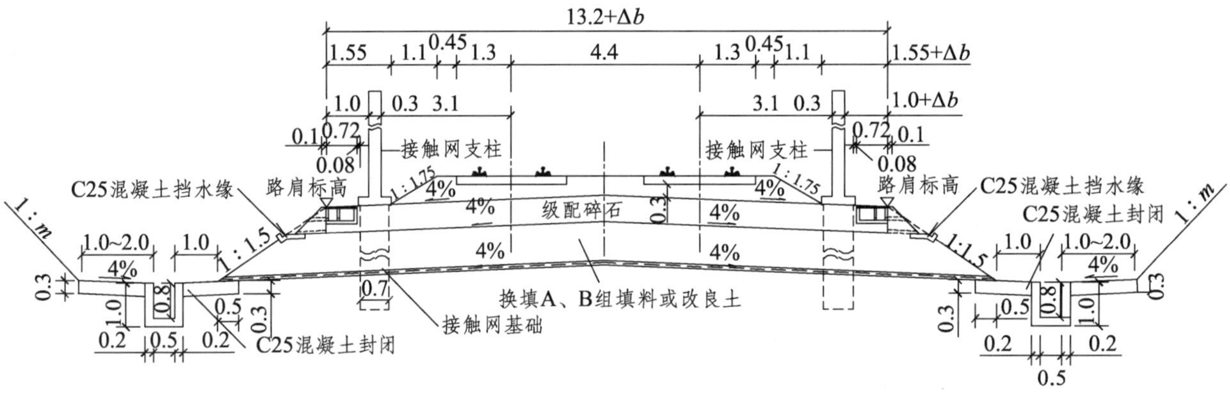

图 3-4-5　200 km/h 双线路堑标准横断面（膨胀土）示意（单位：m）

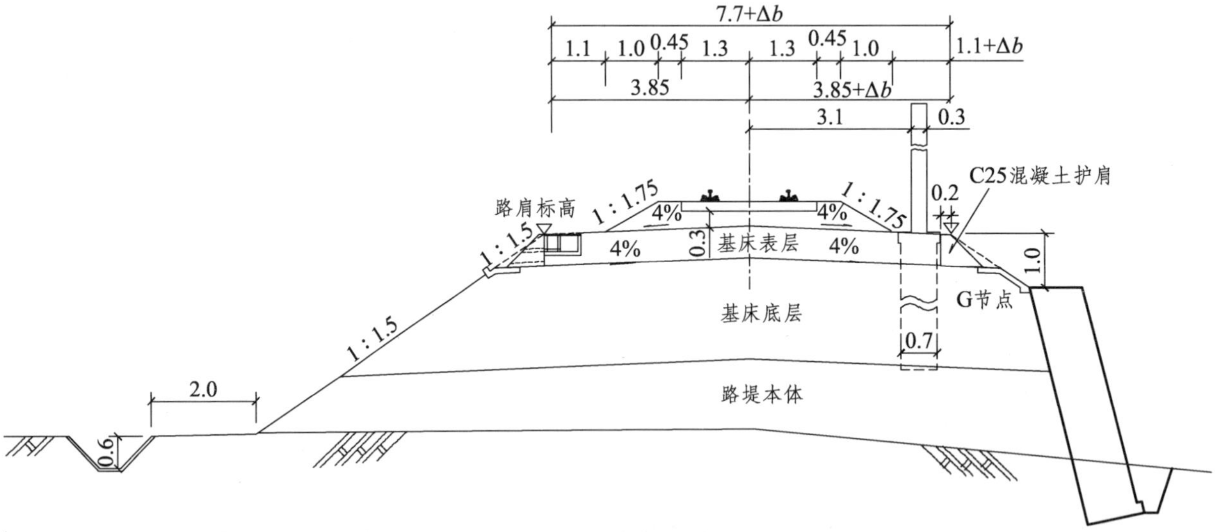

图 3-4-6　200 km/h 单线路堤标准横断面示意（单位：m）

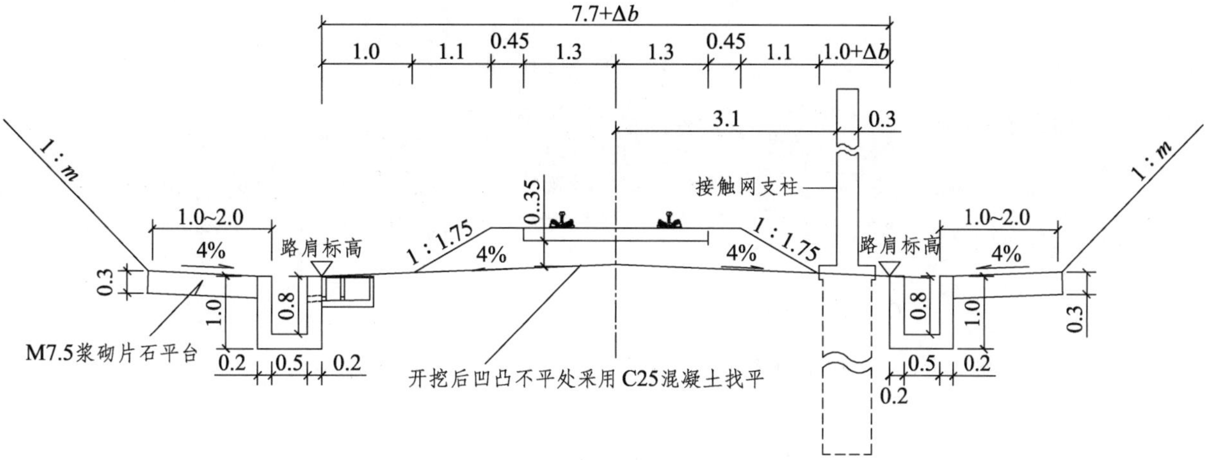

图 3-4-7　200 km/h 单线路堑标准横断面（弱风化硬质岩）示意（单位：m）

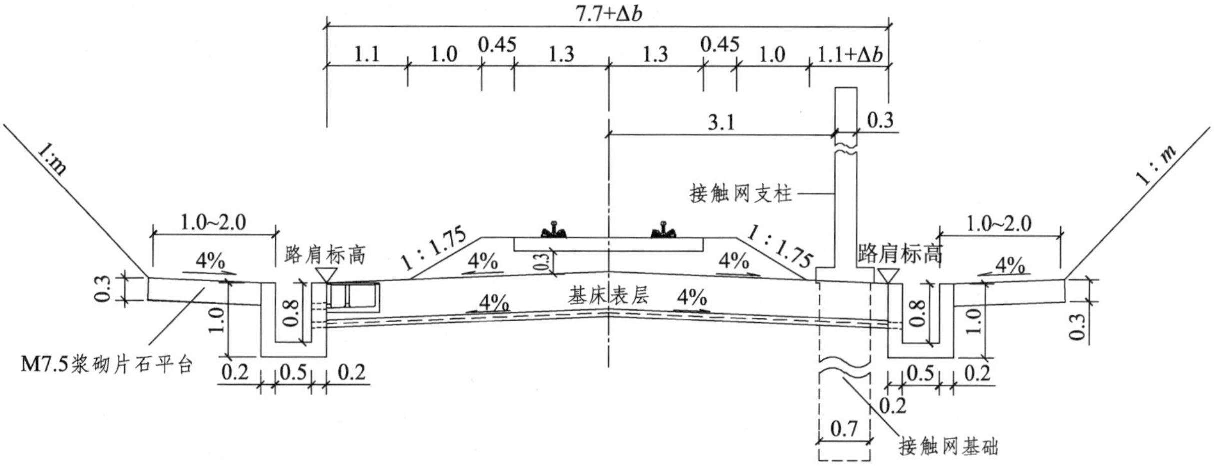

图 3-4-8　200 km/h 单线路堑标准横断面（强风化硬质岩）示意（单位：m）

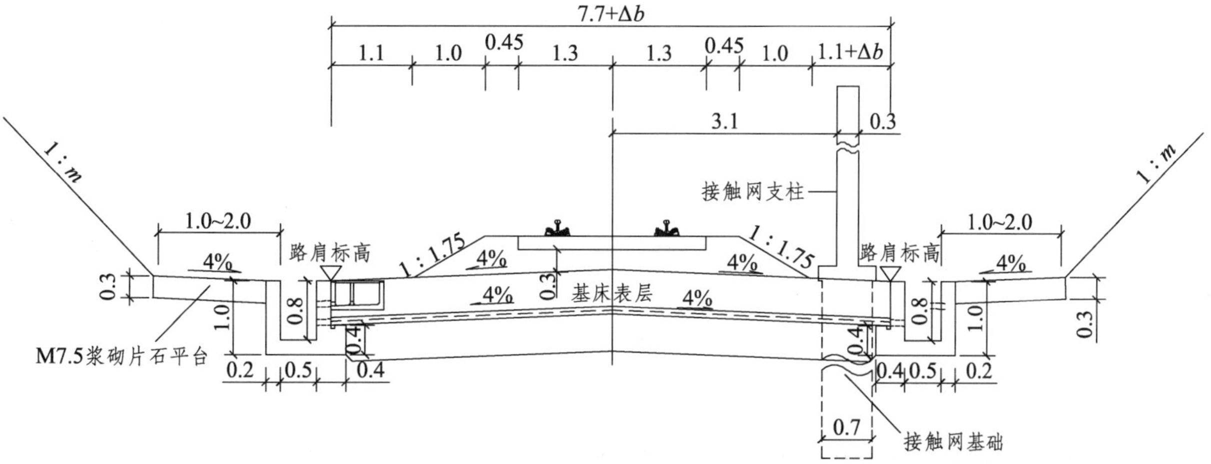

图 3-4-9　200 km/h 单线路堑标准横断面（土质、软质岩）示意（单位：m）

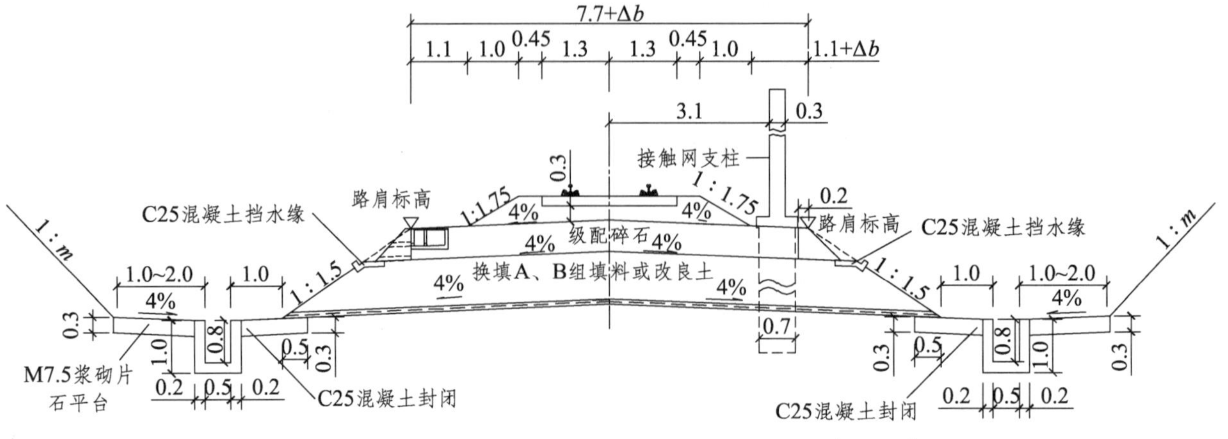

图 3-4-10　200 km/h 单线路堑标准横断面（膨胀土）示意（单位：m）

第三节　地基处理设计

根据地质资料和基底轻型动力原位测试结果，本线部分路段路基在填筑前需进行基底处理。主要的地基处理措施有挖除换填、强夯、振动碾压、冲击压实、搅拌桩、旋喷桩、CFG 桩复合地基等。

一、地基处理方法

（一）地基浅表处理地段

（1）对路堤基底必须清除植物根系，当松土厚度≤0.3 m 时应碾压密实；>0.3 m 时，应进行翻挖并分层回填压实，其密实度应达到路堤本体的压实标准。

（2）对水田、雨季滞水或地下水位高（地下水位距地表≤0.5 m）的低洼谷地路堤地段，清除表层种植土（一般 0.3 m 左右），换填水稳性好、不易风化的硬质岩填料，换填厚度高出地面 0.5 m。

（3）路堤基底处于倾斜地段（包括路堑与路堤衔接处、桥路过渡段纵向及横向坡度较陡地段等），当地面横坡为 1∶5～1∶2.5 时，原地面挖台阶处理，台阶高度 0.6 m 左右，台阶宽度不小于 2 m，台阶底设 2%～4%向内倾斜的坡度，必要时设置支挡结构等抗滑措施；当地面横坡陡于 1∶2.5 时，根据路堤稳定性检算，进行基底处理或设置支挡结构等抗滑措施。

（4）地基表层为松土层，其静力触探比贯入阻力 P_s 值小于 1.5 MPa 或基本承载力$[\sigma]$小于 150 kPa 时，根据软弱土层的性质、厚度、含水量、地表积水深度等，采取排水疏干、挖除换填硬质岩类石料后渗水性材料、复合地基等加固措施。

（二）地基深层处理地段

当路堤基底存在压缩性较大的地基土，根据沉降计算分析，工后沉降不满足设计要求时，采用水泥土搅拌桩、多向水泥土搅拌桩、CFG 桩、螺杆桩、冲击碾压、强夯等地基加固措施。上述地段地表清除 0.3 m 种植土并整平施工场地后，再施工地基加固措施。

基底处理完成后，进行路基基床以下部分填筑。基底经晾晒待含水量适宜时进行填前碾压，达到规定的压实度。填前碾压要求达到相关要求。

以路堤基底处理为例：

（1）当地基土密实，地面横坡缓于 1∶10 时，路堤直接填筑在天然地基上；对路堤高度<2.5 m 的地段，地基条件应满足路基基床要求，否则按“基床处理路基”考虑。

（2）在稳定斜坡上，横向坡度为 1∶10～1∶5 时，以清除草皮为主；地面横坡为 1∶5～1∶2.5 时，原地面需挖出宽度大于 1 m 的台阶，若基岩面上有较薄的覆盖层，先清除覆盖层后再挖台阶。

（3）在引入既有线路基帮宽地段上，既有路堤边坡需挖>1.0 m 的平台，帮填土顶部宽度≥0.5 m，帮宽路基填料与既有路基填料相同。

第四节　路基基床设计

一、路基基床厚度

区间正线路基基床厚度按 2.5 m 设计，其中表层 0.6 m，采用级配碎石填筑；底层 1.9 m，采用 A、B 组填料，碎石、砾石类 C 组填料或改良土填筑，如表 3-4-5。

表 3-4-5　正线路基基床结构

速度	基床厚度	类型	填料类型
200 km/h	基床表层厚 0.6 m	硬质岩石路堑	不换填
		路堤及非硬质岩石路堑	级配碎石
	基床底层厚 1.9 m	路堤及非硬质岩石路堑	A、B 组填料或改良土
120 km/h 及以下	基床表层厚 0.6 m	硬质岩石路堑	不换填
		路堤及非硬质岩石路堑	A 组填料
	基床底层厚 1.9 m	路堤及非硬质岩石路堑	A、B 组填料或改良土

枢纽内货车联络线、疏解线等相关配套工程铁路路基基床厚度按 2.5 m 设计，基床表层 0.6 m，采用 A 组填料；基床底层 1.9 m，采用 A、B 组填料、碎石、砾石类 C 组填料或改良土填筑，枢纽内速度 200 km/h 地段执行区间正线标准。

二、基床填料及压实标准

基床表层填料为级配碎石，路堤基床表层与底层填料之间应满足 $D_{15}<4d_{85}$ 的要求，当底层填料不能满足此项要求时，基床表层应采用颗粒级配不同的双层结构，或在基床底层表面铺设一层复合土工膜加固。

基床表层级配碎石的材质和级配应符合相关规定，基床表层压实标准见表 3-4-6。

表 3-4-6　路基基床表层的压实标准

速度目标 /（km/h）	填　料	厚度/m	压实标准		适用范围
			地基系数 K_{30} /（MPa/m）	孔隙率 n/%	
200 km/h	级配碎石	0.6	≥190	<18	路堤
	级配碎石	0.5	≥190	<18	软质岩、强风化的硬质岩及土质路堑
	中粗砂	0.1	≥130	<18	

路堤地段基床底层填料为 A、B 组填料或改良土，路堑地段基床底层为土层、全强风化软质岩及全风化硬质岩时换填 0.5 m 的 A、B 组填料或改良土，当路堑基床底层为弱、中膨胀土时换填 1 m 的 A、B 组填料或改良土，基床底层压实标准见表 3-4-7。

表 3-4-7　路基基床底层填料及压实标准

填料	厚度/m	压实标准	改良细粒土	砂类土、细砾土	碎石类、粗砾土
A、B 组填料或改良土	1.9	地基系数 K_{30}/（MPa/m）	≥110	≥130	≥150
		压实系数 K	≥0.95	—	—
		孔隙率 n/%	—	<28	<28

枢纽内速度 200 km/h 地段按区间正线基床填料及压实标准执行，120 km/h 及以下基床填料及压实标准按《路规》执行。

三、区间正线基床加固

（一）一般路堤基床加固

一般路堤基床表层采用级配碎石填筑；基床底层采用 A 、B 组填料或改良土填筑，A 、B 组填料粒径不大于 10 cm，改良土粒径不大于 1.5 cm，基床范围内填料及压实标准应满足相关规定。

（二）路堑基床加固

路堑天然地基为不易风化的硬质岩时，采用 C25 混凝土找平，路基面做成由线路中心向两侧 4% 的横向排水坡，硬质岩路堑地段道砟厚度 0.35 m，路肩设计高程比土质路堤路肩设计高程降低 0.05 m，并设置不小于 10 m 的渐变段。

路堑天然地基为全、强风化硬质岩、软质岩及土质时，基床表层应换填级配碎石，基床底层范围内不得夹有 P_s<1.5 MPa 或 σ_0<0.18 MPa 的土层，否则应进行换填或加固处理。当基床范围内的地基不存在 P_s<1.5 MPa 或 σ_0<0.18 MPa 的土层，但不满足规定时，应视情况作相应处理。

基床挖除换填或改良加固处理时，应加强排水、防渗等措施，分层压实标准应执行基床相应部位标准。当地下水位离路肩标高小于 2.5 m 时，换填底部全断面应铺设防排水板，并于两侧设纵向排水盲沟；若受地形及线路纵坡限制，盲沟不能有效排水时，应采用全路堤式路堑、半路堤式路堑等方式排除基床范围内地下及地表水，或在基床底层换填不易风化且水稳性好的 A、B 组填料。

（三）低矮路堤基床加固

对于高度小于基床厚度（2.5 m）的低矮路堤，当基床范围内地基存在比贯入阻力 P_s<1.5 MPa 或基本承载力 σ_0<0.18 MPa 的土层时，应采取换填、冲击碾压、复合地基加固等措施处理。当基床范围内地基土 P_s≥1.5 MPa 或基本承载力 σ_0≥0.18 MPa，但不满足《新建时速 200 公里客货共线铁路设计暂行规定》的相关要求时，按下列情况分别进行处理：

（1）路基填高 H≤0.6 m 时，基床表层换填 0.6 m 厚级配碎石，基床底层按表 3-4-8 处理。

表 3-4-8　基床底层处理方法（H≤0.6 m）

地下水发育程度	岩土类型	基床加固方式
地下水不发育	弱风化的硬质岩石	坑凹不平处采用 C25 砼找平后，直接填筑基床表层
	砂类土及碎石类土地	基床底层范围内采用振动或冲击碾压
	土质及全、强风化软质岩	底层范围内换填 0.5 m 厚 A、B 组填料或改良土＋0.1 m 中粗砂夹一层复合土工膜，中粗砂及复合土工膜位于换填底部
	弱—中膨胀土	基床底层范围内换填深度为 1.0 m，厚 0.9 m 的 A、B 组填料或改良土＋0.1 m 中粗砂夹一层复合土工膜，中粗砂及复合土工膜位于换填底部

续表

地下水发育程度	岩土类型	基床加固方式
地下水不发育	中—强膨胀土	基床底层范围内换填深度为 1.9 m，厚 1.8 m 的 A、B 组填料或改良土＋0.1 m 中粗砂夹一层复合土工膜，中粗砂及复合土工膜位于换填底部
地下水发育	—	基床表层及底层换填处理与地下水不发育相同，将换填底部中粗砂夹一层复合土工膜换为中粗砂夹一层防排水板

（2）路基填高 $0.6\ \text{m}<H\leqslant 2.5\ \text{m}$ 时，基床表层采用 0.6 m 厚级配碎石填筑，基床底层按表 3-4-9 处理。

表 3-4-9　基床底层处理方法（$0.6\ \text{m}<H\leqslant 2.5\ \text{m}$）

地下水发育程度	岩土类型	加固方式
地下水不发育	弱风化的硬质岩石	基底整平后直接填筑路基
	砂类土及碎石类土地	平整地基后采用振动或冲击碾压
	土质及全、强风化软质岩	换填 0.5 m 厚 A、B 组填料或改良土，当换填 A、B 组填料时于换填底部设 0.1 m 厚中粗砂夹一层复合土工膜；当换填改良土时于换填顶部设 0.1 m 厚中粗砂夹一层复合土工膜
	膨胀土	挖除换填 A、B 组填料或改良土厚度不小于 0.5 m；换填 A、B 组填料时于换填底部设 0.1 m 厚中粗砂夹一层复合土工膜；当换填改良土时于换填顶部设 0.1 m 厚中粗砂夹一层复合土工膜
地下水发育	—	基床表层及底层换填处理与地下水不发育相同，在换填底部（或顶部）设中粗砂夹一层复合土工膜换为中粗砂夹一层防排水板

（四）枢纽内路基基床加固

枢纽内设计速度 200 km/h 路段，按区间正线加固标准执行。120 km/h 及以下联络线、疏解线等相关铁路工程处加固原则如下：

（1）一般路堤基床加固：基床表层采用 A 组填料填筑；基床底层采用 A 、B 组填料或改良土填筑，A 、B 组填料粒径不大于 10 cm，改良土粒径不大于 1.5 cm。

（2）路堑基床加固：路堑天然地基为不易风化的硬质岩时，整平后直接填筑基床，路基面做成由线路中心向两侧 4%的横向排水坡，硬质岩路堑地段道砟厚度 0.35 m，路肩设计高程比土质路堤路肩设计高程降低 0.05 m，并设置不小于 10 m 的渐变段。

（3）路堑天然地基为全、强风化硬质岩、软质岩及土质时，基床表层应换填 A 组填料，基床底层厚度范围内天然地基的静力触探比贯入阻力 P_s 值 Ⅰ级铁路不得小于 1.2 MPa、Ⅱ级铁路不得小于 1.0 MPa，或天然地基容许承载力$[\sigma]$ Ⅰ级铁路不小于 0.15 MPa、Ⅱ级铁路不小于 0.12 MPa。否则应进行地基改良或加固处理。

（4）低矮路堤基床加固：填土高度小于 2.5 m 的路堤地段，基床底层厚度范围内天然地基的静力触探比贯入阻力 P_s 值 Ⅰ级铁路不得小于 1.2 MPa、Ⅱ级铁路不得小于 1.0 MPa，天然地基容许承载力$[\sigma]$ Ⅰ级铁路不小于 0.15 MPa、Ⅱ级铁路不小于 0.12 MPa；不能满足时，应采取地基改良或加固处理。

（五）基床以下部分填料及压实标准

本线基床以下路基填料优先选用 A、B 组填料及 C 组弱风化砂、泥岩，禁止采用全风化砂、泥岩和其他 D 组和 E 组填料。砂泥岩填筑时，应先行破碎，填料的粒径应控制在 15 cm 以下，填筑松铺厚度 30 ~ 40 cm，含水量应控制在最佳含水量 ± 2%以内；当采用弱风化砂泥岩填筑时，填高大于 8 m 的路堤边坡采用水平铺设土工格栅加固，路堤浸水部分采用填石或填渗水土。基床以下路堤压实标准应符合表 3-4-10 的规定，枢纽联络线、疏解线等相关工程设计时速度 120 km/h 及以下按《路规》执行。当选用 C 组填料中的细粒土、粉砂和软块石时应采取隔水或加强边坡防护等措施。

表 3-4-10　路堤填料及压实标准

填　　料	压实标准	细粒土	粗粒土	碎石类
A、B、C 组填料	地基系数 K_{30}/（MPa/m）	≥90	≥110	≥130
	压实系数 K_h	≥0.90		
	孔隙率 n		<31%	<31%

第五节　一般路基设计

一、一般路堤设计

本线路基面设计为三角形，由中心向两侧设 4%的横向排水坡。路肩宽度应不小于 1.0 m，布置有接触网支柱时，支柱内侧到线路中心距离不应小于 3.1 m。

一般地基条件良好、边坡不浸水地段，路堤边坡坡度依据其填料、填筑高度等确定，如表 3-4-11 所示。对于不良地质地段，应进行边坡稳定性检算。以砂类土、细粒土及风化软岩填筑的路堤，宜在两侧边坡 2 ~ 3 m 范围内铺设双向土工格栅，每层竖向间距结合碾压层厚确定，宜为 0.5 ~ 0.6 m。

表 3-4-11　路堤边坡坡度

填料种类	边坡高度/m	边坡坡度	备　注
一般细粒土、碎石土、卵石土、粗粒土（细砂、粉砂、黏砂除外）	0 ~ 8.0	1∶1.5	边坡高超过 10 m 时于 8 m 处设 2 m 宽边坡平台
	8.0 ~ 12	1∶1.75	

路堤边坡高度一般不宜超过 12 m，当高度大于 12 m 时应进行个别设计，采取放缓坡率、提高稳定安全系数等措施。膨胀土等特殊岩土及岩溶发育区等不良地质区段路堤边坡不大于 8 m，超过的应考虑与桥作技术经济比较，浸水路堤边坡原则上放缓一级。

二、一般路堑设计

（一）路堑边坡形式

一般挖方地段高度 20 m（土质边坡 15 m 以内）以内，当无不良地质现象时，路堑边坡坡度可参照表 3-4-12 执行，具体设计时结合工程地质及水文地质条件、边坡高度、排水措施、施工方法等确定。当边坡高度超过 20 m 时，需进行稳定性检算，最小稳定安全系数不小于 1.25，按深路堑个别设计原则执行。

表 3-4-12　路堑边坡坡度

岩石类别	边坡最大高度/m	边坡坡度
灰岩、石灰岩、白云岩、白云质灰岩、厚层硅质砂岩、钙质砾岩、花岗岩（弱风化）	20	1∶0.5～1∶0.75
砂岩、泥质灰岩、砂岩页岩互层（弱风化）	20	1∶0.75～1∶1.0
泥灰岩夹砂页岩、泥岩、粉砂岩、泥质粉砂岩、石英砂岩夹粉砂岩、页岩、砾岩、板岩、片岩、混合岩、凝灰岩、煤系地层	20	1∶0.75～1∶1.5
一般均质黏土、粉质黏土、亚黏土	15	1∶1.25～1∶1.5
膨胀土、红黏土	15	1∶1.5～1∶1.75

（二）路堑侧沟及边坡平台

全线路堑地段应在侧沟与堑坡坡脚之间设置不小于 2.0 m 宽的侧沟平台，侧沟平台原则上要求采用 M7.5 浆砌片石封闭。由不同地层组成的较深路堑（边坡高度为 15～20 m 及以上）应在边坡中部或在不同地层分界处（特别是土石分界、透水与不透水层交界处）设置不小于 2.0 m 的边坡平台，平台上设置截水沟。

（1）路堑边坡坡率：当山体稳定，无不良地质现象时，视岩体结构面、风化程度等因素确定路堑坡坡率。

（2）侧沟平台及边坡平台：土质路堑无防护加固时，在侧沟与堑坡坡脚间设置 1.0 m 宽全路堑贯通的侧沟平台；当路堑边坡高度>15 m 时，在边坡中部地层分界处设置宽度≥2.0 m 的边坡平台，平台上设置截水沟。

第六节　特殊路基设计

一、软土及松软土路基设计

本线软土工点分布广泛，但大部分分布在綦江东站、娄山关南—遵义站及遵义—遵义南区间、修文县站。其中典型工点为 DK217＋590～DK217＋728，软土最大厚度为 17.2 m。

（一）路基处理原则

（1）软土地基应根据软土硬壳层的厚薄、软土厚度及其力学指标、地面和软土基底横坡和线路所处位置，选择代表性断面计算路堤稳定性、总沉降量、工后沉降。

（2）区间正线稳定性检算和运营期应满足相关要求，并取最不利断面及滑面进行检算。

（3）坡面横坡较陡或软土底部存在斜坡时，应考虑侧向滑动的可能性。斜坡软弱地基路堤，采用圆弧法检算边坡稳定性时，应按照《铁路工程地基处理技术规程》对稳定安全系数进行适当调整。

（4）当稳定性不满足以上要求时，则在路堤坡脚设置抗滑桩、桩板墙等进行侧向约束。

（5）工后沉降量应满足一般地段不大于 15 cm、桥台台尾及隧道洞口过渡段工后沉降差不大于 8 cm 的要求，否则应进行地基加固处理。

（二）地基加固措施

（1）松软土、软土埋深小于 2.5 m 地段采用清除换填 A、B 组填料，地下水埋藏较浅地段挖除换填不易风化岩或渗水土。

（2）松软土、软土厚度大于 2.5 m 小于 10 m 且填方高度小于 8 m 地段，采用水泥搅拌桩、CFG 桩等复合地基加固处理。

（3）松软土、软土厚度大于 15 m，路基填高大于 8 m 时，原则上应以桥代路，当采用路基方案时，应进行技术经济论证，采用成熟可靠的措施。

（4）车站范围内的非股道场坪等工程，软土处理有条件时可采用排水固结法处理。

二、顺层地段路基设计

本线顺层路堑主要分布在珞璜至綦江东区间、遵义南—息烽区间及息烽站内。如 D1K255 + 132 ~ D1K255 + 310.88 软质岩顺层边坡最大高度 31.5 m、息烽站内 D2K292 + 760 ~ D1K211 + 980 硬质岩顺层边坡最大高度为 52.2 m。

当地形无不利于边坡稳定的双向临空情况且岩层走向与线路走向夹角大于 40°时，原则上不考虑顺层影响，按一般路堑设计，并适当加强防护；当岩层有双向性临空或多节理裂隙、断层切割形成的楔形体时，应进行稳定分析，采取必要的加固措施。

顺层路堑根据岩石的工程和水文地质情况、产状、走向与线路夹角、岩层层间充填物及胶结情况等因素，结合现场既有开挖边坡情况（陡度、高度）分别采用顺层清方、锚固桩、锚索桩、锚杆框架梁等措施加固。

当岩层走向与线路走向夹角较小或近于平行，层面间有软弱夹层，开挖后可能产生顺层滑动地段，按下述原则进行个别设计：

（1）岩层倾角大于 35°时，岩层倾向线路一侧原则上采用顺层清方。

（2）当岩层倾角在 10 ~ 35°之间，顺层清方量大时，视岩层间软弱夹层情况设置抗滑工程，如抗滑桩（锚索桩）及锚索框架梁、框架梁等方案综合处理。

（3）当岩层存在外倾不利节理面时，应进行稳定分析，根据节理面贯通情况及边坡稳定状况，参照顺层边坡设计。

三、陡坡路基设计

陡坡地段路堑设计应避免山坡剥皮现象；路堤应保证其边坡及整体稳定并采取相应的防滑措施，必要时应作路堤稳定性检算。结合地形、工程地质及水文地质情况，可设置挡土墙、土钉墙、锚固桩、锚索、锚索桩、桩基托梁挡土墙、桩板墙等支挡建筑物并应注意与桥方案作技术经济比较。高陡路堑边坡需设置刚性防护网，必要时加预警系统。

四、岩堆、坍塌地区路基设计

对岩堆面积较大、岩堆层松散、堆积床坡度较陡、补给来源丰富、地下水和地表水对其稳定性影响较大、可能产生滑动的大型岩堆，线路应绕避。对中小型岩堆，绕避困难时，路基宜以低填浅挖通过。在进行路基设计时，应根据路基类型及位置进行稳定检算，检算方法可采用折线法，其安全系数可采用 1.10 ~ 1.25。

当岩堆体具有向下倾斜岩面或岩堆体内存在薄弱夹层时，尚应分别检算其稳定性，如果稳定性不满足要求时，应采取抗滑工程进行处理。对整体稳定性满足要求的岩堆、陡坡地段宜设置重力式路肩墙、路肩桩板墙；路堑设置路堑墙地段，墙高一般不宜超过 5 m，边坡一般不宜超过 12 m，否则应采用锚固桩、锚索桩等措施预加固。

五、崩塌和危岩落石地段、单面陡坡防异物侵入路基设计

线路沿线危岩落石广泛分布：重庆境内多以砂泥岩为主，因风化差异，坡面多分布砂岩块石，危及线路；贵阳境内多以灰岩为主，地形陡峭，卸荷节理发育，坡面多临空形成危岩，危及线路。

沿线山区地段，对岩层破碎、节理发育、坡面落石现象较为严重路段一般应绕避，无法绕避时，尽量避免出现高边坡，并要对危岩落石进行处理，除采用清除、支顶外，尽量设置落石平台（槽），并在靠线路侧设置柔性被动防护网等，必要时应设明洞、棚洞，危岩落石发育且难以处理地段应绕避或以隧道通过。

六、膨胀土（岩）路基设计

本线膨胀土主要为弱膨胀性的红黏土，在贵州省境内分布广泛。膨胀土（岩）边坡设计一般按《铁路特殊路基设计规范》（TB 10035—2006）设计。

路堑边坡高度一般应控制在 15 m 以下，采用“矮挡墙、缓边坡、宽平台、加强排水”的设计原则，一般在坡脚设 2 ~ 4 m 高路堑挡土墙，挡土墙墙后反滤层加厚至 0.5 m，并铺设复合排水网；边坡较高时宜设边坡截水骨架护坡并结合支撑渗沟、锚杆框架梁护坡、坡脚锚固桩预加固等措施。堑坡高度≤3 m 时，边坡采用灌草防护；堑坡高度>3 m 时，边坡采用浆砌片石截水骨架内灌草护坡或锚杆框架内灌草护坡。

路堤地段禁止采用膨胀土作填料；基床范围内的表层及底层材料必须满足基床材料的要求。膨胀土路基设计时还应根据地表水、地下水情况，适当加强排水设施。

七、水塘、河滩和滨河路基设计

（一）水塘路堤

线路跨越水塘地段的路堤，对工程修建后仍保留蓄水时（坡脚距塘埂宽度大于 30 m，长度大于 50 m），一般采用围堰抽水疏干后清淤，围堰标高平塘埂，然后进行路堤填筑，塘埂标高以下填筑不易风化块石或渗水土。路堤边坡采用干砌片石或浆砌片石防护，并设 2.0 m 宽边坡平台，坡脚设墁石基础。

（二）水田、水塘路堑

线路跨越水塘（或水库）地段的路堑，原则上废弃。当路堑穿越水田时，于堑顶外不小于 3 ~ 5 m 设置挡水埝，挡水埝顶面标高平塘（或水库）埂，边坡进行渗水作用下的稳定性分析，路堑边坡宜采用截水骨架护坡或锚杆框架梁护坡，必要时设置边坡支撑渗沟以确保堑坡稳定。

（三）（滨河）浸水路堤

受河水位（库水位）影响的路基，应根据河流（水库）特性、河道（水库）地貌、地质条件等因素结合线路位置，防护高程以下路堤边坡按《路规》选用相应的防护工程措施，一般采用边坡放缓一级并加设干砌或浆砌片石护坡。在路堤易受水流冲刷的一侧或两侧防护，护坡顶面处设置宽 2.0 m 的平台。必要时应采用浸水路肩挡土墙或桩基托梁挡土墙确保路基稳定。

尽可能避免常年浸水路堤出现，不可避免时，常水位以下部分路堤宜采用不易风化石块作填料，其上应根据流速等特性采用干砌或浆砌片石护坡。填石层与填土层之间设置 0.5 m 厚碎石垫层，并设置 2.0 m 宽的平台。

路堤防护高程为设计水位加波浪侵袭高加壅水高加 0.5 m，防护洪水频率为 1/100。

临河（水库）地段还应考虑有无坍岸及低标准水库溃坝对路基的影响，位于坍岸范围内的支挡结构，基底应置于永久坍岸线以下不小于 1.0 m。

八、岩溶地段路基设计

沿线可溶岩分布较广，约占路基总长度的 50%。岩溶地段路基设计时应根据地表形态、地表径流和地下水活动情况，结合附近岩溶产生的溶蚀现象，特别是岩溶地面塌陷现象，分析岩溶地层塌陷的形成机理和岩溶异常形态对路基的稳定性影响。对岩溶十分发育、有漏斗、暗河分布的地段或覆盖土较厚的溶蚀平原，应避免以路堤通过。岩溶极易塌陷区，有条件时应以桥通过。路基地段岩溶主要采取揭盖回填、桩板结构跨越、钻孔注浆等措施。岩溶注浆整治设计原则如下：

（一）整治宽度

（1）路堑整治宽度一般为新建铁路堑侧沟平台。

（2）路堤整治宽度一般为路堤坡脚外 2 m，对于车站站线和联络线路堤，可按照路肩外 45°扩散角确定整治宽度。

（3）设置路肩挡土墙、路堤挡土墙的地段，整治加固宽度至墙趾以外 3 m。

（二）整治范围

（1）整治范围包括岩溶塌陷评价分区中的易塌陷区和极易塌陷区地段。对物探剖面揭示岩溶形态一般发育地段，按探灌结合进行设计，在线路中心间隔 10 m 布置探灌孔（左右错开布置），查明岩溶发育情况，确定是否进行整治。

（2）当溶蚀平原岩溶区覆盖层厚度大于 30 m、岩溶化高原（或坡地）岩溶区覆盖层厚度大于 20 m 时，一般可不作整治（极易坍陷区除外）。

（三）整治深度

1. 浅层及开口型溶洞

溶洞顶板及覆盖土厚度小于 3 m 时，一般采取揭盖回填碎石、浆砌片石处理或封闭措施处理。

2. 裸露型岩溶

为消除地基不均匀性并防止地面塌陷及变形，采用挖除换填与注浆相结合的处理方案，整治深度不小于 10 m；若地面以下 15 m 深度内存在溶洞的地段，则加固至洞底以下不小于 1 m。

溶洞顶板厚度大于 15 m 地段一般不作整治设计。当顶板破碎、溶洞跨度较大时，采取安全顶板厚度法判别确定是否需要整治。若顶板厚度达不到要求（完整顶板厚跨比不小于 0.5，非完整顶板厚高比不小于 5.0），则要采取钻孔注浆至溶洞底板以下 2 m，一般最大处理至路基面以下 10 m。

3. 覆盖型岩溶

溶蚀平原区：地表覆盖土厚度小于 30 m 地段，以钻孔压密注浆封闭土石界面（基岩面上 3 m、下 5 m），形成隔水帷幕；在加固深度范围有溶洞时，则钻孔注浆至溶洞底板以下 2 m。上部钻孔采取充填注浆封孔。

斜坡地段溶洞和溶蚀破碎带：地表覆盖土厚度小于 20 m 地段，整治设计至基岩面以下 5 m；当基岩面以下 10 m 深度内存在溶洞的地段，整治设计深度至溶洞底板。

（四）钻孔注浆孔距

极易塌陷区按孔间距 5 m 同步实施第Ⅰ、Ⅱ序注浆孔满堂注浆，在已塌陷、支挡结构、溶洞强烈发育等地段实施第Ⅲ序加密注浆，孔间距不大于 3.5 m。

易塌陷区按孔间距 7 m 实施第Ⅰ序先导孔，根据先导孔揭示的地层、岩溶发育情况和注浆量进行综合分析，确定第Ⅱ序钻孔注浆实施范围，按探灌结合进行动态设计、动态施工。

车站内咽喉区孔间距适当加密。

（五）风险地段采用方案

风险较高的极易塌陷区、不易注浆的串珠状岩溶段落及岩溶暗河、泉眼、漏斗、洼地等段落均采用桩板跨越方案，或与桥跨越方案比较。

九、采空区路基设计

本线采空区地基主要为 D1K211 + 735.5 ~ D1K212 + 028 段小煤窑采空区，路堑边坡有 3 层 1 ~ 2 m 厚煤层巷道通过，路堑边坡最大高度为 37.7 m，下部岩溶发育。

采空区的路基，应根据矿区规划和调查资料，采取防止坍陷和预留足够的沉降量及加宽路基等措施，不宜采用引排地下水的措施，并与桥方案作技术经济比较。

危及路基稳定的煤矿采空区，应根据其位置、顶板厚度、坚固程度、坑道的走向、位置、形状、大小和坑道的充填物及其密实程度等确定加固方法。

埋藏较浅的采空区，宜采用明挖回填处理措施。埋藏较深、坑道通畅的采空区，宜采用片石回填、支顶、注浆处理。埋藏较深、多层重叠交错。无法进入的采空区，宜采用注浆、灌砂处理措施。若是采空区坑道走向、位置等查明困难地段，可采用桩板结构跨越处理。

十、高路堤设计

本线高路堤主要分布在夜郎站、遵义站及修文县站，其中夜郎站的 DK139 + 060 ~ DK139 + 170 左右侧均为高路堤工点，左侧最大边坡高度 34 m，右侧最大边坡高度 30 m。

地质条件良好地段路堤边坡高度不应超过 12 m，膨胀土等特殊岩土及岩溶发育区等不良地质区段不应超过 8 m，超过时，应考虑与桥方案进行技术经济比较，若必须以路堤方式通过时，应进行个别设计，保证路堤与地基的整体稳定，同时每填筑 1.8 m 高度进行冲击碾压，以确保本体快速沉降。

高路堤地段尽量利用优质填料、阶梯形边坡，加强边坡防护，当采用细粒土或易风化的软质岩改良土作填料时，边坡采用 4 m 宽的水平铺设的土工格栅加筋，竖向间距 0.6 m，坡面设截水骨架，内灌草护坡防护。若基底为斜坡且地下水位较高时，需进行稳定检算，必要时设置侧向约束抗滑措施，并在基底设置纵横向盲沟，排除地下水，增加基底稳定性。

第七节　路堑设计

本线路基范围主要分布地层为砂、泥页岩碎屑岩层，白云岩，泥灰岩间夹泥页岩地层，部分地段岩层顺层。全线路堑类型主要为深路堑、膨胀土路堑等。

一、深路堑设计

本线深路堑主要集中在桐梓北站、遵义站、息烽站及娄山关南—遵义站、遵义南—息烽区间。典型工点主要有 DK256 + 149 ~ DK256 + 395.6 区间软质岩深路堑边坡高 37.5 m、D1K211 + 760 ~

D1K211 + 980 采空区深路堑边坡最大高度 37.7 m、息烽站内 D2K292 + 760 ~ D1K211 + 980 硬质岩顺层边坡最大高度 52.2 m。

本线土质及风化破碎软质岩石地段边坡高度一般不应超过 15 m，硬质岩石地段不应超过 30 m，中—强膨胀岩（土）地段不应超过 10 m。超过时应考虑与隧道、明洞、棚洞作技术经济比较。若必须以路基通过时，应进行个别设计，首先应根据边坡地质特性，分析边坡的稳定性，然后再采取可靠稳妥的加固防护方案，保证路堑边坡的稳定。

地形较陡时，为保证路堑边坡稳定，降低边坡高度，减少土石方开挖数量和施工难度，降低路堑边坡开挖而引起工程坍塌或滑坡的可能性，设计中根据地质及地形情况，结合机械化施工工艺特点，根据“强腰固脚”“合理布置”的加固防护思想，于坡脚设置路堑挡土墙、锚固桩、桩板墙、桩间土钉墙等加固措施；墙顶或桩顶以上边坡采用骨架护坡、锚杆（索）框架梁对坡面进行加固防护，边坡较高时，应分级设置，并于边坡中部设置宽平台。

地形较缓时，可采取“矮挡墙、缓边坡”分级放坡开挖，一般在坡脚设置矮挡墙加固，地质条件较差时也可在坡脚设锚固桩加固；墙顶及桩顶以上边坡采用骨架护坡、锚杆框架梁护坡等，边坡较高时，应分级设置，并于边坡中部设置宽平台。

当路堑边坡为较完整的硬质岩时，采用光面爆破，或预裂爆破，局部坡面嵌补后种植爬山虎。边坡开挖邻近城镇附近人口密集区或既有线、高速公路等环境敏感区，路基边坡开挖应采用控制爆破。

二、膨胀土路堑设计

膨胀土路堑一般采用路堤式路堑形式，路堑边坡按“矮挡墙、缓边坡、宽平台、加强截排水”的原则进行设计，边坡较高时采用坡脚锚固桩预加固措施，坡面采用截水骨架护坡、锚杆框架梁护坡防护，必要时设置支撑渗沟加强排水。

基床表层采用 0.6 m 厚级配碎石填筑；基床底层结合设计段落的填料方案，弱—中膨胀土挖除换填 1.0 m 厚 A、B 组填料或改良土，中—强膨胀土换填 1.9 m 厚 A、B 组填料或改良土，换填底部设置 0.1 m 中粗砂夹一层复合土工膜或防排水板。

三、土质及全、强风化软质岩路堑设计

当地下水不发育时基床表层换填 0.5 m 厚级配碎石，加上 0.1 m 厚中粗砂夹一层复合土工膜；基床底层换填 0.5 m 厚 A、B 组填料或改良土，采用 A、B 组填料换填时侧沟采用带翼缘的截水侧沟。当地下水发育时，基床表层换填 0.6 m 厚级配碎石；基床底层换填 0.4 m 厚 A、B 组填料或改良土，换填底部设置 0.1 m 厚中粗砂夹一层防排水板，将基床下渗水及地下水引入两侧盲沟排出。

第八节　填料设计

渝黔线路总体而言挖方大于填方，大量的路堑挖方是路堤填料的主要来源，据初步审查意见，本线可合理利用土石方，不设取土场。因此，合理地选用路基填料，是确保路基稳定、降低工程造价、保护环境的关键。

一、填料采用原则

（1）土石方调配按照就近调配、尽量减少弃方的原则，尽可能移挖作填。填方地段除了利用弃方中合格的填料外，还与隧道、站场专业互调余缺。

（2）全线应尽量集中弃土，统一复垦或绿化。弃土场宜选在远离线路工程影响范围以外的平地、荒地上，弃土后整平还耕或绿化；不能设在沟谷汇水区、河流阶地、岸坡处，且应尽量远离桥墩、民房及其他重要建筑物。

（3）土石方调配中，如填料不符合规范要求需要改良时，作土质改良与远运合格填料方案技术经济比较。对于有成功改良经验的土类，周边合格填料运距超过经济运距时采用改良方案。

二、全线填料调配方案

本线路基在重庆境内路基挖方多为泥岩、泥岩夹砂岩，为 C、D 类填料，该段缺乏合格 A、B 类填料，因此当重庆市境内路基基床底层缺乏 A、B 组填料时，采用泥岩风化层细粒土或泥岩破碎后改良，分别于重庆境内设置 7 处改良土拌和站，由拌和站集中进行破碎改良后运至现场填筑。

贵州省境内路基挖方多为合格的 A、B 组填料，可直接移挖作填；对需要提前安排施工的高路堤和软土及松软土地段路堤（保证铺轨前有 6 个月以上的自然沉落时间），其填料来源要结合附近路堑和隧道工期综合考虑，尽可能就近选取路堑挖方、隧道和站场弃渣中的合格填料。

为减少对既有线行车干扰，确保施工安全，取弃土均不平跨既有线调配。根据全线填料来源情况，路基本体、基床底层及表层的填料分段初步采用方案见表 3-4-13，可根据施工单位和实际情况进行更改。

表 3-4-13　渝黔正线区间路基填料设计一览

段落	主要地层岩性	主要填料分组	填料采用方案		
			基床表层	基床底层	路基本体
重庆西至珞璜	泥岩夹砂岩、砂岩夹泥岩	C、D、E 组	级配碎石	A、B 组	C 组弱风化砂岩夹泥岩
珞璜至赶水	岩、泥岩夹砂岩、页岩	C、D、E	级配碎石	A、B 组	C 组弱风化砂岩夹泥岩
赶水至夜郎	泥岩、灰岩、泥灰岩	A、B、C、D 组	级配碎石	A、B 组	A、B、C 组
夜郎至贵阳	灰岩、白云质灰岩、泥灰岩页岩等	A、B、C、D 组	级配碎石	A、B 组	A、B、C 组
重庆枢纽相关配套工程	泥岩夹砂岩、砂岩夹泥岩、砂岩、泥岩页岩夹灰岩	C、D、E 组	A 组填料	A、B 组	C 组弱风化砂岩夹泥岩

第九节　过渡段设计

为确保不同结构物间的差异沉降满足要求，不同结构物间应设置过渡段，主要类型有：区间正线桥台与路基、路基与隧道、路基与横向结构物、两桥（隧）之间短路基、路堤与路堑、半堤半堑均需设置过渡段等。

一、桥台与路基过渡

（一）路堤与桥台

路堤与桥台连接处设置过渡段，过渡段基床表层以下采用级配碎石填筑。过渡段应与路基同时施工，紧靠桥台处使用大型机械碾压困难，在台背 2 m 范围内的填料中掺入 3%的普通硅酸盐水泥，用小型振动碾压机充分压实，过渡段设置见图 3-4-11。

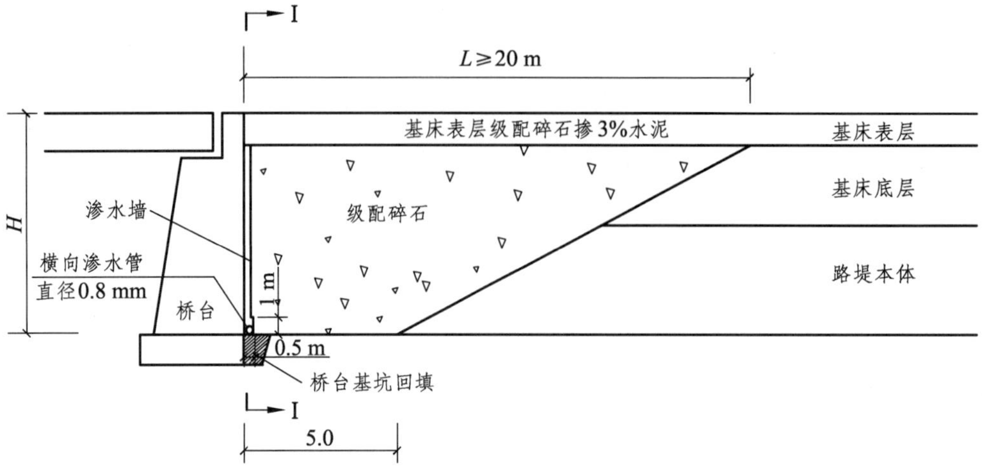

图 3-4-11　桥台与路堤过渡段设置

路堤与桥台过渡段的长度按公式取值：

$$L = 5 + m \times (H - h)$$

式中　L——过渡段长度（m）；

m——过渡段纵向坡度，$2 \leqslant m \leqslant 5$；

H——台后路堤高度（m）；

h——基床表层厚度（m）。

按上式计算出的过渡段长度不足 20 m 时，按 20 m 设置。

（二）路堑与桥台

土质及全风化软质岩路堑与桥台连接处设置过渡段时，采用渐变厚度的过渡形式，渐变范围采用级配碎石掺 3%水泥填筑。紧靠桥台处使用大型机械碾压困难时，用小型振动碾压机充分压实，过渡段设置见图 3-4-12。

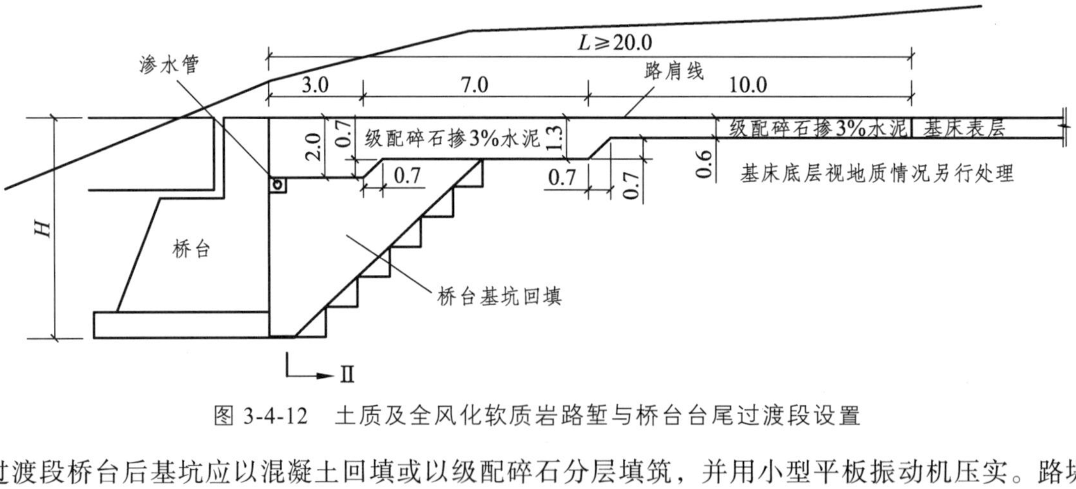

图 3-4-12　土质及全风化软质岩路堑与桥台台尾过渡段设置

过渡段桥台后基坑应以混凝土回填或以级配碎石分层填筑，并用小型平板振动机压实。路堤基底原地面平整后，用振动碾压机碾压密实，并使地基系数 $K_{30} \geqslant 60$ MPa/m。

过渡段应与其连接的路堤按整体同时施工，并将过渡段与连接路堤的碾压面按大致相同的高度进行填筑，级配碎石应充分振动碾压压实。

二、隧道与路堑过渡段

隧道与土质、风化软质岩、全风化硬质岩路堑间应设置渐变厚度的过渡段，渐变范围采用级配碎石掺 3%水泥填筑，单侧设置长度 20 m，过渡段示意见图 3-4-13。

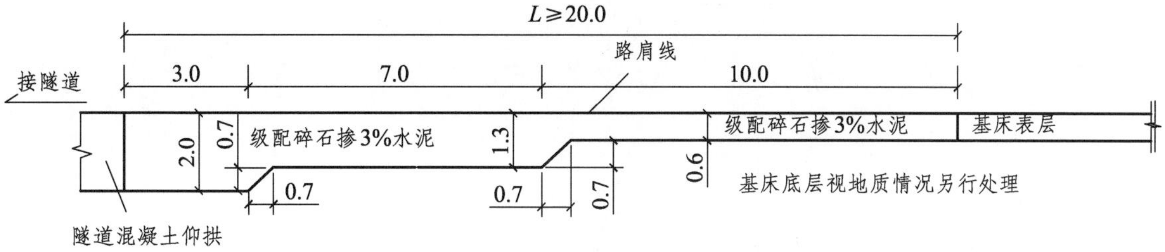

图 3-4-13 隧道与土质、软质岩、强风化硬质岩路堑过渡段设置方式（单位：m）

三、路堤与横向结构过渡段

路堤与横向结构物（立交框构、箱涵等）连接处均应设置过渡段，除横向结构物顶面距地面高度小于 1.0 m 且不足路堤高度的 1/2 时不设置过渡段外，其他情况均设置过渡段。当横向结构物顶距路基面距离大于等于 1.5 m 时，过渡段范围内采用级配碎石填筑，如图 3-4-14 所示；当横向结构物顶距路基面距离小于 1.5 m 时，横向建筑物顶面以上路堤以及过渡段范围内基床表层填筑级配碎石，如图 3-4-15 所示。

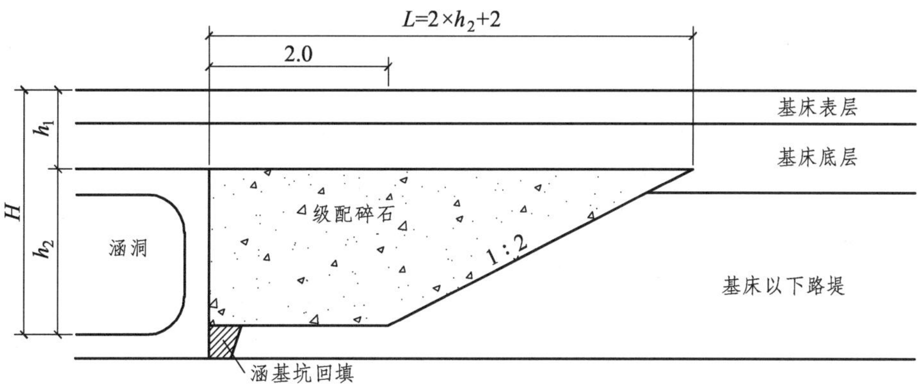

图 3-4-14 路堤与横向结构物过渡段设置方式（横向结构物顶至路基面的高度 $h_1 \geqslant 1.5$ m 纵向单侧，单位：m）

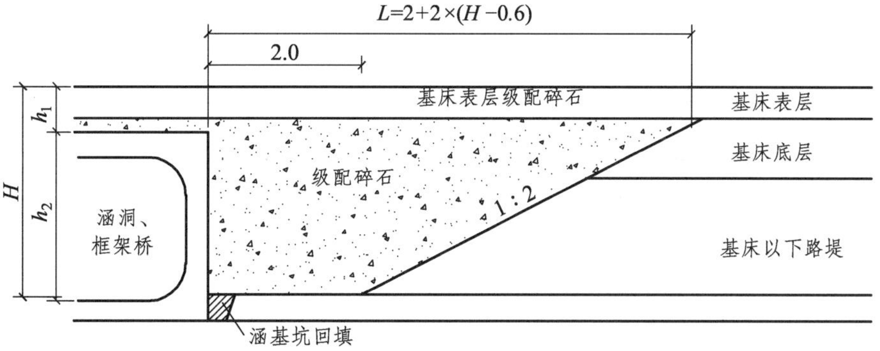

图 3-4-15 路堤与横向结构物过渡段设置方式（$h_1<1.5$ m 纵向单侧，单位：m）

路堤与横向结构物过渡段基坑应以混凝土回填或以级配碎石分层填筑并用小型平板振动机压实。路堤基底原地面平整后，用振动碾压机碾压密实，并使地基系数 $K_{30} \geqslant 60$ MPa/m。

当构筑物轴线与线路中线斜交时，首先采用级配碎石填筑斜交部分，然后再设置过渡段，过渡段尾部应与线路垂直。过渡段平面设置见图 3-4-16。

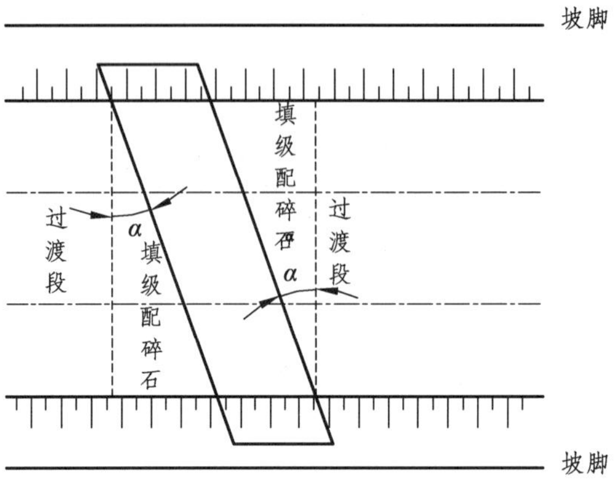

图 3-4-16　路堤与斜交横向结构物过渡段设置平面示意

四、路堤与路堑过渡

当路堤与路堑连接处为坚硬岩石路堑时，在路堑一侧顺原地面纵向开挖台阶，台阶高度≥0.6 m，并应在路堤一侧设置过渡段，过渡段采用级配碎石填筑，如图 3-4-17 所示。

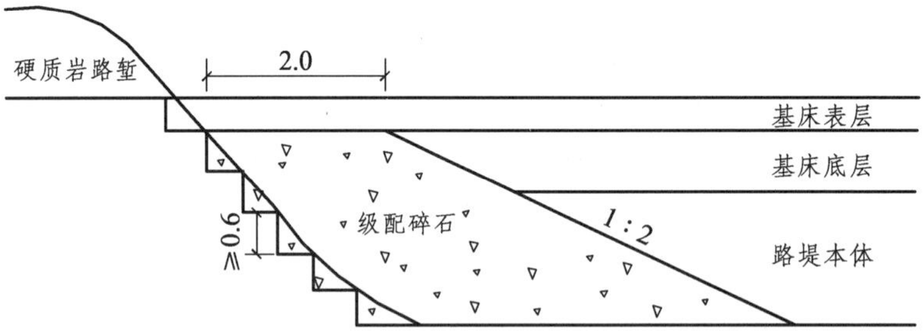

图 3-4-17　硬质岩石堤堑过渡段设置方式

当路堤与路堑连接处为软质岩石或土质路堑时，应顺原地面纵向挖成 1 : 2 的坡面，坡面上开挖台阶，台阶高度≥0.6 m，其开挖部分填筑应同路堤各相应要求，如图 3-4-18 所示。

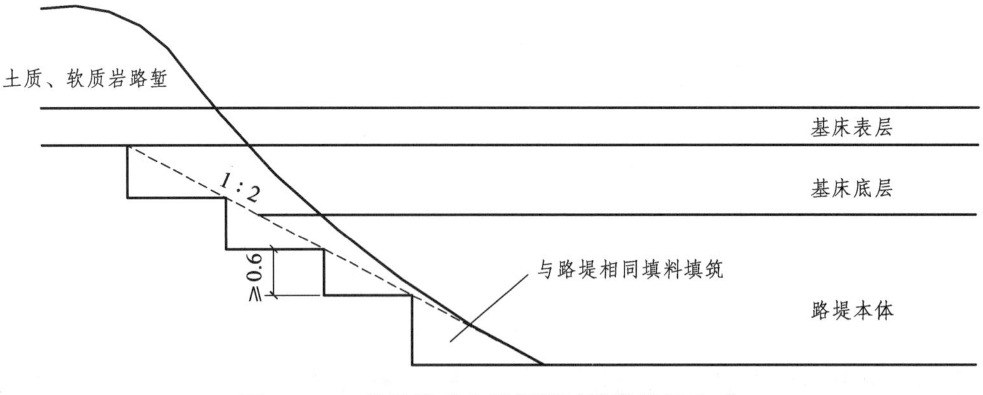

图 3-4-18　软质岩或土质堤堑过渡段设置方式

五、两桥（隧）之间短路基过渡

两桥（隧）之间短路基在 60 ~ 150 m 时，设置渐变厚度的过渡段，20 m 渐变厚度范围及渐变范围外基床表层采用级配碎石掺 3%水泥填筑，其下采用级配碎石填筑或 A、B 组填料或改良土填筑。紧靠桥台处设置大型机械碾压困难时，在台背 2 m 范围内的填料中掺入 3%的普通硅酸盐水泥，用小型振动碾压机充分压实。

两桥（隧）之间短路基小于或等于 60 m 时，全段路基范围基床采用厚 2 m 的级配碎石掺 5%水泥填筑，其下采用级配碎石掺 3%水泥填筑。

六、半挖半填路基及不同岩土组合路基

半填半挖路基轨道下横跨挖方与填方两部分时，挖方一侧中线外 2 m 范围内，应挖出至少 1 m 深，底部设置 4%向外排水坡。当挖方为硬质岩或按硬质岩路基处理时，填方采用级配碎石填筑。当挖方为土质、软质岩或按软质岩路基处理时，则采用符合基床底层条件的填料填筑。

枢纽联络线、疏解线等相关工程，桥台与路基、路堤与路堑、路基与横向结构物（立交框构、涵洞等）、半堤半堑均设置过渡段，过渡段采用 A 组填料填筑，按《路规》第 7.5 条执行。

七、岔区过渡

道岔区设在路涵、路隧、堤堑过渡段上，或道岔区范围内路基填高相差较大时，道岔区正线路基基床以下本体填料及压实标准同基床底层，并优先采用 A、B 组填料填筑。

第十节　路基防排水设计

路基排水应尽量与附近桥、涵、车站等工程的排水设备衔接，组成合理的排水系统，同时应考虑农田水利综合利用，不使农田失灌和冲毁。部分地段位于城区，排水设计时应考虑与城市排水系统结合。对于隔断既有地面天然排水系统和沿线农田灌溉排水设施地段，一般增设排灌涵和引排沟。为避免地表水对路基的侵蚀，路堤地段坡脚根据需要设置排水沟，路堑地段设置侧沟、天沟、边坡平台截水沟、吊沟等。对长大路堑应结合地形平纵面图设计，合理确定截排水沟的设置位置，并根据水力计算确定沟型及截面尺寸。地面排水设备沟底纵坡不应小于 2‰，所有水沟均采用 1/50 频率的流量进行设计，且沟顶应高出设计水位 0.2 m。

一、路基地表排水

对路基有危害的地面水，通过设置天沟、截水沟、排水沟，将水拦截引排至路基范围以外，防止水流冲刷路基。路基边沟、侧沟、天沟等地表排水设施应与天然沟渠和相邻的桥涵、隧道、车站等排水设施及路基面排水、坡面排水、电缆沟槽两侧排水衔接，组成完整的排水系统。

天沟、排水沟在地面横坡明显地段，一般在上方一侧设置；地面横坡不明显地段，一般在路基两侧设置，路堑边坡及路堤边坡平台处设置平台截水沟。

天沟、排水沟截面一般为 0.4 m × 0.6 m 梯形沟，设计速度为 200 km/h 地段采用钢筋混凝土现场浇筑，沟壁厚 0.15 m；设计速度为 200 km/h 以下地段采用 M7.5 浆砌片石砌筑，沟壁厚 0.3 m。

边坡平台截水沟截面一般为 0.4 m × 0.4 m 矩形沟，设计速度为 200 km/h 地段采用钢筋混凝土现场

浇筑，沟壁厚 0.1 m；设计速度为 200 km/h 以下地段采用 M7.5 浆砌片石砌筑，沟壁厚 0.3 m。

区间正线路堑侧沟一般采用底宽 0.5 m、深 0.8 m 的矩形侧沟，设计速度为 200 km/h 地段采用钢筋混凝土现浇，壁厚 0.2 m、底厚 0.2 m，侧沟平台采用 0.2 m 厚 C25 混凝土封闭；设计速度为 200 km/h 以下地段采用 M7.5 浆砌片石砌筑，壁厚 0.3 m、底厚 0.3 m。侧沟靠线路侧及挡墙侧预留泄水孔。

土质和软弱岩的排水沟、天沟采用 C30 钢筋混凝土，厚度为 0.15 m，一般按底宽 0.4 m 设计。路堑侧沟采用底宽 0.5 m、深 0.8 m 的矩形侧沟，采用 C30 钢筋混凝土现浇，壁厚 0.2 m、底厚 0.2 m。

其他设计原则如下：

（1）设计速度为 200 km/h 地段水沟（钢筋）混凝土强度等级按 60 年设计使用年限的耐久性要求并根据相应环境类别进行设计。

（2）若遇软土、黄土、膨胀土、欠固结土等特殊土地段，水沟应进行个别设计，满足排水结构的耐久性、沟底稳定性和防渗性要求。

（3）路堑边坡低凹处，当不能利用天沟引排地表水时，必须设置吊沟、急流槽、消能池，并按个别工点设计出图。

（4）路堑顶部有水田时，应在坡顶线以外 3 ~ 5 m 设一道挡水土埂，挡水土埂比田埂高 0.5 m，其宽度和坡度应满足土埂在设计水位情况下的稳定性要求。

（5）水流分散，不易引起冲刷和路基病害地段，在路堤坡脚设置 C30 混凝土护脚墙，护脚墙宽 0.5 m、高 1.5 m。

（6）对于需要扩大侧沟的地段，沟深原则上不超过 1.2 m，当流量不满足要求时，可加宽水沟，并根据实际情况可考虑设置路堤式路堑以利排水。

二、路基地下排水设计

路堑、低矮路堤地下水发育地段，根据其性质和特征设置明沟、边坡支撑渗沟、渗水盲沟等排水设施加强引排基底或坡面地下水。地下排水设施应与地表排水系统相配套，保证水路畅通无隐患。渗沟的出水口应设置端墙，端墙下部留出与渗沟排水通道大小一致的排水沟，端墙排水孔底面距排水沟沟底的高度不宜小于 20 cm；端墙出口的排水沟应进行加固，防止冲刷。

（一）渗水盲沟

低路堤、浅路堑地段，路堑位于富水地层或水田、地形凹槽，以及地下水位高于路基面以下 2.5 m 等地下水发育地段，于路堤基底、基床底层换填底部、排水沟或侧沟底部设置纵向盲沟，基床底层底部设置复合防排水板，加强地下水流排处理。所有纵向盲沟水排入涵洞或桥台前的沟渠中，困难时增设横向盲沟。

（二）边坡支撑渗沟

路堑边坡支撑渗沟设置间距一般为 6 ~ 10 m，当渗沟加固与截水骨架护坡同时采用时，渗沟设在主骨架处。渗沟宽 1.5 m，排水层最小厚度 1 m。渗沟中部采用干砌片石充填，底部采用混凝土封闭，厚 0.3 m。在水田、地形凹槽、地下水发育及膨胀土等地段路堑设置边坡支撑渗沟。

（三）改河改沟

路基工程应尽量避免改河工程。一般沟渠的改移，根据外业调查的水文、地质等资料及铁路主体工程的位置，综合考虑确定其改移位置。改移断面一般根据流量计算确定并不小于原沟渠截面，两端与原沟顺接。对复杂的较大的改移沟渠，根据水文资料，采用 1/50 洪水频率进行必要的水力计算并加 0.2 m 的安全高确定改沟截面尺寸。

改河设计力求顺河势，使新河槽符合自然河流特征，不致使水流重归故道。同时注意与农田水利工程相配合，保证技术上可靠，经济上合理。

三、路基面防排水设计

（一）无砟轨道路基线间排水

无砟轨道路基线间排水采用集水井，设置间距 50 m，再通过要设于路基内（基床表层下一定深度）的横向排水管将水引出至路堤坡脚外或排水沟、路堑侧沟内。

（二）基床表面及护肩防排水

路基基床表层铺设沥青混凝土防水层（无砟轨道路基为轨道基座边缘起），厚 7 ~ 8 cm，且路基面做成 4%的横向排水坡。路肩上的电缆槽、手孔均设置泄水孔，将槽水引出经边坡排水槽排出。

（三）地下水防排水设施

当地下水埋藏较浅或无固定含水层时，采用明沟、排水槽等设施；当地下水埋藏较深或较为固定含水层时，采用渗水隧洞、渗井等设施。

当地下水最高水位对路基基床有不利影响时，设纵向渗水盲沟排水，或设纵向透水管排水。纵向透水管、渗水盲沟和渗水隧洞的纵坡不宜小于 5‰，条作困难时亦不应小于 2‰。

存在含水层的路堑边坡以及地下水发育的路堑边坡，设置支撑渗沟，设置间距一般为 10 ~ 15 m，宽 5 m，排水层最小厚度 1.0 m；排水层与渗水的沟壁之间需设置反滤层，各层厚 0.15 m。

第十一节 路基防护工程设计

当路基土石方施工时或完毕后，应及时进行路基防护施工。各类防护与加固应在稳定的基础或坡体上施工。设有支挡结构物及排除地下水设施地段，应先作好支挡结构物、排水设施，再施作防护工程。防护的坡体表面应进行检查处理，防护设施应与坡面密贴结合。

路堑地段边坡根据路堑高度、边坡坡率、地层岩性以及地下水发育等因素分析采用；路堤边坡防护依据路堤边坡高度、填料性质及地基条件等确定。

一、路基支挡

需要设置挡土墙地段应根据地形、地质条件结合技术经济比较，一般选用施路集或个别检算进行设计。

挡土墙高度：一般路肩挡土墙以 8 m 为限，路堤挡土墙以 6 m 为限；路堑挡土墙一般以 10 m 为限，预设加固桩的桩间挡土墙墙高可增加至 12 m，挡墙超过以上高度时应按个别设计处理。

对于满足《铁路路基支挡结构物设计规范》（TB10025—2006）相关规定的路肩墙，应分别设置挡土墙防护栏杆和护轮轨。

挡土墙材料一般采用 C30 混凝土浇注，混凝土等级按耐久性要求根据相应环境类别进行设计。对高度较高的重力式挡土墙及轻型支挡结构，应适当提高安全系数。膨胀土地段挡土墙墙后设一层复合防排水网 + 0.5 m 厚袋装砂夹卵石作反滤层，一般挡土墙墙后设 0.3 m 厚的袋装砂夹卵石作反滤层，反滤层顶部及底部设置与挡土墙相同材料的隔水层。

二、路基坡面防护

（一）岩质路堑边坡

全（强）风化软质岩边坡，当边坡高度 $H<3$ m 时，采用灌草护坡，每隔 10 ~ 15 m 设置一道横向排水槽。当 $H\geqslant3$ m 时，采用浆砌片石截水骨架或锚杆框架梁内灌草护坡；弱风化软质岩边坡视边坡岩土性质、边坡高度，可因地制宜采用锚杆框架梁或空窗式护墙内喷混植生、植生袋植草等绿化措施。

较完整的硬质岩边坡，采用光面爆破 + 局部浆砌片石嵌补 + 种爬山虎防护；较破碎的硬质岩边坡，采用锚杆框架梁或空窗式护墙内植生袋植草、喷混植生、挂钢绳网等措施。

（二）土质路堑边坡

土质路堑边坡的土质及全风化路堑边坡高 $H<3$ m 时，全段路堑边坡采用灌草护坡。土质及全风化的岩石路堑或墙顶边坡高度 $H\geqslant3$ m 时，边坡一般环境采用浆砌片石截水骨架内灌草护坡。水田或负地形路堑等地下水发育地段采用支撑渗沟 + 人字截水骨架内灌草护坡防护或锚杆框架梁内灌草护坡。

（三）路堤边坡

全线路堤边坡均优先考虑采用绿色防护，主要设计原则如下：

（1）当边坡高度 $H<3$ m 时，采用排水槽结合灌草护坡；当边坡高度 $H\geqslant3$ m 时，采用浆砌片石截水骨架内灌草护坡；当边坡高度 $H\geqslant6$ m 时，非硬质岩填筑的路堤边坡两侧水平铺设土工格栅以增强坡面稳定性，土工格栅幅宽不小于 2.5 m，竖向间距 0.6 m。

（2）受洪水冲刷的路基边坡，在设防水位以下部分采取干砌、浆砌片石防护，路堤采用渗水土填筑。

（3）路堑边坡一般预留 1 ~ 2 m 侧沟平台，在硬质岩石路堑地段于侧沟平台处设置培土坑种植爬山虎以作边坡绿化。路堑边坡在土石分界处、透水和不透水层交界面处，应设置边坡平台，平台宽度宜为 2 ~ 3 m，平台靠山侧采用 C25 混凝土截水沟。路堤坡脚外天然护道宽度一般不小于 2 m，当遇到高产作物田或优质良田时，护道宽度可减至 1 m 或采用路堤护脚墙加固，脚墙平台宽 0.5 m，墙高 1.5 m。

第十二节　路基沉降控制设计

一、路基工后沉降控制要求

（一）无砟轨道路基变形控制要求

无砟轨道路提填筑后，对路基沉降进行系统观测与分析评估，在路基完成或施加预压荷载后应有 6 ~ 18 个月的观测和调整期，分析评估沉降稳定满足设计要求后方可铺设无砟轨道。

路基在无砟轨道铺设完成后的工后沉降需满足扣件调整和线路竖曲线圆顺的要求。工后沉降一般不超过扣件允许的沉降调高量（15 mm）；沉降比较均匀并且调整轨面高程后的竖曲线半径满足要求允许的最大工后沉降量（30 mm）。路基与桥梁、隧道或横向结构物交界处的差异沉降不应大于 5 mm，过渡段沉降造成的路基与桥梁或隧道的折角不应大于 1/1 000。

（二）有砟轨道路基变形控制要求

在系统分析地基土（含路堤、路堑各种地基条件）成因类型、分布范围、埋藏规律、分层厚度及分层物理力学指标的基础上，结合路基设计参数及工程类型分布进行分工点横断面和纵断面稳定检算及沉降分析。工后沉降控制标准见表 3-4-14，对不满足工后沉降控制标准的地基需进行处理。

表 3-4-14　路基工后沉降控制

速度目标值	工后总沉降/cm	桥头路基工后沉降量/cm	沉降速率/（cm/a）
200 km/h	15	8	4
120 km/h 及以下枢纽工程	20	10	5

为有效控制路基工后沉降，有砟轨道路基填筑施工完成后，要保证有 6 个月以上的沉降观测和调整期。

二、路基工后沉降观测方法

铁路路基作为变形控制十分严格的土工构筑物，必须进行沉降变形动态监测，以指导施工及确定无砟轨道结构施工和铺轨时间。由于路基工后沉降要求高，选用的监测设备应精度高、性能稳定，同时尽量避免造成施工干扰。

路基沉降观测一般以路基面沉降和地基沉降观测为主，设置沉降板、观测桩或剖面沉降观测装置等。

（一）路基面沉降观测概况

所有高路堤路基、道岔区、路桥过渡段及进行地基加固的路基工点（包括软土、松软土工点，以及沉降不能满足要求的黏性土地基）均设置沉降观测仪标。监测断面布设原则为：每个工点设置不少于 2 个观测横断面，间距不大于 100 ~ 150 m，过渡段及地形地质条件复杂地段适当加密。每个观测横断面均在线路中心埋设沉降观测板，在两侧距相应侧线路中心 3.2 m 处设置观测桩；软土路堤，每个观测断面在路堤两侧坡脚外 1 ~ 2 m 及 10 ~ 12 m 处再布置 1 个木制观测桩，各观测桩及沉降板位于同一断面上。

1. 观测时间

对软土工点、高填方工点路基面和地基的沉降观测时间不小于 6 个月并对沉降数据进行分析，判断路堤沉降是否稳定以及工后沉降是否满足轨道铺设要求，路基工后沉降满足铺设轨道要求后方可进行轨道施工。

2. 监测精度及频率

监测仪器可采用 DS_2 精密水准仪、测微器、3 m 水准尺、剖面沉降观测仪，测量精度一般应达到二级水准测量标准。

测量频率：在路堤填筑期间，应每天监测一次，各种原因暂时停工期间，前两天每天监测一次，以后每三天测试一次。填筑施工完成后，前 15 天内每 3 天监测一次，第 15 ~ 30 天每星期监测一次，第 30 ~ 90 天每 15 天监测一次，以后每个月监测一次至验交运营。设永久性观测桩软土路堤工点，运营后两年内每个月监测一次。如观察变形出现异常时，应重点研究评估本段路堤的稳定性，并迅速采取加固措施、确保行车安全。路基沉降观测频次标准如表 3-4-15 所示。

表 3-4-15　路基沉降观测频次

观测阶段	观测频次	
填筑或堆载	一般	1 次/天
	沉降量突变	2 ~ 3 次/天
	两次填筑间隔时间较长	1 次/3 天

续表

观测阶段	观测频次	
堆载预压或路基施工完毕	第 1～3 个月	1 次/周
	第 4～6 个月	1 次/2 周
	6 个月后	1 次/月
架桥机（运梁车）通过	全程	前 2 次通过前后各 1 次；其后每 1 次/天，连续 2 次；其后 1 次/3 天，连续 3 次；以后 1 次/周
轨道铺设完成后	第 1 个月	1 次/2 周
	第 2、3 个月	1 次/月
	3～12 个月	1 次/3 月

（二）路基面沉降监测方法

沉降监测桩和沉降板采用电子水准仪按二级测量标准测量柱顶标高观测，测量精度为 ± 1.0 mm，读数取位至 0.1 mm。沉降板观测时，在测杆头上套一个专用的测量帽，测量帽下部以刚好套入测杆为宜，测量帽上部以中心设一半球型测点位移边桩采用全站仪测量边桩标高及距基柱的距离观测，测距误差 ± 1.0 mm。

采用横剖仪和水准仪进行横剖面沉降观测。每次观测时，首先用水准仪测出剖面管一侧的观测桩顶高程，再把横剖仪放置于观测柱顶测量初值，然后将横剖仪放入横剖管内测量各测点。

沉降板由钢板或 C15 钢筋砼预制底板、测杆和保护套管组成，钢底板尺寸为 500 mm × 500 mm × 10 mm，钢筋砼底板尺寸为 500 mm × 500 mm × 30 mm，测桩采用ϕ40 mm 钢管，与底板固定在垂直位置上，保护套管采用塑料套管，套管尺寸以能套住测杆并使标尺能进入为宜，随着填土的增土的增高，测杆和套管亦相应加高，每节长不超过 50 cm。接高后测杆顶面应略高于套管上口，测杆顶用顶帽封住管口，避免填料落入管内而影响测杆下沉自由度，顶帽高出碾压面高度不大于 50 cm。

位移桩（边桩）采用 C15 钢筋砼预制，断面采用 15 cm×15 cm 正方形，长度不小于 1.5 m，并在桩顶预埋半圆形不锈钢耐磨测头。

第十三节　设计优化与变更

渝黔铁路自施工开始，截止到 2017 年 7 月，路基设计没有 I 类变更设计，与路基相关的Ⅱ类变更设计共 499 处。

第五章　桥涵设计

第一节　桥涵工程概况与特点

一、设计范围

设计范围主要由区间正线、重庆枢纽、贵阳枢纽三大部分组成，详见第三篇第二章第一节。

二、设计数量

渝黔线施工设计共有铁路桥梁 280 座-113 007.398 m（渝黔正线 234 座-97 323.67 m），其中：特殊桥 46 座，计 33 459.236 m；框架桥 44 座，计 33 028.789 m^2；盖板箱涵 275 座，计 9 284.71 横延米；框架涵 24 座；倒虹吸 10 座，计 243 横延米；人行天桥 6 座，计 1 222.565 m^2；渡槽 1 座，计 81.46 m；地道 12 座。

三、设计特点

（1）地质、地形条件复杂。本段线路长，工程地质复杂，不良地质及特殊地质较多。

（2）刚度大。除控制挠度、梁端转角、扭转变形、结构自振频率外，还要限制预应力徐变、不均匀温差引起的结构变形，并进行车桥耦合动力响应分析。

（3）耐久性要求高。要承重结构按 100 年使用要求设计。

（4）墩台基础的沉降控制严格。其工后沉降量不应超过表 3-5-1 所列容许值。

表 3-5-1　工后沉降标准

序号	技术标准	墩台均匀沉降量	相邻墩台沉降量之差
1	200 km/h 有砟轨道	≤50 mm	≤20 mm

（5）多种孔跨结构并存。跨越主要交通干线或通航河流采用连续刚构、连续梁、斜拉桥等特殊结构的大跨度梁式。

（6）重视桥梁建筑美学。本段桥梁在设计时，除考虑结构安全性与经济性之外，还同时从桥梁美学效果综合考虑桥梁形式美、功能美以及与环境的协调性，从时代需求出发，努力塑造新颖、美观的桥梁造型。

四、重点桥梁

连续梁、连续刚构、拱桥、钢桁梁桥等均列为重点桥梁，正线及客车线共有 39 座重点桥梁工程，如表 3-5-2 所示。

表 3-5-2　重点桥梁一览

序号	中心里程	桥梁名称	孔跨式样	全长/m
1	K2＋667.048	五斗湾左线大桥	1×24 m＋（32＋56＋32）m 连续梁	157.07
2	K11＋408.605	田家园双线大桥	10×32 m＋1×32 m（道岔简支梁）＋4×32 m（道岔连续梁）	499.55
3	K33＋932.888	跳蹬镇双线特大桥	8×32 m＋（44＋80＋44）m 连续梁＋6×32 m	638.69
4	K35＋925.888	水鸭田双线特大桥	2×24 m＋5×32 m＋（40＋64＋40）m 连续梁＋11×32 m＋2×24 m	776.35
5	K39＋742.476	新白沙沱长江多线特大桥（客线）	25×32 m＋（81＋162＋432＋162＋81）m 钢桁梁斜拉桥＋69×32 m＋1×24 m＋3×32 m＋（68＋128＋68）m 连续梁＋17×32 m＋（32＋48＋30）m 连续梁＋（30＋48＋32）m 连续梁＋2×24 m＋3×32 m	5 320.330
6	K64＋493.48	杨柳井双线特大桥	10×32 m＋2×24 m＋（48＋80＋48）m 连续梁＋2×32 m	629.411

续表

序号	中心里程	桥梁名称	孔跨式样	全长/m
7	K78＋499.875	驸马祠双线特大桥	2（2×24＋4×32＋1×24＋9×32＋3×24） m	582.331
8	K84＋067.875	邓家河七线大桥	2×24 m＋（2×48）m T 构＋1×32 m	190.600
	K84＋074.375		1×24 m＋1×32 m＋（2×48）m T 构＋1×24 m	190.600
9	K87＋553.082	螺蛳坝綦江双线大桥	（68＋128＋68）m 连续刚构＋1×32 m	311.900
10	K95＋167.082	豹子岩綦江双线特大桥	7×32＋（68＋128＋68）m 连续刚构＋7×32 m＋2×24 m	781.900
11	K116＋035.498	赶水东四线道岔特大桥	（24＋2×32＋24）m 连续梁＋6×32 m＋（24＋5×32＋24）m 连续梁	532.850
12	K116＋793.848	赶水綦江双线特大桥	2×32 m＋（72＋128＋68）m 连续刚构＋6×32 m＋（36＋64＋36）m 连续梁＋5×32 m＋2×24 m	890.620
13	K123＋995.848	马渡河双线特大桥	7×32 m＋（48＋2×80＋48）m＋6×32 m＋2×24 m	741.107
14	K129＋726.868	两合江双线特大桥	1×24 m＋5×32 m＋（68＋128＋68）m 连续刚构＋6×32 m	662.600
15	K130＋947.868	观音桥双线特大桥（正线）	1×32 m＋（48＋3×80＋48）m 连续刚构＋（56＋96＋56）m 连续梁＋1×32 m	623.900
16	K136＋921.868	小张坝双线大桥	（40＋72＋40）m 连续梁	164.350
17	K158＋683.166	夜郎河双线特大桥	5×32 m＋370 m 钢筋砼拱＋16×32 m	1 120.800
18	K160＋137.166	夜郎镇站道岔特大桥	2×24 m＋（36＋2×64＋36）m 连续梁＋8×32 m＋（44＋2×64＋44）m 连续梁＋3×32 m＋1×24 m＋3×32 m＋2×24 m	1 010.200
19	K167＋348.007	刘家大院双线特大桥	9×32 m＋（60＋96＋56）m 连续刚构＋2×32 m	589.437
20	K171＋676.007	田坝双线大桥	（46＋2×90＋54）m 连续梁＋1×24 m	318.574
21	K190＋710.216	天门河四线道岔大桥	3×32 m 连续梁＋8×32 m＋1×24 m	396.600
22	K201＋372.751	沙坝双线特大桥	5×32 m＋（36＋56＋36）m 连续梁＋7×32 m＋3×24 m	605.005
23	K213＋414.981	观坝乡双线特大桥	18×32 m＋（6×32）m 连续梁＋1×24 m	819.752
24	K227＋034.017	水庄组双线大桥	1×24 m＋（36＋56＋36） m 连续梁＋2×32 m	232.000
25	K231＋027.53	魏家桥双线特大桥	（25＋48＋25）m 连续梁＋14×32 m	567.000
26	K243＋624.656	朱家坝道岔大桥	7×32 m 连续梁	238.900
27	K245＋111.656	遵义东道岔大桥	4×32 m 连续梁＋1×32 m＋（7×32） m 连续梁＋1×24 m	426.100
28	K245＋640.656	小河口湘江双线特大桥	（36＋2×64＋36） m 连续梁＋2×32 m＋（40＋2×64＋40） m 连续梁＋10×32 m＋1×24 m＋4×32 m＋3×24 m	1 042.140
29	K252＋398.156	向家湾山双线特大桥	2×24 m＋16×32 m＋3×24 m＋1×32 m＋（54＋100＋54）m 连续梁	901.400
30	K260＋962.716	后坝湾双线特大桥	2×32 m＋1×24 m＋（33＋48＋33）m 连续梁＋1×24 m＋11×32 m＋1×24 m	624.720
31	K285＋452.121	朝门乌江双线大桥	1×32 m＋（92＋168＋92）m 连续刚构＋1×32 m	429.600
32	K306＋366.312	大干沟双线特大桥	1×24 m＋17×32 m＋（68＋128＋68）m 连续刚构＋3×32 m	959.500

续表

序号	中心里程	桥梁名称	孔跨式样	全长/m
33	K312＋369.871	坪上双线特大桥	2×24 m＋4×32 m＋（40＋2×64＋40）m 连续梁＋3×24 m＋3×32 m＋（48＋2×80＋48）m 连续梁＋4×32 m＋2×24 m＋（36＋56＋36）m 连续梁＋20×32 m	1 796.320
34	K321＋836.371	三水寨双线特大桥	1×24 m＋4×32 m＋（48＋80＋48）m 连续梁＋1×32 m＋2×24 m＋5×32 m	593.760
35	K357＋121.849	朱劳 1 号四线特大桥	1×24 m＋29×32 m＋（38＋64＋38）m 连续梁＋1×32 m＋1×24 m＋5×32 m	1 345.490
36	K358＋399.999	杨柳冲 2 号双线特大桥	2×24 m＋4×32 m＋1×24 m＋（32＋48＋32）m 连续梁＋13×32 m＋1×24 m＋（32＋48＋32）m 连续梁＋20×32 m	1 545.745
37	K360＋001.199	冷水村 1 号三线大桥	4×32 m＋7×32 m 变宽连续梁	372.300
38	K360＋296.799	冷水村 2 号双线大桥	1×32 m＋（32＋48＋32）m 连续梁＋3×32 m＋1×24 m	287.400
39	K360＋736.499	马夫田 1 号三线中桥	（1×16＋3×20＋1×16）m 三线连续刚构	109.100

第二节　设计原则与采用的主要技术标准

一、设计依据与遵循的规程

（1）《铁路技术管理规程》（TG/01—2014）；
（2）《铁路桥涵设计基本规范》（TB 10002.1—2005）；
（3）《铁路桥涵钢筋混凝土和预应力混凝土结构设计规范》（TB 10002.3—2005）；
（4）《铁路桥梁钢结构设计规范》（TB 10002.2—2005）；
（5）《铁路桥涵混凝土和砌体结构设计规范》（TB 10002.4—2005）；
（6）《铁路桥涵地基和基础设计规范》（TB 10002.5—2005）；
（7）《铁路工程水文勘测设计规范》（TB 10017—99）；
（8）《铁路工程抗震设计规范》（GB 50111—2006）（2009 版）；
（9）《铁路无缝线路设计规范》（TB 10015—2012）；
（10）《铁路工程设计防火规范》（铁建设〔2009〕62 号）；
（11）《铁路工程环境保护设计规范》（TB 10501—98）；
（12）《铁路混凝土结构耐久性设计规范》（TB 10005—2010）；
（13）《铁路桥梁检定规范》（铁运函〔2004〕120 号）；
（14）《铁路安全管理条例》（2013 年 8 月 17 日国务院令第 639 号）；
（15）《客货共线铁路桥涵工程施工技术指南》（TZ 203—2008）；
（16）《铁路桥涵工程施工质量验收标准》（TB 10415—2003）；
（17）《铁路建设项目预可行性研究、可行性研究和设计文件编制办法》（铁建设〔2007〕152 号）；
（18）《城市道路工程设计规范》（CJJ 37—2012）；
（19）《公路钢筋混凝土及预应力混凝土桥涵设计规范》（JTG D62—2004）；
（20）《公路桥涵地基和基础设计规范》（JTG D63—2007）。

二、主要技术标准

1. 使用年限

主要承重结构按 100 年使用年限设计。

2. 设计活载

设计活载主要采用：中－活载。

3. 设计洪水频率

设计洪水频率分别是：桥梁 1/100，涵洞 1/100；技术复杂、修复困难或重要的大桥和特大桥检算洪水频率：1/300；当观测洪水或调查洪水频率小于设计洪水频率时，按《铁路桥涵设计基本规范》相关要求办理。

4. 净空及建筑限界

（1）建筑限界按《铁路技术管理规程》中的客货共线铁路建筑限界（$v > 160$ km/h）桥隧建筑限界（电力牵引区段）执行，并考虑曲线上限界加宽值。

（2）上跨铁路建筑物净空按（1）中所述建筑限界及接触网专业要求控制，并考虑建筑物沉降及变形，净高酌情留富余量。

（3）铁路桥（涵）跨越等级道路时，桥下净空满足《公路工程技术标准》《城市道路工程设计规范》的要求；乡村道路下穿铁路时，其净空根据通道种类和交叉条件及有关单位协议确定，但不小于表 3-5-3 所列数值。

表 3-5-3　立交桥（涵）下乡村道路净空

名　　称	高度/m	宽度/m
人力车和人行通道	2.2	4.0
机耕和畜力车通道	2.7	4.0
汽车及大型农机通道	4.5	5.0

（4）铁路桥梁跨越铁路时，桥下净空满足所跨铁路的建筑限界。

（5）铁路桥梁跨越通航河流时，桥下净空满足《内河通航标准》要求及航道主管部门审批意见；跨越不通航河流时，桥下净空满足《铁路桥涵设计基本规范》的要求。

（6）排洪涵及灌溉涵的涵内净空高度满足《铁路桥涵设计基本规范》的要求。

第三节　基础工程设计

桥梁下部结构投资占桥梁总投资的 1/2 以上，下部结构系统研究对桥梁设计的经济性意义重大。结合沿线地质条件，对无砟轨道无缝线路与桥梁下部结构的关系、影响桥梁下部结构刚度的主要因素、不同地质条件下桥墩和基础刚度的合理分配、基础布置形式等做了系统研究。桥梁基础有桩基础、扩大基础两种，以桩基础为主，部分地质条件、地形条件适宜墩台采用扩大基础。渝黔线的桥梁墩台基础一般采用钻（挖）孔桩基础或明挖基础。

一、地基与基础设计要点

（1）桥梁基础类型应根据地质、水位等情况综合比较，可选用明挖扩大基础、钻（挖）孔桩基础或沉井基础。一般挖方深度不大于 6.0 m，地基承载力较高且沉降较小时，可采用明挖基础，否则宜采用桩基础或挖井基础。若墩台受地形控制，有条件时可采用嵌固桩等其他基础形式。

（2）位于河槽中的桥梁墩台基础，均考虑冲刷问题，合理确定基础埋置深度。天然河槽中采用深基础（桩基础）。

（3）同一墩台基础的桩基中不应同时采用摩擦桩和柱桩，也不宜采用长度相差过大的桩，当长度相差过大时，应进行结构检算。

（4）对于桩基础，当桩长较短（挖深不大于 12 m）、无不良地质，且土层为无地下水或少量地下水时，可采用挖孔桩，桩径应不小于 1.25 m；否则，一般采用钻孔桩，桩径一般不小于 1.0 m。

（5）正线双线桥墩基础采用桩基时按不小于 8 根桩设计，桩径不小于 1.0 m。

（6）水中桩基础应根据水深、河床地层、围堰类型等情况确定承台高度，并应通过冲刷计算确定自由桩长的取值。

（7）位于陡坡上的墩台，基坑开挖应合理采取永久及临时相结合的防护工程措施；其坡面永久回填线不应陡于 1∶3，并应考虑对坡面进行防护。

（8）水中基础设计时，应根据水深、流速等因素确定采用编织袋围堰、钢筋混凝土围堰、钢板桩围堰、单或双壁钢围堰及吊箱围堰等进行施工。

二、防护工程

（1）受水文控制的桥台锥体应采用 35 cm 厚 M10 浆砌片石铺砌，下设 10 cm 厚碎石垫层；一般旱桥采用厚度不小于 25 cm 干砌片石铺砌，下设 15 cm 厚碎石垫层。

（2）桥下河（沟）水流对桥梁墩（台）有安全影响或墩（台）对行洪有影响时，应根据情况作相应的挡护或防冲刷铺砌。

（3）对边坡陡坎应结合工点实际情况综合考虑采用刷坡、清方、支挡、铺砌、网喷混凝土、预加固桩、土钉墙等防护措施。

（4）坡面危岩落石应根据实际情况采用清方、嵌补、布鲁格网、锚索和钢轨（或型钢）挡护等措施。

（5）位于既有线（道）路边的基坑开挖防护，应结合开挖深度、地质情况、场地条件、与既有线（道）路的距离等实际情况进行综合比选后采用带挡、钢轨桩防护、挂网锚喷混凝土等防护措施。

（6）上跨既有线（道）路的桥梁，悬臂浇筑施工时，应设置防护棚架，对既有铁路接触网应采取绝缘措施。

第四节　墩台设计

本线桥梁的墩台设计遵循以下要点：

（1）同一座桥宜采用同一种墩台形式，以方便施工，外形尽量协调一致。

（2）根据各桥不同的水文、地形、地质情况，单线桥台一般采用 T 台、挖方内桥台，特殊情况下可选用埋式桥台，双线桥台一般采用双线 T 形空心桥台。

（3）桥墩一般采用实体矩形、圆端形墩。对墩高超过 30 m 的高墩宜采用相应的空心桥墩。站内多线桥也可根据股道布置及墩高等情况采用柱式墩；同时也可根据桥梁所处环境需要，采用与环境相协调的其他墩型。

（4）城市和公路附近的桥梁墩台设计时，考虑美观和与周边环境协调一致等要求。

桥墩顶除通过支座支承梁部外，还有其他附属功能，如更换支座时千斤顶摆放空间、防止落梁和防止梁部移动设施、检查或更换支座时工作空间、墩顶排水等。

一般桥梁孔跨布置以 32 m 为主，局部采用 24 m 调跨，简支 T 梁正线采用通桥（2012）2201 梁，到发线和联络线采用通桥（2012）2101 梁。有通航、立交要求及桥位地形陡峻或跨越大型河流的桥梁，为满足通航、立交要求，同时减少施工难度，采用大跨度预应力混凝土梁或钢桁梁。

墩台基础设计均为逐个单独设计检算，根据地形、地质情况采用桩基础或明挖扩大基础。桩长达到 12 m 或地表、地下水发育的地区桩基采用钻孔桩，其余采用挖孔桩。

第五节　常用跨度桥梁设计

一、桥涵孔跨类型的选用

（1）原则上采用一河一桥，通航河流上，桥梁中心线与河道航线宜正交；对变迁性河道，应考虑其对通航的影响，宜适当增加通航孔。

（2）桥跨布置应结合地形地貌、河流水文、工程地质、跨越功能、工程投资、施工工期、施工技术条件等因素，综合比选。一般宜按 32 m 等跨布置，24 m 辅助布跨，台高按 6 ~ 8 m 控制；若跨越道路、河流等不能满足跨越要求时，可布置大跨度桥梁结构或其他特殊结构跨越。同一座桥梁宜采用等跨及相同类型的桥跨结构布置，当采用不等跨时，一般不宜超过两种梁跨。

（3）桥孔布置尽量避开不良地质和地下管线。

（4）傍山地段的桥梁，当地面坡度较陡且地质条件较差时，桥跨均考虑适当放大。

（5）地质复杂及陡坡地段，为避免高桥台、大锥体，适当加大桥梁孔跨及桥长。与隧道相连的桥梁应注意构造上的衔接和对施工顺序的要求，并应对边坡进行防护设计。

（6）跨越道（铁）路时，应根据所跨越空间和容许的结构建筑高度，选择相适应的各种桥式方案进行综合比选。

（7）跨越河流时，应考虑桥墩对行洪的影响；当为通航河流时，应根据《内河通航标准》的要求布置孔跨，并经航道主管部门认可。

（8）无缝道岔应尽量避免设置在桥梁上，当确需上桥时，应满足轨道专业的要求。

（9）新建与既有桥较近的跨河桥梁时，尽量顺流向对孔布置孔跨，以减少壅水及冲刷，保证水流顺畅。

（10）新建与既有桥较近的谷架桥时，根据其线间距的大小、新建桥施工对既有线运营的干扰程度以及施工难易程度等具体情况，采用对孔布置或错孔布置。

（11）对水文控制的部分既有梁式小桥，当新建铁路与既有线间距较小时（$d \leqslant 5$ m），根据既有桥基础大小、埋置深度等具体情况，新建铁路桥采用框架桥（涵）接长。

（12）一般地段路桥分界高度 6 ~ 8 m；在城镇附近可采用 5 ~ 6 m；当路基地基位于软土、深厚层软土地段时，地基处理困难，投资巨大，根据路基专业要求（经技术经济比较后）协商确定；当桥位地形顺线路方向较平，桥台较高，需要延孔，但延孔孔数较多并对降低台高效果不明显，且拟定延孔段无较大控制因素时，经与路基专业协商后，可根据实际情况采用较高桥台。

（13）正线两桥台尾间为填方路堤时距离不宜小于 150 m，铁路桥梁桥台与涵洞、框架等下穿结构的净距不宜小于 30 m。当遇经济技术方面的问题时（如拉通设桥开挖为较好地质、延长桥梁取消下穿净空不足等），可视具体情况确定间距，并与路基专业协商是否需作刚性过渡段。

二、桥梁上部结构

（1）全线客车设计行车速度 200 km/h 段落：正线以及车站到发线和牵出线采用时速 200 km 客货共线铁路 T 形梁（通桥〔2012〕2201）。

（2）正线道岔区梁部根据需要采用等宽或变宽连续箱梁。车站内联络线、疏解线及两枢纽内货车线等其他线采用预应力混凝土简支 T 形梁（通桥〔2012〕2101）；与 2101 梁配套的道岔梁采用时速 160 km 客货共线铁路预应力混凝土简支 T 形道岔梁（贰桥〔07〕2007）。

（3）跨越通航、行洪河道、高等级公路立交位置处，根据通航、行洪论证结论、立交道路协议等，采用大跨度预应力混凝土连续梁、连续刚构或其他特殊结构。

（4）除大跨度桥梁外，如无其他特殊要求，桥跨一般按等跨布置，尽量减少变跨桥梁，但受河道、道路、光缆、管线等控制时，则不受此限制。

第六节　特殊结构桥梁设计

渝黔线上有两座桥梁采用了较为特殊的结构，一座是新白沙沱长江特大桥，为钢桁梁斜拉桥，分为上、下分层六线铁路桥，主桥采用（81 + 162 + 432 + 162 + 81）m 六线铁路钢桁梁斜拉桥，上层为四线客车线，下层为双线货车线。大桥系通航、行洪、环保、地形、车站、立交及水文等因素控制设计。另一座是夜郎河双线特大桥，主跨采用 370 m 上承式钢筋混凝土拱桥形式。

一、新白沙沱长江特大桥

（一）线路工程设计

1. 渝黔客车线

中心里程：K39 + 742.476，全长 5 320.334 m，桥梁跨径布置为 25 × 32 m（简支梁）+（81 + 162 + 432 + 162 + 81）m 钢桁 + 69 × 32 m（简支梁）+ 1 × 24 m（简支梁）+ 3 × 32 m（简支梁）+（68 + 128 + 68）m 连续梁 + 17 × 32 m（简支梁）+（32 + 48 + 32）m 连续梁 + 2 × 24 m（简支梁）+（32 + 48 + 32）m 连续梁 + 3 × 32 m（简支梁）。

桥梁范围为：K38 + 459.149 ~ K43 + 779.482，全长 5 320.334 m。

2. 渝黔货车线

中心里程：HD1K846 + 986.444；孔跨布置：（81 + 162 + 432 + 162 + 81）m 钢桁梁斜拉桥 + 19 × 32 m。

桥梁范围为：HD1K846 + 520.594 ~ HD1K848 + 074.144，全长 1 553.550 m。

3. 渝湘预留通道

中心里程：YXAK18 + 154.377；孔跨布置：25 × 32 m +（81 + 162 + 432 + 162 + 81）m 钢桁梁斜拉桥 + 50 × 32 m。

桥梁范围为：YXAK16 + 871.271 ~ YXAK20 + 250.749，全长 3 379.478 m。

（二）设计特点

主桥采用半漂浮体系的双塔双索面双层钢桁梁斜拉桥，主桥全桥长 920.4 m。上层布置为渝长客运双线和渝黔客运双线，下层布置为渝黔货运双线。主塔总高 188.2 m，斜拉索布置为平行的扇形双索面，全桥共 56 组斜拉索。主塔基础采用钻孔灌注桩基础。引桥采用下部实体上部三柱双层框架墩，桥面板采用正交异性钢板 16 mm，U 形加劲肋，新白沙沱长江特大桥如图 3-5-1 所示。

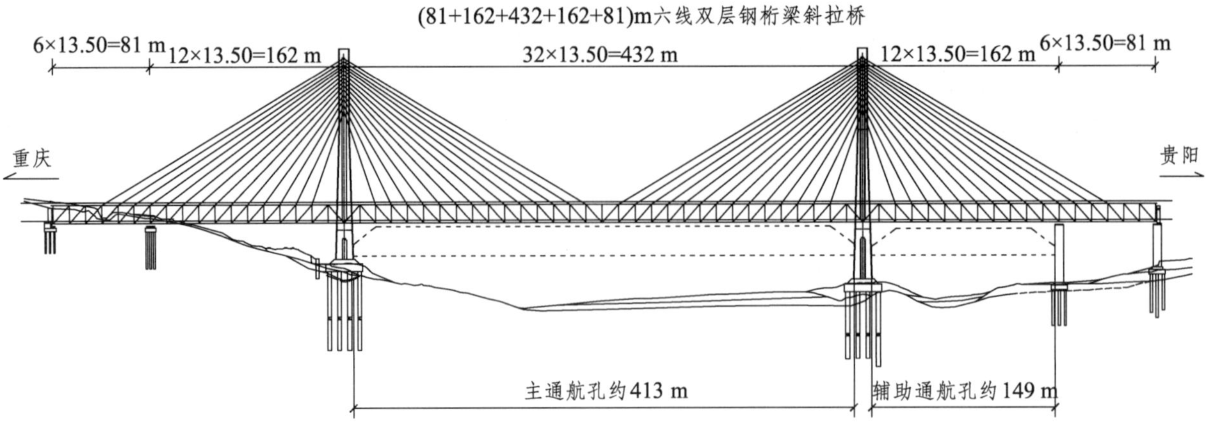

图 3-5-1　结构主体（单位：cm）

主桥布置为（81 + 162 + 432 + 162 + 81）m 钢桁梁斜拉桥，全长 920.4 m。采用两片主桁、直桁结构、双塔双索面、半漂浮体系，塔墩固结，塔梁分离，主梁与桥塔之间设置支座约束主梁竖向及横向位移，纵桥向设置阻尼装置。钢桁梁桁宽采用 24.5 m，上层桥面为正交异性板整体桥面，下层为纵横梁体系，上搁混凝土道砟槽板。

引桥采用 24 m、32 m 预应力混凝土简支 T 梁，桥墩采用门型墩、双层门型墩、矩形实体（空心）墩，桥台采用 T 形空心桥台，基础采用桩基础及明挖扩大基础。

（三）施工方法

主桥 2 号、3 号主塔、4 号墩基础采用双壁钢套箱围堰施工，其余考虑旱季施工。

下塔柱采用劲性骨架结合翻模法施工。横梁采用支架法施工。中塔柱、上塔柱均采用液压爬升模板施工。斜拉桥钢桁梁拼装采用悬臂拼装与支架拼装相结合，杆件散拼的拼装方式。

南北引桥桩基施工采用钻孔灌注施工。承台采取机械开挖基坑、井点降水（或汇水沟排水）泵送混凝土成型、及时夯填基坑施工。墩柱施工采用翻模法，泵送混凝土施工。铁路 T 梁采用预制架设施工，桥墩及墩顶框架施工完成后进行运架梁施工。连续梁采用挂篮悬臂灌注法施工。

（四）采用新技术、新结构

新白沙沱长江特大桥为本线最长桥梁，具有多线、大跨、重载、双层等明显特征，主要的技术特点如下：

（1）大桥采用双层桥面、六线铁路布置，为铁路桥梁首次采用。

（2）大桥单点拉索锚固力达 18 000 kN，超过了以往铁路斜拉桥的锚固索力，是世界上承受单位长度荷载最大的铁路斜拉桥。

（3）为了承受单点 18 000 kN 的索力，为首座采用了并置双索锚固整体双锚拉板-锚箱复合式索梁锚固结构的铁路斜拉桥。

（4）为了保证列车运营的舒适性和安全性，下层桥面纵横梁体系的纵梁采用连续结构，利用桁宽比较宽的特点，通过制动架与横梁组成的桁架来抵抗由于桥面纵梁和主桁之间的共同作用引起的横梁旁弯的面外力。

（5）采用两片主桁矩形断面承受六线铁路荷载，避免了三片主桁受力分配复杂、制造安装难度大的缺点。

（6）采用了多重措施减轻桥梁二期恒载重量，以控制桥梁总体荷载，降低了主桥用钢量。

二、夜郎河双线特大桥

夜郎河双线特大桥位于贵州省桐梓县夜郎镇凉水村与新站镇交界一带，为渝黔铁路重点桥梁。桥梁地处 V 形深沟峡谷地带，横跨夜郎大河，相对高差达 220 m。桥梁主跨采用 1-370 上承式钢筋混凝土提篮拱桥，矢高 83.5 m，矢跨比 82.0/370 = 1/4.431。拱圈立面为悬链线，拱轴系数采用 5.0 m。

桥梁全长 1 120.80 m；孔跨布置：5 × 32 m 简支 T 梁 + 370 m 上承式钢筋混凝土拱 + 16 × 32 m 简支 T 梁。引桥采用 32 m 预应力混凝土简支 T 梁，桥墩采用矩形实体（空心）墩，桥台采用 T 形空心桥台，基础采用桩基础。

本工程的重难点：① 山势陡峻，场地布置困难。② 拱座基础为硐室开挖，影响山体稳定。③ 钢管拱拼装及钢管拱混凝土浇筑。④ 拱上墩柱施工。⑤ 钢梁吊装顶推。

夜郎河双线特大桥是渝黔铁路的控制性工程，具有“跨度大、新结构、新工艺”等特点，如图 3-5-2 所示。

图 3-5-2　夜郎河双线特大桥桥跨布置示意

（1）跨度大：本桥采用“X”形钢筋混凝土提篮拱，为铁路同类型桥梁跨度最大。

（2）新结构：为了克服小里程侧顺层边坡问题，拱座基础采用超大断面倾斜式独桩基础；同时为了克服拱上墩施工困难，拱上墩间横撑及斜撑采用钢箱结构，采用整体吊装法施工。

（3）新工艺：为节约施工工期，同时又保证施工安全，拱座基础采用锚索 + 钢支撑的组合支护方式，全断面开挖。

第七节　大跨度桥梁设计

本线跨越多处江河和高等级公路，受通航及立交净空等诸多条件限制，需要桥梁以较大跨度跨越，由此出现了多处大跨度桥梁，现以代表性的大跨度桥梁为例，将大跨度桥梁的设计控制因素、桥跨布置、基础设计、施工方法等设计情况简要介绍如下。

一、朝门乌江双线大桥

朝门乌江双线大桥（K285 + 452.121）跨越乌江深切河谷，桥位北岸属贵州省遵义市乌江镇所辖，南岸属贵阳市息烽县养龙司乡所辖，全长 429.6 m。桥跨布置为 32 m +（92 + 168 + 92）m 连续刚构 + 32 m。主跨采用（92 + 168 + 92）m 连续刚构跨越乌江。主墩为矩形空心墩，基础采用桩基础。

引桥采用 32 m 预应力混凝土简支 T 梁，桥墩为实体墩，基础采用桩基础和明挖扩大基础。

施工方法：主桥梁部采用悬臂灌注施工，简支梁采用工厂预制，架桥机现场架梁。

二、坪上双线特大桥

坪上双线特大桥（K312 + 369.871）桥跨布置为 2 × 24 m + 4 × 32 m +（40 + 2 × 64 + 40）m 连续梁 + 3 × 24 m + 3 × 32 m +（48 + 2 × 80 + 48）m 连续梁 + 4 × 32 m + 2 × 24 m +（36 + 56 + 36）m 连续梁 + 20 × 32 m，全长 1 796.32 m。

第一联连续梁跨越既有渝黔铁路及 210 省道，第二联连续梁跨越 210 国道，第三联连续梁跨越城镇道路及沟谷。32、33、34 号墩采用门式墩跨越既有渝黔铁路。主墩为矩形空心墩，基础采用桩基础。

引桥采用 24 m、32 m 预应力混凝土简支 T 梁，桥墩为实体墩及空心墩，基础采用桩基础和明挖扩大基础。

施工方法：主桥梁部采用悬臂灌注施工，简支梁采用工厂预制，架桥机现场架梁。

三、赶水綦江双线特大桥

赶水綦江双线特大桥（K116 + 793.848）位于重庆市綦江区赶水场镇，全长 890.62 m。桥跨布置为：2 × 32 m +（72 + 128 + 68）m 连续钢构 + 6 × 32 m +（36 + 64 + 36）m 连续梁 + 5 × 32 m + 2 × 24 m。主跨采用（68 + 128 + 68）m 连续刚构跨越既有川黔线与綦江，主墩采用双薄壁墩，基础采用桩基础。（36 + 64 + 36）m 连续梁跨越 210 国道（现已改移），主墩采用空心墩，基础采用桩基础。桥台采用空心桥台，连续刚构主墩采用双肢薄壁圆端形实心墩，其余高度大于 30 m 的采用矩形空心墩，其他则为矩形实心桥墩，全桥采用桩基础和明挖扩大基础。

引桥采用 24 m、32 m 预应力混凝土简支 T 梁，桥墩采用矩形实体（空心）墩，桥台采用 T 形空心桥台，基础采用桩基础。

施工方法：主桥梁部采用悬臂灌注施工，简支梁采用工厂预制，架桥机现场架梁。

四、观音桥双线特大桥

观音桥双线特大桥（K130 + 947.868）位于重庆市綦江区安稳镇观音桥村境内，地面高程 365 ~ 520 m，全长 623.9 m。桥跨布置为 1 × 32 m +（48 + 3 × 80 + 48）m 连续刚构 +（56 + 96 + 56）m 连续梁 + 1 × 32 m。主跨（48 + 3 × 80 + 48）m 连续刚构跨越深沟与 210 国道，主墩采用矩形空心墩，基础采用桩基础。主跨（56 + 96 + 56）m 连续梁跨越渝黔高速公路，主墩采用矩形空心墩，基础采用桩基础。

引桥采用 32 m 预应力混凝土简支 T 梁，桥墩采用矩形实体（空心）墩，桥台采用 T 形空心桥台，基础采用桩基础。

施工方法：主桥梁部采用悬臂灌注施工，简支梁采用工厂预制，架桥机现场架梁。

五、夜郎镇站道岔特大桥

夜郎镇站道岔特大桥（K160 + 137.166）位于贵州省桐梓县夜郎镇，测区属剥蚀低山地貌，地面高程 652 ~ 750 m，全长 1 010.20 m。桥跨布置为 2 × 24 m +（36 + 2 × 64 + 36）m 连续梁 + 8 × 32 m +（44 + 2 × 64 + 44）m 连续梁 + 3 × 32 m + 1 × 24 m + 3 × 32 m + 2 × 24 m。主跨采用（36 + 2 × 64 + 36）m 连续梁为满足道岔需求，主墩采用矩形空心墩，基础采用桩基础。

引桥采用 24 m、32 m 预应力混凝土简支 T 梁，桥墩采用矩形实体（空心）墩，桥台采用 T 形空心桥台，基础采用桩基础。

施工方法：主桥梁部采用悬臂灌注施工，简支梁采用工厂预制，架桥机现场架梁。

第八节 桥面系工程设计

桥面附属设施包括六个组成部分，从外向内依次为：栏杆、电缆槽、防水系统、排水系统、伸缩系统及综合接地系统。

桥上采用有砟轨道，道砟槽宽度、道砟厚度及桥面防排水系统按采用通用梁图设计。人行道支架及栏杆采用角钢，人行道宽度按工点图的说明办理。简支梁桥在人行道栏杆外侧设置双侧避车台，桥上电缆槽布置在人行道栏杆外侧。

本线大中桥设置双侧人行道，除主跨大于 88 m 的预应力混凝土连续结构、钢桁梁桥等结构采用整体桥面（人行道与道砟共用桥面）外，其他桥梁采用翼缘外设人行道角钢支架的形式。本线桥梁除设置声屏障的桥梁以及曲线半径 R<600 m 的桥梁设置 1.05 m 宽人行道外，其余桥梁均设置 0.8 m 宽双侧人行道。

排水系统采用两侧排水方式，一般桥梁不设纵向排水管，直排地面，环境敏感区桥梁、跨越铁路、公路的孔跨设纵向排水管。

电缆槽、接触网、墩台检查设备等按相关设计规范执行。

第九节 涵洞工程设计

新建或改建涵洞一般采用钢筋混凝土盖板箱涵，灌溉涵受标高控制时采用倒虹吸，部分有立交要求的涵洞采用盖板涵或框架涵。涵洞设计洪水频率为百年一遇标准。既有涵洞接长时根据既有涵使用情况及工程情况加大孔径接长或同孔径接长。

一、涵渠孔径设置

（1）新建排洪涵洞一般按流量大小来确定；灌溉涵、交通涵根据与地方签订的协议设置；对于排洪涵，部分地段也与地方签订有协议，但设计中应根据流量的实际情况进行判断，原则上不小于协议孔径，但协议孔径不满足流量时，应加大孔径。

（2）涵洞净高和孔径均应满足现行规范要求。对接长涵洞，一般选择与既有涵相同的样式或大一级的标准孔径接长。立交涵洞应尽量避免涵内积水，可采用开挖明沟或埋设排水管等措施排出涵内积水，尽量避免设置机械排水。

（3）对于斜交角度小于 15°的涵洞，原则上采用正交涵，出入口改沟顺接原沟。对于斜交角度大于 15°的斜交涵采取斜交斜做。斜交涵的出入口节的结构类型应与涵身一致。一般涵洞斜交交角不应大于 45°。

（4）一般情况下，尽量不设倒虹吸管，当在地形或地物条件受到特殊限制时，才设置倒虹吸管。倒虹吸均采用钢筋混凝土倒虹吸，基础避免建于人工填土上，钢筋混凝土倒虹吸一般用于灌溉功能，不能用于排洪。

（5）涵洞基础宜采用整体式基础，软土地区（基）上的涵洞采用的地基加固措施应与相邻的路基加固措施一致。

（6）涵洞顶至轨底的填方厚度不应小于 1.2 m。

二、涵渠孔径加大

以下涵洞孔径应在流量确定的孔径基础上适当加大：

（1）车站内长涵加大一级，且涵长大于 30 m 时孔径不小于 2 m，涵长大于 50 m 时孔径不小于 3 m。

（2）陡坡错台涵洞。

（3）位于冲沟中且沟内水中含有泥沙、小石块等。

（4）涵洞入口地势平坦，且涵前不允许积水或积水高度受限制，经涵洞与小桥比较仍需设置涵洞时，应考虑加大孔径或双孔设置。

（5）排洪兼立交涵洞。流量大于 5 m^3/s 的排洪涵洞与立交涵洞不宜合并设置。

第十节　沉降变形设计

桥梁沉降变形观测主要观测墩台基础的沉降和预应力混凝土梁的徐变变形，涵洞主要是观测涵洞自身的沉降。桥涵主体工程完工后，沉降观测期一般不少于 6 个月，岩石、地基等良好地质区段沉降观测期不少于 60 d。

墩台基础的沉降按恒载计算。对于简支梁，有砟桥面工后沉降量不超过 80 mm，相邻墩台均匀沉降量之差不超过 20 mm；对于特殊结构桥梁，其相邻墩台均匀沉降量之差的容许值，根据沉降对结构产生的附加应力的影响确定；对于涵洞基础的工后沉降量不大于 100 mm。

第六章　隧道设计

第一节　隧道工程概况与特点

一、隧道工程概况

渝黔下行贯通正线长 366.746 km，新建隧道共 145 座-203 729.371 m，其中正线新建单线隧道共 3 座-1 637 m（重庆枢纽），双线隧道共 117 座-179 769.371 m（重庆枢纽 3 座-10 017 m、区间正线 113 座-169 460.371 m、贵阳枢纽 1 座-292 m），正线新建隧道占正线线路长度的 49.43%。全线最长的隧道为天坪隧道，长 13 978.252 m。

渝黔上行线（单线）长 5.544 km，新建单线隧道共 1 座，长 3 446 m。

重庆枢纽：渝黔铁路有限责任公司标段共有铁路双线隧道 2 座，长 3 640 m；成渝代建标段共有铁路单线隧道 4 座-1 065 m（不含渝黔下行线童西线 7 座-15 100 m）；重庆建指代建双线隧道 3 座，长 545 m，单线隧道 2 座，长 623 m，重庆枢纽隧道分布表如表 3-6-1 所示。

表 3-6-1 重庆枢纽隧道分布情况

线别	新建隧道				
	双线	单线	双线	单线	单线
	座-m	座-m	座-m	座-m	座-m
童家溪—重庆西客车联络线	3-10017 （成渝代建）	4-5083 （成渝代建）			
井口—歌乐山联络线（待研究）				1-210 （成渝代建）	
K141 线路所—歌乐山增建第二线				2-641 （成渝代建）	
歌乐山—双碑线路所左联络线				1-214 （成渝代建）	
西永—眺登货车线			3-545 （建指代建）		
西永—眺登货车线			2-3640 （渝黔铁路有限责任公司）		
陶家场至童罐驿成渝联络左线				1-315 （建指代建）	
铜罐驿联络线					1-308 （建指代建）
小计	3-10017	4-5083	5-4185	5-1380	1-308
速度/（km/h）	200		120		60

贵阳枢纽：新建单线隧道 14 座-13 637.3 m（不含渝黔下行线 1 座-292 m）。枢纽内最长的隧道为都拉营（不含）—关田（含）增建第二线新建的洋坝隧道，长 3 256 m。贵阳枢纽隧道分布情况见表 3-6-2。

表 3-6-2 贵阳枢纽隧道分布情况表

线别	新建隧道	
	双线/（座-m）	单线/（座-m）
蓬莱东—贵阳北（含）	1-292	
都拉营（不含）—关田（含）增建第二线		12-12624.3
渝黔上行客车联络线		1-485
渝黔下行客车联络线		1-528
小计	1-292	14-13637.3
速度/（km/h）	200	120

二、隧道工程特点

沿线矿产资源丰富，部分地层含煤、铁、汞等多种矿藏，部分矿藏已具有久远的开采历史。小煤窑采空区沿线分布较多，但由于其开采深度浅，影响范围小，因此易于处理，一般不控制线路方案，18.5‰方案基本已绕避；但仍存在压矿问题，部分开采历史久远的小煤窑施工中应加强超前地质预报。

沿线出露的二叠系、三叠系地层中有部分含煤，隧道通过这些含煤地层时，按瓦斯隧道设计，部分隧道［西风岭隧道（重庆枢纽货线）、安稳隧道、蒌家沟一号隧道、唐家坝隧道、安理寨隧道、鸦子岩隧道、中寨隧道、修文隧道等〕穿越须家河煤系地层，属低瓦斯隧道。部分隧道（黄山坡隧道）穿越龙潭煤系地层，属高瓦斯隧道。部分长大隧道（天坪隧道、新凉风垭隧道）穿越龙潭组煤系地层，属高瓦斯且具有煤与瓦斯突出危险性。

第二节　采用的主要技术标准与设计原则

一、采用的主要技术标准

（一）有关铁路隧道设计标准

（1）《铁路建设项目预可行性研究、可行性研究和设计文件编制办法》（铁建设〔2007〕152 号）；

（2）《铁路隧道设计规范》（TB 10003—2005）及局部修订（铁建设〔2008〕147 号、铁建设〔2009〕62 号、铁建设〔2009〕22 号）；

（3）《新建时速 200 公里客货共线铁路设计暂行规定》（铁建设函〔2005〕285 号）；

（4）《新建时速 200～250 公里客运专线铁路设计暂行规定》（铁建设〔2005〕140 号）、2007 年局部修订（铁建设〔2007〕104 号）、2008 年局部修订（〔2008〕147 号）、2009 年局部修订（〔2009〕62 号）；

（5）《地下工程防水技术规范》（GB 50108—2008）；

（6）《铁路隧道防排水施工技术指南》（TZ 331—2009）；

（7）《铁路隧道监控量测技术规程》（TB 10121—2007）；

（8）《铁路混凝土结构耐久性设计规范》（TB 10005—2010）；

（9）《铁路隧道风险评估与管理暂行规定》（铁建设〔2007〕200 号）；

（10）《铁路隧道超前地质预报技术指南》（铁建设〔2008〕105 号）；

（11）《铁路工程施工组织设计指南》（铁建设〔2009〕226 号）；

（12）《铁路瓦斯隧道技术规范》（TB 10120—2002）及 2009 年局部修订（铁建设〔2009〕62 号）；

（13）《铁路隧道辅助坑道技术规范》（TB 10109—95）；

（14）《铁路边坡防护及防排水工程设计补充规定》（铁建设〔2009〕172 号）；

（15）《铁路边坡防护及防排水工程施工质量验收补充规定》（铁建设〔2009〕172 号）；

（16）《新建时速 200 公里客货共线铁路工程施工质量验收暂行标准》（铁建设〔2004〕8 号）及 2007 年局部修订（铁建设〔2007〕159 号）。

（二）有关铁路隧道设计国家标准

（1）《铁路工程抗震设计规范》（GB 50111—2006）（2009 版）；

（2）《锚杆喷射混凝土支护技术规范》（GB 50086—2001）；

（3）《混凝土结构设计规范》（GB 50010—2010）；

（4）《地下工程防水技术规范》（GB 50108—2008）。

（三）其他有关行业标准

（1）《煤矿安全规程》（2010）；

（2）《防治煤与瓦斯突出规定》（国家安全生产监督管理总局令第 19 号〔2009〕）；

（3）《关于进一步做好铁路绿色通道建设工作的通知》（建技〔2008〕27 号）；

（4）《铁路工程制图标准》（TB/T 10058—98）。

（四）其　他

（1）《国家发展改革委关于重庆至贵阳铁路扩能改造工程可行性研究报告的批复》（发改基础〔2010〕2855 号）；

（2）《关于重庆至贵阳铁路扩能改造工程可行性研究的审查意见》（铁计函〔2009〕1412 号）；

（3）《改建铁路重庆至贵阳线扩能改造工程初步设计审查意见》（铁鉴函〔2010〕1909 号）。

二、建筑限界与衬砌内轮廓设计原则

（一）建筑限界与衬砌内轮廓

1. 正线区段

正线标准为设计行车速度 200 km/h，根据《新建时速 200 公里客货共线铁路设计暂行规定》（铁建设函〔2005〕285 号）中“电力牵引铁路 KH-200 桥隧建筑限界”的要求设计。双线隧道建筑限界及内轮廓按《时速 200 公里客货共线铁路双线隧道复合式衬砌》（通隧〔2008〕1202）图办理。衬砌加宽 $w=0$ 时，轨面以上净空面积 81.37 m^2，断面尺寸见图 3-6-1。

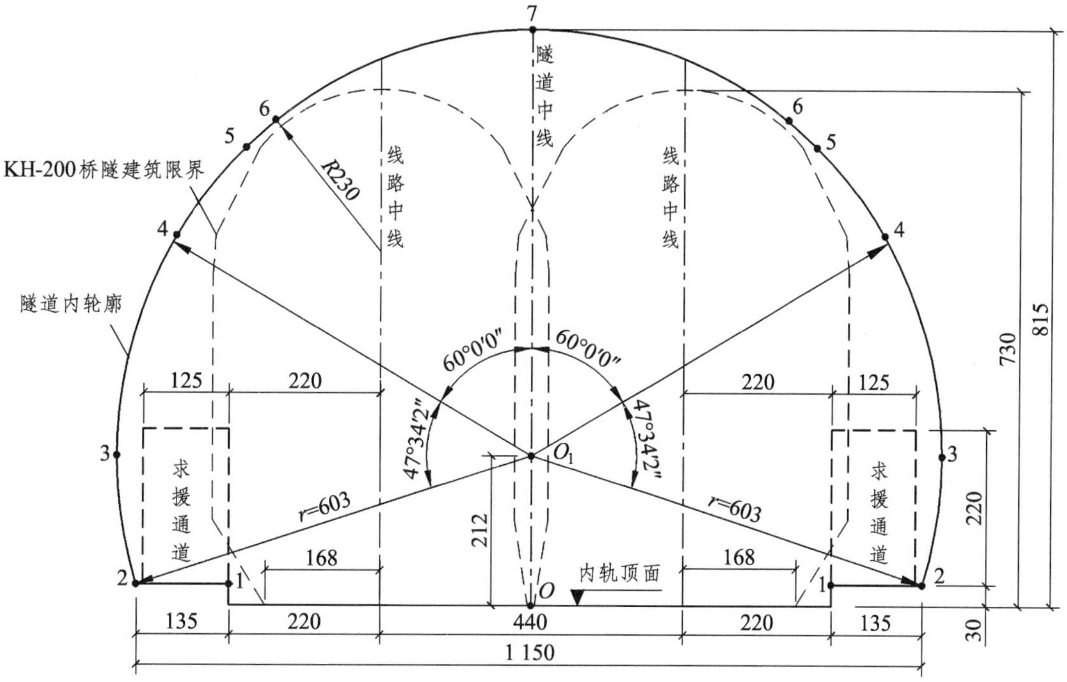

图 3-6-1　时速 200 km 双线普货隧道建筑限界及内轮廓（单位：cm）

2. 重庆枢纽

（1）重庆枢纽童家溪—重庆西段客车联络线设计速度为 200 km/h，双线隧道建筑限界及内轮廓同渝黔正线。单线隧道按《时速 200 公里客运专线铁路单线隧道复合式衬砌》（通隧〔2008〕1201）图 3 办理，隧道轨面以上净空横断面面积为 52 m^2，隧道断面尺寸见图 3-6-2。

（2）重庆枢纽白市驿—珞璜新建双线设计速度为 120 km/h，开行普通货物列车，根据铁道部办公厅印发的《铁道部关于明确时速 120 公里及以下铁路隧道设计有关要求的通知》（铁建设〔2012〕159 号）进行了Ⅰ类变更，并根据原中国铁路总公司关于重庆至贵阳铁路扩能改造工程引入重庆枢纽隧道满足大型养路机械作业引起Ⅰ类变更设计的批复（铁总办函〔2013〕379 号）进行了相应的设计，变更后如下：

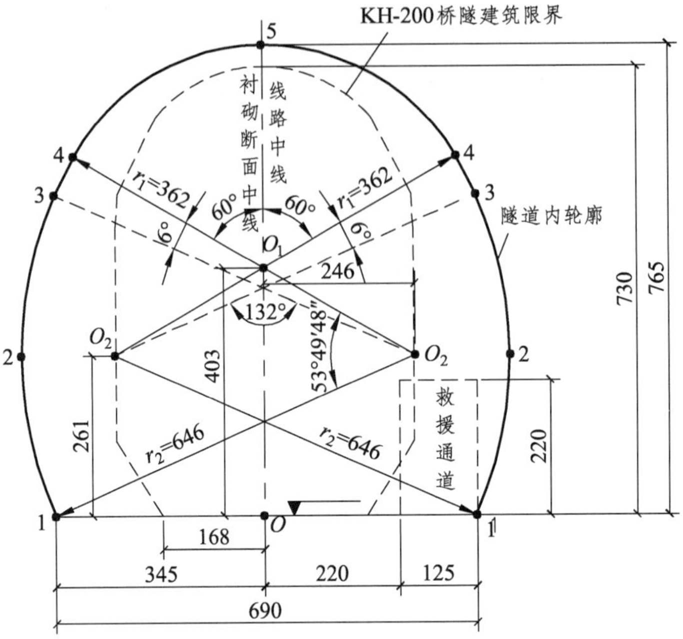

图 3-6-2　200 km/h 客车线单线隧道建筑限界（单位：cm）

① 1 000 m 以上隧道采用无砟轨道，内轮廓按中华人民共和国《标准轨距铁路建筑限界》[国家标准（84）专设标字第 0067 号文]批准的“双线电化铁路隧道衬砌内轮廓”进行设计，直线段线间距加宽为 0 时隧道轨面以上净空横断面面积为 63.87 m^2，其建筑限界及内轮廓见图 3-6-3。

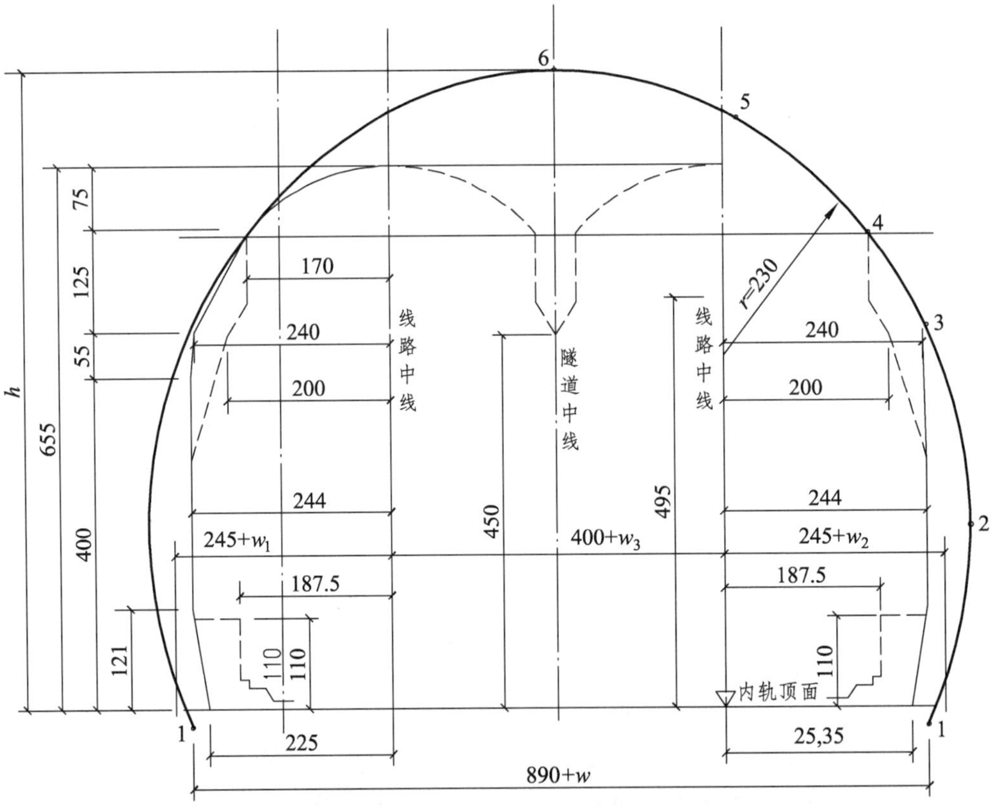

图 3-6-3　140 km/h 及以下双线隧道建筑限界（单位：cm）

② 1 000 m 以下隧道采用有砟轨道，隧道内轮廓满足《标准轨距铁路建筑限界》（GB 146.2—83）

之“隧限－2B（双线）”并考虑《铁道部关于明确时速 120 公里及以下铁路隧道设计有关要求的通知》（铁建设〔2012〕159 号）中关于大机养护相关要求，线路中线至沟槽壁内侧距离不小于 220 cm，在线间距加宽为 0 时隧道轨面以上净空横断面面积为 66.93 m^2，直线段建筑限界及其内轮廓见图 3-6-4。

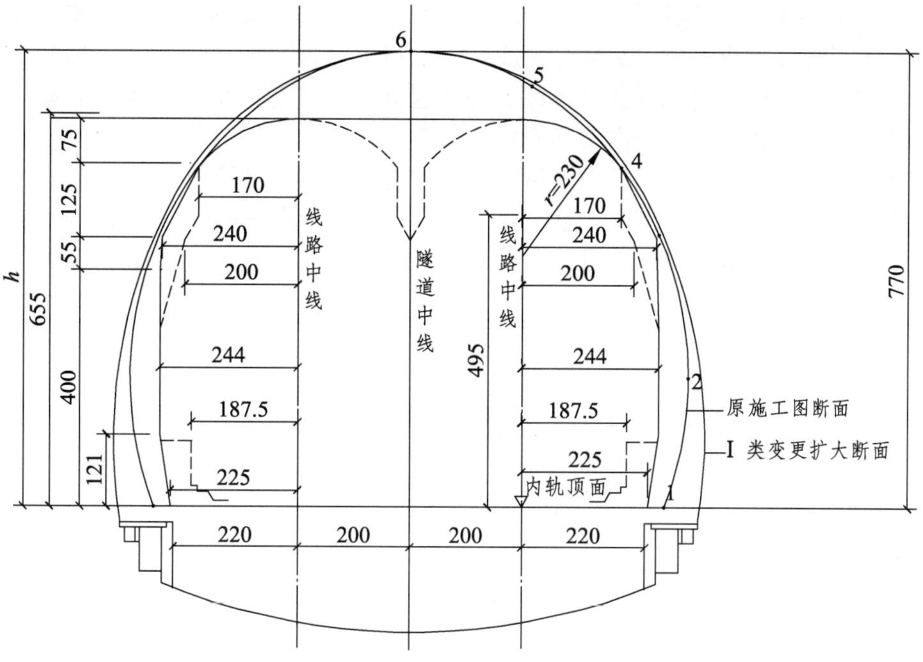

图 3-6-4　120 km/h 及以下双线隧道建筑限界（满足大型机械养护，单位：cm）

（3）重庆枢纽其余各线均为时速 120 km/h 及以下客货共线单线，根据铁道部办公厅印发《铁道部关于明确时速 120 公里及以下铁路隧道设计有关要求的通知》（铁建设〔2012〕159 号）文进行了Ⅰ类变更，变更后，1 km 以下隧道考虑《铁道部关于明确时速 120 公里及以下铁路隧道设计有关要求的通知》（铁建设〔2012〕159 号）关于大型机械养护的相关要求，隧道内轮廓轨面以上内净空面积 37.56 m^2，隧道净空最大高度为 670 cm，线路中线至沟槽壁内侧距离 220 cm，曲线地段不需进行曲线加宽，断面尺寸见图 3-6-5。

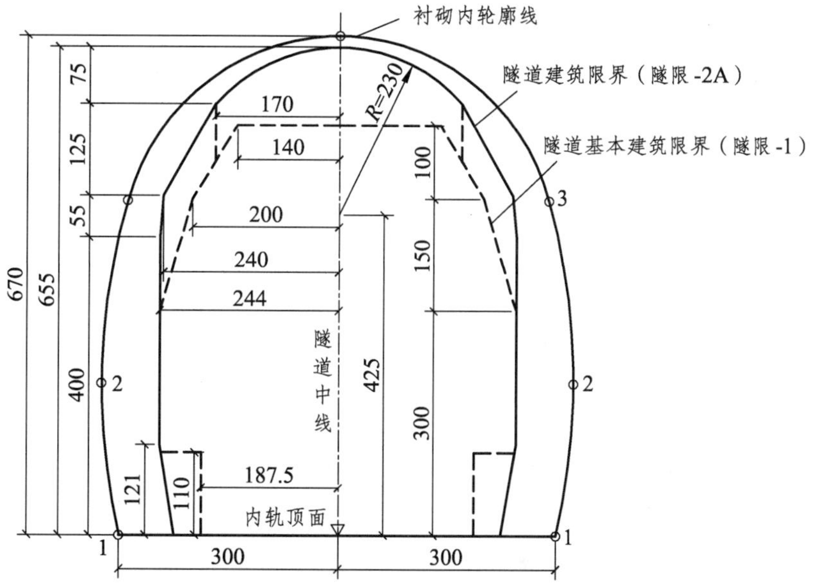

图 3-6-5　120 km/h 及以下客货共线单线隧道建筑限界（满足大型机械养护，单位：cm）

3. 贵阳枢纽

（1）渝黔客车线正线蓬莱东（含）—贵阳北正线标准为设计行车速度 200 km/h，双线隧道建筑限界及内轮廓同渝黔正线。

（2）渝黔至贵阳东客车联络线、渝黔货车线都拉营（含）至关田（含）增建第二线时速 120 km 及以下客货共线（开行普通货物列车）单线隧道，1 km 以下隧道（小车河二号隧道除外）及新青龙山隧道考虑《铁道部关于明确时速 120 公里及以下铁路隧道设计有关要求的通知》（铁建设〔2012〕159 号）关于大型机械养护的相关要求，内轮廓同样按图 3-6-5 办理。

（3）龙宝冲隧道、望乡坡隧道、洋坝隧道、中寨隧道及小车河二号隧道，不考虑大型机械养护要求，隧道建筑限界及内轮廓按《标准轨距铁路建筑限界》（GB 146.2—83）之“隧限-2A”办理，隧道轨面以上净空横断面面积为 30.4 m^2，断面尺寸见图 3-6-6。曲线地段根据行车速度、曲线半径进行加宽。

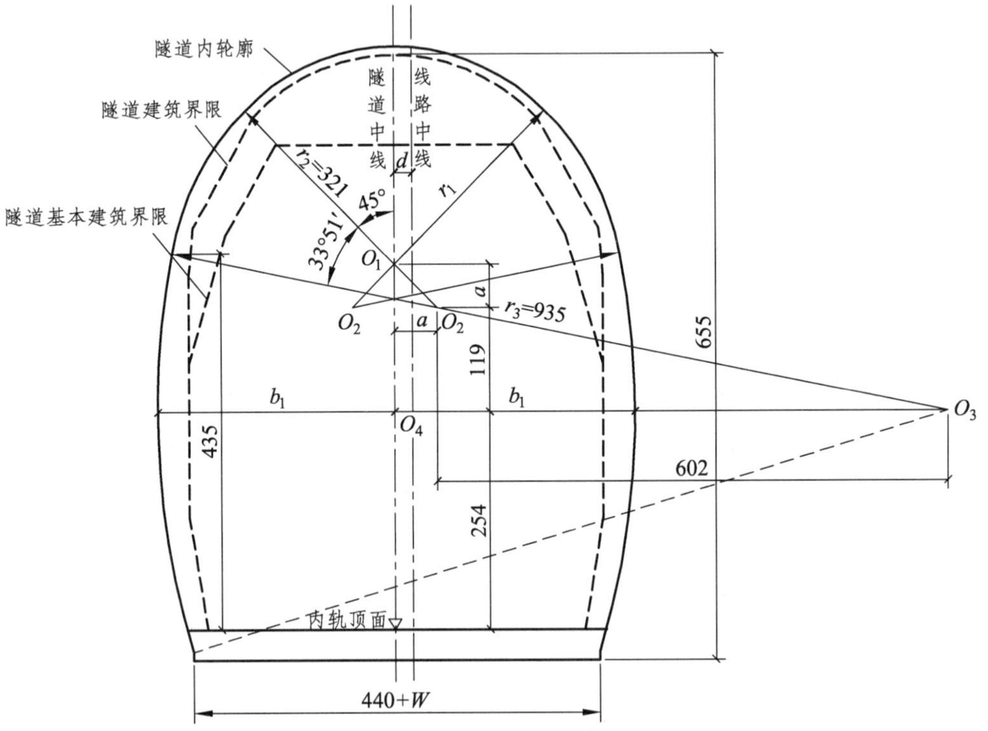

图 3-6-6　120 km/h 及以下客货共线单线隧道建筑限界（不考虑大型机械养护要求，单位：cm）

（4）桥隧相连地段，如桥台伸入隧道内，其隧道建筑限界满足桥梁设置和架梁作业要求，位于车站范围的隧道，其建筑限界满足站场作业及设备安装要求。

（5）当隧道需设置运营通风且采用射流风机时，风机安装于隧道边墙部位，其安装段隧道净空应满足设备安装要求。

（6）当隧道内需设置接触网下锚段时，隧道净空和净宽尺寸应满足相关专业要求。

（二）曲线断面加宽

1. 正　线

设计速度 200 km/h 的双线隧道不考虑曲线加宽，仅考虑线间距加宽。

2. 枢　纽

（1）设计速度 120 km/h 及以下的隧道：

重庆枢纽内单线隧道 1 km 以上隧道考虑曲线内外侧加宽，1 km 以下隧道不考虑曲线加宽。

贵阳枢纽内单线隧道 1 km 以上隧道（贵阳枢纽新青龙隧道除外）及贵阳枢纽小车河二号隧道考虑曲线内外侧加宽，1 km 以下隧道（贵阳枢纽小车河二号隧道除外）及贵阳枢纽新青龙隧道不考虑曲线加宽。

双线隧道 1 km 以上隧道考虑曲线内外侧加宽和线间距加宽，1 km 以下隧道只考虑线间距加宽。

（2）设计速度 200 km/h 的单双线隧道均不考虑曲线加宽，双线隧道考虑线间距加宽。

第三节　一般隧道设计

一、衬砌结构及支护类型设计

（一）衬砌结构

1. 一般地质地段

本线隧道围岩分级为Ⅱ～Ⅴ级，按新奥法原理设计与施工。除明挖段采用明洞衬砌外，其他地段洞身根据地质情况一般采用复合式衬砌或浅埋、偏压复合式加强衬砌。Ⅱ级围岩一般采用曲墙无仰拱衬砌；地下水发育、有软弱夹层或岩层软硬相间的Ⅱ级围岩段及Ⅲ、Ⅳ、Ⅴ级围岩地段均采用曲墙带仰拱衬砌。

2. 衬砌延伸

隧道衬砌应根据围岩级别进行设计，除断层破碎带、软硬岩接触带、岩堆体或错落体、滑坡体、人工填土或弃渣场地段衬砌应向围岩较好地段延伸外，其他地段可不延伸，延伸长度根据以上不良地质的界面走向及倾角结合具体工点情况确定，一般情况下延伸长度为 10 m。

3. 衬砌防段

隧道洞口及洞身浅埋段、地形、地质构造等引起有明显偏压地段、断层破碎带、特殊地质段及下穿铁路、高速公路等既有构筑物地段、国防要求设防段，应按有关要求结合实际情况予以加强，原则上均采用钢筋砼。

4. 衬砌基底加固

隧道衬砌应位于稳固的基础上，当基础软弱或两侧边墙地基软硬不均时，应根据岩层的力学特性，采取加深基础、换填、注浆等或其他可靠的工程措施，控制工后沉降。

5. 衬砌加强

对于有辅助坑道的隧道，辅助坑道与正洞交叉口处采用钢筋混凝土加强衬砌，加强范围为相交里程左右各 15 m。

（二）支护类型

系统锚杆拱部采用ϕ25 中空注浆锚杆（贵阳枢纽隧道均采用ϕ22 组合中空注浆锚杆），边墙采用全长黏结砂浆锚杆；Ⅳ、Ⅴ级围岩地段设置超前小导管支护措施。

1. 钢架支护

双线Ⅲ级围岩缓倾岩层及受构造偏压影响严重的地段，Ⅳ级围岩深、浅埋地段及Ⅴ级围岩深埋地段采用格栅钢架，间距 1.0～1.5 m/榀；Ⅳ级围岩偏压（包含受构造偏压影响严重的地段）采用 I18 型钢钢架，间距 1.0 m/榀；Ⅴ级围岩浅埋偏压及断层破碎带、岩层接触带等采用 I20b 型钢钢架，间距 0.6～0.8 m/榀。Ⅳ、Ⅴ级围岩地段设置 ϕ42 超前小导管支护。

单线隧道：Ⅳ级浅埋、偏压采用拱墙格栅钢架，间距 1.0～1.2 m/榀，设 ϕ42 超前锚管支护；Ⅴ级围岩深埋段采用拱墙格栅钢架，间距 1.0 m/榀；Ⅴ级浅埋及偏压段采用格栅钢架、I16 或 I18 型钢钢架，间距 0.8 m/榀。Ⅴ级围岩地段设置 ϕ42 超前小导管支护。

2. 加强支护

当隧道通过Ⅲ级缓倾岩层（薄至中厚层状，倾角≤12°）地段时，采用局部拱部格栅钢架加强支护，必要时采用小导管注浆、中管棚、大管棚等超前支护措施，确保施工安全和结构安全。

3. 衬砌支护参数

衬砌支护参数较多，不同时速、线路的参数存在差异，以时速 200 km 的双线普货复合式衬砌支护参数为例描述支护参数，如表 3-6-3 所示。

表 3-6-3 时速 200 km 双线普货复合式衬砌支护参数

衬砌形式			Ⅱ级	$Ⅲ_a$	$Ⅲ_b$	$Ⅲ_c$	$Ⅳ_{aw}$	$Ⅳ_{ay}$	$Ⅳ_b$	$Ⅴ_a$	$Ⅴ_b$	$Ⅴ_c$
预留变形量/cm			3～5	5～8			8～10			10～15		
初期支护	C25喷混凝土	规格	素砼									
初期支护	C25喷混凝土	设置部位及设置厚度/cm	拱墙：5	拱墙：12	180°拱部：23；边墙：12	拱墙：23	拱墙：23 仰拱：10		拱墙：25 仰拱：15	拱墙：27 仰拱：25		
初期支护	钢筋网	钢筋规格（HPB235）	无	ϕ6			ϕ6			ϕ8		
初期支护	钢筋网	设置部位	无	拱部	180°拱部	拱墙	拱墙			拱墙		
初期支护	钢筋网	网格间距/cm	—	25×25			20×20			20×20		
初期支护	锚杆	规格 拱部	ϕ25 中空注浆	ϕ25 中空注浆			ϕ25 中空注浆			ϕ25 中空注浆		
初期支护	锚杆	规格 边墙	无	ϕ22 砂浆			ϕ22 砂浆			ϕ22 砂浆		
初期支护	锚杆	设置部位	局部	拱墙			拱墙			拱墙		
初期支护	锚杆	长度/m	2.5	3.0			3.5			4.0		
初期支护	锚杆	间距/m 环向	—	1.2			1.2			1.2		
初期支护	锚杆	间距/m 纵向	—	1.5			1.2			1.0		
初期支护	钢架	规格	—	—	160 格栅	160 格栅	160 格栅		180 格栅/I18 型钢	200 格栅/I20b 型钢	I20b 型钢	I20b 型钢
初期支护	钢架	设置部位	—	—	180°拱部	拱墙	拱墙		拱墙	拱墙/全环	拱墙/全环	全环
初期支护	钢架	间距/m	—	—	1.2～1.5		1.0		1.0	0.8	0.8	0.6
二次衬砌	拱墙/cm		35 砼	40 砼			45 砼	45 钢筋砼	45 钢筋砼	50 钢筋砼	50 钢筋砼	50 钢筋砼
二次衬砌	仰拱/底板/cm		30 钢筋砼	45 砼			50 砼	50 钢筋砼	50 钢筋砼	55 钢筋砼	55 钢筋砼	55 钢筋砼

注：$Ⅳ_{aw}$：无钢筋；$Ⅳ_{ay}$：有钢筋。

（三）明洞工程

（1）明洞基础须设置于稳定的地基上，具体应符合相关规范规定。

（2）单压式明洞外墙基础深度超过 3 m 时，须设置横向钢筋混凝土拉杆或用锚杆锚固于稳定的岩层内。

（3）隧道洞身局部穿过覆盖层较薄的地段，拱部可采用明挖施工，拱顶回填土厚度如超过 4 m 时，衬砌应另行进行计算确定。

（4）公路立交明洞、拱顶回填土厚度超过 4 m 的明洞、明洞渡槽，均应按相应的外荷载对结构进行加强处理和强度及稳定性检算。

二、主要建筑材料选取

（一）初期支护

（1）喷射混凝土：C25 混凝土。

（2）锚杆：ϕ25 中空锚杆、ϕ22 砂浆锚杆、ϕ22 组合中空锚杆（贵阳枢纽内隧道）。

（3）钢筋网：ϕ6、ϕ8 HPB300 钢筋。

（4）格栅钢架：主筋 ⏀22 HRB400（格栅钢架设置八字结钢筋）。

（5）型钢钢架：I18、I20b。

（二）二次衬砌

（1）拱墙圬工强度等级：C30 砼或 C35 钢筋砼。

（2）仰拱圬工强度等级：C30 砼或 C35 钢筋砼。

（3）底板圬工强度等级：C35 钢筋砼。

（4）仰拱填充圬工强度等级：C20 砼。

（5）水沟沟身和电缆槽槽身强度等级：C25 砼。

（6）水沟盖板及电缆槽盖板强度等级：C25 钢筋砼。

（7）因下锚等原因局部设置衬砌钢筋的段落，衬砌混凝土强度等级可跟前后衬砌混凝土强度等级一致，不因采用钢筋混凝土结构提高衬砌混凝土强度等级。

（三）洞口工程

（1）隧道洞门端墙：C30 砼或 C30 钢筋砼。

（2）翼墙、挡墙：C30 砼。

（四）弃渣挡墙圬工

原则上采用 M10 浆砌片石，但应结合当地材料具体情况，如片石料来源困难，可采用 C25 混凝土；靠近江河的弃渣场挡墙圬工应采用 C15 片石混凝土；混凝土拦渣坝采用 C25 砼。

三、抗震设防与国防要求

（一）抗震设防

根据国家地震局《中国地震动参数区划图》（GB 18306—2001），本线地震动峰值加速度值 $<0.05g$，地震动反应谱特征周期值为 0.35 s。按《铁路工程抗震设计规范》相关规定，不考虑结构设防。

（二）国防要求

根据《铁路建设贯彻国防要求技术规程（试行）》，长度大于 5 km 的隧道均按国防要求予以设防，并与洞身浅埋、偏压等地段隧道衬砌结构加强措施统筹考虑。端墙采用 C30 钢筋混凝土，衬砌结构采用带仰拱的曲墙式钢筋混凝土。

四、超前地质预报

通过综合超前地质预报手段探明掌子面前方地质条件，以便采取有效的施工措施，避免施工突发灾害的发生。结合本线隧道以岩溶为主的特点，且按《铁路隧道超前地质预测预报技术指南》要求，岩溶隧道应以地质调查法为基础，以超前钻探法为主，结合多种物探手段进行综合地质预报，并应采用宏观预报指导微观预报、长距离预报指导中短距离预报的方法。

（一）岩溶段预报方法

（1）可溶岩段采用地质调查法 + 物探法（TSP202 + 红外探水）+ 超前钻探法（1 孔 + 加深炮眼）进行超前地质预报。

（2）岩溶中度发育地段采用地质调查法 + 物探法（TSP202 + 地质雷达 + 红外探水）+ 超前钻探法（3 孔 + 加深炮眼）进行超前地质预报。

（3）可溶岩与非可溶岩接触带、可溶岩中的断层破碎带、大型溶洞、岩溶洼地、岩溶管道等岩溶强烈发育段采用地质调查法 + 物探法（TSP202 + 地质雷达 + 红外探水）+ 超前钻探法（5 孔 + 加深炮眼）进行超前地质预报。对断层密集发育带及极易发生涌水、突泥段还需增加高分辨直流电进行预测预报。断层破碎带探测遇水时，必有一孔进行水压、水量的检测；同时必须有一孔取芯了解断层物质。

（二）非可溶岩段预报方法

（1）非可溶岩一般段采用地质调查法 + 超前钻探法（加深炮眼）。

（2）非可溶岩断层及其破碎带，采用地质调查法 + 物探法（TSP202）+ 超前钻探法（3 孔 + 加深炮眼）。

（3）非可溶岩富水时，则采用地质调查法 + 物探法（红外探水）+ 超前钻探法（3 孔 + 加深炮眼），其中一孔检测水压、水量。

五、施工方法

（一）单线隧道

Ⅱ、Ⅲ级围岩采用全断面法开挖，Ⅳ、Ⅴ级围岩采用台阶法开挖。

（二）双线隧道

1. Ⅱ级围岩段

Ⅱ级围岩段采用全断面（W2）或台阶法开挖。

2. Ⅲ级围岩段

Ⅲ级围岩段采用台阶法开挖。

3. Ⅳ级围岩

（1）Ⅳ级硬质岩（如通过灰岩、白云岩及砂岩为主的地层）深埋段：采用台阶法（不设临时支护）开挖。

（2）Ⅳ级软质岩（如通过页岩、炭质页岩、泥灰岩为主的地层）及通过断层破碎带、褶曲轴部、软硬岩层接触带等地段：采用台阶法（临时仰拱）或大拱脚台阶法开挖。

4. Ⅴ级围岩

（1）Ⅴ级硬质岩（如通过灰岩为主的地层）深埋段：采用台阶法（不设临时支护）开挖，同时加强拱脚及墙脚的锁脚锚杆。

（2）Ⅴ级软质岩（如通过页岩、炭质页岩、泥灰岩为主的地层）深埋段：采用台阶法（临时仰拱）或大拱脚台阶法开挖。

（3）Ⅴ级围岩浅埋段：采用大拱脚台阶法或三台阶七步法开挖。

（4）Ⅴ级围岩偏压段及断层破碎带、岩层接触带、其他特殊地段：采用 CRD 法或双侧壁导坑法开挖。

当隧道位于全风化层、土层或地表对沉降有特殊要求时可采用双侧壁导坑法开挖。施工方法应结合工点情况确定，原则上台阶法适用段尽量采用台阶法，减少工法转换。明洞段施工均采用明挖法，边坡起坡点及临时开挖边坡在设计时根据地形地质条件研究确定，并应有临时防护措施。

六、其他设计

（一）隧道轨下基础类型

1. 正　线

（1）长度大于等于 6 km 的隧道铺设 CRTS Ⅰ型双块式无砟轨道，双块式无砟轨道结构高度为 515 mm。

（2）长度小于 6 km 的隧道铺设有砟轨道，有砟轨道结构高度为 766 mm。

2. 贵阳枢纽

贵阳枢纽范围至贵阳东客车联络线、都拉营（含）至关田（含）增建第二线隧道有砟轨道结构高度为 741 mm，采用 60 kg/m 重型轨道、2.5 m 长新Ⅱ型有挡肩轨枕及与其配套的Ⅱ型弹条扣件；CRTS Ⅰ型双块式无砟轨道结构高度为 515 mm。

3. 重庆枢纽

重庆枢纽童家溪—重庆西客车联络线采用有砟轨道结构高度为 766 mm，采用 60 kg/m 重型轨道、Ⅲ型有挡肩轨枕及与其配套的Ⅲ型弹条扣件，其余各联络线隧道，采用有砟轨道结构高度为 741 mm，60 kg/m 重型轨道、Ⅱ型有挡肩轨枕及与其配套的Ⅱ型弹条扣件。

（二）照明设置

（1）正线 500 m 以上的隧道设固定的电力照明，500 m 以下的隧道在洞内装设照明插座。

（2）正线长度大于 5 000 m 的隧道或有紧急出口的隧道设应急照明设备，救援通道内应急疏散标识处配备灯光及应急照明显示方向。紧急出口设应急照明，紧急出口通道内设应急照明设备。

（3）贵阳枢纽货车线、客车联络线上直线隧道 1 km 以上、曲线隧道 500 m 以上设置固定照明，其余隧道在洞内装设照明插座。

（4）重庆枢纽童家溪客车联络线设计时速 200 km、隧道长度 500 m 以上设置固定照明；其他各线隧道设计时速均为 120 km 以下，直线隧道长度 1 km 以上、曲线隧道 500 m 以上设置固定照明；其余隧道在洞内装设照明插座。

第四节　长大、重难点隧道设计

一、新双碑隧道

（一）隧道概况

新双碑隧道位于重庆市沙坪坝区内，进口在双碑镇青草坡村附近，出口在重庆东货站附近，工程设计范围为 K12 + 147.995 ~ K21 + 535.995，全长 9 388 m。隧道顺歌乐山脉东侧展布，区内地形起伏大，自然坡度在 15 ~ 50°，地面高程为 240 ~ 605 m，相对高差约 365 m，坡面植被发育。隧道最大埋深为 178 m。隧道进出口及洞身均有公路通过，交通方便。隧道线路纵断面为 V 字坡设计，隧道纵断面概况见图 3-6-7。

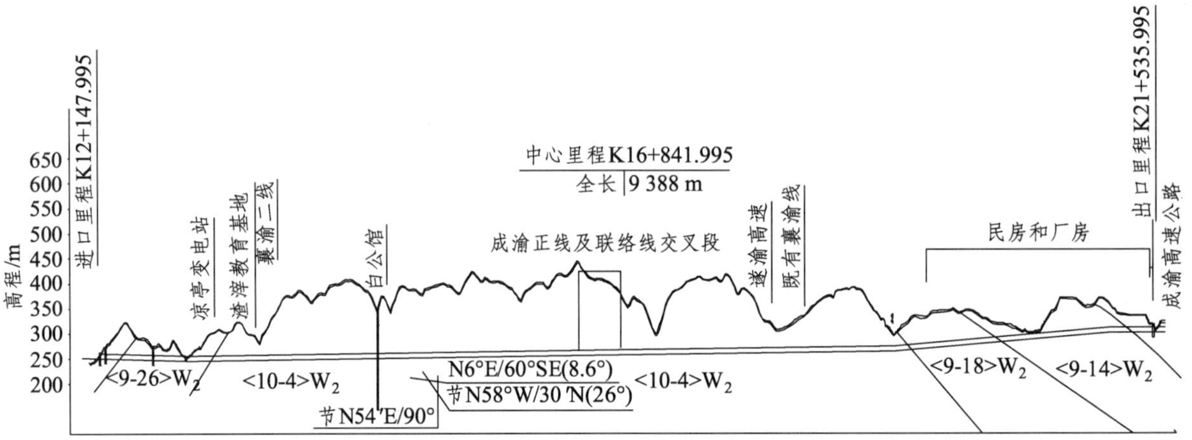

图 3-6-7　新双碑隧道纵断面概况

（二）工程地质和水文地质特征

1. 地层岩性

隧区出露地层主要有第四系全新统人工堆积层（Q_4^{ml}）、坡残积层（Q_4^{dl+el}），下伏基岩为新田沟组（J_2x）、自流井群泥页岩夹灰岩（$J_{1\text{-}2}z$）、珍珠冲组（J_1z）泥岩夹砂岩和三叠系上统须家河组四段（T_3xj^4）的砂岩。

2. 地质构造

隧区处于观音峡背斜中南端东翼，为单斜构造，岩层略有起伏，产状为：N13°E ~ N10°W/44 ~ 69°S（N）。隧区岩体主要以构造节理为主，此类节理也是隧道洞身段控制围岩分级、稳定性的主要节理。

3. 地下水类型

隧址区内基岩大面积裸露，第四系覆盖层厚度总体较小，区内地下水类型主要有第四系松散堆积层孔隙水、基岩裂隙水和碎屑岩类孔隙裂隙水。

4. 地下水的补给、径流和排泄条件

地下水的补给来源主要为大气降水，隧址区大气降水多以坡面流的形式直接排泄至溪沟，仅少量水体通过土层空隙与基岩孔隙、裂隙向下渗透运移形成地下水，水量受季节性控制明显。该区须家河地层中的地下水还存在着一种主要的径流、排泄，即岩体中的基岩裂隙水和碎屑岩类孔隙裂隙水排泄于采空区中，径流于采空区中，最终通过最低的采空巷道排泄于地表。

5. 水化学特征

隧区须家河组地层取地下水 3 组、地表水 5 组进行了水质试验分析，水质类型为 $SO_4^{2-}-Ca^{2+}$、$SO_4^{2-}-Ca^{2+}\cdot Mg^{2+}$、$HCO_3^{-}\cdot SO_4^{2-}-Ca^{2+}$、$HCO_3^{-}-Ca^{2+}\cdot Na^{+}$型水，在环境作用类别为化学侵蚀环境时，水中 SO_4^{2-}、pH 值对混凝土结构的环境作用等级为 H2，水中侵蚀性 CO_2 对混凝土结构的环境作用等级为 H1。

结合地层岩性，综合分析，建议地下水侵蚀性分段从进口至出口依次为：进口段 725 m 无侵蚀；洞身段 6 420 m 地下水具 SO_4^{2-}、pH 值侵蚀，作用等级为 H2；洞身段 1 200 m 地下水具 SO_4^{2-} 侵蚀，作用等级为 H1；出口段 1 043 m 地下水无侵蚀性。

6. 涌水量

预计隧道施工最大涌水量为 19 209 m^3/d。

7. 不良地质

隧区主要不良地质现象为采空区及老窑积水、煤层瓦斯、顺层偏压、特殊岩土为人工填土、人工弃土。

1）采空区及老窑积水

根据新双碑隧道区域各煤窑采矿揭露情况显示，须家河组三段含两层可采煤层，即外大连层（最大厚 1.0 ~ 2.0 m）和油刚炭层（厚 0.2 ~ 0.5 m），其中外大连紧邻第四段，油刚炭层距离外大连层约 20 ~ 30 m。须家河组一段含三层可采煤层，自上而下为双连子层（厚 0.1 ~ 0.5 m）、独连子层（厚 0.1 ~ 0.5 m）和铁炭层（厚 0.1 ~ 0.4 m），其中双连子层距离须家河组二段约 15 m，独连子层距双连子层 6 ~ 8 m，铁炭层距独连子层 6 ~ 8 m。

隧道在 K13 + 342.995 ~ K13 + 522.995 段通过青草坡下煤厂采空区影响带，洞身位于移动盆地边界附近，另外，该区老煤窑巷道多，由于煤窑井口坍塌、掩埋、巷道充水等原因，无法实测巷道，隧道开挖可能揭露煤窑巷道，引起老窑积水涌入隧道。

2）煤层瓦斯

隧道虽然未直接揭露须家河组煤层，但隧道 K13 + 132.995 ~ K18 + 842.995 处于须家河组四段中下部，紧邻三段煤系地层；特别是 K14 + 042.995 ~ K15 + 812.995、K17 + 342.995 ~ K18 + 442.995 段距含煤地层须家河组三段仅 4 ~ 20 m，由于煤层瓦斯散溢，煤层周围岩体易受瓦斯侵染，隧道施工应重点加强对上述段落瓦斯等有害气体的监测和通风。

3）顺层偏压

隧道穿越自流井群泥页岩夹灰岩、珍珠冲组泥岩夹砂岩和三叠系上统须家河组四段长石石英砂岩地层，其走向与岩层走向夹角为 0 ~ 15°，岩层倾角 51 ~ 69°，视倾角 51 ~ 69°，隧道埋深较浅段右侧存在顺层偏压。

8. 地震动参数区划及气象资料

根据《中国地震动参数区划图》（GB 18306—2001）该段地震动峰值加速度为 0.05*g*，地震动反应谱特征周期为 0.35 s。另据《渝黔线场地地震动参数区划报》工程沿线平均场地 50 年超越概率 10%的地震动峰值加速度为 0.05*g*。

（三）洞口位置的确定及洞门形式设计

隧道进出口位于重庆市沙坪坝区行政管辖区。隧道进口采用耳墙式洞门，出口采用偏压式明洞门。洞门根据国防要求采用 C35 钢筋砼。

（四）监控量测设计

进出口浅埋偏压段开展地表沉降观测，观测点在隧道开挖前布设，并与洞内观测点布置在同一断面里程。拱顶下沉、净空变化监控量测断面间距：Ⅲ级围岩不得大于 30 m、Ⅳ级围岩不得大于 10 m、Ⅴ级围岩不得大于 5 m。其余各项监控量测点的具体布置原则、量测断面、量测频率以及控制基准等要求详见“通隧（2008）1202-58 ~ 61”图及《铁路隧道监控量测技术规程》。

（五）防排水设计

本隧道防排水设计采取“防、排、截、堵，因地制宜，综合治理”的原则。

防水主要设计原则如下：

（1）环境作用等级为 T2 的段落，砼抗渗等级不低于 P10，其余地段衬砌结构砼抗渗等级不低于 P12。

（2）全隧衬砌喷射混凝土与模筑混凝土之间的拱、墙设置 EVA 防水板 + 无纺布（分离式）。防水板厚度不小于 1.5 mm。

（3）环向施工缝采用“外贴式橡胶止水带 + 中埋式橡胶止水带”，纵向施工缝采取“中埋式橡胶止水带 + 遇水膨胀橡胶止水条”，施工缝环向按 10 m 一道、纵向按 2 道拉通计列数量。

（4）隧道明暗分界衬砌变化处均设置变形缝一道，宽度 2 cm，变形缝设中埋式钢边橡胶止水带、外贴式橡胶止水带、内缘采用双组分聚硫密封胶嵌缝，并采用聚苯板填缝。

排水主要设计原则如下：

（1）隧道内设双侧水沟及中心水沟；隧道衬砌外两侧边墙脚各设一条 ϕ80 纵向盲沟；拱墙范围设置 ϕ50 环向盲沟，纵、环向盲管两端直接弯入洞内侧沟；侧沟与中心水沟之间采用 ϕ100 床横向水管连接。道床横向水管一般每 30 m 一处；环向盲沟和边墙泄水孔一般每 10 m 一处。明、暗衬砌段纵向盲管应分别设置且不得连通。

（2）明洞衬砌洞内水沟与隧道衬砌相同；衬砌外设置 ϕ80 纵向盲沟，每隔 3 ~ 5 m 采用 ϕ50 竖向水管和边墙横向水管引入洞内侧沟，侧沟与中心水沟之间设置道床横向水管，每 30 m 一处，且至少一处。纵向盲沟应置于边墙外回填实体圬工上并设 50 cm 厚砂、碎石及卵石反滤层，夯填土表面设置 50 cm 厚黏土隔水层。

（六）洞内设备设计

（1）本隧共设专用洞室兼余长电缆腔 38 个、电力变压器洞室 3 个，无线电直放站 4 个。

（2）本隧设置 5 处五跨非绝缘下锚区段衬砌。

（七）建筑材料选择

（1）混凝土抗渗等级：环境作用等级为 T2 时不得低于 P10，其余不得低于 P12。

（2）衬砌拱墙仰拱采用 C35 钢筋混凝土（T2）、C35 钢筋混凝土（H1）、C40 钢筋混凝土（H2）、或 C30 混凝土、C35 混凝土（H1）、C40 混凝土（H2）。

（3）沟槽身采用正洞同级混凝土。

（4）全隧仰拱填充采用 C20 混凝土、盖板采用 C25 钢筋混凝土，喷 C25（耐腐蚀）混凝土。

（八）结构耐久性设计

（1）本隧道衬砌结构设计使用年限级别为一级，设计使用年限为 100 年。

（2）隧道结构混凝土原材料品质、配合比参数限值以及耐久性指标要求，按《铁路混凝土结构耐久性设计规范》（TB 10005—2010）。

（九）施工方法

（1）全隧除明洞段采用明挖法施工外，其余段落均采用暗挖法施工。

（2）本隧Ⅲ、Ⅳ级地段采用台阶法施工，Ⅳ、Ⅴ级围岩段采用带临时横撑（仰拱）的台阶法施工。

（3）Ⅳ级围岩采用台阶法开挖，拱墙格栅钢架加强支护，ϕ42 注浆小导管超前支护。Ⅴ级围岩段施工带临时横撑（仰拱）的台阶法施工，全环 I20b 型钢钢架加强支护，ϕ108 大管棚或ϕ42 注浆小导管超前支护。

（4）为保证喷混凝土的质量，改善工作面的作业环境，喷混凝土采用湿喷技术，以有效提高喷混凝土的力学性能，减少回弹。

（5）暗洞段采用锚喷构筑法施工，对结构支护体系的稳定性进行监测分析，并按仰拱超前的原则组织施工。仰拱混凝土超前施作，拱墙二次衬砌采用一次立模灌注成型。

（6）二次衬砌滞后掌子面距离应根据围岩、初期支护监控量测分析结果确定，Ⅳ级围岩一般不得大于 90 m，Ⅴ级围岩一般不得大于 70 m。当初期支护变形超过预警值时，须加强二次衬砌并尽快施作；仰拱应整体灌注，严禁半幅施工。底板或仰拱施工前，应清除基础虚渣，以确保隧底施工质量。

二、松岗隧道

（一）隧道概况

松岗隧道进口位于重庆市綦江区南侧三江镇水口村境内，出口位于扶欢镇插旗村境内，隧道进口位于山谷槽地，地势较为开阔；洞身处于山岭高峻，受构造控制，形成了顺地层展布的巨型台阶，从左至右，由高到低逐级排列，最终延伸至綦江一带；出口位于綦江一支流右岸，地形起伏。区内植被以灌木为主，总体不发育。隧道进出口附近均有乡村公路通过，交通方便。工程设计范围为 K97 + 244.848 ~ K106 + 707.848，全长 9 463 m，属于低山地貌，地面高程 240 ~ 1 040 m，相对高差约 800 m，最大埋深 455 m，隧道线路纵断面为人字坡，隧道纵断面见图 3-6-8。

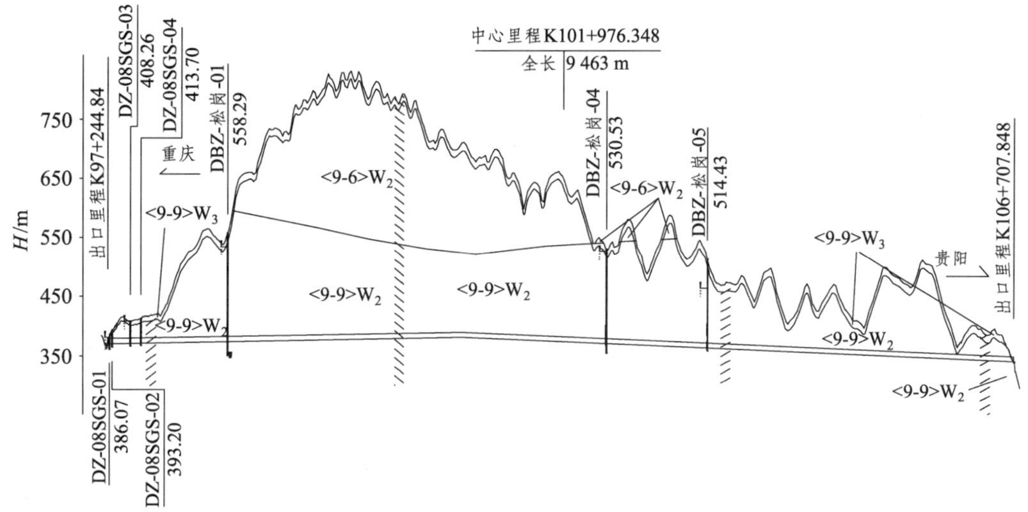

图 3-6-8　松岗隧道纵断面概况

（二）工程地质和水文地质特征

1. 地层岩性

隧区地表上覆第四系全新统坡残积层、坡洪积层、坡崩积层、人工填土，基岩为侏罗系中统上沙溪庙组（J_2s）泥岩夹砂岩及遂宁组（J_2sn）。

2. 地质构造

隧址区位于东溪背斜东翼，为单斜构造，岩层走向北西，倾向北东，一般走向 N10° ~ W50°之间，倾角 10 ~ 30°。

3. 地表水、地下水类型

进口段地表水为溪沟水、塘水，主要受季节性冲沟水补给，水量随季节变化。洞身段 K98 + 838.848 右侧约 450 m 为黄桷坝水库，面积约 12 900 m^2，水深约 2 ~ 5 m。其他段地表水以顺坡发育的季节性冲沟水为主。出口段西侧即为区内最大河流—綦江，最近处距离线路 400 m。綦江在该段平水期水位标高 252.4 m，隧址区段历史记录最高洪水位标高 265.6 m（1998 年洪灾）。地下水类型主要有第四系松散堆积层孔隙水和基岩裂隙水。

4. 地下水的补给、径流和排泄条件

测区地下水的补给来源主要为大气降水及地表水，水量受季节性控制明显。

5. 含水岩组划分及岩层的富水性

隧道穿越的地层为 J_2s，岩性为以泥岩夹砂岩，局部为砂、泥岩互层。砂岩透水较好，为区内的相对含水层；泥岩透水性差，为相对隔水层。隧址区基岩富水性一般。

6. 水化学特征

K103 + 698.848 ~ K106 + 715.848 段地下水中 SO_4^{2-} 对混凝土结构作用等级为 H1。环境作用类别为盐类结晶破坏环境时，地下水中 SO_4^{2-} 对混凝土结构作用等级为 Y2；其余段落地下水对混凝土结构无侵蚀性。

7. 涌水量

隧道正常涌水量 $Q = 5\ 053\ m^3/d$，预测雨季最大涌水量 $Q_{max} = 7\ 600\ m^3/d$。

8. 不良地质

1）天然气

根据《渝黔铁路重庆至赶水段隧道钻孔浅层天然气检测研究报告》（西南石油大学 2009 年 9 月 10 日）以及《渝黔线松岗隧道补定测浅层天然气检测研究报告》（西南石油大学 2012 年 6 月 29 日）报告，隧道区川东高陡褶皱带西南重庆—綦江一带，目前该区已知的油气产储层有三叠系嘉陵江组、飞仙关组，二叠系长兴组、茅口组等 10 个产气层。松岗隧道位于东溪气田东翼、气田边界一带。东溪构造为一个北西向，狭长不对称似梳状背斜，西陡东缓，地面构造完整。地腹构造断层少，西翼有一条贯穿南北的倾轴逆断层，并派生北西向小逆断层，地腹高点和轴线有向南东偏移趋势。由于隧区地腹深处产储油气层较多，这些储气层中的天然气有可能顺裂隙向上运移，对隧道施工影响较大。勘察中对本隧道深孔进行天然气测试，结果如表 3-6-4 所示。

表 3-6-4 天然气测试汇总

钻孔编号	钻孔深度/m	测气结果	浓度 min/max/($\times 10^{-6}$)	显示段岩性	显示段深度/m
DZ-松岗-01	174.6	有	14 460/20 120	砂岩	81.7 ~ 174.6
DBZ-松岗-02	427	有	9 677/18 750	砂岩	199 ~ 428
DBZ-松岗-03	311.2	有	117/2 930	砂岩	61.3 ~ 220.5
DBZ-松岗-04	176.5	有	6 213/8 670	砂岩	190 ~ 433
DBZ-松岗-05	156.11	有	5 287/8 123	砂岩	103 ~ 156.1

从上表的测试结果显示可知有天然气逸出。

根据达成线炮台山隧道既有测试资料，在平导钻孔和已有炮眼测得天然气涌出段瓦斯压力为 0.12 ~ 0.20 MPa，瓦斯绝对涌出量平均值为 3.03 m^3/min。

天然气等有害气体可能顺着岩层构造裂隙上逸，并在隧道洞身范围基岩裂隙或缝隙中局部游散富集，形成气囊，并具有随机性和不均匀性，危及隧道施工安全。

综合地形地貌（临空条件）、地层岩性、构造特征以及天然气测点显气特点等因素考虑，本隧道为高瓦斯隧道，其中 K97 + 798.848 ~ K103 + 838.848 为高瓦斯段，其他段为低瓦斯段。

2）顺层偏压

隧道 K97 + 344.848 ~ K106 + 338.848 段轴线与岩层走向小角度相交，夹角为 0 ~ 30°，且该隧道穿越岩层为砂、泥岩互层，砂岩多含水，在砂岩与泥岩接触带泥岩多处于软化状态，隧道开挖后，泥岩易顺层坍滑，出现偏压。

9. 地震动参数区划

隧址区地震动峰值加速度为 0.05g，地震动反应谱特征周期为 0.35 s。

（三）洞口位置的确定及洞门形式的选择

遵循“早进晚出”的原则，并综合考虑地形地貌、洞口地质条件、环境条件等因素，按照“确保安全、因地制宜、保护环境、简约实用”的要求确定隧道进出口位置。隧道进口位于重庆市綦江区南侧三江镇水口村境内，出口位于扶欢镇插旗村境内。隧道进、出口均采用单压式明洞门，洞门采用 C30 钢筋砼。

（四）监控量测设计

K97 + 251.848 ~ K97 + 812.848、K106 + 087.848 ~ + 272.848、K106 + 357.848 ~ + 705.848 段开展地表沉降观测，观测点应在隧道开挖前布设，并与洞内观测点布置在同一断面里程。拱顶下沉、净空变化监控量测断面间距：Ⅲ级围岩不大于 30 m，Ⅳ级围岩不大于 10 m，Ⅴ级围岩不大于 5 m。其余各项监控量测点的具体布置原则、量测断面、量测频率以及控制基准等要求详见“通隧（2008）1202-58 ~ 61”图及《铁路隧道监控量测技术规程》。

（五）防排水设计及天然气防治设计

1. 防　水

（1）全隧二次衬砌拱部、边墙及仰拱混凝土抗渗等级不低于 P10；K103 + 698.848 ~ K106 + 707.848 地下水侵蚀性地段不低于 P12。

（2）全隧设置全环瓦斯隔离板（EVA 防水板 + 闭孔型泡沫塑料垫层）。

（3）环向施工缝设置两道防水措施，全环采用中埋式橡胶止水带 + 外贴式橡胶止水带防水；环向施工缝按 10 m 一道计列数量。纵向施工缝采用中埋式橡胶止水带 + 遇水膨胀橡胶止水条，纵向施工缝按全隧 2 道计列数量。

2. 排水及天然气排放

（1）全隧排水采用双侧沟加中心沟的方式。侧沟主要用于汇集地下水，同时起到沉淀和兼顾部分排水的作用，中心沟用于排水。

（2）全隧二次衬砌背后设 ϕ50 环向透水（气）管盲沟，纵向每 10 m 一环设置；两侧边墙脚设 ϕ150 纵向不透水（气）管盲，隧底仰拱填充砼内对应横通道位置均设横向排水管，平导及横通道均设置排气管，地下水进入环向透水盲沟汇集至纵向盲沟内，隧道右侧纵向盲沟经横向排水管排至右侧横通道内，由平导排出洞外，为防止天然气气体进入平导内发生意外，横向排水管位于横通道内出水口处设置水气分离室。

（3）明洞衬砌水沟与隧道内水沟设置相同，其外侧设置ϕ80 纵向盲沟，每隔 3 ~ 5 m 采用ϕ50 竖向水管和边墙横向水管引入洞内侧沟，侧沟与中心水沟之间设置道床横向水管，每 40 m 一处，且至少一处。

3. 天然气防治措施

衬砌结构采用气密性混凝土全封复合式衬砌，厚度不小于 40 cm，透气系数不应大于 10^{-11} cm/s；初期支护与二次衬砌间设置全环瓦斯隔离板。

（六）辅助坑道设计

1. 辅助坑道方案

本隧为高瓦斯隧道，为了满足施工通风与场地问题，设置“进口平导 + 中部 1#横洞 + 出口 2#横洞”的辅助坑道。于隧道左线右侧 35 m 设置平导，进口里程 PD2K74 + 945，出口里程 PD2K81 + 636，全长 6 691 m。其中 PD2K74 + 945（对应 K97 + 283.848）~ PD2K81 + 447.91（对应 K103 + 801.268）段平导与线路中线平行，坡度与正洞坡度一致，平导坑底标高比对应正洞里程内轨顶面高程低 2.0 m。PD2K81 + 447.91 ~ + 636 段平导中线与线路小里程方向夹角为 120°，坡度为 3‰的下坡。1#横洞设于线路前进方向右侧，1#横洞与正洞的交点里程对应关系为 HD1K0 + 000 = K103 + 838.848，与线路前进方向夹角 60°，平长 214 m，坡度为 3‰的下坡。辅助坑道布置见图 3-6-9。

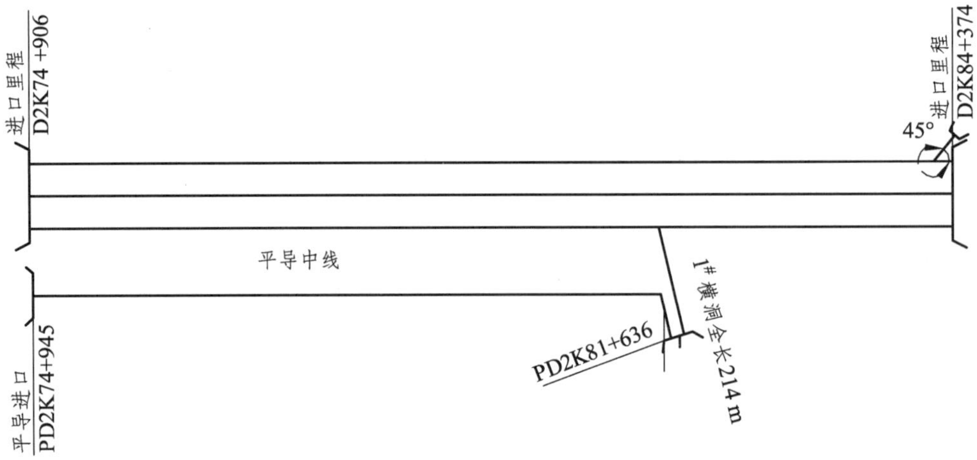

图 3-6-9 松岗隧道辅助坑道布置

2. 平导、横洞断面的拟定及衬砌支护设计

（1）平导 PD2K74 + 945 ~ PD2K76 + 104、PD2K80 + 220 ~ PD2K81 + 636 段采用有轨双车道，PD2K76 + 104 ~ PD2K80 + 220 段采用有轨单车道。平导有轨双车道断面内净空尺寸为 5.5 m × 5.6 m（宽 × 高），有轨单车道内净空尺寸为 3.5 m × 4.9 m（宽 × 高）

（2）平导除 PD2K74 + 945 ~ PD2K75 + 010、PD2K81 + 560 ~ PD2K81 + 636 段采用模筑衬砌，其余各段均采用锚喷衬砌。

（3）1#横洞采用有轨双车道断面，内净空断面尺寸 5.5 m（宽）× 5.6 m（高），2#横洞采用无轨单车道运输，内净空断面尺寸为 4.7 m × 6.0 m（宽 × 高）。

（4）1#横洞除 H1DK0 + 130 ~ + 214 洞口段采用模筑衬砌，其余各段均采用锚喷衬砌。

（5）2#横洞 H2DK0 + 019.5 ~ + 069 采用模筑衬砌。

3. 平导、横洞在隧道主体工程竣工后的处理措施设计

隧道主体工程竣工后，平导、横洞不再作为施工运输通道和通风巷道时，于洞口设置由洞内向外开启的钢栅门一道，防止人畜误入。

（七）洞内设备设计

（1）本隧共设专用洞室兼余长电缆腔 38 个、电力变压器洞室 3 个。

（2）本隧设置 8 处五跨非绝缘下锚区段衬砌。

（八）建筑材料选用

（1）混凝土抗渗等级：全隧除地下水有侵蚀性地段不低于 P12 外，其余段不低于 P10。

（2）本隧为天然气高瓦斯隧道，衬砌拱墙、仰拱采用气密性钢筋混凝土或气密性混凝土。

（3）全隧沟槽身采用 C25 混凝土。

（4）全隧仰拱填充采用 C20 混凝土、盖板采用 C25 钢筋混凝土，喷 C25 混凝土。

（九）结构耐久性设计

（1）本隧衬砌结构设计使用年限级别为一级，设计使用年限为 100 年。

（2）本隧 K103 + 698.848 ~ K106 + 707.848 段地下水中 SO_4^{2-} 对混凝土结构作用等级为 H1。环境作用类别为盐类结晶破坏环境时，地下水中 SO_4^{2-} 对混凝土结构作用等级为 Y2；其余段落地下水对混凝土结构无侵蚀性，环境作用类别为碳化环境，环境作用等级为 T2。

（3）隧道结构混凝土原材料品质、配合比参数限值以及耐久性指标要求，按《铁路混凝土结构耐久性设计规范》办理。

三、天坪隧道

天坪隧道位于贵州省桐梓县北部，隧道进口位于天坪乡柏香湾村，交通条件一般。隧道出口位于新站镇岩上村，有羊肠小路约 2 km 可到 210 国道。隧道进口地形较陡，风化裂隙、岩溶裂隙发育，山坡上分布有危岩、落石，线路右侧山体较薄，存在严重偏压现象；隧道出口段洞身埋深浅，整体工程地质条件差；隧道进、出口均采用单压耳墙式明洞门。根据施工组织的要求，隧道设置“平导 + 一座斜井 + 横洞（主副井）”。

隧道起讫里程为 DK116 + 258 ~ DK130 + 236，长 13 978.252 m，其中Ⅱ、Ⅲ、Ⅳ、Ⅴ级围岩分别为 480 m（3.4%）、4 190 m（30.0%）、7 677 m（54.9%）、1 631 m（11.7%）。洞内线路纵坡采用“人”字坡，变坡点里程为 DK124 + 400，进口坡段长 8 142 m，坡度从 17.2‰过渡到 7‰（DK123 + 600），出口坡段长 5 836 m，坡度为-5‰。

在平面上，进口位于 R-9 000 m 的右偏曲线上、洞身 3 060.531 m 位于 R-8 000 m 的左偏曲线上外，其余均位于直线段；隧道最大埋深约 980 m，隧道内设计为人字坡，自进口起分别为 17.2‰上坡、7.0‰上坡、－5.0‰下坡，各变坡点设置竖曲线，竖曲线半径 R = 20 000 m。隧道纵断面见图 3-6-10。

隧道在 DK127 + 710 ~ + 850 段穿越三叠系上统须家河组及二叠系上统龙潭组含煤地层。在 DK127 + 226 ~ + 450 段穿越下二叠统栖霞组沥青质灰岩，新鲜断面发出刺鼻气味，俗称“臭灰岩”，开挖时会发出刺鼻有害气体。

平导设于线路左侧，距左线线路中线 30 m，平导全长 11 775 m，其中：进口平导长 8 384 m，采用无轨运输单车道 + 错车道断面。斜井设在隧道线路方向左侧，与平导交于 PDK121 + 500 处，长 2 138 m，综合坡度 8.67%，单车道无轨运输；横洞位于隧道左侧，设主井和副井，分别负责正洞和平导施工，其中主井长 783 m，与平导交于 PDK128 + 000（ = DK128 + 000），纵坡 – 1.2%，副井长 762 m，

与平导交于 PDK127 + 972，纵坡 - 1.07%，双车道有轨运输；横洞工区平导设于线路左侧，距左线线路中线 30 m，里程范围为 PDK124 + 609 ~ PDK128 + 000，长 3 391 m；横洞（主副井）在施工期间采用喷锚衬砌，洞身与正洞连接段采用降低一级围岩的模筑混凝土衬砌；考虑作为运营期间防灾救援通道，横洞（主井）锚喷衬砌段施工完成后设置套衬。

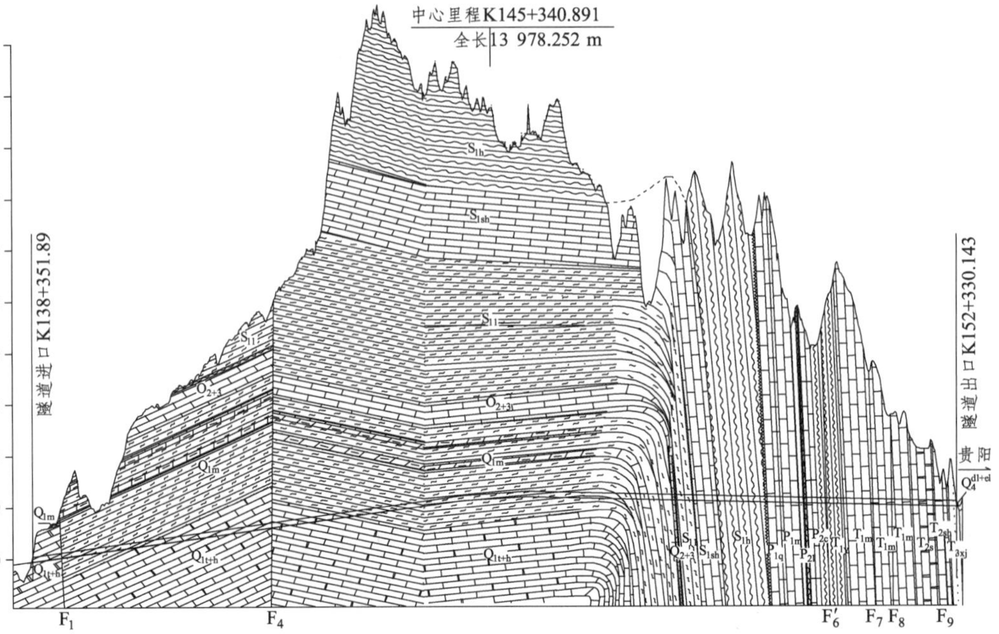

图 3-6-10　天坪隧道纵断面概况

四、新凉风垭隧道

（一）隧道概况

新凉风垭隧道工程设计范围为 K171 + 925.007 ~ K179 + 548.007，全长 7 623 m，位于云贵高原构造剥蚀—岩溶侵蚀地貌区，区内地形总体为南高北低，东高西低，隧址区内最高点位于隧道轴线东侧的凉风垭森林公园，高程为 1 550.5 m，最低点位于隧道进口西侧的河谷，高程 821.4 m，相对高差 729.1 m，地形坡度大，一般介于 15 ~ 50°，局部近于直立。隧道最大埋深约 560 m，为越岭瓦斯、岩溶长隧道，隧道洞身穿越碳酸盐岩区段占隧道总长的 72.41%。隧址区交通方便，有 G210、渝黔高速公路、渝黔既有铁路以及乡村公路相通，隧道线路纵断面为人字坡设计，详见图 3-6-11。

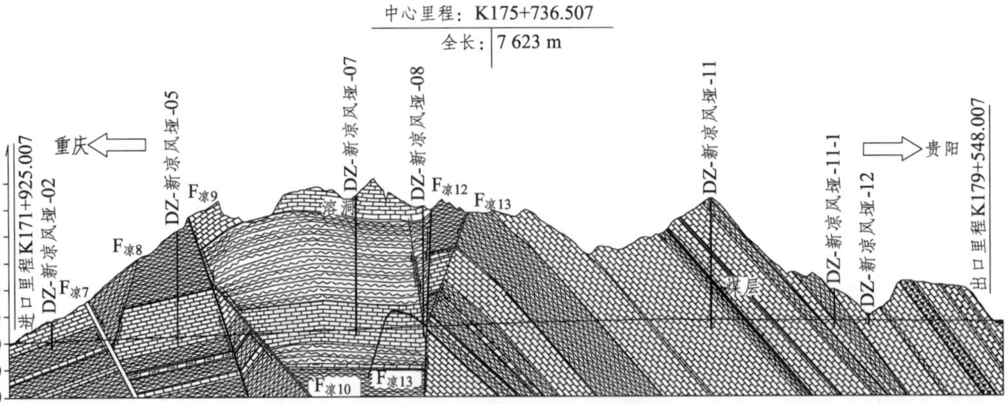

图 3-6-11　新凉风垭隧道纵断面概况

（二）工程地质和水文地质特征

1. 地层岩性

隧区地层众多，岩性复杂，上覆土层为第四系全新统人工堆积层块石土、冲洪积层粉质黏土和卵石土、坡洪积层软土和粉质黏土以及坡残积层粉质黏土。下伏基岩为：三叠系下统茅草铺组（T_1m）灰岩、白云质灰岩夹岩溶角砾岩，夜郎组五段（T_1y^5）泥岩、页岩，夜郎组四段（T_1y^4）灰岩，夜郎组三段（T_1y^3）泥岩、页岩夹灰岩，夜郎组二段（T_1y^2）灰岩夹泥灰岩，夜郎组一段（T_1y^1）页岩夹泥灰岩；二叠系上统长兴组（P_2c）灰岩和龙潭组（P_2l）页岩夹煤层、砂岩，下统茅口组（P1m）和栖霞组（P_1q）灰岩；志留系下统韩家店组（S_1h）页岩、泥岩，石牛栏组（S_1sh）灰岩泥灰岩夹页岩，龙马溪组（S_1l）页岩夹炭质页岩、泥灰岩；奥陶系中上统（O_{2+3}）灰岩，下统湄潭组（O_1m）页岩夹灰岩、砂岩。

2. 地质构造

隧区地处川黔南北向构造带与北东向构造带交接复合部位，属北东—南西走向的挤压构造带。隧道穿越高桥向斜北翼，受构造应力作用，岩层产状混乱，断裂发育，其主要有 13 条，局部可能还有隐伏型小断层（破碎带宽度约 2 ~ 5 m 不等，如凉风垭-8 号、9 号和 10 号钻孔揭露的多条隐伏断层，断距一般小于 50 m）。据调查，区内 $F_{凉7}$、$F_{凉8}$、$F_{凉9}$、$F_{凉10}$、$F_{凉12}$ 和 $F_{凉13}$ 在隧道轴线一带分布，对线路有影响；而其他断层远离隧道轴线或对隧道影响性小。

3. 地下水类型

隧道穿越一系列不同时代的地层，根据隧区地层岩性及其组合特征、地下水赋存条件、水理性质和水力特征，可将测区地下水类型划分为松散堆积层孔隙潜水、基岩裂隙水、碳酸盐岩岩溶水等三种类型。

4. 涌水量

洞身 K171 + 925.007 ~ K175 + 150.007 段处于水平循环带与垂直循环带的交替带内，K175 + 150.007 ~ K179 + 548.007 段处于水平循环带内。由于本隧岩溶极其发育，隧道施工中可能会揭穿暗河、岩溶管道，遭遇较大的高压岩溶水。隧道正常涌水量 Q = 23 453 m^3/d，预计雨季最大涌水量 Q_{max} = 64 943 m^3/d。

5. 地下水化学特征

根据地下水和地表水取样分析，分布于 K177 + 492.007 ~ + 667.007 段龙潭组（P_2l）页岩夹煤层、砂岩和 K178 + 712.007 ~ K179 + 548.007 段三叠系下统茅草铺组（T_1m）灰岩、白云质灰岩夹岩溶角砾岩地层，地下水对砼具 SO_4^{2-} 侵蚀的水化学特征。硫酸盐对混凝土结构腐蚀等级按照 H2 考虑，其余地段无侵蚀性。

6. 不良地质

隧址区主要不良地质为岩溶、顺层、煤层瓦斯和断层破碎带，特殊岩土为岩溶角砾岩、软质岩及软弱夹层。

（1）岩溶：隧道在 K171 + 925.007 ~ K172 + 202.007、K172 + 604.007 ~ K175 + 579.007、K176 + 658.007 ~ K177 + 492.007、K177 + 667.007 ~ K178 + 105.007、K178 + 551.007 ~ K179 + 548.007 穿越可溶岩，长度为 5 516 m，占隧道的 72.41%。岩性以灰岩、泥质灰岩为主，岩溶发育程度中等至强烈。

（2）顺层：隧道进口基岩裸露，为奥陶系中上统（O_{2+3}）灰岩，岩层产状为 N55°W/15°NE，倾向进口左侧，与隧道轴线夹角约 40°，因此，右侧边坡存在顺层现象。

隧道出口基岩裸露，为三叠系下统茅草铺组（T_1m）灰岩、白云质灰岩，岩层产状 N70°E/35°SE，倾向洞口仰坡外，与隧道轴线夹角 68°，因此，出口仰坡为顺层边坡。

（3）煤层：隧道在 K177 + 492.007 ~ K177 + 667.007 穿越含煤地层龙潭组（P_2l），含可采煤层 5 层，其分别为 K2、K4、K5、K8、K9，主采 K2、K4、K5，厚 1.5 ~ 2 m，层位较稳定。

7. 地震动参数区划

隧址区地震动峰值加速度<0.05g，地震动反应谱特征周期为 0.35 s，地震基本烈度为Ⅵ度。

（三）洞口位置的确定及洞门形式设计

隧道进口、出口均采用柱式洞门，进出口洞门与平导洞门合修，按国防要求，进口洞门端墙采用 C35 钢筋砼，出口洞口端墙采用 C40 钢筋砼。

（四）衬砌支护设计

（1）隧道进、出口段衬砌支护设计，结合国防要求，并与浅埋、偏压隧道加强结构措施统筹考虑。进口端 K171 + 925.007 ~ + 944.007 采用 $Ⅴ_a$ 型复合衬砌，K171 + 944.007 ~ K172 + 039.007 采用 $Ⅳ_b$ 型复合衬砌；出口端 K179 + 469.007 ~ + 514.007 采用 $Ⅳ_b$ 型复合衬砌，K179 + 514.007 ~ K179 + 543.007 采用 $Ⅴ_a$ 型复合衬砌，K179 + 543.007 ~ K179 + 548.007 采用全回填式明洞。

（2）K177 + 442.007 ~ K177 + 722.007 段通过含煤地层，煤层瓦斯含量高，为高瓦斯段落，该段采用全封复合衬砌，全环设置瓦斯隔离板。

（3）本隧左线线路左侧设置进出口平导及预设计泄水洞，进出口平导及泄水洞的横通道与正洞交叉口处采用比原正洞段围岩级别低一级的围岩级别的衬砌作为结构加强，加强范围为横通道中线与正洞左线中线交点前后各 15 m。

（五）监控量测设计

（1）K171 + 925.007 ~ + 047.007 段开展地表沉降观测，观测点应在隧道开挖前布设，并与洞内观测点布置在同一断面里程，布点观测断面不小于 8 个。拱顶下沉、净空变化监控量测断面间距：Ⅲ级围岩不得大于 30 m，Ⅳ级围岩不得大于 10 m，Ⅴ级围岩不得大于 5 m。其余各项监控量测点的具体布置原则、量测断面、量测频率以及控制基准等要求详见“通隧（2008）0201-70 ~ 73”图及《铁路隧道监控量测技术规程》。

（2）本隧正洞于 K172 + 010.007 ~ + 033.007、平导于 PDK149 + 936 ~ + 959 下穿渝黔高速公路，为保证公路安全，施工下穿公路段落时，K171 + 996.007 ~ + 047.007 段及 PDK149 + 922 ~ + 980 段应严格控制爆破规模，公路路面爆破震动速度不大于 5 cm/s。该段施工前于地表埋设监测点，测点沿公路平行布置，均匀分布于隧道中线两侧。施工期间对监测点进行沉降监测，若发现路面出现较大沉降，立即加强支护，提高监测频率并及时通知相关单位，以便处理。

（3）隧道施工在邻近 $F_{凉12}$、$F_{凉13}$ 时需对凉风垭水库水位、洞内水量进行监测，并对所测数据进行洞内水与水库水变化关联性的分析。

（4）隧道施工茅口组灰岩段时需对凉风垭车站岩溶泉水量、水位、洞内水进行监测，并对所测数据进行洞内水与岩溶泉水变化关联性的分析。

（5）在隧道出口工区和出口平导工区建立实时瓦斯监测系统、报警系统、通风监测系统，包括固定式监测和流动监测，对隧道内的瓦斯含量、风速、风压和温度等进行 24 h 不间断的监测。

（6）在隧道正洞和平导各洞口建立水量监测系统，从施工伊始就开展水量的实时监控、监测。为了准确测定隧道内控制安全风险的各岩溶涌水点涌水量，采用钻孔涌水及堰测法相结合的测定方法。水量较小时采用量桶法量测，水量较大时集水归槽后采用堰测法量测。

（六）防排水及瓦斯排放设计

1. 防水设计

（1）全隧二次衬砌拱部、边墙及仰拱混凝土抗渗等级不低于 P12。

(2) 全隧除 K177 + 442.007 ~ + 722.007 煤系地层地段设置全环瓦斯隔离层（EVA 防水板 + 闭孔泡沫塑料垫层）外，其他地段隧道衬砌喷射混凝土与模筑混凝土之间拱、墙设置 EVA 防水板 + 无纺布（分离式）。防水板厚度不小于 1.5 mm。

(3) 全隧环向施工缝设置两道防水措施，采用中埋式橡胶止水带 + 外贴式橡胶止水带防水；环向施工缝拱墙部位按 10 m 一道，仰拱部位按 5 m 一道计列数量。纵向施工缝采用中埋式橡胶止水带 + 遇水膨胀橡胶止水条，纵向施工缝按全隧 2 道计列数量。

(4) 进出口衬砌变化处各设置一道变形缝，宽 2 cm，变形缝设中埋式钢边橡胶止水带、外贴式橡胶止水带、内缘采用双组分聚硫密封胶嵌缝，并采用聚乙烯泡沫塑料板填缝。

2. 排水及瓦斯排放设计

(1) 全隧排水采用双侧沟加中心沟的方式。全隧除全封衬砌段边墙不设泄水孔外，其余段落衬砌背后的积水通过环向和纵向盲沟的汇集后经进水管引入侧沟，再经侧沟的汇集和沉淀后通过横向导水管将侧沟中的水引入中心沟排出洞外。侧沟主要用于汇集地下水，同时起到沉淀和兼顾部分排水的作用，中心沟用于排水。

(2) 全隧二次衬砌背后设 $\phi50$ 环向透水管盲沟，纵向每 10 m 一环，集中出水处视水量大小酌情加密设置；两侧边墙脚设 $\phi80$ 纵向不透水盲管，一般围岩段与全封复合段纵向盲沟必须分别单独设置。

(3) 在隧道穿越煤系地层段时，正洞、出口平导及预设计泄水洞均采用全封衬砌。正洞全封衬砌段两侧边墙分别设置两根 $\phi150$ 纵向不透水盲管，预设计泄水洞及平导全封衬砌段两侧边墙分别设置一根 $\phi150$ 纵向不透水盲管，且于 13#横通道中及出口平导终点处分别设置一个水气分离室。正洞及泄水洞水气混合物经过边墙纵向盲管引至水气分离室，经水气分离室分离后，将分离出来的水引入平导侧沟排出洞外；分离出来的瓦斯等有害气体经埋设于平导内的 $\phi200$ 镀锌钢管引至平导洞口排放，并在钢管末端设置瓦斯抽排真空泵。

（七）辅助坑道设计

1. 辅助坑道设置方案

辅助坑道设置遵循岩溶隧道顺坡施工、顺坡排水、以降低涌水突泥风险的原则，进口端上坡段较出口端下坡段长 2 290 m，进口工区成为制约全隧工期的关键。为缓解进口端工期压力、实现工期目标、满足出口端龙潭组煤系地层高瓦斯地段巷道式通风要求、超前探明洞身地质情况和解决施工排水等问题，隧道进、出口均设置平导。平导设于线路左线左侧 30 m，进口平导长 4 699.982 m，出口平导长 1 801.665 m。辅助坑道布置见图 3-6-12。

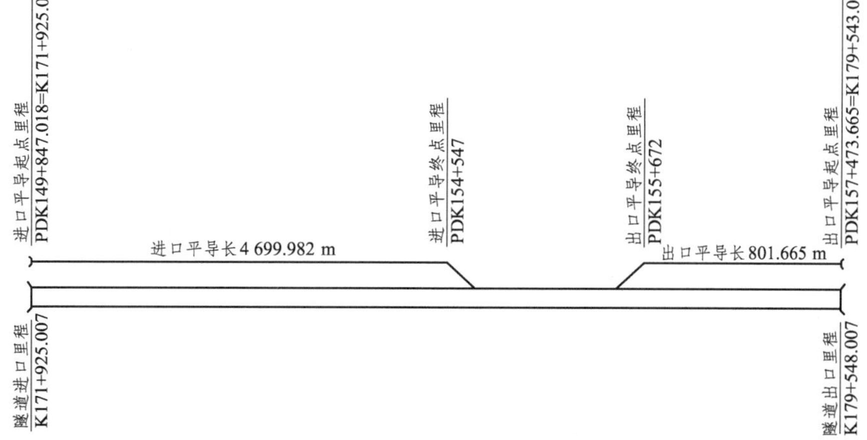

图 3-6-12　新凉风垭隧道辅助坑道布置（已考虑变更设计）

2. 平导断面的拟定及衬砌支护设计

（1）进口平导采用无轨单车道断面，内净空断面尺寸 4.7 m（宽）×6.0 m（高）；出口平导采用有轨双车道断面，内净空断面尺寸 5.5 m（宽）×5.6 m（高）。

（2）进口平导除 PDK149 + 847.018 ~ + 889 洞口段及 PDK149 + 889 ~ + 980 下穿渝黔高速公路段采用模筑衬砌，其余各段均采用锚喷衬砌。

（3）出口平导除 PDK157 + 429 ~ + 473.665 洞口段、PDK157 + 389 ~ + 429 缓冲横通道与平导交叉口段采用模筑衬砌外，其余各段均采用锚喷衬砌。

（4）灰岩地段Ⅴ级横通道采用无仰拱衬砌，若实际施工中出现软质岩，则施作仰拱。

（5）隧道主体工程竣工后，于平导洞口设置由洞内向外开启的钢栅门一道，防止人畜误入。

（八）泄水洞预设计

为解决施工中可能遭遇岩溶管道，发生涌水等，确保隧道施工及运营期间排水安全，于 DK154 + 544 ~ DK155 + 622 段预设计泄水洞，泄水洞长 1 078 m，采用有轨单车道运输，内净空断面尺寸：宽×高 = 3.5 m×4.9 m。泄水洞实施时机及段落长度需根据正洞开挖揭示地下水发育情况而定，实际未施作。

（九）洞内设备设计

（1）本隧共设专用洞室兼余长电缆腔 28 个、电力变压器洞室 2 个。

（2）本隧设置 7 处五跨非绝缘下锚区段衬砌。

（十）建筑材料选取

（1）混凝土抗渗等级：不得低于 P12。

（2）K177 + 442.007 ~ + 722.007 段地层含煤，衬砌拱墙、仰拱采用 C40 气密性钢筋混凝土或 C35 气密性钢筋混凝土。

（3）H2 侵蚀性地段，衬砌拱墙采用 C40 钢筋混凝土或 C40 混凝土，仰拱采用 C40 钢筋混凝土或 C40 混凝土；其余地段衬砌拱墙采用 C35 钢筋混凝土或 C30 混凝土，仰拱采用 C35 钢筋混凝土或 C30 混凝土。

（4）K177 + 492.007 ~ K179 + 548.007 段沟槽身采用 C35 混凝土，其余地段沟槽身采用 C25 混凝土。

（5）全隧仰拱填充采用 C20 混凝土，盖板采用 C25 钢筋混凝土，全隧均喷 C25 混凝土，但 K177 + 492.007 ~ K177 + 667.007 及 K178 + 712.007 ~ K179 + 548.007 地下水具硫酸盐侵蚀性段胶凝材料采用抗硫酸盐水泥。

（十一）结构耐久性设计

（1）本隧衬砌结构设计使用年限级别为一级，设计使用年限为 100 年。

（2）本隧 K177 + 492.007 ~ K177 + 667.007 及 K178 + 712.007 ~ K179 + 548.007 段地下水对砼具酸性侵蚀，化学侵蚀环境作用等级为 H2；其余地段环境作用类别为碳化环境，环境作用等级为 T2。

（3）隧道结构混凝土原材料品质、配合比参数限值以及耐久性指标要求，按《铁路混凝土结构耐久性设计规范》办理。

（十二）运营通风设计

运营通风需根据运营后的瓦斯监测结果及相关规范确定，一旦因瓦斯原因需要进行运营通风，即于平导内设吸出式通风设备。

第五节　特殊不良地质隧道设计

一、岩溶发育段设计

因岩溶水的无规律性、突发性及排水系统可能部分失效等问题，为保证铁路运营安全，地表溶蚀发育的可溶岩地段、断层破碎带及可溶岩与非可溶岩接触带等富水地段（特别是含泥沙地段）采取注浆堵水措施地段，分析排水不畅的原因，衬砌结构应考虑水压适当加强，并采用钢筋砼衬砌。

洞身通过可溶岩与非可溶岩接触带（面）地段拱墙支护应加强，接触带位于隧底时，应根据含水情况及基底土体承载能力进行隧道基础稳定性评价，必要时进行加固、改良处理。

二、瓦斯地段设计

（一）穿越煤层瓦斯隧道设计

1. 低瓦斯隧道（瓦斯涌出量<0.5 m^3/min）

（1）当隧道穿越夹煤线或炭质页岩地层，施工过程中可能有瓦斯、硫化氢等有害气体逸出，原则上应采用与围岩级别相应的初期支护及复合式衬砌。

（2）低瓦斯工区施工中应加强隧道通风和有害气体监测，并采用喷雾洒水等防尘措施，防止瓦斯积聚。

2. 高瓦斯（瓦斯涌出量≥0.5 m^3/min）与瓦斯突出隧道（有突出危险）

（1）高瓦斯与瓦斯突出隧道应采用全封闭复合式衬砌，二次衬砌使用气密性钢筋砼或气密性砼。

（2）煤与瓦斯突出隧道原则上采用钻孔排放作为防止瓦斯突出的主要措施，采用上下半断面长台阶法开挖，以充分利用上部台阶排放下部台阶的部分瓦斯。

（3）隧道揭煤施工时，当煤层瓦斯压力小于 0.74 MPa 时采用振动爆破法；大于 0.74 MPa 时应先排气降压，然后再爆破揭煤。施工中应加强通风，防止瓦斯积聚；同时加强对洞内有害气体的监测，并采用喷雾洒水等防尘措施。

（4）衬砌结构应有防治瓦斯措施。衬砌结构采用气密性混凝土全封衬砌，厚度不应小于 40 cm，模筑混凝土掺入气密剂，气密剂为硅灰、粉煤灰及高效减水剂的复合剂。现场施工中应进行气密性试验，满足透气系数≤10^{-11} cm/s 的要求；初期支护与二次衬砌间设置全环瓦斯隔离层；施工缝应作气密处理，其封闭瓦斯性能不应小于衬砌本身。

（5）瓦斯工区原则上采用巷道式通风，通风设备配置应根据通风计算确定。高瓦斯隧道一般设有平导，隧道需根据运营后的瓦斯监测结果及相关规范确定，一旦因瓦斯原因需要进行运营通风，即于平导内设吸出式通风设备。

（6）电器设备和作业机械必须使用防爆型，工区内采用双回路电源供电，其电源线上不得分接隧道以外的任何负荷。但由于双回路电源投资较大，拟采用一路大电电源，一路自备电源，自备电源采用自发电，其功率按至少满足洞内通风、照明需要配置。洞内运输宜采用有轨运输，杜绝非防爆型燃油机械设备进入。

（二）穿越气田瓦斯隧道设计

1. 低瓦斯隧道

（1）穿越东溪气田侵染区的部分隧道，施工中可能有瓦斯逸出。若全工区的瓦斯涌出量小于

0.5 m^3/min 时，为低瓦斯工区，并按低瓦斯隧道相关规定设计和组织施工。

（2）当隧道长度大于 5 km 时，为应对施工过程中的不可预见性，可考虑斜井、横洞等辅助坑道；当隧道长度小于 5 km 时，原则上不设置辅助坑道。

（3）初期支护、二次衬砌、施工电气设备与作业机械、施工通风、瓦斯信息监测预报等，参照煤系地层地段瓦斯隧道设计原则办理。

（4）施工中应采用超前深孔钻探和掌子面加深炮眼，进行瓦斯参数预测预报，以检测瓦斯压力、浓度等是否超过低瓦斯隧道限值，必要时应根据检测结果修改设计方案和施工方案。施工中应加强瓦斯监测，加强通风，改善掌子面工作环境。

2. 高瓦斯隧道

（1）穿越东溪气田侵染区的隧道，当全工区瓦斯涌出量≥0.5 m^3/min 时，该工区为高瓦斯工区，应按高瓦斯隧道相关规定设计并组织施工。初期支护、衬砌结构、瓦斯隔离层、施工缝气密处理、施工用电器设备、作业机械、电源线路等可参照煤系地层高瓦斯及瓦斯突出隧道相关要求办理。

（2）气田区高瓦斯隧道原则上设置贯通或部分平导，施工时利用平导作为进风道或回风道形成巷道式通风。

（3）二次衬砌及横通道根据围岩级别采用相应的全封复合式衬砌，横通道设瓦斯密闭门。平导除洞口Ⅴ级围岩地段采用模筑衬砌外，Ⅱ～Ⅳ级围岩地段均采用锚喷衬砌。

（4）施工中应采用超前深孔钻探和掌子面加深炮眼，进行瓦斯参数预测预报，以检测是否有瓦斯涌出并确定其压力、浓度，根据检测结果确定瓦斯排放方案。施工中应加强通风，改善掌子面工作环境。

三、顺层偏压地段设计

洞身通过具有顺层偏压倾向的地层时，应根据岩层倾向、软硬岩层组合特征、地下水影响等因素，采用加强预支护、不等参数径向支护等措施，保证施工及结构安全。

洞身顺层偏压的隧道是产状不利岩体结构，原则上维持二次衬砌与围岩级别相对应的结构尺寸不变，可根据地形地质、节理裂隙、岩层顺层情况等针对性地调整初期支护参数，如采用不均衡支护（锚杆不对称布置、非等参数支护）、拱部超前支护、拱部加强支护可局部加长锚杆、锁定岩体等措施，确保施工安全和结构安全。

四、特殊地段超前地质预报方法设计

（一）预报预测范围

预报预测的范围主要包括断层破碎带、可溶岩与非可溶岩接触带、可溶岩段、受深层天然气影响段、煤层采空区等不良及特殊地质区段。断层破碎带、可溶岩与非可溶岩接触带、可溶岩段超前地质预报以地质调查法＋物探法＋超前钻探法为主，瓦斯、深层天然气超前预报以超前钻孔为主。

（二）煤层瓦斯超前综合地质预报方法

1. 地质调查法

调查收集隧道近邻煤矿的区域性地质、矿产地质、有害气体等资料，进行隧道区域地质调绘，查明隧道通过的地层层序、岩层种类、含煤地层的分布，推测隧道穿煤里程、长度、煤层位置、层数、层厚等。

2. 中长距离超前预报

采用弹性波反射法对掌子面前方 30 ~ 100 m 范围内的推测隧道的穿煤里程、长度、煤层位置、层数、层厚等作较为详细的预报，每 100 m 施作一次，当有异常情况时适当加密。

3. 中短距离超前预报

（1）采用 3ϕ76（低瓦斯隧道）或 3ϕ89（高瓦斯隧道）水平钻孔（验证孔）取岩心对弹性波反射法超前预报结果进行验证，验证孔每 25 m 为一循环，30 m/孔，搭接 5 m。

（2）当验证孔确认有煤层时，增加不少于 3 孔 ϕ89 超前水平探孔（每 25 m 为一循环，30 m/孔，搭接 5 m）进行瓦斯信息探测，详细记录岩心资料，确定煤层厚度、倾角、走向及与隧道的关系，并分析煤层顶、底板岩性，掌握并收集探孔施作过程中的瓦斯动力现象；同时采集煤样和气样进行成分分析，并在现场进行瓦斯含量、涌出量、压力等参数的测试；按《防治煤与瓦斯突出细则》进行煤与瓦斯突出危险性预测，如具有煤与瓦斯突出危险性时应及时提出，以修正设计和调整施工方案。

（三）天然气地段超前综合地质预报方法

本线珞璜南—赶水东段部分隧道穿越石油沟气田、东溪气田影响区，由于天然气在地层中的分布受岩层构造裂隙的影响，其分布具随机性和不确定性，天然气可能顺着岩层构造裂隙上逸，并在隧道洞身范围基岩裂隙或缝隙中局部游散富集，形成气囊，隧道施工中可能遭遇瓦斯溢出、爆炸，危及施工安全。由于受天然气分布的无规律性及勘察手段的限制，要对隧道天然气的分布和涌出危险性做出准确预测是十分困难的，故本次修改初步设计该段隧道暂按加强对有害气体的检测、超前水平钻孔、掌子面加深炮眼等手段进行超前预报。

1. 地质调查法

调查收集隧道近邻油气田、气井资料，查明气田范围、气井分布，查明天然气的生成、运移、储集、封闭条件及影响因素，推测隧道穿越气田区的长度。

2. 超前水平钻探

施工中采用 3ϕ76（含瓦斯隧道及低瓦斯隧道）或 5ϕ89（高瓦斯隧道）超前瓦斯探孔和掌子面加深炮眼，进行瓦斯信息超前预测预报。瓦斯探孔长度为 30 m，25 m 一循环，搭接 5 m；加深炮孔长度不小于 5 m，每个断面 3 ~ 5 孔。若探测有瓦斯则应在其逸出孔附近施作超前钻孔，设置瓦斯检测点，以定量检测瓦斯参数，必要时根据瓦斯检测结果调整瓦斯处理措施。

第六节　洞口设计

一、洞口位置的确定

（一）洞口定位总体原则

隧道洞口位置根据地形、地貌、地质、水文等条件，贯彻“早进晚出，不破坏或少破坏自然地貌和地表植被”的原则，同时结合洞内外相关工程、施工条件及运营要求确定。尽量避免在长距离顺沟、浅埋、偏压地段进洞；尽可能采用“无仰坡临界点”进洞，尽量避免刷坡，减少中心挖深，降低边、仰坡高度，减少对洞口坡面的扰动，以不破坏或少破坏原地表为宜，必要时采用预加固措施。

（二）浅埋、漫坡地段洞口

浅埋、漫坡地段隧道洞口的选择结合洞外路基防护工程、用地范围、施工条件、弃渣综合利用、洞外路堑排水条件及工程投资等因素综合分析，择优选择，避免长路堑进洞。区间正线已完全避免长路堑进洞。

（三）危岩落石地段洞口

对于危岩落石地段洞口，若落石范围大、高度高、难于处理的地段应绕避，一般应优先接长明洞，坡面采取稳妥的清除、嵌补、主动或被动防护网等防护措施，确保施工及运营期间安全。若悬崖稳定，可贴壁进洞；当无接长明洞条件时，则采取支顶、锚固等其他防护措施。区间正线危岩落石洞口共有32个，接长明洞共612 m。

（四）桥隧相连地段洞口

在桥隧相连的情况下，结合地质专业提供的相关资料，分析坡岸的稳定性问题。若桥台靠近洞口位置时，洞门位置及结构形式应结合桥台设置情况确定。洞口或明洞在尽量减少工程间的相互干扰、避免工程形体复杂化的基础上，尽可能靠近桥台，有条件时结合危岩落石防护设置防护明洞结构，以保证运营安全。

（五）既有线上方洞口

结合现场条件，充分研究既有线的资料，选择适宜的处治方案，以既有线的正常运行为原则确定洞口位置。为防止隧道施工对既有线运营安全的影响，洞口段施工时采用控制爆破或非爆破开挖，工程影响范围内（既有线）采用排架防护、轻型棚洞、钢轨栏栅等，并加强施工管理，设置警示标志。

二、洞门形式的选择

（一）洞门选择总体原则

隧道洞口均设置洞门结构，按照“确保安全、因地制宜、保护环境、简约实用”的原则，综合考虑地形地貌、洞口地质条件、气候条件等因素确定。

本线位于川南低山丘陵区、黔北中山区、贵州高原区，地形地质条件复杂，多处洞口位于陡坡峭壁、深切河谷地段，并有桥隧相连情况，结合相关工程仔细研究洞口位置，采取台阶式、柱式、端墙式等其他形式洞门；对不能避免的地形斜交、偏压及高陡山体或边仰坡的隧道洞口，采取接长明洞的措施。

地形陡峻的隧道洞门形式的选择考虑施工便道的引入和引入方向，防止大临工程诱发工程灾害。

（二）桥隧相连地段洞门选型

当洞口紧邻桥台，无法设置洞门挡墙时，根据实际情况采用到斜切式洞门、柱式洞门等。区间正线桥隧相连地段洞门共20个，其中倒斜切式洞门1个，柱式洞门4个，双耳式明洞门9个，单压式明洞4个，单压式取挡明洞2个。

（三）危岩落石地段洞门选型

洞口上方有危岩落石时，优先接长明洞。洞门形式视地形情况采用单压式明洞门、偏压式明洞门或双耳式明洞门。坡面采取稳妥的清除、主动被动防护网等防护措施，确保施工及运营期间安全。

（四）景观设计洞门选型

位于城镇、风景名胜区、车站附近、邻近高速公路及重点工程的隧道洞门适当结合当地建筑风格，考虑建筑美观。新凉风垭隧道洞门与平导洞门合修，采用柱式洞门。

（五）洞口缓冲结构物

本线隧道除新凉风垭隧道为了缓解洞口空气动力效应，于进出口分别设置 3 个减压横通道外，其余隧道均不设置洞口缓冲结构。

（六）洞口上方改移道路设计

若隧道洞口处有既有公路或改移道路上跨时，为确保运营安全，明洞洞口一般超出公路外缘不少于 20 m，并在洞口范围内作防撞墩、墙等安全防范措施。

三、洞口分界里程

（1）正线双线隧道斜切式洞门、双耳墙式洞门、柱式洞门分界里程等于洞口里程。

（2）台阶式洞门、挡墙式洞门分界里程一般为洞外 10 m，特殊工点根据实际情况确定分界里程。当洞口距桥台尾里程小于 15 m 时，以台尾作为分界。

（3）桥台伸入隧道内时，以洞口里程为分界里程。

四、洞口边、仰坡防护

（一）洞口永久边、仰坡防护

洞口边、仰坡防护措施应与路基专业相关工程平顺连接，做到协调统一，防护原则一般如下处理：

（1）土质边坡高 $H<3$ m，边坡坡率缓于 1∶1.25 时采用灌草护坡。

（2）土质边坡高度 8 m $>H\geqslant 3$ m，边坡坡率缓于 1∶1 时采用骨架护坡。

（3）土质边坡高度 $H\geqslant 8$ m 时，边仰坡采用锚杆框架梁防护。

（4）软质岩边坡、硬质岩 W3 边坡，坡率缓于 1∶0.75，采用锚杆框架梁 + 坡面喷混植生护坡。

（5）硬质岩 W2 边坡，坡率缓于 1∶0.75 时采用光面爆破 + 坡面嵌补；当坡率缓于 1∶0.5 时，采用喷锚网防护。

（6）顺层地段，边仰坡采用锚索框架梁、锚杆框架梁等加固。

（7）洞口边仰坡顺层时，在洞口设置预加固桩加固。

（二）洞口临时防护

临时边、仰坡及洞门直立开挖面防护措施一般按以下几种情况考虑：

（1）位于 W2 层中的临时边坡（按照地质提供的临时坡率）采用喷锚网防护，支护参数如下：喷砼厚 8 cm，钢筋网采用 $\phi 8$ 钢筋网（灰岩中边坡可采用 $\phi 6$ 钢筋），网格间距 25 cm × 25 cm；锚杆采用 $\phi 22$ 砂浆锚杆，锚杆长 2.5 m，间距 1.5 cm × 1.5 m。（在硬质岩、岩层中～厚层状，不顺层的时候可取消本条支护。）

（2）临时边坡（按照地质提供的临时边坡坡率）位于 W3 中时，采用喷锚网防护，支护参数如下：喷砼厚 10 cm，钢筋网采用 $\phi 8$ 钢筋网，网格间距 25 cm × 25 cm；锚杆采用 $\phi 22$ 砂浆锚杆，锚杆长 3.0 m，间距 1.2 m × 1.2 m。

（3）临时边坡（按照地质提供的临时边坡坡率）在 W4 中及土层中时，喷锚网支护参数如下：喷砼厚 12 cm，钢筋网采用$\phi8$ 钢筋网，网格间距 20×20 cm；锚杆采用$\phi22$ 砂浆锚杆，锚杆长 4.5 m，间距 1.0 m × 1.0 m。

（4）对于明暗分界断面及洞门端墙背后垂直临时开挖面（位于 W3 及其以下地层时）采用喷锚网防护，支护参数如下：喷砼厚 8 cm，钢筋网采用$\phi8$ 钢筋网，网格间距 25 cm × 25 cm；锚杆采用$\phi22$ 砂浆锚杆，锚杆长度应根据地质情况确定，间距 1.2 m × 1.2 m。

第七节　洞内设施设计

隧道内附属构筑物主要根据相关专业要求设置，包括单线隧道大避车洞（兼余长电缆腔）、双线隧道综合洞室（兼余长电缆腔）、变压器室、无线通信直放站洞室、轴温探测仪洞室、设备洞室防护门、梯车洞、接触网锚段关节、电缆槽等构筑物，以及各类综合接地预埋件和各种预埋过轨管等。洞内附属结构物设置原则如下：

（1）软弱围岩大变形段、抗水压衬砌段、全封闭衬砌段不宜设置附属洞室；通过煤层处前后 20 m 范围内，严禁设置附属洞室。

（2）结合本线的运营养护维修体制，正线双线隧道内不设置供维修人员使用的避车洞。隧道内设置专用洞室用于存放维修、防灾工具并兼作其他用途。洞室间距单侧 500 m，宽 × 深 × 高 = 4.0 m × 6.0 m × 2.8 m，沿隧道两侧错开布置，其尺寸按《高速铁路设计规范》要求设计。专用洞室距衬砌变化处、沉降缝、伸缩缝的最小距离为 3 m。

（3）枢纽内设计时速 120 km 及以下隧道，按规范设置大避车洞，洞室单侧间距 300 m，沿隧道两侧错开布置，隧道长度为 300 ~ 400 m 时，可在隧道中间设置一个大避车洞，小于 300 m，可不设置大避车洞，梯车洞应根据接触网专业要求设计。

（4）设计时速 200 km 的双线隧道内共设四条电缆槽，其中两条电力电缆槽，两条通信、信号电缆槽。隧道一侧设置一条电力弱电电缆槽和一条通信、信号电缆槽，另一侧设置一条电力强电电缆槽和一条通信、信号电缆槽；隧道两侧的电力电缆槽均设置在靠边墙侧。枢纽设计时速 120 km 及以下的单线隧道内设置 2 条两条电缆槽，一侧为通信电缆槽，另一侧为电力电缆槽。

（5）隧道长度大于 500 m 时，应在洞内设置余长电缆腔，并与专用洞室结合设置；余长电缆腔应沿隧道两侧交错布置，每侧间距应为 500 m 左右；长 500 ~ 1 000 m 的隧道，可只在其中部设置一处。

（6）长大隧道内设置无线通信系统的区间中继设备，该设备安装在专用洞室内。

（7）3 km 以上的隧道设置洞内箱式变电站，变压器室与电力电缆沟同侧。根据需要，全线隧道内设置综合接地系统，综合接地设施尽可能设置于专用洞室内。

（8）在隧道内预留接触网锚段关节，下锚关节的里程位置应合理设置，锚段关节不得设置在软岩大变形、抗水压衬砌段。

（9）牵引变电的分区所、AT 所原则上应设置于隧道外，当受地形条件控制必须设在隧道内时，应选择在围岩较好的地段，洞室大小应充分考虑经济性和可实施性，不得设置在软岩大变形、抗水压衬砌段。

（10）双线隧道每个洞口均设置 4 根内径$\phi150$ mm 电力过轨钢管，2 根内径$\phi100$ mm 通信过轨钢管；每个综合洞室处设置 4 根内径$\phi150$ mm 电力过轨钢管，当隧道长度大于 5 km 或作为直放站设备洞室时，设置 2 根内径$\phi100$ mm 通信过轨钢管；每个电力变压器室设置 6 根内径$\phi150$ mm 电力过轨钢管；隧道内设开关洞的位置，轨下预留 2 根内径$\phi100$ mm HDPE 波纹管；隧道内有道岔处每组道岔处预留内径为$\phi100$ mm 的过轨管 2 根。单线隧道洞口不设过轨钢管。

第八节　运营通风及防灾救援设计

一、运营通风设计

本线隧道内一般不设运营通风，太公山、松岗、老周岩、天坪、新凉风垭隧道等 5 座隧道内预留运营通风风机安装土建条件，高瓦斯、煤与瓦斯突出隧道内预留运营通风风机安装土建条件，竣工后，检测瓦斯封闭情况，确定是否安装风机。

预留风机安装段衬砌断面根据《新建时速 200 公里客货共线铁路设计暂行规定》（铁建设函〔2005〕285 号）中“电力牵引铁路 KH-200 桥隧建筑限界”的要求，满足风机型号尺寸、布置台数及两侧设置救援通道的要求等设计。

天坪隧道因风机选型及断面布置台数跟其他隧道不同，预留风机安装衬砌限界及内轮廓分为：天坪隧道预留风机安装段衬砌建筑限界及内轮廓（图 3-6-13），其他隧道风机安装段衬砌建筑限界及内轮廓（图 3-6-14）。

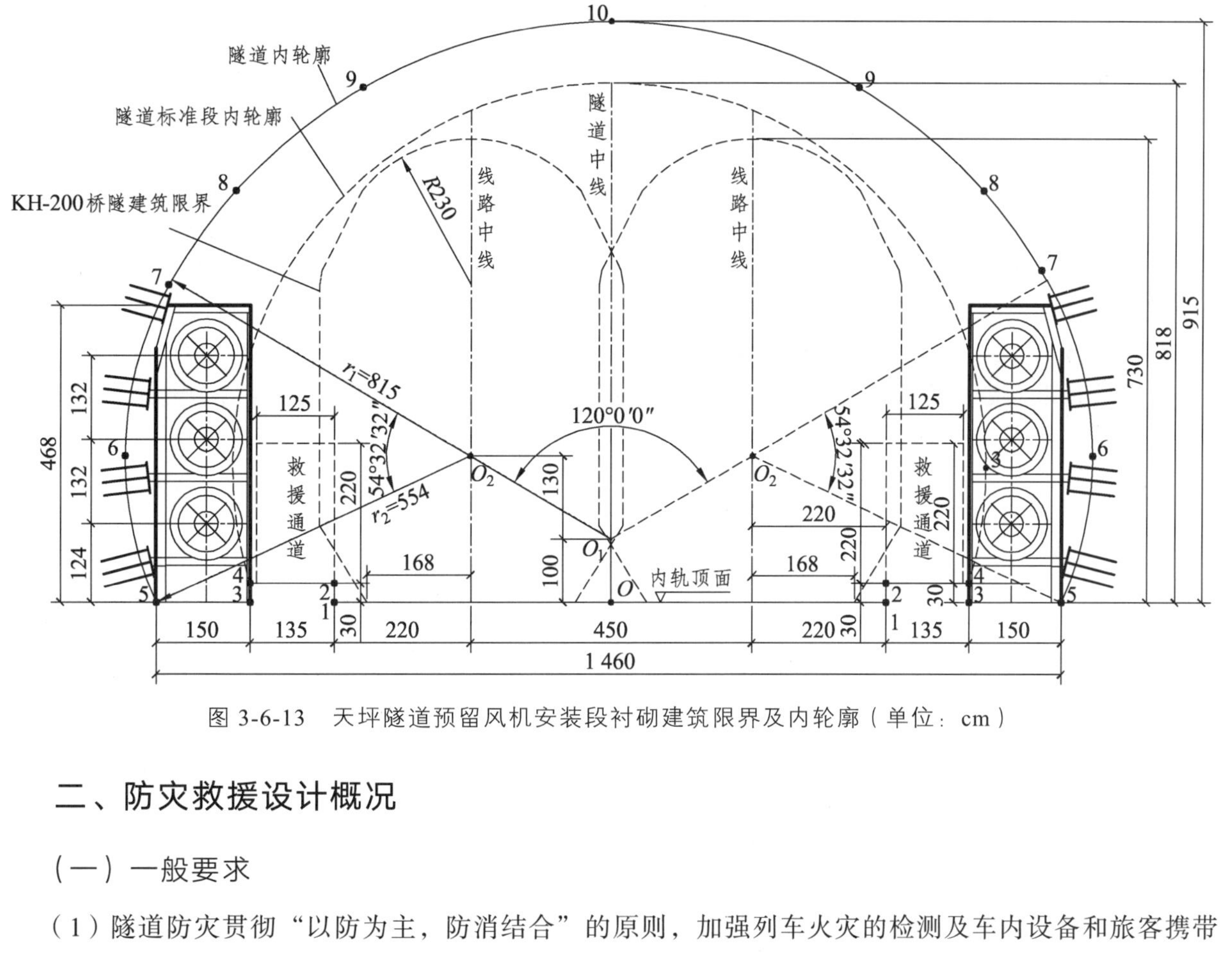

图 3-6-13　天坪隧道预留风机安装段衬砌建筑限界及内轮廓（单位：cm）

二、防灾救援设计概况

（一）一般要求

（1）隧道防灾贯彻“以防为主，防消结合”的原则，加强列车火灾的检测及车内设备和旅客携带物品的检查。对火灾隐患做到早发现、早处理。列车在洞内发生火灾时拉出洞外处理。

（2）全线正线双线及以上隧道两侧设置救援通道，其外侧距线路中线 2.2 m。救援通道按高 2.2 m、宽 1.25 m 设计。

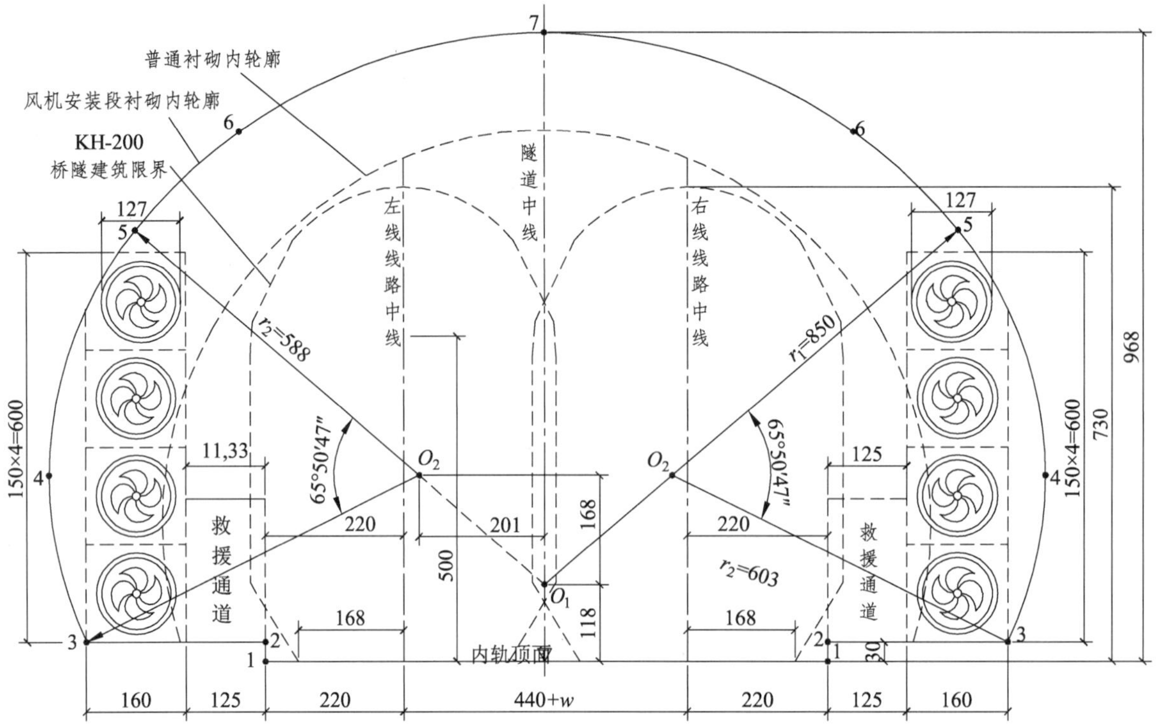

图 3-6-14 其他隧道预留风机安装段衬砌建筑限界及内轮廓（单位：cm）

（3）救援通道按有关规定设置应急疏散标识，指示两个方向分别到洞口或紧急出口的整百米数，并配备灯光及应急照明指示方向。

（4）紧急出口和紧急电话标识牌处设灯光照明和应急照明，紧急出口通道内设应急照明设备。

（5）岩溶隧道，每 50 延长公里隧道应有用于坍塌救援的多功能站机一台、视频生命探测仪一套，以涌水为主的高风险隧道每 10 延长公里应配备大功率抽水机、管道等，用于突发事故的抢险救援。

（6）以涌水为主的高风险隧道应设置安全逃生系统：于隧道内设置安全绳，配备救生用品，在掌子面与距其最近的逃生横通道之间设置逃生爬梯及安全逃生平台，并在掌子面附近停放逃生交通工具。

（二）设计范围

本线防灾救援专项设计范围如表 3-6-5 所示。

表 3-6-5 渝黔线防灾救援设计隧道概况（贯通正线）

序号	隧道名称	中心里程	洞口里程		全长/m	线别	备注
			进口里程	出口里程			
1	新双碑隧道	K16＋841.995	K12＋147.995	K21＋535.995	9 388	双	
2	太公山隧道	K68＋874.355	K65＋676.355	K72＋072.355	6 396	双	天然气高瓦斯
3	松岗隧道	K101＋976.348	K97＋244.848	K106＋707.848	9 463	双	天然气高瓦斯
4	老周岩隧道	K110＋809.848	K107＋041.848	K114＋577.848	7 536	双	天然气高瓦斯
5	陈家坡隧道	K120＋563.848	K117＋528.848	K123＋598.848	6 070	双	
6	羊角一号隧道	K133＋965.368	K131＋101.868	K136＋828.868	5 727	双	隧道群范围内

续表

序号	隧道名称	中心里程	洞口里程		全长/m	线别	备 注
			进口里程	出口里程			
7	羊角二号隧道	K137+829.857	K137+011.868	K138+166.891	1 155.023	双	
8	天坪隧道	K145+340.891	K138+351.891	K152+330.143	13 978	双	
9	夜郎隧道	K154+975.643	K152+496.143	K157+455.143	4 959	双	
10	阳关塘隧道	K158+058.666	K157+833.166	K158+284.166	451	双	
11	新凉风垭隧道	K175+736.507	K171+925.007	K179+548.007	7 623	双	
小　　计		$L<500$		1 座	451		
		$500\leq L<1\,000$		0	0		
		$1\,000\leq L<3\,000$		1 座	1 144.023		
		$3\,000\leq L<5\,000$		1 座	4 959		
		$5\,000\leq L<10\,000$		6 座	42 815		
		$10\,000\leq L$		1 座	13 978.252		
合　　计				10 座	63 347.275		

（三）设计原则

1. 隧道防灾救援疏散总体原则

根据《铁路隧道防灾救援疏散工程设计规范》的要求，并结合渝黔线隧道的建设情况，制订本线隧道的防灾救援疏散工程设计的总体原则，具体如下：

（1）防灾救援对象为旅客列车在隧道内发生的火灾事故。

（2）隧道防灾救援应贯彻“以防为主、应急有备、方便自救、安全疏散”的总体原则，健全防灾系统，预防灾害发生；建立完善的疏散设施及救援系统，提供人员快速、安全、有效疏散的途径和避难场所，保证人员的生命安全。

（3）列车发生火灾时应尽量拉出洞外，并将失火车厢完全停靠于露天地段开展人员疏散及消防扑救。如果事故列车不能驶出洞外，应控制列车停靠在最近的紧急救援站进行疏散；如果隧道（群）没有紧急救援站，则应控制列车停靠在最近的紧急出口、避难所等疏散设施进行疏散。

2. 隧道防灾救援疏散基本原则

本线隧道防灾救援疏散工程主要包括紧急救援站、紧急出口、避难所、救援疏散通道、洞外通场道路等。

1）紧急救援站

（1）长度在 20 km 及以上的隧道或隧道群应设置紧急救援站，救援站之间的距离不应大于 20 km。救援站应具备将人员快速疏散到安全区域并能自救或通过救援到达洞外的条件。

（2）紧急救援站长度按旅客列车编组长度并留一定富余量确定，本线为客货共线铁路，机车牵引的普通旅客列车编组长度为 550 m，救援站长度均按 580 m 设计。

（3）紧急救援站设于隧道内时，站台宽度按 2.3 m、高度按 2.2 m 确定，隧道衬砌内净空按站台宽度要求相应扩大。

2）紧急出口、避难所及救援疏散通道

（1）长度在 10 km 以上的单洞隧道，应在洞身段设置不少于 1 处紧急出口或避难所。紧急出口或避难所的间距原则上不大于 5 km。

（2）长度在 5 ~ 10 km 之间的单洞隧道，原则上只设置一处紧急出口或避难所。

（3）作为紧急出口的斜井，当坡度不大于 12%时其水平长度原则上不大于 500 m，因渝黔线地形复杂、辅助坑道条件差，当利用水平长度大于 500 m 的斜井作为紧急出口时，在井底设置一处避难所。斜井内避难所原则上利用既有井身进行改建。

（4）作为紧急出口的横洞的长度原则上不大于 1 000 m。

（5）避难所的避难人员、避难面积、需风量、风机配置等应根据避难人员总数确定。隧道内设置的避难所具有经由紧急出口、保留的辅助坑道与外界连通时，避难人员总数按不小于旅客列车定员数的 45%考虑。（根据中国人口年龄构成，低于 15 岁、大于 60 岁占总人口 30%，残障人员占总人口的 6.34%，将其视为行动能力较差者，再考虑部分服务、救援人员需使用避难所，故待避人数按列车定员 45%考虑。）

（6）作为紧急出口、避难所、救援疏散通道的辅助坑道坑底须设置底板，保证走行面的平整、稳固。

（7）作为紧急出口的横通道、辅助坑道风机布置段及防灾救援设备安置段锚喷衬砌采用套衬加固；其余防灾救援利用的辅助坑道原施工图阶段设计为锚喷衬砌的仍采用锚喷支护设计。

（8）紧急出口、避难所及救援疏散通道通过天然气高瓦斯段时按锚喷支护设计，内轮廓预留设置全封闭衬砌的条件，竣工后应根据隧道瓦斯溢出情况确定是否施作全封衬砌。

3）洞外通场道路

设置紧急出口、避难所等设施的隧道口及紧急出口的洞口利用既有的施工便道、乡村道路等设置通往外界、与既有公路（乡、县、省道）相连的通场道路。

4）消防专用通道

为方便消防、救援人员快速进出，本线对于不作为救援疏散设施的横通道按消防专用通道设置，仅供消防、救援专业人员使用；消防专用通道设置利用既有的施工横通道。

三、防灾救援系统设计

（一）防灾救援系统构成

防灾救援系统以环境与设备监控为核心，由隧道通风、电力供电、照明（含疏散指示）控制、消防等子系统构成，根据需要与列车控制、牵引供电、车辆检测、应急通信、视频监控等互联。对于高瓦斯特长隧道，作为防灾救援的辅助坑道增加瓦斯监测系统。

（二）隧道通风子系统设计

（1）隧道防灾通风与防灾救援疏散工程及应急疏散方案紧密结合，根据疏散点位置、人员疏散路线及疏散方向进行防排烟气流组织设计。

（2）隧道救援站、避难所及紧急出口的防护门处的风速不小于 2 m/s。

（3）本线高瓦斯隧道正洞土建预留运营通风风机布置条件，竣工后，是否安装风机及设置瓦斯监测系统根据正洞瓦斯检测情况确定。本线高瓦斯隧道用作防灾救援的辅助坑道应设置瓦斯监测点及通风控制系统，防止救援疏散通道内的瓦斯集聚。

（4）通风机械及防护门设计：

① 根据隧道防灾救援通风和瓦斯通风模式进行风机及防护门系统设计。

② 风机采用堆放式安装，风机能正/反转，以防止洞内瓦斯积聚，降低洞内瓦斯浓度及发生火灾时控制烟雾扩散方向、排烟降温的功能。

③ 斜井、横洞、横通道与正洞的结合部位设防护门，处于常闭状态，向疏散方向开启；防护门根据需要可设计为手动和电动控制两种类型；防护门耐火极限不小于 3.0 h，抗爆荷载不小于 0.1 MPa。

④ 高瓦斯隧道风机及电动防护门按防爆型设计。

⑤ 本线隧道横洞紧急出口、斜井紧急出口、平导与正洞间的联络横通道均在靠近正洞侧设置 1 道防护门，防护门的通行净宽不小于 1.5 m，通行净高不小于 2.0 m。

（三）电力供电子系统设计

1. 电力供电设计范围

设置防灾救援隧道的应急照明、通风及防灾救援系统供电、防灾救援设备监控系统，瓦斯隧道的瓦斯监测系统。

2. 既有电源及隧道既有照明设备

（1）渝黔线全线设有两回 10 kV 电力贯通线路，采用单芯电缆，综合负荷贯通线截面积为 95 mm^2 或 70 mm^2，一级负荷贯通线截面积为 70 mm^2 或 50 mm^2；新建重庆西 220/10 kV 变配电所 1 座，新建綦江东、赶水东、夜郎、桐梓东、遵义东、苟江、息烽等 7 座 10 kV 配电所，除夜郎为单电源所外，其余均为双电源所。

（2）正线长度大于 500 m 的隧道内设置固定式电力照明，500 m 以下的隧道在洞内装设照明插座；枢纽内长度大于 1 km 的直线隧道、长度大于 500 m 的曲线隧道内设置固定式电力照明。5 000 m 以上的隧道设应急照明。

3. 供电原则

（1）根据铁路电力设计规范，隧道应急照明、防灾通风、消防设备、防灾监控系统均属于一级负荷，采用 2 路独立电源供电。

（2）隧道口或隧道内设置 10/0.4 kV 箱式变电站给防灾救援负荷供电。用电负荷距既有箱变较近时，利用既有箱变增容后对用电负荷供电；用电负荷距既有箱变较远时，新设箱式变电站对用电负荷供电，箱式变电站设在救援通道内并设置防护栏。

（3）隧道应急照明由 10/0.4 kV 箱式变电站馈出两路 0.4 kV 电源，经低压自动切换开关切换后灯具供电，灯具自带蓄电池。

（4）隧道防灾救援通风、消防设备、防灾监控系统等由 10/0.4 kV 变箱式变电站馈出两路 0.4 kV 电源，经低压自动切换开关切换后供给负荷用电。现场不允许瞬时停电的监控设备自带 UPS 供电。

（5）供电设备和灯具的防护等级为 IP67。

4. 10/0.4 kV 箱式变电站设计

（1）10/0.4 kV 箱式变电站：10 kV 侧进出线回路设高压负荷开关，环网接线；高压柜采用共箱式气体绝缘环网柜，SF_6 负荷开关；负荷开关均采用电动操作机构纳入电力远动系统，实现远动隔离故障电力线路、故障定位、非故障段远动恢复供电等功能。

（2）变压器回路采用带熔断器负荷开关保护干式变压器。

（3）低压开关柜采用金属封闭型固定分隔式柜体。各回路采用插拔式的空气断路器，配置电动操作机构和多功能智能仪表。通过通信系统接入防灾救援设备监控系统主站，实现“三遥”功能。

5. 高低压线路设计

（1）10 kV 高压电缆线路在隧道内采用 B 级阻燃型电缆，电缆线路采用单芯铜芯电缆。

（2）綦江东 10 kV 配电所至赶水东 10 kV 配电所，以及赶水东 10 kV 配电所至夜郎 10 kV 配电所，原设计贯通线截面积均为 70 mm^2 和 50 mm^2。由于这 2 个供电臂有松岗隧道、老周岩隧道、陈家坡隧道、羊角一号隧道及天坪隧道的防灾救援负荷均从贯通线上接取 10 kV 电源，为保证电压降的要求，本段贯通线截面积加大为 95 mm^2 和 70 mm^2。

（4）低压电力线路采用 B 级阻燃耐火型电缆，有条件时尽可能沿预留电力电缆槽敷设。

（四）照明（含疏散指示）控制子系统设计

1. 应急照明

长度为 5 000 m 及以上的隧道或设有紧急出口的隧道内，在救援通道和紧急出口均设置应急照明，并符合以下要求：

（1）在救援通道和紧急出口均设置应急照明。

（2）在疏散和救援路线上，均设置指示灯，指示疏散方向和距离并标识最近的电话终端方向，其安装间距不大于 30 m，并安装在距地面 1.0 m 及以下的墙面上。

（3）应急照明在疏散通道的地面最小水平照度不应低于 0.5 lx。

（4）应急照明在正常供电电源中断后，应能在 5 s 内完成应急电源的转换并恢复到规定的照度；灯具蓄电池应急时间为 2.0 h、切换时间小于 1 ms。

（5）应急照明和疏散指示采用 LED 光源。

（6）应急照明装置采用远动系统遥控与现场手动相组合的方式控制，以远动系统遥控为主、现场手动为辅。

2. 疏散指示标志

在各隧道洞口、紧急出口、横通道口、避难所口等处，均设置相应的标志灯。

（五）消防子系统设计

为便于救援站等消防灭火，于救援站、隧道进、出口处设置消防灭火和防护设施。

（1）防灾救援隧道的进出口两端分别设置高位水池、地上式室外消火栓、消防器材及相应的防护装备。

（2）具有应急疏散作用的平导洞口、横洞及斜井出口均配备消防防护装备。

（3）紧急救援站处设置消火栓设施。

（六）应急通信子系统设计

（1）结合既有无线基站、隧道综合洞室、救援通道等设置情况，本工程新设“应急通信系统”，该系统由隧道事故报警电话中心设备、隧道事故报警电话控制主机、隧道事故报警电话终端、隧道事故报警控制话站构成。

（2）具有应急疏散作用的横通道口、横洞及斜井与正洞交叉口处放置手提式广播器 1 台。

（3）在救援站设置手提式广播器。

（七）视频监控子系统设计

隧道内的紧急出口、避难所、紧急救援站设视频采集点，视频信息统一纳入到铁路综合视频监控系统。隧道两端的出入口视频监控系统纳入本线正线视频监控系统工程设计。

（八）防灾救援设备监控子系统设计

1. 设计原则

（1）根据铁路隧道防灾救援疏散需要，结合铁路隧道防灾救援疏散工程设置形式和规模，设置隧道防灾救援设备监控系统，并具备远程监控功能，对隧道内相关机电设备进行集中监控管理与合理联动控制。

（2）设备监控系统的设计应充分考虑系统的安全性与可靠性要求，主要设备考虑冗余措施。

（3）隧道防灾救援设备监控系统的隧道现场设备应满足隧道现场环境要求，且应符合防腐、防潮、防震、防风压、防电磁干扰、外壳防护等相关技术标准的要求。

（4）防火灾设备的设计能力，按同一隧道同一时间内发生一次火灾考虑。

2. 系统构成

（1）设备监控系统采用三层网络架构（隧道现场级、综合维修车间级、隧道防灾救援指挥中心级），如图 3-6-15 所示。

（2）设备监控系统集成的系统包括通风、照明、消防等系统，互联的系统包括信号、通信、自然灾害及异物侵限监测系统（简称灾害监测系统）以及相邻路局中心系统等。

（3）防灾救援设备监控系统由监控主机、主控制器、远程站、集中监控盘等全部或部分设备组成，对隧道内通风、照明（包括紧急安全疏散标识设备）、消防泵（排水泵）等设备进行监控。

（4）中心级设备监控系统设置在铁路局隧道防灾救援指挥中心内，每条线路设置独立的中心级系统。

（5）综合维修车间级设备监控系统设置在隧道邻近的综合维修车间内。综合维修车间级设备监控系统由交换机、数据库服务器、应用/通信服务器、磁盘阵列、工作站、管理维护终端、打印机、防火墙、不间断电源（UPS）等设备组成。综合维修车间级设备监控系统是冗余、开放、可靠、易扩展的计算机系统。系统采用分布式结构，通信采用基于 TCP/IP 的标准协议。

（6）现场级隧道防灾救援监控系统设备设于各隧道（群）内，直接控制通风、防护门、消防、照明等各类现场防灾设备。现场级设备监控系统由主控制器、远程站、现场网络、集中监控盘等设备组成。现场网络采用环形或双总线结构，通信协议可采用 Modbus-RTU、Modbus-plus、Devicenet、Profibus-DP 等标准开放总线协议。

主控制器采用冗余结构。远程站设置在隧道风机、防护门、消防泵、应急照明电源装置（EPS）等现场设备附近，每个远程站的监控范围不宜超过 2 km。可壁挂或者安装在设备洞室内。

当隧道设有紧急救援站时，主控制器安装在紧急救援站内；当隧道未设紧急救援站时，主控制器安装在隧道口的设备洞室内。主控制器无须专用机房，通过提高机柜防护等级来满足隧道环境条件，主控制器采用落地安装方式。

每个紧急救援站内应设置 1 套集中监控盘，采用落地安装方式。

3. 系统功能

（1）中心级设备监控系统：可实时监视现场设备状态的变化，并在数据库中进行实时记录、更新和处理，生成相关报表。在灾害发生时，可发布控制命令，形成相关的控制信息传送给各系统。根据用户需求设置大屏幕显示系统，将现场实时信息通过大屏进行显示。

（2）综合维修车间级设备监控系统：负责综合维修车间管辖范围内隧道防灾救援设备的集中监控。系统实时接收管辖范围内各设备的状态信息和报警信号等，并存储和更新到数据库中，同时将信息上传到中心级设备监控系统。工作站能实时监视现场设备状态的变化，平时只有显示功能，没有控制功能，只有在中心瘫痪或者是中心授权后，才能取得对隧道现场设备的控制权。

（3）现场级设备监控系统：将隧道内被控设备及设施的运行状态、报警信号等及时送至中心级设备监控系统，并接受中心级设备监控系统下达的各种监控指令。现场级设备监控系统具有最高级控制优先权。

（4）主控制器功能：负责汇总各个远程站采集到的数据并经过处理后上传给中心级设备监控系统，同时接收并分解中心级设备监控系统下发的控制指令转发到相应的远程站。

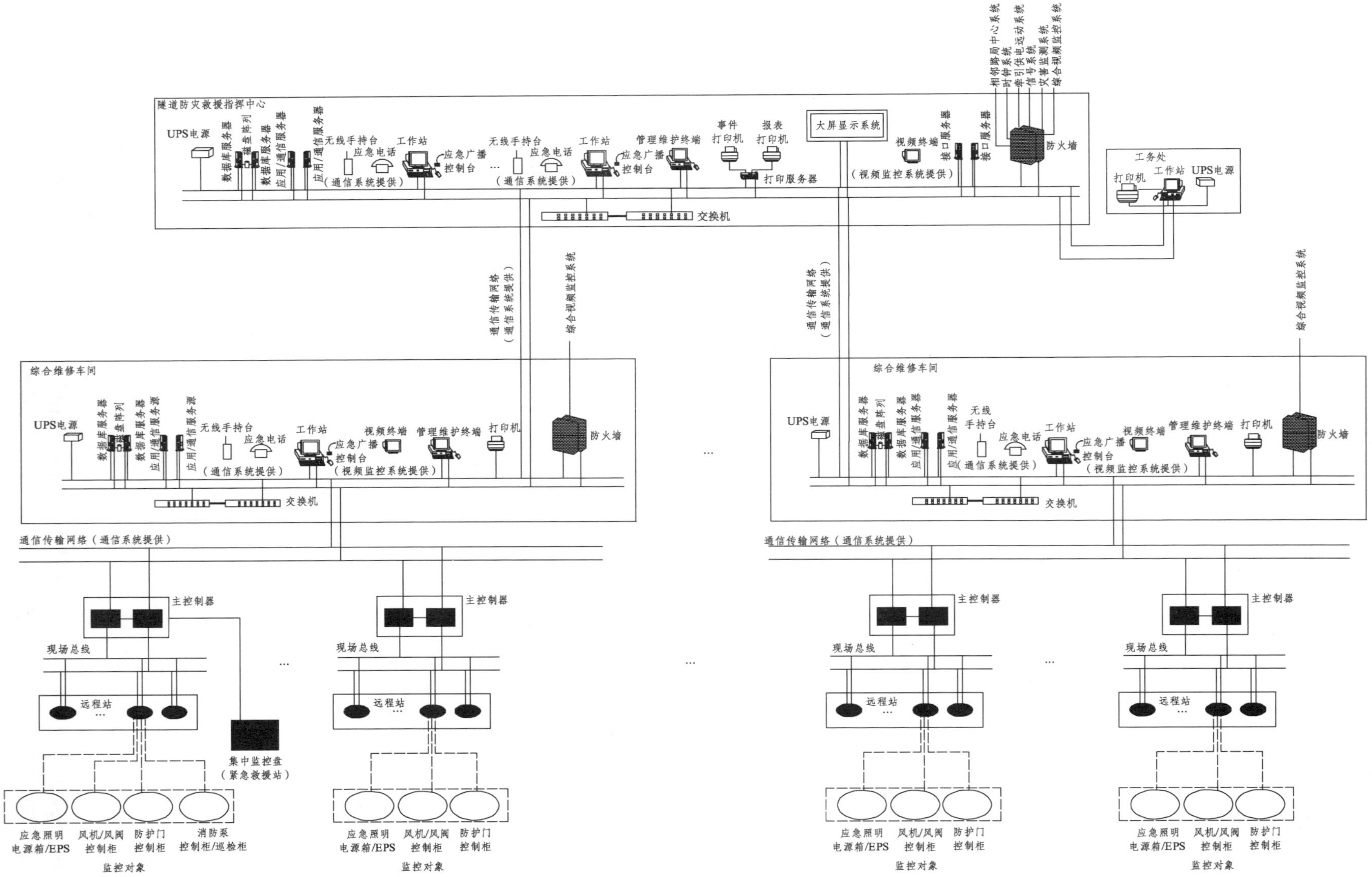

图 3-6-15　隧道防灾救援设备监控系统示意

（5）远程站功能：负责采集管辖范围内现场设备的状态信息，同时将主控制器下发的指令转发到现场设备控制柜执行。

（6）现场网络功能：负责连接主控制和远程站，实现信息的互通。

（7）集中监控盘功能：对于设置有紧急救援站的隧道，可以在集中监控盘上实现就地模式控制功能，按下集中监控盘上的相应模式控制按钮，启动相应控制模式。

4. 系统接口

（1）设备监控系统与相关集成系统的接口：设备监控系统负责对隧道内通风、照明、消防等设备进行深度集成，从而实现这些设备的远程监控功能。

① 防护门：为满足远程监控的要求，防护门暂按具备电动功能考虑。设备监控系统与防护门的接口位置在防护门控制柜。

② 风机/风阀：风机/风阀控制柜应具备远程监控的条件，设备监控系统实现对风机/风阀的远程监控。设备监控系统与风机/风阀的接口位置在风机/风阀控制柜。对于设置设备监控系统的隧道，隧道运营通风和防灾通风统一纳入设备监控系统监控。

③ 照明（含紧急安全疏散标识设备）：照明系统不再单独设置监控终端，由设备监控系统进行监控。设备监控系统与照明系统的接口位置在照明箱/应急照明电源装置（EPS）。

④ 消防：铁路隧道设有消防泵（排水泵）时，设备监控系统实现对消防泵（排水泵）的远程监控。消防泵（排水泵）应设自动巡检监控设备，消防泵（排水泵）运行状态、水池水位信息上传至消防控制室（值班室），同时纳入设备监控系统。

（2）设备监控系统与互联系统的接口包括行车、信号、通信系统的设计。

① 行车：行车专业在工程设计时应避免将闭塞分区的分界设置在紧急救援站、紧急出口、避难所等对应的线路范围内。

② 信号系统：为实现隧道火灾等灾害情况下的列车安全防护和保障疏散人员安全，信号系统与设备监控系统互联，并实现以下信息交互：信号系统应向设备监控系统提供列车位置信息，设备监控系统向信号系统提供发生火灾的列车所停靠的紧急救援站、避难所、紧急出口的位置信息。设备监控系统与信号系统的接口位置需进一步研究。

③ 通信系统：通信系统为设备监控系统提供从现场级至路局防灾救援指挥中心的传输通道及接入条件。设备监控系统提传输通道容量需求及接口位置。为便于指挥中心的隧道防灾救援调度人员进行救援调度和设备控制，指挥中心应设置急通信操作台和相应终端设备，救援调度人员和值班人员可利用这些设施对隧道内的应急通信电话进行控制，实现救援指挥人员与事故现场人员、抢险人员之间的语音通信。

（九）瓦斯监测子系统设计

太公山、松岗、老周岩、天坪及新凉风垭隧道为瓦斯突出隧道，应设置瓦斯监测系统，并具备远程功能，且以隧道为区域监测单元，并上传至防灾救援指挥中心。

1. 瓦斯监控设备设置

正洞瓦斯监测设备设置如下：

（1）高瓦斯段落按照间距 100 m 安装一台甲烷传感器，两端分别延伸出 100 m；高瓦斯段落两端各 1 km 范围内监测点按 500 m 间距安装一台甲烷传感器，并在隧道正洞变坡点增设甲烷传感器；其余地段按照间距 1 000 m 安装一台甲烷传感器。

（2）测探头位于隧道断面中部拱顶下 25 cm 处。

（3）激光甲烷传感器至分站采用 MHYVP1 × 4（7/0.52 mm^2）4 芯通信电缆传输（图 3-6-16）。分站一路智能接口接入一台传感器，最大传输距离 2.5 km；分站一路智能接口接入两台传感器，最大传输距离 1.5 km。

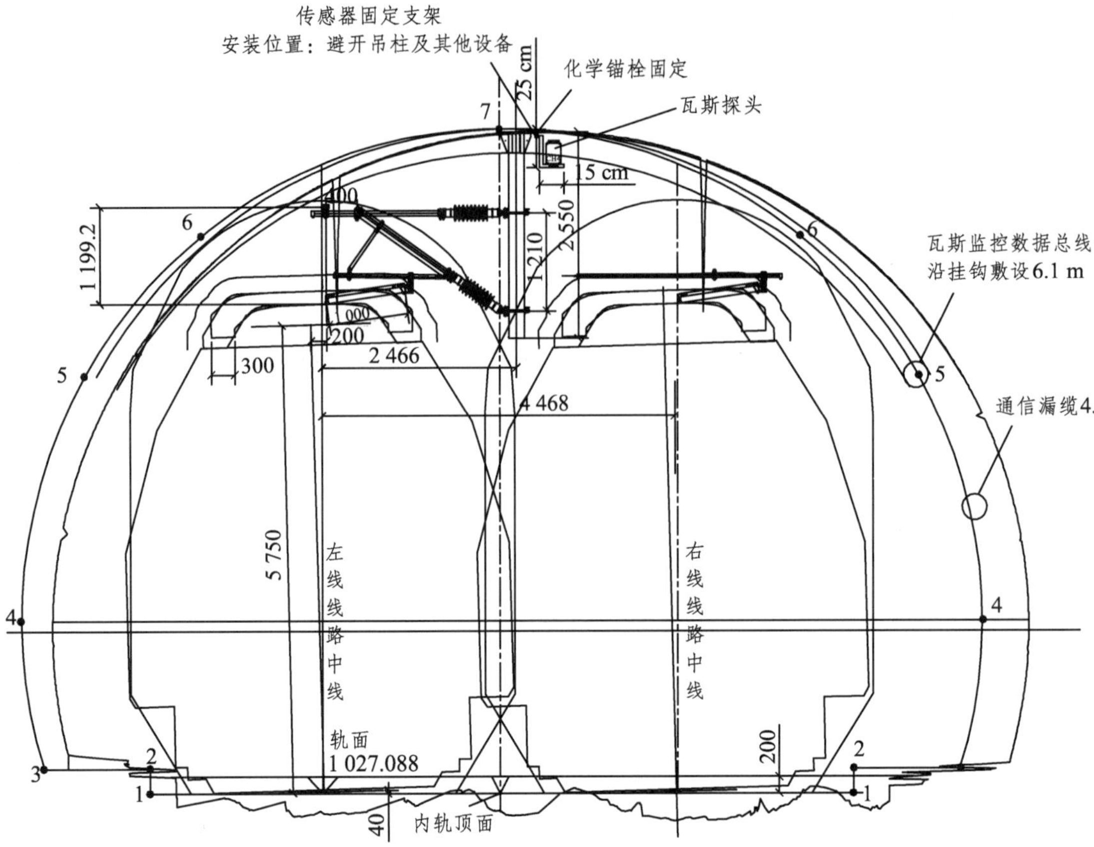

图 3-6-16　激光甲烷传感器安装断面

（4）分站、信号转换器、电源箱需通风良好、供电方便处，分站与信号转换器通信距离 5 km。

（5）信号转换器与就近的隧道防灾救援集中报警控制器通过以太网双绞线通信。通过隧道防灾救援集中报警控制器将数据传输至渝黔铁路桐梓东综合维修工区瓦斯监测主机。

（6）通信电缆沿隧道拱顶至拱腰垂直敷设，从拱腰至洞室沿拱腰水平敷设。

（7）瓦斯监测系统采用 2 路可靠电源相互切换为瓦斯监测系统供电，电源线沿土建预埋电缆槽敷设。

2. 防电磁干扰措施

瓦斯监测系统通过 EMC 电磁干扰检验，符合 GB/T 17626 对电磁干扰的要求，并且有第三方检验报告。试验不低于以下标准：

（1）静电放电抗扰度试验，严酷等级 3 级。

（2）射频电磁场辐射抗扰度试验，严酷等级 2 级。

（3）电快速瞬变脉冲群抗扰度试验，严酷等级 3 级。

（4）浪涌（冲击）抗扰度试验，严酷等级 3 级。

激光甲烷传感器至分站采用 RS485 总线传输，以提升抗干扰能力。

3. 瓦斯监控系统构成

瓦斯监测系统由监控主站、监控分站及传感器等设备组成，通过传感器实时地获取隧道内的环境参数，为工作人员提供准确的现场信息，及时避免灾害事故的发生。

监控主站是整个系统的大脑，用于设置、实时显示并存储隧道的环境参数。它主要由监控主机、系统软件、数据传输接口和其他计算机周边设备组成。

监控分站主要是为传感器提供电源和接收传感器数据，并把数据通过通信线路传输到监控主站。

传感器主要是采集隧道的环境参数，包括瓦斯传感器、风速传感器、开停传感器等。考虑洞内设备需长期使用且环境复杂，故不使用维护周期短的催化元件甲烷传感器，采用稳定性高、维护周期长的激光甲烷传感器。

瓦斯监测系统示意如图 3-6-17 所示，监控分站及瓦斯传感器设置在隧道内，监控主站放置在防灾救援指挥中心内。

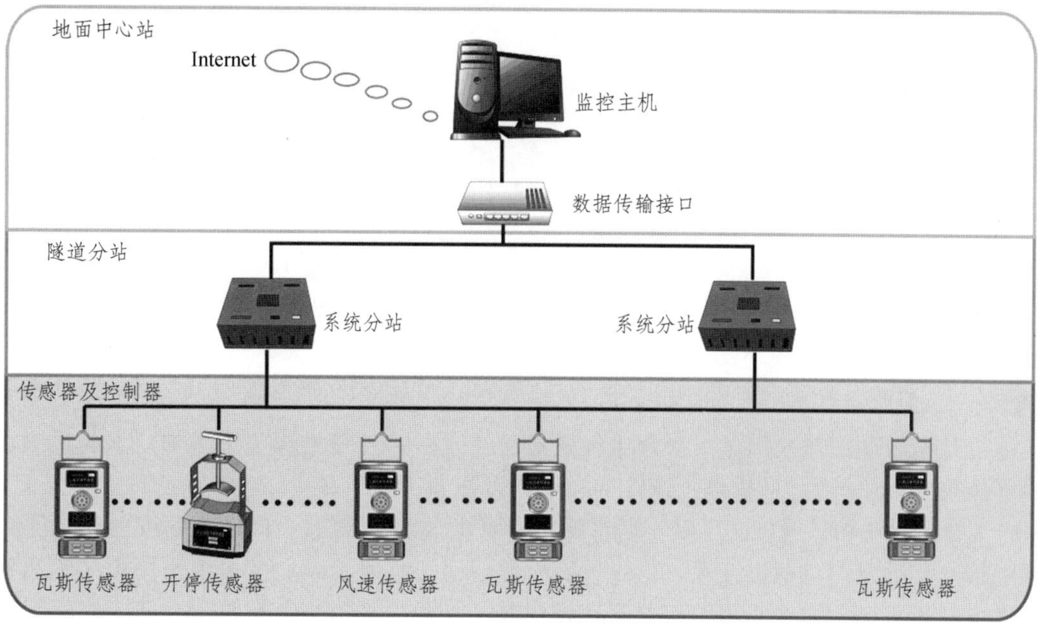

图 3-6-17　隧道瓦斯监测系统示意

瓦斯监测系统和防灾救援设备监控系统应实现联动。当瓦斯浓度达到报警设定值后，瓦斯监测系统发出声光报警信号，并将报警信号传给防灾救援设备监控系统。

瓦斯监测系统报警后，即使隧道内瓦斯浓度恢复到正常水平以下，仍应持续报警，只有经确认并采取措施后才能停止报警。

第九节　防排水设计

隧道防排水设计应采取“防、堵、截、排，因地制宜，综合治理”的原则，应重视环境保护，采取切实可靠的设计、施工措施，充分利用结构自身防水能力，并构筑隧道结构内外完善的防排水系统，对地表水和地下水进行妥善处理。对下穿河流、溪沟、水库影响地段、风景区地段、井泉等水环境敏感地带、城镇及对环境有特殊要求的隧道采取全封堵水的措施；对岩溶、高压水和适当排放不会影响环境的隧道采取“以堵为主，限量排放”的措施；排水对环境确无影响时采取排放的措施。

一、洞口及地表防排水设计

隧道洞口排水系统设计遵循截、排水相结合的原则，首先保证洞内水顺畅排出，并避免洞外水冲刷隧道洞门及边仰坡。

（1）隧道出洞为下坡时，洞内中心水沟和侧沟均与路基侧沟顺接；出洞后线路为上坡时，洞外侧沟应做成不小于 2‰的反坡顺接路基侧沟，并于洞外设横向盲沟一道。

（2）隧道口及明洞顶截水沟设置在洞顶边仰坡之外 5 ~ 10 m 处，并与路基截水沟或侧沟相连。截水沟坡度根据地形设置，但不小于 3‰，以免淤积。当纵坡过陡时，按要求设置基座、急流槽、消能池等，水沟截面尺寸根据流入截水沟的汇水区流量确定。

（3）当隧道洞口或洞身浅埋地段地表有洼地、自然沟形等可能汇集地表水的不良地形地貌时，根据地表汇水量调查情况，对洼地、自然沟形采取必要措施进行截排、引流地表水，避免地表水的汇集。

二、暗挖段防排水设计

（一）防水设计

1. 结构自身防水

二次衬砌混凝土抗渗等级不小于 P10，地下水发育及有侵蚀性地下水地段抗渗等级不小于 P12。

2. 防水板防水

全线隧道除设全环瓦斯隔离板的瓦斯设防段及设全环防水板的抗水压衬砌段，均铺设拱墙防水板。采用 EVA 防水板 + 土工布（分离式）缓冲层；防水板厚度不小于 1.5 mm，土工布质量不小于 400 g/m^2。

3. 施工缝、变形缝防水

环向施工缝设置两道防水措施，采用中埋式橡胶止水带 + 外贴式橡胶止水带防水的方法；环向施工缝拱墙部位按 10 m 一道，仰拱部位按 5 m 一道计列数量。

纵向施工缝采用中埋式橡胶止水带 + 遇水膨胀橡胶止水条的方法，纵向施工缝按全隧 2 道计列数量。

隧道明暗分界处及洞口衬砌变化处均设置变形缝一道，宽度 2 cm，变形缝设中埋式钢边橡胶止水带 + 外贴式橡胶止水带、内缘采用双组分聚硫密封胶（枢纽内隧道为聚氨酯密封膏）嵌缝，并采用聚乙烯泡沫塑料板填缝。

4. 二次防水

二次衬砌拱顶纵向贴置 PVC 注浆花管，实施纵向埋管补充注浆（枢纽内隧道二衬拱部每隔 3 m 预留注浆孔，待混凝土达到设计强度后，进行充填注浆）。

（二）排水设计

1. 水沟设计

双线隧道内采用双侧水沟加中心水沟的排水系统，单线隧道内采用双侧沟的排水系统。

2. 排水管设计

（1）隧道洞身衬砌背后设 ϕ50 单壁打孔波纹管（外裹 100 g/m^2 的无纺布）环向透水管盲沟，并设横向排水管将地下水引入洞内侧沟。环向透水管盲沟按 10 m 一环计列，对地下水较大地段适当加密。地下水量较大的隧道可在两侧边墙角设 ϕ80 单壁打孔波纹管（外裹 100 g/m^2 的无纺布）纵向透水管盲沟，并每隔 5 ~ 10 m 设边墙泄水管将地下水引入洞内侧沟，泄水管的出口离开水沟内壁一定距离，不得紧贴沟壁表面。

（2）瓦斯隧道排水原则：设有平导的隧道边墙不设泄水孔，在隧底中心沟以下砼内对应横通道位置埋设横向排水管，平导及横通道均设置排气管，地下水进入环向透水盲沟汇集至纵向盲沟内，由贯通平导排出洞外。

（3）瓦斯隧道排气原则：由于环向及纵向盲沟可能汇集部分瓦斯气体，横向排水管位于横通道内出水口处设置水气分离室，使瓦斯等有害气体通过水气分离室进入平导内排气管，并在钢管末端设置瓦斯抽排真空泵。

（4）特长隧道、地表溶蚀洼地较多、地下水丰富的隧道核查排水沟的排水能力，并留有余地，必要时采用加大水沟断面，增设泄水洞等工程措施，确保隧道内排水通畅。

三、明挖段防排水设计

（一）防水设计

明洞段拱墙衬砌设置土工布及防水板，并在回填表面设黏土隔水层。

（二）排水设计

（1）洞内排水沟设置与暗洞统一。

（2）明挖段衬砌外缘直边墙顶设纵向$\phi80$ 透水盲管，直边墙范围内采用浆砌片石回填，回填浆砌片石顶面设置 50 cm 厚砂卵石反滤层；并每隔 5 ~ 10 m 设竖向$\phi50$ 盲管，一端与端墙顶纵向透水盲管相连，另一端直接接入隧道侧沟。

四、注浆堵水

当隧道地下水丰富，施工中有突水、突泥危险时，为保证施工安全，采取超前预注浆及围岩加固措施；当隧道穿越段地表涉及居民聚居，隧道开挖后可能引起地下水流失，地下水位下降，影响隧顶居民的正常生活等水环境敏感地段，根据工程特点采取超前注浆、径向注浆等堵水措施，其衬砌结构应考虑水荷载的作用。

根据超前地质预报综合评判，当掌子面前方存在较大物探Ⅰ类异常区或高压富水区，具有涌水、突水、突泥可能，且隧道施工可能造成地表失水，对环境产生不利影响时，启动以水环境保护设为目的的超前预注浆方案，当“预计注浆段端头围岩较好且容许施工中短暂失水”时采用超前周边注浆，端头地质条件不好时采用帷幕注浆。

根据超前地质预报综合评判，当掌子面前方存在较大物探Ⅴ类异常区或高压富水区，具有涌水、突水、突泥可能，或水压相对较低，但围岩差，岩体结构性能弱，在水的作用下易导致固体物质坍塌、失稳诱发突水突泥时，采用超前局部注浆、超前周边注浆或超前帷幕注浆。

根据超前地质预报综合判断，掌子面前方存在无充填溶洞、岩溶管道、岩体结构稳定的溶蚀破碎带，或掌子面出水总量小于 15 m^3/h，且探孔单孔出水量小于 3 m^3/h 时，预测开挖不致导致岩体失稳时，当存在地表环境水问题时可采用开挖后径向注浆。当隧道堵水段开挖后洞壁仍有个别出水点呈股状或线状出水，则采取补注浆对地下水进行封堵。

第十节　辅助坑道设计

一、辅助坑道设计原则

（1）非可溶岩隧道设置辅助坑道应优先选择横洞或斜井，岩溶发育隧道原则上以形成顺坡施工条件及方便运营期间排水为原则，一般应优先选择横洞或平导。

（2）本线赶水至桐梓东线路越岭地段，属黔北中山区地形地貌，山高谷深，桥隧相连且长大隧道较多。当受地形条件限制，正面进洞困难或与桥梁施工发生干扰时，可考虑从洞口旁侧设置横洞、斜井引入等辅助坑道方案。

（3）对于地下水发育或存在有害气体的隧道，辅助坑道优先考虑平行导坑和横洞。隧道地质复杂，存在岩溶及岩溶水、煤层瓦斯等不良与特殊地质，优先研究设置平行导坑的辅助坑道方案。

（4）重庆地区赋存天然气的高瓦斯隧道（太公山隧道、老周岩隧道、松岗隧道），设置贯通平导形成巷道式通风。

（5）因受地形条件控制，存在正面掘进施工场地布置困难，爆破后块石向下滚落危及既有铁路运营安全等问题。应结合地形条件和出渣运输条件，研究在隧道洞口设置横洞、斜井等辅助坑道方案，提出妥善解决施工场地布置、防止块石滚落的措施，并完善防护工程设计。

（6）具排水功能之平导的坑底高程应低于对应里程正洞水沟沟底高程不小于 0.5 m，且应按不小于最大涌水量 2 倍的明渠流校核其过水能力。

（7）辅助坑道一般按临时工程设计，存在大变形、有害气体涌出者，应以保证安全为重，提出工后处理措施并完善相关设计；当其作为运营期间紧急出口和救援设施时，按永久工程设计。

（8）辅助坑道应完善排水系统，尤其是作为排水通道之辅助坑道，其洞口排水系统应接入自然沟渠等既有排水系统内。

二、运输方式选择

辅助坑道一般采用无轨运输方式。断面尺寸应满足掌子面风速符合《隧道设计手册》要求时，坑道回风风速（净面积）不大于 6 m/s。

对于高瓦斯隧道，宜采用有轨运输方式；当采用无轨运输方式时，施工机具均应进行防爆改装并达相关安全要求。

三、断面尺寸推荐值

辅助坑道的断面尺寸见表 3-6-6。

表 3-6-6　辅助坑道断面尺寸

类型	有轨单车道	有轨错车道	有轨双车道	无轨单车道	无轨双车道
直墙式尺寸（宽）×（高）	3.5 m×4.9 m	5.1 m×4.95 m	5.5 m×5.6 m	4.7 m×6 m	7.7 m×6.2 m
曲墙式尺寸（宽）×（高）	—	—	—	5 m×6 m	7.5 m×6.2 m

四、衬砌及支护形式

辅助坑道采用喷混凝土支护，洞口Ⅴ级围岩段及辅助坑道与正洞交叉处，辅助坑道采用模筑衬砌。运营期用作排水通道的横洞或平行导坑底部必须设置混凝土过水槽，防止冲刷、方便维护。

五、本线辅助坑道设置

本线辅助坑道设置情况详见表 3-6-7。

表 3-6-7　辅助坑道简表

序号	隧道名称	隧道全长/m	斜井/m	平导/m	横洞/m	泄水洞/m	附　注
1	新双碑隧道	9 388	530.5		320.5		
2	綦江隧道	3 297				115.79	
3	太公山隧道	6 396		5 396			线路左侧 30 m
4	黑石山隧道	4 530			430		
5	松岗隧道	9 468		6 691			左线右侧 35 m
					214		
					69		
6	老周岩隧道	7 536		6 859			线路右侧 35 m
7	陈家坡隧道	6 070			55		
					90		
8	羊角一号隧道	5 727			494		
9	天坪隧道	13 978		11 775			线路左侧 30 m
			2 138				
					783		
					762		
10	新凉风垭隧道	7 618		4 699.982			进口平导、线路左侧 30 m
				1 848.665			出口平导、线路左侧 30 m
						1 078	预设计平导泄水洞，线路左侧 30 m，实际未实施
11	东山隧道	2 748				1 305	线路右侧 35 m
12	高楼子隧道	2 541				295	预设计出口平导泄水洞，线路左侧 30 m，实际未实施
13	青冈山隧道	2 331				560	预设计平导泄水洞，线路左侧 30 m，实际未实施
					139		
14	黄山坡隧道	2 869.255	226				
					14.5		新增

第十一节　沉降变形设计

一、隧道监控量测原则

（1）隧道监控量测按《铁路隧道监控量测技术规程》（TB 10121—2007）的规定建立等级管理、信息反馈和报告制度。

（2）全隧施工期间应开展监控量测，隧道监控量测应作为关键工序纳入现场施工组织，并对支护体系的稳定性进行判别。监控量测必须设置专职人员并经培训后上岗。对周边建筑物可能产生严重影响的隧道，应进行第三方监测。

（3）隧道浅埋段开展地表沉降观测，观测点应在隧道开挖前布设，并与洞内观测点布置在同一断面里程。拱顶下沉、净空变化监控量测断面间距：Ⅲ级围岩不得大于 30 m、Ⅳ级围岩不得大于 10 m、Ⅴ级围岩不得大于 5 m；当拱顶下沉、水平收敛速率达 5 mm/d 或位移累计达 100 mm 时，应暂停掘进，并及时分析原因，采取针对性处理措施。

（4）其余各项监控量测点的具体布置原则、量测断面、量测频率以及控制基准等要求详见“通隧（2008）1202-58 ~ 61”图及《铁路隧道监控量测技术规程》。

二、监控量测设计

（1）当隧道下穿既有高速公路、既有铁路等构筑物并对其有影响时，沿既有公路、铁路两侧设置监控量测点对影响范围内的既有公路、铁路开展地表沉降监控量测，并控制地表爆破震动速率不大于《爆破安全规程》所规定的要求。

（2）当隧道下穿既有房屋等构筑物并对其有影响时，于房屋处设置监控量测点以开展房屋处地表沉降监控量测，并控制地表爆破震动速率不大于《爆破安全规程》所规定的要求。

（3）对邻近结构类构筑物时（如桥、隧道、路基支挡结构），尚应监测既有构筑物的沉降、偏移情况及是否存在开裂情况。

第十二节　设计阶段的安全风险评估及技术措施

一、隧道风险评估

（一）风险评估对象及目标

施工图阶段隧道风险评估对象主要为隧道施工过程中的安全、环境、投资及工期，并侧重于安全风险。通过风险评估工作，识别所有潜在的风险因素，确定风险等级，提出风险处理措施，将各类风险降到可接受水平，以达到确保安全、保护环境、投资合理、保障工期、提高效益的目的。

不同的目标风险会造成相同或不同的后果，对应关系如表 3-6-8。

表 3-6-8　隧道风险评估目标与后果或损失对应

评估目标	后果或损失
安全风险	人员伤亡、经济损失、第三方人员伤亡、第三方经济损失、工期延误
工期风险	工期延误、经济损失
投资风险	经济损失、第三方经济损失
环境风险	环境破坏、经济损失、第三方经济损失

（二）风险评估人员及方法

施工图阶段隧道风险评估以专家调查法和头脑风暴法为主进行，评估的流程如图 3-6-18。

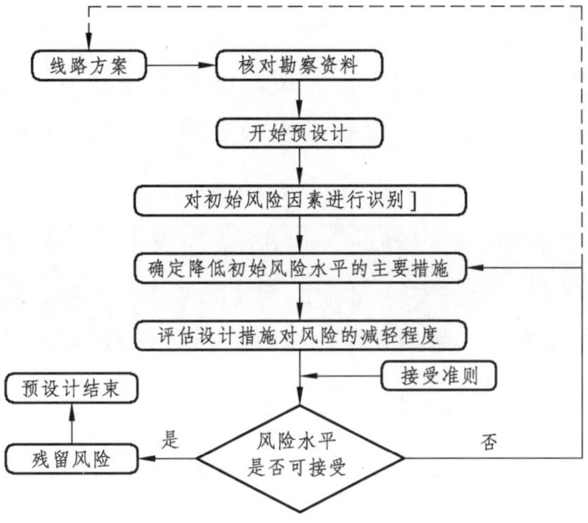

图 3-6-18　风险评估人员及方法

为确保风险评估的顺利进行，由具备隧道、地质、线路、工程经济专业 5 年以上工作实践经验，对工程风险有足够认识程度的人员参与完成了本次风险识别及评价工作。

（三）风险评估程序

1. 风险评估基本程序

（1）对初始风险进行识别，形成风险清单表。

（2）对初始风险进行评价，对各个风险因素评价其发生的概率和后果等级，并最终确定出初始风险的等级。

（3）依据风险评价结果和风险接受准则，制定相应的方案和措施。

（4）对风险进行再评估，提出残留风险等级。

风险评估流程见图 3-6-19。

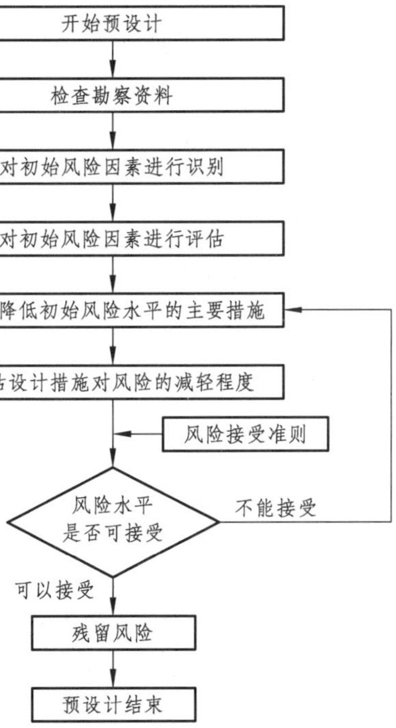

图 3-6-19　风险评估流程

2. 风险等级的确定

根据《铁路隧道风险评估与管理暂行规定》将风险等级指数分为极高、高度、中度、低度四个等级，该等级是结合风险事件发生的概率和严重程度来确定的，如表 3-6-9。

表 3-6-9　隧道风险等级标准

后果等级 概率等级		轻微的	较大的	严重的	很严重的	灾难性的
		1	2	3	4	5
很可能	5	高度	高度	极高	极高	极高
可能	4	中度	高度	高度	极高	极高
偶然	3	中度	中度	高度	高度	极高
不可能	2	低度	中度	中度	高度	高度
很不可能	1	低度	低度	中度	中度	高度

根据《铁路隧道风险评估与管理暂行规定》，将各种风险因素导致相应事故发生的概率及后果分别用 1 ~ 5 五个数值来表示，其中，概率等级 1 ~ 5 分别代表“很不可能”“不可能”“偶然”“可能”“很可能”，后果等到级 1 ~ 5 分别代表“轻微的”“较大的”“严重的”“很严重的”“灾难性的”；并定义概率及后果估值的乘积为风险指数，风险分级标准将风险指数分为“极高（Ⅰ级）、高度（Ⅱ级）、中度（Ⅲ级）、低度（Ⅳ级）”四个等级。

二、本线主要工程风险源及风险处理措施

由于本线工程地质问题突出，给本线隧道运营期间带来岩溶和岩溶水、危岩落石等风险，给本线隧道施工期间带来突水突泥、天然气及有害气体、瓦斯及瓦斯突出、塌方及塌落掉块等风险。

（一）岩溶和岩溶水

本线部分可溶岩隧道地表洼地、落水洞、暗河等发育。洞身岩溶中等—强烈发育，局部极度发育，隧道突水突泥风险是本线隧道最大的风险。

针对本线隧道岩溶的特点，为降低岩溶隧道施工及运营风险，采取不同的处理措施。

1. 线路选线

线路尽量绕避岩溶极发育区，线路纵坡在岩溶发育区尽量设置成“人”字坡。

2. 施工组织

在保证工期的前提下，尽量采取顺坡施工。

3. 辅助坑道设置

（1）当受工期控制或为满足施工、运营期间的排水要求，需要设置辅助坑道时，原则上优先采用横洞或平导，以实现顺坡施工和排水，降低工程风险。当平导作为运营期间的排水通道时，其过水能力根据可能出现的最大涌水量计算确定。

（2）当受地形地质条件限制，必须选择斜井作为辅助坑道时，原则上应选择在岩溶发育相对较弱，

地下水相对较少地段，以防止施工过程中出现淹井现象，施工中应根据地下水涌水量，配备足够的抽排水设备；雨季施工时，注意防洪。

4. 超前地质预测预报

通过综合超前地质预报手段探明掌子面前方地质条件，以便采取有效的施工措施，避免施工突发灾害的发生。结合本线隧道以岩溶为主的特点，且按《铁路隧道超前地质预测预报技术指南》要求，岩溶隧道应以地质调查法为基础，以超前钻探法为主，结合多种物探手段进行综合地质预报，并应采用宏观预报指导微观预报、长距离预报指导中短距离预报的方法。

（二）危岩落石

应详细查明危岩落石的范围、规模、落石的块体大小、落石的下落高度和轨迹等，根据地质资料，对于危岩落石地段洞口，采用接长明洞，洞门形式视地形情况采用单压式明洞门、偏压式明洞门或双耳式明洞门、倒切式明洞门等，坡面采取如下防护措施以确保安全：

（1）清除松动的危岩落石。

（2）采用 M10 浆砌片石对危岩落石进行嵌补或支顶。

（3）采用主动防护网加固危岩落石。

（4）在危岩落石下方设置被动防护网。

（5）运营期间进行不定期检查，一旦发现风化剥蚀后再生危石，及时处理，确保线路运营安全。

（三）突水突泥

该类风险存在于岩溶及岩溶水发育地段、可溶岩与非可溶岩接触地段、断层破碎带等，处理措施如下：

（1）加强超前地质预报。通过超前地质预测预报，核实和预测掌子面前方的地质条件，以便及时调整工程措施，确保施工及结构安全。

（2）根据开挖隧道情况，采取超前帷幕注浆、超前周边注浆、超前局部注浆等不同的处理措施，以确保施工安全。

（3）根据隧道地质情况设置辅助坑道，结合工期优化施工组织设计，确保岩溶隧道为顺坡施工。

（4）制订突发安全事件应急预案，配备安全防护及安全逃逸设施，明确逃逸路线，进行紧急逃生的培训与演练，施工中严格按照既定方案实施。

（5）隧道暴雨后不施工、连续降雨后观察施工。

（四）塌方、塌落掉块

该类风险是普遍存在于隧道中，结合隧道围岩级别、埋深、地表既有建筑物情况来进行评估，其受岩性、节理裂隙发育程度、岩石破碎程度、地质构造等影响大。

采用的风险处理措施如下：

（1）施工方法的选择：根据地质情况和隧道围岩分级，采用台阶法、大拱脚台阶法等多种工法，在土层中或下穿公路主要路段采用双侧壁导坑法。

（2）Ⅲ级缓倾岩层的隧道，采用局部拱部格栅钢架加强支护，$\phi22$ 超前锚杆超前支护，确保施工安全和结构安全。

（3）施工中加强系统支护监控量测，并根据监控量测结果及时调整初期支护及施作二次衬砌。

天然气及有害气体和煤层瓦斯处理措施参见第六章第五节“特殊不良地质隧道设计”。

第七章　轨道设计

第一节　轨道工程概况与特点

一、轨道工程概况

轨道设计范围由渝黔正线、重庆枢纽及贵阳枢纽三大部分组成。渝黔正线、引入枢纽新建客货联络线及相关工程按无缝线路设计。全线以有砟轨道为主，在长度大于 6 km 的隧道内铺设双块式无砟轨道，重庆西机务段机车外皮洗刷线采用支承块式无砟轨道。

正线、货车线及货车联络线均采用 60 kg/m、100 m 长 U75V 无孔新轨，其他线路采用 60 kg/m、100 m 长 U71Mn 无孔新轨，均采用一级道砟。正线铺设 2.6 m 长Ⅲ$_c$型有挡肩混凝土轨枕，桥梁和路基设置护轮轨地段铺设Ⅲ$_{qc}$有挡肩混凝土桥枕，均按 1 667 根/km 铺设。

货车线及其他线路铺设 2.5 m 长新Ⅱ型有挡肩混凝土轨枕，按 1 760 根/km 铺设；道岔区前后两端各 30 m 范围铺设Ⅲ$_a$型有挡肩混凝土轨枕，按 1 667 根/km 铺设；桥梁和路基设置护轮轨地段铺设新Ⅲ型有挡肩混凝土桥枕，按 1 667 根/km 铺设。半径小于或等于 800 m 或坡度大于 12‰地段铺设新Ⅱ型有挡肩混凝土轨枕的曲线地段（含两端缓和曲线），按 1 840 根/km 铺设。

二、轨道工程特点

渝黔正线为最高设计行车速度 200 km/h 的客货共线铁路，联络线、动车走行线及其他线路最高设计速度为 120 km/h，采用重型轨道标准，铺设跨区间无缝线路。本线桥隧、路桥、路隧交替频繁，铺架施工难度大；铺轨、架梁、铺砟工程量大。

正线有砟轨道长 601.214 km（单线），无砟轨道长 118.547 km（单线）；站线有砟轨道长 148.63 km（单线）。正线有砟道岔 208 组、无砟道岔 2 组，到发线有砟道岔 274 组，维修工区及段（所）有砟道岔 47 组，总计 531 组。

第二节　设计原则与采用的主要技术标准

一、设计原则

（一）轨道设计原则

（1）无砟轨道设计荷载应包括列车荷载、温度荷载、牵引/制动荷载等，同时应考虑下部基础变形对轨道结构的影响。

（2）无砟轨道应集中成段铺设，无砟轨道与有轨道之间应设置轨道结构过渡段。

（3）轨道结构设计应考虑减振降噪要求。

（4）轨道结构应设置性能良好的排水系统。

（5）根据轨道电路传输长度的要求，无砟轨道纵横向钢筋应采取必要的绝缘措施。

（二）轨道结构形式、轨道类型

（1）正线：60 kg/m 钢轨、跨区间无缝线路，钢筋混凝土Ⅲ型枕、有砟道床。

（2）到发线：除重庆西、贵阳北站台范围采用 60 kg/m 钢轨、无缝线路、混凝土宽枕外，其余车站采用以下标准。旅客列车到发线：60 kg/m 钢轨、无缝线路，钢筋混凝土Ⅲ型枕、有砟道床；货物列车到发线：50 kg/m 钢轨，有缝线路，钢筋混凝土Ⅱ型枕、有砟道床。

（3）其他站线：50 kg/m 钢轨或利用在用轨，有缝线路，钢筋混凝土Ⅱ型枕、有砟道床。

轨道铺设标准见表 3-7-1、表 3-7-2。

表 3-7-1　200 km/h 地段的轨道工程标准

序号	项目			单位	新建客运通道		
					站内正线	到发线	其他站线及次要站线
1	钢轨	类型		kg/m	60	60	50
		长度		m	无缝线路	无缝线路	25
2	轨枕	类型	混凝土枕		Ⅲ型枕	Ⅲ型枕	Ⅱ型枕
			混凝土宽枕				
		数量	混凝土枕	根/km	1 667	1 667	1 440
			混凝土宽枕	根/km		1 760	
3	道床厚度	级配碎石路基		m	0.35	0.4	其他站线 0.25 次要站线 0.20
		硬质岩石路基			0.35		
		桥梁			0.35		
		隧道			0.35		
4	道床材料				Ⅰ级碎石道砟	Ⅰ级碎石道砟	Ⅰ级碎石道砟
5	扣件	类型			弹条Ⅴ型	弹条Ⅱ型	弹Ⅰ型

表 3-7-2　时速小于等于 160 km 地段轨道工程标准表

线路名称		钢轨/（kg/m）	道床厚度/cm		混凝土枕	
			非渗水土路基	岩石、渗水土路基	类别	根/km
正　线	面层	60	30	35	Ⅲ	1 667
	底层		20			
到发线	面层	50	20	25	Ⅱ	1 520
	底层		20			
其他站线	面层	50	25	20	Ⅱ	1 440
次要站线	面层	50	20	20	Ⅱ	1 440

注：（1）表中 200 km/h 地段新建车站正线为 4‰排水横坡，其余正线与改建地段路基均为 3‰排水横坡。

（2）其他站线是指调车线、牵出线、机车走行线及站内联络线，次要站线是指除到发线及其他站线以外的站线。

（3）当曲线小于 300 m 时采用小曲线混凝土枕。

（4）车站正线、到发线采用一次性铺设跨区间无缝线路，60 kg/m 新轨。动车段所及其走行线的轨道标准不应小于 50 kg/m，其余站线的轨道标准按现行《站规》中的相关规定办理。新建车站到发线采用新轨，其他站线可利用再用轨，改建既有站到发线、货车联络线及其他站线轨料尽量利旧。

（5）不同类型钢轨的连接采用模压异型轨，异型轨长度采用 12.5 m、8.0 m、6.25 m。

二、采用的主要技术标准

（1）《新建时速200公里客货共线铁路设计暂行规定》（铁建设函〔2005〕285号）。

（2）《新建时速200~250公里客运专线铁路设计暂行规定》（铁建设函〔2005〕140号）。

（3）《铁路轨道设计规范》（TB 10082—2005）。

（4）《无缝线路铺设及养护维修方法》（TB/T 2098—2007）。

（5）《铁路工程建设通用参考图高速铁路CRTS Ⅰ型双块式无砟轨道隧道地段》（通线〔2011〕2351-Ⅳ）。

（6）《混凝土结构设计规范》（GB 50010—2010）。

（7）《铁路混凝土结构耐久性设计规范》（TB 10005—2010）。

（8）《关于发布〈铁路轨道设计规范〉等八项铁路工程建设标准局部修订条文的通知》（铁建设〔2007〕104号）。

（9）《关于发布高速铁路设计规范等14项铁路工程建设标准局部修订条文的通知》（铁建设〔2012〕29号）。

（10）《铁路轨道工程施工安全技术规程》（TB 10305—2009）。

（11）《铁路工程基本作业施工安全技术规程》（TB 10301—2009）。

（12）《铁路混凝土工程施工质量验收标准》（TB 10424—2010）。

（13）《新建时速200公里客货共线铁路工程施工质量验收暂行标准》（铁建设〔2004〕8号）。

（14）《高速铁路轨道工程施工技术指南》（铁建设〔2010〕241号）。

（15）《铁路混凝土工程施工技术指南》（铁建设〔2010〕241号）。

第三节　有砟轨道结构设计

有砟轨道主要铺设于渝黔正线相邻到发线、新白沙沱长江大桥上、重庆枢纽和贵阳枢纽内部分线路等。

一、渝黔正线有砟轨道设计

（一）钢　轨

正线采用60 kg/m、100 m定尺长无孔U75VG热轧新轨，曲线半径≤2 800 m地段采用60 kg/m、100 m定尺长无孔U75V全长热处理新轨。钢轨形式、尺寸及允许偏差等技术要求应符合《高速铁路用钢轨》（TB/T 3276—2011）的相关规定。无缝道岔内部钢轨、胶接绝缘钢轨以及伸缩调节器钢轨应采用与正线相同材质的在线热处理钢轨。

（二）轨　枕

隧道及路基不设护轮轨地段铺设2.6 m长$Ⅲ_c$型有挡肩混凝土轨枕，桥梁和设置护轮轨路基地段铺设$Ⅲ_{qc}$有挡肩混凝土桥枕，均按1 667根/km铺设。在补偿电容节距和电气绝缘节安装区段，按信号专业要求铺设轨道电路专用枕，岔区铺设配套的混凝土岔枕。

（三）扣　件

采用与$Ⅲ_c$型有挡肩混凝土轨枕配套的弹条Ⅴ型扣件，当桥上无缝线路经检算需要铺设小阻力扣件时，采用弹条Ⅴ型小阻力扣件，其铺设长度按计算确定。需对扣件铁件进行防锈蚀处理，温度、跨度过大的桥梁地段宜采用小阻力Ⅴ型弹条扣件，其铺设长度应按计算确定。

（四）道　床

采用一级碎石道砟，必须进行水洗。单层道床的单线道床顶面宽度 3.5 m，路基、桥梁及隧道道床厚度均为 35 cm，道床边坡 1∶1.75，砟肩堆高 15 cm。桥隧地段砟肩至挡砟墙（或边墙）间以道砟填平。双线道床顶面宽度分别按单线设计，有砟轨道结构高度见表 3-7-3。

表 3-7-3　正线有砟轨道结构高度（单位：mm）

基础类型	钢轨高度	橡胶垫板厚度	轨枕高度	道床厚度	轨道结构高度
	h_1	h_2	h_3	h_4	$H=h_1+h_2+h_3+h_4$
硬质岩石路基	176	10	230	350	766
桥梁	176	10	230	350	766
隧道	176	10	230	350	766

二、重庆枢纽有砟轨道设计

重庆枢纽内有砟轨道主要铺设在蔡歌联络线、小南垭客车联络线和小西线，以及井西（单）线、成渝高速渝黔联络线下行线。

（一）蔡歌联络线、小南垭客车联络线和小西线轨道设计

1. 钢　轨

同渝黔正线有砟轨道采用钢轨相同，钢轨质量符合《43 kg/m～75 kg/m 钢轨订货技术条件》（TB/T 2344—2012）的相关规定。无缝道岔内部钢轨以及胶接绝缘钢轨均用与正线相同材质的在线热处理钢轨。

2. 轨　枕

铺设 2.5 m 长新Ⅱ型有挡肩混凝土轨枕，按 1 760 根/km 铺设，半径小于或等于 800 m 曲线地段（含两端缓和曲线）或者坡度大于 12‰的下坡地段按 1 840 根/km 铺设；桥梁和设置护轮轨路基地段铺设新Ⅲ型有挡肩混凝土桥枕，按 1 667 根/km 铺设。

道岔前后两端各铺设 50 根$Ⅲ_a$型轨枕，按 1 667 根/km 铺设。

桥上铺设小阻力扣件地段采用$Ⅲ_{qc}$型有挡肩混凝土轨枕。

在补偿电容节距和电气绝缘节安装区段，按信号专业要求铺设轨道电路专用枕，岔区铺设配套的混凝土岔枕。

3. 扣　件

采用弹条Ⅱ型扣件，扣件符合《弹条Ⅱ型扣件》（TB/T 3065.2—2002）的相关要求。

4. 道　床

采用一级碎石道砟，非渗水土路基地段采用双层道砟，面砟厚 30 cm，底砟厚 20 cm；渗水土路基地段采用单层道砟，道床厚 35 cm；硬质岩石路基地段采用单层道砟，道床厚 35 cm。

单线道床顶面宽 3.4 m，砟肩堆高 15 cm，道床边坡 1∶1.75。桥隧地段采用单层道砟，道床厚 35 cm，线路中心线一侧砟肩、边坡与区间路基相同。

（二）井西（单）线、成渝高速渝黔联络线下行线轨道设计

改建地段既有襄渝线钢轨、轨枕和扣件全部拆除，按新建轨道标准设计。除梨树湾联络线改建地段铺设有缝线路外，其余地段一次铺设跨区间无缝线路。按照充分利旧的原则，尽量利用既有襄渝线和襄渝二线道砟。

1. 钢轨及配件

无缝线路地段采用 60 kg/m、100 m 长 U71Mn 全长热处理无孔新轨，缓冲区有缝线路地段采用四根 60 kg/m、25 m 长 U71Mn 全长热处理有孔新轨，梨树湾联络线改建有缝线路采用 60 kg/m、25 m 长 U75V 全长热处理有孔新轨。

无缝道岔内部钢轨、胶接绝缘钢轨应采用与正线相同材质的在线热处理钢轨。

钢轨连接配件采用 60 kg/m 钢轨用接头夹板（TB/T 2345）、60 kg/m 钢轨用 10.9 级高强度接头螺栓及 10 级高强度防松螺母（TB/T 2347）、60 kg/m 钢轨接头用高强度平垫圈（GB 1230），接头螺栓扭矩为 900 N · m，轨缝为 8 mm。

2. 轨枕及扣件

一般地段铺设 2.5 m 长新Ⅱ型有挡肩混凝土轨枕和弹条Ⅱ型扣件，按 1 760 根/km 铺设；半径小于或等于 800 m 的曲线地段（含两端缓和曲线），按 1 840 根/km 铺设；设置护轮轨地段铺设新Ⅲ型有挡肩混凝土桥枕和弹条Ⅱ型扣件，按 1 667 根/km 铺设。

道岔前后两端各 50 根轨枕（后端包括辙叉跟端以后的岔枕）歌乐山联络线改建采用$Ⅲ_c$型混凝土轨枕和弹条Ⅴ型扣件；襄渝线改建采用$Ⅲ_a$型轨枕和弹条Ⅱ型扣件，均按 1 667 根/km 铺设。

在补偿电容节距和电气绝缘节安装区段，按信号专业要求铺设轨道电路专用枕。道岔区铺设配套的混凝土岔枕。

3. 道　床

歌乐山联络线和襄渝线改建地段道床顶面宽度为 3.40 m，砟肩堆高为 15 cm，道床边坡坡度为 1 : 1.75；梨树湾联络线改建地段道床顶面宽 3.1 m，道床边坡 1 : 1.75。

道床采用Ⅰ级碎石道砟，土质路基地段采用双层道床，其中面砟厚 30 cm，底砟厚 20 cm；硬质岩石路基地段采用单层道床，道砟厚度 35 cm。

尽量利用既有襄渝线和襄渝二线道砟，补充一级碎石面砟 60%，补充的面砟要成段集中使用。

4. 护轮轨

路基地段墙顶高出地面 2 m 且连续长度大于 10 m 和墙趾下为悬崖陡坎或地面横坡陡于 1 : 1、连续长度大于 20 m 的山坡，以上路基地段及两端各 5 m 的范围内，在靠山一侧铺设单侧护轮轨。

护轮轨采用 50 kg/m 钢轨。护轨顶面不得高于基本轨顶面 5 mm，也不得低于基本轨顶面 25 mm。

5. 轨距杆

半径小于或等于 600 m 的曲线地段，每 25 m 设置 10 根绝缘轨距杆。

（三）其他线路轨道设计

重庆西客运站至重庆西动车存车场走行线［重庆西动走 1 线（渝昆动左线）、重庆西动走 2 线（渝黔动左线）和重庆西动走 3 线（渝黔动右线）］利用既有襄渝线段落轨道结构全部拆除，按新建标准设计，一次铺设跨区间无缝线路。新建轨道标准同井西（单）线。

重庆枢纽货车线［陶家场（不含）至珞璜新建货车双线、珞璜南联络线下行线（珞璜至珞璜南货车疏解左线）和珞璜南联络线上行线（珞璜至珞璜南货车疏解右线）］按重型轨道类型设计，一次铺设跨区间无缝线路。新建轨道标准同蔡歌联络线。

三、贵阳枢纽有砟轨道设计

（一）基本组成

1. 钢　轨

客车联络线及其他线路正线采用 60 kg/m、100 m 长 U75V 无孔新轨，曲线半径小于等于 1 200 m 地段采用 60 kg/m、定尺长 100 m 无孔 U75V 全长淬火新轨。

2. 轨枕与扣件

轨枕和扣件设计与重庆枢纽内设计一致。

3. 道　床

正线采用一级碎石道砟，级配碎石土质路基地段采用单层道砟，道床厚 30 cm；非级配碎石土质路基地段采用双层道砟，面砟厚 30 cm，底砟厚 20 cm；硬质岩石路基地段采用单层道砟，道床厚 35 cm。单线道床顶面宽 340 cm，砟肩堆高 15 cm，道床边坡 1∶1.75。桥隧地段采用单层道砟，道床厚 35 cm，线路中心线一侧砟肩、边坡与区间路基相同。

曲线半径小于 800 m 的曲线地段，外侧道床顶宽应加宽 10 cm。双线道床顶面宽度应分别按单线设计。

（二）有砟轨道结构高度

有砟轨道结构高度见表 3-7-4。

表 3-7-4　有砟轨道结构高度（单位：mm）

路段速度	基础类型	钢轨高度	轨下胶垫厚度	轨枕高度	道床厚度	轨道结构高度合计
$v=200$ km/h	路基	176	10	230	350	766
	桥梁	176	10	210	≥350	≥746
	隧道	176	10	230	350	766
$v=120$ km/h 及以下	土质路基	176	10	205	面砟 300 底砟 200	891
	硬质岩石路基	176	10	205	350	741
	桥梁	176	10	210	≥350	≥746
	隧道	176	10	205	350	741

注：（1）表中道床厚度是指直线上钢轨或曲线上内轨中轴线下轨枕底面至路基顶面的最小高度。
（2）有砟桥梁地段应结合桥梁梁型的道床厚度进行铺设，但不得小于本表的厚度。
（3）路基护轨地段轨道结构高度与路基普通地段相同。
（4）当桥上铺设有道岔时，根据道岔实际情况确定轨道结构高度。
（5）增建二线路基为既有线路基帮宽时，道床厚度应结合既有线进行适当调整，但在同线基础条件下不应低于本表规定的厚度。
（6）当三或四线并行地段共用一个路基面时，外侧线路轨道结构高度根据线间距和设计轨面标高共同确定。

（三）曲线地段超高设置

设计速度为 200 km/h 时超高设计原则根据《高速铁路设计规范》（TB 10621—2014）、《关于新建客运专线铁路曲线超高设定的指导意见》(铁集成〔2009〕86 号)和《新建时速 200 公里客货共线铁路设计暂行规定》(铁建设函〔2005〕285 号)设置;设计速度为 120 km/h 时超高设计原则根据《铁路轨道设计规范》(TB 10082—2005)设置。

实设超高取 5 mm 的整倍数,超高在缓和曲线内过渡,应先按目前运行速度设置过渡超高,并按开通速度调整超高。在线路正式运营后应根据列车运行条件和钢轨磨耗情况调整外轨超高。现场施工时超高需相关单位批复后方可施工。

第四节 无砟轨道结构设计

渝黔正线长度大于 6 km 的隧道采用 CRTS Ⅰ 型双块式无砟轨道结构,其结构组成自上而下分别为:钢轨、扣件、双块式轨枕、道床板等,横断面图如图 3-7-1 所示。

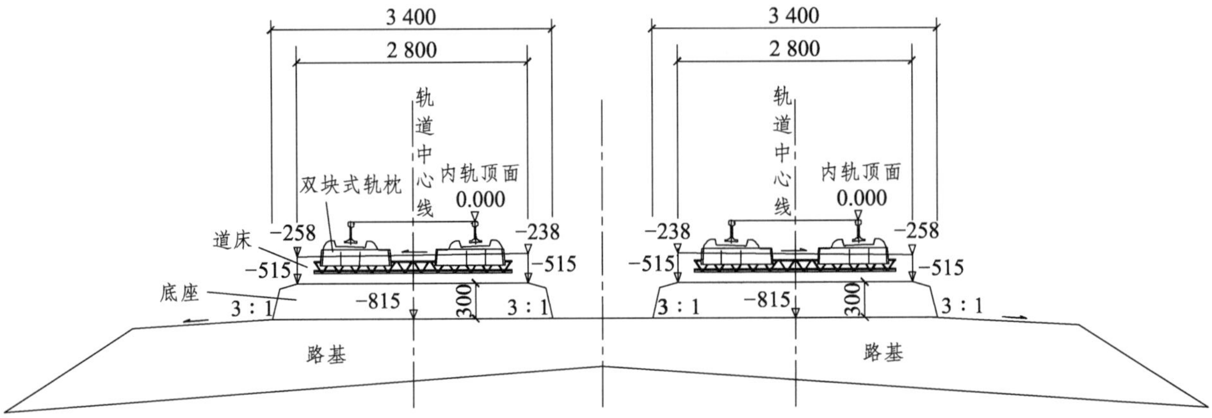

图 3-7-1 路基 CRTS Ⅰ 型双块式轨道横断面(单位:mm)

一、基本组成

(1)钢轨:一般采用与其相连有砟轨道一致的钢轨,正线采用 60 kg/m、定尺长 100 m U75V 无螺栓孔新钢轨。

(2)轨枕:采用 SK-2 型双块式轨枕。渝黔正线时速 200 km 的路段轨枕间距一般为 650 mm,且不宜小于 600 mm。

(3)扣件:新双碑隧道采用 WJ-8B 扣件,其他无砟地段采用 WJ-8A 扣件,扣件应满足《WJ-8 型扣件暂行技术条件》(科技基〔2007〕207 号)的要求;过渡段采用 WJ-7A 型扣件。扣件应满足《客运专线扣件系统暂行技术条件》(铁科技函〔2006〕248 号)的要求。

(4)道床:

道床板尺寸:道床板采用 C40 钢筋混凝土结构,道床板除在隧道结构缝处断开外均采用连续浇筑,道床板宽度为 2 800 mm,厚度为 260 mm。

道床板绝缘:为了避免道床板中的钢筋网与轨道电路产生感应,使轨道电路传输距离减少,道床板内的纵横向钢筋(包括桁架钢筋)相交处及纵向钢筋搭接处设置绝缘卡进行绝缘处理。道床板内的纵横向钢筋(包括桁架钢筋)相交处及纵向钢筋搭接处设置绝缘卡进行绝缘处理。所有的电气绝缘应在立模前全部施工完成,在道床板混凝土浇注前应进行轨道电路传输距离的测试,满足相关技术要求后方可浇注混凝土。

道床板综合接地：无砟轨道中的接地钢筋利用道床内的结构钢筋，每线轨道设三根纵向接地钢筋，即道床板上层轨道中心一根和最外侧两根钢筋。连续道床板每一接地单元设置一根横向接地钢筋。接地单元内纵向接地钢筋间及纵横向接地钢筋交叉点应焊接，接地钢筋不得构成电气环路。接地钢筋与其他钢筋交叉时应进行绝缘处理。道床板接地按长度小于等于 100 m 形成一个接地单元，接地单元中部与“贯通地线”单点“T”形可靠连接，接地单元之间的接地端子不连接。

道床板配筋：隧道内道床板采用双层配筋。上层纵向钢筋置于双块枕的轨枕桁架钢筋上，保护层最小厚度为 45 mm，下层钢筋的保护层最小厚度为 35 mm。

（5）道床板与板下结构连接：隧道内道床板浇筑在隧道仰拱回填层上，道床板除在结构缝处断开外均采用连续浇注，仰拱回填层表面应进行拉毛或凿毛处理。

二、轨道结构高度

无砟轨道结构高度见表 3-7-5。

表 3-7-5　无砟轨道结构高度（单位：mm）

基础类型	钢轨	扣件	承轨面至道床板面高差	道床板	支承层	底座	合　计
路基	176	32	47	260	300		815
桥梁	176	32	47	260		210	725
隧道	176	32	47	260			515

三、排水设置

无砟道床的排水在线间流向线路中心的排水沟槽内，在线路两侧顺着线路纵向坡度流向洞外。直线地段通过 1%单面坡流向线间排水沟槽内，曲线地段通过道床板面横坡排向中心水沟或线路两侧，线路两侧积水顺线路纵坡流向洞外。如现场实际排水系统有变化，应进行相应的调整，确保隧道内排水畅通。

四、过渡段

无砟轨道与有砟轨道需铺设 25 m 过渡段，其中无砟过渡段长 5 m，有砟过渡段长 20 m，实现无砟轨道—有砟轨道结构高度直接过渡。过渡段线路基本轨之间设置两根 60 kg/m 辅助轨，长度为 25 m，其中有砟轨道内 20 m，无砟轨道内 5 m。过渡段内正线钢轨采用 WJ-7A 扣件，辅助轨采用扣板式扣件。有砟轨道结构高度为 781 mm。

第五节　跨区间无缝线路设计

一、类型及铺设范围

本线新建和改建正线地段按重型轨道标准，轨道结构按一次性铺设跨区间无缝线路设计，桥上无缝线路应满足有关规定。除重庆西进站既有梨树湾联络线改建采用有缝线路、都拉营车站范围部分地段铺设区间无缝线路外，其余线路均按一次铺设跨区间无缝线路设计。

二、单元轨节布置

跨区间无缝线路由若干单元轨节及正线道岔焊接而成，单元轨节的长度根据线路条件、定尺轨长度、长钢轨基地焊接、运输、铺设、工地焊接及无缝线路锁定工艺等情况综合考虑，确定单元轨节长度一般为 1 000 ~ 2 000 m，最短不小于 200 m。道岔群或一组无缝道岔按一个单元轨节设计，桥、隧、线相连地段，若桥、隧长度不足 1 000 m，长轨条连续设置。长大桥梁及其两端线路护轨梭头范围之内作为一个或数个单元轨节、大于 2 000 m 隧道进出口向隧道内 200 m 作一个单元轨节。

单元轨节起止点不应设置在不同轨道结构过渡段以及不同线下基础过渡段范围内。除长大桥梁及无缝道岔外，施工时应在无缝线路设计图基础上根据厂焊长钢轨长度、胶接绝缘接头设置等实际情况按相关规范适当调整单元轨节长度。单元轨节左右两股钢轨终始端的相错量不得超过 100 m。

对于隧道地段无缝线路应根据检算对隧道口轨温过渡区加强锁定。在桥梁和岔区无缝线路一般不设置钢轨伸缩调节器，只有经过检算必须设置时才铺设钢轨伸缩调节器。

（一）焊接接头

所有钢轨间的焊接，在焊接前均应进行焊接试验，符合国家现行标准《钢轨焊接接头技术条件》要求的才能上道施工，所有焊接接头均应进行轨底打磨。钢轨焊接质量、力学性能指标应符合国家现行标准《钢轨焊接接头技术条件》（TB/T 1632）的规定。

钢轨焊接接头应纵向打磨平顺，不得有低接头，焊接接头平直度应符合表 3-7-6 的规定。

表 3-7-6　焊接接头平直度

序号	项　　目	允许偏差/（mm/m）		
		$v \leq 120$ km/h	120 km/h<$v \leq 160$ km/h	160 km/h<$v \leq 200$ km/h
1	轨 顶 面	+0.3，0	+0.3，0	+0.3，0
2	轨头内侧工作面	±0.3	+0.3，0	+0.3，0
3	轨 底 面	+0.5，0	+0.5，0	+0.3，0

（二）绝缘接头

无缝线路及无缝道岔的绝缘接头采用胶接绝缘接头,并应满足《胶结绝缘钢轨技术条件》（TB/T 2975）的各项要求。胶接绝缘钢轨应与区间线路钢轨和道岔钢轨件同钢种、同类型。左右两股钢轨的胶接绝缘接头应相对铺设，且绝缘接头夹板端头距轨枕边缘不小于 100 mm。

三、锁定轨温设计

正线跨区间无缝线路设计锁定轨温根据沿线气象资料、无缝线路的允许温升、允许温降以及无缝线路断缝的要求计算确定。沿线经过各地的最高、最低轨温、中间轨温及设计锁定轨温见表 3-7-7。无缝线路应在设计锁定轨温范围内锁定，同时，相邻单元轨节的锁定轨温差不应大于 5 °C，同一区间内单元轨节锁定轨温的最高与最低锁定轨温差不超过 10 °C，左右股钢轨的锁定轨温应基本一致，最大温差不得超过 3 °C。

表 3-7-7 渝黔线沿线各地轨温（单位：°C）

项目	地区					
	重庆	江津区	綦江区	桐梓县	遵义	贵阳
极端最高轨温	62.5	64.3	64.5	56.6	57.4	57.5
极端最低轨温	−2.3	−2.3	−1.7	−6.9	−7.1	−7.8
轨温最大幅值	64.8	66.6	66.2	63.6	64.5	65.3
中间轨温	30.10	31	31.4	24.85	25.15	24.85
设计锁定轨温	34	35	35	30	30	30

无缝线路应在设计锁定轨温范围内锁定，且相邻单元轨节的施工锁定轨温差不应大于 5 °C，同一单元轨节左右单元轨的施工锁定轨温差不应大于 3 °C（设计速度 160 km/h 及以下地段不应大于 5 °C），同一区间内单元轨节的最高与最低锁定轨温差不应大于 10 °C。

四、桥上无缝线路

经对本线中温度跨度大于 120 m 的桥梁进行检算，除长江大桥铺设温度伸缩调节器外，其余桥上不设置伸缩调节器。高温或低温季节，长大桥梁活动端台附近应加强道床的捣固密实和线路的锁定。

五、岔区无缝线路

无缝道岔采用道岔区全焊的焊接形式，即道岔区内直、侧股钢轨接头全部焊接，岔后直股与区间线路焊接成无缝线路，岔区绝缘接头采用胶接绝缘接头。岔后侧股钢轨焊接长度一般为 75 m，困难条件下不短于 50 m，无缝道岔侧股岔后有绝缘接头时采用胶接绝缘接头。若侧线在近距离内（不到 50 m）有邻线道岔，则岔后侧股钢轨焊接至该道岔并加强邻线道岔的锁定。岔后焊接钢轨采用与道岔相同材质和型号的钢轨。由道岔前端和辙叉跟端接头焊缝决定的道岔全长偏差不得超过 ± 20 mm，并应使限位器子、母块居中，尖轨方正。

无缝道岔的实际锁定轨温与两端单元轨节的锁定轨温一致。

六、隧道地段无缝线路

一般隧道内无缝线路锁定轨温与隧道两端一致，长大隧道内距隧道口 200 m 范围内无缝线路的设计锁定轨温与两端区间无缝线路的设计锁定轨温一致；隧道口轨温过渡区段应根据计算加强锁定。

七、钢轨伸缩调节器

钢轨伸缩调节器是无缝线路的薄弱环节，而且会给工务部门带来较大的养护维修工作量。因此，本着尽量少用或不用钢轨伸缩调节器的原则进行设计。

桥梁地段根据具体工点的无缝线路检算结果，结合桥跨布置情况，确定小阻力扣件的铺设长度和范围。对于个别大跨桥梁，根据无缝线路检算结果设置小阻力扣件仍不能满足轨道强度、稳定性及断缝要求时，应设置伸缩调节器。钢轨伸缩调节器应尽量少用或不用，且不得设置于平面曲线和竖曲线上。伸缩调节器基本轨与相邻钢轨同轨型、同钢种。

八、伸缩区和缓冲区

无缝线路的设计起、终点与有缝线路或有缝道岔连接时应设置缓冲区。缓冲区由 4 根 60 kg/m、25 m 长度钢轨组成，长轨条与缓冲轨、缓冲轨与缓冲轨之间采用与钢轨配套的双头式接头夹板、10.9 级高强度接头螺栓和 10 级高强度螺母以及高强度平垫圈联结，接头螺栓扭矩不小于 900 N · m，同时应定期进行复拧，确保扭矩值。

在设计锁定轨温范围内施工时，缓冲区预留轨缝 8 ~ 10 mm。与缓冲区标准轨相连的长轨条，自相连位置起各取 100 m 作为伸缩区。

九、位移观测桩设置和钢轨标记

（一）位移观测桩设置原则

（1）跨区间无缝线路按单元轨节等距离成对设置位移观测桩，每对观测桩标记中心连线应与线路中线垂直，桩间距离不大于 500 m。单元轨节长不足 500 m 整倍数时，可适当调整距离。单元轨节起终点的观测桩应与单元轨节间的焊接接头对齐，纵向错动量不得大于 30 m，位移观测桩间相对位置应保持基本不变。

（2）无缝线路长轨条的起点、终点以及距离长轨条起终点 100 m 的位置各设 1 对位移观测桩。

（3）桥梁地段位移观测桩应设于桥梁固定支座附近的道床板中心位置，隧道内距洞口超过 200 m 地段不设位移观测桩，其他地段位移观测桩位置不受限制。

（4）长度大于 3 km 的隧道口和长度大于 500 m 的桥梁两端，以及单跨跨度大于 100 m 的连续梁、连续刚构、提篮拱或系杆拱两端，钢轨伸缩调节器基本轨接头和距离基本轨接头 100 ~ 150 m 处应增设位移观测桩。

（5）钢轨伸缩器的基本轨的起、终点及中部应各设置一对位移观测桩。

无缝线路按单元轨节等距离设置位移观测桩，桩间距离不大于 500 m，单元轨节长度不足 500 m 整倍数时，可适当调整桩间距离。特大、大桥两端应增设位移观测桩，示意图如图 3-7-2 所示。

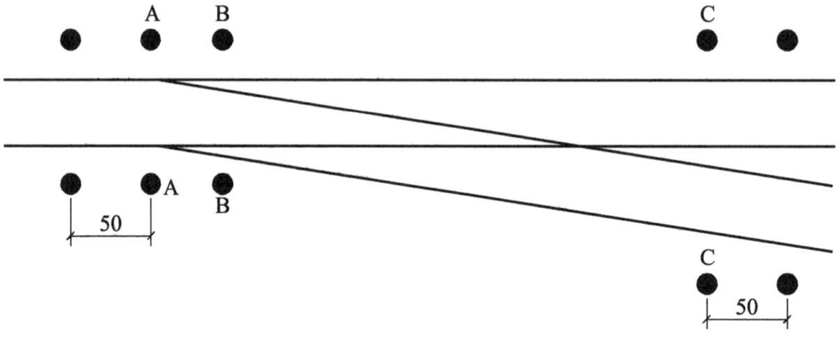

（a）单组道岔位移观测桩设置（单位：m）

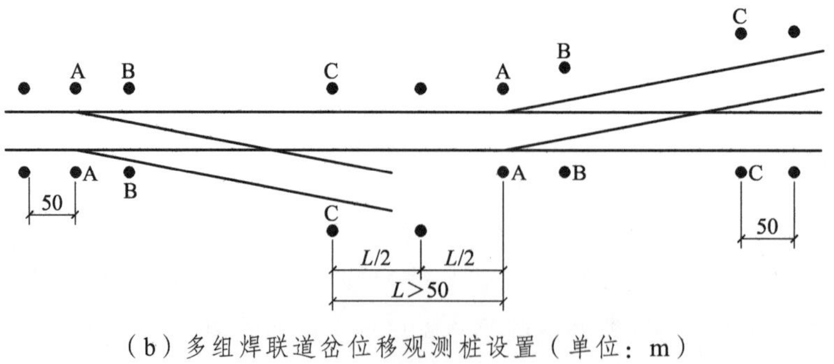

（b）多组焊联道岔位移观测桩设置（单位：m）

图 3-7-2　位移观测桩的设置

（二）观测桩布置

无缝线路位移观测桩由轨道施工承包商按线路里程方向顺序编号。编号应能反映单元轨节编号和单元轨节内观测桩编号等内容，并标记在观测桩上。编号方法为“X-Y”，其中 X 为单元轨节编号，Y 为单元轨节内位移观测桩的顺序编号。编号以阿拉伯数字标注，并在桩号右上方标“#”，如图 3-7-3 所示。

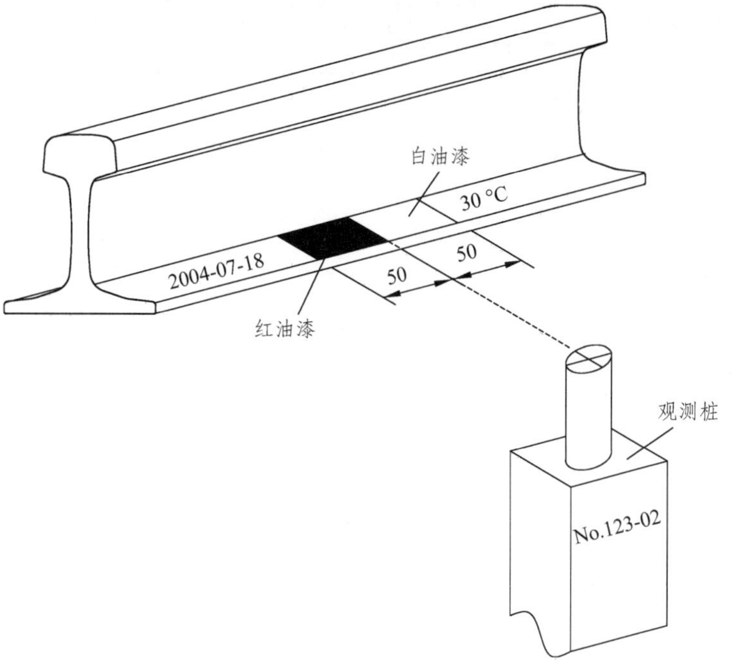

图 3-7-3　无缝线路钢轨及位移观测桩标记示意（单位：mm）

第六节　道岔设计

正线上的道岔不应设置在路堤与桥台连接处，也不宜设置在路堤与涵洞、路堑连接处的过渡段上，当正线道岔位于路堤与涵洞、路堑连接处的过渡段上时，应根据要求加强路基本体处理。其他设计要点如下：

（1）$v=200$ km/h 地段车站的正线道岔，均采用侧向通过速度为 80 km/h 的 P60 型 18 号可动心轨高速单开道岔。

（2）$v \leqslant 160$ km/h 地段车站的正线道岔，均采用 P60 型 12 号混凝土枕道岔。

（3）客车到发线上的道岔采用 P60 型 18 号可动心轨单开道岔，货车到发线采用 9 号道岔。

（4）段、所、存车场、工区等在车站到发线上连接时，根据具体情况选用道岔型号，段、所、存车场、工区、货场内及其他站线及次要站线均采用 9 号单开道岔。

（5）正线汇合及分歧处根据侧向通过速度选择相应道岔辙叉号。

（6）一般情况下，正线上道岔不应布置在路桥（涵）路隧、堤堑等连接处，并不宜设置在连接处的过渡段上，困难情况下根据桥、路、涵等布置情况进行方案比选确定。

岔后连接曲线半径：18 号道岔不小于 1 200 m；12 号道岔一般采用 400 m，困难时可不小于 350 m；9 号道岔一般采用 300 m，位于工区岔线等的连接曲线半径困难时可采用 250 m，特别困难时可采用 200 m。当连接曲线位于旅客站台有效范围内时，其曲线半径一般不小于 600 m，道岔设计如表 3-7-8 所示。

表 3-7-8　道岔设计一览

轨型/（kg/m）	道岔辙岔号	图号	岔枕类型	过岔速度（直－侧）	数量	用处
60	42	客专线（07）006	无砟	350－160	0	
		客专线（07）011	有砟	350－160	4	正线线路所
60	18	客专线（07）004	有砟	250－80	152	正线
		GLC（07）02	有砟	200－80	85	到发线
		GLC（09）05	有砟	120－80	9	到发线
	12	GLC（08）01	有砟	200－50	8	联络线正线、到发线
		专线 4249	有砟	160－50	39	到发线
		SC330	有砟	120－50	18	动走线、川黔外迁正线
50	12	专线 4257	有砟	120－50	35	其他站线
50	9	CZ2209	有砟	100－30	68	其他站线

第八章　站场及运营设备设计

第一节　站场工程概况与特点

一、站场工程概况

重庆至贵阳线共新建车站 12 个和 13 个线路所（其中重庆枢纽新建车站 2 个、线路所 5 个，贵阳枢纽新建线路所 8 个），改建车站 13 个和 1 个线路所（其中重庆枢纽改建车站 10 个、改建线路所 1 个，贵阳枢纽改建车站 3 个），关闭既有车站 1 个。

渝黔线引入贵阳枢纽客车线上设线路所 3 个、客运站 1 个；客车联络线上设线路所 2 个；货车联络线上设线路所 3 个；货车线增建第二线改建既有车站 3 个，其中中间站 2 个，越行站 1 个，封闭既有车站 1 个。

渝黔线新建、改建车站如表 3-8-1 所示。

表 3-8-1　渝黔线新建、改建车站

<table>
<tr><th>序号</th><th>范围</th><th>站名</th><th>车站性质</th><th>中心里程</th><th>站间距/km</th><th>站房位置</th><th>备注</th></tr>
<tr><td rowspan="2">1</td><td rowspan="6">重庆枢纽</td><td rowspan="2">团结村</td><td rowspan="2">集装箱中心站</td><td rowspan="2">既有襄渝线
K810＋432.78</td><td></td><td rowspan="2">右</td><td rowspan="6">渝黔线货车通道（改建）</td></tr>
<tr><td rowspan="2">19.12</td></tr>
<tr><td rowspan="2">2</td><td rowspan="2">白市驿</td><td rowspan="2">货运中心</td><td rowspan="2">HDK829＋550</td><td rowspan="2">右</td></tr>
<tr><td rowspan="2">20.08</td></tr>
<tr><td rowspan="2">3</td><td rowspan="2">珞璜</td><td rowspan="2">中间站</td><td rowspan="2">既有渝黔线
K7＋250.25</td><td rowspan="2">右</td></tr>
<tr><td>至珞璜南 3.43</td></tr>
</table>

续表

序号	范围	站名	车站性质	中心里程	站间距/km	站房位置	备注
4	重庆枢纽	陶家场	线路所	HC1K839 + 760	至白市驿 10.78 1.83	右	相关工程（货车通道）
5		南草村	线路所	LCYYDK1 + 550	4.77		
6		大碑	线路所	LCYZCK7 + 180.00	1.11		
7		牟家场	线路所	LTXDK1 + 025	3.43		
8		铜罐驿	中间站	K461 + 847.010	11.15	右	
9		黄磏	中间站	既有成渝线 K450 + 691.21		右	
10		跳蹬	越行站	既有小梨线 NS1K6 + 950.497	6.13	左	相关工程（客车通道）
11		中梁山	中间站	既有小梨线 XLK11 + 676.80		右	
12		小南垭	中间站	K14 + 633.74	至珞璜南 4.15	左	
13		井口	越行站	既有渝怀线 K8 + 295.20	5.18	右	
14		歌乐山	越行站	襄渝二线 LgDK6 + 270	6.26	左	
15		K141	线路所	襄渝二线 LGDK0 + 130			
16		童家溪	线路所	K0 + 000	11.12	左	
17		双碑	线路所	LTDK11 + 070	11.73		
18		重庆西	客运站	渝黔客线 K23 + 147	22.496	左	
19		珞璜南	中间站	K45 + 643	38.761	左	
20		綦江东	中间站	K84 + 605	30.814	右	

续表

序号	范围	站名	车站性质	中心里程	站间距/km	站房位置	备注
21	沿线车站	赶水东	中间站	K115 + 219	45.535	右	
22	沿线车站	桐梓北	中间站	K160 + 754	30.490	左	
23	沿线车站	桐梓东	中间站	K191 + 244	22.939	右	
24	沿线车站	娄山关南	中间站	K214 + 183	30.025	右	
25	沿线车站	遵义	中间站	K244 + 208	12.845	右	
26	沿线车站	龙坑	中间站	K257 + 053	13.796	左	
27	沿线车站	遵义南	中间站	K270 + 849	43.995	右	
28	沿线车站	息烽	中间站	K314 + 844	26.539	右	
29	沿线车站	修文县	中间站	K341 + 383	15.724	右	
30		D4K332 + 500	线路所	K357 + 107	2.865		渝黔联络线工程
31	贵阳枢纽	长田湾	线路所	K359 + 971	0.600	右	渝黔联络线工程
32	贵阳枢纽	冷水线路所	线路所	K360 + 571	距贵阳北 7.981	左	渝黔联络线工程
33	贵阳枢纽	马夫田下行	线路所	K2 + 391	距冷水线路所 2.333		渝黔联络线工程
34	贵阳枢纽	马夫田上行	线路所	K3 + 773	距长田湾线路所 3.715		渝黔联络线工程
35	贵阳枢纽	贵阳北	客运站	K369 + 944	距冷水线路所 7.981	右	
36	贵阳枢纽	D2K332 + 500	线路所	K0 + 030	距离 LJDK1 + 500 线路所 1.165 距离 K404 + 800 线路所 1.358		相关工程（货车通道）
37	贵阳枢纽	LJDK1 + 500	线路所	K1 + 195	距都拉营站 1.525	左	相关工程（货车通道）

续表

序号	范围	站名	车站性质	中心里程	站间距/km	站房位置	备注
38	贵阳枢纽	K404+800	线路所	K1+388	距都拉营站 1.434	左	
39		朱劳	线路所	K403+147	距 LJDK1+500 线路所 1.449	左	
40		都拉营	中间站	K406+234.41		左	
					13.009		
41		中寨	中间站	K419+169.34		左	
					7.834		
42		关田	越行站	HK7+496.46		左	

二、站场工程特点

渝黔线位于重庆市、贵州省境内,为我国西南山区改建时速 200 km 的客货共线有砟轨道双线铁路,向北接成渝客专、遂渝、兰渝、襄渝铁路，向南接沪昆、贵南、贵广客专、沪昆以及黔桂铁路，形成重庆—贵阳大能力通道。

根据项目功能定位，结合车站工程条件，合理确定站场规模，满足地方经济需求，确保运输需要，渝黔线新建车站在满足客运作业的条件下，兼顾货物列车避让客车条件，但不办理货车摘挂作业。

全线设站条件困难，大多数车站位于起伏较大的地形上，共新建车站 12 个，站内设桥的车站共计 5 个，部分咽喉设于隧道内的车站 6 个。

车站土石方工程大，其中重庆西客运站土石方约 $460\times10^4\ m^3$，綦江东、桐梓北、遵义、息烽四个中间站土石方均超过 $100\times10^4\ m^3$。

第二节　设计原则与采用的主要技术标准

一、车站平面设计

（1）车站布置形式：横列式。

（2）车站规模：到发线、货物线等规模按批复意见办理，其他站线根据有关规定及相关专业要求办理。

（3）到发线有效长：一般中间站到发线有效长 850 m（双机 880 m），客运站到发线有效 650 m。

（4）到发线进路：到发线及正线的进路均按双进路设计。

（5）信号机类型及设置要求：正线出站信号机原则上采用顺向高柱色灯信号机，但位于桥隧地段时应采用矮型色灯信号机；到发线出站信号机均采用矮型两机构有进路表示器色灯信号机，曲线地段按要求设置复示信号机。动车存车场出发信号机采用矮型单机构色灯信号机。

1. 道岔布置

（1）正线上道岔对向布置时，当有列车同时通过两侧线时，插入钢轨长度不应小于 50 m，当受站坪长度限制时，插入钢轨长度不应小于 33 m。当无正规列车同时通过两侧线或道岔顺向布置时，插入钢轨长度不应小于 25 m。

（2）新建车站正线上道岔的基本轨缝距正线缓和曲线头的距离，在车站两端不宜小于 70 m，困难时不得小于 30 m。

2. 安全设备

（1）新线、岔线、段管线与站内正线、到发线接轨时，均应设置安全线；新线、岔线与站内到发线接轨，当站内有平行进路及隔开道岔并有联锁装置时，可不设安全线；机务段和客车整备所与到发线接轨时，也可不设安全线。

（2）当进站信号机外制动距离内进站方向为超过 6‰的下坡道时，在车站接车线末端应设置安全线。

（3）新建 200 km 时速区段内车站安全线设置按《新建时速 200 公里客货共线铁路设计暂行规定》第 7.2.2 条要求：设有货场的一端必须设牵出线，另一端与正线相邻的到发线上应设隔开设备。

3. 站场股道电气化范围

（1）有电力机车进入的正线、到发线、机走线、机待线、电力机务段段管线、利用本务机车进行调车作业的货物线、牵出线和有电力机车运行的其他线路均应电气化。

（2）用电力本务机车在非电气化的支线、专用线及岔线进行调车作业的地段应电气化。

二、车站纵断面设计

（1）车站站坪宜设在平坡上，困难条件下，可设在不大于 1‰的坡道上，特别困难条件下，越行站可设在不大于 6‰的坡道上，但不应连续设置。

（2）车站咽喉区的正线坡度宜与站坪坡度相同。

（3）新建线路正线竖曲线半径采用 20 000 m，困难条件下不得小于 15 000 m。正线道岔两端距竖曲线起、终点或变坡点不宜小于 20 m。

（4）站线纵断面设计应符合下列规定：车站到发线有效长范围内宜设计为一个坡段，在困难条件下坡段长度不宜小于 350 m。相邻坡段的坡度差大于 4‰时应以竖曲线连接，竖曲线半径可采用 5 000 m。

（5）动车段（所）综合维修段（工区）大型养路机械段内的线路，宜设在平道上，困难条件下可设在不大于 1‰的坡道上。咽喉区可设在不大于 2.5‰的坡道上，特殊困难条件下，可设在不大于 6‰的坡道上。

（6）养护维修列车走行线的坡度困难条件下不应大于 30‰，牵出线的坡度不宜大于 6‰。

三、站线轨道设计

（1）正线：60 kg/m 钢轨、跨区间无缝线路、钢筋混凝土Ⅲ型枕、有砟道床。

（2）到发线：除重庆西、贵阳北站台范围采用 60 kg/m 钢轨、无缝线路、混凝土宽枕外，其余车站采用以下标准：旅客列车到发线，60 kg/m 钢轨、无缝线路、钢筋混凝土Ⅲ型枕、有砟道床；货物列车到发线，50 kg/m 钢轨、有缝线路、钢筋混凝土Ⅱ型枕、有砟道床。

（3）其他站线：50 kg/m 钢轨或在用轨、有缝线路、钢筋混凝土Ⅱ型枕、有砟道床。

轨道铺设标准见第三篇第七章表 3-7-1 和表 3-7-2。

四、站场道路设计

1. 通站道路

县级站通站、通货场道路原则上只考虑铁路用地界范围内部分，用地界以外由地方自行修建，但须作好引线规划。

通段所道路一般结合改移道路、临时道路一并考虑，路面宽度不小于 3.5 m，路基面宽度不小于 4.5 m，路面一般采用厚 0.34 m 的混凝土铺面，且按有关要求每隔一定距离设置错车平台。通牵引变电所的道路、公路涵洞相关标准应满足通行载重 60 t 的汽车。

2. 站内排水

（1）车站路基排水设备应布置合理，与区间路基、桥涵、隧道等排水设施衔接配合，并有足够的过水能力。对于隔断既有天然排水系统和沿线农田灌溉排水设施地段，一般采取增设排灌涵和引排沟。为避免地表水对路基的侵蚀，路堤地段坡脚根据需要设置排水沟，路堑地段设置侧沟、天沟、边坡平台截水沟、吊沟等，路堑两侧侧沟设平台，平台宽宜为 1.0 ~ 2.0 m，地面排水系统应视地基条件采取加固措施，防止冲刷或渗漏。

（2）时速 200 km 新建车站站台范围内纵向排水槽应优先设于到发线与到发线之间，并采用钢筋预制构件或现场浇筑，并在其间设置适宜的排水系统，困难条件下，纵向排水槽可设于正线与到发线间，且纵向排水槽宜设在同一压实度的路基体上。

（3）土质和软弱岩的排水沟、天沟采用 C30 钢筋混凝土，厚度为 0.15 m，一般按底宽 0.4 m 设计。路堑侧沟采用底宽 0.5 m、深 0.8 m 的矩形侧沟，采用 C30 钢筋混凝土现浇，壁厚 0.2 m、底厚 0.2 m。

（4）沟底纵坡一般不小于 2‰，困难地段不小于 1‰。穿越线路的横向排水设施的坡度不应小于 5‰。

第三节　车站工程设计

因篇幅有限，本节仅以部分中间站为例进行车站工程设计介绍。

一、綦江东站

（一）綦江东站概况

綦江东站新设到发线 6 条（含正线），有效长 880 m，设岛式中间站台 2 座、12 m 宽旅客地道 2 座。车站设综合维修工区牵引变电所、单身宿舍场坪各 1 处；段管线 4 条，其中 2 条有效长为 150 m，两条有效长为 280 m；牵出线 1 条，有效长为 280 m，綦江东站平面设计如图 3-8-1 所示。

綦江东站到发线采用 60 kg/m 无缝线路、1 667 根/km 新Ⅱ型枕、弹条Ⅱ型扣件；靠近正线的安全线采用 50 kg/m 有缝线路、1 440 根/km 新Ⅲ型桥枕、弹条Ⅰ型扣件；其余站线采用 50 kg/m 有缝线路、1 440 根/km 新Ⅱ型枕、弹条Ⅰ型扣件。

渝黔正线道岔采用 60 kg/m 的 18#单开道岔；到发线道岔采用 60 kg/m 的 18#单开道岔，综合维修工区内道岔采用 50 kg/m 的 9#单开道岔。

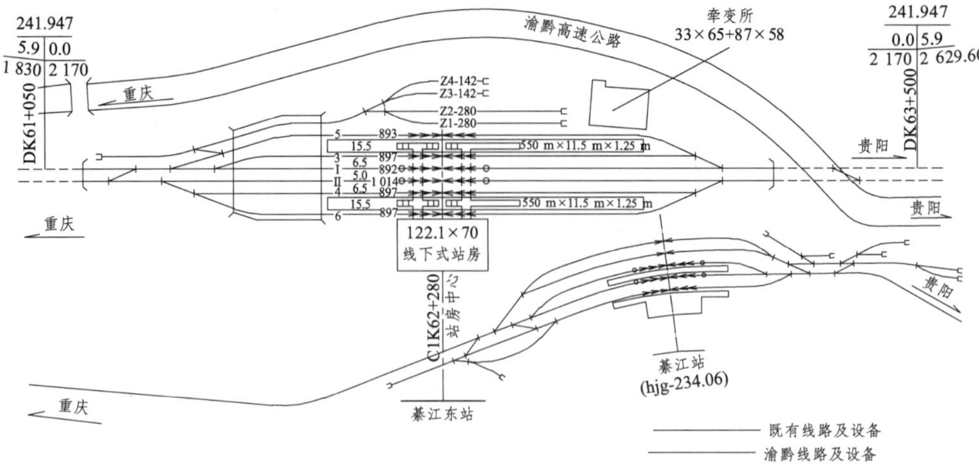

图 3-8-1 綦江东站平面布置

（二）主要工程数量

钢轨：新铺 60 kg/m 钢轨 4.201 km，新铺 50 kg/m 钢轨 1.677 km。

道岔：新铺 60 kg/m 的 18#单开道岔 12 组、50 kg/m 的 12#单开道岔 2 组、50 kg/m 的 9#单开道岔 3 组。

填方 165 303 m^3，挖方 1 294 565 m^3；新征用地 18.21 hm^2，取弃土用地 16.83 hm^2；拆迁房屋 105 308 m^2。

二、赶水东站

（一）赶水东站概况

赶水东站新设到发线 4 条（含正线），有效长 880 m，设侧式中间站台 2 座、宽 8 m 的旅客地道 1 座。车站设生活平台区、公安派出所、配电所、污水处理池场坪各 1 处。

到发线采用 60 kg/m 无缝线路、1 667 根/km 新Ⅱ型枕、弹条Ⅱ型扣件；靠近正线的安全线采用 50 kg/m 有缝线路、1 440 根/km 新Ⅲ型桥枕、弹条Ⅰ型扣件；其余站线采用 50 kg/m 有缝线路、1 440 根/km 新Ⅱ型枕、弹条Ⅰ型扣件。

渝黔正线道岔采用 60 kg/m 的 18#单开道岔，示意赶水东站平面如图 3-8-2 所示。

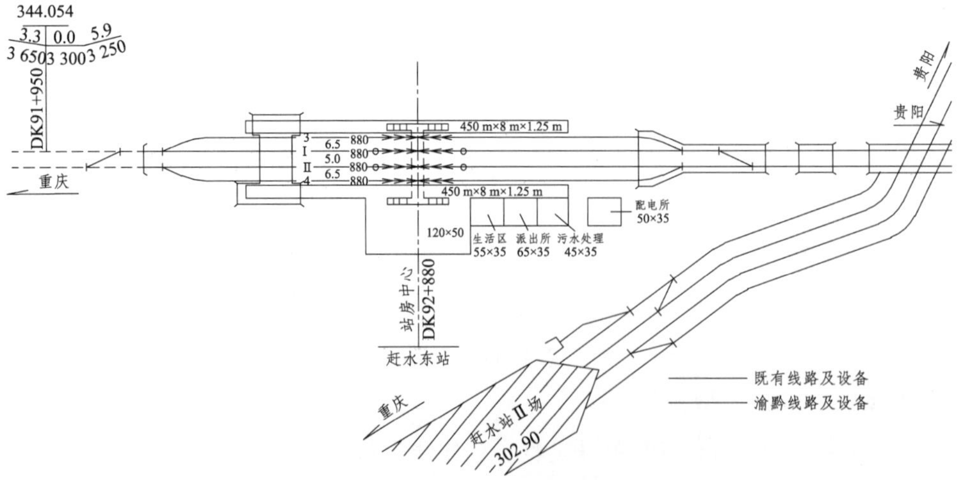

图 3-8-2 赶水东站平面

（二）主要工程数量

钢轨：新铺 60 kg/m 钢轨 1 986 km。

道岔：新铺 60 kg/m 的 18#单开道岔 8 组。

填方 38 666 m^3，挖方 732 050 m^3；新征用地 11.91 hm^2，取弃土用地 3.6 hm^2；拆迁房屋 3 068 m^2。

三、桐梓北站

（一）桐梓北站概况

桐梓北站新设到发线 4 条（含正线），有效长 880 m，设侧式中间站台 2 座、8 m 宽旅客地道 1 座。车站设综合维修工区生活平台区、牵引变电所、净水所、污水处理池场坪各 1 处，其中段管线 4 条，两条有效长 170 m，两条有效长 280 m，牵出线 1 条，有效长 280 m。

到发线采用 60 kg/m 无缝线路、1 667 根/km 新Ⅱ型枕、弹条Ⅱ型扣件；靠近正线的安全线采用 50 kg/m 有缝线路、1 440 根/km 新Ⅲ型桥枕、弹条Ⅰ型扣件；其余站线采用 50 kg/m 有缝线路、1 440 根/km 新Ⅱ型枕、弹条Ⅰ型扣件。

渝黔正线道岔采用 60 kg/m 的 18#单开道岔，到发线道岔采用采用 60 kg/m 的 18#单开道岔，综合维修工区内道岔采用 50 kg/m 的 9#单开道岔。桐梓北站平面如图 3-8-3。

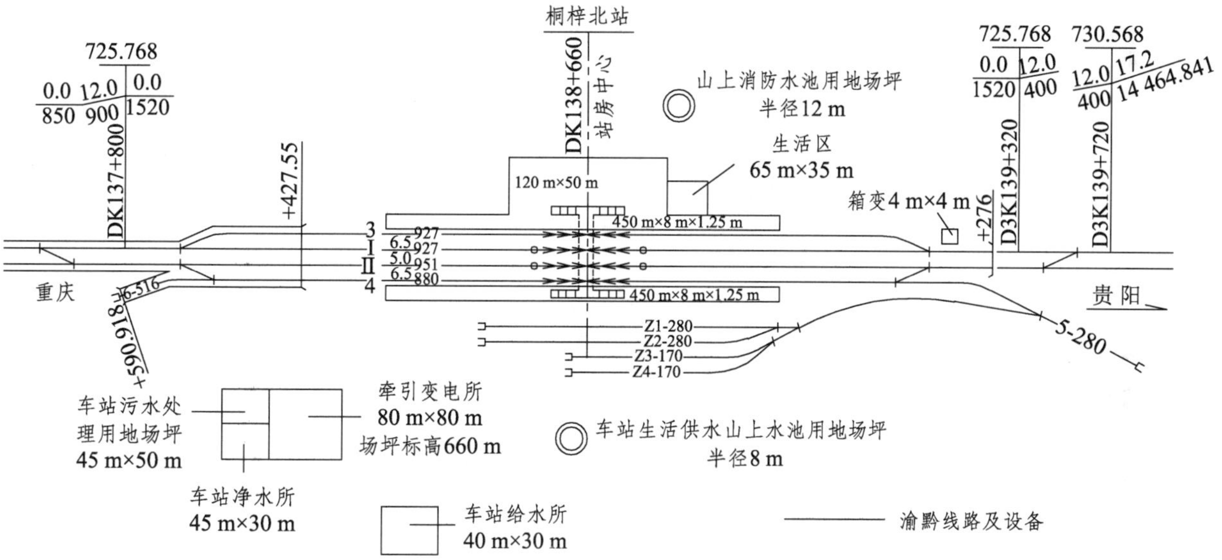

图 3-8-3 桐梓北站平面示意

（二）主要工程数量

钢轨：新铺 60 kg/m 的钢轨 2.235 km，新铺 50 kg/m 的钢轨 1.933 km。

道岔：新铺 60 kg/m 的 18#单开道岔 10 组，50 kg/m 的 9#单开道岔 4 组。

填方 554 670 m^3，挖方 1 374 976 m^3；新征用地 19.38 hm^2，取弃土用地 12.38 hm^2；拆迁房屋 6 486 m^2。

四、桐梓东站

（一）桐梓东站概述

桐梓东站新设到发线 4 条（含正线），有效长 880 m，侧式中间站台 2 座，设 12 m 宽旅客地道 1 座。车站设单身宿舍、公安派出所、配电所、综合办公楼场坪各 1 处。

到发线采用 60 kg/m 无缝线路、1 667 根/km 新Ⅱ型枕、弹条Ⅱ型扣件；靠近正线的安全线采用 50 kg/m 有缝线路、1 440 根/km 新Ⅲ型桥枕、弹条Ⅰ型扣件；其余站线采用 50 kg/m 有缝线路、1 440 根/km 新Ⅱ型枕、弹条Ⅰ型扣件。

渝黔正线道岔采用 60 kg/m 的 18#单开道岔。桐梓东站平面如图 3-8-4 所示。

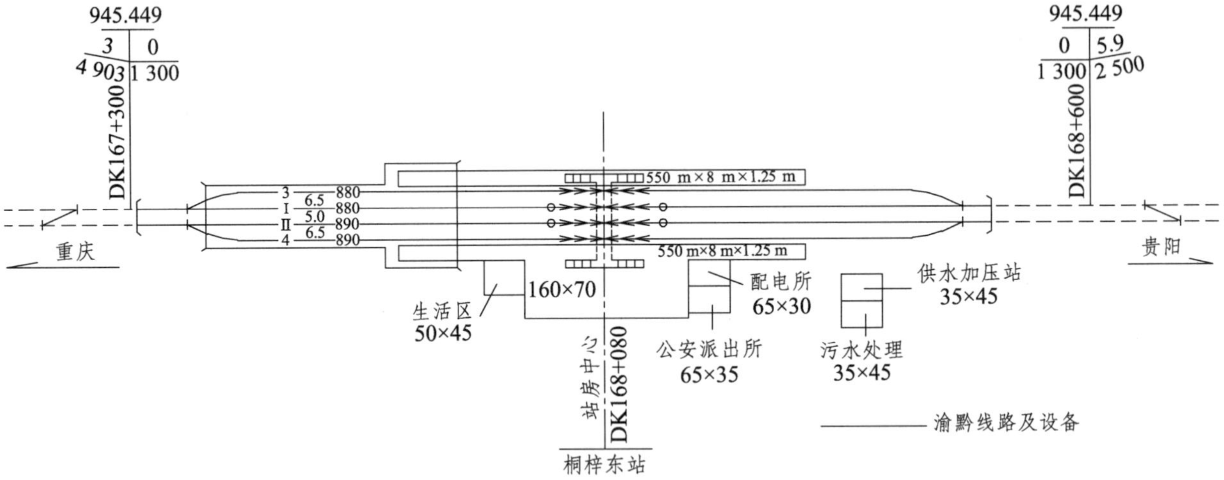

图 3-8-4　桐梓东站平面

（二）主要工程数量

钢轨：新铺 60 kg/m 的钢轨 1.985 km。

道岔：新铺 60 kg/m 的 18#单开道岔 8 组。

填方 251 588 m^3，挖方 453 283 m^3；新征用地 11.15 hm^2，拆迁房屋 22 330 m^2。

五、娄山关南站

（一）娄山关南站概况

娄山关南站新设到发线 4 条（含正线），有效长 880 m，侧式中间站台 2 座，设 8 m 宽旅客地道 1 座。车站设综合维修工区（段管线 4 条，其中条有效长 192 m、两条有效长 280 m；安全线 1 条，有效长 50 m）、生活平台区场坪各 1 处。

到发线采用 60 kg/m 无缝线路、1 667 根/km 新Ⅱ型枕、弹条Ⅱ型扣件；靠近正线的安全线采用 50 kg/m 有缝线路、1 440 根/km 新Ⅲ型桥枕、弹条Ⅰ型扣件；其余站线采用 50 kg/m 有缝线路、1 440 根/km 新Ⅱ型枕、弹条Ⅰ型扣件。

渝黔正线道岔采用 60 kg/m 的 18#单开道岔［图号：客专线（07）004］，到发线道岔采用 60 kg/m 的 18#单开道岔［图号：GLC（07）02］，综合维修工区内道岔采用 50 kg/m 的 9#单开道岔（图号：CZ2209），娄山关南站平面如图 3-8-5 所示。

（二）主要工程数量

钢轨：新铺 60 kg/m 钢轨 1.878 km，新铺 50 kg/m 钢轨 1.092 km。

道岔：新铺 60 kg/m 的 18#单开道岔 9 组，50 kg/m 的 9#单开道岔 3 组。

填方 231 093 m^3，挖方 676 187 m^3；新征用地 17.02 hm^2，取弃土用地 10.47 hm^2；拆迁房屋 10 260 m^2。

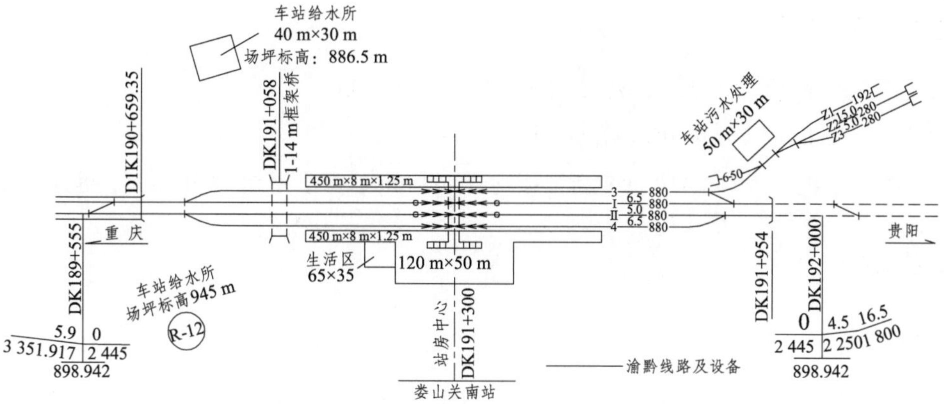

图 3-8-5　娄山关南站平面

六、遵义站

（一）遵义站概况

遵义站总规模按线路别三场分场、到发线 20 条、旅客运站台 8 座，其中渝黔场设 3 台 7 线，川黔普速场设 1 台 4 线，预留攀毕遵黔场 2 台 3 线，预留城际场 2 台 6 线。渝黔线及川黔外迁东移工程遵义站设 550 m × 12 m × 1.25 m 基本站台 1 座、550 m × 11.5 m × 1.25 m 中间站台 3 座、12 m 宽旅客地道及天桥各 1 处。站房场坪按 220 m × 70 m 设于线路西侧靠主城区方向，车站设牵引变电所、公安派出所、通信工区、线路工区、电力工区、生活配套区各 1 处，还建军供站及行车公寓各 1 处。

渝黔场到发线采用 60 kg/m 无缝线路、1 667 根/km Ⅲ$_a$ 型枕、弹条Ⅱ型扣件，机待线采用 50 kg/m 有缝线路、1 440 根/km 新Ⅲ型桥枕、弹条Ⅰ型扣件；正线上道岔采用 60 kg/m 的 18#单开道岔，到发线上道岔采用 60 kg/m 的 18#单开道岔。遵义站平面如图 3-8-6。

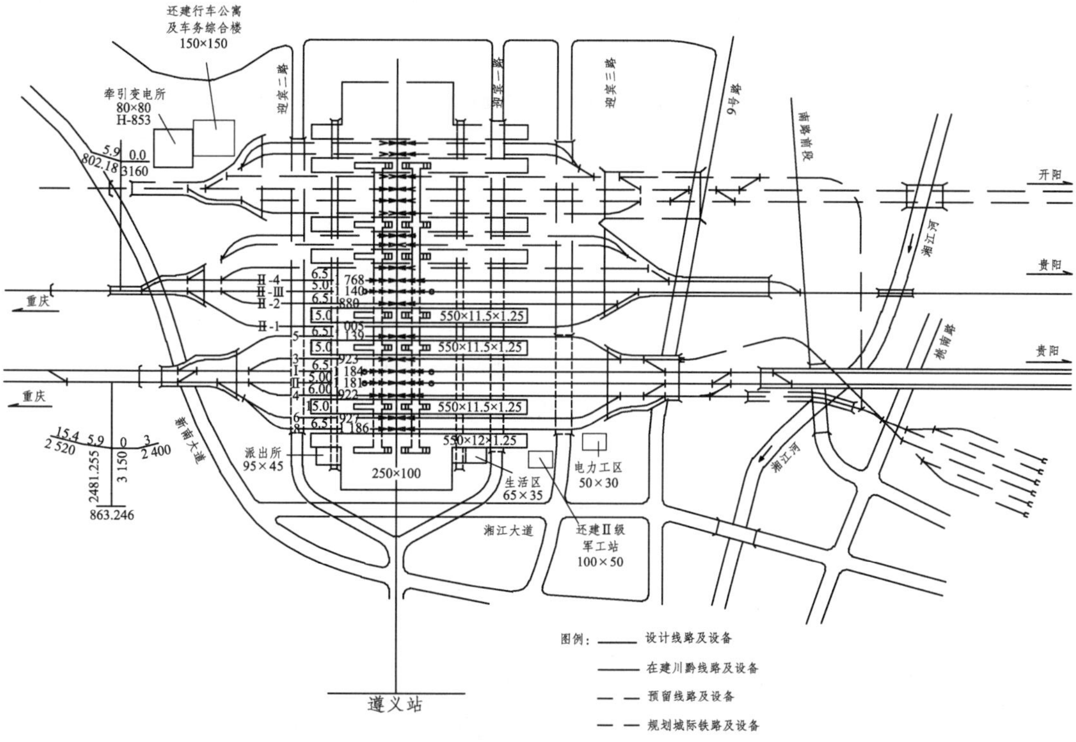

图 3-8-6　遵义站平面

（二）主要工程数量

钢轨：新铺 60 kg/m 钢轨 6.222 km、50 kg/m 钢轨 0.166 km。

道岔：新铺 60 kg/m 的 18#单开道岔 21 组。

填方 768 710 m^3，挖方 3 143 410 m^3；新征用地 30.63 hm^2，弃土用地 16.97 hm^2；拆迁房屋 15 356 m^2。

七、龙坑站

（一）龙坑站概况

龙坑站设到发线 7 条（含渝黔正线 2 条、川黔正线 1 条、川黔疏解线 1 条），有效长 880 m；站房场坪 50 m × 40 m 设于线路左侧，综合维修工区位于车站贵阳端线路右侧，设大机停放线 2 条，电务、工务、接触网轨道车停放线各 1 条、供电抢修线 1 条，牵出线 1 条，如图 3-8-7 所示。

3、4 道到发线采用 60 kg/m 无缝线路、1 667 根/km 新Ⅱ型枕、弹条Ⅱ型扣件，8 道到发线采用 50 kg/m 有缝线路、1 520 根/km 新Ⅱ型枕、弹条Ⅰ型扣件，综合维修工区线及牵出线采用 50 kg/m 有缝线路、1 520 根/km 新Ⅱ型枕、弹条Ⅰ型扣件；渝黔正线道岔采用 60 kg/m 的 18#单开道岔，川黔正线及疏解线上道岔采用 60 kg/m 的 12#单开道岔；3、4 道到发线上与渝黔线衔接的道岔采用 60 kg/m 的 18#单开道岔与川黔衔接的道岔采用 60 kg/m 的 12#单开道岔，8 道到发线上与川黔疏解线衔接道岔采用 50 kg/m 的 12#单开道岔，综合维修工区内道岔采用 50 kg/m 的 9#单开道岔。

（二）主要工程数量

铺轨：新铺 60 kg/m 钢轨 2.413 km、50 kg/m 钢轨 3.43 km。

铺道岔：新铺 60 kg/m 的 18#单开道岔 16 组、60 kg/m 的 12#单开道岔 9 组、50 kg/m 的 12#单开道岔 2 组、50 kg/m 的 9#单开道岔 6 组。

填方 797 873 m^3，挖方 505 687 m^3；新征用地 15.65 hm^2，取弃土用地 13.4 hm^2；拆迁房屋 6 455 m^2。

八、遵义南站

（一）遵义南站概况

遵义南站设到发线 4 条（含 2 条正线），有效长 880 m；设基本站台、中间站台各 1 座（550 m × 8 m × 1.25 m），站房场坪 134.4 m × 61 m，设 8 m 宽旅客地道 1 处，设安全线 1 条，如图 3-8-8 所示。

到发线采用 60 kg/m 无缝线路、1 667 根/km 的Ⅲa 型枕、弹条Ⅱ型扣件，安全线采用 50 kg/m 有缝线路、1 440 根/km 新Ⅲ型桥枕、弹条Ⅰ型扣件；正线道岔采用 60 kg/m 的 18#单开道岔［图号：客专线（07）004］，到发线上道岔采用 60 kg/m 的 18#单开道岔［图号：GLC（07）02］。

（二）主要工程数量

铺轨：新铺 60 kg/m 的钢轨 2.04 km。

道岔：新铺 60 kg/m 的 18#单开道岔 9 组。

填方 209 299 m^3，挖方 221 639 m^3；新征用地 8.25 hm^2，取弃土用地 1.29 hm^2；拆迁房屋 3 476 m^2。

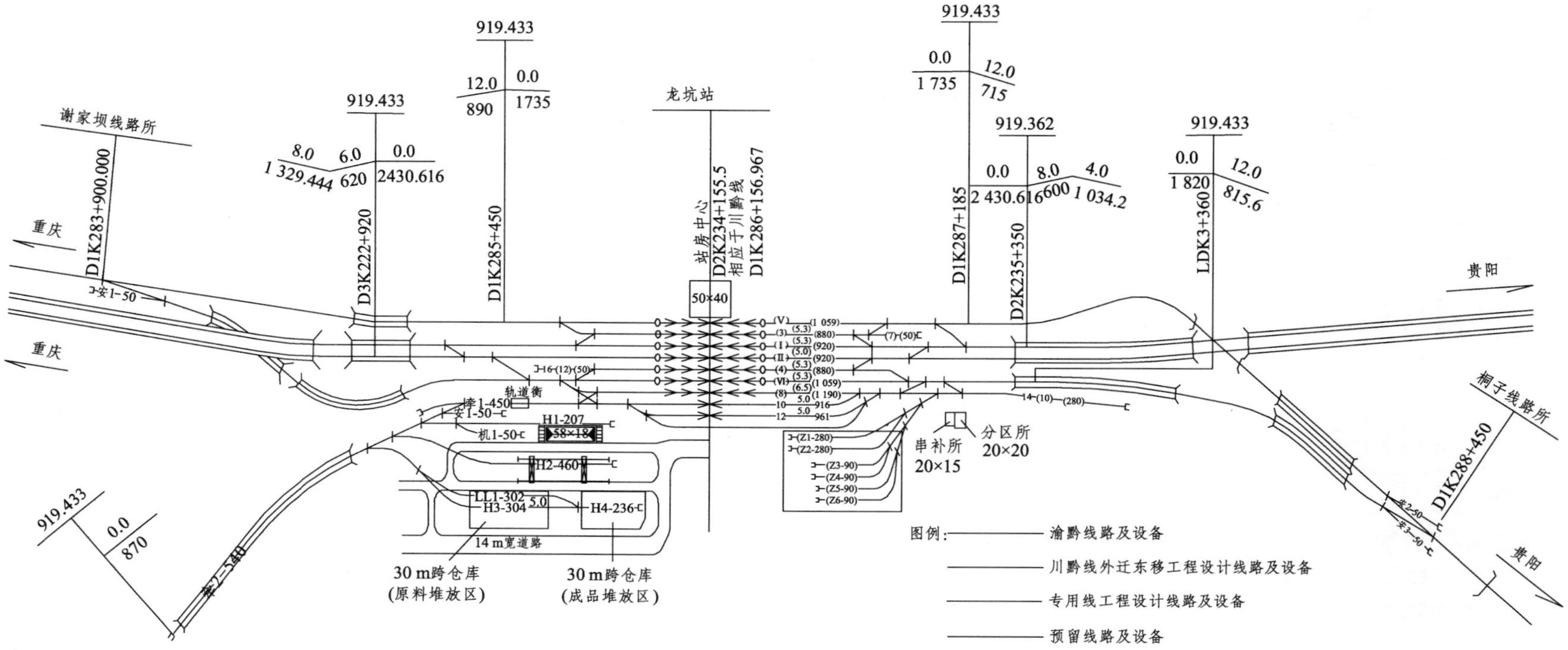
谢家坝线路所
D1K283+900.000
重庆
重庆
919.433
8.0
1 329.444
6.0
620
0.0
2430.616
D3K222+920
919.433
12.0
890
0.0
1735
D1K285+450
龙坑站
站房中心
D2K234+155.5
相应于川黔线
D1K286+156.967
50×40
919.433
0.0
1 735
12.0
715
D1K287+185
919.362
0.0
2 430.616
8.0
600
4.0
1 034.2
D2K235+350
919.433
0.0
1 820
12.0
815.6
LDK3+360
贵阳
桐子线路所
D1K288+450
贵阳
轨道衡
H1-207
58×18
H2-460
LL1-302
H3-304
5.0
H4-236
14 m宽道路
30 m跨仓库
(原料堆放区)
30 m跨仓库
(成品堆放区)
串补所
20×15
分区所
20×20
919.433
0.0
870
图例:
渝黔线路及设备
川黔线外迁东移工程设计线路及设备
专用线工程设计线路及设备
预留线路及设备

图 3-8-7　龙坑站平面

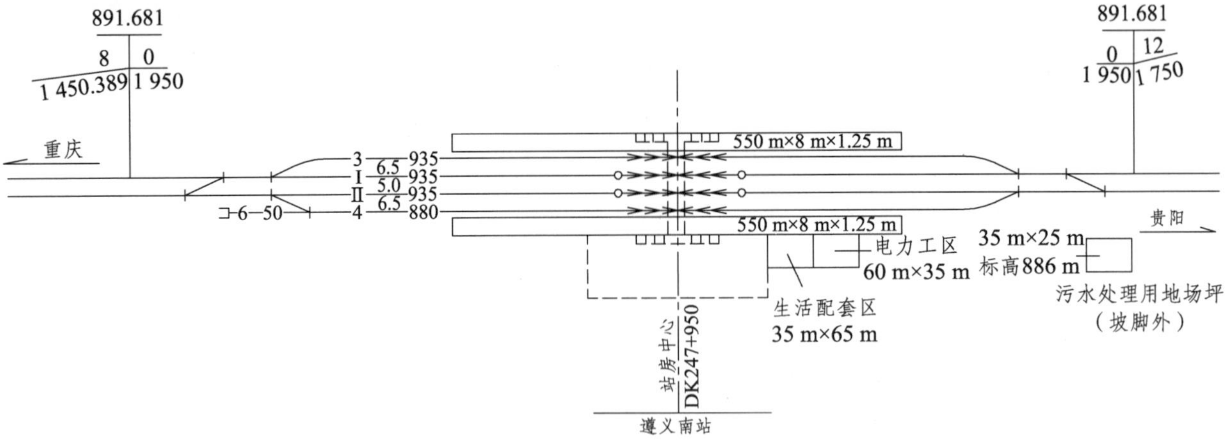

图 3-8-8 遵义南站平面示意

九、息烽站

（一）息烽概况

新建双线由既有线东侧引入，并站分场设高速车场。受渝黔新双线贵阳端水位控制，新建高速车场标高 1 093.78 m，较既有息烽站高约 5 m。

息烽站新设到发线 4 条（含正线），有效长 880 m，侧式中间站台 2 座。位于新建车场东侧站台按 550 m × 8 m × 1.25 m 设置，新建车场与既有车场间站台按 550 m × 11 m × 1.25 m 设置，采用 2 台夹 4 线布置，站房场坪按 121.8 m × 36.9 m 设于既有线路西侧，既有基本站台按 550 m × 6 m × 0.3 m 改造，改造既有站房，设 12 m 宽旅客地道 1 座连接既有基本站台和新建站台。车站设综合维修工区、牵引变电所、公安派出所及生活平台区各 1 处。新建综合维修工区、还建接触网工区及工务工区合建设于高速场与既有线之间，并分别设联络线与既有车场原工区牵出线和新建车场 II-4 道连接。还建牵引变电所与新建牵引变电所合建于高速车场重庆端东侧。设安全线 2 条。

到发线采用 60 kg/m 无缝线路、1 667 根/km 新Ⅱ型枕、弹条Ⅱ型扣件；靠近正线的安全线采用 50 kg/m 有缝线路、1 440 根/km 新Ⅲ型桥枕、弹条Ⅰ型扣件；其余站线采用 50 kg/m 有缝线路、1 440 根/km 新Ⅱ型枕、弹条Ⅰ型扣件。

渝黔正线道岔采用 60 kg/m 的 18#单开道岔，到发线道岔采用 60 kg/m 的 18#单开道岔，综合维修工区内道岔采用 50 kg/m 的 9#单开道岔。息烽站平面示意见图 3-8-9。

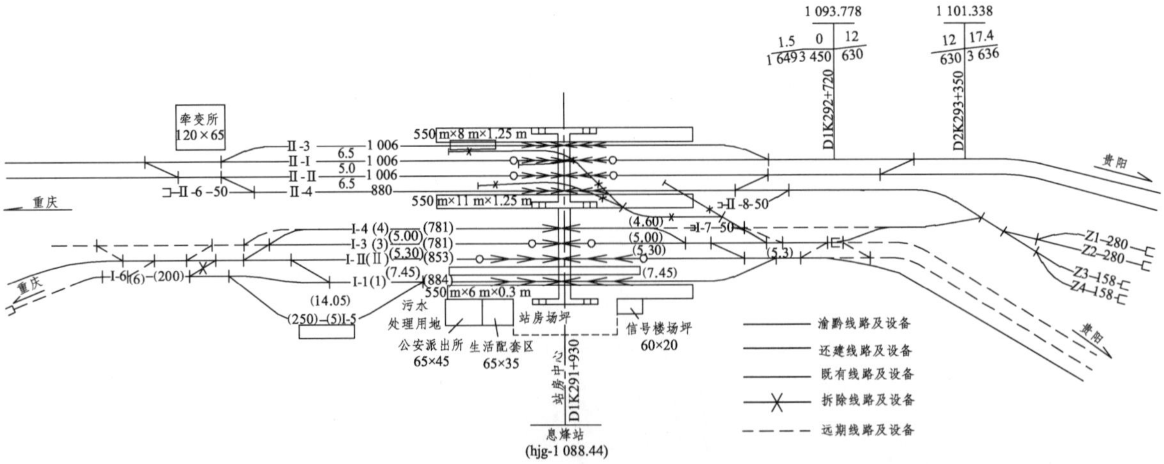

图 3-8-9 息烽站平面示意

（二）主要工程数量

铺轨：新铺 60 kg/m 的钢轨 2.163 km，新铺 50 kg/m 钢轨 2.452 km；

铺道岔：新铺 60 kg/m 的 18#单开道岔 10 组，50 kg/m 的 9#单开道岔 5 组；

填方 397 515 m^3，挖方 1 451 126 m^3；新征用地 17.68 hm^2，回收用地 1.67 hm^2，取弃土用地 11.8 hm^2；拆迁房屋 83 166 m^2。

十、修文县站

（一）修文县站概况

修文县站设到发线 4 条（含 2 条正线），有效长 880 m；设基本站台、中间站台各 1 座（550 m × 8 m × 1.25 m），站房场坪 130 m × 35 m，设 8 m 宽的旅客地道 1 处，设安全线 1 条。

到发线采用 60 kg/m 无缝线路、1 667 根/km 的Ⅲ$_a$型枕、弹条Ⅱ型扣件，安全线采用 50 kg/m 有缝线路、1 440 根/km 新Ⅲ型桥枕、弹条Ⅰ型扣件；正线道岔采用 60 kg/m 的 18#单开道岔，到发线上道岔采用 60 kg/m 的 18#单开道岔。修文县站平面示意见图 3-8-10。

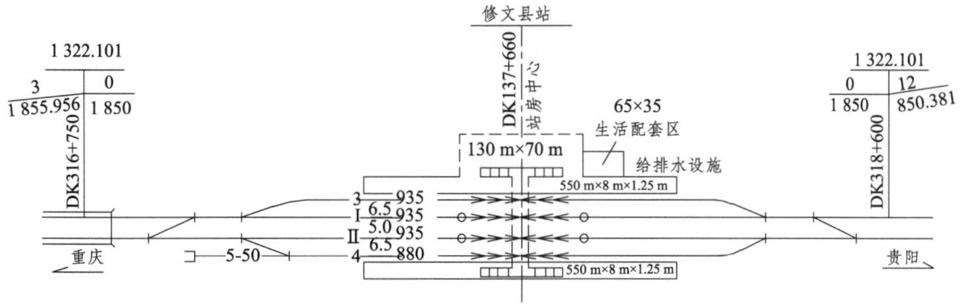

图 3-8-10　修文县站平面示意

（二）主要工程数量

铺轨：新铺 60 kg/m 的钢轨 2.04 km。

道岔：新铺 60 kg/m 的 18#单开道岔 9 组。

填方 222 839 m^3，挖方 144 280 m^3；新征用地 11.13 hm^2，取弃土用地 1.33 hm^2；拆迁房屋 2 811 m^2。

第四节　引入枢纽工程设计

一、重庆枢纽

（一）城市总体规划发展

重庆市道路交通规划计划要逐步形成“二环十射”的高速公路网和“五横六纵一环七联络”的城市骨干道路网。现有重庆枢纽衔接渝黔、成渝、襄渝、渝怀、遂渝五条电气化铁路干线，均为单线，另有梨菜联络线、中梁山支线、西铜便线。整体布局导致重庆枢纽存在以下问题：

（1）南北方向直通客车无论在重庆北站还是重庆站作业，均需折角运行，径路不顺。

（2）部分区间通过能力不足，线路标准低，客货共线运行、交叉干扰大，运输质量不高。

（3）随着引入线路的增加和既有线扩能改造，枢纽客运量大幅增长，客运系统能力不能满足需要。

（4）货运系统与重庆产业布局规划不适应。

故为解决上述问题，经多方比选和原铁道部审批意见，进行重庆枢纽总图规划研究，设计出重庆枢纽方案，进一步完善了枢纽总图。重庆枢纽平面布置示意如图 3-8-11 所示。

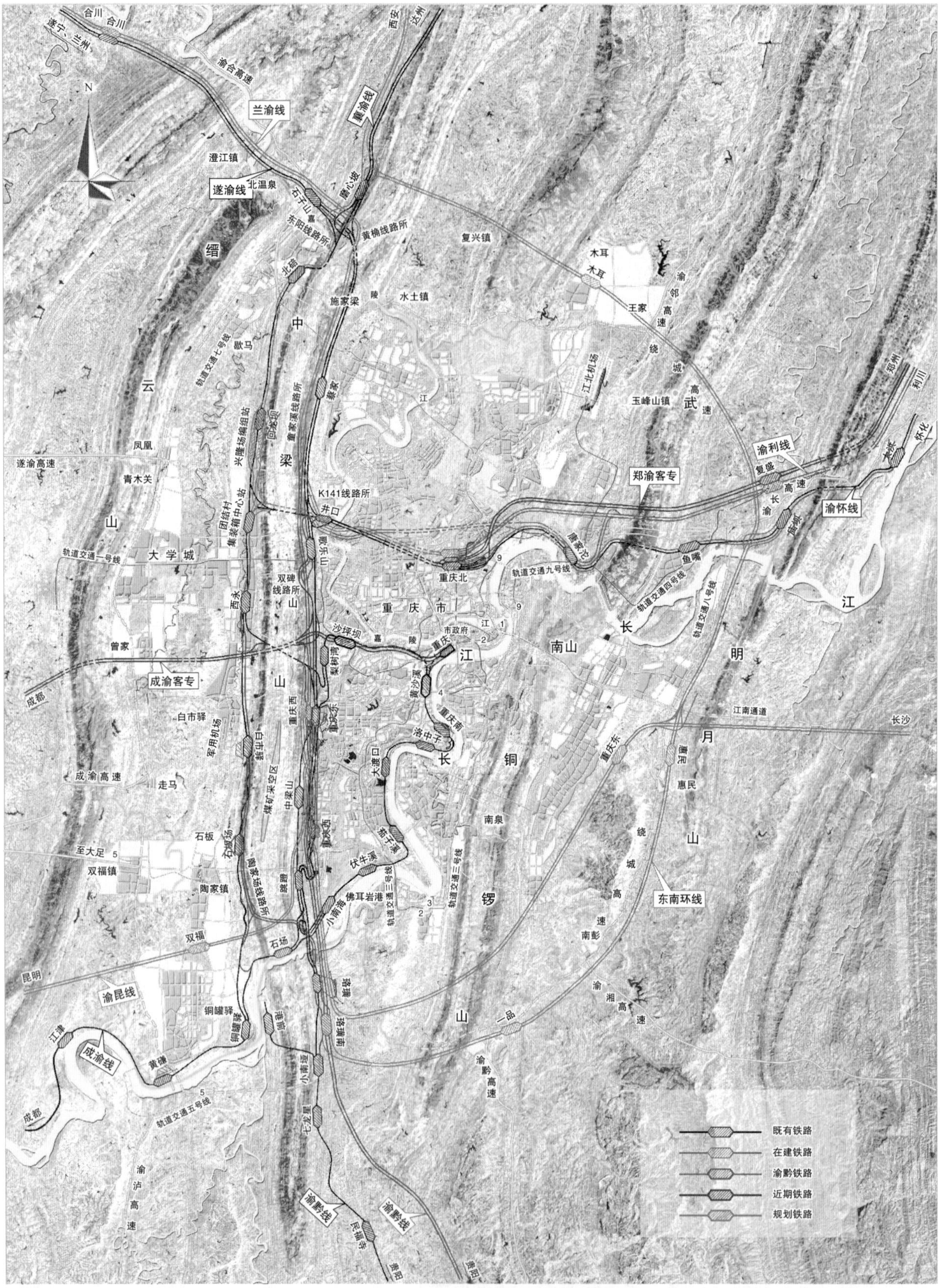

图 3-8-11　重庆铁路枢纽总平面布置

（二）选用方案说明

1. 重庆西客运站

重庆西客运站在原重庆东货运站址新建，充分利用重庆东站既有场坪，尽量靠山布置，留出城区一侧建设站房及站前广场。车辆设备利用既有重庆西编组站搬迁后空置场坪，机务利用既有重庆西机务段。国家粮库及商专线由于不影响客站布置，且搬迁工程大，予以保留，利用中梁山支线供其取送车作业。站房同侧的危险品专用线和对侧的石油专用线，由于受车站布置方案的限制及安全考虑，专用线将拆除还建。

重庆西客运站近期设 11 个站台、到发线 25 条（含正线 4 条），从东至西布置办理既有成渝、襄渝等客车作业场（预留渝昆引入条件），设 5 个站台、到发线 11 条（含正线）；办理渝黔及兰渝客车作业场，设 6 个站台、到发线 14 条（含正线）。靠山侧预留渝长场 4 个站台及相应到发线的场地条件。基本站台采用 550 m×20 m×1.25 m，中间站台采用 550 m×11.5 m×1.25 m。近期先实施站房侧二个车场站前及站后工程。预留渝长场站台范围内土石方程与相邻车场一并实施。考虑近期渝黔场办理始发普速客车较多，利用预留线位设置机走线 1 条，兰州端设置机待线。重庆西站集中设置 1 个广场，站房按高架候车室布置，最高聚集人数 15 000 人。既有重庆西编组站车场改为动车组运用所及普速客车整备场，并与车站之间设 4 条走行线，分别引入重庆西站各车场，近期实施 3 条，预留 1 条，见图 3-8-12。

2. 中间站设计

珞璜南站为新建中间站，设到发线 8 条（含正线），设 550 m×11.5 m×1.25 m 岛式中间站台 2 座，正线不靠站台，设地道 2 座，分区所 1 处。重庆端设上下行货车联络线连接珞璜站，贵阳端设一条客车联络线连接小南垭站。

3. 越行站设计

歌乐山站设计为越行站，车站为 4 条正线的布置形式。北端 1 个方向往井口站、1 个方向往蔡家站；南端 1 个方向往重庆西站、1 个方向往成都。该站可以实现南北方向间以及东西方向间各线列车按列车种类别以及线路别疏解，南北方向客车进入重庆西站各场，东西方向客车进入重庆北站各场，车站到发线有效长度按 650 m 设计。

4. 引入线路设计

渝利线从东侧引入新建重庆北站及重庆北货车外绕线。兰渝线从枢纽西北侧沿遂渝通道引入，新建客车双线接入重庆北站，货车通道沿既有襄渝线增建二线至团结村，于既有回龙坝站附近新建兴隆场编组站，从兴隆场至井口嘉陵江桥东端新建货车线。成渝城际从枢纽西侧引入，经沙坪坝接入重庆站，设联络线贯通歌乐山方向，设联络线接入重庆西站设城际场。渝万城际从枢纽东北侧引入重庆北站，新建城际场。规划渝昆线从枢纽西南侧引入重庆西站，渝长（沙）线从枢纽南侧引入重庆西站。

二、贵阳枢纽

（一）城市总体发展规划

按照贵阳市城镇体系规划，将以贵阳主城区（两大片区）为核心，沿贵黄、贵遵、贵毕等高等级公路的城镇密集发展带为城市的主要发展走廊，形成多条合纵交通轴线为基本依托的市域城镇“轴带”空间发展结构。分析现有贵阳枢纽与发展规划，存在的问题如下：

（1）枢纽货运系统点线能力不协调：贵阳南编组站改扩建工程的实施虽能有效解决枢纽点的问题，但枢纽内部分线路技术标准低，区间通过能力紧张，特别是枢纽内渝黔方向客货列车共线运行，且为单线铁路，交叉干扰严重，区间运行能力紧张。改进运输组织措施不足以缓解运能紧张状态。

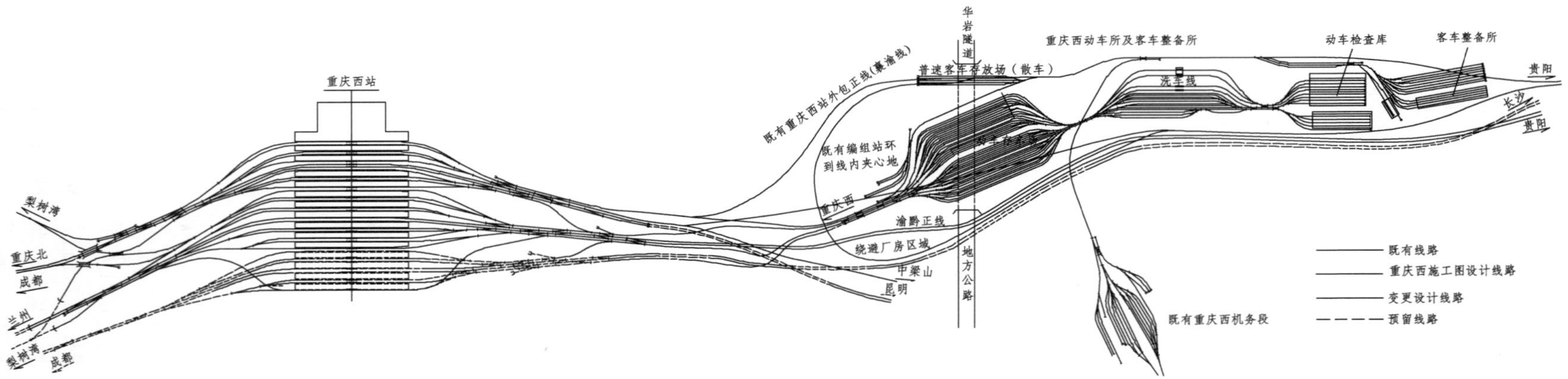

图 3-8-12　重庆西站示意

（2）枢纽衔接的既有线路均未贯通开行双层集装箱列车条件。

为促进城市发展，结合沿线城市规划、经济据点分布，考虑线路顺直、工程地质条件、既有铁路现状等因素，进行了系统研究、比选，设计出贵阳枢纽布置。贵阳枢纽平面布置示意如图 3-8-13 所示。

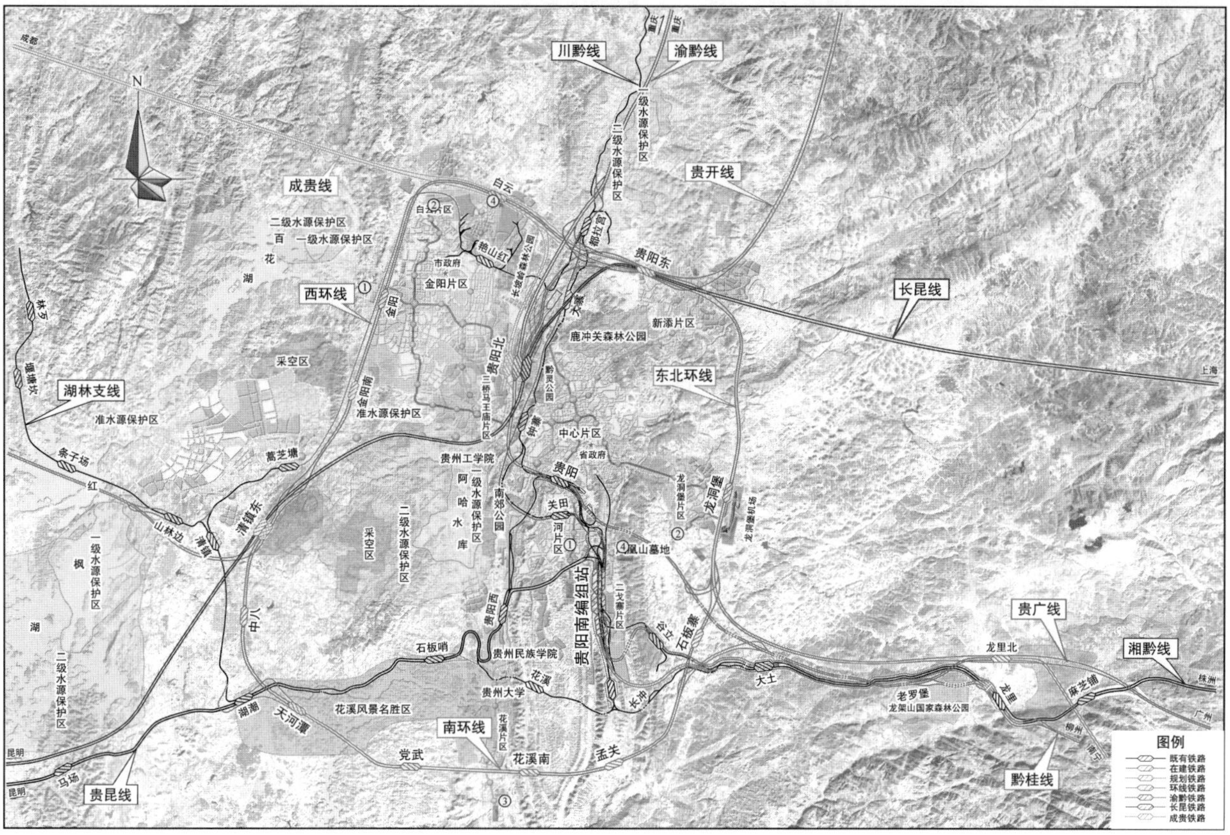

图 3-8-13　贵阳枢纽平面布置

（二）选用方案说明

1. 贵阳北站

枢纽内新建大型客运站，为贵广、渝黔、长昆、成贵快速铁路通道及贵阳—开阳城际铁路的交汇点。沪昆线作为贯通正线，成贵、渝黔及贵开联络线从车站北端引入，其中本线在车站北端贯通贵广线贵阳北—贵阳联络线引出车站。

车站采用横列式布置，总规模 15 台 32 线 28 个站台面，自西向东分别为成贵（Ⅰ场）、渝黔—贵广（Ⅱ场）及沪昆（Ⅲ场）。Ⅰ场设 6 线 6 站台面，主要办理成都方向始发终到及成都—广州通过旅客列车作业；Ⅱ场设 14 线 12 站台面，主要办理重庆、成都—广州方向间旅客列车通过作业，以及重庆、广州、开阳方向旅客列车始发终到作业；Ⅲ场设 12 线 12 站台面，主要办理沪昆客车作业。除沪昆、贵广正线按两台夹四线外均按两台夹二线布置。

车站设东、西两处站房，西站房为主站房，采用高架候车厅，设 60 m 宽东西向地下出站通道 1 座。西侧设 450 m × 18 m × 1.25 m 基本站台 1 座，东侧设 450 m × 11.5 m × 1.25 m 侧式站台 1 座，设 450 m × 11.5 m × 1.25 m 中间站台 7 座、550 m × 11.5 m × 1.25 m 中间站台 6 座；设与 450 m 站台等长的无站台柱雨棚。

在车站北端新建动车运用所接入本站，综合维修工区与动车运用所Ⅰ场并置，如图 3-8-14 所示。

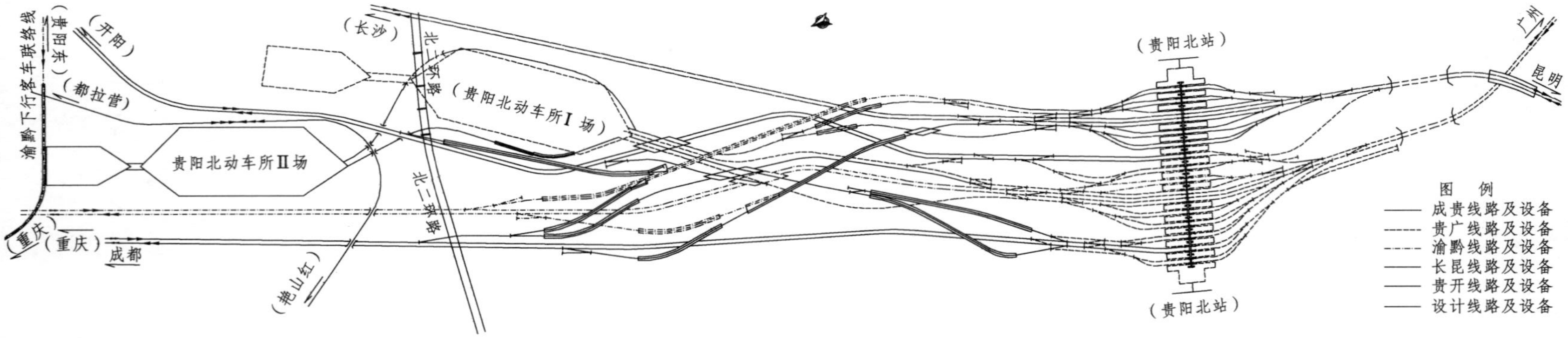

图 3-8-14　贵阳北站设计平面

2. 都拉营站设计

本次设计不增加到发线，仅考虑联络线引入后改建咽喉并延长到发线有效长至 880 m，调整专用线接轨线路，还建牵出线 1 条，有效长 450 m，延长既有牵出线 1 条，有效长 250 m。既有车站设于 2.2（2.6）‰下坡道上，不满足规范要求，改建时将两端咽喉设于 2.4（5.4）‰的坡道上，到发线有效长范围设于 1‰的坡道上，车站抬道 0.1 ~ 1.0 m，车站设计高程约 1 128 m，如图 3-8-15 所示。

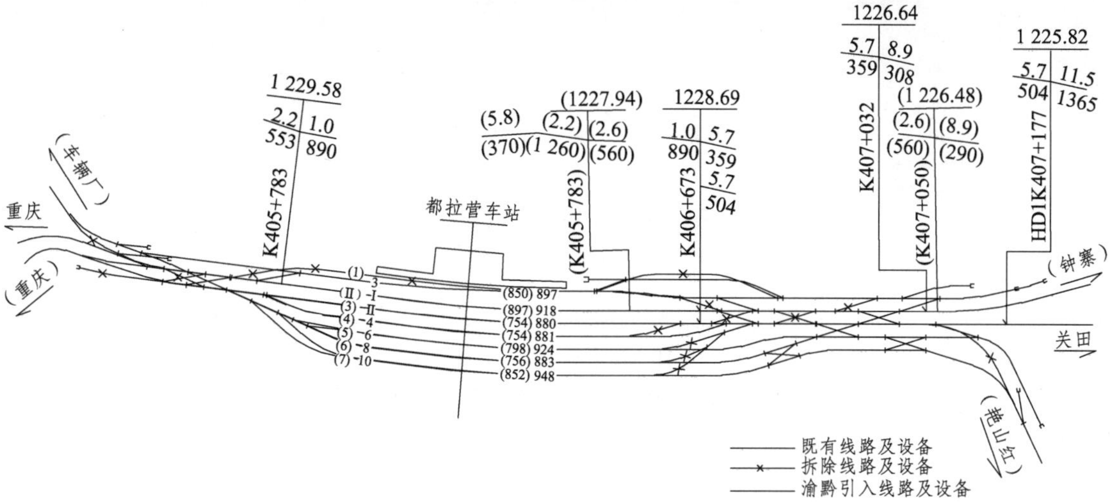

图 3-8-15　都拉营站设计平面

3. 中寨站设计

既有川黔线增建二线，占用车站 4 道，但不引入既有站。拆除既有 4 道及连接道岔，改建既有中寨站两端咽喉。中寨站设计平面如图 3-8-16 所示。

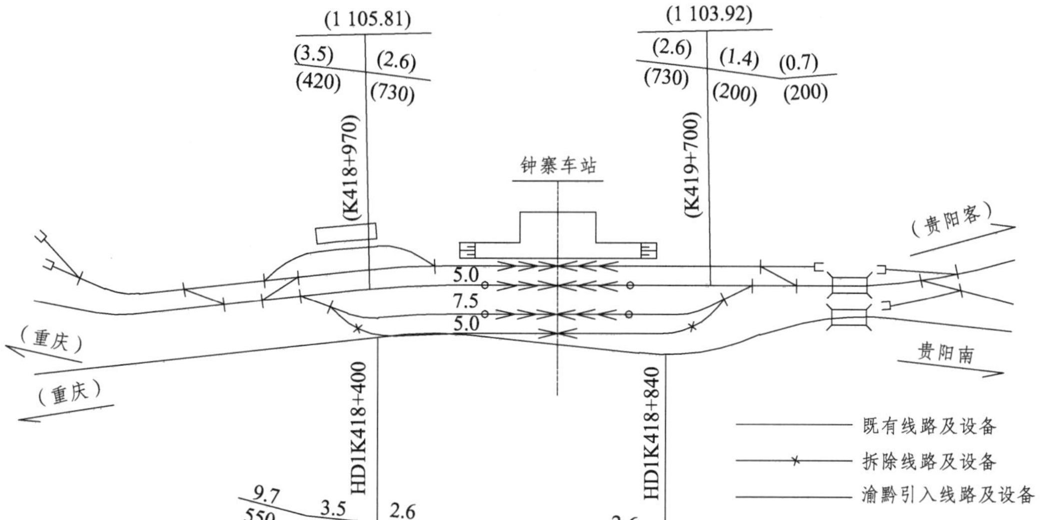

图 3-8-16　中寨站平面设计

4. 关田站设计

重庆端新建单线由既有安全线位置引入车站，改建车站重庆端咽喉。车站内设到发线 3 条（含正线 2 条），有效长 880 m，车站内设 20 m×10 m 分区所一处。关田站设计平面如图 3-8-17 所示。

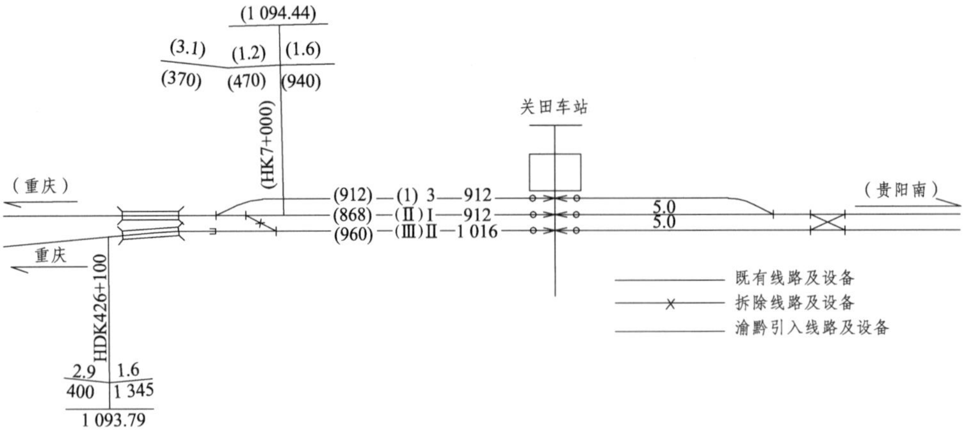

图 3-8-17　关田站设计平面

5. 线路所设计

朱劳线路所：内都拉营北端增建二线侧向接入川黔线，设安全线 1 条。D4K332 + 500 线路所：设渝黔线货车疏解下线，设安全线 1 条。LJDK1 + 500 线路所：渝黔线下行货车联络线与都拉营北端增建二线接轨，设安全线 2 条。K404 + 800 线路所：渝黔线上行货车联络线与川黔线接轨，设安全线 1 条。长田湾、冷水线路所：渝黔线北东向客车疏解下线，设安全线 1 条。马夫田线路所：渝黔线北东向客车联络线与成贵线接轨，设安全线 1 条。

6. 联络线、疏解线设计

1）货车联络线及都拉营北端增建二线

在 D4K332 + 400 设线路所，引出货车联络线，在都拉营车站北端既有线结合渝黔货车联络线局部增建二线，于既有线左侧引入都拉营车站，增二线与既有线在进站端曲线换侧，出站后在既有线右侧增建第二线引出经中寨站后引入关田车站。

2）客车联络线

为满足重庆方向与长沙、广州、南宁方向交流，设北东向客车联络线，客车联络线与成贵正线接轨。

第五节　接轨站施工过渡设计

本线与既有线接轨的施工过渡设计集中在都拉营站，示意见图 3-8-18 和图 3-8-19。具体接轨设计如下：

（1）施工与行车无干扰的两端咽喉区改扩建路基、到发线延长部分和牵出线、安全线路基工程，以及涵洞接长、改扩建工程。

（2）停运 4 ~ 7 线，保留 1 ~ 3 线运营，铺设艳山红支线新增安全线工程，同时施工改建 5 ~ 7 线线下路基工程（包括 4 道右侧路基工程）。

（3）预铺与既有线路运营无干扰的到发线延长部分和咽喉区改扩建部分股道、岔区，贵阳端咽喉（咽喉抬道按照请点分步实施）并插铺施工便线部分道岔及钢轨，同时铺设艳山红支线改扩建衔接段落，为开通车站对侧 5 ~ 7 线做好准备；重庆端线路拨接和请点铺设正线上道岔，重庆端既有正线模边，铺设车辆厂专用线衔接条件线路，同时预留二线接入接口；开通车站 5 ~ 1 线运行，其中固定 5 ~ 7 线在车站两端咽喉区复式交分为侧向接入或为减少交叉干扰。

（4）封闭施工 1 ~ 4 线线下路基工程、1 站台、货车线及货物站台设施施工，拨接车辆厂专用线，重庆端咽喉拨接、贵阳端道岔群、铺设既有正线、新增二线工程和货物线轨道工程，两端留好正线接入，开通 1 ~ 4 线和货物线。

（5）施工接触网工区线、牵出线等相关工程按相关要求设计。

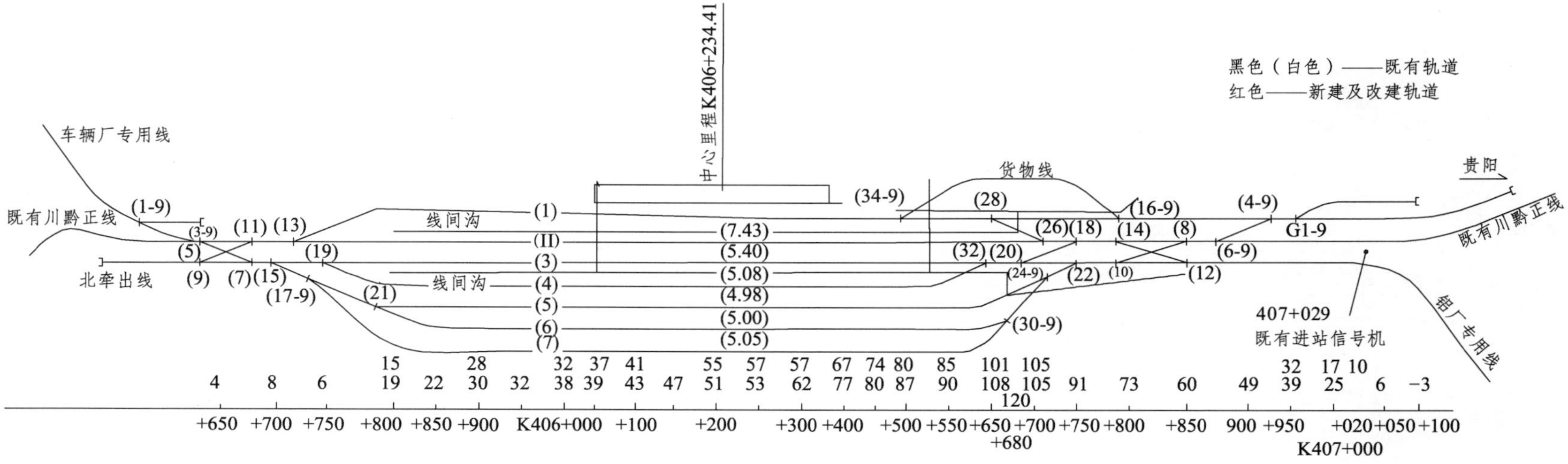

图 3-8-18　都拉营站接轨设计站改前平面示意

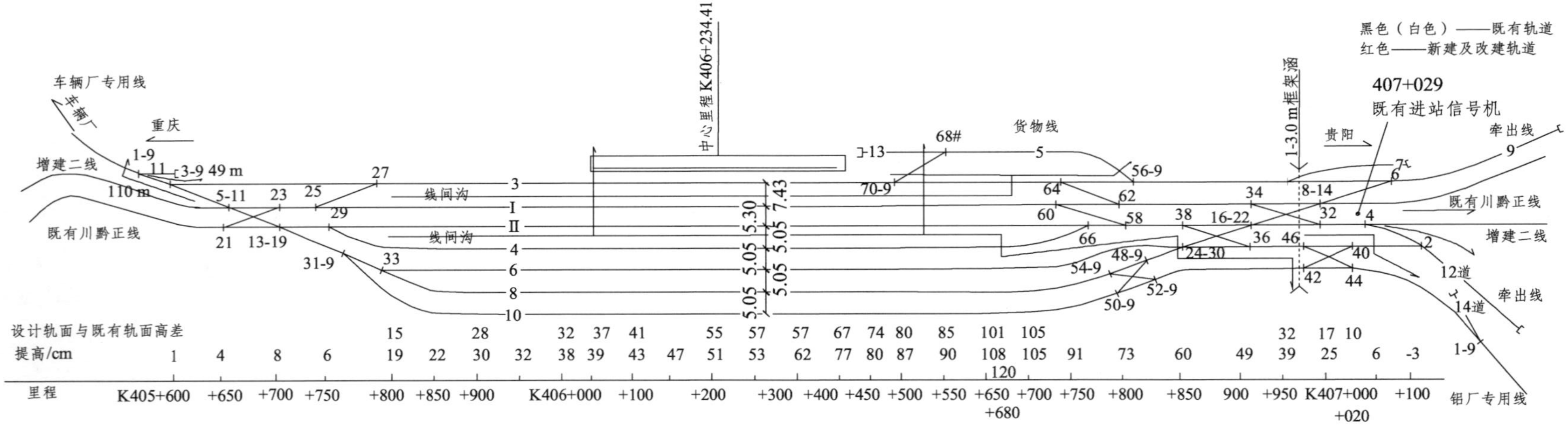

图 3-8-19　都拉营站接轨设计站改后平面示意

第六节　动车整备基地设计

一、重庆西动车运用所

（一）重庆西动车运用所概况

重庆西动车运用所的动车存车线 34 条（其中兼人工补洗线 3 条），预留 24 条；外皮洗刷线 2 条，临修线、不落轮镟线各 1 条。客车整备所设客车整备线 8 条（其中 4 线设棚）预留 7 条。车底停留线 4 条、预留 4 条，临修线及不落轮镟线各 1 条，车底交换线 3 条，备用车存放线 5 条。

新铺 60 kg/m 的钢轨共 1.034 km，新铺 50 kg/m 钢轨共 20.232 km，共计 21.266 km。新铺 60 kg/m 的 12 号单开道岔（SC330）共 9 组，新铺 50 kg/m 的 12 号单开道岔（专线 4257）共 31 组，新铺 50 kg/m 的 9 号单开道岔（CZ2209）共 47 组，新铺 50 kg/m 的 9 号交叉渡线（CZ2210）共 2 组，新铺 50 kg/m 的 12 号交叉渡线（专线 7659）共 2 组。

填方 816 175 m^3，挖方 578 867 m^3；新征用地 6.11 hm^2，回收用地 4.92 hm^2。

（二）总平面布置

在动车存车场南侧设尽头式客车整备场，在整备场咽喉处西侧设临修线及不落轮镟库。整备场由客车车底交换线接入。在动车存车场东北侧设置了存车场，并预留了客车整备线及车底停留线。办公、生活区位于整备场西侧，并设通所道路 1 条，为重庆西动车存车场及客整所的主通道。

1. 客车整备线及客车底停留线

新建客车整备线 8 条（K1 ~ K8），整备线上设壁式检查坑，以轨顶面标高为 ± 0.00 m，检查坑长 × 宽 × 深为 509 m × 1.1 m × 1.4 m。检查坑每隔 54 m 设横向通过踏步。其中 K1 ~ K4 线设整备棚，线间距均为 6 m，K1、K4 线距侧墙轴线均为 4.5 m，新建客车整备棚及边跨 1 幢，轴线尺寸为 522 m × 27 m + 300 m × 9 m。以库内轨顶面标高为 ± 0.00 m，整备棚及边跨室内低地面标高为 – 0.3 m。边跨内设车电检修、机械钳工、木工、备品配件、地面电源等用房。整备棚内设车顶作业平台（走行面标高 + 3.80 m）。K5 ~ K8 线为室外整备线，除 K6、K7 线间距为 6.5 m 外，其余线间距均为 6 m。

新建客车车底停留线 4 条（K9 ~ K12），除 K10、K11 线间距为 6.5 m 外，其余线间距均为 6 m。

整备线和车底停留线均设置上水、试风和地面电源等设施。每两股道之间每隔 53 m 设置压缩空气管道接头、地面电源箱。

2. 临修线及不落轮镟线

新建临修线及不落轮镟线各 1 条（L1、L2），线间距 9 m，新建临修棚及边跨 1 幢，轴线尺寸为 66 m ×（18 m + 6 m），以库内轨顶面标高为 ± 0.00 m，临修线及不落轮镟库室内地面标高为 – 0.01 m；库内紧邻临修线设有 1 个钢结构的顶层（走行面标高 + 3.80 m）检查平台。临修线上设有 1 台转向架（轮对）更换装置及 1 条检查地沟。设电动落轮机、电动架车机和不落轮车轮车床、10 t 电动双梁桥式起重机等设备。

3. 车底交换线和备用车存放线

新建车底交换线 3 条（K13 ~ K15），线间距均为 6 m。在 K13 与 K14 线之间、K15 线外侧设客车上水、卸污设备。

新建备用车存放线 5 条（KC1 ~ KC5），线间距均为 5 m。

二、遵义动车存车场

遵义动车存车场设动车存车线 2 条，股道间距按 6.0 m 设计，其间设给水设备。预留动车存车线 3 条、动货线 2 条、转场线 1 条。

新铺 60 kg/m 钢轨共 0.915 km，新铺 50 kg/m 钢轨共 1.587 km，共计 2.502 km。填方 471 217 m^3，挖方 779 971 m^3，新征用地 39.49 hm^2，临时用地 2.07 hm^2，拆迁 44 850 m^2。

设生产综合楼 1 栋 1 089 m^2，生活综合楼 1 栋 656 m^2，直放站 1 处 10 m^2，门卫室 1 处 46 m^2，消防泵间 1 处 63 m^2，污水处理间 1 处 138 m^2，污水处理棚 1 处 60 m^2，合计 2 062 m^2。

第七节　主要客运设备配置

新建中间站的旅客运站台一般采用两台夹四线布置形式，基本站台及中间站台长度均为 550 m，站台面距轨面高度为 1.25 m，与相邻线路间距为 1.75 m。站台雨棚长度一般采用 450 m。

跨线设备主要是新建办理客运作业的车站站台间以地道或天桥连通，具体根据批复意见执行。地道、天桥通向各站台设计为双向出入口，其出口宽度应满足规范要求，相关客运设施配置见表 3-8-2。

表 3-8-2　渝黔线主要客运设施配置

站名	股道数量			客运设备					
	到发线	安全线	段管线	最高聚集人数	基本站台长×宽×高	中间站台长×宽×高	雨棚	天桥	地道（12 m）
	条	条	条	人	m	m	m×座	座	座
重庆西	33 [16]	3	71	15 000	550×20×1.25	550×11.5×1.25 11 座 [550×11.5×1.25] 4 座	64 200/6 [25 875/7]	1 （高架候车室）	1
珞璜南	4	1		800		550×12×1.25 2 座	450×2		2 （8 m）
綦江东	6	1	4	1 000		550×12×1.25 2 座	450×2		2
赶水东	4			800	550×8×1.25	550×8×1.25	450×2		1 （8 m）
桐梓北	4	1	4	400	550×8×1.25	550×8×1.25	450×2		1 （8 m）
桐梓东	4	1		800	550×8×1.25	550×8×1.25	450×2		1
娄山关南	4	1	3	400	550×8×1.25	550×8×1.25	450×2		1 （8 m）
遵义	7	1	1	2 000	550×12×1.25	550×12×1.25 2 座	450×3	1（12 m）	1
遵义南	4	1	4	400	550×8×1.25	550×8×1.25	450×2		1 （8 m）
息烽	4	2	2	600	550×6×0.3 改造	550×11×1.25 550×8×1.25	450×3		1
修文县	4	1		400	550×8×1.25	450×8×1.25	450×2		1 （8 m）
贵阳北	28			15 000	450×18×1.25 2 座	550×11.5×1.25×6 450×11.5×1.25×8	82 000/15	1 （高架候车室）	1 （60 m）

注：表中（　）内数字表示既有，[　]表示预留。

第九章 房屋建筑及给排水设计

第一节 房屋建筑及给排水工程概况与特点

一、工程概况

房屋建筑设计是指各类房屋建筑及其附属设施和与其配套的线路、管道、设备安装及室内外装修设计，建筑给排水设计主要是研究建筑内部的给排水问题，保证建筑的功能以及安全。

重庆至贵阳线共新建车站 12 个和线路所 13 个（其中重庆枢纽新建车站 2 个、线路所 5 个，贵阳枢纽新建线路所 8 个），改建车站 13 个和线路所 1 个（其中重庆枢纽改建车站 10 个、改建线路所 1 个，贵阳枢纽改建车站 3 个），关闭既有车站 1 个。渝黔线引入贵阳枢纽客车线上设线路所 3 个，客运站 1 个；客车联络线上设线路所 2 个。车站采用框架体系，楼、屋面均为钢筋混凝土楼、屋面，綦江东站屋面为钢结构屋面。站台雨棚为钢筋混凝土框架结构，各站站型及规模见表 3-9-1 所示。

表 3-9-1　各站站型及规模

站名	站型	车站性质	车站规模/m^2	站场规模	最高聚集人数/人
重庆西	高架	客运站	120 000	29 台面 31 线	15 000
珞璜南站	线侧下	中间站	2 500	2 台面 4 线	400
綦江东站	线侧下	中间站	8 000	4 台面 6 线	2 000
赶水东站	线侧平	中间站	2 500	2 台面 4 线	800
桐梓北站	线侧平	中间站	2 500	2 台面 4 线	400
桐梓东站	线侧下	中间站	6 000	2 台面 4 线	800
娄山关南站	线侧平	中间站	2 500	2 台面 4 线	400
遵义站	线侧平	中间站	12 000	5 台面 7 线	3 000
龙坑站	线侧平	中间站	无客运站房	7 线	无
遵义南站	线侧平	中间站	6 000	2 台面 4 线	400
息烽站	线侧平	中间站	3 500	3 台面 8 线	800
修文县站	线侧平	中间站	2 500	2 台面 4 线	700
贵阳北	高架	客运站	120 000	28 台面 32 线	15 000

四电用房共计 159 处，建筑面积小计共 18 515 m^2。其中：区间通信基站共 27 处，建筑面积共 729 m^2；区间直放站共 74 处，建筑面积共 740 m^2；区间信号中继站共 12 处，建筑面积共 3 101 m^2；信号楼共 3 处，建筑面积共 1 904 m^2；区间分区所及开闭所共 10 处，建筑面积共 294 m^2；站区及区间牵引变电、配电所房屋共 13 处，建筑面积共 11 479 m^2；红外轴温机房共 20 处，建筑面积共 268 m^2。站房工程见表 3-9-2。

表 3-9-2　区间四电用房概况

序号	房屋名称	单位	施工图面积	结构类型	基础类型	屋面形式	施工图栋数
1	通信基站	m^2	729	砌体	条基	平屋面	27
2	直放站	m^2	740	砌体	条基	平屋面	74
3	信号中继站	m^2	3 101	框架	独基	平屋面	12
4	信号楼	m^2	1 904	框架	独基	坡屋面	3
5	变、配电所	m^2	11 479	框架	独基/桩基	平屋面	13
6	分区所兼开闭所	m^2	294	框架	独基	平屋面	1
7	分区所	m^2	0	—	—	—	9
8	红外轴温机房	m^2	268	砌体	条基	平屋面	20
四电用房小计		m^2	18 515				159

二、工程特点

为适应渝黔线路快速、便捷的运营需求，车站建筑设计具有以下特点：

（1）站区规划遵循以车站建筑为中心，突出车站建筑主导地位，与站房当地的历史、经济、文化等各方面背景相匹配。合理组织铁路与城市公交、轨道交通等其他交通方式的连接与换乘，构筑现代、快捷的交通体系。

（2）树立了容纳站场、站台、雨棚、客运地道和相关设备用房及旅客专用场地为一体的车站建筑设计理念，使各部分功能得到充分而合理的发挥。

（3）从建筑的外部形象、内部装饰、站名牌、标识引导系统等共性元素入手，建立了渝黔线路车站建筑形象共性识别系统，确立全线房屋的整体形象。

（4）全线房屋建筑设计融入可持续发展的理念，充分利用地形，贯彻生态、环保、节能等要求，重视站区环境绿化设计，合理利用和保护站区的自然地貌，提升站区环境质量，力求建筑与自然的协调。

第二节　设计原则与采用的主要技术标准

一、站区规划及车站建筑设计原则

渝黔线路站房建筑设计充分体现了五性原则，即“功能性、系统性、先进性、文化性、经济性”，具体如下：

（1）站区总平面布局与城市总体规划相协调，充分考虑到城市可持续发展和自然环境保护的衔接。

（2）站房客流组织在流线设计中将快速进出站和方便的候车方式相结合，满足不同层次旅客的交通需要。

（3）尊重既有地形地貌，因地制宜进行建设，合理利用土地资源。站区环境设计同自然景观相结合，通过景观广场、建筑小品的建设努力打造极具地域特色的“大门”。

（4）站房建筑设计坚持“以人为本”的设计原则，功能布局合理紧凑，并考虑兼容性和可变性。同时考虑无障碍设计和综合服务配套设施建设，为旅客创造更为舒适、方便的交通环境，达到资源的最佳利用。

二、主要技术标准

（一）站房设施设计标准

1. 结构标准

（1）地震烈度：6 度，第一组。

（2）设计基本地震加速度值为：0.05g。

（3）设计使用年限：50 年。

（4）建筑耐火等级：二级。

（5）防雷分类：三类。

（6）防水等级：Ⅰ级。

（7）结构安全等级：二级。

（8）抗震设防类别：设备用房为乙类，其余房屋为丙类。

（9）基本风压：站房基本风压按《建筑结构荷载规范》（GB 50009—2012）50 年一遇的风压采用，取 w_0 = 0.35 kN/m^2。

2. 装修设计标准

建筑装修材料选用以“美观、适用、地域化”为原则，兼顾环保性、经济性和民族特色的要求。

室外装修：一般房屋门窗采用木门、塑钢窗。车站建筑和重要铁路房屋根据功能和造型需要选用适宜材料。车站建筑外墙根据造型需要采用金属、石材、局部玻璃幕墙和其他装饰材料。

室内装修：内墙面一般采用涂料墙面，重要空间选用石材、铝板等其他材料进行重点装饰。楼地面一般房屋采用地砖楼地面，车站建筑重要空间根据需要适当采用石材、人造石等其他装饰材料。顶棚及吊顶一般房屋采用涂料顶棚，重要空间根据室内设计需要采用轻钢龙骨石膏板、金属顶棚等。

（二）站台、雨棚及跨线设施设计标准

1. 结构选型

（1）息烽站站台雨棚为钢结构雨棚，基本柱跨 9 m。

（2）其余各站为钢筋混凝土雨棚，雨棚柱跨：单柱为 9 m，双柱为 12 m。

2. 建筑设计标准

站台、雨棚及跨线设施的建筑设计标准与站房设施设计的结构标准相同。

3. 装修标准

地道及跨线通道采用水洗火烧面花岗石地面、抛光花岗石干挂墙面；主通道顶面采用白色无机涂料，两侧局部吊铝板边顶（暗藏灯带）；楼扶梯（含行包坡道）顶面采用铝板吊顶。

（三）四电用房设计标准

1. 房建设计标准

一般小型生产生活房屋采用砌体结构，牵引变电所、配电所等房屋根据需要采用钢筋混凝土框架结构。楼（屋）面板均采用现浇钢筋混凝土板。基础以钢筋砼条形基础或柱下独立基础为主，对特殊地质不良地段，根据实际情况及有关规范规定采用桩基基础等其他形式，部分房屋基底增设砂夹碎石换填层。砌体结构墙体一般为 240 mm 厚，框架结构填充墙一般采用小型空心砌块 200 mm 厚。

建筑耐火等级二级；屋面防水等级Ⅰ级；设计使用年限（耐久性）为 50 年；结构安全等级为二级；抗震设防类别为乙类；基本风压、基本雪压为 50 年，基本风压均为 0.35 kN/m^2，基本雪压均不考虑。

2. 装修标准

一般房屋采用地砖楼地面，有工艺要求的房屋分别采用地砖、水磨石、耐酸、耐碱等楼地面或抗静电活动地板的楼地面。

屋面采用新型多层复合防水卷材，根据地域情况，四电用房均设置屋面架空隔热层。

门窗一般采用塑钢门窗、木制门，有工艺要求的房屋采用防火门、防盗门，根据生产作业或生活需要设置纱窗，底层外窗增设铁栅栏。

内墙装修一般采用普通抹灰刷乳胶漆。外墙装修一般生产房屋采用普通抹灰涂料饰面，视建筑物的使用功能以及周围环境分别采用外墙面砖或涂料饰面。同一站区的房屋外墙装修标准、风格及色彩协调一致。

（四）非四电生产生活用房设计标准

1. 房建设计标准

门卫室、储油间、给水所、食堂浴室等小型生产房屋采用砌体结构，综合工区其余生产房屋及单身宿舍采用钢筋混凝土框架结构。规模较小的站区单身宿舍及行车公寓采用砌体结构，其余站区单身宿舍及万州北新增行车公寓采用钢筋混凝土框架结构；公安用房均采用钢筋混凝土框架结构；各房屋楼（屋）面板均采用现浇钢筋混凝土板。基础以钢筋砼条形基础或柱下独立基础为主，对特殊地质不良地段，根据实际情况及有关规范规定采用桩基础或其他基础形式，部分房屋基底增设砂夹碎石换填层。砌体结构墙体为 240 mm 厚，框架结构填充墙采用 200 mm 厚混凝土小型空心砌块。

2. 装修标准

一般房间采用地砖楼地面，有工艺要求的房屋分别采用地砖、水磨石、耐酸、耐碱等楼地面或抗静电活动地板的楼地面。

屋面采用新型多层复合防水卷材，平屋面房屋均设置屋面架空隔热层。

门窗一般采用塑钢门窗、木制门，有工艺要求的房屋采用防火门、防盗门，根据生产作业或生活需要设置纱窗，底层外窗增设不锈钢栅栏。

内墙装修一般采用普通抹灰刷乳胶漆。外墙装修一般生产生活房屋均采用普通抹灰涂料饰面或面砖饰面。同一站区的房屋外墙装修标准、风格及色彩协调一致。

第三节　一般站房设计

一、珞璜南站

珞璜南站位于重庆市珞璜镇境内，站房建筑面积 2 487.82 m^2，为新建中间站，设到发线 8 条（含正线），设 550 m × 11.5 m × 1.25 m 岛式中间站台 2 座，正线不靠站台，设地道 2 座，分区所一处。重庆端设上下行货车联络线连接珞璜站，贵阳端设一条客车联络线连接小南垭站。

站房形式属于线下平式；建筑层数：地面 1 层，地下 1 层；结构形式为钢筋混凝土框架结构。珞璜南站站房中心里程为 DK23 + 455，车场规模为 4 站台面 6 线（含正线）。设 550 m × 11.5 m × 1.25 m 岛式站台 1 座，550 m × 11.5 m × 1.25 m 二站台 1 座，站台上设等长有柱雨棚。在站台范围内未设纵坡。站台上设 450 m 长等宽有柱雨棚。设置 8.3 m 宽地道作为进、出站地道各一座。

二、綦江东站

綦江东站位于重庆市綦江区境内，目前站房建筑面积为 8 930 m^2；站房形式属于线侧平式；建筑层数：地上中部 1 层，两侧 2 层，局部有地下层；结构形式为钢筋混凝土框架结构，顶部为钢结构屋面。站房中心里程为 DK62 + 280，站场规模为 4 台面 6 线，设 550 m × 11.5 m × 1.25 m 岛式站台 2 座。设置 12 m 宽进、出站地道各一座。站台上设置 450 m 长的有柱雨棚，雨棚距离站台小里程端 50 m。

三、赶水东站

赶水东站位于重庆市綦江区赶水镇境内，站房建筑面积为 2 499.82 m^2；站房形式属于线侧平式；建筑层数：地上 1 层，局部地下 1 层；结构形式为钢筋混凝土框架结构。站房中心里程为 DK92 + 880，车场规模为 2 台 4 线。设 550 m × 8 m × 1.25 m 基本站台 1 座，550 m × 8 m × 1.25 m 二站台 1 座，站台设 500 m 长等宽有柱雨棚。DK92 + 848.45 里程处设 8 m 宽旅客进出站地道一座。

四、桐梓北站

桐梓北站位于贵州省桐梓县夜郎镇境内，建筑面积 2 499 m^2，中心里程为 DK138 + 660，站房形式属于线侧平式。车场总规模设到发线 4 条（含正线），有效长 880 m；设置基本站台和侧式站台各 1 座，尺寸为 550 m × 8.0 m × 1.25 m；车站设 8.3 m 地道 1 座。站中心轨顶高程为 725.768 m，站台面距离轨面高差为 1.25 m。站房中心里程：DK138 + 660，站房地道中心里程 DK138 + 693，扩大站台近端里程 DK138 + 654.5，扩大站台远端里程 DK138 + 734.7，站台近端里程 DK138 + 360，站台远端里程 DK138 + 910。站房总建筑面积 2 499 m^2，包含主站房、客运系统机房以及车站办公等用房；站台雨棚建筑面积 7 538 m^2。

五、娄山关南站

娄山关南站位于贵州省遵义市境内，站房建筑面积为 2 484.95 m^2；站房形式属于线侧平式。建筑层数：局部 2 层，地下 1 层；结构形式为钢筋混凝土框架结构。娄山关南站站房中心里程为 DK191 + 300，车场规模为 3 站台面 4 线。新建基本站台一座，尺寸为 550 m × 8 m × 1.25 m，新建二站台一座，尺寸为 550 m × 8 m × 1.25 m，新线 4 条，站台边距离到发线 1.75 m。所有站台无曲线。站台雨棚与站台等宽，满足限界宽度要求。接触网为线间单独立柱，线间距为 6.5 m。雨棚檐口底部距离站台面 5.5 m，满足限界高度要求。车站设置一座 8 m 宽地道作为进、出站地道。

六、桐梓东站

桐梓东站为重庆至贵阳铁路的新建车站，车站位于贵州省桐梓县。

车站为线侧下式站房，其建筑高度为 16.825 m，设地上中部 1 层，两侧 2 层，局部有地下 1 层。站房中心里程为 DK168 + 080，车场规模为 2 站台面 4 线（含 2 条正线）。设 550 m×8 m×1.25 m 基本站台 1 座，550 m×8 m×1.25 m 中间站台 1 座。站房中心里程处设 12 m 宽进出站地道一座。站房总建筑面积为 5 936 m^2；雨棚投影面积为 7 378 m^2。站房屋面为钢筋混凝土屋面 + 钢网架金属屋面；雨棚为钢筋混凝土屋面。站房主体为混凝土框架结构，站台雨棚为混凝土结构。

桐梓东站采用现代简洁的设计手法，三段式的构图。中部候车部分高昂挺拔，立柱坚挺有力，屋檐倾斜挑出，更加突显建筑的大气和震撼力。整体用色清爽大方。整个建筑端庄稳重，功能布局与建筑形式和谐统一，见图 3-9-1。

图 3-9-1　梓桐东站

七、遵义南站

遵义南站位于贵州省遵义市苟江镇，距苟江镇约 2 km。车站为线侧平式站房，其建筑高度 14.650 m，设地上中部 1 层，两侧 2 层，局部有地下层。站房中心里程为 D1K247 + 950，采用上进上出模式。车场设计规模为 2 站台面 4 线，其中到发线 2 条、正线 2 条，设置 550 m×8 m×1.25 m 基本站台和侧式站台各 1 座，站台上设置 450 m 有柱雨棚。新建 8 m 宽进、出站地道 1 座。站房总建筑面积为 5 999 m^2，雨棚投影面积为 7 703 m^2。站房屋面为钢筋混凝土屋面 + 钢网架金属屋面；雨棚为钢筋混凝土屋面。站房主体为混凝土框架结构，站台雨棚为混凝土结构。

遵义南站采用传统元素在设计中以现代的手法出现，搭配花窗，凸现其特有的地方文化特征。各个空间分部比例协调，有机结合，力求融典雅、洗练、精湛于一体的建筑风格，见图 3-9-2。

图 3-9-2　遵义南站

八、息烽站

息烽站为重庆至贵阳铁路的新建车站，车站位于贵阳市息烽县，站址为既有站原址修建站房。车站为线侧平式站房，其建筑高度为 13.750 m，设地上中部 1 层，两侧 2 层，局部有地下层。站房中心里程为 DK291 + 930，车场规模为 3 站台面 8 线（含 2 条新建正线，1 条既有正线）。站场分为既有场与新建场，既有场含一座基本站台及 4 条既有线（其中 1 条正线），本次设计对基本站台进行改造，改造后站台尺寸为 550 m×6 m×0.3 m。新建场含 2 座中间站台及 4 条新建线（其中 2 条正线），新建二站台尺寸为 550 m×11 m×1.25 m，新建三站台尺寸为 550 m×8 m×1.25 m。既有场与新建场高差约为

6.207 m。在站台范围内未设纵坡。站房总建筑面积为 3 497.37 m^2，雨棚投影面积 11 655 m^2。站房主体为混凝土框架结构，站台雨棚为钢结构。

息烽站采用现代简洁的设计手法，三段式的构图。中部候车部分高昂挺拔，立柱坚挺有力，屋檐倾斜挑出，更加突显建筑的大气和震撼力。整体用色清爽大方。整个建筑端庄稳重，功能布局与建筑形式和谐统一，见图 3-9-3。

图 3-9-3　息烽站

九、修文县站

修文县站为重庆至贵阳铁路的新建车站，车站位于贵阳市扎佐县。站址为既有站原址修建站房，地势较为平坦，交通便利。车站为线侧平式站房，其建筑高度为 13.000 m，设候车室为 1 层，设备及办公用房为 2 层。站房中心里程为 D1K317 + 725，车场规模为 2 站台面 4 线（含正线）。设 450 m×8 m×1.25 m 基本站台 1 座，450 m×8 m×1.25 m 二站台 1 座，站台上设等长有柱雨棚。站房设 8 m 宽进、出站合用地道一座。在站台范围内未设纵坡。站房总建筑面积为 2 497.85 m^2；雨棚投影面积为 7 482.3 m^2。站房屋面为钢筋混凝土屋面；雨棚屋面为钢筋混凝土屋面。站房主体为混凝土框架结构，站台雨棚为混凝土结构。

修文县站采用现代简洁的设计手法，三段式的构图。中部候车部分高昂挺拔，立柱坚挺有力，屋檐倾斜挑出，更加突显建筑的大气和震撼力。造型简洁大气，汲取古城楼符号，用现代手法重塑，同时具有鲜明的地域特征及时代特征。站房中央屋顶部分采用叠瑟造型，下实上虚，营造了稳健向上的建筑意向。整个建筑端庄稳重，功能布局与建筑形式和谐统一，见图 3-9-4。

图 3-9-4　修文县站

十、遵义站

遵义站位于遵义市东南向距离市中心约 5 km。车站设 3 台 7 线，50 m × 12 m × 1.25 m 基本站台 1 座，550 m × 11.5 m × 1.25 m 岛式中间站台 2 座，12 m 宽旅客进出站地道一座，12 m 宽天桥一座。车站轨顶高程为 863.214 m，站房 ± 0.00 设计为 864.545 m。站前广场标高为 856.00 ~ 853.00 m。

站房为线侧平式，进出站流线采用上进下出模式。车站建筑总面积为 42 188 m^2，其中客运用房建筑面积 11 992 m^2，站台雨棚建筑面积 25 817 m^2，站台雨棚建筑面积 25 817 m^2，地下通道面积 2 150 m^2，地下城市通道面积 469 m^2。

建筑层数：地上三层、地下一层。建筑物面宽方向宽 155.4 m（轴线距离），进深方向长 38.8 m（轴线距离）。

一层为站台层，层高 8.0 m。中部设有进站广厅、基本站台候车厅、服务设施等功能。南侧设置售票厅和贵宾候车厅和设备用房；北侧设置出站大厅、行包托取厅、行包库，考虑各种人流分区集散、减小干扰。

二层为进站层，层高 5.0 m。这里是中间站台主要的候车空间，旅客可直接经由天桥下至目的站台。站房两侧为旅客服务用房、车站的四电用房和办公空间。

局部三层，层高 5.0 m。布置车站的四电用房、设备用房和办公空间。

出于对遵义这里特定的红色文化的考虑，方案采用传统风格，通过大气的两层歇山屋顶和厚重的石材墙面以及质朴的高台基座，带给人扑面而来的历史气息。方案不拘泥于传统建筑风格，运用钢、玻璃、石材等现代建筑材料，配合流畅的屋顶曲线，塑造出遵义东站明快、大气的建筑形象，也体现出城市硬朗、坚强的性格特征。

第四节　区域性枢纽站房设计

一、重庆西站

重庆西站地理位置优越，是川渝地区联系华东、中南、沿海地区及华北部分地区最重要的快速铁路站点，是以铁路为主，集长途汽车、公交、轨道等多种交通方式于一体的综合交通枢纽。重庆西站已于 2018 年 1 月 25 日投用，是重庆地区最大的客运枢纽系统。

（一）平面布置

重庆西客站近期设 11 个站台、到发线 25 条（含正线 4 条），从东至西布置办理既有成渝、襄渝等客车作业场（预留渝昆引入条件），设 5 个站台、到发线 11 条（含正线）；办理渝黔及兰渝客车作业场，设 6 个站台、到发线 14 条（含正线）。靠山侧预留渝长场 4 个站台及相应到发线的场地条件。基本站台采用 550 m × 20 m × 1.25 m，中间站台采用 550 m × 11.5 m × 1.25 m。既有重庆西编组站车场改为动车组运用所及普速客车整备场，并与车站之间设 4 条走行线，分别引入重庆西站各车场，近期实施 3 条，预留 1 条。

近期先实施站房侧二个车场站前及站后工程。预留渝长场站台范围内土石方程与相邻车场一并实施。考虑近期渝黔场办理始发普速客车较多，利用预留线位设置机走线 1 条，兰州端设置机待线。

（二）衔接设计

广场以站房中心线，左右对称布局，左侧为出租车停车场、公交车停车场和长途车停车场，右侧为社会车停车场地和预留用地，中间设置步行广场，地下结合重庆市地下轨道交通系统贯彻零换乘设计理念。

（三）流线设计

重庆西站采用高架候车模式，站房设计采用上进下出为主、下进下出为辅的进出站方式。站房内流线布置为：进站旅客购票候车，部分旅客从线侧候车厅直接进入基本站台，另一部分通过高架候车厅进入各个中间站台。出站旅客或直接从基本站台出站，或通过地道进入出站大厅出站。工作人员直接通过两端的侧门进入站房，不与旅客流线发生交叉。

（四）结构设计

重庆西站集中设置 1 个广场，站房按高架候车室布置，最高聚集人数 15 000 人，建筑面积 120 000 m^2。站房候车区域分为线侧候车厅和高架候车厅，候车厅的设计除了满足交通建筑的基本要求外，力求环境美观，两个候车厅均采用天然采光节约能耗。

站台雨棚采用无站台柱雨棚形式，美观大方，视野开阔。主体结构采用钢结构（高架部分）及钢筋混凝土框架结构，辅之以轻钢结构屋盖并与站台钢结构雨棚协调统一。

二、贵阳北站

贵阳北站已纳入贵广线统一建设，渝黔线不参与相关工程，故仅简单论述。

贵广线引入贵阳枢纽，于金阳新区东侧，黔灵山脉西侧新建贵阳北站，车站为南北向布置，总规模按 15 台 32 线建设。成贵联络线、渝黔、沪昆及贵开联络线分别从北端引入，其中，Ⅰ场位于西侧，靠金阳新区，成贵联络线引入Ⅰ场，设 6 线 6 站台面，主要办理成都方向始发终到及成都—广州通过旅客列车作业。Ⅱ场位于车站中部，渝黔贯通贵广引入Ⅱ场，设 14 线 12 站台面，主要办理重庆、成都—广州方向间旅客列车通过作业，以及重庆、广州、开阳方向旅客列车始发终到作业；Ⅲ场位于东侧，沪昆贯通引入Ⅲ场，设 12 线 10 站台面，主要办理长沙、重庆、成都—昆明方向旅客列车的通过作业及长沙、昆明方向始发终到客车作业。在贵阳北站北端新建动车运用所 1 处，新建动车走行线接入各车场。

第五节　采暖与通风设计

一、设计原则

（一）集中采暖设置标准及供热规划原则

（1）本工程沿线房屋不设置集中采暖，对设有空调系统的建筑，有条件的可采用热泵采暖，充分利用空调系统。

（2）通信、信号、客运调度机房、客运信息用房等室内温、湿度以及洁净度达不到工艺和设备运行环境要求的房间，根据工艺要求设置空调。

（3）站房候车室、乘务员公寓、候班楼及生产办公房屋设置舒适性空调。

（4）站房候车室及乘务员公寓等人员集中的生产、办公房屋设置电开水器供应开水。淋浴间、集中浴室、乘务员公寓等设置热水供应。

（5）根据要求设置消防水系统、气体灭火系统及配置灭火器。

（二）空气调节设置标准及冷热源的选择原则

1. 工艺空调

生产工艺有特殊需要的，对室内温、湿度有特殊要求的通信、信号、信息化设备用房、信号控制台室、防雷分线室，牵引变电所、开闭所、分区所、电力变、10 kV 配电所的控制室等生产房屋设置工艺性空调。

通信、信号、信息化设备用房、牵引变电所、开闭所、分区所、电力变、10 kV 配电所的控制室采用机房专用空调器，信号控制台室、综合监控室采用分体式工程用空调器。

2. 舒适性空调

站房内办公及管理用房设置多联式空调系统；全线其余有人值守的重要生产办公场所如牵引变电所值守室、10 kV 配电所值守室、办公管理房屋、单身宿舍等设置舒适性空调，采用分体式空调器。

（三）通风与防排烟设计原则

1. 通风设计

全线房屋合理利用自然通风，当自然通风不能满足环境要求时，采用通风机机械通风。隧道内变压器洞室、电力远动间及变配电所的 10 kV 配电室、隔离开关室、小电阻室、电抗器室设智能温控轴流风机排除余热。有防爆要求的通风设备采用防爆型。

生产过程中产生有害气体、粉尘的车间，根据有害气体性质、粉尘浓度，设置净化通风、除尘通风或全面通风系统。职工食堂油烟经油烟过滤排气罩处理后排放，工区厨房设计家用抽油烟机，生活房屋的浴室设轴流风机或排气扇进行换气通风。

2. 防排烟设计

根据规范要求设置防排烟设施，各建筑优先采用自然排烟，由建筑专业设置可开启的外窗采用自然排烟方式。对不能满足自然排烟条件的区域设置机械排烟系统。

所有空调、通风系统风管穿越防火墙、楼板或其他防火分隔时均设置 70 °C 的防火阀。通风空调系统的所有部件、配件及材料均选用不燃型或防火型。

二、采暖与通风设计

车站候车厅及其相连旅客服务采用全空气一次回风集中空调系统，采用屋顶式风冷空调（热泵）一体机组（KT-A、KT-B），其中 KT-A 系统负担其左侧候车厅的空调负荷，KT-B 负担其右侧候车厅空调负荷，气流组织采用球形喷口侧送、顶部集中回风形式；候车厅外门设置空气幕。空调箱的风机、回风阀（电动风阀）及新风阀（电动调节阀）应进行电气联锁，启动顺序为回风阀→新风阀→风机，停车时顺序相反。

办公及管理用房（含售票厅）采用多联空调，共设 3 套多联空调系统，DLW-A1 系统负担左端一层消防控制室、综合监控室、控制台室、客运值班室、检票补票等房间，DLW-B1 系统负担右端一层安检员室、信号值班室、车站办公、信号材料室、公安休息室、售票室等办公管理用房，DLW-B2 系统负担右端一层售票厅。办公管理用房设置全热交换器新风系统，本工程共设置 4 套新风系统，负担相关房间的新风。

第六节　给排水工程设计

一、给排水工程设计原则

各类房屋按建筑设计和工艺要求设置室内给排水系统及卫生设备。在人员集中的生产、办公房屋设置电开水器供应开水。动车所、综合工区的职工集中浴室供应热水，采用空气源热泵热水机组；单身宿舍、派出所、警务区卫生间等淋浴采用电热水器供热。按计量单位设水表。

排水系统采用雨水、污水分流制，动车所检查库等大型屋面雨水排放采用虹吸式雨水系统，室内污水经处理后排入室外排水系统。室内给水排水管选用执行《建筑给水排水设计规范》相关规定。

二、给排水设计范围

给排水工程设计范围主要包括珞璜南（不含）至蓬莱（D1K25 + 400 ~ D3K328 + 800）包含 9 个车站（綦江东站、赶水东站、桐梓北站、桐梓东站、娄山关南站、遵义站、遵义南站、息烽站、修文县站）、4 个区间牵引变电所（烧炭嘴牵引变电所、沙堡牵引变电所、沙山坡牵引变电所、通木牵引变电所）、7 座 5 km 及以上隧道消防（太公山隧道、松岗隧道、老周岩隧道、陈家坡隧道、羊角 1 号隧道、天坪隧道、新凉风垭隧道）的给排水工程。

渝黔引入重庆枢纽工程包含 3 个车站（重庆西站、珞璜南站和珞璜站）、2 个区间牵引变电所（重庆西、陶家场牵引变电所）、1 座 5 km 及以上隧道消防（新双碑隧道消防）的给排水工程。

三、给排水工程设计

因篇幅有限，本书以重庆西站、綦江东站、烧炭嘴牵引变电所、太公山隧道为例，介绍本线给排水工程设计情况。

（一）重庆西站

重庆西站为旅客列车上水、补水站，设有站房、公安派出所、单身宿舍、综合工区等建筑物，设计近期用水量 4 230 m^3/d、排水量 1 460 m^3/d。给排水工程设计如下：

1. 给水工程

（1）重庆西站以城市自来水为水源，新建重庆西站供水从铁路车站广场附近的自来水管道上接入 2 ~ 3 条自来水管，接管处的城市自来水管管径为 DN300 ~ DN400。

（2）铁路车站生产、生活供水系统与消防供水系统合建，主要供水管道按环状设置。车站旅客列车上水设带自动回卷的旅客列车上水单元设备 12 排，每排 26 套，共计 312 套，旅客列车上水股道管理机 12 套（12 排、每排 1 套）。

（3）新建给水管明铺部分采用钢塑复合管，其余采用给水 PE 管。

2. 排水工程

（1）车站旅客列车卸污设卸污线 2 条（渝黔场和渝昆场各 1 条），每条卸污线设不带冲洗设施的卸污单元设备 26 套，共计 52 套；在线真空机组设备 1 套；综合工区生活污水排放设 ϕ3.0 m、H = 2.0 m 污水泵井 1 座，Q = 10 m^3/h、H = 15 m 污水泵 2 套，1 用 1 备。

（2）建筑物出户排水管采用 UPVC 排水管，其他采用双壁波纹排水管。

（3）生活污水经化粪池处理后，以及其他废水处理后排入城市污水排水系统。

3. 消防工程

（1）重庆西站轨道车棚及机具库等建筑物（不含站房）室外消火栓的消防设计流量为 25 L/s、供水水压不小于 10 m 水压，延续时间 2.0 h；车站列车消防的设计流量为 20 L/s、供水水压不小于 10 m 水柱、火灾延续时间 2.0 h。

（2）消防供水管网系统与生产、生活供水管网系统合建，主要供水管网按环状布置。供水压力满足各着火点充实水柱、水压的要求。

（3）站台列车消防在基本站台设置 SSN65（双阀双出口室内消火栓）72 座，消防器材箱 24 套，每套消防器材箱配备 ϕ65 衬胶水带 100 m（4×25 m），ϕ19 × 65 水枪 2 支。建筑物消防按消火栓间距不大于 100 m，设置 SS100/65-10 地上式消火栓 8 套。

（二）綦江东站

綦江东站设有站房、综合维修工区、牵引变电所等建筑物，设计近期用水量 133 m^3/d、排水量 80 m^3/d、最大消防用水量 270 m^3/次。给排水工程设计如下：

1. 给水工程

（1）綦江东站以綦江市水务集团的自来水为水源，从车站广场和车站大里程端的自来水管上的分别引入两路自来水供车站生产、生活、消防使用。

（2）铁路车站生产、生活供水系统与消防供水系统合建，主要供水管按环状设置，站台列车消防和工区大机停车线消防的供水水压按 10 m 充实水柱设计，其余按满足 10 m 消火栓出口压力设计。

（3）新建给水管明铺部分采用钢塑复合管，其余采用给水 PE 管。

2. 排水工程

（1）综合维修工区轨道车棚及机具库检修地沟含油废水处理设 $V = 5\ m^3$ 钢筋混凝土隔油池 1 座。牵引变电所侵油变压器集油坑含油废水（初期雨水）处理设 $V = 5\ m^3$ 钢筋混凝土隔油池 1 座。

（2）建筑物出户排水管采用 UPVC 排水管，其他采用双壁波纹排水管。

（3）生活污水经化粪池处理后，以及其他废水处理后排入城市污水排水系统。

3. 消防工程

（1）綦江东站站房的室外消火栓的消防设计流量为 30 L/s、供水水压不小于 10 m、火灾延续时间 2.0 h；综合工区轨道车棚及机具库的室外消火栓的消防设计流量为 25 L/s、供水水压不小于 10 m、火灾延续时间 3.0 h；车站列车消防的设计流量为 10 L/s、供水水压不小于 10 m 水柱、火灾延续时间 1.0 h，综合工区大机存车线消火栓的消防设计流量为 20 L/s、供水水压不小于 10 m 水柱、火灾延续时间 2.0 h。

（2）消防供水管网与生产、生活供水管网合建，主要供水管网环状布置。供水压力满足各着火点充实水柱、压力要求。

（3）消防设备和构筑物站台列车消防在基本站台设置 SSN65（双阀双出口室内消火栓）2 座，消防器材箱 2 套，每套消防器材箱配备 ϕ65 衬胶水带 100 m（25 m × 4），ϕ19 × 65 水枪 2 支。大机存车线列车消防在两股道之间设置 SSN65（双阀双出口室内消火栓）5 座，消防器材箱 2 套，每套消防器材箱配备 ϕ65 衬胶水带 100 m（25 m×4），ϕ19×65 水枪 2 支。其余建筑物消防按消火栓间距不大于 100 m，设置 SS100/65-10 地上式消火栓 6 套。

（三）烧炭嘴牵引变电所

烧炭嘴牵引变电所设计最大用水量 2 m^3/d、排水量 1 m^3/d。给排水工程设计如下：

1. 给水工程

（1）烧炭嘴牵引变电所以地下水为水源，水经净化、消毒处理后使用。

（2）设ϕ3.0 mm、$H = 30$ m 管井 1 座，$Q = 1$ m^3/h、$H = 30$ m 深潜泵 1 套，$Q = 1$ m^3/h 除铁净水设备 1 套，缓释消毒设备 1 套，$V = 1$ m^3 钢支架保温水箱 1 个。

（3）新建给水管明铺部分采用钢塑复合管，其余采用给水 PE 管。

2. 排水工程

（1）牵引变电所侵油变压器集油坑含油废水（初期雨水）处理设 $V = 5$ m^3 钢筋混凝土隔油池 1 座。牵引变电所生活污水处理设 10 m^3/d 厌氧池处理 1 座。

（2）建筑物出户排水管采用 UPVC 排水管，其他采用双壁波纹排水管。

（3）生活污水经厌氧处理就近排放。

3. 消防工程

牵引变电所建筑物不设置水消防设施。

（四）太公山隧道

（1）太公山隧道进口、出口消防供水（补水）以山间溪水为水源。

（2）设计用水量：$Q = 20$ L/s、火灾延续时间 4 h。

（3）隧道洞口消火栓水枪充实水柱：13 m（高位山上消防水池底的最低标高与隧道洞口铁路轨顶高差大于 30.0 m）。

（4）新建给水管采用钢塑复合管、焊接或法兰连接。

四、其他设计

（一）卫生防疫及环境保护措施

（1）生产过程中产生有害气体、粉尘的车间设置净化、除尘设备，食堂油烟经油烟过滤排气罩处理后排放。

（2）污水排放采用雨水、污水分流制。室内粪便污水经化粪池处理、食堂污水经隔油池处理后排入室外排水系统。

（3）采用电开水器供应开水，空气源热泵热水机组及电热水器供应热水，以减少环境污染。

（4）通风、空调、给排水设备采用低噪声设备，泵与风机等强振动设备采取隔声减震措施，减少噪声污染。

（二）节能设计

（1）确定适当空调标准，在满足使用要求的前提下防止能源浪费。

（2）空调风管、水管、冷媒管均作保温，保温材料和厚度的确定，既考虑经济性，又要达到节能目的。

（3）采用变频调速装置，选用高效、节能型产品，提高能源利用率。冷源设备的性能系数和综合部分负荷性能系数、风机的总效率及单位风量耗功率均满足《公共建筑节能设计标准》的相关规定。

（4）全空气空调系统具备小新风、全新风和全通风三种运行模式，可根据室外参数变化，选择合理的运行模式，节约能源、节省运行费用。

（5）空调系统设置完备的自动控制系统，实现空调系统的智能化运行，按需供冷，可靠、节能。

（6）设置合理、完善的给排水系统，生活给水系统充分利用室外管网水压直接供水。

（7）对用能、用水建筑和设备配置能源、水量等计量和控制仪表，按表计量收费，促进用户节约用水、用能。

第十章　通信设计

第一节　通信工程设计概述

本线通信设计范围包括渝黔铁路全线区间和车站工程，引入贵阳和重庆两个枢纽工程，相关动车所及走行线工程，渝黔线调度指挥纳入成都局调度所相关工程等。在沿线两侧槽道内敷设通信光缆，在全线 11 个新建的车站、4 个信号楼新设通信机房。在区间设置 GSM-R 基站 27 个、直放站 172 处、信号中继站 11 个、线路所 1 处、电力亭所 24 处、轴温机房 18 处、给水所 1 处、净水所 1 处等通信业务节点。在重庆西、重庆北、赶水东、遵义、綦江东、桐梓东、息烽设置 SDH 10 Gb/s ADM 设备，在沿线 11 个车站设置 SDH 2.5 Gb/s ADM 设备。

沿线各区间基站、信号中继站、牵引变电所、分区所、变配电所、通信工区、派出所、轴温机房等信息接入点设 SDH 622 Mb/s ADM 设备。接入层传输系统提供 2 Mb/s 通道、10 M/100 M 宽带数据的接入，兼顾区间应急通信的接入条件。

沿线各车站、线路所、区间基站、信号中继站、牵引变电所传输节点组成 2 纤复用段保护环实现对接入业务的保护。派出所、工区/车间、配电所、轴温机房设 SDH622 Mb/s ADM 设备接入就近车站。分区所就近接入相邻的无线基站、中继站、电气化所（亭）等通信接入点。

第二节　通信系统设计

一、通信传输系统

（一）组　网

本线传输系统采用基于 SDH 的 MSTP 平台构建，并按干线层、接入层组网。

干线层新设基于 SDH 的 MSTP 10 Gb/s 传输系统，利用敷设于铁路两侧不同物理径路的 2 条 32 芯光缆中的各两芯光纤，构成链型 1 + 1 MSP 传输系统，在重庆西、綦江东、赶水东、桐梓东、遵义、息烽、贵阳北站设置 SDH 10 Gb/s ADM 设备。

接入层新设基于 SDH 的 MSTP 2.5 Gb/s 传输系统，利用敷设于铁路两侧不同物理径路的 2 条 32 芯光缆中的各两芯光纤，构成链型 1 + 1 MSP 传输系统。车站接入层 2.5 Gb/s 传输设备与干线层 SDH 10 Gb/s ADM 设备通过 2 个 622 Mb/s 光口相连，对其重要通道形成保护，提高整个传输系统的可靠性。

区间接入层新设基于 SDH 的 MSTP 622 Mb/s 传输系统，在相邻车站之间组建 1 个 MSTP 622 Mb/s 二纤通道保护环，环内节点包括区间 GSM-R 基站、区间信号中继站和牵引供电所亭。

（二）网　管

在贵阳北、重庆北通信站新设传输系统的网元管理设备；在成都通信站、贵阳通信站信站新设传输系统的本地网管终端；在綦江东综合工区、夜郎综合工区、遵义东综合工区、和平通信工区设置 1 套本地维护终端。

二、电话交换及接入系统

本工程利用重庆北通信站及贵阳通信站既有程控交换机。

在重庆西、贵阳北通信站各新建一套 OLT，通过 V5.2 接口分别接入通信站程控交换机。

沿线车站、电力配电所、电气化所亭、信号中继站等处新设 ONU，分别接入新设 OLT。

根据属地划分，重庆西—桐梓东（含）段 ONU 设备接入重庆西通信站的 OLT，桐梓东（不含）—贵阳北段接入贵阳北通信站的 OLT。按属地化管理划分，在重庆西、贵阳北通信站分别新设 1 套接入网网管设备（含网管终端）。

在车站节点的 ONU 设备上配置 FXO 接口板卡，与车站调度交换机互联，为区间电气化所（亭）的调度电话分机提供远程接入。

三、数据通信系统

（一）网络结构

本线数据网按核心层、汇聚层和接入层三层架构设计。

（1）核心层：本线核心节点利用西成客专在成都设置的 2 台核心路由器，实现区域网络与骨干网络间数据的快速转发。

（2）汇聚层：贵阳北、重庆北通信站为汇聚节点。本工程利用川黔、贵广线分别在贵阳北、重庆通信站设置的汇聚路由器，实现各数据接入点的数据流量高速汇聚与转发。汇聚路由器至核心路由器的互联利用既有通道。

（3）接入层：接入层在重庆西、赶水东、遵义、贵阳北为大站接入路由器 2 套。在珞璜南、綦江东、桐梓北、桐梓东、娄山关南、龙坑、遵义南、息烽、修文县站为 2 台小站接入路由器。

车站间路由器利用敷设在铁路两侧的各 2 芯光纤直连，采用 GE（O）光接口直连。

（二）网管系统

根据维护管理的需求，本工程在贵阳北和重庆北通信站设置数据网网管，本线新设数据网设备纳入数据网网管统一管理，完成管理信息的交换及安全管理、配置管理、故障管理和性能管理，并在各通信工区设置 LCT，对全线数据设备进行管理。

四、GSM-R 移动通信系统

本线新设 GSM-R 系统，采用单层网覆盖。利用既有成都局核心网，在重庆北新设一套 BSC。沿线新设基站，其中重庆西、井口基站接入成渝重庆北 BSC，其他基站接入本线新设 BSC。

区间弱场强区采用光纤直放站 + 漏缆/天线方式覆盖。重庆枢纽和贵阳枢纽特殊地区采用分布式基站 BBU + RRU 覆盖，以避免多径干扰。

重庆西站房内新设 GSM-R 室内覆盖系统，利用重庆西 O_3 基站作为信源，采用光纤直放站结合分布式系统覆盖站台层和站房控制室、通信机械室等房屋。重庆西站设置客运数字无线通信系统。系统由中心控制服务器、数字中继台（含信道机、天馈单元等）、基站控制器、有线调度台、IP 交换机、手持台和相关接口组成。

本工程对 3 km 以上的漏缆区段进行故障定位监测，设置漏缆监测系统。

五、调度通信系统

1. 系统构成

调度通信系统由数调主系统、数调分系统、调度台、值班台、其他各类固定终端（电话分机）、网管终端及录音仪等设备组成。

2. 调度区划分

正线：重庆西至贵阳北区间为 1 个调度区段，新设渝黔调度台，由 2 个 2 Mb/s 数字环构成。货调电话接入既有渝黔货运调度台。

枢纽：重庆枢纽的童家溪、双碑线路所纳入兰渝线调度区。白市驿、中梁山、珞璜等车站，纳入重庆枢纽调度台，新设的 1 个 2 Mb/s 数字环。重庆枢纽其他既有车站的数调设备维持既有调度台管辖；马夫田线路所纳入贵阳枢纽调度台；都拉营、中寨、关田等既有站维持既有调度台管辖。

六、会议电视系统

1. 系统构成

会议电视系统由会议电视中心设备、会议电视终端、图像显示设备、摄像机以及网管设备等组成。

2. 系统组网方案

会议电视系统应满足 ITU-T H.323 建议的相关要求，并采用 H.264 压缩编码格式。

会议电视系统采用星型组网方式，以数据网作为承载平台。本次设计在重庆西、珞璜南、綦江东、赶水东、桐梓北、桐梓东、娄山关南、遵义、遵义南、息烽、修文县站设置会议电视分会场设备，纳入成都调度所既有 MCU。会议电视系统与 IP 数据网间所有接口均为以太网口，与视音频设备接口为标准的视音频线缆接口。

3. 系统网管方案

重庆西、珞璜南、綦江东、赶水东、夜郎、桐梓东、娄山关南、遵义、遵义南、息烽、修文县站电视分会场设备纳入成都铁路局调度所既有的会议电视系统网管设备统一管理。

七、应急通信系统

1. 系统构成

应急通信系统由事故抢险现场设备和应急中心设备构成。

利用成都调度所既有应急中心设备，在各综合维修工区各配置 1 套现场事故抢险设备。事件现场采集到的语音、数据、图像等业务信息通过有线、无线、卫星方式传送到区间接入点，再通过传输设备传送到应急中心，建立应急指挥中心与事故现场间的应急通信网络。

2. 隧道事故报警电话

隧道应急电话系统由话机终端、隧道主机、中心交换机以及传输网络四部分组成。

本段在长度大于 5 km 的隧道或者隧道群设置隧道主机 1 套，在隧道内两侧通信信号电缆槽内各敷设 1 条 $3\times4\times0.9$ 长途低频电缆，在综合洞室内设置事故报警电话，接入成都调度中心的中心交换机。

八、时钟及时间同步系统

1. 时钟同步系统

本工程不新设外同步时钟设施，主用时钟同步信号取自既有重庆通信站时钟，备用时钟同步信号取自贵阳北通信站既有时钟设备。

2. 时间同步系统

本工程利用成都通信站既有二级时间同步设备（包括二级母钟以及 NTP 分配单元，同时设有 GPS 作为时间同步源），完成时间同步信号的分配。

通信子系统的时间同步源采用集中接引方式，即时间同步网为通信系统的网管服务器提供时间同步信号，各通信子系统网元与本系统网管服务器的时间服务单元通过 NTP 协议进行时间同步。

本线各通信子系统网管服务器所需时间信号从成都通信站二级时间同步分配设备接引。

九、通信电源

1. 外供交流电源

沿线通信机房均由电力专业提供两路独立交流电源。

2. 直流电源

重庆西站新设 – 48 V/500 A 高频开关电源和 500 Ah 蓄电池 2 组。

沿线车站新设 – 48 V/200 A 高频开关电源和 300 Ah 蓄电池 2 组，区间基站、信号中继站、工区等节点分别新设 – 48 V/100 A 高频开关电源和 100 Ah 蓄电池 2 组，电力、电气化所亭通信设备所需 – 48 V 直流电源由电力、电气化专业提供。

3. 交流电源

视频监控系统在重庆西站设置了 20 kVA 的 UPS 电源，其他车站设置了 10 kVA 的 UPS 电源。

十、电源及环境监控系统

在重庆西、贵阳北通信站设监控中心（SC），沿线各通信机房设监控分站（SU），实现通信电源监控及通信、信号环境条件监控。在综合工区处设置复示终端设备。无线专业收集环境监控信息由后，通过 OMC-T 网管与电源及环境监控中心互联，纳入动环监控系统。

十一、综合视频监控系统

综合视频监控系统由视频区域节点、Ⅰ类视频接入节点、Ⅱ类视频接入节点、视频汇集点、视频采集点、终端设备构成。本线综合视频接入成都局既有视频区域节点，扩容相关设备。综合视频监控系统由 IP 数据网承载。视频汇集点设置三层交换机，三层交换机间通过线路两侧干线光缆直连组环网，并在车站与数据网路由器相连，接入数据网。

本工程在 GSM-R 移动通信基站、车站两端咽喉区、隧道口、公跨铁立交桥、桥梁救援疏散通道、通信机房（包括隧道外直放站）、信息机房、信号机房、防灾机房、行车室、牵引变电所、分区所、开闭所、配电所、联络线与正线联络点等处设置视频采集点。综合视频监控系统视频采集点设备为数字高清摄像机，并增加区间线路视频监控摄像机，视频图像采用 1080 P 分辨率。

综合视频监控系统为客服视频监视系统预留接入条件。在重庆西、遵义设置Ⅰ视频接入节点，珞璜南站、綦江东站、赶水东站、桐梓北站、桐梓东站、娄山关南站、遵义南站、息烽站、修文县站设置Ⅱ类视频接入节点，并按管辖范围分别接入重庆西站和遵义站Ⅰ类视频接入节点。

十二、综合网管

本工程利用西城线在成都调度所设置的综合网管，并根据需要进行扩容。

新设的传输系统、接入系统、数据系统、调度系统、录音仪网管系统、会议电视系统、应急通信系统、无线通信系统、电源及环境监控系统等各类网管均需接入西成线在成都局设置的综合网管系统。

传输系统网管采用 CORBA 协议，数据网网管采用 SNMP 协议，接入系统网管采用 TCP 协议。

十三、防雷接地

（一）防雷系统

1. 无线 GSM-R 铁塔及天馈线系统防雷

铁塔顶部安装避雷针，利用防雷引下线引下至接地体；GSM-R 基站设备自带防雷模块，光纤直放站设备自带 C 级防雷，隧道外基站和光纤直放站馈线进入室内接设备前加装避雷器。

2. 电源系统防雷

电力专业引入 2 路独立的外供电源至各通信机械室内，通信专业在沿线各通信机械室设置 C 级电源防雷箱。

3. 综合视频监控系统防雷

沿线综合视频控制系统视频线、控制线和电源线进入通信机械室时，接入其他设备前分别采用浪涌保护器进行防护。室外摄像机采用浪涌保护器对设备进行感应雷防护。

4. 室内、室外线缆防雷

根据《铁路防雷及接地工程技术规范》（TB 10180—2016）要求，对超过 50 m 的室内数据线、引入室内的线缆进行防雷保护，在通信机械室内通信设备侧设置浪涌保护器。

（二）接地系统

本工程车站、区间各通信机械室采用综合接地方式，无线通信系统铁塔单独设置接地装置，接地装置距离综合接地系统的贯通地线 20 m 以内时接入综合接地系统。

十四、通信线路

沿铁路两侧电缆槽道内分别敷设 1 条不同路由的 $GYTZA_{53}32B1$ 和 $GYTZA_{53}24B1$ 阻燃型干线光缆。站场通信线路采用 $HYAT_{23}$ 市话电缆及 $GYTZA_{53}12$ 芯光缆。

十五、综合布线及有线电视系统

综合布线系统采用六类布线标准，为开放式网络拓扑结构，支持语音、数据等信息的传递。

本工程综合布线系统共设置 3 542 个信息点，其中 1 380 个语音信息点，2 162 个数据信息点。信息点配置详见表 3-10-1。

表 3-10-1　信息点配置

区段	图册编号	建筑物名称	信息点数量	
			语音	数据
重庆枢纽	渝黔施通（布线六）	重庆枢纽公安、交刑警综合楼	194	658
珞璜南（不含）至省界	渝黔施通（布线二）	綦江东公安派出所	26	70
		綦江东综合维修车间单身宿舍	48	48
		綦江东站区单身宿舍	10	10
		綦江东综合维修车间办公楼	80	80
		赶水东公安派出所	26	70
		赶水东站区单身宿舍及综合工区保养点	13	13
省界至蓬莱	渝黔施通（布线三）	夜郎镇综合维修车间单身宿舍	48	48
		夜郎镇站区单身宿舍	10	10
		夜郎镇综合维修车间办公楼	80	80
		桐梓东公安派出所	26	70
		桐梓东站区单身宿舍及工区保养点	13	13
		娄山关南综合维修车间单身宿舍	24	24
		娄山关南站区单身宿舍	10	10
		娄山关南综合维修车间办公楼	50	50
		遵义东公安派出所及刑警队、交警队	70	200
		遵义东站区单身宿舍及工区保养点	17	17
		苟江线、桥工区	27	27
		苟江站区单身宿舍	10	10
		苟江电力工区	27	27
		息烽公安派出所	32	88
		息烽站区单身宿舍	10	10
		息烽信号楼	24	24
		扎佐东站区单身宿舍及工区保养点	13	13
	渝黔施通（布线五）	和平电务工区单身宿舍	64	64
		和平线、桥工区单身宿舍	64	64
		和平供电、建筑、给排水工区及食堂	76	76
		和平线、桥工区及食堂	33	33
		和平电务工区及食堂	69	69
		和平站区单身宿舍	20	20
		和平供电工区单身宿舍（含建筑、给水工区）	130	130
		和平信号楼	36	36
合　　计			1 380	2 162

第十一章 信号设计

第一节 信号工程设计概述

一、信号工程范围

（一）正线工程

正线工程由珞璜南站（不含）D1K24 + 650 至长田湾线路所（不含）D3K328 + 800，全长约 307 km，包括綦江东、赶水东、桐梓东、娄山关南、遵义渝黔场（原遵义东渝黔场）、龙坑、遵义南、息烽渝黔场、息烽川黔场、修文县共计 11 个车站及 11 个信号中继站。

（二）引入重庆枢纽相关工程

（1）客运通道：新建重庆西渝黔场、重庆西渝昆场、珞璜南 3 站，改建歌乐山、K141 线路所 2 站（所）。小南垭客车联络线：改建小南垭站。

（2）货运通道：改建珞璜、陶家场线路所、小南海、石场、中梁山、跳蹬共 6 站（所）。

（3）动车所：新建重庆西动车所、重庆西客整所。

（三）引入贵阳枢纽相关工程

渝黔正线由北向南引入贵阳枢纽范围，枢纽起讫点为 D3K328 + 800 ~ D3K342 + 374.585，线路长度 13.575 km，包括长田湾线路所。

渝黔引入贵阳枢纽客车联络线上行（YQLSD4K0 + 000 ~ YQLSD1K3 + 777.952）线路长度为 3.715 km，下行（YQLXD3K0 + 000 ~ YQLXD3K2 + 332.588）线路长度为 2.333 km。

（四）工程分界工程

渝黔铁路本段信号工程与兰渝线信号工程界面在童家溪线路所 Xx、XxN 进站信号机处。与成渝客专信号工程界面在重庆西渝黔场为 XC、XTC 进站信号机处，在重庆西渝昆场为 YXG 预告信号机处。与渝黔引入贵阳枢纽货运线工程的分界以长田湾线路所都拉营方面防护线路所通过信号机 SH、SHN 为工程分界。与贵广引入贵阳枢纽工程的分界以长田湾线路所至贵阳北站渝黔贵广场区间集中区分界为工程分界（渝黔线 XQ、XQN 进站信号机）。与长昆引入贵阳枢纽工程的分界以长田湾线路所至贵阳东站区间集中区分界为工程分界（客车下行联络线 XQ 进站信号机、客车上行联络线 XQN 进站信号机）。

二、信号系统四电工程范围

重庆至贵阳段范围内包括各车站的联锁系统、调度集中系统、自动闭塞工程、地面列控系统、信号集中监测系统等，包括调度集中系统引入成都局调度所新增调度台、应用服务器、通信服务器、网络接入设备及调度所 TDCS/CTC 中心总机系统软件修改，信号集中监测系统引入重庆电务段、贵阳电务段监测总机系统软件修改等。

工程范围涵盖信号系统的设备采购、施工安装（含建筑工程、安装工程及接口工程）、调试试验（含联调联试配合）、技术服务等内容，见表 3-11-1。

表 3-11-1　渝黔铁路车站、中继站等工程内容

序号	名　称	系统							备　注
		TSRS	CBI	TCC	CTC	安全数据网	CSM	电源	
1	童家溪线路所	修 1	修 1	修 1	修 1	修 1	修 1	修 1	混砖平房
2	歌乐山		1	1	1	1	1	1	混砖楼房
3	重庆西渝黔场	1	1	1	1	1	1	1	综合站房
4	重庆西渝昆场		1	1	1	1	1	1	综合站房
5	中继站 1			1		1	1	1	混砖平房
6	珞璜南		1	1	1	1	1	1	综合站房
7	中继站 2			1		1	1	1	混砖平房
8	中继站 3			1		1	1	1	混砖平房
9	綦江东站		1	1	1	1	1	1	综合站房
10	中继站 4			1		1	1	1	混砖平房
11	赶水东站		1	1	1	1	1	1	综合站房
12	中继站 5			1		1	1	1	混砖平房
13	中继站 6			1	1	1	1	1	混砖平房
14	桐梓北站		1	1		1	1	1	综合站房
15	中继站 7			1		1	1	1	混砖平房
16	桐梓东			1	1	1	1	1	综合站房
17	中继站 8			1		1	1	1	混砖平房
18	娄山关南		1	1	1	1	1	1	综合站房
19	中继站 9			1		1	1	1	混砖平房
20	遵义渝黔场		1	1	1	1	1	1	综合站房
21	龙坑		1	1	1	1	1	1	信号楼
22	遵义南		1	1	1	1	1	1	综合站房
23	中继站 11			1		1	1	1	混砖平房
24	中继站 12			1		1	1	1	混砖平房
25	修文县		1	1	1	1	1	1	综合站房
26	长田湾线路所		1	1	1	1	1	1	混砖平房
27	重庆西动车所		1	1	1	1	1	1	信号楼
28	重庆西客整所		1		1	1	1	1	信号楼
29	珞璜		1		TDCS 新 1		1	1	信号楼
30	陶家场线路所		1		TDCS 新 1		TDCS	TDCS	混砖平房
31	小南垭		1		TDCS 新 1		1	1	货场工程改建
32	石场		修 1		TDCS 修 1		修 1		
33	小南海		修 1		TDCS 修 1		修 1		
34	跳蹬		1		TDCS 新 1		1	1	信号楼
35	中梁山		1		TDCS 新 1		1	1	信号楼

第二节　信号系统设计

一、行车调度指挥系统

本工程 C2 区段采用调度集中（CTC）系统，C0 区段维持原列车调度指挥（TDCS）标准不变。歌乐山、重庆西渝昆场、重庆西渝黔场、珞璜南站、綦江东站、赶水东站、桐梓北、桐梓东、娄山关南、遵义渝黔场、龙坑、遵义南、息烽渝黔场、修文县、重庆西动车所、重庆西客整所、长田湾线路所新设 CTC 分机设备。童家溪线路所、歌乐山 CTC 分机利旧改造。在珞璜、中梁山、跳蹬、息烽川黔场、K141 线路所、团结村、白市驿、铜罐驿、陶家场线路所、黄磏新设 TDCS 车站子系统，石场、小南海、陶家场线路所、小南垭 TDCS 利旧修改。

本线行车调度指挥纳入成都局调度所管辖，新建 2 个行车调度台（渝黔台、贵阳 3 台），渝黔台管辖重庆西渝黔场（不含）至长田湾线路所（含），贵阳 3 台管辖既有贵阳 1 台涉及的普速部分、枢纽环线部分车站及区间；重庆西渝黔场、重庆西渝昆场、重庆西动车所、重庆西客整所、歌乐山、童家溪线路所纳入既有重庆枢纽 1 台；珞璜、小南垭、中梁山、跳蹬纳入既有重庆枢纽 2 台；息烽川黔场纳入既有川黔 2 台。

本工程引入成都局调度所，需增加应用服务器、通信前置服务器、TSRS 接口服务器以及行调台。同时考虑对 CTC 总机系统/TDCS 总机系统既有数据库服务器、系统软件管理服务器、与 TDMS/运调接口服务器、网管台、系统维护台等进行软件修改、调试。

CTC 系统独立组网，按照双环 2 M 数字通道结构设计；TDCS 系统独立组网，按照单环 2 M 数字通道结构设计，均配套设置信息安全防护设备和通道质量监督设备。

二、闭塞设备

渝黔正线、童西线、重庆枢纽内渝黔客线、K141 线路所至井口、歌乐山至重庆北渝怀场（不含）、团结村（不含）至珞璜（含）采用 ZPW-2000 系列无绝缘轨道电路的四显示自动闭塞，正向运行追踪间隔满足运输要求，反方向按自动站间闭塞运行，动走线按单线双向自动闭塞运行，设置地面通过信号机。全线共设信号中继站 12 处。

重庆西渝昆场与中梁山设计自动站间闭塞，采用计轴设备检查站间区间空闲。重庆西渝昆场与芭蕉沟线路所、珞璜南与小南垭、珞璜南与珞璜站间采用自动站间闭塞，站间轨道电路贯通实现区间空闲检查。

珞璜与小南垭站间维持既有单线计轴三显示自动闭塞，其余各站间维持既有 64D 半自动闭塞。

轨道电路设计执行《铁路信号设计规范》和《ZPW-2000 轨道电路技术条件》，当闭塞分区长度大于轨道电路工程设计长度时，采用分割措施。

CTCS-2 级自动闭塞区段采用 ZPW-2000 无绝缘轨道电路，按发送盒“1 + 1”、接收“双机并用”的方式构成冗余，采用列控编码方式；CTCS-0 级自动闭塞区段采用 ZPW-2000 无绝缘轨道电路，按发送盒“N + 1”、接收“双机并用”的方式构成冗余，采用继电编码方式；其中 CTCS-2 级区段井口至重庆北（不含）室外设备利旧，室内设备新设，按发送盒“N + 1”、接收“双机并用”的方式构成冗余，采用继电编码方式。

区间信号机采用非数字信号电缆；长大隧道及引入站房（室）采用 WDZC 型低烟无卤阻燃型电缆；区间电缆沿线路两侧均铺设在站前工程预留的电缆槽内。当区间中继站远离线路时，由路基专业将区间电缆槽引至区间场坪防护围墙外，围墙内由房建专业设置电缆槽引至信号电缆间。

三、列控系统

渝黔铁路正线采用 CTCS-2 级列控系统。

（一）CTCS-2 列控系统覆盖范围

童家溪线路所（含）贵阳北渝黔场（含）、井口（含）至重庆北（含）CTCS-2 列控系统贯通。与成渝客专在重庆西渝黔场与半边山线路所接轨，设置 C2/C3 级间转换（成渝客专工程设计）；与川黔线在龙坑站接轨，根据列流图显示，无跨线运行的动车组，因此正线区段在龙坑与既有川黔线相邻站之间不考虑 C0/C2 的级间转换。

（二）地面设备配置

列控地面设备由列控中心（TCC）、ZPW-2000 系列轨道电路、应答器、轨旁电子单元（LEU）、临时限速服务器、安全数据网及接入设备等组成。

列控中心：本段在井口、歌乐山、重庆北、重庆西渝昆场、重庆西渝黔场、珞璜南、綦江东、赶水东、桐梓北、桐梓东、娄山关南、遵义东渝黔场、龙坑、遵义南、息烽渝黔场、修文县、重庆西动车所、长田湾线路所共 18 个站（所）及 12 个信号中继站分别设置 1 套列控中心（TCC）设备。童家溪线路所列控中心利旧修改。

应答器：对于 CTCS-2 级标准的车站，应答器按《CTCS-2 级列控系统应答器应用原则》的要求布置。

电子编码单元（LEU）：负责接收从列控中心传送的应答器报文信息，经转换为高频基带信号传送给有源应答器。LEU 具备应答器电缆断线检测功能。控制高速正线有源应答器的 LEU 设备按 1 + 1 冗余设置，控制侧线有源应答器的 LEU 设备按 N + 1 冷备方式。

自动过分相设计：列控车载设备可根据地面应答器提供的分相区信息，在适当位置给动车组过分相装置发送指令，实现自动过分相。

临时限速服务器：本段在重庆西渝黔场信号机房设置 1 台临时限速服务器，其管辖范围与成都铁路局渝黔台管辖范围一致。重庆枢纽及贵阳枢纽内分别利用既有临时限速服务器下达临时限速命令，TSRS 与 TCC、相邻 TSRS 间通过信号系统安全数据网连接。

异物侵限报警：异物侵限监控系统在沿线公跨铁桥梁设置异物侵限监测传感器。列控中心与异物侵限系统采用继电接口。根据防灾专业资料，本线遵义渝黔场设公跨铁立交桥 1 处，设计异物侵限报警。

信号系统安全数据网：组网采用不同物理路径的光纤通道，在重庆西渝黔场、遵义渝黔场信号机房分别设置 1 套网管服务器，在重庆电务段、贵阳电务段维护中心分别设置 1 套网管终端设备。

四、车站联锁系统

1. 联锁设备设置

在重庆西渝昆场、重庆西渝黔场、珞璜南、綦江东、赶水东、桐梓北、桐梓东、娄山关南、遵义东渝黔场、龙坑、遵义南、息烽渝黔场、修文县、重庆西动车所、重庆西客整所、息烽川黔场、珞璜、长田湾线路所、井口、歌乐山、K141 线路所、团结村、白市驿、陶家场线路所、黄磏新建硬件安全冗余结构的计算机联锁设备，铜罐驿、跳蹬、中梁山新建双机热备型计算机联锁设备，童家溪线路所利旧修改。

2. 联锁控制范围

正线车站范围内接发车进路上的道岔及综合工区道岔等均纳入车站联锁集中控制。

3. 信号机构

信号机均采用铝合金机构，列车信号机采用双灯泡信号机、点灯单元。

4. 道岔控制

车站及线路所道岔采用三相交流转辙机，配置钩式外锁安装装置。直向通过速度在 160 km/h 以上的 18 号及以上号码道岔设置密贴检查装置。转辙机和密贴检查器的杆件设置防水罩。

5. 站内轨道电路

站内采用 97 型 25 Hz 相敏轨道电路并配套二元二位继电器，依据《97 型 25 Hz 相敏轨道电路图册》[通号（99）0047]进行设计。

电码化正线按叠加预发码、到发线股道按叠加发码方式设计，采用 ZPW-2000 系列发码设备，满足《铁路车站电码化技术条件》（TB/T 2465—2010）中技术要求 C2 区段的车站电码化由列控中心完成电子编码，其余车站电码化采用继电编码方式。

成渝客专联络线至童西线上的道岔区段（即纳入重庆西渝黔场控制的 259#和 261#）及相关闭塞分区采用 ZPW-2000 系列无绝缘轨道电路，发码采用电子编码。

6. 轨道电路分路不良整治方案

纳入联锁的维修工区及非列车进路上的分路不良区段采用熔覆合金技术措施处理，正线间渡线道岔采用钢轨喷涂处理措施。

7. 信号传输线路

联锁设备室外信号电缆采用综合扭绞信号电缆，干线电缆采用铝护套信号电缆。隧道内及引入站房（室）的信号电缆采用 WDZC 型低烟无卤阻燃型电缆。ZPW-2000 系列轨道电路采用数字信号电缆，其他信号设备采用非数字信号电缆。

五、信号集中监测系统

车站、线路所、中继站设计集中监测分机。车站通信机械室至信号机械室监测通道采用光纤通道和光接口设备。监测系统基层网通道为单环网结构，采用 2 M 专用数字通道，在环的两端连接到重庆电务段、贵阳北电务段监测总机。

贵阳电务段监测总机系统改造由渝黔线计列投资，贵阳枢纽工程代建，为满足长昆、贵广开通要求目前已提前实施。渝黔线监测分机信息接入贵阳电务段、重庆电务段，将分别考虑对两个电务段监测总机系统软件进行相应修改。本次监测分机信息接入重庆电务段，考虑对电务段监测总机的修改。

对 ZPW-2000 轨道电路监测，通过分线采集器及电流传感器实现信息采集，分线采集器通过 CAN 总线将上述信息上传给轨道电路监测维护机，再传送给集中监测分机。

六、信号电源系统

本段各新建车站、线路所、中继站均新设 1 套综合智能电源屏。新设的电源屏配置双套大容量 UPS，UPS 的容量负荷按除转辙机以外的所有用电量考虑。有人值守车站 UPS 供电时间按不少于 30 min 考虑，无人值守站按 UPS 供电时间不少于 2 h 考虑。

七、综合接地系统

1. 主要技术原则

为确保综合接地系统的技术性能，以满足沿线电子、电气设备安全可靠运行和人身安全防护要求。综合接地工程的站前预埋部分与土建工程同步实施。

综合接地系统由贯通地线、接地装置（或接地极）、引接线、接地端子以及接触网闪络保护接地装置等构成。综合接地系统的接地电阻应不大于 1 Ω。

桥梁、隧道、无砟轨道、接触网支柱基础等结构物内的接地装置应优先利用结构物中的非预应力结构钢筋作为自然接地体。结构物内的接地钢筋之间均要求可靠焊接，保证电气连接。

2. 贯通地线的设置

渝黔正线童家溪线路所（不含）—贵阳北渝黔场（不含）双侧敷设 35 mm^2 贯通铜缆。

路基地段：贯通地线设于信号电缆槽下方，短路基地段将贯通地线敷设于电缆槽内，并采取水泥包敷的隔离防护措施。

车站范围：贯通地线沿车站两侧电缆槽走向直接埋设于信号电缆槽下方。

桥梁地段：贯通地线设于桥梁上外挂式信号电缆槽内，采取隔离防护措施。

隧道地段：贯通地线铺设在通信信号电缆槽内，采取隔离防护措施。

八、其他系统

（1）电务综合监督系统：在重庆西渝贵场、珞璜南、綦江东、赶水东、桐梓北、桐梓东、娄山关南、遵义渝贵场、龙坑、遵义南、息烽渝贵场、修文县、长田湾线路所共计 13 个车站（场）和 12 个中继站设置站机服务器，在重庆西渝贵场设置中心服务器。重庆电务段和贵阳电务段分别设置显示终端，对成都局调度中心电务综合监督系统总机进行扩容修改。

（2）动车所集中控制系统：在重庆西动车所设置 1 套集中控制系统。

（3）调车防护系统：在重庆西动车所设置 1 套调车防护系统。

第十二章　信息设计

第一节　信息工程设计概述

信息设计为旅客提供进站、候车、接车等听觉信息及图表、图像等视觉信息，同时为运营人员提供列车到发通告、客流动态等信息，帮助车站有关人员正确有效地疏导客流，有效防止意外事故发生，保证站、车及旅客安全。

新建车站的信息设计包括客运服务信息系统（旅客服务信息系统和客票系统）、办公信息系统、公安管理信息系统、有线电视系统、电源监控系统、综合布线系统、行包管理及服务信息系统、综合维修管理信息系统、运输调度管理系统。其中客运服务系统设计详见本篇第十七章，本章主要涉及办公信息系统、公安管理信息系统、有线电视系统等其他系统的设计。

第二节　信息系统设计

一、办公信息系统

各新建客运站、信号楼、综合维修车间/工区、公安派出所设置办公信息系统。办公信息系统通过IP数据网分别接入重庆维修站或贵阳维修站后再接入成都铁路局信息技术所既有办公信息系统。本次工程成都铁路局信息技术所办公信息系统无扩容改造内容，各站由成都铁路局统一安排，在有需要的相关岗位上设置工作微机和打印机。

根据铁总运〔2015〕341号《中国铁路总公司关于印发〈铁路局综合计算机网与数据通信网融合技术方案〉的通知》的相关要求，本线各新建客运站、龙坑站信号楼办公信息系统分别增加2台路由器、2台防火墙，采用用户边缘路由器（CE）与网络边缘路由器（PE）对接模式，接入数据通信网，接口为FE（O）。

二、公安管理信息系统

本线各新建派出所、车站公安值班室新设公安管理信息系统，分别设置路由器、二层交换机、计算机、打印传真一体机、公安制证设备和A4激光打印机，通过通信传输网或综合布线光缆连接至车站办公信息系统三层交换机后再接入数据通信网。

三、有线电视系统

本线在各新建客运站设置有线电视系统，有线电视系统仅包括信息机房光端机（不含）以下的配线设计。在信息机房设置信号放大器、二分配器，在VIP候车室、会议室、车站间休息室设置有线电视插座。

四、电源监控系统

各新建客运站信息机房、信息配线及设备间内电源设备接入办公信息系统交换机，在车站综合监控室设置管理终端。

在重庆车务段、遵义车务段设置管理工作站对电源工作情况进行统一管理。

五、综合布线系统

站房内综合布线系统采用六类非屏蔽布线标准，由工作区子系统、水平子系统、干线子系统、设备间子系统、管理子系统组成。综合布线系统包括语音、数据所需网络布线，不涉及各部门独立组网的网络设备及软件。综合布线系统与其他系统工程界面在配线架外侧。

六、行包管理及服务信息系统

1. 行包管理信息系统

遵义站新建行包管理信息系统，遵循现有行包系统的总体结构和技术标准，系统采用中心—车站两级架构设置。

在信息机房、信息配线及设备间设置行包管理服务器、VPN 网关、二层交换机等后台设备；在发送工位设置 2 台计算机终端、2 台票据打印机、2 台货签打印机；在装卸、到达、管理等工位分别设置 1 台计算机终端、1 台票据打印机、1 台货签打印机。

本站行包管理信息系统通过 VPN 网络与既有铁路行包数据中心连接，实现数据交换。

2. 行包服务信息系统

本站行包显示系统、行包广播系统、行包视频监视系统及行包安全检查设施与旅客服务信息系统合设，并由旅服系统、综合视频系统在行包值班室分别设置业务操作终端、视频监视终端。

七、运输调度管理系统

本线设置运输调度管理系统。结合成都调度所现有情况，本工程在成都调度所列车调度台增加 2 套 TDMS 终端（一机一屏）、1 台打印机，在供电调度台增加 1 套 TDMS 终端（一机一屏）、1 套 TDMS 终端（一机两屏）、1 台打印机。

TDMS 系统中心设备、网络设备、综合布线及电源均利用调度所已实施工程，不在本工程范围内考虑。接入 TDMS 系统的设备均采用主机前置方式。

各调度台终端显示屏尺寸、颜色等需与调度所其他终端保持一致。

第十三章　电力设计

第一节　电力工程设计概述

重庆枢纽、贵阳枢纽等地区电网较发达，沿线电力系统属国家电网公司及南方电网公司管辖，供电质量和可靠性较高，区间部分偏远地区电网分布不均衡，沿线变电站密度较低。本线根据电网分布调查资料，合理设置铁路 10 kV 变配电所，基本能满足铁路供电的需要。

全线及枢纽内供电点主要分布在沿线各车站、线路所、动车所、综合维修段（工区）、货场，区间信号中继站、无线通信基站及直放站、隧道、设置照明或排水的桥梁等处。主要供电负荷类型为信号、通信、红外轴温探测、综合调度系统、消防、综合维护检修、通风空调、给水排水、室内外照明、桥梁隧道照明及其他动力等。

沿线路新建综合负荷贯通线及一级负荷贯通线各一条，两贯通线采用单芯铠装非磁性电缆，沿桥、隧、路基电缆槽敷设。新建白市驿—小南海综合负荷贯通线及团结村—西永—小南海一级负荷贯通线，新建重庆西童家溪双贯通线，新建蓬莱东线路所至贵阳客站、关田站的 10 kV 地区馈线采用全电缆方式。

第二节　电力工程设计

一、电力供电系统设计

电力供电系统主要由高压电源线路、铁路站（段）10 kV 变配电所、沿线两路 10 kV 电力贯通线路、站场及区间高低压电力线路、10/0.4 kV 变电所、箱式变电所、室外照明、动力配线、电气设备、防雷接地、车站机电设备监控及火灾自动报警装置等设施组成，全线电力远动系统纳入 SCADA 统一调度。

渝黔线电力供电工程设计在全线各站、段、工区负荷集中、容量较大的地方设 10/0.4 kV 室内变电所，受地形限制的地方采用箱式变电站供电。沿线信号中继站（线路所）内设 10 kV 电力远动开关站，远动开关站设于电力远动间内，设两台专用变压器，由双贯通线各接引一路电源，作为信号、通信负荷的主、备用电源，10 kV 一次侧供电采用环网供电模式。无线通信基站、光纤直放站设 10/0.4 kV 箱式变电站，设双台变压器，由二回贯通线各接引一路电源，10 kV 一次侧供电采用环网供电模式，考虑与就近的隧道照明、桥隧守护等箱式变电站合建。

（一）电力配电所设计

1. 配电所设置

结合各站负荷情况和供电臂距离，经仿真计算全线配电所设置情况，具体如下：新建重庆西 220/10 kV 变电所（与牵引变电所合建），新建重庆动车所、綦江东、赶水东、夜郎、桐梓东、遵义东、苟江、息烽 8 座 10 kV 配电所，利用在建的贵阳北 10 kV 配电所、贵阳客中心配电所（贵广工程）、兴隆场 10 kV 配电所（兰渝工程），为本线及枢纽相关工程供电。

新建 10 kV 配电所贯通母线段经低电阻接地，并设置电抗器补偿全电缆线路电容电流；配电所主母线设置无功动态补偿装置。配电所设置综合自动化系统，具备远动功能，同时设置视频监视系统。利用既有的贵广铁路贵阳北 10 kV 配电所贯通母线段预留的两路馈出。

2. 配电所电源情况

除夜郎由地方变电站接取 1 路 10 kV 电源、重庆西由地方变电所接取 2 路 110 kV 电源、重庆西动车所内配电所是从重庆西 110 kV 配电所接取两路 10 kV 电源外，其余配电所均由地方变电站接取 2 路独立的 10 kV 电源。

3. 变配电所继电保护及自动装置

配电所采用数字继电器发及通信装置，实现全所电气设备的测量、控制、保护等功能，并提供电力远动接口；数字继电器布置在高压柜仪表单元上、通信装置布置在控制室内。变配电所内装置视频监控探头布置在设备间，视频信息通过综合监控系统上传到综合调度中心（视频监控系统由通信专业设计）。

（二）10/0.4 kV 变电所设计

各车站、动车运用所、综合维修段、工区负荷集中的地方设 10/0.4 kV 电变所，车站站房、综合楼变电所与配电所合建，综合维修段、工区变电所独立设置。维修工区设 10/0.4 kV 室内变电所，从配电所不同站馈回路分别接取电源。

渝黔线电力供电工程设计在全线各站、段、工区负荷集中、容量较大的地方设 10/0.4 kV 室内变电所，受地形限制的地方采用箱式变电站供电。沿线信号中继站（线路所）内设 10 kV 电力远动开关站，远动开关站设于电力远动间内，设两台专用变压器，由双贯通线各接引一路电源，作为信号、通信负荷的主、备用电源，10 kV 一次侧供电采用环网供电模式。无线通信基站、光纤直放站设 10/0.4 kV 箱式变电站，设双台变压器，由二回贯通线各接引一路电源，10 kV 一次侧供电采用环网供电模式，考虑与就近的隧道照明、桥隧守护等箱式变电站合建。

二、临时电力工程设计

（一）设计要求

（1）临时电力线路、变配电设备需满足国家、原铁道部、电力行业现行有效的有关规程规范和规定的要求。

（2）临时变配电设备具备相应保护、计量功能，并集中设置电容补偿。

（3）临时变配电设备应节约占地，选址时应考虑设备运输，电力线路进出线及值班人员生活方便等条件。

（4）施工图阶段临电工程设计由承包单位负责。

（二）设计方案

（1）供电对象为集中供电地段新建桥隧及其他施工用电负荷。

（2）负荷等级均按三级负荷。

（3）本工程仅向供电对象提供一路主用电源，需设置备用电源的工点的应急电源、备用电源等由用电单位自行配备。

（4）尽量按供电营业区范围供电，供电能力达不到时经供电部门同意后可考虑跨供电营业区供电的方案。为施工方便，减少对植被的破坏，电力线路尽量不翻越长大隧道。

（5）临电工程范围包括接取地方电源、电源线、临时集中变配电设备、临电干线等。从临电干线到施工用电点的分歧线路及以下所有电力线路和设备纳入小临工程。

（6）临电工程费用采用综合价，费用由中标单位包干使用，其中包括必要的勘测设计和审查、工程施工及青苗补偿、验收移交、与相关单位和人员协调配合等工程实施所需的全部费用。工程费用不含临电工程供电后的运行维护管理。

三、“三电”迁改工程设计

（一）迁改原则

（1）铁路两侧征地红线及车站征地红线范围内的电力线路及电力设施，不满足电气化铁路安全界限标准及有关规程、规范要求的电力线路的迁改属于电力迁改范围。

（2）临时设施如取弃土场、制梁场、级配碎石站、临时道路、临时生活设施等所引起的电力迁改不属于本范围内，由相关工程计列。道路改移延伸至铁路征地红线外部分所引起的电力迁改不属于本范围内。

（3）因房屋拆迁引起的电力线路迁改，当红线范围内房屋拆除后影响到红线范围外用户使用的供电线路纳入电力迁改工程，其余不纳入拆迁范围。房屋拆迁过程中的过渡不在本拆迁范围内。

（4）厂房、企业等搬迁，为厂房、企业供电的电力线路由搬迁单位负责迁改、还建，不纳入电力迁改工程。

（5）电力迁改应本着按原标准还建的原则进行，迁改工程的实施不改变既有产权归属及运行管理维护模式。

（二）迁改工程

（1）交叉跨越、平行电气化铁路的电力线路必须符合《铁路电力设计规范》（TB 10008—2006）表 7.7.9 及铁道部办公厅文件办运发〔2003〕25 号文等的有关要求。

（2）110 ~ 500 kV 电力线路与电气化铁路交叉跨越、平行时必须符合《110 kV ~ 750 kV 架空输电线路设计规范》（GB 50545—2010）的有关要求。

（3）考虑本线为电气化铁路的因素，10 kV 及以下电力线路与铁路交叉时，应采用电缆穿保护钢管过轨的方式。

（4）35 kV 及以上的电力线路需跨越铁路时一般采用架空方式，且架空线路不宜在车站出站信号机以内跨越。

（5）架空电力线路跨越电气化铁路时，交叉挡两端的电杆应有加强措施，跨越杆的悬垂线夹应采用固定型。跨越杆（塔）应接地，其接地电阻不宜大于 30 Ω。

（6）交叉跨越档内导线不能有接头。导线应采用 LGJ 型钢芯铝绞线，应等于或大于原导线截面积，且不小于 35 mm^2。

（7）电缆穿越铁路时，应穿保护钢管。钢管内径不小于电缆外径的 1.5 倍，且不小于 SC100，保护管埋深不小于 1 m，钢管超出铁路路基每侧各 1 m，超出排水沟底面 0.5 m。电缆截面应等于或大于原导线截面，且管内不得有接头。

第十四章　电气化设计

第一节　牵引供电设计

一、牵引供电方式

渝黔正线及两端引入枢纽部分区段均采用带回流线的直接供电方式，其余采用直接供电方式。接触网采用全补偿简单链形悬挂，并利用贵广线拟建的贵阳北 AT 牵引变电所出直供馈线向本线供电。

引入重庆枢纽供电方式为：新建陶家场直供牵引变电所，新建歌乐山分区所、珞璜南直供分区所兼开闭所，利用兰渝线拟建的董家溪牵引变电所、团结村分区所兼开闭所。

引入贵阳枢纽供电方式为：新建都拉营直供牵引变电所、关田直供分区所。由于既有息烽牵引变电所被新建线位所占，新建息烽牵引变电所承担既有牵引变电所供电范围的供电，其余区段既有线供电设施分布及供电格局不变。

二、牵引变电所、分区所的分布方案

本线利用兰渝线既有童家溪牵引变电所和贵广线既有贵阳北 AT 牵引变电所（已纳入贵广工程一并实施），新建重庆西、烧炭嘴、綦江东、沙堡、夜郎镇、娄山关、遵义东、通木、息烽、修文县、陶家场、都拉营共 12 座牵引变电所，新建歌乐山、小南海、花龙湾、仙女洞、天平、团山堡、中寨、龙坑镇、上寨、同新、苏劳、关田共 12 座分区所，新建重庆西开闭所、珞璜南分区所兼开闭所。

渝黔线牵引供电方式及供电分段如图 3-14-1 所示。

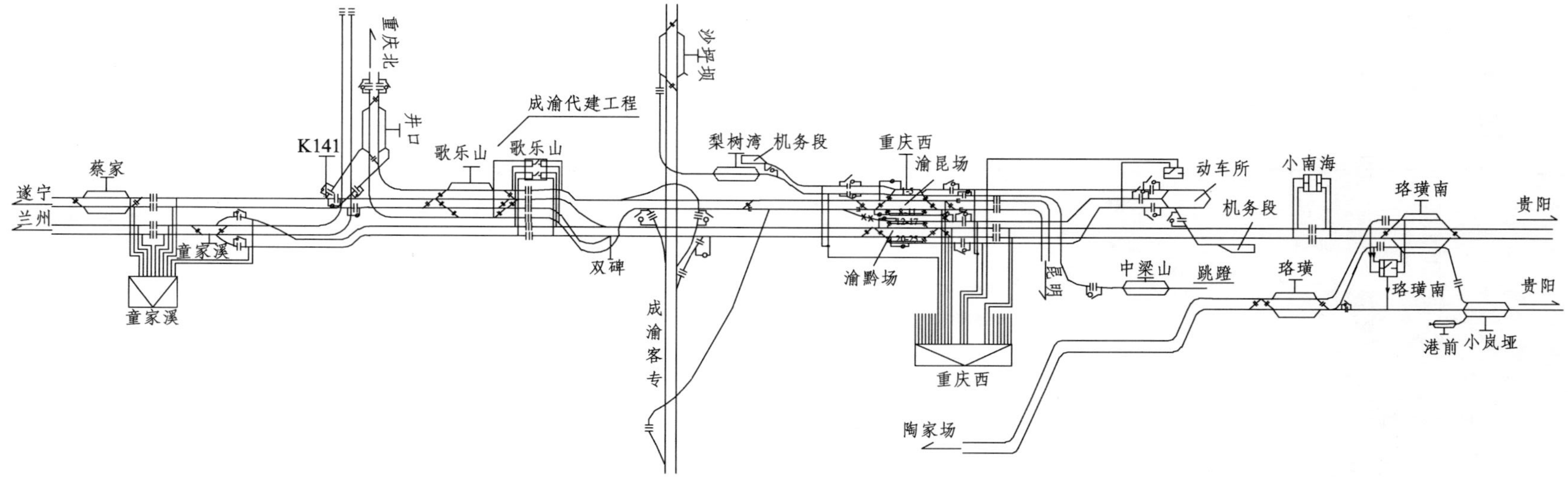

（a）渝黔引入重庆枢纽牵引供电方式及供电分段示意

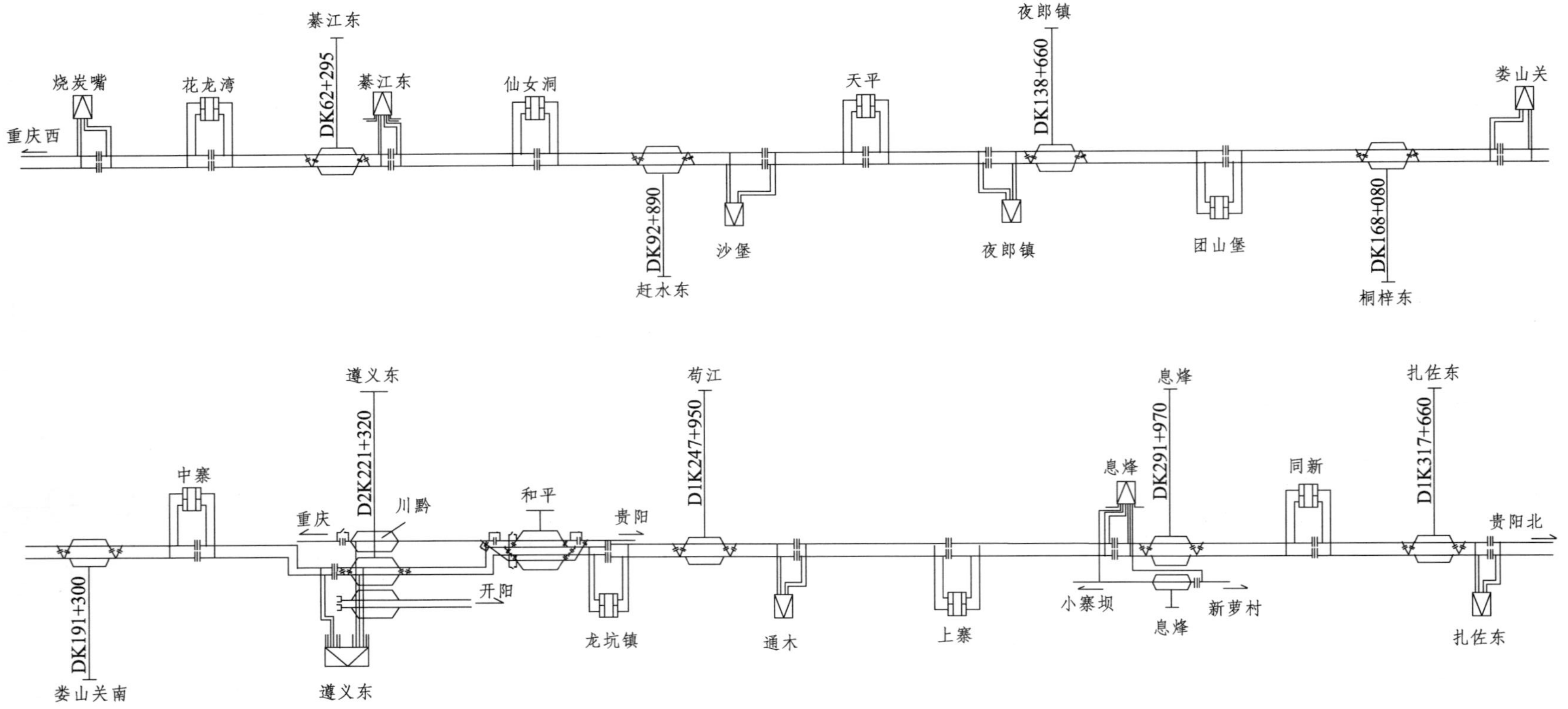

（b）渝黔正线区段牵引供电方式及供电分段示意

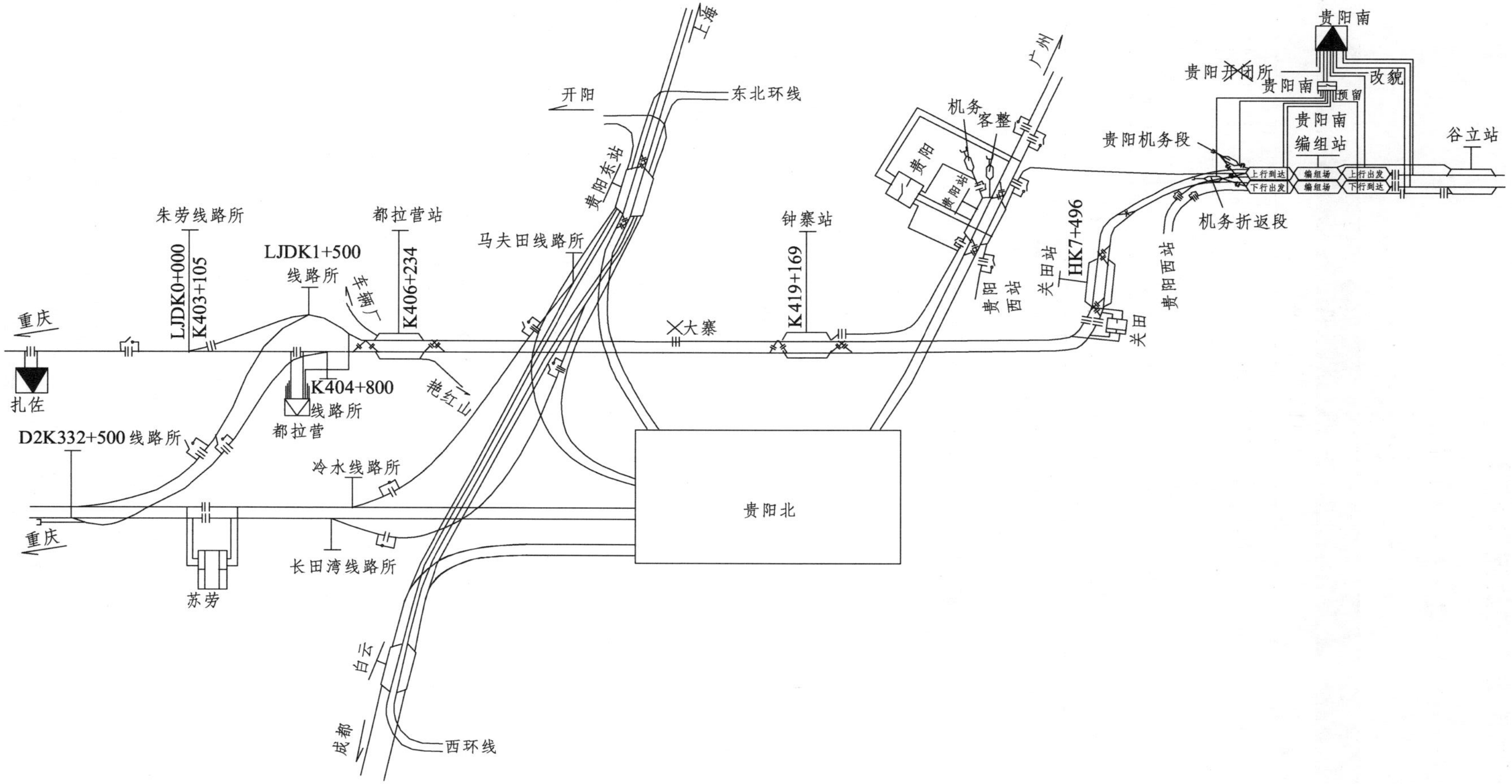

（c）渝黔引入贵阳枢纽牵引供电方式及供电分段示意

图 3-14-1　渝黔线牵引供电方式及供电分段

三、牵引变压器接线型式及安装容量

牵引变压器接线形式及安装容量如表 3-14-1 所示。

表 3-14-1　牵引变压器接线型式及安装容量

牵引变电所	重庆西	烧炭嘴	綦江东	沙堡	夜郎镇	娄山关
牵引变压器类型	220 kV 三相 Vv 接线					
近期牵引变压器安装容量/MVA	2×（40＋10）	2×（20＋20）	2×（12.5＋20）	2×（20＋20）	2×（20＋25）	2×（25＋25）
牵引变电所	遵义东	通木	息烽	修文县	都拉营	
牵引变压器类型	220 kV 三相 Vv 接线				110 kV 三相 Vv 接线	
近期牵引变压器安装容量/MVA	2×（20＋40）	2×（20＋25）	2×（31.5＋31.5）	2×（25＋12.5）	2×（10＋20）	

注：童家溪、贵阳北牵引变电所维持既有牵引变压器接线形式及安装容量不变。

第二节　牵引变电设计

一、所址选择

所址的选择遵循以下原则：

（1）所址要设在便于架空线路的引入和引出、便于进出所道路引入的地区。

（2）尽量不占或少占农田。

（3）避开危岩、流砂、滑坡、落石等不良地质情况，避开高填方、大量拆迁建筑物和地下设施的地区。

（4）所址应具有适宜的地质条件及地基承载力；牵引变电所场坪高于百年洪水位，分区所、分区所兼开闭所场坪高于五十年洪水位。

按上述原则，结合地质条件和地形地貌，经多方案比选后确定各所址位置，见表 3-14-2。

表 3-14-2　渝黔线变电所所址一览

所　名	施工图里程	运营里程	备注
重庆西牵引变电所	区间，D2K4＋050，线路右侧	K25＋660	与配电所合建
小南海分区所	区间，DK15＋400，线路左侧	K37＋991	
珞璜南分区所兼开闭所	站场，D1K23＋700，线路左侧	K45＋889	
烧炭嘴牵引变电所	区间，D1K28＋880，线路左侧	K51＋069	
花龙湾分区所	区间，D1K50＋150，线路左侧	K72＋314	
綦江东牵引变电所	站场，D2K62＋727，线路左侧	K84＋852	与配电所合建
仙女洞分区所	区间，D2K84＋650，线路右侧	K106＋989	
沙堡牵引变电所	区间，DK106＋260，线路右侧	K128＋600	
天平分区所	区间，D1K115＋660，线路左侧	K137＋754	
夜郎镇牵引变电所	站场，DK138＋180，线路右侧	K160＋274	与配电所合建

续表

所　名	施工图里程	运营里程	备注
团山堡分区所	区间，DK159 + 200，线路右侧	K181 + 299	
沙山坡牵引变电所	区间，DK181 + 900，线路左侧	K204 + 785	
中寨分区所	区间，DK199 + 700，线路左侧	K222 + 583	
遵义东牵引变电所	站场，DK220 + 720，线路左侧	K243 + 608	与配电所合建
龙坑镇分区所	区间 D2K234 + 900，线路右侧	K257 + 798	
通木牵引变电所	区间 D1K251 + 450，线路右侧	K274 + 349	
上寨分区所	区间 DK269 + 650，线路右侧	K292 + 581	
息烽牵引变电所	站场 D1K291 + 500，线路左侧	K314 + 414	与配电所合建
久长分区所	区间 D2K307 + 050，线路左侧	K329 + 964	
扎佐东牵引变电所	站场 DK318 + 400，线路右侧	K343 + 008	
苏劳分区所	区间，D4K332 + 700，线路右侧	K357 + 006	
都拉营牵引变电所	区间，D4K333 + 750，线路左侧	K358 + 456	
关田分区所	站场，HDK426 + 605，线路右侧		贵阳枢纽货线

二、主接线及运行方式

（一）牵引变电所

都拉营牵引变电所引入两路 110 kV 进线电源，采用线路分支接线方式；其余牵引变电所引入两路 220 kV 进线电源，采用线路变压器组接线方式。27.5 kV 侧采用单母线分段接线方式，馈线侧分相设置备用断路器。

两台牵引变压器固定备用并设置备用电源及主变自投装置，正常时由一路电源通过一台牵引变压器向牵引供电系统供电；当该电源线路失压或其牵引变压器故障时，另一电源及另一牵引变压器自动投入，使牵引供电系统迅速恢复供电。

（二）新建分区所

分区所采用两断路器构成的四边形接线，采用电动隔离开关实现越区供电。

（三）新建分区所兼开闭所

分区所部分采用两断路器构成的四边形接线，采用断路器实现重庆方向上下行分开或并联供电，贵阳方向上下行不并联，采用电动隔离开关实现越区供电。开闭所引入两路电源，分别 T 接自重庆方向上下行各 1 回。馈线断路器近期采用 100%备用方式。

（四）新建开闭所

开闭所引入两路电源，一主一备运行，馈线断路器采用旁路备用方式。

三、总平面及生产房屋布置

（一）重庆西牵引变电所

除牵引变压器采用户外低式布置外，其余高压设备采用户内组合电器布置。通所道路采用公路。所内设有与外部公路衔接的运输通道和巡视小道，所内运输道路满足大型设备运输及消防要求。

房屋均采用楼房布置，设置 220 kV 高压室、27.5 kV 高压室、主控制室、通信室、检修室、值守室、工具间、厨房、卫生间、电缆夹层及配电所相关房屋，与电力配电所共用主控制室及相关辅助房屋。

（二）綦江东、夜郎镇、遵义东、息烽牵引变电所

220 kV 侧除牵引变压器采用户外低式布置外，其余均采用户外中型布置；27.5 kV 设备采用户内 AIS 柜双列布置及户外中型布置。通所道路采用公路，所内设有与外部公路衔接的运输通道和巡视小道，所内运输道路满足大型设备运输及消防要求。

采用平房布置，设置 27.5 kV 高压室、主控制室、通信室、检修室、值守室、厨房、卫生间等。与电力配电所合建，共用主控制室及相关辅助房屋。电力配电所生产房屋布置详见电力专业篇章。

（三）其他牵引变电所

220 kV 侧除牵引变压器采用户外低式布置外，其余均采用户外中型布置；27.5 kV 设备采用户内 AIS 柜双列布置及户外中型布置。通所道路采用公路，所内设有与外部公路衔接的运输通道和巡视小道，所内运输道路满足大型设备运输及消防要求。

一般采用平房布置，设置 27.5 kV 高压室、主控制室、通信室、检修室、值守室、厨房、卫生间等。

四、主要设备选型

（1）牵引变压器采用油浸自冷变压器，并预留风冷条件。

（2）220（110）kV 断路器采用 SF_6 断路器，配弹簧储能操作机构。

（3）重庆西牵引变电所 220 kV GIS 采用户内型产品。

（4）改变运行方式的隔离开关采用电动隔离开关。

（5）避雷器采用氧化锌避雷器。

（6）直流电源采用成套铅酸免维护智能型。

（7）各所二次设备采用计算机综合自动化装置。

（8）所用变压器、分区所采用户外箱式设备。

（9）27.5 kV 断路器根据布置形式分别采用户内 GIS 柜设备（重庆西牵引变电所）户内 AIS 柜设备（其余牵引变电所），配弹簧操作机构。

（10）27.5 kV 隔离开关采用户内 AIS 隔离开关柜和户外柱式（水平打开方式）；用于改变运行方式的馈线及联络隔离开关采用电动操作机构，其余检修隔离开关采用手动操作机构。

（11）直流电源采用成套铅酸免维护智能型。

（12）各所二次设备采用计算机综合自动化装置。

五、自用电方案

（一）交流自用电

重庆西、綦江东、夜郎镇、遵义东、息烽牵引变电所与电力配电所合建，共用交流系统。重庆西

牵引变电所从合建的电力配电所引两路 380 V 电源至所内交流屏；綦江东、夜郎镇、遵义东、息烽牵引变电所交流电源一路引自 27.5 kV 所用变，另一路由电力专业提供 380 V 电源至交流屏。其余新建牵引变电所、分区所、开闭所交流电源一路引自 27.5 kV 所用变，另一路引自 10 kV 所用变压器。正常时，一路交流电源供电，另一路为备用，当工作电源失压时，备用电源自动投入。各所自用电变压器容量合建牵引变电所为 100 kVA，其余牵引变电所为 80 kVA，分区所及开闭所为 30 kVA。

（二）直流自用电

新建各所采用智能型铅酸免维护蓄电池的直流自用电系统，具有浮充电和均衡充电功能。牵引变电所均设两组蓄电池（常规牵引所 2 × 100 AH，合建所 2 × 200 AH）。

交、直流电源系统采用智能监控单元，与综合自动化系统联网通信，可实现远方监控。交流系统的两路进线回路、母联回路、接触网开关回路、直流装置回路及直流系统的控制回路、合闸回路设置遥控功能。

六、防雷与接地设计

（一）防　雷

一次设备防雷：各牵引变电所、分区所、分区所兼开闭所设独立避雷针，以防止直击雷对全所室外配电装置及建筑物的危害。对局部不在避雷针防护范围内的建筑物由电力专业设置避雷带防护。在牵引变电所进线侧、主变压器低压侧、馈线侧，分区所进线侧，开闭所进线及馈线侧设相应等级的氧化锌避雷器；在牵引变电所（重庆西除外）馈线侧、开闭所进线及馈线侧设置抗雷圈以限制雷电波的幅值。

二次设备防雷：各所二次回路、低压配电回路加装防雷防涌流保护单元，提高二次设备防雷击引入、抗干扰能力、防地电位升高。

（二）接　地

各所设置水平接地体与垂直接地体组成的复合人工接地网，接地材质选用纯铜材料。

正常情况下，地网接地电阻值按不大于 $2\,000/I_j$ 进行设计，同时校验接触电势和跨步电势是否满足规范要求。鉴于个别所（亭）土壤电阻率较高，且经技术经济比较做到 $2\,000/I_j$ 极不合理时，允许按照规范要求采用较高的接地电阻值 $5\,000/I_j$，并采取防止所内高电位引向所外或所外低电位引向所内的措施。

在高土壤电阻率地区，采用换填土、深井接地、外引、添加、离子接地体等综合措施降低接地电阻。

避雷针采用独立接地网，且接地电阻不大于 10 Ω。避雷针的接地装置与变电所主接地网间的地中距离不小于 3 m。

接地线间的连接主要采用放热焊接，焊接应采用专用模具及焊接材料，焊接应牢固，不应有裂缝、气孔、脱焊及漏焊等缺陷，焊缝应饱满。所有外露接地线均应采取防腐措施。

七、保护配置及综合自动化系统

牵引变电所按无人值班、有人值守方式设计。采用综合自动化系统及安全视频监控系统（安全视频监控系统纳入全线综合视频监控系统），实现牵引供电系统的控制、保护及牵引供电设施运行安全的监视等功能。

（一）保护配置

1. 牵引变电所

牵引变压器：设置差速断、差动、失压、低电压启动过电流、重瓦斯等保护，以及轻瓦斯、过负荷、过热、压力释放等信号，同时具有主变及备用电源自动投入功能。

馈线：设置电流速断、距离、过电流、电流增量等保护，具有一次自动重合闸及故障点标定等功能。

2. 分区所

分区所设置过电流、距离、电流增量等保护。

3. 分区所兼开闭所

分区所兼开闭所进线和馈线设置过流保护，并设一次自动重合闸及失压自投功能。馈线设置距离保护、电流速断保护、过电流保护、电流增量保护，并设置一次自动重合闸，具备故障地标定功能。

（二）综合自动化系统

各牵引变电所、分区所、分区所兼开闭所均设置综合自动化系统，实现各所的控制保护及数据采集功能，负责执行电力调度所的各种控制操作命令并传输各种数据至电力调度所，以实现无人值班的现代化管理要求。

各牵引变电所设置电力系统调度数据网接入设备一套，负责将高压侧电气信息以“直采直送”方式传送至电网调度。实施阶段以电力公司要求为准。

各所设置安全监控系统，包括激光报警、门禁、玻璃破碎、烟雾报警、视频监控等。其中视频监控纳入全线综合视频监控系统。

八、电力调度所及调度管理自动化系统

（一）电力调度所及调度区划分

本次设计范围牵引供电设施的调度指挥与行调一致，由成都铁路局负责运营管理及调度指挥。

在成都调度中心新增渝黔台。重庆枢纽内重庆西牵引变电所、陶家场牵引变电所、珞璜分区所兼开闭所、小南海分区所、歌乐山分区所纳入成都调度中心既有重庆枢纽台；都拉营牵引变电所、苏劳分区所、关田分区所纳入成都调度中心既有贵阳枢纽台；其余各新增牵引供电设纳入新建渝黔台。

（二）远动范围

设置综合 SCADA 系统，沿线牵引变电所、分区所、开闭所、接触网开关站等为 SCADA 系统的被控站。由成都调度中心渝黔台、重庆枢纽台及贵阳枢纽台，分别对本线正线、重庆枢纽及贵阳枢纽内新增的牵引供电设施进行实时控制、监视和数据采集，实现供电设备的自动化调度管理。各被控站综合自动化系统负责执行端的数据采集、发送及执行调度主站下达的命令，整个系统具有遥控、遥信、遥测等功能。

本线复示系统利用既有重庆、贵阳供电段复示系统扩展，实现对成都局管内牵引供电设施运行状态的监视。牵引变电所设置油色谱在线监测系统，监测信息经维护通道上传至重庆供电段、贵阳供电段。

（三）远动系统通道

重庆枢纽客运系统及渝黔正线远动通道采用双环形通道结构，一主一备，主备通道完全独立，相互之间不能互访。各被控站和成都调度中心的通信接口均采用两路 FE（E）接口，通道带宽为 2 M 独

亭；沿线纳入远动的接触网电动隔离开关通过点对点光纤数据通道就近接入相关所亭并上传至调度中心。

成都调度中心至供重庆供电段及贵阳供电段设专用 SCADA 复示通道，采用光纤通信，带宽 2 M，采用点对点方式。接口型式：FE 接口。

牵引变电所至重庆供电段、贵阳供电段设置维护通道，采用光纤通信，通道带宽 2 M。

（四）安全监控系统

安全监控系统由视频监控系统、环境监控系统及周界报警装置构成。视频监控系统纳入信息专业综合视频系统平台统一设计，在各所设置视频终端，在调度所设置视频操作站。环境监控系统及周界报警装置通过相关通信接口接入所内综合自动化系统，在有异常事件发生时，将相关信息上传至调度中心或综合维修中心。

（五）接触网开关监控系统

系统由监控主站、监控子站和网络通信设备构成。

子站设备按集散方式布置在沿线网上开关处，与开关同址安装，主站设备与各子站设备间通过光缆构成自愈环形光纤现场总线，实现主站设备与子站设备间的信息传递；各监控子站通过控制电缆与其管辖范围开关操作机构箱相连。

位于牵引变电所亭内监控主站设置主控屏，位于所亭外的监控主站设置户外主控制箱。主站设备选用高可靠性的工业计算机，要求外形美观大方。数据可通过综合自动化系统上传调度端，实现远程监控功能。主站设备与现场各子站设备之间采用高性能的光纤自愈环形网络作为数据通道，构成现场总线。

第三节　接触网设计

一、接触网基础设计

（一）设计技术标准

新建正线主要技术标准见第一篇表 1-2-2。

与本线工程有关的既有线路及线路接触网情况如表 3-14-3 所示，既有线其他既有标准维持不变。

表 3-14-3　既有线路及在建线路接触网设计情况

与渝黔四电集成接轨的铁路项目	相关站	接触网采用的线材	接触网采用的支柱
兰渝线	童家溪线路所	JTMH-120 + CTAH-150	环形等径杆及钢管硬横跨柱
渝黔线重庆建指代建段	陶家场线路所	正线：JTMH-95 + CTAH-150 站线：JTMH-70 + CTAH-85	横腹式混凝土支柱及格构式钢柱
渝黔线成渝代建段	双碑线路所	正线：JTMH-95 + CTS-120 站线：JTMH-70 + CTAH-85	横腹式混凝土支柱及格构式钢柱
成渝客专	芭蕉沟线路所	正线：JTMH-95 + CTMH-120 站线：JTMH-70 + CTAH-85	横腹式混凝土支柱及格构式钢柱
川黔线	跳蹬、珞璜等	正线：LGJ-185 + CT-100 站线：LGJ-70 + CT-85	横腹式混凝土支柱及格构式钢柱

（二）气象条件

从重庆至贵阳，沿线气候从亚热带温热湿润气候以及亚热带湿润季风气候逐渐过渡为亚热带季风性湿润气候。各地直接承受印度洋及太平洋水汽补充。重庆境内海拔高度在 1 000 m 以下，贵阳境内最高海拔高度为 1 365 m，沿线主要地区的气象参数见表 3-14-4。

表 3-14-4　沿线主要地区的气象参数

内　容		重庆市	重　庆 江津区	重　庆 綦江区	贵　州 桐梓县	贵　州 遵义市	贵阳市
气　温	多年年平均气温/ °C	17.8	18.2	18.6	14.6	15.3	15.3
	极端最高气温/ °C	42.5	44.3	44.5	36.6	37.4	37.5
	极端最低气温/ °C	− 1.8	− 2.3	− 1.7	− 6.9	− 7.1	− 7.8
风　速 及风向	年平均最大风速/（m/s）	1.5	1.3	1.3	1.9	1.1	2
	最大风速风向/（m/s）	26.7/NW	18.0/N	19.0/SSE	18.3/SSW	16.3/S	17.5/NE
降雨量	多年平均降雨量/mm	1 151.5	1 034.7	1 040.5	857.5	895.2	1 134.8
	日最大降雨量/mm	221.3	162	216.5	173.3	183.9	197.3
蒸发量	多年平均蒸发量/mm	1 227.6	1 015	1 163.2	932.9	828.2	1 239.4
湿　度	相对湿度/%	80	82	78	80	80	79
雾　日	全年雾日/d	58	34	21	7	9	14.6
雪	最大积雪深/cm	4	4	1.8	1.4	1.4	22

根据典型气象区划分以及收集的资料，可确定渝黔线四电集成范围内气象条件，具体标准如下：

（1）风压高度变化系数一般按最大离地面 10 m、B 类地面粗糙度，取 1.0。对于离地面高度超过 10 m 的，其系数按标准进行修正。

（2）正线锚段长度及腕臂偏移量的最高计算温度为 + 80 °C，温差 100 K 进行校验；其他线路的锚段长度及腕臂偏移量的最高计算温度为 + 60 °C，实际温差进行校验。

（3）隧道内接触网设计气温应依据隧道长度及该锚段在隧道内的长度确定。当 2/3 锚段及以上位于长度大于 2 000 m 的隧道内时，设计气温比隧道外接触网设计气温最低值高 5 °C，最高值低 10 °C；其余情况可与隧道外接触网设计气温取为一致。

（三）污秽区划分

根据现场具体情况和沿线电力线路的运行经验，按接触网绝缘污秽等级标准［执行《电气化铁道接触网绝缘子污秽等级标准》（TB/T 2007—1997）］，确定全线按重污秽地区设计。

（四）地震烈度

根据《中国地震动参数区划图》（GB 18306—2001）（1∶400 万）及《建筑抗震设计规范》（GB 50011—2010），本区段地震动峰值加速度为 0.05g，相应地震基本设防烈度 6 度。

（五）接触网建设范围

接触网的建设范围主要分为新建范围和改建范围。新建范围主要包括珞璜南（不含）至蓬莱全线车站及区间，重庆、贵阳枢纽内新建客车线、货车线；改建范围主要包括重庆西站北端既有襄渝线、梨树湾联络线、小南垭客车联络线、珞璜南货车疏解线及相关既有车站改建。

正线、站线均采用全补偿简单链形悬挂，既有接触网悬挂类型维持不变。

二、线材结构及张力

1. 接触线、承力索及附加导线线材规格（表 3-14-5）

表 3-14-5 接触线、承力索及附加导线线材规格

线材类别		线材规格	额定张力/kN
接触线	正线	CTAH-150	20
	联络线	CTAH-120	15
	站 线	CTAH-85	10
承力索	正线	JTM-120	15
	联络线	JTMH-95	15
	站 线	JTMH-70	12.75

2. 附加导线线材及张力选择

附加导线一般采用抗拉强度高、耐腐蚀性能好的铝包钢芯铝绞线。供电线上网一般采用架空方式，困难地段采用电缆方式，附加导线架空线材规格及张力见表 3-14-6。

表 3-14-6 附加导线架空线材规格及张力

适用范围	附加导线类型	附加导线工作张力	备注
架空供电线	双支 LBGLJ-240/30	最大值：12 kN	炭烧嘴、綦江东、沙山坡、遵义东、通木、扎佐东牵引变电所
	双支 JL/LB1A-310/20	最大值：12 kN	沙堡、夜郎镇、息烽牵引变电所
	单支 LBGLJ-185/25	最大值：12 kN	各分区所
	进线：双支 LBGLJ-240/30 馈线：单支 LBGLJ-240/30	最大值：12 kN	珞璜开闭所
供电电缆	TDWD-YJY73-27.5KV		
回流线	无加强线区段：LBGLJ-185/25 近期及远期设置加强线区段：LBGLJ-240/30	最大值：10 kN	
架空地线	LBGLJ-70/10	最大值：6.5 kN	
加强线	LBGLJ-185/25	最大值：10 kN	

3. 加线情况设计

根据供电专业提供的资料，夜郎镇（含）至桐梓东区间左线（1K138 + 148 ~ DK149 + 786）区段设置加强线，表 3-14-7 中的区段预留设置加强线条件。

表 3-14-7 区段预留加线情况

序号	里程	长度	备注
1	DK96 + 985.5 ~ DK106 + 151	约 9 km	赶水东至夜郎镇区间左线
2	DK129 + 146 ~ D1K136 + 249.2	约 7.1 km	赶水东至夜郎镇区间左线
3	DK280 + 110 ~ DK290 + 155.741	约 10 km	荀江至息烽区间左线
4	DK290 + 711.121 ~ D2K299 + 820	约 9 km	息烽至修文县区间左线
5	HD1K841 + 056.1 ~ HD1K848 + 621.79	约 7.6 km	陶家场至珞璜区间左线及右线

三、接触网相关技术数据

（一）受电弓参数及受电弓的弓头宽度

采用 UIC 608-4A 标准规定的 1 950 mm 宽受电弓，工作宽度 1 450 mm，采用纯碳滑板，双弓运行时，弓间距 200 ~ 215 m，如图 3-14-2 所示。

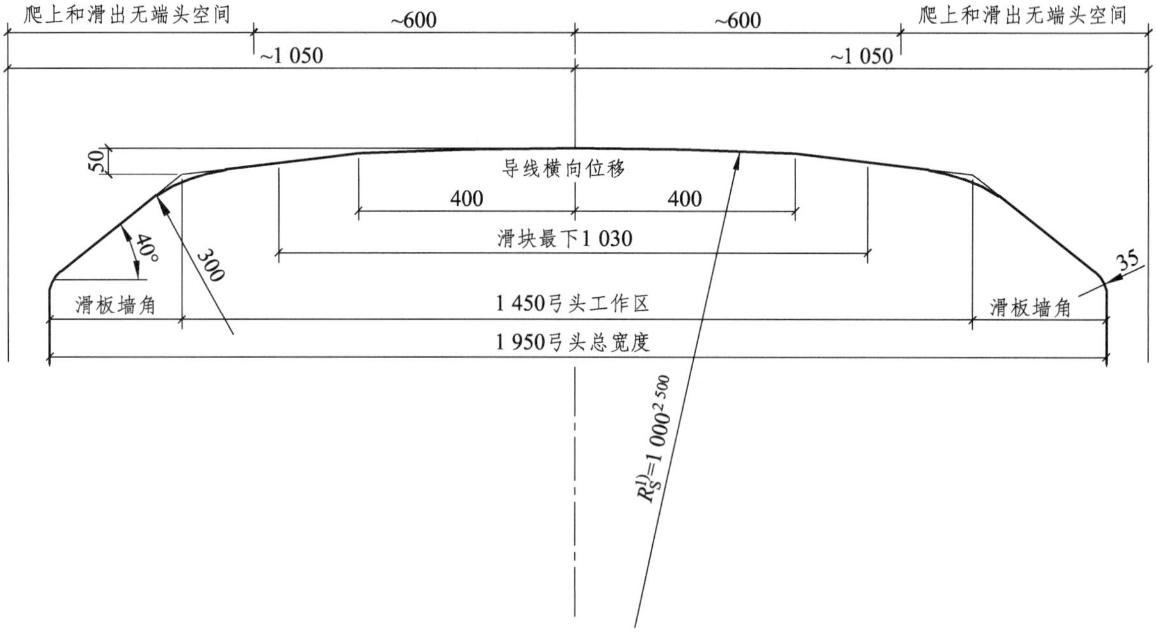

图 3-14-2　受电弓外轮廓（单位：mm）

（二）接触线高度及坡度

接触线安装高度如表 3-14-8 所示。

表 3-14-8　接触网高度设计

安装地点（重庆境内）		导线最低高度/mm	接触线悬挂点高度/mm
重庆境内	隧道外（除调机作业车站、重庆西动车所等有特殊要求范围）	5 700	6 000
	重庆西动车所检查库	6 300	6 300
	隧道外有调机作业车站内	6 200	6 450
	隧道内	5 700	5 900 或 6 000
贵阳境内	隧道外	5 784 （考虑海拔高度修正后）	6 000
	隧道内	5 784 （考虑海拔高度修正后）	5 900 或 6 000

坡度：除锚段关节外，正线接触线工作支悬挂点高度变化时，其坡度不大于 2‰，坡度变化率不大于 1‰。

（三）结构高度

隧道外结构高度为 1 400 mm，隧道内结构高度一般为 1 100 mm；困难条件下按最短吊弦长度不小于 500 mm 考虑，全线跨线建筑物及接触网通过方式如表 3-14-9 所示。

表 3-14-9　全线跨线建筑物及接触网通过方式一览

序号	公铁交叉里程	桥名	设计净高/m	桥面宽度	接触网通过方式
1	D1K27＋465	铺湾人行天桥	8.1	3 m	正常通过
2	D1K27＋628	白杨湾人行天桥	8.1	3 m	正常通过
3	D1K28＋670	烧炭嘴人行天桥	8.1	3 m	正常通过
4	DK39＋895	郭家院子人行天桥	8.1	3 m	正常通过
5	DK40＋500	百石塔人行天桥	8.1	3 m	正常通过
6	D1K290＋658	息烽人行天桥	8.1	4 m	正常通过
7	D2K319＋186	扎佐人行天桥	8.1	3 m	正常通过
8	D2K323＋489	野麻湾 1 号人行天桥	8.1	4 m	正常通过
9	D3K323＋700	野麻湾 2 号人行天桥	8.1	3 m	正常通过

（四）跨　距

隧外跨距按接触线距受电弓中心最大水平偏移值不大于 450 mm 控制，确定跨距值参见表 3-14-10。其他设计原则如下：

（1）锚段关节转换跨距及中心锚结、分段绝缘器、分相绝缘器、高路堤、风口、谷口、桥梁等所在的跨距按表中值适当缩小一级。

（2）隧道内跨距按不大于 50 m 控制，锚段关节转换跨距缩小一级。

（3）相邻两跨距之比，不宜大于 1.15∶1；桥梁、隧道、站场咽喉等困难地段，不宜大于 1.25∶1。

表 3-14-10　线跨距标准值

曲线半径/m	正线跨距标准值/m	站线或联络线跨距标准值/m
250		30
300～350		35
400		40
450～550		45
600～700		50
800～2 200	55	55
2 800～5 000	55	55
1 800～4 000	60	60
直线	60	60

（五）锚　段

1. 锚段长度

正线双边补偿时的最大锚段长度，不宜大于 2×750 m；单边补偿的锚段长度，应为上述值的 50%；困难时不宜大于 2×800 m。

站线最大锚段长度不宜大于 2×850 m，困难时不宜大于 2×950 m。

附加导线锚段长度一般不超过 2 000 m。

2. 补偿方式

露天区段除桥上采用棘轮补偿装置加铁坠砣补偿方式外，其余地段采用滑轮补偿装置加混凝土坠砣补偿方式，隧道内下锚按滑轮补偿装置加铁坠砣补偿方式设计。

3. 中心锚结

中心锚结一般采用两跨式防窜防断中心锚结，设置防窜防断中心锚结困难时可采用并列设置 2 ~ 3 处两跨式防窜不防断中心锚结的方式。中心锚结辅助绳采用铜镁合金绞线。

（六）侧面限界

（1）新建线路采用大型机械养护地段的区间接触网支柱的侧面限界不小于 3.1 m，既有电气化铁路腕臂柱侧面限界不小于 2.5 m，腕臂柱下锚侧面限界采用 3.2 m。

（2）一般软横跨柱侧面限界为 3.3 m。

（3）牵出线的侧面限界一般不应小于 3.5 m，困难情况下不应小于 3.1 m。

（4）车站内需要在线间立柱时，接触网支柱侧面限界按不小于 2.5 m 考虑。

（七）绝缘距离

接触网绝缘爬电距离按 1 600 mm 设计。上下行接触网带电体间的距离一般不小于 2 000 mm，困难时不小于 1 600 mm，具体规定如表 3-14-11 所示。

表 3-14-11　接触网的空气绝缘距离间隙具体规定

序号	项　　目	正常工况下最小/mm
1	接触网、供电线、正馈线等带电部分至接地体的间隙	300
2	接触网带电部分至机车车辆的间隙	350
3	受电弓振动至极限位置和导线被抬起的最高位置距接地体的瞬时间隙	200
4	同回路自耦变压器供电线带电体距接触悬挂或供电线带电体间隙	500
5	接触网带电部分距跨线建筑物底部的静态间隙	500
6	棒式及合成材料绝缘子接地侧裙边距接地体间隙	50
7	在对向风吹，风速为 13 m/s 时，25 kV 带电体与自耦变压器中线或保护线的间隙	250
8	43.3 kV 绝缘间隙（120°相位电分相间，如分相关节）	400
9	50 kV 绝缘间隙（180°相位电分相间，如 AT 区段正馈线与接触网间）	540

（八）道岔区接触网交叉设计

接触网线岔采用交叉式线岔，正线道岔处两支接触悬挂的补偿方向尽量一致。道岔布置方式如表 3-14-12 所示。

表 3-14-12　道岔处布置方式

道岔型号（18 号道岔）	客专（07）004	GLC（07）02
道岔柱布置位置	− 5.15 m	− 5.15 m

（九）电分相

路基及隧道内电分相一般采用两个四跨绝缘锚段关节搭接而成的七跨锚段关节形式，桥上电分相一般采用两个五跨绝缘锚段关节搭接而成的八跨锚段关节形式；每处电分相设置 2 台电动隔离开关并纳入远动；枢纽内低速区段地形受限时采用器件式分相；电分相处设置地面磁感装置感应列车车载设备，从而实现列车自动过分相。

（十）接触网装配

腕臂装配采用绝缘旋转平腕臂形式，由水平腕臂、斜腕臂及腕臂支撑等零件组成的刚性支撑结构；正、反定位均采用定位管 V 形拉线。

硬横梁除重庆西采用吊索方式外其余采用吊柱悬挂方式；高速区段车站及多股道并行区段采用硬横跨结构，低速区段车站及多股道并行区段采用软横跨结构；双线隧道内采用吊柱安装方式，单线隧道内采用弓形腕臂支撑方式，吊柱及弓型腕臂底座采用后植锚栓固定。

四、电缆敷设设计

（一）电缆附件选择和配置

（1）终端的额定电压及其绝缘水平，不得低于所连接电缆额定电压及其要求的绝缘水平。

（2）电缆头的电缆护层剥切长度，绝缘包扎长度及芯线连接强度应符合产品技术文件要求。

（3）电缆头和中间接头应采取绝缘、密封防潮、机械保护措施，且应有改善电缆屏蔽端部电场集中的有效措施。

（4）电缆之间、电缆与管道、道路、建筑物等之间平行和交叉时的最小距离应符合《高速铁路电力牵引供电工程施工质量验收标准》（TB 10758—2010）表 4.12.10 之规定。

（二）电缆的敷设要求

（1）电缆的允许弯曲半径不小于其自身直径的 20 倍，且应符合电缆绝缘及其构造特性要求。

（2）10 kV 以下电力电缆之间及其与控制电缆之间平行敷设时最小净距是 0.1 m。

（3）电缆的敷设长度，宜在进户处，接头，电缆头处或地沟及隧道中留有一定余量。

（4）电力电缆的保护管及固定金具不得构成闭合磁路。

（三）电缆接地保护措施

电缆需考虑接地保护措施，具体措施如下：

（1）每根电缆采用一端的屏蔽层与铠装层扭结后接地，另一端屏蔽层与铠装层分别经护层保护器接地。

（2）电缆间接头的屏蔽层与铠装层分别经护层保护器接地。

（3）电缆接地方式及接地参数应符合《电力工程电缆设计规范》（GB 50217—2007）及《高速铁路电力牵引供电工程施工质量验收标准》（TB 10758—2010）要求。

（四）电缆放线要求

（1）电缆放线架应放置稳妥，钢轴的强度和长度应与电缆盘重量和宽度相配合。

（2）敷设前应按设计和实际路径计算每根电缆的长度，合理安排每盘电缆，减少电缆接头。

（3）电缆敷设时，电缆应从盘的上端引出，不应使电缆在支架上及地面摩擦拖拉，电缆上不得有铠装压扁、电缆绞拧、护层折裂等未消除的机械损伤。

（4）用机械敷设电缆时的最大牵引强度（N/mm^2）宜符合表 3-14-13 的规定。

表 3-14-13　用机械敷设电缆时所允许牵引强度

牵引方式	牵引头		钢丝网套		
受力部位	铜芯	铝芯	铅套	铝套	塑料护套
允许牵引强度	70	40	10	40	7

（5）电缆的固定应采用非磁性材料。

五、防雷、接地与回流设计

（一）防雷保护

在以下位置设氧化锌避雷器以预防大气过电压：

（1）车站和分相端部的绝缘锚段处。

（2）长度大于 200 m 的供电线连接到接触网上的接线处。

（3）长度大于 2 000 m 的隧道两端或隧道群两端。

（4）接地回流。

（二）综合接地

接触网支柱及接触网带电体邻近的金属结构，应按下列原则接地。

1. 工作接地

隧道外回流线采用绝缘安装方式，接触网悬挂双重绝缘安装，接触网支柱利用回流线作为闪络保护地线的集中接地；隧道内回流线采用非绝缘安装方式，接触网悬挂非双重绝缘安装，吊柱或弓形腕臂底座通过跳线与回流线连接，回流线与隧道内预留的接地端子通过接地跳线连接。

当成排的支柱未悬挂回流线时，站台范围以外增设架空地线实现集中接地；站台范围内的线间支柱以及零散的接触网支柱单独设接地极接地。

2. 安全接地

距接触网带电体 5 m 以内的金属结构（桥栏杆、水鹤、信号机等）均单独设接地极实现安全接地或就近接入综合接地系统。

隔离开关、避雷器等设备的底座单独设接地极或就近接入综合接地系统实现安全接地。其他专业在综合贯通地线上的接地点距接触网专业的隔离开关、避雷器等设备接地点应不小于 15 m。

站台范围外成排支柱采用架空地线实现集中接地，童家溪（不含）至蓬莱区间车站范围股间预留有综合接地扁钢，立于股道间的接触网支柱通过与综合接地扁钢相连接入综合接地系统实现安全接地。零散的接触网支柱单独设接地极接地。接触网支柱基础均采用带接地钢筋的接地基础。

（三）非综合接地

1. 工作接地

隧道外悬挂回流线的支柱一般采用双重绝缘安装方式，回流线绝缘安装，接触网支柱利用回流线作为闪络保护地线的集中接地；隧道内回流线采用非绝缘安装方式，接触网悬挂非双重绝缘安装，吊柱或弓形腕臂底座通过跳线与回流线连接，回流线在隧道口设置接地极。当成排的支柱不悬挂回流线时，增设架空地线实现集中接地。零散的接触网支柱单独设接地极接地。与回流线连接的吸上线接信号专业的扼流变压器线圈中性点。

2. 安全接地

距接触网带电体 5 m 以内的金属结构（桥栏杆、水鹤、信号机等）均单独设接地极实现安全接地。接触网设备（开关、避雷器等）底座单独接接地极实现安全接地。

T 形桥梁上接触网钢柱通过架空地线实现安全接地。

（四）回　流

接触网正常工作电流通过回流线以及变电所附近的轨回流系统流回牵引变电所。

发生闪络的情况下，短路电流通过回流线以及变电所附近的轨回流系统进入到变电所的接地端子箱。

在每个闭塞分区，回流线吸上线接至信号扼流圈中性点与钢轨相连，并接入综合接地系统。回流线吸上线的设置在满足信号轨道电路要求的同时，按信号提供的接入点尽可能多地设置回流线吸上线。

第四节　新技术、新设备的应用

沿线烧炭嘴、綦江东、沙堡、夜郎镇、沙山坡、遵义东、通木、息烽、修文县等 9 座牵引变电所，珞璜南分区所兼开闭所在 27.5 kV 高压室内的导流回路中采用了 27.5 kV 绝缘管型母线。各所 27.5 kV 绝缘管型母线具体应用位置为高压室进线及馈线空气柜至室外母线部分（母线终端安装在室外，母线直接穿出高压室墙体），进线柜至馈线柜之间的母线部分。

27.5 kV 绝缘管型母线具有载流量大、机械强度高、绝缘性能好、安全可靠等特点，在电力系统等行业广泛应用。设计中，按照《铁路建设工程质量监督管理规定》（交通运输部令 2015 年第 2 号）、《铁路建设项目工程质量管理办法》（铁总建设〔2014〕292 号）等文件关于采用四新技术的具体要求，编制了《27.5 kV 绝缘管型母线设计文件》《27.5 kV 绝缘管型母线专项交底文件》《27.5 kV 绝缘管型母线质量验收标准》等文件，说明了采用 27.5 kV 绝缘管型母线的必要性和相关依据，明确了该材料的型式试验、例行（出厂）试验、现场试验的内容及要求，明确了施工注意事项及运营维护内容（含安装使用说明、维修养护要点、应急抢修方案）。建设单位组织了相关审查，该新材料具有交通运输部及原铁路总公司对四新技术要求的依法取得资质认定的检测机构出具的检测报告及由省、自治区、直辖市人民政府有关部门组织的工程技术专家委员会出具的审定意见。

第十五章　综合接地系统设计

由于各专业采用的电子设备的增多，地线的种类和数量也大量增加，为减少不同设备、不同系统之间存在的电位差及可能造成的人身和设备的安全隐患（尤其是信号和接触网专业）。综合接地系统是全线贯通综合地线，利用它将各种接地有机、合理地结合起来，并处理好它们之间的相互影响，保证各系统、各设备之间实现等电位连接。结合我国铁路的特点，经过近年来对国内外接地技术的研究、消化吸收和试验验证，提出了铁路综合接地总体技术方案，逐步形成了铁路综合接地系统标准体系，并将其确定为装备我国铁路的重要系统之一。

一、桥梁综合接地设计

桥梁地段贯通地线铺设在桥梁保护层内，接地极充分利用桥墩基础设置。

1. 有砟轨道桥梁梁体接地装置

应利用梁端的横向结构钢筋作为接地钢筋并与梁底的接地端子连接，道砟厚度小于 0.3 m 的梁体上表面适当位置处应设纵向接地钢筋。

线路两侧贯通地线通过梁体内的横向结构钢筋实现横向连接。

2. 桩基础桥墩接地设置

在每根桩中应有一根通长接地钢筋，桩中的接地钢筋在承台中应环接，桥墩中应有二根接地钢筋，一端与承台中的环接钢筋相连，另一端与墩帽处的接地端子相连，由于墩顶接地端子距桥墩外缘 10 cm，而桥墩结构钢筋（护面钢筋）距桥墩外缘净保护层为 4 cm，故在桥墩结构钢筋快到墩顶接近墩顶接地端子处，应采用横向筋将墩顶接地端子和桥墩结构钢筋连接起来。

3. 桥梁地段声屏障接地设置

桥上由导电材料制成的声屏障及支架应在其结构内预留接地端子，就近与桥上预留的接地端子连接。

4. 桥台接地设置

墩体内设置接地钢筋，桥台面接地钢筋参照桥梁体的接地设置要求实施。

5. 区间、站内跨线桥接地设置

在墩内及梁体内设纵、横向接地钢筋，通过桥墩下部的接地端子与线路两侧综合接地系统预留的接地端子连接。其他跨线建筑物参照实施。

二、隧道综合接地设计

隧道内沿线路两侧电缆槽下方适当位置预埋综合贯通地线。在隧道拱墙衬砌内，从隧道口开始每间隔约 50 m 设一处环向接地钢筋；其中在间隔约 250 m 处的环向接地钢筋应与接触网悬挂吊柱同坐标，并与接触网悬挂调柱底座可靠连接，且在顶部及两侧预留接触网接地端子，与两侧综合贯通地线可靠连接。

三、路基综合接地设计

将贯通地线埋设于路基地段信号电缆槽下，车站内贯通地线的支线段，敷设于信号电缆槽中。将站内轨旁设备的接地端子与贯通地线连接。路基地段按每段轨道电路的中间点设一处考虑；贯通地线的引接线应与贯通地线同材质、同截面；石质路堑地段及其两侧各 150 m 以及牵引变电所两侧各 500 m 范围内的每个上、下行接触网支柱基础通过接地端子或接地母排与贯通地线连接。

1. 路基地段贯通地线埋设

（1）一般路基地段沿线路两侧各设一根贯通地线，位于通信信号电缆槽外侧内壁正下方的基床底层中，接地极充分利用接触网支柱基础。

（2）路堤、土质及软质岩路堑地段的贯通地线埋深距基床底层顶面 －30～－40 cm 处；硬质岩路堑地段，将贯通地线埋设于通信信号电缆槽下约 20 cm，沟中回填细粒土。

2. 分支引接线的埋设

（1）贯通地线通过分支引接线侧向水平引至路基边坡，沿护肩底以及电缆槽底引至通信信号电缆槽靠线路侧内壁位置，与电缆槽侧壁预留的接地端子引接线压接。分支引接线材质与贯通地线相同。

（2）每个接触网支柱、电力电缆槽接地端子处、跨线建筑物处及桥梁与路基、隧道与路基过渡段处均埋设一根分支引接线。

3. 路基与桥梁、路基与隧道过渡段贯通地线连接

（1）在邻近过渡段的路基通信信号电缆槽侧壁处预留接地端子，并预埋分支引接线将接地端子与贯通地线连接。

（2）桥梁地段的贯通地线沿桥梁保护层、隧道地段的贯通地线沿通信信号电缆槽敷设至路基段，采用L形连接器将贯通地线与路基段通信信号电缆槽预留的接地端子连接。

第十六章　防灾安全监测系统设计

第一节　子系统设计

一、风监测子系统设计

1. 设备组成

风监测子系统由现场监测设备（风速风向计、现场数据单元）、现场监控单元和监测数据处理设备等组成。现场监测设备采集到的数据传送到现场监控单元，再通过传输网络上传至监控数据处理设备。

2. 风速风向计布设原则

（1）山区垭口、峡谷、河谷等地段，风速风向计的平均间距 1 ~ 5 km。

（2）轨面高度 10 m 及以上的高架桥、5 m 及以上的高路堤区段，风速风向计的平均间距 5 ~ 10 km。

（3）根据线路的运营速度及沿线气象条件、地理环境，合理布设并适时调整风速风向计的布设间距。

3. 设置地点

风速监测设备主要设置在特大桥、高桥、山区垭口等大风区间上，本线共设置 28 处现场监测设备，具体位置见表 3-16-1。

表 3-16-1　风速监测设备设置位置

序号	风速计设置里程	地理位置	与前一个监测点间距/km	设置位置	桥长/m	接入防灾机房里程
1	K39 + 945	新白沙坨长江大桥		面向大里程方向的左侧	5 320.33	K45 + 644
2	K47 + 889	陈家河 1#双线特大桥	7.944	面向大里程方向的左侧	532.200	K45 + 644
3	K63 + 623	新屋基双线大桥	15.734	面向大里程方向的左侧	401.546	K65 + 624
4	K72 + 289	花龙湾双线特大桥	8.666	面向大里程方向的左侧	655.519	K73 + 784
5	K77 + 186	陈家湾双线特大桥	4.897	面向大里程方向的左侧	1 243.963	K79 + 105

续表

序号	风速计设置里程	地理位置	与前一个监测点间距/km	设置位置	桥长/m	接入防灾机房里程
6	K84＋068	邓家河七线大桥	6.882	面向大里程方向的左侧	190.600	K84＋405
7	K92＋737	王家湾双线特大桥	8.669	面向大里程方向的左侧	728.666	K93＋435
8	K96＋540	大闸坝双线大桥	3.803	面向大里程方向的左侧	304.000	K97＋035
9	K116＋749	赶水綦江双线特大桥	20.209	面向大里程方向的左侧	890.620	K115＋219
10	K124＋004	马渡河双线特大桥	7.255	面向大里程方向的左侧	741.107	K124＋740
11	K130＋927	观音桥双线特大桥	6.923	面向大里程方向的左侧	623.900	K129＋130
12	K136＋922	小张坝双线大桥	5.995	面向大里程方向的左侧	164.350	K138＋294
13	K152＋421	岗上双线大桥	15.499	面向大里程方向的左侧	131.800	K152＋254
14	K158＋513	夜郎河双线特大桥	6.092	面向大里程方向的左侧	1 118.550	K160＋755
15	K167＋365	刘家大院双线特大桥	8.852	面向大里程方向的右侧	589.437	K171＋905
16	K186＋404	石溪河双线特大桥	19.039	面向大里程方向的右侧	1 358.489	K187＋762
17	K201＋470	沙坝双线特大桥	15.066	面向大里程方向的右侧	605.005	K205＋245
18	K208＋487	仁江河双线特大桥	7.017	面向大里程方向的右侧	1 737.546	K205＋245
19	K223＋284	黄土坎双线大桥	14.797	面向大里程方向的左侧	442.80	K222＋584
20	K236＋532	高岩沟双线特大桥	13.248	面向大里程方向的左侧	566.24	K236＋054
21	K245＋641	小河口湘江双线特大桥	9.109	面向大里程方向的左侧	1 042.14	K244＋199
22	K261＋048	后坝湾双线特大桥	15.407	面向大里程方向的左侧	624.72	K263＋685
23	K272＋244	大村双线特大桥	11.196	面向大里程方向的左侧	1 055.40	K270＋848
24	K280＋144	梅子窝双线大桥	7.900	面向大里程方向的左侧	502.05	K279＋221
25	K294＋257	牛头山双线特大桥	14.113	面向大里程方向的左侧	828.75	K293＋818
26	K306＋212	大干沟双线特大桥	11.955	面向大里程方向的左侧	959.50	K305＋512
27	K333＋419	龙滩双线特大桥	27.207	面向大里程方向的左侧	568.15	K331＋707
28	K339＋808	中寨双线特大桥	6.389	面向大里程方向的左侧	1 761.05	K339＋108

二、雨量监测子系统设计

1. 设备组成

雨量监测子系统现场设备由雨量计、现场控制箱、传输电缆等组成。

2. 雨量计布设原则

（1）雨量计的布设位置应邻近路堤、路堑及隧道口等易产生塌方、水冲线路的处所。

（2）在连续路基区段、有砟轨道线路上，雨量计的布设间距一般为 15～20 km；在无砟轨道线路上，雨量计的布设间距一般为 20～25 km。

（3）路、桥、隧相间时，每处雨量计的监测范围一般为上下行方向各 7.5 km（有砟轨道线路）或 10 km（无砟轨道线路）。

（4）根据沿线地形、地貌以及地质、植被情况，合理调整雨量计的布设方案，特殊地段宜适当加密。

3. 设置地点

雨量计主要设置在大雨区段车站，安装地点为无遮掩、宽敞的场所，本线共设置 34 处现场监测设备，具体位置如表 3-16-2 所示。

表 3-16-2　雨量计设备设置位置

序号	雨量计设置里程	地理位置	与前一个监测点间距/km	设置位置	接入防灾机房里程
1	K46＋189	连续路基地段		与珞璜南站同侧	K45＋644
2	K54＋025	太平山隧道出口	7.836	与基站（K53＋973）同侧	K53＋973
3	K62＋538	连续路基地段	8.513	与基站（K65＋624）同侧	K65＋624
4	K65＋607	太公山隧道进口	3.069	与基站（K65＋624）同侧	K65＋624
5	K73＋294	兴隆岗一号隧道进口	7.687	与中继站（K73＋784）同侧	K73＋784
6	K79＋115	连续路基地段	5.821	与基站（K79＋105）同侧	K79＋105
7	K83＋425	綦江隧道出口	4.310	与綦江东站同侧	K84＋405
8	K93＋392	连续路基地段	9.967	与基站（K93＋435）同侧	K93＋435
9	K97＋236	松岗隧道进口	3.934	与基站（K97＋035）同侧	K97＋035
10	K114＋719	连续路基地段	17.483	与赶水东站同侧	K115＋219
11	K124＋784	连续路基地段	10.065	与基站（K124＋740）同侧	K124＋740
12	K129＋181	红子田隧道出口	4.397	与基站（K129＋130）同侧	K129＋130
13	K138＋280	天坪隧道进口	9.099	与基站（K138＋294）同侧	K138＋294
14	K152＋388	天坪隧道出口	14.108	与基站（K152＋254）同侧	K152＋254
15	K160＋490	连续路基地段	8.102	与桐梓北站同侧	K160＋755
16	K171＋866	新凉风垭隧道进口	11.376	与基站（K171＋905）同侧	K171＋905
17	K187＋668	连续路基地段	15.802	与基站（K187＋762）同侧	K187＋762
18	K205＋285	青岗岭隧道出口	17.617	与基站（K205＋245）同侧	K205＋245
19	K213＋598	连续路基地段	8.313	与娄山关南站同侧	K214＋183
20	K222＋591	连续路基地段	8.993	与基站（K222＋584）同侧	K222＋584
21	K230＋127	高楼子隧道出口	7.536	与基站（K230＋054）同侧	K230＋054
22	K236＋057	高岩山隧道出口	5.930	与基站（K236＋054）同侧	K236＋054
23	K244＋620	连续路基地段	8.563	与遵义站同侧	K244＋199
24	K263＋671	连续路基地段	19.051	与基站（K263＋685）同侧	K263＋685
25	K270＋393	连续路基地段	6.722	与遵义南站同侧	K270＋848
26	K279＋258	连续路基地段	8.865	与基站（K279＋221）同侧	K279＋221
27	K293＋862	先生坡隧道出口	14.604	与基站（K293＋818）同侧	K293＋818
28	K300＋485	连续路基地段	6.623	与基站（K300＋442）同侧	K300＋442
29	K305＋557	杨岭隧道出口	5.072	与基站（K305＋512）同侧	K305＋512
30	K315＋875	连续路基地段	10.318	与息烽站同侧	K314＋845
31	K331＋735	连续路基地段	15.860	与基站（K331＋707）同侧	K331＋707
32	K339＋119	连续路基地段	7.384	与基站（K339＋108）同侧	K339＋108
33	K354＋687	连续路基地段	15.568	与长田湾线路所（K359＋971）同侧	K359＋971
34	K362＋599	连续路基地段	7.912	与长田湾线路所（K359＋971）同侧	K359＋971

三、异物侵限监控子系统设计

1. 现场设备组成

异物侵限监控子系统由现场监测设备（异物侵限监测装置、现场控制器）、现场监控单元和监控数据处理设备等组成。异物侵限监测装置由竖直监测电网、竖直支架等组成，现场控制器控制异物侵限监测装置工作，接收并分析来自防护监测网的信号。

2. 异物侵限监测点设置地点

现场监测设备主要设置在公跨铁立交桥两侧。站前专业预留防护监测网安装条件。本线在 3 座公跨铁立交桥处设置异物侵限报警监测装置，具体位置见表 3-16-3。

表 3-16-3　异物侵限监测装置设置位置

序号	桥名	中心里程	异物侵限监测装置长度 L/m	来车方向异物侵限监测装置长度 L_t/m	埋件数量	单侧总预埋件数量
1	遵义大道忠南快线跨线立交桥（来车方向）	K248 + 843	31	10	11	33
2	遵义大道忠南快线跨线立交桥（去车方向）	K248 + 843	31	2	3	33
3	贵阳北二环黑石头公跨铁立交桥（来车方向）	K365 + 900	48	32	33	49
			35	20	21	36
4	贵阳北二环黑石头公跨铁立交桥（去车方向）	K365 + 900	34	20	21	35
			45	32	33	46

3. 设备设置

现场控制器控制防护监测网工作，接收并分析来自防护监测网的信号。监测点视频监控纳入综合视频监控系统，用于监测到报警后，调度员查看现场情况。现场监测设备采集到的信息传送到现场监控单元，再通过传输网络上传至监控数据处理设备，同时现场控制器接入列控。

在 GSM-R 通信基站，当监控单元监测到预警信息时，通知维修、排除故障；当监控单元检测到报警信息时，通过列控中心的连接电缆依据安全型继电器接口传递紧急停车信息，并通过防灾安全监控系统对综合维修段、调度所上传异物侵限报警停车信息。列车一度停车后，司机按调度员指挥以目视行车模式运行至发生异物侵限的事故地点前方适当距离二度停车，由司机确认异物侵限情况并报告调度员；侵限的异物清理完毕，现场抢险人员按压轨旁现场控制器中的复位开关使异物侵限监控系统复位，司机确认限界并经调度员同意后恢复正常运行。

第二节　设施设备设计

一、现场监控单元设计

（一）设备组成

现场监控单元由主机模块、各种监测功能模块、继电器组合模块、防雷单元（电源、线缆）、电源设备、机柜等组成。监控单元采用模块化结构，各功能子系统均可通过各自子板与监控单元连接，满足风向风速监测、雨量监测、异物侵限监控的接入和监测。

（二）设备安装地点

现场监控单元安装于现场监测设备附近的通信基站、中继站、线路所、车站防灾机房内。本线共设有现场监控单元 34 处，具体位置见表 3-16-4。

表 3-16-4 现场监控单元设置位置

序号	现场监控单元里程	现场监测单元位置	监控单元类型	风速计里程	雨量计里程	异物桥里程
1	K45 + 644（珞璜南站）	珞璜南站	2 风 1 雨	K39 + 945	K46 + 189	
				K47 + 889		
2	K53 + 973	基站	1 雨		K54 + 025	
3	K65 + 624	基站	1 风 2 雨	K63 + 623	K62 + 538	
					K65 + 607	
4	K73 + 784	中继站	1 风 1 雨	K72 + 289	K73 + 294	
5	K79 + 105	基站	1 风 1 雨	K77 + 186	K79 + 115	
6	K84 + 405	綦江东站	1 风 1 雨	K84 + 068	K83 + 425	
7	K93 + 435	基站	1 风 1 雨	K92 + 737	K93 + 392	
8	K97 + 035	基站	1 风 1 雨	K96 + 540	K97 + 236	
9	K115 + 219	赶水东站	1 风 1 雨	K116 + 749	K114 + 719	
10	K124 + 740	基站	1 风 1 雨	K124 + 004	K124 + 784	
11	K129 + 130	基站	1 风 1 雨	K130 + 927	K129 + 181	
12	K138 + 294	基站	1 风 1 雨	K136 + 922	K138 + 280	
13	K152 + 254	基站	1 风 1 雨	K152 + 421	K152 + 388	
14	K160 + 755	桐梓北站	1 风 1 雨	K158 + 513	K160 + 490	
15	K171 + 905	基站	1 风 1 雨	K167 + 365	K171 + 866	
16	K187 + 762	基站	1 风 1 雨	K186 + 404	K187 + 668	
17	K205 + 245	基站	2 风 1 雨	K201 + 470	K205 + 285	
				K208 + 487		
18	K214 + 183	娄山关南站	1 雨		K213 + 598	
19	K222 + 584	基站	1 风 1 雨	K223 + 284	K222 + 591	
20	K230 + 054	基站	1 雨		K230 + 127	
21	K236 + 054	基站	1 风 1 雨	K236 + 532	K236 + 057	
22	K244 + 199	遵义站	1 风 1 雨 1 异物	K245 + 641	K244 + 620	K248 + 843
23	K263 + 685	基站	1 风 1 雨	K261 + 048	K263 + 671	
24	K270 + 848	遵义南站	1 风 1 雨	K272 + 244	K270 + 393	
25	K279 + 221	基站	1 风 1 雨	K280 + 144	K279 + 258	
26	K293 + 818	基站	1 风 1 雨	K294 + 257	K293 + 862	
27	K300 + 442	基站	1 雨		K300 + 485	
28	K305 + 512	基站	1 风 1 雨	K306 + 212	K305 + 557	

续表

序号	现场监控单元里程	现场监测单元位置	监控单元类型	风速计里程	雨量计里程	异物桥里程
29	K314 + 845	息烽站	1 雨		K315 + 875	
30	K331 + 707	基站	1 风 1 雨	K333 + 419	K331 + 735	
31	K339 + 108	基站	1 风 1 雨	K339 + 808	K339 + 119	
32	K359 + 971	长田湾线路所	2 雨		K354 + 687	
					K362 + 599	
33	K368 + 375 + 1 600	贵阳北站	2 异物			K365 + 900
						K365 + 900

二、监控数据处理设备设计

监控数据处理设备主要设计方法如下：

（1）防灾安全监控系统涉及行车安全，应构建带宽不低于 2 Mb/s 的业务专网，实现监控单元、监控数据处理设备以及调度所设备间的数据传输，采用 EF 接口。

（2）传输网络采用双以太网、TCP/IP 协议，网络结构应满足信息传输的实时性要求。为确保传输网络的可靠性，双网络通道应分别接入不同的业务板卡。

（3）监控单元与风雨监测点之间采用串口进行通信，当距离较长时（电缆超过 1 000 m）采用外接光隔离长线收发器（MODEM），监控单元与异物侵限监控点现场控制箱之间通信采用音频通道或数据通道。

（4）异物侵限监控报警采用继电接点条件与列控中心接口，通过实回线传输报警条件。

（5）采取有效措施，防止计算机病毒的侵入与传播。

本线灾害监测系统接入成都铁路局调度大楼内新设的渝黔线防灾监控数据处理设备，包括 2 台应用服务器、2 台数据库服务器（带存储设备）、2 台接口服务器、2 台 NTP 服务器、2 台路由器、2 台三层交换机、4 台二层交换机、2 台防火墙和 2 架机柜。

三、监测终端设备设计

防灾安全监控数据处理设备由数据库服务器、应用服务器、磁盘阵列、工务终端、维护终端、网络交换机、打印机、告警箱、防雷单元等组成。

数据库服务器为双机热备方式、配一套磁盘阵列作为扩展存储设备，内设防灾安全监控各功能子系统相关监控数据表，存储防灾安全监控各种信息，如风向风速信息、雨量信息、异物侵限监测报警信息等历史记录，以备查询。数据服务器具备故障自动转移功能，保证主机设备稳定运行。

应用服务器负责采集监控单元主机传入监测点状态信息及设备状态信息，将防灾安全监控各种信息、报警信息等历史记录存入数据服务器。应用服务器为双机热备方式，任一台发生故障、任意网络发生故障不影响系统正常运行，提高整个系统的安全性和可靠性。

其功能主要有：

（1）按设定的报警门限值和业务处理规程对风、雨、异物等灾害的监测信息进行综合分析处理，根据灾害强度生成各类报警、预警信息以及相应行车管制预案，并在工务终端上生成文本、图形显示及音响报；同时，将风、雨、异物侵限等灾害的报警、预警信息以及相应的行车管制预案传送至调度所监控终端。

（2）存储风、雨等灾害监测数据以及报警、预警和设备故障信息，存储时间不少于 3 年。各类报警、预警信息的内容包括灾害种类、发生时间、地段、灾害级别、行车管制预案等。

（3）具备对各类信息按指定时段的统计分析功能，并为维护管理人员提供监测报警、预警及设备故障等信息的查询显示和报表打印功能。

（4）配合调度所调度员进行各种设备的远程试验，实现系统设备自身故障定位和故障报警显示、历史记录查询等。

在成都铁路局调度所调度大厅渝黔调度台、信息技术所信息值班室、工务处、成都通信段、重庆工务段、贵阳工务段、重庆西通信站、贵阳北通信站、贵阳高铁工务段、遵义通信车间共设置 10 套灾害监测终端和相关网络设备、UPS 电源。其中调度所终端全部双机双屏配置。

利旧 2 套监测终端，包括贵阳枢纽调度 1 台监测终端以及重庆枢纽调度 1 台监测终端。

四、传输网络设计

现场监控单元利用传输设备 FE 接口，为防灾安全监控系统提供专用传输通道，将现场监控单元信息传输至成都调度大楼 3F 电子信息机房 5B 的防灾监控数据处理设备。监控数据处理设备利用传输设备 FE 接口将信息传输至成都铁路局调度所、工务处、工务段、通信段、通信站、车间监测终端。

（1）系统采用双以太网、TCP/IP 协议并满足信息传输的实时性要求。为确保信息传输的可靠性，双网络接口分别接入通信传输及接入系统的不同业务板卡。

（2）网络设备应具备双 10/100 Mb/s 以太网口及自动检测、切换功能。

五、电缆线路及防护设计

室外电缆钢带（铝护套）应分段单端接地，每段电缆长度不宜超过 3 000 m；每段电缆中间的电缆接续处，电缆钢带（铝护套）应屏蔽连接，并与金属材料箱盒及大地绝缘。室外电缆引入防灾机房时，在电缆引入口处将电缆钢带切断（铝护套不得断开），电缆钢带及铝护套做接地处理。

站房、GSM-R 基站、信号中继站内线缆穿放于防静电地板下走线架中，信号电缆和电源线分别穿放于两个走线架。

区间电缆敷设于通信电缆槽内；跨水沟、跨电力电缆槽采用钢管加混凝土包封防护。

公跨铁立交桥从桥上引至地面时沿桥墩引下，引下部分 PVC 管、钢管或钢槽防护；接触网杆上采用钢管防护引下线缆，钢管需牢固固定于接触网杆外侧。

电缆设计应满足《铁路工程设计防火规范》《关于发布高速铁路设计规范等 14 项铁路工程建设标准局部修订条文的通知》（铁建设〔2012〕29 号）的相关要求。其中珞璜南、綦江东、赶水东、夜郎镇、娄山关南、遵义、遵义南、息烽、贵阳北站站内和引入车站端回楼 500 m 范围内电缆采用无卤低烟阻燃型电缆；区间各通信基站、信号中继站楼内和引入回楼 500 m 范围内电缆采用阻燃型电缆；岩边里隧道内电缆采用阻燃型电缆；其他场所区段采用常规型电缆。

第三节　互联互通要求

一、与重庆枢纽互联互通要求

本线设置在成都铁路局 5B 机房的监控数据处理设备通过接口服务器、防火墙等设备与成渝客专（枢纽内为重庆枢纽 1 台调度）防灾监控数据处理设备交换信息，实现正线与重庆枢纽内灾害监测数据之间的互联互通。根据《渝黔铁路运营里程、允许速度、调度区划、列控设备编号等方案审查会的会议纪要》的意见，本线与重庆枢纽调度 1 台分界点为 K24 + 714.527。互联互通内容包括风、雨监测点报警信息，本线灾害监测系统调度所、工务部门、通信部门监测终端需显示管辖范围内灾害监测系统发送的监测、报警信息及运营、维护管制建议等内容。

互联互通信息如下：

1. 风信息

风监测报警原则：风报警范围为从监测点的上一个相邻风监测点到下一个相邻风监测点，报警信息依据调度分界判定调度归属。

风监测点 K39 + 945 报警：报警范围为从线路起点重庆西站至下一个相邻风监测点 K47 + 889。其中：重庆枢纽调度 1 台影响范围为线路起点重庆西站至调度分界 K24 + 714.527，渝黔线调度台影响范围为调度分界 K24 + 714.527 至下一个相邻风监测点 K47 + 889。均依据成都铁路局的报警规则生成报警信息。

2. 雨信息

雨监测报警原则：雨报警范围为从监测点的上一个相邻雨监测点到下一个相邻雨监测点，报警信息依据调度分界判定调度归属。

雨监测点 K46 + 189 报警：报警范围为从线路起点重庆西站至下一个相邻雨监测点 K54 + 025。其中，重庆枢纽调度 1 台影响范围为线路起点重庆西站至调度分界 K24 + 714.527，渝黔线调度台影响范围为调度分界 K24 + 714.527 至下一个相邻雨监测点 K54 + 025。均依据成都铁路局的报警规则生成报警信息。详见图 3-16-1。

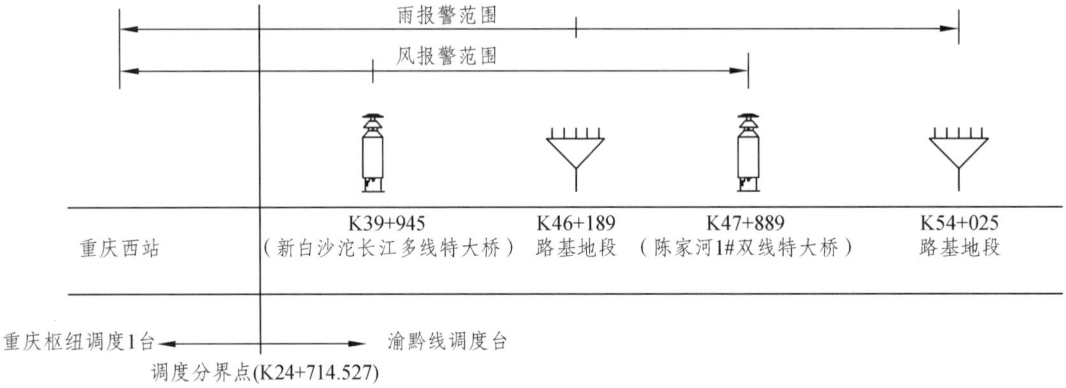

图 3-16-1　雨监测报警信息

二、与贵阳枢纽互联互通要求

本线设置在成都铁路局 5B 机房的防灾监控数据处理设备通过接口服务器、防火墙等设备与长昆客专（枢纽内为贵阳枢纽 1 台调度）防灾监控数据处理设备交换信息，实现正线与贵阳枢纽内灾害监测数据之间的互联互通。根据《渝黔铁路运营里程、允许速度、调度区划、列控设备编号等方案审查会的会议纪要》的意见，本线与贵阳枢纽调度 1 台分界点为 K365 + 518。互联互通内容包括风、雨监测点报警信息，灾害监测系统在调度所、工务部门、通信部门终端需显示管辖范围内灾害监测系统发送的监测、报警信息及运营、维护管制建议等内容。

互联互通信息如下：

1. 风信息

风监测报警原则：风报警范围为从监测点的上一个相邻风监测点到下一个相邻风监测点，报警信息依据调度分界判定调度归属。

风监测点 K339 + 808 报警：报警范围为从上一个相邻风监测点 K333 + 419 至线路终点贵阳北站。其中：贵阳枢纽调度 1 台影响范围为线路终点贵阳北站至调度分界 K365 + 518，渝黔线调度台影响范围为调度分界 K365 + 518 至上一个相邻风监测点 K333 + 419。均依据成都铁路局的报警规则生成报警信息。

2. 雨信息

雨监测报警原则：雨报警范围为从监测点的上一个相邻雨监测点到下一个相邻雨监测点，报警信息依据调度分界判定调度归属。

雨监测点 K362 + 599 报警：报警范围为从上一个相邻雨监测点 K354 + 687 至线路终点贵阳北站。其中，贵阳枢纽调度 1 台影响范围为：线路终点贵阳北站至调度分界 K365 + 518；渝黔线调度台影响范围为：调度分界 K365 + 518 至上一个相邻雨监测点 K354 + 687。均依据成都铁路局的报警规则生成报警信息。

3. 异物侵限信息

异物侵限监测点 K365 + 900 报警：异物侵限监测点 K365 + 900 报警信息显示于贵阳枢纽调度 1 台防灾终端上，详见图 3-16-2。

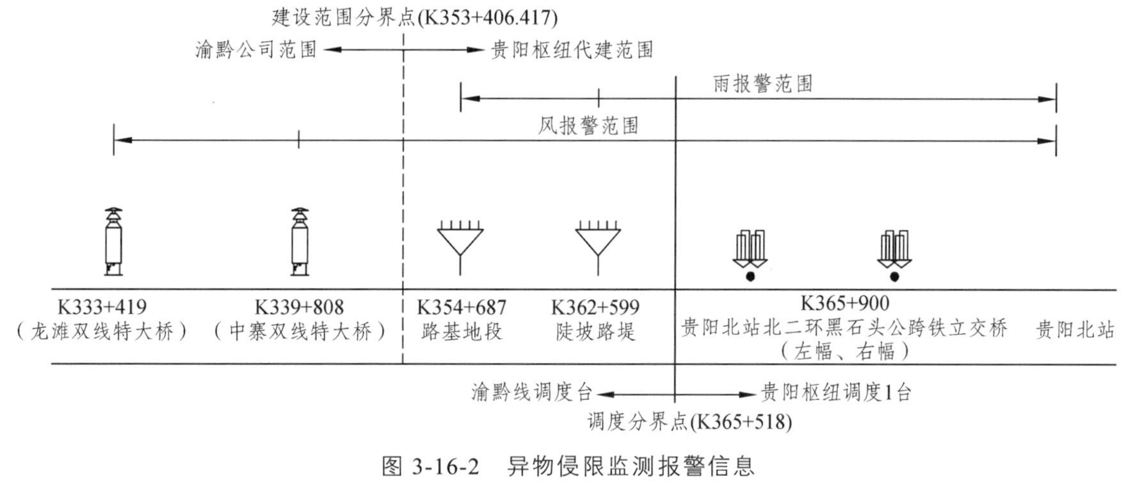

图 3-16-2　异物侵限监测报警信息

第十七章　客运服务系统设计

第一节　旅客服务信息系统设计

客运服务系统主要包括旅客服务信息系统和票务系统。其中，旅客服务信息系统由应急处理平台、综合显示系统、客运广播系统、视频监视系统、入侵报警系统、旅客携带物品安全检查设施、时钟系统和综合布线系统构成。

一、集成管理平台

本线旅客服务信息系统集成管理平台采用路局集中模式。各新建客运站旅客服务信息系统集成管理平台通过 IP 数据网接入成都铁路局旅客服务信息系统集成平台，通过成都铁路局旅客服务信息系统集成平台来获取运调信息，到发、导向、广播、监控、查询等功能集中管理、统一操作。

随本线引入需对成都铁路局旅客服务信息系统集成平台进行相应扩容改造。扩容改造内容主要包括增加旅客服务中心数据库服务器 1 台、旅客服务中心应用服务器 3 台、旅客服务中心接口服务器 2 台、旅客服务中心 SAN 交换机 2 台、磁盘阵列扩容（8T）。

各新建客运车站集成管理平台设置数据处理服务器、接口服务器、交换机、防火墙及网管终端，在综合监控室设置业务操作终端、打印机等设备。各站通过 IP 数据网接入成都铁路局旅客服务信息系统集成平台。

二、综合显示系统

综合显示系统从车站集成管理平台获取播出计划和相关信息，以车站为核心，各新建客运车站分别在候车厅进站检票口处设置候检屏；在售票厅内设置售票屏、售票窗口屏；在进出站、地道、站台楼梯口处分别设置进站通告屏；在站台设置站台信息屏；在出站口处设置出站信息屏；在候车厅内设置 50 英寸 LCD 屏；在 VIP 候车室、售票室、公安值班室、检补票室分别设置 50 英寸 LCD 屏。在客运值班室、站长室、待班休息室设置到发通告终端。

显示屏需根据现场情况选择合适的安装方式，动静态显示屏应相互结合进行设计。

三、客运广播系统

重庆西站采用大型铁路车站数字广播系统，其余各新建客运站采用模拟广播技术，向旅客播报铁路通告、列车运行时刻、票务、站内设施说明、站内环境说明、旅客乘车、安全提示及旅行相关等信息，同时又具备播放背景音乐和消防紧急广播功能。系统可采用人工广播和自动广播两种方式。系统由广播音频控制器、综控室信源设备、应急广播控制设备、功率放大器、扬声器等设备构成。车站的广播负荷分区按照售票厅、候车厅、检票口、站台、办公等区域进行划分。

各站根据旅客乘降、候车等因素，对广播区划分为售票厅、候车厅、各站台、出站厅、站前广场等。并根据房屋布局结构在候车厅等吊顶相对较高的区域选用 15 W 壁挂式扬声器；在出站厅、售票厅、办公区域走廊、设备用房区域走廊等吊顶相对较低的区域选用 5 W 吸顶式扬声器；在进出站通道等可能无吊顶的区域选用 10 W 壁挂式扬声器；在站前广场等相对开阔的区域选择 20 W 壁挂式扬声器；在站台位置选用 30 W 吊装式扬声器。各站在站台、售票厅、检票口、进出站口设置无线呼叫站。

候车室、售票厅、站前广场、出站厅、地道、站台分别设置为不同广播分区，站台分区采用双回路，广播功放采用“4 + 1”的热备方式。

四、车站视频监控系统

视频监视系统在售票区域、进站区域、安检区域、候车厅、检票区域、站台等地点设置摄像机。视频终端、视频服务器、存储设备纳入综合视频监控系统。

各站在站前广场、售票厅、消防通道及进出站通道、站房反面围墙等区域设置一体化快球摄像机（1080P）；在进站大厅、候车厅、VIP 室、旅客服务等区域设置一体化快球摄像机；在售票室、票据室、进款室、开水间、车站走廊等区域设置室内半球摄像机（其中售票室内按售票人员与摄像机 1∶1 比例配置）；在进、出站检票区域、实名制验证区域、进站门斗设置固定枪式摄像机；在直梯出入口设置固定枪式摄像机；在车站站台设置一体化快球摄像机，站台进出站楼扶梯通道口处设置固定枪式摄像机，通过以上视频采集设备完成对车站各个区域的监控。视频存储时间按照 15 d 设计。

各站安检仪区域设置高清摄像机，每个安检仪按 2 个 1080P 枪式摄像机、2 个 1080P 半球摄像机设置，实现安检过程、面部特写、行李特征进行监控，纳入综合视频监控系统统一管理。

重庆西、遵义东、綦江东、桐梓东、息烽站的综合监控室分别设 LCD 无缝拼接屏。

五、入侵报警系统

报警主机采用 16 路输入报警主机，报警探头主要采用红外/微波双鉴探头。

信息机房设置报警主机，售票室、票据室、补票室和进款室设置双鉴探头和报警按钮。

综合监控室、公安值班室分别设置 1 套主控键盘和 1 套声光报警器。当入侵报警设备报警，报警提示信息将显示在综合监控室和公安值班室显示器上，并且联动相关地点的摄像机，将图像信息自动显示在综合监控室和公安值班室的视频终端上。

六、旅客携带物品安全检查设备

珞璜南、赶水东、夜郎、桐梓东、娄山关南、遵义南、息烽、修文县站分别设置 2 套旅客携带物品安全检查设备，包括 1 套 X 光安全检查仪（双源双视角）、1 套安全门、2 套手持金属探测仪、1 套防爆罐、2 套防爆毯。綦江东站设置 4 套旅客携带物品安全检查设备，包括 1 套 X 光安全检查仪（双源双视角）、1 套安全门、2 套手持金属探测仪、1 套防爆罐、2 套防爆毯。遵义站设置 6 套旅客携带物品安全检查设备，包括 1 套 X 光安全检查仪（双源双视角）、1 套安全门、2 套手持金属探测仪、1 套防爆罐、2 套防爆毯。重庆西站设置 10 套旅客携带物品安全检查设备，包括 1 套 X 光安全检查仪（双源双视角）、1 套安全门、2 套手持金属探测仪、1 套防爆罐、2 套防爆毯。

七、时钟系统

本线重庆西、遵义、珞璜南站时钟系统采用子母钟方案，设置母钟设备、NTP 服务和子钟设备。NTP 服务器为广播、引导、监控等系统提供时间同步信号。同时本站通过 IP 数据网接收成都铁路局旅客服务信息系统集成平台时间同步信号，在本站 NTP 服务器故障情况下保证本站应急处理设备时间的正常显示。站台区域设置双面指针式子钟，与站台信息屏合设。候车室、出站口、售票厅等处通过与旅客引导显示屏相结合的形式显示时间信息。

綦江东、赶水东、桐梓北、桐梓东、娄山关南、遵义南、息烽、修文县站通过 IP 数据网接收成都铁路局旅客服务信息系统集成平台时间同步信号。车站不单独设置指针式子钟，通过与旅客引导显示屏相结合的形式在候车室、站台、出站口、广播厅、售票厅等处显示时间信息。

八、门禁系统

本线各新建客运站售票室、进款室、票据室、补票室、控制台室、综合值班室、消防控制室、信息机房、信息配线及设备间等处设置门禁前端设备，在信息机房设置总控制器和门禁工作站。

九、信息查询系统

重庆西站设置信息查询系统，系统采用设置自助查询终端的方式为旅客提供查询服务。系统由集成管理平台提供信息源，查询内容包括车站概况、铁路客运常识、旅游公众信息、票务实时信息、乘降实时导向信息等，在高架层候车厅及出站厅设置自助查询终端。

十、求助设施系统

重庆西站设置求助设施，由求助主机、录音工作站、值班分机、求助按钮等组成，利用旅客服务信息系统局域网实现设备之间的网络连接和数据交换。求助设施应具有与视频监视系统的接口，实现求助现场监视图像的联动功能。在候车厅、出站厅等旅客聚集区域设置求助按钮，在旅客服务用房、综合监控室设置值班分机。

第二节　客票系统设计

各新建客运车站设置车站级客票系统，系统由客票服务器、业务管理终端、业务维护终端、售票应急终端、打印机、客票安全设备及车站现场设备构成。车站现场设备包括自动售票机、窗口售票机、进/出站闸机、补票机、实名制验证设备。其中窗口售票机包含售票微机（双屏显示）、制票机、读卡器（学生证、银通卡、二代身份证）及窗口对讲设备。

本线设置应急服务器 11 套、票务系统终端 30 套及现场设备。现场设备包括窗口售票机 38 套、补票机 11 套、自动售票机 53 套、自动取票机 26 台、进出站闸机 119 套，实名制验证设备 48 套。票务安全平台含 20 台安全交换机、20 台通信平台、10 台网络管控器、安全集中配置管理系统 10 台、10 台证书便携设备。客票系统由原铁道部客专票务中心-地区客票中心-车站三级系统构成。本线客票系统接入成都地区客票中心。

一、各车站售检票系统

1. 车站自动售检票系统

车站自动售检票系统接入路局自动售检票系统，沿线各车站设置应急服务器及网络设备。各车站人工售票系统（即 TRS 系统）接入成都地区客票中心。

2. 应急服务系统

本线各新建车站设置应急服务器、安全平台设备、业务维护终端和现场设备。现场设备包括窗口售票机、补票机、自动售票机、自动取票机、进出站闸机、应急售票终端、退票扫描枪和实名制验证设备。

3. 实名验证系统

每套实名制验证设备（含复位口设备）包括 1 台笔记本电脑、1 台二维条码扫描仪、1 台二代身份证识读器、1 台公安联网控制器及配套桌椅，设备的技术标准需满足《中国铁路总公司关于印发〈铁路旅客车站实名制验证设施主要技术要求〉的通知》（铁总运〔2014〕277 号）的要求。

二、电源、防雷与接地

1. 电　源

车站客服系统设备用集中供电方式，负荷等级为 I 级。信息机房兼作电源室，由电力专业引入 AC380 V 两路电源以及配置电源配电箱（含 ATS 和防雷器）。信息机房、综合监控室及信息配线及设备间内的所有设备以及窗口售票设备、自动售票机、补票机、票务管理终端、摄像机由 UPS 统一供电，后备时间 1 h。其他设备均用交流稳压电源供电。

信号楼办公信息系统机柜内分别设置一套 2 kVA UPS；公安管理信息系统（派出所）各机柜内分别设置一套 2 kVA UPS；各综合维修车间/工区办公信息系统、综合维修管理信息系统机柜内设备共用一套 5 kVA UPS，UPS 由办公信息系统配置；公安派出所办公信息系统、公安管理信息系统各机柜内设备共用一套 2 kVA UPS，UPS 由公安管理信息系统配置。各系统前端计算机、打印机由办公区域交流插座供电。

2. 防　雷

信息机房、信息配线及设备间和综合监控室配电箱进线端由电力专业设置电源防雷器，在信息用房 UPS、交流稳压电源进线端由信息专业设置电源防雷器。

设备间相距 50 m 以上及站台引入站房内的各类数据线、信号线、控制线及电源线，其线路两侧设备输入口处均需安装 SPD。

3. 接　地

客服系统接地用建筑物共用接地方式，接地电阻≤1 Ω。由电力专业在信息机房、信息配线及设备间、综合监控室防静电地板下预留综合接地端子。

所有走线架及各类金属构件接入综合接地系统，各段走线架之间用电气连接。

机房内设备接入站房综合地。站台上的信息设备及金属构筑物，接入综合接地系统。

电缆屏蔽层的两端应接地，并保持全程电气连通，且多点就近接地。

第十八章　工程接口设计

第一节　工程接口设计概述

工程接口是指不同建设项目、不同建设阶段、不同专业、不同单位之间，可能发生冲突或需要协调衔接的部分和内容。渝黔铁路接口工程是一项复杂的系统工程，项目的设计、施工安装、调试、运营维护需多方参与协调，多方推进。需高度重视接口设计，积极沟通与本专业发生接口关系的各相关站前、站后专业；做到不遗漏本专业为其他相关专业所预留工程的设计内容，并且主动提供本专业对其他相关专业的设计要求。站前工程与站后工程各专业间的接口与配合关系见表 3-18-1。

表 3-18-1　各专业间的接口与配合关系

项目	路基	桥梁	隧道	无缝线路	站场建筑
无砟道床	○	○	△	△	○
接触网立柱基础	●	△	△	△	○
综合接地预埋件	●	●	●	△	△
电缆槽	●	△	●	△	△
过轨管线	●	△	△	●	△
运梁通道	●	●	△	○	○
声屏障基础	●	△	○	○	○
设备安装基础	○	○	○	○	△
管线及设备入室	○	○	○	○	●
信号设备安装及联锁	●	○	○	●	●

注：●表示强相关，△表示弱相关，○表示不相关。

第二节　接口设计原则与要点

一、接口设计原则

（一）路基接口设计原则

（1）一般应将贯通地线埋设于信号电缆槽下，距基床底层顶面 –300 ~ –400 mm 处；石质路堑地段，将贯通地线埋设于信号电缆槽下约 –200 mm 的沟中并回填细粒土。

（2）在每个接触网立柱处的信号电缆槽靠线路侧的内壁上预埋接地端子。

（3）区间路基地段约每 500 m 预埋横向连接线，与线路两侧贯通地线可靠连接。

（4）路基工程负责完成路基地段贯通地线、分支引接线、横向连接线敷设前的路基开槽、回填、防护以及路基底段电缆槽内接地端子的预埋安装。

（二）桥梁接口设计原则

（1）桥梁工程完成梁体、桥墩内部接地钢筋的连接及明挖扩大基础下部接地装置。

（2）在梁体、桥墩等位置预埋接地端子，并与内部的接地钢筋可靠焊接；完成梁体与桥墩预埋接地端子间的等电位连接。

（三）隧道接口设计原则

（1）隧道工程完成隧道接地装置的设置，主要包括初期支护接地锚杆和接地钢筋、二次衬砌内接地钢筋、底板接地钢筋等之间以及与贯通地线间的可靠连接。

（2）完成隧道洞室内接地端子、隧道内接地端子的预埋，以及与电缆槽外缘纵向接地钢筋的连接。

（3）完成接触网槽道基础的接地连接。

（四）轨道接口设计原则

（1）与线路专业：根据线路专业互提的线路平面图、纵断面图等基础资料计算本专业工程数量，并布置无缝线路单元轨节。

（2）与站场专业：根据站场专业互提的车站平面布置图、道岔示意图、车站表等基础资料计算本专业工程数量，并布置无缝线路单元轨节。

（3）与桥梁专业：根据桥梁专业互提的桥、涵表以及特殊桥梁无缝线路检算资料计算本专业工程数量，并进行桥上无缝线路检算。

（4）与隧道专业：根据隧道专业互提的隧道表及隧道横断面计算本专业工程数量，并进行无砟轨道横断面设计。

（5）与路基专业：根据路基专业互提的路基挡墙表计算本专业工程数量。

（6）与信号专业：根据信号专业互提的绝缘接头数量、轨道电路专用枕、桥上护轮轨及综合接地要求计算本专业工程数量并进行接口设计。

（7）与环评专业：根据环评专业互提的具体要求进行轨道减振降噪设计。

（8）与施预专业：向施预专业互提轨道主要工程数量。

（9）与行车专业：根据行车专业互提的牵引曲线数据图进行轨道超高设计。

二、四电集成内部接口设计

（一）通信与信息接口设计

1. 数据网接口

旅客服务设备通过 FE 电口与数据网设备互连，接口位于通信机房数据配线架的外线侧。

2. 传输接口

公安信息系统设备、防灾系统设备通过 FE 电口与传输设备互连，接口位于通信机房数据配线架的外线侧。客票系统设备通过 2M 电口与传输设备互连，接口位于通信机房数字配线架的外线侧。

3. 电源及环境监控接口

通信在信息机房设置电源及环境监控设备，纳入通信专业环监平台，并在信息维修部门设置复视终端。

（二）信息与通信接口设计

1. 信息系统通道接口

通信提供广域网通道，信息机房至通信机械室线缆由信息专业布放并上架，通信机械室配线设备由通信专业负责。

2. 视频监控系统接口

通信专业提供视频存储服务器、存储设备、编码器、视频交换机等。视频线缆由信息专业布放。客服系统在车站设置视频监控摄像头，统一纳入到通信专业综合视频监控平台中。视频监控系统的视频线、控制线缆、拾音器线缆均由信息专业接入通信机械室综合视频监控系统设备柜，并考虑拾音器接口及音频文件的存储。

3. 电源环境监控系统接口

通信专业在各信息机房及信息配线及设备间（包括综合维修机构、信号楼、站房内信息配线及设备间等处）设置电源环境监控系统。各信息机房及信息配线及设备间（包括综合维修机构、信号楼、站房内信息配线机设备间等处）设置电源环境监控系统，监控内容为烟雾、温度、湿度、门磁、空调、电源、水浸（一层及以下机房）等。

（三）信息与电力接口设计

1. 信息电源设备接口

电力专业在信息机房、信息配线间引入 AC380 V 外供交流电源，并提供 2 路电源自动切换设备，供电等级为 I 类负荷。信息专业与电力专业设备供电接口位于信息机房电力配电箱，外线侧电源线缆引入及防雷设施由电力专业设计；与电力专业 BAS、FAS 设备接口在旅客服务系统集成平台预留接口条件。由站房设计单位电力专业在信息机房、总控室、信息配线间等处预留接地端子，接地端子需与建筑钢筋可靠焊接，并与整个站房的建筑地网沟通，接地端子设置在防静电地板下面；电力切换箱出线侧至信息设备由信息专业负责。

2. 票务系统接口

信息专业自站房检票机布放干接点信号线至消防控制室 FAS 控制系统，电力专业配备相应控制盘及接入端子。控制盘及接入端子由电力专业负责，线缆及其接入由信息专业负责，电力配合。

三、牵引变电接口设计

（一）外部接口设计

1. 与电力公司及电力设计院接口

配合业主提供外部电源设计及评估需要的相关铁路牵引供电系统设计资料。

向电力公司提供牵引变电所位置、电源进线架构受力要求，220 kV 侧进线流互变比、计量方案等需电力公司确认。需与电力部门协商确定外部电源继电保护方案、上下级保护配合时限、保护及通信盘面土建要求等技术内容。牵引变电所与电力公司分界在所内进线杆塔的拉环上，电源进线至拉环包括绝缘子串由电力公司设置设计。牵引变电所外部电源架空线路的避雷线在进线杆塔上绝缘安装，应在进所前单独接地。

关于电力部门要求的信息通信接口，由电力公司光纤引至牵引变电所，配套通信设备按铁道部与电力公司有关规定及会议纪要确定，由铁路部门提供。

2. 与土地规划部门接口

由变电专业提供所址位置给线路、站场、地质、桥梁及房建等专业，各专业确认后，路基和站场专业出场坪征地图，线路专业出进所道路征地图，最后由业主征地部门负责征地，设计院及铁路土建施工单位配合。

（二）与非四电专业接口设计

（1）与线路专业接口：由变电专业提供区间所址位置给线路专业，线路专业确认后，负责位于区间各所的进所道路设计施工。

（2）与站场专业接口：变电专业提供站场范围内所址的初步位置给站场专业，各专业确认后，站场专业出征地图，并由站场专业负责牵引变电设施的场坪及进所道路的设计施工。

（3）与桥梁专业接口：桥梁专业负责提供各所洪水位资料，以指导各所场坪标高的确定。

（4）与路基专业接口：路基专业负责区间各所场坪设计。场坪面积除满足牵引变电设备用地外，还需满足围墙的安全距离及场坪排水沟、刷坡等的要求。

（5）与地质专业接口：变电专业提供各所地质钻探要求给地质专业，地质专业负责提供各所的地质资料。

（6）与物探专业接口：物探专业负责提供各所的土壤电阻率资料。

（7）与房建专业接口：变电专业提供房屋平面及受力、预留孔洞及预埋件、电缆沟、变电所内道路、场坪及电缆沟排水等各方面要求，房建专业负责出图。电气施工单位应负责检查房建施工工程中预留的孔洞和预埋件是否符合电气施工要求。

（8）与暖通专业的接口：变电专业提供各所温度、通风、气体消防、室内上下水、防火封堵等要求，暖通专业提空调、风机、消防设备的用电要求给变电专业。

（9）与给排水专业接口：变电专业提供牵引变电所用水和排水要求，给排水专业负责水源引入及排水。由给排水专业设置挡油池，与所内阀门井连接，防止所内变压器油排水所外，满足环保要求。

（三）与四电专业接口设计

1. 与接触网专业接口

牵引所与接触网以牵引所馈线杆外侧为界，馈线杆外侧的耐张绝缘子、耐张线夹及导线由接触网专业负责。馈线排列顺序由接触网专业与变电专业协商确定。接触网开关位置由接触网专业提供，变电专业负责设置远动控制设备、光纤。接触网专业负责配合站前专业预留网开关控制光纤的过轨通道。接触网专业负责回流电缆的设计及敷设。

2. 与电力专业接口

合建的重庆西牵引变电所由电力专业提供 2 路 380 V 所用电源，主控室合建，由牵引变电专业提供共用的交直流系统。合建的綦江东、夜郎镇、遵义东、息烽牵引变电所由电力专业提供 1 路 380 V 所用电源，主控室合建，由牵引变电专业提供共用的交直流系统。其余各所由电力专业提供 1 路 10 kV 所用电源。

3. 与通信专业接口

由牵引变电专业提供牵引供电系统远动通道、维护通道、语音通道的设置要求及被控站位置。由通信专业配置远动通道、维护通道、语音通道及相应的设备。牵引所内预留一间通信机械室，并提供 220 V 或 – 48 V 通信电源。

四、接触网接口设计

（一）与房建专业接口设计

在站台范围内，接触网尽量采用股间立柱；重庆西站站台范围内采用站台上接触网支柱与雨棚柱共柱、站台外接触网单独设置硬横梁支柱的形式，接触网专业负责提供共柱范围内接触网荷载等相关资料。

（二）与站场专业接口设计

站场专业在布置车站时，应考虑接触网支柱位置，满足接触网立杆要求。结合雨棚的设置要求，如接触网需线间立柱，站场专业要根据接触网的要求设置线间距，满足《铁路技术管理规程》（普速铁路部分、高速铁路部分）股间立接触网支柱线间距要求。线间立柱应注意避开天桥、地道及地面上水管道、排水沟等。

有综合接地系统区段站场专业应根据《铁路综合接地系统通用参考图》（通号〔2009〕9301）中“车站范围综合接地技术要求”埋设贯通地线、分支引接线。

（三）与路基专业接口设计

客车正线区段路基地段接触网支柱基础、下锚拉线基础由路基专业预留，基础施工应与路基专业同时实施，接触网专业负责提供接触网支柱基础及拉线基础图；在挡墙等特殊地段，在设计中应根据接触网专业提供资料预留支柱位置；路基在施工时应预留接触网相关过轨通道。

（四）与通信、信号专业接口设计

接触网电动隔离开关均纳入远动系统，通信专业应提供相应信息传送通道。信号专业应提供信号机布点位置，以避免与接触网支柱相互干扰。接触网专业负责向通信专业提供相关资料，并应根据信号专业提供资料，对接触网支柱位置进行调整，以避开信号机，在轨道电路区段，供吸上线安装的扼流变压器由信号施工单位施工。

第十九章 高性能混凝土及耐久性设计

根据要求，渝黔线桥梁、隧道等主体结构采用高性能耐久性混凝土，排水结构设计速度 200 km/h 以上地段设计使用年限为 60 年，200 km/h 以下地段设计使用年限为 30 年。电缆沟槽、防护砌块、栏杆等易替换小构件设计使用年限为30年。下面结合本线侵蚀环境主要为氯盐、碳化、化学环境的特点，根据高性能混凝土的特点，对高性能耐久性混凝设计进行总结。

一、高性能混凝土的研究设计内容

主要包括：高性能混凝土配合比设计、高性能混凝土及耐久性设计、高性能外加剂（聚羧酸系减水剂）在渝黔线施工中的应用、高性能混凝土施工温度控制、高性能混凝土外观质量缺陷原因分析及预防措施、高性能混凝土搅拌站、高性能混凝土的应用及生产质量控制等。因涉及内容较多，此处仅以高性能混凝土耐久性设计为例进行介绍。

《铁路混凝土结构耐久性设计暂行规定》明确规定了其主要的内容有以下8个方面：

（1）结构及主要可更换部件的设计使用年限；

（2）结构所处的环境类别及其作用等级；

（3）结构耐久性要求的混凝土原材料品质、配合比参数限值以及耐久性指标要求；

（4）结构耐久性要求的构造措施（包括钢筋的混凝土保护层厚度）；

（5）与结构耐久性有关的主要施工控制要求；

（6）严重腐蚀环境条件下采取的附加防腐蚀措施；

（7）与结构耐久性有关的跟踪检测要求；

（8）与结构耐久性有关的养护维修要求。

二、高性能混凝土耐久性设计

基于抗裂、低水化热、高体积稳定性、低渗透性，并适应混凝土施工要求，通常实现耐久性混凝土的关键技术措施主要有：选用高性能优质水泥、优质骨料、优质掺合料和高性能减水剂，并利用高性能减水剂的大减水率大幅度降低混凝土的水胶比。为节约篇幅，本章只介绍原材料选择上与普通混凝土选材不一样的指标。

基于控制水化热和收缩的抗裂性要求以及强度、耐久性要求，选择胶凝材料时应注意：

水泥：不宜使用早强型水泥；C_3A 含量≤8%（氯盐环境≤10%）；比表面积≤350 m^2/kg（对硅酸盐水泥、抗硫酸盐水泥）；碱含量≤0.8%，C40级以上混凝土碱含量≤0.6%；氯离子含量≤0.06%。

粉煤灰：铁路行业将其划分为C50以下混凝土用灰和C50以上混凝土用灰两个等级。铁路行业C50以上混凝土用灰某些技术要求要高于国家标准规定的Ⅰ级灰。具体而言，烧失量：C50以下混凝土≤5.0%，C50以上混凝土≤3.0%；细度：C50以下混凝土≤25.0%，C50以上混凝土≤12.0%；需水量比：C50以下混凝土≤105%，C50以上混凝土≤100%；对硫酸盐环境氧化钙含量≤10%；并增加了游离氧化钙含量和安定性两项指标。2009年8月26日，铁建设〔2009〕152号文对粉煤灰的质量要求又进行了局部修订，适当放松了烧失量指标要求，但对于C50以上混凝土用灰的需水量比应≤95%。

矿渣粉：其主要技术指标有烧失量≤4.0%；比表面积350～500 m^2/kg；需水量比≤100%，活性指数（28 d）≥95%；铁建设〔2009〕152号文对烧失量规定修改为≤3.0%。

硅灰：由于硅灰比表面积特别大，导致用水量增加，且掺加硅灰混凝土早期自收缩大，因此对于硅灰应该谨慎使用。其主要技术指标有烧失量≤6.0%，比表面积≥18 000 m^2/kg，需水量比≤125%，活性指数（28 d）≥85%。

第二十章 经验体会与问题探讨

一、坚持科研攻关，科研为生产服务

本线线路通过地区构造十分复杂，处于渝黔南北向构造带及北东向构造带交接复合部位，因此，沿线各种不良地质发育齐全，地质灾害发生频繁，加上本线长大隧道众多，地质条件复杂，风险高。在设计线路时，不仅合理设置桥梁、隧道、路基工程方案，对两隧道间的工程类型要综合考虑地质、水文条件、排洪、立交、架梁、取土或弃渣等因素进行经济技术比较，而且对重难点控制性工程，公司积极抓好科研攻关，切实起到了科研为工程解决难题、科研为生产服务的作用。积极指导和参与各设计单位结合工程实际情况，在特殊环境下实现对铁路关键问题深入研究，使得科研成果产业化，获得良好的社会效益和经济效益，各项科研成果和技术具有广阔的推广应用前景，如新白沙沱长江大桥的设计和修建，突破了六线双层双桁结构设计，创新了复杂环境大型桥梁快速施工技术，实现了Ⅰ级铁路大跨桥梁由四线到六线的重大突破，取得了多方的技术创新，是渝黔铁路难度最大的控制性工程点。

二、抓好前期地质勘察工作

为防止初步设计中工点工程措施不合理的现象发生，如设计支护参数不合理，路基土石方调配不合理，利用方不足，工程数量和投资不实，设计时应认真分析勘察设计所需基础数据，进一步细化勘察设计工作，加强对工程措施合理性、工程数量和概算的真实性、准确性的核查和落实，采用切实可行的措施提高勘察设计质量，做好前期预审工作。同时加强地质补勘工作，依据相关规范合力核定地质资料，严格控制隧道围岩分级，优化隧道工程措施，细致优化落实路基工点工程处理及防护措施，降低工程投资。

三、贯彻地质选线的设计理念

高度重视地质选线，全线可溶岩地段约占全线长度的60%，对工程尤其是隧道影响极大。在勘察设计中高度重视地质减灾选线，为提高工程实施可靠性，减少岩溶地段隧道单面坡长度及水平循环带内的隧道长度，线路采用了加力坡18.5‰的限制坡度，尽量拔高线路标高，以规避岩溶、暗河和岩溶突水等风险源，在实施过程中未发生突水、突泥事故，确保了工程安全。

四、降噪工程及绿色通道应用设计

由于渝黔铁路地质复杂、设计方案多，沿线高层建筑较多，在设计中考虑了结构性能和降噪性能要求，声屏障采用了结构性能优良的桩基托梁结构，并采用了方便安装、吸声效果好的吸声板材料，在结构、降噪、综合景观等多方面均能满足相关要求。隔声窗结合现场情况进行了详细测量，针对影响较大的铁路一侧居民房采取措施，以达到良好的降噪效果。在配合施工中，针对施工单位提出的问题及时给予答复，对所提要求进行积极配合，在各参建单位的共同努力下，得以使全线的降噪措施保质保量完成。

五、坚持设计与施工合理配合

（1）在进行现场踏勘确定现场监测点位时，需现场工务段工作人员一起实施，互相配合，避免后期提出现场监测点的设置位置不符合运营监测要求。

（2）在设计方案时，多方征求路局工务部门、通信部门、信息部门的意见，查定设计方案的合理性，以及相关单位能够实现的功能与作用，确认是否需要新增加防灾终端，以便通信专业能尽早核实是否可以提供通信通道。

（3）设计方案时，加强设计单位的沟通，及时对路局中心设备既有情况以及中心设备扩容情况进行调查，同时征求路局各相关部门意见，避免后期因扩容条件不满足而引起施工、系统调试进度滞后，影响整个工期的进行。

（4）在施工过程中，设计单位要积极配合施工单位的需要，针对施工单位的问题及时答复和解释，同时施工单位要培养高素质、专业化人才，提高施工人员的专业技能和素养水平，从而达到设计单位的要求。

04 第四篇

工程施工

第一章　大型临时设施施工

根据线路实际情况，渝黔铁路主要配套修建的大型临时工程有：铺架基地、预制梁场、混凝土拌和站、级配碎石拌和站、轨枕场、汽车运输便道及便桥等。本章主要讲述以江津制梁场、息烽铺架基地、綦江拌和站以及綦江轨枕场为代表的大临设施的建设。

一、江津制梁场

（一）工程概况

中铁十六局集团铁运工程有限公司渝黔铁路江津制梁场，位于重庆市江津区珞璜镇境内，包含渝黔铁路DK17 + 092 ~ DK137 + 400段范围内所有预制T梁任务，共计T梁2 964片，其中32 m跨度2 670片，24 m跨度294片，其中双线梁711孔，单线梁60孔，边梁和中梁数量基本相当。

（二）梁场选址

经沿线踏勘，梁场建在正线里程DK23 + 400左侧，该区域地势场平土石方量最少，且紧邻珞璜车站联络线，多为农田，梁场建于此地挖填土方能够做到平衡，同时可以尽量避免破坏沿线生态环境、声环境、水环境、大气环境、社会环境和人民生活环境，做到“紧凑、合理、共用、节约用地、并尽量利用荒地，不占或少占良田”的原则。

制梁场位于重庆市江津区珞璜镇，靠近制梁场有珞璜工业园区所修建的园区大道和外界联系，交通运输十分便利，且地材供应方便。

（三）梁场设备工装的配套规划

根据建场规划梁场投入的主要施工设备见表4-1-1。

表4-1-1　主要工装、设备配置计划

序号	设备名称	规格型号	数量	额定功率
1	龙门吊（80 t）	80 t 36 m跨净	4	60 kW
2	龙门吊（160 t）	160 t 36 m跨	3	120 kW
3	龙门吊（16 t）	16 t 36 m跨净	6	15 kW
4	张拉千斤顶	YDCW3000B	8	300 t
5	张拉油泵	2YBZ2	8	3 kW
6	张拉千斤顶	YDCW1500	6	100 t
7	张拉油泵	2YBZ2	6	3 kW
8	自动压浆台车		2	
9	砼运输车	GS700	5	
10	砼泵送车	HG24	2	
11	砼泵送车	HG24	1	

续表

序号	设备名称	规格型号	数量	额定功率
12	砼拌和楼	HZS120	1	180 kW
13	砼拌和楼	HZS180	1	240 kW
14	发电机		2	400 kW
15	变压器		3	630 kW
16	模板	32 m	34	
17	模板	24 m	4	

（四）梁场平面布置方案

根据以上规划江津制梁场占地面积 11.53 hm^2。按工艺流程及特点，梁场设计制梁能力为 180 片/月，最大存梁能力 404 片（双层存梁）。制梁场按功能划分为钢筋加工区、T 梁生产区、混凝土搅拌区、T 梁存放区、砂石料存放区、辅助生产区、外协队伍生活区等七个区域。依据工期要求、梁场设计有 T 梁预制台座 22 套，双层存梁台座 202 个，静载试验台座 1 个。顶板及底腹板绑扎台座 6 套。设备投入包括拌和站拌和楼 2 套，布设两条生产线，每条生产线龙门吊 13 台，16 t/36 m 钢筋移运龙门吊 6 台，80 t 轨道式吊梁龙门吊 4 台，160 t 轨道式装车龙门吊 3 台。

二、息烽铺架基地

（一）工程概况

（1）铺架基地位于息烽县永靖镇硬寨村，在新建息烽站贵阳端，对应新建渝黔铁路施工里程 D1K293 + 180 ~ D1K294 + 100 线路前进方向左侧。本处场地开阔，地势平坦，地面高程在 1 105 ~ 1 120 m 之间，正线高程 1 112 m。场地地表以农田和菜地为主，有 10 kV 高压线两处，110 kV 超高压线一条，电信、联通和移动电缆线各一条，均需改迁。同时场地内有主排洪渠一条，小灌溉渠及排水渠若干条，有 6 m 宽乡村水泥路一条，均需部分改移。

（2）铺架基地和制梁厂原设计用地 17.89 hm^2，实际征地 20.67 hm^2。

（3）铺架基地与制梁厂并排布置，铺架基地场内占地 8.33 hm^2，改移道路、水渠共用地 1.17 hm^2，联络线用地 0.45 hm^2。

（二）铺架基地实施方案

1. 铺架基地接轨方案

铺架基地在既有息烽站贵阳端接轨，利用新铺Ⅰ场联络线和新建渝黔正线线位铺设联络线和转场线，在新建正线上插入临时道岔接入铺架基地。

（1）与既有息烽站接轨方式：铺架基地在既有息烽站贵阳端工区牵出线尽头接轨，利用新铺Ⅰ场联络线通过既有 7 道安全线接入既有息烽站，将既有息烽站 3 道作为工程路料的交接线。

（2）铺架基地联络线与新线连接方式：利用新建Ⅰ场联络线作为通道，插入临时道岔接入新建渝黔正线，再利用新建渝黔正线线位铺设联络线，通过在正线施工里程 D1K294 + 100 处插入临时道岔接入铺架基地，最后在渝黔正线左线 D1K294 + 100 ~ D1K294 + 750（牛场坡隧道）段铺设进入铺架基地的转场线。

2. 铺架基地规划情况

（1）铺架基地内共设 8 股道、龙门吊走行线 4 条、长轨龙门吊 1 组。基 1 道为路料进出线（铺轨长为 770 m），基 2 道为轨排装车线（铺轨长为 675 m），基 3、4 道为调车线（铺轨长分别为 625、580 m），基 5 道为长轨进出线（铺轨长为 650 m），基 6 道为机修线（铺轨长 100 m），基 7 道为装梁线（铺轨长为 750 m），基 8 道为装砟线（铺轨长为 170 m）。

（2）铺架基地现设计能力为：日生产轨排 1.2 km，存放轨枕 5.5 万根，工具轨 60 km，存放轨排 14 km，存放道岔 18 组（P60-18），存道砟 $3\times10^4 m^3$。

（三）铺架施组安排

根据本标段施工合同文件及渝黔铁路公司总体施工组织安排及铺架工期要求，并结合施工单位所拥有的科技工法成果和现有的企业管理水平、劳动力、设备技术能力及在多条铁路轨道工程施工中所积累的施工经验，本标段实施双向铺架的方案（即息烽铺架基地往贵阳方向、息烽铺架基地往重庆方向铺架），具体实施情况如下：

（1）息烽铺架基地至中寨隧道进口（贵阳方向）：1 台 YQX180-40 型架桥机，架梁 6 孔/d；铺轨采用人工布枕，一次性推送长轨及人工换铺长轨。

（2）中寨隧道进口至 DK328 + 800（贵阳接轨点）：1 台 YQX180-40 型架桥机，架梁 3 孔/d；铺轨采用人工布枕，一次性推送长轨及人工换铺长轨。

（3）息烽铺架基地至重庆接轨点：1 台 TJ165 架桥机，每天 2 班作业（3 班倒制），架桥机 6 孔/d，架桥机铺轨 1 km/d，铺轨采用人工布枕，一次性推送长轨及人工换铺长轨。

（4）后续工序均根据现场施工情况，同步跟进。

三、綦江拌和站

（一）工程概况

本拌和站位于重庆市綦江区安稳镇安稳村内，占地面积约 1.2 hm^2，采用封闭式管理，各区域隔离，设置拌和区、宿舍区、料仓、办公区、施工机械停靠区等。

按照施工组织设计要求，设立了两条混凝土生产线，理论生产能力 240 m^3/h。本站配置 HZS120B 搅拌机 2 台，共配置 8 个配料仓，12 个罐体，后期分别设为 4 个水泥罐、4 个粉煤灰罐和 4 个矿渣粉罐。本站配置管理和施工人员共 40 人。

（二）拌和站临建

1. 原材料存放

（1）骨料仓设置。本拌和站共设置骨料仓 8 个，其中粗骨料仓 4 个，细骨料仓 4 个，各设 2 个待检区、2 个合格区。料仓底部采用 20 cm 厚的混凝土硬化，设置向出口方向的顺坡，避免料场内积水。料仓顶部设高轻型钢结构顶棚，顶棚的起拱高度不小于 7 m。料仓中间设 2 m 高的砼墙隔离，避免混料。

（2）粉料罐设置。每台搅拌机设置 4 个水泥罐，4 个粉煤灰罐，4 个矿渣罐。为了防止粉料在储存罐内部堵塞，储存罐内设有破拱装置；为了改善拌和站现场工作环境，在粉料罐顶部设除尘装置；为了保证雷雨天气施工安全，储存罐顶部设有避雷装置。

（3）液体罐仓设置。每台搅拌机组设置 1 个外加剂罐。外加剂罐设有防沉淀装置，有遮光设施。水池容量满足混凝土连续施工的需要。

（4）原材料的输送。砂石料采用皮带输送机输送，输送皮带全程封闭，避免材料在输送过程中受雨水影响。粉料均采用螺旋输送机输送，水和外加剂的输送采用水泵抽取提升，为保证计量精度，采用电磁分流阀装置。

2. 骨料清洗区

场地采用混凝土硬化，配置清洗设备，清洗区设置三级污水沉淀池，避免环境污染。

3. 混凝土搅拌区

拌和站整体采用搅拌机与配料机相结合的方式，设有 2 台 2 m^3 搅拌机。搅拌机系统的自动计量精度满足相关规范和标准的要求。

四、綦江轨枕场

（一）工程概况

重庆綦江轨枕场坐落于重庆市綦江区安稳镇，占地面积 2.87 hm^2，轨枕场划分为生产厂房、混凝土生产区、实验室、辅助生产区、职工生活区、轨枕存放区等功能区域。轨枕场平面布置见图 4-1-1。

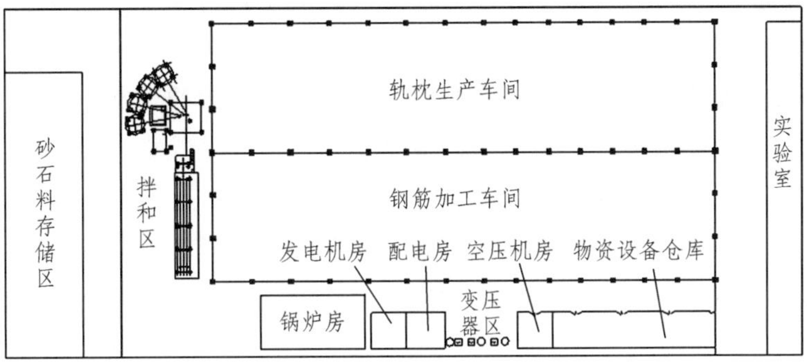

图 4-1-1　轨枕场平面布置

为完成渝黔铁路大于 6 km 隧道内用 CRTS Ⅰ 型无砟轨道和 SK-2 型双块式轨枕的预制生产任务，根据本工程施工特点，项目部配备了 1 套 HZN60 型立轴行星式搅拌站确保混凝土拌和质量稳定，另配备了 78 m × 19 m 轻型钢结构厂房两座、轨枕生产线 1 套、钢筋桁架焊接生产线 1 套、1 台全自动数控弯箍机、2 台电脑弹簧机、1 台 2 t 锅炉、1 套蒸汽养护全自动温控系统等轨枕专用生产设备。拌和站整体采用搅拌机与配料机相结合的方式，设有 2 台 2 m^3 搅拌机。搅拌机系统的自动计量精度满足相关规范和标准的要求。

（二）轨枕场建设方案

1. 混凝土生产区优化设计

根据轨枕生产任务和工期要求，轨枕场日产量为 600 根/d，混凝土供应为 53.4 m^3/d，根据以上测算设置一座拌和楼，场内建站（MP1000 轨枕搅拌站）一座，最大生产能力 20 m^3/h。按每天生产 600 根轨枕计算，每天用砂 23.7 m^3、石子 42.15 m^3、水泥 22.428 t、掺合料 2.67 t、水 6.942 t，按照满足 10d 连续生产的材料用量考虑配料，砂子堆料场需占地至少 118 m^2，石子堆料场需至少 210.75 m^2。新建拌和楼需配置 100 t 水泥仓筒 2 个、100 t 外掺料仓筒 2 个。根据混凝土日产量和需水量则新建拌和楼需配置 1 座 10 m^3 冷/热蓄水池和 1 座 12.5 m^3 常温蓄水池。

2. 厂房布置形式

轨枕预制厂房采用全封闭钢结构厂房。钢筋加工车间和轨枕生产车间并排布置，相互独立，不存在相互干扰，两个车间均为长 78 m、宽 19 m、高 9 m 的钢结构厂房，两个厂房中间共用一排立柱。

厂房屋顶设置天窗，侧墙设玻璃窗，保证厂房内空气流通顺畅，施工生产中产生的灰尘及有害气体可迅速排除。白天厂房利用屋顶安装的透明瓦和侧墙的玻璃窗户进行采光，内部光线充足、明亮，夜间打开照明灯照明，各工作区域内均可达到作业要求的亮度。厂房共设置三处宽 4 m、高 4.5 m 卷闸大门，可方便运输车辆及工作人员安全出入。厂房内地面用 25 cm 厚混凝土全部进行硬化处理，满足轨枕生产以及钢筋加工等设备的安装要求，同时运输车辆也可在场房内通行。

3. 轨枕预制生产区

双块式轨枕生产线采用 1×4 短模机组流水环线生产工艺。轨枕生产线运行节拍按照 3 min 设计，每天两班生产，每班 12 h（包括蒸养时间）。生产工艺主要分为六大系统：布料振动系统、养护系统、脱模系统、回模系统、成品输送码垛系统、电控系统。

4. 钢筋加工区

钢筋加工区由原材料存放区、钢筋桁架生产区、钢筋桁架存放区、箍筋加工及存放区、紧固件及螺旋筋加工存放区组成。

钢筋加工采用全自动钢筋生产线，含钢筋桁架焊接生产线、数控弯箍机、电脑弹簧机、数控卷簧机。全自动钢筋桁架生产线将放线、矫直、弯曲成型、焊接、成品收集、码放等工作全部自动完成，该生产线仅需一人操作，自动化程度高。

数控弯箍机采用 CNC 伺服控制系统，可自动完成钢筋矫直、定尺、弯箍、切断等工序，可连续生产。数控系统控制弯曲角度和弯曲轴的动作确保箍筋成型精度。

5. 辅助生产区

（1）供水系统优化：供水系统设计原则：确保供水量，满足生活、生产用水，生产、生活用水各自独立，总揽全局，统筹规划等。在轨枕场打深水井一处，配置 10 m^3 储水罐一处，满足生产及生活用水。

（2）供电系统：根据轨枕场生产设备总负荷计算，安装 1 台 800 kVA 和 2 台 400 kVA 变压器引至配电房，本生产用电系统主要采用 TN-C 接零保护方式，手持式设备、临时灯、活动插座、室外配电设备均需安装漏电保护器。生活办公用电系统采用三相五线制配电，工作零线与保护地线严格分开；插座回路必须安装漏电保护器。

经过对设备用电量的分析计算，钢筋桁架生产线瞬时用电量最大，焊接机构变压器功率要求 200×4 kVA，其次是轨枕生产线总功率要求为 150 kW，其次是搅拌机总功率要求为 130 kW，根据调研情况。安装 1 台 800 kVA 变压器专供钢筋桁架焊接生产线，2 台 400 kVA 变压器供应轨枕生产线、搅拌站以及其他小型设备。

（3）供气系统优化：气路的安装根据轨枕生产线及钢筋生产线的气源要求：轨枕生产线要求 5 m^3/min，0.8 MPa；桁架生产线要求 5 m^3/min 点，0.6 MPa。

现场配备了两台 5 m^3/min 空压机，3 个 1 m^3 储气罐作为气源，两台空压机并接在一起对轨枕车间与钢筋车间集中供气，主管路采用 2′无缝钢管，支路采用 1′无缝钢管，设备与气路支路采用软管连接（橡胶管或 PU 管）。优化方案后解决了瞬时供气不足现象。厂房内省去了脱模工位、振动工位、钢筋桁架焊接工位的小型储气罐，节约了厂房空间，可使厂房内布局更为美观大方。

6. 轨枕存放区

轨枕存储区面积 9 790 m^2，存储区出枕环形道路 2 320 m^2。存枕区地面填筑 30 cm 厚碎石碾压后硬化 15 cm 厚 C25 砼，承载力好，轨枕按 10 层进行码垛，每层存储 4 根轨枕。

第二章　路基工程施工

第一节　工艺试验

路堤正式填筑前，首先对该段填料按设计规定进行取样和土工试验并进行核对，然后按填料种类和进场的施工机械实际配型，铺填长度不小于 100 m 的试验段。本节以 5 标段的试验段（DK106 + 380 ~ DK106 + 440）为例，讲述该段各填筑部位的压实要求及标准，对铺填厚度、压实方式、碾压遍数等进行试验及数据检测，并对所得数据进行处理分析，从而确定该段路堤所使用填料的最佳含水量、最佳摊铺厚度、最佳压实方式及遍数的各类参数，作为该段路堤填筑的施工依据。

一、路基填筑工序控制及压实标准

1. 原地面处理

施工前清除路基范围原地面表层植被，挖除树根，做好临时排水设施。原地面松软土及腐殖土清除干净，压实质量符合设计要求，本段路基基地处理 K_{30} 大于 110 MPa/m。

原地面处理后的外观检查：基底无草皮、树根等杂物，且无积水；原地面基底密实、平整；坑穴处理彻底，无质量隐患。

2. 测量放样

（1）放线、抄平。

采用全站仪定出路基设计中心线，每 10 m 钉一木桩，每 100 m 等间距 3 个断面按左中右进行高程测量，每一填层都要放出中线和边线，填层比路基结构加宽 50 cm，填筑后按结构宽度刷坡。为便于平行作业，测量放线工作纳入工序管理，于每层静压收面后即可开始，与压实度检测同步进行。

（2）挂边线，打卸土点控制桩。

根据测设的填筑边线，每 5 m 插一根钢筋，按松铺厚度挂线，用于控制铺土边界和虚铺厚度。采用碎石类填料填筑时，根据经验分层的最大压实厚度不大于 40 cm。按松铺厚度和运土车容积计算卸土间距，控制车辆卸土，卸土点按梅花形布置。

3. 挖装运料

挖装运料时根据土质坚硬情况使用机械，本试验段使用羊角隧道进口开挖掘进的废弃洞砟，选用挖掘机和装载机联合作业，运输采用自卸汽车。填料最大粒径不大于 15 cm，在填料装运时，尽量使填料混合均匀，避免大粒径填料集中装运。对于超径石块在料场先行破解，使粒径符合要求后，方运至填筑区。

4. 路堤填筑

根据铺设厚度和运土车辆容积计算卸土间距，沿横断面全宽纵向分层填筑，先从低处填筑，再由两边向中间填筑。现场设专人指挥车辆，按照布置的地点卸料。

5. 摊铺初平

首先检测填料的含水量，要求填料的含水量与最佳含水量之差不超过 ± 2%时立即予以摊铺整平，并设 2%的人字排水坡。人工配合挖掘机大致整平，然后用推土机刮平，保证填筑层的平整度和厚度均匀。每层松铺厚度按 40 cm、35 cm 摊平，边部厚度以挂的线为准，中间各部位用钢钎测量松铺厚度。

6. 洒水或晾晒

填料在最佳含水状态下通过合理的碾压才能达到最佳压实效果。南方地区填料含水量较高，如检测出大于最佳含水量，应进行晾晒或翻挖 1 ~ 2 遍降低填料含水量，必要时使用篷布对取土区和填筑施工段进行遮盖，保证雨水天不中断施工。

7. 初压和精平

初压的作用主要是提高精平效果，为重型碾压创造条件，精平可使用平地机，本试验段用推土机进行精平，一般铲平 2 ~ 4 遍，配合水准测量指导铲平作业，普工配合地垫高铲。

8. 碾压密实

用 20 t 振动压路机振动碾压，每遍碾压采用不同的振动频率和振幅，振动频率先低后高，振幅先大后小，35 cm、40 cm 二种松铺厚度分别进行试验，确定最理想的松铺厚度与压实遍数。碾压原则为“先压边缘、后压中间，先慢后快，先静压、后振动”。

9. 检测与报验

（1）实施过程检测，在洒水或晾晒一定程度后，即检查填层宽度、横坡、松铺厚度和含水量，只要含水量不超过最佳含水量的 ± 2%，则立即碾压封闭，防止含水率变化。

（2）按每 40 m 观测一个断面，每个断面布设 6 个点，并用全站仪及钢尺准确测放出测点位置，在第 3 ~ 7 遍碾压完毕后分别测量已布设的所有测点的高程，做好记录。

（3）填料为粗粒土（碎石类细角砾）时控制的孔隙率 n 和地基系数 K_{30} 见表 4-2-1。

表 4-2-1 控制系数

项分区	粗粒土		碎石类土		级配碎石	级配碎石
	孔隙率 n/%	K_{30}/（MPa/m）	孔隙率 n/%	K_{30}/（MPa/m）	孔隙率 n/%	K_{30}/（MPa/m）
路堤本体	≤31	≥110	≤31	≥130	—	—
基床底层	≤28	≥130	≤28	≥150	—	—
基床表层	—	—	—	—	≤18	≥190

为便捷快速起见，加密检测和过程控制时可用 E_{VD} 快速检测，但要建立 E_{VD} 与 K_{30} 的关系式求得填层的地基系数。

（4）检查合格后及时填写工程报验单，通知监理工程师现场验收检查或平行检测。基床以下路堤以及基床底层的顶面高程、中线至边缘距离、宽度、横坡、平整度的允许偏差、检验数量及检验方法分别见表 4-2-2 与表 4-2-3。

表 4-2-2 基床以下路堤各项目允许偏差、检验数量及检验方法

序号	检验项目	允许偏差	检验数量	检验方法
1	高程	±50 mm	100 m 3 个断面，左中右各 1 点	水准仪
2	中线至边缘距离	±50 mm	100 m 3 个断面，左中右各 1 点	尺 量
3	宽度	不小于设计	100 m 等间距 3 个断面	尺 量
4	横坡	±0.5%	100 m 等间距 3 个断面	坡度尺
5	平整度	50 mm	每 100 m 等间距测 6 个点	2.5 m 直尺

表 4-2-3 基床底层各项目允许偏差、检验数量及检验方法

序号	检验项目	允许偏差	检验数量	检验方法
1	顶面高程	±20 mm	每 100 m 等间距 3 个断面，左、中、右各 1 点	水准仪测
2	中线至边缘距离	±50 mm	每 100 m 等间距检查 3 个断面，左、右各 1 点	尺 量
3	宽度	不小于设计值	每 100 m 等间距检查 3 个断面	尺 量
4	横坡	±0.5%	每 100 m 等间距检查 3 个断面	坡度尺量
5	平整度	15 mm	每 100 m 检查 6 点	2.5 m 直尺量测

二、试验段试验成果

1. 压实系数

（1）松铺厚度 35 cm：按松铺厚度 35 cm 进行试验，并记录填料振压后的沉降量，从第 3 遍开始测量高程并观测沉降差，第 4 到第 5 遍的累计沉降差平均值为 4.3 cm；第 5 遍到第 6 遍的沉降差平均值为 1.0 cm；第 6 遍到第 7 遍的沉降差平均值为 0.4 cm。该试验段填料平整后松铺厚度 0.349 m，碾压 7 遍后压实厚度 0.302 m，松铺系数为 1.16。

（2）松铺厚度 40 cm：按松铺厚度 40 cm 进行试验，并记录填料振压后的沉降量，从第 3 遍开始测量高程并观测沉降差，第 4 到第 5 遍的累计沉降差平均值为 4.3 cm；第 5 遍到第 6 遍的沉降差平均值为 1.1 cm；第 6 遍到第 7 遍的沉降差平均值为 0.5 cm。该试验段填料平整后抄平松铺厚度 0.401 m，碾压 7 遍后抄平压实厚度 0.354 m，松铺系数为 1.14。

2. 碾压参数

本试验段采用厦工 XG6204M-1 型 20 t 振动压路机进行压实。第 1 遍均采用慢速静压，行走速度为 2.4 km/h；第 2 遍慢速弱振碾压，激振力为 210 kN，振动频率为 28 Hz，行走速度为 2.4 km/h；第 3、4、5 遍慢速强振碾压，激振力为 350 kN，振动频率为 28 Hz，行走速度为 2.4 km/h；第 6、7 遍强振碾压，激振力为 350 kN，振动频率为 28 Hz，行走速度为 4.7 km/h；第 6 遍碾压后测得路基沉降量已变化缓慢；第 7 遍继续采用强振碾压（与第 6 遍参数相同），碾压后测得路基沉降已无明显变化。经检查，路基表面无明显孔洞，大粒径石料不松动。

本次路基试验段的施工，压路机自重 20 t，摊铺机械和整平采用 TY220 型推土机及挖掘机。在今后路基施工过程中，对路基各层的松铺厚度、碾压遍数、施工机械的配置将严格按照本次试验路段所提供的数据施工，并按计划保质保量完成本项目路基填筑的所有施工。

三、试验结论及参数的选定

根据试验段的试验结果结合设计与有关规范、标准及业主的相关要求，厦工 XG6204M-1 型 20 t 压路机碾压 7 遍时为最佳碾压遍数。

从虚铺厚度 35 cm 碾压 6 遍来看平均沉降差为 3.0 mm，继续再压第 7 遍沉降差只有 1.0 mm，已不再下沉。此时检查填层的孔隙率和 K_{30} 荷载试验全部符合设计要求。

虚铺厚度 40 cm 碾压 6 遍累计沉降差为 4.0 mm，碾压到第 7 遍也不再下沉，检查孔隙率和地基系数 K_{30} 也都符合设计要求，通过两种虚铺厚度压实后的沉降差与地基系数 K_{30} 检验结果的比较为保守起见，计划采用的机械配置为：松铺厚度 35 cm，20 t 振动压路机静压 1 遍 + 弱振 1 遍 + 强振 4 遍 + 静压整平 1 遍，外观无明显轮痕，地基系数、孔隙率和沉降量均满足设计要求，以此作为今后粗粒土（碎石类）填料路基填筑大面积施工的指导参数。

第二节　地基处理

本线路地基处理方法主要包括一般地基处理、挖除换填处理、垫层铺筑、CFG 桩、冲击碾压、水泥搅拌桩、强夯施工、柱锤冲扩桩以及土工合成材料。

一、一般地基处理

路堤填筑前，清除基底表层植被，挖除树根，做好临时排水设施。挖除路堤地段的地表耕植土，并使用碾压机具对地表进行压实。

对路堤基底清除植物根系，当松土厚度小于 0.3 m 时，采用冲击碾压机械将原地面碾压密实；当松土厚度大于 0.3 m 时，将松土翻挖分层回填压实，碾压后的压实质量达到相应部位的压实标准。

根据现场实际情况，可以采用挖掘机、推土机等机械辅以人工进行施工。施工工艺流程为：测量放样→挖排水沟→疏干积水→挖除地表植被→回填或填平坑穴→压路机碾压→平地机平整地面。

二、挖除换填处理

软土地基挖除换填根据土质情况和换填深度，采用推土机或挖掘机将设计范围内软土层全部清除，整平底部，当底部起伏较大时设置台阶，并按先深后浅的顺序进行换填施工。底部的开挖宽度不得小于路堤宽度加放坡宽度。

换填时换填土填料、填筑工艺及压实标准与路堤本体施工要求相同。换填范围及深度符合设计要求，施工中对需换填土层范围及深度进行核实，当与设计不符时，按有关规定办理变更设计手续。

三、垫层铺筑

采用推土机、平地机、压路机等机械化组合方式进行。确定适宜的松铺厚度和碾压遍数，加强对有关指标的检测并填写试验报告，报监理工程师批准后实施。

测量放线：测量控制桩间距控制在 10 m。控制桩测设完成后，在施工段的一端打入 $\phi 28$ 钢筋桩，把拉力器一端固定在钢筋桩上，使拉力器拉力达到 10N 以上，钢丝绳长度为每施工段 100 m。钢丝绳固定完成后，把钢丝绳放入控制桩顶部的凹槽内，用白线系好，如果钢丝绳下垂过大，可在每个测桩中间增加一个支撑，以防钢丝绳因桩距过长而下沉。以此控制垫层厚度。

摊铺与整平：采用推土机和平地机组合摊铺，以 40 m 为一个施工段，专人负责指挥卸料、布料，卸料后用推土机推平，虚铺厚度大于设计厚度 5 ~ 7 cm，可根据现场压实情况调整。用推土机初平，根据放线标高及虚铺厚度，用白灰标出明显标志，为推土机指示推平标高。平地机在推土机初平后进行整平，先用压路机静压一遍，然后上平地机。平地机刮平时调整好刀片横向坡度和切入深度，先大面积推平，再循序渐进刮平，直到达虚铺高度为止。

碾压：经压路机初压、平地机刮平后，检测表面高程及路拱横坡，检测合格后，立即用压路机在路基全宽范围内压实，由两侧向中心碾压。碾压时，配合人员随机指挥作业，碾压轮横向错半轮，压路机行走速度为 1.5 ~ 2 km/h，密实度增大后，可适当增加碾压速度。先静压两遍，振动 4 ~ 6 遍。达到规定遍数后，由实验人员检查密实度，直到合格为止。

四、CFG 桩施工

CFG 桩体材料采用碎石、石屑、粉煤灰、水泥配合而成，桩身水泥采用 42.5 级普通硅酸盐水泥，水泥掺入量不大于 200 kg/m^3，掺加优质粉煤灰，粉灰比为 1 ~ 1.2，石屑率一般在 0.3 左右，碎石粗骨料满足级配要求，松散堆积密度大于 1 500 kg/m^3。碎石最大粒径：振动沉管法不大于 40 mm；长螺旋钻孔、管内泵压混合料灌注法不大于 25 mm。

为保证施工中混合料的顺利运输，施工中采用强制式搅拌机。坍落度控制标准为：沉管灌注法为 30 ~ 50 mm，长螺旋钻孔、管内泵压混合料灌注法为 160 ~ 200 mm。

CFG 桩采用长螺旋钻孔、管内泵压混合料灌注法施工工艺如下：

（1）平整场地：清除施工场地内地表附着物，对影响桩机作业的松软土地段采取压实处理，做好场地内的防排水措施。

（2）桩位放样：按照设计图纸的桩位在现场进行布桩，使用全站仪精确放样标出桩位中心，并用木桩打入 20 cm 深后灌入白灰。

（3）钻机就位：钻机就位后，钻杆垂直对准桩位中心，确保 CFG 桩垂直度偏差不大于 1%。垂直度的检查由现场技术员采用吊垂球的方法或采用钻机自带垂直度调整器控制钻杆垂直度，每根桩施工前由专门的人员进行桩位对中及垂直度检查，确定满足要求，方可开钻。

（4）混合料搅拌：混合料搅拌按照试验确定的施工配合比进行配料，配料采用电脑控制和打印记录，采用 C20 混凝土，配合比为水泥：砂子：碎石：水：粉煤灰：减水剂 = 231：817：998：150：154：3.85（质量比）；每盘料搅拌时间按照普通混凝土的搅拌时间进行控制，搅拌时间不得小于 120 s，坍落度控制在（180 ± 20）mm 的范围内。

（5）运输：混凝土的运输采用混凝土罐车，容量为 8 m^3，运料及等待过程中混凝土罐必须处于旋转状态。

（6）密闭性试验：钻机首次钻孔时，需要先泵压水和 M10 水泥砂浆，将钻杆移至不影响钻孔的地方，用高压输送泵开始泵压 1 ~ 2 m^3 水，然后泵压 1 ~ 2 m^3 的水泥砂浆，直至钻尖出料口处泵出砂浆，从而检查泵压管的密闭性，同时在泵压之前起到润滑管道的作用。

（7）钻进成孔：钻孔开始时，关闭钻头阀门，向下移动钻杆至钻头触地时，启动电机钻进，先慢后快，同时检查钻孔的偏差并及时纠正。在成孔过程中发现钻杆摇晃或难钻时，放慢进尺，防止桩孔偏斜、位移，钻具损坏。根据钻机塔身上的进尺标记，成孔到达设计标高时，停止钻进。在钻进时，记录每米电流变化并记录电流突变位置的电流值，作为地质复核情况的参考。

（8）灌注及拔管：钻孔至设计标高后停止钻进，开始泵送混合料灌注，当钻杆芯管充满混合料后开始拔管。采用静止提拔钻杆，根据试验提拔灌注速度控制在 2 ~ 2.5 m/min，施工时桩顶高程高出设计高程 50 cm，灌注成桩完成后，桩顶盖土封顶进行养护。

（9）移机：灌注达到控制标高后，收起钻机支腿，机身前后移动转向至下一根桩施工。

（10）桩头清理：在施工完成 7 d 后，从横向方向使用小型挖掘机清理桩间土，靠近桩头部分预留 25 cm 采用人工清除桩间土，然后采用人工破除预留桩头至设计标高。桩头清除采用切割机环向切割一圈，电钻打三个眼后用錾子断掉桩头。

（11）现场试验：试验人员对每罐混合料测试其坍落度，合格后方可进行混合料的灌注。在成桩过程中抽样作为混凝土试块，每台班做 1 组试块，测定其 28 d 抗压强度。

五、冲击碾压

（1）场地平整，清除表层土，进行表面松散土层碾压，修筑机械设备进出道路，排除地表水，施工区周边修建排水沟以确保场地排水畅通防止积水。

（2）测量放线，定出控制轴线、冲击碾压与振动碾压场地边线。

（3）根据设计要求的压实度及沉降量，初步确定冲击碾压参数，在大面积冲击碾压施工前选择有代表性的路段进行碾压试验。通过试验确定冲击碾压及振动碾压的遍数，冲击能及振动功率等参数，确定质量检测方法及评价标准。

（4）冲击时自边坡坡脚一侧开始，顺（逆）时针行驶，以冲击面中心线为轴转圈，而后按纵向错轮冲压，全路幅排压后，再自行向内冲压。冲击碾压工作面长度以 200 ~ 500 m 为宜，其搭接长度不小于 15 m。

（5）冲击碾压路段横向距民房及其他结构物 20 m 内适当减少冲击遍数，冲击碾压不低于 12 遍。

（6）压路机的行驶速度控制在 10 ~ 12 km/h，冲击过程中如果因轮迹过深而影响压实进行时，可用平地机平整后再进行冲击压实。若路基表面扬尘，可用洒水车适量均匀洒水继续冲击。冲击碾压的边角及转弯处，采用小型压路机配合人工整平措施，保证路段冲击碾压质量。

（7）冲击结束，用平地机整平施工冲击路段，然后采用重型钢轮压路机将路基表面碾压密实凭证。

（8）待冲击碾压地基各项检测合格后，方可进行上部垫层及路堤填筑施工。

六、水泥搅拌桩施工

1. 施工准备

（1）水田地段排水疏干后挖除地表种植土，旱地及旱田地挖除地表植物根系。对段内地表水、地下水及施工用水的水质进行取样复查。

（2）施工前对路基范围内的所有管线进行调查、核实和迁改，对没有迁改而施工中有可能对其造成影响的管线，加强防护及施工组织，确保管线的安全使用。

（3）室内配比试验：采集工点土样，当存在成层土时应采集各层土土样，采集最软弱土样，进行室内配比试验，测定各水泥土试块不同龄期、不同水泥掺入量、不同外加剂的抗压强度，寻求满足要求的最佳水灰比、水泥掺入量及外加剂品种、掺量。

（4）成桩工艺试验：利用室内水泥土配比试验结果进行现场成桩试验（不少于 3 根），以确定满足设计要求的施工工艺和施工参数。

（5）安排水泥土搅拌桩路基工点提前施工，在填筑至路基基床底层顶面时进行观测的时间不少于 6 个月，确定稳定后进行基床表层 A 组填料施工。

2. 施工工艺

（1）钻机按设计桩位就位，把钻头对准桩位，调整钻杆垂直于地面。

（2）钻动钻机，待搅拌钻头接近地面时，启动自动记录仪，空压机送气，预搅钻进。钻至接近设计深度时，改用低速慢钻。

（3）钻进至设计深度时，关闭送气阀门，打开送料阀门，同时喷粉（浆）。提升到桩顶标高后，停止喷送。

（4）确认粉（浆）已喷至孔底时，提升钻头，同时喷粉（浆）。提升到桩顶标高后，停止喷送。

（5）重复搅拌至设计复搅深度后再喷送粉（浆）并搅拌提升至桩顶。

3. 技术要求

（1）搅拌桩施工过程中经常检查钻头直径，搅拌钻头直径磨耗量不大于 10 mm。

（2）搅拌桩施工应根据成桩工艺试验确定的技术参数进行，操作人员随时记录空气压力、喷粉（浆）量、钻进速度、提升速度等有关参数的变化。

（3）加固料浆液按试验确定的配合比采用机械拌制，浆液随拌随用，配置好的浆液不能离析，供浆要连续。

（4）钻头钻到设计深度后应确保粉（浆）到达桩底，严禁在没有喷粉（浆）的情况下进行钻杆提升作业。

（5）钻头提升至桩顶以上 0.2 ~ 0.5 m 时方可停止喷粉（浆），保证桩头质量。

（6）粉体喷射搅拌桩成桩过程中，应保证边喷粉、边提升连续作业。因故缺粉或停工时，第二次喷粉应重叠接桩，重叠长度不小于 1 m。

（7）浆体喷射搅拌桩施工应确保喷浆连续均匀。因故停浆继续施工时应重叠接桩，重叠长度不小于 0.5 m。

（8）搅拌桩因故停喷间歇时间过长，无法连续时，应在原桩位旁边进行补桩处理。

（9）钻机成孔和喷粉（浆）过程中产生的废弃物应回收集中处理，防止污染环境；搅拌桩完成 28 d 后，在每根检测桩桩径方向 1/4 处、桩长范围内垂直钻孔取芯，观察期完整性、均匀性，拍摄取出芯样的照片，在桩身上、中、下取不同深度的 3 个试样做抗压强度试验。钻芯后的孔洞采用水泥砂浆灌注封闭。单桩承载力或复合地基承载力应满足设计要求。

七、强夯施工

1. 施工准备

（1）场地平整，清除表层土，进行表面松散土层碾压，修筑机械设备进出道路，排除地表水，施工区周边作排水沟以确保场地排水通畅防止积水。

（2）查明强夯场地范围内地下构造物和管线的位置及标高，采取必要措施，防止因强夯施工造成损坏。

（3）测量放线，定出控制轴线、强夯场地边线，标出夯点位置，并在不受强夯影响地点，设置若干个水准基点。

（4）施工前应按设计初步确定的强夯参数在有代表性的场地上进行工艺性试夯试验。通过强夯前后测试数据的对比，检验强夯效果，确定有关工艺参数。

2. 施工工艺

对夯击点依次夯击完成为第一遍强夯施工。在第一遍强夯完成后，用推土机将场地推平，压路机碾压两遍后进行测量布置夯击点位置及水准测量。第二次选用已夯点间隙中间，依次补点夯击为第二遍，以下各遍均在中间补点，最后一遍锤印彼此搭接，表面平整。强夯施工按试验确定的技术参数进行，对渗透性较差的细粒土，必要时应增加夯击遍数，最后再以低能量满夯。满夯可采用轻锤或低落锤多次夯击，锤印搭接不小于 $D/4$。

3. 注意事项

（1）强夯前应对起重机、滑轮组及脱钩器等全面检查，并进行试吊、试夯，一切正常方可强夯。

（2）强夯施工产生的噪声不应大于《建筑施工场界噪声界限》（GB 12523）的规定，强夯场地与建筑物间应按设计要求采取隔振或防振措施。

（3）起吊夯锤保持匀速，不得高空长时间停留，严禁急升猛降防锤脱落。停止作业时，将夯锤落至地面。夯锤起吊后，臂杆和夯锤下及附近 15 m 范围内严禁站人。

（4）当桥台、涵洞附近需进行强夯时，可先进行路基范围的强夯后，再施工桥台、涵洞。

（5）当强夯与岩溶注浆同时采用时，应先进行强夯再进行注浆加固。

八、柱锤冲扩桩

1. 成孔工艺

柱锤冲扩桩采用机械洛阳铲预成 0.4 m 孔后，边回填边用柱锤冲扩成直径为 0.6 m 的桩。

2. 水泥土拌制与运输

素土采用黏土，水泥土的土料选用取土场黄土，水泥采用 P·O 42.5 级普通硅酸盐水泥。水泥土配合比按设计要求采用厂拌，采用运输车覆盖运输。根据室内土工试验严格控制水泥土含水量，若含水量大则采用分摊晾干，若含水量小采用洒水润湿。

九、土工合成材料

土工合成材料铺设前，先查对所选用的材料规格及性能是否符合设计规定。

铺设土工合成材料前整平砂垫层，填料不得有能刺破土工织物的尖石、树根等杂物，铺设时绷紧、拉挺，不得褶皱和损坏。铺好后及时用砂覆盖。

土工织物在铺设时，幅与幅之间纵向连接采用搭接法，其搭接宽度不少于 0.3 m。土工格栅可不搭接，采用密贴排放。在土工合成材料受力方向采用可靠的连接措施，连接强度不低于设计允许强度。

铺设多层土工合成材料时，其上、下层接缝交替错开，错开距离不小于 0.5 m，两层之间以砂层间隔。土工织物铺好后，按设计要求铺回折段砂，用刮板整平，逐幅回折 2 m，并用砂压住。

土工合成材料上的砂垫层，采用人工或轻型机械运砂进场，散铺整平，不宜直接压实，待上覆填土后再进行压实。第一层填料压实应从两边开始循环向中间进行，当土工合成材料上的填料和垫层厚度大于 0.6 m 后采用重型压实机械。

第三节　一般路基处理

路基施工需要根据工程特点、工期目标及工后沉降要求，并结合桥隧施工顺序，充分利用路基施工的最佳季节，合理确定作业面数量，按土工结构物要求精心施工，以路基填筑、过渡段施工和控制工后沉降为重点，采用大型机械化配套设备并辅以小型配套机具进行机械化、专业化施工，分段平行流水组织。

一、工艺流程

一般路基按设计分成基床表层、基床底层及路堤本体三个部位进行填筑。严格控制填筑工艺（碾压机具、分层厚度、碾压遍数、含水量等具体要求）、检测频次及数量。

路基填筑按“三阶段、四区段、八流程”的施工工艺进行施工。三阶段为：准备阶段、施工阶段、整修验收阶段。四区段为：铺填区段、整平区段、碾压区段、检测区段。八流程为：施工准备、地基处理、分层填筑、摊铺整平、洒水晾晒、碾压夯实、检测签证、整修验收。采用挖掘机挖装、自卸汽车运填料，推土机及平地机摊铺平整，重型压路机碾压密实，大型机械无法靠近的台后、边角地段采用人力配合小型机具施工。

施工程序为：施工准备→填筑试验段→确定工艺→基底处理→测量放样→分层填筑→摊铺平整（洒水、晾晒、拌和改良）→机械碾压→检验签证→路面整形→边坡整修。

二、路堤填筑施工工艺及方法

前期中心试验室对各分部试验人员选送的土样进行土壤分析试验、击实试验，确定填料类别，按规定填写土工试验报告，经监理工程师审查签认后方可投入试验段的施工。

1. 清表及填前碾压

试验段位于地势较为平坦的耕地地段，清表前放出清表线，然后由推土机配合平地机清表，对基底有松土或耕作土的原地面，松土或耕作土厚度小于 30 cm 时应碾压密实，松土或耕作土厚度大于 30 cm 时，应进行翻挖并分层回填压实。

2. 测量放样

用全站仪放出中桩、边桩，确定好填筑边界，在界外打好控制桩，作好标识，用石灰划出中线及左、右边线（两边各加 0.5 m），并测量好各断面的标高。

3. 上　料

根据松铺厚度和自卸车容量，估算出多大面积卸料一车，然后沿路基纵横轴线方向用石灰线格来控制卸料车数及位置。每一水平层的全宽只能用同一种填料填筑。

4. 测定填料含水量

上料前测定填料含水量，若填料含水量偏低，应及时采取洒水措施，加水量可按一般规定中加水量公式计算，在路堤内洒水搅拌；当填料含水量过大，可采用推土机松土器拉松晾晒的方法，测定其含水量接近最佳含水量时方可进入整平碾压工序。

5. 摊铺整平

先用推土机大致整平，用人工检查松铺厚度，推土机整平两遍后，再用人工配合平地机进行整平，形成不小于 2%的排水坡，同时表层无明显的局部凹凸。

6. 压　实

碾压前应向压路机司机进行技术交底，内容包括压实遍数、行走速度、强弱振控制等；压实顺序应按先两侧后中间，先慢后快，先静压后弱振、再强振的操作顺序进行碾压。各区段的交接处应互相重叠压实，纵向搭接长度不小于 2 m，上下两层填筑接头应错开不小于 3 m，沿线路纵向行与行之间压实重叠不小于 0.4 m。

7. 验　证

路基试验段进行第二层填土，重复第一层填土施工工艺，对试验段施工工艺进行验证，路堤各部位均按此方法重复施工试验，记录其各项试验结果。

第四节　特殊路基施工（岩溶）

渝黔铁路沿线地形地质条件十分复杂，区域地质作用强烈，碳酸盐岩分布广泛，不良地质特别发育，其中岩溶地段主要分布于赶水至贵阳段，长 173.9 km，占正线的 58%，对桥涵、路基工程影响较大。本节以岩溶路基的钻孔注浆施工为主进行介绍。

一、钻孔注浆施工工艺及方法

岩溶路基的钻孔注浆施工工艺流程见图 4-2-1。

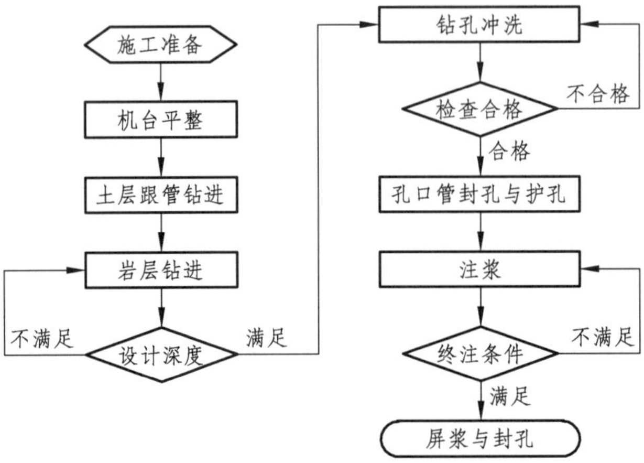

图 4-2-1　岩溶路基处理施工工艺流程

1. 定孔位

根据设计要求标出注浆孔位置，并进行复测。注浆孔按设计位置进行钻孔放样。钻孔位置依据平面图施放，孔位偏差不大于 10 cm。当因避让管、线等客观原因需对孔位进行调整且距离大于 50 cm 时，需报设计、监理单位核准。

2. 钻机与注浆设备就位

注浆孔位标定后，移动钻机至钻孔位置，完成钻机就位。钻机就位后，用倾斜尺、水平尺等工具调整钻机角度，安装牢固，定位稳妥。各类设备就近安装，注浆管线固定，不宜过长，一般为 30 ~ 50 m，以防压力损失。

3. 钻　进

将钻杆对准所标孔位，用不小于ϕ110 mm 的钻头开孔钻进，保证开孔直径不小于 110 mm。开孔时要轻加压，采用慢速、大水量，防止将孔开斜。钻进至一定深度，采用套管护壁。加固深度为岩土界面以下 5 m，即孔深潜入基岩 5 m，若施工过程中遇溶洞，应至溶洞底板下 2.0 m。

钻进过程中应注意观察地层变化，详细作好钻孔记录。覆盖层中钻孔直径不得小于 110 mm，基岩段终孔直径不得小于 91 mm，结构松散易垮孔地层应采用跟管钻进。所有先导孔、探灌孔均须按勘探钻孔技术要求施钻，进行岩心鉴定和编录，回次进尺不应大于 1 m，岩心采取率不得小于 50%。钻进过程中，必须注意机械运转情况以判断地层的变化，必须准确判断土石分界面的位置、覆盖层中的松散层和土洞、基岩中的溶蚀裂隙发育带、溶洞及充填等。钻孔采取全断面取芯，岩心要按顺序摆放整齐，终孔后，记录员及其他验收人员对全孔进行编录，岩心待设计院确认后处理。

4. 地质核对

对先到探灌孔，应按勘探孔技术要求施钻，用以验证设计地质条件。先导探灌孔主要的施钻技术及资料编录要求如下：基岩段钻进应多提少钻，回次进尺不应大于 1 m；详细记录钻进过程中钻具自然下落或自然减压的情况及起止深度；详细记录钻进过程中冲洗液变化情况，如漏水、涌水和水色突变的情况及起止深度；测定三大指标：岩心采取率（TCR）、岩石质量指标（RQD）和钻孔岩心线岩溶率（KST）。

5. 终　孔

钻孔深度根据设计原则，最近物探剖面揭示无不稳定溶洞发育的，旋钻过程中注浆钻孔深度进入基岩不得小于 5 m，如遇溶洞应钻至溶洞底板下 2 m；对最近物探剖面揭示有不稳定溶洞发育的，旋钻过程中注浆钻孔深度不得小于设计预计深度，如遇溶洞应钻至溶洞底板下 2 m；施工过程中若遇串珠状溶洞、规模较大溶洞、现状塌陷密集区、反复泉与间歇泉出露区，应及时通知设计现场核对，必要时进行加强探灌处理。

6. 清　孔

在钻孔结束后，要及时进行清孔，将孔中碎石等破碎岩心取出，确保注浆时水泥浆能顺利的充填基岩中破碎岩层和裂隙。对冲洗时返水的钻孔，以冲洗液变清为结束条件。对溶洞、溶蚀破碎带发育、冲洗时不返水的钻孔，要求流量不小于泵送额定流量的 80%，冲洗时间不少于 10 min。对大规模充填溶洞、串珠状充填溶洞等地质条件复杂地段，需上报设计单位，通过现场试验确定冲洗方法和工艺要求。

二、封　孔

根据注浆孔揭示的岩溶发育情况采用两种封孔方法：一次性封孔、动态阻塞法封孔。

1. 一次性封孔

（1）适用条件：当注浆钻孔未揭示有土洞、空溶洞、半充填溶洞及较大开度溶蚀裂隙发育时，可采用水泥砂浆一次性封孔。

（2）技术要求：当覆盖层厚度小于 4 m 时，封孔段入岩长度不小于 50 cm；当覆盖层厚度大于 4 m 时，封孔段长度不小于 4 m。对结构松散易垮孔地层，自封孔段以下到基岩面应采用花管护孔，防止垮孔。

2. 动态阻塞法封孔

（1）适用条件：当注浆钻孔揭示有土洞、空溶洞、半充填溶洞及较大开度溶蚀裂隙发育时，应采用孔口管加止浆塞的动态阻塞法封孔。

（2）技术要求：当覆盖层厚度小于 4 m 时，封孔段入岩长度不小于 50 cm；当覆盖层厚度大于 4 m 时，封孔段长度不小于 4 m。对结构松散易垮孔地层自封孔段以下至基岩面应采用花管护孔，防止垮孔。

孔口管及护孔花管采用 ϕ110PVC 管，公称压力（P_N）不小于 1.5 MPa，花管孔眼呈梅花型号布置，直径 5 mm，孔眼间距 3.5 cm。终孔与验收时间间隔不宜过长，以免垮孔等不利情况发生。终孔验收后应及时进行封孔作业，封孔水泥浆（或水泥砂浆）终凝后进行注浆作业。封孔工艺流程见图 4-2-2。

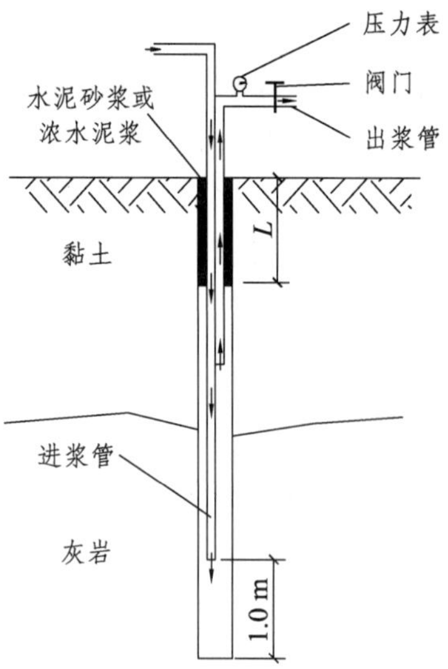

（a）孔口一次性封闭结构

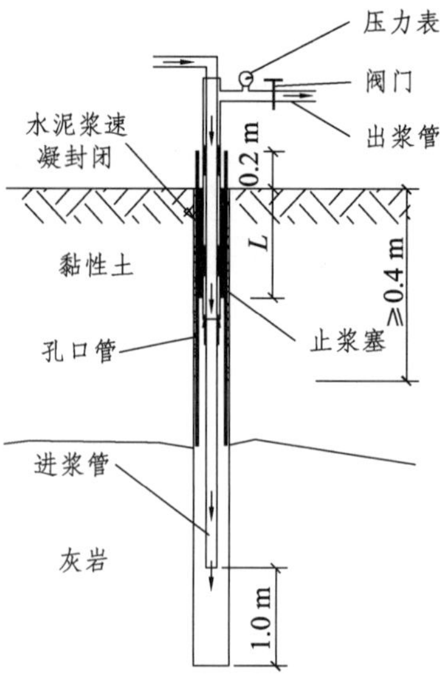

（b）孔口管动态封闭结构

图 4-2-2　封孔工艺流程

三、注　浆

1. 试　泵

开泵前先将三通转芯阀调到回浆位置，待泵吸水正常时，将三通回浆口慢慢调小，泵压徐徐上升。当泵压达到预定注浆压力时，持续两三分钟不出故障，即可结束。

2. 安装注浆管和止浆塞

钻孔完毕，进行清孔检查，在确认没有坍孔和探头石的情况下，方可下管。否则，必须用钻机进行扫孔。在确定注浆管内无阻塞物后，即可进行注浆管安装。为减少拔管时的阻力，在注浆管上可铺设防水板。用沾有 CS 胶泥的麻丝绳绕成不小于钻孔直径的纺锤形柱塞，把管插入孔内要求深度，使麻丝栓塞与孔壁充分挤压紧实，然后在麻丝与孔口空余部分，填充 CS 塑胶泥，使注浆管和止浆塞固定。注浆管外露的长度不小于 30 ~ 40 cm，以便连接孔口阀门和管路。

需注意在路基岩溶试验段施工时，根据施工图设计要求，须进行单孔注浆工艺试验，验证封孔工艺的有效性与合理性。

3. 压水试验

正式注浆前应进行现场压水试验，确定合理的注浆参数和施工工艺，压水实验采用单点法，每单元不少于 3 组。

压力为灌浆压力的 80%，在稳定压力下应每 5 min 测读一次压入流量，连续 4 次读数中最大值与最小值之差小于最终值的 10%，或最大值与最小值之差小于 1 L/min，本试验可结束，取最终值为计算值。

4. 浆液配制

（1）以纯水泥浆为主的单液注浆材料，水泥采用 42.5 级普通硅酸盐水泥，水灰比为 0.6∶1 ~ 1∶1。开始注浆时采用稀浆灌注，当灌入量较大时可据情况采用浓一级的浆液灌注。对于土洞、空溶洞或半充填溶洞，应充填砂、碎石后再进行注浆处理。砂采用合格机制砂，碎石采用 5 ~ 10 mm 碎石。

（2）当遇溶蚀裂隙发育、连通性好、漏液严重时，注浆时可掺入一定量的粉土或粉煤灰或水玻璃，粉土掺入量小于水泥用量的 10%，粉煤灰掺入量为水泥质量的 20% ~ 50%，水玻璃掺入需根据试验确定。

（3）制浆材料必须按规定浆液配比计量，计量误差应小于 5%。

（4）纯水泥浆的搅拌时间，使用高速搅拌机时应大于 30 s；使用普通搅拌机时应大于 2 min。浆液使用前应过筛，浆液自制备至用完的时间不宜大于 4 h。

（5）将配制好的化学浆液和水泥浆液各送入搅拌式储浆桶内备用。

5. 注　浆

（1）注浆管路系统的试运转：用 1.5 ~ 2 倍于注浆终压对系统进行吸水试验检查，并接好水、电；检查管路系统能否耐压，有无漏水；检查管路连接是否正确；检查设备机况是否正常，使设备充分热身。试运转时间为 20 min。

（2）注浆顺序：按自路基坡脚向线路中心的顺序进行，先两侧后中间，以保证注浆质量。

（3）注浆压力控制：注浆压力控制根据受注地层的地质条件和渗透性、注浆时吸浆量，以及对浆液稠度变换等一并考虑。注浆过程中，注浆压力的控制采用“一次升压法”。注浆以纯水泥浆为主，开始注浆时采用稀浆灌注，当灌入量较大时可根据情况采用浓一级的浆液灌注。注浆压力（孔口压力表读数）为 0.2 ~ 0.3 MPa，终注压力 0.3 ~ 0.5 MPa。

（4）终注条件：在终注压力 0.3 ~ 0.5 MPa 下连续注浆 10 min 的注入率不大于 5L/min 时，维持 10 min，可终止注浆。若注浆时发生长时间隆起仍然不能满足终孔条件时应采取间歇式注浆，或者采取双管注浆加水玻璃等措施。对溶蚀裂隙发育、连通性好、漏液严重，采用水灰比为 0.6 : 1 的浓浆灌注如不能进行有效堵截时，应间歇注浆。当采用间歇注浆仍无法形成有效堵截时，采用充填砂骨料后再间歇注浆处理。为缩短间歇时间，可添加早强剂。

注浆结束后，经质量检查工程师检查，通知监理工程师检查确认终孔条件。将注浆孔填实封闭，留下标记备查。最后清理场地，去除污染。

6. 提管、回填

注浆完成后应立即拔管，若拔管不及时，浆液会把注浆管凝固住而造成拔管困难。拔管时使用拔管机。每次上拔高度为 500 mm。拔出管后，及时刷洗注浆管，以便保持清洁、通畅。拔出管后留下的孔洞，及时用水泥砂浆封孔。

第五节　路堑施工

一、土质、软质岩、强风化岩质路堑施工工艺及方法

（1）路堑开挖前，首先核对地质资料，开挖后如发现与地质资料不符，及时反馈设计和监理单位。

（2）采用挖掘机、装载机挖装，自卸汽车运输，推土机辅助作业。较平缓地段上的短浅路堑，采用从路堑的一端逐渐向前或按横断面全宽不分层的全断面开挖方式；当路堑中心高度大于 5 m 时，采用分层逐层顺坡开挖或纵向台阶法开挖方式。长度较短时，开挖自上而下进行，分层开挖。长距离深路堑，沿着路堑纵向将高度分成不同的层次依次开挖。

（3）刷坡保证边坡坡度及平整度，对特殊部位做好边坡防护工作。对影响边坡稳定的地面水和地下水及时采取措施引排，并在路堑的表面设置排水坡，以利排水。路堑开挖前对坡顶、坡面的危石、裂缝等不稳定情况进行检查，并根据情况采取措施妥善处理，保证施工安全。

（4）边坡主要采用机械整修，人工配合，按设计坡度利用坡度尺拉线，根据拉线修整边坡，开挖与边坡整修应同步进行，当有超挖时，必须报监理工程师，经同意后采用符合要求的材料回填。

（5）防护紧跟开挖，随挖随护。坡面坑穴、凹槽中的杂物清理后，嵌补平整。需设防护的边坡，当防护不能紧跟开挖时，暂时留一定厚度的保护层，待做护坡时再刷坡。

（6）开挖至基床标高时，对路基基床厚度内地层采用原位测试、电法物探，必要时进行钻探取样等方法，并结合室内土工试验进行基床范围内地基条件的检验，验证设计采用的地质资料。

（7）路堑开挖后根据设计土石方调配方案进行调配，在填料满足路堤填筑技术条件的情况下，移挖作填。其余的路开挖土方作为弃方，运至弃土场。

二、硬质岩路堑施工工艺及方法

（1）硬质岩路堑开挖采用浅孔爆破。爆破的施工工艺及方法必须满足《铁路爆破施工安全规程》的要求，深路堑竖向分层、纵向分段，采用松动控制爆破。开挖深度大于 6.0 m 时，采用潜孔钻机钻孔；开挖深度小于 6.0 m 时，采用凿岩钻孔，实施梯段控制爆破。边坡采用光面爆破开挖，在邻近既有房屋地段采取控制爆破开挖，并做好安全防护。

（2）根据路堑开挖区岩石的岩性、产状以及开挖高度，详细进行爆破设计，严格控制装药量，爆破后边坡和堑顶山体稳定、基床和边坡平顺、不破碎，边坡凹凸不平处用混凝土或浆砌片石补齐。

（3）爆破后的石方按设计进行调配，作为路堤填方填料或级配碎石生产原料。符合级配和填筑要求的石方直接运输至填筑现场，不符合要求的石方运输至级配碎石生产场，经破碎成符合级配粒径要求的 A、B 组填料或加工成级配碎石后，自卸汽车运至填方地段利用。挖至路堑基床表层设计标高面时，采用浅孔爆破或孔底缓冲装药，控制用药量进行堑底光面爆破。基床需要进行加固时按设计要求处理。

三、检查项目

（1）路堑开挖应自上而下纵向、水平分层开挖，纵向坡度按照 4%控制。

（2）光面爆破和浅孔控制爆破的边坡坡面上应保持炮孔痕迹，硬质岩石边坡炮孔痕迹率应达到 50%；边坡坡面应平顺，凹凸差控制在 15 cm 以内。

（3）路堑边坡坡率、边坡点、平台位置、宽度、侧沟排水坡度允许偏差及检验标准应符合表 4-2-4 的要求。

表 4-2-4　各项目允许偏差及检验方法

序号	项目	允许偏差	施工单位检查数量	检验方法
1	边坡坡率（偏陡坡）	不得陡于设计坡率	每 100 m 每侧检查 2 点上下不各 1 点	坡度尺量、计算
2	边坡点位置	±200 mm	每 100 m 每侧检查 3 点	水准仪测量或尺量
3	平台位置	±200 mm	每 100 m 每侧检查 3 点	水准仪测量或尺量
4	平台宽度	±100 mm	每 100 m 每侧检查 3 点	尺量
5	侧沟排水坡度	不得积水	每条沟全检	目测

（4）光面爆破或浅孔控制爆破边坡坡率允许偏差及检验方法应符合表 4-2-5 的要求。

表 4-2-5　爆破边坡坡率允许偏差及检验方法

序号	项目	允许偏差	施工单位检验数量	检验方法
1	倾斜坡面坡率	±3%设计坡面值	每 100 m 每侧等间距检查 6 点	吊线尺量
2	垂直坡面坡率	正面 2°，不允许倒坡	每 100 m 每侧等间距检查 6 点	吊线尺量＋计算

第六节　填料改良施工

一、工程概况

本线路基在重庆境内 DK25 + 400 ~ DK74 + 900 的路基挖方多为泥岩、泥岩夹砂岩，为 C、D 类填料，该段缺乏合格 A、B 类填料，因此对于重庆市境内路基基床底层缺乏的 A、B 组填料，采用泥岩风化层细粒土或泥岩破碎后改良的方法，分别于 DK0 + 662、DK0 + 662、DK6 + 476、DK21 + 825、DK27 + 969、DK42 + 921、DK53 + 435 设置改良土拌和站，由拌和站集中进行破碎改良后运至现场填筑。

填料改良施工的一般要求如下：

（1）基床底层、对环境敏感地段基床以下路基填筑采用场拌改良土。

（2）施工前按设计提供的配比进行室内试验，确定施工配合比。改良土的配合比应保证混合料的无侧限抗压强度能达到设计要求。

（3）在大面积填筑前，根据初选的摊铺、拌和、碾压机械及试生产出的改良土填料，在选取长度不小于 100 m 的地段进行填筑压实工艺试验，确定工艺参数，并报监理单位确认。改良土填筑按试验段总结的施工工艺流程组织施工，同时在施工中，根据实际情况不断完善施工质量控制措施，确保路基压实质量。

二、填料改良施工工艺及方法

填料改良施工工艺如下：

（1）施工准备：做好拌和站的规划建设和设备安装调试、设备计量标定等工作；做好室内配合比、施工配合比设计，试样检测试验；为了保证拌和质量，满足水泥改良土的细度要求，采用液压碎土设备先进行破碎，然后用自动计量拌和站拌和。先破碎后拌和的机械布置见图 4-2-3。

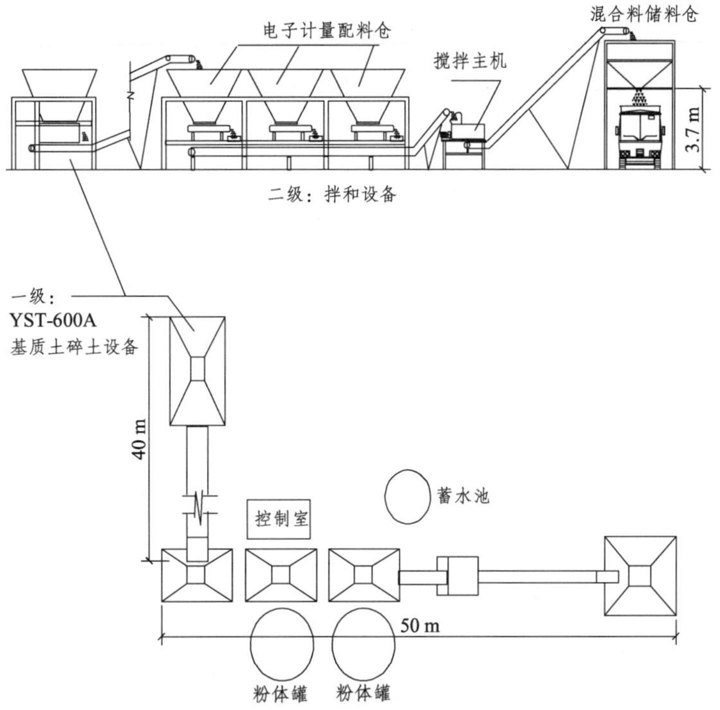

图 4-2-3　改良土二级厂拌法机械布置

（2）室内试验：室内试验主要步骤为试样准备→制试件→养护→性能试验→计算、分析。试验项目包括击实试验、无侧限抗压强度试验、自由膨胀率试验、生石灰土中氧化钙与氧化镁含量试验、含水量试验、液塑限试验等。

压实工艺参数的确定：施工前选择有代表性的试验区，结合工程实际情况进行工艺试验。根据试验区获得的试验参数，选择最佳机械组合，确定松铺厚度及碾压遍数等。

（3）测量放样：在施工现场附近引临时水准点，报监理审批，严格控制标高；在路基上采用方格网控制填料量，方格网纵向桩距不宜大于 10 m，横向应分别在路基两侧及路基中心设方格网桩。在两侧路肩边缘外设指示桩，在方格网内用白灰点控制自卸车倒土密度，以此控制每层的摊铺厚度。

（4）破碎：正式破碎前与下级稳定土拌和站进行联动联调，使两级设备的生产能力协调一致，以达到最佳的质量和经济效果。

（5）拌和：在正式拌和前，采用液压碎土设备对填料进行粉碎基质土处理，并调试所用的厂拌设备，保证拌和均匀。采用拌和站对已破碎的填料进行拌和。在设定拌和产量时，将拌和产量设定在略大于破碎机产量的工况，使拌和站配料仓保持较少的存料，防止拌和站配料仓因进料过快而出现“黏”“堵”“拱”“卡”的现象。

改良土的含水量低于设计要求时，在拌和站这一级设备加水拌和。同时采用雾化加水技术，加水量通过精密计量装置加以控制。

（6）混合料运输：采用 15 t 以上大型自卸车运输，成品仓前至少安排有 3 台车在等待装料，防止成品仓储料过多。在气候干燥、水分蒸发过快的天气条件下运输时，车斗加苫布覆盖，以保证混合料的含水量维持在允许的误差范围内。

（7）摊铺：根据松铺厚度计算每车混合料的摊铺面积，确定堆放密度。在填筑场地按照每车土方的数量及摊铺厚度，用白灰点控制自卸车倒土密度，同时埋桩挂线，标示松铺厚度；混合料摊铺完后，先用平地机初平和整形，再用压路机快速碾压 1 ~ 2 遍。分层填筑压实厚度根据压实机具和试验段确定的方法进行，一般宜控制在 20 ~ 28 cm。

（8）碾压：当混合料接近最佳含水率时，用重型压路机在路基全幅碾压至要求的压实度，碾压完成后表面应无明显的碾压轮痕迹。碾压时，各区段交接处应相互重叠压实，纵向搭接长度不小于 2.0 m，纵向行与行之间的轮迹重叠不小于 40 cm，上下两层填筑接头应错开不小于 3.0 m。两作业区段之间的衔接处纵向搭接长度不小于 2.0 m。碾压结束之前，应用平地机终平一次，使其纵向顺适，符合设计要求。

（9）养生：改良土碾压完成后，如不能连续施工应进行养生，使改良土表面保湿养生不少于 7 d。养生期间勿使改良土过湿，更不能忽干忽湿，除洒水车外应封闭交通。

三、质量控制与检验

1. 质量控制

改良土施工工程质量控制要点主要为五个方面：原材料（土、石灰或水泥）、配合比（根据不同的土质需掺入的石灰或水泥量）、改良土含水量控制、均匀性（避免改良土中出现素土现象）、压实度（通过试验段确定适宜的施工参数）。

（1）对需改良的土料种类应进行核实，路堤填料种类、质量应符合设计要求。

（2）改良土填筑前按设计提供的配比进行室内试验，确定施工配合比。改良土的配合比应保证混合料的无侧限抗压强度及压实质量能达到设计要求。

（3）路堤填筑改良土施工中，拌和料的均匀性是关键因素，应严格控制拌和过程中的施工质量，确保拌和熟料的均匀性。

（4）对初步确定使用的混合料，应进行重型击实试验，计算最佳含水率和最大干密度，并进行 7 d 无侧限抗压强度的试验，无侧限抗压强度必须符合设计要求。

2. 质量检验

（1）基床底层及基床以下路堤工程质量以及所需改良的土料种类、质量应符合设计要求。检验方法：按《铁路工程土工试验规程》（TB 10102）规定的试验方法检验。

（2）改良土外掺料的种类及技术条件应符合设计要求。检验方法：检查每批产品的生产检验报告和产品合格证，并在料场的 5 个不同部位等量取样，总计取样不少于 12 kg，按有关规定试验方法进行检验。

（3）对进入摊铺场地的混合料进行土团粒和生石灰块的检查，在 100 m^2 面积内随机检查 3 个点。检验方法：土团粒检查采用孔径为 10 mm 的筛子，标准为不能有筛余量；生石灰块检查采用孔径 5 mm 的筛子，标准为不能有筛余量。

（4）改良土填筑压实质量应符合验标的规定。检验方法：压实系数 K 检验宜用环刀法，K_{30}、E_{VD} 按《铁路工程土工试验规程》（TB 10102）规定的方法检验。

（5）无侧限抗压强度应符合设计要求。

检验频数：每层每 1 000 m^2 检查一组。检验方法：按《铁路工程土工试验规程》（TB 10102）规定的试验方法检验。从已摊铺好填料的地段现场抽样，在室内按要求的压实度成型，进行无侧限抗压强度试验。

第七节　过渡段施工

过渡段是路基填筑质量控制的重点部位和薄弱环节，必须科学合理地组织施工以保障路基施工质量，满足路基沉降变形要求。

一、过渡段施工工艺及方法

（一）路堤与桥台过渡段

1. 施工方法

过渡段路堤应与桥台锥体和相邻路堤同步填筑。过渡段施工根据施工图纸制定施工工艺和过程控制措施，作出详细的作业指导书和相应的质量检查、监督管理制度，并通过现场碾压试验确定完善的施工工艺及处理措施。

水泥稳定级配碎石在拌和站集中拌和，自卸汽车运输，推土机配合平地机摊铺，重型碾压设备及小型振动压实设备碾压。在大型压路机碾压不到的部位及在台后 2.0 m 范围内，采用小型振动压实设备进行碾压，填料的松铺厚度宜为 15 cm，碾压遍数通过工艺实验确定。

2. 施工工艺

施工前，做好桥头路基排水施工，防止水流对填料的浸泡或冲刷；基底原地面平整后，用振动碾压机碾压密实，并使 $K_{30} \geqslant 60$ MPa/m。

当桥台及挡墙基础等达到设计及规范允许强度后，及时进行台后过渡段填筑，其压实度要求均与一般路基一致；路桥过渡段桥台锥体填筑按水平分层一体同时施工；水泥级配碎石过渡段与路基填筑的相应部位同步施工。

（二）路堤、路堑与横向结构物过渡段

1. 施工方法

横向结构物两端的过渡段填筑必须对称进行，并应与相邻路堤同步施工；涵洞顶部两端大型压路机能碾压到的部位，其填筑施工应符合施工指南的有关规定；靠近横向结构物的部位，应平行于横向结构物进行横向碾压。

大型压路机碾压时，不得影响结构物的稳定；横向结构物的顶部填土厚度小于 1 m 时，不得采用大型振动压路机进行碾压；大型压路机碾压不到的部位应用小型振动压实设备分层进行碾压，填料的松铺厚度不宜大于 20 cm，碾压遍数应通过试验确定。

2. 施工工艺

施工前，做好横向结构物两侧的排水施工，防止水流对填料的浸泡或冲刷，路堑地段做好结构物基坑边坡整型。基底原地面平整后，用振动碾压机碾压密实，并使 $K_{30} \geqslant 60$ MPa/m。

在横向结构物两侧基础等达到设计及规范允许强度后，及时进行两端过渡段填筑，其压实度要求均与一般路基一致，但应分别对称分层填筑，防止由于不对称填筑造成对横向结构物的扰动。

路堤轨底距结构物顶垂直距离小于 1.5 时，横向结构物顶面以上路堤填筑级配碎石，横向结构物顶面及两端 20 m 范围内路堤级配碎石按照设计掺适量水泥。结构物顶的填料与结构物两侧 2 m 范围内的水泥级配碎石同时采用小型振动机碾压成型。每层混合料施工完毕后需按要求进行养护。

（三）路堤与路堑过渡段

过渡段填筑前，应平整地基表面，碾压密实；并应挖除堤堑交界坡面的表层松土，按设计要求做成台阶状。路堤与路堑连接处，顺原地面纵向挖成 1∶2 的坡面，坡面上开挖台阶，台阶高度大于 0.6 m，开挖部分填筑要求同路堤。过渡段的填筑施工应与相邻路堤同步进行。

施工前，做好路堤和路堑排水施工，防止水流对路堤填料的冲刷。人工配合机械处理基底和路堑表层并按设计要求人工开挖台阶。过渡段本体分层填筑、分区分层碾压，基床表层水泥级配碎石填筑。

大型压路机能碾压到的部位，其施工方法应符合《铁路客运专线路基施工技术指南》的有关规定；靠近堤堑结合处，应沿堑坡边缘进行横向碾压。大型压路机碾压不到的部位，应采用小型振动压实设备分层进行碾压，填料的松铺厚度不宜大于 20 cm。

（四）路隧过渡段

隧道与土质及软质路堑连接处 20 m 范围内按照要求设置过渡段，采用级配碎石填筑。

土质、软质岩及强风化的硬质岩与隧道连接处，在路堑基床范围内设置过渡段，采用水泥稳定级配碎石（掺加 5%水泥）渐变过渡，长度不小于 20 m。当路堑长度短于 20 m 时，按路堑实际长度设置，并与路堤路堑过渡段相连。过渡段的水泥稳定级配碎石厚度为 0.7 ~ 2.0 m，呈台阶状渐变，同时在其下方换填 A 组填料。在过渡段以外 20 m 范围内的基床表层级配碎石厚度在 5.0 m 范围内由 0.7 m 渐变为 0.4 m，基床底层换填厚度在 5.0 m 范围内由 2.0 m 渐变为 h，h 具体取值根据基床底层土质情况确定（1.0 ~ 2.3 m），与一般路堑顺接。

二、施工质量控制

（1）路桥过渡段施工前，排干桥台基坑内的积水，基坑地面以下部分回填混凝土或者碎石，并保证基坑底部与侧壁之间密实、无虚土。

（2）桥台与路基结合部设厚 0.15 m 带排水槽的渗水墙，渗水墙采用无砂混凝土块砌筑，渗水墙底部设软式透水管，将渗流水横向排出路基外。

（3）路桥过渡段每层填筑均要严格按设计要求施作，控制好级配碎石的配合及填料厚度，填筑层均设人字横向排水坡。

（4）台背后 2 m 范围内禁止大型振动机械驶入，避免其对桥台造成挤压。

（5）每层施工过程中必须按设计要求做好防排水措施。横向结构物两端的过渡段填筑必须对称进行，并应与相邻路堤同步施工。

（6）过渡段靠近桥台、涵洞等建筑物的部位分层填筑，采用小型振动压实机具碾压。

第八节　路基基床施工

一、基床以下路堤填筑施工

1. 施工工艺流程

施工工艺流程见图 4-2-4。

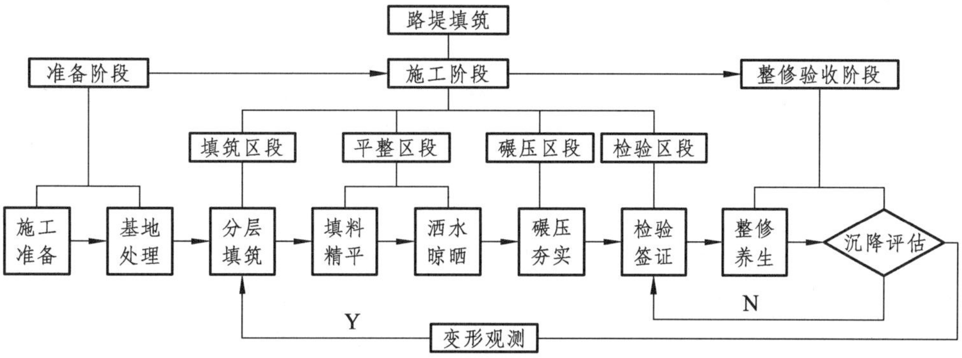

图 4-2-4　基床以下路堤填筑施工流程

2. 施工工艺及方法

（1）核对填料的类别、分布、进行填料复查和试验，填料应做筛分试验、液塑限试验以及颗粒密度试验。

现场填土压实试验：在路基范围内选择 200 m 平坦试验段按 1.15 ~ 1.25 的松铺系数进行摊铺压实工艺性试验，以校对室内试验结果，确定摊铺、压实机型选型、最佳填层厚度、最佳经济压实遍数、振动频率、振幅、土方量变化率等施工工艺参数和施工方法。

（2）经填筑压实试验后，采用灌砂法或环刀法，用 K_{30} 平板荷载仪检测填筑层压实密度和地基系数。压实质量符合规范和设计要求后，找出压路机型、填土厚度压实遍数、振动频率、振幅同设计规定指标间的规律曲线，确定出标准适用的施工工艺，并报监理单位批准后，在大规模填筑中按试验段确定的施工工艺施工。

（3）填筑施工严格按“三阶段、四区段、八流程”方式作业，严格控制填筑层厚度，按填筑试验段确定的松铺厚度全宽、纵向、水平分层填筑，摊铺从路堤中线开始，对称地向两侧填土。第一层填料宜用轻型压实机具压实，只有当土工合成材料上的填料厚度大于 0.6 m 后，才采用重型压实机械；填筑时挂线控制虚铺厚度，分层厚度一般不大于 30 cm，也不小于 15 cm，先用推土机初平，再用平地机精平，平整时摊铺厚度差控制在 ± 50 mm/100 mm。

摊铺时，应做成向路基两侧 4%的排水坡，以利排水，自卸汽车卸填料时，根据车容量计算堆土间距，以使平整时控制填层厚度。填筑时路基两侧各加宽 50 cm，以保证边坡压实密度。

（4）洒水：摊铺完毕，及时检测摊铺层含水量。当填含水量在最佳含水量 ± 2%时，用压路机碾压一次，以暴露填筑面的潜在不平整，并用平地机对填筑层进行初平和整形，然后进行碾压工序。若含水量过小，用喷管式洒水车补充洒水；若含水量过大，则晾晒至含水量符合后再碾压。

（5）碾压：振动压路机按试验段确定的工艺参数行碾压。碾压时，振动压路机先慢后快，振动频率先弱后强，直线段由两侧向中间，曲线段由线段内侧向外侧纵向进退错行进行碾压。碾压完再用平地机精平一次，使每层压实面有 2%的路拱横坡且平整，无积水，无明显碾压轮迹，无显著的局部凸凹。

（6）在填筑过程中应按沉降观测要求严格控制填筑速率，确保路基安全稳定。

（7）检验签证：每层碾压完毕用灌砂法检测压实密度，每填层的地基系数用 K_{30} 检测仪检测，达到设计要求后，经检查签认后再进行下一层填筑。

（8）铺设土工格栅：铺设时，在边坡 3 m 范围内纵向铺设土工格栅，两人竖拉土工格栅两端，抬起土工格栅中部，逐幅向前铺设。铺设上层格栅时，上下两层接缝应相互错开 0.5 m，并严禁施工机械直接在土工合成材料上行走作业。土工合成材料铺设后应及时填筑填料，其受阳光直接暴晒时间不得过长。

（9）重复上述填筑、铺设土工格栅施工，直至顶层。

3. 基床以下路堤工程质量控制

（1）改良土填筑前按设计提供的配比进行室内试验，确定施工配合比。严格控制填料质量，对进场材料进行定期和不定期检测，并对需改良的土料种类应进行核实，路堤填料种类、质量应符合设计要求。

（2）对符合要求的土质进行过筛处理，使石灰颗粒与黄土颗粒尽可能小，增加其表面积，并拌和均匀，能充分接触并发生反应。对初步确定使用的混合料，应进行重型击实试验，计算最佳含水率和最大干密度，并进行 7 d 无侧限抗压强度的试验，无侧限抗压强度必须符合设计要求。

（3）改良土路堤填筑施工中，拌和料的均匀性是关键因素，应严格控制拌和过程中的施工质量，确保拌和熟料的均匀性。使石灰颗粒与黄土颗粒尽可能小，增加其表面积，并拌和均匀，能充分接触并发生反应。水泥改良土从拌和开始至压实完成不超过 4 h（初凝时间），严格控制压实含水率，确保压实度，注意养生，以控制改良土本身的收缩裂缝。

（4）各种填料填筑施工前，均选一段作为试验段先行施工，取得各种施工参数，用来指导施工，从而确保填筑质量。

二、路堤基床底层填筑施工

首先对基床底层下承层中线、高程、平整度、几何尺寸及压实度进行检查验收，合格后进行基床底层填筑。

1. 施工方法

基床底层填筑施工方法基本与基床底层以下路堤填筑相同。

2. 施工工艺

基床底层填筑施工工艺基本与基床底层以下路堤填筑相同，仍然按照四区段、八流程的施工工艺组织施工。

3. 施工质量保证措施

基床底层填筑施工质量控制方法与基床以下路基填筑基本相同，其他保证措施可根据路基试验段取得的参数适当调整最佳含水量、松铺厚度和振动压路机的碾压遍数等。

三、基床表层填筑施工

1. 施工工艺流程

基床表层级配碎石填筑施工工艺流程见图 4-2-5。

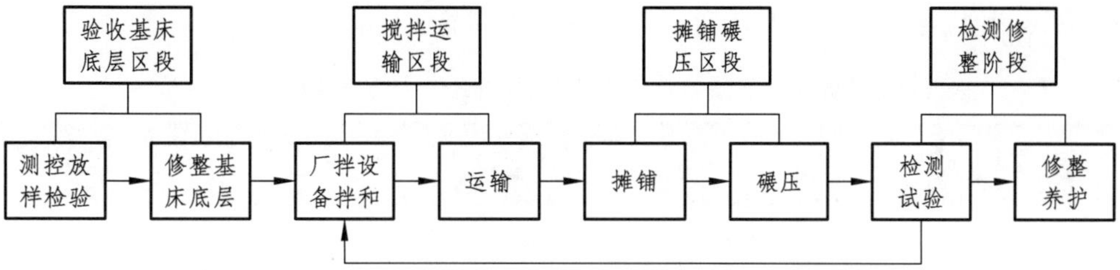

图 4-2-5　基床表层级配碎石填筑施工流程

2. 基床表层填筑施工

路基基床表层 0.4 m 厚级配碎石分两层填筑，每层的填筑松铺厚度按照试验确定的厚度参数填筑。基床表层按“四区段、六流程”组织施工，并碾压至规定的压实标准。级配碎石的拌和采用场拌法施工工艺。填筑前选择不小于 100 m 的有代表性路段进行试验段施工。

基床表层级配碎石填筑施工顺序：

（1）材料准备：填筑前对所需的材料做全面的检查，并提前做好储料的一切准备工作，并有足够的储料场和储料设备，保证基床表层的正常铺筑。

（2）堆载预压、土方卸载：路基工程安排堆载预压的沉降时间大于 6 个月，堆载预压期间进行沉降观测，当沉降满足要求后方可卸载。

（3）验收基床底层：基床表层填筑前应检查基床底层几何尺寸，核对压实标准，不符合标准的基床底层应进行修整，达到基床底层验收标准。

（4）测量放样：在施工现场附近引临时水准点，报监理审批，严格控制标高；按 10 m 一桩，放中线和边线，设置钢丝绳基准线。

（5）加工：级配碎石混合料复合要求的原材在碎石加工场集中破碎加工，经试验室检测合格后方可用于过渡段施工。

（6）运输：装料时，车要有规律地移动，使混合料在装车时不致产生离析。采用大吨位自卸车运输，并保证足够的运输车辆，确保摊铺机能够不间断地连续摊铺。车辆运输过程中用防水篷布覆盖。

（7）摊铺：摊铺时以日进度的需要量和拌和设备的产量为度，合理计算卸料需要量。基床表层下层的级配碎石或级配砂砾石的摊铺可采用摊铺机或平地机进行，顶层必须用摊铺机摊铺。每层的摊铺厚度应按工艺试验确定的参数严格控制。

用平地机摊铺时，必须在路基上采用方格网控制填料量，方格网纵横向桩距根据自卸车的吨位而定，一般不宜大于 10 m。用摊铺机摊铺时，应根据摊铺机的摊铺能力及拌和场的拌和能力配置运输车，使摊铺机的摊铺作业能够不间断的连续进行。

（8）碾压：采用重型光轮振动压路机进行碾压，按试验段确定的碾压遍数和程序进行压实，使其达到规定压实度，各项指标符合设计要求。直线地段，应由两侧路肩开始向路中心碾压；曲线地段，应由内侧路肩向外侧路肩进行碾压。碾压遵循先轻后重、先慢后快的原则。各区段交接处应相互重叠压实，纵向搭接压实长度不小于 2.0 m，纵向行与行之间的轮迹重叠不小于 40 cm，上下两层填筑接头应错开不小于 3.0 m。

（9）检测：每层施工完成后进行自检、复检，合格后报验监理工程师抽检的三级质量检测系统，严格按照规范要求的试验方法、试验点数、检验频次，逐层分段、分部进行试验检测。

3. 基床表层质量检测与控制

（1）基床表层质量检测：质量检测采用“定人、定位”的原则进行检测。

质量检测签证：每层和各工序施工完成后进行自检、复检，合格后报验监理工程师抽检的三级质量检测系统，严格按照规范要求的试验方法、试验点数、检验频次，逐层分段、分部进行试验检测（表4-2-6、表4-2-7）。凡检验不合格者，不得进行下一道工序施工。

表 4-2-6　基床表层填筑压实质量控制标准、检验数量及检验方法

压实标准	级配碎石或级配砂砾石	检测频次和取样部位
地基系数 K_{30}/（MPa/m）	≥190	在表层顶面每 100 m 检测 4 点，距路基边 2 m 处左右各 1 点，中间 2 点
孔隙率 n/%	<18%	每层沿纵向每 100 m 检测 6 点，距路肩边线 1.5 m 处左右各 2 点，路基中部 2 点
变形模量 E_{v2}	≥120	每层沿纵向每 100 m 检测 6 点，距路肩边线 1.5 m 处左右各 2 点，路基中部 2 点
动态变形模量 E_{vd}/MPa	≥50	每层沿纵向每 100 m 检测 6 点，距路肩边线 1.5 m 处左右各 2 点，路基中部 2 点

表 4-2-7　基床表层外形尺寸允许偏差、检验数量及检验方法

序号	项目	允许偏差	施工单位检验数量	检验方法
1	中线高程	±10 mm	沿线路纵向每 100 m 抽样检验 5 点	水准仪测
2	路肩高程	±10 mm	沿线路纵向每 100 m 抽样检验 5 点	水准仪测
3	中线至路肩边缘距离	0，+20 mm	沿线路纵向每 100 m 抽样检验 5 处	尺量
4	宽度	不小于设计值	沿线路纵向每 100 m 抽样检验 5 处	尺量
5	横坡	±0.5%	沿线路纵向每 100 m 抽样检验 5 个断面	坡度尺量
6	平整度	不大于 10 mm	沿线路纵向每 100 m 抽样检验 10 点	2.5 m 长直尺量
7	厚度	－20 mm	沿线路纵向每 100 m 抽样检验 3 点	水准仪测量

（2）基床表层质量控制要点：

① 基层表层级配碎石采用的碎石粒径、级配及材料性能应符合涉及规范。级配碎石必须严格控制 0.5 mm 以下细集料的含量及其液限和塑性指数。要确保筛选并按比例混合组成的级配碎石混合料的粒径、级配及品质指标符合规定的要求。

② 每一压实层全宽应采用同一种类的填料。采用重型振动压路机严格按照试验段确定的压实参数控制压实速度和压实遍数。

③ 要特别重视对电缆槽、预埋管线等结构周围的填料摊铺整形和碾压。确保路基表层和与路基同步施工的结构物的施工质量和安全。

第九节　路基防排水施工

路基排水包括地表排水、路基横向排水、地下排水和过渡段排水等。本节以排水井及地面排水沟为例介绍本线路基的防排水施工。

一、主要排水设施施工工艺

1. 集水井

集水井是将路基表面水汇集并排入侧沟或坡面排水槽的设施，一般采用 C20 混凝土浇筑。施工前熟悉施工图纸，施工前技术人员应统计各个路基段的集水井的数量、形式、位置。

集水井基础采用人工开挖，施工前按照测量出的桩位及控制轴线放出检查井的开挖尺寸。开挖过程中控制好检查井的尺寸和竖直度，施工中不允许出现超挖，对于超挖的部分采用与检查井井身同强度等级的砼回填。井口周围要做好防排水工作，以免雨水或施工废水流入基坑内。开挖到设计标高时应检查集水井的基底标高是否符合设计要求，并采用垂球和直尺检查井的竖直度和尺寸。

绑扎安装集水井的钢筋底部采用安装混凝土预制垫块来控制钢筋位置。集水井的基础砼浇注时要注意基础砼顶面标高。在基础混凝土初凝后，砼面上用垂球定出检查井的中心位置及控制轴线，用墨线标出井身位置。按照放样出的位置安装模板，并加固牢靠。

浇注井身砼前要注意预埋直径为 0.15 m 的镀锌钢管或耐压 PVC 软式透水管。采用对路基切槽预埋管道，管道安装完成以后切槽采用混凝土封闭。集水井盖采用集中预制，井盖上设置多个 3 cm×10 cm 的泻水孔。在集水井身砼强度达到设计强度后安装集水井盖板。

2. 地面排水沟

地面排水沟分为路堤坡脚外的排水沟、侧沟、平台截水沟、天沟及排水沟、坡面排水槽等。

地面排水沟在施工时要选好排水沟的排水方向，施工材料应满足设计要求；路堤坡脚外的排水沟、侧沟在路基完成后施工；平台截水沟与护坡同时施工，施工应注意在急流槽位置与吊沟连接。坡面排水槽与坡面防护同时施工，排水槽每隔 15 m 设置一道。

排水工程严格按照设计图纸施工。砂浆采用拌和机拌和，做到砌体砂浆饱满，石料尺寸选配合理，强度满足要求，石料颜色一致，勾缝采用凹缝，墙面平整、美观。挖方段的天沟，以及路基填筑的临时排水工程，尽量在雨季到来之前完成。浆砌圬工采用挤浆法施工。

天沟的位置、尺寸符合设计要求，出水口牢固，以防被雨水冲塌并且与其他排水设施平顺衔接。排水沟的线形平直、圆顺，排水沟的位置、坡度、长度符合设计要求。如因纵坡过大致使水流速大于沟底、沟壁的容许冲刷流速时，对边沟采取加固措施。

二、注意事项

1. 地表排水

（1）路基边沟、侧沟、天沟等地表排水设施应与天然沟渠和相邻的桥涵、隧道、车站等排水设施及路基面排水、坡面排水、电缆沟槽两侧排水衔接，组成完整的排水系统。路基施工前应核对全线排水系统的设计是否完备和妥善。

（2）调查线路范围上游 50 m、下游 30 m 范围内以及陷穴的分布，并对陷穴进行处理。

（3）路基工程施工前，对影响路基稳定的地下水，应予以截断、疏干、降低水位，并引排到路基范围以外。在路基施工期，不得任意破坏地表植被和堵塞水路；各类排水设施应及时维修和清理，保持排水畅通、有效。

（4）路基排水工程应及时实施，防止在施工期间因地表水及地下水的侵入而造成路基松软和坡面坍塌。

2. 地下排水

（1）地下排水设施应与地表排水系统相配套，保证水路畅通无隐患。渗沟的出水口应设置端墙，端墙下部留出与渗沟排水通道大小一致的排水沟，端墙排水孔底面距排水沟沟底的高度不宜小于20 cm；端墙出口的排水沟应进行加固，防止冲刷。

（2）排水沟或暗沟采用混凝土浇筑或浆砌片石砌筑时，应在沟壁与含水地层接触面的高度处，设置一排或多排向沟中倾斜的渗水孔，沟壁最下一排渗水孔的底部应高出沟底不小于20 cm。

3. 过渡段排水

过渡段桥台背渗水板、横向排水沟（管）等排水设施应按设计要求及时完成，其连接方式应符合设计要求，铺设应平顺、整齐、牢固，排水畅通。

第十节　路基防护工程施工

路基防护工程主要有路基边坡防护和路基支挡结构两大类。在本线施工中，路基边坡防护工程主要采用了浆砌片石边坡、混凝土空心砖防护、拱形骨架护坡、边坡植物防护、栽植乔木灌木以及人字形截水骨架护坡等，路基支挡防护主要有挡土墙、桩板墙、锚索桩、土钉、框架梁锚杆、抗滑桩、预应力锚索等。

一、路基边坡防护工程施工工艺及方法

1. 浆砌片石边坡

（1）准备：边坡砌筑应在坡面密实、平整、稳定后，方可铺砌。石料等级应符合设计要求。砌筑前，其表面泥土、水锈应清洗干净。

（2）挖基：护坡施工采用人工挖基，人工刷坡，砌筑前，将基底平整夯实，检查合格后方可进行砌筑。

（3）砌筑：片石采用挤浆法施工，铺砌时自下而上进行，砌块不得大面平铺，石块应彼此交错搭接，错缝一般为7 ~ 8 cm ，不得松动，严禁浮塞。砂浆在砌体内必须饱满、密实，不得有悬浆。砌体宜用15 cm以上的块（片）石。干砌边坡表面应平整，如遇坚石可挖成台阶。

砌体护坡分段施工时，每隔 10 ~ 15 m 宜设一道伸缩缝，并做好伸缩、沉降缝及泄水孔，泄水孔后面，应设置反滤层。

（4）勾缝养生：勾缝前，应先将松动和变形处修整完好，干砌护坡勾缝应在路堤沉降已趋稳定后进行。浆砌片石应进行洒水养生。砂浆凝固后，墙面全部刷干净，使外貌整洁美观。

2. 混凝土空心砖防护

（1）准备：施工前应修整好坡面，清除浮土，填补坑凹，使坡面大致平整。空心砖在预制场预制，采用定制的钢模板。砼由拌和站集中搅拌，砼运输车运送，人工机械振捣。

混凝土空心砖采用C20混凝土预制，一般为正六边形。

（2）铺砌：砌筑空心砖前，先对边坡进行修整，夯拍，检查验收，达到要求后才能进行下一道工序。边坡满铺混凝土空心砖应自下而上铺设，铺设时用橡皮锤击打使砖与坡面密贴，不得使用铁锤等硬物。顶部和底部1.0 m采用C20混凝土现浇。

（3）回填喷草：砌筑完成后，空心砖内喷播植草并每隔一个空心砖种植一株紫穗槐，并经常喷雾洒水进行养护。

3. 拱形骨架护坡

拱形骨架护坡施工顺序：坡面处理→施工放线→人工开挖基槽→坐浆铺砌C20混凝土拱形骨架预制块和拱形骨架内C20混凝土空心块→种植植被→清理坡面→养生。

基槽必须带线或安设样架开挖，以保证骨架几何图案美观且符合设计要求。骨架护坡施工采取双向挂线控制骨架轴线工艺，骨架铺砌时要先支模控制好拱圈的造型，使骨架整体美得到协调一致的体现。

混凝土预制块护坡的混凝土预制块采用 C20 混凝土在预制场统一预制。施工前整修好坡面，清除浮土，填补坑凹，使坡面平整后进行混凝土预制块自下而上的铺设。砌筑完成后，空心砖内喷播植草并每隔一个空心砖种植一株紫穗槐，并经常喷雾洒水进行养护。

4. 人字形截水骨架护坡

（1）施工技术要求：骨架护坡采用 M7.5 浆砌片石，主骨架与支骨架呈 45°交角，主骨架净距 6 m，主宽 0.6 m，厚 0.6 m；支骨架净距 3 m，宽 0.5 m，厚 0.5 m。挡水缘采用 C30 混凝土预制件。路堑处设置镶边，骨架内采用液压喷播植草，后期移栽常绿小灌木。

人字形截水骨架为一完整的排水系统，排水槽两侧、底部需用砂浆勾缝，以防雨水渗入边坡。

（2）质量控制措施：骨架护坡施工应按照“从上到下”的顺序分层进行。骨架护坡的骨架应采用人工嵌槽法施工，骨架应嵌入坡面，坡面整平至与骨架顺接确保坡面排水畅通。施工前应清刷边坡浮土，使坡面大致平整。骨架护坡顶面以及起讫点与其他工程连接处应设置镶边防护，顶部镶边应嵌入坡面，且不得高出地面。边坡平台截水沟应引入相邻排水设施。

5. 边坡植物防护

（1）准备阶段：喷植前应修好天沟等排水设施，修整坡面，嵌补凹槽、坑洼，准备好喷混材料等。喷射混合物由黏土、谷壳、锯末、水泥及复合肥等拌和，喷混材料应随拌随喷。

（2）喷播操作：人员与喷射机就位，调整好进料阀门，向机组的料斗中加料。打开进风管阀门，开启喷头水阀，湿润坡面。

调整供水量，使混合料湿润成浆状，喷到坡面上的泥浆光泽而不下流。喷射枪尽量垂直坡面，从上到下反复喷射数次达设计厚度 0.08 ~ 0.1 m。

（3）养护：护坡喷植后，进行不少于 20 d 的喷（洒）水养生，务必使喷植护坡始终具有足够水分，促使草籽发芽、生长。

二、路基支挡结构工程施工工艺及方法

1. 挡土墙

钢筋砼挡土墙施工顺序为：开挖挡墙基础→浇注砼基础→立模→设置泄水孔→铺设墙后滤层→浇注墙身→基础回填。

（1）路堑挡土墙：路堑挡土墙分段浇筑，墙身沿线路方向每隔 10 ~ 15 m 或在基础地质变化处，设置一道宽 0.02 ~ 0.03 m 的伸缩缝，缝内沿顶内外三边填塞沥青木板。在侧墙背底排泄水孔下设置一排与墙身材料相同的隔水层，隔水层高度视路基地质情况而定。墙背设 0.5 m 厚袋装砂砾石于一层复合排水网反滤层，同时从下部隔水层开始，沿墙体方向预埋一排直径为 100 mm 的 PVC 管泄水孔，间距为 2 m，向墙外排水坡度为 4%。

挡墙基础回填时，应按要求取材，并分层回填夯压密实。

（2）路堤挡土墙：路堤挡土墙墙身沿线路方向每隔 10 ~ 15 m 或在基础地质变化处，设置一道宽 0.02 ~ 0.03 m 的伸缩缝，缝内沿顶内外三边填塞沥青木板，其深度不小于 0.2 m。墙身高出地面部分，沿墙高和墙长设置向外排水坡度为 4%的泄水孔，按 2 ~ 3 m 上下左右交错布置，泄水孔采用 ϕ100 mmPVC 管。墙背连续设置 0.3 m 厚袋装砂砾石反滤层。为使墙后积水不渗入基础，在最底排泄水孔下设置隔水层，隔水层采用同墙体混凝土浇筑。

桩基托梁挡墙的托梁顶面为粗糙面且在浇筑时接插石榫，确保托梁与挡墙连成一体。挡土墙基础分段开挖，并及时浇筑基础及墙身，墙身不应有水平通缝，基底坡度不得改缓或改陡，排水沟与挡墙应浇注筑成整体。

砼挡土墙施工时采用组合钢模，三角隔墙因墙面为非竖直面，可部分采用木模板，墙体较高，应加强模板及其支撑系统的刚度或分两次组织浇注，采用坍落度较小的混凝土浇筑，砼浇筑速度不宜过快，以免模板出现墙面“鼓肚”现象而影响外观。

2. 桩板墙

施工顺序：路堑边坡开挖到桩顶高程，隔桩开挖桩孔，并下放钢筋笼，浇筑桩身混凝土。当桩身强度达到设计要求后，分层开挖桩前、桩顶以下土体，拆除桩前及侧翼处护壁，安装挡土板。

先行做好防排水，开挖桩顶以上土方，平整场地后，测设桩位。采用间隔开挖，相邻桩身混凝土达到相应的强度后方开挖本桩。桩完成后，分段间隔开挖路堑，及时完成桩间挡护。桩身采用人工开挖，石方浅眼少药爆破，电动扒杆和卷扬机出渣，边挖边支护，必要时桩内加设临时撑杆支撑护壁，以确保稳定。护壁混凝土采用组合模板浇筑，插入振捣棒捣固。现场绑扎钢筋笼或汽车吊吊装钢筋笼。桩身混凝土利用串筒、导管水平分层浇筑，连续进行，并做好水化热的处理。

3. 锚索桩

当路堑边坡开挖到桩顶高程，隔桩开挖桩孔、下钢筋笼、预埋锚索孔道，浇筑桩身混凝土，拆模后进行锚索钻孔施工并埋设预应力锚索。当桩身强度达到设计强度的 80%后，且桩基检测合格后，施工锚具垫座。待注浆体和锚具混凝土台座的抗压强度符合要求后进行锚索张拉，锚索检测合格后进行封锚处理，分层开挖桩前、桩顶以下土体、拆除桩前及侧翼处护壁，安装挡土板。

4. 框架梁锚杆施工

锚杆适用于岩质路堑边坡结构面发育、岩体破碎、软硬质岩互层地段等路堑高边坡的坡面防护工程。锚杆体与水平面的夹角为 15 ~ 25°，坡面配合框架梁使用。锚孔位按设计要求准确放置于坡面上，孔位误差 ± 50 mm；锚孔的孔斜度误差 ± 1°，实际钻孔深度比设计孔深大 0.2 m。

锚孔注浆时采用 HZS-50 型注浆泵，注浆采用一次孔底返浆法。M35 水泥砂浆采用 P·O42.5 级普通硅酸盐水泥。锚头与框架梁同时浇筑，纵向每隔 3 道纵梁设伸缩缝一条。框架梁锚杆施工工艺流程见图 4-2-6。

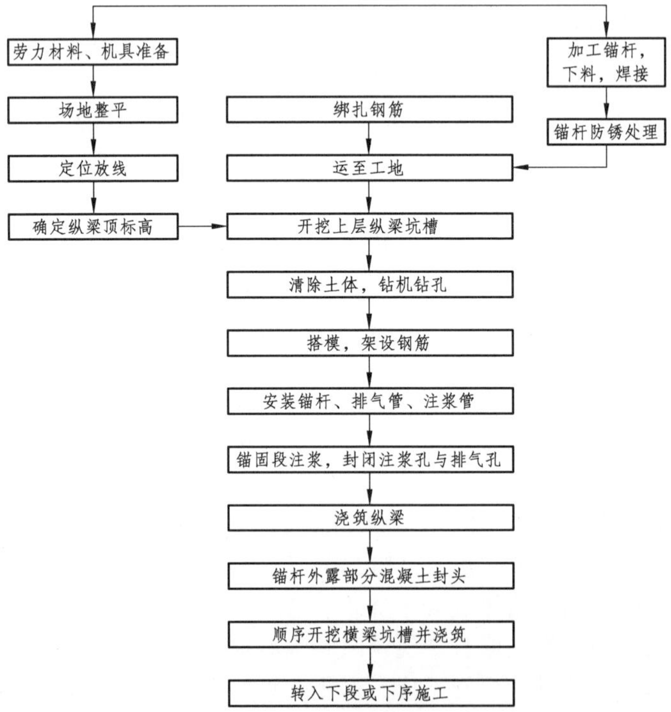

图 4-2-6　框架梁锚杆施工工艺流程

5. 预应力锚索

预应力锚索适用于构造发育的岩质路堑高边坡、顺层及滑坡地段、软硬质岩互层路堑高边坡地段等边坡加固工程。当坡面为强度高且较完整的岩质边坡时，设锚墩锚固；当坡面为土质或风化岩层时，锚索配合锚梁、方格形或十字形框架梁使用。锚索采用 3 ~ 5 根 $\Phi^{j}15.24$ 钢铰线（$R_b = 1\,860$ MPa），张拉控制应力 930 MPa。

施工前应先进行预应力锚索拉拔试验。按设计锚索的 3%进行破坏性拉拔试验，确定锚索可能承受的最大拉力、锚固工程的安全及所采用参数是否正确。通过试验以便取得岩层与砂浆锚固体间的极限抗拔强度，调整锚固段的长度。

锚固段注浆是锚索施工的关键工序，注浆采用一次孔底返浆法，即将注浆管插入距孔底 30 ~ 50 cm 处，用 HZS-50 型注浆泵将砂浆注入孔底，由锚索孔口排出空气。注浆结束前稳定 5 ~ 10 min。浆体采用 M40 水泥砂浆，必要时加入适量无腐蚀性膨胀剂。

锚索张拉采用 100 t 千斤顶，张拉时按设计应力的 25%、50%、75%、100%、110%五个数量级进行，前四级每级稳定 2 ~ 5 min，最后一级超张拉稳定 20 ~ 30 min。为克服地层徐变等因素造成的预应力损失，整个一段工点锚索施工完毕后（第一次张拉锁定后 30 d 左右），进行一次全面补偿张拉，检查合格后进行最后锁定后，即可进行封锚。

第十一节　路基沉降控制与评价

为确保轨道的铺设质量及运营安全，满足轨道平顺性要求，路基铺轨前应对路基变形做系统评估。通过对沉降数据进行系统综合的分析评估，验证或调整设计措施，使路基达到规定的变形控制要求。

一、路基沉降变形观测技术

1. 观测点位布置

（1）路基沉降及稳定监测剖面布置：采用沉降板对路基基底沉降进行观测，采用观测桩对路基面处的沉降进行观测，按照路堤、路堑不同结构形式和基底是否有压缩层，主要分为以下几种形式：

① 当路基基底有压缩层时采用 A 型沉降监测断面（图 4-2-7）。

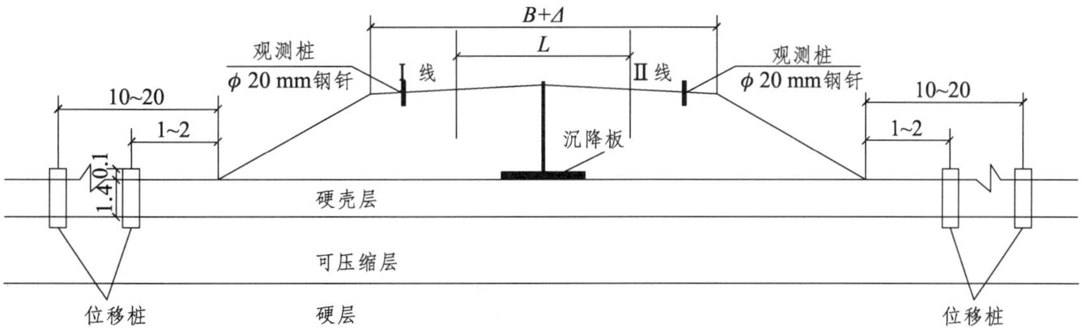

图 4-2-7　A：填方地段基底有压缩层（单位：m）

A 型沉降监测断面元件组成：在路基面的中心设置一个沉降板，路基两侧路肩分别各设置 1 根沉降监测桩；并于两侧坡脚外 2 ~ 10 m 处埋设位移边桩，位移边桩仅于软土及松软土路基地段设置。

② 当路基基底无压缩层时采用 B 型沉降监测断面（图 4-2-8）。

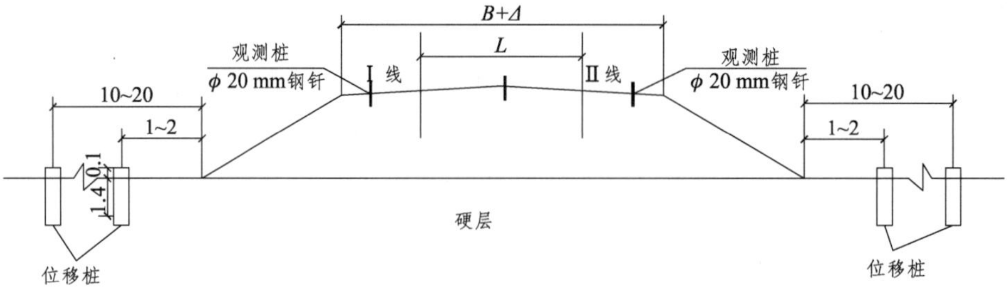

图 4-2-8 B：填方地段基底无压缩层（单位：m）

B 型沉降监测断面元件组成：在路基面的中心及两侧路肩各设置 1 根沉降监测桩。

③ 当路堑基底无压缩层时采用 C 型沉降监测断面（图 4-2-9）。

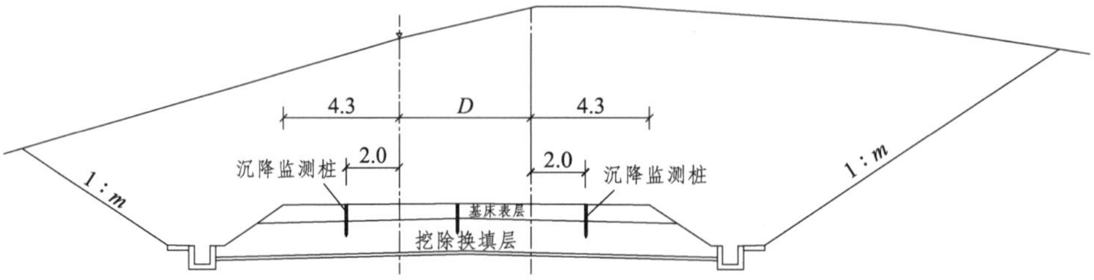

图 4-2-9 C：挖方地段基底无压缩层（单位：cm）

C 型路基沉降监测断面元件组成：分别在路基面的中心及两侧路肩各设置 1 根沉降监测桩。

④ 当路堑基底有压缩层时采用 D 型沉降监测断面（图 4-2-10）。

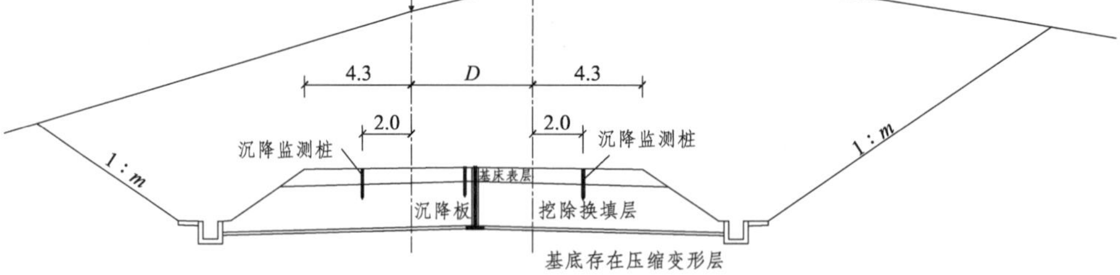

图 4-2-10 D：挖方地段基底有压缩层（单位：m）

D 型沉降监测断面元件组成：在路基面的中心及两侧路肩各设置 1 根沉降监测桩，在路基面的中心处换填基底埋设 1 块沉降板。

⑤ 地基中心深层沉降监测断面（图 4-2-11）。

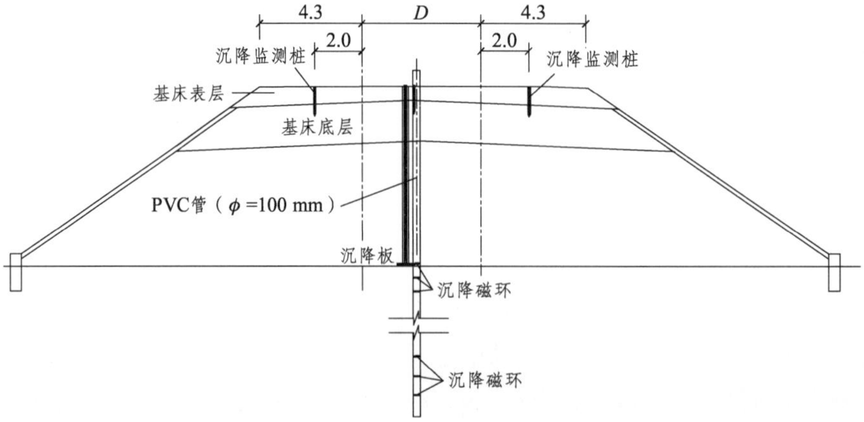

图 4-2-11 E：深层沉降观测观测断面（单位：m）

对于地基深厚且地基处理未达非压缩层顶面的长大路基工点，在地表沉降板附近 5 m 范围内，设置沉降磁环对不同深度进行沉降观测。一般沿线纵向每 300 m 设一处，桥路过渡段设一处。

（2）路堑高边坡监测观测点布置：路堑高边坡监测根据地质条件及工程实践经验，主要针对以下地质条件、边坡高度设置边坡位移、应力状态的监测系统。

① 滑坡、堆积体等不良地质边坡。

② 膨胀土质路堑边坡高度≥12 m，一般土质及全风化层路堑边坡高度≥25 m，一般软岩质及软硬互有层路堑边坡高度≥30 m，硬质岩路堑边坡≥45 m。

③ 顺层边坡或受构造影响不利结构面发育的边坡，边坡高度≥30 m。

凡满足以上条件者，各工点根据具体工程的实际情况，选择代表性断面进行变形监测，每个工点应有不少于 2 个边坡位移监测断面。

（3）主要监测方法和类型：

① 边坡地表位移监测（Ⅰ型）：建立位移监测网，边坡或滑坡沿线路纵向每隔 30 ~ 50 m 设置监测断面，每个监测断面分别位于路堑边坡的路肩、桩（墙）顶平台、边坡平台、堑顶，以及堑顶外 5.0 m、10 m 设置观测桩。各工点分别于可能破坏的范围外 30 m 设照准点和置镜点。采用经纬仪或全站仪测量，监测边坡状态，指导施工。

② 深部表位移监测（Ⅱ型）：对滑坡、堆积体等不良地质边坡和地质、软质岩路堑高边坡进行深部位移变形监测；边坡成型后在边坡平台钻孔埋置（竖直孔，孔深应至稳定层一定深度内），安装智能码多点位移计，测出岩土层内水平位移和变形。每个工点应不少于两个监测断面，每个监测断面设 1 ~ 2 个监测孔。

2. 观测元件的埋设及安装

（1）沉降观测桩（点）埋设：在一般路基填筑至基床表层顶面，加载预压路堤填筑到基床底层顶面后，埋设沉降观测桩（点）。路基面两侧观测桩一般设在距左右线路中心 3.2 m 处。观测点钢筋头为半球形，埋深不小于 0.3 m，高出埋设表面 5 mm，表面做好防锈处理。完成埋设后测量桩顶标高作为初始读数。

（2）沉降板：由底板、金属测杆（ϕ40 镀锌铁管）及保护套管（ϕ80 mm PVC 管）组成。钢筋混凝土底板尺寸为 50 cm × 50 cm，厚 3 cm，钢底板尺寸为 30 × 30 cm，厚 0.8 cm。

（3）位移边桩：位移边桩采用打入埋设或开挖埋设，埋设深度 0.9 m，桩周上部 0.3 m 用混凝土浇注固定，完成埋设后用全站仪测量边桩距基桩的距离（坐标）作为初始读数。

3. 观测技术要求

（1）从路基填土开始，沉降观测也随即进行。预压地段按照相关要求在基床底层顶面设置临时沉降板，预压土卸载后，再按照相关要求埋设正式的沉降观测桩，开始观测路基面沉降。沉降板随着路基的填筑而接高，观测连续进行。

（2）沉降设备的埋设是在施工过程中进行的，施工单位的填筑施工要与设备的埋设做好协调，做到互不干扰、影响。观测设施的埋设及沉降观测工作应按要求进行，不能影响路基填筑质量。

（3）路基填筑过程中应及时整理路堤中心沉降观测点的沉降与边桩的位移量，当中心的基处沉降观测点沉降量大于 10 mm/d 或边桩水平位移大于 5 mm/d、竖向位移大于 10 mm/d 时，应及时通知项目部，并要求停止填筑施工，待沉降稳定后再恢复填土，必要时采用卸载措施。

（4）观测精度要求：沉降变形的水准测量精度为 ± 1 mm，读数取位至 0.1 mm；剖面沉降管的测量精度为 8 mm/30 m，灵敏度为 0.01 mm；单点沉降计观测精度为测量值的 1%，灵敏度为 0.05 mm，量程 20 cm。

（5）观测水准路线。

路基水准路线观测按国家二等水准测量精度要求形成附合水准路线，沉降观测点位布设及水准路线观测示意见图 4-2-12。

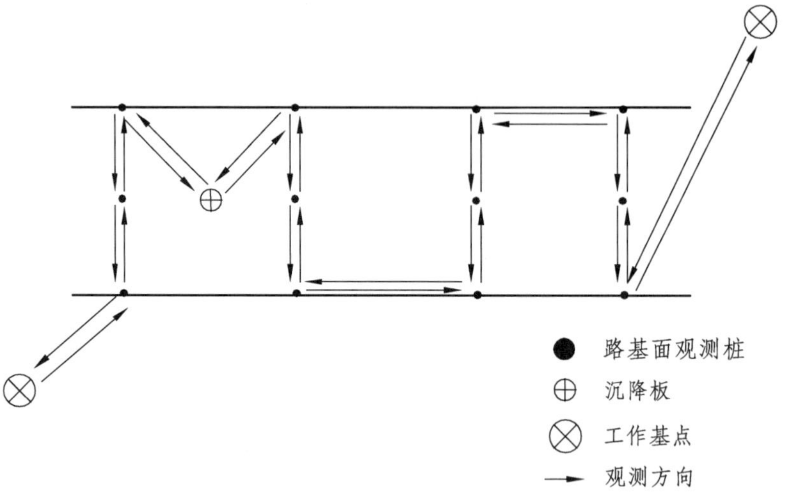

图 4-2-12　沉降观测点位布设及水准路线观测示意

二、路基沉降评估

1. 沉降评估的预测

路基沉降预测应采用曲线回归法，有砟轨道铺设条件的评估判定标准应满足以下要求：

（1）根据路基填筑完成或堆载预压后不少于 3 个月的实际观测数据作多种曲线的回归分析，确定沉降变形的趋势，曲线回归的相关系数不应低于 0.92。

（2）沉降预测的可靠性应验证，间隔不少于 3 个月的两次预测最终沉降的差值不应大于 8 mm。

2. 沉降的判定标准

路基沉降的评估应结合路基各观测断面以及相邻桥涵的沉降预测情况进行，沉降评估所得的工后沉降值应满足工后沉降值评估标准表的要求，否则应继续观测或者采取必要的控制沉降的措施。

第十二节　新工艺、新工法、新装备、新材料的应用及效果

渝黔铁路使用了一种保护桩头钢筋的干封混凝土桩基，包括承台、钢筋笼和包裹钢筋笼的桩身砼。其中钢筋笼包括柱底钢筋和桩头钢筋，桩底钢筋包裹于桩身砼内，桩头钢筋露出桩身砼外，承台包裹桩身砼的顶部，承台的顶面高于桩头钢筋的顶面。

一、施工方法

干封混凝土桩基的施工方法如下：

（1）形成柱孔后，清除桩孔底部沉渣，用土工材料包裹绑扎钢筋笼顶部的桩头钢筋和声测管，下放钢筋笼。

（2）浇筑混凝土直至达到柱顶标高处，形成桩身砼，在桩头钢筋内安装倒置的喇叭形护筒，桩孔的孔壁与护筒之间抄垫固定。

（3）在桩孔的孔壁和护筒之间浇筑低强度等级混凝土，在桩身砼的顶部形成环状且中孔为倒置圆台的桩顶砼，在混凝土终凝前取出护筒。

（4）最后开挖承台基坑，并切割去除桩顶砼，修整桩头钢筋，构建承台，桩基施工完毕。

二、方法特征

（1）所述土工材料为泡棉、土工布。

（2）所述护筒的高度比柱头钢筋的高度高 3 ~ 5 cm，护筒的大口外径比钢筋笼内径小 3 ~ 5 cm，护筒的小口外径比钢筋笼内径小 8 ~ 10 cm。

（3）去除桩顶砼首先采用双层环切法切割高出承台底标高的桩顶砼。具体是在柱顶砼侧面上与承台底标高齐平的位置以及向上 20 cm 处画双层标记线，用切割机沿标记线环向切缝，切深至比桩顶砼保护层厚度小 2 cm 的地方，凿除切缝间的柱顶砼；然后风镐配合剥离柱顶砼与桩头钢筋；最后取走剩余的桩顶砼。

第三章 桥涵工程施工

第一节 基础施工

渝黔铁路桥梁基础主要有桩基础、明挖基础两种，以桩基础为主，部分地质、地形条件下墩台采用了明挖基础。桩基础采用钻孔灌注桩，分旱地钻孔桩基础施工、水中钻孔桩基础施工以及人工挖孔桩施工。在岩溶地区，不同的地质情况选用了明挖基础和桩基础。本节主要介绍钻孔桩、沉入桩、明挖基础及桩基承台的施工技术。

一、旱地钻孔桩施工

本标段内邻近河流或在浅水区段的孔桩，地下水位高且地下水丰富区段的孔桩采用钻孔桩施工。钻孔桩施工前，对原地面进行平整，并用洞渣填筑后夯实，再进行钻孔施工。

根据桥址地质情况，钻孔桩采用冲击钻成孔为主，部分钻孔桩采用冲击钻配合旋转钻成孔，钻进中严格控制泥浆比重，成孔后采用换浆法清孔。严格控制孔内沉渣厚度、空孔时间、水下混凝土灌注速度和灌注连续性，确保成桩质量。混凝土在拌和站集中拌制，混凝土输送车运输，导管法灌注水下混凝土。钻孔桩施工工艺流程如图 4-3-1。

二、水中钻孔桩施工

水中钻孔桩采用编织袋筑岛围堰施工，围堰填筑采用编织袋装松散的黏性土，装土量为袋容量的 1/2 或 2/3，袋口用细铁丝缝合并配合片石铅丝笼在河心滩堆码围堰。施工时要求土袋平放，上下左右互相错缝整齐堆码。

水中堆码土袋可用一对带钩的杆子钩送就位，土袋堆码至一定高度或出水面后，即可沿编织袋四周填一周黏土、夯实，然后填筑黏土心墙。待内外圈土袋及心墙填充完毕后，用翻斗车倾倒砂土围堰填心。填筑一定高度后，用推土机进行摊平压实，直至填到设计岛面标高。基坑开挖按明挖法施工，如遇地下水位较高地段，视基坑渗水快慢选用汇水井、井点降水开挖。基础围堰筑岛及集中排水方案见图 4-3-2。

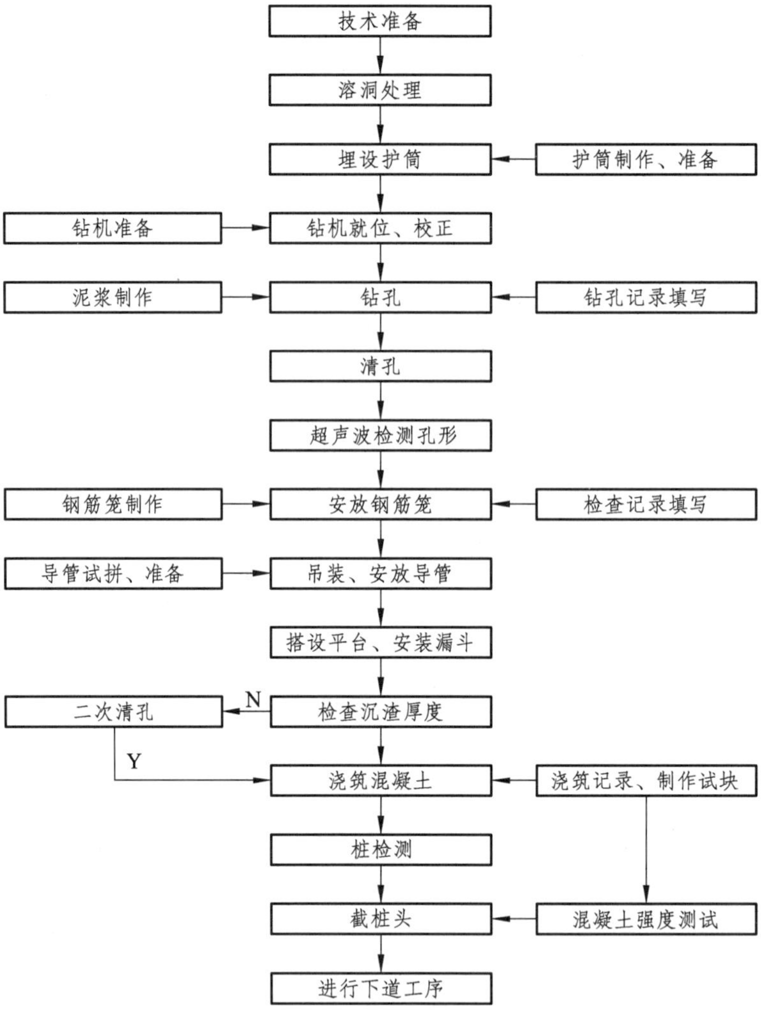

图 4-3-1　钻孔桩施工工艺流程

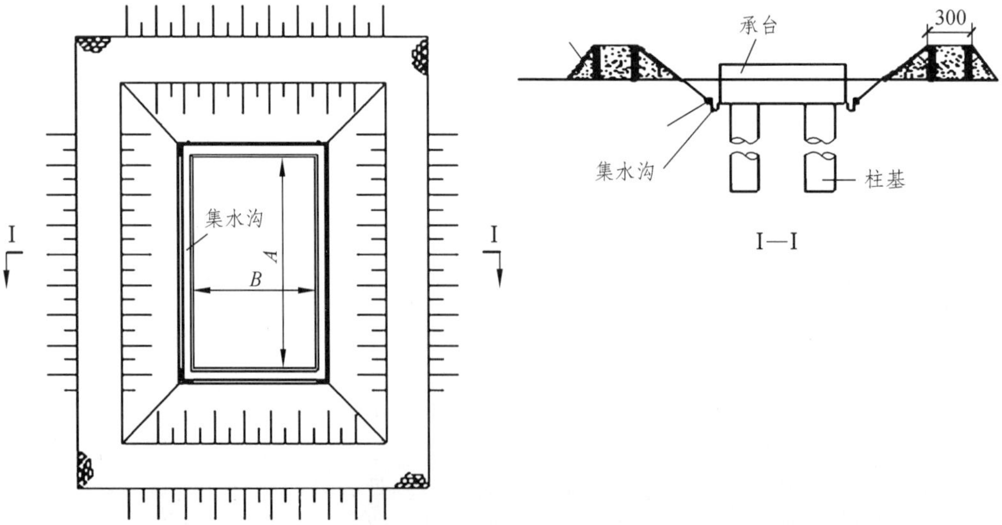

图 4-3-2　基础围堰筑岛及集中排水方案（单位：cm）

三、挖孔桩施工

挖孔桩采用人工开挖，小型卷扬机起吊，分节开挖及灌注钢筋混凝土护壁成孔。施工中根据地质情况按 0.5 ~ 1.0 m 循环进尺进行施工，护壁混凝土采用现场自拌。桩身钢筋笼在加工房加工成型，用汽车吊分段起吊放入孔内。挖孔桩桩芯混凝土全部采用拌和站集中拌和，串筒法灌注。

（1）平整挖孔桩施工场地，布设挖孔桩桩位测量控制点，并编制桩位编号及坐标表，经复核无误后现场测放桩中心点，在桩位四周引测桩中心控制护桩。

（2）由人工逐层用镐、锹进行开挖。挖土顺序为先中间，后周边，第一节桩孔开挖完成后，进行护壁钢筋混凝土施工。挖孔遇到坚硬岩石时，采取爆破掘进。

（3）于孔口安装半圆形防护罩，安设垂直提升架、起重卷扬机、活底吊土桶及排水、通风、照明等设施，并检查其安全性能。

（4）开挖土石方由小型卷扬机配吊土桶起吊出孔外。采用分节开挖及灌注护壁混凝土成孔，护壁混凝土需振捣密实，防止渗漏水。挖孔桩通过砂层等不良地层时，采用 0.3 ~ 0.5 m 短进尺、加厚护壁、增加护壁钢筋、护壁主筋超前或采用插打钢护筒等措施通过。

（5）为保证护壁稳定性及整体性，护壁分节灌注成形时节与节之间要保证设计要求搭接长度并预留连接钢筋，钢筋通过绑扎连接。接头搭接时先进行凿毛处理，下节护壁灌注时，在接头处加强振捣，以确保接头连接质量，增强整体性和封水性能。

四、承台施工

承台基坑采用人工配合挖掘机放坡开挖，人工清底、凿除桩头。受条件限制时先支护再开挖。山坡上桥基础严格按照先下后上的顺序施工，下坡方向的桥墩基础施工完成后，才能开始上坡方向桥墩基础的施工。

钢筋在加工车间加工，平板车运到现场，基底检查合格后，精确放样定位，现场绑扎。承台模板采用厂制大块钢模，面板厚 6 mm，外壁加竖、横向加劲肋，分 4 ~ 6 块在现场拼装，螺栓联结。承台模板支撑方式为外加固，支撑点放置在基坑和支护模板内侧。承台混凝土按大体积混凝土施工工艺进行，其拌和、运输、浇筑、养护等均按高性能混凝土的标准要求进行。承台砼拆模后，基坑及时分层回填夯实。为了减小混凝土表面温度裂纹，承台混凝土采用连续斜面薄层推移式浇筑方法浇筑，每层厚度控制在 30 cm 以内，以充分利用混凝土层面散热。

五、明挖基础施工

基坑开挖尽量安排在枯水和少雨季节施工。先平整场地，挖掘机开挖加人工配合，采用组合钢模板或大块钢模板，砼集中拌和，由搅拌运输车运输、溜槽入模，插入式振动棒振捣。

（1）测量放样：复核基坑中心线、方向、高程，定出开挖范围，并按基坑四周地形，做好截排水沟防止地面水流入基坑。

（2）基坑开挖：针对地质情况和开挖深度定出开挖坡度及开挖范围，采用挖掘机开挖加人工配合。遇有水基坑时，设集水沟、集水坑，集中抽水排出。挖至接近设计标高时，保留 20 cm 厚的一层，待灌注砼前采用人工突击挖至设计高程，迅速检验后，随即进行基础施工。

（3）基底处理与检验：基坑达到设计标高后，严格按设计及规范要求进行基底处理与检验，并报监理工程师检验。

（4）灌注砼：安装模板及钢筋后，分层连续浇注砼，溜槽入坑，插入式振捣棒振捣，不漏捣和重捣。浇注完毕后，及时安插接茬钢筋，砼终凝后及时覆盖洒水养护，冬季施工做好保暖措施。

（5）基坑回填：拆模后，及时分层、对称、均匀回填基坑，并碾压密实。

第二节　墩台施工

本线桥墩一般采用实体矩形或圆端形墩。对墩高超过 30 m 的高墩宜采用相应的空心桥墩。站内多线桥也可根据股道布置及墩高等情况采用柱式墩；同时也可根据桥梁所处环境需要，采用与环境相协调的其他墩型。空心墩墩身外侧模板选用大块钢模板，内侧采用定型钢模板，脚手架支撑。本节重点介绍一般墩台施工以及高墩翻模施工工艺。

一、一般墩台身施工

1. 施工工艺流程

墩身施工工艺流程见图 4-3-3。

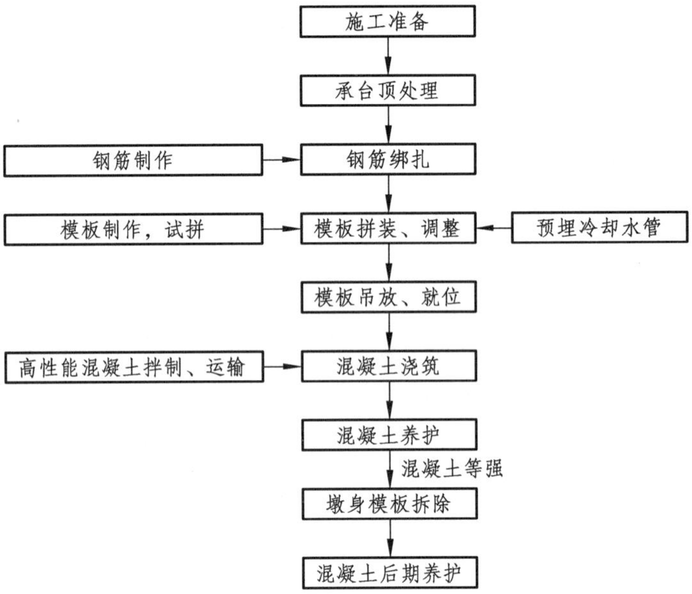

图 4-3-3　墩身施工工艺流程

2. 模板工程

承台混凝土浇筑前，依据墩身模板结构尺寸在承台上预埋型钢铁件。墩台模板采用厂制定型无拉杆钢模，并由汽车运输至墩位附近，现场拼装成整体，安装桁架支撑，采用汽车吊整体吊装就位，与承台预埋型钢连接固定。模板整体拼装时要求错台<1 mm，拼缝<1 mm。安装时，用缆风绳将钢模板固定，利用经纬仪校正钢模板两垂直方向倾斜度。

3. 钢筋制作安装

钢筋在加工车间按设计图纸集中下料、分型号、规格堆码、编号，平板车运到现场，在钢筋骨架定位模具上绑扎，墩身钢筋要一次绑扎成型，其质量应符合相关规定。

结构主筋接头采用直筒螺纹连接，主筋与箍筋之间采用扎丝进行绑扎。绑扎或焊接的钢筋网和钢筋骨架不得有变形、松脱现象，钢筋位置的偏差不得超过相关要求。混凝土垫块采用高聚酯 UPVC 垫块。

4. 混凝土浇筑

桥墩台均采用高性能耐久性混凝土，为防止混凝土拌和物性能指标下降，全部采用混凝土运输罐车运输；当墩身高度较低时，采用吊车吊装混凝土灌注；当墩身高度较高时，采用泵送入模。混凝土应分层浇筑，连续进行，插入振捣器振捣。

墩身施工示意见图 4-3-4。

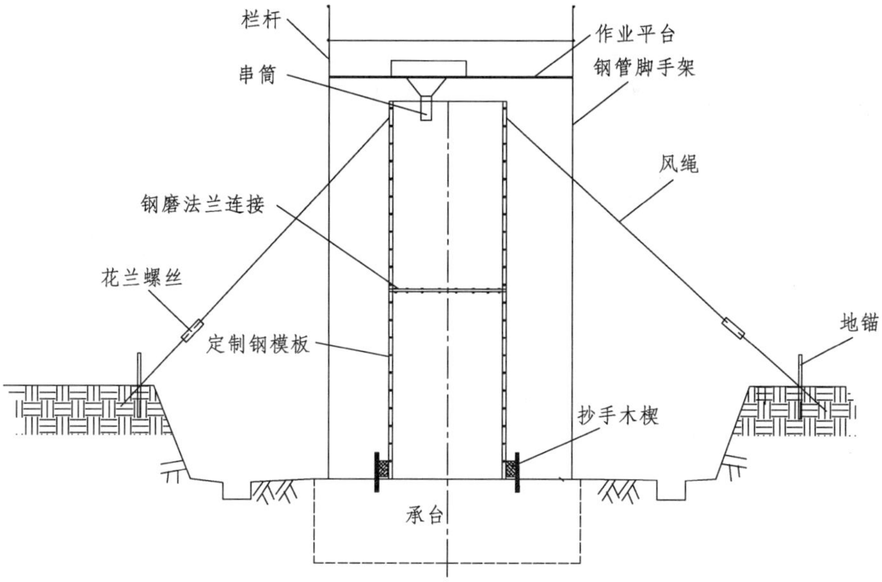

图 4-3-4　墩身施工示意

5. 混凝土养护

根据施工对象、环境、水泥品种、外加剂以及混凝土性能的不同提出具体的养护方案，各类混凝土结构的养护措施及养护时间遵守《铁路混凝土技术条件》的规定。

当新浇结构物与流动水接触时，采取防水措施，保证混凝土在规定的养护期之内不受水的冲刷。拆模后的混凝土立即使用保温保湿的无纺土工布覆盖，外贴隔水塑料薄膜，使用自动喷水系统和喷雾器，不间断养护，避免形成干湿循环，养护时间不少于 7 d 后，拆除养生毯，再用塑料薄膜紧密覆盖，保湿养护 14 d 以上。

养护期间混凝土强度未达到规定强度之前，不得承受外荷载。当混凝土强度满足拆模要求，且芯部混凝土与表层混凝土之间的温差、表层混凝土与环境之间的温差均≤20 °C 时，方可拆模。

6. 混凝土温度测量和控制

本工程混凝土测温工作分为混凝土拌和物的测温、混凝土施工测温、养护期测温。

养护阶段通过内部降温或外部升温、保温、提高养生水温等措施，使混凝土核心温度、表面温度、外界温度差值控制在规定的范围内。大体积混凝土尚应避免水化热产生过大的内外温差。实施过程中，根据实测混凝土芯部温度，确定参数，调整冷却水管的水平布设间距、竖向间距及管内流速，确保混凝土芯部温度控制在规定的范围内。

7. 施工缝处理

施工缝处理按《铁路桥涵施工规范》等相关规定进行，当施工缝处于水平状时，浇筑上层混凝土前首先浇筑 50 ~ 100 mm 厚的水泥砂浆，以提高接缝处混凝土的密实性。

二、高墩翻模施工

1. 墩身翻模施工

外模分上、下两节，每节高 4.5 m。均在厂内统一加工，验收合格后投入施工。

2. 模板位置调整

当大块模板组拼成形后，所有螺栓不要拧紧，留出少量活动余地，以便用倒链进行模板的调整。模板之间的缝隙塞有海绵条，因而不会漏浆。

3. 拆　模

拆模时用手拉葫芦将下面一节模板与上面一节模板上下挂紧，同时另设两条钢丝绳栓在上下节模板之间。拆除左右和上面的连接螺栓，下节模板脱落。脱模后使拆下的模板由钢丝绳挂在上节的模板上，然后逐个将四周各模板拆卸并悬挂于上节模板上。

4. 砼施工工艺

砼的垂直运输采用输送泵送到位。

由于运送高度较高，故要求砼既要保持较大的流动性又要达到设计强度。因此对各种水泥、外加剂及配合比应进行多次试验，并依泵送情况随时调整。

5. 高墩施工中的测量控制

测量控制方法要与施工方法密切配合，不但要求测量定位快、准，而且指导模板调整的方法要直观和迅速。

（1）墩身施工对测量控制的技术要求见表 4-3-1。

表 4-3-1　墩身测量控制技术要求

项　目	检　查　项　目	规定值或允许偏差
平面定位	施工的墩身中心线与设计的位置偏差度	墩身高的 0.3%，且不大于 20 mm
	墩身中心线与桥轴线	平行及垂直
	控制墩身断面尺寸	± 15 mm
高程定位	墩顶高程	± 10 mm

（2）建立墩身施工控制网：为了控制本项目墩身施工的位置，保证墩身之间的横向距离和纵向跨径符合设计要求，应事先建立控制范围包括全桥在内的首级平面和高程控制网，作为墩身施工的绝对基准。此外，首级控制网还可作为墩身和系梁沉降变形监测的基准网。

（3）墩身施工测量控制分为铅垂线控制法以及全站仪极坐标控制法。

第三节　T 型简支梁的制运架

本工程 T 梁预制数量较大，且外观质量要求高，T 梁的预制、运输、架设施工技术难度大、技术复杂，与其他土建工程在进度和工序上的协调组织也是本工程的难点。本节主要以渝黔土建 YQZQ-3 标为例，总结钢筋混凝土 T 型简支梁的制作、运输与架设技术。

一、T 梁预制施工工艺及方法

（一）T 梁预制施工工艺流程

T 梁预制工艺流程见图 4-3-5。

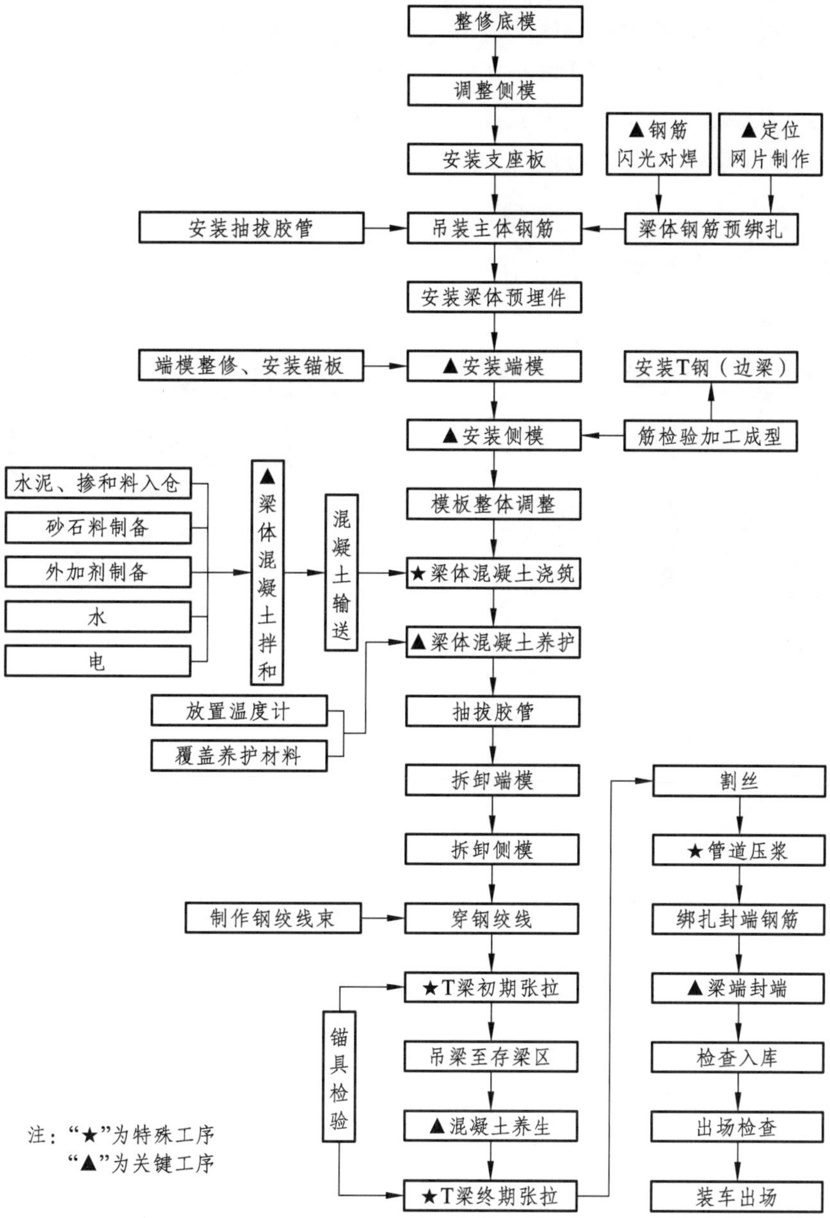

图 4-3-5　T 梁预制施工工艺流程

（二）钢筋施工

1. 钢筋下料

钢筋下料是根据生产的预制 T 梁配筋图，分别计算各个型号实际钢筋下料长度，然后根据生产任务进行原材切割。

2. 钢筋加工

梁场采用 GW40B 型钢筋弯曲机进行梁体各部位二级钢筋的弯曲工作，采用 WG12B-1 型数控自动弯箍机进行一级钢筋的弯曲工作。

3. 钢筋对焊

钢筋的连接采用闪光对焊，为质量控制要点。闪光对焊是将两根钢筋安放成对接形式，利用焊接电流通过两钢筋接触点产生的电阻热，使金属熔化产生飞溅，形成闪光，迅速施加顶锻力完成的一种压焊方法，是电阻焊的一种，焊接工艺符合《钢筋焊接及验收规程》。

本梁场采用二台对焊机，采用连续闪光焊，焊接参数包括闪光留量、闪光速度、顶锻留量、顶锻速度、顶锻压力、调伸长度及变压器级次等。

4. 钢筋绑扎

为了保证钢筋绑扎精度，加快进度，梁体钢筋和桥面板钢筋在绑扎胎具上整体绑扎成型（图 4-3-6、图 4-3-7），然后一次吊装入模。

图 4-3-6　腹板钢筋绑扎胎具

图 4-3-7　T 梁面板钢筋整体绑扎胎具

5. 预应力管道成型

预应力孔道采用橡胶抽拔管成型，钢筋骨架绑扎的同时安装橡胶抽拔管。

6. 钢筋吊装

钢筋骨架吊装采用专用吊架利用 2×16 t 龙门吊吊装完成。吊架采用桁架形式，选用角钢和工字钢，具有足够的强度和刚度，以保证在吊运过程中不会发生变形及扭曲。

梁体钢筋骨架吊装作业派专人指挥，吊装作业前，对吊装设备进行全面检查、检修，确保吊装作业安全顺利。用多点起吊，吊点间距不大于 2.5 m，均匀分布，吊点处不能使梁体主筋单独受力，必须在钢筋内穿入辅助杆件，然后将吊钩钩在辅助杆件上起吊，以免使钢筋产生超过标准要求的变形。钢筋骨架分两部分吊装，即梁体和桥面筋。钢筋骨架在钢筋绑扎台座上绑扎成型后，全面检查钢筋的尺寸和垫块的绑扎情况。满足要求后，先将梁体钢筋骨架吊到底模台座上并进行调整，然后支侧模，最后再将桥面钢筋吊装并安装调整。

（三）模板工程

1. 模板设计

T 梁模板由底模、侧模、端模组成，设计结构为侧模包端模、侧模包底模、底模托端模。

底模板：在制梁台座的条形上铺设，在底模距梁端 1.5 m 位置设置 2 处活动节，方便提梁，底模按二次抛物线预设反拱。

侧模板：侧模板采用分段制造，每 4 m 一节，进场后进行整体拼装。模板中心断面见图 4-3-8。制造要求如下：模板接缝处应严密，焊缝采用熔透焊，焊缝打磨平整，预留工地整拼的接缝须采用刨边对接，预拼后对接缝不大于 2 mm，错台不大于 1 mm，板面不平整度不大于 2 mm/1 m。

端模板：端模面板厚 12 mm，端模为整体模板，用螺栓与侧模板连接，与侧模、底模间的间隙用橡胶条填充。

2. 模板安装

底模安装：考虑预施应力时梁体的弹性压缩及混凝土的徐变，使梁长缩短，制造底模时的长度要比梁长设计尺寸加大，32 m T 梁需要加长 36 mm 的预留压缩量。底模安装从中部向两端进行，根据预留反拱值设置反拱，32 m T 梁预设反拱 42 mm，支座板安装有紧固限位装置。

端模安装：端模板进场后应对其进行全面的检查，保证其预留孔位置及锚口角度准确。安装完锚垫板后，利用龙门吊提起并安装端模。

侧模安装：侧模进场后将单侧各分块模板进行整拼，接缝严密，整体平整。侧模安装手摇棘轮器，当两头端模就位后，工人操纵模板下部的 5 个手摇棘轮器整体拉进，拧紧底部对拉拉杆，再用侧面螺旋丝杆调整垂直度。

模板拆除：梁体混凝土强度不低于 30 MPa，且能保证构件棱角完整，连接板根部、隔墙根部及梁面板腋部不开裂时进行拆模。混凝土采用蒸汽养护时，撤除保温设施后至拆模的时间间隔不少于 2 h，以防止梁体混凝土产生早期裂缝。

人工控制模板的配套液压系统进行拆模，程序运行与模板安装时相反，5 个手摇棘轮器同时拉动底模，借相互的拉力将两侧模板撑开，侧模板整体在下部的滑道上运行。

（四）混凝土工程

1. 混凝土配制和搅拌

T 梁主体强度等级为 C55 高性能混凝土，采用搅拌站集中拌制而成。配制混凝土拌和物时，水、水泥、掺合料、外加剂的称量误差精确到 ±1%，粗、细骨料的称量误差精确到 ±2%（均以质量计）。混凝土搅拌和浇筑速度应密切配合，拌制应服从浇筑，以免浇筑工作停顿而使机内混凝土积压。

混凝土入模前，首先测量模板的温度，控制模板的温度在 5 ~ 35 °C，混凝土出机温度 10 ~ 35 °C。在浇筑过程中采用专用设备测定混凝土的温度、坍落度、含气量、匀质性及泌水率等工作性能，只有拌和物符合设计及配合比要求的混凝土方可入模浇筑。

2. 混凝土运输

混凝土运输采用混凝土输送罐车运输。根据本梁场特定条件，混凝土运距按 0.1 km 计算，选用 3 台混凝土输送罐车，运输能力满足 3.5 h 浇筑时间要求。混凝土拌和物在混凝土罐车和料斗中不得滞留时限为 60 min。

3. 混凝土浇筑

（1）混凝土浇筑次序：梁体混凝土浇筑采用斜向分段、水平分层的方式连续进行，从一端向另一端浇筑。在将近另一端时，为避免梁端混凝土产生蜂窝、不密实等现象，改从另一端向反方向投料，并在距该端 6 ~ 8 m 处合龙。分段长度为 4 ~ 6 m，段与段之间的接缝，上、下层混凝土接缝相互错开，分层厚度控制在 300 mm，其工艺斜度为 30 ~ 45°之间，大小根据混凝土坍落度而定。在前一端混凝土初凝前开始浇筑下段混凝土，先后两层混凝土的间隔时间不多于 60 min，间断时间不多于 2 h。由于梁体马蹄部分钢筋较密，为保证质量，浇筑时先浇马蹄部分，后浇腹板。横隔板混凝土与腹板混凝土同时浇筑，浇筑时分段分层，平行作业。

（2）混凝土振捣：梁体混凝土振捣采用附着式振动器为主，插入式振捣棒为辅振捣方式。腹板、顶板混凝土先采用插入式振动棒振捣，然后采用附着式振动器振捣。

混凝土的输送、浇筑和振捣见图 4-3-8、图 4-3-9。

图 4-3-8　混凝土泵车输送

图 4-3-9　混凝土浇筑、振捣

（3）三个温度控制：

环境温度：当昼夜平均气温连续 3 d 低于 5 °C 或最低气温低于 – 3 °C 时，按照冬季施工进行安排。

混凝土温度：混凝土入模温度宜在 10 ~ 30 °C。冬季施工时，当环境温度在零度以上时混凝土入模温度不低于 5 °C，当环境温度为负温时，混凝土入模温度不低于 10 °C。

模板温度：混凝土浇筑时，模板温度在 5 ~ 35 °C。当模板温度低于 0 °C 时，启用蒸汽养护系统升温，当模板温度高于 40 °C 时，对模板外侧浇水降温。

4. 混凝土养护

为保证已浇筑的混凝土在规定龄期内达到设计强度，并防止产生收缩裂缝，必须做好养护工作。梁体养护为质量控制要点，本梁场养护采用自然养护。

（五）预应力张拉

预应力张拉为 T 梁质量控制的特殊工序，预应力张拉按初张拉和终张拉两个阶段进行。初张拉在梁体混凝土强度达到 33.5 MPa 以上和端模拆除后进行，初张拉后梁体方可移出台位；终张拉在梁体混凝土强度达到 58.5 MPa 及弹性模量达到 36 GPa，龄期不少于 14 d 时进行，在存梁台座上完成。

（六）压　浆

1. 封锚头

封锚头采用第三代封锚工具。将特制钢套管套在锚板外，待钢套管安装牢固后，在套管与锚板之间空隙用砂浆填充饱满。在钢套管外安装配套盖板，为保证密封，在两者之间夹压塑胶板。将盖板与套管对孔安装螺栓，加固使其成为一体，确保密封不漏气。

2. 搅拌工艺及浆体配合比流动度

搅拌前，必须清洗施工设备，不得有残渣。清理后，湿润施工设备，随后排除设备中多余的积水，使设备中无可见明水。并检查搅拌机的过滤网，在压浆料由搅拌机进入储料缸时，须经过过滤网，过滤网空格不得大于 3 mm × 3 mm。

浆体搅拌操作顺序为：首先在搅拌机中加入实际拌和水的 90%，开动搅拌机，均匀加入全部压浆剂，边加入边搅拌，然后均匀加入全部水泥。全部粉料加入后搅拌机，均匀搅拌 2 min；然后加入剩下的 10%的拌和水，继续搅拌 2 min。搅拌时间一般不低于 4 min。搅拌均匀后，检验搅拌罐内浆体流动度，其流动度在规定范围内即可通过过滤网进入储料罐。浆体在储料罐中继续搅拌，以保证浆体的流动性。压浆料出机流动度控制在（18 ± 4）s 以内，采用流动度测试仪进行检测，每 10 盘检测一次，并于每片梁做 3 组标养试件。

（七）封　端

1. 施工准备

管道压浆后，必须在 3 d 内进行梁体封端。封端前，将锚穴侧边的原梁体混凝土表面凿毛，凿毛深度不得小于 5 mm，间距不得大于 20 mm，凿毛面积≥75%。将锚垫板上的浮浆及油污全部清除，对锚具及锚圈与锚垫板之间的交接缝用聚氨酯防水涂料（直接涂刷型）进行防水处理。

2. 施工工艺

在锚穴内设置田字型钢筋网，利用原锚垫板螺孔拧入带钩的连接螺钉将钢筋网与锚垫板连接，网片要安装准确且保护层不得小于 35 mm。

混凝土的填充：混凝土采用支立模板填充，保证填塞密实，并用振捣棒捣固密实，不能有空洞、不饱满现象；封端混凝土要与梁端面平齐，封端混凝土各处与梁体混凝土的错台不超过 2 mm。如有塑性变形造成其与原混凝土之间有缝隙的现象，必须在混凝土未凝固前将其重新捣固于原混凝土之间达到密实效果。待填充混凝土硬化后在圆周上用聚氨酯防水涂料（直接涂刷型）涂刷，进行防水处理，圆周宽度 6 cm，厚度不小于 2 mm。

封端混凝土要有良好的养护条件，养护方法冬季采用覆盖保温，夏季拆模后即可覆盖土工布浇水养护，洒水养护 14 d 以上，以减少收缩，防止封端混凝土与梁体之间产生裂纹。

（八）存　梁

梁场采用双层存梁方式，存梁台座 202 个，存梁能力 323 片。

（1）双层存梁之前要检查底层梁是否已经进行终张拉，没有经终张拉的预制梁不得上层存梁。

（2）双层存梁前，测量人员提前对计划双层存梁的存梁台座下层两个支点进行初始测量，并做好记录，确保下部已存好的梁同一平面保持高差≤2 mm。

（3）下层梁存梁支点位置纵向距梁端 1.3 m，为保证双层存梁时下层梁体不受弯，上下层梁存放支点位置相同。

（4）存放上层梁时，应先在下层梁上标出上层梁的支点位置和用蓝色铅笔画出下层梁的中心线，以下层梁的支点及中心线的十字线为中心满铺一层约 $1\,300\text{ mm}\times500\text{ mm}$ 的砂子，并用水平尺找平；然后每个支点放置三根 $200\text{ mm}\times200\text{ mm}\times1\,200\text{ mm}$ 垫木（垫木用铁丝进行捆绑成整体），垫木中心线与下层梁中心线应重合，上层梁重心线与垫木中心（即下层梁中心）对齐，并在梁端部中心线设置线锤，随时观察上下层梁垂直度。

（5）龙门吊提出梁吊运至第一层梁上方，要求龙门吊司机在指挥人员的命令下联动操作同速下降使上层与下层梁中线对齐，然后龙门吊卷扬机开动，上层梁下落，待 T 梁落到下层梁的支撑垫木上方时，重新调整龙门吊，使上层梁与下层梁对齐，然后开始落梁。为减小对台座的冲击，落梁时，提梁机分三次卸载，第一次卸载 30%，静停 10 min；第二次再卸载 30%，又静停 10 min；第三次卸载 40%，再静停 10 min，至此卸载完毕。

（6）为了保证 T 梁存放不倾倒，提梁机完全卸载后，采用在 T 梁上翼缘根部加 $\phi150$ mm 的圆木支撑于下层梁，并用木楔将斜撑木打紧。

二、T 梁运架施工工艺及方法

本标段桥梁设计跨度为 24 m、32 m 两种，采用 DJ180 型架桥机架设，架桥机重要组成部分有：零号柱、一号柱、二号柱、三号柱、吊梁小车、曲梁、机臂、横移机构、横移轨道、液压及电气控制。可直接将桥梁横移就位，不需要墩台顶人工移梁作业，安全性能好，工作效率高。

（一）架桥机组装

1. 架桥机组装前准备

架桥机经长途运输或转场运输后，对以下事项进行检查：检查清点各构件、连接件、机电设备组成部分、电气元件及电缆数量是否符合，结构和机电元件是否完好无损；检查电缆是否安全、可靠；重新组装场地应平整压实，要求长 60 m、宽 20 m 的组装作业场地。

2. 架桥机组装顺序

主机臂连接；铺 1#、2#柱走行轨道，连接柱体与走行梁立于已铺设好的轨道上；用枕木支稳 1 号柱，穿横梁于曲梁中，安装曲梁上部油缸及接通 1#、2#等液压系统；吊装主机臂，将机臂上耳梁穿于 1#、2#曲梁平衡轮与压臂轮间，机臂后端外露 15 m 左右，前端用枕木垛让开 0#柱位置垫平；安装 0#柱；从机臂尾端吊装 1#、2#吊梁行车于机臂下耳梁；安装 3#柱于机臂尾部；安装尾部动力托架等；最后安装前后滑线架，挂线，连接各部电器和油路等。

（二）梁体倒装

梁体换装作业示意见图 4-3-10。

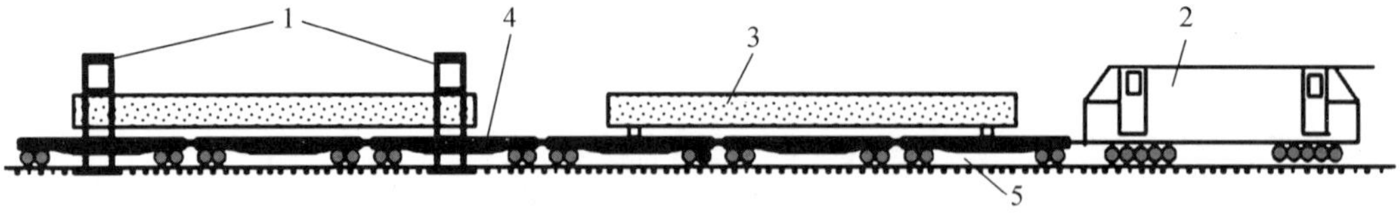

1—85 t 换装龙门吊；2—机车；3—桥梁；4—运梁平车；5—正线轨道。

第一步：机车顶送运梁平车进入换装龙门吊

1—载梁机动平车。

第二步：换装龙门吊捆吊桥梁，运梁平车退出龙门吊，机动平车进入龙门吊

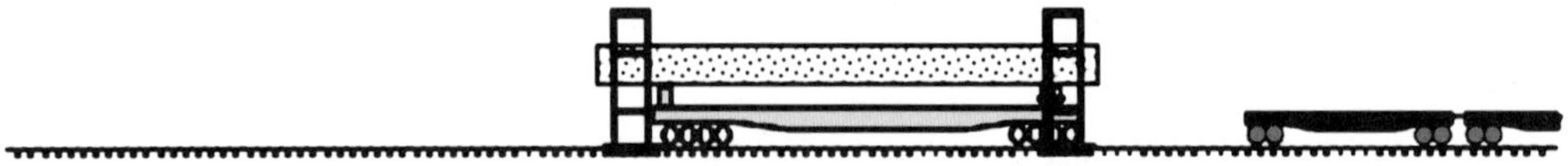

第三步：桥梁落在机动平车上并加固

第四步：机动平车把桥梁运往架梁工地

图 4-3-10　桥梁换装作业示意

梁列推送至距倒装龙门吊 20 m 处一度停车，调车员步行至倒装龙门吊，检查线路上是否有障碍，龙门吊处是否有超限界的物体阻挡，确认行车安全后，通知门吊操作人员及机车司机，准备进车。机车以不超过 2 km/h 的速度推送列车进入龙门吊下，门吊操作人员观察梁体上标示的吊装标线，当梁体进入两个门吊下，并且吊装标线对准门吊起重中心的时候，通知列车停车。

吊装人员将吊装索具穿过梁片，使用葫芦辅助拉索具至吊具钩锁处，将吊索安装到位并插上保护销。梁车支撑装置去除并放置安全后，前后 2 个门吊同时将 T 梁吊起至完全脱离转向架的位置，梁列退出龙门吊，原地等待。

机动平车由一度停车牌处出发，进入倒装龙门吊 T 梁下方对位，对位准确后接梁。利用平车上的支撑机构对梁体进行临时加固，加固完成后，去除索具鸣笛，将 T 梁运送至架桥机处。

（三）运　梁

（1）运梁台车在梁场停放后，采用梁场龙门吊或其他方式将梁片吊或移至运梁台车上方。

（2）运梁车装梁时，梁片重心应落在台车纵向中心线上，偏差不得超过 20 mm，在曲线上装梁时，可使梁片中心与台车纵向中心线略成斜交。

（3）梁片落在机动平车上时，梁前端应超出台车支承横梁 2 ~ 3 m，如施工条件限制，可按照规范利用其最大悬出位置，梁片与台车支承间应垫放硬杂木板或纤维层胶皮，以保护梁片砼。

（4）运梁台车运送梁片时，应在两台车上分别由专人护送，预防梁片支撑松动。

（5）运梁台车重载速度最高不得超过 7 km/h，并有专人负责操作。

（6）运梁轨道基础应坚实平整，不得有死弯、三角坑等，枕木排列间距应均匀，间距 0.6 m 且两轨间应有横联定位，以保证轨距准确，两轨应保持水平。

（四）架梁作业

运梁台车运梁至桥机尾部，用前吊梁行车吊起梁前吊点处，前吊梁行车与后运梁台车配合送梁前行，至后吊梁行车与梁后吊点可起吊处，后吊梁行车起吊梁。前后吊梁行车前行至落梁位置。行车落梁至离桥台面 100 ~ 200 mm，整机横移、架设相应梁片，边梁架设时，利用曲梁上横移油缸推动曲梁、机臂，在主横梁上横移 750 mm，达到架设边梁的目的。

1. 轨道支撑

在架设第一孔梁片和最后一孔梁片时均应对轨道支垫进行处理，以免压坏挡墙。架设第一孔梁时应处理二号柱轨道支垫，架设最后一孔梁时应处理一号柱轨道支垫。轨道支垫参考图 4-3-11。

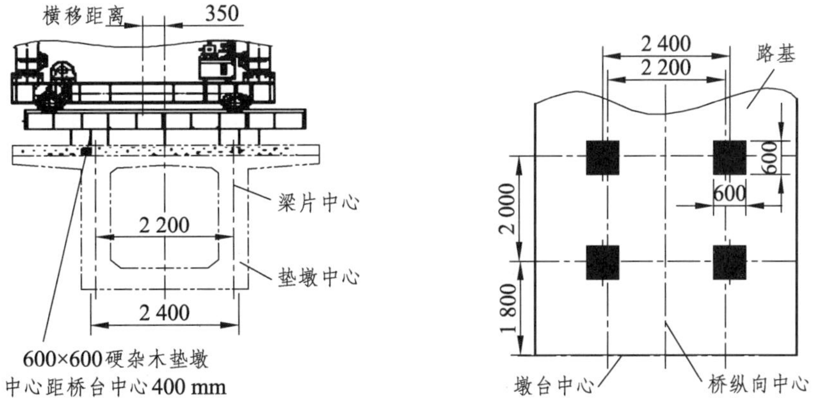

（a）二号轨道支垫　　（b）一号轨道支垫

图 4-3-11　轨道支垫

2. 架梁程序

（1）解除走行梁与横移轨道固定装置。运梁车将梁片运至前吊梁小车起吊位置停车。三号柱与桥面间隙 30 mm，挂千斤绳，支垫好梁片拐角处护瓦后起吊，见图 4-3-12。

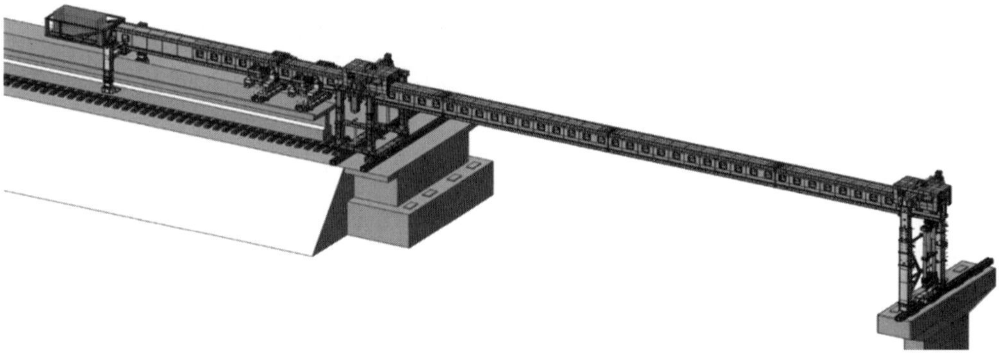

图 4-3-12　架梁流程示意（一）

（2）前吊梁小车和后运梁车同步前进，到后吊梁小车能够起吊梁片时停车。挂千斤绳，支垫好梁片拐角处护瓦后起吊，梁片水平后停止起升，见图 4-3-13。

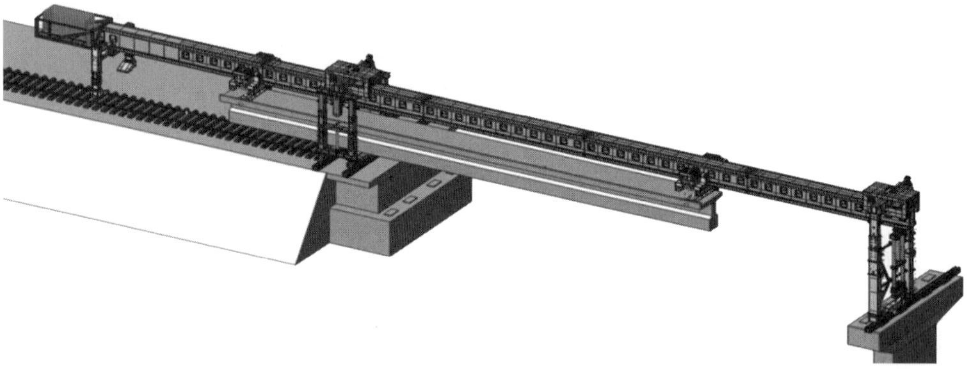

图 4-3-13　架梁流程示意（二）

（3）前、后吊梁小车同步前进，到达位置后停车，见图 4-3-14。

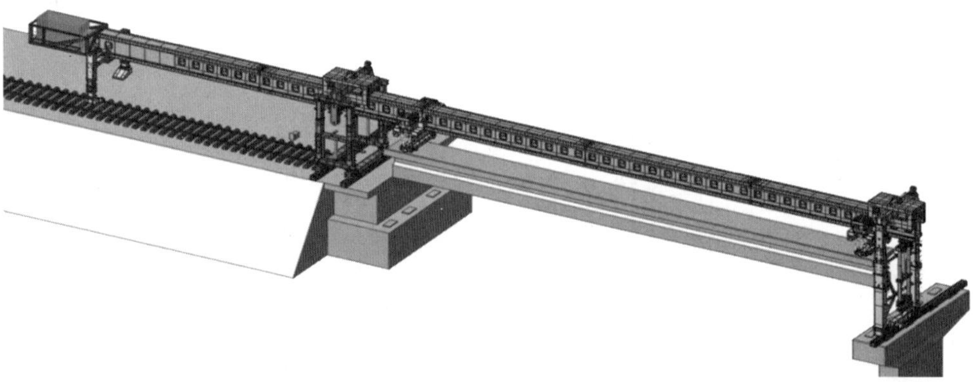

图 4-3-14　架梁流程示意（三）

（4）前、后吊梁小车同时下降。桥梁支座底面离垫梁石 100 ~ 200 mm 时停止下降。三号柱收缩高于轨面。整机横移，外侧车轮距垫梁石中心线 750 mm 时停车［图 4-3-15（a）］；启动横移机构泵站，机臂横移 750 mm 梁片到位［图 4-3-15（b）］。落梁就位，并支护好。

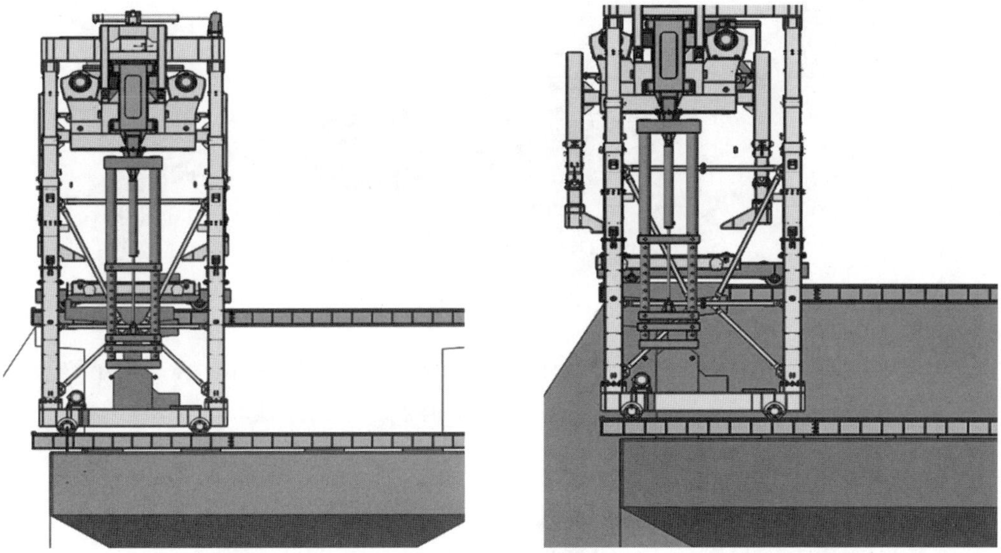

（a）整机横移　　　　　　　　　　　（b）机臂横移

图 4-3-15　架梁流程示意（四）

（5）重复（1）~（4）步骤进行另一片梁架设。不同之处在于梁片落到与已架梁片距离 100 ~ 200 mm 后横移到位再落梁就位。

（五）架桥机过孔

对已就位的梁片应立即连接 T 梁梁端及跨中横隔板，将两梁片连成整体。连接钢板需满焊，焊缝高度 8 mm。只有将三处横隔板满焊连接完成，并最少穿 4 根已上螺帽的预应力钢棒后，方可前移架桥机进行过孔。0 号柱过孔后进行水平抄平，1 号柱就位后进行水平抄平，大臂升起架桥机就位后进行水平抄平。过孔时所有不活动部件，如 3 号柱、1 号柱过孔后均使用 5 t 倒链与结构物拉紧。

1. 过　孔

过孔作业前应安排好各关键部位负责人员，按照制定好的过孔工序进行，听从统一指挥。在过孔过程中机臂水平度和柱体垂直度控制是关键点。

（1）前、后吊梁小车与曲梁穿销轴连接，解除曲梁与机臂销轴连接，见图 4-3-16。固定好一号柱固定装置。一号柱固定装置可通过拉杆上销孔调整长短和角度。

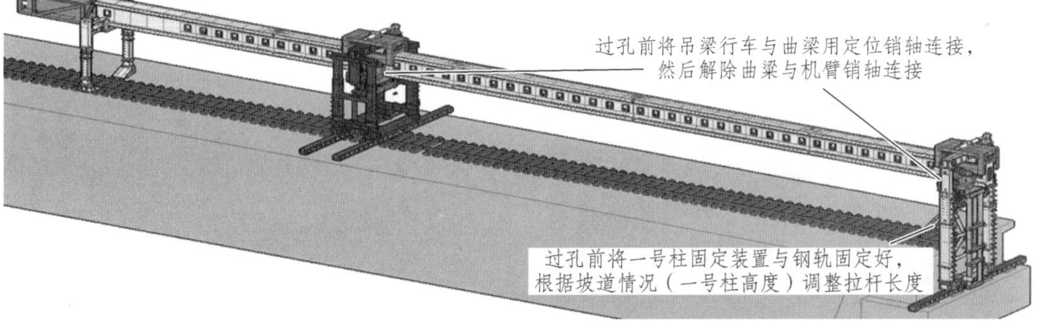

图 4-3-16　架桥机过孔示意（一）

（2）提三号柱，小车驱动机臂前移 14 m，见图 4-3-17。

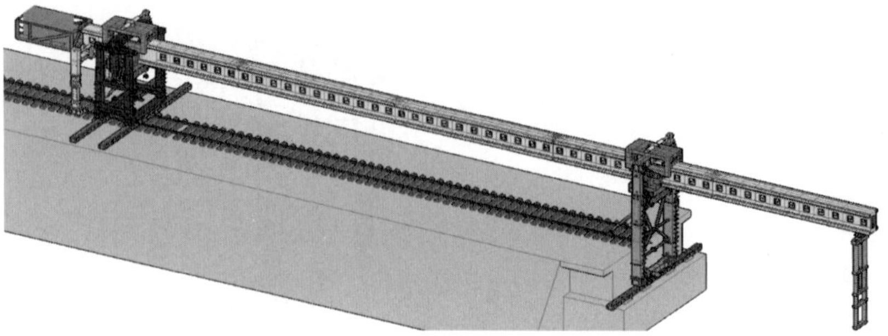

图 4-3-17　架桥机过孔示意（二）

（3）支三号柱，保持机臂水平，收二号柱使二号柱轨道离地，见图 4-3-18。后吊梁小车驱动二号柱前移至与一号柱中心距 16.5 m。支稳二号柱，穿柱体销轴。收三号柱。

图 4-3-18　架桥机过孔示意（三）

（4）前、后吊梁小车驱动机臂前移，零号柱到墩台既定位置，顶升零号柱使机臂前端与一号柱处高差 −50～150 mm，调整零号柱垂直度≤5‰，见图 4-3-19。

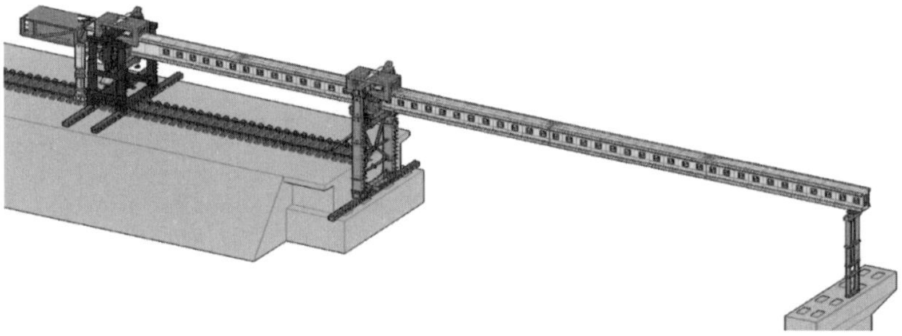

图 4-3-19　架桥机过孔示意（四）

（5）顶升三号柱使机臂后端高出一号柱处 0～100 mm，收 2#柱并前行到架梁位，穿曲梁与机臂定位销轴，见图 4-3-20。2#柱下降支稳，穿柱体销轴。解除 1#柱固定装置。

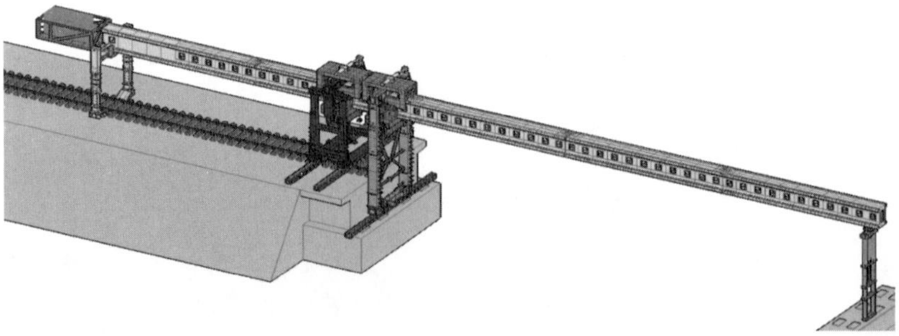

图 4-3-20　架桥机过孔示意（五）

（6）收 1#柱，前吊梁小车驱动一号柱前移到墩台架梁位，穿曲梁与机臂定位销轴，垫平支稳，穿柱体销轴，见图 4-3-21。

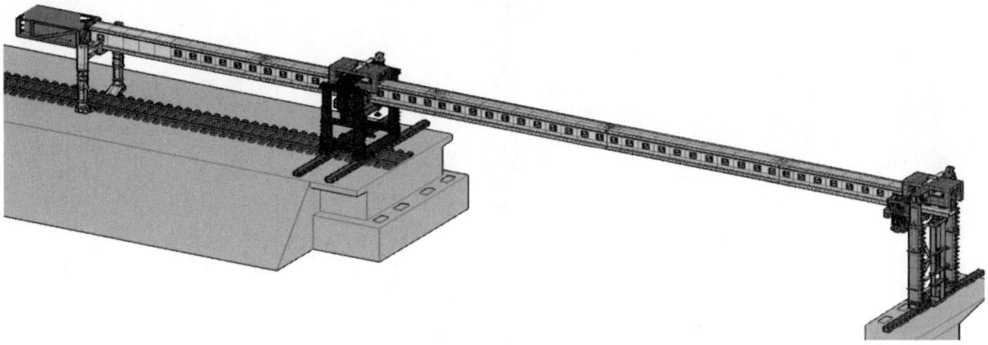

图 4-3-21　架桥机过孔示意（六）

（7）取下曲梁与吊梁小车连接销轴，收 0#柱确保底部高出一号柱走行电机。吊梁小车后退至桥机尾部准备架梁。

2. 辅助保护装置

由于架桥机作业由多人完成，为防止误操作特增加以下辅助保护措施。

（1）1 号柱防倾装置：

有轨运梁作业工况：在架梁完毕及过孔对位开始前，采用刚性拉杆连接 1 号柱和桥面轨道连接，此刚性拉杆只有在 2 号柱桥头就位后才能解除连接，见图 4-3-22（a）。

无轨运梁作业工况：在架梁完毕及过孔对位开始前，1 号柱和木楔备紧，再用 2 个 10 t 链条葫芦和钢丝绳套将 1 号柱和已架梁片两侧连接拉紧保护，见图 4-3-22（b）。辅助保护措施只有在 2 号柱桥头就位后才能解除。

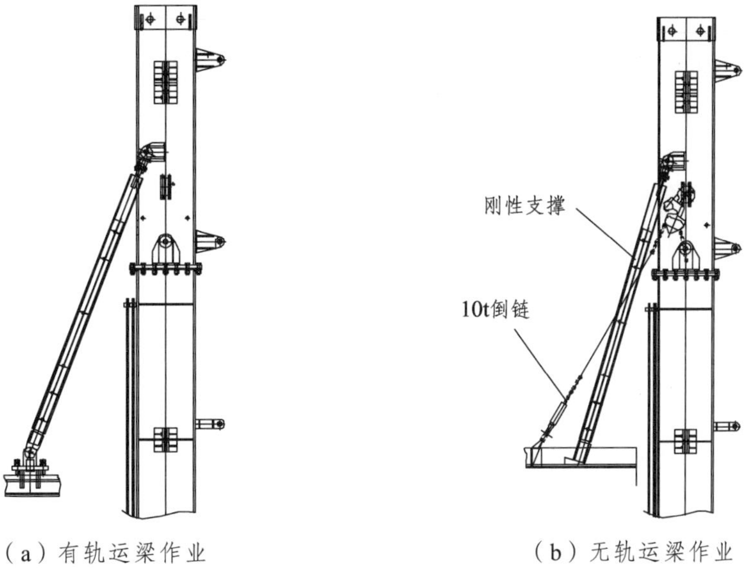

（a）有轨运梁作业　　（b）无轨运梁作业

图 4-3-22　运梁作业

（2）3 号柱斜拉保护：当机臂纵移到位，0 号柱、3 号柱按规定支撑完毕并在 2 号柱提升之前，用 4 个 5 t 链条葫芦和钢丝绳套将 3 号柱与轨道或梁片进行前后连接，即在 3 号柱两侧对架桥机进行双向斜拉保护，见图 4-3-23。斜拉保护的 4 个 5 t 链条葫芦只有在 2 号柱桥头就位后才能解除连接。

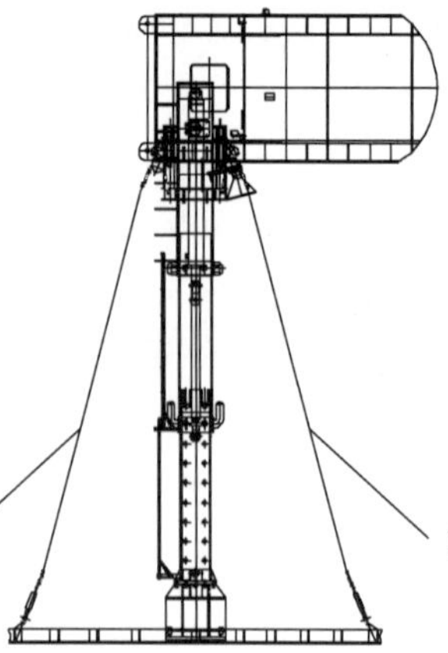

图 4-3-23 3 号柱斜拉保护示意

第四节 简支、连续梁的桥位现浇

本线路连续梁施工主要以支架现浇和悬臂浇注为主。连续梁主梁 0#块按大体积混凝土工艺一次浇注完成，根据墩高采用落地支架或墩顶支架，落地支架采用大钢管或型钢作立柱，承台外基础采用砼浇筑；其他块段采用挂篮悬臂浇注法施工。

一、连续梁悬臂浇筑施工工艺及方法

（一）挂篮悬臂浇注连续梁施工流程

挂篮悬臂浇注连续梁施工流程见图 4-3-24。

（二）0#块施工

根据桥墩高度较低的特点，0#块采用墩旁膺架施工，一次浇筑成型。

1. 支架拼装

0#块支架采用在承台上设置钢管桩立柱，钢管桩上安装型钢平台的结构体系，或采取墩身预埋牛腿，牛腿上安装型钢平台结构体系。支架拼装前，抄平各预埋板标高，放出中线。在支架拼装过程中，对各受力杆件进行控制，禁止使用有明显缺陷的杆件。

2. 支座安装

永久支座：安装支座及地脚螺栓时，在下支座板四角用钢楔块调整，找正支座纵向中线位置，使之符合设计要求，用环氧砂浆灌注地脚螺栓孔及支座地面垫层。活动支座应根据收缩徐变值及合龙时的温度设置支座预偏量。

临时支座：为平衡连续梁在节段悬臂浇筑过程中的不平衡力矩，在各连续梁主墩设置临时支座。具体设置方案根据计算确定。

3. 模板加工及安装

支座安装合格后，安装 0#节段底模。底模安装应根据支架的弹性压缩量和模板与分配梁、分配梁与支架之间的非弹性变形，以及监控单位所提供的数据综合考虑底模预抬量，确保梁体成型后，各部分位置准确。底模安装后，绑扎部分钢筋，安装人洞模板、腹板内模、横隔墙侧模及顶模板、安装侧角模、基坑冲洗、安装外侧模。

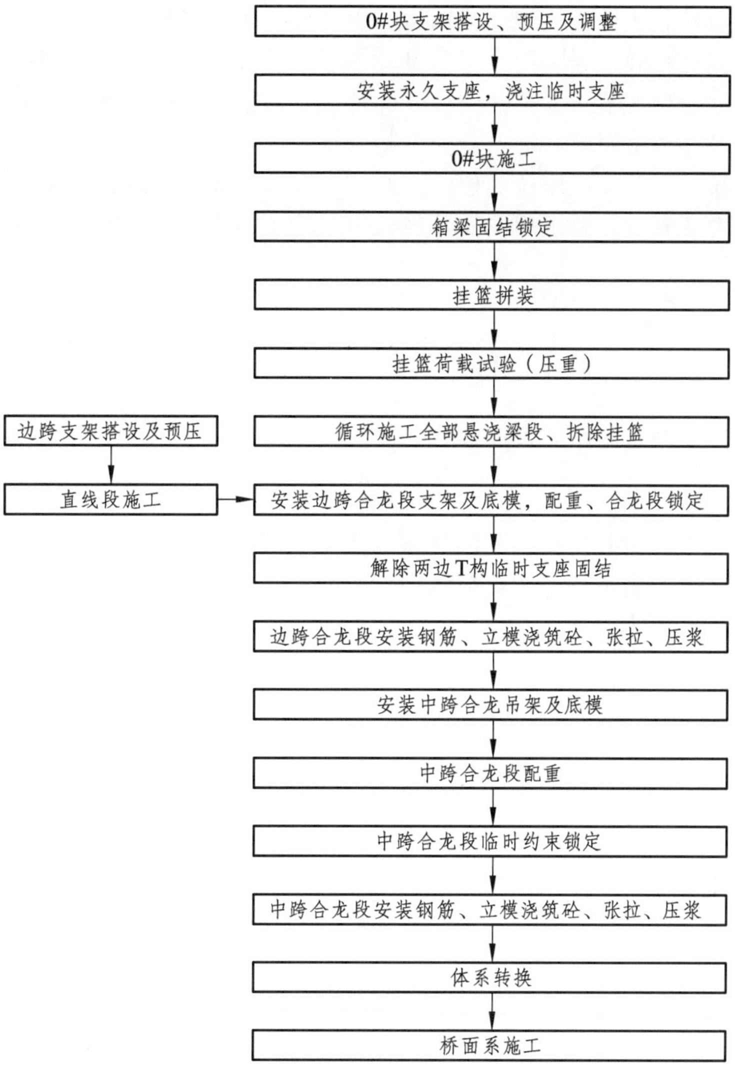

图 4-3-24　挂篮悬臂浇注连续梁施工流程

4. 预应力施工

（1）张拉准备：砼已达到设计张拉强度，梁体检查合格。预应力钢铰线和锚具资料齐全，供应商提供夹片锚固系数试验值。锚夹具进场时应进行外观检查，不得有裂纹、伤痕、锈蚀，尺寸不得超过允许偏差，对锚具、夹片的强度、硬度进行抽样复验。孔道经通孔清理，无残渣及积水。

准备好张拉过程中所用的各种机具设备。将锚具、锚垫板上的水泥浆、混凝土清除干净；清通锚垫板上的压浆孔，保证灌浆通道畅通；对锚垫板与波纹管连接处的错台进行处理，使之连接圆顺；对锚垫板内的多余波纹管予以切除。检查锚垫板位置是否正确，与孔道是否垂直，有问题时先对其进行处理。

（2）预应力张拉：梁体预应力张拉必须在混凝土强度、龄期及弹性模量均达设计要求后方可进行，张拉顺序按设计图纸进行，以控制应力为主，伸长量作为校核的双控原则进行。

张拉作业：检查油管连接后，开动油泵，使钢铰线略为拉紧后调整千斤顶位置，使其中心与孔道轴线基本一致，以保证钢铰线自由伸长，减少摩阻。同时调整工具夹片使之卡紧钢铰线，以保证各根钢铰线受力均匀。然后两端同时给千斤顶主油缸徐徐充油张拉，使两端伸长基本保持一致。对称加载到初始张拉力（$0.1\sigma_k$）后停止供油，检查夹片情况完好后，画线作标记。继续向千斤顶进油加载，直至达到控制张拉力。

张拉值的大小以油压表的读数为主，以预应力钢铰线的伸长值加以校核，每端锚具回缩量控制在规定值以内。油压达到张拉吨位后关闭主油缸油路，并保持 5 min，测量钢铰线伸长量加以校核。在保持 5 min 以后，若油压稍有下降，补油到设计吨位的油压值，千斤顶回油，夹片自动锁定，该束张拉结束，及时作好记录。全梁断丝、滑丝总数不超过规定。

当钢铰线长度较长、不能一次张拉到位时，则需多次张拉循环。钢铰线束张拉采用张拉力与伸长值双控法，即在张拉力达到设计要求后，实际伸长值与理论值之间的误差若在规定范围内，即表明本束钢铰线张拉合格。

（三）挂篮悬臂浇注施工

1. 挂篮拼装

0#块施工完成后，按设计图纸要求安装挂篮。

2. 荷载试验

挂篮拼装完毕后，进行荷载试验以测定挂篮的实际承载能力和梁段荷载作用下的变形情况。荷载试验时，按施工中挂篮受力最不利的梁段荷载进行等效加载，测定各级荷载作用下产生的挠度和最大荷载作用下挂篮控制杆件内力。

3. 钢筋、砼和预应力施工

同 0#块施工，具体要求见 0#块施工相关内容。

4. 挂篮前移

挂篮前移在梁体纵向预应力钢束张拉完成后进行，挂篮前移操作步骤：安装走道梁，将其与竖向钢筋锚固→解除后主吊带及其约束→解除后锚钢筋→解除吊杆及其约束→依次调整外模吊杆、前主吊带及后副吊带处紧松装置，使底平台及模板与梁体脱开→同步启动两侧张拉长行程千斤顶顶进前支点使挂篮向前滑行。

（四）边跨现浇段施工

边跨现浇段混凝土应在挂篮悬浇施工结束前 20 d 浇注。现浇段采用支架施工，为保证混凝土养生期间及边跨预应力束张拉时梁体自由伸缩以避免混凝土开裂，在底模与支架纵梁间设置可滑动的聚四氟乙烯板或其他滑动装置。支座在边跨合龙前临时固定，待边跨合龙完成后解除。

（五）合龙段施工

梁体合龙是连续梁体系转换的重要环节，是保证成桥质量的关键。

1. 合龙原则

连续梁合龙遵循“低温灌注，既拉又撑还抗剪”的原则。合龙前在适当的温度条件下使合龙段两边梁体临时连接，保持相对固定，以防止合龙段混凝土在早期因为梁体混凝土的热胀冷缩而开裂。同时选择在气温较低、温度变化小的时间内进行混凝土灌注，保证合龙段混凝土处于气温上升的环境中及受压的状态下达到终凝，从而避免混凝土开裂。

2. 合龙顺序及方法

合龙顺序：按设计图纸执行。边跨及中跨合龙段采用吊架施工，合龙前要调整中线和高程，连续梁将合龙一侧的临时固定支座释放，同时将两悬臂端间距离按设计合龙温度及预施应力后弹性压缩换算后进行约束锁定。

混凝土浇筑前合龙口两端悬臂预加压重符合设计要求同时符合线性控制流程并于混凝土浇筑过程中逐步撤除；合龙段混凝土施工选择在一天中温度最低的时间进行。混凝土加强养护，将合龙梁段及两悬臂端部进行覆盖降低日照温差影响；混凝土浇筑前将合龙口单侧梁墩的临时固结约束解除，合龙梁段混凝土强度达到设计要求时及时进行预应力筋张拉。

二、支架现浇连续梁施工工艺及方法

（一）支架现浇连续梁施工流程（图 4-3-25）

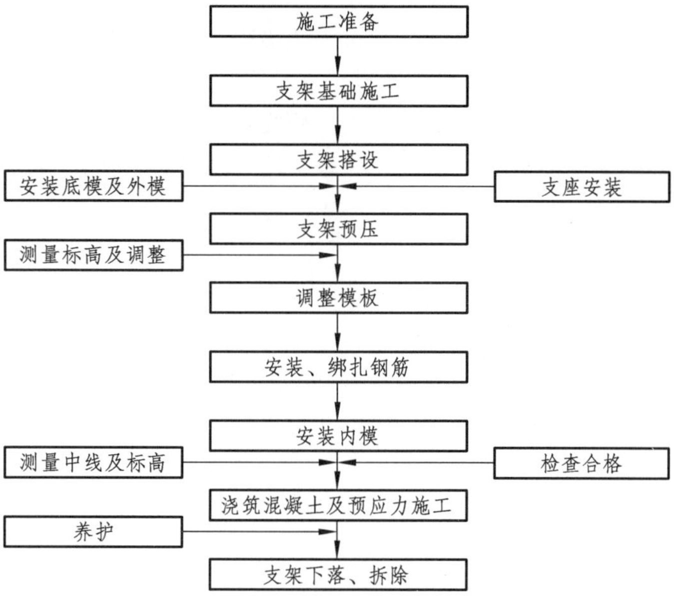

图 4-3-25　支架现浇连续梁施工流程

（二）支架设计及支架拼装

箱梁支架采用钢管满堂式或立柱桁架式，其施工方法为：地基处理完成后灌注钢管支架砼基础或铺设支承分配梁，再按设计要求拼装钢管支架。拼装完成后对支架进行验收，验收合格后对支架进行预压，调整支架系统到设计要求状态。

立柱桁架式支架的施工方法为：施工灌注桩基础或打入桩基础或施工扩大基础，施工立柱、桁架系统、支架系统，进行验收，验收合格后进行预压，调整支架系统到设计要求状态。

（三）支架预压

支架搭设完成，在砼箱梁施工前，对支架进行相当于 1.2 倍箱梁自重的荷载预压，以检查支架的承载能力，减少和消除支架体系的非弹性变形及地基的沉降。支架根据施工实际情况进行预压。待消除支架非弹性变形量及压缩稳定后测出弹性变形量，即完成支架压重施工。

撤除压重后，设置支架施工预留拱度，调整支架底模高程，并开始箱梁施工。根据梁的挠度和支架的变形所计算出来的预拱度之和，为预拱度的最高值，设置在梁的跨径中点，其他多点预拱度，以中间点为最高值，以梁的支点两端为零，按二次抛物线进行分配。

（四）支座安装

在已做好的支座垫石上进行支座安装，并在墩顶底模安装前完成。

安装支座前先对支座范围内垫石进行处理，检验合格后将支座吊装就位，调整好标高后，用砂浆填满捣实，锚固螺栓孔内的砂浆也同样捣固密实。梁内支座垫板可与支座同时安装，并将四角的紧固螺栓拧紧。应确保底模与支座垫板间不会漏浆。

（五）模板安装

（1）支架预压后，根据设计标高和预设拱度进行支架标高调整，然后安装底模，调整底模标高等；满足要求后安装侧模和翼板底模，模板从梁一端顺序安装，要求接缝严密，相邻模板接缝平整，接缝处用贴胶带密封，防止漏浆，保证混凝土表面的光洁和平整度，以确保梁体外观质量。

（2）底模、侧模安装后，先绑扎底板钢筋，再绑扎横隔板、腹板钢筋。再安装内侧模及内顶模，最后绑扎顶板、翼板钢筋。

（3）模板采用汽车吊、履带吊或人工安装。内模侧模可在中部开适当观察孔，顶板底模在每孔梁的适当位置开两个人洞，以便内模拆除时从人洞往外运输，加快施工进度。

（六）钢筋安装

将加工好的钢筋运至模板内，安装的钢筋品种、级别、规格和数量必须符合设计要求，并按设计图放样绑扎，在交叉点处用扎丝绑牢，必要时采取点焊，以确保钢筋骨架的刚度和稳定性。先绑扎底板钢筋，再绑扎横隔板和腹板钢筋，最后绑扎顶板钢筋。当钢筋与预应力管道有抵触时，可适当调整钢筋位置，但钢筋不得截断。

（七）预应力管道及预应力筋安装

（1）纵向预应力：按设计图要求的位置，绑扎纵向预应力束管道定位筋，然后安装管道及钢铰线。管道要平顺，接头部分要用大一号套接，用胶带纸裹紧，保证接缝完好，防止管道漏浆。

（2）横向预应力：按设计图要求的位置，绑扎横向预应力束管道定位筋，然后安装管道及钢铰线，管道要平顺。

（3）竖向预应力：采用管道和预应力筋一起加工好后整体安装的方法施工。按设计图要求的位置，安装竖向应力筋，固定好上下定位筋。

（4）张拉端、锚固端安装：预应力束两端距边缘的距离及锚垫板至约束圈的距离要符合各规格的设计尺寸；锚具垫板必须与钢束轴线垂直，垫板孔中心与管道孔中心一致；螺旋筋长度尺寸要准确，位置及方向要安装正确。

（八）混凝土施工

混凝土浇筑顺序要严格按施工方案执行。混凝土用搅拌车运输到现场，输送泵泵送至待浇梁体。混凝土浇筑时间控制在初凝时间内。

浇筑混凝土时按梁的断面水平分层、斜向分段地进行，上层与下层前后浇筑距离和每层浇筑厚度要符合《验标》要求。在混凝土浇筑过程中，注意使混凝土入模均匀，避免大量集中入模。振捣采用插入式的振动器，移动间距不超过其作用半径的 1.5 倍，与侧模应保持 5 ~ 10 cm 的间距，插入下层混凝土 5 ~ 10 cm 左右，将所有部位均振捣密实，密实的标志是混凝土停止下沉，不再冒气泡、表面呈现平坦、泛浆。

混凝土浇筑后，及时进行养护，否则容易产生裂缝。

（九）预应力施工

同 0#块施工。

（十）支架拆除

现浇箱梁张拉完成，压浆强度达到设计要求后，即可进行支架拆除施工。支架拆除原则为对称、少量、多次、逐渐完成，每孔从梁跨中间向两端均匀落架，直至底模与梁底分开。

每孔支架落架时，在梁顶板设观测点（支座、$L/4$、$L/2$ 处左右各 2 点），落架前，对观测点进行一次全面观测，落架时每次卸落后，观测相应及有关测点变化情况，一孔落架完成后，对观测点作一次全面观测，确定桥梁线形。

拆除支架时，自上而下从梁跨中向两端均匀拆除，拆除不得死拧硬撬，拆下扣件和杆件不得随地乱抛，并进行整修，集中堆放，转移到下孔拼装，然后进行桥面及附属工程施工。

第五节　特殊结构桥梁施工
（钢桁梁、钢桁连接拱桥、斜拉桥、系杆拱桥等）

本节主要讲述两座采用较为特殊结构的桥梁：一座是新白沙沱长江特大桥，为钢桁梁斜拉桥；另一座是夜郎河双线特大桥，主跨采用 370 m 上承式钢筋混凝土拱桥形式。

一、新白沙沱长江特大桥

（一）工程概况

新白沙沱长江特大桥是渝黔铁路的关键控制性工程，全长 5 320.334 m。主桥布置为（81 + 162 + 432 + 162 + 81）m，分上下两层，六线布置。大桥是世界上首座双层六线双塔双索面钢桁梁铁路斜拉桥，上层四线客运专线，下层两线货车线；活载达 33.6 t/延米（考虑折减系数），恒载达 97.5 t/延米，是世界上延米荷载最大的桥梁。

主塔采用 H 形混凝土塔，2 号塔高 175.45 m，3 号塔高 192.45 m。主塔与主梁间的连接采用塔墩固结、塔梁分离体系。全桥钢桁梁共计 68 个节间，钢梁总重 4.1 万吨，主梁采用平弦等高度连续钢桁梁，N 型桁架，两片主桁，桁宽 24.5 m，桁高 15.2 m，节间长度 13.5 m，上层桥面采用正交异性板整体桥面，通行四线客线，标准段线间距为 4.4 m；下层桥面采用纵横梁体系，通行两线货线，标准段线间距为 4.0 m。斜拉索采用平行钢丝索，全桥共计 224 根。

（二）主要部位施工工艺及方法

1. 既有线坡脚加固施工技术

2#主塔墩位于成渝铁路小南海车站填土路基坡脚，为防止 2#墩基础施工对路基的影响，基坑开挖前必须进行防护施工，包括抗滑桩施工、挡土板及挡土板施墙施工（详见路基防护工程施工）。

2. 倾斜岩面控制爆破施工

（1）水下钻孔爆破：钻爆船由 GPS 进行精确定位后，在需要钻孔的位置下套管、钻杆，进行水下钻孔作业。当钻至预定深度后，起升钻杆，经检查孔深后，进行装药、堵塞和联线作业。一个排次钻完后，按预定的排距移动钻爆船，再进行下一排钻孔作业。达到规定的单段药量后，移动钻爆船到安全区，并确认所有船舶、机械设备和人员均处于安全区后，发令通电起爆。每次爆破过程中对爆破产生的质点峰值振速进行监测，爆破结束后对既有大桥承台进行沉降观测。

（2）露出水面礁石钻孔爆破：3#墩爆破范围内贵阳侧上游有小部分露出水面的礁石，施工船舶无法进行水下钻孔爆破施工，须将露出水面的礁石炸除到满足钻爆船舶吃水要求后再采用钻爆船进行水下钻孔爆破施工。露出水面的礁石采用浅孔爆破施工方法进行施工。

因礁石露出水面，为避免爆破产生飞石和空气冲击波，影响铁路安全和周边居民安全，采用手持风钻进行小孔径钻孔爆破施工，按照少药量、多次爆破的原则进行。

（3）对既有白沙沱长江大桥的保护措施：爆破区距既有大桥桥墩承台最近距离为 84 m，保证桥墩不受爆破地震波的影响是爆破安全控制的重点。具体措施包括采用毫秒分段延迟雷管进行分段装药爆破、爆破震动监测、设置减振孔、试验爆破以及在铁路运行的天窗期内进行起爆。

3. 栈桥施工

（1）栈桥概况：栈桥按 20 年一遇洪水位设计，栈桥中心距桥梁中心线 24.0 m，全长 202 m，桥宽 10 m，共一联。中部设制动桩，主梁为万能杆件拼装结构，自 1#桩到 17#桩呈 1%坡度变化，桁高 2 m，桁宽 8 m，最大跨 14 m。栈桥基础自岸滩（5#墩位）至江心（3#墩位）共计 17 排桩基础，桩径分ϕ0.6 m、ϕ1.2 m、ϕ1.5 m 三种。栈桥桩基础共计 5 种类型：1#桩为ϕ600 mm × 8 mm 钢管桩基础；2#桩为下层砼扩大基础支撑ϕ600 mm × 8 mm 钢管桩形成基础；3#桩 ~ 17#桩为钻孔桩及钢护筒组合桩基。栈桥立面及平面布置见图 4-3-26。

（2）栈桥施工工艺：分为浅滩区与深水区施工两部分。浅滩区管桩基础采用筑岛平台上冲击钻孔，振动下沉钢管桩跟进入岩的方法施工；深水区采用驳船作为施工平台冲击钻冲孔，浮吊插打钢管桩。上部结构万能杆件主桁采用预拼节段后 80 t 履带吊钓鱼法施工，从岸边往江中心侧逐件安装，桥面分配梁、桥面板和栏杆也同步安装。

4. 塔柱施工

（1）下塔柱施工：下塔柱施工采用液压自爬模架体系作为施工脚手架平台和浇筑模板。塔柱内布置爬锥安装型钢挂件组成内筒平台。下塔柱有倾斜面，为保证结构安全，分成 6 个节段进行浇筑，标准节浇筑高度确定为 6 m。同时为了便于钢筋的绑扎定位，在塔柱内设置劲性骨架。

下塔柱第一、二节段由人工设置模板支撑直接立模浇注混凝土。爬架从下塔柱第三节段开始使用。第一、二节段完成后，模板不必接高，而后直接安装爬模继续完成剩余第三、四、五节 6.0 m 节段和第六节 4.6 m 节段施工，至高度 34.7 m 位置。下塔柱前两节 6 m 节段模板提升动力由塔吊完成，第三节及以上和下横梁端头节段爬模自升完成施工。

（2）下横梁施工：下横梁施工采用支架法现浇，下横梁与对应的塔柱节段同步施工。塔座施工时按照设计位置预埋下横梁支架预埋件，待下塔柱施工完前 3 节后，安装下横梁支架，待下塔柱第 6 节施工完毕后安装下横梁底模及钢筋。下横梁高 7 m 分两次进行浇注，第一次浇注下半部 3.5 m，第二次浇筑上半部 3.5 m。横梁两端的塔柱第 7、8 节段侧面继续采用爬模系统，将塔柱横桥向外侧面模板面板改用竹胶板，便于开孔穿预应力筋；下横梁底模、侧模、内模采用竹胶板面板的木模，根据浇注高度分上下两次立模。

（3）中塔柱施工：中塔柱有倾斜面，共分 12 个节段进行浇筑。中塔柱施工为平衡中塔柱因沿高度方向内缩所产生的应力及变形，随着中塔柱施工过程，共设置两道水平支撑。两道水平支撑均采用钢管柱形成顶压结构，使用千斤顶对塔柱横撑主动施顶。

中塔柱内外模板均采用 ZL-ZPM100 型液压自爬模系统。中塔柱纵向轮廓线从下向上逐渐变小的，外模组合时，采用纵向模板外包的方式，随着塔柱轮廓尺寸的变化，逐步收缩中边跨两个侧面的模板尺寸。收缩的方式是按现场放样计算尺寸对维萨板进行切割。

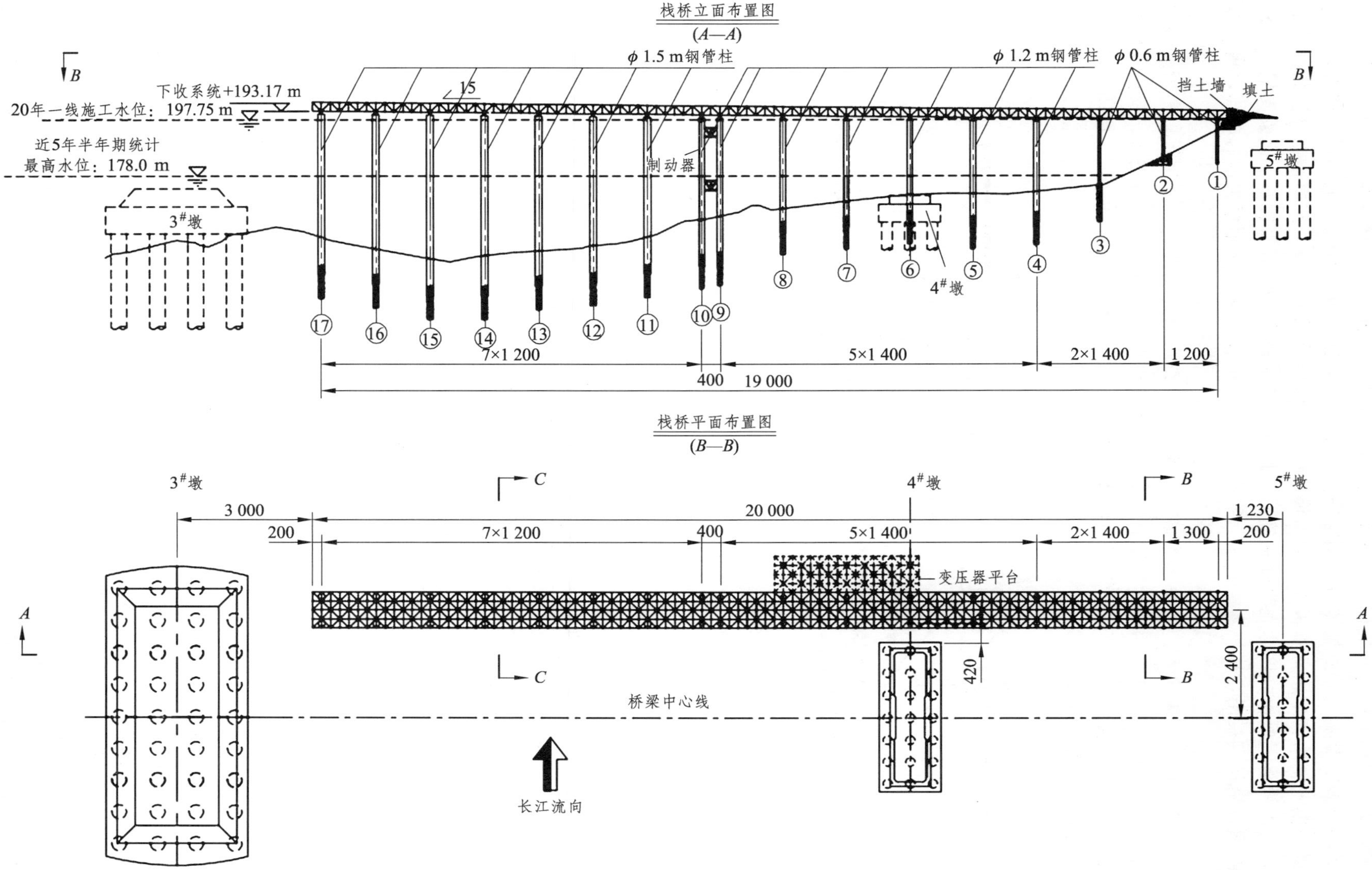

图 4-3-26　栈桥立面布置及平面布置示意

（4）上横梁施工：上横梁和塔柱异步施工，混凝土分两次浇注，第一次浇筑高度 4 m，待混凝土强度达到后浇筑剩余混凝土。模板体系采用空中支架法，在塔柱上设置预埋牛腿和预埋件搭设现浇支架。上横梁内模及倒角处采用竹胶板面板的木模，底模、侧模采用钢模板。侧模根据浇注高度分上下两次立模。待上横梁混凝土强度达到设计强度后，拆除第二道横撑，然后再拆除上横梁支架。上横梁各构件拆除通过塔吊直接吊至栈桥上运输车、水中运输船运走或下放至钢桁梁顶面后解体，再通过栈桥运输车运走。

上横梁支架主梁由于重量大，塔吊不具备一次性安装一整个桁架的能力，采用将单个桁架分成两节，设置空中对接接头的方式。第一片桁架在安装时在塔柱横撑上设置竖向临时支撑，支撑上设置横梁，当第一片桁架安装完成后，将横梁焊接到桁架下弦，形成悬挑梁，作为其他两个桁架的安装支撑。上横梁支架立面布置见图 4-3-27。

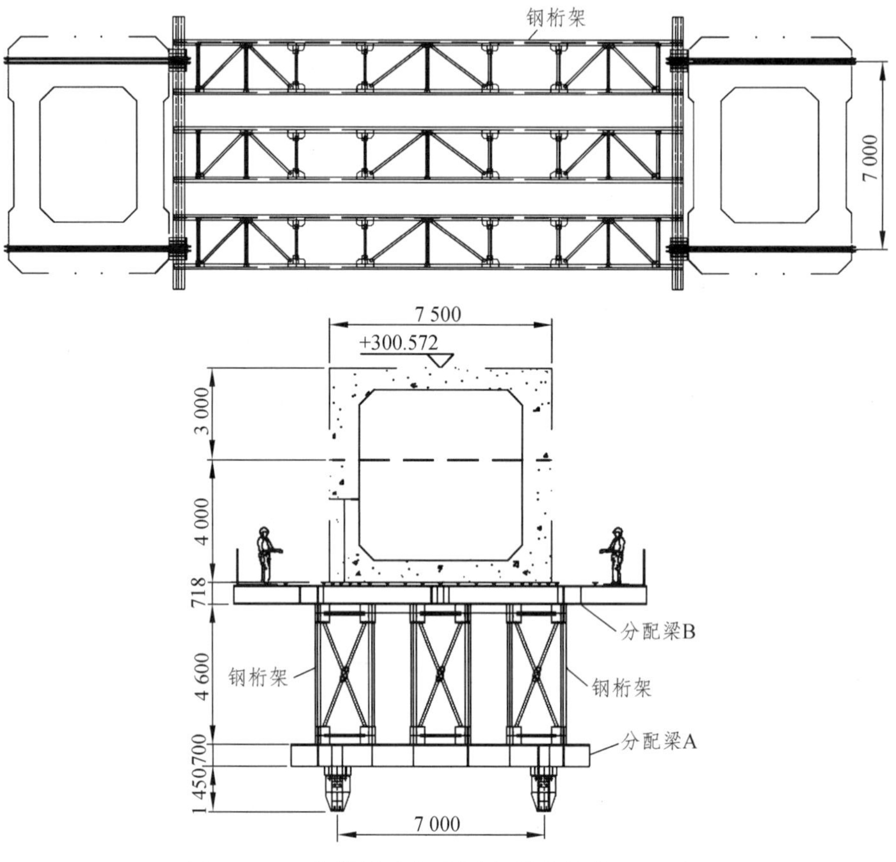

图 4-3-27　上横梁支架立面布置（单位：mm）

（5）上塔柱施工：上塔柱分 11 节施工，即第 22 节到第 33 节。由下至上依次为 5.544 m + 7 × 6 m + 5.25 m + 4.75 m + 4.05 m；均采用卓梁液压自爬模施工。塔柱在第 22 节到第 32 节设置环向预应力及斜拉索索导管。

上塔柱采用液压自爬模系统施工，第 21、22 节段塔柱施工完成以后即进入上塔柱施工阶段。上塔柱为直塔，且布置环向预应力筋。中、上塔柱爬锥不处于同一垂直线，故中塔柱转入上塔柱施工时，需首先调整液压爬模系统。第 23 节混凝土施工完毕后，调整爬模系统，且通过塔吊将爬模架分片吊装至第 23 节混凝土节段，以后各节段按照液压自爬模系统施工。

5. 钢桁梁制造工艺

新白沙沱长江特大桥主桥采用（81 + 162 + 432 + 162 + 81）m 钢桁梁斜拉桥，钢梁为 N 型桁架、两主桁、直桁结构、双塔双索面、半漂浮体系，塔墩固结，塔梁分离。主塔为 H 型桥塔，下横梁中心线以上桥塔主体高度 147.75 m，2#塔下塔柱高度为 23.7 m，3#塔下塔柱高度为 40.7 m。新白沙沱长江特大桥横断面示意如图 4-3-28 所示。

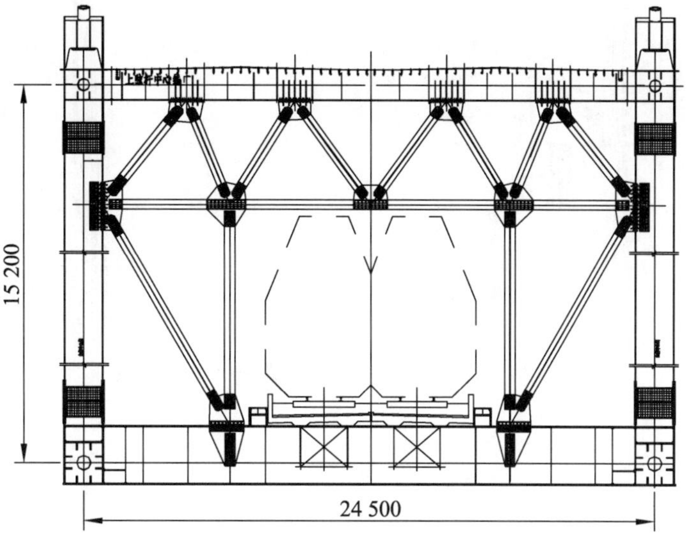

图 4-3-28　新白沙沱长江特大桥横断面示意（单位：mm）

（1）普通杆件制造：普通杆件包括主桁架竖腹杆、斜腹杆、横联桥门架、下平联杆件等普通箱形和工形杆件及其连接件等。对这些杆件制造仍沿用过去成熟的传统工艺，此处不再介绍。

（2）主桁架整体节点上弦杆制造：本桥主桁架上弦杆采用焊接整体节点结构，上弦杆侧向与桥面板、横梁连接，节点处设置钢锚箱。下方与斜腹杆、竖杆连接，螺栓连接方向较多。桥面板接头板与桥面板在工地栓接形成整体钢桥面，由此增加了杆件的制造难度。典型上弦杆由整体节点板、竖板、上下水平板、隔板、桥面板横梁接头板、斜腹杆、竖杆接头板、钢锚箱等构成，其制造将采用专用的胎型组装、可靠的钻孔工艺，严格控制组装和制孔精度，保证杆件的制造质量符合规范要求。

（3）焊接工艺：根据图纸要求及工厂条件进行焊接工艺评定试验。试验使用的母材应和产品相符合，且其化学成分 C、S、P 含量应选用偏上限者。试验所施焊的焊缝在强度、韧性等方面应和母材相匹配并满足图纸要求。

6. 钢桁梁架设施工

（1）贵阳侧钢梁架设施工总体方案：贵阳侧钢梁架设施工共 34 个节间，其中，边跨侧 18 个节间，中跨侧 16 个节间。墩顶节间钢梁架设采用托架法施工。

（2）重庆侧钢梁架设施工总体方案：为减少钢梁顶推期间在既有线上方悬臂的时间，主桥 2#墩钢梁架设采用在主跨侧一次性完成顶推所需 A11 ~ A19 节段钢梁的架设，分 3 次将钢梁顶推过既有线后再纵移 2 次实现钢梁就位，然后再采取散拼施工的方法。

（3）钢桁梁架设施工步骤。

施工步骤一：安装 2#墩钢梁顶推拼装支架，2#主塔下横梁施工完成后安装架梁吊机占位支架，安装 2#墩钢梁架梁吊机并进行试吊，见图 4-3-29。

施工步骤二：利用架梁吊机完成 2#墩 8.5 个钢梁节段的架设（A11 ~ A19 节间钢梁）；钢梁分三次顶推过边跨侧既有铁路；再次将钢梁往边跨侧顶推 21.7 m，钢梁到达设计位置；拼装 A19 ~ A22 节间钢梁；拼装 3#墩墩旁托架及架梁吊机。如图 4-3-30 所示。

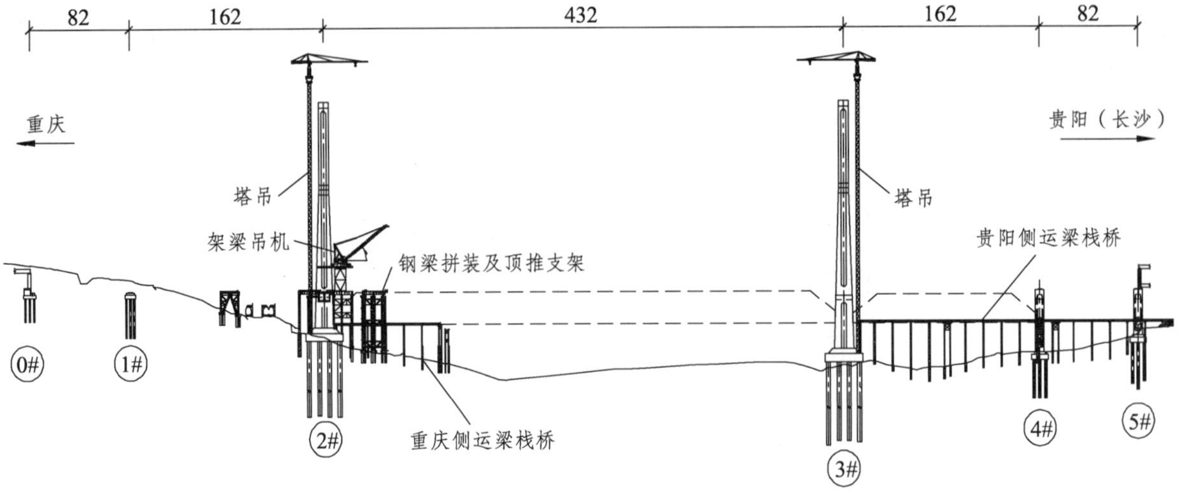

图 4-3-29　钢桁梁架设施工步骤一（单位：m）

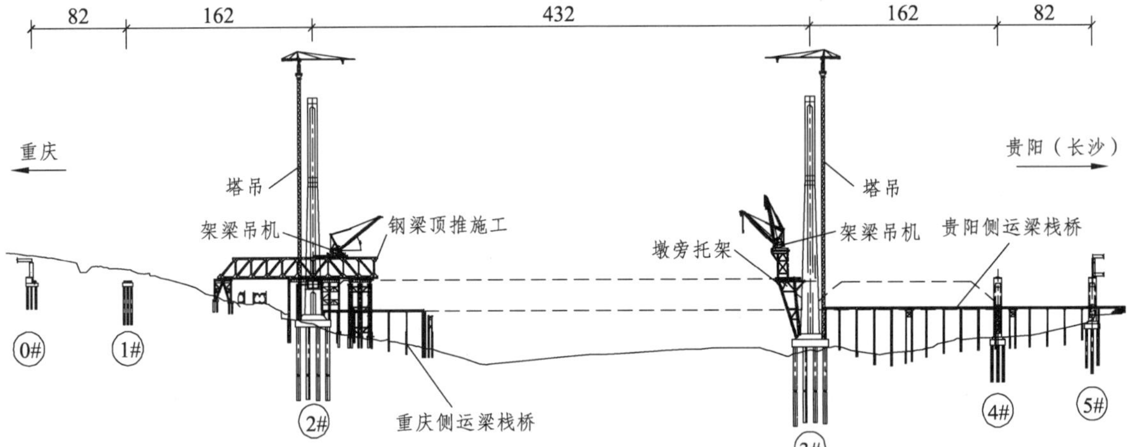

图 4-3-30　钢桁梁架设施工步骤二（单位：m）

施工步骤三：在 2#墩墩旁钢梁顶面安装钢梁提升站；架梁吊机走行至边跨侧完成 2#墩边跨钢梁的架设；完成 3#墩墩顶 6 个节间钢梁架设和边跨侧架梁吊机的安装，并挂设第一对斜拉索；在 3#主塔处利用塔吊在已拼装好的钢梁上拼装钢梁提升站。如图 4-3-31 所示。

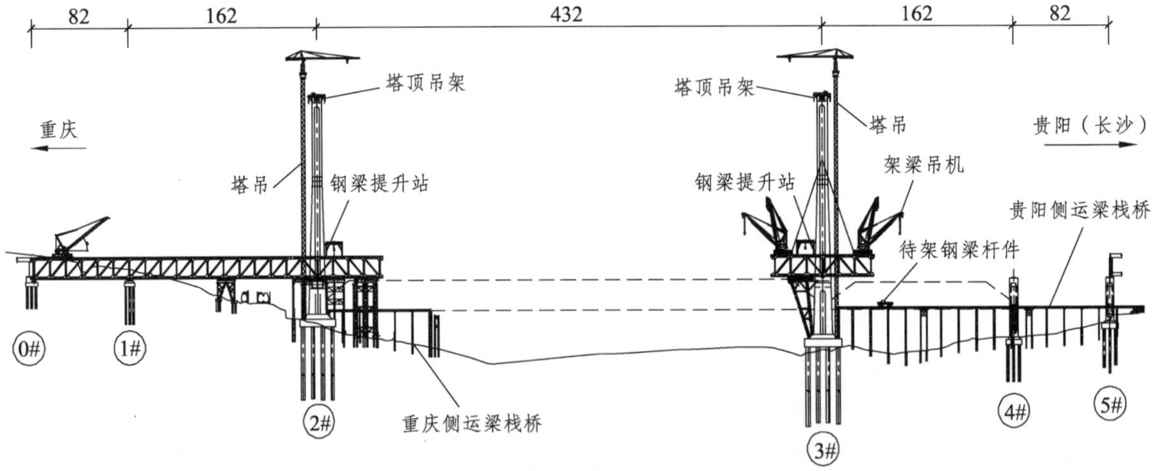

图 4-3-31　钢桁梁架设施工步骤三（单位：m）

施工步骤四：2#墩架梁吊机悬臂架设主跨侧钢梁（A22～A33 节间钢梁）钢梁杆件均通过提升站提升上桥面后运输至主跨位置进行架设；3#墩两台架梁吊机对称悬臂架设钢梁（主跨侧 A22～A30 节间钢梁，边跨侧 A6～A15 节间钢梁），边跨侧钢梁上辅助墩；同步对称挂设斜拉索，3#墩斜拉索滞后钢梁架设两个节间。如图 4-3-32 所示。

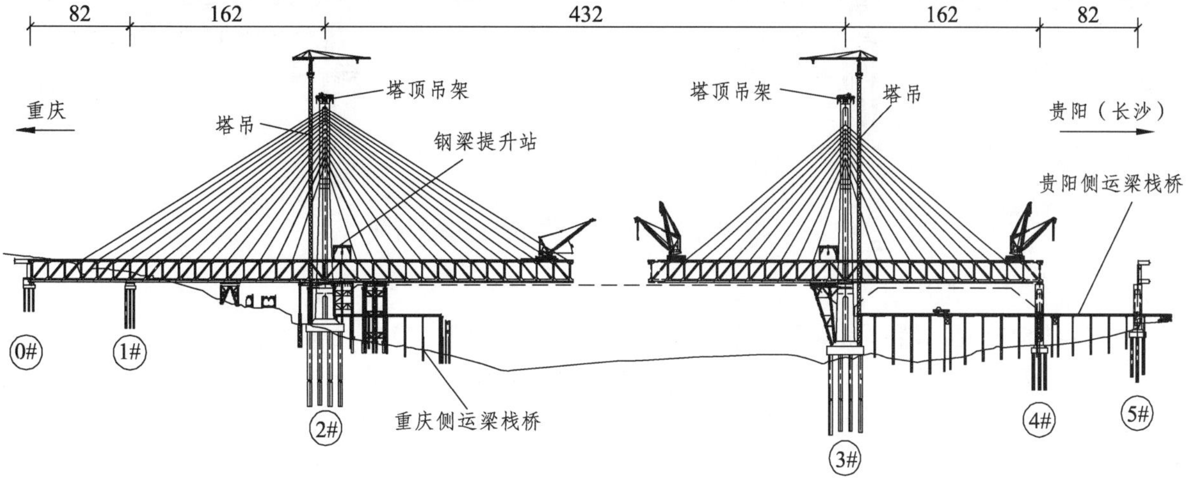

图 4-3-32　钢桁梁架设施工步骤四（单位：m）

施工步骤五：拆除 2#墩架梁吊机，3#墩主跨侧钢梁拼装至 A34 节间，边跨侧钢梁拼装至 A2 节间，对称挂设斜拉索；钢梁中跨合龙，边跨侧钢梁还剩 2 个节间。如图 4-3-33 所示。

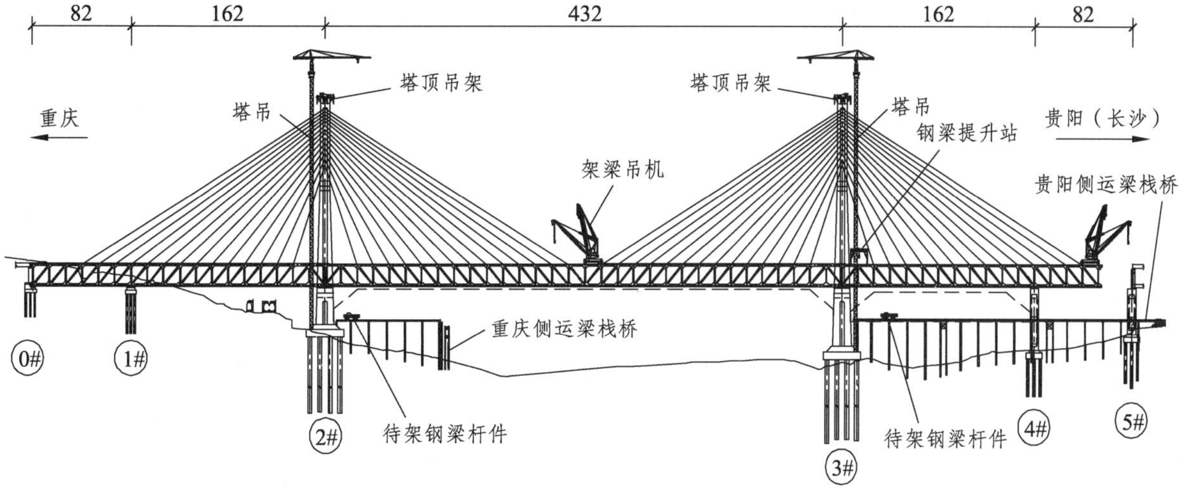

图 4-3-33　钢桁梁架设施工步骤五（单位：m）

施工步骤六：完成边跨侧剩余钢梁架设；拆除架梁吊机、钢梁提升站及塔顶吊架等；现浇道砟槽板、铺设道砟、安装轨枕、铺轨；进行桥梁附属设施安装；调整全桥线形。如图 4-3-34 所示。

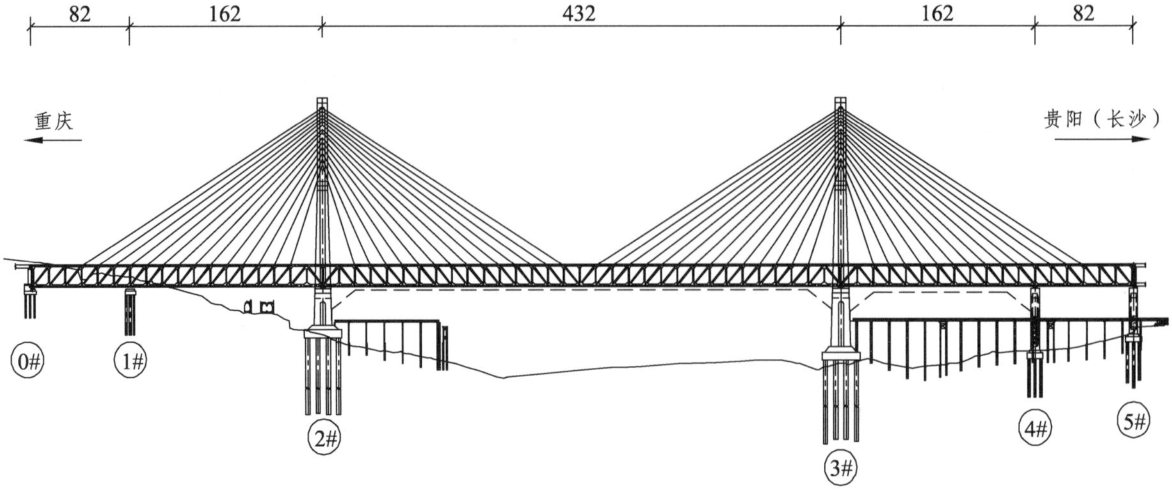

图 4-3-34　钢桁梁架设施工步骤六（单位：m）

7. 斜拉索安装施工

斜拉索结构概况：斜拉索采用双索面扇形布置，全桥共设 224 根斜拉索，采用 PESC7-211、PESC7-223、PESC7-253、PESC7-283、PESC7-313、PESC-349、PESC-367、PESC-379 八种规格。斜拉索由整股钢丝束经扭绞缠包后外挤双层、双螺旋线 HDPE 护套组成，钢丝的抗拉标准强度为 1 670 MPa，最长索 231.546 m，最短索 75.054 m，单根索最大质量 28.249 t，全桥斜拉索钢丝总质量 3 330.27 t。主桥钢梁悬臂对称拼装并同步架设斜拉索。

（1）斜拉索塔端安装：

短索（1# ~ 4#索）安装：用塔吊将置于 350 kN 放索盘上的索体拉出 8 m 长度放置在梁面上，在斜拉索锚杯后端安装牵引板。上横梁顶或塔顶 50 kN 卷扬机钢丝绳从塔内放下，穿过塔内对应齿块处转向滑轮、锚杯螺母，从索导管内向下引出，下放至桥面并与牵引板连接。在距锚杯 5 ~ 10 m 处索体上用 200 kN 专用软质吊装带设置双吊点，塔吊吊钩放下吊起吊装带。在吊起的同时卷扬机启动，与塔吊相互配合进行塔端挂设，此过程主要受力由塔吊承担。

中索（5# ~ 9#索）安装：用塔吊将置于 350 kN 放索盘上的索体拉出 6 ~ 8 m 长度放置在梁面上，在斜拉索锚杯后端分别安装变接套、7 000 kN 张拉杆等。塔顶 50 kN 卷扬机与塔顶吊架相互配合将 7 000 kN 张拉杆牵引出塔端锚垫板，张拉杆副螺母戴平扣，继续牵引，直到锚杯分丝板下放距离符合要求。

长索（10# ~ 14#索）安装：在张拉端锚杯后端安装变接套、7 000 kN 张拉杆、张拉杆副螺母、软牵引连接器及软牵引钢铰线。当梁端锚杯安装到设计位置时，塔端开始进行软牵引。当出现钢铰线受力不均匀时，使用 1 台 27 t 千斤顶调节钢铰线受力。当张拉杆牵引到塔端索导管口时，利用塔顶吊架调整张拉杆与索导管角度，塔内继续牵引将张拉杆及张拉端锚杯牵引进入塔端索导管。张拉杆露出塔端锚杯螺母 80 mm 左右时停止牵引，安装张拉杆副螺母，使张拉杆受力，塔端软牵引结束。拆除软牵引装置，在 7 000 kN 张拉杆后端安装 2 800 kN 张拉杆，并安装撑脚、千斤顶等张拉设备，进行塔端硬性牵引。

（2）斜拉索梁面展索：斜拉索在放索盘上进行剩余索体的展开，采用塔吊、塔顶吊架等吊装机具提升索体的方式直至将斜拉索梁端锚杯脱离放索盘。

（3）斜拉索梁端牵引锚固：在距梁端锚杯 4 ~ 6 m 处的索体上安装 400 kN 专用哈弗夹，用 300 kN 软制吊装带（走双）设置牵引点，与 400 kN 梁面卷扬机牵引系统相连，见图 4-3-35。

图 4-3-35　斜拉索梁端牵引锚固

（4）斜拉索张拉、调索及索力检测：本桥斜拉索恒载索力在 3 410.4 ~ 6 626.3 kN 之间，选择 6 500 kN 级张拉设备，同时配备 4 套 10 000 kN 千斤顶。张拉设备主要包括：千斤顶、张拉撑脚（7 000 kN）、变接套、张拉杆及配套主副螺母、接长张拉杆及配套螺母、电动油泵、高压油管等。主要施工流程为：张拉前的准备工作→工况测量→下发初张拉监控指令→斜拉索初张拉及索力检测→初张拉完成后工况测量→斜拉索全桥调索。

斜拉索张拉完成后，监控人员对索力大小进行检测，检测斜拉索索力是否达到指令要求。本工程斜拉索初张拉力值汇总见表 4-3-2。

表 4-3-2　斜拉索初张拉力值汇总表

边跨			中跨		
斜拉索编号	索力/kN	调索时间	斜拉索编号	索力/kN	调索时间
BS1	2 200	2015-08-15	ZS1	2 000	2015-08-15
BS2	2 900	2015-09-26	ZS2	2 900	2015-09-26
BS3	3 200	2015-10-06	ZS3	3 000	2015-10-06
BS4	3 600	2015-10-13	ZS4	3 600	2015-10-13
BS5	3 600	2015-10-20	ZS5	3 300	2015-10-20
BS6	4 700	2015-10-27	ZS6	4 750	2015-10-27
BS7	4 250	2015-11-05	ZS7	4 600	2015-11-05
BS8	4 350	2015-11-12	ZS8	4 450	2015-11-12
BS9	4 000	2015-11-19	ZS9	3 850	2015-11-19
BS10	3 200	2015-11-27	ZS10	3 200	2015-11-27
BS11	3 300	2015-12-04	ZS11	3 300	2015-12-04
BS12	3 300	2015-12-10	ZS12	3 300	2015-12-10
BS13	3 100	2015-12-16	ZS13	3 100	2015-12-16
BS14	3 450	2016-01-08	ZS14	3 350	2016-01-08

（5）二期恒载斜拉索全桥调索：全桥二期恒载（下层桥面道砟槽板、上下层桥面道砟、铁路轨道）均铺设完毕后开始进行斜拉索全桥调索工作，调索至满足铁路运营要求，调索索力根据监控指令要求进行。

二、夜郎河双线特大桥

（一）工程概况

夜郎河双线特大桥桥跨布置采用 5 × 32 m 简支 T 梁 + 4 × 38 m 钢筋砼连续结合梁 + 3 × 38 m 钢筋砼连续结合梁 + 4 × 38 m 钢筋砼连续结合梁 + 16 × 32 m 简支 T 梁，桥梁全长 1 120.8 m，中心里程为 DK136 + 589。

主桥拱圈中心跨度为 370 m，拱圈由劲性钢管混凝土骨架外包 C55 混凝土构成。拱圈平面为 X 形，从拱脚到拱圈分叉处由两肢单箱单室拱肋组成，其余为单箱双室截面。拱上梁采用 3 联钢混连续结合梁，引桥采用预应力混凝土简支 T 梁。拱上墩柱采用双柱式刚架墩，拱上墩柱 1.38 ~ 60.7 m，交界墩高 68 m、72 m，引桥桥墩墩高范围 10 ~ 63 m，采用矩形实体墩或空心墩，桥台采用混凝土 T 形空心桥台。拱座为嵌岩式基础。

（二）工程重、难点介绍

夜郎河双线特大桥是渝黔铁路重点工程、难点工程和控制性工程，也是全线最亮丽的、最具有代表性的工程。大桥具有造型美观、结构新颖、施工技术难度大、施工条件复杂等特点，主要表现在以下几个方面：

（1）夜郎河特双线大桥拱座基础为超大截面倾斜隧道式嵌岩桩基础，与水平方向夹角 55.188°，平面位置夹角 9.448°，斜向高度 47 m、长 22.5 m、宽 16.39 m，采用隧道支护理论、桥梁深基坑施工工艺开挖。基础位于 V 型深切沟谷坡面上，场地狭小，洞口场地布置困难，出渣难度大，贵阳端拱座基础位于顺层坡面上，节理发育，岩层多为泥岩属于软石，遇水易软化，开挖暴露后易风化，岩层稳定性差，拱座基础大断面开挖施工风险高，开挖难度大；重庆端引桥及拱脚基础位于顺层坡面上，清方量较大，桥位下方有习新公路，清方施工安全风险高，施工周期长。

（2）夜郎河双线特大桥拱肋为提篮式钢管拱，拱肋底宽 41 m，顶宽 15.42 m。拱圈用钢量大，最重节段重 195.8 t（含模板等施工措施吊重），最长节段 24.5 m，吊装高度 205 m，空中对接及线型控制难度大，吊装风险高，拱圈扣挂难度大。

（3）拱肋节段采用 549 m × 200 t 缆索吊吊装施工，设计吨位大、跨度大、缆索吊横移范围大，最大横移距离 35 m，塔架高 100 m，现场施工条件差，缆索吊吊装安全风险高。

（4）夜郎河双线特大桥拱圈内压自密实 C60 混凝土，一次泵压高度 83.5 m，长 205 m，单根拱直径 1 m，大方量、超高度、自密实混凝土泵压难度大；顶底平杆及腹杆内压自密实混凝土施工工序复杂，施工周期长。

（5）夜郎河双线特大桥拱圈外包混凝土为 C55 补偿收缩混凝土，设计方量为 $2.94 \times 10^4 m^3$，其中拱脚八字形单腿截面为 9.4 m × 13.4 m 变截面，跨中合并三箱室截面 15.42 m × 7.4 m，高空作业，底模采用变截面悬空吊架模板施工，混凝土高空泵送难度大，模板悬吊安装复杂，高空施工安全风险高，施工周期长。

（6）夜郎河双线特大桥拱上立柱施工，K 型墩柱高达 60.7 m，墩柱竖直面倾角 8.2°，K 撑支架搭设困难，模板安装难度大，施工安全风险高，施工周期长。

（7）钢混结合梁施工，拼装施工技术复杂、难度大、线形控制要求高、工艺复杂难度大，钢梁构件加工精度要求高、焊接施工工艺先进、质量要求高。

（三）工程重难点施工

针对夜郎河双线特大桥结构新、地质复杂、施工技术标准和质量要求高、施工技术难度大等特点，我公司举全公司人力、财力、物力进行技术攻关，虚心采纳专家建议，学习国内外先进理论和方法，严密组织，精心施工，高起点、高标准、高质量地完成夜郎河双线特大桥的施工任务，使大桥成为精品工程、优质工程、创新工程和样板工程。通过对该桥施工技术进行的综合研究，探索总结出一套经济可行、技术先进、质量保证、进度超前、安全可行的施工方案、方法及工艺，为今后国内施工同类重载桥梁提供经验，并在大倾角单桩嵌岩式桩基础施工、大跨度上承式钢管拱架设、钢管拱外包砼悬空吊架施工、拱上立柱 K 撑施工、钢混结合梁施工技术方面实现创新，总体达到国际先进水平。

1. 超大截面倾斜隧道式嵌岩桩基础施工

夜郎河双线特大桥主桥拱座基础为马蹄形混凝土基础，与水平方向夹角 55.188°，平面位置夹角 9.448°，斜向高度为 47 m，长 22.5 m，宽 16.38 m，国内对于此种超大断面大倾角隧道桩基施工工艺没有成熟施工工艺，对于隧道最大倾角 45°斜井采用新奥法，竖井、隧道施工均采用新奥法、盾构法，这些方法有其自身局限性。该类型拱座基础施工原设计采用型钢拱架三导洞支护分台阶人工开挖方式进行施工，此种工艺将很大程度限制工作空间，而且无法实现机械施工，只能依靠人工进行。由于倾斜角度大出渣也只能人工搬运，工作效率极低，工期很难保证。为了实现全断面开挖、最大程度机械化施工、解决机械、渣土运输问题，最终创造性发明型钢拱架配合预应力锚索进行全断面开挖的支护模式，利用龙门配合挖机进行垂直运输方式出渣，保证了在大倾角斜面上施工最大程度实现机械化，高效快速提升工作效率，最终实现目标工期。

2. 大跨度大吨位缆索吊施工

夜郎河双线特大桥总体布置立面见图 4-3-36。

夜郎河双线特大桥主桥 1-370 m 上承式钢筋混凝土 X 形（提篮）拱桥。钢管拱分为 44 个节段，主钢管共分为 4 肢，拱肋底宽 41 m，顶宽 15.42 m，最重节段重 195.8 t（含模板等施工措施吊重），最长节段 24.5 m，吊装高度 205 m。缆索吊设计起重系统分 2 组，吊重 4 × 50 t（总重 200 t），索鞍横向移动最大距离 35 m，跨径组合为 124.2 m + 548.46 m + 150.21 m。索塔采用 ϕ800 mm × 16 mm 钢管进行组拼，高度 100 m，索塔顶横梁横向长 52 m。

经过方案比选，索鞍横移方式从用卷扬机牵引、油顶牵引，最后选用连续千斤顶牵引，从开始移动一次需要四五天，提高到半天完成一次移动，大大提高了索鞍横移效率。通过以上主要技术创新，成功解决了提篮式钢管拱拱脚与拱顶处劲性骨架宽度渐变的吊装、缆索吊横移系统重量大以及对塔架横向稳定性控制的施工难题，确保了经济、高效、安全地完成吊装施工，创造了显著效益，得到了各界的好评。

3. 提篮式钢管拱施工（图 4-3-37）

夜郎河双线特大桥主桥采用 1-370 m 上承式钢筋混凝土 X 形（提篮）拱桥。竖直平面内矢高 83.5 m，矢跨比 1/4.431 14，拱轴线采用 $m = 5$ 的悬链线。钢管拱全桥共计 5 500 t，分为 44 个节段采用 200 t 缆索吊斜拉扣挂法吊装。全桥主钢管共分为 4 肢，拱肋底宽 41 m，顶宽 15.42 m，每肢分为 10 个节段，前 5 个为分叉段，其余 5 个为合并段，前 5 个节段安装侧向缆风抵抗钢拱架水平力。由于钢管拱为变宽变高度节段，因此高空对接吊装采用可横移动式缆索吊进行节段提升吊装；同时为采用斜拉扣挂方式对拱肋悬臂节段进行固定定位，通过斜拉扣挂体系以及缆索吊配合进行拱肋节段空中线形、空间位置调整。在斜拉扣挂体系设计中，充分考虑采用永久结构作为锚固系统，减少临时结构的投入，既满足了系统的锚固要求，提高了施工效率，又大量降低了施工成本。

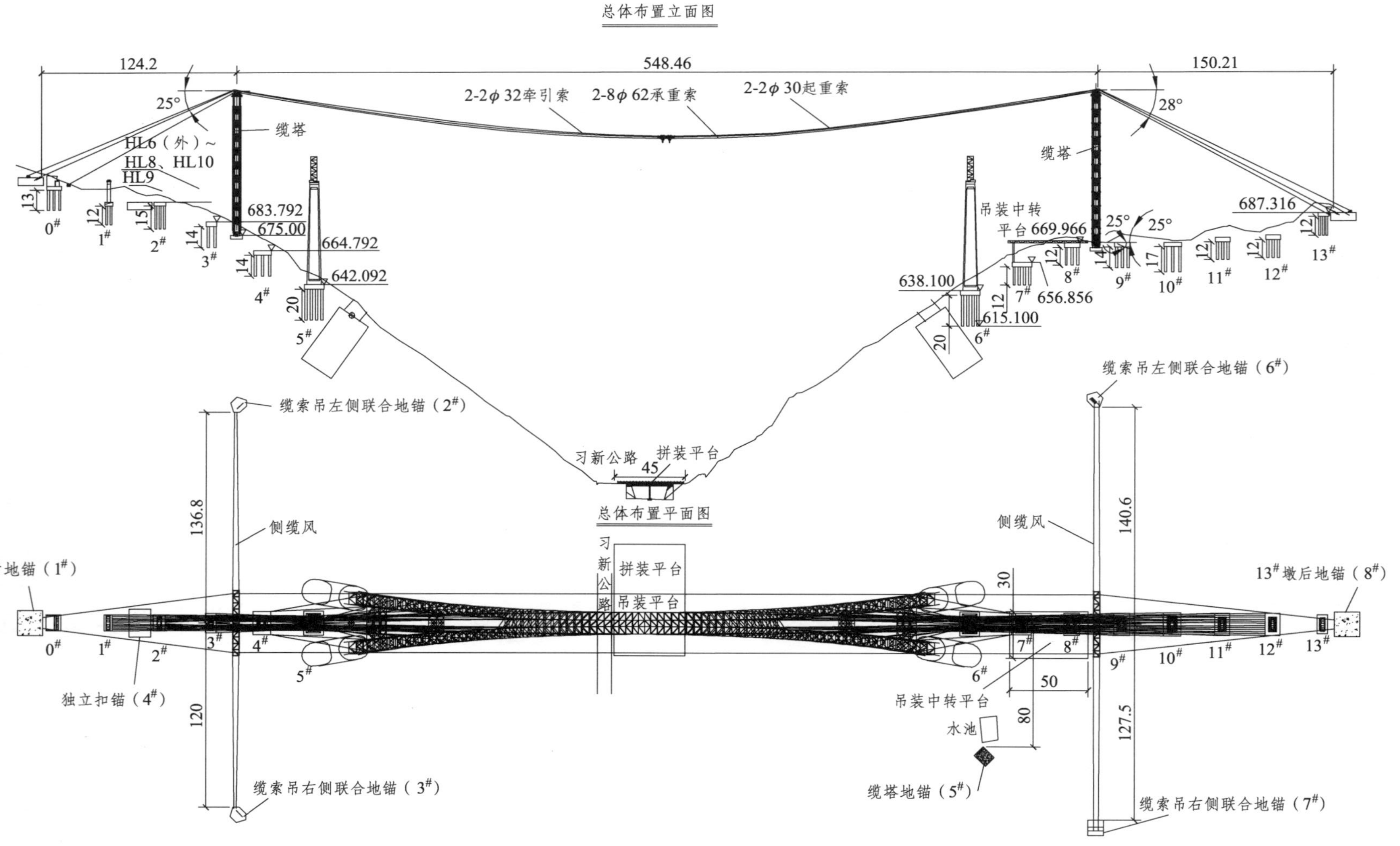

图 4-3-36　总体布置立面

图 4-3-37　提篮式钢管拱施工

4. 钢管拱内压混凝土施工

夜郎河双线特大桥主拱圈劲性骨架主管由 8 根 1 m 直径钢管组成，每根主管内压 C60 混凝土，一次泵压高度 83.5 m，长 205 m，见图 4-3-38。管内混凝土泵送采用由拱脚至拱顶“连续顶升”施工需要克服，超高度泵压难度大、方量大，两岸对称同时灌注、连续压注、不能间断等难度。泵送过程中对钢管拱劲性骨架进行监控，控制两侧砼泵送速度相同，以保证钢管拱劲性骨架变形在规范内。

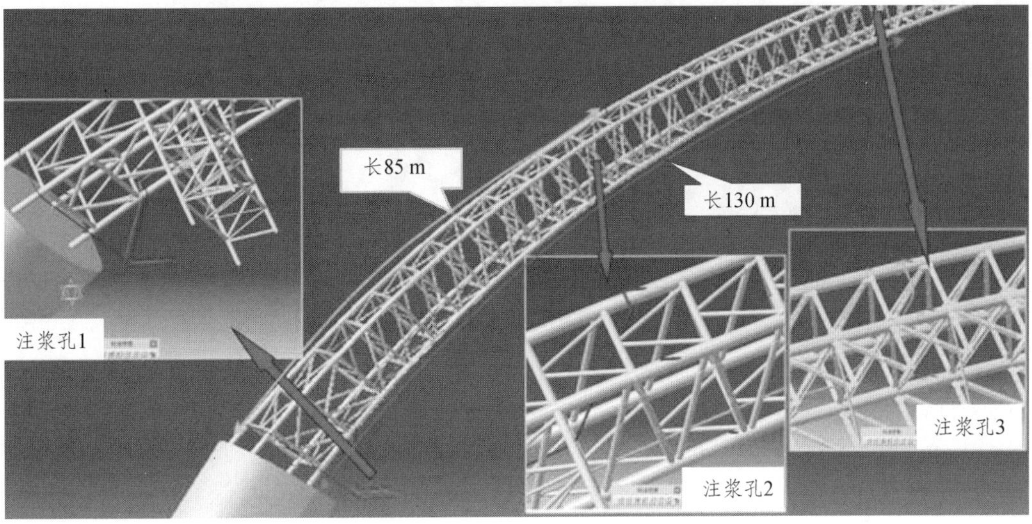

图 4-3-38　钢管拱注浆口示意

在泵送前，针对钢管拱内压砼泵送工艺的设计，结合现场的施工条件，经过计算和比选，确认输送泵的选型、输送泵储料斗、压注口、排气孔、排气管等的布置。由于钢管拱内压砼方量大，压注高度大，同时连续性要求很高，泵送过程易出现堵管、压力过大等现象。在方案设计和比选中进行了一系列的创新，为保证单根主钢管内砼连续施工，在拱圈上设置一个二级注压口。一级压注砼到达二级注压口后，迅速换二级注压口压注。通过调整优化混凝土施工配合比控制混凝土各项性能指标，精确计算配置合理泵送设备、设计泵送管线位置、注浆口位置同时泵送过程中实时监控最终顺利完成钢管拱内压混凝土灌注。

5. 拱圈外包混凝土施工

拱圈由劲性钢管骨架外包 C55 混凝土构成。主拱肋横向变宽，箱体横向宽度 *B* 值从拱脚处 9 m 过渡到拱顶 38 号截面处的 6 m（拱顶 38 ~ 40 号截面为等宽），按 1.2 次抛物线关系变化，主拱肋箱体纵向变高度，拱箱外边缘高度由拱脚 13.3 m 变至跨中 7.3 m，对应的劲性骨架高度 H（为同一截面处上下弦主钢管的在拱轴法向平面内的竖向间距）从拱脚处 12.1 m 过渡到拱顶 38 号截面处的 6.1 m，按 1.5 次抛物线变化。拱圈顶底板厚度采用：拱脚到 1 号墩处顶底板厚 1.4 m，腹板厚 1.2 m；1 号墩到 2 号墩处顶底板厚 1.2 m，腹板厚 1 m；2 号墩到 3 号墩处顶底板厚 1 m，腹板厚 0.8 m；拱顶合并段顶底板厚 0.8 m，腹板厚 0.6 m。由于外包混凝土截面为变截面而且按悬链线变化，这样给模板设计与安装带来很大难度。考虑模板安装精度要求高、模板截面变化频繁，因此底模板选用 2[16 槽钢、木工字梁、竹胶板组合，此种组合便于线形调整，结构简单自重小。同时考虑到在空中无法安装底模板这一问题，钢管拱在安装前，解决钢管拱外包混凝土施工底模的安装，设计了整体移动式底模铺设平台，解决了场地狭小、多个平台无法布置的难题。底模先采用悬挂法，减少高空安装底模的难度，在地面上顺利实现。在钢管拱吊装前将底模吊在钢管拱下弦杆，随拱架一起吊装方式解决。利用此种吊架法施工，解决了高空施工支架的投入，降低了成本，提前安装底模，降低了高空作业的安全风险，提高了施工效率，为工程快速高效进行提供有力保证。

6. 拱上立柱混凝土施工（图 4-3-39）

图 4-3-39　拱上立柱施工

为了与拱圈相协调，同时保证拱上墩柱具有足够的横向刚度，拱上立柱采用双柱式刚架墩。为减少拱上墩柱的自重，墩柱均采用空心截面。双柱之间 K 撑采用宽 200 cm、高 150 cm 的箱形钢梁。拱上最高墩柱高 60.7 m（1 号墩柱）。拱上 1、2、3#墩柱横向倾角采用 8.667°（与拱圈外侧面倾角对应）。拱上立柱主要材料数量：C50 砼 6 890 m^2，钢材 808 t。墩身采用悬臂模板施工，K 撑采用整体吊装就位。1 ~ 4 号柱顶盖梁采用 350 cm × 250 cm 截面，盖梁长 13.2 m。5 号墩盖梁和墩身合并设置。盖梁采用钢管支架施工。

7. 钢混结合梁施工

为了减少拱上结构自重，拱上梁采用 3 联钢-混连续结合梁，跨径组成为 4 × 38 m + 3 × 38 m + 4 × 38 m，结合梁梁高 3.4 m 的箱形钢-混结合梁，钢梁在正弯矩区为 U 形断面，在负弯矩区为闭口箱形断面。钢梁采用分离的双箱单室结构，两箱中心距 5 m，两箱体之间沿纵向每隔 6 m 左右设置工形断面的钢横梁，将两者连成稳定的空间结构。钢梁纵向分节段采用高强螺栓连接。钢梁顶面设计厚 39 cm C50 砼桥面。钢梁的架设设计采用拱顶处搭设支架分段拼装、利用导梁进行顶推就位施工。

针对现场实际情况，充分利用现有的缆索吊设备进行反复研究，组织专家论证，最后确定采用缆索吊分段整体吊装就位，减少拱上临时支架以及顶推设备的投入，既满足了施工，又节约了施工成本，实现钢混结合梁低能耗、高精度、快速完成。

第六节　大跨度桥梁施工

大跨度桥梁通常是指主跨跨度大于 100 m 的桥梁或者一联多于 3 跨的连续梁桥。本线路大跨度桥梁较多，本节以具有代表性的朝门乌江双线特大桥及坪上双线特大桥为例，介绍大跨度桥梁的设计控制因素、桥跨布置、主体工程施工方法等。

一、朝门乌江双线特大桥

（一）工程概况

朝门乌江双线大桥里程为 DK262 + 326.7 ~ DK262 + 756.3。主桥布置为（92 + 168 + 92）m，是高墩大跨度连续梁刚构桥梁，为客货共线双线。地质情况为：该桥位于贵州息烽县地区，沿线各种不良地质发育齐全，其中岩溶、压矿和采空区、顺层分布范围广，是本线最为复杂、对工程影响最大的不良地质，其次为不良地质及有害气体。沿线山高坡陡、沟谷深切，岩体构造节理发育、较为破碎，分布有大小不一的古滑坡、崩塌、危岩落石及软质岩体风化剥落，其中滑坡主要分布在泥页岩或灰岩夹泥岩、页岩地段，其次为土质滑坡。

主桥各墩类型及墩高：2#墩为变截面墩身结构，3#墩高 109.5 m。

基础形式及尺寸：钻孔灌注桩，2#墩为 28 根 ϕ2.5 m 桩，桩长 14 根 37 m、7 根 35 m、7 根 34 m；3#墩为 28 根 ϕ2.5 m 桩，桩长 21 根 29 m、7 根 33 m。

（二）主要技术部位施工工艺及方法

1. 钢筋工程

（1）钢筋下料：

① 长度超过 9 m 或 12 m 的腹板箍筋，配料时，要将焊接接头头位置错开规定的距离，并尽量减少钢筋接头的数量；腹板、顶板和底板的纵向水平钢筋配料，要将钢筋接头位置错开。

② 钢筋裁切过程中，发现焊接接头及钢材的外观缺陷，应予剔除。

③ 钢筋切断机定尺挡板的位置固定后应复核，不带弯钩的长钢筋裁切长度误差为 ± 15 mm。

④ 带弯钩及弯折的钢筋应考虑钢筋经弯曲后的伸长量，计算实际下料长度。

⑤ 注意下料长度控制。钢筋直径 $d \geqslant 20$ mm，采用单面搭接焊连接，焊接长度不小于 10 及不小于 20 cm；$d \leqslant 16$ mm 的采用绑扎连接，搭接长度不小于 30d。

（2）钢筋连接：在钢筋场制作时，钢筋连接以搭接焊为主，采用焊接时，应将施焊面上污垢、油脂等清除干净，露出金属光泽，削平焊接钢筋的端面，调直使其与钢筋中心线垂直。

钢筋焊接前，根据施工条件确定焊接工艺参数，并进行电焊工现场考试。经接头外观及力学性能检验合格后方成批焊接。焊接由熟练技工操作。每个焊工在每班前均按实际条件先试焊 2 个对焊接头试件，并作冷弯试验，待其结果合格后方可正式施焊。

钢筋焊接前调整好电焊接的电流（180 ~ 220A），焊条采用“5 字头”焊条，一般采用平焊，确保焊接质量，不得有钢筋烧伤及裂缝等现象。钢筋接头应设在承受应力较小处，并应分散布置。配置在“同一截面”内受力钢筋的截面积，占受力钢筋总截面积的百分率，应符合设计要求。

（3）钢筋弯制成型：钢筋弯曲成型必须保证钢筋形状正确，平面上无翘曲不平现象。HPB235 钢筋末端 180°弯钩，其圆弧直径不应小于钢筋直径的 2.5 倍，钩端应留有不小于钢筋直径 3 倍的直线段。HRB400 钢筋末端 90°或 135°弯折时，其圆弧半径不宜小于钢筋直径 3.5 倍，钩端应留有不小于钢筋直径 5 倍的直线段。

弯起钢筋应弯成平滑曲线，HPB300 钢筋的最小曲率半径应为 10d，HRB400 钢筋的最小曲率半径应为 14d。

（4）预埋件施工：

① 在混凝土浇筑前应仔细检查预埋件，确保其数量及位置的正确，固定牢靠。

② 钢构件的外露部分防腐处理：接触网支柱预埋螺栓外露部分及基础面以下 150 mm 范围采用多元合金共渗 + 达可乐 + 封闭层处理；支座套筒、防落梁预埋钢板、接触网预埋钢板采用多元合金共渗或渗锌 + 封闭层处理；接触网支柱预埋螺栓以外的其他螺栓采用渗锌处理。其中涂层厚度≥50 μm，达可乐涂层厚度为 6 ~ 8 μm，封闭层厚度为 5 ~ 8 μm。

③ 预埋的泄水管、底板泄水孔，施工期间应用塑料袋填塞严密，杜绝养生水或雨水漏下。

2. 混凝土工程

（1）混凝土拌和：连续梁施工混凝土由 3 号、10#两座拌和站集中生产供应，两座拌和站各配备两套 90 型拌和机分别供应 3 号、2 号 T 构。混凝土生产前，向搅拌站提出混凝土供应计划（数量和连续生产时间），搅拌站按计划要求备够原材料，试验部门要对原材料的各项指标测试（材质、含水量）以调整施工配合比。

（2）混凝土的输送：混凝土运输采用混凝土罐车。10#混凝土拌和站配备 10 m^3 混凝土罐车 5 台，至少保证 4 台一直处于良好状态，专供乌江大桥 2 号 T 构所需的混凝土。3 号混凝土拌和站在做好乌江桥材料储备的同时，优先考虑乌江桥 3 号 T 构所需混凝土的供应，每次浇筑混凝土应配备 10 m^3 混凝土罐车 7 台，至少 6 台一直处于良好状态。

由于墩身高，连续刚构跨度大，要求配备输送垂直高度达 130 m、水平输送距离达 120 m 的混凝土泵输送入模。本桥配备 4 台混凝土输送泵，其中公司自有 3 台 HBT120 型双动力混凝土输送泵。同时配备 260 m 长高压泵管。2 号、3 号主墩各配备 1 台，另 2 台备用。泵送时输送管路的起始水平段长度设为 15 m 以上，输送管路应尽量减少弯管。输送管路用支架、吊具牢固固定，且不得与模板或钢筋直接接触。泵送过程中，混凝土拌和物始终连续输送。

（3）混凝土浇注：混凝土模板温度控制在 5 ~ 30 °C（每孔梁浇注开盘前检测）；入模温度为 5 ~ 30 °C（每批不大于 100 m^3 测一次）；混凝土入模含气量控制在 2% ~ 4%（每批不大于 50 m^3 测一次）；混凝土坍落度（坍落扩展度）每批不大于 50 m^3 测一次，坍落度应控制在 180 ~ 220 mm 范围内。

① 浇筑点布置：各个节段均设置两个浇注点。

② 梁体混凝土浇筑顺序：混凝土浇筑采用分段、水平分层的方式连续浇筑，布料先从箱梁两侧腹板同步对称均匀进行。纵向按图纸设计段落进行浇筑，每段浇筑时对称匀速进行。横桥向先浇筑底板区→浇筑腹板区→浇筑顶板区→表面收浆抹面。

浇筑两侧腹板混凝土时，采用同步对称浇筑腹板混凝土，防止两边混凝土面高低悬殊，造成内模偏移或其他后果。当两腹板槽灌平后，开始浇筑桥面板混凝土。桥面混凝土也从两端向中间连续分段浇筑，每段 2 m，以利表面收浆抹面。

③ 混凝土拌和组织：大桥南、北两岸 2、3 号主墩连续梁混凝土分别由 3#、10#混凝土搅拌站供应，梁体混凝土等级为 C55，碎石、砂子采用专仓储存、堆放。

（4）混凝土振捣：

① 采用ϕ50 mm 和ϕ70 mm 插入式振捣器振捣，各插点的间距均匀，一般不超过振动棒有效作用半径的 1.5 倍，一般为 30 ~ 50 cm，与侧模应保持 100 ~ 200 mm 的距离。

② 腹板下倒角处浇筑混凝土时，在倒角模板上开ϕ150 mm 的孔用于振捣混凝土，压板上需设置一定数量的出气孔，以利于混凝土的振捣密实。钢筋、波纹管密集部位可采取ϕ30 mm 的振动棒进行小间距振捣。

③ 隔墙混凝土浇筑与腹板混凝土同时分层浇筑，由于该处钢筋密集，可适当延长混凝土振捣时间，

使用ϕ30 mm 混凝土振捣棒，隔墙内外侧必须用铁锤敲击，保证混凝土密实性。进人口模板开 30 cm × 30 cm 振捣口，待混凝土浇筑至进人孔下缘时，封堵下料口。

④ 振动棒自然地垂直沉入混凝土中，为使上下层混凝土结合成整体，振动棒应插入下层混凝土 5 ~ 10 cm 左右，振捣时振动棒应快插慢拔，砼表面不再下沉，不再冒气泡且表面泛浆平坦时该点才算振捣好，不得漏振过振，尤其是模板边缘处。

⑤ 混凝土灌注入模时下料要均匀，注意与振捣相配合，混凝土的振捣与下料交错进行。振动棒应竖直上下，不得平拖。

⑥ 振动棒不能直接靠在模板、钢筋及预应力管道上振捣，不得触碰精轧螺纹钢筋，此点操作时应十分重视，应反复叮嘱振捣操作人员。

⑦在梁体混凝土灌注过程中，应指定专人值班检查模板、钢筋，如发现螺栓、支撑等松动应及时拧紧，漏浆处应及时堵严，钢筋和预埋件如有移位，应及时调整保证位置正确。由于中、端隔墙模板均为木模，混凝土浇筑过程中必须加大该处模板检查频率。

（5）混凝土养护：混凝土浇筑完毕，立即进行潮湿养护，根据养护期间大气温度及湿度按照规范要求确定潮湿养护天数。定期对梁体进行洒水，洒水以保证混凝土表面湿润为度，保证混凝土表面潮湿，防止出现裂纹。

按照规范要求制作混凝土养护试件，同条件养护试件涉及初张拉及终张拉混凝土强度及弹性模量的确定，必须保护好同养试件，并确保同条件养护。

3. 预应力工程

该连续刚构采用纵向、横向、竖向三向预应力体系，钢筋、管道密集。

（1）预应力筋的布设：

① 纵向预应力筋：纵向预应力筋采用抗拉强度标准值为 f_{pk} = 1 860 MPa、弹性模量为 E_p = 195 GPa、公称直径为 15.2 mm 的钢筋，其技术条件符合 GB 5224 标准，钢绞线束数分别为 19-15.2 mm。锚下控制应力为 $0.7f_{pk}$ = 1 302 MPa。管道采用塑料波纹管，塑料厚度不小于 0.3 mm。19-Φ15.2 钢绞线采用内径为 100 mm 的波纹管，其外径为 113 mm 的波纹管。

预应力锚具采用 M15A-19，配套千斤顶采用 YCW500B 型，在梁块两侧对称张拉。

② 横向预应力筋：横向预应力筋采用抗拉强度标准值为 f_{pk} = 1 860 MPa、弹性模量为 E_p = 195 GPa、公称直径为 15.20 mm 的钢筋，其技术条件符合 GB 5224 标准。锚下控制应力为 $0.7f_{pk}$ = 1 302 MPa，预应力管道采用内径为 72 mm × 23 mm 塑料波纹管，锚具采用 BM15-4（张拉端）、BM15P-4（锚固端）扁型锚具。配套千斤顶采用 YCW100B 型，在箱梁两侧交替单端张拉。

③ 竖向预应力筋：竖向预应力筋采用抗拉强度标准值为 f_{pk} = 830 MPa、弹性模量为 E_p = 200 GPa、直径为ϕ32 mm 的预应力精轧螺纹钢筋，锚下控制应力为 $0.9f_{pk}$ = 747 MPa，预应力管道选用内径为 45 mm 铁皮套管，锚具采用 JLM-32 锚具，配套千斤顶采用 YCW60B。

（2）预应力筋的定位：横向及竖向预应力筋设计为单端张拉，在施工时波纹管、套管与预应力筋同时安装就位，且横向预应力索张拉端应交错布置；同时，横竖向波纹管道均应在固定端接好通气孔；纵向预应力筋有两端同时张拉和单端张拉，施工时采取先行预埋波纹管或套管成孔，混凝土浇注完，张拉前后穿钢铰线的方法。

（3）预应力筋的安装：箱梁混凝土浇注完后，待混凝土初凝后，开始预应力筋的安装。待混凝土强度和弹性模量达到设计强度的 100%后方可进行张拉。

① 穿束方法：短束采用人工穿束，长束采用 3 t 卷扬机牵引穿束。

② 穿束施工：将卷扬机钢丝绳套在钢铰线束前端，人工将钢铰线端头抬高并放入管道口内，开动卷扬机，使钢束缓缓进入孔道内，并对预应力束进行标号，在锚具上同时编上相同的编号，防止钢铰线出现纠结。

（4）预施应力设备：预施应力设备主要有 ZB4-500 型油泵及输油管、YCW500 型千斤顶、YCW100B 型千斤顶、YCM60B、高压油表等。高压油表采用防震型，其精度等级为 0.4 级。最小分度值不大于 0.5 MPa，表盘直径大于 150 mm。选用油压表表盘量程在工作最大油压的 1.25 ~ 2.0 倍。

（5）孔道摩阻、锚圈口摩阻试验及参数确定：张拉前，选取具有代表性的孔道进行孔道摩阻试验。摩阻试验的目的验证孔道摩阻系数μ和偏差系数 k 的设计计算取值。孔道摩阻试验结果报设计院确认。

根据设计锚下控制应力，并考虑锚圈口和喇叭口摩阻损失计算得出千斤顶张拉控制应力。根据实测孔道摩阻系数、实测预应力筋参数计算预应力筋理论伸长值，以校核实际张拉伸长量。

（6）预应力张拉条件：梁体混凝土强度达到设计值的 95%及弹性模量达到设计值 100%时进行张拉，且必须保证张拉时梁体混凝土龄期不少于 5 d。张拉前实施混凝土强度、弹性模量、混凝土龄期“三控”。张拉中实施张拉应力、应变、时间“三控”。

（7）梁体张拉操作工艺：梁体预应力张拉顺序及原则为先纵向、再横向、最后竖向，且横、竖向预应力钢束的张拉要落后纵向预应力束 2 ~ 3 节段后批量张拉。

① 纵向预应力筋张拉：

张拉顺序及原则：先腹板束再顶板束最后底板束；先外后内，以梁中线为对称轴两侧对称进行，最大不平衡束为 1 束。

两端同时张拉工艺流程：0→10%初始应力→控制张拉力（持荷 5 min）→一端卸压自锚→另一端卸压自锚→卸工具锚和千斤顶。

张拉锚具安装程序：安装工作锚→安装限位板→安装千斤顶→安装工具锚→在工具锚夹片后钢铰线上作量测伸长量的标记→张拉。

预应力张拉：预应力张拉两端同步进行，分级控制，升压或降压均应缓慢进行，两端伸长量之和与理论计算值比较，限差为 ± 6%，符合者持荷 5 min，一端千斤顶持荷，另一端千斤顶缓慢回油锚固；弹性回缩值≤6 mm，卸下千斤顶；另一端千斤顶补足拉力后，缓慢回油锚固，弹性回缩≤6 mm，卸下千斤顶；否则，应重复张拉。

② 竖向预应力筋张拉：

张拉顺序及原则：采用单端张拉，自横隔梁段中心向两端对称进行，以梁中线两侧对称进行，采用二次张拉工艺。

张拉工艺流程：0→设计应力（持荷 5 min）→拧紧锚具锚固→卸顶→不小于 1 d 后→重复张拉一次。

预应力张拉：张拉采用双控法，以油压表读数为主，油压表的误差不得超过 + 2%，伸长量的误差不得超过 + 6%。

③ 横向预应力筋张拉：

张拉顺序及原则：采用单侧交错张拉，自中横隔梁段中心向两端对称进行，以梁中线两侧对称进行。

张拉工艺流程：0→10%初始应力→控制张拉力（持荷 5 min）→张拉端卸压自锚→卸工具锚和千斤顶。

张拉锚具安装程序：安装工作锚→安装限位板→安装千斤顶→安装工具锚→在工具锚夹片后钢铰线上作量测伸长量的标记→张拉。

预应力张拉：预应力张拉单端交错进行，分级控制，升压或降压均应缓慢进行，伸长量与理论计算值比较，限差为 + 6%，复核则持荷 5 min，千斤顶缓慢回油锚固；弹性回缩值≤6 mm，卸下千斤顶；否则，应重复张拉。

4. 管道压浆

张拉完成后，在 24 h 内进行管道压浆。管道压浆采用真空辅助压浆工艺。

（1）灌浆材料：管道压浆采用不低于 M40 微膨胀水泥浆，并添加 JH-MCI-2005 固态阻锈剂。

（2）工艺流程：清除管道内杂物及积水→用水泥砂浆密封锚具→清理锚垫板上的灌浆孔→确定抽

真空端及灌浆端，安装引出管、堵阀和接头→搅拌水泥浆→抽真空→灌浆泵灌浆→出浆稠度与灌入的浆体相同时，关闭抽真空端所有的阀→灌浆泵保压→关闭灌浆泵及灌浆端阀门→拆卸外接管路、灌浆泵→浆体初凝后拆卸并清洗出浆端堵阀。

（3）压浆工艺：

① 确定抽吸真空端及压浆端，在两端锚座上安装压浆罩、压浆管、堵阀和快换接头。必须检查并确保所安装阀门能安全开启及关闭。

② 在安装完盖帽及设备后拧开排水口，利用高压风将管道可能存在的水分吹出；将接驳在真空泵负压容器上的三向阀的上端出口用透明喉管连接到抽真空端的快换接头上。用真空泵吸真空，启动真空泵，开启出浆端接在接驳管上的阀门。关闭入浆端的阀门。抽吸真空度要求达到 $-0.06 \sim -0.1$ MPa 并保持稳定，停泵 1 min，若压力表能保持不变即可认为孔道能达到并维持真空。

③ 启动电机使搅拌机运转，然后加水，再缓慢均匀地加入灌浆剂（不得整袋一下倒入，更不能将灌浆剂袋掉入搅拌筒内）。拌和时间不少于 2 min，然后将调好的灌浆剂放入下层压浆罐，下层压浆罐灌浆剂进口处设过滤网，滤去杂物以防止堵塞管道，过滤网孔格不大于 2.5 mm $\times$ 2.5 mm。

④ 启动灌浆泵，开始灌浆。灌浆时按先下后上的顺序压浆（真空泵仍保持连续作业），即由一端压入灌浆剂，待抽真空端的透明网纹管中有浆体经过时，关闭空气滤清器前端的阀门，稍候打开排气阀直至水泥浆顺畅流出。当另一端溢出的稀浆变浓（与灌入的浆体相同时）之后，封闭出浆口，继续压浆使压力达到 $0.5 \sim 0.6$ MPa，持压 2 min 且无漏浆情况时，关闭进浆阀门卸下输浆胶管。

⑤ 浆体初凝后（约 5 h，具体时间根据气温由试验确定），拆卸并清理安装在压浆端及出浆端的球阀，彻底冲洗压浆设备及工具。

5. 封锚及预留孔封堵

张拉结束后对锚头进行封锚，封锚时采用液态阻锈剂涂刷锚头，封锚采用强度等级不低于 C55 无收缩混凝土。

（1）工艺流程：锚具穴槽表面凿毛处理→锚具防水处理→安装封锚钢筋→填塞混凝土→混凝土养护→对新旧混凝土结合部进行防水处理。

（2）封锚工艺：封锚前，对锚具穴槽表面进行凿毛（宜在梁端钢模拆卸后立即进行）处理，并将灰、杂物以及支承板上浮浆清除干净。然后在预应力筋锚头上采用液态阻锈剂涂刷进行防锈处理。安装封锚钢筋后，采用低流动度的 C55 无收缩混凝土对锚孔进行填塞。填塞混凝土分层筑实，表面平整。

（3）桥面预留孔封堵：桥面吊装孔封堵前，对孔道表面进行凿毛处理，并将灰、杂物等清除干净。然后安装封堵钢筋后，采用低流动度的 C55 无收缩混凝土对预留孔进行填塞。填塞混凝土分层筑实，表面平整。混凝土凝固后，采用保湿养护。最后，对新旧混凝土结合部涂刷聚氨酯防水涂料，并按规定制作桥面防水层和保护层。

6. 悬臂灌注施工注意事项

（1）挂篮悬臂灌注施工属高空作业，必须遵守《桥梁施工安全技术规则》的有关规定。

（2）位于同一 T 构上的两套挂篮，拼装、移位均需同步对称进行，位移差不得大于 40 cm，移动速度不得超过 10 cm/min。挂篮后部应设保险倒链。

（3）两侧编号相同的梁段施工必须对称进行，确保 T 构两侧的质量差不超过 20 t。同时，同一桥的两个 T 构施工也要基本同步，以便于进行中跨合龙段施工。

（4）严格控制各个梁段的中线和高程，每梁段在施工中着重作 6 次观察，即灌注混凝土前后、张拉前后、挂篮移动前后。要根据观察及时调整，确保最后的顺利合龙。

（5）为防止梁段之间新旧混凝土衔接处产生裂纹，每个节段应充分凿毛，每个梁段混凝土采用一次灌注，灌注时要加快速度，并在底板混凝土凝固之前浇注完毕。

（6）悬灌过程中，必须安排专人经常检查挂篮的锚固螺杆、前后吊带（杆）等关键受力杆件的使用情况，加强对起重用的千斤顶、倒链、钢丝绳等的维修保养，发现问题及时处理。

（7）挂篮施工所用的动力、照明线路必须由电工按规定敷设，并经常检查，消除漏电、短路隐患，同时，每套挂篮都要配备消防器材。

二、坪上双线特大桥

（一）工程概况

坪上双线特大桥全长 1 796.32 m，共 50 个墩台，孔跨式样为 2×24 m＋4×32 m＋（40＋2×64＋40）m 连续梁＋3×24 m＋3×32 m＋（48＋2×80＋48）m 连续梁＋4×32 m＋2×24 m＋（36＋56＋36）m 连续梁＋20×32 m。该桥 7#～8#墩（连续梁）、32#～34#墩（门式刚构墩）两次跨越既有川黔线，8～9#墩、17#～18#墩两次跨越 G210 国道，27#～28#墩跨越息烽县市政道路。该桥处于 10 标段标尾，位于全线架梁的最前沿，属 10 标段首架工程，工期紧、技术难度较大、结构形式复杂多样、安全风险高。

（二）主要部位施工工艺及方法

1. 施工准备

跨既有线施工安全防护和材料运转、邻近既有线 0#台基础施工，针对本工程特点、重难点，并根据我单位多年在铁路施工的丰富经验，首先建立健全强有力的施工管理组织机构，确保各项工作处于受控状态，做好各专业的协调工作。

（1）本桥 7#墩距既有川黔线较近，施工时大里程边坡采用 4 根 1.5 m×1.2 m 挖孔桩防护，桩离承台边缘 2 m 处，桩长 10 m，嵌岩 4 m，桩间打土钉墙。31#墩距既有川黔线较近，施工时左侧边坡采用 3 根 1.5 m×1.2 m 挖孔桩防护，桩离承台边缘 1 m 处，桩长 6 m，嵌岩 3.7 m，桩间设置钢筋混凝土板。

（2）32#～34#墩距既有川黔线较近，基坑开挖时，在靠近既有川黔铁路侧采用钻孔打孔或用风镐扩孔插打钢轨桩，桩间插板防护，桩间距 0.5 m，地面上、下各 3～5 m 高，要求铁路两边钢轨桩双拉、扣轨，火车慢行。

（3）30#、31#、35#～41#墩跨既有川黔线较近，42#～45#墩位于既有川黔线铁路坡面上方，施工时在既有川黔线堑顶外侧设置钢轨栅栏进行边坡防护。

（4）7#～8#及 32#～34#门式刚架墩施工时应设置型钢防护棚架及防电屏蔽棚，8#～9#、17#～18#、27#～28#墩连续梁悬灌段位于公路上；梁部施工时应设置型钢防护棚架。

（5）15#、19#、20#、27#、28#、29#、35#、36#位于陡坡坡面上，各墩台的施工顺序合理安排，应采用由下至上的原则进行。

（6）27#墩坡面下方为道路，31#、35#～37#墩坡面下方为既有川黔线，桥基坑及坡面防护工程开挖时做好施工预案，采用小药量爆破及坡面上方由上至下刷方开挖，以避免施工造成飞石、局部坍滑等危及道路及既有线运营安全。

（7）因为跨越营业线施工，还得注意连续梁悬臂现浇施工前，施工方案需征求交通主管部门的同意，施工的时间安排和顺序服从交通部门安排，施工时采取搭设防护棚、架设防护网，并设置警示标志，以保证施工安全。

（8）邻近营业线使用大型机械作业，对司机进行行车安全常识教育，自行机械必须做到“一机一人”监护，防止机械侵限和损坏铁路行车设备。

（9）加强对管理人员、施工人员的安全业务技术教育，提高素质，持证上岗。特别是营业线施工安全防护员、驻站联络员、现场负责人。

2. 跨既有线施工

施工距既有线近，一些工序不能采用大型机械作业，组织协调难度大，为确保既有线行车安全，主要采用人工施工，难以加快施工进度；本工程施工时需要车站、信号、电务、行车、机务、调度等多个铁路设备管理单位配合，协调难度大。

3. 施工方案

根据设计要求，对跨越道路的梁部施工应采用刚性防护棚架对道路进行防护，保证车辆和行人的安全。邻近道路的桥墩，应采用防撞墩进行防护，并设置限高、限速警示标志以策安全。

4. 棚架施工

防护棚架由基础、立柱、横梁、纵向连接系、铺板组成。

（1）基础施工：基础施工时，基坑开挖及挖孔桩施工作业应选择在天气晴好时进行，且在短期的时间内迅速完成施工作业，施工时配备 2 台大功率水泵随时抽水以防止雨天积水破坏既有线路基稳定性。防护棚架基础施工完毕后利用人工将既有线边坡按原标准进行整修，避免边坡坑洼积水影响边坡的稳定性。

（2）立柱施工：立柱按设计尺寸在场地加工成型后运至工地吊装，采用 25 t 吊车起吊，人工配合安装。立柱与基座连接采用钢板焊接并用双螺母拧紧，立柱安装时要保证其垂直度。立柱安装完毕后焊接横向连接的 I40a 工字钢，再安装∟100×100×8 角钢剪刀撑，在立柱吊装过程中要有专人指挥作业。

立柱安装前检查预埋件的位置、标高和平整度情况，检查立柱的长度，根据检查情况及时调整，将立柱和预埋底座进行编号。立柱焊接牢固后立即安装 2 根临时限位缆风钢丝绳，严禁立柱未焊接牢固或限位钢丝绳未紧固就松开牵引拉绳及吊索，以防止立柱钢管倒入既有线上。立柱焊接牢固后严禁即松开牵引拉绳，每根立柱大致就位后由人工扶正，对准提前放样好的设计位置并对垂直度进行校正，及时对立柱底部进行围焊，按设计图纸加焊靴梁，按此方法依次进行各钢管支墩安装。支墩间横向做剪刀撑，以加强支墩间的横向稳定性。

（3）梁部及围栏施工：采用人工配合塔吊安装，在主梁工字钢的两端设起吊环、先将主梁工字钢慢慢吊起，起吊高度超过横梁时慢慢转向，待工字钢就位后焊接。纵梁安装完毕后，再安装分配梁，最后安装铺板及防护围栏，最后在棚架的四角安装缆风绳。

棚架安装完毕后，组织现场施工人员、质检人员、监理人员进行现场检查验收，验收合格后再报请铁路各主管单位验收，经再次验收合格后，方可进入连续梁的施工。

（4）棚架施工安排：配合供电部门进行棚架影响范围内的接触网改移，需要封锁线路，配合供电部门主要完成以下工作：将接触网左右两侧回流线改移到接触网上；在棚架两头的接触网承重索上安装绝缘子；理顺接触网其他相关线路和完成回流线路改移，开通线路。

（5）其他附属设施的施工：缆风绳：纵梁、横肋、棚面板施工完毕后，支架两侧各设两道缆风绳，缆风绳一端固定于立柱顶部，另一端用小于 45 mm×45 mm 角钢固定于两侧路基上，角钢入土深度 3 m，并保证缆风绳受拉力均匀。

综合接地：采用ϕ16 圆钢将每根支墩连接成整体，从ϕ16 圆钢上均匀接四个接地极，接地极采用小于 45 mm×45 mm 角钢（或扁铁），打入原地面以下 2.5 m，在地面上 50 cm 用扁铁连接所有接地极，安装完成后对综合接地进行电阻测试，合格后方可进入下道工序。

5. 安全防护棚架拆除

防护棚架拆除是难点，受到现浇梁的限制，不能用吊车直接拆除。要利用申请停电封锁时间，在设备管理单位的配合下拆除。连续梁施工完毕后，按照从上至下的顺序拆除棚架，即先拆护栏，再拆面板，然后拆分配梁、纵梁和横梁，最后拆立柱。

第七节　桥面系工程施工

现浇梁施工完成后，预留 6 个月以上的徐变上拱期，通过检测保证满足工后沉降的要求后，进行桥面及其附属工程施工。本线路桥面系工程包括桥面防水层、保护层、泄水管等防排水体系以及人行道栏杆、人行道板、挡砟块、伸缩缝、防落梁、角钢支架施工等。

一、角钢支架预制与安装

角钢支架预制安装结合《时速 160 公里客货共线铁路预制后张法简支 T 梁人行道构造图》《时速 200 公里客货共线铁路预制后张法简支 T 梁人行道构造图》及《客货共线铁路预应力混凝土简支 T 梁避车台》进行施工。渝黔正线桥梁人行道宽度按 1.32 m 制作角钢支架。

1. 技术要求

（1）人行道支架采用角钢栏杆的形式，角钢利用预埋于梁体挡砟墙中的 T 钢于梁体连接。

（2）预埋 T 钢、人行道步行板角钢支架均采用 Q235 钢料。栏杆扶手角钢、连接角钢采用∟75 × 75 × 6；横向采用角钢 N18 与角钢 N2 焊接，防止步行板横向移动；纵向采用 N7 与 N2、N3 角钢焊接，限制步行板纵向移动。

（3）栏杆采用直径 20 mm 的圆钢；支架加工厂集中加工，运到现场安装，具体尺寸详见图纸。

（4）人行道支架连接螺栓采用多元合金共渗 + 锌铬涂层 + 封闭处理，其中渗层厚度≥50 μm，锌铬涂层加封闭层总厚 15 ~ 20 μm。

（5）人行道钢构件防腐采用环氧富锌底漆（2 × 40 μm）+ 云铁环氧中间漆（1 × 40 μm）+ 灰铝粉石墨醇酸面漆（2 × 40 μm）。

（6）支架与预埋 T 钢、钢板的连接采用螺栓 M20 × 65（GB/T 5781—2000）、螺帽 M20（GB/T 56—1988）、弹簧垫圈 M20（GB/T 93—1987），与扶手角钢连接采用螺栓 M16 × 40（GB/T 5781—2000）、螺帽 M16（GB/T 56—1988）、弹簧垫圈 M16（GB/T 93—1987）。

（7）支架加工时注意考虑避车台，双线桥每个墩位置两侧均设置避车台，单线桥左右侧交错设置避车台。

2. 人行道安装施工工艺

（1）材料转运、散布：对照工程数量表采用人工安装，将拼装加工完成的单个支架运至施工地点，并均匀散布梁体对应位置。

（2）角钢支架安装：采用 4 颗 M20 × 65 螺栓将单个支架与预埋 T 钢连接，连接要紧密、无松动现象。

（3）角钢支架矫正：角钢支架安装完成之后，进行角钢支架矫正，要求与梁体横向、竖向均垂直，无喇叭口现象存在，角钢支架净空要符合相应步行板尺寸要求。

（4）栏杆扶手角钢安装：扶手采用∟75 × 75 × 6 角钢，栏杆采用 20 mm 圆钢。扶手与角钢支架的连接：将扶手角钢与角钢支架 N1 连接，连接螺栓采用 1 颗 M16 × 40 螺栓；扶手角钢之间的连接：在角钢支架间拼接采用长 240 mm∟75 × 75 × 6 角钢和 4 颗 M16 × 40 螺栓于扶手角钢外部连接。在角钢支架处拼接采用长 190 mm∟100 × 80 × 8 角钢和 2 颗 M16 × 40 螺栓于角钢支架连接，1 颗 M16 × 40 螺栓于扶手角钢连接；同步进行栏杆圆钢安装，圆钢穿完成后，断开处焊接连接并做防锈处理，梁端出圆钢做成直钩。

（5）栏杆扶手调整：水平成一线、平直，扶手在 10 m 长度范围内，矢度不大于 10 mm，栏杆整体平直，无弯曲现象，连接处要平顺。

（6）构件涂装：支架、扶手、圆钢防腐涂刷要均匀。

3. 施工注意事项

（1）材料搬运要轻放，禁止拖拉，支架均为预制场加工，防止涂装表面受损，涂层破损，影响防腐效果。预制场材料及半成品要分类堆放，无散乱物件，并挂材料标示牌。

（2）工地上若使用轨道小平板车要派人进行跟踪，做到车辆通过前能及时避让，临时停放要用木楔做好防溜。

（3）各类机械设备应有安全规程，各类机械安全防护齐全完好。

二、现浇桥面板施工

现浇桥面板主要施工工艺如下：

1. 模板施工

（1）先树立钢吊杆，使之与桥面湿接缝预埋钢筋连接牢固，并将拼好的底模装好连接拉杆，拉杆顶端用蝴蝶扣与架在钢吊杆上的两根钢管连接，底模扣紧桥面板混凝土，搭接 5 cm，拧上双螺帽固定。

（2）安装侧模，待绑扎完钢筋并安装好预埋件后拼装声屏障基础模板。

（3）桥墩设置接触网和避车台时，需在梁端 2.4 m 范围内进行加宽处理，并预留好接触网和检查梯槽口及预埋件。

2. 钢筋施工

（1）钢筋半成品在铺架基地集中制作，采用汽车运输至施工现场。

（2）侧模安装完毕后，接长桥面预埋波纹管并采取定位措施，后接部分波纹管应套入原预埋波纹管内 200 mm 以上，并进行密封处理。

（3）绑扎现浇桥面板钢筋、安装声屏障基础预埋件。钢筋搭接采用绑扎接头，搭接长度不小于钢筋直径的 30 倍。钢筋接头应设置在钢筋承受应力较小处，并应分散布置。

三、桥梁伸缩缝

1. 施工准备

（1）钢压板及挡砟钢板材质采用 Q235 钢料，应符合 GB 700—88 的要求。加工应严格按照设计图纸的结构尺寸进行制作，钢压板 17 mm 螺栓孔位置要与预埋不等边角钢孔位相对应，允许偏差为 ± 0.5 mm。挡砟钢板加工长度允许偏差为 – 2.5 mm。

（2）挡砟钢板下焊接ϕ10 mm、长 30 mm 短钢筋，沿梁横向每隔 600 mm 焊接 2 根。

（3）挡砟钢板及角钢安装前按《铁路钢桥保护涂装》（GB/T 1527—2004）第Ⅴ体系要求防腐处理。止水带采用三元乙丙橡胶止水带。

2. 桥面伸缩缝安装

（1）安装前对预埋螺母套筒及螺栓进行检查和清理杂物并配齐螺栓。不等边角钢钢压板和制作成与梁端坡度一致的二段人字形。

（2）石油沥青要加热后倒入干砂及石粉搅拌均匀就可使用，施工中应时刻注意安全，避免烫伤事故的发生，沥青胶结材料使用温度的允许偏差为 – 10 °C。浇注完后，将其表面抹平。

（3）施工时先在梁体预埋好的不等边角钢上放置三元乙丙橡胶止水带，保证密封、压实，再在两边不等边角钢上放置钢压板，用 M16 镀锌螺栓固定，与三元乙丙橡胶止水带连接在一起。

（4）在螺栓固定位置处放置沥青防水胶砂，使钢压板与不等边角钢完全密封。

四、T 梁防落梁施工

1. 防落梁施工方案

采用斜撑与立柱为 H 型钢焊接于钢板上，组成三角形的防落梁措施。通过化学锚固螺栓安装于墩顶支座中心线附近，顶在梁体侧面形成安全防护。

2. 施工步骤与要求

（1）现场测量和定位，墩顶面局部找平。

（2）在墩顶钻孔，清孔后在钻孔内植入植筋胶，灌注 2/3 容积后以缓慢旋转的方式插入螺杆。

（3）清理梁体侧面及墩顶面，植筋胶到达强度后将橡胶支座板、硬木及已焊接成型的防落梁措施安装就位，旋紧螺母固定。

（4）将螺母与接触钢板进行多点焊接。

（5）全部构件表面涂刷油漆进行防腐处理。具体要求：环氧富锌底漆 0.1 mm 厚 + 聚氨酯面漆 0.1 mm 厚。

（6）保证梁顶钻孔与安装件开孔位置的准确性。

（7）外侧螺栓与墩顶边缘距离需≥400 mm，焊缝的焊接高度不小于 8 mm。

五、防水层及桥面排水施工

防水涂料采用聚氨酯防水涂料，防水卷材采用氯化聚乙烯防水卷材，保护层混凝土采用添加聚丙烯纤维网的 C40 细石混凝土。

1. 防水涂料施工

防水涂料采用人工涂刷。防水涂料按照产品说明进行配制，先主剂，后固化剂，每组分的称量误差不大于 ± 2%，采用机械搅拌均匀。为防止气泡存于涂膜内，分两次进行涂刷，第一次使用平板在基层上刮涂一层厚度 0.2 mm 左右的涂膜，1 ~ 2 h 后进行第二次涂刷。

2. 防水卷材施工

卷材铺贴从一端开始，桥面横向由低到高顺序进行。防水卷材横向的搭接均不得少于 100 mm。将铺贴卷材的基准线弹好，以便按此基准线进行施工。铺贴防水卷材时黏结剂应涂刮均匀，厚度控制在 1.2 ~ 1.5 mm。搭接处两层防水层卷材之间的黏结剂厚度不小于 1 mm。防水卷材铺贴时，应边涂贴边铺贴卷材，同时用橡皮刮板在卷材上部来回刮实，严禁有起鼓、起泡现象。卷材铺贴应做到平直，卷材的搭接应用聚氨酯防水涂料进行密贴。

3. 保护层施工

防水层施工完毕并符合质量要求后，方可进行防护层施工。聚丙烯纤维混凝土采用强制式搅拌机搅拌，纤维混凝土应随拌随铺，采用平板振动器振捣，然后采用抹刀抹平。保护层施工应进行二次收光，待保护层似干非干时应及时覆盖麻布洒水养护。为了防止保护层因收缩应力引起裂纹，施工 24 h 后进行纵横锯缝。待保护层不养护时，及时清理锯缝中的粉末，采用聚氨酯防水涂料将断缝填实。

第八节　涵洞工程施工

本线路涵洞类型一般采用框架箱涵或框架桥，陡坡涵洞可设置为钢筋混凝土盖板箱涵。软土地区（基）上的涵洞采用的地基加固措施应与相邻的路基加固措施一致，并应计算工后沉降，沉降限值应与相邻路基工后沉降限值一致。

一、盖板涵施工工艺及方法

1. 盖板涵施工工艺

盖板涵的主要工程施工流程见图 4-3-40。

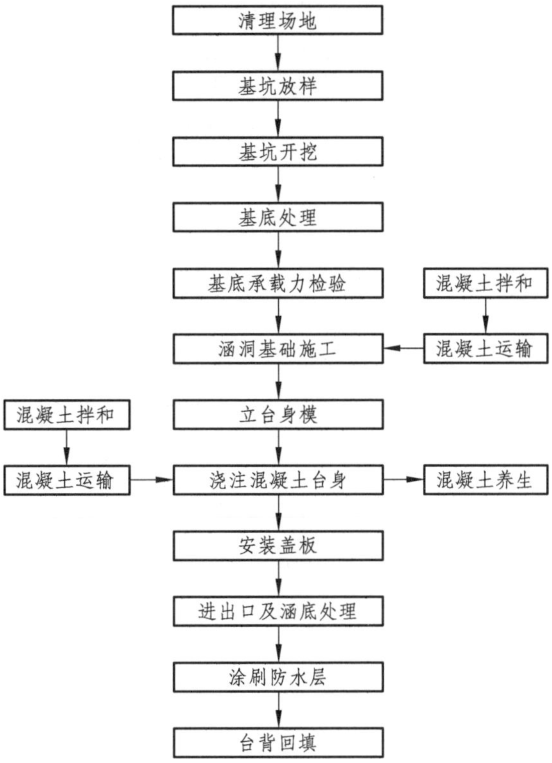

图 4-3-40　盖板涵施工工艺流程

2. 总体施工方法

（1）涵洞基础采用明挖，碎石土开挖时为减少对地基的扰动，采用挖掘机开挖，基底以上 0.2 m 采用人工凿除。

盖板涵的基底用砂夹卵石换填至基岩面并分层夯填密实，涵洞基础、涵身及出入口基础、端翼墙、盖板、帽石均采用 C35 混凝土浇注。

（2）出入口铺砌与垂裙均采用 35 cm 厚 M10 浆砌片石，10 cm 厚碎石垫层。涵身两侧基坑采用级配碎石回填，涵身两侧设 M10 浆砌片石检查台阶。

（3）经检查各部分尺寸及基底承载力符合要求后，立即进行了基础砼灌注封闭施工，缩短暴露时间，防止地基软化。边墙砼系采用小块定型钢模与木模拼装成型。砼灌注采用集中拌和，灌车运输，插入式振捣器分层捣固密实，钢筋砼盖板采用 N33A 式盖板制作。采用刚性联合基础，最后施作防水层。

二、框架涵及框架桥施工工艺及方法

1. 框架涵及框架桥施工工艺流程

框架涵及框架桥施工工艺流程见图 4-3-41。

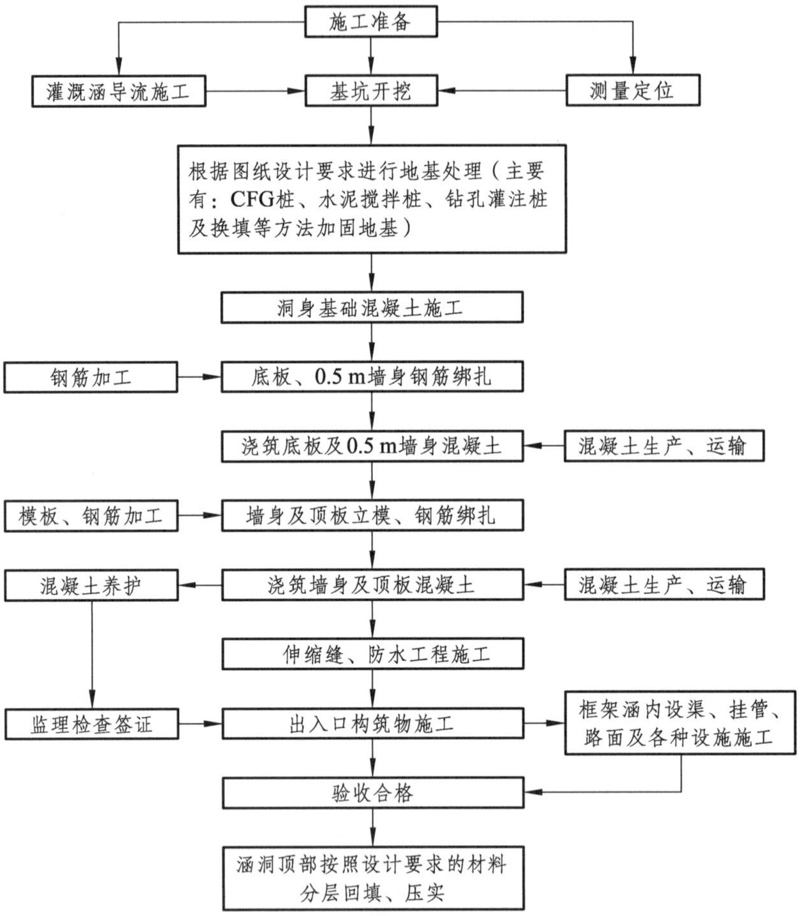

图 4-3-41　框架涵及框架桥施工工艺流程

2. 框架涵主要施工方案

（1）涵洞基础开挖：基坑开挖前由测量室对涵位进行准确放样，测放出基础的准确位置并初步控制标高并引出护桩，以便进行基坑开挖。将基坑控制桩延长于基坑外 2 m 加以固定并保护好。

（2）涵洞上部结构预制及安装：

① 上部构件预制：上部构件在预制厂集中预制生产，模板采用定型组装钢模，砼由拌和站统一生产。

② 上部构件安装：当盖板达到设计强度的 100%且涵台帽强度达到设计强度的 70%以上时，方可进行安装。成品安装前，先检查成品及坐墩台的尺寸。钢筋砼盖板采用吊车起吊安装。为使涵台与盖板连接起到支撑作用，涵台顶面椅背与盖板顶面齐平抵紧，板间 1 cm 宽的缝用水泥砂浆填塞。

（3）涵洞洞口工程及浆砌片石铺底：涵洞进出口的形式采用八字墙形式。铺底采用浆砌片石铺底、碎石垫层。砂浆采用现场砂浆搅拌机拌制。施工方法如下：

① 测量放样：基底宽度为基础的尺寸加两侧预留砌筑站人的宽度，划出开挖范围，钉好桩位，在施工场地附近布置控制桩，以便经常核对砌体位置。

② 清理基坑及基底处理：根据测量放样的基坑施工范围和设计深度进行开挖。

③ 立样板、线架：挖基完成后，浆砌片石砌筑之前，要根据砌体的形式，做出样板、线架，有关的各部尺寸、变化点的高程要标定在线架与样板上。

④ 施工材料选用及砂浆拌制：砂浆的配合比严格按试验室提供的施工配合比施工。

⑤ 砌筑：基础砌筑施工时，应先清理基底，如是基础是岩层则清至基岩，以坐浆法砌筑。

砌石将分层进行，两相邻工作段的砌筑高度差小于 1.2 m，且要挂线施工，所立的样板和线架要稳固。

⑥ 勾缝及抹面：墙体勾缝采用凹缝，用 M10 号水泥砂浆勾缝，在砌筑时外露面预留深为 20 mm 的空缝备作勾缝之用，隐蔽面砌缝随砌随刮平，不另勾缝。墙体勾缝待砌施工完后统一勾缝，缝宽 20 mm、深 20 mm，缝槽深度不足时凿够深度后再勾缝，勾缝后用黑油漆涂缝。

（4）涵洞台背、涵顶回填：涵洞完成后，当涵洞砌体砂浆或混凝土强度达到设计强度的 70%时，方可进行回填。回填采用符合要求的透水性材料，按设计要求范围水平分层、对称地填筑、夯（压）实，填料粒径不大于 10 cm，碾压遍数 6 遍，碾压速度为 1.7 km/h。已成型的路堤，按设计要求挖台阶。

3. 框架桥主要施工方案

（1）框架桥基础开挖：基坑以机械开挖为主、人工开挖为辅，进行放坡施工，在必要时加设挡板或适当放缓边坡。基础底面平面尺寸应按基坑换填尺寸大小每边加宽 0.5 m。

路基段采用 CFG 桩加固，桩径 0.5 m，桩间距 1.7 m，呈正三角形布置，桩长 5.8 ~ 7.5 m。框架墙身下采用 30 cm 厚 C20 混凝土进行封底找平。

（2）框架桥钢筋预制及安装：钢筋按设计规格、尺寸、形状在加工厂加工成型，现场绑扎；墙身钢筋布置较密，要求钢筋加工、安装尺寸准确，钢筋接头类型及安装时接头位置符合设计及规范要求。

绑扎钢筋时靠外两行每个交叉点均绑扎，中间可以采取梅花形绑扎。墙体钢筋逐点绑扎，双排钢筋之间按要求间距绑扎支撑。钢筋安装的允许偏差见表 4-3-3。

表 4-3-3　钢筋安装允许偏差

序号	项目		允许偏差/mm	检验方法
1	受力钢筋排距		±5	尺量两端、中间各 1 处
2	同一排中受力钢筋间距	基础、板、墙	±20	
		柱、梁	±10	
3	分布钢筋间距		±20	尺量连续 3 处
4	箍筋间距		±10	
5	弯起点位置（加工偏差 20 mm 包括在内）		30	尺量
6	钢筋保护层厚度 c	$c \geqslant 30$ mm	+100	尺量两端、中间各 2 处
		$c<30$ mm	+50	

（3）框架桥出入口附属设施施工：出入口翼墙在涵身完成后进行，翼墙基础及墙身为 C30 砼，帽石为 C30 混凝土。涵身与八字墙用 3 cm 沉降缝隔开。

涵洞入口顺接改移公路，出口铺砌采用 35 cm 厚 M10 浆砌片石；泄床采用 C30 混凝土；锥体结构采用 M10 浆砌片石砌筑，砂浆均用砂浆搅拌机现场拌制，砂浆配合比应由实验室现场取样进行确定。出入口翼墙墙身内外侧按照 15 cm × 15 cm 铺设 ϕ10 mm 钢筋。在路基相应位置两侧设置 M10 浆砌片石检查台阶。砌筑时，由边坡坡脚处向上砌筑。露出地面部分及台阶面均应用 M10 水泥砂浆抹面。

（4）框架桥防水层及沉降缝施工：防水层分为甲种 B 类防水层和乙种防水层，在铺设防水层前，需确保基层平整、干净、干燥、无凹凸不平和蜂窝麻面。

沉降缝的设置，要做到使缝两边的构造物能自由沉降，又能严密防止水分渗漏，故沉降缝必须贯穿整个断面（包括基础）。沉降缝由中埋式橡胶止水带、填塞聚乙烯泡沫塑料板及填塞 M10 水泥砂浆组成。

（5）框架桥背、顶回填：框架桥与路基间设置过渡段，过渡段范围内基床表层和下部正梯形采用级配碎石掺 3%～5%水泥填筑，框架桥顶部采用级配碎石填筑。混凝土强度达到设计强度的 70%时，方可进行回填。采用挖掘机挖装、自卸汽车运填料、推土机平地机摊铺整平、压路机碾压施工，分层松铺厚度不得大于 20 cm。构筑物 2 m 范围内，采用人工整平，整平后采用手推式振动夯实至无明显碾压痕迹。对于边角部位，采用电动夯加强夯实，确保填筑段压实质量达到设计及规范要求。涵洞顶上填筑厚度必须大于 1 m 时，才允许机械通过，且在使用振动压路机碾压时，禁止开动振动源。

第九节　沉降变形控制与评价

一、沉降控制

桥梁沉降观测以墩台基础的沉降和预应力混凝土梁的徐变变形为主，涵洞在进行自身的沉降观测的同时进行洞顶填土的沉降观测。

1. 桥梁墩台沉降控制

施工时根据工程地质资料及桩长、桩径选择钻机，清孔应彻底。在浇筑水下混凝土前，复查桩底沉渣厚度，不满足要求时进行二次清孔，沉渣厚度采用数字式桩孔沉渣测厚仪进行检查，该仪器测厚精度达到 1 mm。沉渣厚度满足要求时，采用射水冲射孔底 3～5 min，翻动沉淀物，然后立即浇筑水下混凝土。对于有可能沉降超标的墩台钻孔桩基础，采用设压浆管进行桩底压浆固结的措施。

墩台施工阶段除严格控制工程质量外，还应该分阶段对沉降差进行调整，以设计理论值控制标高，以分时段消除施工阶段的结构沉降值。

2. 涵洞沉降控制

在施工过程中加强对地基承载力的检查和复核工作。保证现场试验数据能代表真实的基承载力。

每个涵洞均要进行沉降观测，每涵不少于 6 处，原则上观测点应设在涵洞两侧边墙上，在涵洞进出口及涵洞中心分别设置。

3. 现浇梁梁体徐变控制

（1）弹性模量控制：在施工中优化混凝土配合比设计，最大限度地提高混凝土的弹性模量，以保证收缩徐变上拱量不超标。

（2）混凝土现浇控制：梁体混凝土浇筑过程中采用插入式振捣棒和附着式振捣器相结合的方式进行振捣，确保混凝土振捣密实。

（3）预应力张拉控制：施加预应力严格按照要求方式张拉，严格实行“双控”，严禁超张拉，以确保满足预应力徐变上拱限值的要求。预应力张拉完成后及时压浆，管道压浆密实。当水泥浆凝结硬化后进行传力，提高构件的抗弯刚度以减少梁体上拱。

（4）加强监控：梁体施工时在设计部位埋设徐变观测标作为监测张拉前后的徐变量观测点，严格按照要求的观测频次用电子水准仪进行观测。

二、沉降观测方案与控制施工

通过桥梁墩台沉降观测，可以监测主体结构的沉降、倾斜和变位情况，不但为桥梁结构受力状况、内力计算提供数据，提高了准确性，而且能便于及时发现异常情况，采取措施，保证工程的安全运行。

沉降观测的主要内容是：通过布设控制网，按相关精度要求，根据施工受力加载实况，定期定点对墩台基础在施工过程中的沉降、变位情况以及徐变上拱度进行观测，在施工过程中控制沉降，确保工程质量和安全。

1. 桥梁沉降观测方案（表 4-3-4）

表 4-3-4　桥梁基础沉降观测方案

序号	项　目	说　　明
1	观测仪器	沉降监测采用高精度经纬仪、水准仪、管式测斜仪和线条式因瓦合金水准标尺等
2	沉降观测的布点	沉降监测使用的基准点利用线路控制测量中布设的精密控制网中的控制点，控制点间距约为 200 m，控制点选择已完成桩基区域稳定的高程控制点。 沉降监测点的布置根据结构受力和全线的地质情况，对全线的沉降观测点布设进行设计，根据沉降观测的要求确定相应沉降观测标志。施工时，按设计要求将观测点埋设在设计位置
3	沉降观测方法	次沉降观测工作采用精密几何水准测量方法进行，在观测过程中，各项偏差控制及内业数据处理按照有关规范规定执行
4	观测周期	桥梁基础浇筑混凝土终凝后，即开始初始观测，因此不同桥梁沉降观测点的初始观测日期是不一样的。 对于上部结构施工期间，墩台沉降、变位观测周期，结合上部结构加载或浇筑混凝土的施工方案，制定不同观测周期：受荷载前期每 7 天一次，上部结构施工期间每 1 天一次，上部结构施工完成墩台承受荷载期第一个月每 7 天一次，之后每 30 天一次。 桥梁基础遇到特殊情况，即进行几小时一次的连续观测，及时提供观测数据，确保桥梁结构安全
5	观测结果处理	根据实测数据，推算出各观测阶段的沉降量和最终沉降量，并得到推算的沉降变移量，将实测推算结果与原计算值进行对比。 推算的沉降变移量若满足要求，则按原计划施工。推算的沉降变移量若不满足要求时，则延长沉降滞留期等处理方法以满足沉降要求
6	注意事项	（1）每次观测应遵守“四固定”原则，即：观测所用仪器及水准标尺固定、观测人员固定、观测位置固定、观测环境和条件基本相同。 （2）水准仪加强检查，每次作业前，及时进行检验校正。 （3）布设观测路线时，前后视距不超过 40 m，前后视距差不超过 1.0 m，以提高观测时的清晰度。 （4）观测时间及环境：不在日出前后 1 小时、中午时分进行观测，更不能在大风或有雾的情况下进行观测

2. 桥梁沉降控制措施（表 4-3-5）

表 4-3-5 桥梁沉降控制措施

序号	控制重点	控制措施
1	钻孔桩孔底沉砟、泥浆比重的控制，以及混凝土灌注质量控制	（1）钻孔时，避免钻孔倾斜。在钻机就位和钻孔过程中，要随时注意校核钻杆的垂直度。对于地基不均匀、土层呈斜状分布和土层中夹有大的孤石或其他硬物的情形，施工前必须做好准备。在不均匀地层中钻孔时，选择自重大、钻杆刚度大的钻机较有利，并采用低挡慢速的钻进方法。 （2）终孔时密切注意桩底持力层的地质变化，不能单纯以设计标高作为终孔的唯一原则，必须以满足设计要求的桩端地基承载力或桩侧摩擦力为依据。 （3）在桩基成孔质量与减小沉砟和泥皮厚度两者间找到最佳平衡点（不同的地质条件采用不同的泥浆比重）。对于柱桩主要是控制孔底沉砟厚度，对于摩擦桩主要控制泥浆的比重或桩侧泥皮的厚度。终孔后清孔采用换浆法，为使钻孔桩混凝土与孔底岩体黏结良好，在钢筋笼吊装就位后用气力提升方式排除残渣。初斗混凝土灌注前，下高压风管对孔底吹风或高压射水，使残余沉渣悬浮，立即灌注首斗混凝土。 （4）使用先进的桩孔检测仪器，有效控制成孔质量。灌注混凝土前，采用灌注桩孔径检测系统，对桩孔深度、孔径、垂直度和沉渣厚度进行检测，实现全自动和半自动检测，具有检测速度快、测量效率高、测量误差小精度高、使用灵活方便的特点，有效保证桩孔各项指标满足设计要求。 （5）加强水下混凝土灌注质量控制。使用耐久性混凝土，耐久性突出体现在混凝土材料低渗透、低缺陷、高密实等方面。其高密实的特性，增大了混凝土与桩孔周围土的摩擦力，减小了桩基总的沉降量
2	明挖扩大基础沉降控制	基底严格控制超挖，松动部分予以清除。使用机械开挖时，不破坏基底土的结构，在设计高程以上保留一定厚度由人工开挖。岩石地基基坑开挖采用松动爆破开挖，控制装药量，以保证基岩的完整性不被破坏。同时加强地基承载力检测。基坑一般均安排在枯水或少雨季节开挖，开挖过程连续，基坑内做好排水设施并及时浇注。基底暴露时间过长时，应重新检测地基承载力。最下层基础不立模，满坑灌注混凝土

3. 桥梁徐变上拱度观测（表 4-3-6）

表 4-3-6 桥梁徐变上拱度观测

序号	项 目	说 明
1	产生因素	与混凝土的骨料级配、水灰比、材料性能、环境湿度、养护方法、预应力大小、张拉龄期、梁体截面尺寸形式等因素有关
2	沉降观测的布点	桥梁 1/4、1/2、3/4 跨位置
3	沉降观测方法	徐变引起的竖向变形量通过设置水准点观测，绘制变形曲线，并结合混凝土强度、弹性模量和龄期，作为综合控制混凝土徐变的参数
4	观测周期	按张拉后 1 个月、2 个月、3 个月、半年、1 年、2 年的时间进行观测
5	控制措施	严格控制预应力张拉时间，预加应力时混凝土强度、弹性模量、龄期达到设计要求；施加预应力严格实行“双控”，严禁超张拉。 严格控制箱梁徐变上拱期，在预定徐变期间内徐变上拱未趋稳定时适当延长徐变上拱期。严格控制混凝土材料性能和配合比，以确保其弹性模量不低于设计值

第十节　新工艺、新工法、新装备、新材料的应用及效果

2014 年 4 月，中铁一局集团有限公司提出“渝黔铁路夜郎河双线特大桥综合施工及 BIM 技术应用”科研项目立项建议，并成功立项。

一、研究的背景及意义

1. 研究的背景及现状

跨度大于 300 m 的混凝土拱桥，目前世界上仅有 6 座。而夜郎河双线特大桥拱脚处分成独立两肢、拱顶合并成整体，该桥主桥是世界上该类钢筋混凝土拱桥中跨度最大的桥梁，结构复杂。这种拱肋结构只在小跨度支架现浇的拱桥中采用过，“X”形拱肋结构在大跨度铁路桥梁中尚无先例，施工技术难度很大。拱座基础采用倾斜单桩基础，斜向角度 55.188°，结构在同类型桥梁中，世界首创，开挖支护难度大。

2. 课题研究预期目标、技术经济指标

主要技术指标：针对夜郎河双线特大桥综合施工及 BIM 技术应用的研究，通过前期的科研探索，大断面倾斜式基础开挖支护方式经过多方考察，现场试验，确定了锚索结合钢架喷射砼支护全断面开挖的研究方向，并综合了隧道钻爆开挖、桥梁桩基出渣、路基锚索防护的多项技术，形成了一套从开挖支护到完成混凝土浇筑的大断面倾斜式基础施工工艺。

根据现场地形条件与施工经验设计长距离移动式大吨位缆索吊，充分利用现有条件，达到经济适用的效果；针对山区狭窄有限空间及高差大、杆件吊重吨位大等实际情况制定一套可行的大跨度、大吊重提篮式钢管拱架设施工工艺；针对外包混凝土施工高空作业风险大，研究了钢管拱连同底模进行整体吊装的施工工艺；同时针对已定施工方案利用 BIM 技术对全桥施工各个节段进行模拟仿真、指导施工，总结施工经验，随时掌握施工动态，为今后类似桥梁工程 BIM 技术应用提供了翔实参考资料。

二、研究内容及实施方法

1. 超大截面倾斜单桩基础施工研究

研究发现，拱桥受力最终会传递到拱座基础上，单个基础受力近 320 000 kN，对基底要求高。目前国内大断面基础验基尚无验标、指南等标准可以参考，我部邀请业主组织多方单位参会研讨，形成了泥岩地区大断面基础验基的试验方法及参考标准，为今后同类型桥梁基础施工提供借鉴方法、依据。

2. 大跨度、大吊重、长距离移动式缆索吊设计、安装、运营研究

结合施工图实地考察现场施工条件，最终确定采用大跨度、大吊重、长距离横移式缆索吊进行提篮式钢管拱架设，确定缆索吊跨度 550 m、额定吊重 200 t、最大横移距离 32 m、最大起升高度 210 m，采用 Midas 软件对锚碇、塔架、缆索系统进行模拟分析，确保整体结构受力合理、科学、安全。

结合现场施工条件最终确定索塔节段、横梁安装采用整体提升的施工方法，同时横梁安装利用下层横梁作为平台拼装上层横梁，实现有限空间安全、经济、高效完成缆索吊拼装。

3. 大跨度、大吊重提篮式钢管拱架设研究

利用现有起重设备结合现场施工条件确定提篮式钢管拱架设方案采用斜拉扣挂法进行，同时统计各个节段几何尺寸、质量，利用有限元软件整体建模按照施工节段分析各个过程确定吊装几何参数，完成设计节段任务。

同时认真分析计算结果按照现场实际情况布置锚碇位置，承台预埋锚索位置、预埋钢铰线数量、长度以及浇筑混凝土方量、强度等级，确定钢管拱起吊位置、吊具、起吊角度、扣背索安装方法、张拉力、调整方法，最后根据模型分析和实际架设测量确定调整架设方案最终完成整个钢管架设。

4. 全桥施工过程 BIM 技术应用研究

利用 Catia 软件对全桥结构物进行建模分析，包括材料数量、结合尺寸、碰撞检查等等，对夜郎河双线特大桥的关键工序进行施工仿真，提前模拟施工真实场景与施工工序，对关键施工工序的机具组织安排进行仿真，对特殊位置的人员操作进行仿真，辅助规划施工组织设计方案，并输出相应的动画、图片，同时指导钢结构件、钢筋、预埋件施工，利用软件对施工进行三维交底、二维出图。通过施工仿真进行技术交底，使施工人员提前清楚掌握劲性钢拱架吊装工艺，为吊装工作顺利进行奠定基础；使现场负责人清楚掌握劲性钢拱架吊装工艺，为人力、材料、设备合理统筹安排提供支持；建立夜郎河 BIM 应用平台，通过平台各个级别管理人员随时查看、关注、指导全桥施工。

三、科研项目对工程的指导作用和成果的工程化应用

钢管混凝土拱桥，通过钢管和混凝土的共同作用，增强了抗荷能力，从而减轻了结构自身的重量，也就减小了基础的荷载，在力学性能、施工及经济等方面，表现出很大的优越性，极大促进了拱桥的发展。钢管混凝土，一方面借助钢管对核心混凝土的套箍约束作用，使核心混凝土处于三向受压状态，从而使核心混凝土具有更高的抗压强度和压缩变形能力；另一方面借助内压混凝土的支撑作用，增强钢管壁受压时的几何稳定性，改变空钢管的失稳模态，同时借助内压外包混凝土提高钢管的抗腐蚀性，进而提高钢管的承载力和耐久性。

本课题通过对钢管混凝土拱桥超大截面倾斜隧道式嵌岩桩基础施工技术的研究，总结了预应力锚杆加型钢拱架支护的全断面开挖施工方法，配合龙门进行施工机械及渣土的垂直、纵向运输，解决了倾斜式隧道基础施工场地狭小、机械及渣土运输困难的难题，极大地促进了施工机械化，提高了施工速度，降低了安全风险。通过不断优化大跨度大吨位缆索吊机，采用索鞍横移的方式覆盖横向拱肋节段，满足了大吨位 X 形拱肋节段分叉段及合并段的吊装施工；采用缆索吊机配合斜拉扣挂法进行拱肋吊装施工，更好地满足了节段空中对接的高程、线形控制。

通过引进 BIM 技术进行施工前期策划、三维模型建立及工程量复核、施工方案三维可视化模拟和优化等手段提前进行图纸复核、方案优化及现场布置模拟，更好地避免了图纸错误的返工、窝工现象，避免了方案意图不明造成了施工过程不顺、监管不力的问题。

第四章　隧道工程施工

第一节　一般隧道施工

一、工程概况

隧道开挖遵循“先探后挖、支护在先”的原则，坚持“先预报、管超前、严注浆、短进尺、弱爆破、强支护、早封闭、勤量测、严防水”的原则稳步前进。施工中建立以地质工作为先导、以量测为依据的信息化施工管理体系，根据预报结果采取相应的处理措施，制定可靠的处理方案和技术措施，确保施工安全和不留隐患。

一般隧道施工的步骤为：边仰坡开挖→洞口暗洞超前预支护→洞口段明洞→暗洞施工。暗洞施工顺序为超前支护→开挖→初喷封闭→支护→仰拱及填充层→布设防水材料→衬砌钢筋骨架施工→二衬混凝土施工→水沟及电缆槽。

其中，本节重点对大管棚施工、超前地质预报、超前小导管、洞身开挖等工序进行讲述，其余工序于后面单独讲述。

二、大管棚施工

1. 施作导向墙

（1）C20 混凝土护拱作为长管棚的导向墙，在开挖廓线以外拱部一定范围内施作，断面尺寸为 1.0 m × 1.0 m。为保证长管棚施工精度，导向墙内设 2 榀 I20a 工字钢架，钢架外缘设 ϕ140、壁厚 5 mm 的导向钢管，钢管与钢架焊接。

（2）孔口管作为管棚的导向管，它安设的平面位置、倾角、外插角的准确度直接影响管棚的质量。用全站仪以坐标法在工字钢架上定出其平面位置；用水准尺配合坡度板设定孔口管的倾角；用前后差距法设定孔口管的外插角。孔口管应牢固焊接在工字钢上，防止浇筑混凝土时产生位移。

2. 搭钻孔平台安装钻机

（1）钻机平台用钢管脚手架搭设，搭设平台应一次性搭好，钻孔由两台钻机由高孔位向低孔位对称进行，可缩短移动钻机与搭设平台时间，便于钻机定位。

（2）平台要支撑于稳固的地基上，脚手架连接要牢固、稳定，防止在施钻时钻机产生不均匀下沉、摆动、位移而影响钻孔质量。

（3）钻机定位：钻机要求与已设定好的孔口管方向平行，必须精确核定钻机位置。

3. 钻　孔

（1）为了便于安装钢管，钻头直径采用 127 mm。

（2）岩质较好的可以一次成孔。钻进时产生坍孔、卡钻时，需补注浆后再钻进。

（3）钻机开钻时，低速低压，待成孔 10 m 后可根据地质情况逐渐调整钻速及风压。钻进过程中确保动力器、扶正器、合金钻头按同心圆钻进。

4. 安装管棚钢管

（1）钢管在专用的管床上加工好丝扣，导管四周钻设孔径 10 ~ 16 mm 注浆孔（靠孔口 1.1 m 处的棚管不钻孔），孔间距 15 cm，呈梅花形布置。管头焊成圆锥形，便于入孔。

（2）棚管顶进采用装载机和棚管机钻进相结合的工艺，即先钻大于管棚直径的引导孔（ϕ140 mm），然后用装载机在人工配合下顶进钢管。顶管时，装载机上设木板支承钢管。为防止钢管在顶进时受损和变形，顶进时用特制的大套管套在钢管上顶进，大套管长度为 2 m。

（3）接长钢管应满足受力要求，相邻钢管的接头应前后错开至少 1 m。同一横断面内的接头数不大于 50%。钢管安装完毕后，在钢管内安装钢筋笼。

5. 管棚体封口

管棚体外露末端焊接 15 cm × 15 cm（厚 10 mm 钢板），在钢板中心钻大小为 ϕ15 mm 左右的孔，在孔上焊接 ϕ15 mm 阀门，注浆时注浆管绑扎于阀门管上，注浆结束阀门关闭。

6. 注　浆

安装好有孔钢花管后即对孔内注浆，浆液由 ZJ-400 高速制浆机拌制。然后采用注浆机将水泥浆注入管棚钢管内，初压 0.5 ~ 1.0 MPa，终压 2 MPa，持压 15 min 后停止注浆。若注浆量超限，未达到压力要求，应调整浆液浓度继续注浆，确保钻孔周围岩体与钢管周围孔隙充填饱满。注浆时先灌注“单”号孔，再灌注“双”号孔。注浆材料为 1∶1 水泥浆。

三、超前地质预报

1. 地质预报分级

根据地质灾害对隧道施工安全的危害程度，将地质预报分为以下四级：

A 级：存在重大地质灾害隐患的地段，如大型暗河系统，可溶岩与非可溶岩接触带，软弱、破碎、富水、导水性良好的地层和大型断层破碎带，特殊地质地段，重大物探异常地段，可能产生大型、特大型突水突泥地段，诱发重大环境地质灾害的地段，高地应力、瓦斯、天然气、放射性问题严重的地段以及人为坑洞等。

B 级：中、小型突水突泥地段，较大物探异常地段，断裂带等。

C 级：水文地质条件较好的碳酸盐岩及碎屑岩地段，小型断层破碎带，发生突水、突泥可能性较小的地段。

D 级：非可溶岩地段、发生突水突泥可能性较小的地段。

2. 不同地质风险地段预报方式

A 级：采用地质素描法、地震波反射法、地质雷达探测法、红外探测法、超前水平钻探、掌子面地质素描等手段进行综合预报，首先以地质素描法进行长距离预报，然后采用中长距离地震波反射法和短距离物探法相结合进行预报，同时进行超前水平钻探检查。

B 级：采用地质素描法、地震波反射法辅以地质雷达探测法、红外探测法、进行必要的超前水平钻探，当发现局部地质条件复杂时，按 A 级要求实施。

C 级：以地质分析法为主，对重要的地质地层界面断层或物探异常地段可采用地震波反射法进行探测，必要时采用红外探测和超前水平钻探。

D 级：采用地质分析法。

3. 施工程序与工艺流程

采用 TSP203 地质超前预报系统、地质素描、超前水平钻孔等综合勘探的方法进行探测，超前地质预报是制定施工方案和工程措施的主要依据，也是隧道施工的一道重要工序。本标段隧道施工中一般地段以地质素描为主，特殊和不良地质地段则采用物探、钻探相结合的方式。实行动态监控，信息化施工。加强对围岩监测，进一步掌握围岩的特性，为施工提供可靠的技术依据。

4. 操作步骤及方法

（1）掌子面地质素描：隧道内地质素描是将隧道所揭露的地层岩性、地质构造、结构面产状、地下水出露位置及出水状态、出水量、溶洞等准确记录下来并绘制成图表，包括开挖工作面地质素描和洞身地质素描。

地质素描应随隧道开挖及时进行，对隧道岩性变化点、构造发育部位等复杂、重点地段应每开挖循环进行一次素描，其他地段不应超过 10 m 进行一次素描。根据掌子面地质素描及围岩监测情况，及时对评定的围岩级别的支护方案进行评价。

（2）超前钻探法。孔数：在一般岩性界面地段每循环钻 1 个孔，搭接长度不小于 5 m，或采用加深炮孔。在一般可溶岩地段每循环钻 2 个孔，或配合采用加深炮孔，搭接长度不小于 5 m；在岩溶富水段、构造带地段（断层）不少于 3 孔，以探明前方地体完整性、岩溶、构造（断层）及地下水发育情况（水量、水压、水温、悬浮物等），以满足安全施工和处理所需资料为原则。

孔深：钻孔深度应在钻探过程中进行动态控制和管理，根据钻孔情况可适时调整钻孔深度，以达到预报的目的为原则；在需连续钻探时，一般每循环可钻 30 ~ 50 m；连续预报时前后两循环钻孔应重叠 5 ~ 8 m。

孔径：钻孔直径应满足钻探取芯、取样和孔内测试的要求，并应符合原铁路总公司《铁路工程地质钻探规程》（TB 10014—2012）的规定。

通过洞内外观察与地质描述、TSP203 地震波探测仪等有关地质与水文资料分析，配合采用超前水平地质钻探加以验证。通过超前水平钻孔岩心的分析，进一步探明掌子面前方的隧道围岩地质状况与水文地质的具体情况，根据探孔钻进的时间、速度、压力、成分以及卡钻力、钻芯和岩性构造性质及地下水情况。这是最直观、最可靠的超前探测手段。

（3）TSP203 地质预报系统：TSP203 地质超前预报系统，可以进行隧道地质超前预报，扩展配置又可以对开挖过程中未发现的隧道隐蔽病害（如隧底岩溶等）进行检测，检测隧道围岩的弹性波速度、划分隧道围岩类别，以及检查混凝土衬砌与围岩之间是否存在脱空缺陷等。

① 接收器布置要求：接收器共两个（有时可采用一个），在隧道边墙打孔，采用ϕ50 钻头施钻，深度为 2 m，距离地面 1 ~ 1.1 m，钻孔角度为水平上倾 5 ~ 10°，距离掌子面约 50 m。接收器采用环氧树脂锚固。

② 炮孔布置要求：炮孔共 24 个，位于隧道右侧（面对掌子面），采用ϕ42 钻头施钻，炮孔间距 1.5 m，距离地面 1 ~ 1.1 m，深度 1.5 m，炮孔下倾 5 ~ 10°，第一个炮孔局距离接收器 15 m 左右，每孔装药量约为 100 kg。

（4）施工要求：物探及超前钻孔预测，隧道掘进工作面后方必须有足够的施工空间；地震反射法或声波反射法应当宏观控制掌子面前方 50 ~ 150 m 范围内软弱围岩发育的范围和里程；超前地质钻孔可以比较直观地揭示掌子面前方的地质情况，对地下水发育段隧道开挖面周边的溶洞揭示采取 8 ~ 12 m 段钻探；用地质理论和作图法可以通过平行导坑预报正洞地质情况；通过对以上探测结果的综合分析，能够比较准确地预先探知掌子面前方不良地质体的存在。

根据现有的地质勘测资料，对隧道不良地质段进行补充地质探查。在隧道工作面按照“由远至近，逐步加密”的方法进行探测。超前地质预报方法见图 4-4-1。

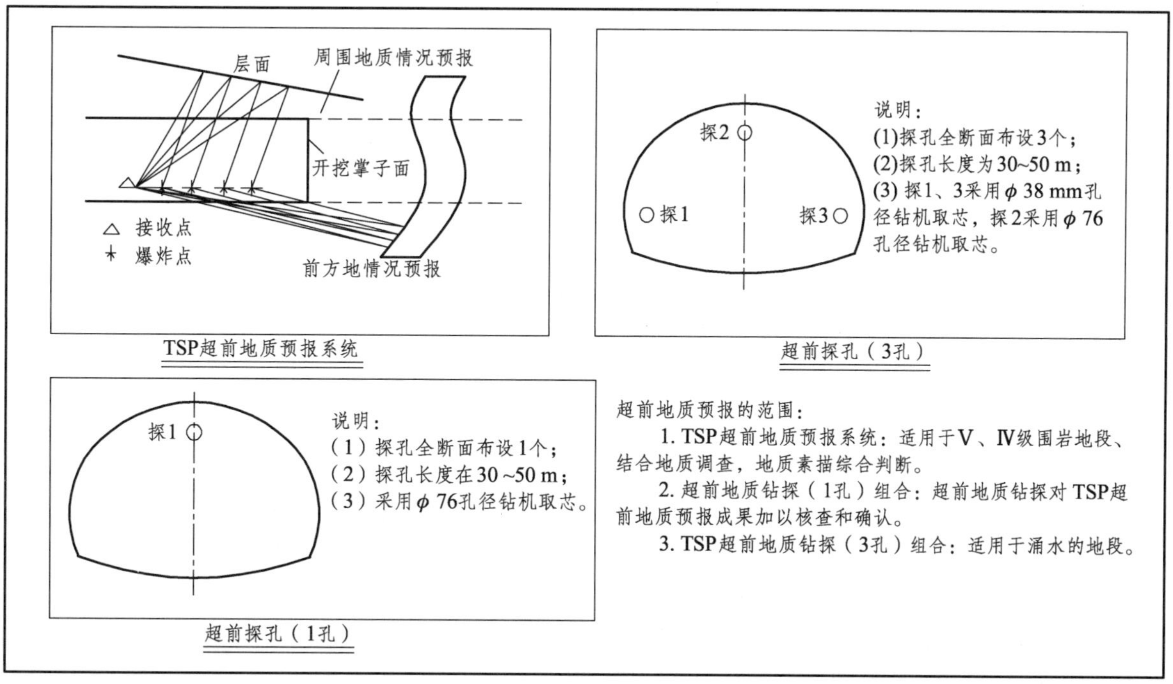

图 4-4-1　超前地质探测方法示意

四、超前小导管

超前小导管配合钢架使用，应用于隧道Ⅳ级、Ⅴ级围岩拱部超前注浆预支护，其纵向搭接长度不小于 1 m。

1. 小导管的制作

小导管采用外径ϕ42 mm，壁厚 3.5 mm 的热轧无缝钢管，小导管在构件加工厂制作。

2. 小导管安装

（1）测量放样，标记孔位，用凿岩机钻孔，孔径较设计导管管径大 3 ~ 5 mm 以上。

（2）钻孔需沿隧道纵向开挖轮廓线向外以 10°外插角钻孔，钻孔深度为 6 m，钻孔完毕将小导管沿孔打入。如遇地层松软，也可用游锤或手持风钻直接打入。

（3）与支撑结构的连接。格栅钢架将末端置于钢架腹部并焊固在格栅钢架上；型钢钢架，首先在拱架腹板中央开孔，钻孔和安装均通过该孔，安装后末端同钢架焊固。

（4）风动凿岩机钻孔后，将小导管按设计要求插入孔中，围岩软弱地段用游锤或凿岩机直接将小导管沿格栅钢架中部打入，外露 20 cm 支撑于开挖面后方钢架上，与钢架焊接组成预支护体系。

3. 密　封

小导管打入后，先采用吹管法清孔。然后将注浆泵的高压胶管与管口联通，并且用棉纱等将管口处的缝隙塞紧，以保证注浆时不至于渗漏浆液。管路接通后先要压水检查密封性，达到要求后方可注浆。

4. 注　浆

（1）注浆设备采用 KBY-50/70 注浆泵，压注水泥砂浆的压力为 0.5 ~ 1 MPa。注浆工艺严格按注浆顺序由下向上，浆液先稀后浓，注浆量先大后小，注浆压力由小到大进行。小导管注浆工艺流程见图 4-4-2。

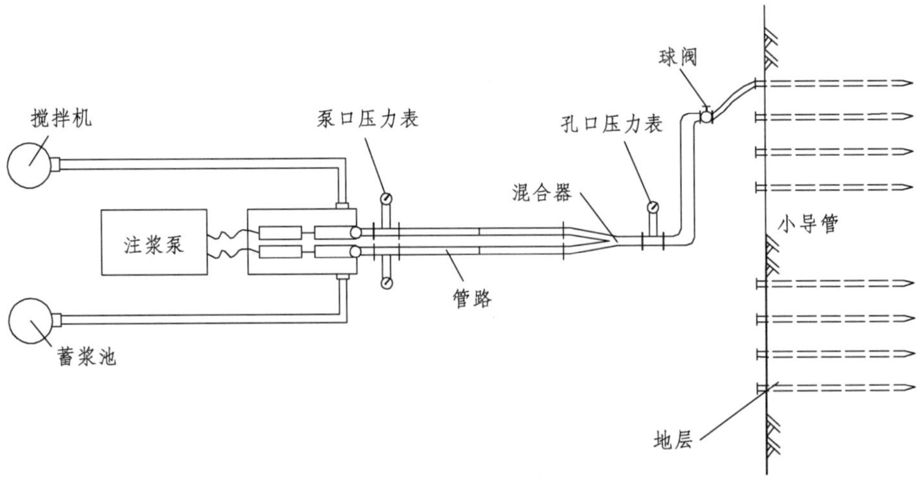

图 4-4-2　小导管注浆工艺流程

（2）注浆结束标准：当压力达到设计压浆终压并稳定 10 ~ 15 min，注浆量达到设计注浆量 80%以上时，可结束该孔注浆。

五、洞身开挖

本线运用的开挖方法包括全断面法、二台阶法、三台阶七步法等，这里简要介绍三台阶七步法的施工工艺。

1. 三台阶七步开挖法施工工艺

三台阶七步开挖工序见图 4-4-3。

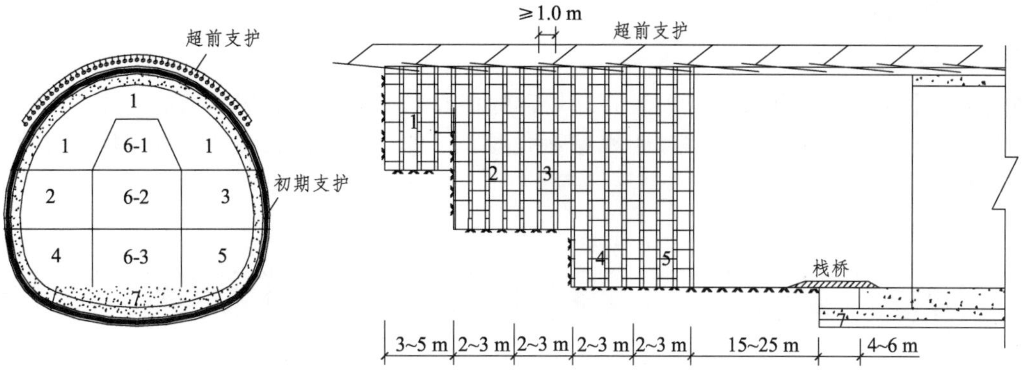

（a）施工工序正面示意图　　（b）施工工序纵断面示意图

图 4-4-3　三台阶七步开挖工序

2. 三台阶七步开挖法施工工序

（1）上部弧形导坑开挖：在拱部超前支护后进行，环向开挖上部弧形导坑，预留核心土，核心土长度宜为 3 ~ 5 m，宽度宜为隧道开挖宽度的 1/3 ~ 1/2。开挖循环进尺应根据初期支护钢架间距确定，最大不得超过设计一榀拱架间距，开挖后立即初喷 3 ~ 5 cm 混凝土。开挖后应及时进行喷、锚、网系统支护。

（2）左、右侧中、下台阶开挖：开挖进尺应根据初期支护钢架间距确定，最大不得超过设计一榀拱架间距，开挖高度一般为 3 ~ 3.5 m，左、右侧台阶错开 2 ~ 3 m，开挖后立即初喷 3 ~ 5 混凝土，及时进行喷、锚、网系统支护。

（3）上、中、下台阶开挖核心土：各台阶分别开挖预留的核心土，开挖进尺与各台阶循环进尺相一致。

（4）隧底开挖：每循环开挖长度宜为 2 ~ 3 m，开挖后及时施作仰拱初期支护，完成两个隧底开挖、支护循环后，及时施作仰拱，仰拱分段长度宜为 4 ~ 6 m。

六、初期支护

（一）锚　杆

1. 锚杆施工流程

砂浆锚杆施工流程：施工准备→锚杆孔测量放样→钻孔→清孔→注浆→安装锚杆及垫板→锚杆验收。

中空锚杆施工流程：施工准备→锚杆孔测量放样→钻孔→清孔→插入锚杆→注浆→安装垫板→锚杆验收。

2. 砂浆锚杆注浆及安装

锚杆注浆安装前须先做好材料、机具、脚手平台和场地准备工作，注浆材料使用 P·O42.5 普通硅酸盐水泥，粒径小于 2.5 mm 的砂子，并须过筛，胶骨比 1∶0.5 ~ 1∶1，水灰比 0.5∶1 ~ 2∶1，砂浆强度等级不小于 M20。

锚杆孔中砂浆量不少于孔深的 1/3 深度，发现砂浆不够深度的须拔出锚杆重新注浆。注浆管不准对人放置，以防止高压喷出物射击伤人。

3. 中空注浆锚杆安装

锚杆体装入设计深度后，应用水和空气洗孔，直至孔口反水或返气。注浆料应由杆体中孔灌入，上仰孔应设置止浆塞和排气孔。注浆材料宜采用纯水泥浆，水灰比宜为 0.5 : 1 ~ 2 : 1。

（二）钢筋网

1. 钢筋网制作要求

钢筋网预先在钢筋加工场加工成型，在现场再焊接起来形成整体。编制钢筋网片，网片加工尺寸根据受喷面积而定。钢筋类型及网格间距根据不同围岩级别，严格按照设计图纸和规范要求施工，一般情况见表 4-4-1。

表 4-4-1　钢筋网布置参数

衬砌类型	部位	直径/mm	网格尺寸/cm
Ⅲ级	拱部	纵向 ϕ6、环向 ϕ6	25×25
Ⅲ级（洞口段）	拱部	纵向 ϕ6、环向 ϕ6	25×25
Ⅳ级	拱墙	纵向 ϕ6、环向 ϕ6	20×20
Ⅳ级加强	拱墙	纵向 ϕ6、环向 ϕ6	20×20
Ⅳ级洞口段	拱墙	纵向 ϕ6、环向 ϕ6	20×20
Ⅴ级	拱墙仰拱	环向 ϕ8	20×20
Ⅴ级偏压	拱墙仰拱	环向 ϕ8	20×20

2. 钢筋网安装要求

（1）钢筋网布置：钢筋网安装搭接长度为 1 ~ 2 个网格，相邻网片之间采用焊接或铅丝绑扎。钢筋网铺设在砂浆锚杆施作后安设。在初喷混凝土（厚度为 4 cm）以后铺挂，沿环向压紧后再喷混凝土。

（2）挂网：挂网在初喷砼及锚杆施作完成后进行。通过多功能作业台架，采用人工沿开挖岩面一环一环铺设，钢筋网片之间用焊接连接，施工中可以通过钻孔设备辅助固定钢筋网，使其尽量与岩面密贴。

（3）焊连：挂好网片后，将网片之间的接头以及网片钢筋和锚杆头、钢架等焊接牢固，避免网片超出喷砼厚度和喷砼时网片晃动。

（三）钢　架

1. 格栅钢架制作

（1）加工场地用砼硬化，精确找平，按设计图纸在作业平台上准确放出格栅钢架加工大样。所用钢材进场时按批量和型号分批试验。

（2）节点连接钢板严格按照设计尺寸进行切割下料，采用摇臂钻床钻击螺栓孔，严禁采用气割切割螺栓孔。下料检验合格后，将节点连接钢板焊接于格栅钢架单元节两端。

（3）现场制作时，经对设计图重新确认无误后，进行实地放样，先加工一榀完整的钢架，进行现场拼装，检查其尺寸、焊接质量等，符合要求后再批量加工。

（4）钢架制作完成后，先在加工场内进行试拼装。各节要求尺寸准确，弧形圆顺，节点钢板连接密贴，螺栓孔位准确，螺栓能够快速畅通连接。

2. 钢架安装

（1）钢架在开挖或初喷混凝土后及时架设，间距为 0.6 m。安装前清除底脚下的虚渣及杂物，钢架底脚应置于牢固的基础上。钢架间距及其横向位置和高程的允许偏差为 ± 5 cm，垂直度为 ± 2°。

（2）钢架拼装在作业面进行，各节钢架间以连接板螺栓连接并密贴。沿钢架外缘每隔 2 m 用钢楔或混凝土预制块楔紧。

（3）钢架按照设计设置 10 节，上台阶 3 节，中台阶每侧各一节，下台阶每侧各一节，仰拱 3 节。尽量密贴围岩并与锚杆焊接牢固，钢架之间用ϕ22 纵向钢筋连接，钢筋长 0.8 m，环向间距 100 cm。

（4）在膨胀性或地应力大的地层中，钢架接头采用能滑移的可缩式钢架。采用分部开挖法施工时，钢架拱脚打设锁脚锚管，锚管长度 4 m，规格为直径 42 mm、壁厚 5 mm 的无缝钢管，上台阶每点设 4 根，其余每点设 2 根（当地质为软弱土时可增加锁脚锚管数量），下半部开挖后钢架及时落底。

（5）钢架应与喷混凝土形成一体，钢架与围岩间的间隙用喷混凝土充填密实；各种形式的钢架应全部被喷混凝土覆盖，保护层厚度不得小于 4 cm。开挖下台阶时，根据需要在拱脚下可设纵向托梁，把几排钢架（格栅）连成一个整体。

（四）喷射混凝土

1. 喷射前准备

（1）喷射前应对受喷岩面进行处理。一般岩面可用高压水冲洗受喷岩面的浮尘、岩屑，当岩面遇水容易潮解、泥化时，宜采用高压风吹净岩面。

（2）设置控制喷射混凝土厚度的标志，一般采用埋设钢筋头做标志，亦可在喷射时插入长度比设计厚度大 5 cm 的铁丝，每 1 ~ 2 m 设一根，作为施工控制用。

（3）检查机具设备和风、水、电等管线路，湿喷机就位，并试运转。

（4）若遇受喷面有涌水、渗水或潮湿的岩面，喷射前应按不同情况进行处理。大股涌水宜采用注浆堵水后再喷射混凝土，小股水或裂隙渗漏水宜采用岩面注浆或导管引排后再喷射混凝土，大面积潮湿的岩面采用黏结性强的混凝土。

2. 混凝土搅拌、运输

湿喷砼搅拌采取全自动计量强制式搅拌机，施工配料应严格按配合比进行操作，速凝剂在湿喷机喂料时加入。

微纤维混凝土的搅拌工艺应确保微纤维在拌和物中分散均匀，不产生结团，宜优先采用将微纤维、水泥、粗细骨料先干拌后加水湿拌的方法，且干拌时间不得少于 1.5 min，或采用先投放水泥、粗细骨料和水，在拌和过程中分散加入微纤维的方法。搅拌时间应通过现场搅拌试验确定，并应较普通混凝土规定的搅拌时间延长 1 ~ 2 min，采用先干拌后加水的搅拌方式时，干拌时间不宜小于 1.5 min，搅拌时间不宜小于 3 min。

运输采用砼运输罐车，随运随拌。喷射砼时，多台运输车应交替运料，以满足湿喷砼的供应。在运输过程中，要防止混凝土离析、水泥浆流失、坍落度变化以及产生初凝等现象。

3. 喷射作业

（1）喷射操作程序应为：打开速凝剂辅助风→缓慢打开主风阀→启动速凝剂计量泵、主电机、振动器→向料斗加混凝土。

（2）喷射混凝土作业应采用分段、分片、分层依次进行，喷射顺序应自下而上，分段长度不宜大于 6 m。喷射时先将低洼处大致喷平，再自下而上顺序分层、往复喷射。

（3）喷射速度要适当，以利于混凝土的压实。风压过大，喷射速度增大，回弹增加；风压过小，喷射速度过小，压实力小，影响喷射混凝土密实度。因此在开机后要注意观察风压，起始风压达到

0.5 MPa后，才能开始操作，并据喷嘴出料情况调整风压。

（4）喷射时使喷嘴与受喷面间保持适当距离，喷射角度尽可能接近 90°，以使获得最大压实和最小回弹。喷嘴与受喷面间距宜为 1.5 ~ 2.0 m；喷射路线呈小螺旋形绕圈运动，绕圈直径 30 cm 左右为宜。

4. 养　护

喷射混凝土终凝 2 h 后，应进行养护。采用喷雾养护，养护时间不小于 14 d。当气温低于 + 5 °C 时，不得洒水养护。

七、仰　拱

1. 仰拱开挖

（1）开挖仰拱部位的基坑几何尺寸一定要符合设计文件要求。

（2）根据围岩类别的不同，采用上下台阶施工的隧道，对仰拱部位的土石开挖时，必须控制开挖段的长度。一般情况下Ⅳ级及以上围岩地段的基坑长度为 3 m。

（3）为避免开挖震动对已形成的衬砌结构造成不利的影响和尽量控制超挖，仰拱开挖严禁放大炮，控制装药量。尽量采用光爆技术开挖，使仰拱基本成型。

2. 仰拱初期支护结构

（1）仰拱部位的基坑开挖后在施设各支护结构前，必须测量基底部标高、几何尺寸等，看它们是否符合设计要求。

（2）在实施仰拱支护前，对基坑中的虚渣、杂物、积水等必须清除干净。

（3）在仰拱的初期支护中设有格栅钢架时，仰拱钢架与边墙钢架的连接应符合设计要求，特别应注意仰拱钢架与连拱式隧道中隔墙基底处的连接一定要采取板式连接。严禁将无板的钢架端头直接紧顶中隔墙基底的砼部位。

3. 仰拱施工

（1）仰拱初期支护完成后，应及时施作仰拱结构。

（2）仰拱的厚度、结构、几何尺寸必须符合设计要求。

（3）仰拱中各部钢筋的规格、部位、间距、绑扎焊接工艺必须符合规范和设计要求，钢筋伸入边墙部位的长度应符合设计要求。仰拱砼浇筑前应清除各钢筋表面的油污、泥土、锈迹。

（4）仰拱填充混凝土的施工：因仰拱填充一般都比较厚，严禁在 C20 混凝土中掺填片石；仰拱填充与隧道排水边沟等构造物有直接关系，为此在施工此部分圬工时，应事先定位排水沟等结构的尺寸，并设立相应的模板；仰拱填充混凝土采用拌和站集中供料，混凝土运输车运送，人工配合栈桥浇筑。

八、二衬施工

1. 二次衬砌施工工艺流程

二次衬砌施工工艺流程见图 4-4-4。

2. 钢筋加工及安装

首先按设计图纸钢筋大样尺寸进行放样，钢筋构件下料，然后按照设计在现场绑扎衬砌钢筋。钢筋与岩面之间设置砼垫块，以保证内层钢筋保护层厚度。纵向钢筋采用绑扎接头，环向钢筋采用单面搭接焊。钢筋焊接要求如下：

（1）主筋采用单面搭接焊缝。

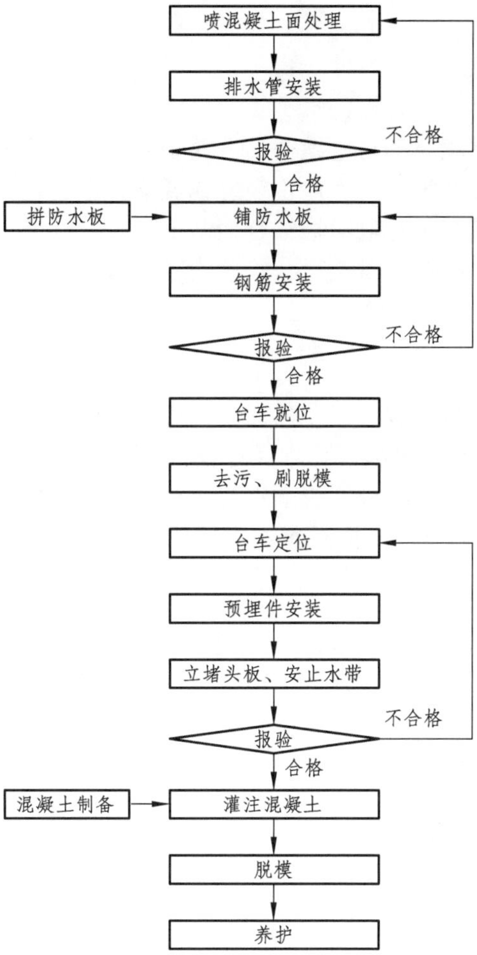

图 4-4-4　二次衬砌施工工艺流程

（2）钢筋接头应避免设置在钢筋承受应力最大之处，同一截面内，同一根钢筋上最多设置一个接头，水平钢筋的接头，要内外上下相互错开。在同一截面内的受力钢筋，其接头的截面积不超过总面积的 50%。

（3）主筋接头要避开钢筋弯曲处，接头不要布置在拱部。

3. 台车浇筑混凝土

衬砌台车定位，模板台车走行轨道的中线和轨面标高应准确，台车就位后启动微调装置，用仪器校正模板外轮廓与设计净空相吻合，并锁定台车。安装止水带及挡头板，经检查合格后灌注混凝土，之后进行混凝土养护，砼达到规定强度后，拆模移走，并对模板进行清理和涂脱模剂，再进行下一循环混凝土施工。

（1）隧道二次衬砌灌注采用全断面液压自行式台车，一次施工长度为 10 ~ 12 m。砼自台车工作窗由输送泵左右对称灌注。由下向上，对称分层灌注，倾落自由高度不超过 2.0 m。

（2）安装模板时要预留 2 cm 的沉落量，板后端应以上板衬砌为准，前端以隧道中线及轨顶标高为准。在立模、拆模时，除应事先检查电机、油泵状况是否良好，电源连接是否正确外，其他电源都应拆除。检查确定一切正常后，才能启动电机和油泵。

（3）台车移动穿行时，钢模必须收拢到穿行要求位置，所有工作窗口必须关闭，否则不得穿行。移动中必须有专人掌握制动器，防止台车溜放和冲撞。

（4）边墙和拱脚部分的混凝土振捣采用插入式振动器振捣。拱顶可使用附着式振动器进行振捣。

九、水沟电缆槽施工

1. 基础处理

（1）凿毛：两侧底板（仰拱填充）与电缆槽结合面光滑，必须采用凿毛处理，才能保证后施工的电缆槽壁与底板（仰拱填充）黏结牢固，不产生裂缝或脱落，影响施工质量。因此在电缆槽施工前，采用风镐或短钎将底板（仰拱填充）与电缆槽结合面凿毛。

（2）基底清理、冲洗：边墙结合面凿毛后，将水沟和电缆槽基底的松渣、杂物、淤泥清理，并用高压水凿毛后边墙结合面和基底冲洗干净。

2. 模板安装

根据测量放线，放出模板定位安装边线，然后安装模板。模板安装必须垂直，模板与模板之间的缝隙必须控制在 2 mm 以内，基底不平整部位在关好模板后用砂浆封堵，防止浇注混凝土时漏浆。

为防止浇筑混凝土时模板上浮和跑模，影响混凝土施工和浇注质量，沿模板底在基底纵向每 2 m 打设ϕ22 的固定钢筋，用铁丝加固牢固。模板每次安装前必须清除板面混凝土块，涂抹脱模剂。

3. 钢筋绑扎

排水沟、电缆槽外侧壁配有钢筋，排水沟、电缆槽外侧壁钢筋为单层，主筋为ϕ10 钢筋，纵向间距 25 cm，纵向分布筋为ϕ8 钢筋，间距 25 cm。由于钢筋为单层钢筋，在钢筋绑扎前，在浇注电缆槽底混凝土时插入定位钢筋，保证钢筋绑扎过程中稳定。

4. 泄水槽

在电力电缆及通信、信号电缆槽底部设置泄水槽，泄水槽与侧沟排水沟侧壁连接，泄水槽宽 4 cm，间距 3 ~ 5 m。仰拱填充面至两侧侧沟设置 10 cm 宽的泄水槽，间距 1 ~ 3 m。

5. 混凝土施工

（1）电缆槽身混凝土施工：电缆槽身混凝土强度等级为 C25，施工分三步施工，首先施工靠近中线侧槽壁，然后施工槽底混凝土，最后施工靠水沟侧槽壁。电缆槽身混凝土要分层浇注，由于电缆槽侧壁厚度仅有 12 cm，不能采用捣固棒振捣，用ϕ25 钢筋插捣密实。当混凝土浇注到槽壁顶后，电缆槽盖企口部位安放 5 cm × 5 cm 木条。

（2）排水沟身混凝土施工：排水沟身混凝土强度等级为 C25，施工分两步施工，首先施工两侧壁混凝土，然后施工沟底混凝土。由于两侧壁厚度仅有 10 cm，不能采用捣固棒振捣，用ϕ25 钢筋插捣密实。

6. 电缆槽、排水沟盖板安装

在电缆槽槽身和排水沟沟身混凝土施工后，电缆槽、排水沟盖板安装前，测量组对已施工段电缆槽盖板、排水沟盖板安装基座进行检查，对不合格部位进行修凿或砂浆找平，确保电缆槽盖板、排水沟盖板安装基座平整，不晃动。

第二节　长大重难点隧道施工

本线 3 000 m 以上长大隧道有 18 座，还有少数瓦斯隧道，地质复杂。本节以位于贵州省桐梓县北部的天坪隧道（K138 + 351.891 ~ K152 + 330.143，全长 13 978.252 m）为例介绍长大、重难点隧道施工技术。

一、总体施工顺序

根据天坪隧道“1 座平导 + 2 座斜井 + 横洞（主井、副井）”的辅助坑道设置方案，分四个区段平行展开施工，实现长隧短打；进口工区、斜井工区、出口工区及横洞工区紧紧围绕平导超前，充分利用横通道，尽快转入正洞施工为主线，除出口工区处每个工区安排 2 ~ 3 工作面平行作业，同工作面尽快实现开挖支护、仰拱及铺底、结构防排水及拱墙衬砌全工序平行作业。

一分部：进口区段因地形陡峭，采用新增斜井的方式进入平导及正洞，到达井底后分 3 个作业面平行施工：平导向出口方向、平导向进口方向、经 2#横通道向正洞出口方向。待平导进口方向贯通后，将队伍调整到正洞向进口方向施工，待平导与斜井贯通后，通过 6#横通道和 9#横通道增设正洞施工面，向大里程方向施工。增设斜井的位置及走向避开了 F_1 不良地质，斜井采用无轨双车道衬砌断面，运输方便，也可节约进口方向 600 ~ 700 m 正洞开挖时间，提前将平导与斜井贯通，彻底解决斜井工区排水压力，并解决斜井通风。其总体布置见图 4-4-5。

图 4-4-5　进口分部总体布置

二分部：斜井到井底后分 3 个作业面平行施工，即平导向进口方向、平导向出口方向、经 11#横通道（DK121 + 500）向正洞出口方向，采用平导超前方式，并探测前方围岩情况。当平导与进口方向贯通后，依次利用 13#（DK122 + 380）、15#（DK123 + 360）、17#（DK124 + 360）横通道进入正洞施工，与原正洞施工队伍交替向前作业。其总体布置见图 4-4-6。

图 4-4-6　斜井分部总体布置

三分部：横洞副井进入平导后，向进口方向施工，并承担平导揭煤任务；横洞主井进入正洞后向进口方向施工，并承担正洞揭煤任务。

出口正洞向进口方向施工。当出口正洞完成后，将队伍调整到横洞工区，通过平导与正洞横通道增设正洞作业面。其总体布置见图 4-4-7 及图 4-4-8。

图 4-4-7 出口分部（横洞工区）布置

图 4-4-8 出口分部（出口工区）布置

二、工程重、难点分析及应对措施

工程重、难点分析及应对措施见表 4-4-2。

表 4-4-2 工程施工重点和难点分析及应对措施

序号	管理内容	重点、难点	具体分析	应对措施
1	进洞方案	隧道进口、横洞进洞施工是难点	隧道进口及横洞洞口处于悬崖半空中，地形陡峭，施工便道及临时设施布置困难	与设计、监理、业主单位沟通进行Ⅱ类变更设计，进口新增斜井、变更横洞洞口位置
2	煤系地层段施工	煤系地层段施工是天坪隧道的重点也是难点	施工中容易发生煤与瓦斯突然大量涌出或瓦斯聚积发生瓦斯燃烧、爆炸事故	（1）由集团设计院成立超前地质预报组，严格按《超前地质预报专项方案》内容实施，采用多种手段进行综合地质预报，以预测煤层位置、产状、煤层厚度等。 （2）由集团公司技术中心成立通风及瓦斯检测小组，按《通风专项施工方案》《瓦斯监测方案》实施，加强瓦斯监测与通风管理。 （3）编制《煤系地层专项施工方案》《揭煤专项施工方案》，组织专家论证并严格按方案实施，揭煤聘请专业队伍。 （4）联系富有瓦斯处理经验的煤矿系统企业、聘请专家授课，对揭煤施工工艺、技术方案、机械设备、应急等进行系统学习，并对全体员工分批次进行强制性培训，经过严格考试合格方能上岗操作

续表

序号	管理内容	重点、难点	具体分析	应对措施
3	断层破碎带施工	断层破碎带施工是天坪隧道施工重点	隧道穿越多处断层破碎带、节理密集带、可溶岩与非可溶岩接触带，岩体破碎，可能发生涌水、突泥和坍塌	（1）做好超前地质预报工作，严格按《超前地质预报专项方案》内容实施、落实。 （2）采取超前预注浆、径向注浆等辅助施工措施封堵地下水。 （3）采用大拱脚台阶法，短进尺、弱爆破，做好超前支护，初期支护及时封闭成环。 （4）加强监控量测，及时修正支护参数
4	岩溶、岩溶水	岩溶、岩溶水地段施工是天坪隧道施工重点	本隧道洞身处于岩溶地下水水平流动带，隧道开挖出现涌突水的可能性大	（1）将超前地质预报工作纳入工序管理，提前掌握前方岩溶大小和发育情况。 （2）采用超前帷幕注浆，径向注浆或限量管道排放等手段降低作业面水压。 （3）合理选择开挖方法并严格遵守“短进尺、弱（不）爆破、早封闭、强支护、勤量测、紧衬砌”的原则组织施工
5	斜井排水	斜井区段涌水量大，突水时安全风险大	斜井排水距离长，高差大，抽水管路长，机械配置难度大	（1）编制《天坪隧道斜井排水专项施工方案》，成立排水班组，加强过程落实、检查。 （2）加强排水设施的日常保养维护。 （3）做好应急设备和物质储备
6	施工组织	如何快速均衡生产是项目管理重点	平导综合进度指标196 m/月、Ⅳ级围岩180 m/月；正洞级Ⅴ围岩55 m/月、Ⅳ级围岩105 m/月，进度指标高	（1）缩短施工准备期，尽早进洞施工。 （2）实行机械化配套施工，提高作业效率。 （3）合理安排施工顺序，加强工序衔接管理，严格内部考核。 （4）以平导超前为主线，为正洞多工作面平作业、加快施工进度创造条件。 （5）利用网络、移动通信等手段，建立信息平台实现信息化管理

三、主要工程施工工艺及方法

（一）隧道明洞段施工

出口采用明挖法施工。施工顺序为：测量放线→危石清理或加固→截水天沟施工→边仰坡的开挖支护→锚固桩施工→施作套拱→施工大管棚→开挖进洞→明洞施工→洞门施工。

1. 危石清理

洞口施工之前落实孤石及岩堆的分布情况及数量，对可能影响施工安全的岩堆及孤石予以清除或及时防护和加固，采取清方、嵌补及支顶等措施消除隐患，并及时做好防护。

2. 边仰坡施工

隧道明洞、洞门开挖前，首先施工洞口边仰坡外的截、排水沟，设于边、仰坡顶以外不小于5 m，其坡度根据地形设置，但不小于0.3%，以免淤积。明洞及洞门段土方开挖采用人工配合挖掘机由上而下分层开挖，每层高度为2～3 m，随开挖及时进行锚杆框架梁支护。在围岩落石下方设置钢轨支架防护，支架基础为C20混凝土。

3. 洞口锚固桩施工

在出口洞口明暗交界处施工22根锚固桩，在保证山体的稳定后再进行暗洞开挖。上部边坡加固防护工程施工完成后，应隔桩开挖锚固桩，设置锁口，在土层及风化破碎岩层中及时设置护壁。开挖时应注意井下排水通风、人身及财产安全。锚固桩施工完成后，均需进行声波透射成桩质量检测。

桩身混凝土达到设计强度的80%，且桩检测合格后，再分层开挖桩前岩土体，并及时施作明洞结构。明挖施工时采用分段分层拉槽开挖及支护，分层回填夯实，确保边坡的稳定。

4. 进洞方法

洞口土石方开挖到达隧道里程处形成台阶，施作暗洞套拱和安装导向架，在台阶上施作超前管棚支护。在超前管棚施作完成后进行洞身开挖，采用 CRD 工法，短进尺，用风镐配合挖掘机开挖，喷混凝土分两次进行，即开挖后初喷，架立钢架、安装系统锚杆、挂网后复喷，及时封闭，保证支护质量。施工过程中应加强监控量测，包括坡面稳定、边墙稳定等，以便及时掌握刷坡面动态和支护工作状态，保证洞门稳定和施工安全。

5. 明洞施工

明洞开挖完成后进行基底处理，基底承载力达到要求后方可施作仰拱、填充混凝土。明洞衬砌在仰拱填充完成后由明暗洞交界处向隧道洞口方向施工；拱墙衬砌采用模板台车作内模，组合钢模作外模，一次性灌注成型。明洞回填前应提前施作防水层及排水盲管。

6. 洞门施工

洞门施工在明洞或洞口段衬砌完成后进行，洞门及挡墙基底承载力要求不小于 0.25 MPa。端墙背后设置排水盲管网，管网采用外包土工布的塑料排水盲管，横竖间距均为 2 m。洞门端墙及翼墙混凝土灌筑采用支架和定制模板，混凝土由洞外自动计量拌和站生产，混凝土运输车运输，泵送入模，插入式振捣器振捣，做好养护工作。洞门完成后，分层填筑，左右交替、对称回填，并及时施作洞口防排水系统。

（二）洞身开挖

洞身开挖采用光面爆破，严格控制超欠挖，上台阶每循环开挖进尺Ⅴ、Ⅵ级围岩不应大于 1 榀钢架间距，Ⅳ级围岩不得大于 2 榀钢架间距。边墙每循环开挖支护不得大于 2 榀，初期支护喷射混凝土采用湿喷工艺。仰拱及填充分次浇筑并先于拱墙衬砌，二次衬砌距掌子面距离Ⅳ级围岩不得超过 90 m，Ⅴ级围岩不得超过 70 m。

1. 全断面法

正洞Ⅱ围岩段及辅助坑道Ⅱ、Ⅲ、Ⅳ围岩段采用全断面开挖。利用自制多功能作业台架人工手持风钻钻孔，采用光面爆破，出渣作业无轨运输时用装载机配合自卸汽车装运。

（1）全断面法施工工序见图 4-4-9。

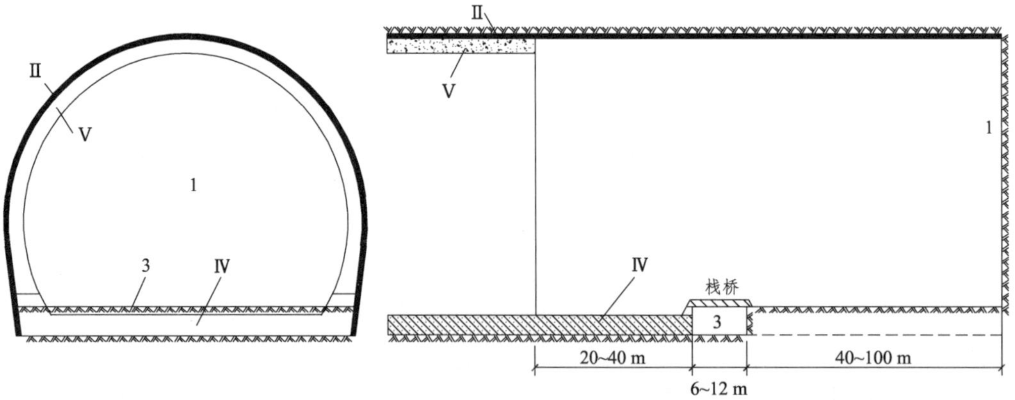

1—全断面开挖；Ⅱ—初期支护；3—隧道底部开挖（捡底）；Ⅳ—底板（仰拱）浇筑；Ⅴ—拱墙二次衬砌。

图 4-4-9　全断面法施工工序示意

（2）全断面法施工技术要点。

① 钻眼时，周边眼及掏槽眼应定人定岗（图 4-4-10），并严格控制周边眼外插角。按钻爆设计要求控制炮眼间距、深度和角度，应确定合理的循环进尺，确保两个循环的接茬位置平滑、圆顺。

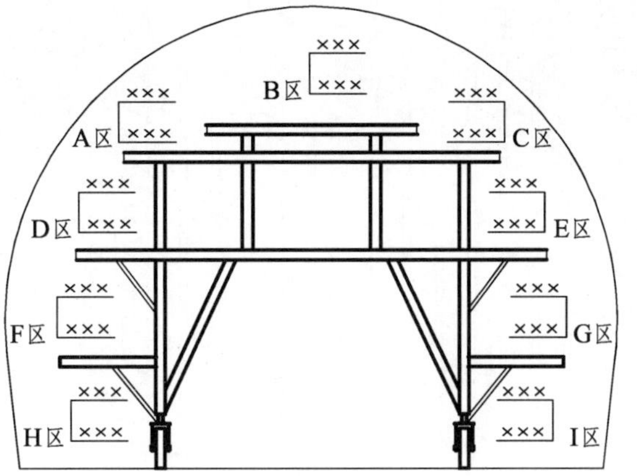

图 4-4-10　钻爆作业“定人定岗”

② 严格控制一次同时起爆的炸药量，每循环爆破后及时找顶，认真查看爆破效果，按要求进行地质素描，并根据超欠挖、炮眼痕迹保留率及围岩地质条件不断优化钻爆参数，改善爆破效果，减少超欠挖。

③ 全断面法开挖空间大、工序少，空压机、挖掘机、装载机、出渣运输车及通风、排水设备应配套实行机械化作业，各道工序尽可能平行交叉作业，缩短循环时间。

2. 台阶法（二台阶法）

正洞Ⅲ级围岩、Ⅳ级硬质岩及辅助坑道Ⅴ级围岩采用台阶法开挖。台阶长 3 ~ 5 m，采用光面爆破，减少对围岩的震动以控制成形。上台阶采用人工手持风钻钻孔，挖掘机或扒装机扒渣到下断面，出渣在下断面作业。对下台阶初期支护无钢拱架地段可与上台阶平行跟进，对初期支护有钢拱架地段，应左右交错进行。

（1）台阶法施工工序见图 4-4-11。

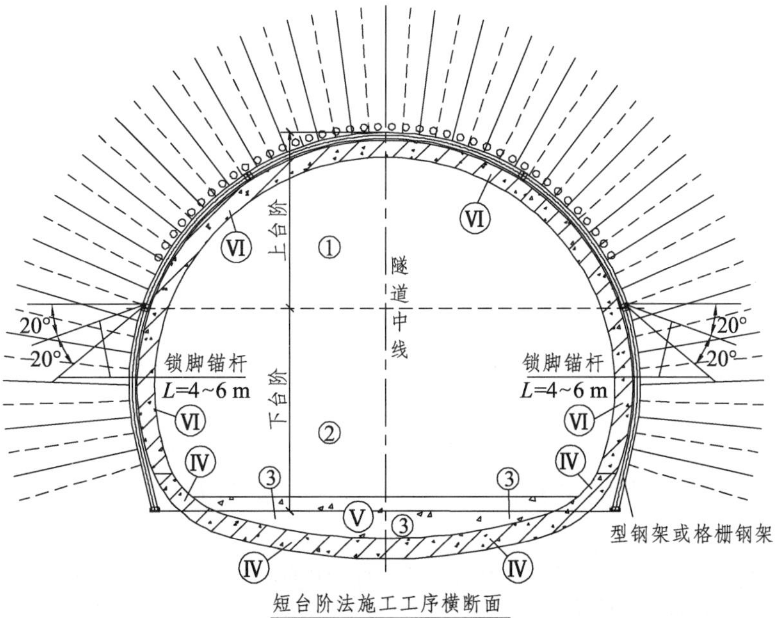

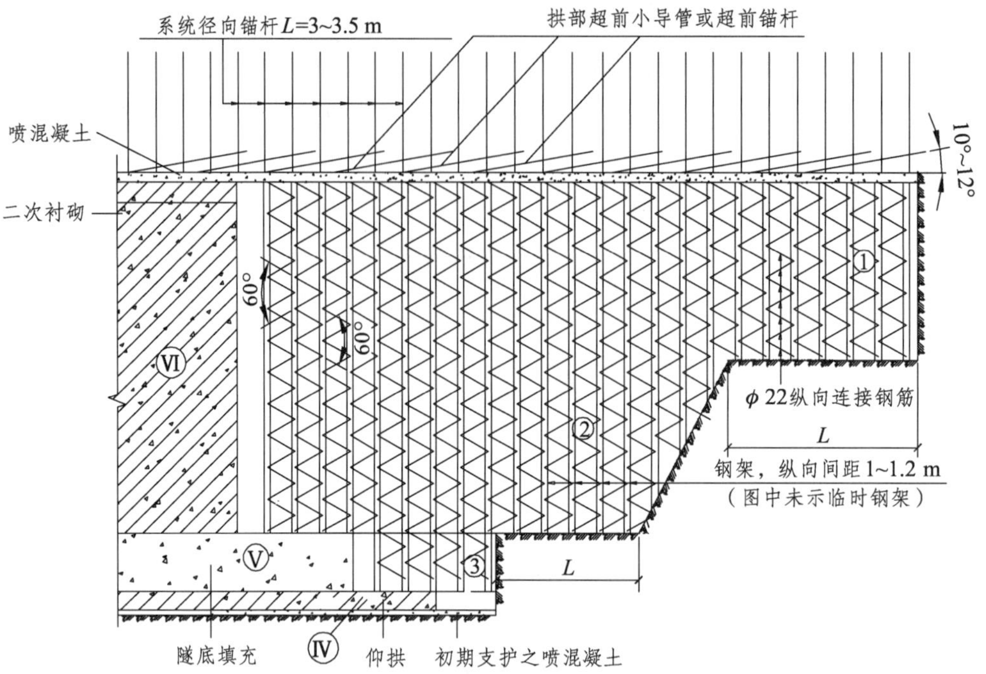

图 4-4-11　台阶法施工工序示意

（2）台阶法主要施工技术要求：上部断面使用钢架时，应采用扩大拱脚和施作锁脚锚管等措施，防止拱部下沉变形。围岩整体性较差时，施工中应采取措施减少下部开挖时对上部围岩和支护的扰动。下部断面开挖应两侧交错进行，下部断面应在上部断面喷混凝土达到一定强度后开挖。当围岩不稳定时进尺控制在 1 ~ 1.5 m，落底后应立即施作初期支护。

3. 三台阶预留核心土法

（1）三台阶法施工方案：正洞Ⅴ级围岩深埋段或Ⅳ级围岩软岩破碎段，采用三台阶法，分上、中、下三个台阶，根据实际地质情况可分别采用一般三台阶开挖、三台阶环形开挖预留核心土法及三台阶加临时支撑或临时仰拱法进行施工，各部位的开挖与支护沿隧道纵向错开进行，其中一般三台阶开挖多用于Ⅳ级围岩，三台阶环形开挖预留核心土法多在Ⅴ级围岩岩溶、裂隙水发育地段采用，当围岩收敛变形较大时采用三台阶加临时支撑或临时仰拱法进行施工。施工工艺流程见图 4-4-12。

（2）三台阶法施工技术要点：

① 三台阶预留核心土法应以人工手持风镐配合挖掘机开挖为主，必要时辅以弱爆破，各分步平行作业，平行施作初期支护，各分部初期支护应衔接紧密，及时封闭成环。仰拱应紧跟下台阶施作，及时闭合构成稳固的支护体系。

② 应完善洞内临时防排水系统，防止地下水浸泡拱墙脚基础。施工过程中应通过监控量测掌握围岩和支护的变形情况，及时调整支护参数和预留变形量，保证施工安全。

③ 拱部超前支护完成后，环向开挖上台阶弧形导坑，预留核心土长度为 3 ~ 5 m，挖宽度的 4 ~ 6 m。开挖循环进尺应根据初期支护钢架间距确定，最大不得超过 1.5 m。

④ 中台阶及下台阶左、右侧开挖进尺应根据初期支护钢架间距确定，最大不得超过 1.5 m，开挖高度为 3 ~ 3.5 m，左、右侧台阶错开 2 ~ 3 m，上、中、下台阶预留核心土开挖进尺与各台阶循环进尺相一致。

⑤ 仰拱循环开挖长度宜为 2 ~ 3 m，开挖后及时施作仰拱初期支护，完成两个隧底开挖、支护循环后，及时施作仰拱，仰拱分段长度为 4 ~ 6 m。施工工艺流程见图 4-4-13。

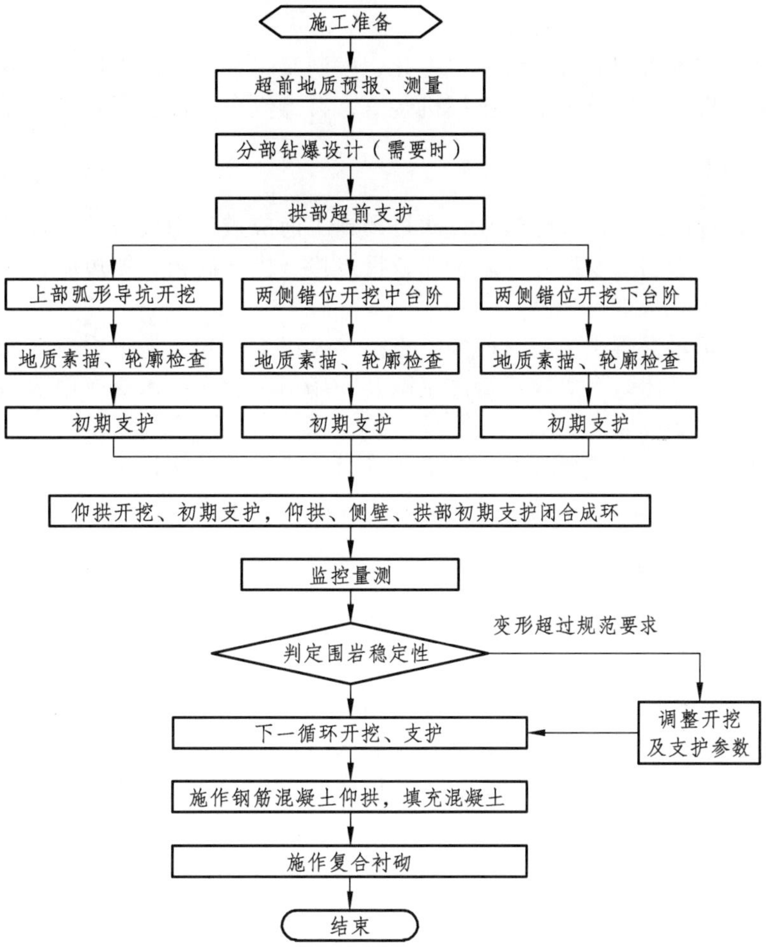

图 4-4-12　三台阶法施工工艺流程（预留核心土）

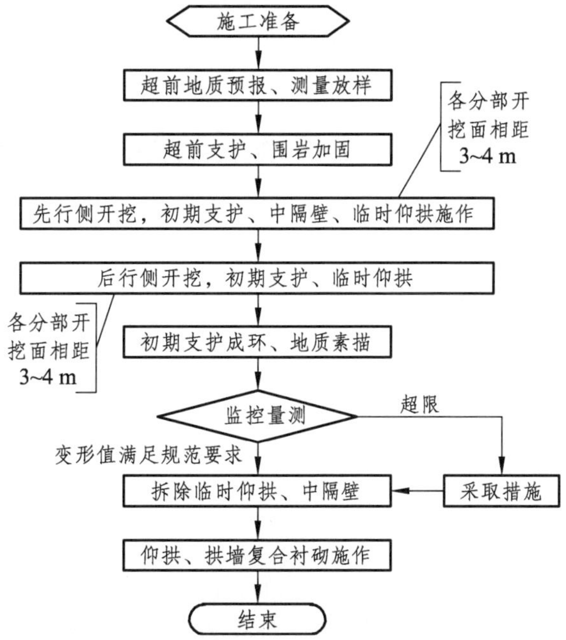

图 4-4-13　交叉中隔壁法施工工艺流程

（三）隧道出渣

出渣采用装载机、挖掘机配合自卸汽车，平导、横洞及斜井掌子面采用 1 台装载机装渣，正洞掌子面出渣采用 2 台装载机，仰拱出渣采用挖掘机装渣，自卸汽车运输至洞外指定弃渣场。

（四）隧道二次衬砌

按设计院提供的设计图纸，天坪隧道在二次衬砌施工前应进行隐伏岩溶探查，并采用物探、钻探等手段检查隧道周边环形加固层及层外围岩情况，重点检查拱部底板，侧边墙 5 m 以内是否存在有害空洞，隧道底部是否密实。

隧道二次衬砌采用防水混凝土，一般段混凝土抗渗等级为 P10，地下水发育及有侵蚀性地下水地段衬砌抗渗等级为 P12，具体防水等级根据施工图及现场情况，在技术交底中明确。仰拱及隧底填充施工在隧道底部开挖支护完成后。

全幅施工，采用仰拱栈桥方式确保施工车辆正常通行。拱墙二次衬砌在围岩变形基本稳定后采用液压衬砌台车及时进行跟进，二次衬砌距掌子面距离Ⅳ级围岩不大于 90 m，Ⅴ级围岩不大于 70 m。

（五）隧道施工通风及排水

横洞段分为七个段进行通风，进口、斜井出口采用压入式进行通风，具体施工方法详见本章第六节运营通风工程施工。

对顺坡施工一般地段，可采用自然坡度排水。但天坪隧道地质构造复杂、岩溶发育、地下水极为丰富，施工中可能遇突水、突泥。在遇大量涌水、突水时，隧道进、出口在利用自身已有的排水系统的基础上，还须另行调用抽排设备，利用隧道内高压风管、水管进行抽排。

（六）隧道控制爆破

隧道爆破施工会对地面建筑物等结构物造成一定影响，因此本标段全部采用减震控制爆破，减少爆破对周边建筑物及地表设施的影响。

通过对多座隧道进行的爆破振动观测表明：控制爆破与普通爆破法相比可以收到保护围岩、减小爆破振动的效果，质点振速可大大减小。此外，采用低爆速炸药、开挖面增打减震孔、控制爆破、非电毫秒不对称起爆网络技术等综合减震措施，可以减轻爆破振动。

第三节　特殊不良地质条件隧道施工
（大跨、软岩、浅埋、富水、偏压、黄土、瓦斯等）

渝黔铁路沿线各种不良地质发育齐全，其中岩溶、人为坑洞、顺层和岩堆分布范围广，是本线最为复杂，对工程影响最大的不良地质；其次为重力不良地质及有害气体。本节以西风岭隧道以及羊角一号隧道为例，介绍特殊不良地质条件下的隧道施工。

一、西风岭隧道

（一）工程概况

新建西风岭隧道进口位于重庆市九龙坡区，出口位于大渡口区，洞身自西向东穿越中梁山。本隧道设计为单洞双线，起讫里程 HD1K841 + 720 ~ HD1K844 + 865，全长 3 145 延米。施工过程中有诸多变更，变更后Ⅲ级围岩共计 1 865.8 m，Ⅳ级围岩共计 792.2 m，Ⅴ级围岩共计 459 m，明洞共计 28 m。

（二）不良地质

西风岭隧道不良地质主要为岩溶、采空区、危岩落石等，特殊岩土为膨胀土。结合现场实际施工情况，隧道断层破碎带多，出现过塌方、突泥涌水等。施工中进行了地质超前预报工作，并采取相应的施工和技术措施，安全顺利地通过了不良地质段。

经统计，主要不良地质及特殊地段设计位置见表 4-4-3。

表 4-4-3　主要不良地质及特殊地段统计

序号	名称	设计里程范围	地层岩性、发育情况及对隧道施工的危害	措施
1	岩溶	西风岭隧道 HD1K842+362～HD1K844+339	岩性以灰岩、白云岩、岩溶角砾岩、泥质灰岩等为主，岩溶发育中等—强烈。其中 HD1K842+589 附近洞身范围围岩溶蚀严重，岩心为灰黄色，呈石夹泥状，溶孔发育；HD1K843+699 附近洞身揭穿一溶腔	超前地质预报监测，在 HD1K842+589 设置泄水洞，HD1K843+699 通过埋设水管引排
2	煤矿（窑）采空区	西风岭隧道 HD1K844+658～HD1K844+710、HD1K841+985～HD1K842+033	煤层含煤性差，多以薄层、鸡窝状产出，且在局部尖灭，稳定性差。其中新门洞煤窑在隧道 HD1K844+650～+708 洞身下形成采空区，最低采高在 220 m 附近，比路肩高程低 11 m。施工中易出现隧底塌陷；磨滩坡煤窑在拟建隧道 HD1K841+985～HD1K842+033 洞身段上部 30 m 形成采空区，对隧道影响甚微	超前地质预报监控，出口段设置树根桩并注浆，进口段按照设计变更加强支护
3	煤层瓦斯	西风岭隧道 HD1K841+920～HD1K842+042、HD1K842+267～+408、HD1K844+289～+434、HD1K844+615～+738	整个施工过程未检测出瓦斯等有毒有害气体	加强通风和监测
4	膨胀岩	西风岭隧道 HD1K841+720～+762	雷口坡组（T_1l）及嘉陵江组（T_1j）地层中的岩溶角砾岩多以泥质胶结为主，胶结程度疏密不均，泥质胶结物遇水易软化，且夹有厚达 0.1 m 的石膏层。隧道开挖通过此段时，易产生较大塌方、冒落、涌水等现象	短进尺、强支护、勤量测
5	危岩落石	西风岭隧道进、出口	基岩裸露，强风化层厚度大，受雨水冲刷易出现溜塌	危石清理；出口设置钢轨栅栏和被动防护网

（三）特殊地段施工工艺及方法

1. 洞口浅埋特殊岩土地层加固

西风岭段隧道洞口地形险峻陡峭且处于浅埋、风化岩层地段，岩层破碎，洞口存在危岩落石，施工前首先对洞顶存在的危岩落石进行处理，加强对山坡稳定的观测和监测。同时先做好洞口的防排水设施，再进行洞口开挖，并作好洞口边仰坡防护。暗挖进洞前采取超前支护，必要时采用ϕ108 mm、壁厚 6 mm 大管棚超前支护。洞口段施工要以“短进尺、弱爆破、强支护、快封闭、勤测量，步步为营，稳步前进”的原则进行施工。

（1）施工顺序：本着“早进洞，晚出洞”的原则对洞口浅埋段进行施工，洞口浅埋段的施工顺序为：测量放线→截水天沟施工→边坡和仰坡的开挖与支护→护拱架立→护拱锁脚固定→立模并浇筑套拱钢筋混凝土→管棚施工→养护→回填→洞身暗挖和支护→仰拱、填充混凝土施工→拱墙混凝土施工。

（2）施工方法：首先根据设计资料对截水天沟和边仰坡开挖轮廓进行测量放线，施作浅埋段的地表截水天沟，防止雨水冲刷边仰坡。自上向下逐级开挖边仰坡，开挖采用反铲进行，必要时采取爆破配合。坡面 20 ~ 30 cm 采用人工进行，避免出现扰动围岩，随开挖及时进行支护。

2. 洞口偏压地段处理

本隧道洞口及局部地段均存在不同程度的顺层偏压问题，开挖采用台阶法光面爆破，最大限度减少对围岩的扰动。及时施作超前支护、初期支护，加强对偏压侧边墙的锚杆支护，抑制围岩的偏压变形，尽早进行模筑衬砌。

3. 采空区施工

根据勘测地质资料和设计图纸，本隧道 HD1K841 + 985 ~ HD1K842 + 033、HD1K844 + 655 ~ HD1K844 + 705 可能揭示采空区。在实际施工过程中，只在 HD1K844 + 647 ~ HD1K844 + 655 段揭示出采空区，现场本着“安全第一、质量地质、结构可靠”的原则对该采空区进行了处理。

施工中，首先安排专业人员对 HD1K844 + 646 ~ HD1K844 + 656 段隧底进行物探，确定采空区的位置、范围，根据物探成果布设钻孔予以验证，钻孔不少于 6 孔，并钻至底板以下不小于 2 m，准确定位采空区的范围和大小。

根据设计图纸，采空区处理分为隧底与侧墙两部分。隧底采用树根桩处理，并在桩顶与仰拱之间采用 C20 混凝土换填，在隧道中线位置的换填厚度为 1 m，边墙位置为 2 m，换填长度为 6 m。在边墙外侧施作 2 m 厚的 C20 耐腐蚀混凝土护墙，护墙外侧采用土石回填，回填厚度 3 m。

从小里程向大里程方向，分别为第 1 ~ 9 排树根桩。第 1 排桩左线里程位于 HD1K844 + 647.5，右线里程位于 HD1K844 + 651.5；第 9 排桩左线里程位于 HD1K844 + 651.5，右线里程位于 HD1K844 + 655.5。采用树根桩加固基底，树根桩内设置钢筋笼，并填灌碎石、注浆。施工完成后对此段观察时间不少于 1 个雨季，待围岩稳定后施作二次衬砌（本段采空区由 2015 年初观察至 2016 年 9 月，观察期间未出现任何异常情况，围岩监测变化值在规定范围内）。

4. 岩溶地段施工

施工中，西风岭隧道多次出现因溶蚀原因引起地质条件差而形成的变更，项目部多次邀请参建各方现场勘查，结合实际情况对相应地段进行了专项处理，通过增强支护措施、变更围岩等级等方式，以确保施工及后期运营安全。

施工中，在 HD1K842 + 589 处出现了较大涌水，并造成了前后两次塌方，塌方后揭示出一溶洞，该溶洞斜向线路右上方约成 60°发育，可见深度约 25 m，溶洞最宽处约 15 m，溶洞壁岩体较完整，为岩层型溶洞，发育方向主要受控于岩层面。经参建各方现场勘查及分析，塌方系隧道开挖后导致溶洞底板与隧道开挖面间岩壁无法承受溶洞内充填物压力所致溶洞底板突然失稳，充填物大量涌出。由于该溶洞风险的出现，项目部投入了大量的人力和物力，在参建各方的共同努力下对该溶洞进行了全面的考察和确认，制定了切实可靠的处理措施。

主要处理措施如下：

（1）HD1K842 + 579 ~ HD1K842 + 611 段二衬暂不施作，初支预留出水及观测窗口，进行至少一个雨季水文观察后确定处理方案。

（2）对 HD1K842 + 591 ~ HD1K842 + 611 段初期支护进行加强，全环设置 I16 型钢，间距 0.8 m；增设ϕ42 超前小导管，3.5 m/根，共计 28 根，环向间距 0.5 m，纵向间距 1.6 m，并将二次衬砌厚度增至 80 cm。

（3）于 HD1K842 + 588 处塌腔范围（中线右侧 70°范围内）内施作 20 m 大管棚，采用ϕ108 mm（壁厚 6 mm）无缝钢管，环向间距 0.3 m，管内设ϕ16 钢筋笼。

（4）塌方段初期支护上方预留混凝土泵送管，初支稳定后，拱部泵送混凝土回填，形成护拱，然后在护拱顶部进行吹沙防护。

（5）将洞顶涌水通过 2 根ϕ40 cm PVC 管引至右侧，右侧凿槽埋管引至拱脚；将右侧拱脚 2 根ϕ40 cmPVC 管接仰拱中间水沟。

（6）在 HD1K842 + 589 处集中涌水处增设一座泄水洞，作为排水专用，以保证溶洞内涌水及时排除，确保隧道运营阶段安全。

5. 洞内塌方段施工

隧道塌方主要在以下几种情况出现：浅埋偏压地段、土质隧道、大埋深软岩地段、断层破碎带、结构面发育的块状岩体地段、不同岩层接触带地段等。本隧道在施工中出现了 2 处塌方，里程分别为 HD1K842 + 879 和 HD1K842 + 591。

其中，HD1K842 + 591 处塌方主要是因为岩溶较为发育，隧道开挖后导致溶洞底板与隧道开挖面间岩壁无法承受溶洞充填物压力所致，其处理措施前面已描述，此处不再赘述。下面主要针对 HD1K842 + 879 处塌方处理进行总结。

（1）塌方情况：2016 年 4 月 9 日，现场对 HD1K842 + 879 开挖后，掌子面揭露为砂岩，灰黑色；节理较发育，围岩表面湿润，石质软弱、掉块严重；围岩为强风化岩，遇水软化，自稳能力差。掌子面爆破出渣完成后，挖掘机在对掌子面及拱部清理过程汇总，拱顶及右侧拱腰出现局部自然掉块，掉块具有持续性，每间隔几分钟出现大块掉落，声响明显，塌方是掌子面和周边围岩存在局部渗水，无涌水现象。至 4 月 11 日下午，拱顶掉块密度逐渐减弱，经计算累计塌方量超 700 m^3，塌方区域形成漏斗状，掌子面基本被塌方体封闭。

（2）处理措施：在业主单位、设计单位、监理单位及施工单位现场踏勘后，认定该段围岩为Ⅴ级围岩，系地质情况较差所致。主要处理措施如下：

① 为防止连带塌方保证作业安全，在 HD1K842 + 895 ~ HD1K842 + 885 段采用 I20 型钢钢架，间距 0.5 m，施作临时拱架支撑，保证了施工安全。

② HD1K842 + 898 ~ HD1K842 + 878 段采取洞外渣场运渣进洞，进行反压回填，以形成管棚工作面。

③ 对塌方段超前加固，于 HD1K842 + 888 处拱顶 120°范围内施作 30 m 大管棚，采用ϕ108 mm（壁厚 6 mm）无缝钢管，环向间距 0.3 m，管内设ϕ16 钢筋笼，并注浆。

④ HD1K842 + 895 ~ HD1K842 + 885 段上台阶已开挖部分埋设ϕ42 无缝钢管并径向注浆，单根长度为 4.5 m，按照 1 m × 1 m（环 × 纵）梅花形布置，以加固围岩。

⑤ 清除反压回填石渣并逐榀拆除 HD1K842 + 895 ~ HD1K842 + 885 段临时钢架支撑，同步进行断面扩大开挖施工，按照Ⅴ级 K 型加强复合式衬砌形式办理，初期支护采用 I20 型钢（间距 0.5 m）加强支护。

⑥ 对塌方以及未开挖段（HD1K842 + 885 ~ + 860）按Ⅴ级 K 型加强复合式衬砌形式办理，采用 I20 型钢（间距 0.5 m）加强支护，施工工法为带临时仰拱的台阶法，以确保隧道后期运营安全。

⑦ 过塌方段塌腔顶预埋泵管，采用泵送浇筑 C25 混凝土与初期支护上形成护拱。

6. 采煤巷道施工

（1）采煤巷道分布：施工过程中，隧道共出现了 1 处采煤巷道。该采煤巷道位于为 HD1K842 + 002 左侧边墙上方 1.5 m 处，巷道宽度约 1.6 m，初期揭示高度约 5 m，后逐渐变高延伸出拱顶。该巷道由 HD1K842 + 002 左侧边墙延伸至右侧 HD1K842 + 008 拱腰上方后消失，整体呈右高左低，无明水排水，主要为渗水，巷道底部及四周润湿。巷道区附近有煤层呈现，煤层为灰色以及灰黑色，易风化。

（2）处理措施：现场揭示出采煤巷道后，项目部及时与设计单位沟通，确认该段围岩属Ⅴ级围岩，初期支护按Ⅴ级Ⅰ型施作，同时要求暂不施工二衬，在巷道处埋设ϕ80 mmPVC 管，间距 30 ~ 40 cm，待观察至少一个雨季水量后，再综合确定处理措施。

按照会勘要求，项目部组织人员对该处水量进行了观测统计，发现该处水量较小，最大涌水量揭示初期为 96 m^3/d，雨季观察期间最大涌水量为 55 m^3/d。最终经参建各方会审，形成以下处理措施：

① 将该段围岩变更为Ⅴ级围岩，初期支护、衬砌均按照Ⅴ级Ⅰ型施作。

② 巷道处埋设ϕ80 mmPVC 管，间距 30 ~ 40 cm，将水流引至边沟，并加密环向盲管至每 10 m 设置 4 根。

③ 对采煤巷道与隧道交叉部分采用 C25 混凝土进行封堵，封堵厚度为 2 m，以确保隧道后期运营安全。

7. 煤层瓦斯段施工

本隧道瓦斯监测主要采用瓦斯自动监测系统和人工检测两种方式，其主要技术措施是：超前预报、加强通风、加强瓦斯监测、实施安全的揭煤工艺。现场安装了瓦斯自动监测系统、人员定位系统、门禁系统，可以实时监测洞内各个工作面有毒有害气体含量值是否超标，并实时掌握进洞人员情况。施工中主要采取瓦斯防治措施如下：

（1）瓦斯自动监测系统在洞内外安装，自动检测工作面及回风流中瓦斯及氧气浓度，洞口监测室派专人值班，负责洞内自动监测系统异常报警时及时上报相关领导，尽可能减少灾害程度。

（2）人工检测使用便携式智能光干涉甲烷测定器、便携式甲烷检测报警仪两种仪器。从事隧道施工的管理人员、工班长、爆破工进洞时，必须携带便携式甲烷检测报警仪，随机检测瓦斯浓度，特别注意拱顶、开挖凹凸处等瓦斯、天然气易产生积聚部位的监测。

（3）针对本隧道低瓦斯的特点，对各种电气设备和施工机械的性能，必须经专职人员检查，确认合格后方可进洞使用。同时，加强火源管理，建立洞口封闭管理和安检制度，严禁将火柴、打火机及其他易燃物品带入洞内，严禁穿着化纤衣物进洞。

（4）隧道正洞进行全断面超前探测，在超前探孔处设置检测点，以检测是否有有害气体涌出。若探测到有有害气体，根据记录确定有害气体的涌出位置。

二、羊角一号隧道

（一）工程概况

1. 工程及地质概况

羊角一号隧道位于重庆市綦江区境内，进口位于安稳镇观音桥，出口位于安稳崇河村，属于中低山丘陵地貌，隧址区地面高程 440 ~ 925 m，相对高程约 485 m，地形起伏较大。隧道进、出口外侧有渝黔高速相通，洞身段有国道 210 及乡村公路穿越隧址区，起止里程为 DK108 + 762 ~ DK114 + 489，全长 5 727 m。隧区地表上覆第四系全新统坡残积层，二叠系下统茅口组及栖霞组灰岩，中统韩家店组页岩，上统灰岩，页岩夹灰岩、白云岩夹灰岩，地层单斜及地下水发育，水文地质条件较复杂，区内各含水层含水性不一，且地下水对混凝土结构具有侵蚀性，隧道具有岩溶、危岩、顺层、瓦斯、采空区等主要不良地质现象。

2. 岩溶情况

本隧道于 2013 年 10 月 19 日，在横洞与正洞交接开挖时揭示大型溶洞，该溶洞全长 160 余米，高

4～14 m，宽 3～21 m，在与正洞交接往小里程方向 20 m 左右至大里程端溶洞顶板、侧壁及局部洞底表层分布有石笋、石柱、石钟乳及石幔，其稳定性差。溶洞底部为崩积物、冲积物覆盖，且均溶水受冲沟水下渗补给，水量有限，观测最大水量 2 L/s，对隧道工程影响较大，不宜作为隧道结构基础，故采用桩、板、梁结构。

（二）溶洞段施工

1. 施工工艺及方法

隧道 D1K112＋244～D1K112＋388 段发育大型溶洞，采用特殊衬砌结构（图 4-4-14），该段隧底溶腔发育，采用桩基托梁的形势跨越，桩采用直径 1.25 m 的钻孔桩，桩中心间距 6 m，沿隧道走向分别在隧道中线及边墙设三排桩基，桩与桩之间设三道纵梁连接，梁体间浇筑仰拱混凝土。施工时以现场开挖实际情况决定桩长与基础埋深，同时施工时应加强验基工作，对于未开挖或溶洞净空不满足钻探或桩位未钻探的桩均要求在实施钻孔桩施工前进行钻探，以逐桩确定钻孔桩施作长度，要求钻孔深度不小于“设计桩长＋5 m”并保证进入基岩不小于 2 m，保证安全。

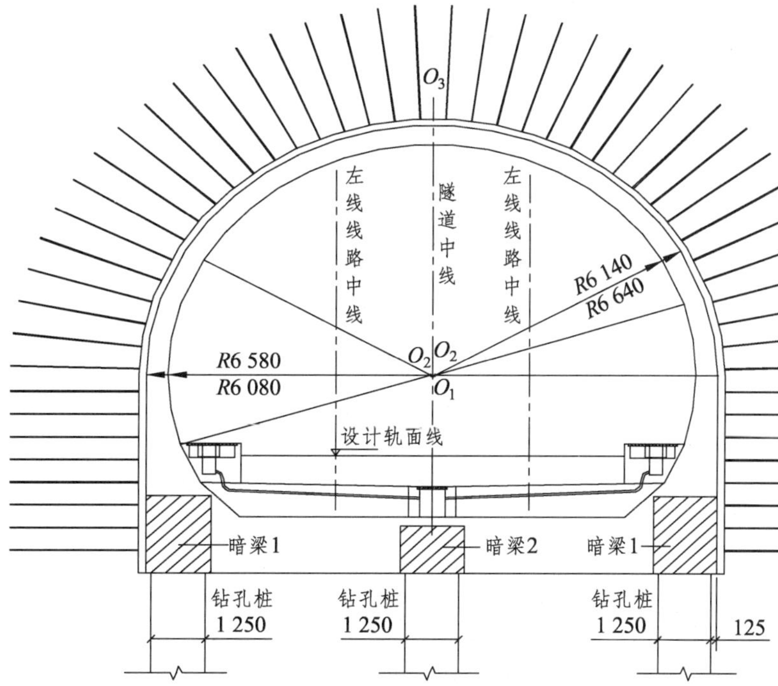

图 4-4-14　溶洞特殊衬砌（单位：mm）

（1）其中 D1K112＋355～D1K112＋361 桩身上部溶洞填充物，为采用直径 75 mm 的钢花管注浆加固，间距 1.2 m×1.2 m，梅花形布置，加固深度 5 m。注浆采用水泥浆，水灰比 0.5：1～1：1，注浆压力 0.3～0.5 MPa。D1K112＋367、D1K112＋373 溶洞填充物深度大，桩底不能到达持力层，按摩擦桩设计，桩周采用钢袖阀管分段注浆加固，注浆采用水泥浆，水灰比 0.75：1～1.5：1，注浆压力 2～3 MPa。

（2）D1K112＋264～D1K112＋294 段左侧边墙空腔采用 C20 砼回填密实。

（3）D1K112＋309～D1K112＋364 段顶部空腔，采用 C20 混凝土回填密实，先对溶洞岩面施作锚杆进行加固，ϕ22 砂浆锚杆，长 3.5 m，间距 1.2 m×1.2 m，梅花形布置，端部预留 50 cm 在外部，施作衬砌后，与 C20 回填砼后连接在一起，见图 4-4-15。

（4）D1K112＋301～＋319 段左侧边墙空洞及 D1K112＋379～＋389 段右侧边墙空洞于开挖前设置 2 m 厚 M10 浆砌片石垛支顶，见图 4-4-16。

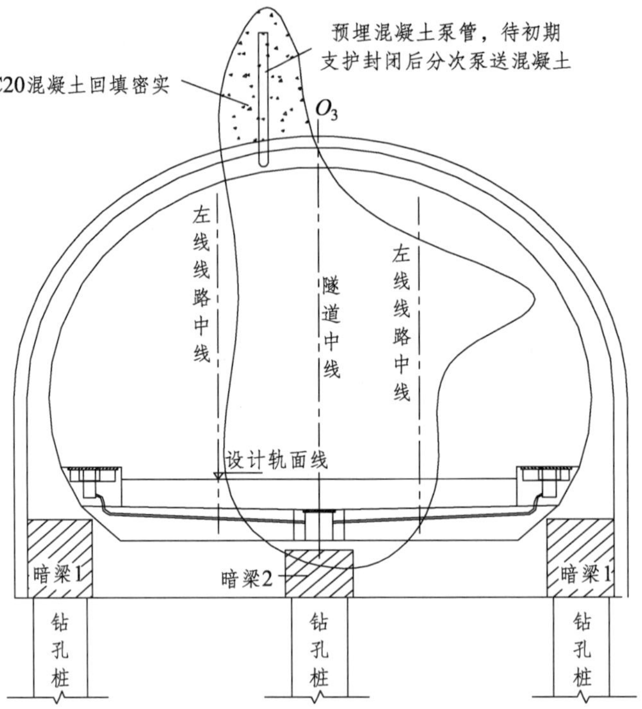

图 4-4-15　拱顶空腔回填示意

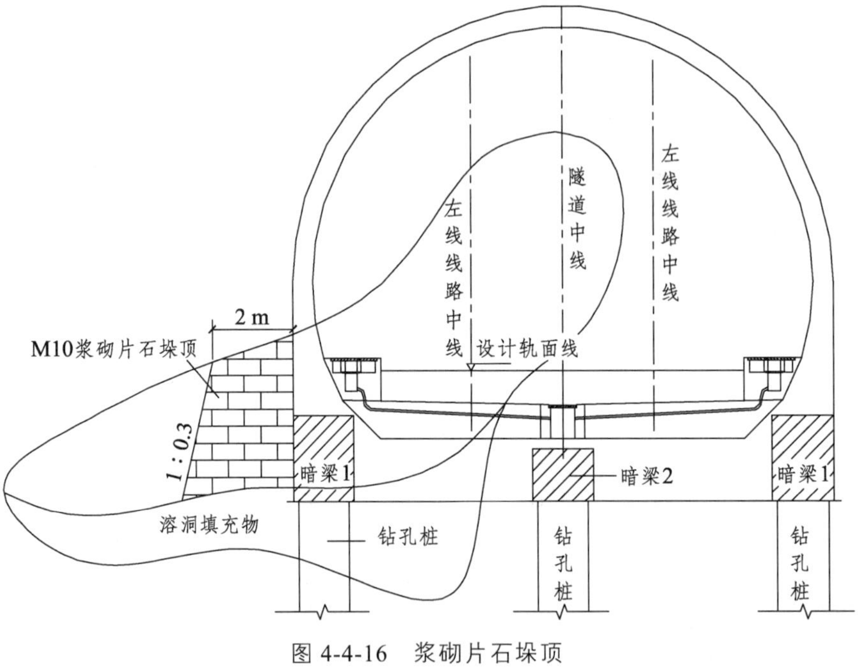

图 4-4-16　浆砌片石垛顶

（5）D1K112 + 361 ~ D1K112 + 389 段溶洞空腹初喷 10 cm C25 混凝土，施作ϕ22 砂浆锚杆，长 3.5 m，间距 1.2 m × 1.2 m，梅花形布置，ϕ6 钢筋网，在溶腔空腹中，于衬砌外设置 2 m 厚的 C20 混凝土护拱，见图 4-4-17。

（6）D1K112 + 389 ~ D1K112 + 394 段溶洞底部采用 C20 混凝土换填，边墙及拱部按 D1K112 + 361 ~ D1K112 + 389 段处理。

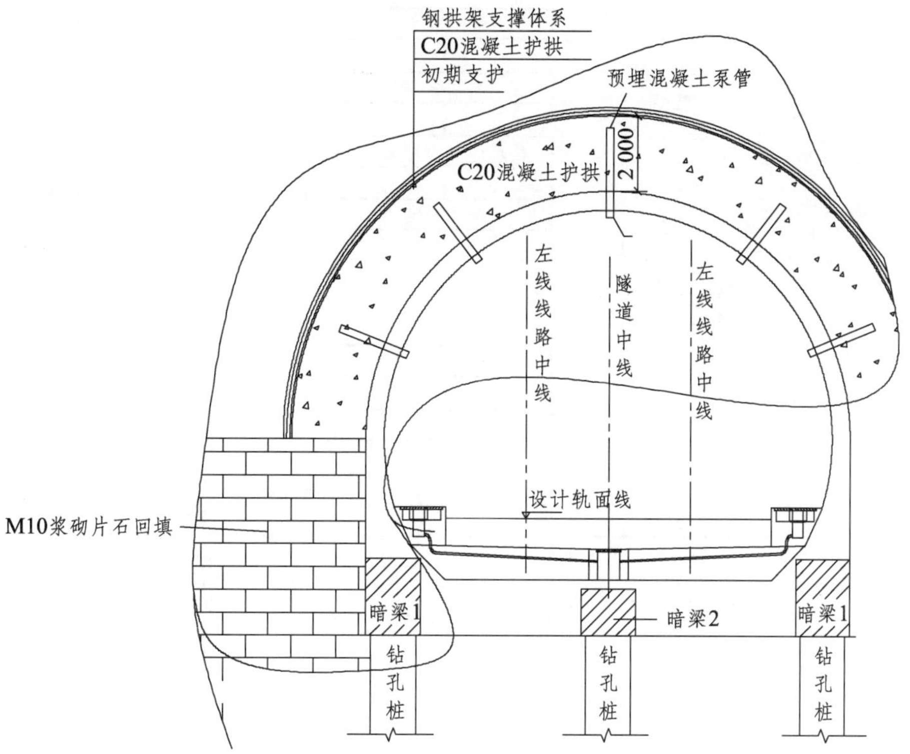

图 4-4-17　护拱施工示意

2. 施工控制要点

（1）加强超前地质预报工作，保证溶洞段开挖支护施工的安全。

（2）施作拱顶护拱时，应分层施作，每层不大于 50 cm，保证护拱内衬的稳定。护拱拱脚应落在基岩面，如不能落在基岩面时，在施工前应在底部施作截面不小于 1 m × 2 m 的扩大基础。

（3）桩基施工到设计桩底标高时，应再加深 5 m，保证桩底持力层满足设计要求，并保留好渣样，待设计单位确认地质情况后，再进行桩基混凝土施工。

（4）桩基梁板施工时，遵循“竖向分层，纵向分段，从下至上”的施工原则，横向每层整体施作。洞内混凝土浇筑受作业空间的局限，一次浇筑不宜过长，综合考虑预留施工缝的设置位置，施工缝的防水措施与隧道仰拱施工相同，设置中埋与外贴止水带。

第四节　洞口工程施工

隧道洞口段施工是整个隧道工程施工的关键。针对隧道洞口的特点，需要做到超前思维，制订出切实可行的进洞施工方案，使其既能减少隧道洞口边坡开挖和防护工程量，又能维护洞口的原生植被，同时也能加工程施工快洞口段的施工进度，确保施工安全。

一、洞口工程施工工艺及方法

1. 洞口工程施工工艺流程

隧道洞口工程施工流程见图 4-4-18。

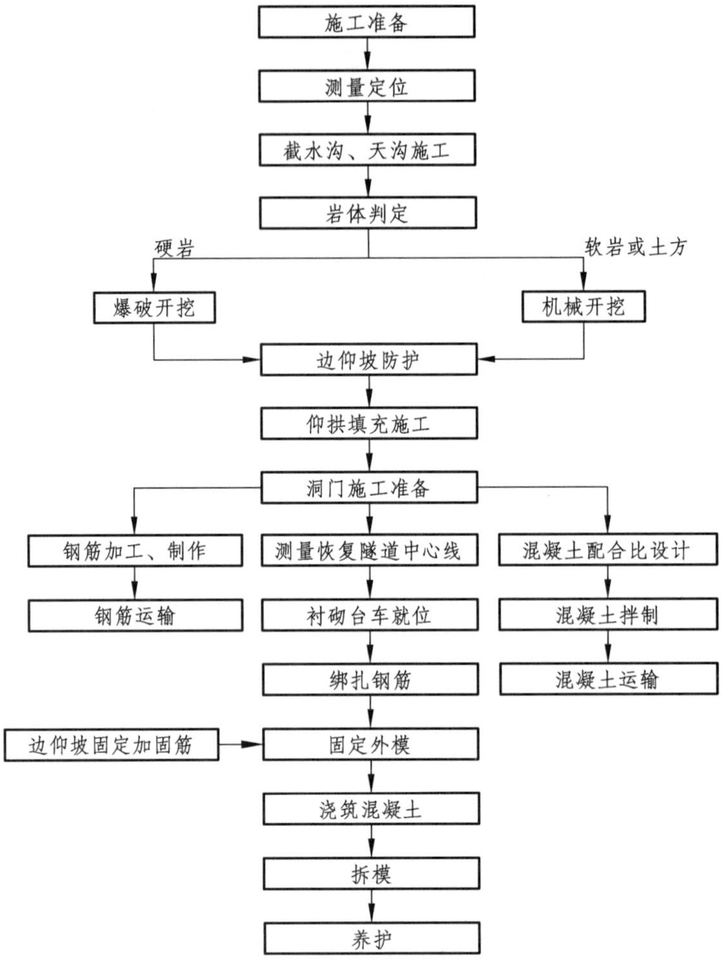

图 4-4-18　洞口工程施工工艺流程

2. 洞口排水及坡面处理

施工前先进行测量放线，根据测量放线做好边坡开挖轮廓线和截水天沟，以利截排水，同时将洞口段开挖线以外 10～15 m 范围的漏斗、洼地、等进行处理，防止地表水向下渗漏或陷穴等，确保边仰坡稳定。施工前均需做好排水系统，确保洞口段排水畅通，避免排水不畅引起的洞口段土体发生大的沉降和变形。

对仰坡上方的危岩落石进行如下处理：清除松动的危岩落石；采用 M10 浆砌片石对危岩落石进行嵌补；采用主动防护网加固危岩落石；在危岩落石下方设置钢轨格栅。

3. 洞口边仰坡开挖及防护

根据设计图纸和施工现场布置，在洞口范围内测量放样边坡控制桩，按照设计坡比分层开挖，分层开挖高度 2.0 m，采用随开挖随防护，永久防护坡面锚杆框架梁护坡。

施工中尽量减少对原有植被的破坏和对洞口的扰动，开挖洞口时以尽量减少破坏原有植被和岩体为原则，按设计坡度一次性整修到位，围岩破碎的部位用网喷锚杆加固。

4. 暗洞进洞施工

采用套拱法进洞，具体作法如下：洞口开挖至起拱线，在洞口衬砌外采用三榀型钢钢架紧贴仰坡放置，间距 0.75 m，纵向用ϕ22 mm 钢筋连接，经测量检查，同隧道洞口开挖断面一致后，与仰坡锚杆焊接固定，施作ϕ42 mm 超前小导管或超前大管棚超前支护，浇注挂板混凝土固结，形成洞室轮廓。

隧道上台阶前进一定距离后，施作下台阶，完成临时支护、仰拱，尽快形成封闭。

5. 进口段明洞施工

（1）施工顺序：明洞全部采用明挖法施工，具体施工顺序：测量放线→排截水沟施作→边仰坡开挖、支护（锚网喷支护及抗滑桩施工）→基底处理（如果设计有要求）→仰拱、填充施工→拱墙衬砌→明洞防水层施工→洞顶回填。

（2）施工工艺及方法：明洞土石方开挖采取横向分层纵向分段的方法进行施工，采用挖装机开挖，必要时采取弱爆破和人工配合机械刷坡，铲装机装渣自卸汽车出渣。按照设计施作边仰坡防护。开挖完成后进行基底处理，基底承载力达到要求后施作仰拱、填充砼，填充砼在仰拱砼终凝后进行浇筑。隧道明洞衬砌在仰拱填充完成后由洞内向洞口方向先仰拱后拱墙的顺序施工。

明洞衬砌均采用模板台车作内模（喇叭口段采用组合钢模作内模），外模采用组合钢模对拱墙衬砌混凝土一次性灌注，混凝土由自动拌和站生产，罐车运输，泵送入模，插入式振捣器振捣。洞口衬砌与隧道洞门整体灌筑后进行洞顶回填施工。

6. 洞门施工

洞口段衬砌施工完毕后，及时施作洞门。洞门尽量在雨季之前修筑完毕，且做好防、排水设施，减少地面水对洞口段施工的影响。洞门施工工艺流程见图 4-4-19。

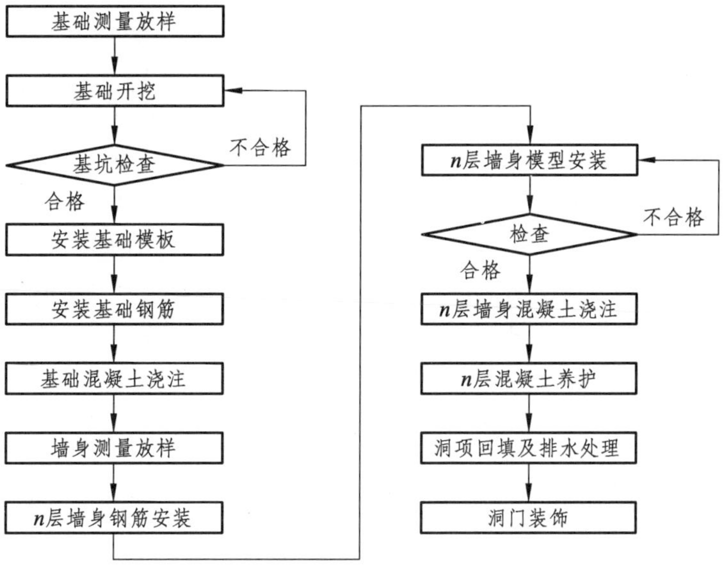

图 4-4-19　洞门施工工艺流程

二、洞口工程施工注意事项

（1）针对洞口偏压的隧道，在开挖至洞顶标高后及时必须施工抗滑桩，在施工完成抗滑桩后方可进行拉槽施工，避免拉槽开挖引起边坡溜坍。

（2）拱脚处端墙填筑材料采用透水性材料，并在端墙处预留泄水孔，保证端墙背后不积水。

（3）为增强洞口稳定及施工方便，施工过程中安排洞门在冬季及雨季前施工完成。

（4）针对对称台阶式洞门，洞门端墙承载力需要满足设计要求，不得有虚渣，避免由于端墙两端由于不对称受载，在明洞拱腰处产生开裂。端墙混凝土厚度均为 1.8 m 厚，建议后期设计更改为钢筋混凝土。

第五节　洞内设施工程施工

一、工程概况

隧道内附属构筑物主要根据相关专业要求设置，包括单线隧道大避车洞（兼余长电缆腔）、双线隧道综合洞室（兼余长电缆腔）、变压器室、无线通信直放站洞室、轴温探测仪洞室、设备洞室防护门、梯车洞、接触网锚段关节、电缆槽等构筑物，以及各类综合接地预埋件、各种预埋过轨管和隧道照明设备等。

洞内设施施工安排的原则是测量、钻孔安装电缆挂件等工序采用平行作业，其余的采用流水作业。机械为辅、人工为主。为加快施工进度，采用隧道两头同时施工的方法。施工顺序为：先上部后下部，先设备后线路，且施工中应严格按照施工规范及验收标准作业。本节以专用洞室、变压器洞室、电缆过轨、照明工程以及附属洞室为例讲述洞内设施施工。

二、洞内设施施工工艺及方法

1. 专用洞室、变压器洞室

（1）专用洞室系为满足运营设施、设备置放安装以及工务和其他业务部门需要设置。专用洞室空间尺寸为 600 cm × 400 cm × 280 cm（长 × 宽 × 高），入口段 2.5 m 下沉设余长电缆腔，后段可兼作无线通信或紧急救援电话系统等设备洞室，专用洞室外设设置防护门。

（2）变压器洞室根据电力专业要求设计和布置。变压器洞室空间尺寸为 700 cm × 500 cm × 350 cm（长 × 宽 × 高），入口段 2.6 m 设余长电缆腔，后段设置设备实体基础并提供电缆引入空间条件。

（3）隧道一般采用台阶法，在开挖下台阶施工一并施工专用洞室。专用洞室初支、衬砌等技术指标同洞隧道正洞，衬砌采用小块模板拼装，然后浇筑混凝土。

（4）施工注意事项：

① 专用洞室开挖后及时施作型钢支护，必须按照设计要求施工锁脚锚杆，保证洞室与正洞交叉口围岩稳定。

② 施工过程中及时对洞室断面、净空、高程复测，保证运营设备对净空的要求。

2. 隧道内电缆过轨

（1）洞口处电缆过轨：每个隧道洞口处，设置一组二束电力电缆过轨管，每束含 2 根 ϕ150 mm、壁厚 5 mm 双面镀锌无缝钢管，与线路正向交角不大于 45°，二束平面布置呈“八”字形。

（2）专用洞室处电缆过轨：

① 长度在 5 km 以上的隧道专用洞室处，设置一组二束通信过轨管，每束为 1 根 ϕ100 mm、壁厚 5 mm 双面镀锌无缝钢管，与线路正向交角不大于 45°，二束平面布置呈“八”字形。

② 兼作直放站设备洞室的专用洞室处，设置一组二束无线通信过轨管，每束为 1 根 ϕ100 mm、壁厚 5 mm 双面镀锌无缝钢管，与线路正向交角不大于 45°，二束平面布置呈“八”字形。

③ 每个专用洞室处，设置一组二束电力电缆过轨管，每束含 2 根 ϕ150 mm、壁厚 5 mm 双面镀锌无缝钢管，与线路正向交角不大于 45°，二束平面布置呈“八”字形。

（3）变压器洞室处电缆过轨：变压器洞室处，设置一组二束电力电缆过轨管，每束含 3 根 ϕ150 mm、壁厚 5 mm 双面镀锌无缝钢管，与线路正向交角不大于 45°，二束平面布置呈“八”字形。

（4）施工注意事项：

① 过轨管自一侧电缆槽引出，沿仰拱表面、经中心水沟底部，引入对侧电缆槽。电力及通信电缆过轨管的弯曲半径不小于 1 m，无线通信过轨管弯曲半径不小于 1.5 m。每束过轨管中，管间净距不小于 20 cm。

② 过轨管应采用冷弯加工、连接处采用套管连接，保证内壁光滑，无毛刺，保证电缆穿行不被破坏。

③ 各过轨钢管内均预留 ϕ3 mm 铁丝 2 根，口外保留和固定住不小于 1 cm 的余长，以便后期四电单位穿缆，管口设冷封胶堵头防止渗水和堵塞。

④ 过轨管沿仰拱表面通过中心水沟底时，可能受其钢筋阻挡，施工过程中将影响范围内中心水沟底板按 20 cm 厚调整配筋，方便其通过。

3. 隧道照明工程

隧道照明工程的施工顺序为：测量，钻孔→安装不锈钢电缆挂件→展放电缆→安装灯具→安装电源箱，首、末端控制箱→灯具、箱体配线→地线安装→送电实验。

4. 附属洞室

隧道附属洞室有避车洞、避人洞及综合洞室内预留通信及电力等相关专业设备空间。

施工时预留相应洞室位置，初期支护过后，进行钻孔微震爆破开挖，并按设计进行初期支护，正洞衬砌过后，采用小模板内支架，泵送浇注混凝土。

所有综合设备洞室及专业洞室等需设置附属洞室拱架、模板及支撑采用钢木混合结构。洞室开挖支护后，按设计要求挂设防水板，洞室所用的衬砌材料与边墙一致。定出洞室位置后，先对洞室进行铺底，并在支立隧道边墙的同时支立洞室的侧、背墙模板及拱架、拱模，然后与隧道边墙一起灌注混凝土。

第六节　运营通风及防灾救援工程施工

防灾救援系统以环境与设备监控为核心，由隧道通风、电力供电、照明（含疏散指示）控制、消防等子系统构成，根据需要与列车控制、牵引供电、车辆检测、应急通信、视频监控等互联。对于高瓦斯特长隧道，作为防灾救援的辅助坑道增加瓦斯监测系统。本线隧道内一般不设运营通风，高瓦斯、煤与瓦斯突出隧道内预留运营通风风机安装土建条件，竣工后，检测瓦斯封闭情况，确定是否安装风机。本节以天坪隧道的三个分部为例介绍运营通风及防灾救援工程施工。

一、隧道施工通风、降尘及管道布置施工工艺及方法

天坪隧道的通风、降尘及管道布置共分为三个分部，每个分部又对应不同的阶段，如下进行一一介绍。

1. 一分部通风布置

天坪隧道一分部施工通风布置共分为五个阶段。

第一阶段，开挖斜井采用压入式通风，2 × 110 kW 风机匹配 ϕ1.8 m 风管送风，用变频柜控制送风量，通风布置见图 4-4-20。

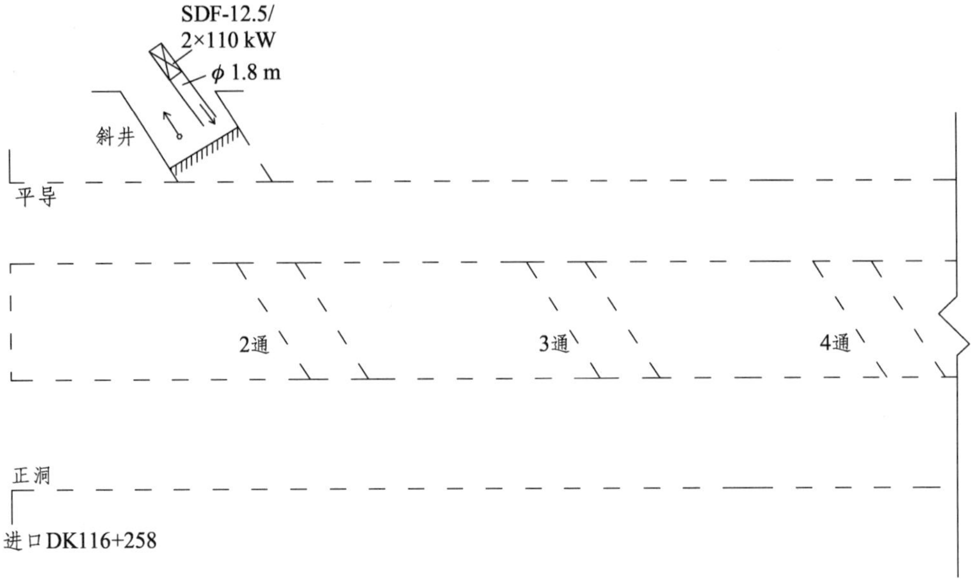

图 4-4-20　进口段第一阶段通风布置

第二阶段，正洞一个开挖面、平导两个开挖面，平导大小里程共用一路风管，各工作面仍然采用压入式通风。风机全部设置在斜井口，正洞采用 2 × 110 kW 风机匹配ϕ1.8 m 风管送风。平导两开挖面采用 2 × 110 kW 风机匹配ϕ1.8 m 和ϕ1.5 m 风管送风，采用三通分风装置按照工序调节分配风量。通风布置见图 4-4-21。

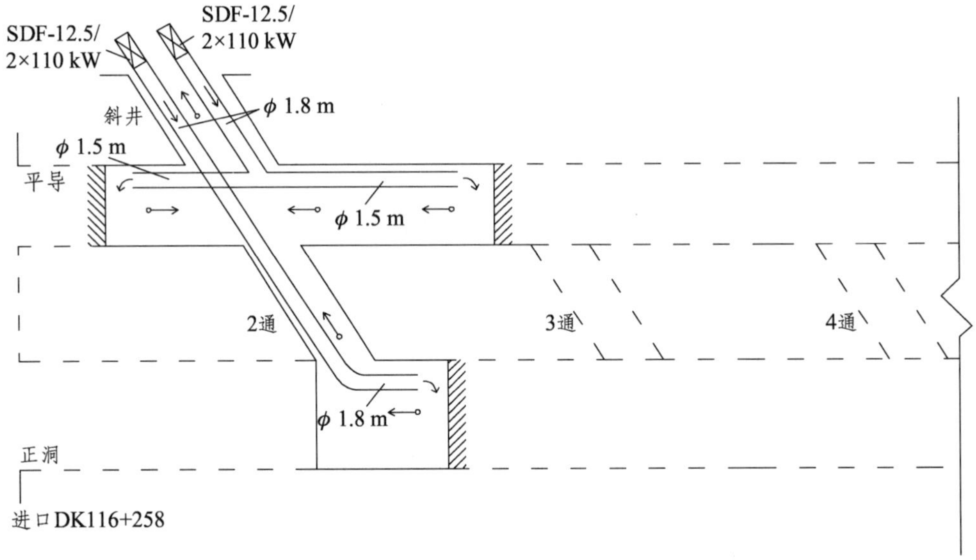

图 4-4-21　进口段第二阶段通风布置

第三阶段，进口方向平导已贯通，仍然采用压入式通风，风机全部设置在斜井口，正洞采用 2 × 110 kW 风机匹配ϕ1.8 m 风管送风。平导开挖面采用 2 × 110 kW 风机匹配ϕ1.5 m 风管送风，用变频柜控制风机风量。通风布置见图 4-4-22。

第四阶段，正洞与平导间的 3 通已贯通，正洞有一个开挖面，平导一个开挖面，斜井与平导交接处利用风桥形成巷道式通风。风桥长度为 60 m，风桥下部过车通道面积不小于 30 m^2，风桥上部风流过流面积不小于 30 m^2，同时应保证风桥有足够的承压能力，且风桥处不能漏风。在风桥下风向安装主扇风机，风量大小用变频器控制，通风布置见图 4-4-23。

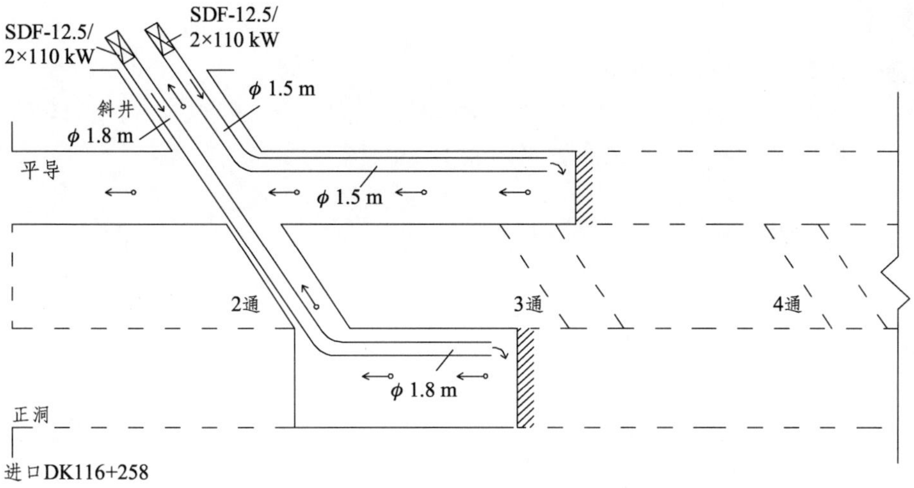

图 4-4-22　进口段第三阶段通风布置

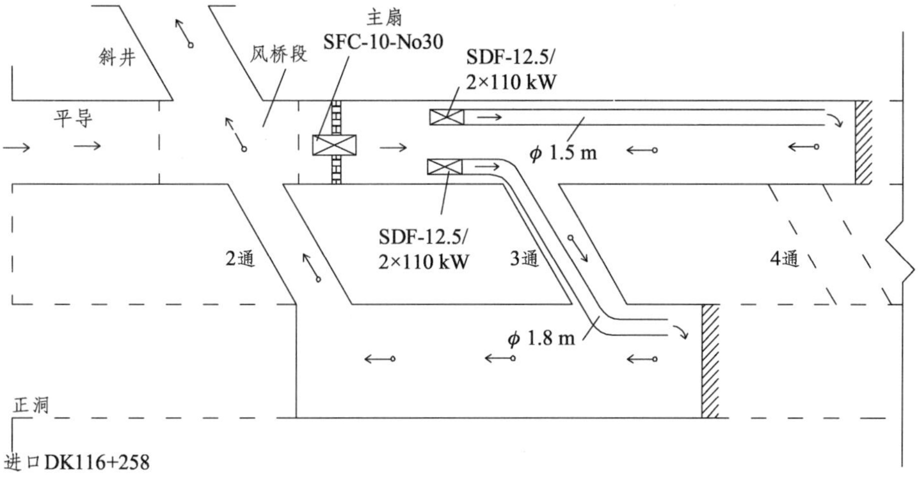

图 4-4-23　进口工区第四阶段通风布置

第五阶段，进口平导和斜井平导已贯通，正洞有两个开挖面，在 8 通处用风墙把风机封住，并在风墙上设置调风窗，当 8 通处的风机停机时，则打开风窗，并根据需风量调节风窗的开启大小，通风布置见图 4-4-24。

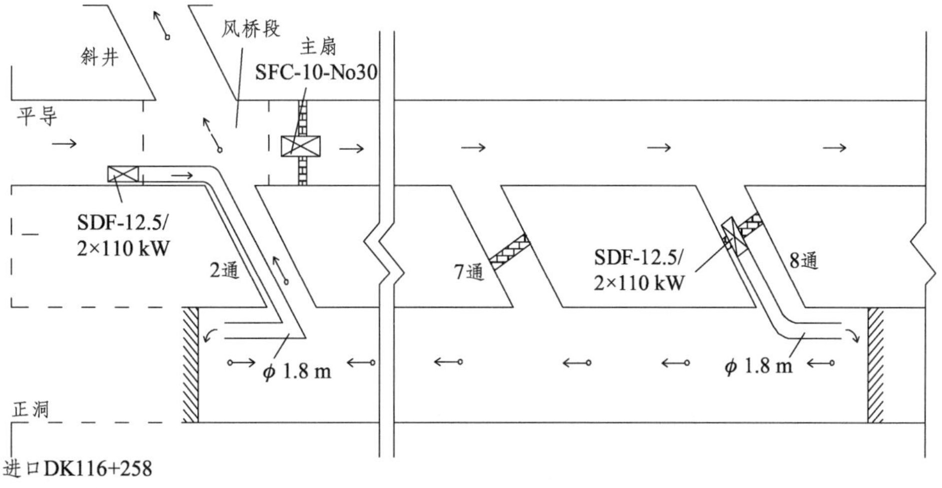

图 4-4-24　进口工区第五阶段通风布置

2. 二分部通风布置

斜井工区通风布置共分为五个阶段。

第一阶段，开挖斜井井身时，只有一个斜井开挖面，采用 1 台 2 × 200 kW 风机匹配 ϕ2.0 m 风管送风，风量大小用变频柜进行调节。通风布置见图 4-4-25。

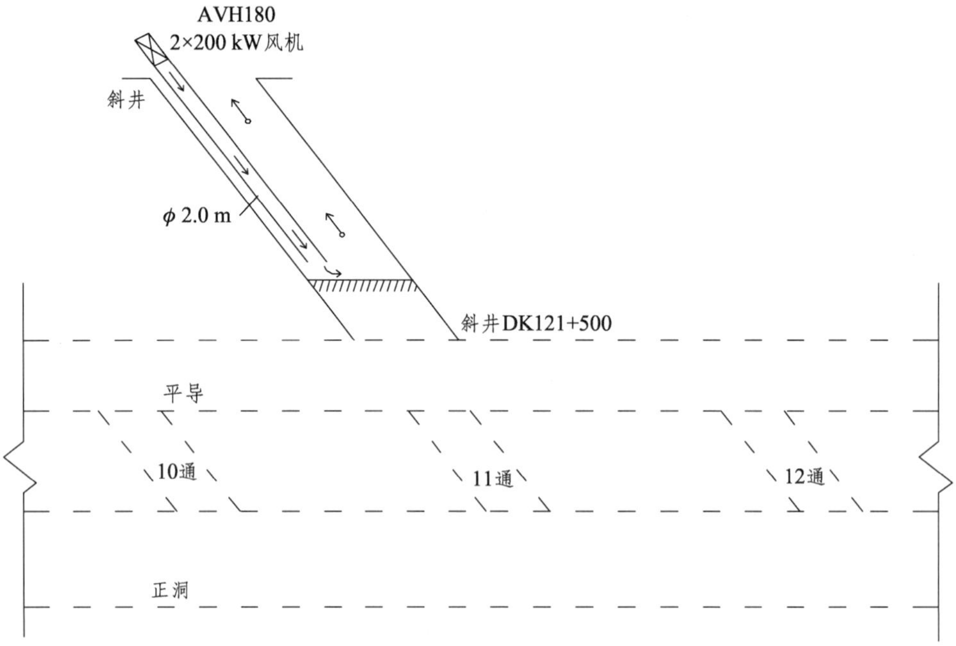

图 4-4-25 斜井段第一阶段通风布置

第二阶段，进入正洞和平导施工，采用压入式通风，正洞 1 个开挖面、平导 2 个开挖面，平导大小里程共用一路风管，采用 2 × 200 kW 风机匹配 ϕ2.0 m、ϕ1.8 m 风管送风，正洞开挖面采用 2 × 132 kW 风机匹配 ϕ2.0 m 风管送风，通风布置见图 4-4-26。

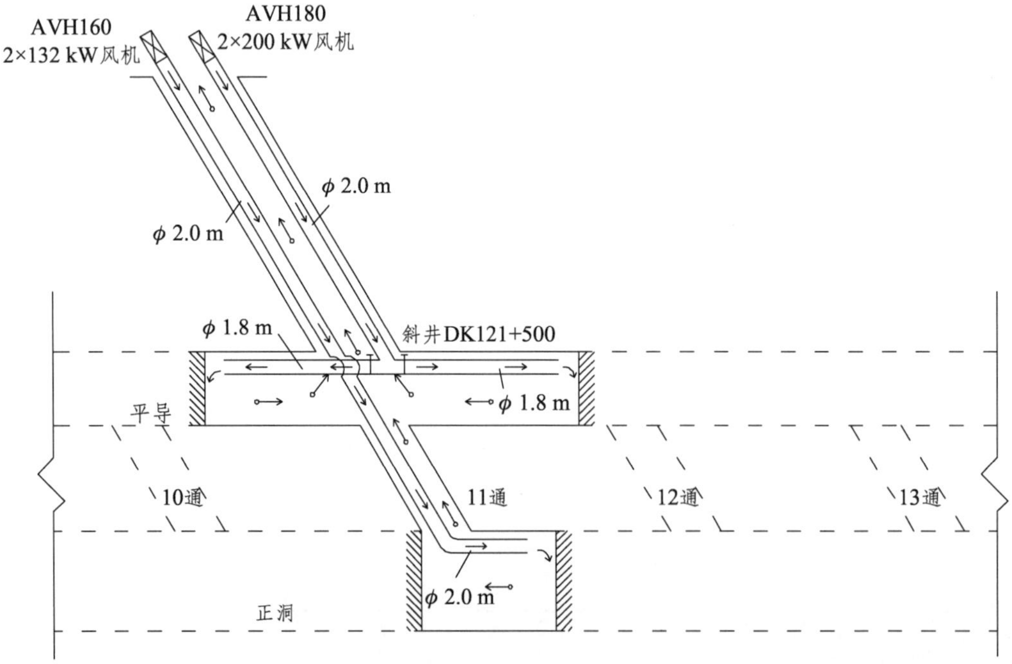

图 4-4-26 斜井段第二阶段通风布置

第三阶段，斜井平导与进口平导已贯通，形成主扇巷道式通风，有两个正洞开挖面和一个平导开挖面，斜井与平导交接处利用风桥形成巷道式通风。风桥长度为 60 m，风桥下部过车通道面积不小于 30 m^2，风桥上部风流过流面积不小于 30 m^2，同时应保证风桥有足够的承压能力，且风桥处不能漏风。13 通正洞采用 2 × 132 kW 风机匹配ϕ1.8 m 风管送风，用变频柜调节送风量大小，平导和 15 通正洞两个开挖面共用一台 2 × 200 kW 风机匹配ϕ2.0 m、ϕ1.8 m 风管送风，采用三通分风装置按照工序调节分配风量，通风布置见图 4-4-27。

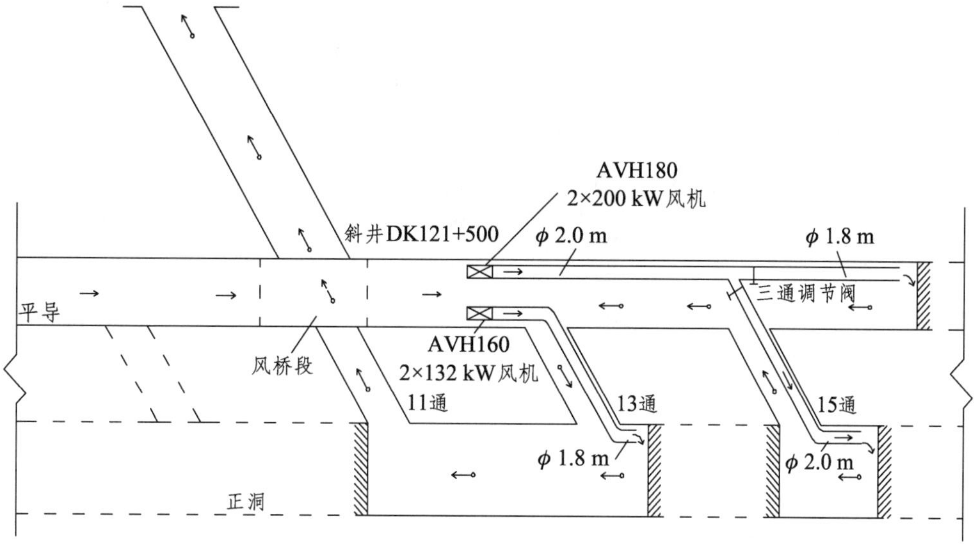

图 4-4-27　斜井工区第三阶段通风布置

第四阶段，局部风机移至 15 横通道处，有两个正洞开挖面和一个平导开挖面，15 通正洞采用 2 × 132 kW 风机匹配ϕ1.8 m 风管送风，用变频柜调节送风量大小。平导和 17 通正洞两个开挖面共用一台 2 × 200 kW 风机匹配ϕ2.0 m、ϕ1.8 m 风管送风，采用三通分风装置按照工序调节分配风量，通风布置见图 4-4-28。

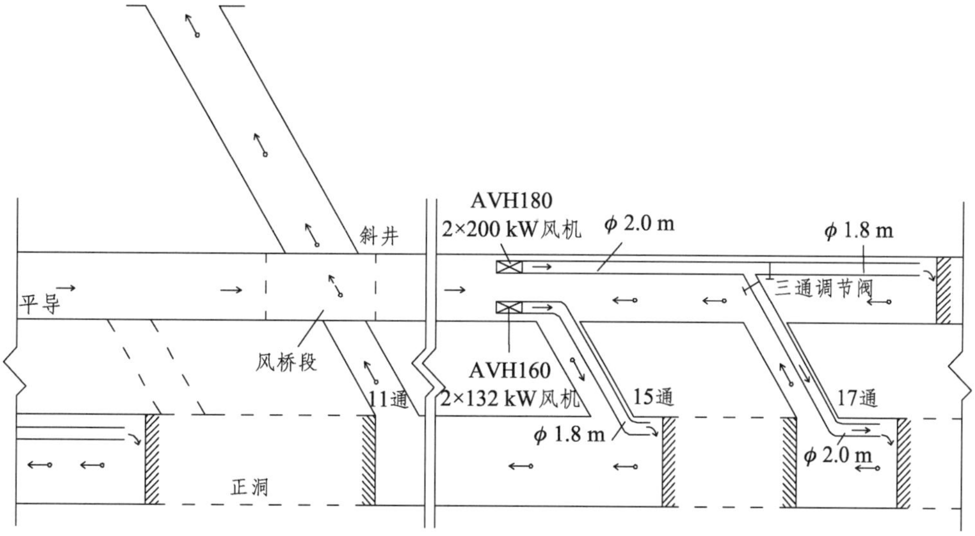

图 4-4-28　斜井工区第四阶段通风布置

第五阶段，斜井平导与横洞平导已贯通，有两个正洞开挖面，15 通正洞采用 2 × 132 kW 风机匹配ϕ1.8 m 风管送风，15 通正洞采用 2 × 200 kW 风机匹配ϕ2.0 m 风管送风，均使用变频柜调节送风量大小，通风布置见图 4-4-29。当斜井平导与横洞平导贯通后，必须利用密封墙进行封闭，保持各自独立的通风系统，避免瓦斯工区与非瓦斯工区之间串风。

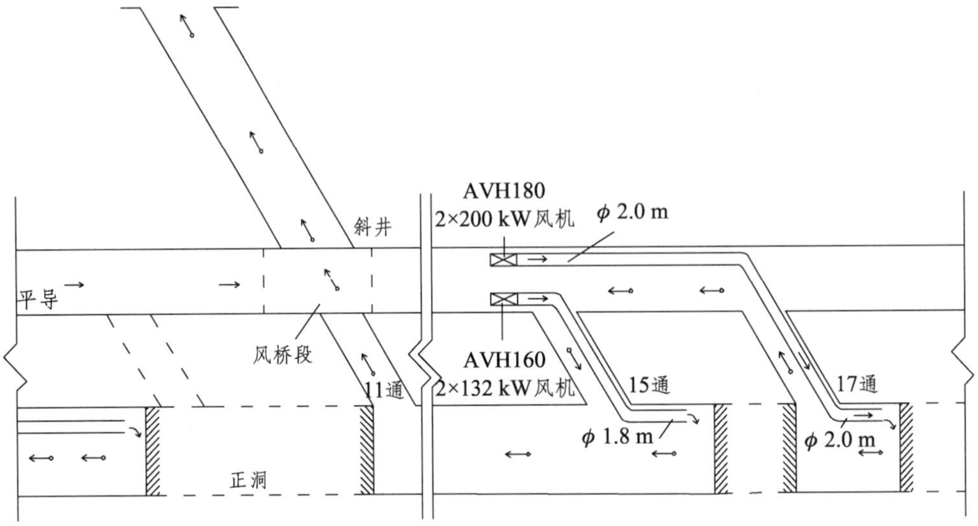

图 4-4-29　斜井工区第五阶段通风布置

3. 三分部横洞区段通风布置

横洞段通风布置共分为四个阶段：

第一阶段，开挖横洞洞身时，只有主、副井两个开挖面，主井采用 2 × 110 kW 风机匹配ϕ1.8 m 风管送风，副井采用 2 × 75 kW 风机匹配ϕ1.5 m 风管送风，通风布置见图 4-4-30。

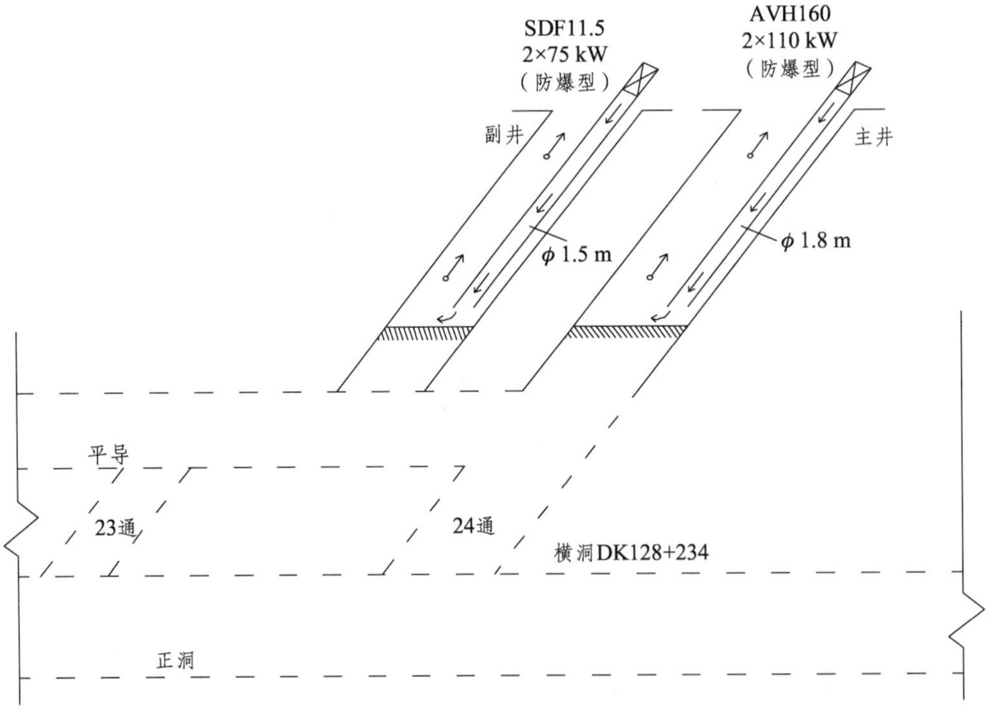

图 4-4-30　横洞段第一阶段通风布置

第二阶段，副井开挖至平导，主井开挖至正洞，只有平导和正洞两个开挖工作面。为了避免平导和正洞揭煤和排放瓦斯的相互干扰，主副井井底之间的平导暂时不贯通，仍采用压入式通风。主井采用 2 × 110 kW 风机匹配ϕ1.8 m 风管送风，副井采用 2 × 75 kW 风机匹配ϕ1.5 m 风管送风。平导最长通风距离 1 900 m，正洞最长通风距离 1 700 m，通风布置见图 4-4-31。主副井井口各安装了两台同等性能的通风机，正常通风的风机和备用风机通过自动切换三通连接。该阶段进行排放瓦斯和揭煤施工，必须加强通风，同时在主井和正洞交叉口处安装局部通风机，防止正洞顶部瓦斯积聚，其他容易产生瓦斯积聚的地方通过安装空气引射器来消除瓦斯积聚。

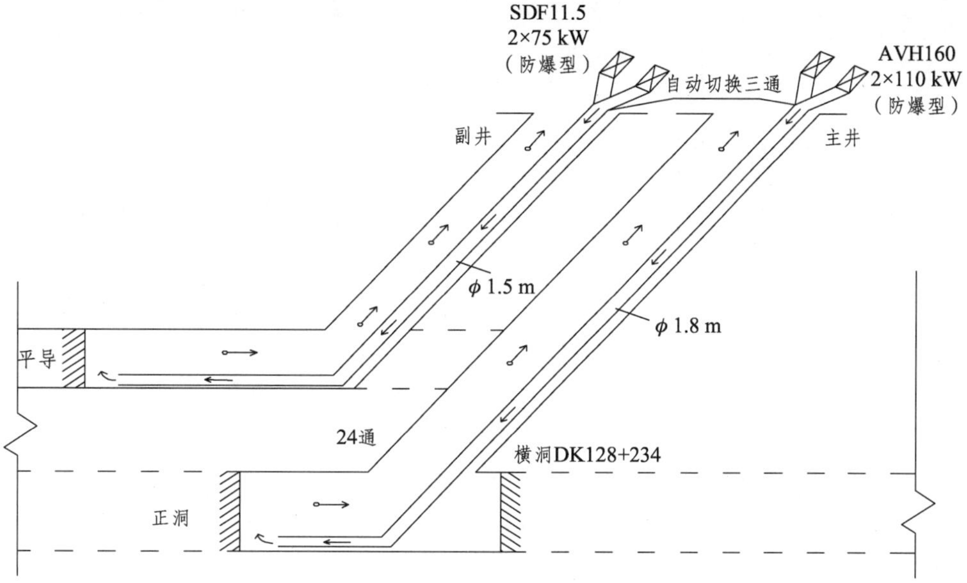

图 4-4-31 横洞段第二阶段通风布置

第三阶段，将主、副井之间的平导用密封墙封闭，为两个开挖面送风的风机设置在距 23 通 50 m 的平导内大里程一侧，正洞采用 2 × 110 kW 风机匹配ϕ1.8 m 风管送风，平导采用 2 × 75 kW 风机匹配ϕ1.5 m 风管送风，在副井内设置两台 55 kW 射流风机，新鲜风由副井引入、污风全部经主井排出，通风布置见图 4-4-32。

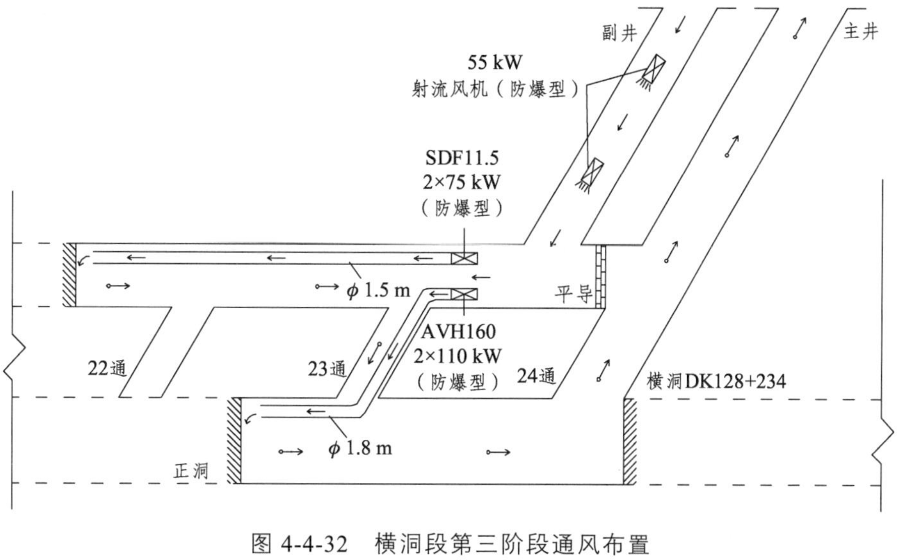

图 4-4-32 横洞段第三阶段通风布置

第四阶段，随着平导的推进，在 19 通增设正洞开挖面，平导内风机随横通道的贯通前移至 22 通，将 23 通封闭并在此增设 1 台为大里程正洞送风的风机，在 22 通和 23 通之间再增设 1 台 55 kW 射流风机，正洞采用 2 × 110 kW 风机匹配ϕ1.8 m 风管送风，平导采用 2 × 75 kW 风机匹配ϕ1.5 m 风管送风。

当横洞平导与斜井平导贯通时，仍然保持此通风布置，直到正洞贯通，通风布置见图 4-4-33。

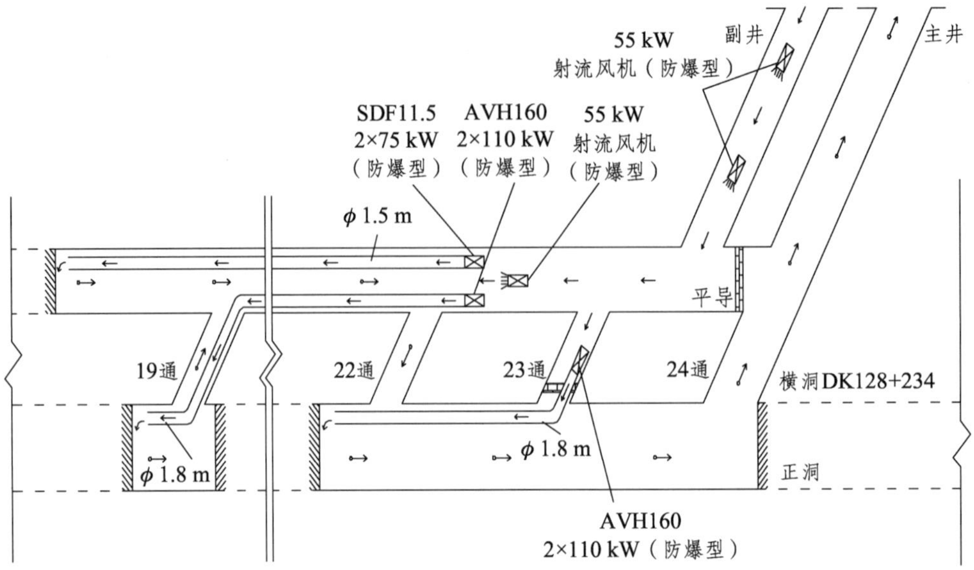

图 4-4-33　横洞段第四阶段通风布置

横洞区段为瓦斯工区，所有通风设备必须配置防爆型，风管为抗静电阻燃型，局部地段为防止瓦斯集聚可采用射流风机和瓦斯驱散器使风流速度达到 1 m/s，瓦斯驱散器的安设情况见图 4-4-34。瓦斯驱散器的主要设置位置为：正洞与回风横通道连接处的拱顶、回风区内的硐室、衬砌台车和各种作业台架形成的通风死角、未衬砌的超挖处、隧道断面变化形成的通风死角。

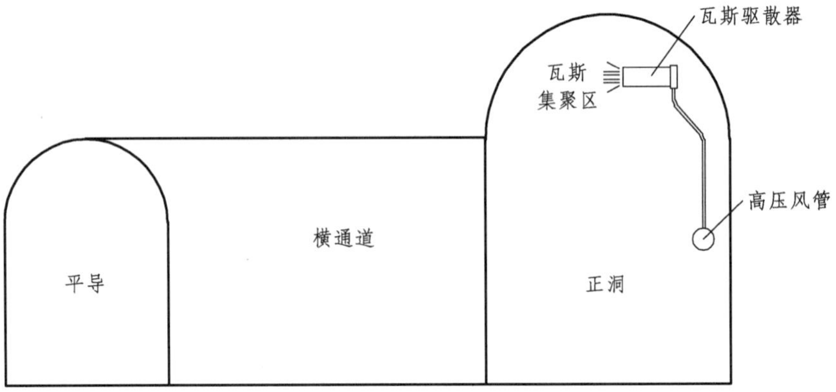

图 4-4-34　瓦斯驱散器布置

4. 三分部出口区段通风布置

出口工区只有正洞一个开挖面，施工长度为 2 236.252 m，采用压入式通风，利用 2 × 160 kW 风机匹配ϕ2.0 m 风管送风，通风布置见图 4-4-35。

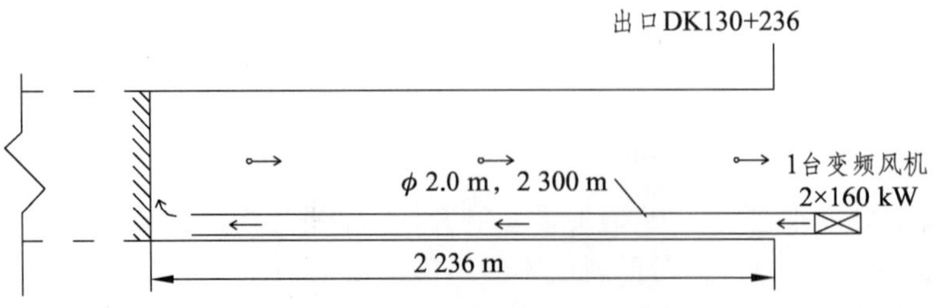

图 4-4-35　出口工区通风布置

5. 分隔巷道与压入式联合节能通风技术

由于天坪隧道穿越煤系地层段位于横洞工区，其余工区为非瓦斯工区，选择通风方式时，除通风质量和节能要求外，还需要考虑各作业面贯通后瓦斯与非瓦斯段的隔离。

（1）横洞与出口工区贯通前：为保证各开挖面通风系统的独立性，正洞和平导之间的横通道不贯通，均采用压入式通风。

（2）横洞与出口工区贯通后：出口工区为非瓦斯工区，横洞工区为瓦斯工区，为保证工区之间不串风，两个工区之间设置双层风墙隔离，各横通道采用风门封闭。出口工区作为进风巷道，将风压入个横洞工区各作业面。污风通过横洞排出洞外。

（3）通风节能：通过应用分隔巷道与压入式通风技术，在确保通风质量和施工安全的基础上大大缩短了通风距离。并基于风机变频及瓦斯自动监测技术，自主研发了自动节能通风控制系统，实现风瓦联动，节约瓦斯隧道通风能耗 18.5%。

6. 通风配置、管理及管线布置

（1）通风方式与设备：天坪隧道通风设备配置情况见表 4-4-4，其中横洞段为瓦斯工区，必须采用防爆风机和抗静电阻燃型风管，各工区均采用变频节能风机，大功率风机和大直径风机要求购买进口高性能设备。

表 4-4-4　天坪隧道通风设备配置

项目	设备名称	规格型号	数量	备注
进口段	变频轴流风机	SDF-No12.5，2×110 kW	3 台	使用 2 台备用 1 台
		SFC-10-No30	2 台	使用 1 台备用 1 台
	PVC 软风管	ϕ1.8 m	7 000 m	斜井内风管采用双吊环
		ϕ1.6 m	4 200 m	斜井、平导内风管采用双吊环
		ϕ1.1 m	900 m	
斜井段	变频轴流风机	2×AVH180，2×200 kW	2 台	使用 1 台备用 1 台
		2×AVH160，2×132 kW	2 台	使用 1 台备用 1 台
	PVC 软风管	ϕ2.0 m	9 000 m	斜井内风管采用双吊环
		ϕ1.8 m	4 000 m	斜井、平导内风管采用双吊环
横洞（瓦斯）段	变频轴流风机	2×AVH160，2×110 kW	3 台	使用 2 台备用 1 台，防爆
		SDF-No11.5，2×75 kW	2 台	使用 1 台备用 1 台，防爆
	射流风机	SSF-No16，55 kW，6P	4 台	使用 3 台备用 1 台，防爆
	PVC 软风管	ϕ1.8 m	10 000 m	用于正洞通风，双抗
		ϕ1.5 m	7 500 m	用于平导通风，双抗
出口段	变频轴流风机	2×AVH160，2×132 kW	2 台	使用 1 台备用 1 台
	PVC 软风管	ϕ2.0 m	3 000 m	—

（2）通风管理：工作内容包括气温、有害气体的监测，通风设备的安装、维护，洞内风速、风量、风压的定期测试，以及定期检查通风设备的供风能力和动力消耗。在每班工作期间，采用风速仪和风速量测计，对洞内的风量至少测量一次，如有通风不足，立即采取措施加强通风。

（3）管线布置：隧道施工时，为配合开挖、运输、初支及二衬等作业需进行辅助作业，管线布设内容包括压缩空气供应管路$\phi150$、施工供水$\phi50$与污水管路$\phi150$、施工供电及照明线路、施工通风管路$\phi200$。确保四管二线（供风管、供水管、施工通风管、施工排水管、动力线、照明线）有序布置，悬吊在边墙或拱部，供风管、供水管、排水沟（管）敷设在电缆线的上方，不得妨碍运输及行人。

二、防灾救援施工工艺及方法

结合天坪隧道辅助坑道设置情况及隧道群防灾救援需要，本隧道防灾救援土建设计为在斜井底部设置 1 处避难所与横洞主井作为紧急出口。本隧道斜井长 2 138 m，不具备设置紧急出口的条件，因此在斜井底部设置避难所 1 处。第 12 号横通道作为正洞通往避难所的疏散通道。本隧平导风机安装段及横通道锚喷衬砌均采用套衬加固，套衬后铺设防水板加纵向排水管做好防水处理。

1. 消防系统

隧道进出口两端分别设置 300 m^3 的高位水池，DN100/65-1.0 地上式室外消火栓 2 座和防护装备 10 套，消防器材箱 2 套，防护装备存放在洞口的消防器材间内。在天坪隧道应急疏散斜井避难所出口、横洞出口各配备消防防护装备 10 套。

2. 紧急报警系统

隧道事故报警系统主要由事故报警电话及手提式广播器组成。隧道群防灾救援将新设一套“应急通信系统”，该系统由事故报警电话综合控制话站（设于应急中心）、事故报警电话交换机（设于车站通信机械室）和事故报警控制话台（设于车站值班员）、事故报警电话终端（设于隧道洞室）组成。事故报警电话终端利用低频电缆实回线，采用共线方式接入事故报警电话交换机，并利用本线既有传输系统接入无线基站并接入夜郎站、赶水东站及应急中心，使隧道内人员可快速与应急中心通信。并且，应急中心可准确定位隧道终端位置，对隧道终端实现远程监测、维护和管理，提供安全可靠的通信保障。

天坪隧道在 K138 + 351.891 和 K152 + 329.143 的无线基站新设事故报警电话交换机，并在夜郎站值班员处设事故报警控制话台。隧道两侧敷设阻燃 3 × 4 × 0.9 低频对称电缆各 1 条，两侧 500 m 左右各安装事故报警电话终端 1 个，共计 69 个。

3. 紧急疏散通道

（1）紧急出口防护门门框墙：本隧横通道与正洞交叉处增设防护门，防护门门框预留尺寸为 1.8 m × 2.2 m。防护门框墙平坡段标高应与正洞救援通道标高一致，平坡段基底回填采用 C15 砼，与平导坑底间采用 M10 浆砌片石回填。回填面采用水泥砂浆抹平，回填坡度视现场施工情况及横通道长度适当调整，保证防护门与平导坑底间救援通道的平顺。

（2）紧急出口外侧安全管理：坪隧道横洞主井 HDK0 + 000 ~ HDK1 + 050 段作为紧急出口，全长 1 050 m，利用 27 号横通道作为疏散通道。距离斜井避难所 6 682.45 m，距离隧道出口 2 030.892 m。洞口在运营过程中设置栅栏门，防止无关人员或动物入内。

为便于管理，紧急出口外侧设置一道防盗门，净空尺寸为 3 m × 2.5 m，具体位置可在现场安装前由防盗门安装单位确定，此处门框墙采用 30 cm 厚的 C20 钢筋混凝土砌筑。

第七节　防排水施工

隧道防排水设计应采取“防、堵、截、排，因地制宜，综合治理”的原则，应进行环境评价，重视环境保护，采取切实可靠的设计、施工措施，充分利用结构自身防水能力，并构筑隧道结构内外完善的防排水系统，对地表水和地下水进行妥善处理。

一、基面处理

（1）基面处理主要对初期支护表面的渗漏水、外露的突出物及表面凸凹不平处进行处理。

（2）处理基面渗漏水，采用注浆堵水或埋设排水管直接排水到边沟，保持基面无明显漏水。

（3）基面应平整，无空鼓、裂缝、松酥，表面平整度应符合 $D/L\leqslant 1/10$ 的要求，否则应进行喷射混凝土或抹水泥砂浆找平处理。

二、透水盲管

隧道排水盲管包括ϕ80 纵向透水盲管、ϕ50 环向透水盲管，排水盲管直接弯入侧沟，形成完整的排水系统。其中纵向排水盲管在整个隧道排水系统中是一个关键环节，起着承上启下的作用。

1. 排水盲管布置

拱墙初期支护与二次衬砌之间设ϕ50 环向透水盲管，间距 12 m（同衬砌台车长度），当水量较大时，可在水量较大处增设 1～2 道。边墙墙角处纵向设ϕ80 纵向透水盲管，纵向坡度不得小于 2‰，与线路纵向设计坡度一致，环、纵向透水盲管两端均直接弯入隧道侧沟。

2. 纵环向排水盲管安装施作步骤与方法

（1）按设计划线，以使盲管位置准确合理。

（2）钻定位孔，定位孔间距在 30～50 cm，在凸凹不平处应适当增加固定点。

（3）将膨胀锚栓打入定位孔。

（4）排水盲管布置时应尽量顺直，并与初期支护表面密贴，空隙不得大于 5 cm，盲管与喷射混凝土基面脱开长度不得大于 10 cm。

（5）用土工布包住盲管，扎丝捆好；用 U 形卡子卡住盲管，然后固定在膨胀螺栓上。

（6）对集中出水点，应铺设单根排水盲管，并用速凝砂浆将周围封堵，使地下水从管中集中引出。

（7）当隧道初期支护表面有大面积渗漏水时，可设双根或多根排水盲管，将水引入纵向排水盲管。

三、防水层防水

设置防水层是保证隧道防水功能的重要措施，且各级围岩的隧道衬砌均铺设分离式防水层，由防水板加土工布组成。防水板采用 EVA 防水板，厚度不小于 1.5 mm；土工布密度不小于 350 g/m^2。

1. 铺设准备工作

防水板铺设前，应先对隧道初期支护喷射混凝土表面进行处理，切除锚杆头、钢筋头等坚硬物，凸凹不平处需补喷、抹平，凹坑深度比应小于等于 1/10。

洞外检验防水板及土工布质量。对检查合格的防水板，用特种铅笔划焊接线及拱顶分中线，并按每循环设计长度截取，对称卷起备用。

2. 土工布铺设

对于设计为分离式的防水板，先进行土工布铺设，采用射钉固定。

土工布铺设的具体步骤为：

（1）先在隧道拱部位标出纵向中线。使土工布垫衬基本与洞室轴线直交，留足基面凹凸部位的富有量，由两边墙向拱部铺设。

（2）用带热塑性圆垫圈的射钉将土工布平整顺直地固定在基面上，每幅防水板布置适当排数垫圈，拱部 0.5 ~ 0.8 m 间距，边墙 0.8 ~ 1.0 m 间距，呈梅花形排列，并左右上下成行固定，如图 4-4-36 所示。

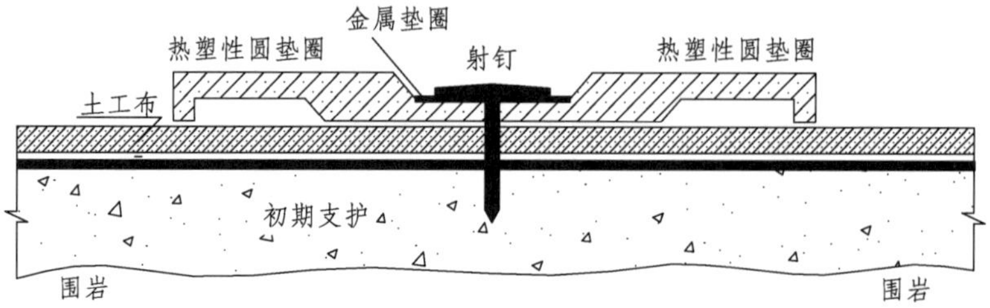

图 4-4-36 热塑性垫圈固定土工布示意

（3）土工布幅间搭接宽不小于 100 mm，一般仅设环向接缝，当长度不够时，设轴向接缝，确保上部（靠近拱部的一张）被下部（靠近底部的一张）土工布压紧。

3. 防水板铺设

（1）铺设前进行精确放样，弹出标准线进行试铺后确定防水板一环的尺寸，尽量减少接头。

（2）采用从下向上的顺序铺设，下部防水板应压住上部防水板，松紧应适度并留有余量，保证防水板全部面积均能抵到围岩。

（3）两幅防水板的搭接宽度不应小于 15 cm，分段铺设的卷材的边缘部位预留至少 60 cm 的搭接量，并且对预留部分边缘部位进行有效的保护。

（4）对于避车洞处防水板的铺设，如成形不好，须用浆砌片石或模筑混凝土使其外观平顺后，方可铺设防水板。

（5）对于分离式的防水板，可用热风焊枪或自动双缝热熔焊机，使防水板融化与塑料垫圈黏结牢固。在凸凹较大的基面上，在断面变化处增加固定点，保证其与混凝土表面密贴。

4. 防水板焊接

（1）焊接时，接缝处必须擦洗干净，且焊缝接头应平整，不得有气泡折皱及空隙。

（2）防水板之间的搭接缝应采用双焊缝、调温、调速热楔式功能的自动双缝热熔焊机焊接，细部处理或修补采用手持焊枪。

（3）开始焊接前，应用小块塑料片上试焊，以掌握焊接温度和焊接速度。

（4）单条焊缝的有效焊接宽度不应小于 15 mm。

（5）防水板纵向搭接与环向搭接处，应再覆盖一层同类材料的防水板材，用热焊焊接。

（6）在焊缝搭接的部位焊缝必须错开，不允许有三层以上的接缝重叠。焊缝搭接处必须用刀刮成缓角后拼接，使其不出现错台。

四、施工缝、变形缝防水

环向施工缝采用中埋式橡胶止水带加遇水膨胀橡胶止水条，纵向施工缝采用中埋式橡胶止水带加混凝土界面剂。变形缝在地层承载力显著变化、断面明显变化处设置，变形缝的宽度为 20 mm，采用中埋式橡胶止水带加遇水膨胀止水条以及聚硫橡胶嵌缝材料两道防水措施，并填塞沥青木丝板。

1. 中埋式橡胶止水带安装

（1）确保位置准确，固定牢固，其中间空心圆环应与变形缝的中线重合。

（2）沿衬砌轴线每隔 0.5 ~ 1.0 m 钻一ϕ12 的钢筋孔。将制成的钢筋卡穿过挡头模板，内侧卡紧止水带一半，另一半止水带平靠在挡头板上，待混凝土凝固后拆除挡头板，将止水带拉直，然后弯钢筋卡紧止水带。

（3）中埋式橡胶止水带在转弯处应做成圆弧形，橡胶止水带的转角半径不应小于 200 mm。安装径向位置的设计允许偏差为 ± 5 cm，安装的纵向位置允许偏离中心为 ± 3 cm。

（4）中埋式止水带的长度应根据施工要求事先向生产厂家定制，当确需接头时，宜采取搭接形式，搭接长度不得小于 10 cm。宜采用橡胶衔接硫化机进行焊接，焊缝宽度不得小于 50 mm，止水带接头必须焊接良好，接头外观应平整光洁。

2. 遇水膨胀止水条安装

（1）遇水膨胀止水条安装采用预留槽嵌入法，挡头板制作时应预留安装止水条的浅槽。

（2）拆除混凝土模板后，修整预留槽，将止水条嵌入槽内，并用配套的胶黏剂或水泥钉固定止水条，再浇筑下一环混凝土。

（3）遇水膨胀止水条接头处应重叠搭接后再黏结固定，沿施工缝形成闭合环路，其间不得留断点，搭接长度不应小于 50 mm。

（4）止水条定位后至浇筑下一环混凝土之前，应避免被水浸泡，必要时应加涂缓膨剂，防止其提前膨胀。

第八节　辅助坑道施工

由于地形地质等原因，隧道施工进度严重滞后时，可以通过增设辅助坑道的形式来保证工期。一方面可增加正洞施工工作面，另一方面可发挥超前地质预报的作用。本节以渝黔土建 5 标的隧道为例，讲述辅助坑道的施工方法。

一、工程概况

老周岩隧道起讫里程为 K107 + 042 ~ K114 + 578，全长 7 536 m。隧道进、出口各设有平导，距左线间距 30 m。进口平导里程 K107 + 042 ~ K111 + 207 段，长 4 165 m；出口平导里程 K111 + 825 ~ K114 + 578 段，长 2 753 m；平导净空尺寸为 6.5 m × 7 m（宽 × 高）。正洞与平导间的横通道间距为 300 ~ 400 m，其中进口平导横通道 10 个，出口平导横通道 8 个，横通道净空尺寸为 5.5 m × 6.5 m（宽 × 高）。

陈家坡隧道起讫里程为 K117 + 529 ~ K123 + 599，全长 6 070 m。隧道在 K118 + 789 处设置斜井，与线路重庆方向夹角为 45°，斜井长 215 m，内净空尺寸为 4.7 × 6.0 m（宽 × 高）。

羊角一号隧道起讫里程为 K131 + 102 ~ K136 + 829，全长 5 727 m。隧道对应线路 K134 + 878 处横洞，长 494 m；横洞净空尺寸为 5.0 m × 6.0 m（宽 × 高）。

二、辅助坑道施工工艺及方法

本标段隧道采用短台阶法施工。先开挖上台阶导坑，并立即施工初期支护，再左右错开开挖下台阶，最后施工仰拱初期支护并将整体初期支护闭合成环。

1. 开　挖

采用风钻机钻孔，装载机配合自卸汽车出渣。简易钻孔台车的钻架高度和宽度可根据开挖面的不同进行调整，进出方便，不必拆卸，操作安全可靠。

2. 运　输

辅助坑道一般采用无轨运输方式。掌子面风速符合《隧道设计手册》要求时，坑道回风风速（净面积）不大于 6 m/s。

对于高瓦斯隧道，宜采用有轨运输方式。当采用无轨运输方式时，施工机具均应进行防爆改装并达相关安全要求。

3. 支　护

在新奥法施工体系中“锚喷支护”是十分重要的环节。在本隧道中，由于采用短台阶法开挖，在每一台阶开挖之后，及时施工初期支护是确保施工安全的主要措施，同时也成为永久性承载结构的一部分，它与围岩共同构成了永久的隧道结构承载体系。其中超前小导管和中空锚杆的施工尤为重要。

（1）超前小导管施工的关键在于上仰角度的控制和管尾支撑的稳固，在一环炮出渣完成后先对掌子面喷砼 5 cm 封闭，然后施作下一环小导管。在小导管全部注浆完成，掌子面破碎围岩固结后，再施作中空锚杆、钢架等后续工作，这样可以确保有足够的空间施作上仰 15°钻孔，而且可以把管尾支承在工字钢顶部，确保支承牢固有效。

（2）中空锚杆注浆支护在施工中应注意，在使用前已除去杆体表面油污，以免影响锚固力。安装锚头时，杆体和锚头连通良好，达到注浆效果后，拧紧杆尾螺栓。

（3）喷射混凝土表面平整，无突出的尖角和硬物。

4. 辅助坑道进正洞

（1）支护加强过渡段施工：施工时，设置支护加强过渡段，采用异型钢架，钢架间距按角度布置，完成从垂直于辅助坑道中线方向到平行于正洞方向的过渡。

（2）交叉口边缘工字钢施工：在辅助坑道与正洞交叉口止洞边缘处设置 3 榀 I20b 组成的钢门架，为正洞拱部的钢架提供落脚平台。第一榀钢架在安装时必须严格控制好里程。

5. 辅助坑道进正洞挑顶施工

按照“短进尺、弱爆破、强设护、早封闭”的原则开挖正洞导坑，高度根据正洞拱顶标高进行调整。施工中严格控制每循环开挖进尺和标高（进入正洞范围后开挖及初期支护需比正洞拱部相应设计标高加高，以预留临时支护厚度）。与正洞走向垂直上坡到正洞台阶开挖的上台阶，施作拱部钢架，再施工正洞的上台阶左侧部分，最后形成正洞标准上台阶开挖轮廓线。

6. 安全注意事项

（1）正洞斜井相交段施工时由于断面变大，引起围岩不稳定，在挑顶施工过程中必须及时设置监控量测点，加强监控量测。

（2）正洞落底后马上进行正洞仰拱施工，以便初期支护与仰拱封闭成环，确保施工过程中的安全。

（3）机械开挖时，为防止挖掘机等大型机械对已支护好的钢架进行碰撞，造成钢架损坏，开挖时指派专人对开挖作业进行指挥，严格限制机械作业界限。

（4）钢架的安装作业时，作业人员之间须协调动作，在本排钢架未安装完毕，并与相邻的钢架和锚杆连接稳妥之前，不得擅自取消临时支撑。

（5）钢架每一循环安装作业时，中途不得停止，要一气呵成，使支护快速形成，并及时喷护。

（6）交叉口段斜井衬砌应及早施作，挡头板沿正洞线路方向安设。

（7）斜井与正洞掌子面施工时，应设专人值班，随时观察围岩及支护状态的稳定性。制作钢架所用型钢进场检验必须按批抽取试件作力学性能及工艺性能的试验。

第九节　沉降变形控制与评估

一、沉降观测的目的及内容

监控量测是隧道沉降观测的重要内容，项目部需切实做好监控量测工作，监控量测点必须及时埋设，开挖支护后 2 h 小时内读取初始数据。

（一）监控量测目的

（1）确保施工安全及结构的长期稳定性。
（2）确定二衬与仰拱的施作时间。
（3）监控工程对周围环境影响。
（4）验证支护结构效果，为调整支护参数和施工方法提供依据。

（二）监控量测计划内容

（1）监控量测计划应根据围岩条件、支护参数、施工方法、周围环境及监控量测目的制定。

（2）监控量测计划的内容包括：监控量测项目、人员组织、元器件及设备、监控量测断面、测点布置、监控量测频率及监控量测基准、数据处理及预测方法、信息反馈及对策、数据记录格式等。监控量测测点布置图 4-4-37。

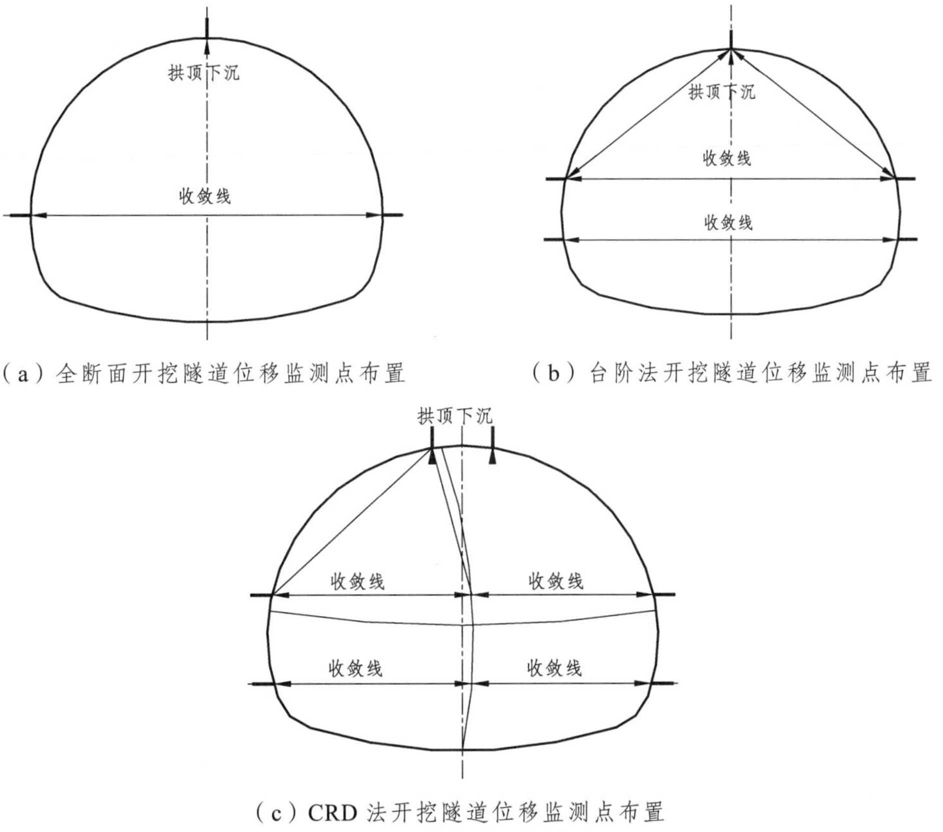

（c）CRD 法开挖隧道位移监测点布置

图 4-4-37　监控量测测点布置

（3）监控量测工作必须随施工工序及时进行，尽快读取初始读数并根据现场情况及时调整监控量测的项目和内容。

（4）监控量测分为必测项目和选测项目两类。必测项目是隧道工程应进行的日常监控量测项目如表 4-4-5 所示；选测项目为满足设计与施工的特殊要求进行的监控量测项目，如表 4-4-6 所示。

表 4-4-5　监控量测必测项目

序　号	监控量测项目	常用量测仪器	备　注
1	洞内、外观察	现场观察、数码相机、罗盘仪	
2	拱顶下沉	水准仪、钢挂尺或全站仪	
3	净空变化	收敛仪、全站仪	
4	地表沉降	水准仪、因钢尺或全站仪	隧道浅埋段

表 4-4-6　监控测量选测项目

序　号	监控量测项目	常用量测仪器
1	围岩压力	压力盒
2	钢架内力	钢筋计、应变计
3	喷混凝土内力	混凝土应变计
4	二次衬砌内力	混凝土应变计、钢筋计
5	初期支护与二次衬砌间接触压力	压力盒
6	锚杆轴力	钢筋计
7	围岩内部位移	多点位移计
8	隧底隆起	水准仪、因钢尺或全站仪
9	爆破振动	振动传感器、记录仪
10	孔隙水压力	水压计
11	水　量	三角堰、流量计
12	纵向位移	多点位移计、全站仪

（5）隧道开挖后及时进行地质素描及数码成像，必要时进行物理力学试验。

（6）初期支护完成后进行喷层表面裂缝及其发展、渗水、变形观察和记录。

3. 监控量测信息反馈

监控量测与信息反馈程序见图 4-4-38。

（1）监测数据的分析及预测：取得监测数据后，由专业监测人员及时整理分析监测数据，并结合施工步骤对围岩、支护等变形进行分析判断，将实测数据与允许值进行比较，及时绘制各种变形-时间关系曲线，预测结构变形发展趋势，预测结构的安全性，评价施工方法，确定工程技术措施，并向项目工程师及监理工程师汇报，以实现信息化施工。

（2）监测数据的信息反馈：为确保监测结果质量，加快信息反馈速度，全部监测数据均由计算机管理，并绘制测点位移变化曲线。

（3）施工信息的应用：

① 根据一个量测断面的施工信息综合分析处理结果，进行设计参数修正，只适用于该断面前后不大于 10 m 的同级围岩地段。

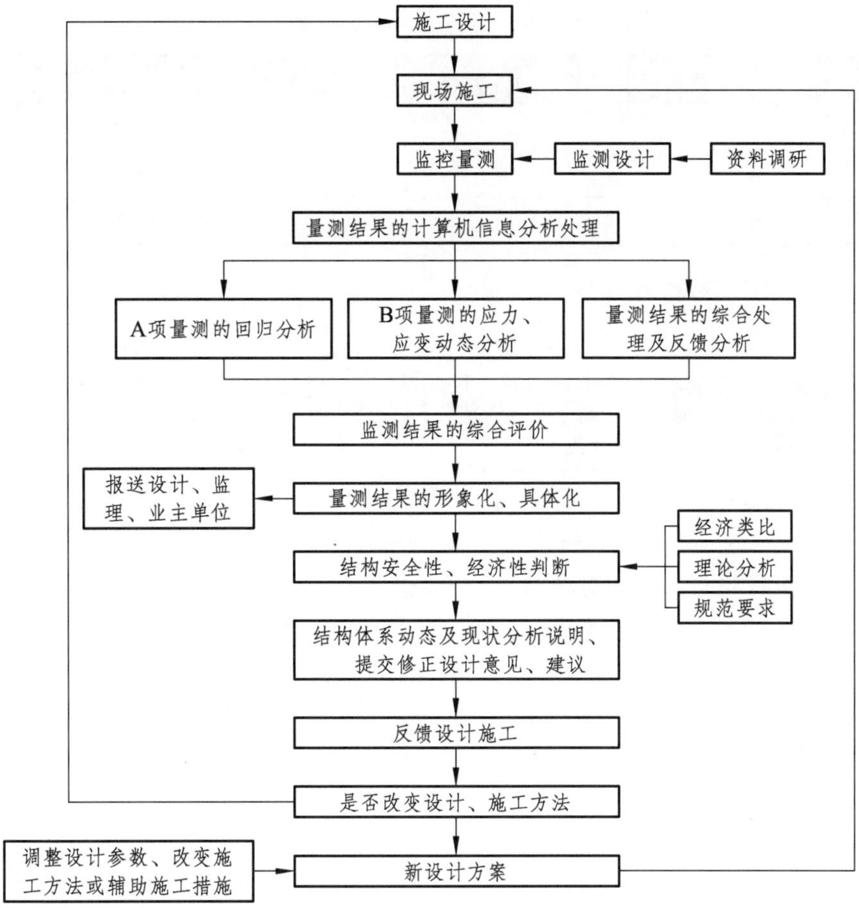

图 4-4-38　监控量测与信息反馈程序

② 隧道较长段同级围岩设计参数的修正，特别是降低设计参数，必须以不少于三个断面的施工信息综合分析为依据。按修正后的参数进行开挖地段，设计参数的正确性和合理性根据施工信息综合分析予以验证。

二、沉降变形的控制与评估

（一）监控量测作业

（1）浅埋隧道地表沉降观测点在隧道开挖前布设，并与隧道内测点布置在同一断面里程，横向间距为 2 ~ 5 m，在隧道中线附近适当加密。一般条件下地表沉降测点纵向间距见表 4-4-7。

表 4-4-7　地表沉降测点纵向间距

隧道埋深与开挖宽度	纵向测点间距/m
$2B<H_0<2.5B$	20 ~ 50
$B<H_0\leqslant 2B$	10 ~ 20
$H_0\leqslant B$	5 ~ 10

注：H_0 为隧道深度（m），B 为隧道开挖宽度（m）。

（2）拱顶下沉测点和净空变化测点布置在同一断面上，断面间距见表 4-4-8。

表 4-4-8　拱顶下沉测点和净空变化测点断面间距

围岩等级	断面间距/m
Ⅴ～Ⅵ	5～10
Ⅳ	10～30
Ⅲ	30～50

（3）净空变化量测测线数按表 4-4-9 布置。

表 4-4-9　净空变化量测测线数布置

开挖方法	一般地段	特殊地段
台阶法	每台阶一条水平测线	每台阶一条水平测线、两条斜测线
分部开挖法	每分部一条水平测线	CD 或 CRD 法上部、双侧壁法左右侧部，每部分一条水平测线、两条斜测线，其余部分一条水平测线

（4）洞内拱顶下沉量测与水平相对净空量测测采用相同频率，从表 4-4-10 中根据变形速度和距开挖工作面距离选择较高的一个量测频率。

表 4-4-10　变形速度与量测频率

变形速度/（mm/d）	量测断面距开挖面距离/m	量测频率
≥5	（0～1）B	2 次/d
1～5	（1～2）B	1 次/d
0.5～1	（1～2）B	2 次/1 周
0.2～0.5	（2～5）B	2 次/1 周
<0.2	>5B	2 次/1 周

（5）地表沉降从表 4-4-11 中根据沉降速度和距开挖工作面距离选择较高的一个量测频率。

表 4-4-11　沉降速度与量测频率

沉降速度/（mm/d）	量测断面距开挖面距离/m	量测频率
>2	<2B	2 次/d
0.5～2	—	1 次/d
0.1～0.5	（2～5）B	1 次/2 d
<0.1	>5B	1 次/1 周
—	基本稳定	1 次/1 月

（二）监控量测资料的整理与反馈

（1）监控量测控制基准（表 4-4-12、表 4-4-13）。

表 4-4-12　洞内位移控制基准表

类别	距开挖断面 1B（U_{1B}）	距开挖断面 2B（U_{2B}）	距开挖断面较远
允许值	65%U_0	90%U_0	100%U_0

注：U_0——极限相对位移，在缺乏实测资料时，按设计预留变形量作为 U_0 控制，在施工中加以调整。

表 4-4-13　地表沉降位移控制基准

项目	最大位移量/mm	位移速度/（mm/d）	位移平均值/（mm/d）
控制值	50	5	2

注：位移平均速度为任意 7 d 的位移速度平均值。

（2）拱顶下沉、周边收敛测试数据整理：根据现场量测数据绘制位移-时间曲线或散点图，在位移-时间曲线趋以平稳时进行回归分析，以推算最终位移和掌握位移变化规律。当位移-时间曲线图出现反弯点，即位移出现反常的急剧增加现象时，表明围岩和支护呈不稳定状态，应及时加强支护，必要时停止掘进，采取必要的安全措施。

（3）根据位移变化速率判断围岩状况变形基本稳定应符合下列条件：隧道周边变形速度有明显变缓趋势；拱脚水平相对净空变化速度小于 0.2 mm/d，拱顶相对下沉速度小于 0.15 mm/d。

（4）根据量测结果及《铁路隧道喷锚构筑法技术规范》的有关规定，可按“位移管理等级”指导施工。

洞内和地表位移管理等级及应对措施分别见表 4-4-14、表 4-4-15。

表 4-4-14　洞内位移管理等级及应对措施

管理等级	管理位移	管理位移	应对措施
Ⅲ	$U<U_{1B}/3$	$U<U_{2B}/3$	可正常施工
Ⅱ	$U_{1B}/3\leqslant U\leqslant 2U_{1B}/3$	$U_{2B}/3\leqslant U\leqslant 2U_{2B}/3$	综合评价设计施工措施，加强监测，必要时采取相应工程措施
Ⅰ	$U>2U_{1B}/3$	$U>2U_{2B}/3$	暂停施工，采取相应工程措施，如补强支护等

注：U——实测位移值。

表 4-4-15　地表沉降位移管理等级及应对措施

管理等级	判别标准	应对措施
Ⅲ	$F<0.6$	可正常施工
Ⅱ	$0.6\leqslant F<0.85$	加强监测频率，综合评价工程措施及施工方案，必要时采取相应工程措施
Ⅰ	$0.85\leqslant F$	暂停施工，必要时相应工程措施

注：F——实测累计位移/允许位移。

第十节　新工艺、新工法、新装备、新材料的应用及效果

渝黔铁路隧道施工的新工艺主要体现在新凉风垭隧道工程建造关键技术研究以及瓦斯突出隧道施工关键技术研究上，包括隧道瓦斯突出防治技术、高瓦斯隧道无轨运输技术、天坪隧道富水岩溶区段岩溶治理技术以及隧道工程机制砂应用等技术的研究，于第五篇会详细介绍，本节不再赘述。

第五章　轨道工程施工

第一节　有砟轨道道床施工

一、总体施工概况

渝黔铁路有砟轨道主要铺设于渝黔正线相邻到发线、新白沙沱长江大桥桥上、重庆枢纽和贵阳枢纽内部分线路等。

有砟轨道道床施工采用自卸汽车运输的方法，利用沿线道路、施工便道和通过检验的路基上，按照道床设计断面要求分段、分层进行线路底渣和面渣的铺设；采用人工配合机械进行摊铺、压路机进行分层碾压的施工方法，确保道床摊铺质量。最后进行换铺长轨，轨道精细调整（大机养作业），达到通车要求。

有砟轨道道床施工工艺为道砟供应→道砟储存→道砟摊铺→砟层压实→检测。工艺流程见图4-5-1。

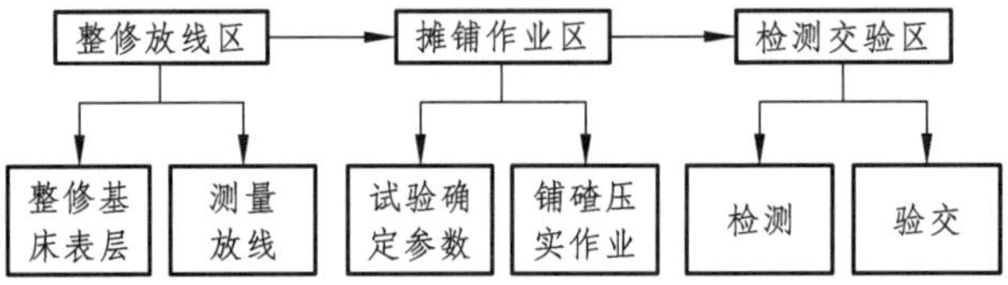

图 4-5-1　道床铺设工艺流程

二、施工准备

1. 技术资料准备

施工前根据设计图和铺砟标准，列表算出路拱顶、底砟顶面和轨枕底的标高。按道床标准断面图绘出底砟铺砟图和面砟铺砟图。面砟预铺至枕底标高以下 12 cm，所需面砟需一次上足，面砟加宽、加高堆放在路肩上，待铺轨之后人工上砟整道，以满足规范要求。

2. 现场准备

铺砟前对路基顶面、路肩等进行检查，对欠填、超高、欠压和路拱不合要求者须修整。同时补齐线路中线桩，由线下负责向铺架现场交桩，主要有线路中线桩和水准基点桩等。然后配置摊铺、碾压机械，对机械进行安装调试，对检测设备进行检定。

三、底砟摊铺

（1）安装激光发射器，设置水平、纵坡及曲线数据。

（2）用定位标杆确定摊铺机上激光接收器的初始位置，原始信号自动存入计算机，并主动生成相关数据信号。

（3）由自卸汽车运送道砟至摊铺机处。自卸汽车后轮支靠在摊铺机前面的推滚上，摊铺机操作手控制夹具夹住自卸车后轮起斗卸砟。将摊铺机料斗充满时摊铺机推动自卸汽车行进，边卸砟边摊铺。振动压路机跟在摊铺机后面进行碾压。

（4）双线时左、右线交替摊铺。摊铺机作业参数：铺设厚度 150 cm，走行速度 1.2 ~ 1.8 m/min，激振频率 1 400 r/min，激振幅度 7 mm。

底砟摊铺流程见图 4-5-2。

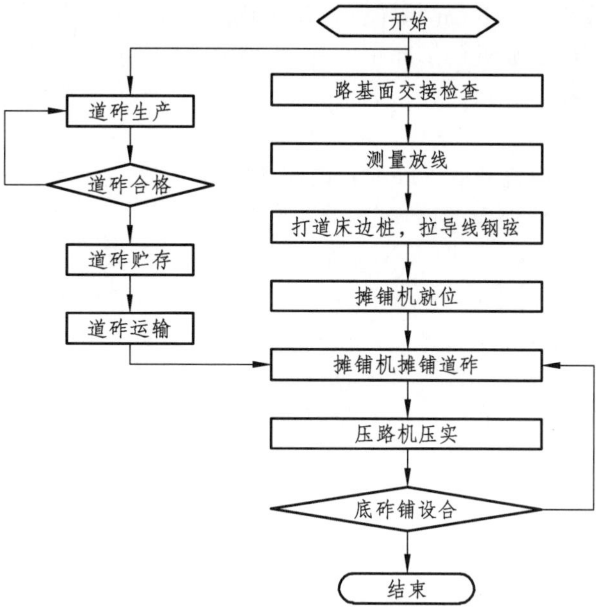

图 4-5-2　底砟摊铺流程

四、轨枕铺设及工具轨安装

1. 轨枕铺设

道砟摊铺完成后，用自卸汽车将轨枕沿线路均匀卸放。机械配合人工散布轨枕，根据中线桩及设计轨枕间距人工排摆，方正轨枕，并与轨道中心线垂直。轨枕间距为 600 m，允许偏差为 ± 20 mm，连续 6 根轨枕的距离为 3 m ± 30 mm。

2. 工具轨安装

安装工具轨现场线路情况做详细调查，采用 25 m 工具轨和部分短轨调节使用，建立测量控制网，精确核查预铺工具轨位置，预算出线路工具轨轨缝连接位置，然后标识出线路中线和水平桩，每 10 m 一处。

首先安放扣件垫板，安放时应注意将垫板按设计位置摆放到轨枕的承轨槽中。然后用吊轨架和撬棍将钢轨分别吊放到轨枕的承轨槽中。再将安装扣件轨距挡板，安装完毕后检查枕位是否准确，垫板是否到位，轨距挡板是否按号码、内外次序摆放到位，钢轨两端是否齐平、纵向位置是否均匀，以上工作全部完成且无误后再安装弹条。对已经安装好的轨排进行复查，合格后进行下组轨排安装，并连接好工具轨。工具轨安装好后及时进行粗调作业，对已粗调轨枕进行防护。

五、上砟整道

上砟整道作业分为一般整道作业和竣工前的全面整道作业。一般整道作业是指对新铺轨道随同每次补砟逐步整正的过程，全面整道作业是在规定标高的道床经过列车压实不少于 50 次后进行。

1. 初步整修线路

（1）运砟及卸砟：铺轨过后 1 ~ 2 个区间即可进行对线路的补砟。由 10 ~ 20 个 K13 风动卸砟车用机车牵引装运石砟运到用砟地点按顺序开始两边同时均匀卸砟。卸砟时，根据需要列车速度控制在 5 km/h 内。

（2）起道：新线起道时，通常先选择直线左股，由线路里股作为标准股，在预先用水准仪测设好的水准桩处，按低于要求标高 5 ~ 10 cm 起好道，并在轨下串实道砟，作为起道瞄视的基准点。

（3）串砟：在起道后应将路肩处的道砟填入枕木盒中，以便进行有效的捣固。

（4）捣固：线路起道串砟后，道床是松软的，必须捣实轨枕下的道砟使其紧密，以保持道床稳定和应有的轨顶水平。

①捣固范围：混凝土枕为钢轨外侧 50 cm 和内侧 45 cm；木枕为钢轨两侧各 40 cm。钢轨下方应加强捣固。而且对钢轨接头和曲线外股的捣固范围应加强。

②人工捣固时，应做到“五够”，即：举镐高度够，捣固力量够，八面镐够，捣固镐数够及捣固宽度够，以保证捣固质量。机械捣固时，捣固质量取决于捣固时间的长短。

（5）拨道：在上述工作完成一定长度后进行一次拨道，主要用中心桩进行，把钢轨的轨枕一起横移一定距离，使其符合线路的要求。以达目视直线顺直，曲线圆顺。为了不妨碍上砟整道工作，保护中心线的准确位置，中线桩一般均自线路中心位置外移，与起道用的水平桩合并设置。

2. 全面整道作业

（1）上砟：与第一遍上砟整道相同。

（2）起道：将轨道抬高至设计标高以下 5 ~ 10 cm，以便线路整好后上大型机械进行整道。起道后的轨道前后高低，左右水平均应符合规范要求。

（3）细方枕木：按轨腰上的标记整正轨枕。

（4）串砟：钢轨两侧 40 ~ 50 cm 范围内串满道砟，钢筋混凝土轨枕中间 60 cm 宽的砟面应低于轨枕底面 30 mm 以上。

（5）填盒：向枕木盒内填补一部分道砟，供捣固用。

（6）捣固：将钢轨外侧 40 cm、内侧 45 cm 范围内的道砟捣实，使能承受列车通过时的荷载，但轨枕中部 60 cm 范围内严禁捣实。

（7）拨道：按照线路中线细拨轨道，拨道前后可将轨枕端部的道砟扒开一部分，以减小拨道的阻力。

（8）整道：包括小量的拨道，校正线路平面位置、整修道床、补足枕木盒内道砟，拍实道床边坡及顶面使之保持稳定。

3. 机械化上砟整道

（1）风动卸砟车由内燃机车牵引进行补砟，牵引速度不得大于 10 km/h。补砟分 3 次进行，前 2 次各完成需要砟量的 1/2 ~ 2/3，第 3 次补足全部道砟。

（2）每次补砟后，由轨道作业车进行起道和稳定作业。前 2 次各完成总起道量的 1/2 ~ 2/3，第 3 次按设计轨面高程起道。

（3）配砟整形车将道砟收拢，向线路中心补砟，使道砟充满枕盒。道砟配置高度低于钢轨头部且高于轨枕面不超过 10 cm，并清除钢轨及轨枕面上道砟。按设计断面对道床进行整形，做道肩堆高。

（4）捣固车作业前在 200 ~ 600 m 范围内安装激光发射仪，捣固车根据输入的资料进行光电转换，自动控制对线路进行起、拨、捣作业。起道量在 60 ~ 80 mm 时，捣固两次；起道量 60 mm 以下时，捣固一次。

（5）动力稳定车在首次捣固作业后对道床进行两次动力稳定，动力稳定车的行进速度为 1.5 km/h。以后每捣固一次，动力稳定一次，动力稳定车的行进速度为 0.6 km/h。

（6）起拨道、捣固作业。每次整道作业完毕，利用轨检仪对线路状况的检测结果，对捣固车和动力稳定车给定的作业参数进行调整，以便有针对性地安排精整作业。捣固作业参数及作业标准参见表 4-5-1 与表 4-5-2。

表 4-5-1 捣固作业参数及作业标准

序号	捣固作业参数及作业后标准	第一遍作业	第二遍作业	第三遍作业	精细整道	
					第四遍作业	第五遍作业
1	捣固深度/mm	插入枕底以下 100	插入枕底以下 100	插入枕底以下 100	插入枕底以下 80	插入枕底以下 80
2	夹持时间/s	0.6	0.6	0.8	0.8	0.8
3	捣固次数	双捣	单捣	双捣	单捣	单捣
4	捣固速度/（m/m）	20	20	20	18	18
5	捣镐振动频率/Hz	35	35	35	35	35
6	中线差/mm	≤50	≤30	≤30	≤30	
7	轨向/mm	—	—	≤3	≤2	
8	水平/mm	≤5	≤4	≤3	≤2	
9	高低/mm	—	≤4	≤3	≤2	
10	扭曲/‰	≤1.1	≤1	≤1	≤1	
11	道床刚度/（kN/mm）	—	—	≥70	≥120	
12	纵向阻力/（kN/枕）	—	—	—	≥14	
13	横向阻力/（kN/枕）	—	—	≥7.5	≥10	
备注		依中桩拨道	绳正法拨道	绳正法拨道	绳正法拨道	找小坑作业

表 4-5-2 稳定作业参数

序号	稳定作业参数	第一遍稳定	第二遍稳定	第三遍稳定	第四遍稳定
1	动力稳定频率/Hz	35	35	35	35
2	下沉量/mm	20 左右	20 左右	10 左右	10 左右
3	稳定走行速度/（km/h）	0.9	0.8	0.7	0.6
4	稳定荷载/kN	19.8	19.8	19.8	19.8
备注		捣固第五、六遍作业不进行动力稳定。稳定车在桥上作业时，荷载采用 9.8 kN，频率采用 30 Hz。桥上稳定作业不得进行停机、重新起振作业和终止作业			

4. 道床整修

这是轨道工程验交前的最后一次作业，其内容包括：

（1）起道：做到与设计纵断面规定的标高误差不超过 + 50 mm，－30 mm。轨道水平前后高低符合验标规定，轨枕与线路中线垂直，其间距及偏斜误差不大于 40 mm。

（2）找平小洼：使轨面达到平顺。

（3）捣固：做到钢轨接头处无连续暗坑吊板。正线吊板率不超过 8‰，站线不超过 12‰。

（4）拨道：达到直线远视正直，曲线圆顺。

（5）填补枕木盒内道砟：道砟面比混凝土轨枕埋深为 150 mm，中间凹槽符合规定。

（6）整理道床：夯实道床面使道床横断面符合设计要求，道床边坡上下边缘整齐并与钢轨相平行。

第二节　无砟轨道施工

渝黔正线长度大于 6 km 的隧道采用 CRTS Ⅰ型双块式无砟轨道结构，其结构组成自上而下分别由 60 kg/m 钢轨、WJ-7A 扣件（无砟过渡段专用）、WJ-8A 扣件、SK-2 型双块式轨枕（过渡段采用专用轨枕）、道床板等组成。本节以天坪隧道为例介绍无砟轨道的施工技术。

一、施工总体方案

无砟轨道工程具有技术标准高、线路施工精度要求高、质量控制指标要求严、隧道内施工场地狭小、交通组织困难等特点，施工方法一般分为“工具轨排法”和“轨排框架法”两种。“轨排框架法”高低调整支撑体系设置在道床外侧，在施工过程中避免设置安装套管和后期封堵等环节。“轨排框架法”纵向模板采用定制组合式，质量小，便于安装、拆卸、倒装，利用排架特殊卡扣连接，安装无须需打孔锚固，节省工序、提高效率。因此，我部无砟轨道施工采用组合式轨道框架法施工，即轨排架法施工。

CRTS Ⅰ双块式无砟轨道施工顺序为天坪隧道进口→天坪隧道 1#斜井→天坪隧道横洞→天坪隧道出口。施工工艺流程见图 4-5-3。

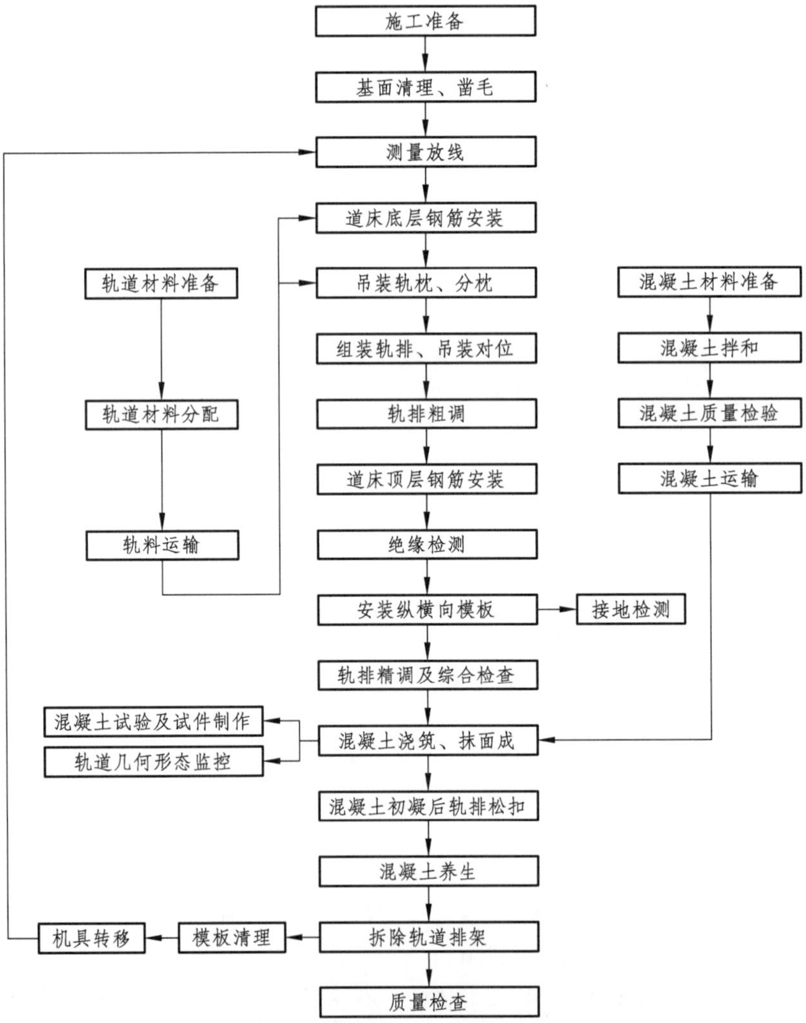

图 4-5-3　CRTS Ⅰ双块式无砟轨道施工工艺流程

二、无砟轨道施工准备

（一）CPⅢ轨道控制网测设

在无砟轨道施工前，首先对该隧道全线测量，并对设计院提供的 CPⅡ级 GPS 控制网坐标成果表进行复测，完成 CPⅢ控制网点布设、成果表和复核校对。

1. 平面控制测量

CPⅢ基桩控制网主要为铺设无砟轨道提供控制基准，是在 CPⅡ加密控制网基础上采用后方交汇法施测。为保证无砟轨道施工满足线路平顺性要求，CPⅢ控制点分布于线路两侧，纵向间距约为 60 m，埋设要求参照《高速铁路工程测量规范》办理。

首先利用线路附近的 CPⅡ控制点，在线路内引出 3 个标准点，标准点设在两个基桩之间，并且在两个方向上能观测到 2×3 个基桩（CPⅢ控制点）。CPⅠ、CPⅡ加密基桩控制点不能满足要求的，在适当位置设置辅助点，通过辅助点、CPⅠ或 CPⅡ控制点测放标准点。

测放标准点时进行两个测回的测量。为能够准确确定 CPⅢ基桩，目标点间的最大间距为 150 m，至少需重叠 3 ~ 4 对 CPⅢ基桩点测量，且相互比较。在 CPⅢ基桩之间，还要进行附加的横向距离测量。

2. 高程控制测量

CPⅢ水准加密基标高程控制测量工作应在平面测量完成后进行，往返水准测量起闭于二等水准基点。高程测量要完成二个测回（即后—前、前—后或前—后、后—前），均方差为 ± 1 mm。CPⅢ高程控制测量应在水准联测后进行严密平差，平差计算按有关精密水准测量的规定执行。

在返测时，所有在往测上作为中视的 CPⅢ观测点，现在作为交替测点，即原 CPⅢ中视观测点变为前后视观测点。

（二）工装设备准备

施工主要设备有：轨道排架、专用龙门吊、移动组装平台、轨枕吊具、轨排吊具、纵横向模板等。

（三）轨枕准备

无砟轨道双块式轨枕从 5 标轨枕厂进行采购，施工前运输至施工现场（并提供本批轨枕质量证明文件），施工过程中不得出现轨枕运输。装车时每 4 根 ×3 层为 1 垛，层与层之间采用 10 cm × 10 cm 方木隔离，放置位置在轨枕承轨槽中部。运输过程中，采用柔性绳索对轨枕进行捆绑，捆绑位置在两侧承轨槽内，严禁在轨枕中部的桁架上进行捆绑。

卸车时采用吊车卸车，叉车倒运放置于线路中间，每 4 根 ×3 层为 1 垛（不影响 CPⅢ测量），垛底及层与层之间采用 10 cm × 10 cm 方木支垫。两轨枕垛之间要求的最小间距为 0.5 m。

三、道床板施工工艺及方法

1. 道床板放样

在隧底按要求进行整理完成后，就可以测量放样确定出道床板范围。全站仪利用邻近 4 个 CPⅢ点通过后方交会设站，按图纸起始里程在仰拱填充面放出道床板左、中、右三点位置，钢钉定位及红油漆标识或弹墨线标示，偏差控制在 ± 5 mm；在两侧电缆槽侧壁上用红油漆标示或弹墨线内轨标高，偏差控制在 ± 5 mm。道床板按轨排长度每 6.25 m 放样一次，测量放样时每个道床板放样点 6 个，两端中点及道床板四角，以确定底层钢筋绑扎位置和轨排准确就位。

2. 道床板基底拉毛

隧道道床板混凝土直接浇筑在隧道仰拱填充上。根据已经施工完成后的水沟电缆槽侧壁与道床板边线的几何关系，采用卷尺丈量出道床板两侧边线，并用白灰线进行标记。

道床板底部范围道确定后，采用专用凿毛机对道床板范围内的下部结构表面进行凿毛处理，见混凝土新鲜面不小于 75%。道床板基地拉毛深度为 3 ~ 5 mm。凿毛宽度为 2.7 m。凿毛后，应采用高压冲洗机进行冲洗，利用高压水枪将混凝土碎片、浮渣、尘土等冲洗干净。浇筑混凝土前仰拱填充层表面应洒水湿润，并至少保持 2 h，但表面不得有积水。

3. 底层钢筋布置

通过道床板每 6.5 m 放样中线、边线点，按照设计图纸底层钢筋布置要求，可以用钢卷尺量出底层钢筋间距（纵向和横向），并用粉笔或石笔标示。先摆放纵向钢筋，洞口大于 200 m 纵向钢筋采用ϕ18 螺纹钢，距离洞口 200 m 范围内采用ϕ20 螺纹钢。布置完毕纵向钢筋后，要求在每一横向与纵向连接处（参照粉笔或石笔标示交点）先安装上绝缘扎带。道床板横向钢筋采用ϕ16 螺纹钢，横向钢筋在纵向钢筋之上布置完毕后系上已在纵向钢筋上安装好的绝缘扎带，使纵向和横向钢筋形成一体。

底层钢筋绑扎完毕后，按梅花形布置预制好的混凝土垫块，垫块间距 1 m × 1 m，保护层最小厚度 35 mm。道床板底层横向钢筋的摆放及与纵向钢筋的绑扎应安排在轨排组装完成或轨排粗调之前进行。

4. 轨排组装和运输

（1）吊装：将待用轨枕使用龙门吊与轨枕专用吊具吊放在轨排组装平台上，每次起吊每垛的 1 层（4 根轨枕），吊装时需低速起吊、运行。

（2）匀枕：按照组装平台上轨枕块的定位线人工匀枕，轨枕应方正，间距误差控制在 5 mm 内，并对轨枕表面进行清理。

（3）检查调整轨枕块位置，并弹线将一侧的螺栓孔布成一条线，偏差小于 1 mm。

（4）吊装轨道排架，人工配合龙门吊，将轨道排架扣件螺栓孔位置与轨枕上螺栓孔位置对齐，平稳、缓慢地将排架放置于轨枕上。

（5）复查轨枕位置并上紧扣件；扣件安装前检查螺栓孔内是否有杂物，螺栓螺纹上是否有砂粒等，并在螺栓螺纹上涂抹专用油脂；然后将螺栓旋入螺栓孔内，轨枕与钢垫板、钢垫板与橡胶垫板必须密贴，弹条前端三点要与轨距块密贴（双控措施）。

（6）对轨排螺栓安装质量及轨枕间距进行检查，合格后龙门吊吊起组装好的轨排至预定地点进行定位铺设。当轨排框架使用 10 个循环时，应对轨排框架各项参数进行复查，如超标，应返厂整修。

5. 轨排就位

（1）布设轨排。铺装龙门吊从分枕组装平台上吊起轨排运至铺设地点，按中线和高程定位，误差控制在高程 − 10 ~ 0 mm、中线 ± 10 mm。相邻轨排间使用夹板联结，每接头安装 4 套螺栓，初步拧紧，轨缝留 6 ~ 10 mm。每组轨排按准确里程调整轨排端头位置。

（2）安装轨向锁定器。靠近电缆槽一侧轨向锁定器一端支撑在电缆槽墙上，另一端支撑在轨排托梁的支腿上；靠近线路中线侧：在距离轨排托拖梁支腿外侧 50 cm 处钻孔（ϕ16，孔深 3 cm，孔距对应托梁支腿位置）预埋长 20 cm 的ϕ16 圆钢，作为轨向锁定器的支撑。

6. 轨排粗调

（1）粗调顺序：对某两个特定轨排架而言，粗调顺序为：1→4→5→8→2→3→6→7→1→2→3→4→5→6→7→8（图 4-5-4）。

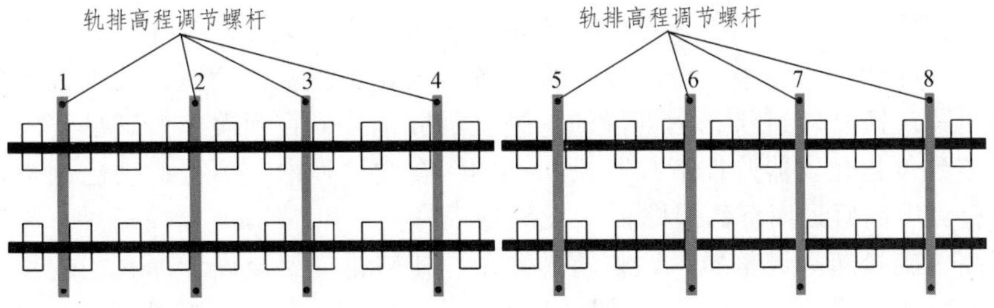

图 4-5-4　轨排粗调顺序

（2）中线调整：配备全站仪和测量手簿，采用自由设站法定位，设站时应至少观测附近 4 对 CPⅢ点，测量轨排框架托梁上的中心基准器，轨排两侧各安排 4 人同时对轨向锁定器进行调整。

（3）高程调整：使用精密电子水准仪测量每榀轨排对应托梁处钢轨的标高（每榀 8 个点），与设计轨面标高对照计算高程差。竖向螺杆每旋转 120°将升降 1 mm，调整轨排标高时应逐点调整，粗调后的轨道高程误差控制在高程 $-2\sim0$ mm。粗调完成后，相邻两排架间用夹板联结，接头螺栓按 1—3—4—2 顺序采用活动扳手拧紧。

7. 顶层钢筋安装及接地焊接

（1）按设计纵向钢筋间距在轨枕钢筋桁架上用白色粉笔标识出纵向钢筋位置并摆放好纵向钢筋，纵向钢筋与轨枕桁架钢筋交叉部位安装绝缘卡。

（2）纵向钢筋摆放完成后采用白色粉笔在道床板最外侧两根钢筋上按设计横向钢筋间距标出横向钢筋位置，安排 3 人从道床板一端向另一端逐根安装横向钢筋，纵横向钢筋交叉处安装绝缘卡。

（3）纵横向接地钢筋之间采用ϕ16L 型钢筋进行焊接；L 型钢筋与ϕ16 横向钢筋单面焊接长度不小于 200 mm，焊缝厚度不小于 4 mm。与ϕ20、ϕ18、纵向钢筋双面焊接长度不小于 100 mm，焊缝厚度不小于 4 mm。接地端子采用焊接方式固定在道床两侧接地钢筋上，焊接应在轨道精调完成后进行，端子表面应加保护膜，焊接时应保证其与模板密贴。

（4）进行绝缘电阻测试。先目测检查绝缘卡安装是否良好，有无脱落现象，然后用兆欧表进一步测量钢筋间的绝缘数据，全部检查任意两根非接地钢筋间电阻必须达到 2 MΩ以上。侧面 C40-40 mm 厚混凝土保护层垫块待钢筋骨架绑扎完成后安装，每个侧面 6 个，距离两端及中心各 2 个。

8. 纵横向模板安装

（1）模板检查：模板平整度、模板清洗情况、脱模剂涂刷情况、更换损坏或弯折的模板。

（2）安装横向模板：横向模板高度为 31 cm，采用定型组合钢模板进行组合安装，模板顶部通过定位器与轨排工具轨连接，底部在两端采用 8 cm × 8 cm × 21 cm 木块支撑。混凝土初凝前、后各 2 h 内分 2 次轻提模板，以顺利取出横向模板。

（3）安装纵向模板：纵向模板为加工配套的定型钢模板，模板出厂前统一编号，与轨排框架配套安装。在安装前调整轨道排架横梁上的模板超高调节螺栓，保证纵向模板工作面垂直水平面。两侧纵向模板加固采用螺杆调节器进行支撑，线路内、外侧均进行植筋加固螺杆调节器，外部采用螺旋丝杆固定与仰拱填充面上，保证固定牢固。

9. 轨道精调

（1）全站仪设站：采用天宝 S6 全站仪观测 4 对连续的 CPⅢ点，自动平差、计算确定设站位置，如偏差大于 0.7 mm 时，应删除 1 对精度最低的 CPⅢ点后重新设站。改变测站位置后，必须至少交叉观测后方利用过的 6 个控制点，并复测至少已完成精调的一组轨排，如偏差大于 2 mm 时，应重新设站。

（2）测量轨道数据：轨道状态测量仪放置于轨道上，安装棱镜。使用全站仪测量轨道状态测量仪棱镜。小车自动测量轨距、超高、水平位置，接收观测数据，通过配套软件，计算轨道平面位置、水平、超高、轨距等数据，将误差值迅速反馈到轨道状态测量仪的电脑显示屏幕上，指导轨道调整。

（3）调整中线：采用 54 mm 开口扳手调节左右轨向锁定器，调整轨道中线，一次调整 2 组，左右各配 2 人同时作业。在调整过程中，全站仪一直测量轨道状态测量仪棱镜，接收观测数据，通过配套软件，将误差值迅速反馈到轨道状态测量仪的电脑显示屏幕上，直到误差值满足要求后调整结束；紧扣一侧将中线调整到位，在仪器监控下拧紧松扣一侧，在此过程中，不得扰动已调整好的中线。

（4）调整高程：粗调后顶面标高应略低于设计顶面标高。用 36 mm 套筒扳手，旋转竖向螺杆，调整轨道水平、超高（旋松超高调整器，调整轨排倾角，使轨排框架至设计标高，旋紧两侧竖向螺杆，使竖向螺杆与地面垂直）。调整后人工检查螺杆与混凝土是否密贴，保证螺杆底部不悬空。调整螺柱时要缓慢进行，旋转 120°为高程变化 1 mm。

10. 混凝土浇筑

（1）施工准备。为确保轨枕与新浇混凝土的结合良好，需在浇筑前对轨枕进行喷雾数次。用防护罩覆盖轨枕、扣件及钢轨。检查轨排上各调整螺杆是否出现悬空，接地端子是否与模板密贴。

（2）检查和确认轨排复测结果。浇筑混凝土前，进行轨道几何参数的复核，超过允许偏差应重新调整；轨排精调后 12 h 以上混凝土未浇筑时或发现有设备碰撞轨排架现象，应对轨排架重新进行复测，超过允许偏差应重新调整合格后方可进行砼浇筑。

（3）混凝土拌和与运输。道床板混凝土由拌和站集中拌制，施工时采用混凝土运输车运输，龙门吊提升料斗到灌注区直卸的方式浇筑。混凝土运输车将混凝土运至施工现场后，应检测每车混凝土的坍落度、含气量及温度指标，合格后方可卸料。

（4）混凝土布料。砼采用一端向另一端连续进行，当混凝土从轨枕下自动漫流至下一根轨枕后，方可前移至下一根轨枕继续往前浇筑。采用龙门吊提升料斗进行浇筑时，下料过程中须注意及时振捣，下料应均匀缓慢，不得冲击轨排。

（5）混凝土振捣。混凝土振捣使用高频率插入式振捣器，并加工专用捣固平台，平台支架避开模板斜撑，底部距离钢轨面 10 ~ 20 cm，对振捣器振动间距不大于振捣棒作用半径的 1.5 倍，与模板保持 5 ~ 10 cm 距离，快插慢拔，不得将捣固棒在混凝土中平托或用捣固棒驱赶混凝土。振捣时避免捣固棒触碰轨排及支撑架，插点布置应均匀，不漏振。

（6）抹面。表层混凝土振捣完成后，及时修整、抹平混凝土裸露面。混凝土入模振捣后半小时内第一次抹面，用木抹完成粗平；1 h 后第二次抹面用钢抹抹平；2 h 后利用木抹子及钢抹子进行第三次抹面整平；为防止混凝土表面失水产生细小裂纹，在混凝土入模 3 h 后进行第四次抹面压光，抹面时严禁洒水润面，并防止过度操作影响表层混凝土的质量。混凝土初凝前应再进行第五次抹面。

（7）清理轨排。抹面完成后，采用毛刷和湿润抹布及时清刷轨排、轨枕和扣件上沾污的灰浆，防止污染（禁止用水清刷轨排）。

（8）混凝土初凝后，松开支承螺栓 1/4 ~ 1/2 圈，同时松开扣件和鱼尾板螺栓，避免温度变化时钢轨伸缩对混凝土造成破坏。

在全部混凝土施工过程中，用精调小车配合全站仪监控轨道几何参数，如有变化，按精调规则及时调整复位并固定。混凝土浇筑完成 24 h 后再次测量复核轨排几何状态。

11. 混凝土养护

在混凝土第五次抹面完成后，采取土工布覆盖，并在其上覆盖彩条布保水的养护方式，确保混凝土表面土工布能保持充分潮湿状态。

12. 轨道排架的拆除和配件清理

当道床板混凝土达到 5 MPa 后，首先顺序旋升螺柱支腿 1 ~ 2 mm；然后松开轨道扣件，按照拆除顺序拆除排架，拆卸模板；最后经过技术员确认扣件全部松开后，龙门吊吊起排架运至轨排组装区清理待用，进入下一循环施工。

13. 洞口段混凝土施工

无砟轨道距洞口段 200 m 内进行混凝土施工时宜按洞外混凝土施工措施进行施工。为防止无砟轨道由于温度变化产生的温度应力对混凝土破坏而产生裂纹，无砟轨道洞口段进行混凝土浇筑时应严格按照以下措施进行控制：

（1）为减小温度变化对无砟轨道混凝土施工产生的影响，洞口段道床板混凝土浇筑应选择一天中温度变化较小的时段进行施工，夏季应尽量安排在晚上，冬季时应尽量安排在早晨进行混凝土浇筑。

（2）严格控制混凝土坍落度，每车混凝土运至现场时应对混凝土坍落度进行检测，坍落度不合格的混凝土严禁使用。

（3）道床板混凝土施工前应对底板表面与轨枕表面进行冲洗湿润，同时确保底板底面不积水。冬季进行施工时，应控制冲洗水温，确保混凝土入模时温差不大于 15°。

（4）严格控制混凝土入模温度，每车混凝土运至现场后，试验人员应对混凝土入模温度进行测试并记录；同时对混凝土浇筑环境温度与模板温度进行测试，确保符合相关要求。

（5）混凝土浇筑过程中应对环境温度进行测试并记录，控制好混凝土施工时间段，试验人员应对混凝土浇筑开始至混凝土压光抹面结束前进行分时段测试环境温度，环境温度宜控制在 20 ~ 30°C 之间，25°C 左右最佳。并对混凝土浇筑后至终凝前温度进行测试与记录。

14. 过渡段

在隧道洞口内设置无砟和有砟轨道过渡，过渡段长 25 m，其中无砟段长 5 m，有砟段长 20 m。

基础过渡方式：在无砟轨道及无砟轨道过渡段地段每两根枕木之间（排间距 1.30 m）布置一排 M24 固定销钉（长 40 cm），孔深 25 cm，共 4 × 10 排，以加强道床板与仰拱填充层之间的连接。每排 4 根，销钉应避开道床钢筋。

轨道过渡：在基本轨之间设置 60 kg/m 辅助轨，长 25 m，有砟轨道范围为 20 m，无砟轨道范围为 5 m。

第三节　跨区间无缝线路施工

本线新建和改建正线地段按重型轨道标准，除重庆西进站既有梨树湾联络线改建采用有缝线路、都拉营车站范围部分地段铺设区间无缝线路外，其余线路均按一次铺设跨区间无缝线路设计。

一、施工准备

（一）施工测量

一次铺设跨区间无缝线路主要是通过施工测量来控制线路直线顺直、曲线圆顺和高程的，施工测量主要分平面控制测量与高程控制测量。

（1）验收、交接桩及线路复测：按设计所交的控制桩进行全线贯通测量，其内容包括导线点、左线中心线及水准点的复测。

（2）曲线测设：钢轨铺设前，应先进行曲线测设放样，在曲线五大控制桩（直缓、缓圆、曲中、圆缓、缓直点桩）的基础上，在线路直线每隔 50 m、缓和曲线每隔 10 m、圆曲线每隔 20 m 加密测设。放样时在本测站的最后一点应与下一测站进行检核，以保证线路连续，在放样精度满足要求时方可铺设。

（二）轨道材料进场质量检测

轨道工程原材料的质量控制是控制轨道工程质量的关键之一，原材料的质量直接影响到轨道的使用寿命。轨道工程的主要原材料有：Ⅲc 型轨枕、V 型弹条扣件、道岔、岔枕等。各种原材料进场时应严格按照相关标准和验收办法进行抽样验收检验，合格的接收，不合格的退回厂家。

二、无缝线路施工工艺及方法

（一）轨排制作及硫黄锚固

1. 轨排组装生产线施工工艺流程（图 4-5-5）

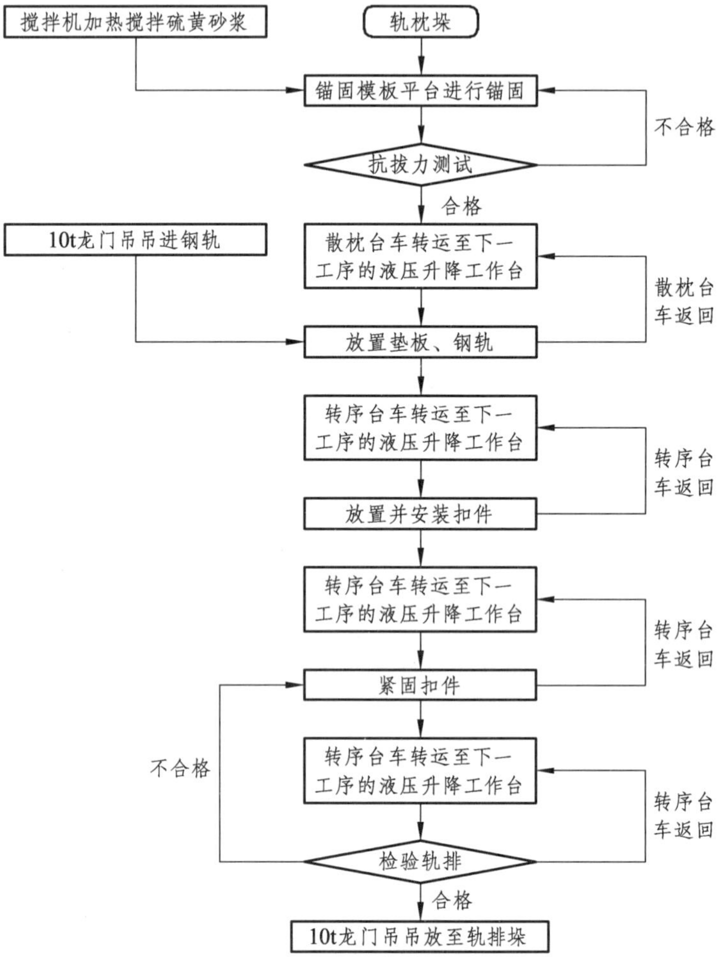

图 4-5-5 轨排组装生产线施工工艺流程

轨排制作采用的是铺架基地采用 GPZZ 型全液压往复式轨排组装生产线，采用单线反锚作业方法，其生产流程按工序排布和作业时间大致相等。生产时，升起液压升降平台，由各工作台位上的操作人员进行本工序的作业；而后降下升降平台，操作台车前进，将落在其上的半成品轨排及配件等依次运送至下个台位，到位后升起平台开始作业，同时台车返回出发位置，整套动作周而复始循环作业即可完成轨排的流水组装。

2. 硫黄锚固施工

GPZZ 型全液压往复式轨排组装生产线中自带有道钉反锚架，通过翻枕龙门吊将轨枕翻转后运至锚固台上即可实现反锚作业。硫黄砂浆采用专用硫黄砂浆搅拌机进行搅拌。

（1）施工程序及工艺流程：

① 硫黄砂浆配合比：根据硫黄砂浆配合比试验报告，确定锚固砂浆的配合比为 1∶0.5∶1.3∶0.03（硫黄∶水泥∶砂∶石蜡的质量比）。

② 熬制工艺：按选定的配合比，称好各种材料的一次熔制量。先倒入砂子加热到 100 ~ 120 °C 时，将水泥倒入加热到 130 °C，最后加入硫黄和石蜡，继续搅拌加热到 160 °C，熔浆由稀变稠成液胶状时，即刻使用。熔制过程要不断地搅拌。锚固浆温度不得大于 180 °C。并保证配制的溶液较稠而又不影响灌注时应具备的流动度。

（2）GPZZ 轨排组装生产线锚固平台锚固：

① 轨枕和道钉入槽：在轨枕到达锚固平台之前，需将螺旋针孔内的杂物、灰浆块等应清除干净。螺旋道钉应擦拭干净，不得黏附有泥土等杂物。锚固后，必须将残留在承轨槽表面的残渣清除干净，保证垫板和铁座能平整安装。

轨枕通过翻枕龙门吊翻枕后，进入锚固平台，必须将每个枕木通过撬棍拨入锚固槽内，使轨枕承轨槽和锚固铁板密贴。

② 浇筑硫黄砂浆：硫黄砂浆浇筑必须一次成型，依次按顺序进行浇筑，防止漏锚少锚。硫黄砂浆在出搅拌机后还得进行温火加热，流入孔道内的硫黄砂浆温度不得小于 140 °C。硫黄砂浆必须超过道钉 20 mm。

（3）质量控制及检测：

① 在熔制过程中，用温度计严格控制火力，并不断搅拌，以保证搅拌均匀。

② 硫黄锚固抗压试验，每 1 000 根作一组，每组做 3 个试件，检验标准应取 3 个试件的平均值，达到 35 MPa 即为合格，如果不合格必须改变其配合比，合格后方能进行下一步施工。

③ 螺纹道钉抗拔检测是在混凝土轨枕上直接对硫黄锚固道钉进行抗拔力的检测，用以监督硫黄锚固的施工质量。抗拔试验每 1 000 根轨枕抽查 3 根做试验，要全部达到 60 kN 即为合格，不合格者重新锚固。

④ 所有硫黄所用砂子必须过筛，控制在 2 mm 内，同时根据已选定的配合比计量。将砂子倒入烤砂锅内后，对砂子加热去除水分（直到砂子温度达到 100 ~ 120 °C），在加热的同时要对砂子进行搅拌，保证砂子受热均匀。

⑤ 当砂子的温度达到 120 °C 时，将计量好的水泥倒入硫黄搅拌机内。当温度达到 130 °C 时，将计量好的硫黄和石蜡倒入搅拌机内，直至到达黏稠状。为加快施工进度，保证施工质量，熬制好的硫黄水泥砂浆锅底要留小火，以保证硫黄锚固浆温度控制在 160 ~ 180 °C。

（二）机械铺轨施工

1. 施工方法

采用铺轨机进行标准轨排的铺设。正线轨排铺设施工开始前，轨排从铺架基地装车编组后，在铺架基地用两台 15 t 龙门吊将整垛轨排吊装到轨排运输平板车上。由机车推送轨排列车到铺轨机后端的倒装龙门吊处，倒装龙门吊吊起一个轨排，轨排列车退出，机动平车进入倒装龙门吊接住这个轨排并将轨排运送到铺轨机主机后端，托梁小车、吊梁小车先后作用将轨排起吊并在机臂上走行出主机后下落。距砟面 0.2 m 时与已铺轨排对正落实后，人工安装自制无孔钢轨联结接头，铺轨机前行，继续铺设下一节轨排。

2. 施工工艺及技术措施

（1）轨排倒装：

① 组立倒装龙门架：倒装龙门架组立在基底坚实，线路坡度≤10‰的直线地段和半径≥1 000 m

的曲线线路上，基底要整平夯实并垫放至少两层木枕。组立好的龙门架腿底宜高出轨面 500 mm 以上，抬重梁底距轨面的净空在 5 300 mm 以上，保证运轨排车及 2 号车能自由通过。两边支腿应保持水平，误差≤4 mm，左右支腿与线路中心的距离应保持相等，误差≤10 mm。

② 倒装轨排：机车推送轨排车至龙门架下对位，挂钩，吊起轨排组。起吊高度以 2 号车能安全通过为准，并检查两侧无障碍物时，机车牵引轨排列车退出龙门架，同时 2 号车自行驶入吊有轨排龙门架下，落下轨排组，摘去吊钩。

2 号车装上轨排组后，进行临时加固，检查导轨防溜措施及车体两侧无碰剐后，即可运行至铺轨机后 10 m 处停车，与铺轨机 1 号车指挥联系后方准连挂，然后用铺轨机 1 号车上的卷扬机将轨排组拖拉进铺轨机内，并立即采取防溜措施，防止铺轨机行走时轨排窜动。

③ 将轨排组拖拉进主机：首先撤除捆扎轨排的松紧螺栓及轨排制动器，并在轨排底层导向轨前端上好导轨铁鞋，然后用铺轨机上的卷扬设备，将整组轨排拖拉至铺轨机腹内。

（2）铺轨机对位：铺轨机自行到已铺轨排前端的第三根轨枕时制动，停下对位。铺轨机速度保持 5 km/h 为宜，在最后 5 ~ 6 m 时速度控制在 3 km/h。

（3）吊运轨排：开动铺轨机后端走行至吊臂最前端的吊轨小车，使吊轨小车及铁扁担退至机腹内预定位置，落下吊钩，挂好轨排，然后吊高轨排至离下层轨排 0.2 m 高度，再开动小车前进。轨排由机腹吊送至机臂前端时，作业人员将轨排平稳送出。轨排后端超出已铺轨排前端 10 cm 左右时，即开始下落轨排。

（4）落铺轨排：吊轨小车前进到预定位置后停止，操纵轨排平稳下落，轨排降落到离地面 1 m 时，两侧人员同时扶住轨排降落。当轨排降落至离砟面约 30 ~ 40 cm 时，两侧人员稳住轨排，对正中线，这时使轨排前端暂停降落，后端继续下落，并与已铺轨排的前端对位上鱼尾板。必要时采用临时联结措施，先上一半螺栓，以缩短车前作业时间，提高铺轨速度。

在对位的同时，按预留轨缝值的要求，根据铺轨时的轨温情况，插入相应的轨缝片。后端对位上鱼尾板后即通过摆头设施使轨排前端对正线路中线，必要时辅以人工，用撬棍或拨道器左右拨正，以使轨排保持所需形状，与地面中线对正。然后快速下落轨排。

（5）吊轨小车回位：该节轨排落位后，迅速摘除挂钩，收铁扁担，升到铺轨机内其他轨排之上，并将小车退回机腹预定位置，准备再次起吊。

铺轨机再次前进，驶入新铺轨排上，再次对位，继续铺设第二排轨，并重复以上工序。等一组轨排全部铺设完，立即翻倒托轨，拖入下一组轨排。再按上述工序铺设。当一列车轨排最后一组轨排倒装到 2 号车上时，立即将空车拉回前方站，并及时发回基地，准备轨排运输工作。同时，将停在前方站的另一列轨排车送到铺轨前方继续作业，铺轨列车通过后，及时进行钢轨接头连接工作。

（6）粗拨线路：随着铺轨的前进，组织一班人力粗拨线路，方正轨枕，串实承轨处的枕下道砟，消除反超高和三角坑。重点对桥面、道口、道岔及合龙口处等薄弱部位加强维修，使曲线目视圆顺，直线正直，以保证工程列车运行安全及提高工程列车运行速度。

（7）初步整道：铺设轨排后，用风动卸砟车在基地装砟，沿线进行线路补砟，先用小型液压捣固机具整道 1 遍，再用捣固车、动力稳定车作业 4 遍，使之达到规范和设计要求。

（三）人工铺轨施工

1. 施工方法

站线采用人工进行铺轨，利用施工便道把钢轨、轨枕及配件运卸至施工路段附近，先利用装载机将钢轨配对拖拉散开后，拨到两侧路肩上，将轨枕及配件分段卸散，然后分段铺设。

2. 施工工艺及技术措施

（1）卸轨料：由平板车上将钢轨、轨枕及扣件卸下，分类集中堆码。

（2）拖散钢轨：用轮胎式装载机，按轨节表中所标注的钢轨长度、顺序配对，将钢轨拖拉到对应铺设地点，并按上、下股拨移到两侧路肩上。

（3）散布轨枕及扣配件：把轨枕、扣配件运到施工现场，根据轨节表中注明的每节轨节的轨枕根数及所需的扣配件数量均匀散布，并按线路中线桩将轨枕方正。

（4）轨枕螺旋道钉锚固：在作业区安设两口铁锅轮流熔制硫黄砂浆，每锅熔制量 50 kg 左右，熔制工艺与钉联场熔制工艺相同，硫黄砂浆熔制好后，即可人工挑浆进行锚固作业，随着锚固进程熔浆锅亦随之迁移。

（5）连接钢轨：人工用撬棍将钢轨由路肩拨移到轨枕承轨槽内，安装鱼尾板，螺栓及垫圈，并按规定力矩拧紧螺帽。

（6）方枕及散扣件：按照轨节表中所注明的轨枕间距，用粉笔在轨面上划出间距印，并用白油漆在轨腰上打上正式点位。然后用起道机顶起钢轨，将轨枕方正，放入轨下绝缘垫板，落下起道机，再将扣件按规定规格、数量散放在钢轨两侧轨枕上。

（7）上扣件：上扣件前先细调轨枕、摆正轨下绝缘垫板，铲除承轨槽面余渣，然后将各种扣件依次放入承轨槽内，用小撬棍将扣件拨正落槽，最后用梅花扳手拧紧螺帽。

（8）拨道整道：线路铺好后，按线路中线桩拨至设计位置，串砟捣固，消除硬弯、鹅头、扭曲和反超高现象。对已铺线路进行正线全面检查，补齐或更换不合格扣配件、补齐轨枕、更换失效轨枕、整路方向和长平等。

（四）500 m 长钢轨铺设施工

1. 主要施工方法

500 m 长钢轨采用人工换铺和推送入槽两种施工方法。

（1）人工换铺：用机车将 500 m 长钢轨运输至施工现场，按里程计算将 500 m 长钢轨从列车上卸至道心中，每节钢轨搭接长度不得小于 100 mm。在线路空闲的情况下，采用人工将工具轨卸至砟肩，再采用人工将 500 m 钢轨分段入槽，直线段隔五锁一，曲线隔三锁一，优先将线路恢复。此种施工方案在线路不能长时间占用的前提下使用，采用抽空换铺。

（2）推送入槽：线路经整道达到初期稳定状态下，提前将工具轨卸至砟肩，将 500 m 长钢轨运至施工现场，采用推送车、人工和滚轮配合，将 500 m 钢轨直接推送至承轨槽内。此种施工方案需要线路没有列车通过的前提下进行，施工功效较高，不需要受其他因素干扰。

2. 质量检验

（1）轨枕应方正，间距及偏斜允许偏差为 ± 20 mm；每 2 km 抽检 2 处，每处 5 根轨枕。

（2）轨道中心线与线路设计中心线允许偏差为 30 mm；每 2 km 抽检 100 m，每 10 m 一个测点。

（3）左右两股钢轨的相错量不得大于 100 mm。有胶接绝缘接头处，左右两股钢轨接头应相对，胶接绝缘接头轨缝距轨枕边不应小于 100 mm。

（五）长钢轨闪光焊接施工

1. 拆扣件、安放滚筒

（1）拆除待焊轨头前方长钢轨全部及轨头后方 10 m 范围内的扣件，并校直钢轨。

（2）根据轨枕和扣件类型适当垫高待焊轨头后方的钢轨，以保证焊头轨顶平直度。

（3）待焊轨头前方长钢轨下每隔 12.5 m 安放一个滚筒，以便钢轨可以纵向移动焊接。

2. 轨端打磨

（1）对钢轨端头 500 mm 范围内钢轨轨顶、轨底和端面除锈时，应使其露出 90%以上的金属光泽。

（2）砂轮机应沿钢轨纵向进行打磨，严禁砖向打磨，要保持轨头原曲线形状，对母材的打磨量不超过 0.2 mm。打磨时砂轮应与钢轨平稳接触，防止砂轮跳动。

（3）待焊钢轨除锈后的放置时间不得超过 24 h，若超过 24 h 或打磨后有水、油、污垢污染时，应重新进行打磨处理。

3. 焊机对位

（1）每班由调车员联系和协调，将移动式焊轨机和工班作业人员运抵焊接作业区。

（2）根据轨枕和扣件类型，在钢轨下加、楔子将两焊接轨端抬起一定高度，便于焊机对位夹轨。

（3）推进移动焊轨车初定位，载有移动式焊轨机的平板车第一个轮对距焊接位置 2 ~ 3 m 左右，并由设置在该车底板上的四个液压油缸将整车顶起，使车轮离开钢轨约 150 ~ 200 mm。

（4）移动式焊轨机对位完成后，作业人员应迅速打好车辆止轮器，并应保证在焊接作业过程中车辆不会发生溜车现象。

4. 焊接和推凸

（1）焊前必须检查焊机的供电电压，供电电压值必须在规定的允许范围内，在焊接作业过程中也要随时检查。

（2）严格按焊轨机安全操作规程进行焊轨作业。待焊钢轨进入焊机后，对中时首先要保证钢轨顶面和工作面平顺。对中后工作面错位偏差不大于 0.5 mm，非作用面错位偏差不大于 1 mm，焊缝中心不偏离焊机钳口中心。

（3）焊机夹紧钢轨并自动对正。焊机自动焊接钢轨、顶锻并推除焊瘤。焊机监控人员应认真观察焊接记录，分析每个焊接接头曲线，与型式试验通过时的焊接曲线仔细对比，发现异常情况及时停止焊接作业并上报有关部门，不得擅自变更焊机的技术参数。

（4）焊接结束后，应立即检查焊机钳口部位及钢轨与钳口接触处有无打火烧伤，被钳口烧伤的焊接接头应判为不合格。

（5）焊机的导电钳口表面必须光洁、平整，发生烧伤时应及时处理，必要时更换，更换后方可再进行焊接。每焊完一个焊接接头应对钳口清理，不得留有尘渣。

5. 焊缝粗打磨

粗磨应沿钢轨纵向打磨，钢轨打磨表面不应出现打磨灼伤，表面粗糙度应能够满足探伤扫描的需要。焊接接头非工作面的垂直、水平方向错边应进行纵向打磨过渡。

6. 正　火

正火使用火焰加热器对焊接接头进行加热，正火温度的测量使用光电测温仪。光电测温仪探头应垂直被测钢轨表面，轻拿轻放，以防探头损伤，若光电测温仪探头污染。

7. 钢轨四向调直

焊后调直应在焊接接头热处理后进行，热态或冷态下调直均可。焊接接头热态调直温度应低于 400 °C，并预留上拱量；冷态矫调直温度应低于 50 °C，调后 1 m 长度宜有 0.3 ~ 0.5 mm 的上拱量。不宜反复多次调直。

8. 精　磨

（1）精磨前，焊接接头及两端 1 m 范围内温度应在 50 °C 以下。精磨的长度不应超过焊缝中心线两侧各 450 mm 范围。

（2）使用仿形打磨机对焊接接头的轨顶面及轨头侧面工作边进行外形精整。外形精整应保持轨头轮廓形状。

（3）外形精整不使焊接接头或钢轨产生任何机械损伤或热损伤，不使用外形精整的方法纠正超标的平直度偏差和超标的接头错边。

9. 钢轨焊头超声波探伤检查

（1）每个钢轨焊头均应进行超声波探伤检查。探伤时焊接接头的温度不应高于 40 °C。当焊接接头的温度高于 40 °C 时，可浇水冷却。

（2）焊接接头中的缺陷当量大于探伤灵敏度规定值时，应判定焊接接头不合格。

（3）双探头探伤时：轨底角大于等于ϕ3 – 6 dB 平底孔当量，其他部位大于等于ϕ3 平底孔当量。

（4）横波单探头探伤时：轨头和轨腰大于等于ϕ3 长横孔当量；轨底大于等于ϕ4 竖孔当量。轨底角大于等于ϕ4 – 6 dB 竖孔当量。

（六）应力放散及锁定施工

1. 应力放散及锁定施工方案

当一个区间的单元轨节焊接完毕后，或单线单元轨节焊接完成后，立即开始进行放散和锁定。应力放散作业时，根据测量轨温判断，当轨温在设计锁定轨温范围内时采用“滚筒放散法”；当轨温低于设计锁定轨温时采用“拉伸放散法”。当轨温高于设计锁定轨温时，不得进行锁定作业。

2. 应力放散及锁定施工工艺流程（图 4-5-6）

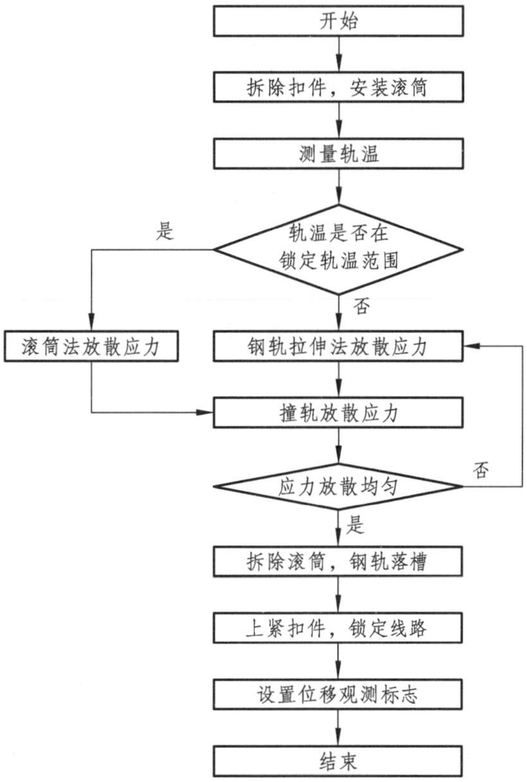

图 4-5-6　应力放散及锁定施工工艺流程

3. 应力放散及锁定施工工艺

（1）滚筒方散法：当轨温在设计锁定轨温范围内，则可采取“滚筒放散法”进行放散。

① 在单元轨节两端及中间每隔 100 m 左右设一个应力放散位移观测点，观测钢轨在应力放散过程中相对于轨枕的移动量。观测点可设在轨底上表面或轨腰上。

② 解除本单元轨节和与之焊连的无缝线路末端 25 ~ 75 m 范围内的所有扣件约束。用起道机抬起钢轨，每隔 15 ~ 20 根轨枕在轨底放入一个滚筒，使得轨底高出橡胶垫 20 mm，处于自由伸缩状态。当实际锁定轨温高于铺轨平均轨温时在单元轨节的末端 30 m 范围内，每隔 5 m 放置一个逐渐垫高的滚筒，使末端轨底高出橡胶垫 180 mm。

③ 直线上每隔 350 ~ 400 m、曲线及向上坡方向放散时每隔 300 m 设一个撞轨点。用撞轨器撞击钢轨，同时观测各点的位移量变化情况。当钢轨位移发生反弹且各点位移变化均匀时，则视为钢轨达到自由伸缩状态，此时停止撞轨。

④ 确认单元长轨应力放散完毕后，若需锯轨则按锯轨操作程序锯轨，要求轨端不垂直度不大于 0.8 mm。撤掉滚筒，使长轨平衡地落入承轨槽内，同时检查橡胶垫，有错位者纠正。

⑤ 将作业人员均布在进行应力放散长轨范围内，测量并记录开始紧扣件时的轨温，同时进行紧扣件作业，每隔两根紧一根，无缝线路尾端 25 ~ 75 m 范围内的扣件全部紧完，并上紧无孔钢轨接头，此时视为长轨已锁定。记录此时轨温为结束时轨温，同时继续紧完其余全部扣件。

（2）拉伸放散法（综合放散法）：

① 使钢轨处于自由伸缩状态，其工艺与滚筒放散法类似；并在各观测点上做出拉伸位移的零点标记。

② 测量长轨尾端与下一个单元轨节轨端之间的距离，扣除应留的轨缝宽度后，与计算的拉伸量对比，以最终确定锯轨量，并按锯轨的操作程序锯轨，轨端不垂直度小于 0.8 mm。

③ 安装拉轨器，利用拉轨器和撞轨器共同作用，拉伸钢轨，同时隔 100 m 做一个临时位移观测点以观测钢轨拉伸的效果，保证拉伸量均匀。拉伸量达到预定长度后，通知各观测点做出记号。此时撞轨器仍然继续作业，当各观测点在所做记号处出现反弹量，停止撞轨，拉轨器保压，在锁定作业完成之前不得因拉轨器的失压而使轨端出现位移。

④ 撤除撞轨器及滚筒，使长轨平稳地落入承轨槽内，同时检查橡胶垫，有错位者纠正。

⑤ 将作业人员迅速均布到进行应力放散长轨的全长范围内，同时进行紧固扣件作业，每隔两根紧固一根，范围内的扣件全部紧完，并上紧无孔钢轨接头，此时视为长轨已经锁定。继续紧完其余全部扣件。

⑥ 撤除拉伸器，复核长轨实际拉伸长度，换算出对应的实际锁定轨温值守该值若在计划锁定轨温范围内，则确认为实际锁定轨温，填入表内。否则锁定工作重新返工。

第四节　道岔施工

一、有砟高速道岔铺设施工工艺及方法

（一）施工工艺流程

高速道岔采用火车或者汽车运输至现场，按照底层道砟摊铺、平整、碾压→散件运输至现场存放→将散件吊装到砟面上→拼装、连接→粗调→补砟、起道、捣固→道岔内铝热焊接→道岔精调→检查、调整→安装转换设备→工电联调→道岔交验前的保养的顺序施工。其中道岔精调将在本章第五节中介绍。

（二）道岔运输、吊装及存储

道岔的装卸、运输、储存和堆放应保证道岔质量安全。装卸作业应由具有作业资格的人员操作，所有组件的出厂加固措施在铺设前不得拆除，层间包装除外。

1. 钢轨组件

（1）机具要求：必须采用符合起重要求的起重机械，满足吊点设置的横梁吊具、尼龙软索（吊带）。

（2）作业要求：

① 存放场地应平整；预先设置好垫木，当现场平整度不大于 1 cm 时可直接利用组装垫木支撑。

② 按照技术要求布置吊点，吊具与钢轨连接完成后，要对锁具锁紧可靠性和平衡性进行检查。

③ 先进行不大于 10 cm 起升高度的试吊，验证起吊机具、吊具机锁具的可靠性，纵横向最大变形量不超过 10 cm。试吊无误可直接起吊，起吊时应慢速启动，注意保持平稳。

④ 起升与转向应分开进行，严禁边起升边转向；组件离存放位置高度小于 1 m 时要注意减小下降速度。落地后要保持起重机具存在一定受力状况，检查无误后方可落实。

（3）吊点布置：

① 有砟 18 号道岔可动心轨辙叉吊点布置见图 4-5-7。

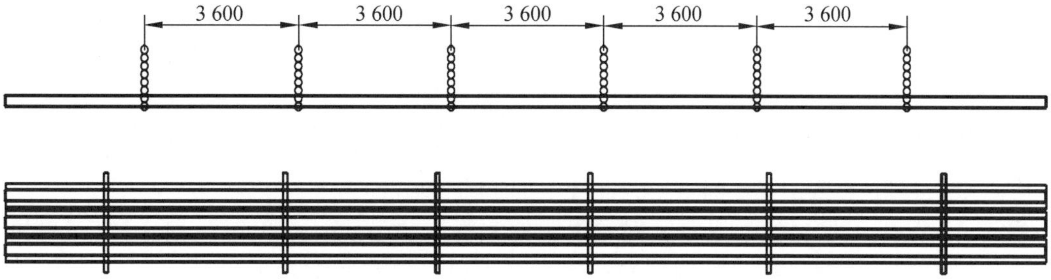

图 4-5-7　有砟 18 号道岔可动心轨辙叉示意（单位：mm）

② 导轨（胶接绝缘轨）组件：对导轨组件吊装当起吊超过 25 m 钢轨时起吊点间距不得大于 5 m，起吊点距端头距离不大于 4 m，吊点布置见图 4-5-8。基本轨尖轨组件的起吊位置要求同导轨组件。

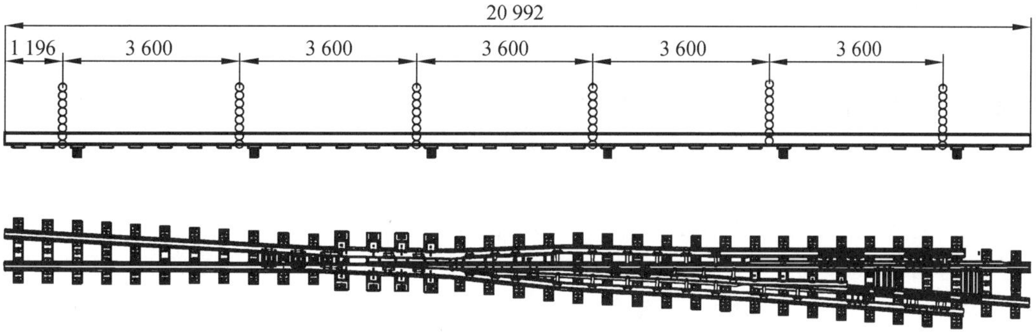

图 4-5-8　导轨组件示意（单位：mm）

（4）单根轨件的吊卸：长度为 15 ~ 25 m 的钢轨件，吊点间距允许最大值为 4 m，且钢轨端头距离最近吊点间距不大于 3 m。当吊装尖轨时，所有吊点位置向右移动 1 m。当起吊超过 25 m 钢轨时起吊点间距不得大于 4 m，起吊点距端头距离不大于 3 m。

2. 岔枕装卸存放

（1）岔枕装卸：使用起重机械装卸时应轻吊慢放，避免互相碰撞，避免断续加载和急促启动。在吊运过程中掉落的岔枕或以其他方式损坏的岔枕严禁使用，严格按照枕垛上标记的起吊位置起吊。

（2）岔枕存放：道岔存放场地应平整坚实，平整度不大于 10 mm/10 m，并应采取防雨措施，排水畅通，严禁积水。道岔零部件应按组分类放置，安全稳固且易于检查及搬运。留够运输设备走行空间，岔枕堆放后上面不得放置附加荷载（如钢轨等）。

（三）施工准备

1. 道岔进场检查验收

道岔进场时，核查托运单及装箱单所列的道岔零部件品种、规格及数量，并检查外观。道岔材料，其岔轨、配件要进行全检。对岔枕应检查其有无破损、裂纹等缺陷，同时查看螺栓孔防护盖是否齐全。

2. 测量精确定位

依据设计资料，铺岔前应利用CPⅢ网复核岔头、岔心、岔尾砼包钢筋桩，桩顶刻十字丝，确保桩位准确无误，并建立道岔控制网。对于岔尾相连的两组正线道岔必须联测，精确定出岔位基桩。

道砟摊铺前测量人员应根据线路中心桩测放出摊铺边线和高程控制线，并对路基基床表面平整度再次检查确认，对路基表面杂物、积水等彻底清除后方可开始摊铺。

（四）底层道砟摊铺

道岔区线下工程施工完成，工程质量验收合格后方可进行此项作业，具体施工方法见有砟轨道道床施工。

（五）摆放岔枕

（1）从前至后按顺序摆放，并确定第一根岔枕的位置和方向。

（2）定出直股最后一根岔枕位置（里程与中线偏差不超过 2 mm）。以第一根和最后一根岔枕为基线摆放岔枕。用 100 m 长钢尺控制，调整岔枕间隔，不得以岔枕间距累积测量。

（3）以第一根岔枕为基准方正岔枕，应与调整岔枕间隔一并进行。岔枕定位以直股外侧第一个岔枕螺栓孔为基准拉线确定，岔枕方正应采用两把 100 m 长钢尺平行放置，按岔枕间距找正。

（4）粗调高低，对高低差明显（以 5 mm 高差区分）的岔枕进行粗调。调整时严禁用撬棍插入岔枕扣件螺栓套管内撬拨岔枕。利用 100 m 长钢尺核实岔枕摆放间隔、方正。

（六）安装垫板

（1）安装弹性铁垫板，并使轨底坡朝向轨道内侧，螺栓孔中心与预埋绝缘套管孔对正。

（2）选择适当型号的缓冲调距块安放到弹性铁垫板的复合定位套内，缓冲调距块有四个沟槽面朝下，并保证其下表面与复合定位套下表面齐平。

（3）将盖板安放在弹性铁垫板上，装有橡胶垫圈一面朝下。

（4）选择适当型号的垫板螺栓，套上弹簧垫圈，并将螺纹部分涂满铁路专用油脂，穿过盖板旋入预埋绝缘套管中。放置轨下橡胶垫板于铁垫板承轨面上。

（5）组装道岔扣件垫板时严格区分左右开向及安装方向，确认钉孔对中，并按标记位置确定内外股摆放方向正确后，才可用螺栓连接垫板和岔枕。

（七）基尖轨组件安装

（1）先摆放直基本轨及曲线尖轨组件。确认跟端支距垫板状态良好，拆除垫板防护罩。基本轨吊卸对位。

（2）确定基本轨前端位置，确定基本轨方向。以道岔中心为基准，前长 31 725 mm 定位直曲基本轨端头。采用 1 号岔枕进行核准，1 号岔枕中心距基本轨端头 296 mm。

（3）安装轨距块，注意按设计号数安装，禁止锤击砸入。外拨基本轨，使基本轨处于与轨距块密贴状态。

（4）安装施维格弹性夹到扣压位置，但不要抬起后端（使弹性夹扣压上基本轨，但不施加扣压力）。安装外侧Ⅱ型弹条，施维格弹性夹扣压到位。

（5）调整基本轨的方向及岔枕方正，尽量不采用缓冲调距块调整。紧定岔枕螺栓及Ⅱ型弹条扣件系统。

（6）重新检查直基本轨前端位置、方向、岔枕间距及方正，合格后固定转辙器部分岔枕。

（7）摆放曲基本轨及直线尖轨组件，注意前端与直基本轨端头的方正与位置。摆放顺序及要求同直基尖轨摆放。

（八）可动心轨辙叉组件安装

（1）拆除可动心轨辙叉组件中包装用件（固定心轨位置的包装暂不拆除）。确认垫板组件安装良好，随后吊运可动心轨辙叉组装件。

（2）调整并确认可动心轨辙叉位置，并与岔枕连接。

（3）安装直股普通垫板的轨距块及弹条Ⅱ型扣件系统，达到连接及扣压作用，但不要紧锁。在此期间要做好直股方向和道岔全长的确认工作。

（4）方正辙叉跟端尺寸及方向。测量长心轨股道的道岔全长，确定可动心轨辙叉纵向位置。依据直股方向确定可动心轨辙叉翼轨外侧轨距块的正确性。

（5）摆放并连接其余垫板件，并对导轨进行连接，安装及紧定扣压件。

（九）安装其他钢轨

（1）摆放钢轨件于铁垫板承轨面上的橡胶垫板上，按轨距调整要求放置适当型号轨距块于钢轨和铁座间。

（2）安装T型螺栓、平垫圈、螺母和Ⅱ型弹条，弹条的紧固以三点接触为准。

（3）检查预留轨缝与道岔全长。检查轨距方向，如有不适，根据轨距配置表调整轨距块或缓冲调距块，固定垫板。

（十）上砟整道、捣固

道岔铺设完毕应立即组织岔区老K车卸补砟或人工配合挖机补砟，补砟后应及时清道。补砟并逐步抬道至接近设计高程（注意给后续的大型机养捣固作业留下合适的抬道量不大于 50 mm）。应逐层进行小机捣固，一次抬道量不可过大30 mm，辙叉部位要加强捣固。

（十一）道岔粗调

道岔的粗调分两步进行。先对道岔直基本轨的位置、轨向调整，在此基础上对道岔的轨距、水平、高低、道岔构件相对位置调整，再对道岔构件密贴项目进行调整。

1. 道岔轨向、水平、高低、轨距调整

（1）道岔轨向、水平、高低：首先通过道岔放样点确定道岔直股的位置及方向（以直基本轨为基准），再通过起道拨道来调整水平、高低、方向。

（2）轨距调整：道岔的轨距测量前先检查钢轨的非工作边轨底与基板挡肩靠密贴，确保道岔测量的轨距为真实值，以直基本轨为基准，通过调整轨距块来调整轨距。当还不能满足要求时，可以调整缓冲调距块。

（3）支距调整：支距测量前必须确认岔枕布设间距和累计值对比设计值的误差在 5 mm 范围内。以道岔直基本轨为基准，用支距尺检查曲股导轨，通过设计支距调整曲股导轨位置，再以导轨为基准，检查曲股轨距，调整曲股基本轨。

2. 直股基本轨外侧控制边设计线形调整

在道岔 3#枕承轨台以前、39#枕承轨台以后直基本轨外侧选择合适两个点（该点数据出现频率较

高，两点相差 ± 0.3 mm 以内；轨距接近设计值，控制在 0.3 mm 以内），距直基本轨非工作边 100 mm 处用专用弦线架拉弦线，逐承轨台测量轨顶面下 16 mm 处弦线与直基本轨非工作边的距离，根据允许偏差进行调整。

3. 道岔构件密贴项目调整

道岔密贴控制主要表现在 9 个方面：尖轨与基本轨、心轨与翼轨、短心轨与岔跟尖轨、尖轨与顶铁、心轨与顶铁、岔跟尖轨与顶铁、尖轨轨底与滑床台板、心轨与滑床台板密贴、弹条中舌与轨底间隙。

（十二）道岔内铝热焊接

1. 道岔铝热焊接前检查与调整

（1）确定道岔铺设位置正确。

（2）方正轨枕，检查外锁闭装置预留孔位置正确。

（3）检测道岔的水平、方向及道岔各部几何尺寸达到规范要求的数值。

2. 焊接顺序

首先焊接岔区内部钢轨接头。焊接顺序见图 4-5-9。

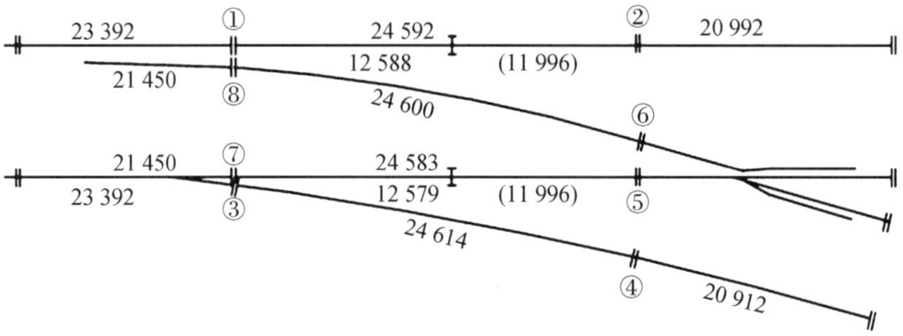

图 4-5-9 道岔焊接顺序（单位：mm）

先焊接直基本外侧轨接头，后焊接曲基本轨外侧接头，再焊接直基本轨内侧接头，最后焊接曲基本轨内侧接头。道岔内焊接接头宜在设计的（35 ± 5）°C 范围内进行。

二、钢轨伸缩调节器铺设施工工艺及方法

（一）施工准备

伸缩调节器存储场是进行伸缩调节器铺设的总后方，在存放的过程中为了防止长期放置而产生变形，存放场地的选址必须保持平整、路基满足强度、便于流水等条件。同时为了伸缩调节器部件不受到污染，还需采取遮盖措施。

伸缩调节器通过汽车运输到达铺轨基地后，通过自制的扁担梁将伸缩调节器吊卸至指定位置，采取有效的保护措施。

（二）伸缩调节器铺设

轨道车牵引伸缩调节器运输列车进入施工现场，当伸缩调节器运输车距离铺设地点大于 20 m 位置时停车对位，伸缩调节器运输车对位停车打好铁鞋后，进行伸缩调节器吊卸及相关的铺设作业。

1. 轨道吊卸伸缩调节器

伸缩调节器捆绑平放于三辆平板车的中间。作业人员利用抬钳及相关工具松开捆绑装置。作业时

要站稳，被吊物必须捆扎牢固，禁止斜拉或拖拽物体。两台轨道起重机合吊一物体时，应使用平衡梁。

2. 伸缩调节器横向倒运

（1）伸缩调节器在吊卸至指定地点前，需在轨道上指定位置垫放枕木及放好滑轨，确保伸缩调节器枕木下受力均匀。

（2）伸缩调节器落位过程中，随时调整垫放枕木的位置，落位后利用 20 台齿条压机打起伸缩调节器，将滑轨放置好并在滑轨上安放好滑轮。

（3）横向倒运装置的安装要保证平稳和对正，在滑动之前需使用木头楔子固定滑轨装置。在每一根滑轨上最少安放两个滑轮，间距应保持一致，受力位置最好在对正伸缩调节器的钢轨件。

（4）所有作业人员分布在伸缩调节器的纵向一侧，一字排开，确保每根枕木位置都有人。伸缩调节器在横向移动前必须检查滑轨和滑轮完好，确认安全后方可进行横移。

3. 伸缩调节器纵向倒运

（1）伸缩调节器横向倒运完成后，在滑轨处垫放枕木，采用 20 台齿条压机打起伸缩调节器，抽调滑轨和滑轮。

（2）撤除横向移动装置，滑轮转换方向，由横向调为纵向。在放置的过程中要确保滑轮的数量和对称，数量应间隔 3 根枕木放置 1 对。

（3）滚轮安放好后，采取和横向倒运一样的方法在伸缩调节器纵向两面及横向一侧位置安排劳力，纵向人工推移。推移过程中防止受力不匀造成掉道。

4. 伸缩调节器原位铺设

伸缩调节器倒运到位后，人工利用齿条压机打起伸缩调节器抽调零时过渡所用的枕木和钢轨，将伸缩调节器缓缓落入设计位置。作业顺序应由钢轨到枕木依次抽调。

在铺设钢轨伸缩调节器时，可先将底砟铺设完毕，将伸缩器吊至放线点后补砟捣固。铺设钢轨伸缩调节器应根据锁定时的轨温计算并准确预留伸缩量。

5. 道砟回填、起道养路

道砟回填应保证伸缩调节器道砟量的饱满，为大机养路提供条件。起道养路分为人工捣固和大型机械养路相配合的方法，先利用大型养路机械养护，对养护不到位的伸缩位置采取人工捣固。

6. 数据采集、分析调整

伸缩调节器铺设完毕，通过一次大型机械养路和人工养路后，技术人员利用轨检小车采集轨道线形数据（采集过程中需对前后 200 m 线路一同采集），根据采集到的数据进行分析，得出调整方案和调整量。调整中尽量保证伸缩调节器的几何尺寸，通过线路前后的调整来确保整段线路的几何状态（表 4-5-3）。

表 4-5-3　钢轨伸缩调节器静态检测及调整标准

序号	指标	允许误差	检测方法	备注
1	水平	±1 mm	道尺、轨道几何状态测量仪	
2	水平变化率	2 mm/2.5 m		三角坑
3	轨向（短波）	2 mm/30 m 弦	轨道几何状态测量仪	
		2 mm/10 m 弦	弦线	
4	高低（短波）	2 mm/30 m 弦	轨道几何状态测量仪	
		2 mm/10 m 弦	弦线	

（三）钢轨伸缩调节器的精调

1. 伸缩调节器一次精调

（1）用高精度水准仪、全站仪进行钢轨伸缩器一次精调。

（2）用水准仪对钢轨伸缩器的轨面逐点测量，计算调整量，用起道机调整轨面高程。用全站仪以线路中线基准点为准，测量计算横向调整量，用起拨道机调整其方向。

（3）以基本轨一侧为基准调整轨距，尖轨检测点轨距允许偏差应符合设计要求。检测尖轨与基本轨是否符合密贴，直线度符合设计要求。

2. 伸缩调节器二次精调

用轨道几何状态测量仪测量伸缩调节器的几何状态，根据测量数据计算调整量。然后根据调整量进行轨向、高程、水平、轨距的调整。

3. 钢轨伸缩调节器精调技术指标（表 4-5-4）

表 4-5-4　钢轨伸缩调节器精调技术指标

序号	检查项目	偏差要求/mm
1	伸缩调节器铺设水平、高低	水平≤2，高低用 10 m 弦量≤2
2	伸缩器方向	目视成直线，用 10 m 弦量≤1
3	伸缩调节器始端轨距	+1，－2
4	尖轨尖端轨距	+1，－2
5	尖轨轨头切削起点处轨距	+1，－2
6	尖轨（在尖轨刨切范围内）与基本轨密贴	间隙≤0.2
7	尖轨其余部分与基本轨密贴	间隙≤0.5
8	尖轨工作边直线度	机加工段 0.2，全长 1
9	尖轨跟端轨距	±1
10	伸缩调节器全长	±5

（四）焊接锁定

伸缩调节器及前后线路初步精调完成后，对伸缩调节器前后四个连接焊采取铝热焊接，焊接中应在厂家的指导下进行。伸缩调节器焊接完毕，再进行前后线路的应力放散及其锁定作业。

第五节　轨道及道岔精调

一、施工准备

1. CPⅢ复测

对 CPⅢ控制点进行全面复测，此项工作由 CPⅢ控制点埋设单位进行。对已近测过的 CPⅢ点进行重复测量，对测量数据进行平差处理。得出 CPⅢ点的坐标，与初次计算出的坐标进行比对，保证 CPⅢ坐标的准确性，方便后面的轨道测量及精调。

2. 调整件准备

根据轨道的结构类型和设备数量，提前配备相应数量的调整件，车间将精调作业确认单及需要的材料型号、数量提前两天通知工区，工区材料员根据精调方案所需更换的材料型号、数量提前一天准备好材料。

3. 轨枕编号

全线采用贯通的连续里程，里程由 4 位数组成。对 CPⅢ点进行编号来划分区间，同一里程（以千米为单位）下相邻两个 CPⅢ点之间作为一个区间，区间号为两位数字；顺里程增加方向分左（右）线对每个区间起始处的 CPⅢ点编号，编号是奇数表示左线，是偶数表示右线，如 237303 表示线路里程为 K237 范围左线第 3 个区间。

二、轨道精调

（一）设备配置

根据现场轨道精调工期要求，配置了相关施工设备，具体详见表 4-5-5。

表 4-5-5　主要的测量仪器、施工机具

序号	名称	规格型号	单位	数量
1	轨检小车	安伯格 GRP1000S	台	1
2	全站仪	徕卡 TCRP1201+	套	1
3	铁路轨距尺	JTGC1A 型	把	2
4	弦线、钢尺		套	2
5	双头螺杆紧固器	YLB-700-I 型	台	1
6	撬杠		根	10
7	扳手		把	4
8	塞尺		把	4
9	1 m 直钢尺		把	1

（二）轨道检查

沿线路逐个检查，重点检查：钢轨、扣件、垫板、焊缝等。

（1）钢轨：钢轨要用肉眼全面查看，应无污染、无低塌、无掉块、无硬弯等缺陷。

（2）扣件：扣件应安装正确，无缺失、无损坏、无污染，扭力矩达到设计标准，弹条中部前端下颚与轨距挡块间隙≤0.5 mm，轨距挡肩与轨距挡块间隙≤0.3 mm。肉眼配合塞尺、力矩扳手，全面检查。

（3）垫板：垫板应安装正确，无缺少、无损坏、无偏斜、无污染、无空吊（间隙≤0.5 mm）。肉眼配合塞尺，全面检查。

（4）焊缝：焊缝要全部检查，采用 1 m 平直度尺及塞尺检查，主要测量焊缝平顺性，顶面 0 ~ +0.2 mm，工作边 0 ~ −0.2 mm，圆弧面 0 ~ −0.2 mm。

（三）轨道测量

（1）采用轨道小车对轨道进行逐根轨枕连续测量。

（2）测量前，全站仪设站精度应满足要求，并对仪器进行校核。

（3）区间轨道应连续测量，分次测量时，两次测量搭接长度不少于 20 m。车站道岔应单独测量，与两端线路搭接长度不少于 35 m。

（四）轨道适算

1. 适算标准

适算允许偏差见表 4-5-6。

表 4-5-6 适算平顺性指标允许偏差

序号	项　　目		过程控制偏差	允许偏差
1	轨距		±1 mm	±1 mm
	轨距变化率		1/1 500	
2	高低	弦长 30 m	1.5 mm/5 m	2 mm/5 m
		弦长 300 m	10 mm/150 m	10 mm/150 m
	高程变化率		1/1 500	
3	轨向	弦长 30 m	1.5 mm/5 m	2 mm/5 m
		弦长 300 m	10 mm/150 m	10 mm/150 m
	平面位置变化率		1/1 000	
4	扭曲	基长 3 m		3 mm
5	水　　平		1.5 mm	2 mm

2. 适算步骤及方法

适算基本步骤是：“先轨向，后轨距”，“先高低，后水平”。

先适算基本轨的高低，使得基本轨的短波、长波平顺性指标达到要求，再模拟调整非基本轨的高程，使得适算后的水平（超高）值满足要求。

先适算基本轨的轨向，使得基本轨的短波、长波平顺性指标达到要求，再模拟调整非基本轨的平面位置，使得适算后的轨距值满足要求。

（五）轨道调整方法

1. 轨距、轨向调整

轨距、轨向调整通过更换轨距挡块来实现。高低、水平通过大机养道调整。

2. 现场轨道调整

（1）现场标示：根据调整方案和对应的承轨台号首先用石笔在钢轨表面或轨腰处标记调整件的型号。

（2）调整件摆放：根据现场的标示，把调整件准确无误地摆放在承轨台挡肩的两侧。

（3）松扣件：根据现场的标示，施工人员采用双头螺杆紧固器或扳手逐一将扣件松开。轨温在设计锁定温度 ±20 °C 范围内，可连续松开扣件数量不大于 5 根承轨台。轨温超出锁定轨温 20 ~ 30 °C 时，可松开单个承轨台扣件进行调整。

（4）扣件更换：扣件松开后，施工人员把扣件逐一拆开，摆放整齐，且应对螺杆进行保护，以免螺杆造成污染。扣件拆开以后，把标准件统一放在线间，对承轨台上的杂物进行清理。更换轨垫时，先由工人用撬杠抬升钢轨，取出标准件并清理承轨槽；清理完毕后，将调整件逐一安装到位。

（5）紧固扣件：调整件安装完后，施工人员使用双头螺杆紧固器或扳手按照要求把扣件锁紧，达到设计标准。

（6）扣件复查：用塞尺进行扣件空隙及更换型号的复查，确保准确。如发现不符合要求的扣件，首先检查其是否在轨头焊缝处（有的焊缝不平顺）；如果不是，用撬杠往缝隙大的方向拨一拨钢轨，如有必要，可以把轨距挡块换成异型组合。

（7）标准件归类：把换下来的标准件分类整理，轨距挡块用绑扎带按每串 20 个穿绑起来，轨垫按每摞 20 个用封箱胶带或绑扎带捆起来。

（六）轨道复测

1. 复测前准备

把第一次调整记录整理备案，以便复测时复核。对调整区段的扣件、垫板进行全面检查，确认安装正确，扣压力达到设计标准。

2. 测　量

设站误差和第一次测量时一样，但是两次测量设站位置要错开。对调整区段采用轨检小车进行轨枕连续测量。

3. 数据分析、二次调整

对比第一次测量数据，对复测数据进行适算分析，不满足精度要求的地段重新调整。

三、道岔精调

道岔焊接完成后，按照如下顺序进行道岔的精调：道岔轨向高低调整、道岔水平与轨距调整、道岔各部密贴与间隔调整。

1. 道岔轨向与高低调整

以直股为基准调整道岔轨向。直线尖轨工作边的直线度，密贴段每米不大于 0.2 mm，全长不大于 2.0 mm。曲线尖轨圆顺平滑无硬弯。可动心轨辙叉，直股工作边直线度为 0.2 mm/1 m，全长（可动心轨尖端前 500 mm 至弹性可弯中心后 500 mm）直线度为 2.0 mm，心轨尖端前后各 1 m 范围内不允许抗线。可动心轨辙叉，曲股工作边曲线段应圆顺，不允许出现硬弯。

2. 轨距与水平调整

调整时应以直基本轨一侧为基准，按照先调支距再调轨距的步骤进行，使尖轨跟端起始固定位置支距、尖轨跟端支距和导曲线支距允许偏差符合设计要求。

用高精度水准仪对道岔轨面逐点测量，确定道岔标高调整数值，精调起平道岔。轨面标高精确调整后，道岔高低、水平不超过设计限值。滑床台板坐实坐平，垫板与台板的间隙不超标。

第六章　站场及运营设备工程

第一节　一般中间站施工

渝黔铁路新建珞璜南、綦江东、赶水东、桐梓北、娄山关南等多个中间站。本节主要以地基处理、站台墙施工、站场综合管沟安装以及车站地道的施工为例讲述一般中间站的施工。

一、地基处理

地基处理路基主要为软土、松软土地基。地基加固措施采用挖除换填普通土振动碾压 0.5 m 厚碎石和柱锤冲扩桩。

1. 挖除换填

对施工场地进行清理平整，开挖临时水沟将积水排出路基范围之外。根据换填设计核对现场实际情况，确定换填范围，并通过测量定出换填长度及宽度。根据不同的换填地段，合理配置施工机械。地面的清表及清淤要彻底，并保证地面平整，按要求碾压密实。斜坡地段按设计挖出台阶。

2. 柱锤冲扩桩

根据土质及地下水情况可分别采用下述三种成孔方式：重击成孔、填料冲击成孔、复打成孔。成桩用标准料斗或运料车搅拌和好的填料分层填入桩孔夯实。当采用套管成孔时边分层填料夯实，边将套管拔出。锤的质量、锤长、落距、分层填料量、分层夯实厚度、夯击次数总填料量等应根据试验确定。每个桩孔应夯填至桩顶设计标高以上至少 0.5 m，其上部桩孔宜用原槽土夯封。

二、旅客站台墙

旅客站台墙基础和墙身采用浆砌片石砌筑或混凝土浇筑，站台帽石在小型预制厂集中预制，现场安装。

1. 工艺要点

（1）测量放样。

（2）基坑开挖至设计高程后，立即上报监理单位，经验收合格后砌筑（浇筑）基础。

（3）砌筑（浇筑）站台墙。浆砌片石站台墙按设计进行分段施工，砌筑采用坐浆法。灰缝宽度小于 4 cm，砌体表面与三块相邻片石相切圆直径小于 7 cm，两层间的错缝大于 8 cm。砌筑按同一厚度分层，每砌高 70 ~ 120 cm 找平一次，每日砌筑前必须找平，清除表面浮浆。墙身沿纵向按设计及规范要求设沉降缝。

混凝土站台墙按设计几何尺寸支立模板，并用脚手架加固模板和搭设施工作业平台。检查模板几何尺寸及加固措施满足设计和规范要求后，分层浇注混凝土。混凝土采用集中拌和，混凝土罐车运送，人工入模。

（4）预制站台墙帽石：在预制厂统一预制，模板采用专用定型钢模。混凝土浇筑采用振动台振捣，混凝土养护用土工布覆盖在表面，洒水养护，保证砼表面湿润。

（5）帽石安装：采用人工挂线安装，坐浆法砌筑。

2. 质量控制与要求

（1）浆砌片石：

① 石质应色泽均匀、质地坚硬、不易风化、无缝隙，片石厚度不小于 15 cm。石块在砌筑前浇水湿润，表面泥土、水锈要清洗干净，片石分层砌筑，各工作层竖缝相互错开，杜绝通缝。

② 砌体均采用挤浆法施工，勾缝采用平缝压槽法（凹缝），在砂浆初凝后，养护 7 ~ 14 d，其间避免碰撞、振动和承重。

③ 砌筑基础的第一层砌块时，先将基底表面清洗、湿润，再坐浆砌筑；砌筑上层砌块时，要避免振动下层砌块。浆砌片石护坡砌筑厚度均匀，砌层片石纵、横向搭叠压缝，间缝塞满，外露面平整，后背按设计和暂行规定要求回填密实。

（2）混凝土：

① 浇注前，对模板进行检查，模板内的杂物、积水应清理干净，模板如有缝隙，应填塞严密，模板内面应涂刷脱模剂。检查混凝土的和易性和坍落度。

② 浇注混凝土时，采用插入式振动器振动捣实。对每一振动部位，必须振动到该部位混凝土密实为止。密实的标志是混凝土停止下沉、不再冒出气泡、表面呈现平坦、泛浆。

③ 混凝土的浇注应连续进行，如因故必须间断时，其间断时间应小于前层混凝土的初凝时间，否则按工作缝处理。混凝土浇注完成后，及时用土工布覆盖并养护。

三、站场综合管沟

管沟主要有电缆槽及排水沟两种形式。

1. 电缆槽

电缆槽施工方法参见路基相关工程。

2. 排水槽

排水槽采用混凝土现浇，待站场路基施工完毕后，采用人工配合挖掘机开挖基槽，立模现浇混凝土排水沟。排水沟基槽采用人工整平，小型冲击夯夯实，然后铺设中粗砂并压实。施工流程如下：

（1）测量定位：当站场路基填筑完成后，利用全站仪根据设计位置、尺寸每 10 m 为一测点精确测量定位。

（2）基槽开挖：采用人工配合挖掘机开挖，每台机械设备配备人员 3 人负责基槽修整。

（3）基底碾压：基槽开挖完成后，人工配合将基槽底部整平，然后采用小型冲击夯夯实。

（4）铺设砂垫层：排水沟立模前首先在基槽底部铺中粗砂，采用小型冲击夯夯实。

（5）浇注混凝土：排水沟按设计几何尺寸支立模板，并用脚手架加固模板，检查模板几何尺寸及加固措施，满足设计和规范要求后，分层浇注混凝土。

（6）养生：排水沟施工完成后，及时进行洒水养生，炎热季节覆盖塑料薄膜或透水土工布，养护时间不少于 14 d。

四、站场路基填筑施工

站场路基填料标准及压实标准与区间路基标准相同；场坪及机动车辆通行道路等工程填料采用土方，压实标准采用现行规范相应标准。站场土石方施工过程中要保证排水通畅、不积水，在站场土石方完成后，及时按设计要求施工站台墙、排水系统等工程。

1. 站场路基填筑

站场路基填筑施工方法、工艺与区间路基施工方法相同。完成征地拆迁后，测算站场土石方调配，首先进行分段、分片地基加固处理施工，再进行土石方的填筑，在站场范围内形成基底加固，土石方开挖、填筑作业区。填方地段以两结构物或 500 m 为标准纵向划段。每段路基横向交接处也进行台阶处理。

2. 站场场坪填筑

（1）填料质量控制：站场路堤填料种类、质量应符合设计要求。填筑前应对挖方段可用填料进行取样检验；填筑时应对运至现场的填料进行抽样检验。当填料土质发生变化时应重新进行检验。

（2）填筑过程控制：在每一层的填筑过程中，确认填料颗粒级配、含水率的均匀性、铺土厚度、填料表面平整符合设计及施工工艺参数后，再按工艺试验确定的碾压速率和遍数进行碾压。

（3）填筑压实质量控制：路堤填筑按规范规定的检测频次和压实标准对压实质量进行检测和控制。

第二节　主要客运站施工

一、工程概述

1. 设计说明

重庆西站中心里程 D2K1 + 541.8，起讫里程：J1K0 + 000 ~ J1K0 + 700，J2K0 + 000 ~ J2K2 + 425。设计基本站台 1 座，550 m × 20 m × 1.25 m；中间站台 10 个，550 m × 11.5 × 1.25 m（其中郑渝场 4 台 11 线，渝黔场 6 台 12 线）；设与站台等长的无站台柱钢筋混凝土框架结构雨棚。另外，预留渝长场 4 台 8 线。车站设行包地道 1 座，宽 10 m，旅客通道 1 座。

2. 主要工程量

铺轨：新铺 60 kg/m 的钢轨 26.517 km。

铺道岔：60 kg/m 的 18 号客专线（07）004 共 44 组，60 kg/m 的 18 号 GLC（07）02 共 42 组，60 kg/m 的 12 号专线 4249（换贝尔岔心）共 19 组，60 kg/m 的 12 号 GLC（08）01 共 6 组，60 kg/m 的 12 号 5.0 m 专线（01）7623 共 1 组。

填方：1 011 608 m^3，挖方 3 602 545 m^3；新征用地 61.15 hm^2，回收用地 2.59 hm^2，临时用地 14.61 hm^2。

二、总体施工工艺及方法

（一）路基施工

（1）首先进行地表处理及地基加固处理。土质地基地段，路基填筑前均进行地基应力条件分析。路基和站场土石方，采取机械化施工。土质路堑采用机械开挖，石方路堑采用潜孔钻机或手持式钻机钻孔，控制爆破。

（2）路基按“四区段、八流程”进行填筑施工。填筑前先进行填筑压实试验，确定满足压实要求的各项工艺参数，再推广到大面积施工。级配碎石的生产采用集中厂拌，严格按照配合比，控制成料的含水量与颗粒级配。过渡段与相邻路基按相同高度一起同层施工，在填筑基床下路堤主体的同时进行碎石备料，为过渡段和基床表层级配碎石准备材料。

（3）路堤施工作业顺序为：基底处理→基床以下路堤填筑→基床底层填筑→沉降稳定→路基整修→基床表层级配碎石填筑。

（4）路堑施工作业顺序为：土石方开挖→基床底层以下处理→沉降稳定→基床表层级配碎石填筑。

（5）路基加固防护和支挡结构工程、路基其他防排水工程与相关工程、路基附属结构物随路基主体施工同步推进。混凝土工程采用自动计量拌和站集中拌和供应，浆砌工程砂浆采用机械拌和，路基附属混凝土预制件集中生产，附属结构钢筋在预制厂集中加工制作。

（二）钢结构雨棚施工

1. 钢结构施工安装方案

（1）预埋件安装：

① 测量放线：

复核：在满足预埋件安装前，根据已知标高及轴线对预埋件位置进行定位放线，确认模板及钢筋的轴线及标高偏移量是否能满足预埋件定位安装要求,并根据现场情况对预埋件标高及轴线进行修正。

放线：根据现场情况对控制点做出标识，控制点位置应不产生位移，不会被破坏，视线良好，易架设仪器。预埋件标高及轴线应尽量在牢固可靠的位置进行标识，并及时进行预埋。

② 预埋件安装：安装时避免钢筋损伤、模板破坏。预埋件放入后调整标高、轴线偏移、板面平整度，完成后与钢筋有效固定，与模板进行支撑，保证混凝土浇筑时不产生位移。浇筑时由专人守护，浇筑后立即进行轴线及标高复核，如产生位移及时修正。

（2）吊装前准备：

① 起重机要进行充分的保养，并且应具有技术质量监督局颁发的特种设备准用证。

② 吊装钢丝绳、卸扣必须具有质量合格证。

③ 吊耳必须有材质合格证，吊耳和加固的焊接应可靠，并通过联合检查。

2. 雨棚结构安装

总体安装工序：测量放线→钢架拼装→钢架吊装→钢架垂直度、檐口高度调整→高强螺栓终拧→焊缝清理、焊接→擦条安装→拉条及天沟安装→檐口龙骨安装→补漆。

（1）测量放线：根据本工程特点，除常规轴线及标高复测外，还需对钢架安装进行水平投影定位。

（2）钢架拼装：根据施工图及构件编号对应方向对柱梁进行配对、连接，高强螺栓要匹配，不宜过长，严禁使用长度不够、与图纸型号不一致螺栓。穿入方向统一，施拧顺序由中间向四周，严格按照所计算初拧扭矩施拧并做好标记。拼装时应用方木将柱梁垫平，保证连接面贴合紧密。

（3）钢架吊装：在下节钢柱焊接固定耳板、对接焊缝衬垫，在钢架上标识出吊点位置，由汽车吊在桥下将钢架安装至指定位置。

（4）钢架垂直度、檐口高度调整：用两台经纬仪分别架设于钢柱纵横方向，距离钢柱以透过经纬仪方便看见柱底及柱端为宜。将经纬仪对准钢柱边上下扫视，以柱底为基准点将柱端调整至与柱底处于同一垂直线上，然后同理对钢柱另外一面进行校正，直至钢柱两边垂直后，垂直度校正完成，将钢柱对接处用电焊点焊固定。

利用水准仪测出檐口标高并对照图纸确定檐口高度调整方式。如果檐口标高低于设计标高，用钠管配合千斤顶对檐口进行顶紧，同时用水准仪监测，顶升至设计标高后高强螺栓终拧，对接焊缝点焊固定，拆除顶升支架。檐口高于设计标高，调整方式同上。

（5）高强螺栓终拧：根据计算终拧扭矩，由中间向四周逐个进行，露出丝扣 2 ~ 3 扣。达到终拧扭矩值，检查螺栓有无损伤。

（6）擦条安装：根据擦条布置位置将擦条搬运至指定位置，利用吊车等机具将擦条提升至安装位置，连接牢固。

（7）拉条及天沟安装：拉条安装应保持顺直，且调整擦条间距，双螺帽两边紧固到位。天沟在安装时需利用吊装设备将其安装至指定位置，地面拼接时应在地面放出一条直线，平行于直线方向摆放天沟，保证天沟对接顺直。

（8）檐口龙骨安装：利用水准仪、经纬仪定位控制龙骨，在控制龙骨之间拉设通常定位线，进行龙骨焊接，保证水平龙骨、垂直龙骨在同一平面，焊缝饱满、连接牢固。

（9）补漆：补漆分施工预留补漆与漆面破坏补漆。在焊缝焊接完成冷却至常温后，用钢丝刷、钢丝球对基层进行清理，保证基层清洁、锈蚀等级符合设计要求，后进行补漆。

（10）焊缝清理、焊接：焊前检查坡口、组装间隙是否符合要求，定位焊接夹板是否牢固。焊接过程中采用水准仪、经纬仪对钢进行定位。以此类推至焊接完成。焊接钢梁时先衬垫、引弧板点焊至焊缝位置，然后从引弧板起焊，由翼缘板一端一次焊接至另一端后同理焊接第二层。焊缝均应适当高出板面呈圆弧状。

（三）车站地道施工

地道基础采用大块组合钢模一次浇注，混凝土罐车运输，泵送入仓，人工用插入式振动棒振捣密实；地道墙身和顶板采用支架法一次立模浇注。施工时根据设计预留各地道进出口。车站地道施工方法及工艺同本标框架桥、涵洞施工方法及工艺。

地道附属工程主要有：防水层、梯道、扶手等。

（1）防水层：地道主体工程完成后，按设计要求施作防水层，防水层采用环保型材料，人工铺设，确保与地道密贴，防水层施工完经验收合格方可进行两侧的填筑，地道两侧的填筑按桥涵过渡段填筑工艺施工。

（2）梯道：梯道是旅客上下车和进出车站的主要通道，站场路基填筑完后，根据设计位置分别进行各梯道的施工，梯道施工自下而上进行，并预留扶手安装位置。

（3）扶手：扶手安装选用符合设计的材料准确就位并固定，确保位置准确。

第三节　引入枢纽工程施工

一、工程概况

渝黔铁路引入枢纽工程包括重庆及贵阳枢纽的客车联络线和货车联络线施工，具体线路设计详见第三篇第二章线路设计。

二、施工重点难点

本线引入枢纽工程的施工条件复杂、受既有线干扰严重、地质复杂等，具体表现如下：

（1）重庆枢纽内工程项目涉及行政区划多、征地拆迁量大、协调难度大，项目类别多，接口复杂，且存在既有线运营干扰。除西永至珞璜货车线、陶家场前后便线改建项目不受既有线无干扰外，其他均与既有线有关系。

（2）童西线上的新双碑隧道环境敏感点众多，多次与成渝客专交叉、与襄渝线交叉。

（3）铜罐驿联络线因靠近既有成渝线，施工安全风险大，须请点施工，运输通道形成后，可采用人工铺轨，适时安排施工。

（4）既有（货运系统）川黔线都拉营车站改造，其特点是运输和施工互相干扰交大，各专业集中短时间多次重复交叉，作业场地狭窄。

枢纽内工程施工安排原则：

（1）统筹协调原则：枢纽工程既包括路基、桥涵、轨道、四电、房建、暖通、给排水等多专业施工和既有铁路设施改造、联络线建设，又牵涉对既有线运输干扰，还涉及所在城市的发展规划、与轨道交通、公路等交通设施衔接、地面建筑和各类管线迁改等众多方面，工程内容极其复杂。施工安排必须加强沟通、定期协商、统筹兼顾、周密部署，保证有序推进。

（2）货线改造工程优先原则：施工安排要以货线改建为主线，协调安排各相关工程。

（3）铺架优先原则：枢纽涉及铺轨基地及其通路的站场工程和正线及联络线工程的施工组织应从全局出发，以保证各铺轨口按时展开铺轨为原则，做好建设安排，影响铺轨的工程要尽早安排，确保按期完成。

三、跨线及邻近既有线施工工艺及方法

本线与既有渝黔铁路、专用线、拟建线，在建线、联络线、交叉干扰次数较多，枢纽内尤其严重，共计 65 次交叉或接近。

1. 基本要求

严格落实“施工不行车、行车不施工”的政策，以及既有线施工“全封闭、全隔离、全监控”的要求，强化既有线施工安全防护措施。

营业线施工期间，施工单位应加强与铁路运输各部门间的沟通，建立信息反馈机制，及时了解相关工程的动态进度信息，为铁路安全运营提供动态信息技术支持。在离营业线较近或下穿营业线的地段施工时，施工前需按相关规定上报铁路运营管理部门，办理相关手续，按设计提前做好对运营线的各类设施安全防护，制订安全应急预案，安排专职安全员。

2. 上跨既有线施工

（1）监控重点在于防止上跨建筑物构件、施工材料、作业工具等坠落物坠落于铁路线路上，砸坏接触网线、线路设备、电务设备或线路上过往的列车。

（2）构筑物跨越线路施工前，必须办理铁路线路的施工封锁手续。在车站设置驻站联络员、施工点设置现场防护员。封锁开始，在施工点外两端各 20 m 外插设停车信号牌。

（3）线路防护主要采用脚手架搭设防坠落防护棚对其进行防护；防护棚搭建前先对地基平整并浇筑砼加固，然后在保证线路正常运营的前提下利用列车天窗时间在线路两侧搭设脚手架。

（4）架梁、拉线施工完成，要清除线路上的障碍物（包括线路上方的悬挂物），确定线路达到开通放行条件后，方可办理线路开通手续。

（5）对于横跨铁路架梁作业工序完成后，进行桥梁栏杆安装等桥面系作业，要着重防止模板、工具等物件坠落影响行车安全。进行临边桥面系作业时必须在梁体下拉设防坠网。且在列车距离施工点 1 000 m 左右时，要停止作业，待列车通过后方可再行作业。

3. 下穿既有线作业

隧道下穿既有线时，应严格按照批准的专项施工组织设计施工，采取控制爆破或非爆措施，在施工过程中加强监控量测。

采用扣轨梁施工时，在架设扣轨便梁前，要对既有线路钢轨进行应力放散。扣轨便梁架设完毕，要定期检查轨道线路几何尺寸，发现线路变化，要立即整治线路不良处所，自动闭塞信号区段或轨道电路区段，要防止扣轨料件相互接触而造成联电事件，恢复线路现状前，必须加强线路钢轨的防胀或防断工作。

4. 与既有线并行作业

重点在于防止侵限事件：防止施工机械失稳、倾倒而侵限；防止施工机械作业臂转动、伸展侵限；防止线路两侧防护栅栏因施工作业被破坏，而失去应有功能；防止填土、开挖作业而造成线路两侧河渠、沟涵堵塞，在雨季到来时形成人为的洪灾；防止并行开挖，破坏原有路基的稳定或破坏原有的植被防护。

邻近既有线爆破施工时，先在邻近既有线侧搭设双层排架进行防护，然后进行石方开挖，开挖采用控制爆破和静态爆破相结合的方法进行，控制爆破邻线侧设置立面双层钢管排架进行防护，顶面设置平面覆盖防护。施工机械及人员利用新建便道进场，弃方利用新建便道运输至指定渣场。防护排架搭设必须由设备单位监护下进行，爆破方案须经设备单位审查认可。

5. 插（接）入作业

抓施工封锁前的准备作业安全、封锁开通条件和对线路开通后的养护安全：限速施工。

做好“三确认”：确认两端减速信号牌限速值正确，确认设置位置（里程、方位）正确，确认设置时间正确。重视执行“工机联控”；封锁前限速作业，作业内容不超范围（即不超松钢轨扣件和配件、不提前拆除在用信号设备等）；封锁作业过程中，要防作业机料具、作业人员侵入邻线；封锁开通后，恢复轨道电路联锁、强化线路保养，做到工完料清。

第四节　接轨站过渡施工

本节以贵阳枢纽内的都拉营接轨站为例，讲述接轨站的过渡施工。贵阳枢纽内的线路疏解见图 4-6-1。

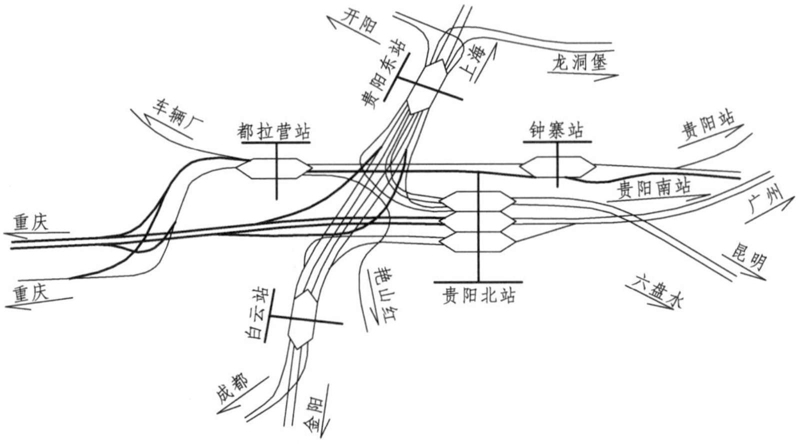

图 4-6-1　贵阳枢纽内的线路疏解

一、工程概况

（一）都拉营站

都拉营车站位于贵州省贵阳市境内，车站为川黔线上曲线中间站，曲线半径 $R = 3\ 200$ m。车站现有到发线 7 条（含 1 条正线），货物线 1 条（8 道），有效长为 893 ~ 746 m，安全线 1 条，牵出线 2 条，专用线 2 条（贵阳车辆厂专用线、贵州铝厂专用线），供电线 1 条（已停用）。有 415 m × 3.8 m × 0.36 m 基本站台 1 座，有 39 m × 7 m 货物仓库 1 座，散堆场 1 处，货站台 1.2 m 高。车站站房中心里程为 K508 + 974.152，位于线路左侧。

车站进站端左侧铁道贵阳车辆厂专用线（1#岔）接轨，车站出站端右侧专用线贵州铝厂（12#岔）接轨。

（1）存在的主要问题：到发线有效长不足；既有轨道标准低，大部分轨枕为木枕；既有道岔大部分为木枕道岔。

（2）车站工作量：渝黔新线引入后，本站客货运作业逐步萎缩，主要办理专用线车辆的集结和调车作业。既有的客货运设施维持既有规模，本次设计不做补强和增建。

（3）股道及客货运、调车设备等类型和数量的确定：本次设计不增加到发线，仅考虑联络线引入后改建咽喉并延长到发线有效长至 880 m，调整专用线接轨线路，还建牵出线 1 条，有效长 450 m，延长既有牵出线 1 条，有效长 250 m。

（4）车站平、纵断面设计及分期发展意见：既有车站设于 2.2（2.6）‰下坡道上，不满足规范要求，改建时将两端咽喉设于 2.4（5.4）‰的坡道上，到发线有效长范围设于 1‰的坡道上，车站设计高程约 1 128 m。车站填方 4.37×10^4 m^3，挖方 10.58×10^4 m^3。

（5）联络线或疏解线布置：在都拉营车站北端有渝黔货车联络线按上下行分别在既有川黔线左右侧引入都拉营车站，出站后在既有线右侧增减第二线引出经中寨站后引入关田车站。

（6）车站道路及其他地方的协调配合、平（立）交道及排水设施：车站道路采用全立交设计，通站道路维持既有不变。车站路基设计采用路堑设侧沟与天沟相结合，路堤设排水沟，线间设纵向排水槽，并与桥涵衔接贯通综合排水方式，本次设计在既有排水设施基础上结合车站改建对既有排水设施进行补充和衔接，站区排水原则上维持既有方式不做大的改扩建。

（二）施工过渡方案

（1）施工与行车无干扰的两端咽喉区改扩建路基、到发线延长部分和牵出线、安全线路基工程，以及涵洞接长、改扩建工程。

（2）停运 4～7 线，保留 1～3 线运营，施工改建 5～7 线线下路基工程。

（3）预铺与既有线路运营无干扰的到发线延长部分、咽喉区改扩建及施工便线部分钢轨、道岔，同时铺设艳山红支线改扩建衔接段落。开通车站 5～7 线运行。

（4）封闭施工 1～4 线线下路基工程、1 站台、货车线及货物站台设施，拨接两端咽喉及车辆厂专用线，铺设 1～4 线和货物线轨道工程，开通 1～4 线和货物线。

（5）施工接触网工区线、牵出线等相关工程。

二、接轨站场施工工艺及方法

1. 接轨站场施工的技术特点

（1）在站场、技术作业区中集中铺设道岔。

（2）配合股道延长改造的平纵面线形，等同或接近于区间标准，平面过渡的困难较大。

（3）涉及线间距调整的改造受限界和既有设施的限制，作业时间较长。各种相关专业在一定区域内作业，相互影响较大，且受运营条件限制。每次作业必须控制在给定的时间内。

2. 主要施工工艺和方法

根据工程项目分布，结合现场实际情况，开工报告审批后，进行道岔预铺与轨道的铺设。最后进行道岔及轨排的插铺要点作业。

（1）施工测量：施工前，创建施工测量控制网，控制点分布在线路中心线两侧，并与设计院 GPS 点连接，控制网要求通视条件良好、桩位稳固、放样方便。

按设计单位提供的等级水准点，用精密水准仪进行引测和必要的施工测量，布置在施工区域附近，测量成果经过监理站测量组复核确认后再用于施工。施工过程中定期对测量控制网（点）进行闭合校验，保证各点位于同一系统。

（2）站场施工：轨道工程主要负责线路上的铺砟、铺轨、改线、换轨、换岔及站场改造等工程的施工。铺轨前备足砟。站场改造首先开工，施工站场铺轨及道岔预铺完成后要点改造站场；接着施工区间轨道开工；最后进行线路换侧、既有线改造施工。

（3）铺轨施工：铺轨工程采用人工配合小型机械分段进行。其工作程序为：铺碎石道床碾压→铺枕（铺岔）→铺砟整道→线路配套。无缝线路采用短轨过渡再换铺长轨法施工。

（4）换轨、换枕、清筛道床施工：

① 点前 1 h，各专业施工人员及配合人员必须到达施工现场，接到封锁命令后，防护人员迅速在

指定位置设置防护，各专业施工人员按工序先后立即展开施工，同时施工人员必须听从现场施工负责人的统一调配、指挥，确保施工有条不紊地进行。

② 首先进行换轨施工，根据技术交底配轨图，换轨统一按岔前方正控制，轨缝可根据：要点时期的常温、要点区位的前后轨缝综合考虑。根据实际情况及时复核调整。

③ 换轨点毕，在钢轨上用石笔标出每根新轨枕的中心位置，钢轨接头段过渡间距可根据实际情况稍加调整。

④ 换枕、清筛道床施工在点内采用“换轴法”，首先卸下轨枕扣件，拉出旧枕，然后清筛道床清筛采用不破底清筛，清筛须深入既有轨枕低下 30 cm。清筛完毕后，换入新枕，并根据钢轨上画线位置方正枕木后，上扣件并拧紧。

⑤ 当天换枕、清筛道床完毕后，对已施工的轨道方向、标高加以整正，其高差按技术交底调整。

（5）无缝线路开口施工：

① 在需要断开既有无缝线路进行拨接施工前，应要先以长钢轨为单位对既有线改建地段进行应力放散，施工安排尽可能安排在春秋两季接近线路锁定轨温时进行，从施工前 3 ~ 7 d 就开始做气温观测记录并将原始资料交给负责该区段养护的工务部门。

② 在钢轨上标出锯轨点位置，计算确定钢轨放散伸缩量；小半径曲线改建或抬道前，先进行应力放散。作业完成后重新锁定线路。

③ 无缝线路应力放散采用列车碾压法。施工前制定列车慢行和有效的安全保证措施，并与工务、电务、车务、供电等部门密切配合。在列车慢行时间内，松开施工端接头螺栓、防爬器及部分中间扣件，靠列车碾压振动和轨温变化强迫钢轨伸缩。

④ 应力放散完后重新锁定线路，按规定位置安放防爬器和防爬支撑，轨温达到设计锁定温度 ± 5 °C 时，将其打紧，并以 70 kg/m 的扭力拧紧所有轨枕扣件和接头螺栓。

⑤ 在钢轨标出的锯轨处，锯开钢轨，轨头钻孔，连接线路。最后做好线路爬行和温度观测记录。

（6）开通线路及养护：

① 点毕前 20 min，工务必须连通轨道，拧紧扣件，加强串砟捣固，工务、电务、供电人员进行各专业的开通前检查，检查合格后开通，并确保第一列达到 25 km/h 的开通速度。

② 线路开通后，由于道床本身松软、轨道几何尺寸容易变化，无大型机养，为确保行车安全，因此线路开通后，工务立即对线路进行全面加强养护，24 h 值班、巡视检查，对设备变化较大的所处，及时组织人力整修，尤其要做好道砟捣固，对松动螺栓进行复拧，同时按设计要求进行补砟，进行线路加强，以确保行车绝对安全。

③ 当天施工完毕后，场完料清，及时安排人员清理场地，将当天换下的旧料倒运集中至指定位置，并准备次日的施工。

第五节　动车整备基地施工

一、工程概况

动车所及客车整备所起讫里程 J4K0 + 000 ~ J5K0 + 860，全长 5 260 m，区间以路基挖填为主，交通及过水涵洞 10 座（里程分别为 J4K0 + 260、J4K1 + 040、J4K1 + 248、J4K1 + 988、J3K1 + 725.0、J3K2 + 239、J3K2 + 625、J3K3 + 153、J5K0 + 240、YQDYK3 + 910），于 J4K1 + 150 处与公路隧道相交。动车所内设计存车线 34 条（其中兼人工补洗线 3 条），预留 24 条，外皮洗刷线 2 条，临修线、不落轮镟线各 1 条。客车整备所设客车整备线 8 条（其中 4 线设棚）、预留 7 条，车底停留线 4 条、预留 4 条，临修线及不落轮镟线个 1 条，车底交换线 3 条，备用车存放线 5 条。

二、主要工程量

地基处理：CFG 桩 6 658 m，旋喷桩 23 515 m，水泥搅拌桩 25 667 m，柱锤冲扩桩 28 591 m。挖方 $105.3\times10^4 m^3$，填土 $290.8\times10^4 m^3$，填 AB 料 $37.3\times10^4 m^3$。支挡结构 2 166 单延米。涵洞 10 座［里程分别为 J4K0 + 260（1-3 m，59.44 延米）、J4K1 + 040（1-3 m，340.48 延米）、J4K1 + 248（1-3 m，117.86 延米）、J4K1 + 988（1-10 × 8.25 m，103.86 延米）、J3K1 + 725.0（1-5 m，166.68 延米）、J3K2 + 239（1-2 m，24.71 延米）、J3K2 + 625（1-3 m，197.22 延米）、J3K3 + 153（1-8 + 3 m，169.55 延米）、J5K0 + 240（1-3 m，155.72 延米）、YQDYK3 + 910（1-3 m，20.88 延米）］。市政公路隧道（华岩隧道）双线六车道，单洞长 385 延米。

三、主要施工方案

总体施工顺序按从下至上、从两端向中间、分场分段分片、平行流水作业等原则进行。

（一）路基施工

本站路基填方大于挖方，且大部分填方为调配方。施工中严格按照设计土石方调配表进行土石方调配。土质、软质岩挖方地段采用挖掘机挖装，装载机配合，自卸汽车运输的方式施工，将符合填料标准的部分运至利用地段作填方使用，多余及不符合标准的部分则运至弃土场；强风化石方路堑地段开挖尽量采用挖掘机挖装，对坚硬的石方路堑挖方则采用松动爆破，边坡采用光面爆破，利用挖掘机和装载机进行挖装，自卸汽车运输。路基填筑按照“三阶段、四区段、八流程”进行施工。

（二）地基处理施工

本站场地基处理主要包括：CFG 桩、旋喷桩、水泥搅拌桩、柱锤冲扩桩。施工中按照分场分段分工点同步进行施工。CFG 桩采用长螺旋钻机从一边向另一边采取隔桩跳打的原则进行施工。旋喷桩采用高压旋喷桩机间隔施工。水泥搅拌桩采用长螺旋钻机从中间向外围采用“两喷四搅”的工艺进行施工。柱锤冲扩桩采用质量 2 ~ 3 t 的柱状锤冲孔由里向外间隔分排施工的顺序进行施工。工艺内容详见第四篇第二章第二节的地基处理。

第七章　房屋建筑及给排水工程施工

第一节　一般站房施工

一、工程概述

（一）总体施工方案

渝黔铁路一般站房施工范围包括站房、地道、站台及雨棚等建筑，结构、给排水、暖通、电力等专业的施工内容。一般生产办公及技术作业房屋采用砖砌体结构或钢筋混凝土框架结构；生产主厂房、旅客站房、牵引变电所、货物仓库、站台雨棚等房屋及构筑物，根据结构需要采用钢筋混凝土框（排）架结构或钢结构；一般楼（屋）面板采用现浇钢筋混凝土板；一般房屋基础采用无筋扩展基础和钢筋混凝土条形基础，根据结构需要和地质情况酌情采用钢筋混凝土独立基础、桩基或其他类型基础。

（二）工程特点与重难点

1. 工程特点

（1）本工程工序较多，特别是地道及站房工程施工起来，交叉工序多，流水作业难度大，施工范围有限，给施工带来很多组织协调困难。

（2）本工程施工工期短，施工中必须制订严密合理的施工工期计划，确保在规定的工期内完成本标段所有施工内容。

（3）本工程涉及高空和电力等施工作业，施工危险系数高，工程存在各种安全问题。施工中必须做好安全施工，严格遵守规定，从而带来的安全问题。

（4）本工程施工涉及多种机械设备的使用，施工中要制订机械设备专项使用方案，对机械设备做好定期维修和保养。

（5）本工程分为站房及配套工程的施工，与相邻工程距离远，每个站房相隔距离长，不集中，给管理带来很多困难，施工协调和组织比较困难，项目部做好整体调度和安排，统筹规划，合理有序地安排整个工程的施工。

2. 工程重、难点

根据本工程特点，主要有以下几个重难点工程。

（1）本工程地道局部最深－11.7 m，需采取有效的基坑支护方式，并做好基坑的排泄水工作。

（2）本工程抗震要求等级高，持力层较深，站房结构及雨棚为桩基础，施工中应合理安排，并加强桩基施工。

（3）外墙采用铝合金幕墙，幕墙施工过程中，测量放线、幕墙防水防渗、调试检测等都是关键工序，要重点控制，避免出现质量缺陷。幕墙工程施工时将与外墙砌体、地面施工及室内吊顶装修、隔墙装修以及电气工程的穿墙管通施工发生交叉作业，交叉作业的各方均应积极配合，施工中必须统筹安排，保证工程总体进度和施工安全质量。

（三）施工机械配备

投入的机械设备见表 4-7-1 与表 4-7-2（以一个车站为例）。

表 4-7-1　施工机械设备投入

序号	设备名称	规格型号	数量	国别产地	制造年份	额定功率/kW	生产能力	用于施工部位
专用设备								
1	塔吊	QTZ5013	1	上海	2014	120	50 m	结构、装修
2	旋挖机	TRD250	1	成都	2011	250		基础
3	挖掘机	PC400c-5	1	成都	2011		1.5 m^3	土方、场平
4	汽车吊	QUY50	1	徐州	2012	230	50 t	屋面、雨棚
5	碾压机	YZ18	1	洛阳	2009		56 t	道路
6	自卸车	CQ3260	2	重庆	2013	191	≥15 t	站房
7	混凝土输送泵	SY5382THB	1	湖南	2009		≥60 m^3/h	站房
8	砼运输车	HNJ5252GJB	5	长沙	2010		≥8 m^3	站房

续表

序号	设备名称	规格型号	数量	国别产地	制造年份	额定功率/kW	生产能力	用于施工部位
其他设备								
9	HGY 砼布料杆	25 m 臂长	1		2012			站房
11	冲击钻	CZ-30	4	广州	2010			桩基
12	25 t 汽车吊	QY25B	1	徐州	2013		25 t	站房
12	5 t 汽吊车	QY25K	1	徐州	2014		5 t	站房
13	电焊机	ZX7-400C	3		2015			站房
14	超声波探伤仪	USN60	2	上海	2010			钢结构
16	水泵	QY-T	2	杭州	2012	3		站房
17	竖向电焊机	BX-60	3	杭州	2012			站房
18	插入式振动器	HZ67-70	4	杭州	2010			站房
19	型材切割机	WQS-402	2	杭州	2013			站房
20	钢筋加工机械	加强 GT8/14 型 $d \leqslant 14$	4	北京	2012			站房
21	木工加工机械	BW17 $d \leqslant 40$	1	北京	2012			站房

表 4-7-2 施工仪器设备投入

序号	仪器设备名称	规格型号	数量	国别产地	制造年份	已使用台时数	用途
1	全站仪	SET-500	1	瑞士	2013	370	测量
2	水准仪	NA28	1	北京	2012	245	测量
3	稳定光源	DT312-AV6314	1	湖南	2012	350	试验
4	万用表	MF-47 型	2	天津	2014	19	试验
5	安装组合工具	TMMK 10-35	2	郑州	2011	50	试验
6	液压弯管机	DWG-4D	1	洛阳	2010	19	试验
7	电锤	WYQ	2	上海	2012	480	试验
8	电钻	GBH2-22RE	2	上海	2012	350	试验
9	台钻	GBM350RE	1	厦门	2013	300	试验
10	切割机	LT25	1	徐州	2015	13	试验
11	铝合金梯子	常青 861	2	徐州	2014	123	试验
12	架盘天平	HC.IP11	1	国产	2011	560	材料称重
13	案秤	AGT-1	1	国产	2012	350	材料称重
14	台秤	TGT-100	1	国产	2010	350	材料称重
15	游标卡尺	160-151	1	上海	2011	350	试验
16	标准养护箱	HBY-40B	1	北京	2011	130	试验
16	砼坍落度仪	TLD-4	1	北京	2011	320	试验
17	砼钻孔机	DRK2131	1	沧州	2011	240	试验
19	标养室自动控温控湿设备	BYS-Ⅱ	1	沧州	2011	540	试验
20	砼振动台（磁吸）	ZHJ-100	1	上海	2011	860	试验
21	电子秤（100 kg）	TCS	1	上海	2014	680	试验

二、一般站房施工工艺及方法

房建工程一般分为：地基处理、基础工程、主体工程、屋面工程、装饰工程、安装工程等，并以此为主导工序来组织施工。以主体结构施工为先导，实施平面分段、主体分层、同步流水的施工方法。当主体验收后，室内外装饰装修全面展开，迅速做出样板间，之后装饰装修工程从上向下循序渐进，实施专业施工。

总体施工顺序：施工准备→围护桩施工→土方及锚喷支护结构施工→地道及通道结构施工→站房、站台基础及结构施工→装饰装修及安装工程、附属结构施工→调试、试运行→交工验收。

1. 测量工程

（1）复核数据：复核设计单位提供的水准点及坐标点，设计、地勘、建设单位办理移交手续。项目部认真组织技术、放线人员进行图纸审核，审核图纸与定位桩点坐标、高程、建筑物本身各轴线关系、几何尺寸关系，对发现的问题均以洽商变更的形式形成记录，作为放线依据。

（2）±0.000 以下建筑物的测量施工：根据基坑边上的轴线控制桩，经对中、整平后、后视同一方向桩（轴线标志），将所需的轴线投测到施工的平面层上。根据各层上的纵、横轴线再进行相互角度、距离校核。

（3）±0.000 以上建筑物的施工测量：

平面控制：对于 ±0.00 以上结构的轴线传递，采用内控法进行轴线投测。

高程传递：标高的竖向传递，应先往返测量校测首层传递上来的三个标高点，当较差小于 3 mm 时，取其平均高程引测水平线。抄平时，应尽量将水准仪安置在测点范围的中心位置，并进行一次精密定平，水平线标高的允许误差为 +3 mm。

2. 土石方工程

基坑开挖采用机械开挖为主，结合人工修挖到位的施工方法。开挖时，现场安排专人对基坑、道路、管线、护壁进行观测，并做好观测记录，密切注意边坡、周围地面、道路的变形情况。挖机作业方向和土方车出土方向根据现场条件进行调整。

挖土时用水准仪随挖土进程引测标高，用小竹板桩作挖土标高控制点，每 3 m 左右设立一根，以确保挖土标高和坑底平整。土方开挖施工期间现场施工管理人员实行不间断旁站监督，在将要挖到工程桩标高位置时作好显眼标记，以防挖掘机挖土时破坏工程桩；桩间距较小的桩间土采用人工掏挖，以防挖掘机碰撞损坏桩头。

3. 防水工程

工程设计做防水的部位有基础底板、挡土墙、屋面防水、室内卫生间等，各部位采用的防水材料及施工方法有所不同。

（1）卫生间的标高复核正确，特别注意地漏的标高位置正确。

（2）对地漏、管道根部墙洞质量要仔细检查，墙洞要密实合格，找平层施工时管道根部必须按要求作嵌缝处理。

（3）墙面处理上要做大约 0.3 m 高的防水涂料，以防积水渗透墙面返潮，如果卫生间有淋浴房应将防水做到 1.8 m。

（4）防水施工完毕后，进行蓄水试验，经过 24 h 以上无渗漏视为合格。在设备安装完成后进行二次蓄水试验。

4. 模板工程

根据本工程的设计和施工特点及以往的施工经验，模板体系确定见表 4-7-3。

表 4-7-3　模板体系

序号	构件名称	模板体系	配置数量	备　注
1	独立基础	木模板	一半配置	—
2	框架柱	木模板	一半配置	18 mm 厚
3	顶板、框架梁	木模（18 mm 厚覆面多层板，次龙骨用 50 mm×100 mm、主龙骨用双根 100 mm×100 mm 白松木方）	按站房框架结构面积全部配置	—
4	楼梯	木模，同顶板	满配	—

5. 幕墙工程

本工程外墙采用玻璃幕墙、铝板幕墙、石材幕墙，施工时需严格控制好深化设计、材料检验、隐蔽工程检查、物理试验、质量验收等环节。幕墙安装进场后要制订幕墙检验及试验计划，并按计划实施与检查。施工及工艺要求如下：

（1）为调整土建施工误差，幕墙安装应先确定，以保证幕墙平整，垂直；所有构件在制作前均现场放施工大样，复核无误后方可下料。

（2）所有焊接处焊缝应饱满均匀，按施工图纸保证焊缝长度，高度，确保质量。焊后除净焊渣应涂环氧富锌底漆（膜厚 80 cm）及面漆环氧防腐漆（膜厚 50 cm）共两遍。

（3）耐候密封胶施工应严格按照要求进行，泡沫垫条应安放平整，耐候胶厚度控制为 3.5 ~ 6 cm，并填满胶缝，胶缝表面应光滑，均匀，无空鼓、气泡等缝。

（4）避免不同电阻值的金属直接接触。在无可避免的情况下，用绝缘材料（如刷沥青漆、绝缘胶条等材料）有效地分隔不同电阻值金属，与砖石、混凝土接触的钢材隐蔽表面须用沥青漆做底漆。

6. 地面工程

（1）水泥砂浆地面：水泥砂浆面层的厚度应不小于 20 mm。水泥采用硅酸盐水泥、普通硅酸盐水泥，其强度等级不应小于 32.5，不同品种、不同强度等级的水泥严禁混用，砂应为中粗砂。当采用石屑时，其粒径应为 1 ~ 1.5 mm，且含泥量不应大于 3%。

（2）地砖：

① 地砖应外观颜色一致，表面平整，边角整齐，无裂痕、缺棱掉角等缺陷。地砖铺贴前应选砖，对砖的规格尺寸、外观质量进行严格挑选。地砖或石材粘贴时必须牢固，空鼓控制在总数的 5%，每片空鼓面积控制在 10%。

② 有水房间在铺贴地砖前满做聚氨酯防水，并按规范完成闭水试验。地砖铺贴及后期安装工程不得破坏防水层。

③ 遇沟管、门框、阳角等部位，应整砖套切。周边吻合，边缘整齐，不得用非整砖借着铺砌。当边部出现非整砖时，应控制面板最小边≥1/2 边长，当不满足时，将边部非整砖与整砖尺寸相加均分，拼缝铺设。

④ 卫生间墙地面瓷砖应对缝，面层表面的坡度应符合设计要求，不倒泛水、无积水，与地漏、管道结合处应严密牢固，无渗漏。

⑤ 楼梯踏步和台阶板块的缝隙宽度应一致，齿角整齐；楼层梯段相邻踏步高度差≤10 mm，防滑条顺直。

7. 墙面工程

（1）涂料（乳胶漆、无机涂料、墙裙油漆）：涂料等级和品种、颜色应符合设计要求及有关标准的规定：涂料基层（混凝土和抹灰表面）含水率不得大于 10%；涂料使用腻子应坚实牢固，不得粉化、起皮和裂纹；多水房间应使用耐水性腻子；涂刷时应注意成品保护，不得污染地面、踢脚线、窗台、门窗及玻璃等已完成的分部分项工程；涂料应避免出现透底、流坠、皱皮等现象，颜色及表面广度应均匀一致，无明显刷纹。

（2）墙砖：墙砖铺贴表面应平整、洁净、色泽协调，无变色、泛碱，无痕及显著光泽受损处；墙面瓷砖粘贴必须牢固，空鼓率应控制在 3%以内；卫生间竖向接缝须与地砖接缝对齐；铺粘时遇到管线、灯具开关、卫生间设备的支承件等，须用整砖套割吻合，不得用非整砖拼凑粘贴；有水房间铺砖前应沿地面往上墙面做 0.3 m 高聚氨酯防水层，浴室做 1.8 m 高；墙面（墙裙）瓷砖遇门窗洞口应尽量与洞口边缘对缝，并铺贴至洞口内沿，于门窗边框自然留缝≤3 mm，打白色（或透明）硅酮密（中性）封胶，胶面应密实、平直。

8. 吊顶工程

（1）吊顶要求：应按照设计要求选用龙骨和配件及罩面板，材料品种、规格、质量应符合设计要求。吊顶工程的吊杆、龙骨和饰面材料的安装必须牢固。有吊顶房间高于吊顶 0.2 m 以上部位不做粉刷及贴面。

吊顶施工前，应与电气、暖通、消防等专业协调一致，并落实与吊顶相关的设备安装位置，及开孔尺寸。吊顶龙骨及罩面板安装时，应注意避开及保护顶棚内各种管线。

（2）吊顶构件：吊顶工程中的预埋件、钢筋吊杆和型钢吊杆应进行防锈处理。应根据吊顶高度选择或加工制作长度合适的吊杆，并保持吊杆竖直；跨度大于 15 m 以上的吊顶，应在主龙骨上，每隔 15 m 加一道大龙骨，并垂直主龙骨焊接牢固；吊顶灯具、风口及检修口等应设附加吊杆；大于 3 kg 的重型灯具、电扇及其他重型设备严禁安装在吊顶工程的龙骨上；吊杆下端离固定点高度应小于 1.5 m，否则应制作反支撑构件。

（3）纸面石膏板：板面应平整，不得出现波纹、沟槽、污痕和划伤等缺陷；接口处应加装横撑龙骨，不得“悬空”；纸面石膏板安装完成后，外露攻螺钉端头须点防锈漆。

（4）铝合金条板：面材的底面标高、尺寸、颜色、间缝和造型应符合设计要求。条板、垂片与墙面或分格铝板间垂直向间缝宜为 20 mm；平行向间缝不应大于吊顶板排列缝宽，宜为 1 ~ 1/2 排列缝。圆管与分隔铝板（垂直向）应紧密连接，严禁暴露连接件。

（5）铝合金板：板面应平整，无翘曲，镀膜完好；扣板或板接缝、接口应严密，板缝顺直，无错台错位，阴阳角收边方正；公共区靠墙边缘铝板吊顶应与墙面石材板格对缝整齐；模数一致情况下，卫生间吊顶扣板接缝应与墙面砖缝对齐。

9. 安装工程

安装工程主要包含通风与空调工程的安装、给排水及消防工程的安装。安装主要工艺流程是：先大后小，先施工空调风管，后施工水电，根据施工内容可分为预埋、预留阶段，安装阶段和调试阶段等。预埋、预留与主体结构施工同步进行。在施工过程中应认真做好隐蔽验收工作，安装和调试在主体结束后进行。

通风与空调工程主要包含多联空调系统、新风系统及冷凝水系统、机房空调、中央空调末端风系统、通风及防排烟系统、空调水系统、新风系统及其冷凝水系统等。

给排水及消防工程主要包含消火栓系统、自喷系统、消防水炮系统、屋顶消防水箱及增压稳压装置、无管网气体灭火系统、灭火器及防火封堵、虹吸雨水、室内给排水及气体灭火系统等。

10. 电力及电力牵引工程

站房及相关配套工程中的电力及电力牵引工程主要包含：火灾报警系统（FAS）、机电设备管理系统（BAS）、低压电缆、动力配线、防雷接地、变电所接地、电气火灾监控系统、照明、静态标识等。

（1）火灾报警系统（FAS）：站房采用集中报警系统，设置一台集中火灾报警控制器和五台区域显示器，消防控制设备放在消防控制室，在消防控制室设置集中火灾报警控制器，负责建筑的报警显示和控制。消防控制室内设置的消防设备应有火灾报警控制器、消防联动控制器、消防控制室图像显示装置、消防专用电话总机、消防应急广播控制装置等，并应为远程监控系统预留接口，同时应具有向远程监控系统传输相关信息的功能。报警主机采用总线方式，报警、控制信息通过总线传输，火灾报警回路形成环形。

（2）机电设备监控系统（BAS）：站房设机电设备监控系统，实现对站房环境、暖通空调系统、通风系统、自动扶梯及电梯系统、排水系统等设备运行工况的监视、控制、测量、记录，并可实现与安全防范、信息系统的联网。系统共有模拟量输入 0 点，开关量输入 36 点，模拟量输出 0 点，开关量输出 0 点。系统实现空空中心和就地控制管理相结合。

（3）动力配线：根据相关站房工程施工进展情况，适时安排配电线路施工，避免交叉施工，避免相互影响造成返工现象。在站房具备施工条件时，进行站房电力线路以及电源设备定位，满足与周围设施的距离要求，满足电力设施的质量要求，满足供电需要的供电要求。站房综合电力工程含站场照明及配线工程，包括灯柱、灯塔等照明设施，室内动力配线工程。

（4）防雷接地：防雷接地体（线）焊接处焊缝应饱满并有足够的机械强度，建筑物等电位联结干线应从与接地装置由不少于 2 处直接连接的接地干线或总等电位箱引出，等电位联结干线或局部等电位箱间的连接线形成环形网络，环形网络应就近与等电位联结干线或局部等电位箱连接。支线间不应串联连接。等电位联结的可接近裸露导体或其他金属部件、构件与支线连接应可靠，熔焊、钎焊或机械紧固应导通正常。

（5）电气工程：

① 预埋配合土建主体施工进行：电管施工完后，管口加塑料管封，盒子内填充轻质料，以免砼浆流入管内，避免返工。预埋时加高灯头盒，减少电管 S 弯，以便于穿线，砼浇筑后及时清理管子保证穿线质量。

② 安装：管内穿线前对电管认真清理检查，穿线后及时对导线作绝缘测试，并对不符合绝缘要求的导线立即予以更换。接线完后用相位检查插座接线的正确性，保证通电试验一次成功。

变压器高低压配电柜及配电装置采用带包装一起就位，在安装位置前拆除、安装；安装完毕及时采取临时保护措施确保电气设备不污损。母线安装采用扭力扳手紧固，以保证施工质量。

③ 调试：进行线路、设备绝缘测试，然后进行单机、单项调试，再进行联动调试，并做好详细记录，确保一次调试成功。弱电调试应进行联动调试。

（6）照明工程：照明工程根据土建施工进展情况进行施工，配合做好沟槽管道预留预埋工作，按照设计要求安装灯具，布放电缆电线，灯具接线注意按照三相电均匀分配。

每个站房设置变电所，与电力远动间合建。变电所设一台动力照明综合变压器，10 kV 电源引自地方电源。电力远动间设两台通信信号专用变压器，信号主用电源引自一级负荷贯通线；信号备用电源引自综合负荷贯通线，同时作为车站一级负荷及消防负荷的备用电源。

第二节　区域性枢纽站房施工

一、重庆西站

重庆西站设置 1 个广场，站房按高架候车室布置，最高聚集人数 15 000 人，建筑面积 120 000 m^2。靠山侧预留渝长场 4 个站台及相应到发线的场地条件。基本站台采用 550 m × 20 m × 1.25 m，中间站台采用 550 m × 11.5 m × 1.25 m。近期先实施站房侧二个车场站前及站后工程。预留渝长场站台范围内土石方程与相邻车场一并实施。

站房候车区域分为线侧候车厅和高架候车厅，候车厅的设计除了满足交通建筑的基本要求外，力求环境美观，两个候车厅均采用天然采光节约能耗。

站台雨棚采用无站台柱雨棚形式，美观大方，视野开阔。主体结构采用钢结构（高架部分）及钢筋混凝土框架结构，辅之以轻钢结构屋盖并与站台钢结构雨棚协调统一。

二、总体施工工艺及方法

区域性枢纽站房工程与一般站房工程类似，一般分为地基处理、基础工程、主体工程、屋面工程、楼地面工程、门窗工程、装饰工程、安装工程等，并以此为主导工序来组织施工。以主体结构施工为先导，实施平面分段、主体分层、同步流水的施工方法。当主体验收后，室内外装饰装修全面展开，迅速做出样板间，之后装饰装修工程从上向下循序渐进，实施专业施工。

总体施工顺序为：施工准备→基础及围护桩施工→土方及锚喷支护结构施工→地道及通道结构施工→站房、站台基础及结构施工→装饰装修及安装工程、附属结构施工→调试、试运行→交工验收。

具体施工方法详见一般站房施工。

第三节 采暖与通风施工

采暖与通风系统施工包括空调水系统施工、空调风系统施工以及集中采暖系统施工。其中，本工程沿线房屋不设置集中采暖，对设有空调系统的建筑，有条件的可采用热泵采暖，充分利用暖通空调系统。

一、工程概况

（1）本工程候车厅及其相连旅客服务采用全空气一次回风集中空调系统，采用屋顶式风冷空调（热泵）一体机组（KT-A、KT-B），其中 KT-A 系统负担其左侧候车厅的空调负荷，KT-B 负担其右侧候车厅空调负荷，气流组织采用球形喷口侧送、顶部集中回风形式。候车厅外门设置空气幕。空调箱的风机、回风阀（电动风阀）及新风阀（电动调节阀）应进行电气联锁，启动顺序为回风阀→新风阀→风机，停车时顺序相反。

（2）办公及管理用房（含售票厅）采用多联空调，共设 3 套多联空调系统，DLW-A1 系统负担左端一层消防控制室、综合监控室、控制台室、客运值班室、检票补票等房间，DLW-B1 系统负担右端一层安检员室、信号值班室、车站办公、信号材料室、公安休息室、售票室等办公管理用房，DLW-B2 系统负担右端一层售票厅。办公管理用房设置全热交换器新风系统。

（3）通信、信号及信息专业设备机房设置机房空调系统满足设备运行温、湿度要求，多联空调系统及机房空调自带温控器及自控系统。多联室内机、室外机自带电能计量模块，能统计每台设备用电量及每个系统总用电量，并可从集控器上读取、显示，要求带 R485 通信接口，开放 Modbus 协议。

（4）空调风管采用镀锌钢板风管，保温材料采用离心玻璃棉，室外部分风管外包铝皮保护。

二、空调水系统施工工艺及方法

1. 管道制作与安装

对即将安装管道仔细检查，察看有无局部的“凸起”或“凹陷”，否则在空调水系统循环运行时，会在管路上形成相应的气囊，影响循环效果。对已变形的管道则应在安装前予以矫正或更换。

2. 关键阀门部件安装

（1）管道系统电动阀门在安装前需先进行模拟动作试验，可预先进行驱动器通电，检查其机械传动部位是否灵活，有无松动、卡滞现象，防止安装后出现问题影响循环效果。

（2）为满足管路内介质正常流动，立式升降式止回阀安装在垂直管路上，立管介质从下向上进入。旋启式止回阀安装时，要使摇板的旋转轴处于水平位置，以保证循环管路处于最佳的工作状态。

3. 保温技术施工

为保证空调系统冷冻水、冷却水在设计温度下正常循环，节约能源，必须重视管道系统保温工作，尤其是一些细部环节、重点部位的保温处理，更是重中之重。

首先，严格把关材料进场检验工作，同时要对绝热材料的热导率、密度、耐热性、含水率、机械强度等物理、化学性能进行复试，核对材料的各项性能指标是否满足设计要求。保温管道与支吊架之间必须加设绝热衬垫，防止管道局部形成“冷桥”，造成能源浪费及冷凝水的产生，衬垫应选用热沥青浸泡过的硬木双合管夹，其厚度应大于管道保温层厚度，宽度应大于支吊架支承面的宽度。

三、通风工程施工工艺及方法

本工程的卫生间、消防泵房设置机械通风系统进行通风换气；信息机房、防灾机房设置气体灭火后通风排气措施；PF-B1 风机为温控风机，当变电所温度超过 38 °C 时开启风机，低于 33 °C 时关闭风机。

通风与空调工程的安装顺序为风管制作→风管及部件安装→空调水系统安装→设备安装→VRV 及分体空调的安装。

（1）通风管制作安装：在现场设预制车间，根据现场情况和管径大小，在现场组合成长度不同的管段吊装，先安主管后安支管，支架采用膨胀螺栓固定，保温工作在土建吊顶施工前完成，然后配合吊顶安装风口。

（2）空调系统安装：

管道安装：采用分段分层立体交叉施工，以缩短工期，集中下料，统一加工，以确保施工质量，空调管道支吊架按现场实际情况合理布置。每段每层施工完毕后即进行试压。整个系统施工完后再进行试压，反复试压，试验压力按工作压力的 1.5 倍进行，且比规范增加试压时间。完成后立即保温，管道法兰接头部件和阀门等操作难点，应采取措施确保保温的完整和密封。

风机盘管安装：每台风机盘管在安装前认真进行试压后方可安装，风机盘管操作阀组要安装在冷凝水盘范围内，冷凝水外滴处，风机盘管进出水处要软接头，进水处要加过滤器。

系统调试：空调系统全部安装完成后，再进行试压；试压后进行静压冲洗，然后再进行循环冲洗。冲洗前在设备进出口设置过滤网，水系统循环一段时间后由低点排放，再加水循环，反复几次并抽样检查水的清洁度，直至合格为止。在机组和系统运转正常后进行测定和调整，并将空调仪表和自动调节系统同时调试，直至符合设计要求为止。通风、空调工程的制作、安装、调试及施工质量必须符合《通风与空调工程施工验收规范》的要求。

第四节　给排水工程施工

一、工程概况

给排水工程包括给水、排水、消防水、雨水处理等系统，主要内容有站房室内给水及排水系统、热水及饮水供应系统、空调循环冷却水系统、雨水排水系统、站房室内外给排水管网（包括进站通道内的给排水系统）、室内外消防给水系统及消防炮系统等。

站房雨水系统采用虹吸和重力流排水方式，站台雨棚雨水采用重力流排水方式。排水采用雨、污分流排水系统，含油废水经隔油池处理后排放。雨水、污水经管道汇流后进入城市排水系统。

室内消防给水系统均采用临时高压消防系统，由各消防泵房及消防水池满足室内消防用水要求、高位消防水箱（及各系统设置的增压稳压装置）满足火灾初期消防用水，火灾时自动启动消防主泵供水。站房及采用区域消防供水的建筑设置有消防水泵接合器。

二、给排水工程施工工艺及方法

（一）预留预埋施工

（1）认真核对施工图，确定预留孔洞、预埋件的坐标、标高和尺寸。尤其应注意穿梁、穿地下室外墙及生活水池等防水要求高的部位的预埋件。在确认没有问题的前提下，配合土建进度进行预留、预埋。

（2）套管设置应符合以下要求：给水、排水、雨水穿楼板及穿墙要设置套管，所有穿外墙的管道应设置钢制防水套管，穿墙套管与墙饰面齐平。卫生间及防水要求较高的地方要求高出完成后地面 50 mm，其下端面与楼板底部齐平。

（3）根据设计要求，所有预留预埋的套管内径均要大于管子外径一级。管道安装好以后，管道空隙用油麻填实，并用沥青灌平。外墙穿墙套管周围应增加防水附加层。

（二）给水管道安装

1. 管道支、吊架制作安装

管道支架选用型钢（角钢、槽钢）现场加工制作。支吊架制作集中在加工场进行，以方便控制支架的制作质量。加工时要求用氧气、乙炔或砂轮切割机切料。支架的膨胀螺栓孔和抱箍穿孔要用钻床钻孔，不能用氧割开孔，支吊架连接采用焊接方法。对同一直线上要求支吊架采用同一规格，对同层管道支吊架安装时，除要求坡度外，支吊架底线保持在同一平面。

2. 管道丝接

（1）消防用钢塑管、镀锌钢管直径小于或等于 50 mm 时，采用丝接。

（2）管道连接工序为：断管→套丝→管件配装→管段调直。

断管：管道丝扣连接安装施工时，管材量取长度决定后，用钢锯或无齿锯切割。切割后应两端保持平整，用半圆锉除去毛刺。

套丝：将断好的管材，按管径尺寸分次套制丝扣，一般管径 15 ~ 32 mm 者套二次，40 ~ 50 mm 者套三次。

配装管件：将已套好丝扣的管材，配装管件。配装管件时应将所需管件带入管丝扣，试试松紧度，在丝扣处缠生料带或麻后带入管件，然后用管钳将管件拧紧，接口紧固后，宜露出 2 ~ 3 扣丝。调直好后现场装配。

（3）管道卡箍式、卡压式连接：在保证规范要求的前提下，根据现场情况，与各个专业协调管线安装位置、标高、轴线。候车大厅建筑面积较大，因此布置的管线、灯具、风口都非常多，且错综复杂。为解决以上难题，应保证尽量减少管线、灯具等的重复安装，避开各个专业交叉，达到节约成本目的。

由专业技术主管确定，专业之间进行一次设计、现场综合管线布线图。其总体原则确定如下：小管道让大管道，自动喷淋管道走最上层（贴楼顶板、结构梁布置），主管道布置在大厅中间顶部南北穿越，支管两边分布；桥架布置在喷淋管下层，其布置位置错开喷淋管道；风管布置在最底层。

（4）塑料管道热熔连接：为保证施工质量，塑料管道采用热熔连接。熔接弯头或三通时，按设计图纸要求，应注意其方向，在管件和管材的直线方向上，用辅助标志标出其位置。连接时，应把管段旋转导入加热套内，插入到所标志的深度，同时，无旋转地把管件推到加热头上，达到规定标志处。

达到加热时间后，立即把管材与管件从加热套的加热头上同时取下，迅速、无旋转地、直线均匀地插入到所标深度，使接头处形成均匀凹凸缘，在规定的加工时间内，刚熔接好的接头还可校正，但严禁旋转。

（三）排水管道安装

（1）断管与试插：断管时，断口要平整，并垂直于管轴线；用铁刀或刮刀除掉断口的飞刺和毛边，并倒角。黏结前应对承插口进行试插，自然试插深度以承口深度的1/2至2/3为宜，并作出标记。

（2）管道黏结：涂抹胶黏剂应使用鬃刷或尼龙刷。在涂抹胶黏剂之前应先用干布将承、插口处黏结表面擦净，涂抹胶黏剂时，必须先涂承口，后涂插口。若操作过程中，胶黏剂出现干涸，应在清除干涸的胶黏剂后，重新涂抹。黏结时，应将插口轻轻插入承口中，对准轴线，迅速完成。插入深度至少应超过标记。插接过程中，可稍做旋转，但不得超过1/4圈。

黏结完毕，应即刻将接头处多余的胶黏剂擦干净；初黏结好的接头，应避免受力，须静置固化一定时间，牢固后方可继续安装；在0 °C以下黏结操作时，不得采用明火或电炉等加热装置加热胶黏剂。

（3）UPVC管道的支、吊架：UPVC管道的支、吊架的间距以及结构形式应符合设计规定，且在管道与支、吊架接触处，设置3 mm厚的软质垫块。

（四）消防水系统安装

1. 消火栓的安装

（1）消火栓的栓口应朝外，并不应安装在门轴一侧，阀门中心距箱侧面为140 mm，距箱后内表面为100 mm，允许偏差为±5 mm，其箱体安装的垂直度允许偏差为±3 mm。安装消火栓其阀门距地面、箱壁的尺寸符合施工规范的规定，水龙带与消火栓和快速接头的绑扎紧密，并卷折挂在托盘或支架上。

（2）消火栓箱按设计要求标高固定在墙面上或墙洞内，要求箱底横平竖直固定牢固，对暗装消火栓箱，需将消火栓箱门预留在装饰墙面的外部。单出口消火栓箱的水平支管，应从箱的端部经箱底由下而上引入，栓口朝外。消火栓箱在土建专业堵洞前应进行固定，采取四角固定方法，以免箱体产生变形。

（3）消防水泵接合器的组装应按接口、本体、连接管、止回阀、安全阀、放空管、控制阀的顺序进行。止回阀的安装方向应使消防用水能从消防水泵接合器进入系统。地上消防水泵接合器应设置与消火栓区别的固定标志。

2. 喷洒头支管及喷洒头的安装

（1）喷洒头支管安装指吊顶型喷洒头的末端一段支管，这段管不能与分支干管同时完成，要与吊顶装修同步进行。支管管径为25 mm，末端用25 mm × 15 mm的异径管箍口，管箍口采用临时丝堵封堵，管箍口与吊顶装修层平。支管末端的弯头处100 mm以内应加管卡固定。支管安装完毕，应进行系统试压。

（2）喷淋头安装：吊顶内净空大于800 mm且有可燃物者应设上下喷头，上下喷头的型号和规格根据设计选择。各层平面图中所绘喷头定位，为下喷头位置，上喷头根据吊顶情况避开各类设备管道安装。

第八章　通信工程施工

一、施工范围

渝黔铁路通信工程主要包括通信线路、传输系统、接入网、数据通信系统、数字调度通信系统、GSM-R数字移动通信系统、会议电视系统、综合视频监控系统、应急通信系统、综合布线、通信设备房屋环境监控及电源监控系统、电源设备等15个系统。

根据工程线路长、通信系统设备多，设备采购周期长、工程建设周期短等特点，首先进行光、电缆线路和专用移动通信无线线路施工，同时进行沟槽管线预埋配合，然后再进行设备安装，最后进行标段内通信设备的系统调试。

工序安排：铁塔施工→光电缆的敷设→设备安装→电源、传输系统施工开通→专用移动通信系统施工开通→数据网施工开通→其他各通信系统安装调试→全线综合系统调试。

二、铁塔施工

（1）铁塔安装前要进行试装，并将全部构件清点编号。在具备汽车吊装的条件下，铁塔安装在铁塔供应商的指导下，在现场按节组装。组装时，组装一节，吊装一节，直至铁塔安装完成。

（2）在没有汽车吊装的条件下，铁塔安装要在供应商的指导下进行，直接在铁塔基础上组装第一节铁塔后，在铁塔周围固定好起吊滑轮组，从第二节开始，采用滑轮组起吊角钢件安装，吊杆和滑轮组随铁塔每升高一节，再重新固定一次，直至铁塔安装完成。

（3）组装过程中，每组装一段，用经纬仪在两个相互垂直的方位上检验铁塔的垂直度。组装结束后全部螺栓检查一次，不能损坏防腐层。铁塔脚底板与基础面接触良好，如有空隙加垫铁片，并灌以水泥砂浆，并按设计要求浇制基础螺栓保护帽，不能有裂缝和积水。

三、光电缆线路施工

本线路光电缆施工顺序如下：光电缆复测→光缆敷设→光缆接续→光中继段测试。

1. 光电缆复测

（1）光电缆开盘检验：根据光缆出厂记录并对照光缆实物，检查光缆程式、光纤、金属缆芯、绝缘介质、加强芯、屏蔽层、色谱标识及其他机械物理特性是否满足要求。

（2）光电缆单盘测试：光缆测试：用光时域反射仪（OTDR）测试单盘光缆的长度及固有衰减等指标应符合设计要求。根据测试值，做好光缆单盘测试记录。

电缆测试：用万用表对线确定线对正确，用兆欧表和电桥测试电缆的绝缘性能、环线电阻。

（3）配盘：

① 同一个光中继段内宜使用相同生产厂商、相同型号和批次的光缆。光缆配盘宜按出厂盘号顺序排列。非出厂盘号顺序排列时，相邻两盘光缆的光纤模场直径之差应小于1μm。

② 根据光电缆盘长和路由情况配盘，尽量减少光电缆接头数量。

③ 在缆盘上标明敷设区间、敷设方向（上行侧或下行侧）。在单盘测试记录上写明敷设区间、敷设方向（上行侧或下行侧）。

2. 光缆敷设

（1）敷设要求：

① 光电缆运抵施工现场后，核实光电缆盘号、端别正确无误，外观状态良好，按 A、B 端顺向布放。

② 用敷缆专用千斤顶将缆盘平稳升起离地 10 ~ 20 cm。转动缆盘，将光电缆头缓缓拉出。

③ 敷设人员以 10 ~ 15 m 的距离间隔依次抬放，不得在硬质地面上拖拉。

④ 转弯处应投入足够的人数控制好弯曲半径。穿越铁路、公路、桥梁等地段应进行安全防护。

⑤ 在槽道内敷设光缆时，应先清除槽道内石块及其他杂物，光电缆在槽道内摆放整齐。槽内同时敷设多条光电缆时，应避免交叉。敷设完毕应及时恢复槽道盖板。

（2）光缆余留要求：

余留长度：光缆接头处余留 2 ~ 3 m；光缆引入区间站设备房屋时，引入口外两方向各余留 3 m；光缆引入通信站时，在房屋前人孔内或电缆引入室内两方向各余留 5 m；光缆在 200 m 及以上大桥两端分别余留 5 m；光缆在槽道内敷设时，盘长超过 2 000 m 应间隔 500 ~ 1 000 m 余留 3 ~ 5 m；光缆通过 200 m 以下桥梁时，在一端预留 3 ~ 5 m。

余留方式：在手孔内接续时，光缆应根据手孔大小，做圈形余留或“Ω”余留；在槽道内接续时，光缆宜作“∽”余留；管道人井内接续光缆时，在接头盒的两侧作直径大于 50 cm 的圈形余留，并固定于人井壁。

（3）光电缆线路防护：

① 机械防护：防护钢管采用热镀锌钢管，光缆穿入、穿出钢管时，应避免钢管壁和光缆形成直角，当两段钢管相接时在接缝处光缆应套硬塑料管进行防护，钢管两端要封堵管孔。位于大桥段的独立区间节点光缆引下采用钢槽防护，信号中继站节点两侧光缆引下采用不同的钢槽防护，钢槽在地面以下部分的埋深不小于 500 mm，地面以上钢槽外部砖砌围桩防护，高度不小于 2 000 mm。

② 电气防护：光缆引入室内，设置光缆绝缘盒，使室内外光缆的金属部分（加强芯及铠装）电气绝缘，室外光缆的金属护套及金属加强件使用截面积不小于 16 mm^2 的多股铜线引到室外接地汇集线上。

（4）光电缆引入：光缆引入室内应终端在光缆配线架或光终端盒上，并安装牢固。不同型号、规格的光缆上、下行标识应清晰、准确，引入口需进行封堵，做好成端引接至电缆分线盒或电缆接线排。

（5）光电缆线路标识：

① 线路转弯处，穿越河流、铁路、公路的两侧，穿越障碍物及直线段按 50 m 一处设置标识。

② 线路标识应埋设在光缆径路的正上方，接续标识应埋设在接续点的正上方，面向公路或铁路。

③ 警示牌的埋设与标识交错埋设，直线距离为 500 m 一块，可能取土的地方必须埋设。

3. 光电缆接续

（1）采用接头盒方式进行光缆接续的工艺要求：

① 理直两侧光缆，并用棉纱清洁外护套两侧各 3 m。剪去两侧端头约 100 mm。检查光缆外部是否完好，损坏应切除。然后根据作业指导书确定的工艺方法进行工作场所布置、护层开剥、光纤清洁、连接支架、加强芯预装、余留盘/板安装。

② 接续过程包括端面制备、对准、熔接、增强。端面制备时其端面倾斜度小于 0.5°；熔接合格后的光纤接续部位应立即进行热缩加强管保护，加强管收缩应均匀、无气泡。

③ 光纤盘留时盒内光纤的弯曲半径不小于 40 mm，接续后的光纤收容余长单端引入引出不小于 0.8 m，两端引入引出不小于 1.2 m。

④ 芯线应按光纤色谱排列顺序对应接续；光纤盘留板覆盖后，应对所有光纤接续点进行复测。

⑤ 光缆的金属外护套和加强芯应紧固在接头盒内；同一侧的金属外护套与金属加强芯应电气连通，两侧的金属外护套、金属加强芯应电气绝缘断开，处于悬浮状态。接头盒安装应严格按操作工艺

进行，安装完毕后对盒体进行密封性检查。

（2）光缆接续时，采用“终端光纤环接，测试点随接续点移动的双向监测法”，用 OTDR 实时监测每一次接续的接续质量，监测 1 310 mm 和 1 550 mm 两个窗口 A→B、B→A 方向的接续损耗。

（3）光缆做接头后余留 2 ~ 3 m，光缆接头盒内光纤余留 1.2 ~ 1.6 m。接头装置应以一个中继段为单位自上行往下行方向顺序编号。光缆引入室内或引入井时，室内、室外金属护套及金属加强芯应断开，并彼此绝缘。

（4）在 ODF 架进行光纤终端接续时，光纤应绑扎松紧适度，排放整齐。引出机架的尾纤应加以防护，并在尾纤上标明方向和纤号。同时在机架端子分配表中标明尾纤方向和纤号。

四、设备安装施工

1. 设备机架安装

（1）底座及机架安装：机架底座由设备厂家配套提供，采用膨胀螺栓直接固定在房屋地面上，并与房屋防静电地板上表面等高，采用螺栓连接加固。机架安装垂直偏差不大于机架高度的 1‰；相邻机架间隙不大于 3 mm，正立面平齐。

（2）子架或机盘安装：子架插入机柜（架）或机盘插入子架时用力适度、顺滑导入，整齐一致，接触良好。子框、板件的安装应在佩戴防静电手环的条件下进行。

（3）壁挂式设备安装：壁挂式设备主要包括动力环境监控的水浸、门禁、温度、湿度、红外、空调控制、电池检测等采集器及视频监控的室内监控摄像机。这类设备的安装应在机房主要设备基本安装完毕后，根据设计意图及业主要求，合理选择安装位置。

（4）蓄电池架安装：蓄电池架排列位置应符合设计要求，偏差不大于 10 mm，水平偏差不大于 3 mm/m；铁架与地面加固处的膨胀螺栓要事先进行防腐处理。

（5）蓄电池安装：蓄电池安装时，将蓄电池滤气帽或安全阀、气塞等拧紧，防止松动。蓄电池各列排放整齐，前后位置、间距适当。每列外侧应在一条直线上，其偏差不大于 3 mm。电池单体应保持垂直和水平，底部四角均匀着力，如不平整，应用毛毡垫实，电池间隔偏差不大于 5 mm。

电池体安装在铁架上时，应垫缓冲胶垫，使之牢固可靠。安装阀控式密封铅酸蓄电池时，应用电压表检查电池端电压和极性，保证极性正确连接。

（6）会议室设备安装：话筒和扬声器的布置尽量使话筒置于各扬声器的辐射角之外。摄像机的布置应使被摄对象都收入视角范围之内，并能从不同角度摄取画面，方便获得会场全景或局部特写镜头。监视器或大屏幕显示设备的布置尽量使与会者处在较好的视距和视角范围之内。

2. 走线槽安装

线槽布置及固定按照设计要求实施，塑料线槽一般采用塑料胀管与墙固定。线槽的布置整体平直，线槽连接固定牢固。槽与槽之间、槽与盖之间、盖与盖之间的连接处对合严密，盖板开启方便，并可靠接地。

3. 设备配线

（1）设备配线要求：原则上按照先地线、电源线，再信号线，最后光纤的布放顺序施工。通信电缆与电源线的平行距离不小于 50 mm，布线应尽量短而整齐。当线缆接入设备或 ODF、DDF、VDF、数据配线架时，留有一定的余量，余留长度统一。

编扎电缆芯线时保持电缆芯线的扭绞，布线不应过紧，转弯圆滑；分线应按色谱顺序；余留芯线的长度符合更换编线最长芯线的要求。

光纤尾纤单独布放；软光纤在走线架或线槽内加套管或线槽保护，不应挤压、扭曲；编扎光纤的扎带松紧适度。各机房内设置两个接地排，并与预留的接地端子可靠连接。电源设备单独使用一个接地排，其他通信设备使用另一个接地排。

（2）GSM-R 系统天线：天线的安装高度和方位应符合设计要求，方向性天线应用罗盘定向以确保指向正确，应确保天线在避雷针保护区域 LPZ0B 范围内。

定向天线附件、天线固定夹、调节装置的安装可在塔上进行；也可将天线与塔上跳线在地面组装并将接头密封好，然后再吊到塔上。天线吊装应用绳子与滑轮组将定向天线及所有附件吊至塔上平台。

（3）天线方位调整：按设计方位角用罗盘预调整天线，误差不宜大于 5°；将天线下部固定夹拧死。使用罗盘时尽量远离铁塔等钢铁物体，并注意当地有无地磁异常现象影响罗盘的准确使用。按设计俯仰角用角度仪预调整天线，误差不宜大于 0.5°。在天线安装与调节过程中，应保护好已安装的跳线，避免损伤。

（4）馈线敷设：馈线敷设前进行单盘测试，测试后应对馈线头做密封处理。敷设时在铁塔平台上及引入口作适当余留，敷设完毕应做好标识。同一段馈线应是整条线缆，禁止中间接头。

馈线沿爬架一侧引下，用馈线卡箍 1 m 一次固定在铁塔上；地面以上 2 500 mm、地面以下 500 mm 用ϕ120 钢管防护，直埋部分采用ϕ100PE 管全程防护，埋设深度不小于 800 mm，PE 管套入钢管长度不小于 500 mm。馈线采取单根防护，敷设路径应短捷，敷设应平顺。

（5）天线、馈线连接：天线、馈线连接主要有天线与跳线连接、跳线与室外功分器连接、馈线与室内避雷器连接、室内避雷器与跳线连接。所有连接均使用专用连接器，连接应牢固可靠，并保证电性能指标。

（6）防雷接地：50 m 以下铁塔，馈线在入室之前应做 3 次接地，在顶端下平台 1 m 内做第一次接地、地面防护钢管上口 1 m 内做第二次接地、入室引入口前（或馈线窗处）做第三次接地；高于 50 m 铁塔，在第一、二次接地之间还应增加接地，一般为每 20 m 接地一次。塔上接地直接与铁塔连接，引入口处、避雷器接地连接到专设的室外接地排。

天馈系统安装结束后应检测电压驻波比，检测结果应≤1.5。

五、综合视频监控前端采集设备安装施工

本线路综合视频监控系统施工顺序为：光电缆敷设接续引入→视频设备安装→接入设备的数据配置调试→系统设备功能试验。

1. 室内采集设备安装

（1）通信、信号、防灾、电牵及电力等设备房屋内设置摄像机，监视目标为机房门及走道，并最大范围监视机房。

（2）室内摄像机的信号线与电源线规格型号符合施工图设计要求，分别敷设在 2 根不同的 PVC 槽内。

2. 室外采集设备安装

（1）车站咽喉区：车站咽喉区摄像机安装位置及高度等符合设计要求。咽喉区采集点用于监视进入咽喉区人员概貌、覆盖范围内人员活动及咽喉区线路状况。

（2）隧道口：隧道口摄像机安装位置及高度符合设计要求，室外设备箱有条件时背向铁路安装，若面向铁路安装，必须满足铁路限界的要求，距离地面 1.5 m。从设备箱到通信机房敷设光缆和电力电缆，敷设径路、防护方式按光缆线路要求实施。隧道口采集点用于监视隧道口的线路状况。

3. 电源、防雷及接地

室内外摄像机的电源线、信号线均需设置相应的浪涌保护器，防止感应雷对室内外设备的破坏和过电压保护。室外浪涌保护器安装在室外设备箱内，引线长度尽量短且直，不得出现 90°弯角。摄像

机电源防雷器连接引线长度大于 0.5 m 时，采用凯文接线方式，相线和零线用不小于 6 mm^2 多股阻燃铜线，PE 线采用不小于 10 mm^2 多股阻燃铜线。

室外视频杆顶端设置直击雷保护装置，单独做接地体，接地电阻符合设计要求，并与贯通地/既有地网相连，以实现与综合接地连接，接地电阻应小于 1 Ω。

六、综合布线施工

1. 槽道、配线管安装

（1）配线管的敷设：

① 配线管的要求：配线管表面不应有穿孔、裂缝和明显的凹凸不平，内壁应光滑，不允许有锈蚀。在易受机械损伤的地方和在受力较大处直埋时，应采用足够强度的管材。

② 配线管的切割套丝：在配管时，根据实际需要长度，对管子进行切割。管子的切割可使用钢锯、管子切割刀或电动切管机。管子和管子连接、管子和接线盒、配线箱的连接，都需要在管子端部进行套丝。套丝时，先将管子在管钳上固定压紧，套完后应立即清扫管口，将管口端面和内壁的毛刺锉光，使管口保持光滑。

③ 配线管的弯曲：在敷设时，应尽量减少弯头，每根管的弯头不应超过 3 个，直角弯头不应超过 2 个，并不应有 S 弯出现。管口应光滑，并加有绝缘套管，管口伸出部位应为 25 ~ 30 mm。

④ 配线管的连接：配线管连接应牢靠，密封应良好，两管口应对准。套接的短套管或带螺纹的管接头的长度，不应小于配线管外径的 2.2 倍。配线管进入信息插座的接线盒后，管口进入盒内的露出长度应小于 5 mm。明设管应用锁紧螺母或带丝扣管帽固定，露出锁紧螺母的丝扣为 2 ~ 4 扣。

（2）线槽的安装：

① 线槽安装要求：线槽安装的左右偏差视环境而定，最大不应超过 50 mm；线槽水平每米偏差不应超过 2 mm，垂直度偏差不应超过 3 mm，两线槽拼接处水平度偏差不应超过 2 mm。当直线段桥架超过 30 m 或跨越建筑物时，应有伸缩缝。

② 水平子系统线缆敷设支撑保护：水平敷设时，支撑间距一般为 1.5 ~ 3 m，垂直敷设时固定在建筑物构体上的间距宜小于 2 m；在活动地板下敷设线缆时，活动地板内净空不应小于 150 mm。在工作区的信息点位置和线缆敷设方式未定的情况下，或在工作区采用地毯下布放线缆时，宜设置交接箱。

③ 干线子系统线缆敷设支撑保护：线缆不得布放在电梯或管道竖井内，干线通道间应沟通，弱电间中线缆穿过每层楼板孔洞宜为方形或圆形，建筑群子系统线缆敷设支撑保护应符合设计要求。

2. 线缆布线

（1）建筑物水平线缆布线：

① 管道布线：管道布线是在浇筑混凝土时已把管道预埋在地板中，管道内为牵引电缆线的钢丝或铁丝。

② 吊顶内布线：按照施工图纸，确定布线路由，将合适长度的牵引线连接到一个带卷上。从离配线间最远的一端开始，将线缆的末端沿着桥架牵引经过吊顶走廊的末端，移动梯子将拉线投向吊顶的下一孔，直到绳子到达走廊的末端。将拉绳穿过用带子缠绕好的线缆对，绳子结成一个环，再用带子将线缆与绳子捆紧，回到拉绳的另一端，人工牵引拉绳，一直到达配线间连接处。

当线缆在吊顶内布完后，还要通过墙壁或墙柱的管道将线缆向下引至信息插座安装孔。将双绞线用胶带缠绕成紧密的一组，将其末端送入预埋在墙壁中的 PVC 圆管内并把它往下压，直到在插座孔处露出 25 ~ 30 mm 即可。

（2）建筑物垂直干线线缆布线：敷设垂直干线线缆有两种选择，向上牵引和向下垂放。通常向下垂放比向上牵引容易些。因此当准备好向下垂放敷设时，应按以下步骤进行工作：

① 在离建筑顶层设备间的槽孔 1 ~ 1.5 m 处安放线缆卷轴，使卷筒在转动时能控制线缆。将线缆卷轴安置于平台上，以便保持在所有时间内线缆与卷筒轴心都是垂直的，放置卷轴时要使线缆的末端在其顶部，然后从卷轴顶部牵引线缆。

② 转动线缆卷轴，并将线缆从其顶部牵出。牵引线缆时，要保持不超过最小弯曲半径和最大张力的规定。

③ 引导线缆进入敷设好的电缆桥架中。慢慢地从线缆卷轴上牵引线缆，直到下一层的施工人员可以接到线缆并引入下一层。在每一层楼均重复以上步骤，当线缆达到最底层时，要使线缆松弛地盘在地上。

（3）双绞线连接和信息插座的端接：

① 双绞线端接的一般要求：线缆在端接前，必需检察标签颜色和数字的含义，并按顺序端接，线缆端接处必须卡接牢靠，接触良好；双绞电缆与连接硬件连接时，应认准线号、线位色标，不得颠倒和错接。

② 信息模块端接：信息插座分为单孔和双孔。从信息插座底盒孔中将双绞电缆拉出约 20 ~ 30 cm，用环切器或斜口钳从双绞电缆剥除 10 cm 的外护套，取出信息模块，根据模块的色标分别把双绞线的 4 对线缆压到合适的插槽中。再使用打线工具把线缆压入插槽中，并切断伸出的余缆，并将制作好的信息模块扣入信息面板上，用螺钉固定在底盒上，最后标明所接终端类型和序号。

七、系统调试与验收

通信试验分为安装试验、部分试验、系统试验、集成试验及试运行。项目实施过程中，根据通信系统的实际工程进度，合理组织有关资质的试验单位和设备供货商调试人员进行工程的设备试验和子系统试验以及参与集成试验和试运行试验。

（一）关键系统试验方案

1. GSM-R 系统试验

（1）试验目的：所有无线组成设备能够在渝黔铁路周围环境中正常工作，使得该部分 GSM-R 网络能够提供基本业务和铁路特殊应用，并通过对无线网络的调整，达到设计和规范定义的指标。

（2）试验方法：

① 通过开关机、插拔板件、中继接口等操作，完成设备的健壮性测试。

② 通过设备使用过程中长期观测的方法，完成无线组成设备的稳定性测试。

③ 通过信令追踪，完成相关案例的静态测试，检验移动通信组网能够满足本线基本业务和铁路特殊应用。

④ 通过路测的方法，动态检验移动通信系统覆盖、网络服务质量满足相关规范的要求。

（3）试验方案：

数据写入：通过运营单位要点的方法，完成核心网中继电路的增加物理链路的联通及相关基站数据的写入，完成 HLR、SCP 对移动用户的写入。

系统试验：进行移动用户基本功能试验；通过实验车路测，采集沿线场强覆盖数据，进行场强覆盖优化和调整；监测 Um 接口，完成基站 A/B 环的切换、无线 BBS 子系统覆盖等。

2. 光同步传输系统设备调试

（1）调试步骤和流程：传输系统设备调试按单机调试和系统调试两步进行。单站调试的内容包括光电接口指标测试、电口通断测试、主备板倒换试验、告警性能监视等。系统调试的内容包括通道测试、误码测试、路由测试、业务配置与测试、倒换测试、网管功能验证等。

（2）调试重要内容及方法：

① 光口平均发射光功率测试：连接光功率计与被测光口（OUT），设置被测波长；传输出功率稳定，读出发光功率；比较测试结果和相应指标，直到测试合格。

② 本站光口实际接收光功率测试：连接光功率计与本站被测光口（IN），设置被测波长；待传输功率稳定，读出实际接收光功率；比较测试结果和相应指标，直到测试合格。

③ 电口通断测试：将误码仪挂在支路端口，在网管中将该端口设置为“外环回”，误码无告警；在网管中取消该端口“外环回”，误码仪告警；依次检验完成每个 2M 端口的收、发电缆“通”和“断”状态；如无故障状态，必须排除后重新测试。

④ 2M 通道误码率测试：在测试端站 DDF 架被测 2M 支路端口连接误码仪，并将该通道在所经站的 DDF 架上收、发连通；清楚网管性能、告警历史数据，对被测业务通道及光路设置性能、告警监视、保证规定被测时间；比较测试值与相应指标，直到测试合格。

⑤ 数据以太网业务测试：使用便携计算机或数据分析仪，对以太网的接口进行测试；在两个网元的被测以太网接口（FE、GE）上连接测试设备；设置两台测试仪的 IP 地址，测试仪通过命令向对端发送数据包；查看手法状态，分析以太网业务的吞吐量、时延、帧丢失率等业务指标是否合格，如不合格需检查处理故障后重新测试。

⑥ 其他业务测试：路由测试、业务通道可用性测试、自愈保护测试、传输业务配置及网管功能验证等其他项目可通过网管软件进行设置和测试。

（二）系统调试

在部分试验后，对通信各子系统间进行联合调试，以验证系统达到设计要求。测试过程中要做详细记录。

在开始进行试验之前规定的时间内，提供系统试验的详细试验计划和测试内容等，由业主确认。项目部在系统试验完成后编制试验报告，并提交业主确认。

（三）集成调试

集成试验旨在对通信系统与其他有关系统的接口进行检查，以保证所需联调的各系统通过其接口达到工程设计的要求。

在集成试验阶段，通信系统与其他系统之间的接口包括但不局限于：光纤接口、数据接口、与 SCADA 系统接口、与综合接地接口、与既有通信系统的接口等。

（四）静态验收

2017 年 7 月 11 日，由成都铁路局、渝黔铁路有限责任公司成立的渝黔铁路通信工程静态验收领导小组启动渝黔铁路通信工程静态验收工作。

通信工程静态验收范围包括通信线路、传输系统、接入网、数据通信系统、GSM-R 数字移动通信系统、数字调度通信系统等 15 个子系统。

静态验收小组采用内业验收与现场检查相结合的方法对通信工程进行检查验收。内业检查主要检查内业竣工资料及第三方检测评估资料的完整性、全面性及检测评估结果；外业检查主要检查外业实体、观感及主要功能质量按规范检查验收。

静态验收共发现问题 2 471 条，其中 A 类问题 278 条，B 类问题 2 193 条。问题整改完成后，验收组一致认为，渝黔铁路通信工程各子系统和接口满足设计要求和验收标准，工程总体质量合格，具备动态验收条件。

（五）动态验收

渝黔铁路动态验收范围包括：K0 + 000 ~ K368 + 374.585 渝黔正线；渝黔铁路引入重庆枢纽、贵阳枢纽、成都枢纽范围内的新建 GSM-R 系统、调度通信系统、传输系统、数据网系统、综合视频监控系统、应急通信系统主要功能动态检测。通信工程动态验收的具体实施过程如下：

（1）2017 年 10 月 3 日至 10 月 13 日，铁科院完成了地面测点的设备安装、调试工作，10 月 16 日开始采用检测列车上线检测。

（2）2017 年 10 月 25 日使用 CRH380AJ-0202 综合检测车对渝黔铁路重庆西至修文县区段进行了 GSM-R 电磁环境测试。10 月 30 日凌晨在既有线路天窗点内，锁闭相关本线和既有线路相关 GSM-R 基站后，使用 CRH380AJ-0202 综合检测列车对渝黔铁路童家溪至珞璜南区段进行了 GSM-R 电磁环境测试。11 月 10 日凌晨在既有线路天窗点内，锁闭相关本线和既有线路相关 GSM-R 基站后，使用 CRH380AJ-0202 综合检测列车对渝黔铁路修文县至贵阳北（不含）区段进行了 GSM-R 电磁环境测试。

（3）2017 年 10 月 26 日至 12 月 11 日使用 CRH380AJ-0202 综合检测车对渝黔铁路进行了 GSM-R 系统场强覆盖、GSM-R 网络服务质量、调度通信系统功能、列车无线车次号校核信息传送成功率和调度命令信息传送成功率等项目的动态检测，最高检测速度为 220 km/h。

（4）2017 年 10 月 26 日使用 CRH380AJ-0202 综合检测车对不影响既有车站 FAS 或既有调度台的渝黔铁路正线区段进行了调度通信业务验证；2017 年 10 月 30 日凌晨使用 CRH380AJ-0202 综合检测车对渝黔铁路重庆枢纽地区进行了调度通信业务验证；2017 年 10 月 31 日对遵义车站 210 组呼功能进行复测；2017 年 11 月 6 日凌晨定点对渝黔铁路重庆枢纽地区不合格项目进行了调度通信业务复测。2017 年 11 月 10、11 日凌晨使用 CRH380AJ-0202 综合检测车对渝黔铁路贵阳枢纽地区进行了调度通信业务验证。

（5）2017 年 12 月 10 日和 12 月 12 日使用 CRH380AJ-0202 综合检测车对渝黔铁路拉通试验对 GSM-R 系统场强覆盖、调度通信系统功能、列车无线车次号校核信息传送业务和调度命令信息传送业务进行了验证。

（6）2017 年 11 月 2 日，在重庆北 2 楼传输室、成都铁路局调度大楼、贵阳北通信机械室、綦江东通信机械室、綦江东运转室对传输系统的通道保护功能进行测试。

（7）2017 年 11 月 1 日晚，在重庆西通信机房对渝黔铁路数据网进行了检测。

（8）2017 年 11 月 6 日基站 LuoHuangNan 与基站 LHN-QJD01 之间，距 LuoHuangNan 基站约 1.5 km 处对应急通信系统进行了测试，现场应急通信系统接入点是 LuoHuangNan 基站，观测地点是成都铁路局应急指挥中心、事故模拟点现场。

（9）2017 年 11 月 9 日至 11 月 29 日，完成了渝黔铁路综合视频监控系统联调联试初测工作，2017 年 12 月 3 日至 12 月 12 日完成了初测中出现的问题及不具备测试条件项目的复测、补测工作，累计完成了业务管理、设备管理、系统时延、视频流传输带宽等 35 项功能和性能测试。

在完成所有子系统动态监测后，验收小组一致认为，新建重庆至贵阳扩能改造铁路通信工程系统符合设计文件要求，动态验收合格，具备初步验收条件。

（六）通信系统子系统间联调调试

1. 传输系统与相关系统接口调试

传输系统—电话交换及接入系统接口调试：检验传输通道满足电话业务要求。

传输系统—数据网接口调试：检验传输通道满足数据网业务要求。

传输系统—通信综合网管系统接口调试：检验综合网管可以获得 SDH 设备接口描述的告警及配置数据。检验通过综合网管观测到的告警数据是否实时，告警格式是否解析正确，能够自动清除；配置数据是否正确。

传输系统—调度通信系统接口调试：检验传输通道满足调度业务要求。

传输系统—GSM-R 专用移动通信系统接口调试：检验传输通道满足 GSM-R 业务要求。

传输系统—通信电源及环境监控系统接口调试：检验传输通道满足通信电源及环境监控业务要求。

传输系统—应急救援指挥通信系统接口调试：检验传输通道满足应急救援业务要求。

传输系统—综合视频监控系统接口调试：检验传输通道满足综合视频监控系统业务要求。

传输系统—同步和时钟分配系统接口调试：检验传输通道满足时钟业务要求。

传输系统—通信线路接口调试：通信线路系统为传输系统提供物理传输媒介。

2. 电话交换及接入系统与相关联系统接口调试

电话交换及接入系统—传输系统接口调试：传输通道能满足电话交换及接入系统要求。

电话交换系统—通信综合网管系统接口调试：通信综合网管系统满足电话交换及接入系统要求。

电话交换及接入系统—同步及时钟分配系统接口调试：同步及时钟分配系统为电话交换及接入系统提供频率同步信号及时间信号，配合以确保电话业务系统时间的一致性。

电话交换及接入系统—调度系统接口调试：接入系统为调度系统实现远程调度电话分机接入调度系统，为调度系统提供通道，验证业务系统的实现及通道质量。

3. 数据网与相关联系统接口调试

数据网—传输系统接口调试：调试设备结构连接、接口 IP 规划配置、调试设备间点到点电路的时延、丢包率、抖动。

数据网—GSM-R 专用移动通信系统接口调试：将调试仪接入数据网为 GSM-R 提供的接口，通过调试仪检测数据网为 GSM-R 提供的带宽。

数据网—通信综合网管系统接口调试：通过数据网网管界面发现系统告警和配置信息，并检验告警是否能够传送到综合网管。

数据网—综合视频监控系统接口调试：调试数据网系统是否能够为视频监控系统提供接口和带宽。

数据网—会议电视系统接口调试：检验数据通道满足会议电视系统业务要求，数据网带宽可满足各会场与 MCU 节点的网络带宽要求，确保业务网络可用性。

数据网—同步及时钟分配系统接口调试：同步及时钟分配系统为数据网系统提供频率同步信号及时间信号。

数据网—通信电源及环境监控系统接口调试：校验数据网系统是否能够为通信电源及环境监控系统提供接口和带宽。

4. GSM-R 专用移动通信系统与相关联系统接口调试

GSM-R 专用移动通信系统—传输系统接口调试：传输系统提供 GSM-R 系统的通信通道，对传输网络进行传输速率、响应时间测试。

GSM-R 专用移动通信系统—数据网接口调试：检测数据网为 GSM-R 提供的带宽。

GSM-R 专用移动通信系统—通信综合网管系统接口调试：测试 GSM-R 系统能否发送实时的告警信息、告警清除信息及网络配置信息给综合网管；综合网管能否实时接收实时告警数据、告警清除信息及网络配置信息。通过综合网管告警监控界面，比较 GSM-R 网管系统告警，观测告警是否实时，告警格式是否正确，是否能够自动清除，是否完整。通过配置界面，比较 GSM-R 网管系统配置，观测配置数据信息是否正确。

GSM-R 专用移动通信系统—调度通信系统接口调试：通过该接口试验，验证两系统之间是否能完成如下功能：调度系统上的用户呼叫 GSM-R 用户；GSM-R 用户呼叫调度系统用户；观察呼叫接续情况和调度台显示的呼叫名称、电话号码、呼叫优先级、呼叫状态等信息。通过 2M 接口通道和 MSC 建立连接，在调度系统的主系统中接出一个调度台，通过调度台呼叫 GSM-R 的机车综合通信设备用户，观察通话是否正常，号码显示是否正常。然后使用 GSM-R 上的机车综合通信设备用户呼叫调度台，观察通话是否正常，号码显示是否正常。

5. 调度通信系统与相关联系统接口调试

调度通信系统（FAS）—通信综合网管系统接口调试：通过综合网管告警监控界面，比较调度电话网管系统告警，观测告警是否实时，告警格式是否正确，是否能够自动清除，是否完整；通过配置界面，比较调度电话网管系统配置，观测配置数据信息是否正确。

调度通信系统（FAS）—应急救援指挥通信系统接口调试：指挥中心可对现场用户发起单呼，组呼等呼叫。调度系统对电话终端可进行编组管理，通过应急语音指挥台可对该组发起组呼呼叫，同时呼出该组所有成员进行通话，调度系统支持多方会议电话功能，具备录音功能等。

调度通信系统（FAS）—同步和时钟分配系统接口调试：主时钟系统负责给调度系统的维护终端以及各个分系统的操作台提供 GPS 时钟，从而保障全系统的时钟同步。调度系统从时钟系统接收 NTP 信号以保证达到同步输入，以及保证各个子系统告警记录时间和操作前台显示时间保持一致。

调度通信系统—传输系统接口调试：检验传输通道满足调度业务要求。

调度通信系统—电话交换及接入系统接口调试：接入系统为调度系统实现远程调度电话分机接入调度系统，为调度系统提供通道，验证业务系统的实现及通道质量。

6. 会议电视系统与相关联系统接口调试

会议电视系统—通信综合网管系统接口调试：会议电视系统配置 SNMP（简单网络控制协议），与综合网管系统建立 SNMP 通信，将 MCU、会议终端等的设备状态信息传入综合网管系统，在综合网管系统中实现对会议电视设备的状态监视。

会议电视系统—数据网接口调试：检验数据通道满足会议电视系统业务要求，数据网带宽可满足各会场与 MCU 节点的网络带宽要求，确保业务网络可用性。

车站会议电视系统终端与 MCU 之间的线缆连接及调试。

7. 应急通信系统与相关联系统接口调试

应急通信系统：铁通专网电话接口调试。

应急通信与铁通专网电话接口：调试应急中心与铁通专网内部电话之间通话，并能加入到现场的电话会议中。

应急通信系统—综合视频监控系统接口调试：调试应急救援现场动图可以传至调度中心的视频监控系统内，通过视频监控系统终端可以观看应急指挥现场实时图像，并进行存储。

8. 电源系统与相关联系统接口调试

通信电源为其他通信子系统提供直流或交流供电，以保证各子系统设备的正常运行。

9. 综合视频监控系统与相关联系统接口调试

综合视频监控系统与相关联系统接口调试包括综合视频监控系统—通信综合网管系统接口调试、综合视频监控系统—同步和时钟分配系统接口调试、综合视频监控系统—通信电源及环境监控系统接口调试、综合视频监控系统—传输系统接口调试、综合视频监控系统—数据网接口调试、综合视频监控系统—应急通信系统接口调试、综合视频监控系统—通信线路接口调试。

10. 通信电源及通信信号机房环境监控系统与相关联系统接口调试

通信电源及通信信号机房环境监控系统与相关联系统接口调试包括通信电源及环境监控系统—通信电源系统接口调试、通信电源及环境监控系统—数据网接口调试、通信电源及环境监控系统—综合视频监控系统接口调试、通信电源及环境监控系统—同步及时钟分配系统接口调试。

11. 通信线路与相关系统接口调试

通信线路—传输系统接口调试：通信线路系统为传输系统提供物理传输媒介；通信线路—综合视频监控系统接口调试：通信线路系统为综合视频监控系统的远距离的前端设备提供光纤（短段光缆）物理传输媒介；通信线路—GSM-R 专业移动通信系统接口调试：通信线路系统为 GSM-R 专业移动通信系统的覆盖弱场的直放站系统提供光纤（短段光缆）物理传输媒介。

第九章　信号工程施工

一、主要施工工艺及方法

（一）施工范围

渝黔铁路信号工程静态验收范围为渝黔铁路正线（童家溪至贵阳北）、重庆枢纽相关工程、贵阳枢纽相关工程。

本项目施工接口多及各专业工程量差异较大，不同程度受站前工程制约，故在施工安排上要始终坚持“突出重点，兼顾一般”的指导思想。凡具备进场施工条件的工点，抓紧做好前期施工准备，争取早日开工。

（二）电缆线路施工方法

1. 施工流程图（图 4-9-1）

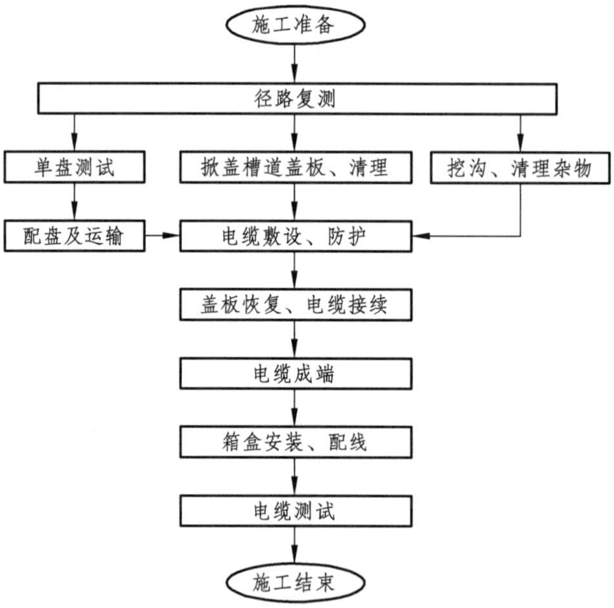

图 4-9-1　电缆线路施工流程

2. 径路复测

实地测量电缆总长度（包括各种余留长度）；调查线路电缆槽道贯通情况、设备安装位置、直埋线路径路情况、地下管线状况，确定穿越有关建筑等需要防护处所和防护方式。

电缆径路复测完毕，及时绘制径路复测台账，并确定单盘电缆长度。如发现实际与设计不符，应按规定程序变更。

3. 单盘测试

对不同种信号电缆分别测试。指标测试项目及换算公式见表 4-9-1。

表 4-9-1　信号电缆电气性能指标

序号	项目（20 °C 测试条件）		单位	标准	换算公式
1	综合扭绞数字信号电缆	直流电阻（每根导体直流电阻）	Ω/km	≤23.5	*L*/1 000
2		工作线对导体电阻不平衡		≤1%	
3		绝缘电阻（DC 500 V，每根绝缘线芯对其他绝缘线芯及屏蔽、金属套连接体）	MΩ · km	≥3 000	1 000/*L*
4	内屏蔽铁路数字信号电缆	直流电阻（每根导体直流电阻）	Ω/km	≤23.5	*L*/1 000
5		工作线对导体电阻不平衡		≤1%	
6		绝缘电阻（DC 500 V，每根绝缘线芯对其他绝缘线芯及屏蔽、金属套连接体）	MΩ · km	≥10 000	1 000/*L*
7		工作电容（0.8 ~ 1.0 kHz，四线组）	nF/km	28 ± 2	*L*/1 000
8	应答器电缆	直流电阻（每根导体直流电阻）	Ω/km	≤9.9	*L*/1 000
9		工作线对导体电阻不平衡		≤2%	
10		绝缘电阻（DC 100 ~ 500 V）	MΩ · km	≥10 000	1 000/*L*
11		工作电容（0.8 ~ 1.0 kHz）	nF/km	≤42.3	*L*/1 000

4. 电缆敷设

敷设电缆时应清除沟、槽内杂物，确认电缆端别，配备足够的人力，同时防止拉伤电缆，室外电缆敷设时每端要留有充足的备用量。电缆敷设后测试电缆钢带对地绝缘电阻值不低于每千米 20 MΩ，并及时封端，防止潮气进入电缆而影响电缆电气特性。

5. 电缆接续

接续工序流程见图 4-9-2。

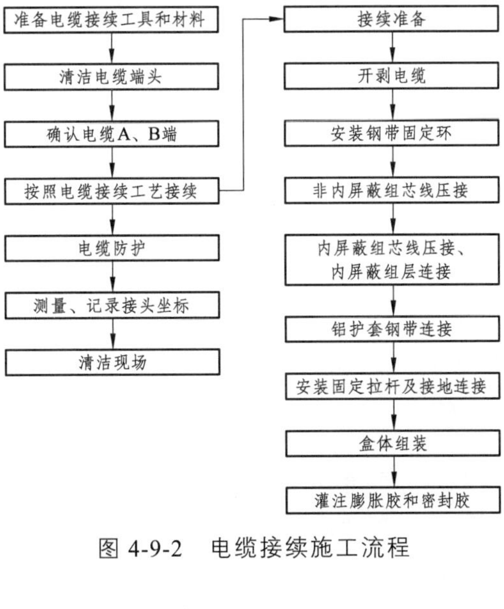

图 4-9-2　电缆接续施工流程

6. 箱盒安装、电缆成端

箱盒安装及电缆配线，实行“首件定标”制度，即先结合类似工程的工艺要求，安装首件箱盒并配线，经各方认可后，按认可后的首件定标的标准进行施工。

电缆在箱盒内严禁盘成环状，电缆芯线上端子后应预留 3 次做头量，备用芯线长度应到端子最远端，电缆配线要做到整齐美观。

7. 室外电缆引入箱盒及配线

（1）引入箱、盒内的电缆应在接线端子上与其他电缆或设备软线进行连接，电缆芯线均采用鹅头弯与端子相连。电缆芯线通过螺丝连接时必须采用辅助线环。

（2）备用芯线的长度应能够保证与最远接线端子进行配线连接。备用芯线应绕成弹簧弯，预留在电缆根部。

（3）箱、盒内每根电缆的屏蔽线采用两根 1.5 mm^2 铜线引出，绕线环上在箱、盒内接地铜排端子上。然后采用 25 mm^2 铜缆冷挤压接铜线鼻固定在箱、盒内接地铜排端子上，引出箱、盒后与贯通地线用铜管冷挤压接连接。

8. 电缆引入室内的防护措施

（1）电缆引入后的余留电缆严禁盘成环状，室外余留电缆应成“∽”或“Ω”形布放，室内余留电缆应成“U”或“Ω”形布放在电缆井内或盘放在专用电缆支架上，排列整齐。

（2）电缆引入口距分线柜大于 5 m 时，电缆的钢带在引入口处应与汇集接地端子排按规定连接。

（3）电缆引入电缆柜转弯时，应均匀圆滑、整齐美观，不得有硬弯或背扣现象。电缆柜内的电缆，应排列整齐，并分段固定。电缆终端应加挂铭牌，并标明电缆编号及去向。

（4）内屏蔽数字信号电缆在分线柜处做成端，电缆的钢带、铝护套、内屏蔽层要与接地铜排连接。芯线屏蔽层应保留到接线端子处。

（三）地面固定信号施工方法

1. 矮型色灯信号机施工方法

（1）信号机内部线把预制：根据信号机室外箱盒定型配线图，预制信号机内部线把，并用尼龙线绑扎美观。

（2）点灯单元固定：根据信号机室外箱盒定型配线图，将点灯单元固定在变压器箱底板上。

（3）内部线把连接：将预制的信号机内部线把导通核实正确后，连接到固定好的点灯单元上。

（4）信号设备安装：将连接好的信号机设备安装到变压器箱内。

（5）信号机外部线把连接：将信号机配线电缆，用输水胶管或尼龙管防护，在变压器箱侧由箱子底部使用保护管防护，引至变压器箱内，机构侧经连接管后引入机构内，并按配线图配线。

（6）地线连接：采用 50 mm^2 软铜缆压接 ϕ16-50 冷压线环后连接到基础支架与连接管的连接螺丝下部，另一端就近与综合接地端子或贯通地线连接。

2. 高柱色灯信号机施工方法

（1）立机柱：采用“把杆”立杆法。将“把杆”骑在平放地面的机柱上，机柱上部用“拖绳”与“把杆”顶部连接，立起与地面成 45°，平稳拉拖绳，直至机柱立于坑中，机柱出线口位置正确。机柱立起后，回填并安装信号机卡盘，逐层夯实。同时采用吊线锤检查机柱的倾斜度，保证机柱与地面垂直。

（2）安装信号机梯子：机柱立设完毕，进行信号机梯子安装。梯子吊装时先从第一支架开始，合龙前后卡箍，穿上螺栓略拧紧螺母，直至全部支架撑起。再从正面调整梯子方向，保证梯子中心线与机柱中心线平行。最后从侧面调整支架水平，保证梯子与机柱中心线垂直，逐一调整并拧紧螺母。

（3）吊装信号机机构：机上由两人作业，一人站梯子，一人踩踏板系安全带站在机柱外侧，接住上托架后用“U”螺栓固定在距杆顶约 150 mm 处。上托安装完毕，即可同法起吊安装下托架。上下托架方向必须一致，力求准确。

检查调整机构安装方向、上下托架在同一垂直面上，并与钢轨成 45°角，保证安装尺寸正确。全部符合要求后，用扳手充分拧紧所有螺母，方可解去绳索。同时进行信号机安全接地连接。

（四）97 型 25 Hz 相敏轨道电路施工方法

（1）设备固定牢固，变压器箱内器材排列整齐，间距均匀；轨道电路限流装置应调整适当，严禁拆除电阻器止挡；分路电流不得大于送电端限流装置的额定电流值。

（2）轨道电路设备配线采用 BVR7 × 0.52 mm^2 多股铜芯塑料绝缘软线，绝缘软线不得有破损、老化、中间接头，绝缘软线两端芯线用铜线绕制线环。

（3）牵引连接线和横向连接线打入钢轨后应用双螺母固定。扼流变压器不得侵入限界，距轨缝中心不得大于 325 mm。两台扼流变压器中心距离不得大于 650 mm。

（4）钢轨绝缘的安装：进站信号机处的钢轨绝缘，可装在信号机前方 1 m 或后方 1 m 的范围内。出站（含出站兼调车）、区间通过信号机处的钢轨绝缘，可装在信号机前方 1 m 或后方 6.5 m 的范围内。调车信号机处的钢轨绝缘，可装在信号机前方或后方 1 m 的范围内。

（5）钢轨引接线的安装：引接线截面积不得小于 42 mm^2，引接线塞钉孔距鱼尾板端部 100 mm。引接线应油润。钢铰线与塞钉焊接牢固，不得断股、锈蚀。塞钉不得打弯，打入深度为露出钢轨 1 ~ 4 mm，塞钉与塞钉孔接触紧密并涂漆封闭。

（6）钢轨接续线的安装：钢轨接续线安装在钢轨外侧，与鱼尾板上部密贴，塞钉孔距鱼尾板两端应均匀。接续线与塞钉不得脱焊、锈蚀。塞钉不得打弯，打入深度为露出钢轨 1 ~ 4 mm，塞钉与塞钉孔接触紧密并涂漆封闭。

（7）道岔跳线安装：道岔跳线截面积不得小于 42 mm^2，跳线敷设应平直，应无断股和腐蚀现象，焊接牢固。安装后的跳线涂机械油，塞钉与塞钉孔缘应涂漆封闭。

（五）PW-2000 轨道电路工程施工方法

1. 绝缘节设备及扼流变压器定测

电气绝缘节在桥梁、隧道及路基上有不同的长度。桥梁上调谐区长 32 m + 0.3-0，调谐匹配单元（ZPW.PT）距空心线圈（ZPW.XKD）长 16 m + 0.15-0；路基、隧道调谐区长 29 m + 0.3-0，调谐匹配单元（ZPW.PT）距空心线圈（ZPW.XKD）长 14.5 m + 0.15-0。定测时，各设备应设置在两相邻枕木孔中间，并避开桥梁伸缩缝、轨道接缝、防撞墙及电缆槽等接缝处。

2. 区间电气绝缘节

电气绝缘节处设备是由调谐匹配单元（ZPW.PT）、空芯线圈（ZW.XKD）、防雷单元（ZPW.ULG、ZPW.ULG2）、钢轨连接线、双体防护罩及基础、钢轨及连接线卡具组成。

3. 车站机械绝缘节定测

机械绝缘节处设备是由调谐匹配单元（ZPW.BPLN）、带适配器的扼流变压器及基础、钢轨连接线、双体防护罩及基础、钢轨及连接线卡具组成。

两个扼流变压器中心间距 1 100 mm，扼流变压器距绝缘节 550 mm。调谐匹配变压器（ZPW.BPLN）距扼流变压器 650 mm。定测时，各设备应设置在两相邻枕木孔中间，并避开桥梁伸缩缝、无砟轨道接缝、防撞墙及电缆槽等接缝处。

4. 进站口机械绝缘节定测

机械绝缘节处设备的组成包括调谐匹配单元（ZPW.BPLN 及 ZPW.PT 各一台）、机械空心线圈（ZPW.XKJ）1 台、带适配器的扼流变压器［BES（K）-1000/ZPW］和不带适配器的扼流变压器［BE（K）-1000/ZPW］各 1 台及基础、防雷单元（ZPW.ULG）一个、防雷单元（ZPW.ULG2）一个、钢轨连接线、双体防护罩 3 个及基础、钢轨及连接线卡具。

5. 设备基础安装

（1）路基地段的防护盒基础安装：首先挖出一个 500 mm × 500 mm × 550 mm（长 × 宽 × 高）的坑，在坑底部垫 50 mm 细砂，并将安装好的基础平放入坑内，根据《技术标准》调整基础限界及埋设深度，用细土将基础掩埋至规定高度，复核并记录限界。

（2）桥梁地段防护盒基础安装：首先用水钻在防撞墙上钻孔，将双体防护罩基础用穿墙螺栓固定于防撞墙上。然后将 ϕ100 mm 的 PVC 管穿入防撞墙上打好的大孔中。最后双体防护罩基础顶面距防撞墙顶面高度为 42 cm。

（3）隧道地段防护盒基础安装：首先用水钻在电缆槽外壁上钻孔，将双体防护罩基础用穿墙螺栓固定于电缆槽外壁靠近钢轨侧。将 ϕ32 mm 的 PVC 管穿入防撞墙上 32 mm 孔中，再穿入镀锌弯头法兰管中，用于防护支线电缆。双体防护罩基础顶面距防撞墙顶面高度为 42 cm。

6. 轨旁设备安装

轨旁设备安装主要包括：调谐匹配单元、扼流变压器、区间调谐匹配单元（ZPW.PT）、空心线圈以及防雷单元的安装。

（1）调谐匹配单元安装：取下双体防护罩，将调谐匹配单元放置于防护盒基础上远离线路侧，用配套螺栓（M10）固定在基础桩的固定板上，并用力矩扳手将其紧固。

将电缆芯线由穿线孔传入调谐匹配单元内；把芯线用扎带捆扎整齐，插入笼式夹持力端子 E1、E2 上，预留 20 ~ 30 cm；将备用芯线绕成直径 2 cm 的螺丝状放置旁边。通过调谐匹配单元两个外连板上的 ϕ12 mm 螺栓，固定两长两短钢包铜引接线，单孔单线。

（2）扼流变压器安装：路基地段扼流变压器安装：将扼流变压器放置于安装好的基础上，六柱端子面向所属线路侧；用 ϕ14 mm × 7 mm 螺栓固定在基础上；检查扼流变压器限界尺寸，最突出边缘距所属线路钢轨内缘 ≥ 1 500 mm，填写《设备限界检查表》。

桥梁地段扼流变压器安装：选择正确的扼流变压器，带适配器的需要核对频率；检查产品外观是否完整；将扼流变压器放置于安装好的基础上，六柱端子面向所属线路侧；用 ϕ14 mm × 7 mm 螺栓固定在基础上。

隧道内扼流变压器安装：标出隧道内需要安装扼流变压器的位置，在踏步上垂直于电缆槽外壁画两根相距 63 cm 的平行线；用切割机沿两条线切割踏步板，切割深度约为 3 cm；使用 HITACHIPH-65A 型电动锤沿两条线将踏步切除，完成后为一个长 63 cm、宽 50 cm、高 30 cm 的坑；把坑内杂物清理干净，再将扼流变压器放置于坑中心，背面紧贴电缆槽外壁，在坑底标出四个固定扼流变压器的位置。

（3）空心线圈安装：区间调谐区电气空心线圈（ZPW.XKD）安装程序：取下防护罩，将空心线圈放置于防护盒基础上远离线路侧并固定；将 4 根钢轨连接线整齐地固定于空心线圈两侧连接板上，单孔双线。

进站口机械空心线圈（ZPW.XKJ）安装程序：取下双体防护罩，将空心线圈放置于防护盒基础上靠近线路侧，背对着调谐匹配单元（ZPW.PT）。用两套配套螺栓（M10）将调谐单元、空芯线圈安装固定在同一基础桩的固定板上，并用转矩扳手将其紧固。采用带 ϕ6 mm 冷压端头的 10 mm^2 多股铜线连接两设备外连接板的 ϕ6 mm 端子上，将 4 根钢轨连接线整齐地固定于空心线圈两侧连接板上，单孔双线。

（4）防雷单元安装：调谐匹配单元（ZPW.PT）、防雷匹配变压器（ZPW.BPLN）用防雷单元（ZPW.ULG2）安装程序如下。

① 打开双体防护盒，在调谐匹配单元背后，靠近线路侧，固定防雷单元；防雷单元金属卡具朝着列车运行方向。

② 制作两根 40 cm 长 10 mm^2 多股铜线，一端带ϕ6 mm 托环，另一端剥开 0.8 cm 长裸铜线（进站口需要 3 根 2 m 长的 10 mm^2 多股铜线，50 mm^2 的多股铜线作为地线）。

③ 区间电气绝缘节处安装时，裸铜线固定在防雷单元两侧的端子上；带托环一端使用ϕ6 mm 的铜螺栓固定在调谐匹配单元（ZPW.PT）的连接板上。

④ 车站机械绝缘节处安装时，裸铜线插入防雷单元两侧的端子上；带托环一端固定在防雷匹配变压器（ZPW.BPLN）的 V1、V2 端子上。

⑤ 进站口机械绝缘节处区间侧安装时，防雷单元（ZPW.ULG）与防雷单元（ZPW.ULG2）安装于同一个防护盒内，该防护盒距离调谐匹配单元及机械空心线圈防护盒 650 mm。

⑥ 2 根 10 mm^2 多股铜线连接防雷单元（ZPW.ULG2）端子与调谐匹配单元（ZPW.PT）连接板。1 根 10 mm^2 多股铜线连接防雷单元（ZPW.ULG）L1 端子与机械空心线圈中间抽头，1 根 50 mm^2 连接防雷单元（ZPW.ULG）PEN 端子至贯通地线。

（六）应答器施工方案

应答器安装方法如下：

（1）施工准备：根据图纸及设计院提供的应答器安装位置表，对应答器安装位置进行初测，根据测量的现场情况及应答器的分类，完成对应答器及支架的订货。

（2）安装位置复测：根据应答器的设置原则，对应答器的安装位置进行复测。

（3）模具钻孔：根据现场实际，选对应答器安装支架，用钻孔模具进行钻孔。

（4）应答器安装：根据应答器安装位置及安装里程，选用相应型号、编号的应答器，完成对应答器的安装。

（5）尾缆连接：根据有源应答器的安装位置，选好尾缆并进行连接，并用自带的卡具固定防止大机捣固。

（6）调整及紧固：根据安装技术要求，完成应答器的调整，并紧固各个螺丝。

（七）转辙装置施工方法

转辙装置安装工艺如下：

（1）安装前，先检查道岔调整状态是否符合电务设备安装技术标准，包括道岔的水平、方向、尖轨心轨的密贴程度、轨距、钢枕的位置、绝缘等工电结合部条件等。

（2）锁闭框安装：用方尺卡在道岔基本轨直股上，横臂与直股基本轨贴紧，直臂边线与尖轨尖端所在混凝土枕中心线重叠，用划针在两条基本轨面上做标记，划出混凝土枕的中心线；按照安装图册以划定的中心线向岔后分别测量标出其他牵引点的中心线。之后用划针伸进锁闭框孔内，在轨腰部画出圆圈，取下锁闭框，用冲子冲出钻孔中心。

钢轨钻孔后，将螺栓从钢轨内侧穿出，装上原来画标记的锁闭框，加上垫片、弹簧垫圈，拧紧螺帽。锁闭框安装完后，安装锁闭铁，然后在锁闭铁与锁闭框间放入一定数量的不同厚度的调整片，待锁闭量调整好后，紧固好轨底处的固定螺栓。

（3）尖轨连接铁安装：在尖轨内侧，各牵引点中心线两侧安装尖轨连接铁；取出尖轨连接铁上销轴，安装锁钩；取下锁闭框上的导向销，安装锁闭杆，然后安装锁闭框上的导向销。

（4）转辙机托板安装：在各牵引点中心线两侧混凝土枕上安装转辙机托板的弯板，然后安装垫板和调整板（可根据转辙机高低进行调整），固定电动转辙机。

（5）表示杆安装：在各牵引点尖轨连接铁岔前方向，分别安装表示杆尖端铁，将短表示杆接头与尖端铁连接固定，后安装长表示杆。转辙装置电气连接根据施工图布放电动转辙机内部配线，转辙机内部配线采用标称截面积不小于 1.5 mm^2 的多股铜芯塑料软线。

（6）交流转辙机安装施工：交流转辙机对工务线路设备的要求较高，工务线路的水平、方向、轨面以及列车通过时线路的水平、方向、轨面以及列车通过时线路振动的幅度大小，对电务设备的稳定有着很大影响。因此，在安装前应对工务设备的一些要求进行检查，须达到要求后才能进行安装。

（八）室内设备配线施工方法

室内设备安装应符合下列要求：

（1）继电器、变压器、整流器、轨道电路接收、发送器等电气设备进场应进行验收，各组成部件应完好齐全，其规格、型号符合相关产品标准的规定。

（2）系统各种模块单元布置应符合设计要求。部件应配置完整，安装状态保持横平竖直、稳定牢固。各类电子板及接插元器件应正确插接、连接可靠。

（3）计算机联锁系统、列控系统、CTC 系统、集中监测系统、电源屏及室外应答器连接电缆等设备之间的接口连接应正确、牢固、可靠。

（4）应答器室内防雷单元应固定安装在机房分线柜上或专用防雷柜内，具体位置应符合设计要求。

（5）各类机柜（架）、设备、电缆屏蔽层及金属钢管、线槽使用的接地体设置应符合设计要求，接地体的连接部位应紧密牢固，保证良好的电气接触性能。

（6）设备安装前，应先对机柜端子及各种设备底座绝缘进行测试，及清除设备上的灰尘，尤其是设备底座，达到标准后方可安装设备。

二、子系统调试及联调联试

渝黔铁路信号专业子系统调试及联调联试期间，由于调试时间较为紧张，所以考虑现场动态调试与室内仿真测试相结合的方式，主要功能测试在室内仿真试验室进行，现场联调联试侧重现场配置数据的校核、网优参数调整，部分功能测试搭载验收测试一并完成。

信号系统主要包括列控系统、联锁系统、CTC 系统、信号电源信号、集中监测等项目的测试。

（一）CTC 系统各项功能试验

（1）实时监视站场信号设备、列车运行状态，显示列车车次号，实现站间和区段的透明显示。

（2）列车运行计划的编辑、修改和显示，追踪列车运行位置和到发时刻，自动绘制列车实际运行图。

（3）计算机辅助编制和调整列车运行计划，通过系统网络向车站下达计划和调度命令，通过系统网络向机车下达调度命令、调车作业单、行车凭证和进路预报等信息。

（4）追踪列车编组状态；遥控所有联锁设备按钮，具备列车、调车和非正常作业人工遥控功能。

（5）按照调车作业计划，根据机车请求和列车运行状况，自动控制调车进路并对调车状况进行监控和报警，自动编制车站行车日志，生成报表。

（6）具备完善的网络安全防护功能。

（7）实现与列控系统、TDCS 结合和信息交换。

（8）CTC 设备各显示屏所显示的图形符号应与车站联锁设备所表示的含义和状态相符。CTC 系统应实时显示：轨道电路占用与空闲、区间占用与空闲、信号开放与关闭、道岔位置的状态，系统信息响应时间满足要求。

（9）临时限速调度命令传送方式试验，应答器临时限速管辖范围及报文发送的相应关系试验。

（二）CBI 系统各项功能试验

（1）确认联锁控显站场图形与现场相符，轨道电路占用与空闲、信号开放与关闭、道岔位置的状态显示与现场一致。

（2）联锁驱动、采集继电器状态一致。

（3）联锁关系正确，敌对进路以及联锁表以外的进路不应排列。

（4）与安全数据网的连接状态，与邻站联锁间数据交换正常。

（5）实现与列控中心、RBC、CTC 系统、监测系统间接口状态及信息交换。

（三）列控系统（CTCS-2）试验

（1）列控系统能正确接收联锁系统控制信息，并正确执行。

（2）列控系统的各种状态信息能可靠地传送给联锁系统、防灾系统、CTC 系统。

（3）系统故障报警、记录、诊断正确。

（4）轨道电路信息被正确接收，应答器信息被正确识别。

（5）TSRS 与 CTC 中心设备连接状态及数据通信正常。

（6）正线及各站侧线临时限速测试。

（四）电源系统试验

（1）电源输入相序与电源防雷箱的输出相序相一致，输出电源的电压、相位、极性正确。

（2）电源屏两路电源的转换时间不大于 0.15 s。

（3）电源过压、欠压、过载、短路、接地保护可靠，三相电源断相或错相时及时报警。

（4）接入最大负载后，各相位间的电流应基本平衡。

（5）电源屏输出电源对地绝缘电阻、对地漏泄电流应符合产品技术标准的规定。

（6）智能电源应具备监测功能。

（7）用 250 V 的接地电阻表，测试带电部分的接地电阻值应不小于 5 MΩ。

（五）集中监测系统试验

（1）集中监测设备和列控设备、调度集中间必须具有良好的电气隔离，当集中监测设备工作或故障时，不得影响联锁设备和区间设备的正常工作。

（2）集中监测系统应及时反映被监测设备的故障及运用状态。当信号设备电气性能偏离预定界限时，应能发出预警；当捕捉到信号故障预兆和信号故障时，应及时发出报警，且实现故障诊断。

（3）电源屏、轨道电路、电缆绝缘等模拟量监测功能。

（4）按钮状态、表示状态、继电器状态等开关量监测功能。

（5）数据处理及控制功能正确。室外应答器接收信息与列控中心传递信息相符，用专用测试仪测试应答器向线路发射信息相符。

（六）联调联试

系统联调检验，主要包含车站联锁系统、列车控制系统（CTCS-3）、调度集中、集中监测系统的功能是否符合设计要求；检查各子系统之间接口协议、传输数据、传输信号频率及电平是否符合设计要求。

第十章　信息工程施工

一、信息系统施工方案

渝黔铁路设置客运服务信息系统（包括旅客服务信息系统和票务系统，具体施工内容详见第四篇第十五章）、办公信息系统、公安管理信息系统、有线电视系统、电源监控系统、综合布线系统、行包管理及服务信息系统、综合维修管理信息系统、运营调度管理信息系统等。

根据工程特点和合同对工期的要求，项目部组织现场施工作业班组采取站房分区域施工，各区域采取平行作业与流水作业相结合的方法进行施工，以统一工艺、提高施工效率。

（一）施工准备

（1）施工通道、场地及库房：做好施工现场用电及通信工作，进行美化装饰；做好建筑物、道路等安全防护工作。根据临电的使用要求，搞好施工现场临时用电的管线敷设工作，建造办公室、生活、生产等临时设施。

（2）现场临时用电：本工程临时用电高峰期出现在设备全面安装阶段，此时将有设备安装及临时办公等同时用电。临电电源由现场配电箱提供。

（3）临电使用电缆的敷设：电缆敷设前做绝缘耐压试验，其绝缘电阻值不得低于 10 MΩ，架空电缆固定点符合规范要求，禁止直接绑扎在架管或钢构件上，必须使用瓷瓶或绝缘座。电缆敷设完毕后，做电缆标注，标明走向。

（二）施工流程

信息系统施工流程见图 4-10-1。

（三）施工阶段

根据本项目特点，将本项目实施过程分为四个阶段进行。考虑到工期异常紧张、专业间干扰影响大、半成品保护难度高，各阶段之间采用流水作业，搭接施工。

（1）第一阶段：各种预埋管件的安装、布线及终端设备预埋件、吊挂件、壁挂件、支架、托架的加工、安装。

（2）第二阶段：各系统终端设备的安装和配线。

（3）第三阶段：机械室及配线间集成设备的安装及配线。

（4）第四阶段：完成系统调试。由各专业工程师完成各子系统调试并完成整个系统联调联试，使系统具备试运行条件。

二、主要施工工艺及方法

（一）电源接地及防雷施工方法

1. 电　源

根据施工图纸，用人力及滚杠将设备就位到基础型钢上，找平、找正后将设备固定牢固，其垂直度、水平度的允许偏差符合成套配电柜、控制柜（屏、台）安装工艺。

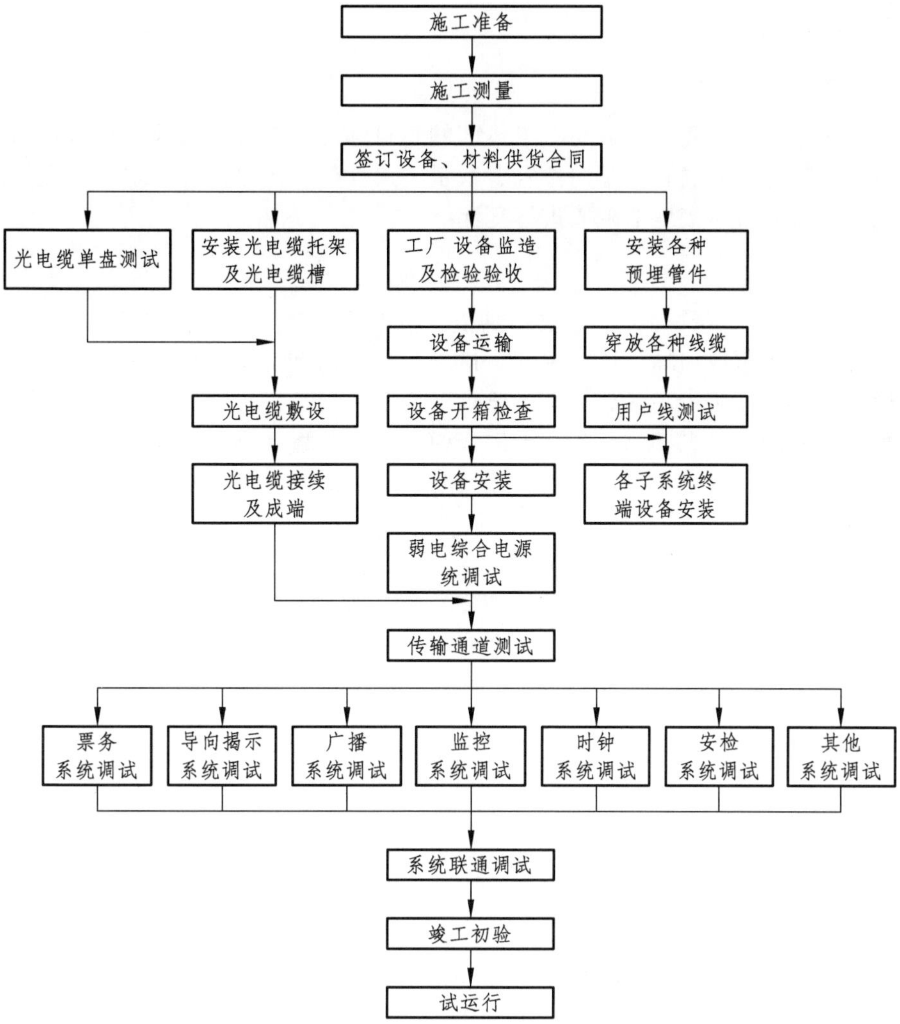

图 4-10-1　信息系统施工流程

分别敷设 UPS 主回路、控制回路的线缆，并与设备进行连接，具体工艺符合电缆敷设工艺标准。将 UPS 输出端的中性线（N 极）与由接地装置直接引来的接地干线相连接，作重复接地。UPS 的可接近裸露导体接地（PE）或接零（PEN），连接可靠且有标识。

2. 接地及防雷

（1）等电位施工工艺：等电位联结线采用钢材焊接时，采用搭接焊需满足如下要求：

① 扁钢的搭接长度不小于其宽度的二倍，三面施焊；圆钢的搭接长度不小于其直径的六倍，双面施焊；圆钢与扁钢连接时，其搭接长度不小于圆钢直径的六倍，双面施焊。

② 室内局部等电位联结必须设局部等电位箱，局部等电位箱内必须有 PE 线，系列接线盒暗敷设，并加盖 86 系列面板。

③ 电位联结端子板采用螺栓连接，以便于拆卸进行定期检测，当采用 BV-10 ~ 25 mm 导线时，必须用铜线端子压接后再与等电位端子板连接，采用 BV-6 mm 及以下的导线可盘圈后与等电位端子板直接连接，并加平光垫；机房室内、运行室采用等电位连接。

（2）供电系统的防雷施工工艺：在主配电箱、各终端分配电箱、各重要的子系统信号设备前端安装电源避雷器，在重要设备终端安装 D 级电源浪涌防雷器。

（二）线缆与防护施工方法

1. 现场复测

施工安装前，对车站配线间、设备间、工作区的建筑和环境条件进行检查，包括温度、湿度、供电，房屋预埋地槽、暗管、孔洞和竖井的位置、数量、尺寸等均满足设计要求，对交接间、设备间的接地系统进行检查，必要时对接地电阻值进行复测。

2. 设备安装

（1）机柜、机架安装位置符合设计要求；机柜、机架排列整齐，垂直偏差不大于 3 mm；机柜、机架上的各种零件不得脱落或损坏，漆饰完好，铭牌、标记清楚准确；机柜、机架、配线设备箱体、电缆桥架及线槽等设备的安装牢固，如有抗震要求，按抗震设计进行加固。

（2）信息插座、多用户信息插座、集合点配线模块安装位置和高度符合设计要求。信息插座安装在活动地板内或地面上时，固定在接线盒内；接线盒盖可开启，并具有防水、防尘、抗压功能；接线盒盖面与地面平齐。

（3）电缆桥架及线槽位置符合施工设计图的要求，其位置偏差不大于 50 mm；水平度每米偏差不大于 2 mm；垂直偏差不大于 3 mm；吊架和支架安装保持垂直，整齐牢固。

（4）安装机架、机柜、配线设备屏蔽层及金属管、线槽、缆线桥架使用的接地符合设计要求，就近接地，并保持良好的电气连接。

（三）办公自动化及公安管理信息系统施工方法

1. 机架安装工艺

设备子架的安装：子架框安装时，将子架框先置于机架上，小心导入机架，到位后用螺钉、垫圈固定在机架上。

机盘的安装：机盘由面板、拔板器、印制板组成。印制板插头应与架后背上插座相对应。面板上有板名、固定螺钉、接口、指示灯。安装时必须先带上防静电手环，再检查机盘有无机械性损伤。在插入光接口板时，要特别注意不损伤光纤接口，要一一对应插入。

机架安装：机架、列架需按施工图抗震要求加固，一般为了使机柜站立牢固，上方应安装吊顶，即机柜上空加横梁或导轨与机柜进行机械连接。一般机架前至少留出 1 ~ 1.5 m 的距离，方便开门及维护；一排与另一排机架间距离不小于 1 m；机架侧面与墙距离不小于 0.8 m。

底座或导轨：底座上加绝缘垫片，膨胀螺栓加绝缘套。

2. 终端安装工艺

桌椅主要是放置网管终端、方便维护用，一般桌子高度在 80 cm 左右，椅高在 40 cm 左右。机台位置安装正确，台列整齐，机台边缘应成一直线，相邻机台紧密靠拢，台面保持水平，衔接处应无明显高低不平现象。

3. 电源线安装

电源线必须采用整段线料，中间无接头。直流电源线的成端接续连接牢固，接触良好，电压降指标及对地电位符合设计要求。

机房的每路直流馈电线连同所接的列内电源线和机架引入线两端腾空时，用 500 V 兆欧表测试正负线间和负线对地间的绝缘电阻，均不得小于 1 MΩ。

采用胶皮绝缘线作直流馈电线时，每对馈电线应保持平行，正负线两端应有统一红蓝标志；安装好的电源线末端必须有胶带等绝缘物封头，电缆剖头处必须用胶带和护套封扎。

交流电源线必须有接地保护线。

三、联调调试

信息系统调试包括单机调试和系统联合调试。单机调试是在设备安装完成后，各个系统设备单独加电进行的调试试验。系统联合调试包括票务系统、旅客服务系统中的综合显示系统、办公信息系统、公安信息管理系统、综合维修管理信息系统及综合布线系统，在终端设备处进行的整体调试试验以及电源设备调试。

调试之前和调试过程中，应检查调试的条件：正式电源稳定可靠，各设备接地良好，温度、湿度等机房环境应符合设备正常运行要求和相关技术标准的规定，通信通道稳定可靠。

调试过程中，将及时根据调试记录情况对不满足相关设计标准的项目进行修改、调整。调试结束后，做好成品保护工作。

1. 工作步骤

联合调试的目的：采取综合试验、各系统的测试、施工质量的检查等综合手段，来检查各子系统及接口，尤其是综合调度系统、安全监控系统，能否满足系统的完整性、先进性、安全性、可靠性的要求，并根据综合试验发现的问题进行系统整改、完善，使其满足运行的要求。

联合调试的工作步骤如下：

（1）编制联合调试计划、方案。

（2）对整个运营系统进行联合调试、评估，综合调度系统、安全监控系统等需要进行重点测试和评估，以保证系统的安全性和可靠性。

（3）各系统操作手册，检查并测试发生特殊情况下的应急预案是否可行。

（4）通过对联合调试的检测、评估，对整个系统能否安全开行达到设计速度进行论证。

2. 联合调试的组织

联调联试在工程完成静态验收、具备进行联调联试条件后，由客专有限公司牵头向原铁路总公司提出联调联试申请，并由铁路局负责组织实施。其他参与方有：公司、施工单位、系统集成商、设备供应商、设计单位、工程（设备）监理。

3. 联合调试的主要内容

（1）综合布线系统测试：进行线缆测试，包括线缆的连通性、串扰、回路电阻、信噪比等。进行联机测试，选取若干工作站，进行实际的联网测试等。

（2）网络系统联调：在每一子网中随机选取 2 台机器或设备，进行 Ping 和 Telnet 测试。对每一对子网测试联通性，即从 2 个子网中随机选取 2 台机器或设备，进行 Ping 和 Telnet 测试。

（3）综合调度软件系统联调：系统总体功能、各子系统功能与相关系统间的信息交换内容、方式的准确度、故障排除、系统恢复、响应速度等系统性能测试，以及综合调度中心骨干网数据库系统联调、综合调度中心数据存储系统联调、计划调度子系统联调、列车运行调度子系统联调、供电调度子系统联调、动车底调度子系统联调、旅客服务调度子系统联调、防灾安全监控子系统联调。同时还包括综合调度系统与相关局、分局调度系统之间的联调。

（4）客运管理信息软件系统联调：中心级客运管理系统集成平台联调、车站级客运管理信息系统集成平台联调、车站级通告显示子系统联调、电视监视子系统联调、时钟子系统联调、AFC 中心级系统联调、车站级系统联调、与既有电子预售票系统的联调、中心级与车站级系统之间的联调测试。

（5）企业管理信息软件系统联调：中心级据库系统联调、中心级数据存储系统联调、中心级各应用系统（综合办公、财务、公安、门户网站、呼叫中心）联调、车站级用户端系统联调、中心级与车站级之间的联调测试。

（6）电源系统联调：交流输入配电部分测试、交流输出配电部分测试、UPS 主机系统联调、蓄电池组测试、UPS 电源系统联调。

（7）系统间的联合调试：系统间联调包括综合调度系统与客运管理信息系统之间的联调、综合调度系统与企业管理信息系统之间的联调、客运管理信息系统与企业管理信息系统之间的联调。

第十一章　电力工程施工

一、工程概况

渝黔铁路电力专业施工工作主要集中在区间贯通线电缆敷设及设备安装、站房配电所设备安装、外电源引入三部分。电力配电所外部电源供电方案的报装工作和明确接入施工方案，确定好电源线路的路径并办理城市规划许可，是影响整个工期的重要因素。

本工程桥隧和路基过渡地段较多，应避免不同专业电缆交叉干扰。

二、主要施工工艺及方法

（一）电缆敷设

电力电缆线路施工的工艺主要包括：施工准备及施工配合、电缆路径测量定位、电缆沟开挖及电缆沟砌制、电缆敷设、电缆中间接头制作、电缆沟封盖、电缆终端头制作、电缆试验等。具体施工方法详见第四篇第九章信号工程的电缆线路施工。

（二）箱式电力设备安装

1. 工艺要求

（1）施工准备：对先期工程的基础进行检查和核实工作，以保证箱式变电所的基础螺栓预埋位置符合设计图纸要求。对制造厂家的箱体和设备进行检查和核实工作，以保证箱体安装预留孔与基础预留螺栓对位。安装箱体前，应检查基础面的平整度，保证箱体底座与基础接触密贴，以防箱体变形。

（2）箱变运输：尽量采用汽车进行箱体的运输，利用汽车吊将箱体和设备吊装就位。

（3）开箱检查：对运输到现场的箱进行设备外观检查和资料的交接验收，并做好开箱检查记录。

（4）箱变就位：箱式变电所箱体的就位，需将箱体由运输车辆上移至基础的安装位置。利用吊车将箱体吊起，安装在箱体基础上。利用水平仪在设备基础上面进行水平检查，确保箱体安装的稳定性。

（5）箱变安装：当箱体吊到基础上方，且距基础表面的高度稍高于基础螺栓时，指挥人员应要求吊车减慢吊装速度。在箱体的四个角各有一名施工人员，利用圆木棒的一端以地为支点，小心的推动箱体，靠近标示的箱体的具体位置的红线，使箱体徐徐落在安装位置，用水平尺检测箱体水平度和垂直度，边调整边测量，直到箱体水平，固定安装螺栓。

2. 施工质量控制手段及方法

（1）设备在装卸和运输过程中，不应有严重冲击或振动；在运输途中应有防雨措施。

（2）设备在运输、保管期间应防止受潮、倾倒或遭受机械损伤。

（3）设备到达现场应进行外观检查、器身检查及检测。所有附件应齐全，无锈蚀及机械损伤；连接螺栓应齐全，紧固良好无渗漏；瓷件应完好无损，变压器的浇铸体应无裂缝及破损。检查时周围空气温度不宜低于 0 °C，场地四周应清洁，并应有防尘措施；雨雪天或雾天应在室内进行。

（三）10 kV 配电所电力设备安装

1. 施工工艺流程

10 kV 配电所电力设备施工安装的工艺主要包括：施工准备及施工配合、施工定测、10 kV 盘柜安装、变压器安装、交直流屏及保护屏安装、电缆敷设及接线、配电所试验、配电所送电。

2. 施工的主要操作要点

（1）盘柜安装：

① 施工准备：检查盘柜外表有无损伤及变形，油漆是否均匀完整，柜门开闭是否灵活可靠，柜内电气元件有无脱落、锈蚀、损伤、裂纹等。检查盘、柜配件、附件、专用工具是否齐全，收集各种技术资料和合格证。

② 基础槽钢调整：使用水平仪调整基础型钢高度偏差。各设备的基础槽钢直接焊接在结构层预埋件或采用膨胀螺栓直接固定在变电所房建的结构层上。设备基础槽钢安装完毕后，土建单位进行装修层施工时仍需派人配合，防止外因使基础槽钢变形及移动。

③ 盘柜组立：按照设计文件规定，将盘、柜按顺序搬放到安装位置，保证水平度和垂直度符合规范和验收标准。

④ 接地线连接：盘柜组立后，屏柜及设备接地端与底座接地端、接地母线可靠连接，按照设备厂家要求将盘、柜内接地铜排连接牢固。在成列设备的两端采用软铜编织线与变电所接地网可靠连接。

（2）电力变压器、电力调压器、电抗器的安装：

① 施工准备：变压器、调压器、电抗器到达现场后先检查设备外表有无损伤及变形，油漆是否均匀完整，柜门开闭是否灵活可靠，柜内电气元件有无脱落、锈蚀、损伤、裂纹等。

② 设备就位：按照设计文件规定，将设备搬放到安装位置。按规范及设计要求将设置调到合格位置后，将设备进行固定。

3. 电缆敷设

（1）电缆测试：对所需敷设的电缆绝缘进行测试，并检查电缆型号、规格、电压等级是否符合设计要求。

（2）路径选择：进行施工技术交底，准备好电缆清册，明确每条电缆的起始点、型号、规格及长度；电缆防护处是否已将保护管预埋好，管口是否已做成喇叭口、管内是否穿入牵拉电缆的铁线，确认已将穿管处的沟壁封堵严实。

（3）布放电缆：电缆牌拴在对应的拟敷设电缆的端头上，由引导员引导布放；在每层支架上并排敷设的电缆，其走向一致；在电缆沟分支处，按每层并排的电缆之间不得交叉的原则确定电缆敷设的顺序。

（4）电缆整理绑扎固定：敷设工作全部完成后，将水平敷设的电缆，在电缆首尾两端、转弯和中间接头处两端固定牢靠；将垂直敷设的电缆，在每一个支架上把电缆绑扎固定牢靠。对于需要跨沟转向进入另一侧电缆支沟的电缆，在其转向的悬空部分增加 2 ~ 3 道绑扎固定，以免该部位的电缆散乱。

4. 二次接线

（1）施工准备：准备好施工工具及材料。以原理图、端子排接线图和生产厂家提供的背面接线图作参考，分回路对全所配电装置或盘、屏、箱内的内部配线进行一次全面校对。

（2）电缆芯线校核：用校线器对所有校核电缆进行校核；每根电缆所用芯线都确定后，再将所有芯线重新校对一遍。

（3）电缆束固定：按配线顺序把所有的电缆头排列整齐，在电缆头以下 100 mm 处用细绑线把所有的电缆绑扎成一束；按电缆束尺寸，制作电缆固定卡子，把电缆固定在盘、柜固定电缆的支架上；将电缆接地线编成一束压接铜接线端子连接在接地铜排上。

（4）电缆芯线绑扎：将校好的芯线逐根理顺、理直，按芯线编号、端子排的高低顺序进行排线，端子排高处的放在里层，依次将所有芯线排完，并依次将芯线从线槽边孔穿出至端子排接线位置排列好。每根芯线的预留部分留在线槽内，然后每隔 20 mm 对线槽内的芯线用塑料绝缘线捆绑后，盖上线槽。

（5）接线：采用线环方式，接线时线环按螺钉旋紧方向煨弯，线环根部距芯线绝缘层的外缘，留有不小于 2 mm 的间距，采用压接端子时，线芯伸出端子 10 mm 确保压接紧密。

（四）外部电源施工

外部电源取自于地方变电站，外电源设计的具体实施方案需经地方供电部门批准了接引点，地方城市规划、市政等批准了规划路径和敷设方式后，才能进行正式的外电源线路设计。

三、电力供电系统试验

1. 电力供电系统试验范围

电力供电系统试验范围为全线区间及车站的电力系统。

2. 电力供电系统试验项目

（1）一级贯通全线停电，在只有综合贯通送电的情况下，判断所有低压负载是否能正常工作；综合贯通全线停电，在只有一级贯通送电的情况下，判断所有低压负载是否能正常工作。

（2）一级贯通支援供电的能力验证：综合贯通按正常供电方式带全部负荷，考察一级贯通支援供电的情况，同时录取支援供电时在电抗器不同的运行方式下的电网参数，验证其是否与设计计算相一致，为系统稳定运行打下基础。

（3）综合贯通支援供电的能力验证：一级贯通按正常供电方式带全部负荷，考察综合贯通支援供电的情况；并且考察综合贯通越区供电时在电抗器不同的运行方式下的电网参数，验证其是否与设计计算一致，为系统稳定运行打下基础。

（4）正常运行方式下区间综合贯通线在电抗器不投、只首端投入、只末端投入、首末端均投入时的母线电压、功率因数、出线电流、末端电压以及电抗器投入切除时暂态电压电流波形。

（5）通过单相短路试验校核电力供电设备保护的可靠性、选择性、灵敏性。记录在短路时的电网参数，验证其是否与设计计算相一致，为系统稳定运行打下基础；通过三相短路试验校核电力供电设备保护的可靠性、选择性、灵敏性。录取在短路时的电网参数，验证其是否与设计计算一致，为系统稳定运行打下基础；通过录取电缆金属屏蔽层电流和电压来验证其截面的选择和护套的绝缘强度能否保证系统安全运行。

第十二章　电气化工程施工

一、工程概况

电气化工程施工包括接触网工程施工以及牵引变电工程施工。

在渝黔铁路接触网施工中，渝黔正线及两端引入枢纽部分区段均采用带回流线的直接供电方式，接触网采用全补偿简单链形悬挂，并利用贵广线拟建的贵阳北 AT 牵引变电所出直供馈线向本线供电。

在牵引变电工程中，重庆枢纽新建陶家场直供牵引变电所，新建歌乐山、珞璜南直供分区所、珞璜开闭所，利用兰渝线拟建的董家溪牵引变电所、团结村分区所兼开闭所；贵阳枢纽新建都拉营直供牵引变电所，关田直供分区所。由于既有綦江和息烽牵引变电所被新建线位所占，新建綦江东、息烽牵引变电所承担既有牵引变电所供电范围的供电，其余区段既有线供电设施分布及供电格局不变。

二、接触网工程施工工艺及方法

（一）腕臂安装一次到位

（1）腕臂安装采用测量精确化、中心料库统一加工、安装专业化的一次到位安装技术，确保施工安装质量。

（2）利用经纬仪精确测量支柱斜率，利用水准仪精确测量轨平面影射支柱面位置，同时测量支柱侧面限界，利用激光测距仪测量跨距。

（3）在预配车间，利用腕臂预制专用平台进行预装配并标识。

（二）承力索和接触线架设方法

承力索、接触线的架设质量，特别是接触线架设后的平直度直接影响到弓网受流质量。为保证导线平直度和良好的弓网受流质量，承力索和接触线采用锚段配盘，并采用恒张力架线车进行架设，同时采用额定张力自然延伸等措施使新线初伸长（蠕变）一次基本达到要求，保证接触悬挂调整一次到位。以下接触线架设为例简单介绍。

1. 架线准备

（1）检查架线锚段的承力索已架设并归位。检查补偿装置是否安装正确。

（2）提前将接触线校直器安装在架线上立柱位置，并调整好。

2. 起　锚

（1）架线车组运行至起锚支柱位置停车，司机摘开高速运行挡，转换到液压走行挡位。将工作台栏杆扶起固定好，解除作业台回转定位，绞盘架摆动定位。把工况转换开关扳到 1 号位，并在操作室计算机显示器上确认，同时确认张力和百分比皆为“0”。

（2）司机按程序把工况控制板上“线盘制动缓解”和“绞盘制动缓解”按钮持续按住，将线盘和绞盘缓解。

（3）架线作业人员人工转动线盘与绞盘，将线索端头拉到补偿装置附近。

（4）司机按程序操作，将立柱升到工作高度，同时将立柱张力轮托起。

（5）架线车司机遥控操作，旋转并升作业平台至靠近锚柱补偿装置位置处。起锚人员一人上杆，配合架线车上人员将补偿连接件复合绝缘子递给架线车上人员，并检查补偿绳是否在棘轮槽内、平衡绳是否平顺，架线车上作业人员将接触线终端锚固线夹与复合绝缘子连接上。

（6）司机遥控操作，使架线平台归位。将架线车与轨道吊和平板车解体，起锚人员下杆，起锚完成。

3. 接触线展放

（1）架线车司机在操作台上设定架线参数（即张力等）。架线速度选 1 速。将张力轮下降，司机用遥控器操作放线车开始放线。

（2）作业负责人负责观察线条的走向，并负责指挥司机和作业人员操作，1 人准备“S”钩和滑轮，两人挂“S”钩和滑轮，架线车边走边挂，每跨不少于 4 个，“S” 钩上部挂在承力索上，下部挂滑轮，再将接触线挂在滑轮内。

（3）架线车上的作业平台基本接近下锚柱时停止展线，指挥人员与起锚人员随时联系，掌握起锚处的变化状况，并根据此情况指挥司机和架线人员使架线车停止前进，准备进行落锚。

4. 落　锚

（1）架线到落锚地点后，司机将工况选择开关保持在 3 号位不动，司机遥控操作，将作业台转向锚柱，并操作使放线车体倾向下锚侧（田野侧）。

（2）落锚施工人员在接触线和下锚连线的适当位置安装紧线器，用链条葫芦把补偿装置与接触线连接。当链条葫芦加力至葫芦逐渐向田野侧偏移，司机配合逐渐降低接触线的张力，待实际张力稳定后，把张力与百分比的给定值同时设为“0”，此时线索基本到下锚方向。

（3）链条葫芦继续紧线，下锚人员观察坠砣串及 b 值，当 b 值符合设计要求时，通知紧线作业人员停止紧线。

（4）司机将立柱缓慢下落，使立柱顶线索松开。立柱下落后，如张力与百分比值都已到零，但从外观看不出从架线车立柱顶部引出的线索完全松弛，此时可应下锚人员要求向起锚方向稍微移动架线车（距离约 0.5 ~ 1 m）以彻底使金属线松弛。

（5）断线安装终端锚固线夹，然后将接触线锥套式终端锚固线夹与落锚补偿装置的复合绝缘子连接牢靠，将接触线校正器螺栓松开，抬起校正器，取出接触线。

（6）紧线操作人员缓慢松链条葫芦，拆除链条葫芦和紧线器，架线车归位，即完成正式落锚连接。架线车司机操作使作业平台及车体归位到正常位置。

（7）架线人员将卷扬机和钢丝绳与剩余线头连接，开关在“1”号位，百分比设 25%，张力为 0。按控制板上线盘制动缓解和绞盘制动缓解按钮，把线头收回到立柱滑轮附近。司机将工况转换开关用 2 号位，百分比设 25%，用遥控器收线。

（三）设备安装

（1）分段绝缘器安装：首先按照设计图纸的要求安装承力索绝缘棒。然后在导线上做好分段绝缘器安装位置的标记，再将分段绝缘器对准标记，放置在导线上，分段处的拉出值应为“0”，按设计扭矩紧固分段绝缘器的主线夹。调整分段绝缘器处的导线高度，保证整个分段绝缘器与导线接触部分平行轨面；调整导流滑板与导线等高，保证受电弓在分段绝缘器处过渡平滑，不打弓。

（2）隔离开关安装及引线：在现场测量开关柱顶至地面的距离 H。根据现场测得的 H 值，计算操纵杆的长度 L，加工切割操纵杆。将开关托架按测定位置安装，用水平尺检查开关托架是否水平，应调平，调平后将紧固螺栓紧固。利用临时吊架将开关安装在开关托架上，转动开关检查开关闸刀开合方向是否正确，调整开关瓷柱，达到竖直。

在支柱上安装操作机构托架，固定操作机构，安装操作杆，调整分合闸角度。由隔离开关至接触网的引线按接触导线和承力索温度变化伸缩要求，预留位移长度；引线弯曲自然，布置路线应尽量短，引线在接触悬挂处的安装应尽量靠近悬挂定位点。

（3）避雷器安装：按施工设计图纸安装避雷器、放电间隙。检查安装后的避雷器外观有无损伤，连线是否正确。接地电阻不大于 10 Ω。

（四）接触悬挂调整与检测

1. 接触悬挂调整

接触悬挂调整主要包括吊弦、定位装置和电连接安装等，采用接触悬挂调整精确化，确保安装质量。

（1）整体吊弦测量制作：利用接触网多功能激光测量仪测量承力索悬挂点距线路水平面的高度及相对线路中心偏移值。由预配车间利用专用整体吊弦制作装置进行吊弦制作和标识，并对制作好的吊弦进行长度检查，按要求分锚段、跨距号进行包装。

（2）定位装置及吊弦安装：在定位装置及吊弦安装前，对中心锚结、下锚补偿张力等进行检查并确认达标后利用梯车（或作业车）安装，安装顺序由中心锚结处依次向下锚方向进行。

（3）电连接预制安装：电连接长度和根据实测或以设计要求确定，预制形式按设计图纸要求进行预制，并按照设计要求预留出因温度变化而产生的位移长度。

2. 接触网检测

接触网检测分静态检测和动态检测两个阶段。

（1）静态检测：

① 静态检测主要在工程安装阶段对接触线的平直度、目测检查和触网结构参数进行测量。

② 接触线的平直度检测是最关键静态检测项目，检测结果的合格与否直接决定接触线架设成功与否。因此必须在接触线架设完成后立即开始平直度检测，由专职质量工程师负责，利用接触线检测尺和塞尺进行检测，每锚段的接触线架设需检测 5 ~ 8 处。

③ 接触线的目测检测也是接触线架设后必需的检测项目，可与平直度检测同时进行。检测方法：检测人员站在接触网作业车的作业平台上，调整作业平台的高度，使检测人员的眼睛略低于接触线的高度，以便于观测接触线的下底面。检查内容包括接触线线材本身的质量问题和施工造成的细小的弯曲。

④ 接触网结构参数包括导线高度、拉出值、限界、动态包络线检查等，采用多功能激光接触网测量仪等仪器进行无接触静态检测。

（2）动态检测：动态检测主要在工程完工后进行对接触网安全检测，分低速动态检测和高速动态检测。

① 低速接触网检测：低速动态检测采用接触网冷滑装置或接触网弓网接触力测量装置。冷滑检查时，传感器检测到的模拟信号转换为数字信号，输入计算机进行分析计算处理后，将信息集中反映到两条曲线上，即拉出值动态曲线、接触线高度动态曲线。这两条曲线横坐标相同，即同步记录，存储在计算机的硬盘中。

② 高速接触网检测：高速动态检测采用高速、高分辨率接触网图像分析测量系统，主要测量弓网接触压力、定位器抬升值（检测车测量、地面测量）、受电弓运行加速度、离线率（电弧），视频记录等。

三、牵引变电工程施工工艺及方法

（一）牵引变电施工方案

1. 尽早提供场坪施工方案

项目开工后，项目部将成立协助征地工作小组，积极联系变电专业设计到现场，逐个核对并进一步优化各个所亭的初步位置后，督促变电设计将初步位置交给线路、路基、站场、地质、桥梁、房建、接触网、电力、通信、环保等专业确认；位置确认后然后督促房建设计、房建专业、路基专业和站场专业完成征地图设计，积极配合路基、站场、房建、业主单位等完成所亭征地工作；征地完成后及时督促房建专业早开工早提供场坪，争取变电专业早日开工，确保整体施工进度。

2. 外电源接引工作施工方案

征地位置确定后，项目部将协助设计牵引变电所所址位置、电源进线架构受力要求和电源进线流互变比，在征地业主同意后及时转交给电力公司，确保电力公司的电力线路工程早日开工。

协助铁路设计与电力公司设计完成外部电源继电保护设置、上下级保护配合、二次盘面（计量、保护、通信、电源）数量等，完成外电源保护部分和信息“直采直送”部分的图纸设计，确保项目部的施工周期。然后协助业主完成调度处理书办理、供用电合同签订等事宜，确保外电源接引工作顺利接引入所。

3. 牵引变压器等大型设备进所施工方案

运输项目部建议牵引变压器厂家采用第三方大型设备运输公司进行运输，运输前联系运输公司到现场共同确定运输方案，原则上优先采用汽车运输；要求各个所亭牵引变压器运输方案初期编制3套，与监理单位、运输公司、业主确定最优方案和备用方案后，报监理单位和业主审批后执行，确保牵引变压器运输安全。

4. 保证接地电阻施工方案

保证接地电阻满足设计要求（正常情况下，地网接地电阻值按不大于 $2\,000/I_j$ 进行设计，同时校验接触电势和跨步电势是否满足规范要求。鉴于个别所亭土壤电阻率较高，且经技术经济比较做到 $2\,000/I_j$ 极不合理时，允许按照规范要求采用较高的接地电阻值 $5\,000/I_j$，并采取防止所内高电位引向所外或所外低电位引向所内的措施）。

（二）牵引变电施工要点

（1）基础、架构安装：预埋件位置误差、混凝土、内部钢筋型号和绑扎、支模、浇制、捣固、养护等符合工艺要求。同一安装中心线上的构架基础应位于同一中心线上，施工偏差不大于10 mm。

（2）接地网敷设：水平和垂直接地体所采用的材料的规格型号、水平和垂直接地体的位置和埋设深度符合设计要求；扁铜的放热焊符合规范，焊接牢固。避雷安装牢固。

（3）回流柜、回流母排安装柜体外观不变形；没有漆层脱落或损伤现象；柜内设备及配件齐全；柜体安装平稳、接地可靠；柜体门锁良好；柜内密封良好。

（4）牵引变压器安装：牵引变压器规格型号符合设计要求；油路通畅无杂物；调压切换装置动作正确，分接头与远动指示器指示位置一致；器身本体、附件及阀门不漏油，阀门的开闭灵活、指示正确；高压套管顶部密封结构安装正确，连接面密封良好，连接母线后，顶部结构无松动现象；吸湿器、净油器内吸附干燥剂干燥，管道通畅。

牵引变压器必须采用真空注油，当器身内的真空度达到0.101 MPa或产品规定要求之后，应停机持续保持真空度在8 h内无变化，即可开始按产品规定的注油速度注油，注油全过程应保持器身内规定的真空度。

（5）自耦变压器安装：自耦变压器规格型号符合设计要求，器身完整、无锈蚀、铭牌齐全、油位正常、色相标志正确；油路通常无杂物；器身本体、附件及阀门不漏油，阀门的开闭灵活、指示正确；法兰连接处密封良好，连接面平整清洁，无渗油现象；吸湿器、净油器内吸附干燥剂干燥，管道通畅；绝缘垫安装牢固，变压器外壳可靠接地，流互连接正确；温度计指示正确。

（6）断路器安装、调整：断路器内部气体压力符合产品设计要求；同组断路器安装后底座平面水平误差小于2 mm；相间支架或传动机构中心线的误差不应大于5 mm；各支架必须固定牢固；当采用垫片调整支架的水平高度时，一般不宜超过3片，总厚度不应大于10 mm，且应该将垫片与支架焊接为一个整体；断路器传动试验正常，传动部位无卡阻；所有连接螺栓按规定的力矩紧固。

（7）隔离开关、负荷开关安装：隔离开关的相间距离误差符合相关规定；支持绝缘子的安装垂直、连接牢固；合闸同期值符合有关规定；传动机构灵活；辅助开关转动灵活；主触头与接地刀间的闭锁可靠、灵活、正确。

负荷开关的安装、调整、传动试验应符合产品的技术规定；开关的辅助接点转换灵活、准确、可靠，二次回路接线正确，当地及远方操作性能均能满足有关规定。

（8）互感器安装：变比分接头位置和极性符合设计要求；二次接线完整、正确：接线端子连接可靠、绝缘良好、标志清晰；油位正常；法兰连接处不漏油：紧固件齐全、无松动、附件完好；接地良好。

（9）软母线制作与安装：软母线的安装没有损伤、扭结、松股和断股现象；所用金具零件齐全、表面光滑、无裂纹、沙眼及锌层脱落现象；软母线与压接型线夹连接时，导线端头伸入耐张线夹或设备线夹的长度达到规定的长度；安装弛度、相间及对地距离应符合设计要求。

（10）电缆桥架安装：电缆桥架两端必须进行可靠接地，直线距离超过 30 m 必须增加接地点。电缆桥架应紧贴建筑物表面，固定牢靠，横平竖直，布置合理，盖板无翘角，接口严密整齐，拐角、转角、丁字连接、转弯连接正确严实。可用金属膨胀蝶栓固定或焊接支架与吊架，也可采用万能卡具固定电缆桥架，支架与吊架应布置合理、固定牢固、平整。缆线路穿过梁、墙、楼板等处时，电缆桥架不应被抹死在建筑物上；跨越建筑物变形缝处的电缆标架底板应断开。

四、工程试验

（一）安装试验

安装试验是在所有安装工作完成后进行的一项检查工作，主要内容有：盘柜安装位置是否正确，固定是否牢靠；盘柜表面及内部设备是否完好无损，盘柜是否可靠接地；各线缆是否有标识，标识是否正确，标签是否牢固；各种线缆是否按施工图要求正确敷设，是否按端口对应关系正确连接；线缆是否有损坏；金属电缆支架可电缆保护管是否可靠接地；各电缆管管口是否可靠封堵；电气距离是否满足要求；等。

（二）接触网系统试验

接触网子系统试验是为了验证列车受电弓在综合试验段接触网下运行的受流性能，研究弓网关系，评价列车的弓网适应性；测试接触网的动态抬升量，评价接触线的动态抬升是否安全；测试接触网的静态弹性，计算静态差异系数，研究接触网的基本性能。试验包括以下内容：动车组弓网受流性能、接触网动态抬升量、接触网静态弹性、接触网安全检测。通过综合试验段接触网的试验，掌握线路接触网的性能，为重庆至贵阳铁路全线接触网积累试验数据。

第十三章　综合接地系统施工

一、施工总体方案

由于各专业采用的电子设备的增多，地线的种类和数量也大量增加，为减少不同设备、不同系统之间存在的电位差及可能造成的人身和设备的安全隐患（尤其是信号和接触网专业），渝黔铁路设置综合接地系统，利用它将各种接地有机、合理地结合起来，并处理好它们之间的相互影响，保证各系统、各设备之间实现等电位连接。

1. 施工工艺流程

径路复测→敷设贯通地线→接地端子安装→接地体连接→防护→测试→接续。

2. 操作要点

（1）径路复测：地线电阻取决于土质、施工方法等因素，在施工方法已经确定的情况下，选择好的径路将大大降低地线的电阻，特别是在路基地段。

（2）敷设贯通地线：上下行两侧各敷设 70 mm^2 环保地线，全线贯通。路基地段贯通地线埋设在电缆槽底部，回填粒径不大于 5 mm 的土壤。在桥梁地段，贯通地线直接敷设于电缆槽中，采取沙防护。

（3）接地端子的安装与接地体的连接：

① 在路基地段，约每隔 100 m 设置一处接地端子（视具体情况而定）。接地端子作为四电设备的接地体，直接从所敷设的地线引出，用于以后的各种设备的接地连接。

② 桥梁地段接地端子既是作为四电设备的接地端子使用，同时又是保证贯通地线电阻达标从而保证全线降阻的重要环节。每处桥墩都要设置接地体。

梁面电缆槽内、电力电缆槽壁与外侧挡砟墙各预留接地钢筋一根，用来焊接接地端子。电力电缆槽壁内接地端子再用于贯通地线同材料的引接线，引入电力电缆槽内与贯通地线相连接。

（4）防护：按照贯通地线免维护的要求，对所敷设贯通地线进行沙防护或者水泥包封防护，对接地体的非不锈钢部位以及焊接部位也进行水泥包封处理。

（5）测试：对所有的接地端子用接地电阻测试仪进行接地电阻测试，测试要求每个端子阻值都在 1 Ω以下。

（6）接续：对完成了以上各到工序的各段地线可进行接续成一个整体，贯通地线在电气上全程贯通。

3. 引接线、接地母排和接地端子的位置

引接线、接地母排、接地端子及其他接地预埋件直接灌注在电缆槽或其他混凝土制品中，接地母排、接地端子及预埋件采用不锈钢制造。路基、隧道中的接地母排一般设三个 M16 端子，特殊情况下可采用具有多个 M16 端子的同材质不锈钢板作为扩展母排使用。

4. 分支铜缆与贯通地线的“T”型接续

（1）焊接工艺方法：分支护套铜缆和贯通地线接续可采用焊接方式，接续部分采用热熔热缩带或其他热缩方式防护 150 mm。

（2）压接工艺方法：用板锉将接续处贯通地线 50 mm 范围内的外护套锉掉，露出铜芯；将分支护套铜缆的护套剥去 50 mm。将铜芯分别放入与铜芯截面积相适合“T”型铜质压接管内，并使两线在压接管内的中间对头，最后放进压模压接牢固，贯通地线外面用铅锡焊料封焊，分支护套铜缆外用热缩套管进行防护。

二、房建综合接地系统施工

1. 引下线的施工

引下线采用热镀锌扁钢沿信号楼外墙明敷。按房型大小均匀垂直敷设 6 根，沿信号楼四周均匀或对称布置。每隔 1 m 用固定绝缘子均匀牢固，离墙 15 mm，与分线盘（柜）间距不小于 5 m，与地网的连接点以及其他室内地线连接点间距不小于 5 m。

2. 综合地网的施工

在信号楼四周，室外综合接地网由水平接地体和垂直接地体组成，环绕信号楼周围设环型地网，尽可能沿建筑物周围设置，以便与地网连接的各种引接线就近连接。综合接地网距离信号楼墙体 1 m 以外建设，埋深不少于 0.8 m（土质地面）。

3. 机房屏蔽（法拉第笼）的施工

信号机械室和通信机械室内壁敷设ϕ8 mm 和ϕ12 mm 的热镀锌圆钢作为电磁屏蔽材料。

4. 地线连接的施工

在信号机械室设置 4 处接地汇流排 TD-6，预留用于分线盘防雷、电缆屏蔽、电源防雷和接地汇集线接地使用，并用 2 根 25 mm^2 多股绝缘铜导线单点冗余连接到综合地网。

在信号微机室设置 1 处接地汇流排 TD-6，预留用于计算机逻辑地接地使用，并用 2 根 25 mm^2 多股绝缘铜导线单点冗余连接到综合地网。

5. 地线测试线的施工

按照统一规格设置接地电阻测试箱，按“ZC 型接地电阻表”接地方式，采用 10 mm^2 铜芯线预先埋设测试针及连接线，并在室内设置地线测试端，具体要求相关技术规范。

三、路基综合接地施工

针对路基施工情况，确定以下几种不同的贯通地线埋设实施方案。

（1）基床表层不换填的石质路堑地段，贯通地线埋设实施方案：贯通地线埋设于电缆槽下，距离基床表层顶面以下 0.75 m，距离轨道中心 3.9 m 的位置。先将电缆槽宽度范围内的基床表层范围内基岩挖除，再在贯通地线埋设的位置，开挖出比埋设深度深 0.04 m，宽度略大于贯通地线直径的“小槽”，以敷设贯通地线；先向“小槽”内回填 40 mm 粒径不大于 5 mm 且不含碎石的土壤，敷设贯通地线，最后用粒径不大于 5 mm 且不含碎石的土壤将“小槽”填满，进行人工夯实。

横向连接线的埋设实施方案：在横向连接线埋设的位置，开挖出宽 0.2 m，深度低于横向连接线埋设深度 0.1 m 的凹槽，凹槽底部先浇筑 0.1 m 厚 C25 混凝土，将横向连接线埋设到位后，将凹槽采用 C25 混凝土浇筑填满。

（2）只基床表层换填且已换填完成的石质路堑地段，贯通地线埋设实施方案：

不同点：采用机械切槽，将电缆槽宽度范围内的基床表层切除。

（3）只基床表层换填且未换填完成的石质路堑地段，贯通地线埋设实施方案：

不同点：在贯通地线与横向连接线的埋设位置，待路堑开挖至基床表层底面后，在贯通地线埋设的位置开挖“小槽”或凹槽。

（4）已铺设完成两布一膜土工布的路基地段，贯通地线埋设实施方案：

不同点：采用机械切槽，将电缆槽宽度范围内的基床表层级配碎石切除，将贯通地线埋设于电缆槽底部的中粗砂里，再将中粗砂铺设至电缆槽底部高程后，安装电缆槽。

（5）不铺设两布一膜土工布且路堤填筑已完成的路基地段，贯通地线埋设实施方案：

不同点：采用机械切槽，将电缆槽宽度范围内的基床表层切除。

（6）路基填筑未施工完成的地段（不含基床表层不换填的石质路堑地段和只基床表层换填的石质路堑地段），贯通地线埋设实施方案：

不同点：路基填筑并压实至高于贯通地线埋设深度约 60 mm 高程的同时，预留出 60 mm 深、宽度略大于贯通地线直径的“小槽”，以敷设贯通地线。人工夯实后，必须在“小槽”上方覆盖不少于 100 mm、粒径不大于 5 mm 且不含碎石的土壤后，才能进行正常的路基填筑和机械压实作业。

四、桥梁综合接地施工

1. 桥墩台接地设置

（1）每座桥梁的每个桥墩均应按照要求设置接地装置，并接入综合接地系统。

（2）在每根桩中应有一根接地钢筋，桩中的接地钢筋在承台中应环接，桥墩中应有两根接地钢筋，一端与承台中的环接钢筋相连另一端与墩帽处的接地端子相连，以上接地钢筋均可用桩、承台、桥墩中的结构钢筋。

（3）在每个桥墩垂直于线路方向的小里程侧面、距地面 – 10 cm 处，设一个不锈钢接地端子（水中墩除外），供测试和拴接附加接地极之用。贯通地线的接地电阻经测试大于 1 Ω时，应另设附加接地极。

（4）桥台接地设置：台体内设置接地钢筋，桥台面接地钢筋参照桥梁体的接地设置要求实施。桥墩接地钢筋设置见图 4-13-1。

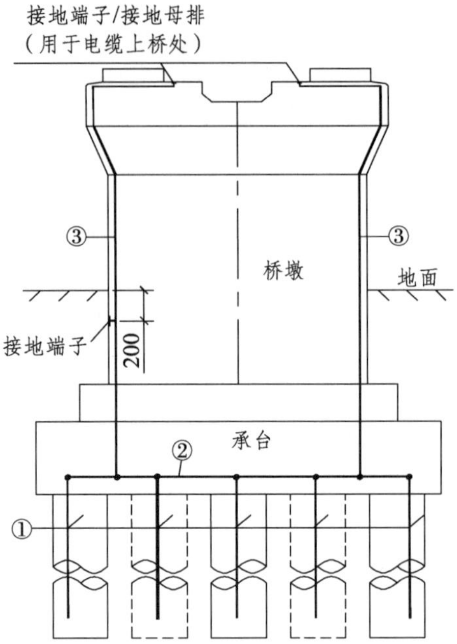

图 4-13-1　桥墩接地钢筋设置示意

2. 桥梁梁体接地设置

（1）所有接地钢筋间的连接均采用直径ϕ14 的钢筋 L 形焊接，焊接长度单面焊 250 mm，双面焊 100 mm，焊接厚度均大于 4 mm。

（2）梁顶接地端子组在距梁端 855 mm 处与横向筋相连，梁体纵横向接地钢筋利用梁体钢筋代替。

（3）防护墙施工时，防护墙钢筋 N1 与设置在防护墙顶面线路侧的纵向钢筋采用 L 形焊接，且防护墙 N1 钢筋还必须与防护墙下部的梁顶纵向钢筋采用 L 形焊接。

（4）梁上设计接触网支柱时，用 N5 钢筋将纵向接地钢筋 A4 与设置在接触网支柱基础（含拉线基础）底层预埋钢板焊接牢固。

（5）桥面电缆通信槽内设置接地端子，与桥面贯通地线相连接。竖墙施工时，在箱梁小里程端两侧竖墙顶面各设计 1 个接地端子。

（6）每孔梁端截面的接地端子均设在桥梁小里程一端，与桥台相连的梁端，其大里程端需设置接地钢筋环路，梁底增设两个接地端。梁底地接端子与桥墩和桥台相连接。为桥梁梁体内设纵、横向接地钢筋（利用梁体内结构钢筋），接地钢筋闭合成环。

3. 桥梁地段声屏障综合接地

金属声屏障单元板利用连接线贯通整个单元板。声屏障通过梁体上部的横向接地钢筋与贯通地线实现单点 T 型连接，连接点应统一选在桥梁体一端。

五、轨道综合接地施工

（1）无砟轨道区段，纵向接地钢筋每 100 m（或 20 块轨道板）与贯通地线单点 T 型连接一次。纵向接地钢筋位于轨道板内，按 1 根ϕ16 mm 钢筋设置，两端与板内预埋端子焊接。相邻两块轨道板的板内预埋端子通过板端引接线（截面积为 35 mm^2、长度为 350 mm 带绝缘的铜绞线电缆）连接，但连接长度不能超过 100 m（或 20 块轨道板长）。

（2）每 100 m（或 20 块轨道板长）形成一个接地段，通过接地引接线（截面积为 35 mm^2、长度为 5 m 带绝缘的铜绞线电缆)，将接地段中部合适位置处的板内预埋端子就近连接到与贯通地线连接的接地端子（或接地母排）上，接入综合接地系统。

（3）道岔区接地端子设在道床板内，将道床板在纵向上划分成长度不大于 100 m 的接地单元，在两侧预留接地端子，用不锈钢连接线分别与沿线两侧贯通地线的接地端子连接。

六、隧道综合接地施工

1. 已经开挖完成但衬砌未完成的隧道内接地极的设置

（1）对于小于 200 m 的双线隧道，隧道内不设置接地极。

（2）对于大于 200 m、小于 500 m 的双线隧道，在隧道中心里程前后处且未施工仰拱（或铺底）的地方设置 1 处接地极，接地极设置在仰拱（或铺底）下方。

（3）对于大于 500 m 的双线隧道，在每个综合洞室下方均设接地极，综合洞室的纵向间距为 500 m（单侧），并在未施工仰拱（或铺底）地段，单侧综合洞室之间在仰拱（或铺底）下方设置 2 处接地体。

（4）综合洞室下方的接地极采用 2.1 m × 1.5 m × 0.6 m 的钢筋笼。钢筋笼通过与其焊接的 $\phi16$ 钢筋伸入到设置贯通地线的电缆槽内，露出到电缆槽内的钢筋头增加接地端子。同时，钢筋笼通过与其焊接的另一根 $\phi16$ 钢筋伸入到综合洞室内，并在距离综合洞室底面约 1 m 处露头，钢筋头增加接地端子，作为测试端子使用。

（5）隧道仰拱（或铺底）下方的接地体采用热镀锌扁钢接地网（扁钢规格为 50 mm × 4 mm），沿线路纵向长 20 m，网格间距 1 m，纵横向间隔两倍锚杆长度左右打一根锚杆，扁钢网通过锚杆接入地层内，锚杆长 2.5 ~ 3 m。

扁钢之间、扁钢与锚杆之间采用焊接，其中扁钢网中心位置的环向扁钢两端焊接 $\phi16$ 钢筋伸入隧道两侧设置贯通地线的电缆槽内，露出到电缆槽内的钢筋头增加接地端子。接地扁钢网与综合洞室接地电阻综合考虑，保证贯通地线上接地电阻不大于 1 Ω。接地体应有 35 mm 混凝土层。

2. 隧道未开挖地段接地极的设置

隧道未开挖地段，具体分为如下几种情况：

（1）Ⅱ级围岩无砟轨道地段的接地极布置于隧道铺底下方。

（2）双线隧道Ⅱ级围岩有砟轨道地段的接地极设置采用铺底钢筋，纵向长度以 100 m 间隔，利用其中 20 m 段落的结构钢筋作为一个接地极。

（3）Ⅲ、Ⅳ、Ⅴ级围岩地段，每 100 m 作为一个单元，利用环向锚杆、环向连接钢筋（钢架）和边墙底部纵向连接钢筋作为接地极。

3. 关于纵向接地钢筋

纵向接地钢筋设置于水沟、电缆槽侧壁内，将水沟侧壁钢筋中最上层的 $\phi12$ 钢筋替换为 $\phi16$ 钢筋，每 100 m 断开一次，在 100 m 中部与接地极中心位置伸出的环向连接钢筋连接，并引入设置贯通地线的电缆槽内。

4. 关于接触网滑道槽与闪络保护

（1）未施工段落的二次衬砌无钢筋时，架立的环向钢筋与滑道槽连接，并且环钢筋与纵向贯通接地钢筋连接。

（2）未施工段落的二次衬砌有钢筋时，选用环向结构钢筋与滑道槽连接，并且环向接地钢筋与纵向贯通接地钢筋连接，纵向钢筋按拱顶 0.5 m，其他部位 1 ~ 1.5 m 间距选取作为闪络保护钢筋，且每 100 m 断开一次。

七、综合接地系统检测

对于接地端子必须进行检测是否与综合贯通地线可靠连接，通过接地端子排测试综合贯通地线上的接地电阻均应满足接地电阻≤1 Ω。

1. 接地电阻测试原理

按三极法的原理接线图或者按照三角形法的原理接线图所规定的方法去测试。

2. 接地电阻测试方法

测试仪器采用 ZC 系列（ZC-8、ZC-9、ZC-28、ZC-29）接地电阻测试仪（图 4-13-2、图 4-13-3）。按测量电极的不同布置方式，有直线布置法和三角形布置法等。首选直线布置法，受测试场地限制时，选择三角形布置法。

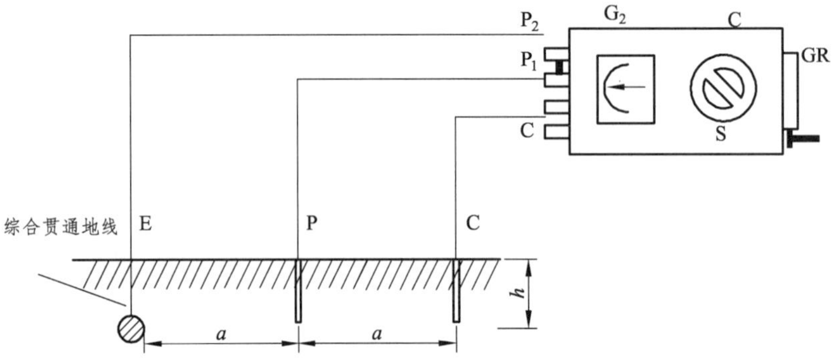

图 4-13-2　用 ZC 系列地阻仪测接地电阻（直线布极）

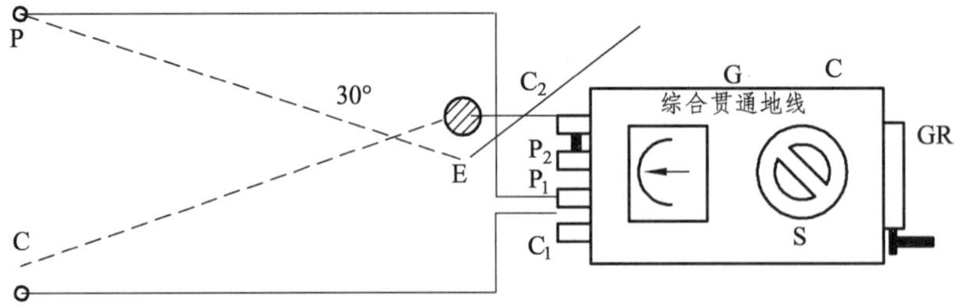

图 4-13-3　用 ZC 系列地阻仪测接地电阻（三角形布极，夹角 30°）

使用接地电阻测试仪进行接地电阻值测量时，应将接地电阻测试仪平放，调整 G 的指针至零位。然后将倍率调整旋钮 S 放在较高挡位，慢摇发电机 GR，同时转动测量度盘 C，使指针至零时测量度盘 C 示数乘以倍率调整旋钮倍数之积即为接地电阻值。若 C 转至读数最小而指针不为零，这时应将倍率调整旋钮 S 换到较小倍率挡后继续调整测量度盘 C 直至指针正好为零，这时测量度盘 C 示数乘以倍率调整旋钮倍数之积即为接地电阻值。

第十四章　防灾安全监控工程施工

一、工程概况

渝黔铁路防灾安全监控系统由数据处理设备，监测终端设备，监控单元，风、雨及异物侵限现场采集设备，系统网络等组成。

本系统在成都局调度所新建监控数据处理设备，接收管辖范围内各监控单元上传的现场监测信息及监控单元的工作状态信息。按设定的报警门限值和信息处理规程，对现场监测信息进行综合分析处理，根据灾害强度，生产各类报警信息以及相应的行车管制预案并传送至相关用户终端；根据调度区划及维护管理需求，为相关调度台配置监测业务终端设备，为相关维护单位配置监测维护终端设备；在沿线车站、区间 GSM-R 基站、信号中继站、牵引变电所、分区所等处根据信息采集点的设置需要设置相应的监控单元；在沿线根据气象、地形地貌、地质等自然条件，设置风、雨及异物侵限现场采集设备。

监测终端以图形、文本和音响报警等方式，提供风、雨、异物侵限等报警、预警信息和相应的工作预案以及信息查询、报表输出功能；具有雨量报警解除功能；具有操作记录和防灾系统设备的故障报警、定位等维护功能，其中设备故障报警对维护有指导作用并提供必要的检修预案。

系统在沿线无线通信基站、信号中继站、车站防灾机房内设置监控单元设备，主要由监控单元主机模块、各种监测功能模块、继电器组合模块、电源设备、防雷单元、网络设备、机柜等组成。监控单元采用模块化结构，各功能子系统均可通过各自子板与监控单元连接，满足向风、雨、异物子系统的接入和监测，同时预留其他灾害监测子系统扩展接口。各监测子项之间相对独立，新增监测子项的接入不影响现有系统的结构。

二、主要施工工艺及方法

（一）公跨铁桥异物侵限双电网传感器的安装

1. 准备工作

（1）专业安装工具的准备：公跨铁路的道路桥梁异物侵限现场采集设备安装采用吊笼或其他安装工具进行作业。

（2）工具材料的准备：主要包括发电机、电锤（含钻头）、支架、平弹垫片、双螺母、螺丝防松动胶、套筒扳手、吹风机、水平承重网、竖直监测网、接线盒、U 型卡、扁铁、防护管及配件、50 mm^2 接地线、电缆、梯子及安全带、反光背心等必需的劳保用品。如果涉及既有通车公路施工，还需要安放路锥、警示牌、警示灯等安全设施。

2. 螺栓预埋情况

检查上跨铁路的道路桥梁预埋异物侵限现场采集设备安装螺栓，并测量预埋螺栓的范围、尺寸是否符合设计图纸的要求，预埋螺栓由桥梁专业按照施工图纸预先预埋。

3. L 型支架的安装

（1）在已经预埋螺栓的情况下，需先用 L 型支架底座模板纠正预埋螺栓孔间距以便于安装 L 型支架。

（2）在植入化学锚栓的情况下，可直接进行安装 L 型支架。

（3）安装 L 型支架的施工标准：同一侧的 L 型支架要进行水平竖直方向的校准，保证在同一水平面上和竖直面上；每个 L 型支架法兰与化学锚栓固定必须采用平、弹垫片和双螺母，涂抹螺丝防松动胶，保证化学锚栓的丝扣外露长度不小于 5 mm。安装 L 型支架后要统一进行水平、竖直调整。

4. 安装水平承重网和竖直监测网

（1）安装标准：在安装前应对每块竖直监测网进行导通测试及绝缘性能测试，绝缘电阻要 500 MΩ 以上方可。

安装水平承重网及竖直监测网，其固定的U型卡应保证螺母面对于桥面方向，以方便检修。水平承重网及竖直监测网均采用U型卡进行固定，涂抹螺丝防松动胶，平、弹垫片和双螺母朝向桥面方向，并保证丝扣外露长度不小于 5 mm；水平承重网及竖直监测网安装完毕要做到牢固、水平、竖直、整齐，要保证水平承重网及竖直监测网的打磨面朝向桥面方向。

接线盒的固定螺丝要保证平、弹垫片和双螺母朝向桥面方向，涂抹螺丝防松动胶，丝扣外露长度不小于 5 mm。

（2）竖直监测网的接线及导通测试：单侧所有接线完成后，在竖直监测电网与电缆连接处用万用表分别测量电网 1、电网 2 的电阻值并记录，根据防护范围通过电阻值确认导通性（单侧 28 m 的监测电网单芯电阻值不大于 70 Ω）；线间及对地绝缘电阻应大于 500 MΩ。

5. 接地线的连接、双电网与电缆的连接

异物侵限现场控制设备的接地应按下列规定进行施工。

（1）热镀锌扁钢连接后，在一端处采用截面积不小于 50 mm^2 的多股铜线沿线缆引下钢管至上跨铁路的道路桥梁桥墩底部与就近贯通地线接地端子连接或采用 T 型压接方式与贯通地线连接。

（2）现场控制器内部接地端子采用截面积不小于 50 mm^2 的多股铜线与就近贯通地线接地端子连接或采用 T 型压接方式与贯通地线连接。

（3）接地配线不应有接续和缩径。各接地线连接端子牢固可靠，地线连接处采取防护措施，露出地面时进行防护处理。

（4）防雷接地配线单独配置，走线不留余长。

（5）异物侵限现场监测设备地线连接后，进行接地电阻检测，接地电阻符合设计规定。

6. 轨旁控制器的安装

（1）现场控制器在确保箱体不侵入铁路限界的前提下，安装于异物侵限监测点电缆引下桥墩附近，安装时，根据现场实际情况制作围桩，现场控制器采用 50 角钢固定，箱底距离围桩上表面 100 ~ 200 mm。

（2）监测电网至现场控制器的电缆自现场控制器底部围台内保护管引入箱内并完成成端制作；配线时线把绑扎间距均匀，芯线余留 2 ~ 3 次做头余量，并严禁盘圈，芯线均套号管，端头做成鹅头弯后与端子连接，备用芯线可盘成弹簧状放在电缆根部。

（3）现场控制器内采用弹簧接线端子配线时，线缆连接一孔一线，根据接线端子的规格，使用专用配线工具，截面积小于 1 mm^2 的多股铜线使用配套的压接钳压接冷压接线帽。

（4）电缆引入现场控制器时，标明径路。

7. 电气性能测试

电缆及地线接入现场控制器后，应测量电网 1、电网 2 的导通性、绝缘性和地线的对地电阻。根据防护范围通过电阻值确认导通性（56 m 的电阻值应不大于 150 Ω）；线间及对地绝缘电阻应大于 500 MΩ。

（二）风、雨监测子系统

（1）风、雨监测子系统组成：风监测子系统现场设备由风速风向计、现场控制箱、传输电缆等组成；雨量监测子系统现场设备由雨量计、现场控制箱、传输电缆等组成。

（2）风、雨监测点设置数量：本线共设置 28 处现场风监测设备，34 处现场雨监测设备。

（3）设备安装：

① 风速风向计按非机械式双套设置，并远离现场障碍物干扰。风速风向计安装于接触网支柱上。雨量计主要设置于路基地段及艰险山区铁路易发生滑坡、泥石流及危岩、落石或崩塌地段等处所，雨

量计采用非机械式雨量计。雨量计安装于接触网支柱上。

② 固定风向计、雨量计支架的螺母统一朝向线路外侧。风速计、雨量计须满足相关运营条件下强风压要求，保证强风压条件下质量安全、可靠。

③ 施工完成后，所有预埋管件都应该进行防火防鼠孔洞封堵。电缆过电力电缆沟、水沟时用钢管防护放置在沟表面，钢管方向与沟垂直且用化学锚栓固定。

（三）现场监控单元、监控数据处理设备及监测终端设备

1. 现场监控单元

本线共设有现场监控单元 34 处。现场监控单元由主机模块、各种监测功能模块、继电器组合模块、防雷单元（电源、线缆）、电源设备、机柜等组成。

监控单元采用模块化结构，各功能子系统均可通过各自子板与监控单元连接，满足风向风速监测、雨量监测、异物侵限监控的接入和监测。

现场监控单元安装于现场监测设备附近的通信基站、中继站、线路所、车站防灾机房内。

2. 监控数据处理设备

本线灾害监测系统接入成都铁路局调度大楼内新设的渝黔线防灾监控数据处理设备［2 台应用服务器、2 台数据库服务器（带存储设备）、2 台接口服务器、2 台 NTP 服务器、2 台路由器、2 台三层交换机、4 台二层交换机、2 台防火墙、2 架机柜］。

3. 监测终端设备

在成都铁路局调度所调度大厅渝黔调度台、信息技术所信息值班室、工务处、成都通信段、重庆工务段、贵阳工务段、重庆西通信站、贵阳北通信站、贵阳高铁工务段、遵义通信车间共设置 10 套灾害监测终端和相关网络设备、UPS 电源，其中调度所终端全部双机双屏配置。设置 2 套监测终端，包括贵阳枢纽调度 1 台监测终端以及重庆枢纽调度 1 台监测终端。

（四）接口设计

1. 与房建、电力、暖通专业接口

（1）与房建专业接口：本线各中间站、信号中继站、线路所等处分别由房建专业设计 1 间房屋，作为灾害监测系统设备机房，单处机房使用面积为 15 m^2。灾害监测系统设备机房要求靠近通信机械室，以便于灾害监测系统设备接入传输系统。

（2）与电力专业接口：电力专业在设有防灾设备的通信基站、信号中继站和车站防灾机房为防灾专业提供两路（单路 220 V）Ⅰ级负荷电源，并配置防灾专用两路电源自投自复配电箱（含 B 级防雷功能）。

防灾专业与电力专业接口位于防灾机房内防灾电力配电箱低压出线开关下端头。电力专业在防灾机房预留接地铜排（防雷地、保护地），接地电阻不大于 1 Ω。

（3）与暖通专业接口：暖通专业为独立防灾机房提供全年运行、24 h 连续工作机房专用独立空调和灭火装置。

2. 与通信专业接口

通信专业为灾害监测系统提供传输通道，从传输设备至灾害监测系统设备之间的配线由灾害监测系统完成，通信专业应在接口处标明该接口的用途。

（1）灾害监测系统独立组网，由通信传输系统提供专用传输通道：本工程现场监控单元接入网络采用通信传输系统以太网透传通道构成双星型网络，接口为 FE 电口，带宽为主备用各 1×2 Mb/s。通

过传输系统汇聚接入路璜南站、綦江东站、夜郎镇站、遵义东站、息烽站，并通过通信传输系统提供的主备用各 4×2 Mb/s 的专用通道（接口为 FE 电口）接入成都铁路局调度所监控数据处理设备。主备用 FE 接口应配置于不同的两块 FE 板上。

通信段、通信站、工务段灾害监测终端通过通信传输系统提供的主备用各 1×2 Mb/s 的专用通道（接口为 FE 电口）接入成都铁路局调度所监控数据处理设备。

（2）综合视频监控系统包括异物侵限监控的视频监控，采集到的视频信号传至调度所、工务段、通信段。发生异物侵限报警后，在调度所、工务段、通信段能够查看现场视频图像。

（3）区间基站灾害监测系统设备与通信共用设备机房。

（4）区间灾害监测系统电缆敷设在通信信号槽道内；从桥梁引下电缆时，需利用通信电缆手孔和通信电缆上下桥爬架。

（5）防灾电缆引入区间基站时，与通信专业共用引入井或手孔。

3. 与信号专业接口

（1）根据异物监控系统与信号系统之间的接口条件满足《信号系统与异物侵限监控系统接口技术条件》（运基信号〔2009〕719 号）的要求，异物侵限监控子系统与列控系统接口，通过继电器接点将报警信息直接传输至就近的列控系统接点设备，控制列车紧急停车。信号系统设置异物侵限继电器（YWJ），异物侵限监控子系统应驱动 YWJ，常态吸起，落下时列控信号系统按发生异物侵限进行防护。YWJ 应纳入信号计算机监测系统。防灾专业与信号专业接口界面在分线盘外线引入端，信号专业在分线盘预留接线端子及防雷单元。灾害监控系统与信号列控系统接口关系见图 4-14-1。

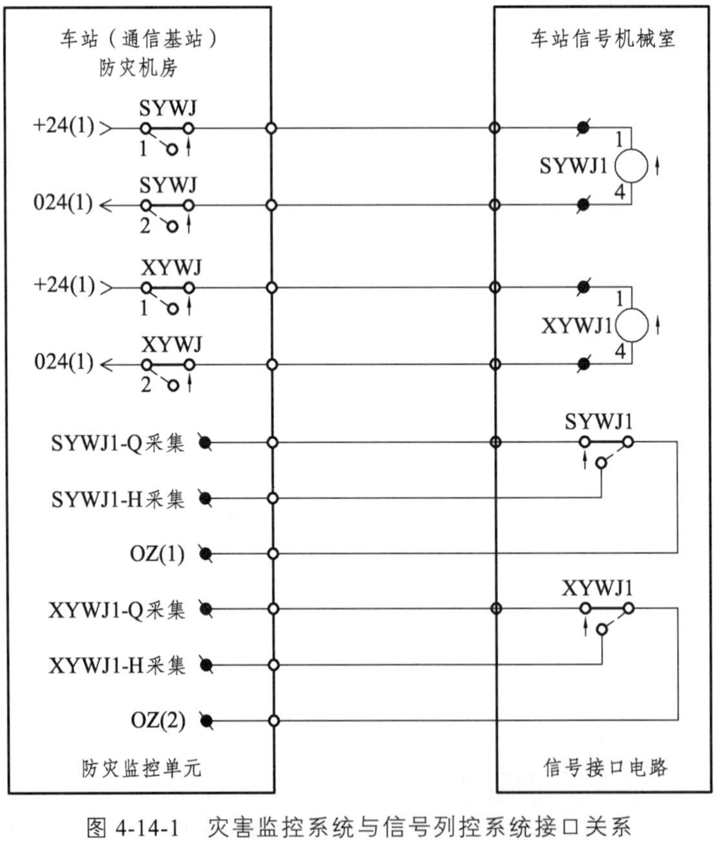

图 4-14-1　灾害监控系统与信号列控系统接口关系

由于监控单元设备涉及设备供货商专利技术，由设备供货商对其安全性、可靠性负责。

（2）信号专业在设置调度台时，需根据本专业所提防灾监控终端的相关参数资料，预留防灾监控终端安装位置。

（3）灾害监测系统现场采集设备采用铜缆接入沿线的综合接地系统的接地端子。

三、系统调试

1. 联调联试目的

通过对防灾安全监控系统监控数据处理设备冗余、监控单元冗余、大风监测、雨量监测、异物侵限监控、监控数据处理设备和监控单元状态监测、风速风向计和雨量计联通状态监测及与列控系统接口功能的动态测试，验证系统是否达到设计要求。

2. 联调联试内容

防灾安全监控系统现场测试采用按比例抽测的方法，其中异物侵限监测点不低于监测点总数的10%，风速风向监测点不低于监测点总数的30%，雨量监测点不低于监测点总数的30%。

（1）冗余功能：数据库服务器冗余功能测试、应用服务器冗余功能测试、存储设备冗余功能测试、核心网络交换机冗余功能测试、监控单元主机冗余功能测试、监控单元UPS电源冗余功能测试。

（2）大风监测功能：风速风向实时监测功能测试、大风模拟报警及限速提示功能测试、报警时限功能测试、解除报警时限功能测试。

（3）雨量监测功能：雨量实时监测功能测试、报警及限速提示功能测试。

（4）异物侵限报警功能：异物侵限实时监测功能测试、异物侵限报警功能测试、临时通车功能测试、调度恢复功能测试、远程试验功能测试。

（5）设备状态监控功能：监控单元设备状态监控功能测试、监控数据处理设备状态监控功能测试。

（6）与列控系统接口功能测试。

（7）现场监测传感器联通状态监测功能测试。

3. 联调联试方法

防灾安全监控系统按设备构成可分为硬件设备和应用软件两部分，针对软、硬件的不同特点采用不同的测试方法。

（1）硬件测试方法：系统数据库服务器、应用服务器、存储设备、核心网络设备、监控单元等硬件设备均配置为双机，采用容错性测试方法：关闭负载运行的一台设备（或断开网络），观察系统运行是否正常，随后将该机重新开启（或接入网络）；对另一台设备进行同样操作，观察系统运行是否正常，通过上述方法测试设备冗余功能是否正常。

（2）软件测试方法：对大风监测、雨量监测、异物侵限监控、监控数据处理设备和监控单元状态监控、现场监测设备联通状态监测以及与列控系统接口功能采用黑盒测试法：通过模拟大风、降雨、落物报警数据，预先设定软件输出结果，将软件实际运行结果与预测结果相比较，测试系统软件联调联试及运行试验大纲功能是否满足设计要求。

4. 评判标准

（1）大风监测的实时监测、大风报警及限速提示、报警时限、解除报警时限功能应符合设计要求及相关技术标准规定。

（2）雨量监测的实时监测、雨量报警及限速提示功能应符合设计要求及相关技术标准规定。

（3）异物侵限监控的实时监测、异物侵限报警、临时通车、调度恢复、远程试验功能应符合设计要求及相关技术标准规定。

第十五章　客运服务系统

一、系统概述

客运服务信息系统由票务和旅客服务系统构成。其中旅客服务信息系统包括应急处理平台、综合显示系统、客运广播系统、视频监视系统、入侵报警系统、旅客携带物品安全检查设施、时钟系统、门禁系统以及与客服相关的房建、信息工程等配套工程。各系统形成统一的旅客服务平台，为旅客进站、候车、乘车换乘、出站等各环节提供文字、图像、音频等全方位的信息服务。

二、主要施工工艺及方法

（一）票务系统

1. 终端安装工艺要求

各类终端设备周围留足够的操作和维护空间；设备、底座安装牢固，底座与地面间作防水处理；设备安装垂直水平；服务器、工作站、交换机、打印机安装稳定、牢固，位置准确，符合设计要求，通风散热符合设计要求；机柜固定牢固、垂直、水平，同列机柜正面位于同一平面。

2. 自动检票机安装工艺

（1）将闸门放置在地面保证平稳，用粉笔线在地面上定位闸门阵列安放的位置（闸门阵列的中间该被定位，标记第一个闸门垂直中线）。

（2）从一个极点开始，在第一个闸门位置安放闸门钻孔模板，确定与粉笔线水平并垂直。在这个闸门模板旁边，定位一个合适的间隔区。然后在通道模板旁放置另一个闸门模板，确定与粉笔线水平。

（3）使用在闸门模板上的孔口，为模板的锚栓在地面上选择 4 个参照点，左边两个右边两个，重复直到所有的孔被标记。然后用锤钻通过钻孔模板向地面钻 12 个孔（用 12 mm 的金刚石钻头或 Hilti 硬质合金 TE 钻头，根据规格选择）。确保每个锚栓进入混凝土至少 120 mm（根据现场情况，如果达不到 120 mm，与闸机厂家确认后调整打孔深度）。

（4）移除钻孔模版安置闸门。用化学锚栓物质填充孔并把螺纹棒放入孔中，看是否闸门平衡，如果需要加钢质垫片，垫片不能超过 9.5 mm 厚而且必须放在地面与闸门框架底部顶角处。等待 20 min 化学锚栓物质变干，使用扳手拧上 12 个螺母确保闸门与地面安全固定。最后使用密封剂将每个闸门底部封好。

3. 线　缆

闸门供电：单相 230 V AC（－10%）；3 线电缆；50/60 Hz（－10%）；2 400 W（最大）；控制和信号线必须离电源线至少 0.3 m。每一个闸门的服务电源插座是 230 V AC，6 A 带一个分离的断路开关。火线接到 L，零线接到 N；为了安全，地线连接点必须连接到邻近的建筑物钢铁上（如钢桁的支架、托梁）。

（二）综合显示系统施工方法

（1）施工准备：清点施工机具、仪表和工具，并建立台账；做好物资采购及进场检验工作；安装落实施工现场的设备、材料、仪表存放地并配备必要的消防器材。了解现场、车站及机房的管理制度，提前办理必要的准入手续。确定施工方法，编制施工技术措施，保证显示屏安装后不破坏建筑物的强度和美观度。

（2）现场测量定位：根据施工图设计，认真进行现场测量定位，确定显示屏安装位置和环境，显示屏承重钢构及预埋件的结构及安装方式等；测量机房内防静电地板高度，绘制设备底座加工图；测量计算各种缆线的长度及工作量，确定缆线敷设方式；对照施工图设计，找出施工参照物，尤其是施工轴线，为显示屏及构件的安装准确定位。

（3）显示屏承重钢构制作：由于每个车站的实际情况有所不同，显示屏刚构的选材与制作要根据设计要求及现场实际情况进行。

施工时需对钢材进行表面预处理，预处理方法采用手工或机械除锈。刚构按照设计要求焊接，焊缝表面不得有裂纹、未焊透、未熔合、焊瘤、气孔、夹渣等缺陷，焊缝高度 6 mm 满焊。焊接时采取有效措施防止钢结构件变形。同一块屏的钢构在 x 轴方向和 z 轴方向要保持一致，y 轴方向垂直。预拼装和检验合格的构件方可进行打砂、除锈，打砂除锈质量经质检部检验合格的，方允许按设计要求进行涂装。

（4）吊挂式显示屏安装：吊挂式显示屏一般用于站台信息屏、编组屏以及通道屏，安装于站台顶部的混凝土或钢梁结构上以及站内的进出站口。吊杆式安装的吊挂件分别由上部吊杆、下部吊杆及显示屏连接件组成，采用螺栓进行连接，下部吊杆穿入上部吊杆中。

（5）在无柱雨棚站台上的显示屏安装：无柱雨棚站台显示屏安装，要考虑包括显示设备重、附属设备重量及维护结构重量等各种荷载，按照所有荷载的最不利组合进行屏体结构设计。显示屏吊挂固定件采用抱箍形式与雨棚的钢管梁连接，固定件和吊杆的连接采用螺栓，可以使吊杆自然垂直于地面。

吊挂式显示屏的安装与房建及装修等施工单位牵扯较多，一定要做好与相关单位的密切配合，合理安排施工计划。吊挂件的安装要在吊顶施工之前完成，待吊顶完成后进行显示屏的安装。

（6）立柱式显示屏的安装：

① 立柱的加工：立柱一般采用方形钢管进行加工，在方形钢管上焊接显示屏支撑固定件。支撑固定件要焊接牢固，焊接完成后要对焊缝进行打磨，然后根据要求对表面进行处理。

② 预埋立柱底座：由于显示屏的重量都集中在立柱上，立柱底座必须预埋固定牢固。预埋底座安装时一般采用 M22 × 220 螺栓，能够打通混凝土楼板的位置需将混凝土楼板（站台首次浇注面）打通孔，楼板下部垫 50 mm × 50 mm × 10 mm 钢板。对于不能打通楼板的位置需使用 M22 × 210 钢膨胀螺栓。

③ 在预埋底座固定完毕之后，将立柱（方形钢管）焊接在底座上。在立柱的四个面加焊加强脚筋，以确保立柱的牢固。

④ 在显示屏框架上根据两个立柱之间的距离及支撑固定件的位置进行开孔，用于显示屏在立柱上进行吊装固定。一般情况下两个立柱之间的距离为显示屏长度的二分之一。

（三）广播系统施工方法

（1）施工准备：确定施工方法，编制施工技术措施，保证广播系统终端设备的安装不破坏建筑物的强度和损坏建筑物的美观。

（2）现场测量定位：了解现场、车站内的特殊要求；了解车站房建及其他相关单位的施工进度；根据设计图纸，核查各类预留沟、槽、管、洞是否满足要求；对广播终端设备安装位置根据设计图纸及现场实际情况进行准确定位，并测量广播电缆的实际敷设长度；确定电缆敷设方式和广播终端设备安装方式，调查中还需要考虑到各种灯的位置，消防喷头的位置，空调出风口，以及天花板封顶的造型等对广播终端设备安装的影响。

（3）线缆敷设及测试：

① 广播系统线缆敷设主要分为两个部分，一是控制室和主机房及各分配线间之间的网络布线，二

是扬声器布线和其他终端布线。网络布线根据设计要求可采用多模光纤或至少五类屏蔽双绞线。扬声器布线：扬声器全部采用高电压输出，因此在信号传输距离上面很远。音量控制器布线采用四线制，即有一对音频信号线和一对控制信号线。

② 两端设备处的线缆根据实际情况留有足够的冗余。线缆的两端均须粘贴标签，以标明走线的去向与来源线缆的走向，标识以系统信源下行为去向，即以机房内设备点为起始端，现场扬声器或噪声探测器为最终端点。

③ 线缆的布放自然平直，不得产生扭绞、打结等现象，不得受到外力的挤压和损伤。在线缆进出线槽部位、转弯处绑扎固定，不同类型的线缆分束绑扎。

④ 在防静电地板下可以将线缆直接布放在地板上，但注意顺直不凌乱，尽量避免交叉，并适当用扎带固定，布线要整齐美观，不得堵住送风通道。

⑤ 线缆敷设完成后进行测试，以检验敷设过程中缆线是否有损伤，为设备的安装及调试打好基础。

（4）预埋吊杆：广播系统部分扬声器需要提前进行吊杆的制作和预埋，根据设计图纸并结合车站房建及装修施工进度将预制好的吊杆预埋到相应的位置，为扬声器安装做好准备。

（5）终端设备安装：

① 吸顶扬声器安装：吸顶扬声器的安装要与车站装修单位密切配合，尽量在车站顶棚开始封顶时进行扬声器的安装。安装孔要使用专用开孔器开孔，不要破坏顶棚的整体效果。安装时将现场布线与扬声器线进行连接；将扬声器左右两个卡爪向上掰开后放入天花板预先开好的安装孔中，卡爪上的弹簧使其回复原位，将扬声器固定在天花板上。

② 室内壁挂扬声器安装：根据设计要求找好标高，严格按照扬声器后面标注的安装孔位置在墙壁上预埋安装挂件，挂件一定要安装牢固。在墙壁上打眼使用专用的冲击钻，不要破坏墙壁。把现场布线与扬声器线连接，将余留线缆整理好；将扬声器固定在安装挂件上。

③ 吊挂扬声器安装：首先根据扬声器安装方式和现场情况预制吊杆，根据车站房建及装修进度进行吊杆预埋与安装。吊杆安装在建筑物吊顶之上的混凝土或钢梁结构上，将吊杆下部露出在建筑物吊顶之下，用以安装扬声器。然后将预先敷设的线缆通过吊杆穿线孔穿入钢管，从钢管下部引出，与扬声器线缆进行连接。最后将扬声器上部的钢管穿入吊杆下部钢管内，利用螺栓作为顶丝上入吊杆预先焊接的 6 个螺母及钢管孔内，将扬声器进行固定。

（四）监控系统施工方法

（1）施工准备：确定施工方法，编制施工技术措施，保证摄像机的安装不破坏建筑物的强度和损坏建筑物的美观。

（2）现场测量定位：按照设计图纸对摄像机安装位置与线缆位置进行准确定位，并测量出线缆实际径路长度，计算工作量。调查设备安装的各项外部条件是否具备，点位附近是否有可用交流电源。

（3）线缆敷设及测试：

① 监控系统线缆主要包括光纤、六类双绞线以及电源线。摄像机到配线间之间的视频传输根据设计要求采用光纤或六类双绞线，一般站台等干扰比较大的地区采用光纤传输，其他地方采用六类双绞线；客服主机房与客服控制室的控制计算机与网络交换机之间以及所有配线间视频编码器与网络交换机之间的连接采用六类双绞线、RJ45 接口。

② 在敷设线缆之前，先检查所有沟、槽、管、孔是否已经完成并符合要求，位置是否与设计相符，确定有无遗漏。布放线缆排列整齐，不拧绞，尽量减少交叉，交叉处粗线在下，细线在上，不同电压的线缆分类绑扎。

③ 管内穿入多根线缆时，线缆之间不得相互拧绞，管内不得有接头。引至摄像机终端的线缆留有 1 m 的余量，以免影响摄像机的转动；摄像机的同轴电缆、控制线及电源线均进行固定，不能用摄像机的插头承受电缆自重。

④ 各类线缆的施工严格执行相关的施工规范及验收标准，线缆敷设完成后两端必须做好标记，其中控制线做好极性标记。

⑤ 监控室内线缆的敷设符合下列要求：采用地槽或墙槽时，电缆从机架、控制台底部引入，线路理直，按次序放入槽内；拐弯处符合电缆弯曲半径要求。线缆在防静电地板下布防理顺放直，线路两端留适度余量，并标示明显的永久性标记。

⑥ 所有线缆敷设完成后要进行测试，以检查敷设过程中是否对线缆造成损伤等。

（4）预埋支架、加工底座：在施工中，部分室外球型机和枪机需要进行安装支架、吊杆的加工和预埋，根据设计图纸并结合房建施工进度进行摄像机支架、吊杆的加工并预埋到相应的位置，为摄像机安装做好准备。

（5）摄像机备安装：

① 室外球型机安装：室外球型机可以分吊装和壁装方式。

摄像机吊装步骤：按照设计找好安装位置，在安装位置开孔。然后将预先布放的摄像机线缆从孔中拉下，做好接头准备；拆开摄像机，取下摄像机的上基座，从上基座上取下附件管；安装机架，并将摄像机支架用膨胀螺栓固定在顶部安装面上，将附件管装入支架，将缆线穿过支架引出，与摄像机上基座上的电缆进行接续；使用四支螺丝将摄像机上基座固定在附件管上，使用硅泥等防水材料填充支架与附件管之间的缝隙；安装摄像机，将防掉落钢丝钩住机架，将摄像机固定到上基座上，上紧螺丝，摄像机安装完毕。

在墙壁上安装：以摄像机壁挂支架底面的安装孔为模板，在墙壁上画出打孔位置并打孔，将 4 个 M8 膨胀螺栓安装到孔内。将线缆从壁挂支架中穿过引出与摄像机上基座上的线缆进行接续，利用膨胀螺栓将壁挂支架安装在墙壁上。接下来安装上基座与摄像机，其步骤与吊装安装方式相同。

② 枪机的安装：若需要进行摄像机支架或吊杆预埋，按照设计安装位置，结合房建进度在预埋支架、加工底座阶段事先将摄像机支架或吊杆预埋在相应位置。准备好工具和材料，拿出摄像机和镜头，按照事先确定的摄像机镜头型号和规格，仔细装上镜头（红外摄像机和一体式摄像机不需安装镜头）。将镜头的电缆连接到摄像机的自动光圈镜头插口。

把焊接好的视频电缆 BNC 插头插入到摄像机视频输出插口，确认固定牢固、接触良好。将电源电缆连接到摄像机，确认连接正确、良好。用牢固的电缆扎线将视频电缆和电源电缆扎好，捆绑在摄像机安装支架或吊杆上。接通监控主机和摄像机电源，通过监视器调整摄像机角度到预定范围，并调整摄像机镜头的焦距和清晰度，安装完成。

（6）线缆成端及设备配线：

① 摄像机同轴缆成端的 BNC 头焊接时不能出现虚焊、假焊、混线、断线，焊接完成后线的绝缘性能良好。控制缆的正负极性接正确，不能接反。

② 上线前测试现场敷设的视频电缆、控制电缆、网线的电气性能是否良好，光纤衰耗是否合格。若线缆敷设工序与设备安装工序相隔时间较长，在设备安装前重新复测线缆的性能。

③ 摄像机安装前，确认电源电压是否满足设备要求。摄像机分为 24 V 直流供电和 220 V 交流供电两种，24 V 供电的摄像机需加装 220 V/24 V 的变压器。由于现场有 380 V 供电设备，为防止误接 380 V 电源，加电前需测试电压。确认后，方可给摄像机加电。

（7）加电调试：安装完成，对所有设备进行通电调试，检测各设备功能及摄像效果，完全达到功能和视觉效果要求后，方可投入使用。

首先在配线间进行试验。检查图像是否清晰，控制功能是否正常。正常后接入视频编码器，通过网络上传至控制室。然后在控制室观察图像质量，并通过控制键盘观察是否能进行正确控制，系统功能试验良好后即可验收开通。

三、联调联试及运行试验

（一）票务系统调试

（1）单机调试：加电试验前，重新对设备线路电气特性进行检查测试，特别是对电源线绝缘特性进行测试，区分火线和零线，确保供电安全。进行通电时，随时监测供电电压情况和设备状态，做好应急处理。

（2）设备接线调试：接线前，将已布放的线缆再次进行对地与线间绝缘摇测；机房设备采用专用导线将各设备进行连接，各支路导线线头压接好，设备及屏蔽线应压接好保护地线。接地电阻采用联合接地，接地电阻值不应大于 1 Ω。

接线时应严格按照设备接线图接线，接完再进行校对，直至确认无误。

（3）检测试验：

① 调试前的检查：检查各电子元件及配线是否牢固；检查系统电压和电池的正负极方向，确保安装正确；检查接地和通风是否符合要求。

② 检测试验：对各功能单元进行试验测试，全部合格后方可进行试验和检测。

（二）旅客服务系统调试

1. 广播系统调试

逐站进行控制通道、音频通道与传输系统设备连接，检查控制通道、音频通道连接状况，全部车站都接入后逐站进行各项联网功能的检测，包括优先级别、调度员控制播音作业、系统网络管理终端、维护终端、自动录音及机柜内各种模块的功能的检验测试。联调时的故障辨别应以子系统的接口为界面划分故障范围，保证子系统间不能相互影响。

2. 视频监视系统调试

视频监控系统运用多媒体技术、计算机网络技术和音视频技术实现对铁路客运车站整个站区内的服务对象和服务设施的监控，提高综合管理和服务水平。

视频监控系统能够在进站、购票、候车、检票、上车、出站等旅客活动场所为车站工作人员提供视频监控手段，系统调试主要确认系统是否具有如下功能：

（1）系统监控范围是否能够覆盖进出站口、售票厅、候车区域、检票区域、站台等旅客活动场所、进出站咽喉等重要通道、票务机房、财务室等重点安全防范场所。

（2）系统在客运总控室应设置监控中心，是否能实现全站集中监控和系统管理；总控室是否能够实现分屏显示监控信息，显示画面可在不同监控区域切换。

（3）系统是否能够根据需要任意选择监控点的视频在任意显示屏上显示，包括单点单屏显示、单点多屏显示、多点单画面单屏轮流显示、多点多画面单屏同时显示。

（4）系统是否能够实现对监控点进行录像保存，包括但不限于事件触发录像、程序控制定点定时自动录像、手动录像。

（5）系统是否能够实现报警联动功能，监控中心是否能够根据报警信号实现快速视频定位，并自动开始录像和报警。

（6）监控终端根据系统授权条件，是否能实现选点、动作控制、存储操作等功能；是否可通过监控键盘实现选点和动作控制等操作。

3. 时钟系统调试

时钟系统构成均采用子母钟校时和网络校时方案，利用旅服系统局域网实现系统设备之间的网络连接和数据交换。各车站的时钟系统主要由车站母钟（含 NTP 网络时间接口）、各类子钟、传输通道及维护终端组成。

系统调试内容：时钟设施是否满足旅客和车站工作人员的计时需要，在售票厅、行包承运厅设时钟设施；是否具有自动校时、自动追时功能；是否具有时钟同步功能，并能为相关系统实现时钟同步；时钟系统是否具有自动监测、兼容和扩展、集成管理平台接口等功能。

4. 综合显示系统调试

综合显示系统依托多媒体网络技术，以计算机系统为核心，以车站和车载显示终端为媒介向乘客提供信息服务的系统。不但可以地向乘客播放地铁列车到达预告、换乘信息及时间等与乘车有关的信息，还可以播放重要新闻、天气预报、广告等资讯信息。

传输通道提供完成后，即可进行系统调试：控制中心维护管理终端实时反映设备运行状态，系统自诊断，对全线设备工作状态、故障状态显示、记录，对系统设备的控制等各项功能检测；系统网络的管理配置功能检验；安全管理权限功能检验。

第十六章　工程接口施工

一、工程接口概述

渝黔铁路接口施工内容按专业分为：桥梁综合接地及连接、桥墩综合预留、梁体及桥面系预埋件、与轨道工程的预埋件、声屏障、梁体预留的电缆上下桥槽道及锯齿形槽口、桥面电缆槽设施；路基综合接地、过轨孔、接触网支柱（下锚拉线）基础、电缆沟槽；隧道预埋槽道、电缆沟槽；无砟轨道绝缘处理、综合接地连接等。

工程接口施工贯穿施工的全过程，接口项目繁多，施工工艺、施工质量及验收标准高。接口施工多属于隐蔽工程，施工质量好坏直接关系到工程的成败。

二、主要接口工程施工工艺及方法

（一）综合接地施工

综合接地系统由贯通地线、接地装置及引接线等构成。

1. 桥梁综合接地

桥梁综合接地主要有桩基础桥墩接地、梁部接地、桥梁地段声屏障接地等，主要表现在混凝土中预埋接地钢筋并与预埋接地端子连接的形式。

（1）桩基础桥墩接地：每根桩选用一根通长接地钢筋，并在承台中形成环接。桥墩中选用两根接地钢筋，一端与承台环接钢筋相接，一端与墩帽出接地端子相连。接地钢筋应选用非预应力结构钢筋。

（2）梁部综合接地利用梁体结构钢筋，在梁体两端各布置横向接地钢筋 1 根，与纵向接地钢筋采用“L”形焊接连通。纵向接地钢筋设于防护墙下部及上、下行无砟轨道板间的 1/3 和 2/3 处，纵向贯通整梁。在跨梁起点侧的防护墙、竖墙处设置接地端子。

（3）桥梁地段声屏障接地采用插板式声屏障，与声屏障金属立柱锚栓柱焊接，在每片梁起点处的声屏障遮板预留接地端子，并与竖墙预埋的接地端子相连。

2. 路基综合接地

（1）贯通地线及分支引接线：路基有纵向贯通接地电缆、分支电缆。在路基接触网基础、路基级配碎石填筑至高于埋设深度 60 mm 后，预留出 60 mm 深、宽度略大于贯通地线直径的槽，在槽底铺设 4 cm 厚粒径不大于 5 mm 的土壤后敷设纵向贯通电缆，并在对应的接触网基础位置预留分支电缆。用同样土壤填平不小于 10 cm 厚度后再进行正常填筑和机械压实。每 500 m 设一处横向连接线。

（2）路桥过渡段接地：在邻近过渡段的路基通信信号电缆槽侧壁处预留接地端子，预埋分支引接线将接地端子与贯通地线连接。桥梁地段贯通地线沿通信信号电缆槽敷设至路基段与路基段内的接地端子连接。

（3）路基地段接地极、接地端子设置：路基地段利用接触网支柱基础作为接地极使用，在施作接触网支柱基础时，在基础沿线方向小里程侧面预制接地端子，接地端子的连接钢筋要求基础内结构钢筋和至少两根接触网支柱基础螺栓可靠焊接。接地端子供轨旁设备及无砟轨道板接地，接地极通过不锈钢连接线与通信信号电缆槽内的接地端子连接。每个接触网基础处的通信信号电缆槽内侧壁预制接地端子，供接触网支柱基础（接地极）及轨旁设备接地连接。

3. 隧道综合接地

隧道综合接地在于隧道电缆槽内及综合洞室，均采用预制接地端子，按照设计要求施工。

（二）接触网基础施工

接触网基础施工要求严格，预埋螺栓、槽道精度高。

1. 桥上接触网立柱基础

接触网支柱跨距一般为 50 m 左右。梁体施工时，在相应的位置预埋接触网锚固螺栓及加强钢筋，支柱基础混凝土可与电缆槽竖墙一同灌注。梁体施工时预埋相应螺栓、钢板以及需与梁体钢筋绑扎的钢筋。接触网支柱基础中预埋的锚栓，除 QILX-1 下锚拉线基础 M24 锚栓外露基础面为 100 mm，套丝长度为 100 mm 外，其余几种 M39 锚栓外露基础面均为 190 mm，套丝长度（190 + 5）mm，配三个螺母，两个垫圈、支柱基础应按图纸设置加强钢筋，规格、型号、数量、方位应符合图纸要求，接触网支柱柱脚螺栓采用 Q345 钢。

2. 路基接触网立柱基础

路基两侧预留基础中心里程按对齐设置，每 50 m 左右一处，采用扩大基础施工，接触网支柱基础位于电缆槽内侧，基础中心距线路中心距离为 3 200 mm，支柱基础顶面高出路肩大于等于 300 mm。

具体施工流程为：接触网支柱基础中心定位→基坑开挖→钢筋笼制作及安装→接触网支柱模板制作和安装→安装预埋螺栓→混凝土浇筑→混凝土养护与拆模。

3. 隧道接触网槽道施工

隧道内接触网悬挂及下锚安装、附加导线悬挂及下锚安装均采用预埋槽道方式，预埋槽道预留在隧道二次衬砌内，外露槽道面与二次衬砌表面平齐。接触网上下行错开，附加线单独悬挂且上下行错开（隧道口对向下锚上下行槽道平行），接触网悬挂下锚、附加导线对向下锚、中心锚结下锚装置对齐布置。槽道预埋施工方法采用衬砌台车模板开二次定位孔螺栓定位法。

（三）电缆槽施工

电缆槽采用通信信号共槽、电力分槽的形式，为盖板式电缆槽。桥上通信电缆槽一般每隔 500 m 设置一处冗长腔（即将其加宽至 500 mm），冗长腔长度以一孔简支梁长度为宜。

1. 路基上电缆槽

通信信号槽与电力槽钢筋混凝土整体预制，中间采用隔墙隔离。盖板式电缆槽和盖板在预制厂集中预制，按照设计要求在设计位置设置手孔。

路基基床表层级配碎石完成后，用开槽机切除基床表层级配碎石，切除范围至电缆槽内侧壁以外5 cm。切除后于槽底铺设透水砾石或碎石，碎石顶部设2 cm厚的M7.5水泥砂浆找平后再进行电缆槽安装。

电缆槽安装完毕后采用C15混凝土回填基坑并及时施工槽外混凝土护肩。电缆槽与接触网立柱基础间采用M7.5水泥砂浆或C15混凝土灌实。盖板式电缆槽节间采用M7.5水泥砂浆勾缝，整体式电缆槽对接时应在接口处涂抹沥青。

2. 桥梁及隧道电缆槽

桥梁的电缆槽盖板根采用RPC材料，由专业厂家预制，运至现场安装；隧道的电缆槽盖板为普通混凝土结构，自行预制安装。在槽身的混凝土结构（梁面及底板）上现浇，盖板采取预制安装施工。

（四）电缆槽手孔及过轨管埋设

1. 电缆井

电缆井分为Ⅰ、Ⅱ、Ⅲ型三种电缆井，现场采用钢筋混凝土浇筑。电缆井只在过轨处设置，电缆井间距根据过轨点位置确定。

电缆井两侧设置挂钩。当线缆经过电缆井时，设置余长或过轨的线缆应在电缆井井底敷设，其他线缆应悬挂于电缆井侧壁挂钩上，通信信号线缆悬挂于靠近线路侧挂钩上，电力线缆悬挂于远离线缆侧挂钩上。线缆上下路基侧设上下路基电缆槽，并与电缆井侧壁预留槽连通以便线缆上下路基。

2. 过轨管

过轨管主要有四种：通信信号过轨管、电力过轨管、接触网过轨管、牵引变电过轨。

从路基中过轨的通信、信号电缆采用ϕ100 mm镀锌钢管防护，连通线路两侧手孔，分支至坡脚外，在路堤填筑至基床底层顶面后埋设。电力电缆采用ϕ150 mm钢管，连通线路两侧电缆井（11型），分支至坡脚外。通信、信号手孔一般采用现浇C25钢筋混凝土，内净尺寸的长宽高一般为1.5 m×1.5 m×0.55 m，壁厚0.1 m，底板厚0.15 m。

（五）声屏障

桥梁采用插板式金属声屏障，高2.15 m，采用铝合金复合吸声板，H型钢立柱与竖墙上的预埋螺栓连接，通过竖墙钢筋接入综合接地系统。声屏障上下金属单元板间通过铜导线连接，底部单元板再通过铜导线与H型钢立柱连接。

钢板B与U型螺栓预埋于遮板中，U型螺栓内侧部分待浇筑竖墙时锚固在竖墙中，现浇竖墙后，用薄螺母调平，满足H型钢立柱垂直度及钢板水平度要求后，灌注重力式流动砂浆，砂浆达到设计强度后，施加预紧力拧紧H型钢底板上的标准螺母。

（六）桥墩及桥梁综合预留

根据设计文件要求，通信及电力电缆上桥需在桥墩处预埋电缆上桥槽道，在相应桥梁端头预留锯齿形槽口。施工要点如下：

（1）在混凝土浇筑前要填充好泡沫防止进水泥浆，拆模及安装后对槽道进行表面涂油或防腐剂。

（2）凡设计要求有电缆上下桥的位置，相邻箱梁应设锯齿型槽口，箱梁腹板或桥墩埋设滑型槽道。

（3）槽道埋设采用钢筋定位法，槽道固定在定位钢筋上，混凝土脱模后，剔除待安装部位的填充泡沫，安装 T 型螺栓，采用砂浆封堵其余外露槽道。

（4）槽道预埋时要位置准确，对预埋件外露部分进行防腐处理，采用多元合金共渗。

第十七章 高性能混凝土及耐久性施工

渝黔铁路要求桥梁、隧道等主体结构采用高性能耐久性混凝土。混凝土结构耐久性与诸多因素有关，但在很大程度上取决于施工过程中的质量控制和质量保证。本节以 C60 混凝土的配制与施工为例介绍进行介绍。

一、原材料选用

1. 胶凝材料

（1）水泥、复合掺和料化学成分及性能指标：在满足强度及耐久性能要求的前提下优先考虑 P·O42.5 低碱普通硅酸盐水泥及提高混凝土早期强度和后期耐久性的复合掺和料，原则上胶凝材料不宜过多，减少混凝土的收缩裂纹，减少水泥用量，适当掺入部分复合掺和料，以降低混凝土的水化热，防止混凝土因早期水化热引起龟裂，由于复合掺和料掺入硅灰等活性材料，具有较高的活性，不利于减少温度变形，因此掺量不宜过大，复合掺和料的掺量以产家推荐和试配确定。重庆拉法基瑞安特种水泥 P·O42.5/52.5 低碱水泥和武汉华轩复合掺和料化学成分及性能指标见表 4-17-1 ~ 表 4-17-3。

表 4-17-1　水泥部分化学成分及性能指标（重庆拉法基 P·O42.5）

化学成分/%				凝结时间/min		抗压强度/MPa		比表面积/（m^3/kg）	安定性
MgO	SO_3	Cl^-	C_3A	初凝	终凝	3 d	28 d		
2.61	2.36	0.021	6.89	175	225	23.6	48.9	334	合格

表 4-17-2　水泥部分化学成分及性能指标（重庆拉法基 P·O52.5）

化学成分/%				凝结时间/min		抗压强度/MPa		比表面积/（m^3/kg）	安定性
MgO	SO_3	Cl^-	C_3A	初凝	终凝	3 d	28 d		
1.35	2.53	0.008	7.29	180	235	28.4	54.7	327	合格

表 4-17-3　复合掺和料部分化学成分及性能指标

化学成分/%			活性指数/min		需水量/%	烧失量/%
MgO	SO_3	Cl^-	1 d	28 d		
7.14	2.98	0.018	128	112	100	2.7

（2）复合掺和料掺量的比选：在相同水胶比条件下对复合掺和料不同掺量进行了胶砂试配，需水量和活性指数指标应满足《客运专线铁路双块式无砟轨道双块式混凝土轨枕暂行技术条件》（科技基〔2008〕74 号）中需水量不大于 105%、1 d 活性指数不小于 125%、28 d 活性指数不小于 110%的要求，其强度增长见表 4-17-4。

表 4-17-4　不同复合掺和料掺量下砂浆强度

水泥/g	掺和料/g	1 d/MPa	28 d/MPa
427.5	22.5	14.1	49.4
405	45	16.7	53.8
382.5	67.5	15.3	46.7

从上述试验数据可以看出随着复合掺和料的增加，抗压强度呈抛物线发展，掺量为 10%时强度较高，在强度及耐久性能满足要求的前提下，降低掺和料的掺量，达到节约成本的目的。

2. 骨　料

粗骨料应选用级配合理、粒形良好、质地坚固、空隙率小的洁净碎石。骨料的级配对混凝土的密实度、强度及耐久性产生直接的影响，所以粗骨料应以连续级配且获得较大堆积密度与最小空隙率，确定碎石最优掺配比例。细骨料及粗骨料性能指标见表 4-17-5、表 4-17-6。

表 4-17-5　细骨料部分化学成分及性能指标

表观密度/（kg/m^3）	堆积密度/（kg/m^3）	空隙率/%	硫化物/%	坚固性/%	氯离子含量/%	碱活性
2 660	1 610	39	0.1	3	0	无

表 4-17-6　粗骨料部分化学成分及性能指标

表观密度/（kg/m^3）	堆积密度/（kg/m^3）	空隙率/%	硫化物/%	坚固性/%	氯离子含量/%	碱活性
2 670	1 590	40	0.1	3	0	无

3. 外加剂

掺外加剂是制备高性能混凝土的关键技术之一，外加剂的性能品质、匀质性和与水泥的相容性是配置高性能混凝土的基本条件。选用江苏苏博特新材料有限公司生产的 PCA-I（T）标准型减水剂，其部分化学指标及性能指标见表 4-17-7。

表 4-17-7　外加剂部分化学成分及性能指标

减水率/%	含气量/%	硫酸钠含量/%	Cl/%	碱含量/%	收缩率比/%	28 d 抗压强度比/%
27	2.6	2.27	0.07	2.19	93	142

4. 配合比选择

经试验确定轨枕混凝土原配合比为水泥（P·O42.5 低碱）：掺和料：砂：碎石：水：外加剂 = 369：41：672：1 303：111：4.1（质量比）。经配料计量，试件按 GB 50081—2002 制作成型，采用蒸汽养护方式，过程如下：静停——在室温下（5 ~ 30 °C）静停 2 h；升温——3 h 内升温至（40 ± 2）°C（升温速度≤15 °C/h）；恒温——在（40 ± 2）°C 环境中恒温 5 h（经试验可保证枕芯温度不超过 55 °C）；降温——3 h（降至轨枕表面温度与环境温度不超过 15 °C，降温速度不超过 15 °C/h）。蒸汽养护结束后，拆模在标养室内养护至规定龄期，检测 12 h、24 h、28 d 抗压强度，如表 4-17-8 所示。

表 4-17-8　混凝土配比性能及抗压强度

配比　编号	混凝土材料用量/（kg/m³）						拌和物性能		抗压强度/MPa		
	水泥	掺和料	砂	碎石	水	外加剂	含气量/%	增实因素	12 h	24 h	28 d
1（P·O52.5）	369	41	679	1 262	115	4.1	1.5	1.09	51.5	55.1	73.7
2（P·O42.5）	369	41	672	1 303	111	4.1	1.5	1.15	48.5	53.1	70.8

二、耐久性混凝土施工工艺控制及要求

1. 混凝土的搅拌

（1）混凝土的配料与计量：混凝土原材料配料采用自动计量装置，每周对电子计量秤进行校核依次。水、外加剂、水泥、掺和料称量误差不大于 ± 1%；砂、石称量误差不大于 ± 2%。

C60 混凝土每盘生产 0.712 m³，为了满足称量误差要求，水泥、掺和料两种粉剂材料采用了子母螺旋输送机进行供料，母螺旋完成大部分供料，子螺旋可实现点动微量供料。

（2）混凝土的搅拌：混凝土搅拌采用青岛新型机械有限公司生产的 HZN60 型立轴行星式搅拌机，采用该类型搅拌机避免了卧轴强制式搅拌机存在搅拌盲点的弊端，可更好地使拌和物搅拌均匀。

搅拌过程中严格控制材料计量偏差，确保水胶比。在搅拌机底部安装了 Hydro-Mix VII 数字微波湿度传感器，该传感器可以很方便地接连到计算机控制系统上，并且随时监控搅拌机内拌和物的温湿度，当材料含水发生变化时，能根据湿度及时地调整材料含水。

混凝土搅拌时，先向搅拌机投入粗、细骨料，再加入水泥、矿物掺和料进行干拌，干拌大约为 20s 左右，再投入水与外加剂继续搅拌至均匀为止，总搅拌时间为 180s，且混凝土必须搅拌均匀，颜色一致。

（3）搅拌温度控制：重庆是“四大火炉”之一，在高温环境下如何确保混凝土的入模温度控制在 5 ~ 30 °C，当夏季气温高于 40 °C 时，采用冷水机组制冷水生产混凝土的办法。经过细部优化，将搅拌用水分 12.5 m³ 常温水池和 10 m³ 冷却水池两个水池，由专用冷水机组进行搅拌用水冷却，达到了良好的效果，确保混凝土入模温度。

2. 混凝土浇筑

混凝土灌注工位采用串联式双振动工位布局模式，双振动工位包括初振工位与终振工位两部分，串联式布局可以将添料过程和密实排气过程分解为两个独立的工艺点，双振动工位如图 4-17-1 所示。

图 4-17-1　串联式双振动工位

新拌混凝土由集中搅拌站拌制完成后通过混凝土输料小车运至混凝土布料机，在初振工位由布料机内部机电控制的螺旋输送杆向模具相应位置布料，按总厚度分两层均匀布料，第一层料布完后开启振动台，同时布第二层料，边振动边布料直到混凝土高度与模具壳体上边缘一致为准。终振工位主要完成混凝土密实排气以及模具清边清渣处理工作。通过可变频的振动电机对砼进行振动密实作业。

3. 质量控制

（1）轨枕混凝土浇筑前首先应将布料斗车回放到设计的混凝土受料处。

（2）布料机受料后轨枕浇筑生产线上应已排放好待浇砼轨枕模具，这样浇筑节拍就能丝丝相扣，提高作业效率。浇筑生产台可以排放储备的待浇砼轨枕模具和待浇砼轨枕模具：储备的待浇砼轨枕模具位于生产缓冲区；待浇混凝土轨枕模具应位于砼浇筑受料、振动密实的位置，由两组带偏心块的振动台组成。轨枕模具进入振动密实位置后，就会自动下沉（为了对砼进行振动，该处带有升降装置），此时两边作业人员应该将该台位的相应限位卡放于模具两端，以避免浇筑振动过程中模具前后移动产生故障而损坏设备机器，影响正常生产。

（3）混凝土布料机的布料方式分为自动和人工两种方法，一般是人工布料为自动布料方式的补充，初期生产阶段获取了足够的布料经验参数后，根据实际情况可以选择单一的布料方式。布料机在受料位置布料时，应按分两层、两次布料原则进行浇筑，这样可以最大限度地控制混凝土浇筑定额量，避免或者减少振动时多余混凝土自流平作用时而溢出，减少物耗，降低浇筑工人作业强度和减少轨枕脱模后模具清理工作强度。

（4）混凝土开始浇筑时，在初振工位布料并开动初振工位的振动台，边布料边振动。浇筑的混凝土为了获得良好的密实效果，首先是开启初振工位振动，待相应模具的布料全部结束后，进入终振工位进行终振，使砼中的气泡慢慢地摇出混凝土内部，使砼更加密实；同时使模具内的砼变成自流平密实状态，表面逐渐变得平整和光滑。

（5）混凝土在进行布料时轨枕模具两侧配置的作业人员应该注意布料量的多少以及防止布料位置的差错。浇筑振动过程观察密实后混凝土面是否充满轨枕槽，要求各处混凝土浇注后的位置为模具壳体的上部边缘处（即轨枕的挡板），以保证轨枕各断面厚度满足公差要求。如果布料过多，则会导致多余混凝土从轨枕挡板边溢出入模具不需浇筑砼的部位，造成浪费和增加清理难度，同时太多布料的还需要进行铲除，加长了工作节拍时间和增大劳动强度（混凝土边浇筑边振动，对于干硬性混凝土则很快就会振动密实）；布料少了可在铁锹上盛放适量的混凝土 ，作业人员进行适量的添加，这样就会解决上述关于劳动节拍等问题。布料位置偏差同样会增加模具的清理难度和造成浪费。

（6）试验室必须按照规定的频次、要求进行混凝土拌和物质量检查和试件的取样，核实混凝土的参数。试件制作在每班开工前 3 盘以内开始从轨枕用料中均匀取样制作，试件与轨枕同条件制作和养护。试验检测得到的信息应及时反馈给搅拌站进行调整处理。混凝土浇筑记录应按时、按实、认真填写。

（7）根据浇筑、振动等有关的工序参数完成浇筑混凝土后，设备操作手停止振动，再次点击该台位，则模具上台，此时放开相应模具两端的限位卡，点清边清渣台位的按钮，模具就会在轨道上运行离开浇筑振动台，进入清边清渣工作状态。

在混凝土浇筑过程中，技术质检人员对该工序作业进行全过程检验。混凝土浇注温度应严格控制，新拌砼的温度应限制在 5 ~ 30 °C 内，在夏季施工时，采用冷却水等（设置骨料遮盖荫棚或者加冷却水）降温措施来控制砼拌和物的最高温度。当本地昼夜平均气温低于 5 °C 或最低气温低于 – 3 °C 时，采用拌和用水加热措施来施工处理。

第十八章 经验体会与问题探讨

一、施工经验及体会

（一）创新引领策划

创新是永恒的主题，体现在工作和生活的各个角落，需要用心去发现去琢磨。工作中对按部就班的工作或者工序习以为常，常常被惯性的思维所禁锢，所以在科学技术瞬息万变的当代，需要勇于去发现问题，勇于去打破陈规，创立更加优越的新模式。

上场之初，渝黔铁路有限责任公司策划制定了打造“科技型项目团队”的项目管理目标，建立创新管理机制以及创新奖励办法，强化“超常规，不违规，全面工作争第一”的工作理念，对施工各道工序进行梳理，针对制约生产的各类问题下达技术攻关计划。比如因高压线迁改问题造成的工期滞后，而竣工日期不变的情况下如何提高产能，确保按期完工问题是本项目的管理难点。

（二）管理措施

1. 创新精神培育措施

高举打造科技型项目部的旗帜，依托项目部平台鼓励大家积极申报发明和实用新型专利，积极编写学术论文以及工法，让有志青年尽情发挥聪明才智，尽情挥洒青春汗水。

不断学习，提高自身业务水平。“打铁还需自身硬”，对此统一组织全体技术管理干部每周一至周五晚上学习 1 h，定期举行部门负责人授课活动，让各部门成员之间相互学习，共同进步，营造良好的学习氛围。对刚刚走上工作岗位的大学生实行导师带徒活动，对“导师带徒”成效定期进行考核。另外还邀请全国知名桥梁专家到项目部授课，开阔视野，了解当前最新技术，学习解决各种疑难问题的方法措施，厚积而薄发，才能搞出好的创新成果运用于实践，惠及企业，惠及社会。

2. 建精品管理精细化

质量就是信誉、精品就是名片。制定了“兑现合同承诺，留下时代精品”的质量管理方针和出厂验收合格率达 100%、业主满意度达 95%以上质量管理目标。为打造企业亮丽名片，创造良好信誉，建立了完善的质量管理组织机构、质量管理体系、质量管理制度及一系列质量卡控措施。

（1）建立完善的质量保证措施。为确保产品质量，安全质量部根据设计要求对影响产品质量的要素进行控制，并按质量保证体系各项要素进行操作。严格三级质量管理，加强工序控制，建立制梁场三级质量管理网络。安全质量部和工程技术部定期组织安全质量、质量分析会，分析施工中存在的问题，制定出整改措施，并在施工中认真贯彻实施。按照有关规定及时进行进场检验和验证，确保其各项质量指标符合和满足工程质量要求。

坚持作业指导书制度，结合现场实际和施工特点逐项编制作业指导书，达到作业程序易懂，操作方法具体可行，施工过程有序可控，质量标准满足要求。坚持资料管理制度，强化资料的原始性和可追溯性。

（2）建立工序质量责任制。明确各个岗位、各道工序工作标准和人员职责。对各岗位和工序负责人制定了奖罚鼓励标准，严格执行考核。

（3）为了更好地履行部门、工班的岗位职责，实行岗位人员工作质量与个人经济利益挂钩，鼓励先进，鞭策落后，全面提高制梁管理水平，建立了经济岗位责任制。

（4）建立质量管理目标考核办法。通过对各部室、各作业工班质量管理工作以及质量目标完成情况的考核，找出过程中存在的问题和不足，总结并改进方法，确保质量目标的全面实现和逐步提高。

3. 保安全管理精细化

整个工程自始至终要将安全工作捏成一根紧绷的弦，需要从技术上、制度上、思想上、机构上加强安全管理，防患于未然，安全责任重于泰山。坚持“一岗双责”，“人人都是安全员”理念，管生产必须管安全，坚持“安全第一、预防为主、综合治理”的指导方针，建立健全安全保证体系，坚持以规章制度保安全，以科技装备保安全，加强事故危险源辨别，杜绝违章蛮干。建立了安全生产组织机构和安全生产保证体系。管理目标是消灭人身死亡责任事故；消灭机械设备大事故及以上责任事故；消灭重大火灾事故；消灭运行责任事故。

（1）从思想教育入手。安全生产，人命关天，首先是要求思想重视，观念更新，变事后事故处理为事前事故预控。通过岗前安全培训，提高员工的安全意识和主观能动性。

（2）安全制度法规保证。其中包括：设备操作规章制度、机械安全操作规程、安全用电制度、安全教育制度、特殊工种安全管理制度、预应力张拉注意事项、事故报告制度、消防等制度，进行宣传张贴，并和经济奖罚挂钩，使之成为法规性、强制性的制度。

（3）组织机构保证。建立健全完善的安全组织管理机构，确保安全生产的正常进行。

（4）建立施工安全许可制度。在编制工程项目总体施工组织设计的同时编制安全工作组织设计，并报上级安全主管部门及监理工程师的许可；在施工技术交底时必须同时进行安全技术交底；每天开工前，所有施工班组必须进行安全工前检查，且记录备查。

（5）安全技术保证。安全工作这一系统工程，技术性很强。从安全管理技术上采取确保安全生产的以下几项措施。开工前针对工程实际编制切实可行的安全措施计划，并限期实施。每月召开一次安全生产会议，每周进行最少一次安全检查；对各工序，技术部门进行安全技术交底，突出关键点和危险点。

（6）建立各项规章制度。包括安全生产管理制度、安全生产责任制、安全生产岗位职责、安全生产管理考核办法等手段，确保安全生产万无一失。

4. 保工期管理措施

保工期也是保信誉，在抓好安全质量的同时，保证业主工期是施工企业的职责所在。项目部依据工期总体安排，通过技术创新手段，提高产量和机械运转效率；超前谋划，坚决实现节点工期，保证施工步调一致。具体实施的措施如下：

（1）发扬创新精神，优化施工工艺。比如由于制存梁内龙门吊轨道平面十字交叉较多，龙门吊变轨此时多，在交叉处等待变轨时间较长，制约了龙门吊有效运转效率。为此研制了龙门吊变轨装置及预埋件，大大提高了龙门吊有效运转效率和出梁速度。例子不一一赘述。

（2）节点工期保证。每半年编制剩余施工组织设计，制定切实可行的旬、月、周、日节点工期计划，责任到人，严格组织实施。遇到可能影响工期的问题，领导班子立即召开问题协调分析会，确保问题有效解决。

（3）资源保证。资金保证为首要保证措施，项目规范管理，严格执行专款专用，让钱用在刀刃上，确保工程顺利推进。计划先行，资金保证，随机应变，宁可多储备，不临时抱佛脚。密切关注天气预报和节假日，确保不因天气和节假日影响物资供应。合理配套施工机械和设备，严格机械维修保养计划，保证设备完好率和利用率。劳务人员保证，做好劳务人员储备，培养各道工序后备力量，应对有可能出现的紧急情况，及时发放劳务人员工资。

5. 经济管理精细化

企业在保证安全、质量、工期等目标实现的前提下，最主要的目的是实现利益最大化，那么经济管理就显得尤为重要，本项目在经济管理上主要采取了以下措施：

（1）方案决定成本，优化方案先行。始终坚持方案优化，做好经济核算比选。在项目上场前，由总工牵头，带领各部门根据实施性施工组织、图纸和本标段清单情况，深入市场调查材料价格，编制责任成本预算。根据预算，找出成本控制关键点，对工序的成本管理形成初步规划。经济比选后，优中选优，过程中将物资材料消耗、劳务数量使用作为控制重点，严格过程监控，同时注重非生产性支出的控制，主要以工序收益确保整体收益。

（2）以招标方式选用劳务队伍及材料供应商。采用信誉好的外部劳务队伍，并全面控制外部劳务成本的支出，代发劳务人员的工资，控制外部劳务队伍的现金流，避免劳务人员的工资纠纷问题，保持队伍稳定。项目部积极组织劳务队伍、大宗物资采购招标，确保选择质优价廉的物资材料、精炼耐用的设备和优秀的劳务队伍。

（3）规范合同管理，规避合同风险。计划合同部与法制办合并办公，指定专人负责合同的日常管理工作。一是建立了合同内部联审制度；二是严格执行公司合同管理制度，将拟签订的所有合同上传至合同管理系统，通过公司各部室和领导的层层把关审核，有效规避了合同风险。三是重点履约合同要有专人负责，防范合同纠纷。

（4）择优采购，定额发料。一是控制材料单价，做到货比三家，择优就近购料。其次，站在供应商的角度，为厂家出谋划策降低成本，从而达到降低合同单价，达到共赢目的。二是控制材料消耗数量。坚持按定额确定材料消耗量，实行限额领料制度，并通过改进施工技术，推广使用降低材料消耗的各种新技术、新工艺、新材料，严格控制材料消耗。三是从源头抓起，挖潜增效。四是抓住重点控制材料。

（5）严格控制劳务成本。一是实行工序单价指标控制，严格执行企业规定人工费指导价。二是将工程项目分解细化，对各工序作出单独核算，做到工前有预算、工中有核算、工后有结算，事前有控制，事后有对比。

（6）严格控制机械成本。项目部机械设备配置采取“统筹安排、合理调配、自购租赁比选、临租月租相结合、单机单车核算”的管理模式，有效提高机械设备的使用效率，定人定岗，定检定养，降低了使用维修成本。

（7）严控管理费开支。项目部按照公司下发核定的本级管理费相关标准，根据项目部的实际人员配置编制了本级开支预算，“按照预算控制、经费包干、责任到人、节超分析”的原则，层层分解到各部室，同时建立完善了各项内控制度，严控项目部本级管理费。

（8）严格工程量的逐级控制。工程量对成本控制起着决定性的作用，项目部实行“五量控制”，即投标工程量、施工图工程量、责任预算工程量、二次分解工程量和实际完成工程量，通过对工程量的逐级控制和分析对比，保证各级工程量始终处于受控状态，建立“五量控制台账”就是为了堵塞漏洞，防止效益从计量过程中流失。

6. 环境保护管理精细化

建立环境保护与水土保持领导小组，制定详细的环境保护措施。制定了环境保护与水土保持管理办法、环保奖惩制度等一系列规章制度，确保梁场及铺架施工不对环境造成破坏。环境保护做到全面规划、合理布局、综合治理、环境达标。搅拌站污水排放采用三级沉淀池，经沉淀后排放。严格遵守达标排放的原则，妥善处理施工用的废水、生活污水，利用临时排水系统及永久性排水设施排至污水坑内，经处理达到允许排放标准后再进行排放。

7. 项目团队建设

一个好的团队，是项目的灵魂，直接关系到项目的成败。根据公司“四会”精神，强力打造“风清气正、奋发有为、责任意志并举、激情斗志昂扬、旗帜引领共奋进”的项目管理团队。

（1）风清气正。强调团结，团结是前提，领导干部要胸襟宽广，品德高尚，始终做到个人意志与项目意志相统一，要有大局观和一盘棋的思想。坚持优秀的用人导向，用好一个人就是树立一面旗帜。鼓励员工争做“五个表率”，最大限度凝聚正能量。

（2）奋发有为。大力加强能力建设。项目部 90%以上为 30 岁左右的年轻干部，冲劲足是优势，但也存在经验、能力不足的弊端。所以加强干部职工的能力建设就显得尤为重要。能力除了业务水平还包括“对外沟通能力、文化素质、思想政治素质、遵规守纪素质”等。

（3）责任意志并举，激情斗志昂扬。从执行力和落实力上看责任心，切实践行“责任重于能力，意志创造奇迹”企业精神。同时弘扬激情斗志昂扬的主旋律，营造“不认命，就拼命”争先创优氛围，使领导干部始终保持激情奋勇的精气神。

（4）旗帜引领共奋进。在实际工作中树立模范典型，树立标杆旗帜。旗帜引领方向，旗帜汇聚奋斗力量。营造人人争先进的良好氛围，在工作中向先进看齐。

二、施工教训及建议

（一）质量意识和创优理念有待于强化

不能不承认，极个别职工质量意识不强，只满足完成安装任务，还采用活口扳手，不按技术标准和作业指导书施工，不填写安装记录的现象时有发生。质量教育仍需深化，必须使职工树立起只有不断提高自己的施工水平，创建优质精品工程，提高信誉，树立形象，方能占有较大的市场份额，求生存和发展。同时建立质量终身责任制，如实填写安装记录，做到有可追溯性，才能促使职工按工艺施工，保证工程质量。

（二）强化培训，提高施工能力，保证工程质量

目前施工队伍素质并不高，缺少中高级接触网工和技师。要提高企业施工能力，必须重视高级工和技师的培养和培训，希望能引起有关领导的关注和重视。

（三）作业层的技术交底仍需强化

技术交底是过程控制的主要环节，也是保证工程质量的基础。在施工过程中，是执行了程序文件，做了技术交底，但还出现不按工艺和作业指导书施工的现象发生，个别工程造成返工浪费。因此，作业层的技术交底还需强化，特别是新技术、新工艺，要按程序文件进行培训、考核，不合格的严禁上岗作业。技术交底要更加细化，使作业者人人明白标准和工艺及作业指导书，个个清楚安全操作规程，保证施工一次达标成优。

（四）施工图纸供应不配套

渝黔铁路接触网因图纸供应不配套，尤其附加导线图和零件图没有详细尺寸，无法进行深入审核，如回流线肩架等零件图，有些厂家进行设计联络不够，订货施工单位只关注数量和签订合同。待到货检验时，发现安装不配套，延误了工期。建议设计部门提高设计质量，加强与生产厂方的设计联络。施工单位以后不单要对整体安装图、平面图进行审图，也要加强对通用图、零件图进行审核。

（五）站前预留基础质量问题

桥钢柱螺栓预留不是长就是短，且间距多数也有问题，直接影响接触网施工进度，同时也对质量有所影响，造成较大的返工浪费。为保证工程质量，建议接触网交站前单位施工时，电化施工单位和工程监理可提前介入。

（六）轨面红线问题

轨顶标高和线路中心线是接触网施工的基准点，即支柱装配计算、安装，整体吊弦计算的基准点。在支柱装配计算前，项目部除与站前施工单位加强联系外，还采用向线路单位索取线路资料进行复测的办法。由于整体吊弦安装后，再调整工作量非常大，如线路调整过大，不但影响承力索、接触线不在一个平面内，且可能超标，浪费太大。因此，保持线路中心线和轨顶标高不变，是保证施工质量的关键。

因为目前各新建电化及电化改造线均采用整体吊弦，不论新建一次电化，还是既有线改造，均存在轨面红线问题，特别是速度较高的线和高速线更应引起高度重视。建议首先按《施规》要求，建设单位牵头组织监理、设计、工务、施工单位共同划定轨面红线，以确保接触网上部安装质量。

（七）图纸审核力度有待加强

施工图是施工依据，但施工图难免存在错、漏现象。各级专业技术人员要严格按管理体系文件要求，认真对图纸进行审核和会审，使图纸错、漏现象及专业接口问题发现在施工前。对于新技术，技术人员要吃透设计原则，彻底消化后，再向作业层进行技术交底。对不合理的设计要提出优化方案，与设计、监理共同优化变更，避免造成返工和浪费。因此，建议在今后工程中图纸审核力度仍需强化。

（八）专项地质工作留下的隐患

本线地处西南山区，地形陡峻、沟谷深切，断裂、褶皱构造发育，不良地质众多，地质条件极为复杂，尤其是岩溶、地质复杂的深埋特长隧道、煤层瓦斯及天然气、峡谷岸坡稳定等地质问题按常规勘察程序难以查清，可能给施工及运营留下安全隐患。为此，有必要针对性地开展专项地质工作，落实覆盖型岩溶地区土洞发育规律，减少施工及运营过程中地基塌陷的发生；落实长大岩溶隧道岩溶及地下水发育条件，预测施工中遭遇溶洞、发生岩溶水灾害的可能及对环境的影响程度；落实地质复杂的深埋、特长碎屑岩隧道洞身岩性、构造及水文地质条件，正确把握围岩分级并预测可能产生的地质灾害；落实煤层瓦斯及天然气的分布特征，并预测可能产生的地质灾害；落实夜郎河特大桥及乌江特大桥岸坡稳定性。

05 第五篇

科研创新及成果

第一章　科研项目的立项与组织实施

第一节　新凉风垭隧道工程建造关键技术研究

一、项目研究概况

项目名称：新凉风垭隧道工程建造关键技术研究

项目类别：重点工程

参研单位：渝黔铁路有限责任公司、中铁十八局集团有限公司

新凉风垭隧道是本项目的重点工程，具有瓦斯突出风险、岩溶突水突泥情况。隧道岩性以灰岩为主，岩溶发育程度中等至强烈。设计涌水量大，易出现突水、突泥等地质灾害；断层破碎带隧道主要穿越 6 条破碎带，破碎带宽 2 ~ 40 m。断层破碎带围岩稳定性差、岩体破碎且强度低，富水条件较好。隧道开挖易出现垮塌、冒落等，特别是在水作用下，易出现突水、突泥等地质灾害；下穿凉风垭水库，附近发育多条断层与隧道洞身相交，危险等级高；隧道进口下穿渝黔高速公路，该高速公路是联系重庆和贵阳间的重要公路交通线路，车流量大；隧道埋深最薄处仅 24 m；洞口地质复杂，围岩自稳能力差。

二、研究内容

（1）自密实混凝土技术；

（2）混凝土裂缝控制技术；

（3）建筑用成型钢筋制品加工与配送；

（4）塑料模板技术；

（5）隧道模板台车技术；

（6）施工过程水回收利用技术；

（7）预拌砂浆技术；

（8）防水卷材机械固定施工技术；

（9）开挖爆破监测技术；

（10）施工现场远程监控管理工程远程验收技术；

（11）工程量自动计算技术；

（12）大断面瓦斯隧道水力压裂快速揭煤施工技术；

（13）长大深埋瓦斯突出隧道无焊支护结构技术；

（14）大断面多煤层隧道掘进用防突措施效果取样钻孔布置结构技术；

（15）隧道新型防水结构技术；

（16）用于隧道掘进瓦斯抽采孔的封孔装置技术；

（17）瓦斯突出隧道施工数字化安全管理系统；

（18）超大断面隧道穿越煤层用水力压裂钻孔封孔装置技术。

第二节　瓦斯突出隧道施工关键技术研究

项目名称：瓦斯突出隧道施工关键技术研究

项目类别：重点工程

参研单位：渝黔铁路有限责任公司、中铁隧道集团有限公司、中铁隧道集团一处有限公司

天坪隧道位于贵州省北部，重庆与贵州交界地段，赶水东至夜郎区间，行政区划属贵州省桐梓县。本隧道全长 13 978.252 m（DK116 + 258 ~ DK130 + 236），隧道设置"平导 + 2 斜井 + 横洞（主、副井）"。其中：1#斜井（进口增设）长 402 m，负责承担正洞 5 242 m、平导 3 875 m 施工任务；2#斜井长 2 138 m，负责承担正洞 2 680 m、平导 4 522 m 施工任务；横洞主井长 1 050 m、副井长 1 061 m，负责承担正洞 3 640 m、平导 3 378 m 施工任务；出口只负责承担正洞 2 236 m 施工任务。各辅助坑道均位于隧道左侧，斜井和横洞直接与平导正交。横洞工区为瓦斯突出工区，在其 DK127 + 710 ~ DK127 + 850 施工段穿越龙潭组煤系地层，隧道连续穿越 C6、C5、C3 煤层，层厚分别为 1.33 m、2.45 m、2.6 m，瓦斯含量高、压力大，施工风险极大，为本项目的重点控制区段。

针对工程的重难点，本项目研究的内容有：隧道瓦斯突出防治技术难题、高瓦斯隧道无轨运输技术研究、天坪隧道富水岩溶区段岩溶治理关键技术、隧道工程机制砂应用技术的试验研究和瓦斯隧道安全施工及组织管理技术。

一、天坪隧道瓦斯防治关键技术研究

（一）项目研究概况

随着我国交通事业的发展，高瓦斯隧道数量也不断增加，隧道施工瓦斯防治也越来越受到重视。但目前国内关于岩溶和瓦斯共存条件下的长大深埋隧道科研及施工案例并不多，同时在以下方面还需要进一步完善和研究：

（1）瓦斯隧道节能通风技术；

（2）无线瓦斯监测技术；

（3）瓦斯隧道揭煤关键技术及揭煤通风技术。

我国目前修建完成的煤与瓦斯突出危险隧道有南昆铁路家竹箐隧道、广渝高速华蓥山隧道等。但瓦斯压力达到天坪隧道瓦斯压力（3.58 ~ 3.67 MPa，突出判别值 0.74 MPa）的并不多，而且天坪隧道埋深大，隧道长，通风难度大。所以对天坪隧道揭煤关键技术及揭煤通风进行研究也是非常必要的。

（二）研究内容

（1）瓦斯隧道节能高效通风技术研究；

（2）瓦斯隧道揭煤段不同区域的浓度分布规律研究；

（3）瓦斯隧道防范瓦斯燃烧与爆炸的关键技术与措施研究。

主要包括：隧道施工瓦斯监测技术研究、天坪隧道揭煤关键技术研究、天坪隧道揭煤通风技术研究等。

二、高瓦斯隧道无轨运输技术研究

（一）项目研究概况

我国隧道施工运输方式一般采用有轨和无轨运输两种方式：有轨运输就是铺设小型轨道，是一种

适应性较强和较为经济的运输方式；无轨运输就是用各种无轨运输车进行材料及矿渣的运输，其特点是机动灵活，不需要铺设轨道，一般适用于大断面开挖和中等长度或短隧道中。目前，不管在实际的瓦斯隧道施工过程中还是在高瓦斯的矿井中，都已经成功应用了无轨运输技术，瓦斯隧道施工运输方式的选择不能单纯照搬相关规范。是否能采用无轨运输、是否全面采用防爆设备或能否使用改装的防爆设备取决于实测的瓦斯浓度的大小、瓦斯工区区段的长度、通风效果的好坏、瓦斯自动监控系统准确无误，因此，我们有必要对长大瓦斯隧道有轨变无轨运输换装的可行性进行研究。

（二）研究内容

（1）瓦斯隧道无轨运输影响因素的调研分析；

（2）瓦斯隧道无轨运输对隧道内瓦斯浓度分布的影响研究；

（3）瓦斯隧道无轨运输设备防爆关键技术研究；

（4）瓦斯隧道无轨运输技术。

三、天坪隧道富水岩溶区段岩溶治理关键技术

（一）项目研究概况

目前，国内还没有成熟的针对隧道施工超前的气体探测方法，通常都是通过接触检测、监测或采样后进行室内试验等方式发现气体。随着国内高风险隧道施工数量的不断增多，地质预报作为重要环节纳入到隧道设计和施工中，各种新的预报手段不断从国外或从其他领域被引进。但目前隧道综合地质预报工作过多地依赖于综合性，不论是否存在突泥涌水风险，都采用相同的、保守的预报方式，即所有预报手段全部采用，缺少侧重于施工地质方面的分析，没有针对性。

（二）研究内容

（1）不明气体和隐伏含水构造体超前探测技术；

（2）富水岩溶区段快速注浆方案及应用技术研究；

（3）富水岩溶区段基于环保要求的堵排原则及限量排放标准研究。

四、隧道工程机制砂应用技术的试验研究

（一）项目研究概况

正式开发应用机制砂，国内进行系统试验研究的单位是铁五局成渝高速公路指挥部。1990 年 5 月，成渝高速公路中梁山隧道开始建设，为降低工程造价，减轻从外地购买天然中砂的压力，成渝高速公路指挥部决定在普通混凝土、泵送混凝土、防水混凝土、喷锚支护和砌石砂浆中全面使用机制砂。进入 21 世纪以来，我国铁路建设全面铺开，机制砂也得到广泛应用。通过试验表明，机制砂的某些性能指标优于天然砂，对铁路工程质量有益无害，同时节省了建设费用。

（二）研究内容

（1）机制砂生产的原材选择和设备选择；

（2）机制砂指标试验；

（3）机制砂的应用技术；

（4）机制砂与天然砂的应用比较。

五、瓦斯隧道安全施工及组织管理技术

（一）项目研究概况

进入新时期，随着我国交通建设的快速发展，瓦斯隧道越来越多地出现，瓦斯隧道事故也时常发生，瓦斯爆炸灾害损失极其惨重，后果极其严重，因此瓦斯隧道施工安全越来越被人们所关注。随着铁路建设的大发展，越来越多的瓦斯隧道成为控制铁路安全建设的关键和重点工程。由于不确定因素给隧道施工带来很多的不安全因素。一方面需要搞好安全管理，如加强安全教育、强化安全意识、落实安全责任制等，另一方面要切实强化隧道施工中的安全技术，加强风险预测与规避机制，而这方面又常常是隧道施工组织管理的薄弱环节。本次研究通过对岩溶隧道风险因素的研究，评估其风险程度，划分地质风险等级，为隧道施工方案的确定奠定扎实的基础。

（二）研究内容

（1）瓦斯隧道施工中瓦斯的预测预报技术研究；
（2）瓦斯隧道施工中开挖及支护技术研究；
（3）瓦斯隧道施工中瓦斯的监测技术研究；
（4）瓦斯隧道施工通风技术研究；
（5）瓦斯隧道施工机械化配套技术研究；
（6）瓦斯隧道施工安全管理技术研究。

第三节　新白沙沱长江特大桥建造关键技术研究

一、项目研究概况

项目名称：新白沙沱长江特大桥建造关键技术研究

项目类别：重点工程

参研单位：渝黔铁路有限责任公司、中铁二院工程集团有限责任公司、中铁大桥局集团有限公司、中铁大桥勘测设计院集团有限公司、西南交通大学、中国铁道科学研究院集团有限公司

新白沙沱长江特大桥是渝黔铁路的关键控制性工程。新白沙沱长江特大桥全长 5 320.334 m，其中六线合建部分长 2 098.78 m。主桥位于重庆市长江白沙沱河段，大桥距既有白沙沱长江大桥约 130 m，距地维长江大桥 2.4 km。主桥布置为（81 + 162 + 432 + 162 + 81）m，分上下两层，六线布置，大桥是世界上首座双层六线双塔双索面钢桁梁铁路斜拉桥，上层四线客运专线，下层两线货车线；活载达 336 kN/延米（考虑折减系数），恒载达 975 kN/延米，是世界上延米荷载最大的桥梁。

二、研究内容

（1）六线双层大跨铁路斜拉桥主桥合理结构形式研究；
（2）六线双层大跨铁路斜拉桥活载加载标准、疲劳加载标准研究；
（3）桥面系合理结构形式及轨道结构适应性研究；
（4）六线双层大跨铁路斜拉桥多线共振以及风车桥耦合动力分析研究；
（5）六线双层大跨铁路斜拉桥抗风性能研究；
（6）六线双层大跨铁路斜拉桥钢桁梁架设施工技术研究；
（7）双层六线铁路钢桁梁斜拉桥合龙关键技术研究。

第二章 科研项目对工程的指导作用和成果的工程化应用

第一节 新凉风垭隧道工程建造关键技术研究

1. 自密实混凝土技术

采用自密实混凝土，确保了无砟轨道整体道床的质量。

2. 混凝土裂缝控制技术

从混凝土材料角度出发，通过原材料选择、配比设计、试验比选等选择了抗裂性较好的混凝土，对混凝土裂缝有了有效的控制。

3. 建筑用成型钢筋制品加工与配送

所有的钢筋材料集中于钢筋加工场进行加工，成品根据施工要求集中配送，降低了施工成本，提高了工程质量。

4. 塑料模板技术

电缆槽盖板的预制、防护栅栏预制等采用了定制的塑料模板，重量轻，操作简单，同时也保证了工程质量。

5. 隧道模板台车技术

隧道二次衬砌施工采用了一次成型的模板台车，结构可靠、安全度高、衬砌成型面好、速度快、操作方便。

6. 施工过程水回收利用技术

现场施工生产产生的废水经过过滤、沉淀等集中处理后，用于现场降尘及生活区冲刷厕所等，节约了水的用量。

7. 预拌砂浆技术

施工中所用的砂浆均在拌和站集中搅拌，保证了工程质量。

8. 防水卷材机械固定施工技术

施工中止水带等防水卷材采用加工好的夹具机械固定，保证了施工过程中止水带等的安装满足规范要求。

9. 开挖爆破监测技术

为了在隧道施工过程中的开挖爆破不对周围环境造成较大影响，采用了开挖爆破的监测技术，对爆破作业进行了有效控制。

10. 施工现场远程监控管理工程远程验收技术

利用远程数字视频监控系统和基于射频技术的非接触式技术对工程现场施工情况及人员进出场情况进行实时监控，施工现场综合管理系统技术将安全监控、预警和现场调度管理整合在一个系统中，使得安全管理水平提高了一个层次，现场施工组织效率得到了较大提升，且为施工质量的过程管理增加了手段。

11. 工程量自动计算技术

混凝土拌和站的建设发挥了“集中拌和、集中管理优势”，自动计量比人工计量准确，大大提高了混凝土生产量，使工程混凝土质量在源头上得到了有效控制。

12. 大断面瓦斯隧道水力压裂快速揭煤施工技术

解决近年水平抽采钻孔封孔难度大，抽采效果差的现状，从而大大提高瓦斯抽采效果，节约了隧道施工工期。采取压裂增透、集中处理揭煤技术后，工期优化为 12.4 个月（其中揭煤工期 6.9 个月，开挖工期 5.5 个月），比采用设计方案实际预测工期少 6.8 个月。

13. 长大深埋瓦斯突出隧道无焊支护结构技术

有效减少隧道掘进动火频次及时间，隧道掘进安全，煤系地层通过快速。

14. 大断面多煤层隧道掘进用防突措施效果取样钻孔布置结构技术

准确预测煤层瓦斯含量和瓦斯压力，确保防突措施的可靠性以及隧道掘进的安全性。

15. 隧道新型防水结构技术

加快了防水板铺设速度，确保了铺设质量。

16. 用于隧道掘进瓦斯抽采孔的封孔装置技术

有效降低隧道掘进成本、提高掘进效率。

17. 瓦斯突出隧道施工数字化安全管理系统

确保瓦斯超限监测报警准确可靠。

18. 超大断面隧道穿越煤层用水力压裂钻孔封孔装置技术

解决了传统封孔技术结构复杂、成本高、密封效果和承压能力差的问题。

第二节　瓦斯突出隧道施工关键技术研究

一、天坪隧道瓦斯防治关键技术研究

1. 瓦斯隧道节能高效通风技术研究

天坪隧道通过采用穿层网格预抽煤层瓦斯施工技术，在开挖施工前大幅度降低了煤层中的瓦斯含量和压力，为揭煤施工提供了前期安全防突保障；实现了煤系地层区段内多煤层的一次性瓦斯抽放，利用超前平导实现了正洞与平导瓦斯抽放共用一套抽放系统一次性完成；通过瓦斯抽放后，开挖过程中涌入隧道风流的瓦斯总量大幅度降低，施工通风时间和能耗大幅度降低，施工中瓦斯防控难度降低。但该研究在检测的连续性、系统处理的可靠性、硬件和软件的升级与合理匹配等方面还有待于进一步研究和完善，今后可在推广应用中进一步开展深入研究。

2. 瓦斯隧道揭煤段瓦斯涌出分布规律研究

在隧道揭煤施工技术中，严格按照“超前地质钻探→前期突出危险性预测→方案设计（包括施组方案、爆破方案、开挖方案、支护方案等）→超前支护→揭煤前三次钻探与突出危险性预测（距离煤层 7 m、5 m、2 m 分别施作）→揭煤开挖→初期支护→水气排放→二次衬砌”程序进行施工，平导采用两台阶分断面揭煤方案，正洞采用大拱脚三台阶分断面揭煤方案，均安全完成了揭煤施工任务。但本研究是在瓦斯涌出分布规律研究方面得出了初步结论，而此结论主要针对天坪隧道开展研究得出的，在普遍参考价值方面缺乏可靠性，今后可结合相关工程项目进一步开展验证研究。

3. 隧道瓦斯防治关键技术与措施研究

通过总结传统的隧道瓦斯监测方法中存在的问题，并分析问题产生的原因，开发应用了隧道无线瓦斯监测新方法（其中“无线瓦斯传感器”获得了国家发明专利），保证了隧道瓦斯监测数据的连续性和及时性，为瓦斯隧道施工及时采取防治措施提供了可靠依据，为瓦斯隧道施工安全提供了有力保障。但天坪隧道的一系列瓦斯防治关键技术与措施，在其他工况边界条件下适应性和可靠性还不明确，建议在今后的瓦斯隧道施工中继续开展应用研究，使隧道瓦斯防治关键技术与措施进一步发展和完善。

二、钻爆瓦斯隧道无轨运输技术研究

1. 瓦斯隧道无轨运输影响因素调研分析

通过调研可知：在瓦斯隧道中采用无轨运输施工是合规的、可行的；煤矿无轨运输采用的专用胶轮车主要从事辅助运输，在运输强度、系统管理和成本投入等方面不适合隧道施工，所以隧道施工运输不能生搬硬套该项技术成果；瓦斯隧道无轨运输设备防爆改装技术已经比较成熟，并且已有成果应用案例，具备了进一步推广应用的基础条件。

2. 瓦斯隧道无轨运输防爆关键技术研究与应用

采用无轨运输设备防爆改装技术，能够有效消除动力系统和电气系统产生的火花，降低排气系统的废气排放温度，改装部件均能满足相关标准和规范的防爆要求。再安装车载闭锁装置，实现了无轨运输车辆瓦斯浓度超限的自动化闭锁控制，不用改变其机械性能，消除了外界瓦斯浓度对无轨运输设备的影响，提高了瓦斯隧道施工运输机械的安全系数，使防爆改装技术由被动防御变为主动防御，为无轨运输技术在高瓦斯及瓦斯突出隧道中的推广提供了参考。最后结合瓦斯自动监测系统联合管理应用，可以对瓦斯异常情况进行提前的预判，能够有效防止运输机械引起瓦斯燃烧和爆炸，为瓦斯隧道无轨运输施工作业提供了安全保障，从而提高无轨运输技术的作业效率。

3. 天坪瓦斯隧道无轨运输技术研究

瓦斯隧道无轨运输（设备防爆改装）具有适应性强、成本投入低、机动灵活速度快、技术成熟、综合经济效益较高等优点，通过本课题研究，已形成了初步配套技术成果，推广应用方面也取得了进步，但是目前还处在部件防爆合格阶段，要做到整机防爆合格还任重道远，建议针对整机防爆检测鉴定工作继续开展专项研究，不断完善该项技术，以便更好地推广应用。

三、天坪隧道富水岩溶区段岩溶治理关键技术

1. 不明气体和隐伏含水构造体超前探测技术

依据工程地质特点，以岩层性质、产状为基础，先计算推断天坪隧道可能发育不明气体和隐伏含水构造体的段落，再采用经济有效的预报手段，探测出不明气体和隐伏含水构造体的具体发育位置、规模、突泥涌水可能性等，为治理方案提供准确的地质参数。

2. 天坪隧道富水岩溶区段岩溶治理关键技术

结合天坪隧道地质特点，提出了富水岩溶区段岩溶隧道分区动态超前注浆新方法。通过富水断层周边堵水和隧道侧方溶洞的现场治理，研究了注浆参数和工艺，为后续分区动态注浆的现场应用提供了现场试验数据，也为天坪隧道富水岩溶区段的安全快速施工提供了有力保障。

四、隧道工程机制砂应用技术的试验研究

1. 机制砂气密性混凝土影响因素研究

利用机制砂作为混凝土用细骨料，通过合理的配比、现场科学严格的施工管理，能够生产出合格的气密性混凝土。选择合理的机制砂生产方式，通过设备改造，控制机制砂的级配和石粉含量是生产合格机制砂的关键。在特定环境下，混凝土水胶比是影响混凝土气密性的最关键因素，随着水胶比的增大，混凝土透气系数在明显增大，降低水胶比是提高混凝土气密性的必要条件。选择合适的减水剂掺量，通过降低水胶比来改善混凝土的气密性，同时也可以改善混凝土的工作性。机制砂石粉含量是影响混凝土工作性能的主要因素，影响气密性的次要因素。适当的石粉含量可以提高混凝土密实性，提高强度、气密性，超过6%后反而不利，因此在机制砂生产过程中要严格控制其石粉含量。

2. 机制砂与河砂对比研究

通过调整砂率等手段，用机制砂也能配制出与天然砂混凝土工作性基本一致的混凝土，满足新拌气密性混凝土的要求。利用机制砂配制的气密性混凝土，经检验，其气密性、强度及耐久性满足气密性混凝土的要求，满足工程设计的要求。

3. 机制砂气密性混凝土的应用

控制好施工的各个环节，经现场验证，机制砂配制气密性混凝土用于现场施工，各项指标均满足设计要求。

五、瓦斯隧道安全施工及组织管理技术

1. 天坪隧道瓦斯分区管理

通过对天坪隧道横洞工区进行合理的瓦斯分区管理，完成了各阶段施工通风、机械、监测及应急救援设置的不同等级配置，实现了瓦斯隧道风险管理与资源合理匹配，在安全风险可控的前提下，减少了资源投入。

2. 天坪隧道瓦斯施工安全管理

通过对天坪隧道初始风险等级进行统计分析，天坪隧道瓦斯段总体风险等级为“极高”，施工前应针对高风险地段采取有效的措施控制风险，将风险控制在可控范围之内，并做好风险事故应急处理预案。揭煤施工配套安装的“安全保障六大系统”，有效降低了天坪隧道的安全风险，保证了瓦斯突出隧道的施工安全。

3. 天坪隧道高瓦斯工区无轨运输组织管理技术

天坪隧道横洞瓦斯突出工区对无轨运输设备防爆改装技术的应用进行了系统管理，结合瓦斯防治技术措施，成功穿越了煤系地层，在无轨运输作业方面未发生过瓦斯安全事故，初步证明了无轨防爆改装运输设备通过合理有效的管控，能够满足高瓦斯隧道安全施工生产的需要。

第三节　新白沙沱长江特大桥建造关键技术研究

1. 六线双层大跨铁路斜拉桥主桥合理结构形式研究

新白沙沱长江特大桥是主桥为（81 + 162 + 432 + 162 + 81）m 的铁路钢梁斜拉桥。大桥采用双层桥面，上层布设 4 线客车线，下层布设 2 线货车线。通过方案比选，确定钢梁采用制造简单、安装方便的 2 片主矩形断面方案。2 片主的每根竖杆处均设三角形桁架式横联，其与上层桥面的横梁以及下层桥面的竖向和斜向吊杆组成强大的横向传力体系。下层桥面通过设置制动撑架确保纵梁的连续。采用并置平行钢丝斜拉索，以满足单点索力 18 000 kN 的受力要求。索梁锚固采用双索锚回整体双锚拉板 + 锚箱的复合式结构，索塔锚固采用环向预应力结构。制定了大桥 6 线铁路的强度加载标准和疲劳加载标准。采用多重减重措施，将桥梁的恒载由 1 070 kN/m 降低至 975 kN/m，减少了用钢量。

2. 六线双层大跨铁路斜拉桥活载加载标准、疲劳加载标准研究

提出了六线铁路两片主桁新结构，有效解决了六线重载铁路斜拉桥结构设计难题，仅用两片主桁承受了六线铁路活裁。

3. 桥面系合理结构形式及轨道结构适应性研究

提出了纵横梁桥面体系超长纵梁连续结构，从体系上减少了结构断缝，提高了列车运营的舒适性。

4. 六线双层大跨铁路斜拉桥抗风性能研究

为研究多线双层铁路桥梁车辆与桥梁的气动特性，利用三分力分离装置-交叉滑槽系统，对新白沙沱长江特大桥（六线双层大跨铁路斜拉桥）进行节段模型风洞试验。测试了不同车桥组合下车辆与桥梁各自的气动力，研究了单列车的位置、双车同层交会、双车上下层共存时车辆和桥梁气动特性的相互影响，并讨论了风攻角对上层车辆气动力的影响。试验结果表明：当车辆位于桥梁断面不同位置时，车辆气动力差异较大；由于上层桥面宽度较大，气流经过桥梁断面前缘分离后，再附着于较靠后的背风侧车辆，导致背风侧车辆的阻力系数更大；双层车辆共存时，当两者同处于迎风侧，气动力有明显的相互影响；风攻角对背风侧车辆的气动力影响显著。

5. 六线双层大跨铁路斜拉桥钢桁梁架设施工技术研究

在钢桁梁架设时，创新性地采用了单侧墩旁托架架梁技术。该技术在墩顶作业空间减小一半的情况下通过异形吊机占位支架、优化墩顶区钢梁拼装顺序有效地解决了有限空间钢梁架设的难题，可推广至类似条件的桥梁建设当中。

渝黔铁路新白沙沱长江特大桥对于多线铁路桥梁断面的选择、纵横梁连续桥面系、钢桁梁跨越铁路多次拖拉施工等均具有巨大的推广应用价值。通过本课题的研究，积累了大跨度六线双层结构连续钢桁梁斜拉桥的设计建造经验，为大跨度多线铁路斜拉桥的进一步发展奠定了坚实基础，具有显著的经济效益和社会效益，并有广阔的推广应用前景。

第三章　（拟）申报科研成果奖

目前针对渝黔铁路的所有研究都已结题，进入报奖阶段，已有多个项目获得奖项。到目前为止，已取得及拟申报的奖项如表 5-3-1 所示。

表 5-3-1 渝黔铁路科研成果获奖项目

序号	项目名称	颁奖部门	获奖级别	获奖年份
1	瓦斯突出隧道修建关键技术	重庆市人民政府	科学技术奖二等奖	2016
2	瓦斯突出隧道修建关键技术	中国施工企业协会	一等奖	2017
3	大断面瓦斯隧道水力压裂快速揭煤施工技术研究与应用	天津市人民政府	科学技术奖三等奖	2017
4	大断面瓦斯隧道水力压裂快速揭煤施工技术研究与应用	中国施工企业管理学会	科学技术奖科技创新成果二等奖	2016
5	特长隧道分隔巷道与风管联合式施工通风研究	重庆市人民政府	科学技术奖二等奖	2013
6	特长隧道分隔巷道与风管联合式施工通风研究	中国铁道协会	铁道科技奖三等奖	2014
7	大断面瓦斯突出隧道修建关键技术	中国公路建设行业协会	公路工程科技创新成果奖一等奖	2017
8	复杂条件下炭质片岩隧道大变形控制技术	中国公路建设行业协会	公路工程科技创新成果奖二等奖	2016
9	复杂条件下炭质片岩隧道大变形控制技术	河南省工程建设协会	科学技术奖科技创新成果一等奖	2015
10	隧道位移自动化检测系统开发及应用	中国施工企业管理协会	科学技术奖科技创新成果二等奖	2015
11	隧道位移自动化监测系统开发及应用	河南省工程建设协会	科学技术奖科技创新成果特等奖	2015
12	铁路瓦斯突出隧道施工新技术研究与应用	中国施工企业管理协会	科学技术奖科技创新成果二等奖	2016
13	铁路瓦斯突出隧道施工新技术研究与应用	河南省工程建设协会	科学技术奖科技创新成果一等奖	2016
14	铁路高瓦斯突出隧道施工组织管理研究	中国中铁股份有限公司	中国中铁企业管理现代化创新成果一等奖	2017
15	复杂环境六线双层铁路大跨度斜拉桥建造关键技术	重庆市人民政府	科技进步奖一等奖提名	2019
16	复杂环境六线双层铁路大跨度斜拉桥建造关键技术	重庆市人民政府	科学技术成果	2019
17	双层六线大跨度重载铁路钢桁梁斜拉桥建造关键技术	中国交通运输协会	科学技术奖一等奖	2018
18	双层六线大跨度重载铁路钢桁梁斜拉桥建造关键技术	中国钢结构协会	科学技术奖一等奖	2019
19	双层六线大跨度重载铁路钢桁梁斜拉桥建造关键技术	中国施工企业管理协会	科学技术奖一等奖	2018
20	双层六线大跨度重载铁路钢桁梁斜拉桥建造关键技术	中国铁道学会	科学技术奖一等奖	2019
21	双层六线大跨度重载铁路钢桁梁斜拉桥建造关键技术	中国铁路工程总公司	科学技术奖一等奖	2019
22	基于4D-BIM的施工物料全过程管理系统应用研究	国家铁路局	铁路重大科技创新成果入库证	2018
23	BIM技术在新白沙沱长江大桥钢梁架设施工中的应用	中国建筑业协会	中国建设工程BIM大赛单项奖一等奖	2015

续表

序号	项目名称	颁奖部门	获奖级别	获奖年份
24	渝黔铁路新白沙沱长江特大桥BIM综合应用	中国建筑业协会	中国建设工程BIM大赛卓越工程项目奖一等奖	2015
25	渝黔铁路新白沙沱长江特大桥BIM综合应用	中国图学学会	第五届全国BIM大赛综合组二等奖	2016
26	渝黔铁路夜郎河双线特大桥综合施工及BIM技术应用	中国铁路工程总公司	科学技术奖一等奖	2018
27	渝黔铁路夜郎河双线特大桥综合施工及BIM技术应用	中国铁道学会	铁道科技奖二等奖	2019
28	渝黔铁路夜郎河双线特大桥综合施工及BIM技术应用	国家铁路局	铁路重大科技创新成果入库证	2018
29	BIM技术在夜郎河双线特大桥项目中的应用研究	中国建筑业协会	一等奖	2016
30	渝黔铁路夜郎河双线特大桥综合施工及BIM技术应用	中国施工企业管理协会	二等奖	2018

第四章　技术创新

第一节　取得重大技术创新

一、新凉风垭隧道工程

（1）新方法：首次在铁路瓦斯隧道揭煤工程中采用控制水力压裂技术。

（2）新技术：将“水力压裂”技术与煤矿成熟的揭煤预测方法相结合，辅以隧道开挖方法及金属骨架的优化设计，形成了一套安全高效的揭煤技术体系。

（3）新理念：结合隧道所穿煤层的分布情况，将煤层分为两组，提出了集中抽采、分层检验、逐层揭煤的揭煤原则，为快速揭煤提供了新思路。

（4）新管理体系：引入煤矿先进的管理体系，建立了煤与瓦斯突出工区安全避险“六大系统”，保证了瓦斯突出工区的施工安全。

二、瓦斯突出隧道施工

1. 瓦斯隧道节能通风技术

通过改装变频风机控制系统，将瓦斯自动监测系统合理融入其中，形成了自动节能通风控制系统。依据瓦斯监测系统的监测数据，实时调整风机运转频率，使风机产生的风压、风量在满足施工要求的前提下，始终处于最佳频率的节能工作状态，以此来实现瓦斯隧道通风系统的节能。

2. 隧道内瓦斯抽放防突技术

结合天坪瓦斯突出隧道的特殊施工环境，利用超前平导采取了预抽煤层瓦斯的消突技术措施，实现了隧道施工过程中在隧道内实施瓦斯预抽放技术，成功消除了瓦斯突出隐患，在解决天坪隧道瓦斯突出难题的同时，节约了瓦斯抽放工期和成本投入。结合该项技术开发了“瓦斯隧道穿层网格预抽煤层瓦斯施工工法”（河南省省级工法）、“用于煤层瓦斯抽放的机械式螺旋封孔器”（专利号：ZL 2013 1 0251607.2）和“受载煤岩恒压瓦斯吸附解吸试验系统和方法”（专利号：ZL 2011 1 0240836.5）两项发明专利。

3. 大断面隧道揭煤施工技术

通过对天坪隧道煤层赋存条件进行分析，依据瓦斯抽放和预测预报成果结论，结合现场施工的实际边界条件，选择了合理的分台阶揭煤施工方法，尤其是正洞采用大拱脚台阶法施工，合理分配了各台阶开挖揭煤面积，降低了瓦斯突出风险，为安全揭煤施工提供了保障，成功解决了大断面瓦斯隧道揭煤施工技术难题。

4. 隧道无线瓦斯监测技术

通过开发和应用隧道无线瓦斯监测新方法，保证了隧道瓦斯监测数据的连续性和及时性，为瓦斯隧道施工及时采取防治措施提供了可靠依据，为瓦斯隧道施工安全提供了有力保障。结合该项技术开发了“一种隧道掘进工作面与监控分站之间的无线瓦斯监测方法”（专利号：ZL 2014 1 0503361.8）发明专利。

5. 瓦斯隧道无轨运输技术

对存在瓦斯施工条件下的无轨运输防爆设备进行了调研，对防爆设备改装技术、瓦车闭锁技术和高瓦斯隧道无轨运输设备配套技术进行了系统研究和应用，证明了高瓦斯隧道采用无轨运输施工的可行性，在保证无轨防爆改装运输设备在高瓦斯隧道中安全施工的同时，加快了运输速度，缩短了循环作业时间，节约了成本投入。

6. 隧道富水岩溶治理技术

依据天坪隧道的特殊地质条件，采用岩溶隧道分区动态超前注浆新方法，结合既有成果编制了快速注浆方案，总结开发了快速注浆新工艺方法，为天坪隧道富水岩溶区段的安全快速施工提供了有力保障。结合该项技术开发了“隧道高压富水溶腔加筋注浆工艺方法”（专利号：ZL 2011 1 0260206.4）和“隧道边墙基础的纵向止水带安装方法”两项发明专利。

7. 机制砂生产加工与配制气密性混凝土技术

通过对机制砂生产设备的调研、改进，优化生产工艺，提高了机制砂的生产质量。在机制砂成品性质的检验中，通过正交对比试验研究了混凝土水胶比、减水剂掺量、砂率及机制砂石粉含量对气密性混凝土工作性、硬化后强度、耐久性（混凝土氯离子电通量）、气密性（透气系数）的影响等，利用研究成果配制出了满足瓦斯隧道气密性要求的高性能混凝土，取得了良好的经济、社会和环保效益。

三、新白沙沱长江特大桥工程

（1）首创了六线双层双桁新结构以及钢桁梁桥面系纵横梁体系纵梁连续结构，解决了六线铁路大桥桥面布置、结构受力、纵梁断缝的问题，大幅提高了六线铁路桥梁结构设计的经济性和施工便利性，提高了行车舒适性，有力地推动了我国多线铁路大跨度桥梁的技术发展。

（2）提出了六线双层铁路钢桁梁斜拉桥强度加载折减系数、疲劳六线系数，多线大跨度铁路桥梁预拱度取值及多线共振控制分析等设计方法，填补了规范空白，解决了六线铁路大桥设计关键技术难题。

（3）研发了深水无覆盖层倾斜岩面基础施工技术、大型多功能平台施工技术、两侧场地均受限条件下的往复拖拉并反向顶推及钢桁梁首节段采用单侧墩旁托架架设等创新施工技术，解决了复杂环境下钢桁梁斜拉桥施工技术难题。

第二节 技术创新成果

围绕渝黔铁路开展课题研究和技术攻关，到目前为止，已取得发明专利20项、实用型专利28项、省部级施工工法6项，发表代表性论文34篇，出版著作3部。

一、专利（表5-4-1）

表5-4-1 获得专利情况一览

序号	专利名称	专利号	专利类型
1	一种用于多线大跨度铁路桥梁的轨道线形控制方法	ZL 2017 1 0229695.4	发明专利
2	一种新型纵横梁桥面结构	ZL 2013 1 0277357.X	发明专利
3	大型多功能水上施工平台的施工方法	ZL 2013 1 0736699.3	发明专利
4	在深水、急流及倾斜岩面条件下的钢护筒下放插打方法	ZL 2014 1 0217680.2	发明专利
5	一种保护桩头钢筋的干封混凝土桩基及其施工方法	ZL 2014 1 0128387.9	发明专利
6	一种钢桁梁纵移吊挂式拖拉锚座及方法	ZL 2014 1 0808019.9	发明专利
7	一种利用单侧墩旁托架架设墩顶钢梁的方法	ZL 2014 1 0784928.3	发明专利
8	一种用于多线高速铁路桥梁的轨道线形控制方法	ZL 2017 1 0230107.9	发明专利
9	超大断面隧道穿煤系地层段的施工方法及封孔结构	ZL 2016 1 0139185.3	发明专利
10	一种隧道掘进工作面与监控分站之间的无线瓦斯监测方法	ZL 2014 1 0503361.8	发明专利
11	隧道边墙基础的纵向止水带安装方法	ZL 2014 1 0420832.9	发明专利
12	一种增强高地应力软岩隧道仰拱结构稳定性的加固方法	ZL 2016 1 0359274.9	发明专利
13	用于煤层瓦斯抽放的机械式螺旋封孔器	ZL 2013 1 0251607.2	发明专利
14	受载煤岩恒压瓦斯吸附解吸试验系统和方法	ZL 2011 1 0240836.5	发明专利
15	隧道高压富水溶腔加筋注浆工艺方法	ZL 2011 1 0260206.4	发明专利
16	超大断面大倾角隧道式桩基施工工艺	ZL 2016 1 0378904.7	发明专利
17	超大断面倾斜式单桩基础开挖及出碴施工工艺	ZL 2016 1 0378846.8	发明专利
18	超大断面倾斜式单桩基础开挖及护壁施工工艺	ZL 2016 1 0378818.6	发明专利
19	基于垂直吊装系统的超大断面倾斜式单桩基础施工工艺	ZL 2016 1 0378782.1	发明专利
20	一种大跨度缆索吊连续横移式施工方法	ZL 2016 1 0796101.3	发明专利
21	大跨度六线双层铁路桥钢桁梁构造	ZL 2013 2 0223294.5	实用新型专利
22	大跨度斜拉桥索梁锚固构造	ZL 2015 2 0271233.5	实用新型专利
23	铁路双层钢桁梁桥交界墩	ZL 2013 2 0292695.6	实用新型专利
24	六线双层铁路桥墩	ZL 2013 2 0253958.2	实用新型专利
25	六线双层铁路桥梁整体式双功能桥墩	ZL 2013 2 0338351.4	实用新型专利
26	铁路无砟轨道桥梁钢桁梁与混凝土简支梁交界位置梁端构造	ZL 2013 2 0221689.1	实用新型专利
27	多线分层铁路桥三主桁梯形端面构造	ZL 2015 2 0271194.9	实用新型专利

续表

序号	专利名称	专利号	专利类型
28	六线双层铁路桥变截面钢桁梁构造	ZL 2013 2 0347468.9	实用新型专利
29	大型多功能水上施工平台	ZL 2013 2 0874005.8	实用新型专利
30	大型多功能水上施工平台的导向装置	ZL 2013 2 0877225.6	实用新型专利
31	一种自升式挂索平台装置	ZL 2016 2 0853236.4	实用新型专利
32	一种可拆卸的大荷载支撑系统	ZL 2017 2 0505886.4	实用新型专利
33	超大断面隧道穿越煤层用水力压裂钻孔封孔装置	ZL 2016 2 0191114.3	实用新型专利
34	长大深埋瓦斯突出隧道无焊支护结构	ZL 2016 2 0188615.6	实用新型专利
35	大断面多煤层隧道掘进用防突措施效果取样钻孔布置结构	ZL 2016 2 0193997.1	实用新型专利
36	瓦斯突出隧道施工数字化安全管理系统	ZL 2016 2 0188667.3	实用新型专利
37	隧道防水结构	ZL 2015 2 0856530.6	实用新型专利
38	用于隧道掘进瓦斯抽采孔的封孔装置	ZL 2015 2 0432806.8	实用新型专利
39	一种收轨吊车	ZL 2017 2 1116372.6	实用新型专利
40	水泥罐粉尘回收除尘装置	ZL 2016 2 0107711.3	实用新型专利
41	防爆裂的湿喷机械手混凝土输送锥管组件	ZL 2014 2 0481984.5	实用新型专利
42	混凝土湿喷机喷头与分流器的安装结构	ZL 2014 2 0484038.6	实用新型专利
43	超大断面倾斜式单桩基础施工用出碴装置	ZL 2016 2 0519228.6	实用新型专利
44	一种劲性骨架节段底模安装用移动胎架	ZL 2016 2 1017264.9	实用新型专利
45	一种劲性骨架节段吊装用吊具	ZL 2016 2 1016309.0	实用新型专利
46	一种劲性骨架灭火装置	ZL 2016 2 0959772.2	实用新型专利
47	一种劲性骨架外包混凝土养护装置	ZL 2016 2 1011151.8	实用新型专利
48	一种提篮式钢管拱高空施工安全防护装置	ZL 2016 2 0971599.8	实用新型专利

二、工法（表 5-4-2）

表 5-4-2　施工工法成果

序号	名　称	编号	备注
1	无门架新型隧道模板台车衬砌施工工法	GJEJGF277—2012	国家级工法
2	大断面瓦斯隧道快速揭煤施工工法	GGG（中企）D1004—2017	2017 年度公路工程工法
3	深水基础大型多功能钢平台施工工法	TJBJGF-15.16-051	铁路工程建设部级工法
4	长大隧道分隔巷道与风管联合通风施工工法	EJGF15—2014	河南省省级工法
5	瓦斯隧道穿层网格预抽煤层瓦斯施工工法	EJGF114—2015	河南省省级工法
6	长大隧道分隔巷道与风管联合通风施工工法	GDGF361—2018	广东省省级工法
7	钢管拱肋大方量超高内压混凝土施工工法	SXSJGF2018—128	陕西省省级工法

三、学术论文

（1）《隧道施工通风管理问题探讨》（《隧道建设》2015 年 7 月）

（2）《天坪铁路隧道瓦斯抽放防突技术研究》（《隧道建设》2016 年 4 月）

（3）《煤粒瓦斯放散数学模型及数值解算》[《煤炭学报》（EI）2013 年 9 月]

（4）《长大隧道分隔巷道与风管联合通风施工技术》[《现代隧道技术》（EI）2015 年 6 月]

（5）《铁路瓦斯隧道施工中若干问题的对比研究》[《现代隧道技术》（EI）2016 年 8 月]

（6）《区域防突措施在铁路瓦斯突出隧道中的应用》（《铁道建筑》2016 年 6 月）

（7）《渝黔铁路天坪煤层瓦斯突出隧道爆破施工技术》（《铁道建筑》2015 年 6 月）

（8）《渝黔铁路高瓦斯隧道施工用电管理技术》（《铁道建筑》2015 年 3 月）

（9）《天坪隧道瓦斯突出工区施工通风技术》（《铁道建筑》2015 年 4 月）

（10）《渝黔铁路高瓦斯隧道作业机械配置及防爆改装技术》（《铁道建筑》2014 年 5 月）

（11）《天坪瓦斯突出隧道无轨运输可行性技术研究》（《铁道建筑》2014 年 8 月）

（12）《渝黔铁路高瓦斯隧道施工安全质量管理》（《铁道建筑》2015 年 5 月）

（13）《天坪隧道横洞高瓦斯工区无轨运输方案选择》（《中华建筑科技》2015 年 8 月）

（14）《渝黔铁路极高地应力隧道施工控制技术》（《铁道工程学报》2015 年第 11 期）

（15）《高水压富水隧道地下水控制技术探讨》（《隧道建设》，2015 年 3 月）

（16）《中天山隧道节理密集带超高压裂隙水处理技术》[《现代隧道技术》（EI）2013 年 12 月]

（17）《铁路隧道机制砂生产经济技术研究》（《隧道建设》2015 年第 9 期）

（18）《综合超前地质预报在天坪隧道施工中的应用》（《铁道建筑》2014 年 5 月）

（19）《倾斜突出煤层排放设计方法优选》（《隧道建设》 2012 年 01 期 ）

（20）《新凉风垭隧道揭煤防突设计方法研究》（《贵州省岩石力学与工程学会 2012 年学术年会论文集》2012 年）

（21）《渝黔线新凉风垭隧道高瓦斯突出段安全施工关键技术》（《高速铁路技术》2017 年 6 期）

（22）《渝黔铁路新白沙沱长江特大桥主桥设计关键技术》（《桥梁建设》2017 年第 6 期）

（23）《新白沙沱长江六线特大桥桥面布置方案研究》（《铁道工程学报》2015 年第 4 期）

（24）《新白沙沱六线铁路长江大桥钢桁梁横断面的合理选择》（《桥梁建设》2014 年第 5 期）

（25）《深水复杂地质倾斜岩面基础施工技术》（《铁道工程学报》2016 年第 5 期）

（26）《新白沙沱长江六线铁路特大桥深水基础施工技术》（《第二十一届全国桥梁学术会议》2014 年）

（27）《新白沙沱长江特大桥 3 号墩双壁钢套箱围堰施工技术》（《施工技术》2014 年第 17 期）

（28）《新白沙沱长江特大桥跨既有线钢桁梁施工方案比选》（《桥梁建设》2014 年第 6 期）

（29）《基于 4D-BIM 的施工物料全过程管理系统应用研究》（《施工技术》2017 年第 6 期）

（30）《基于 BIM 的钢构桥梁跨平台物料管理方法研究》（《第二届全国 BIM 学术会议论文集》2016 年）

（31）《多线铁路车桥耦合振动仿真研究》（《西南交通大学学报》2017 年第 5 期）

（32）《渝黔铁路新白沙沱长江特大桥抗震性能研究》（《四川建筑》2015 年第 1 期）

（33）《六线双层铁路钢桁桥车桥系统气动特性风洞试验研究》（《工程力学》2016 年第 4 期）

（34）《渝黔铁路新白沙沱长江特大桥轨道结构选型》（《铁道工程学报》2014 年第 11 期）

四、出版专著

（1）《瓦斯隧道修建关键技术》（人民交通出版社股份有限公司，易国良、刘龙卫、陈海锋、杨琨编著）

（2）《西南山区煤与瓦斯突出隧道施工技术》（西南交通大学出版社，王明慧、张忠爱编著）

（3）《渝黔铁路白沙沱长江大桥建造关键技术》（西南交通大学出版社，王明慧等编著）

附 录

附录一 大事记

（1）1998 年 3 月，编制完成了《渝黔线增建第二线可行性研究报告》报部。但随着渝怀线的建设，渝黔线扩能改造暂时搁置。

（2）2007 年 3 月，编制完成了《川渝黔铁路新通道规划研究》。

（3）2007 年 6 月，受重庆市委托完成了《重庆至贵阳扩能改造预可行性研究报告》。

（4）2008 年 5 月，根据原铁道部要求完成《重庆至贵阳预可行性研究（方案竞选）报告》。

（5）2008 年 12 月，根据原铁道部要求完成《重庆至贵阳预可行性研究报告》。

（6）2008 年 10 月至 2009 年 1 月，现场开展初测工作。

（7）2009 年 3 月 24 日，《国家发展改革委关于重庆至贵阳铁路扩能改造工程项目建议书的批复》（发改基础〔2009〕778 号）

（8）2009 年 3 月，完成可行性研究（送审稿）文件交付。

（9）2009 年 5 月，根据可研审查意见，完成可研补充材料。

（10）2009 年 8 月，完成可行性研究文件报国家发改委审查。

（11）2009 年 5 月至 9 月，现场开展了定测工作。

（12）2009 年 8 月 11 日，重庆市规划局《重庆至贵阳铁路扩能改造工程（重庆市境内）建设项目选址意见书》（选字第〔区县〕市 500000200900033 号）同意渝黔铁路重庆境内规划设计。

（13）2009 年 8 月 18 日，贵州省住房和城乡建设厅《重庆至贵阳铁路扩能改造工程（贵州省境内）建设项目选址意见书》（选字第 520000200900037 号）同意渝黔铁路贵州境内规划设计。

（14）2009 年 10 月 20 日，原铁道部以《关于重庆至贵阳铁路扩能改造工程可行性研究的审查意见》（铁计函〔2009〕1412 号）批复项目可研。

（15）2009 年 11 月，正式初步设计文件上报原铁道部及相关部门。

（16）2009 年 12 月 3 日，原国土资源部《关于重庆至贵阳铁路扩能改造工程建设用地预审意见的复函》（国土资预审字〔2009〕450 号）批复该项目拟用地总面积 1 477.62 公顷，其中农用地 1 142.76 公顷（含耕地 734.2 公顷）。

（17）2010 年 9 月，鉴定中心在北京进行了初步设计审查。

（18）2010 年 12 月 4 日，《国家发展改革委关于重庆至贵阳铁路扩能改造工程可行性研究报告的批复》（发改基础〔2010〕2855 号）批复项目可研。

（19）2010 年 6 月 1 日，水利部《关于改建铁路重庆至贵阳线扩能改造工程水土保持方案的复函》（水保函〔2010〕118 号），渝黔铁路水土保持方案通过了水利部的审查。

（20）2010 年 8 月 4 日，环保部《关于改建铁路重庆至贵阳线扩能改造工程环境影响报告书的批复》（环审〔2010〕236 号）批复同意按照报告书中所列建设项目的地点、性质、规模和环境保护措施及本批复要求进行项目建设。

（21）2010 年 9 月至 12 月，开展补定测工作。

（22）2010 年 12 月，初步设计鉴定后修改报告上报部鉴定中心。

（23）2010 年 12 月 6 日，《国家发展改革委关于重庆至贵阳铁路扩能改造工程可行性研究报告的批复》（发改基础〔2010〕2855 号）。

（24）2011 年 6 月 20 日，部计划司主持于北京对渝黔线的建设标准等进行梳理，按照速度目标值 200 km/h、有砟轨道方案开展修改初步设计工作。

（25）2011 年 10 月 27 日～30 日，部鉴定中心在成都进行了安全评估审查。

（26）2012 年 1 月，完成渝黔线修改初步设计文件编制工作。

（27）2012 年 3 月，鉴定中心在北京对修改初步设计进行了审查。

（28）2012 年 3 月至 6 月，根据修改初设审查意见开展补定测工作。

（29）2012 年 7 月，编制完成修改初步设计鉴修报告上报。

（30）2012 年 8 月 30 日，原铁道部以《关于重庆至贵阳铁路扩能改造工程初步设计的批复》（铁鉴函〔2012〕1063 号）重新批复项目初步设计，原铁鉴函〔2010〕1909 号废止。

（31）2013 年 1 月 20 日，新白沙沱特大桥开工。

（32）2013 年 2 月，完成站前施工图设计，2015 年 5 月完成站后部分施工图设计。

（33）2013 年 4 月 6 日，天坪隧道开工。

（34）2013 年 4 月 24 日，新凉风垭隧道开工。

（35）2013 年 5 月，原中国铁路总公司发布《关于开工建设重庆至贵阳铁路工程的批复》（铁总办函〔2013〕206 号）。

（36）2013 年 9 月 3 日，夜郎河双线特大桥开工。

（37）2013 年 4 月 15 日，环保部《关于改建铁路重庆至贵阳线扩能改造工程变更环境影响报告书的批复》（环审〔2013〕105 号）批复同意按照报告书中所列建设项目的地点、性质、规模和环境保护措施及本批复要求进行项目建设。

（38）2015 年 2 月 26 日，遵义市委常委、常务副市长范元平，成都铁路局副局长兼渝黔渝万铁路公司总经理王明慧，遵义市人大常委会副主任戴贵兵，遵义市政府副秘书长段开强，桐梓县委书记吴高波，县长冉贤俊等市县领导和业主、监理、中铁一局、中铁十八局等单位 60 余人到天坪隧道进口项目部观摩学习。

（39）2015 年 7 月 12 日，原中国铁路总公司质量安全监督总站对天坪隧道进口项目部进行安全质量大检查。

（40）2015 年 10 月 28 日，召开渝黔铁路歌乐山站—井口站及重庆枢纽相关工程供电专业、通信信号专业、工务专业静态验收报告。施工满足设计要求和验收标准，总体工程质量评定合格。

（41）2016 年 7 月 16 日，天坪隧道斜井与出口方向实现贯通。

（42）2016 年 11 月 10 日，新凉风垭隧道完工。

（43）2016 年 12 月 19 日，新白沙沱特大桥完工

（44）2017 年 1 月 4 日，天坪隧道整体道床施工完成。

（45）2017 年 2 月 28 日，天坪隧道完工。

（46）2017 年 3 月 20 日，夜郎河双线特大桥完工。

（47）2017 年 6 月 10 日，天坪隧道开始第一阶段静态验收。

（48）2017 年 7 月至 12 月，成都局集团公司、渝黔铁路有限责任公司、成渝客专公司、客站建设指挥部、贵阳建设指挥部组织完成了渝黔铁路静态验收工作。2017 年 10 月 12 日至 12 月 22 日，完成渝黔铁路的工务、通信、信号、电力、牵引供电、房建、客服、信息、环境保护与水土保持、建设用地、自然灾害及异物侵限监测、综合接地工程等专业静态验收报告专家组审查，审查意见为：同意通过静态验收，具备联调联试和动态验收条件。

（49）2017 年 10 月 12 日，召开重庆至贵阳铁路扩能改造工程通信、牵引供电（电力）专业、工务工程专业静态验收报告进行专家评审会。施工满足设计要求和验收标准，总体工程质量评定合格。

（50）2017 年 10 月 12 日，召开站台、雨棚、进站天桥、四电及生产生活用房专家评审会。施工满足设计要求和验收标准，总体工程质量评定合格。

（51）2017 年 10 月 12 日，召开重庆至贵阳扩能改造工程自然灾害及异物侵限监测系统静态验收报告审查会。施工满足设计要求和验收标准，总体工程质量评定合格。

（52）2017 年 10 月 15 日，召开重庆至贵阳铁路扩能改造工程信号静态验收报告评审会。施工满足设计要求和验收标准，总体工程质量评定合格。

（53）2017 年 10 月 19 日，召开渝黔铁路危岩落石整治工程风险后期评估报告专家评审会。施工满足设计要求和验收标准，总体工程质量评定合格。

（54）2017 年 11 月 29 日，召开成渝客专引入重庆枢纽工务工程、牵引供电和电力专业、通信和信号专业静态验收专家审查会。施工满足设计要求和验收标准，总体工程质量评定合格。

（55）2017 年 12 月 22 日，召开渝黔铁路重庆段四电用房专业静态验收报告审查会。施工满足设计要求和验收标准，总体工程质量评定合格。

（56）2017 年 10 月 16 日至 12 月 30 日，成都局集团公司、渝黔铁路有限责任公司、成渝客专公司、客站指挥部、贵阳指挥部、中国铁道科学研究院完成了联调联试和动态检测，于 2017 年 12 月 24 日开始运行试验。

（57）2017 年 12 月 28 日至 2018 年 1 月 2 日，成都局集团公司、渝黔铁路有限责任公司、成渝客专公司、客站建设指挥部、贵阳指挥部组织相关单位和专家完成了渝黔铁路工务、通信、信号、牵引供电、客服、信息、环境保护与水土保持、自然灾害及异物侵限监测、综合接地等专业动态验收报告审查，专家组审查意见：同意动态验收结论，通过动态验收，具备初步验收条件。

（58）2018 年 1 月 2 日，渝黔铁路公司《关于报送〈重庆至贵阳铁路扩能改造工程静态验收、动态验收问题及专家组审查意见整改报告〉的函》（渝黔工函〔2018〕1 号），上报了静态验收、动态验收问题及专家组审查意见的整改报告。

（59）2018 年 1 月 2 日，渝黔铁路公司上报了《关于报送重庆至贵阳铁路扩能改造工程静态验收、动态验收问题整改确认的函》（渝黔工函〔2018〕5 号），对静态、动态遗留问题和专家提出的问题进行了整改，专家意见基本得到落实。

（60）2018 年 1 月 2 日，成都铁路局工程质量安全监督站提交了《重庆至贵阳铁路扩能改造工程质量安全内部监督报告》，同意进行工程初步验收。

（61）2018 年 1 月 2 日，渝黔铁路公司上报了《渝黔铁路有限责任公司关于申请重庆至贵阳铁路扩能改造工程初步验收的函》（渝黔工函〔2018〕2 号），提出工程已具备初步验收条件，申请成都局集团公司进行初步验收。

（62）2018 年 1 月 2 日，成都局集团公司对渝黔铁路公司上报的初步验收申请进行了研究，认为渝黔铁路具备初步验收条件，同意启动初步验收。

（63）2018 年 1 月 3—4 日，成都局集团公司组成初步验收委员会，对渝黔铁路工程进行现场检查并召开初步验收会议。

（64）根据原铁道部《铁路建设项目竣工验收交接办法》（铁建设〔2008〕23 号）、原中国铁路总公司《关于进一步规范铁路基建大中型项目竣工验收工作的通知》（铁总建设〔2014〕91 号）等规定，集团公司成立了重庆至贵阳铁路扩能改造工程重庆、贵阳枢纽联络线、重庆西动车运用所存车场及相关工程初步验收委员会，于 2018 年 1 月 6—7 日完成了初步验收。

（65）2018 年 1 月 25 日，渝黔铁路顺利实现通车运营。

附录二　项目批复等重要文件目录

一、前期批复文件

1. 项目建议书

原铁道部、贵州省、重庆市人民政府《关于报送重庆至贵阳铁路扩能改造工程项目建议书的函》（铁计函〔2008〕1382号）。

2009年3月24日，《国家发展改革委关于重庆至贵阳铁路扩能改造工程项目建议书的批复》（发改基础〔2009〕778号）（1总说明书里有具体叙述）。

2. 可研报告及批复

2010年12月6日，《国家发展改革委关于重庆至贵阳铁路扩能改造工程可行性研究报告的批复》（发改基础〔2010〕2855号）。

3. 初步设计文件

2012年8月27日，原铁道部《关于重庆至贵阳铁路扩能改造工程初步设计的批复》（铁鉴函〔2012〕1063号）对渝黔铁路项目初步设计进行了批复。

4. 规　划

2009年8月11日，重庆市规划局《重庆至贵阳铁路扩能改造工程（重庆市境内）建设项目选址意见书》（选字第〔区县〕市500000200900033号）同意渝黔铁路重庆境内规划设计。

2009年8月18日，贵州省住房和城乡建设厅《重庆至贵阳铁路扩能改造工程（贵州省境内）建设项目选址意见书》（选字第520000200900037号）同意渝黔铁路贵州境内规划设计。

5. 用　地

2009年12月3日，原国土资源部《关于重庆至贵阳铁路扩能改造工程建设用地预审意见的复函》（国土资预审字〔2009〕450号）批复该项目拟用地总面积1 477.62公顷，其中农用地1 142.76公顷（含耕地734.2公顷）。

2011年6月3日，《国土资源部办公厅关于重庆至贵阳铁路扩能改造工程（重庆境内）先行用地的复函》（国土资厅函〔2011〕470号）批复同意该项目先行用地109.285 5公顷（含耕地79.251公顷），其中桥梁工程用地37.12公顷，隧道工租用地12.33公顷，路基工程用地12.18公顷，站场用地33公顷，拆迁安置用地14.655 5公顷。

2012年11月3日，《国土资源部办公厅关于重庆至贵阳铁路扩能改造控制性工程（贵州段）先行用地的复函》（国土资厅函〔2012〕1159号）。批复同意该项目先行用地64.52公顷（含耕地56.63公顷），其中26座大桥用地49.118 9公顷，20座隧道用地15.401 1公顷。

2013年8月1日，国家林业局《重庆至贵阳铁路扩能改造工程（贵州段）使用林地审核同意书》（林资许准〔2013〕275号）同意重庆至贵阳铁路扩能改造工程（贵州段）项目占用征收林地128.639 9公顷。

2013年8月1日，国家林业局《重庆至贵阳铁路扩能改造工程（重庆段）使用林地审核同意书》（林资许准〔2013〕424号）。

2013年9月15日，《国土资源部关于重庆至贵阳铁路扩能改造工程贵州段工程建设用地的批复》

（国土资函〔2013〕703号）。共计批准建设用地594.991 9公顷，由当地人民政府按照有关规定提供，作为重庆至贵阳铁路扩能改造工程建设用地。

2013年11月30日，《国土资源部关于重庆至贵阳铁路扩能改建工程重庆段工程建设用地的批复》（国土资函〔2013〕874号）。共计批准建设用地554.845 2公顷，由当地人民政府按照有关规定提供，作为重庆至贵阳铁路扩能改建工程重庆段工程建设用地及拆迁安置用地。

6. 环　评

2010年8月4日，环保部《关于改建铁路重庆至贵阳线扩能改造工程环境影响报告书的批复》（环审〔2010〕236号）认为渝黔铁路项目“符合《中长期铁路网规划调整方案》、国家产业政策和沿海城市总体规划。线路穿越长江上游珍稀特有鱼类国家级自然保护区、重庆歌乐山市级风景名胜区、遵义娄山省级风景名胜区和贵阳市北郊水厂二级水源保护区，均取得相关许可文件。综合考虑各方面的因素，我部原则同意你单位按照报告书中所列建设项目的地点、性质、规模和环境保护措施及本批复要求进行项目建设”。

2013年4月15日，环保部《关于改建铁路重庆至贵阳线扩能改造工程变更环境影响报告书的批复》（环审〔2013〕105号）认为“渝黔铁路项目符合国家产业政策及《中长期铁路网规划（2008年调整）》，原铁道部提出《关于改建铁路重庆至贵阳线扩能改造工程变更环境影响报告书的预审意见》（铁计函〔2013〕301号）。在落实报告书提出的各项生态保护及污染防治措施前提下，综合考虑各方面因素，在落实我部批复要求下，原则同意你公司报告书中所列建设项目的性质、规模、地点和拟采取的环境保护措施”。

7. 水土保持

2010年6月1日，水利部《关于改建铁路重庆至贵阳线扩能改造工程水土保持方案的复函》（水保函〔2010〕118号），渝黔铁路水土保持方案通过了水利部的审查。

二、修改、变更设计及其他批复

原铁道部《关于新建兰州至重庆铁路童家溪车站改线路所及夏官营疏解区客车下行线改线工程Ⅰ类变更设计的批复》（铁鉴函〔2012〕1107号）批复本次变更设计概算合计减少5 033万元。

原中国铁路总公司《关于新建贵阳至广州铁路贵阳北动车运用所设备调整Ⅰ类变更设计的批复》（铁总办函〔2014〕336号）批复单轴不落轮镟床改双轴不落轮镟床变更设计概算增加按1 230万元控制。

《关于重庆至贵阳铁路扩能改造工程綦江东等10座站房补充初步设计及站台延长变更设计的批复》（铁总办函〔2014〕790号）批复变更设计概算增加按1 136万元控制。

《关于重庆至贵阳铁路扩能改造工程引入贵阳枢纽都拉营至关田增建第二线绕避小车河湿地公园改线及无线通信采用GSM-R系统1类变更设计的批复》（铁总办函〔2014〕1536号）批复以上变更设计概算增加合计按7 492万元控制。

《关于重庆至贵阳铁路扩能改造工程隧道防灾救援疏散工程Ⅰ类变更设计的批复》（铁总办函〔2014〕1691号）批复隧道防灾救援疏散工程变更设计概算增加按10 452万元控制（含勘察设计费150万元）。

《关于重庆至贵阳铁路扩能改造工程羊角1号隧道横洞工区D1K112+239~D1K112+537段溶洞处理Ⅰ类变更设计的批复》（铁总办函〔2014〕1830号）批复羊角一号隧道横洞工区D1K112+239~D1K112+537段溶洞处理变更设计概算增加按1 124万元控制。

《关于重庆至贵阳铁路扩能改造工程綦江东站重庆端Ⅰ类变更设计的批复》（铁总办函〔2015〕248号）批复綦江东站重庆端变更设计概算减少126万元。

原中国铁路总公司《贵州省人民政府关于重庆至贵阳铁路扩能改造工程川黔线遵义城区段外迁东移同步实施工程Ⅰ类变更设计的批复》（铁总办函〔2014〕1465 号）批复本次同步实施工程变更设计概算增加合计按 73 300 万元控制。

原中国铁路总公司《关于重庆至贵阳铁路扩能改造工程引入重庆枢纽隧道满足大型养路机械作业引入Ⅰ类变更设计的批复》（铁总办函〔2013〕379 号）批复本次变更设计概算增加按 2 291 万元（含勘察设计费 30 万元）控制。

原中国铁路总公司《关于重庆至贵阳铁路扩能改造工程重庆西站站房工程补充初步设计及战场调整Ⅰ类变更设计的批复》（铁总办函〔2013〕486 号）批复重庆西站站房及相关工程补充初步设计概算按 283 233 万元控制，较原铁道部铁鉴函〔2012〕1063 号文批复概算 308 518 万元减少 25 285 万元。按标段招标降造率扣除降造费后，重庆西站站场方案调整变更设计概算减少 3 967 万元控制。

《关于重庆至贵阳铁路扩能改造工程引入重庆枢纽实施白市驿货场远期规划工程Ⅰ类变更设计的批复》（铁总鉴函〔2015〕867 号）批复白市驿站货场实施预留工程变更设计概算增加按 12 958 万元控制（含勘察设计费 200 万元）。

《关于重庆至贵阳铁路扩能改造工程贵阳南派驻机车折返段工程Ⅰ类变更设计的批复》（铁总鉴函〔2015〕957 号）批复贵阳南派驻机车折返段变更设计概算增加按 1 567 万元控制（含勘察设计费增加 15 万元）。

《关于重庆至贵阳铁路扩能改造工程增设桥下防护栅栏变更设计的批复》（铁总鉴函〔2015〕1458 号）批复桥下增设防护栅栏变更设计概算增加合计按 4 020 万元控制。

《关于重庆至贵阳铁路扩能改造工程重庆枢纽东环线引入珞璜南站同步实施工程变更设计的批复》（铁总鉴函〔2016〕14 号）批复重庆铁路枢纽东环线引入珞璜南站同步实施工程变更设计概算增加按 10 355 万元控制（含征地拆迁费用 1 500 万元，勘察设计费 150 万元）。

《关于重庆至贵阳铁路扩能改造工程宗家山隧道设集水廊道、泄水横洞工程变更设计的批复》（铁总鉴函〔2016〕465 号）批复宗家山隧道增设集水廊道、泄水横洞工程变更设计概算增加按 242 万元控制。

《关于重庆至贵阳铁路扩能改造工程綦江东站站房 1 类变更设计的批复》（铁总鉴函〔2016〕502 号）批复重庆至贵阳铁路扩能改造工程綦江东站站房变更设计概算增加按 3 000 万元控制。

《关于重庆至贵阳铁路扩能改造工程郑州至万州铁路引入重庆枢纽引起重庆西动车运用所及机务车辆调整Ⅰ类变更设计的批复》（铁总鉴函〔2016〕606 号）批复重庆西 110/10 kV 变配电所交更设计概算增加按 6 816 万元控制。新建郑州至万州铁路引入重庆枢纽引起重庆西动车存车场及机务车辆调整变更设计概算增加暂按 134 000 万元控制（含暂计列重庆市负责并承担的征地拆迁费用 23 600 万元）。

附录三　部分设计方案与现场施工图

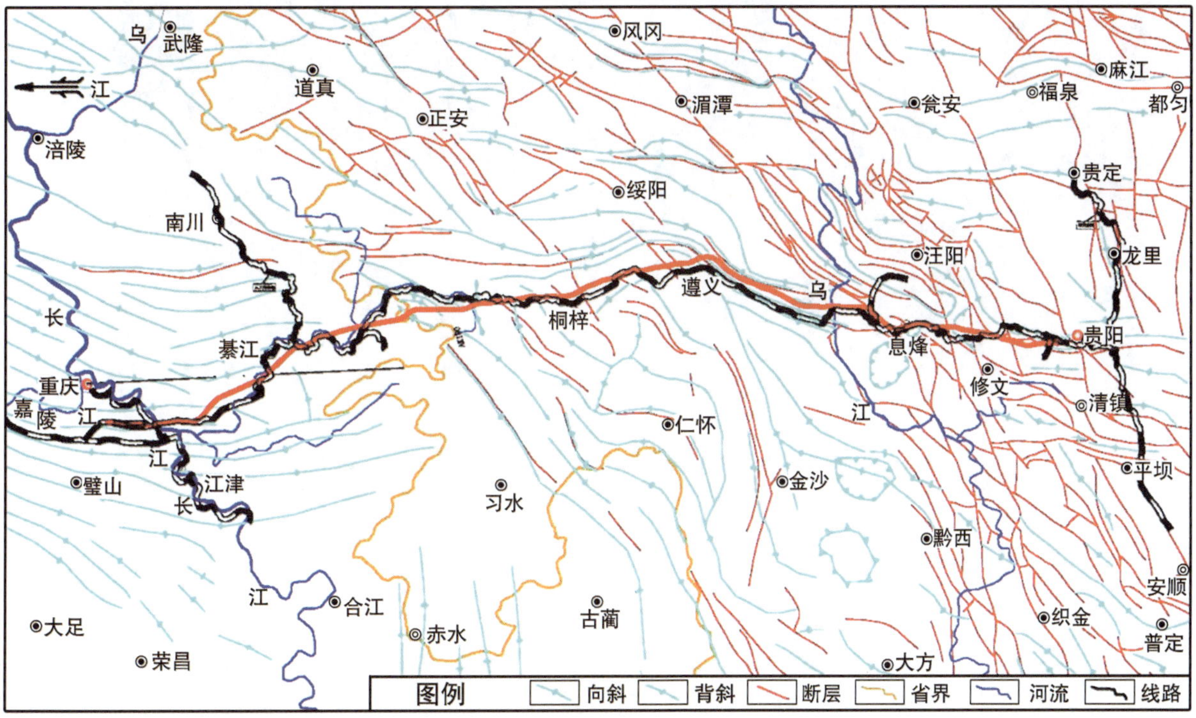

图 1-2-1　重庆至贵阳铁路地质构造纲要

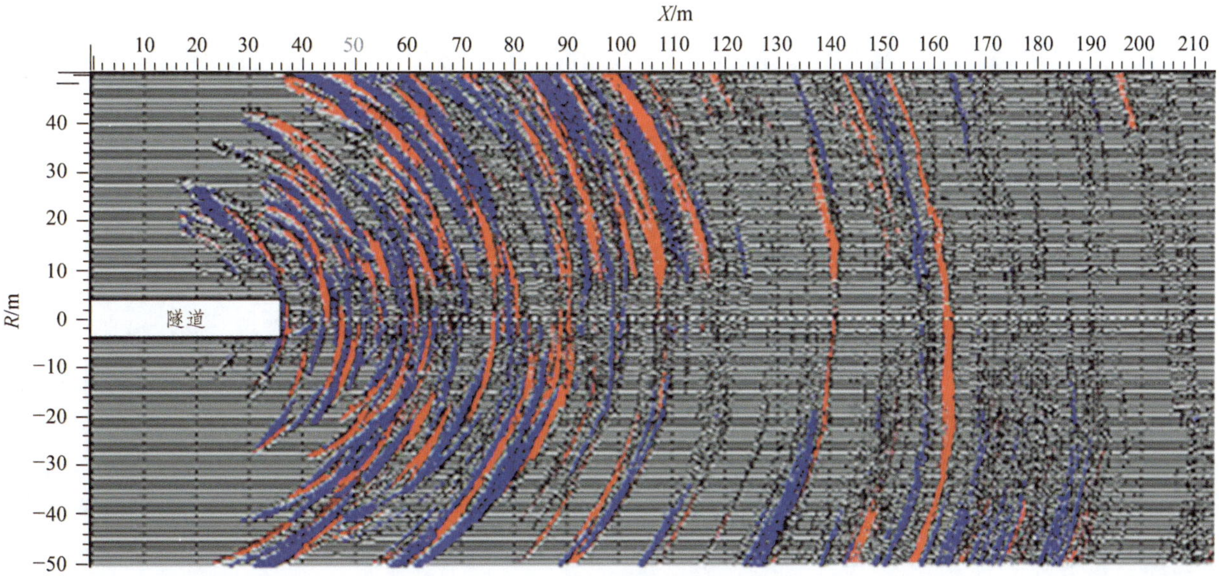

图 3-1-1　TSP 探测深度偏移剖面

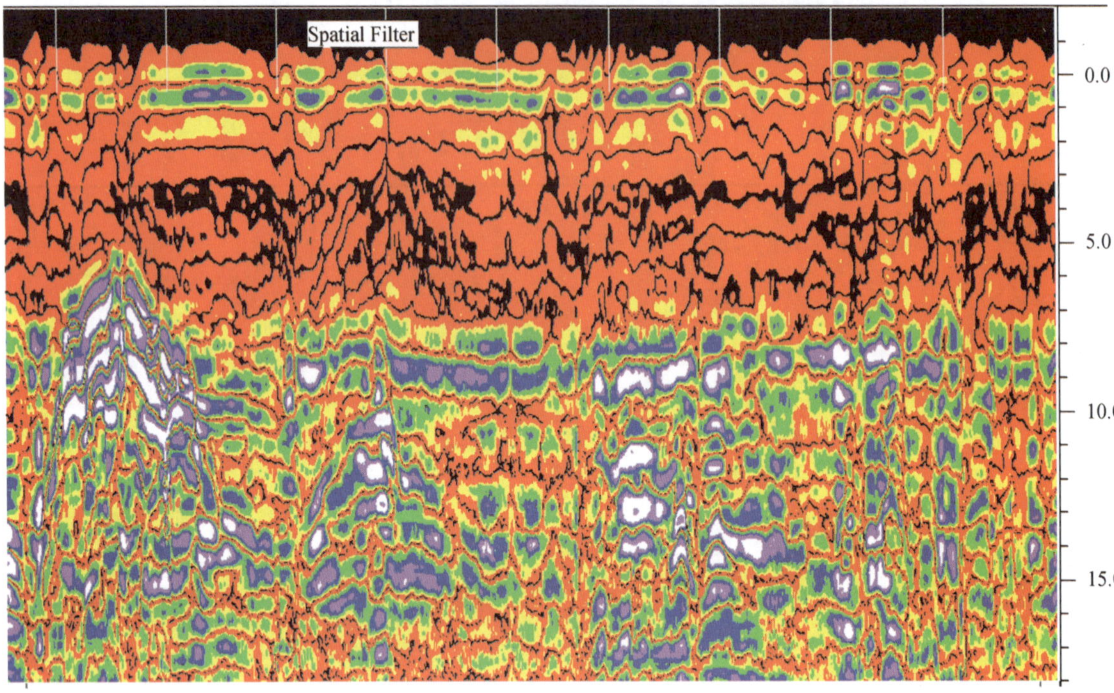

图 3-1-2　地质雷达成果

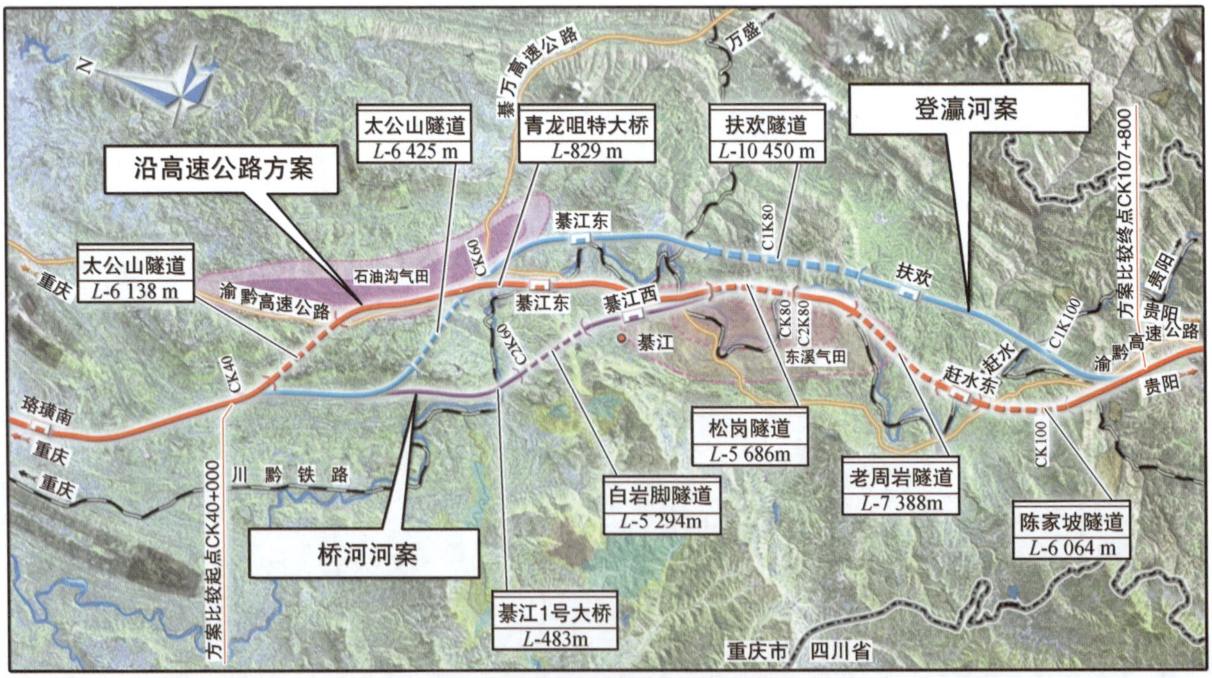

图 3-2-2　珞璜南至赶水段线路方案比选示意

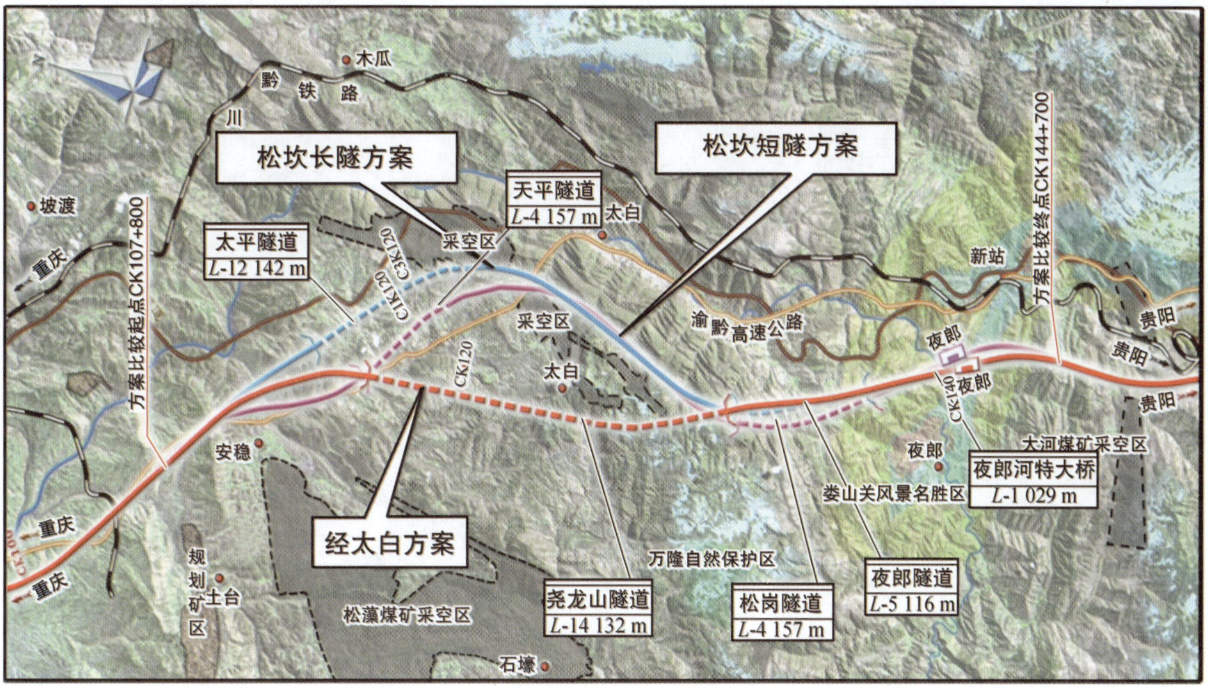

图 3-2-3　赶水至桐梓段线路方案比选示意

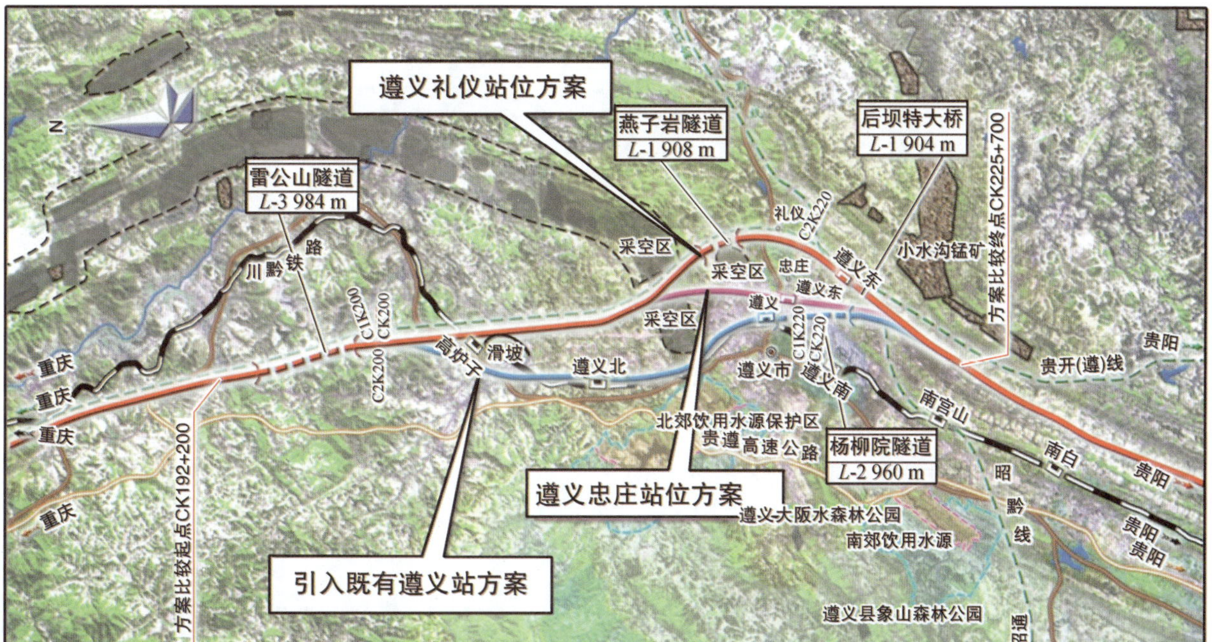

图 3-2-4　桐梓至苟江段线路方案比选示意

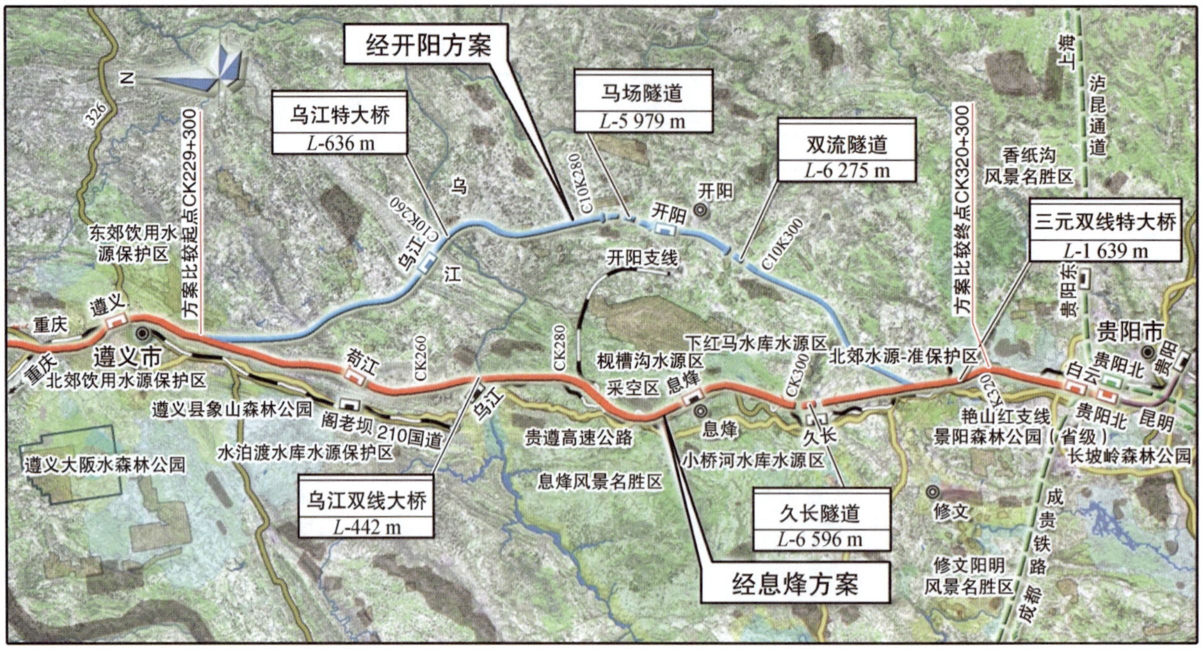

图 3-2-5　遵义至贵阳段线路方案比选示意

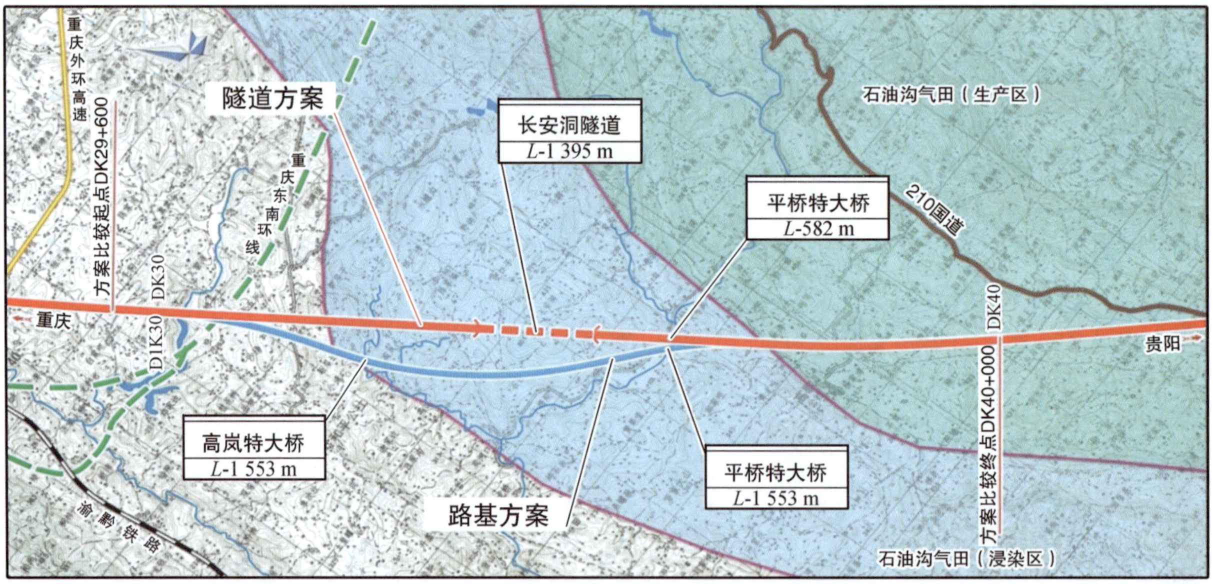

图 3-2-6　线路方案比选示意

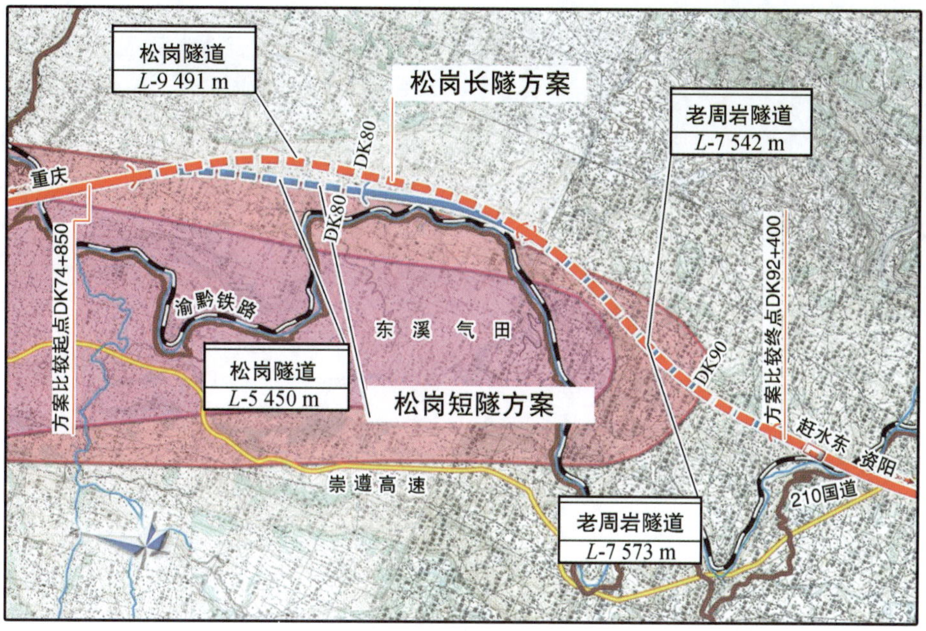

图 3-2-7　松岗隧道线路方案比选示意

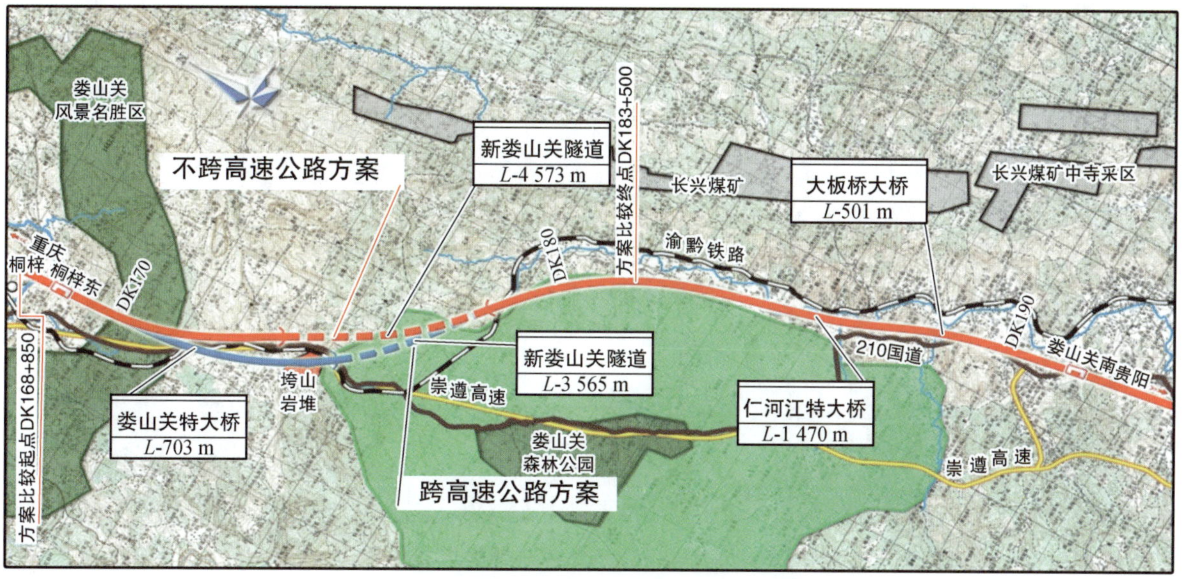

图 3-2-8　桐梓东出站线路方案比选示意

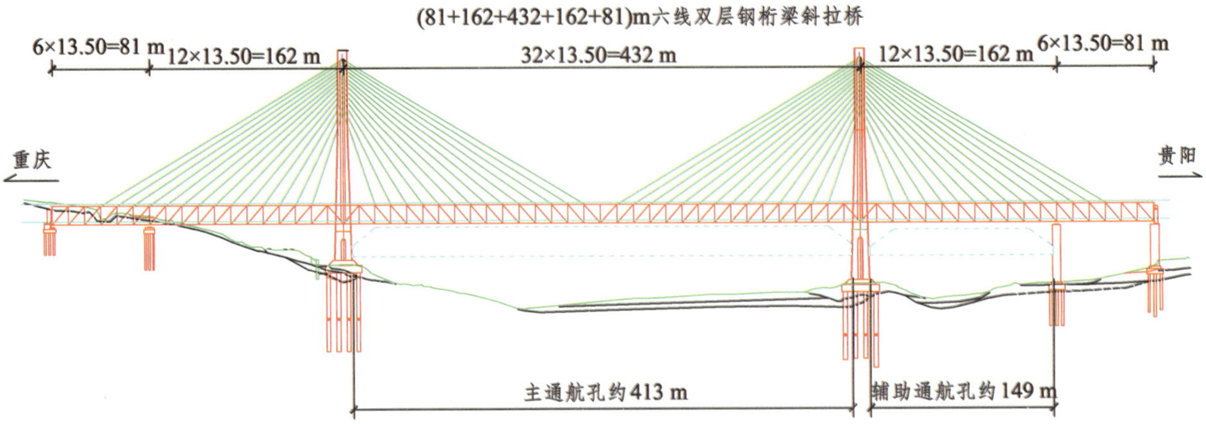

图 3-5-1　新白沙陀长江特大桥结构主体

图 3-5-2　夜郎河双线特大桥桥跨布置示意

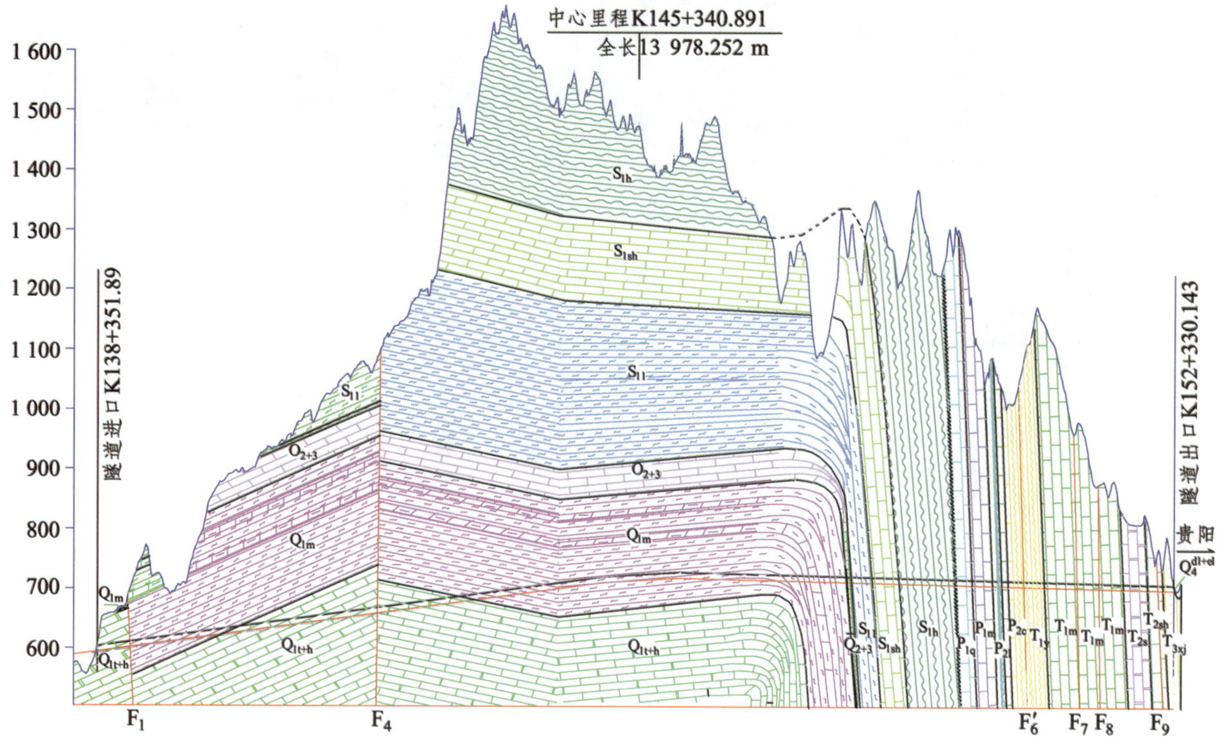

图 3-6-10　天坪隧道纵断面概况

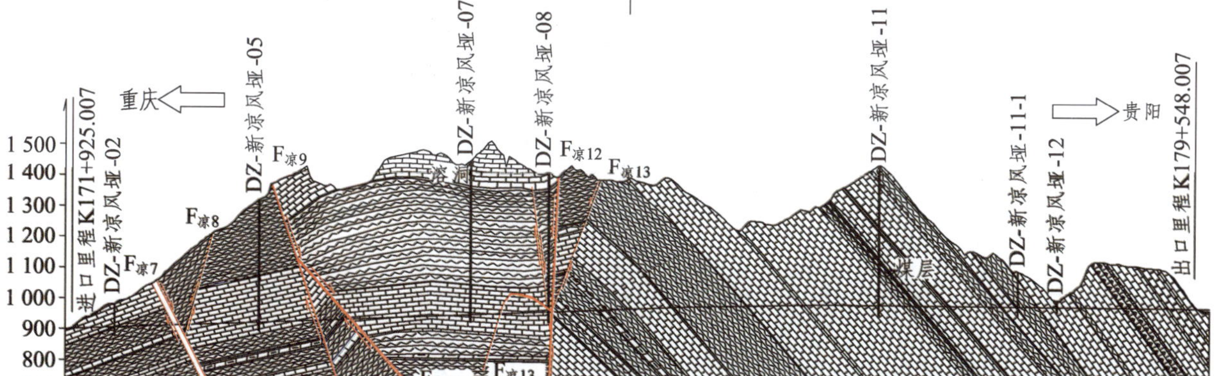

图 3-6-11　新凉风垭隧道纵断面概况

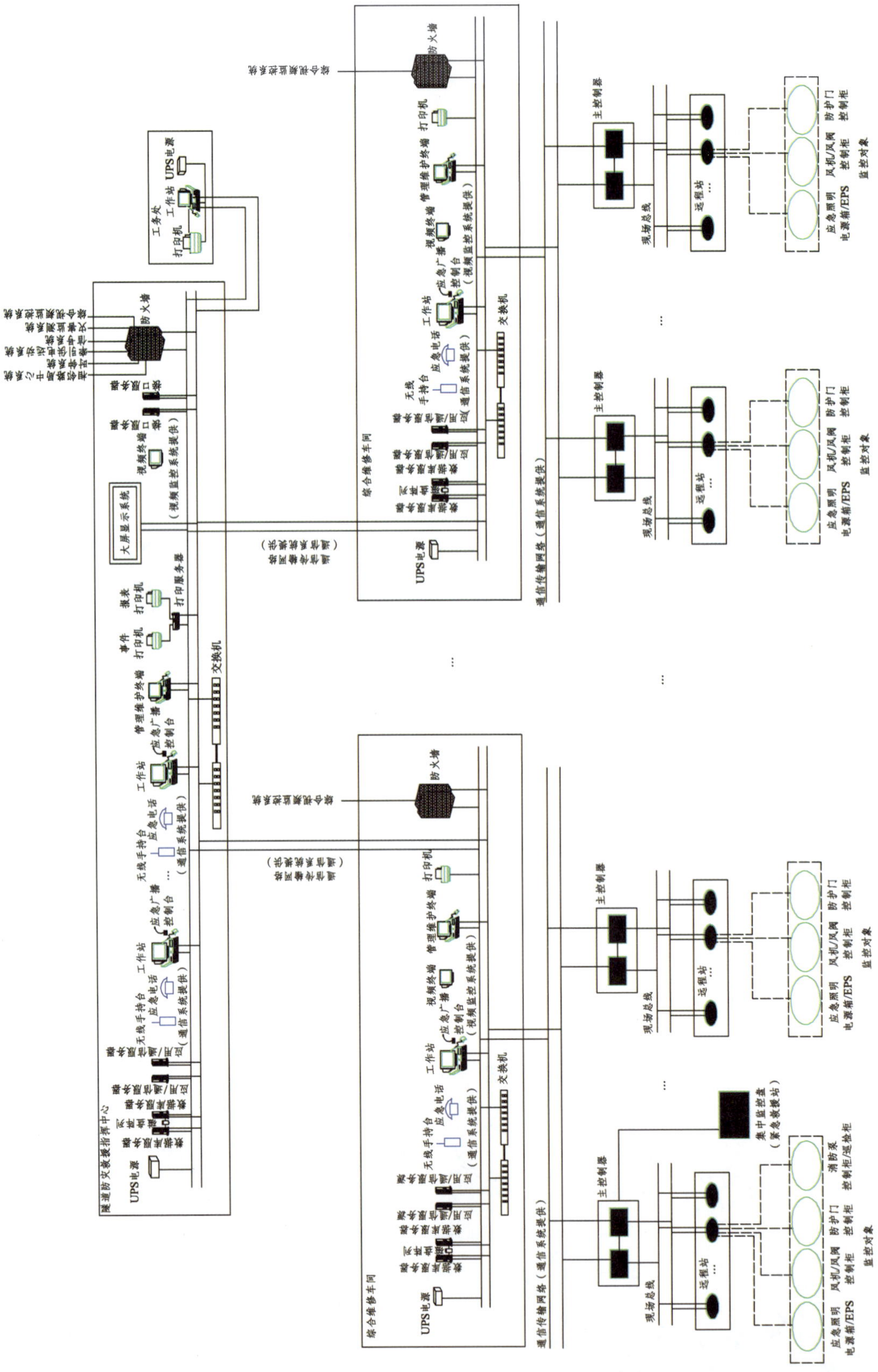

图 3-6-15　隧道防灾救援设备监控系统示意

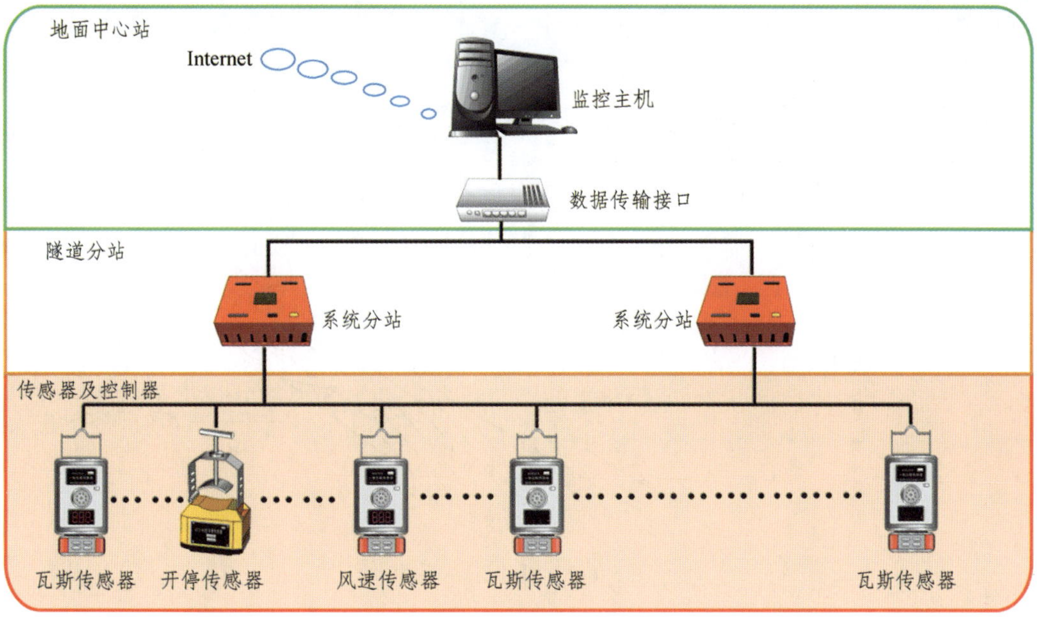

图 3-6-17　隧道瓦斯监测系统示意

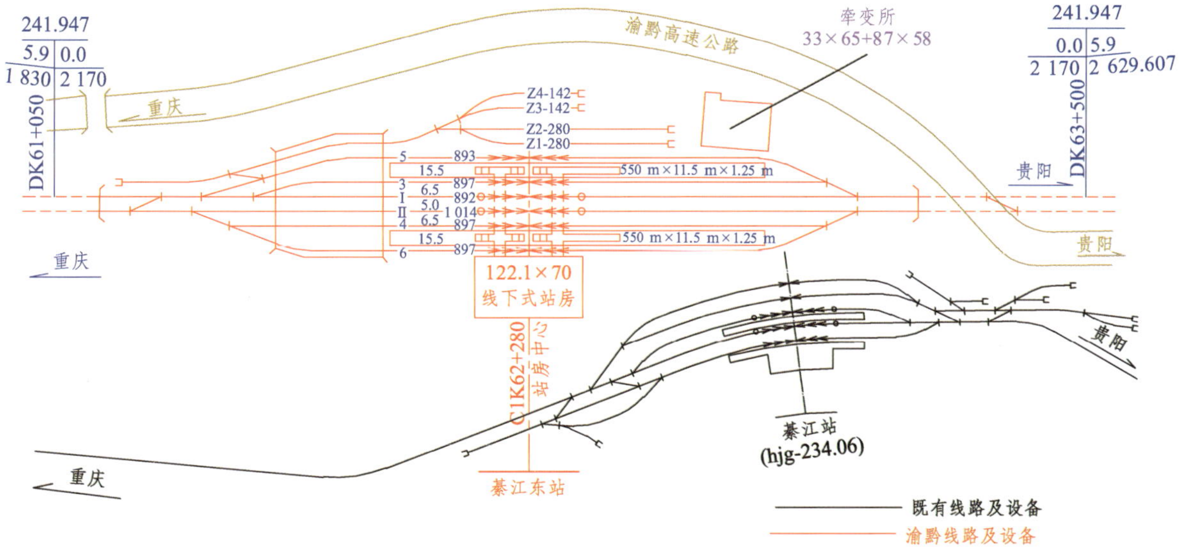

图 3-8-1　綦江东站平面布置

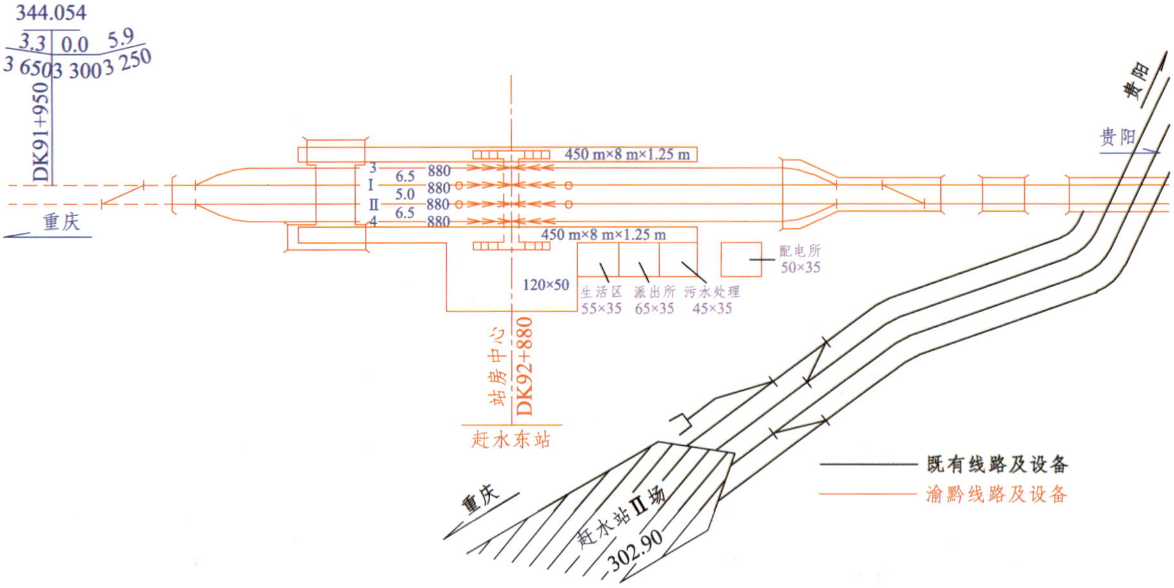

图 3-8-2　赶水东站平面

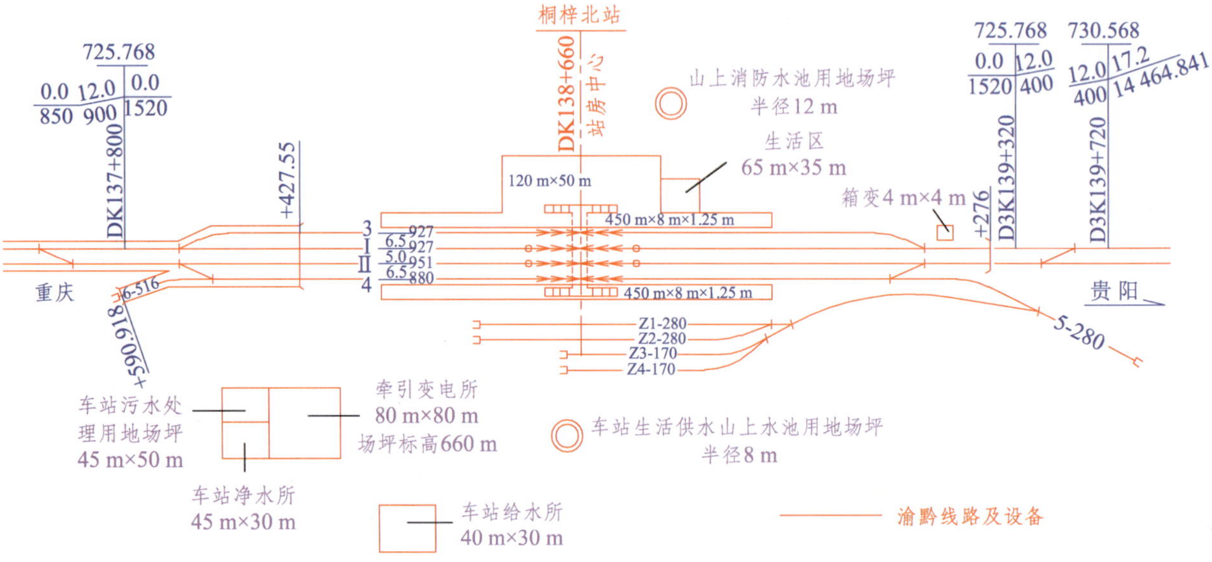

图 3-8-3　桐梓北站平面示意

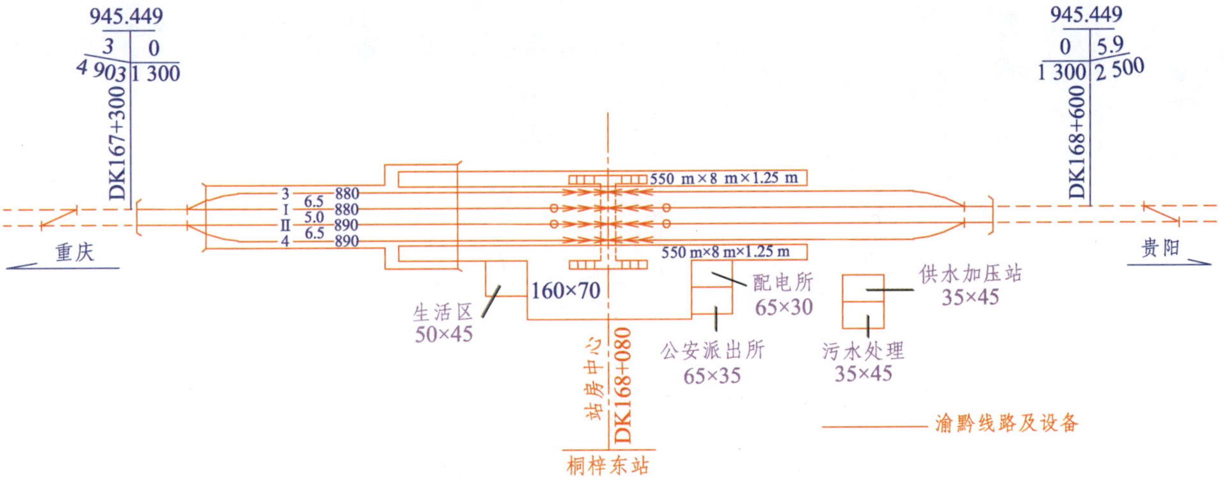

图 3-8-4　桐梓东站平面

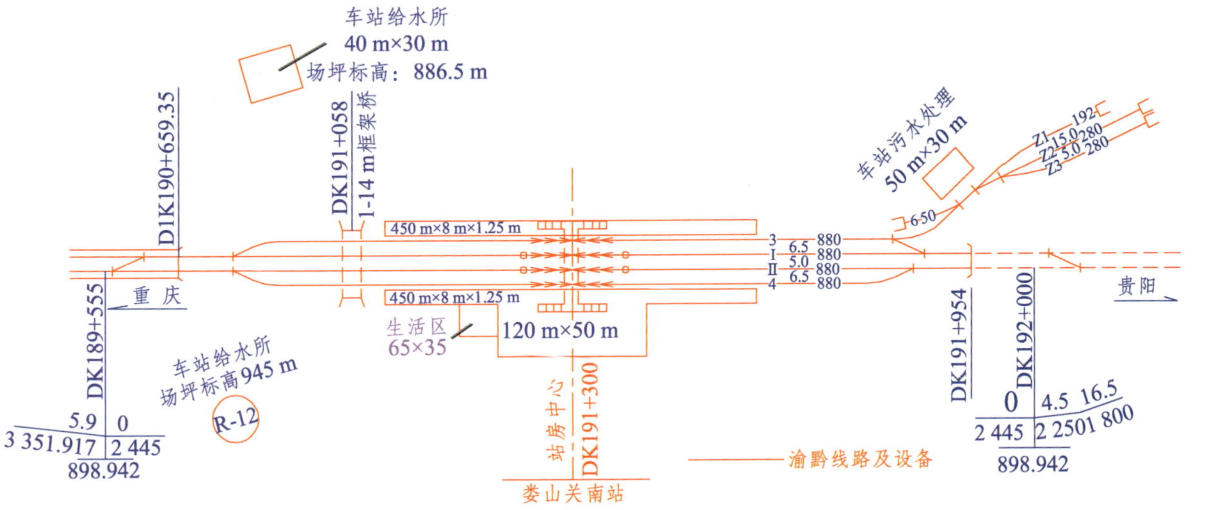

图 3-8-5　娄山关南站平面

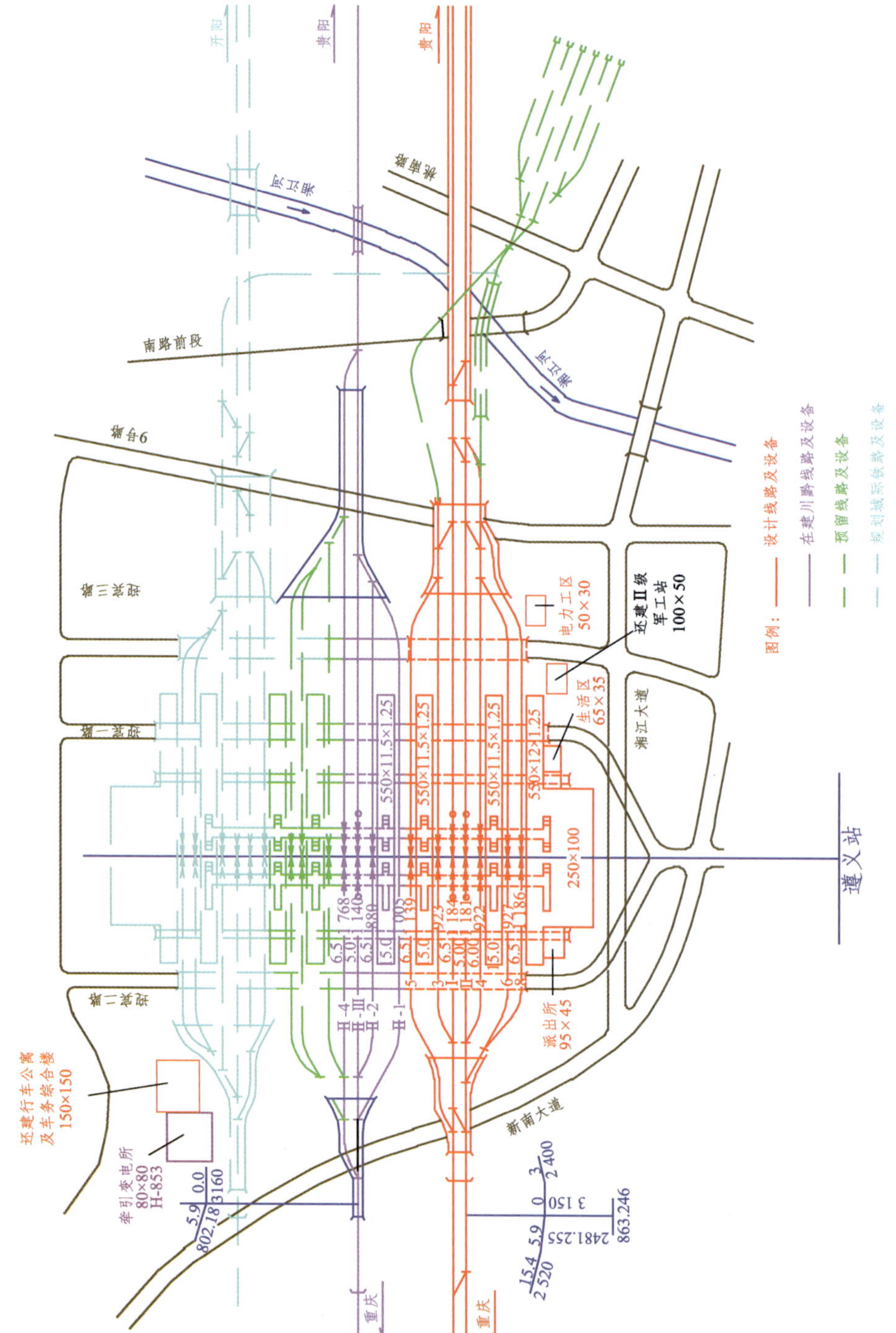

图例：
设计线路及设备
在建川黔线路及设备
预留线路及设备
规划城际铁路及设备
遵义站
新南大道
湘江大道
南路前段
贵阳
重庆
开阳
还建Ⅱ级
军工站
100×50
电力工区
50×30
生活区
65×35
派出所
95×45
还建行车公寓
及车务综合楼
150×150
牵引变电所
80×80
H-853
250×100
550×11.5×1.25
550×12×1.25

图 3-8-6　遵义站平面

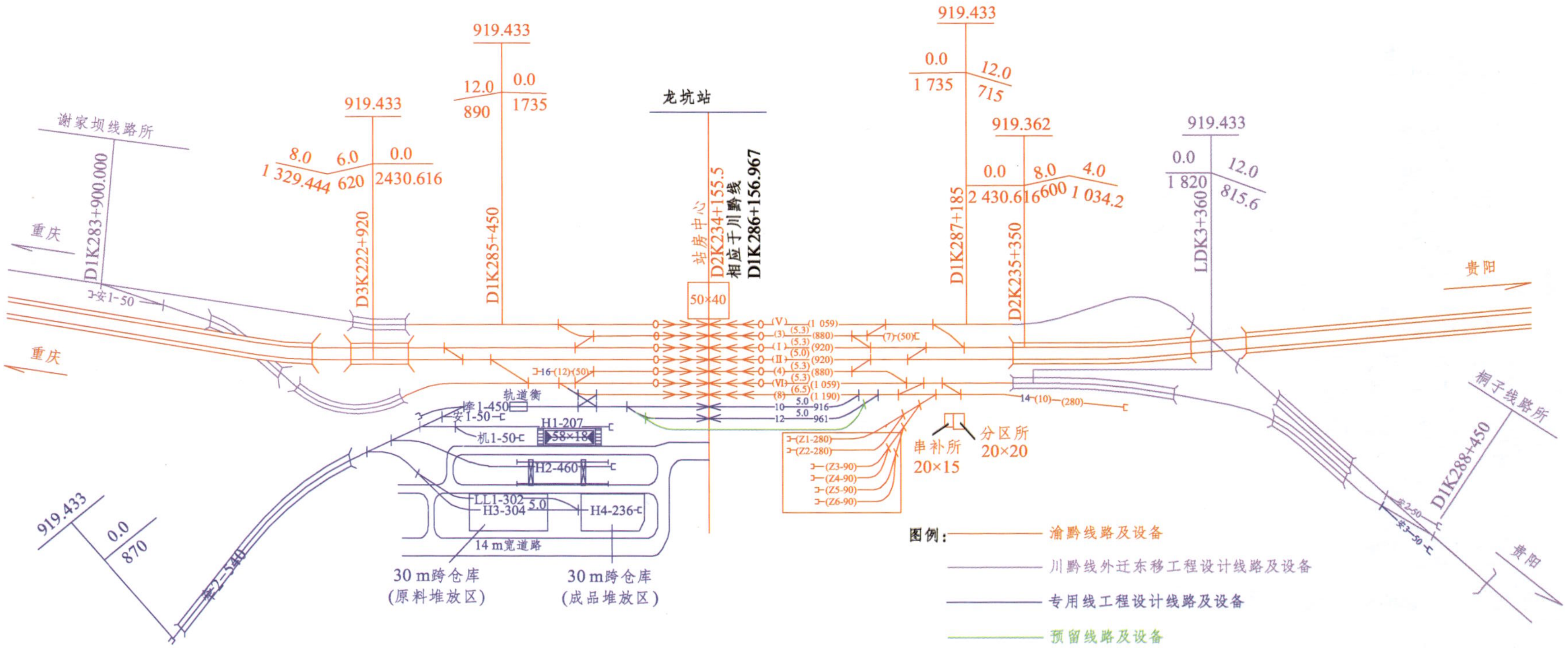
谢家坝线路所
D1K283+900.000
重庆
重庆
919.433
8.0
1 329.444
6.0
620
0.0
2430.616
D3K222+920
919.433
12.0
890
0.0
1735
D1K285+450
龙坑站
站房中心
D2K234+155.5
相应于川黔线
D1K286+156.967
50×40
919.433
0.0
1 735
12.0
715
D1K287+185
919.362
0.0
2 430.616
8.0
600
4.0
1 034.2
D2K235+350
919.433
0.0
1 820
12.0
815.6
LDK3+360
贵阳
桐子线路所
D1K288+450
贵阳
轨道衡
H1-207
58×18
机1-50
H2-460
LL1-302
H3-304
5.0
H4-236
14 m宽道路
30 m跨仓库
(原料堆放区)
30 m跨仓库
(成品堆放区)
串补所
20×15
分区所
20×20
919.433
0.0
870
图例：
渝黔线路及设备
川黔线外迁东移工程设计线路及设备
专用线工程设计线路及设备
预留线路及设备

图 3-8-7　龙坑站平面

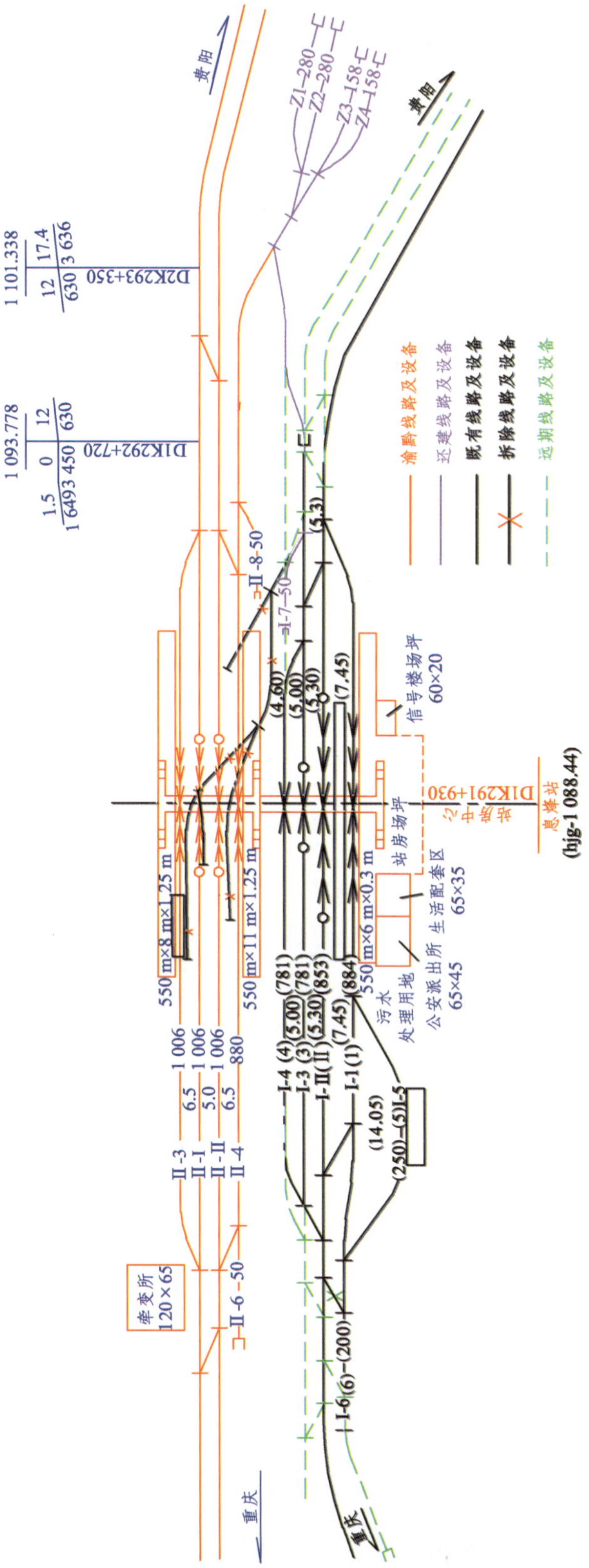

图 3-8-9　息烽站平面示意

图 3-8-11　重庆铁路枢纽总平面布置

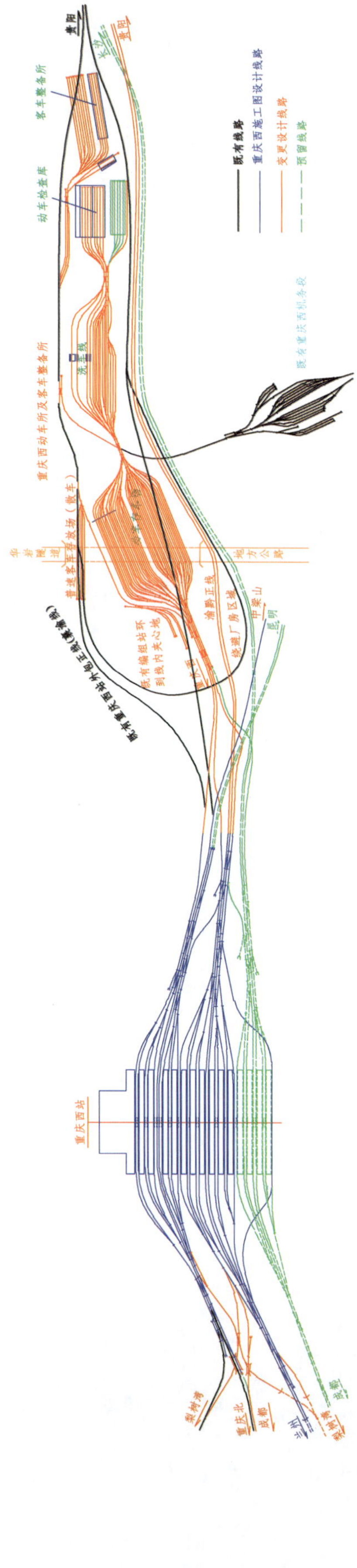

图 3-8-12　重庆西站示意

图 3-8-13　贵阳枢纽平面布置

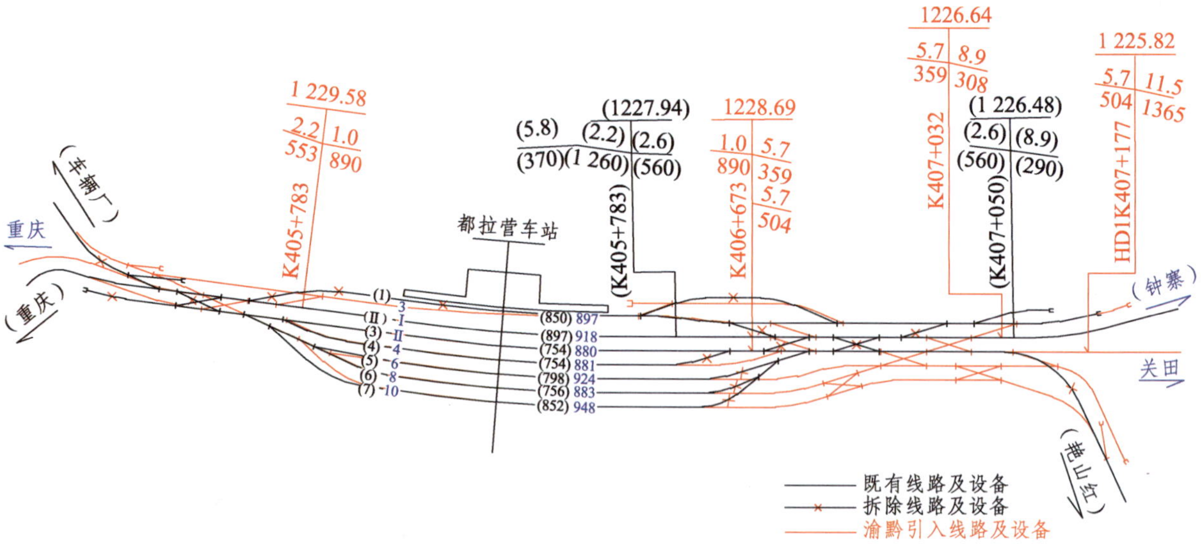

图 3-8-15　都拉营站设计平面

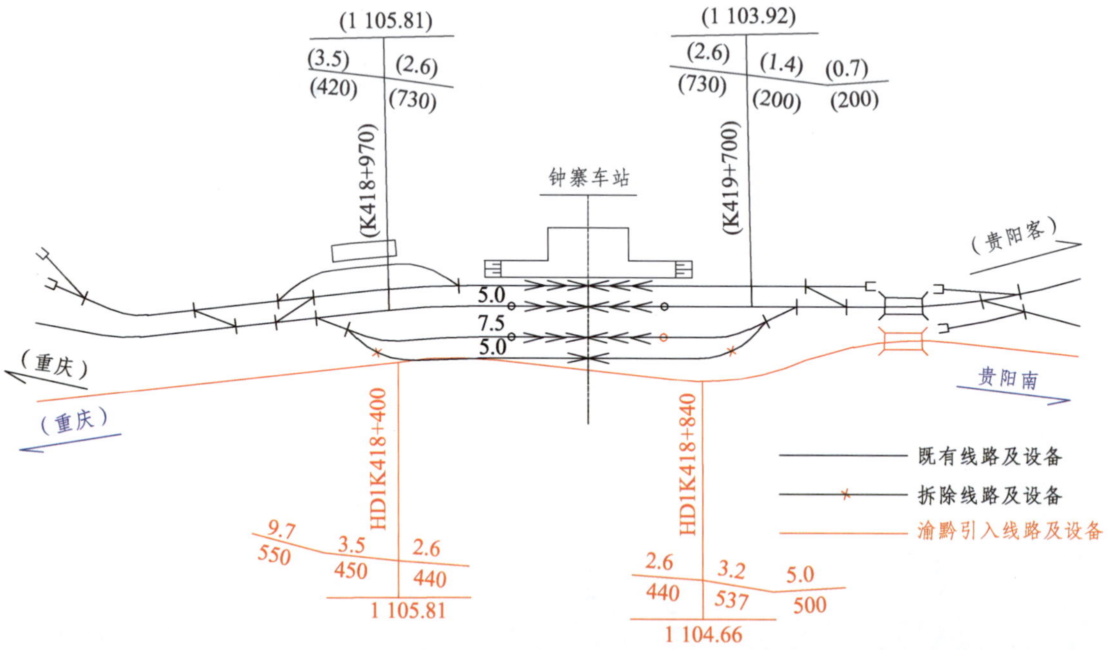

图 3-8-16　中寨站平面设计

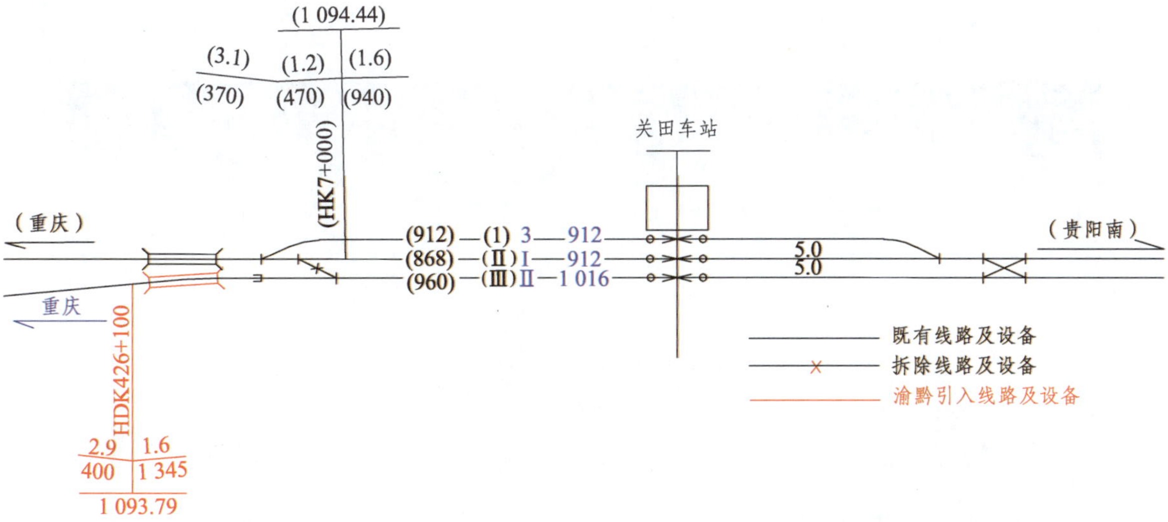

图 3-8-17　关田站设计平面

图 3-9-1　梓桐东站

图 3-9-2　遵义南站

图 3-9-3　息烽站

图 3-9-4　修文县站

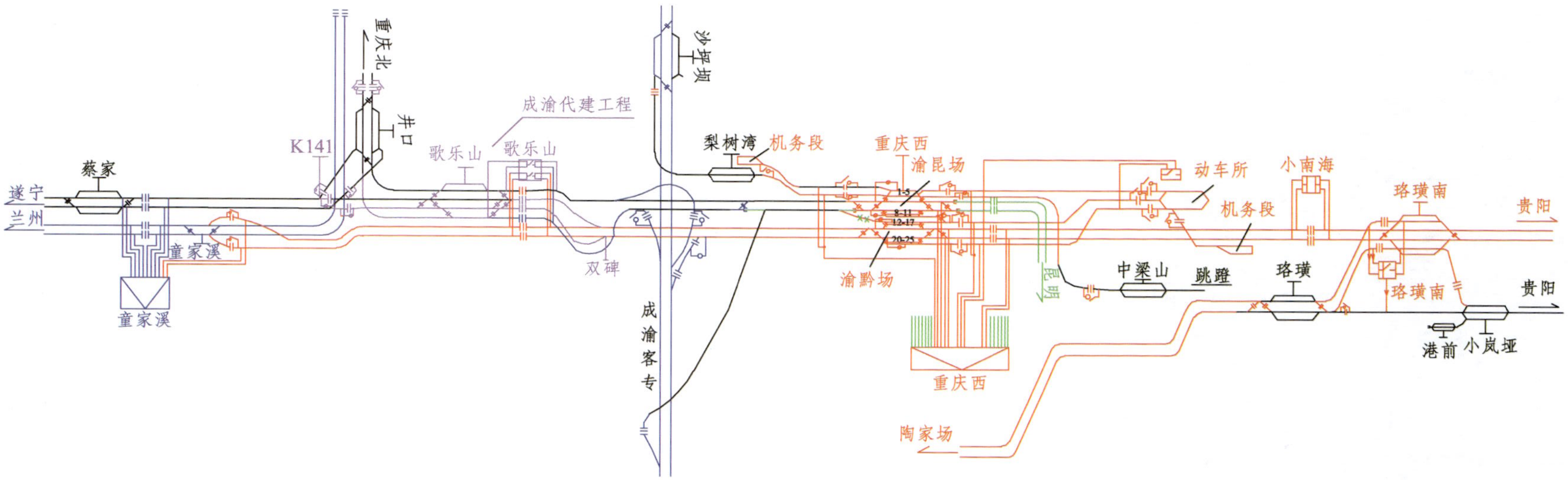

（a）渝黔引入重庆枢纽牵引供电方式及供电分段示意

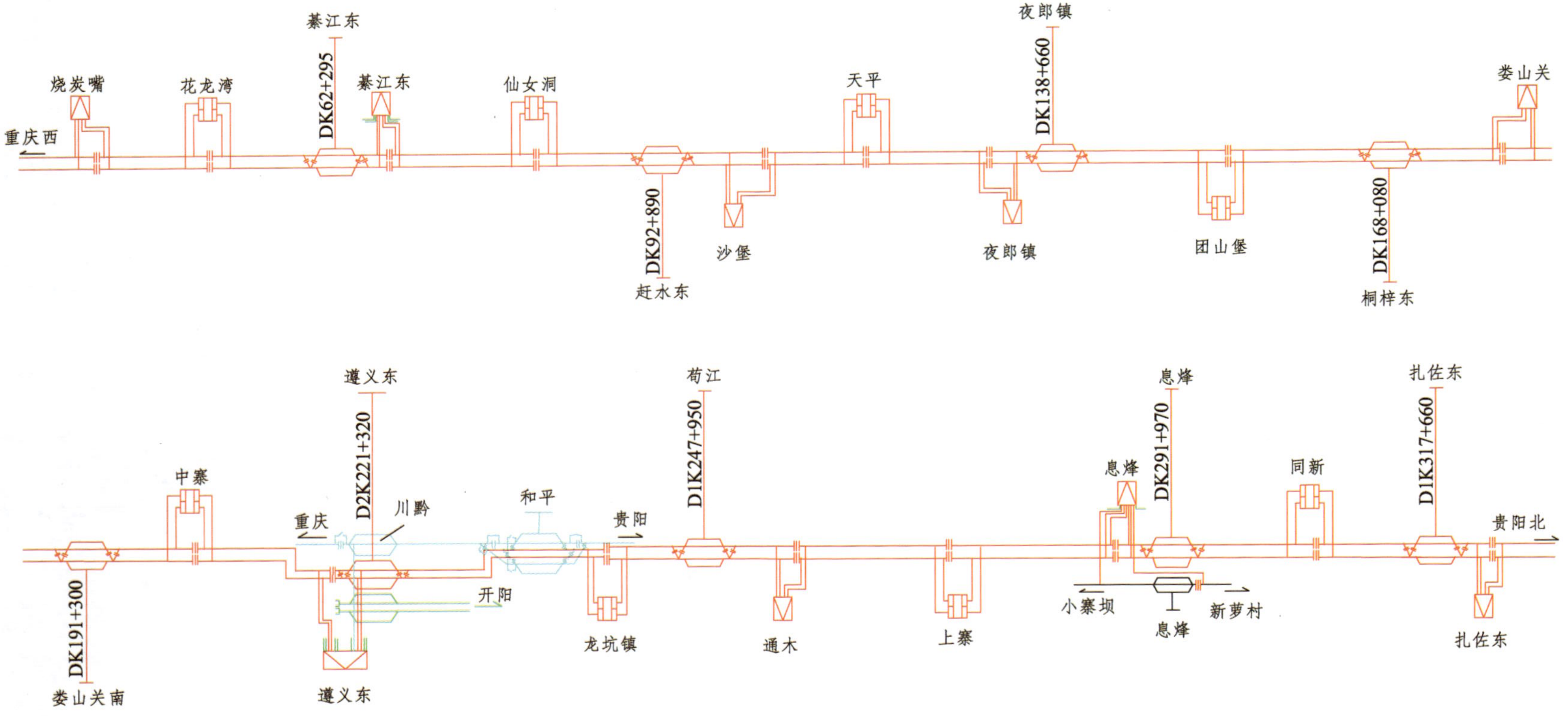

（b）渝黔正线区段牵引供电方式及供电分段示意

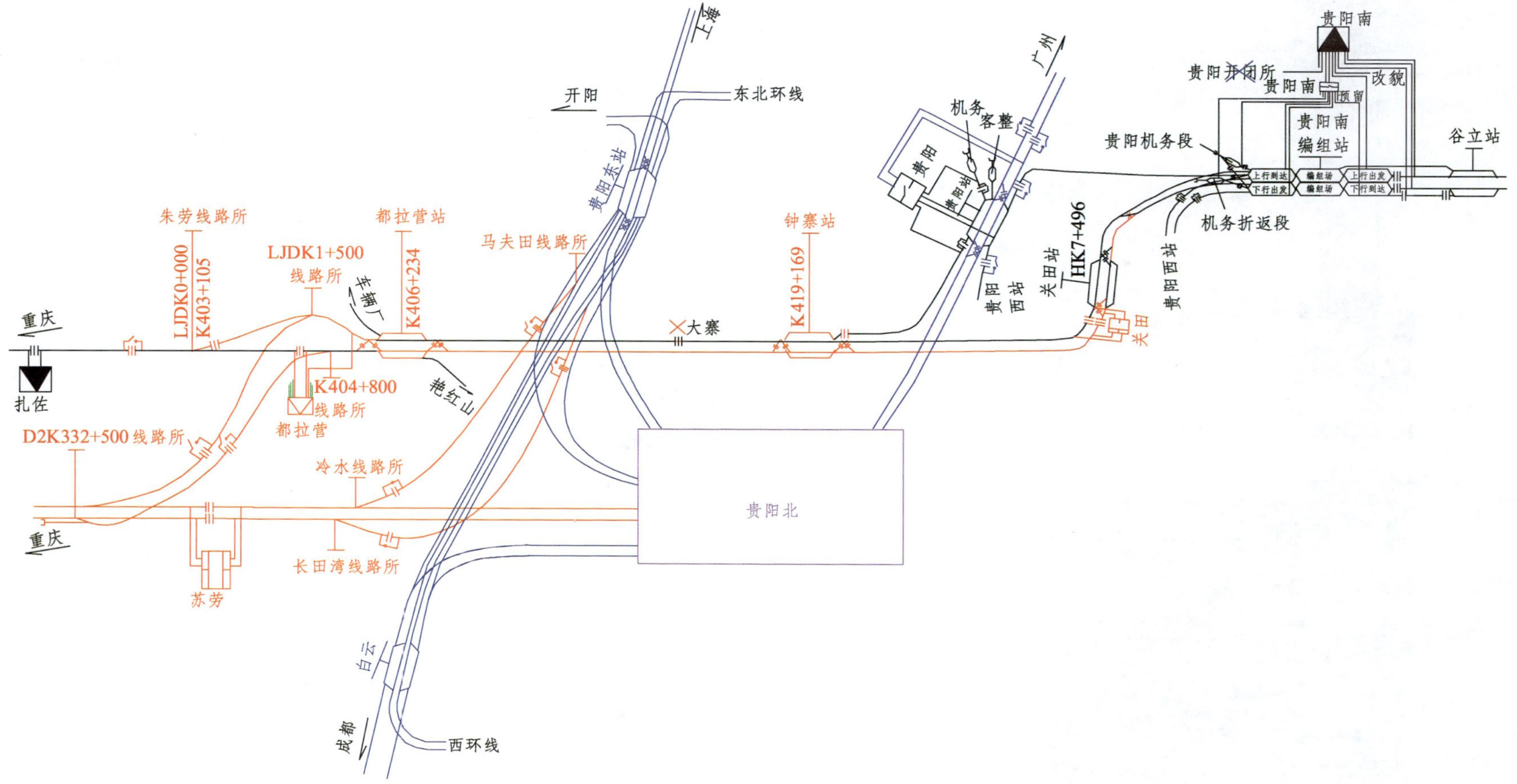

（c）渝黔引入贵阳枢纽牵引供电方式及供电分段示意

图 3-14-1　渝黔线牵引供电方式及供电分段

图 4-3-6　腹板钢筋绑扎胎具

图 4-3-7　T 梁面板钢筋整体绑扎胎具

图 4-3-8　混凝土泵车输送

图 4-3-9　混凝土浇筑、振捣

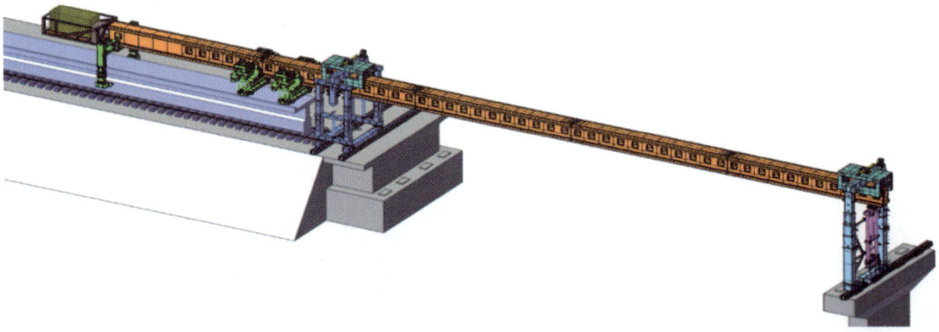

图 4-3-12　架梁流程示意（一）

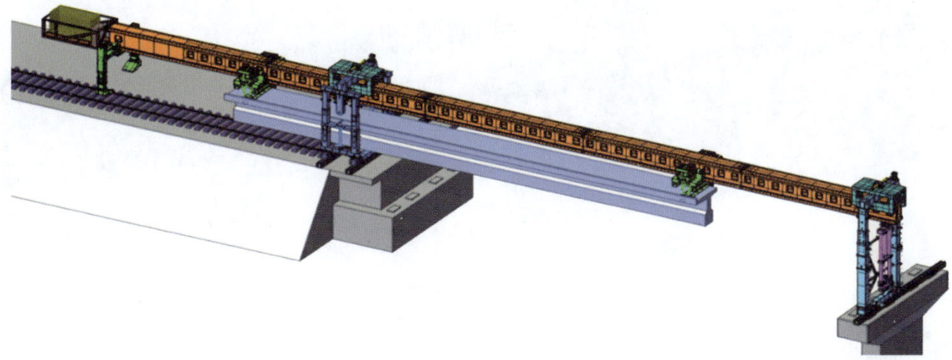

图 4-3-13　架梁流程示意（二）

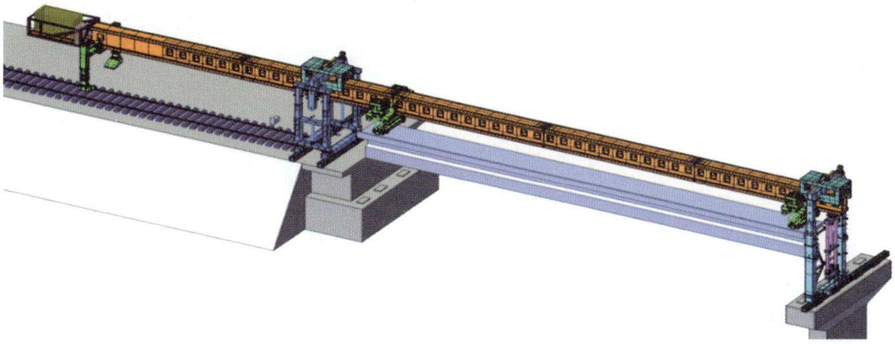

图 4-3-14　架梁流程示意（三）

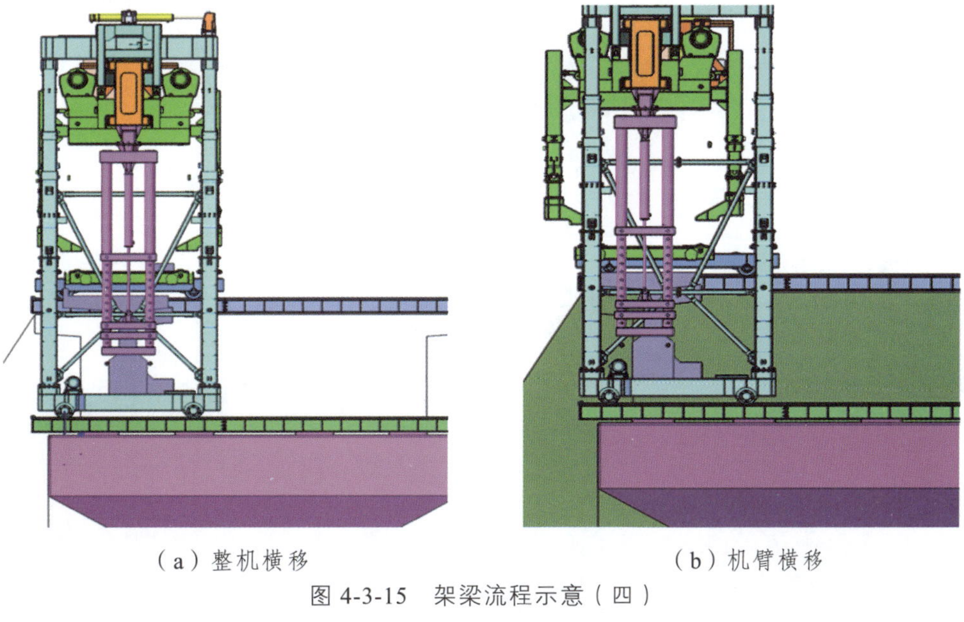

（a）整机横移　　（b）机臂横移

图 4-3-15　架梁流程示意（四）

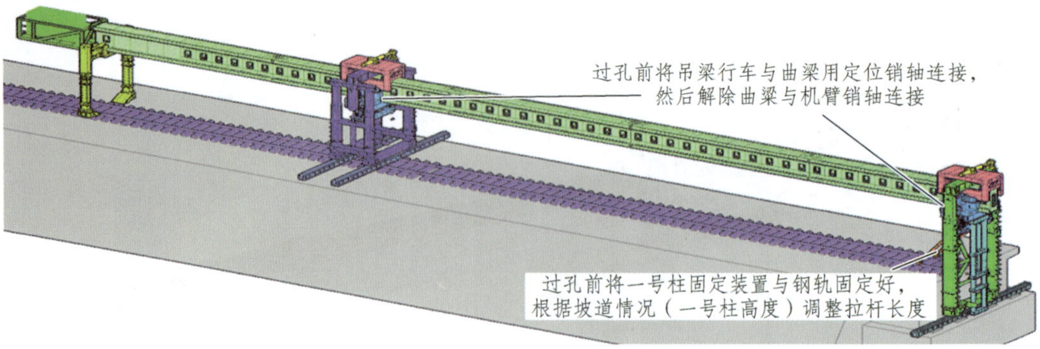

图 4-3-16　架桥机过孔示意（一）

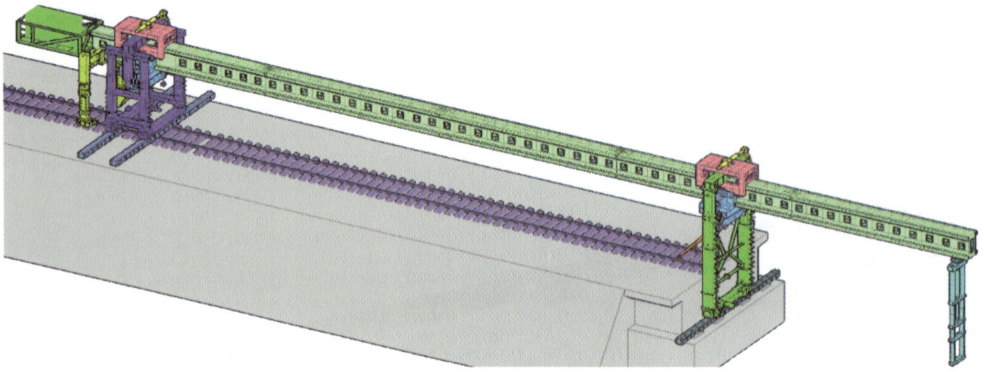

图 4-3-17　架桥机过孔示意（二）

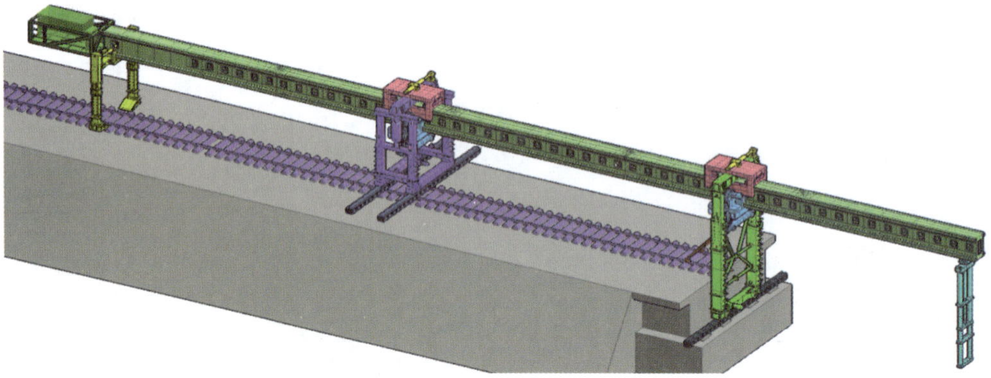

图 4-3-18　架桥机过孔示意（三）

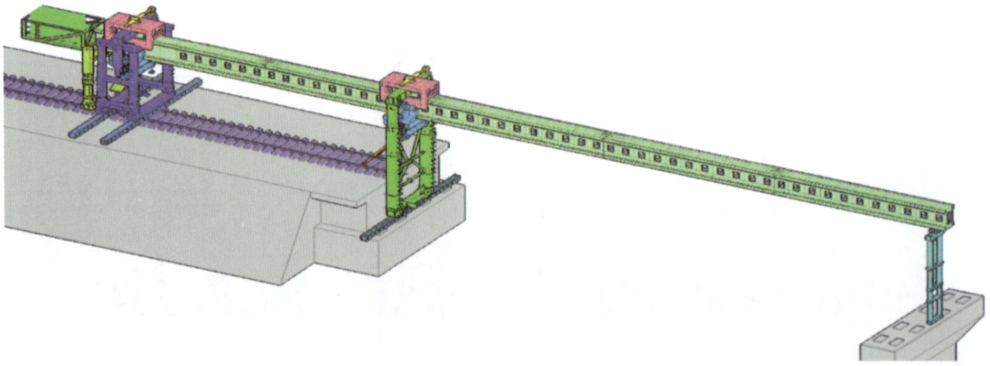

图 4-3-19　架桥机过孔示意（四）

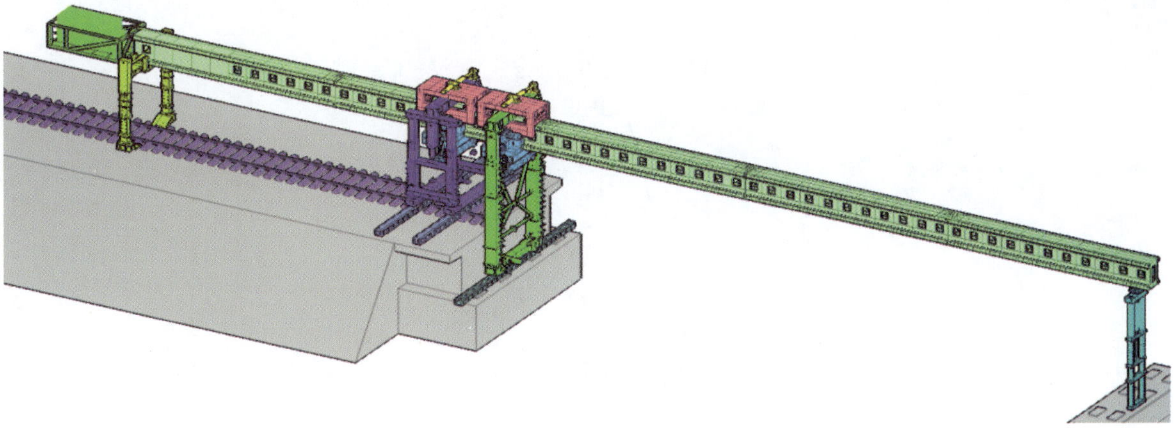

图 4-3-20　架桥机过孔示意（五）

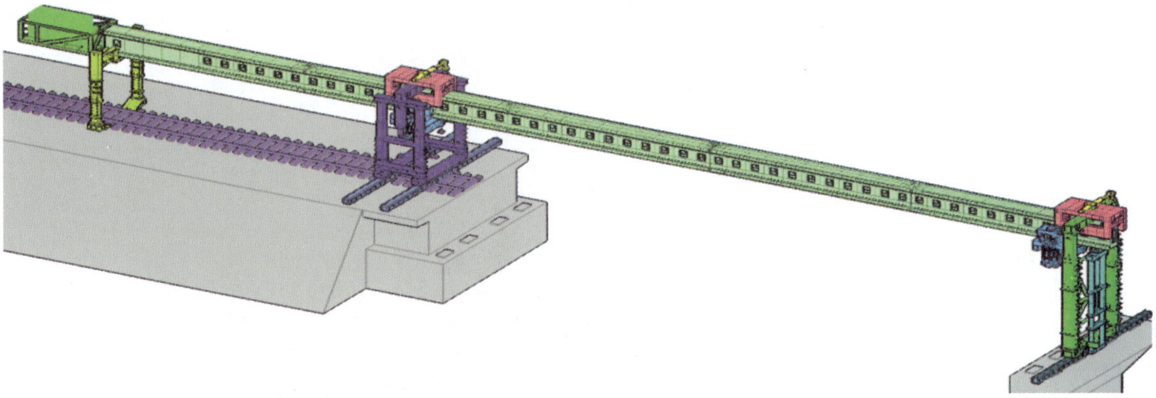

图 4-3-21　架桥机过孔示意（六）

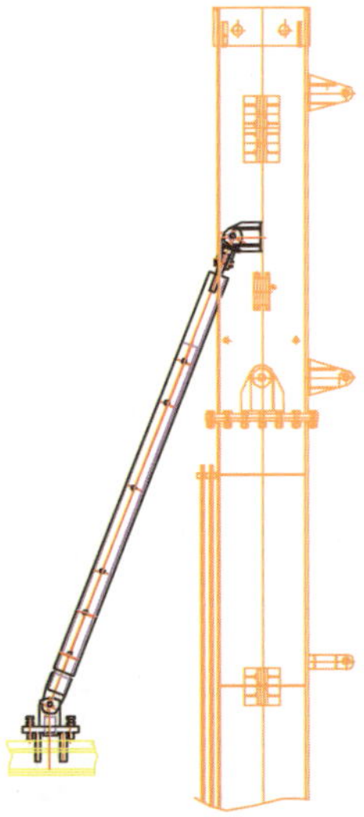

（a）有轨运梁作业

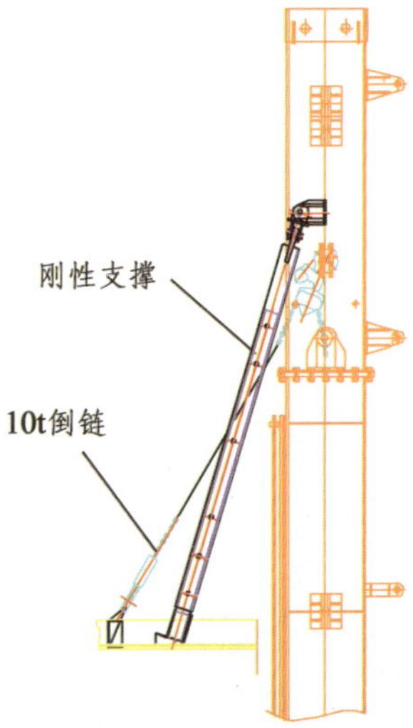

（b）无轨运梁作业

图 4-3-22　运梁作业

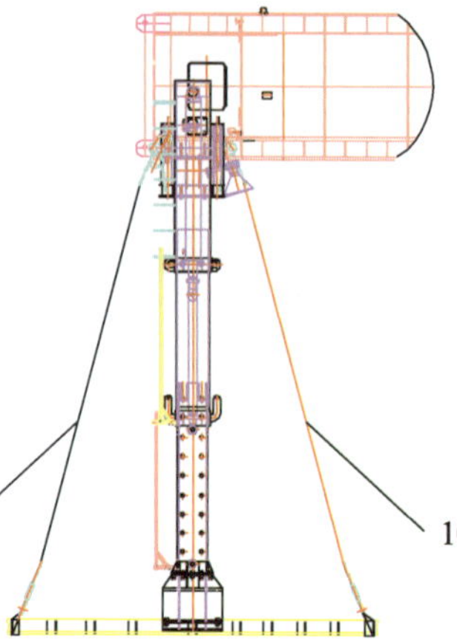

图 4-3-23　3 号柱斜拉保护示意

图 4-3-35　斜拉索梁端牵引锚固

图 4-3-37　提篮式钢管拱施工

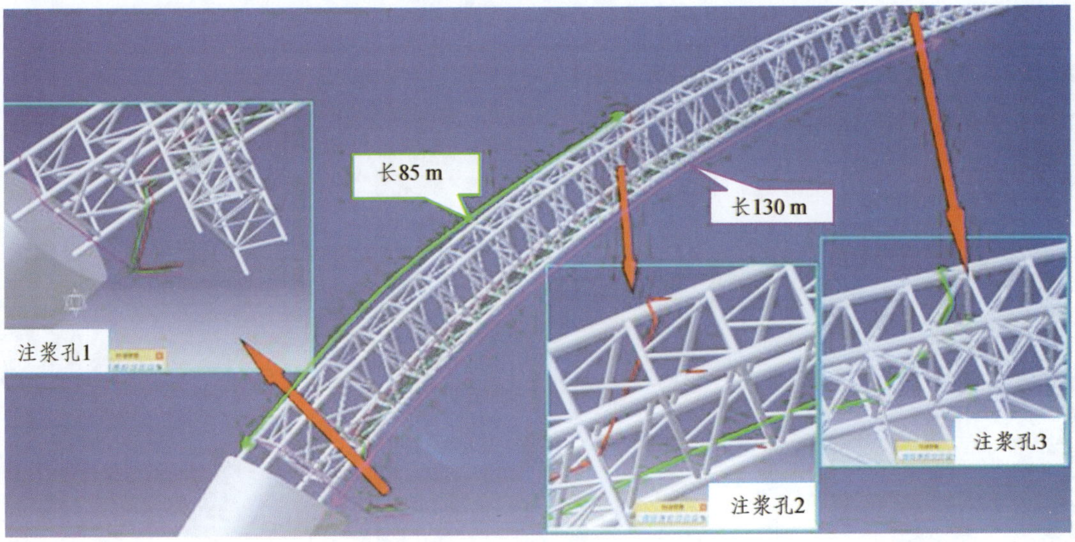

图 4-3-38　钢管拱注浆口示意

图 4-3-39　拱上立柱施工

图 4-4-5　进口分部总体布置

图 4-4-6　斜井分部总体布置

图 4-4-7　出口分部（横洞工区）布置

图 4-4-8　出口分部（出口工区）布置

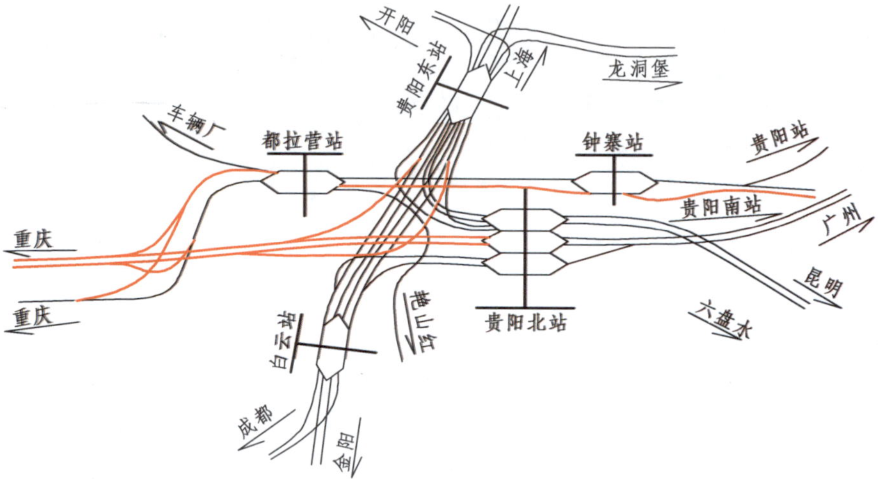

图 4-6-1　贵阳枢纽内的线路疏解

图 4-17-1　串联式双振动工位

面示意图

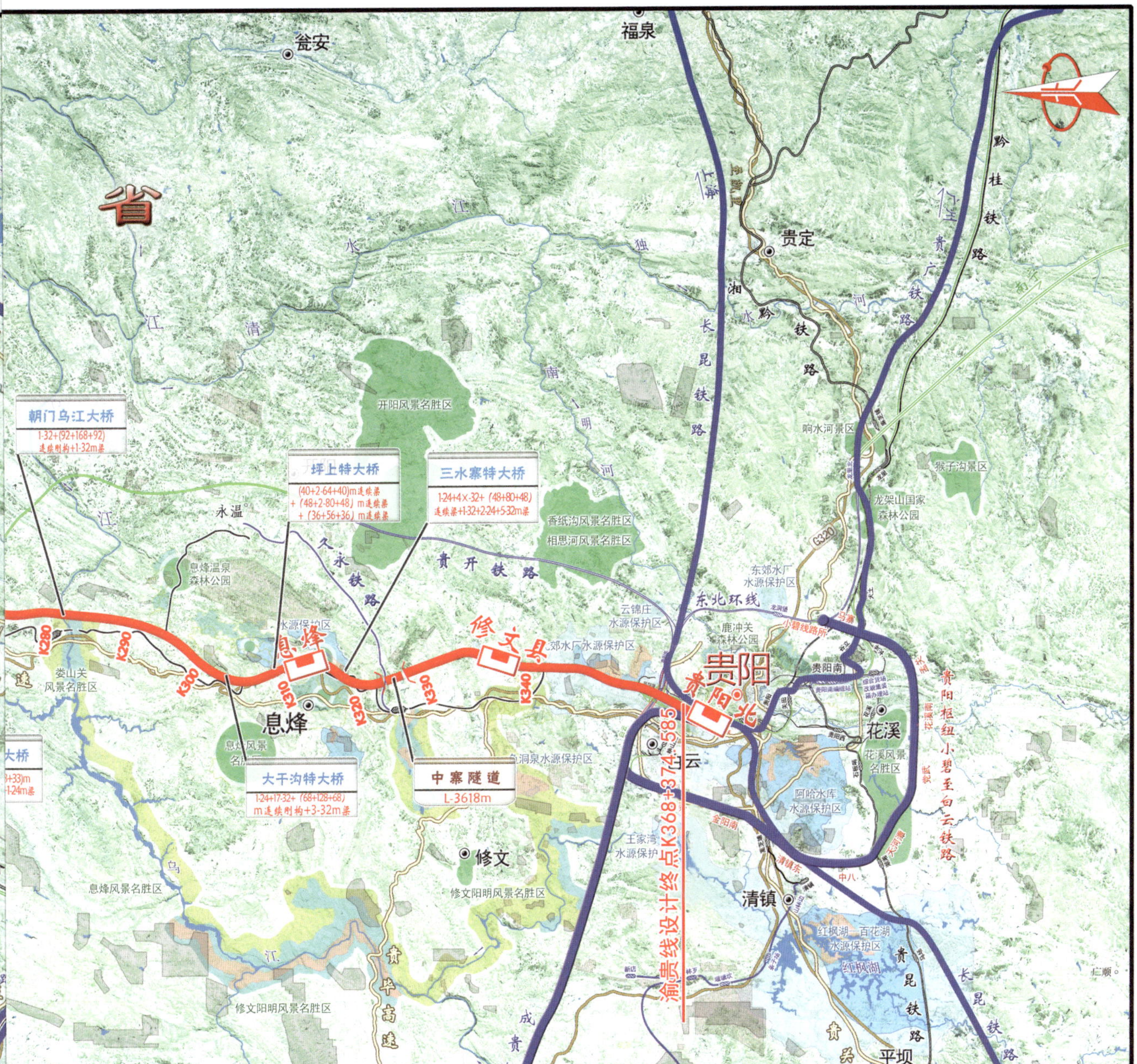

福泉
瓮安
省
贵定
朝门乌江大桥
1-32+(92+168+92) 连续刚构+1-32m梁
坪上特大桥
(40+2-64+40)m连续梁 +(48+2-80+48) m连续梁 +(36+56+36) m连续梁
三水寨特大桥
1-24+4×32+(48+80+48) 连续梁+1-32+2-24+5-32m梁
开阳风景名胜区
香纸沟风景名胜区
相思河风景名胜区
永温
息烽温泉森林公园
久永铁路
贵开铁路
东北环线
东郊水厂水源保护区
云锦庄水源保护区
鹿冲关森林公园
响水河景区
猴子沟景区
龙架山国家森林公园
娄山关风景名胜区
K280
K290
K300
K310
K320
K330
K340
息烽
修文县
贵阳
贵阳北
贵阳南
白云
花溪
花溪风景名胜区
阿哈水库水源保护区
大干沟特大桥
1-24+17-32+(68+128+68) m连续刚构+3-32m梁
中寨隧道
L-3618m
修文
息烽风景名胜区
修文阳明风景名胜区
王家湾水源保护
渝贵线设计终点K368+374.585
贵阳枢纽小碧至白云铁路
清镇
红枫湖—百花湖水源保护区
红枫湖
平坝
黔西
黔桂铁路
湘黔铁路
沪昆铁路
长昆铁路
贵广铁路
成贵铁路
林织铁路
贵毕高速
贵黄高速
清水江
南明河
乌江
三岔河
长寿
仁顺

改建铁路重庆至贵阳改造工程施工图平、纵断面示意图

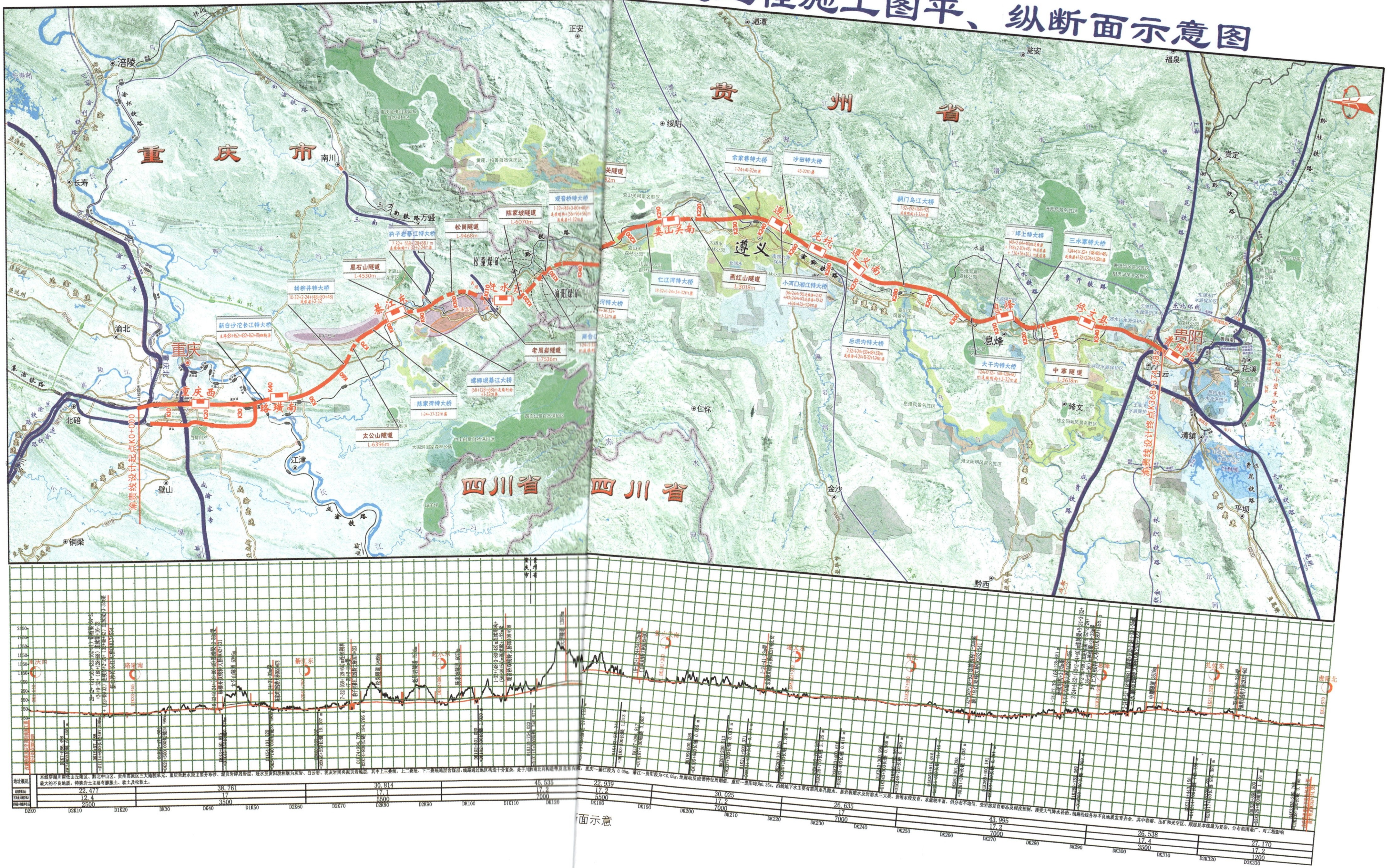